宋會要輯稿

第四册

職官　原書第七十七至第一百一册

[illegible]條移下第三葉末注文政和六年八月一日條下

職官三四之一

閤門通事舍人

下行錄故事云云　在第四頁第十行

政和六年詔以閤門通事舍人名行鄙俗可改為宣贊舍人

宋會要

閤門通事舍人太祖乾德五年四月以右班殿直鄭粲為閤門通事舍人。真宗咸平四年七月以右侍禁焦守節為閤門通事舍人。景德元年十二月二十八日翰林學士梁顥等言乞於閤門祇候內選試通識文字善能宣贊熱（熟）於祇應者六人授通事舍人仍令兼閤門祇候專切祇應只與京城勾當不差使出外別於閤門祇候供奉官侍禁殿直內選試二人充後殿詞令候通事舍

卷二千九百六十七

人有闕便以次填補以次別選詞令永為永式其餘閤門祇候只隨班起居外更不赴殿庭祇應所貴精習禮容遵守官業詔閤門具自來祇應精熟人數職任姓名以聞。二年四月以閤門通事舍人焦守節為衣庫副使仍兼通事舍人真宗謂宰相曰守節以財利羨餘計司請行甄奬茍循級改官當為閤門副使若然者使邊防效命之人聞之何以為勸但稍遷而已。三年八月帝謂宰臣曰閤門祇應通事舍人等禮容詞氣亦須詳閑近來失於慎擇可自閤門祇候已上選定人數具名以聞更有合制置事件並令本司條列聞奏。天禧二年十二月禮儀院言儀制圖內言閤門通事舍人者今欲止名

職官三四之二

通事舍人從之。仁宗慶曆四年四月詔通事舍人如未係諸司副使者與除合入副使在職係副使者轉五資候至宮苑皇城副使如累經任使有勞効並除橫行副使若未大經任使別無勞績除中等使額諸司使更不兼通事舍人。嘉祐二年十月以內園副使閤門通事舍人夏佺為西上閤門副使仍詔通事舍人自今十年無贓私罪者除閤門副使即不得陳乞

宋會要

英宗治平二年八月十七日閤門言祇應通事舍人例各不願住京蓋外任俸給差優即目全闕祇應欲望保住京祇應無勾當者依諸司使副以下差攝南班體例

卷二千九百六十七

月支添支錢候有差遣罷給詔應閤門祇應未有差遣及術闕通事舍人閤門祇候每月支添支錢七千在京者候別請添支外任者候朝覲即並住支（以上國朝會要）神宗熙寧四年二月一日閤門通事舍人范愈言已授閤對府界咸平縣兵馬都監所有兼宣詞令乞別差人詔閤門於祇候內選定一名聞奏仍令後著例選定以聞十二月十六日詔閤門自今通事舍人以下日輪二人察視內殿起居臣僚其無故不赴者並行彈奏分故失定斷三次者劾罪取旨察視之官自敢容庇委閤門舉劾以聞。六年九月二十三日樞密院言諸司副使兼閤門通事舍人充職及十年轉閤門副使及中等使額本條

雖言曾經邊任及朝廷委寄顯著勞能者方與遷轉即不是邊任職局去處亦不分勞能大小等差及是何使額為中等故王慰有得以滑州鈐轄為寄任王易王澤李珹皆自宮苑副使轉南作坊使一十五資使額為中等良以立法之初不甚詳備欲今後諸司副使額兼閤門通事舍人如充職及十年曾經四路沿邊路分都監或沿邊知州軍或安撫都監副使同安撫差遣或自轉大使臣後以勞績曾轉官者皇城宮苑副使並除閤門副使雖不歷上項差遣及無勞績但及十二年者亦與轉閤門副使其餘副使並於使額上轉五資使舊兼職者不願兼職及轉正使者並罷兼通事舍人其舊條叩

卷二千九百六十七

曾經邊任及朝廷委寄顯著勞能并轉中等使額三項更不行用餘依前後條貫從之八年四月二十三日西京左藏庫副使王昭序兼閤門通事舍人以昭序自陳入仕五十三年老病乞解點檢閤門簿書并提點承受特有是命元豐七年正月十八日右侍禁閤門祇候朱伯材遷閤門通事舍人以德妃進位恩也紹聖四年十二月十六日詔內殿承制閤門祇候張忠特用閤門祇候年勞并理過磨勘年月與除閤門通事舍人以先朝藩邸之舊也

宋會要

徽宗元符三年徽宗即位未改元十月十一日詔張維周特受

此條移至首葉第一行

閤門通事舍人以頃事潛邸有勞也政和六年八月二日改閤門通事舍人為宣贊舍人十四日詔閤門以宣贊為職每遇播告吟諷聲韻不能達言道意至稽留百辟莫能曉知可令自直誦其詞勿復循舊七年七月七日詔東上閤門全闕應奉宣贊舍人以並不習喉音不明引贊生疎特許勳臣戚里之家敦武郎以上能贊喝有喉音者聽於投狀知閤門按試及將舉止詳雅無過犯二十人限一月引對取旨

宋會要

故事閤門無通事舍人而通事舍人沿唐制自隸中書省如抽赴閤門並稱閤門祇候其後直授閤門通事舍

卷二千九百六十七

人非舊制也天禧中去閤門二字政和六年改為宣贊舍人

宋會要

高宗紹興元年十一月十八日詔閤門宣贊舍人李永志特降一官落閤職送吏部與遠小處監當以閤門奏永志不赴起居故也二十七日詔閤門宣贊舍人充神武中軍右部統領官韓世良免赴閤門供職以世良見管馬軍職事故也三年四月二十五日詔武顯大夫任仕安兼閤門宣贊舍人從荊湖南路安撫使折彥質言勘會本司統制官任仕安前後立到功效未蒙旌賞欲望特除一閤職故有是命五月七日詔武翼大夫兼閤

門宣贊舍人點檢閤門簿書公事陳誼以年勞合該陳
乞鈐轄差遣為係簿書官祗應詳熟之人特留依舊供
職仍依元降奏留指揮具名閞申朝廷特與差兼行在
諸司差遣從宜請也九月二十三日詔敦武郎借閤門
宣贊舍人權主管壽春府事統制軍馬羅興特與轉一
官補正閤門宣贊舍人賜金帶差權發遣壽春府先是
偽齊王彦充占據本府蒙盧州壽春府鎮撫使王宣贊
委興統領軍馬收復了當自到任經今一年夙夜捍禦
別無疏虞講究葺治稍成倫緒遂陳乞朝廷別選重
臣彈壓邊面故有是命四年六月五日詔閤門供職宣
贊舍人已下并帶職提點承受等已令不妨供職注授

卷二千九百六十七

兼領諸司差遣緣行在窠闕數少自今後特許不拘內
外注授合入差遣如合經密院人聽從密院陳乞如係
外任人候闕到日方許陳乞免罷供職五年二月二十
二日詔岳雲依舊帶閤職先是吏部勘會忠訓郎閤門
祗候岳雲以收復襄陽府等處有功未承增賞指揮已
特除閤門宣贊舍人今來增賞轉武翼郎緣不係閤門
見供職之人依條合罷閤職故有是命十月一日詔武
經大夫兩浙東路兵馬副都監黃鐸許帶行閤職以隨
逐兵馬大元帥府有勞進狀陳乞故也六年六月五日
詔武功大夫兼閤門宣贊舍人裴公孫自政和四年到
閤門供職實及一十七年可將建炎覃恩并平江府竄

從賞合得回授兩官并與收使於見今官上特與轉行
遥郡一官其已給回授公據令吏部拘收毀抹十一月
二日御前祗應幹辦御前馬院李彦實龔彦明仵彦宏
言臣等伏自今上皇帝纔出外第差在潛邸祗應以至
龜從至應天府遭遇登寶位實萬載一遇伏覩閤門兼
祗應李觀嚴僅元係供報班次已蒙聖恩作藩邸人各
除閤門祗候並見今供職再念臣等夙夜應奉與其它
隨龍人事體不同欲望睿慈特許依李觀等例施行詔
李彦實龔彦明仵彦宏並特除閤門宣贊舍人餘人不
得援例四日詔敦武郎閤門祗候孫暉與轉三官除閤
門宣贊舍人以淮南西路兼太平州宣撫使司申契勘

卷二千九百六十七

偽賊劉麟聚集賊衆侵犯淮西分遣賊馬攻圍壽春府
句破水寨其知府孫暉躬親統押本府兵等駕舡下湖
岸劫奪賊寨生擒偽賊及奪到戰馬器甲并被虜人民
等其賊續後增添萬數併力攻打水寨其孫暉獨當一
路糾率所部官兵晝夜盡死與賊鬭敵保護一城生靈
致兵不能攻敢委是立到奇功伏乞先次優與推恩庶
幾有以激勸特有是命十二月十日武翼郎韓諡言臣
元是閤門宣贊舍人近該磨勘轉武翼郎即不帶行前
件閤職伏念諡昨用父贈慶遠軍節度使遺表恩澤一
資除前件閤職即與尋常待帶閤職人事體不同今竊
見曹湜亦係用父遺表恩澤除閤職後來磨勘不曾帶

行家特降指揮復令依舊帶行閤職了當謚與曹溭事體一同伏望特賜依曹溭例依舊帶行閤職從之七年九月三日詔武德大夫轉閤門宣贊舍人韓世良特授榮州團練使官職如故以世良行在供職日久備見忠勤故有是命十二年九月二十三日詔閤門祇候陳靖特與轉宣贊舍人以靖昨在殿陛首尾九年祇應詳熟並無遺闕故也十三年三月六日閤門言點檢簿書公事趙環等申皇帝二月四日初御正殿及四參官起居舉行曠典閤門應奉並無差失伏乞推恩詔各與轉一官資閏四月十二日詔閤門供職舍人可依靖康年裁減定例以十四人為額仍取宣和七年以前供職詳熟

卷二千九百六十七

人填見闕十四年五月六日詔令後閤門待闕舍人不得過十員二十五年六月十二日詔武功大夫吉州團練使王漢臣兩任簿書官滿合轉兩官特與見今遙郡上轉行一官武功郎李大授簿書官三年滿合轉一官特與見今官上轉行一官二十九年十二月十六日詔武經大夫閤門宣贊舍人鄭立之係第八等依閤門格滿三年合轉一官今已上十二年特與遙郡刺史三十年五月三十日詔閤門宣贊舍人任叔向展二年磨勘以使人在庭失儀之故也六月十九日詔宣贊舍人李禺經曾引使副及曾當晏殿第二番次祇應依昨降陞等指揮陞充第二等祇應填見闕十月十九日詔武經

郎閤門宣贊舍人李偁與轉一官以偁父存納昨解罷內侍省押班推恩合得恩例乞與子故也三十一年三月二十四日宰執言後省繳金羆除閤門通事舍人除目上曰初不知有如此曲折依所請便與報行以戒後來僥倖之求以權中書舍人虞允文奏羆羆納粟命官及交結權門四為國信三節人皆納賂以得之故也以上中興會要孝宗乾道二年二月十日詔閤門宣贊舍人以下提點至承受金國使人到闕應奉及一十番各轉一官資自隆興元年為始三年十一月二十八日詔在外待闕舍人依昨降指揮曾經歷任人簿書官審量方令填額外闕供職且請給俟有正闕撥填入舍人方許支破以上乾道會要

卷二千九百六十七

乾道六年八月六日詔閤門官屬舊有定制令欲稍清其選因以擇材除宣贊舍人閤門祇候依舊通掌贊引之職外可置閤門舍人十員專掌覺察等事並先召赴中書省試時務策一道限八百字以上并試步射七斗弓四箭就學引試如應格則取旨除授以為定式其所分職務別令閤門件析以聞同日詔閤門舍人如供職及十年願補外任者並宜優與與郡守差遣十九日閤門言近置閤門舍人十員令閤門具所分職務諸殿覺察失儀兼侍立駕出并行幸去處亦如之兼六參常朝後殿引親王起居從之七年十二月二十日詔閤門舍人自今依文臣館閣以次輪對所有並班可與

薄書叙官顧篆添作八人八年二月七日詔閤門舍人
從義郎已下可依帶閤門祗候准四年磨勘餘依本法
以吏部申明故有是命淳熙三年三月十七日詔自今
管軍官更不帶行閤職非閤門供職人仍不轉官紹熙
二年五月十五日臣僚言檢照先降指揮令後閤門官
以四十員為額見今已是溢額四人不可復增令來張
顯祖特除閤門宣贊舍人正是溢額之數欲乞且令仍
舊看班祗候從之四年六月八日閤門宣贊舍人幹辦
皇城司鄭挺言閤門供職已踰十年幹辦皇城司係再
任照得昨降指揮閤門宣贊舍人供職及十年人與州
鈐轄差遣皇城司幹辦官曾經任滿人與陞擢欲照元

降指揮改差兩浙東路兵馬鈐轄衢州駐扎依王瑛等
例依舊閤門供職到日之任從之慶元二年正月十一
日臣僚言閤門西班之清選亦國家儲才之地內宣詞
令必取其音吐洪暢能通曉文義者然後可以為之照
得閤門之官有帶點檢簿書宣詞令職事者多是不通
文義不識字句每遇宣制日分旋託他官代宣乞令閤
門長官將帶宣詞令人再加選擇如有不稱日下住罷
庶幾公朝無曠官之累從之四年正月十七日詔閤門
宣贊舍人以下日在殿陛應奉事體繁重可將見供職
人候入額實及六考依內外場務官例與理闕陞令閤
門保明報吏部施行令候准此

淳熙元年十月二十九日詔忠訓郎閤門舍人梁飛在
殿陛應奉並無遺闕已授外任於祗候庫取賜金荔枝
一條繫赴朝參三年三月十一日中書門下省言淳熙
元年十一月二十日敕令所編類落閤職轉官申明指
揮謂帶閤職閤門見供職人得旨除落方合轉官其不
係見供職人如祗候轉武翼郎宣贊舍人轉武翼大夫
依條自合落難以一槩推恩詔自今依此施行四年正
月二十三日中書門下省言閤門舍人若除授差遣合
與不合於銜內帶行吏部檢承乾道八年七月二十七
日詔旨環衛官係行在職任既除授在外差遣不合於

銜內帶行詔吏部申明行以下史浩行狀淳熙中孝宗幸秘書省丞相史浩奏
閤門舍人陛下方以視館職亦各參與坐於西廊嘉泰元年十二月二十六日
詔令後召試閤門舍人必擇右科前名之士及照已降
指揮履歷考任應格方許與郡先是淳熙四年三月詔
閤門舍人依秘書丞例理親民資序後供職實歷二年
乞補外與知州差遣至是臣僚繳奏閤門舍人戴炬淄
櫰不顧格法僥求郡寄復有是命二年七月二十七日
詔閤門待闕人數頗多自今後以三十人為額外雖有
降到指揮令閤門執奏更不施行三年二月二十一日
詔見任閤門官供職及一年許奏本宗碁親閤職一名
特與不作員闕額外供職經任人方許赴上曾任知閤

門事及一年未曾陳乞者亦許奏一名令閤外待闕候有闕經任人依名次撥填供職。四年八月十三日詔已除閤職待闕之人除未經任人合候經任見在外任人許候任滿外今後遇闕批問已經任人如不願供職可落閤職與轉一官令閤門具申施行如在外州寄居令閤門移文各州守臣取會供申。嘉定元年四月十四日詔待闕未供職人落閤職轉官指揮更不施行。二年十一月二十六日臣僚言閤職所以擯相朝儀為右列清選故乾道增置舍人之員試而後用以比儒臣館職自此即可試郡近年以來有非所當得者亦萌干請之念至於任郡寄乖繆無聞不孚物論甚失掄才之意乞自今閤門舍人專以處右科及曾發文解累稱其行能兼備者儻更有躁進之徒僥踰干請雖已頒成命亦許輔臣執奏給舍繳駁臺諫論列不容冒濫務在必行從之

卷二千九百六十七

崇巢下脫六十一行補右　景祐二年正月二十九日詔帶御器械自今不得過六人非時更不添置。仁

宋會要　帶御器械

國初已來嘗選三班已下武幹親信者佩櫜鞬御劍或以內人為之。真宗咸平元年四月以西京作坊副使石顯為西京作坊使西京作坊副使素改歌為供備庫使供奉官張旻為供備庫副使並帶御器械（初是職上名御帶至是改焉）。天聖七年十一月詔帶御器械給馬三疋并芻粟。景慶曆元年七月詔帶御器械闕員以歷邊任有功者補之申明康定三年中詔也八年三月詔樞密院內臣諸司使副在邊五年而無過者遇帶御器械闕以名次取旨帶御器械五年而無過者遇內侍省押班闕亦如之。十二月十二日殿前郭承祐言男供備副使士遜昨准恩旨與帶御器械今臣管軍處有妨礙詔士遜兼通事舍人。神宗熙寧六年十二月二十三日帶御器械鄧德言乞換差官輪番宿直詔令向寶宿直蕃制外任帶御器械過閤朝見不宿衛特實移真定府路總管過京師故特令之。元豐二年二月三日詔自今帶御器械遇獨員差內侍押班兼權。三年閏九月二十二日詔入內東頭供奉官幹當御藥院李舜舉左右歲久清謹寡過可大恩使遷郎刺史帶御器械以上續國朝會要　高宗紹興五年五月十九日詔令後外任臣寮初除帶御器械並候告謝正謝訖供

卷一萬五千二百二十六

職。七年五月二十三日樞密院言帶御器械官合帶插上曰祖宗置此官所以衛不虞也今乃佩數隻㪚箭不知何用方承平時至飾以珠珍車駕每出為觀美而已又有毬仗隊皆極文繡之飾而無實他日恢復之後此等事當盡去之上每論天下事常欲責實而惡為文具是以及此。十八年八月十八日景福殿使安德軍承宣使內侍省押班張去爲言昨任帶御器械於去年九月除內侍省押班所有解帶合得恩例欲望許於臣父見遵見今官上轉行一官從之。二十九年四月十六日詔遵降指揮令中外舉薦武臣已到者無闕可處可增置帶御器械四員。六月二十五日詔隨龍帶御器械李彥實特與落階上曰自藩邸事朕至今三十六年備著勤勞故有是命。以上中興會要　孝宗乾道六年九月十四日中書門下省勘會已降指揮帶御器械立班在樞密院檢詳諸房文字之下其雜壓敘位亦合一體。詔前降帶御器械官在橫行本等官之上餘官在橫行之下指揮更不施行。十月五日帶御器械雜壓敘位依近降指揮令在樞密院檢詳諸房文字之下遇合班處依閤門元降指揮立班。六月詔今後遇宴等坐帶花帶御器械官并環衛將官未至橫行人特與依橫行副使支破。淳熙二年正月二十九日詔帶御器械依舊堂除

三年二月二十四日詔諸帶御器械正除授軍中差遣或外任者並不許銜內帶行　先是二年閏九月十六日詔敕令所增修此法至是上之故有是詔　十二年九月二十五日詔今後帶御器械供職及一年方與解帶恩例以司農少卿吳燠言比年或除帶御器械供職未幾復遷舊任倏來倏去規求解帶恩例在法歷任謂二年成資今雖不及二年亦合供職及一年以上方可上曰此說甚當今後供職及一年方與解帶恩例只作特旨行下故有是命

卷一萬五千一百三十六

全唐文

左右侍禁

內殿崇班

續宋會要

太宗淳化二年正月詔置內殿崇班在供奉官之上左右侍禁在殿直之上先是供奉官殿直有四十年不遷者故特置崇班侍禁之目差定其俸給以次授焉人用咸悅

卷四千二百二十四

宋會要

皇城司在左承天門内北廊本名武德司太平興國六
十一月改今名掌皇城管籥木契親從親事官名籍及
命婦朝會頒氷供内取索物及入内尼院齋料國忌齋
醮之事以諸司使副使内侍都知押班三人勾當後或
增差踰舊員兩朝國史志皇城司勾當官三人以諸司
使副内侍都知押班充掌宫城管籥木契親從親事之
名籍及命婦朝會伏日頒氷内中須索内院齋料并國
忌修齋醮設之事皆總焉勾押官押司官各一人前行
四人後行六人勘契官二人神宗哲宗正史職官志同
此
提舉官一員提點官二員幹辦官五員以諸司使
副内侍都知押班充點檢文字使臣法司使臣主押官
押司官各二人前行五人後行曹司各四人表奏司正
名貼司私名貼司專副各二人本司掌官員到任并滿
罷合得酬獎等親從親事官五指揮入内院子指揮司
圍轉資事故作過移送開狀名糧等每年換給勅號郊
祀大禮差隨從聖駕祇應親及製造添修應奉物色等
并前十日本司官吏將帶親從等往青城搜空止宿照
管使臣人吏開收遷補任滿酬獎并陳乞磨勘轉官大
金使人到闕賀聖節并賀正旦差撥入驛把門約攔入
位代剩員祗應親從等并造儀仗下綴帶勅號奉使大

金賀正旦生辰差入國親從和寧等門機察人物頭及
火燭入出并驗牌號宣押人物等入出每年上下半年
探替内外諸寨坐親事官守闕入内院子等差使去處
每季探替在内諸門地分崇政殿垂拱殿親從占役差
使去處天申節貢院御筵差把門約攔并投送文字等
親從事官每遇朝獻聖駕行禮差親從搜視守把門禁
辨驗機察人物等入出應諸官司降到指揮差取親從
親事官等御試舉人差撥殿司鑾宿親從排辦掃西等
春秋銓試選人差巡視親從親事官守麗正等門寄班
祗候批書到任滿罷忌辰行香立班處差約攔親從寒
食節十月朔内人朝陵差入内院子守闕入内院子親
從五指揮揀選崇政殿祗候親從大禮畢將崇政殿親
從堆垜子配填班直等大禮前預差親從親事官充近
上軍分每三年一次排轉親從親事官入内院子守闕
入内院子職名應承奉指揮權留在内諸門并留住人
物等内中止宿每年於親從親事官逐指揮并於殿前
馬步軍司取揀合過守闕入内院子指揮之人并製造
在内諸門地分崇政殿垂拱殿撥衫笠子添修上下半
年付物掃洒等每於九月内關大史局於十月内選日
薅拔在内自生蒿草每季禁止高阜去處不得窺望禁
中約束杖子門外不得諸色人作鬧每年春秋按賞親
從逐指揮親事官第一指揮長行三色武藝弓弩槍手

銀鏁子應皇城周回遇有豐裂墊陷倒𠃧移文修整應
諸官司關報到人物頭疋等入出諸門給牌子照驗放
入　太宗淳化二年閏二月詔諸色人不得帶刀子入
内委皇城司牓門告示　真宗咸平三年八月詔定臣
僚趍朝下馬之處令皇城司告諭凡宰臣親王節度使
至刺史文武升朝官殿前諸班馬步軍廂軍主都虞候
諸司使至崇班供奉官至殿直樞密承旨副承旨醫官
待詔於皇城門内下馬若由左掖門入向北於左長慶
門外下馬宰臣參知政事親王樞密宣徽並於左銀臺
門外下馬若由右掖門入向東於中書門東下馬向北
於右長慶門外下馬宰臣參知政事親王樞密宣徽並

於右銀臺門外下馬若由東華門入向西於左承天門
外下馬若入崇政殿起居向北尋城墻於謻門外下馬
宰臣參知政事親王樞密宣徽於横門下馬指揮使以
下至員僚奉職借職幕職州縣官等並於皇城門外下
馬九月九日詔拱宸門每假日早朝其御前馬步軍廂
軍指揮使以上北宅將軍以上止得入拱宸門内下馬
其使臣奏事急速者許於此門入自餘須於朝門出入
崇政殿後苑宿直内品親事官交番内中修造工匠依
舊出入十一日詔京官及中書樞密堂後官主事以上
許入皇城門下馬十一月一日詔宰臣參知政事聽騎
馬入中書門於小廳前下馬出便門趍朝其出亦聽於

本廳上馬十月詔宰臣及臺省請望官正言監察郎中
諸司四品以上聽戴帽至下馬處自餘雜品官如雨雪
即許戴入　四年閏十二月四日詔南宫北宅將軍遇
假日及非時宣召許入拱宸門　十四日詔自今如賞花
射弓拱宸門不放人出入宴會時知制誥以上聽於北極
樓下東横門外上馬自餘於須夾道門東上馬　五年
正月詔皇城司應文武臣僚不得帶從人至排班及閤
門左右九月詔皇城司前還三司役吏補軍校掌内庭
管庫者並授三班奉職自今勿復補置　景德二年十
一月詔皇城司今後差上番親從親事官於未開内門
前於門外編欄合入殿庭之人先門道内守門以次趲

朝官排馬即於後排立依次入門若不係殿庭排立祗
應人須趂朝前入絶方得放入所有從内者亦差補宿
親從官約攔於門裏空處候入門人静方得放出即不
得擁併占先奔走　三年九月皇城司言乞令後廳中
書樞密院三司開封府及諸臣僚引從祗應公人依崇
政殿門例放入長春門准備祗應人即止外貯廊西如
有公事逐旋勾喚餘並不放入長春門及東角門兩處
取便出入詔宰臣等各許帶從人入長春門内宰臣親
王樞密使五人知樞密院事參知政事同知及簽書樞
密副使宣徽使三人三司使開封府二年外餘依所請
仍令皇城司常切點檢後以翰林學士晁迥乞許各帶

一人入長春殿門仍併罷三司使開封府御史中丞長春門裏引接之人　四年六月詔皇城司令後雄州遞直赴內東門進下每旬具數報樞密院九月同管勾客省閤門公事王克明等言自來雙日紫宸殿門外見謝辭文武臣僚放班之次諸色人於殿門外及廊上往來交雜欲乞令皇城司差人於殿門外東西排立不令放入不係見謝辭臣僚及諸色人過往如有違犯臣僚即許閤門彈奏諸色人送開封府劾問仍下閤門御史臺三班院入內侍省皇城司告示從之　大中祥符元年二月以汲水器賜宿衛諸班充皇城內掃洒所用初事材場以退材造成汲器真宗曰此細物爾以給宿衛諸班供用或致亡失則官司必責備償可特賜之勿附帳籍四月詔兩街僧道錄傳法譯經三藏許入皇城門下馬八月詔皇城司崇政殿門外快行十將節級等應內侍傳宣勾喚臣僚及察差勾當外其餘並止於皇城司差親事官　二年五月詔皇城司每常朝日臣僚起居未退其諸宮院車馬並令於東華門裏夾道內過入軍器庫東橫門并崇政殿東橫門赴內東門如假日及常朝已退即許入左承天門九月詔尼院供用官遇假日亦許入拱宸門　三年八月詔皇城門所遣親事官伺察者自非姦盜及民俗異事所由司不即擒捕者勿得以聞先是遣此輩四十人給緡錢每季代之凡所察事

悉上本司即時錄奏帝慮其恐喝擾人故令樞密院條制之十一月詔皇城司闕額親從親事官委本司差指揮使將等探於軍頭司招到人內揀填旋押赴司看驗引見　四年四月詔自今東華門左右掖門外緣皇城居民有將已業出賣者官為收之優給其直先是右掖門外民家遺火頗接內庭上封者因請徙東華門左右掖門外居民地所官市其屋以為廊廡帝以民居既久不欲擾擾故有是詔五月勾當皇城司劉承珪言皇城內諸門出入人多袒衫下頓不甚端謹自今乞降宣示諭有違犯者送所司量從懲責從之　五年正月詔皇城司親從親事官十將已下依舊五人為保遞相覺察不得飲酒賭博其指揮使都頭亦須遞相覺察鈐轄晝時中舉仍令指揮使已下置曆輪掌一月具有無作過之人抄上印曆書押於後却稱飲酒至醉賭博受財故作非違令內職覺察如不申報蓋庇致人陳告察探得知連科違制之罪者第遷一資是月詔前議以塼疊皇城可令擇日興葺二月詔乾元門至朱雀門及皇城四面每歲植木自景德四年至今尚未得茂盛可委勾當皇城司劉承珪專切管勾十二月詔皇城內盜百錢以上法皆杖配項來有諸道納綱之人懷錢出入一為發覺即無以免其令皇城司曉諭應出入役人使知條約　六年十一月詔皇城司自今契丹人使到闕其入內

內侍省三班使臣並曉示逐月趂朝者令只入左掖門
東華門候人使進發日依舊　天禧元年正月詔皇城
司每遇正陽習儀即開西廂門令臣僚出入八月十五
日右正言魯宗道上言皇城司每遣人伺察公事民間
細務一例以聞頗亦非便請行條約帝曰叢脞之事多
寢而不行有司之賦亦不可廢也　二年正月詔皇城
司自今勾押官入仕二十年以上充勾押官及五年依
例以聞與班行安排　二月勾當皇城司藍繼宗言請與
劉美周懷政遞宿於本司詔繼宗自今止居本司勿復
遞宿先時繼宗將家屬居本司至是徙外舍故上言也
仁宗乾興元年（仁宗即位未改元）十一月皇城司言自來中

使奉使差出及朝臣替迴入見並以名報皇城門外把
門人員以憑認近日多因循不報望下閤門審官三班
院入內內侍省徧行告報從之　天聖元年十二月詔
皇城司親從親事官有飲博逃亡及別為過惡合該移
配六軍并京畿縣鎮下軍者自今並相度情理配外州
軍本城或邊遠牢城仍下三司開封府應有親從親事
官作過例該移配者並決訖奏裁　二年六月皇城司
言近日諸色工匠將帶頭及作伏稱奉宣勾喚入內工
作留宿並無關報深慮夾帶姦詐無憑辨認欲望自今
如奉宣勾喚人匠及諸色人百姓入內工役并留宿者
並據人數關報當司以憑經歷內諸門點校放入從之

七年六月詔入內內侍省自今抽差親從親事官須
憑皇城司大字抽差不得令使臣直行勾取先是有內
侍鄧德用傳宣親從第一指揮勾當副校黃遂以下二
百二十六人赴昭應宮救火無大字關本司以為非便
故有是詔　八年三月詔皇城司自後諸軍班直及諸
司庫務坊監不得每日差入內探及抄劄班次姓名
景祐二年八月十三日詔勾當皇城司李用和五人每
車駕行幸常令二人在內依例管勾　慶曆六年四月
二十九日詔皇城司曉示自來使臣軍員等因朝見謝
辭多於殿庭唐突今後如合該條例酬奬仰於所轄投
狀如別有抑塞即於理檢院陳訴更便輒於殿庭唐突

令行門止約如違當行劾問並以違制私罪論　七年
十一月二十四日詔皇城司在內諸司庫務有着火燭
并有頭及去處如遇乘輿出內各留監官一員照管
八年正月十二日詔皇城司每遇駕登樓即將合係對
御祗應諸司並額定數目令合屬司分依入後苑例內
逐司只許本處人員工匠院子長行帶牌子上樓祗應
即不得夾帶抽差到兵士家同在內　閏正月降勾當皇
城司楊景宗等六人坐不覺察崇政殿親從官夜寇宮
闈也時親從官四人夜入禁中焚宮簾斫宮人傷臂三
人為宿衛兵所殺一人匿宮城北樓經月方得即支分
之不知所以始謀者景宗等皆領皇城司故被責焉景

宗自建寧軍節度觀察留後降徐州觀察使知濟州鄧
保吉自皇城使康州刺史入内内侍省内侍副都知落
副都知爲潁州兵馬鈐轄楊懷敏自左藏庫使通州團
練使入内内侍省副都知降爲文思使賀州刺史劉永
年自北作坊使康州團練使降洛苑使英州刺史蔡州
兵馬都監趙從約自洛苑使眉州防禦使降領陵州團
練使濮州兵馬都監王從善自供備庫使榮州刺史帶
御器械落帶御器械爲曹州兵馬都監是月臣僚上言
皇城使在内中最爲繁劇祖宗任爲耳目之司勾當官
四員多差親信有心力人近年員數倍多並不選擢乞
令後只差四員選經歷有心力況厚之人勾當各更不
許入指射陳乞如違並以違制論從之七月六日詔令
後勾當皇城司都知如遇非次差遣假故即令勾當皇
城司内諸司使副并帶御器械官員相兼輪鄙赴崇政
殿宿直勾當如不係内諸司使副御帶只、輪在内東門
外并皇城司管勾宿直公事　皇祐元年三月十七日
詔皇城司在禁中外城墻正不點檢至生青草輪差勾
當皇城司使臣躬親將帶裏外巡城人員兵士剗削並
管常令潔淨十一月十一日皇城司言相度到皇城東
兩壁有諸位次内小屋子搭靠城墻并簷楹俯逼皇城
計三十七處屋後別無巡道致外伙親從官無由巡覷
乞令東西八作司監官部押人匠並令拆去小屋子并

簷楹俯近皇城去處並留出充巡道更不得閑置通後
門子并宣德門外兩掖朶樓下有儀鸞司木場子二處
排垛木植甚多況接近内城下更不便亦乞令儀鸞司
遷置別處詔逐位次元有後門處依舊存留口、於逐位
兩道置角門子通作巡道如官員不在位次即閉後門
却開角門子令親事官通過往來巡覷餘依從之二
年正月詔樞密院自今勾當皇城司並選差人仍不許
陳乞二月御史臺閤門同定臣僚合帶從人出入禁城
數目除入宮城門至殿門準舊制外各於著令節減及
宗下馬去處其餘即令門外祇候所有中書樞密院及
臺省諸司吏人各有職局在内祇應者於合入門户別
置名籍點、檢出入在外諸司祇應公人若廳子之類並
許帶入皇城若係主判官并上殿臣僚合帶引接人并
將帶文字合要手分書表司等亦仍舊例即不過二人
其應差在臣僚下當直人諸軍指揮差到兵士限半年
一替如過限不令交替乞行嚴斷因而在皇城内作過
本官以違制論條重者自從重若散從親事官街司從
人以諸司人等緣常闕人替換且依舊例其合將帶入
皇城門從人姓名並仰本處關報皇城司照、會若在京
不勾當事文武臣僚即委本官具合將帶人力姓名關
報門司置籍抄上嘗切檢察其從人遇有替換亦仰接
續關報若額外將帶人入仰門司收領送官其從人嚴

斷外本官亦行朝典如敢多將人數出入或逼門司不
容檢點許御史臺閤門彈奏重行貶責其皇城內諸司
庫務人等亦委本司勘合逐番祗應諸實人數姓名關
報出入門户各别點檢不得與合破當直人衮同將出
入令定到令出節數并將帶隨從人數詔皇城司並依
所定施行中書樞密院執政官二十人宣徽使十八人
御史中丞十四人知雜御史十人左右金吾八人其出
節元不開元坐令定比舊減半僕射以下四節提印單
行及執仗節級不在數中餘皆准此令定入皇城門兩
節外從人十六人尚書以上及觀文殿學士資政殿大
學士節度使三節令定入皇城門兩節外從人十六人

翰林學士以下至龍圖閣直學士及丞郎以上節度觀
察留後兩節令定入皇城門一節外從人十四人給事
中諫議舍人它官知制誥同大卿監待制觀察使內客
省使延福宮使景福殿使客省使諸軍衛大將軍引進
使防禦團練使各一節令定皇城門依舊一節即不過
五步從人十二人三司使權知開封府四節令定入皇
城門一節外從人十人諸司四品官及宣慶使四方館
使諸州刺史樞密都承旨宣政使閤門使昭宣使舊制
許兩人呵引令定入皇城門去呵引外破從人十人樞
密承旨副承旨樞密院都承旨諸衛將軍起居舍人侍
御史諸部郎中皇城以下諸司使舊許兩人呵引令定

入皇城門去呵引外破從人八人樞密院副承旨諸房
副承旨殿中侍御史左右司諫諸部員外郎客省引進
閤門副使左右正言監察御史見任三司判官主判官
開封府推判官舊制許兩人呵引令定入皇城門去呵
引外破從人八人太常博士以下升朝官及帶館職京
官許帶從人四人不帶職京官許帶三人諸司副使以
下至內殿崇班及閤門祗候樞密院兵房吏房禮房副
承旨各許帶從人四人如在內庭勾當許帶六人入內
內侍省供奉殿頭許帶從人三人如在內庭勾當許帶
六人三班使臣班直以上內臣黄門以上許帶從人二
人如在內庭勾當許帶四人皇親諸衛將軍以上出節

及帶從人自依本官外其率府率以上下各許帶從人
六人伎術官合騎馬入皇城門者許帶從人二人　四
年四月十六日詔皇城司今後內中宿直臣僚等更不
得似日前飲酒聚會如違重寘之法　嘉祐五年十二
月詔入內內侍省皇城司詳定今後夜開宫殿皇城門
關防條貫省司同奏京城內夜間遺火稍大及非次汴
河水漲差使臣傳宣及撫防河兵士并降放舊城門鑰
匙令從更不降在內門户鑰匙開門止令入內內侍省
每司差入內供奉官至高班二人於中時後赴東華門
外伏止宿祗候隔門承受文字其舊城門鑰匙亦令封
轉與差下使臣降放非次宣喚醫官并事干急速須合

開門留門者乞差內宿使臣傳宣入內內侍省令隔手差使臣於垂拱殿龕子下傳宣內侍省并鑰匙庫令本處使臣覆奏訖差當宿使臣降放并內中差入內使臣付與御寶劉子賫赴門首監觀仍委監門驗認使訖却須進納仍並差年長歷事使臣及皇城司差在內巡檢或地分人員等與所差下使臣同視開閉其內東門鑰匙亦乞差委當宿勾當內東門司使臣奏請躬親降付內東門與勾當本門官員同開閉辨認出入人等候鏁門畢復進納當宿翰林學士有事故不宿者值晚鏁院並逐次留門或降鑰匙開門放使宣喚今後如當直學士有故不宿乞令本院畫時告報以次學士宿直免致開留門戶每宣試官赴閤門授敕值晚即降鑰匙開門及留門放入赴閤門授敕訖勾當御藥院使臣押赴試院兼計會閤門稱自來差發降南省知舉考試官等係御藥院密差人宣到閤門伺候齊足方將實封於衆試官當面拆封給賜與當直閤門祗候同押赴逐處鏁宿如值晚宣未齊足御藥與閤門祗候於東華門及左右掖門外齊候給敕訖押赴逐處乞更不開留在內門戶皇親諸宮宅院并兗國公主宅內有自來合得下隨身膀子入內如遇年後令所司更不收接每年遇上元節及過郊禋大禮宴會并御試舉人合開留在內門戶依自來體例施行並從之時兗國公主夜開皇城門入內

故有是詔　英宗治平元年三月皇城司言蒙降下詠官呂誨奏乞今後應宮門並須遵守著令檢察合入之人及官員將帶從者定以數目過百官入朝人吏等不得爭行嚴為禁止如有攔入之人勘鞫分明應經歷門戶及所管司分並一等科罪所責人不懈慢門禁稍肅令本司一依條約施行本司舉行舊例緣出入之人多不稟畏每至趁朝宴設排當祗應衆人多例皆爭先擁鬧不成次第既當整肅人員以下編攔約闌因致過悞往往送開封府斷決乞自今後諸門約闌人等如因約攔之次小有悞犯乞送本司酌情斷遣所貴敢行止約從之　二年七月皇城司言先准康定元年七月二十二日詔旨以在內守諸門兵級等不切子細點檢出入之人因緣抵罪遂降旨下本司令自今後常須嚴切鈐轄出入之人緣今在內合出入門戶臣僚合將帶公人數目合到甚處並未有明立條約指揮致本司無憑按驗況近帝所親嚴之地出入之門動闕防不細乞下御史閤門參詳前後條約重定奪件析以聞於是御史臺閤門並上言具到除自來元合破引接人外自三公三師下至伎術官除合祗應者畫定從人數目并引接人等然只得將帶入宮城門其至殿門祗應人并主判臣僚自來合帶將文字手分一兩人得入殿門並依舊制並依所定施行凡祗應從人三師三公東宮三師僕射

以上各五人東宫少師少傅少保州府牧御史大夫六尚書左右金吾衛仗左右衛上將軍門下中書侍郎節度使觀文殿學士資政殿大學士三司使翰林學士承旨翰林學士資政殿學士端明殿學士翰林侍讀侍講學士龍圖閣學士樞密直學士龍圖閣直學士散騎常侍六統軍諸衛上將軍太子賓客太常宗正卿御史中丞左右丞諸行侍郎節度觀察留後給事中諫議大夫中書舍人知制誥龍圖天章閣待制觀察使祕書監內客省使以上各四人大卿監祭酒延福宫使景福殿使客省使開封河南應天尹太子詹事諸王傳司天監左右金吾衛以下諸軍衛大將軍左右庶子引進使防禦

使團練使三司三部副使少卿監宣慶使四方館使司業少尹太子少詹事諭德家令率更令僕諸州刺史諸王府長史司馬司天少監樞密都承旨承旨副都承旨宣政使閤門昭宣使諸衛將軍起居郎舍人知雜御史以上各三人侍御史郎中皇城以下諸司使樞密院副承旨諸房副承旨殿中侍御史左右司諫員外郎客省引進閤門副使正言監察御史以上各二人太常博士諸司副使次府少尹大都督司馬通事舍人國子五經博士都水使者開封祥符河南洛陽宋城縣令太常宗正祕書丞著作郎殿中丞內殿承制殿中省六尚奉御大理正中允贊善崇班中舍洗馬樞密院兵房吏房禮

房副承旨率府率副率諸衛中郎將司天五官正閤門祇候係祇應者及內侍黄門以上寄班祇候係殿祇應庫務者京官帶館職以上各一人內侍術官如遇宣喚入內祇應同 神宗治平四年(未改元)五月十七日皇城司言親事官見闕人多少有撥名蓋久例有酒氣并喫酒不醉配外州軍本城欲乞今後如此罪犯並降移別指揮親從親事官仍三年內不與優輕差遣從之 熙寧元年三月皇城司言在內諸司地分并諸司庫務等處至晚各著鋪分即無玄相關防條約致有寅夜作過之人乞應係內宿人至鎖門後各著鋪分如的有勾當須告同鋪或同房止宿人同報本轄人員職掌等稱所

欲往仍與同覆人同行所有內宿從親官直到地分報覆天明後方得各處止宿去處犯者並科違制之罪如地分巡更不切覺察致令地分收領其同鋪及經歷巡宿人並行嚴斷如有一兩人守宿處即報本地分巡宿人同共往來並從之四月二十四日皇城司言今後在內諸門地分透漏合行收理人數欲乞依條從本司一面斷遣加情理重者即開封勘斷從之五月十八日詔開封府今後皇城司親從親事人員已下真犯罪勘覆情理係杖罪已下合牒皇城司一面斷遣十三日樞密院檢會治平三年八月內皇城司親從官四指揮元額共二千二百七十人今來見闕長行二百九十六人乞

招塡詔差昭明鄭餘懿外面置司招召十二月一日詔
皇城司令後以七員爲額差兩人前班諸司使以上永
爲定式　五年五月二十六日詔轉員親事親從官闕
指揮使差副指揮使權管勾舊制親從親事官各於本
軍轉補以入殿宿衛欲其互相檢察不令豕轉所以防
微也九月十二日相度在京諸司庫務利害劉永淵言
相度將來只於瓊林苑收藏冰更不般往冰井務其爲
省便永遠可行令相度冰井務減罷監官外應人盡撥
屬瓊林苑管轄依舊請受從之　六年十二月皇城司
言奉旨爲今年冰消落過數令候瓊林苑金明池收外
依去歲更於冰井務收三井本司看詳乞就本苑更增

收貯不應兩興井窨欲坼移冰井務塼石就營造供進
詔依已降指揮收三井外並從之　元豐五年六月四
日詔西京左藏庫使吉州刺史内侍省内侍押班石得
一再任皇城司　六年二月十四日開封府乞自今本
府官吏夜救新城裏火如舊門開開聽關大内鑰匙庫
差東華門外當宿使臣降鑰從之四月十七日上批幹
當皇城司官數多可除兩省都知押班外取年深者減
罷止留十員自今勿員外置　哲宗元祐元年十一月
六日詔勾當皇城司三年無過犯者與轉一資皇城使
及遥郡刺史以上與子有官者轉一資無子者許回授
有服親減二年磨勘再任滿者減二年磨勘皇城使及

遥郡刺史以上許回授與子如無子與有服親仍減一
年見任再任官准此　六年八月二十六日詔令後幹
辦皇城司官除入内省都知押班任滿許取旨再任外
餘非特旨再任依元條　元符元年詔應宮城出入請
納官物呈禀公事傳送文書并御廚翰林儀鸞司非次
祗應聽於便門出入即不由所定門者論如闌入律應
差辦人物入内及内諸司差人往他所應奉並前一日
具名數與經歷諸門報皇城司　徽宗崇寧五年二月
十五日知入内内侍省事閻安奏見勾當皇城司招子
弟刺塡親從親事官闕額自祖宗以來止是招刺在京
軍班子弟後來准朝旨許招在京諸班直軍民換受前

班并品官之家子弟及在京禁軍減充剩員子弟親屬
竊緣百姓子弟非土著人其所從來不能盡知雜行會
問亦慮不實恐姦惡之人竄名其間乞自今不許招收
百姓從之　大觀三年六月十四日詔京城舊門并皇
城司外承傳御封文字親從親事官長官可並罷只依
舊法　政和五年十一月十日詔皇城司親從每遇大
禮及行幸出郊并在内諸門地分令闕人守把止差親
事官充代窠役可創置親從第五指揮以七百人爲額
仍以五尺九寸一分六厘爲等候來年八月等揀招塡
數足其將校十節級曹司營門子等并應合行事件並
比親從第四指揮及見行條貫施行　六年三月三日

皇城司奏臣僚將帶人從依格各有定數其輒帶外借人力除宗室已立法外在內供職臣僚亦合一體禁止今後應臣僚輒帶借請或售雇人力入宮門罪賞並依宗室法將帶過數止坐本官若兼領外局所破人從非隨本官輒入者自依欄入法從之十一月十九日詔嘉王楷差提舉皇城司整肅隨駕禁衛所兼提舉內東門崇政殿等門　七年正月十八日詔皇城司創置五指揮并班直及親事增添入額招刺二千五百餘人應副宿衛守門等差役備見官吏用心可依下項推恩內人吏減年候出職日收使願換支賜者特許將一年比換提舉官嘉王楷降詔獎諭勾當官二員各轉一官內中亮大夫已上回授未至中亮大夫與轉行承受二員各減二年磨勘勾押官等共二十七人各減三年磨勘到司未及一年減二年磨勘　宣和二年六月五日詔皇司點校文字法司使臣見破太官局第四等喫食可罷見有官司攀援及帶請去處亦行止罷應人吏并有官充吏職人破太官食除元豐格法該載外餘罷　欽宗靖康元年三月十九日內降劄子應入皇城門之人依法服本色近來多有輒衣便服及不裹頭帽入出令後如有違犯之人許守門等地分合干人收領送所屬科杖一百罪諸官司每季具知委聞奏仍報皇城司檢察諸依每名立賞錢五十貫　高宗建炎二年四月九日

卷千二百五

十九

詔皇城司親事官等日前應逃亡之人或輒投他處及影占私役許指揮到日限一年所在州縣出首特與免罪不理過名支破請給押送皇城司依舊職名收管限內不首依先降依軍法從事容蔽及影占私役官員亦科違制之罪人吏決配二千里　四年五月二十八日詔御前中軍差赴禁衛所充親兵祗應共三百四十八人並特令改刺充皇城司親從五指揮收管如內有不及等三路人亦令改刺　紹興元年二月三日詔行宮禁衛所改為行在皇城司稱呼從幹辦皇城司馮益等請也五月六日提舉皇城司言乞將皇城周迴山坡并皇城腳下係屬皇城界至分明置牌摽識設置笋橎青索令中軍禁止不得牧放羊馬并令人過橎索詔犯人從杖一百科罪羊馬過橎索牧放人依此　二年正月二十五日皇城司言本司掌給行在應奉人等及臣僚下從人救入皇城宮殿門三色牌子照驗入出近緣紹興府遺火燒毀去失今來所造勑號欲乞使本司二印仍角印上用紹興壬子新號六字小印子辨驗如日後印文字號暗淡許齎執保明移文赴司納換勑入禁衛黃綾八角號三千道勑入殿門黃絹號一千道勑入宮門黃絹圓號八千道勑入皇城門黃絹長號三千道並從之五月二十二日皇城司言乞依自來條例諸案坐局所等處應差占親事官已轉至副都頭以上之人除御

卷千二百五

二十

前祗應并海巡依舊差占人員外餘並行拘攔赴司應副差使其闕依優重剸行差填免致在外虛破人員請給如諸處執占不即發遣亦乞立法科罪詔並依如輙敢占留以違制論十二月十二日詔行宮皇城週迴各經直空留三丈皇城門外各空留五丈外許見存人居住並須防謹火禁如有遺漏之家依開封府城法斷罪三年正月二十六日皇城司言乞造勑入殿門黄絹圓號一千道勑入宮門緋紅絹方號八千道勑入皇城門緋紅絹圓號三千道從之十一月二十一日詔皇城司係專掌一管禁庭出入祖宗法不隸臺察已降指揮更不施行自今後臣僚不得亂有陳請更改祖宗法度如違重行黜責先是殿中侍御史常同乞皇城司隸臺察已從其請至是遂不行 五年十月十九日皇城司言令省記下條開封府重定在京編勑一皇城內不係存留燈火之處輙存留者徒二年因而遺漏者當行處斬本處當番監官干係專副巡防人員兵級并同房宿入知而不禁及至遺漏者與同罪不知者各減三等即雖下番知而不禁者亦減當番罪一等不知者不坐雖非地分皆聽糾舉知而不糾者亦行嚴斷其本處當番監官干繫專副巡防人員兵級并同房宿人顯然違慢不切防戒致遺漏者雖不知存畏因依亦與犯人同罪以上並不分首從一皇城內應係合留燈火之處並須

卷二千三百五

二十二

嚴切防戒或有遺漏本犯當行處斬其本處監官干繫專副巡防人員兵級并同房宿人顯然違慢不切防戒致遺漏者雖不知存畏因依亦與犯人同罪以上並不分首從一皇城內應係合留燈火之處並須嚴切防戒或有遺漏本犯當行處斬其本處監官干繫專副巡防人員兵級上番者亦當極斷內有顯然違慢不切防戒致遺漏者與犯人同罪以上並不分首從從之 九年正月五日照應親從親事官宿衛親兵逃走為有專一斷罪不許收留條法致不敢出首者限百日首身免罪依舊收管限滿不首復罪如初 十八年二月十六日詔令後如有將帶勑號逃亡之人不曾施用見在而首身者與於本罪上減一等斷罪餘依見行條法 二十年六月十三日詔御前支降錢一十五萬貫令兩浙運司限一季脩蓋皇城司寨屋三千間務要如法不得科敷擾擾 二十七年十月二十七日皇城司言幹辦本司公事劉伉三年任滿無過詔特與轉遥郡刺史請給等全支本色令後准此 三十一年八月四日詔大禮及日常給黄色緋色勑號許人禁衛皇城諸門應官司輙以黄緋色為號者罪賞依偽造大禮勑號法施行孝宗紹興三十二年即位未改元六月十一日詔德壽宮諸門令依皇城門及宮門法仍依行宮大內置巡警守衛一次務令如法可疾速措置八月八日詔將來大慶殿

卷二千一百五

二十三

發冊寶日麗正門和寧門并南北宮門及合經由門戶
並比常日早二刻關以恭上太上皇帝太上皇后尊號
故也九月十七日詔皇城司皇子鄧王慶王恭王上下
馬處並依宰執例十一月二十九日詔張燾朝謁許乘
轎出入皇城門至宮門內上下馬處（其詳見優禮門）十二月十
一日詔觀察使劉允升幹辦皇城司任滿嘗轉一官許
回授令後准此以給事中金安節言允升今年四月二
日以推埰予賞轉正任觀察使未及一年又轉承宣使
況皇城司任滿自有常法望賜寢罷故有是命　隆興
元年四月七日詔楊存中應上下馬處令依宰臣親王
　二年十一月十日詔參知政事周葵為墜馬所傷免
乘騎權令乘轎入內趂赴朝參閏十二月三日詔尚書
左僕射陳康伯權令乘肩輿入出皇城門至殿門外（其詳見優禮門）
七年四月一日皇城司言先降指揮諸官司諸色
人入出皇城門依法合服本色裹頭帽入出如違杖一
百賞錢五十貫近有諸官司吏人輒衣紫生紗衫并手
執彩畫扇子等入出欲行下諸門地分令後如有犯人
牒送所屬斷罪追賞從之八月二十四日皇城司言本
司幹辦官依舊法滿三年無過犯保明奏聞降付樞密
推賞毋再任及三年無遺闕者同即是每任皆許推賞
兼依先降聖旨曾經本司幹辦任滿人取旨陞擢差除
今後依此詔兩任滿與推一次任滿賞以臣僚有請故

卷一千一百五　二十三

有是命　淳熙二年正月二十九日詔皇城司幹辦官
依舊堂除八月二日詔皇城司德壽宮後苑實占親事
官等將已歷過後苑五年合得轉資恩賞自令更不改
轉別該轉資內有合折補資級之人並特與免折補
三年七月十五日皇城司言將來大禮預行五等親從
親事官近上指揮數填闕額乞將親事官第四第五指
揮等中親從指揮人不候保引子弟並令先次過營處
副差使候保引了日依法揀選崇政殿及應親事官取
年二十五歲以下插一指板二十歲以下插兩指板等
親從指揮如有避等揀逃亡之人候出首日欲依紹興
二十八年九月已降指揮依舊令等揀合入軍分從之
十一月二十八日詔令後皇城司官如服窄衣束帶並
令著黑靴　六年十月十日詔皇城司皇子魏王府可特
添差皂院子二人充借差實占祇應理年轉資等並依
在府祇應人前後已得指揮施行遇闕指名差填　十
一年十二月十六日右正言蔣繼周言臣聞天子之居
尊嚴邃密唯群臣之進見四方之朝覲乃得出入是故
門著籍禁闌入有罪所以謹防閑絕窺伺也僧尼道士
女冠之屬除為民祈謝有故事入內道場外其餘小小
齋醮不繫大體者可只就寺觀不許輒入以示宮禁嚴
密內言不出外言不入防微杜漸莫大於此乞敕皇城
司應僧尼道士女冠等人雖有特降聖旨須候奏審方

卷一千一百五　二十四

許出入庶於法禁不至有違從之　十二年二月二十六日詔皇城司守闕入內院子見闕長行一百三十五人令殿前司步軍司可依淳熙四年例於馬軍司見管不入隊年五十歲以上至六十歲十將以下至長行取揀一次內有職名人比換皇城司職名安排　十三年十二月九日詔皇城司減正貼一人親從親事官等當司減八人翰林司二人以司農少卿吳燠議減冗食下敕令所裁定故有是命　紹熙五年三月一日詔皇城司守闕入內院子見闕長行一百二十八人令殿前馬步軍司可依淳熙十二年例於馬軍司見管不入隊年五十歲以上至六十歲十將以下至長行取揀一次內有職名人比換皇城司職名安排　慶元四年八月二十七日皇城司言刑部措置今後勅號以千字文為號將勅號簿各書鑿字號仍各縫印計定數目呈長官簽押不得指留多印本司契勘逐年印造勅號并給散收換拘籍數目及關防辨驗檢察并禁止借借及偽造自有立定條格指揮約束罪罪賞非不嚴備緣有不畏公法之人將請到勅號借貸與人緣此有偽造之弊亦係本司緝獲並已斷罪了當刑部申請前項措置今來將欲製造來年丁巳敕號緣其間委有未便事件合將前項措置事理逐一參照本司見行格法體例重條具到下項一照得每歲給換禁衛殿門宮門皇城門四色勅號

〈卷二千二百五〉　三十五

歲計約用三萬餘道各有文簿分內外官司立定門目依格法拘籍合破勅號數目遇有約換據憑諸百官司并百官廳分應合破號去處申到窠役姓名繳納舊號保明換請新號本司專副合干人先次辨驗舊號印文對簿批鑿交收然後照合破數目元請人姓名委無差錯重疊先行書勘職級并點檢文字次又簽押官當官毀抹舊號關匣支給新號如有額外創支雖有承降指揮本司又行奏審訖方始支給委是關防嚴緊今若以千字文為號又用合縫印竊緣所造勅號已有立定大小樣制依例先用墨印勅入某處大字又於大字之下印慶元某歲新號大小字作兩行於上又用本司二紅印且以令年丙辰宮門論之其號長四寸八分闊三寸四分中門上下二印其印文每一印目方一寸八分兩壁止有八分空處僅可題寫某處官司并帶號人姓名不唯千字文號難以拘籍三萬餘道勅號若更用合縫印委是印文重疊其守把合干人轉難辨驗檢察委有未便令乞從本司舊例印造施行一契勘本司所造四色勅號以方圓長八角方勝為樣制每歲遞互更易三年週而復始並皆預明具奏進呈訖申中書門下省奏審扎付本司製造施行其所造勅號共三萬餘道一月之間方可了辦共三萬餘道至歲首納換僅二萬道將納換訖數目奏聞外其餘數目當官用匣收盛封押起置

〈卷二千二百五〉　三十六

赤曆橋管見在充日常諸百官司及百司廳分等遣轉
政差替移等人前来支請專副庫子等抄轉赤歷勘同
職級點檢結押委是關防嚴切今若不得指留多印必
致臨期旋行印造竊恐難以關防轉生姦弊及點得每
歲納換新號本司先印號樣出榜於在內諸門曉示分
明逐門辨驗入出不得空名綴帶如有違犯自有約束
兼有立定舊制歲首止限五日換訖五日之外並要各
帶新號入出易於檢察緣件拘定日限其內外諸百官
司等處每日擁併前来換請官吏專庫合干人等盡日
收換連夜攢類令若從本司填寫非但有妨限日納換
又慮因而差誤不便今乞從本司舊制施行一照得本
司拘收舊號當官點數勾銷毀抹外有歲首換納近年
將收到舊號並依資次逐一點數目委無漏落具諸實
文狀申司然後差通管巡視管押人員同合干人等赴
親從寨教場內再行覆點見數監視燒毀令遵從前項
措置候歲首納換見數燒毀內有不到舊號即牒會元
請去處根究施行一照得令承措置應合帶勑號出入
宮禁人仰綴帶在胷前衫上不得繫帶在腰間庶幾守
衛易於檢察如有違戾並從違制科罪見行備坐出榜
曉示并行下逐門守把人常切遵守辨驗覺察施行外
緣本司作準紹興二十七年八月十一日聖旨指揮近
來入出皇城門應諸色人將合帶勑號並不分明綴帶上

多用衣服蓋藏摺疊在懷慮生詐冒仰皇城司常切禁
止如有違犯之人具奏取旨施行見行每季撿舉令欲
將上項措置仰綴帶在胷前衫上并立到斷罪指揮從
本司一就每季檢舉施行一契勘非米應合破勑號去
處內有冒利違法之人將請到本身勑號借債與人致
有偽造今措置遇有請號之人於請領狀內並仰分明
聲說委得給付正身綴帶在胷前衫上照驗入出即無
重疊偽冒不敢移見借帶并衣服蓋藏從便摺疊內人
從宮門號委的給付係正身綴帶等事如違甘伏條制
斷罪追賞施行欲乞令應請換勑號官司遵從上件狀
式書寫前来關請官司公文支請亦仰依上件事理分
明聲說保明前来支給庶可關防借債之弊並從之
嘉定二年十一月八日給事中鄒應龍言伏見賈浚明
差兼幹辦皇城司候有闕日差填舊来此職皆是見闕
差人或差待次亦須顧言其人闕乞將浚明兼幹辦皇
城司候有缺日差填供職指揮追寢如閤門官前此降
指揮者併乞更不施行從之二十六日臣僚言皇城一
司總率親從嚴護周廬參錯禁旅權亞殿巖漢以儒生
位執戟唐以勳臣子弟備宿衛可謂重矣古制既難遽
復今隸籍于中者類多市井烏合訓齊不素坐籍統攝
得人豈可輕授自今乞專以知閤御帶兼領不以畀貴
望輕淺者儻更有躐進之徒僥踰干請雖已頒成命並

許輔臣執奏給舍繳駁臺諫論列不容冒濫務在必行從之　三年五月九日臣僚言皇城司親從等人自來立定員額紹興間不過三千七百三十餘人至嘉泰開禧增至四千八百三十餘人續又增招一千餘人乞將合干親從將校節級等人自轄員之後比照熙紹元額有無增減若已過數即乞一例住行招填將來不及紹熙之數徐議補刺未晚皆更化急先之務詔親從官闕人權住招刺令皇城司於親事管并溢額人内將甚好人材等揀親從祗應條具申樞密院

卷一萬二千二百五

二十九

宋會要

四方館

四方館在朝堂門外掌通事分番供奉宣贊之名籍文武官正衙見謝辭國忌賜香諸道月旦正至章表郊祀朝會蕃官貢舉人進奉使京官致仕官道釋父老陪位之事使闕則客省引進閤門使副兼掌　兩朝國史志四方館使名雖列於內職然其吏屬則同京百司掌通事舍人分番供奉宣贊之名籍文武官正衙見謝辭國忌賜香諸道月旦正至章表郊祀朝會蕃官貢舉人進奉使京官致仕官道釋父老陪位之事使闕則客省引進閤門使副兼掌令史一人表奏官一人驅使官一人元豐改制具載職官志　舊制本館官係知閤門兼管

卷一萬一千三百六

令同主管文字使臣一名承受行首一名承受五人典書二人貼書二人掌節旦外任臣僚進慶賀起居表章大朝會諸番國陪位立班大朝會京官選人并致仕官諸州進奏官立班大禮太廟圜壇行事執事陪祠京官選人班次宣德門肆赦諸番國陪位立班宣德門肆赦京官選人并致仕官僧道陪位立班車駕行幸諸番國宣德門起居立班進士舉人耆壽僧道應於陪位立班

太祖建隆中以客省使張保續為衛尉卿判客省閤門事保續在閤門四十年善宣詞令歷事六朝未嘗有過故特寵之　真宗景德二年十一月十八日詔韓崇訓管勾客省公事如北使就客省賜酒食仰崇訓伴賜其客

省進目即令當上閤門使進呈　大中祥符五年七月
真宗謂知樞密院王欽若等曰累有臣僚言客省所管
擔床纓帕多已蔽壞散失無所拘轄事雖至細然添修
之際亦勞煩人力可專差使臣點檢條制　仁宗天聖
四年三月東上閤門使高州刺史李昭亮言自客省四
方館闕官相承以閤門使副使名次在上者權行點檢
不曾聽候朝旨今客省四方館闕官臣雖準例權行點
檢即未受朝廷文字慮亦非便欲望特降旨揮差官詔
昭亮兼權管勾　慶曆四年正月二十五日客省言自
來樞密副都承旨以下至翰林醫官等逐年進奉乾元
節物色進呈後送宣徽院撥送所屬庫務候過節中樞
卷一萬一千三百七　二
密院同賜本色物欲乞今後依新授閤門祗候例當
日取旨同賜裕與本官有香藥依例送宣徽院從之　六
年九月十七日史館言每外夷人入見其管伴所申送
國邑風俗形貌圖軸外其夏國衆賀人使每入朝貢未
見引伴官司供到文字欲乞下四方館牒報引伴夏國
官員依外夷入見令詢問國邑風俗道途遠近及寫衣
冠形貌兩本一以進呈一送史館從之　七年四月二十
七日入内内侍省言乞下四方館勘會已曾差人進奉
去處更不須寫形貌若有異國創初差人進奉去處到
闕即令潛寫令本處子細保明關報館伴使臣從之
皇祐三年十二月詔四方館自今減臣僚所進謝恩馬

史　史

價之半　嘉祐三年六月十六日詔四方館言乞下御
史臺令文資官自今改轉過正衙將請受文歷同正衙
狀前一日先送本館方許引付正衙過正衙日却收領
批說從之　十月詔客省引進四方館使如遇有闕須候
改官各及四年方得依次遷轉　神宗正使職官志客省
使二人從五品副使二人從七品四方館使二人正六
品東上閤門西上閤門使各三人正六品副使各二人
通事舍人十人並從七品祇候十有二人從八品客省
掌四方諸蕃國朝貢之儀物還則擬以賜予詔書執政
侍從官禁衛將校節物則備以式若中散大夫刺史東
班橫行副使樞密承旨及監司知州察主以上遷闕則
卷一萬一千三百七　三
主其酒食哲宗正史職官志同四方館掌通元日冬至朔旦之表
章郊祀則定蕃國使致仕未陞朝官貢士道釋主首誥
祠之服位大朝會亦如之哲宗正史職官志同四方館掌通元日（閤門掌朝會供奉）
贊相之事使副承旨稟命舍人宣辭令祇候分佐舍人
應見謝辭官視其秩序各以次為之相導而糾其失乘
輿行幸則從凡百官赴閤門慶禮奉表則詣東尉禮進
名則詣西月進班籍歲一易之自客省而下因職事以
建官名額有定員遂立積考序遷之法聽其領職居外
別置引進使副以為等級班四方館上而閤門復增看
班祇候六人由看班遷至使皆五年使以上七年遇闕
即遷無闕則加遙郡分房二設史八而客省四方館總

七人哲宗正史職官志同神宗熙寧四年十月六日樞密都承旨
李評言乞應諸國朝貢一司總領取索諸處文案會聚
照驗預爲法式詔除契丹夏國外應諸國朝貢令管勾
官置局取索文字今後閤門
客省四方館公事雖有本使亦不使以上並同管勾客
省四方館公事雖有本使亦不罷仍權就差閤門祗候
賈祐馬仲良編次客省諸蕃國文字候了日罷十二月
十一日詔凡護葬賻贈朝拜令四方館差人押當六年
六月十六日詔在朝橫行使副自今並管勾客省四方
館公事先是客省四方館闕正官即以閤門使副管勾
至是引進使李端慤赴闕西上閤門副使張誠一應罷
而端慤乞令誠一依舊權管勾故有是詔二十七日客

省言諸蕃進奉人送管勾使臣等土物欲除送押賜及
傳宣使物受而不答外仍比舊數不相遠者並聽準例
收從之仍禁不得輒有計會元豐五年九月二十一日
詔客省引進四方館各置使二員東西上閤門共置使
六員客省引進閤門共置副使八員閤門置通事舍人
十員內閤門副使以上並依諸司使副條例磨勘閤門
使以上遇有闕改官及五期者樞密院檢舉如歷閤門
職事從犯贓及私罪杖以上事理重者遇遷日並除他
官閤門四方館及使七年無私罪未有闕還者與加遙郡
其特旨與正任者引進使四年遷團練使客省使四
年遷防禦使七年四月九日客省副使曹誘言乞本省

治事畢候三省樞密院出方許出局詔客省四方館所
治職事全簡少徒糜占人吏端坐無補可令治務罷出
二十二日詔客省四方館使副各領本職外官最高者
一員仍兼領閤門事五月十九日詔自今客省四方館
閤門暫闕官即互權。徽宗崇寧二年十二月二十九日
禮部言客省簽賜臣僚正旦寒食冬至節料并到闕賜
生餼羊即日闕本色支供欲乞自今後並支價錢從之
四年七月十四日客省言占城進奉人在闕合赴起居
檢會崇寧三年十月十七日自駕詣景靈西宮朝獻上清
儲祥宮燒香于闐國進奉人宣德門前起居更不隨駕
今後如有對御即隨詔依例今後諸蕃國准此大觀元

年七月十一日詔客省四方館與閤門一同具審奏旨
揮并不隸臺察行移文字并依閤門近降指揮施行十
月十九日詔大遼國信使副入內賜酒食今後令內添
入三節人從二年十二月三日文思副使兼閤門通事
舍人范訥詔特與轉一官特授客省副使以管押偽王
子咸征樸哥等到闕朝見了當故有是命三年五月十
八日詔今後客省四方館應陳乞恩澤等並依大觀三
年四月二十日聖旨閤門提點承受等有陳乞祇應年
勞轉官差遣並仰經由閤門陳乞保明申奏朝廷推恩
如敢隔越以違制論所乞仍不行政和二年十一月十
六日詔客省引進四方館東西上閤門除今來立定外

如有該載未盡仰尚書省將自來所掌職務釐正條具
隷事格法進呈取旨行下横行職任差官員數知客省
二員知引進事二員知四方館事二員知東上閤門事
六員知西上閤門事二員右一十四員不以文武內外官充客省
掌信使到闕儀範伴賜酒食并臣僚等節儀節料生餼
之事四方館掌致仕官者壽僧道主首蕃國貢首立班
并節旦外任臣僚進慶賀起居表章之事引進掌臣僚
蕃國等應干進奉及禮物之事仍以司稱東上閤門掌
朝會宴集視朝前後殿起居臣僚見謝辭班儀範贊引
恩禮錫賜承旨宣荅糾彈失儀行幸前導信使到闕校
書慶賀捧表宣麻引案應干吉禮等事西上閤門掌凶

卷一萬一千三百七

六

辰奉慰臨奠問疾應干凶禮之事今擬下項今來分隷
所掌職務外其舊來合行條貫即無衝改自合依舊施
行一客省掌信使到闕儀範伴賜酒食并臣僚等節儀
節料生餼之事信使大遼使到闕儀範大遼使到闕管
伴奉使等相遇許相揖節儀節料立春春秋社寒食端
午初伏重陽宰臣親王以下至觀察使發賜節儀正旦
寒食冬至發賜節料（幹臣觀王以下至諸司）立春春秋社使帶遙郡發賜節料
立春春秋社寒食端午初伏重陽發賜諸蕃國節儀正
旦寒食冬至發賜節料撿舉生日宰臣親王皇子宗室
及不係宗室開府儀同三司職務開府儀同三司節度
使朝辭到闕京城外賜御筵貼坐次闕所屬排辦大遼

使見前五日關吏部等處大遼使見辭預關殿中省等
處大遼使朝見訖給歇泊假三日關館伴所大遼使常
朝赴起居前一日關館伴所大遼使到闕差承受引揖
大遼使見辭上壽赴宴傳事入殿引揖祇應賜酒食（開）
府儀同三司至觀察使到闕發賜伴賜臣僚酒食僧道（御道）
見辭賜齋食茶果大遼高麗交州副使朝見發賜大遼
高麗夏國諸蕃國溪洞蠻人入內車駕行幸高麗諸蕃
國如有對御從駕車駕行幸西南蕃宣德門起居集英
紫宸殿宴高麗諸蕃國人從夏國高麗進奉副使見辭
伴賜差閤門祇候諸蕃國進奉人見辭伴賜前一日差
舍人大遼使常朝日起居伴賜酒食教坊使以下謝衣

卷一萬一千三百七

七

賜茶酒前一日關所屬生餼正任防禦團練使刺史到
闕大遼使到闕朝見三節人從一四方館掌致仕官者
壽僧道主首蕃國貢首立班進奉人到闕儀範并節旦
外任臣僚進賀（慶）起居表章之事立班大禮致仕官宣德
郎至承務郎道僧官主首以下諸蕃國進奉副使等立
班御大慶殿致仕官未陞朝官諸道進奏官諸蕃國諸
州貢首立班蕃夷朝貢朔日視朝正旦冬至節拜表引
揖進奉副使等入殿表章節旦外任臣僚進慶賀起居
表章蕃國進奉人到闕儀範夏國高麗諸蕃國後殿再
引外國進奉人謝酒食諸蕃夷朝集宴進宴會處與別
國須相避者並同去車駕行幸蕃夷進奉使以下赴宣

使

臣辭

德門外迎駕起居職務應正冬御殿本館預先牒禮賓院等處取索人數諸蕃夷朝貢閣館押伴所詢問風俗國邑等上元節駕幸宣德門觀燈入內省視臣關到合赴露臺外國進奉人數諸蕃國進奉人見辭御龍直同引入殿于閣高麗諸蕃國進奉人見辭上壽赴宴譯語等入殿引揖祇應夏國高麗諸蕃國到闕差引揖人一引進司掌臣僚諸蕃國等應千進奉及禮物之事臣僚進奉馬及金銀器并表駕幸金明池水殿普安院進蒸餬車駕行幸諸園苑射弓臣僚進奉夏國諸蕃國溪洞蠻人進奉夏國高麗及諸蕃蠻進奉表匣道稽進香合送尚書禮部應臣僚投進章表奏狀一束上閤門掌朝會宴集視朝前後殿起居臣僚見謝辭班儀範贊引恩禮錫賜承旨宣答糾彈失儀行幸前導信使到闕授書慶賀拜表宣麻引案應千吉禮等事朝會朝賀上壽視朝起居前後殿起居崇政殿再坐視事（延和殿同）假日特旨後殿引上殿臣僚視朝退殿坐與不坐取旨前殿坐日公與一兩件人數不多取旨坐與不坐崇政殿引雜公事過臣僚奏事退日高取旨再引恩禮錫賜特旨改賜章服大臣特恩異物賜臣僚告勑見條等見謝賜襜賜衣帶等分物諸蕃國進奉見辭賜例物差承受照檢承旨宣答稱賀宣答賜學士院詔降御札答宣麻赦書德音儀範贊引天寧節上壽大禮宿食致齋行禮肆赦車駕

卷一萬一千三百七　八

雪

朝拜行幸後苑賞花上元節宣德門觀燈慶賀拜表臣僚上殿大遼使見值雨霨雲服儀仗並退禁衛班直等上廊諸蕃國進奉人見辭宣班蕃國進奉人在闕值集英紫宸殿宴副使首領並與坐大遼使見辭前一日差舍人提點并承受就驛習儀大遼使見辭上壽赴宴差習儀勸酒舍人等大遼使赴宴人從上中節為一行下節為一行坐高麗交州進奉副使遇朔望四參日諸蕃副使首領遇朔望日赴前殿起居請景靈宮朝獻日值雨雪差官分獻差舍人引揖宰臣執政官景靈宮恭謝差舍人引揖集英殿宴紫宸殿宴垂拱殿曲宴大輔臣僚等見謝辭班次宰臣以下謝衣等後殿班直謝時服元日寒食冬至節假開參假臣僚給假參假臣僚等授制告免并大遼國夏國高麗諸蕃國見謝辭起居班入次序大遼及諸蕃國見辭傳事譯語人並免引門見謝車駕行幸差承受貼定臣遼等幕次朔日不值假文德殿視朝開鴻臚寺禮賓院將相還拜合迎授或見辭勞戢奏聞得旨申禮部糾彈失儀貢士釋褐臣僚因見還授申中書省轉官等批歷覵察使以上及駙馬等服閣申所屬賀祥瑞勝捷俟有定日如諸蕃在闕本處照會臣僚朝謝并起發日限諸處進呈衣樣後殿坐值雨雪御馬上殿門外攏立諸蕃國進奉人見辭職次前二日支賜闕太僕寺等處溪洞進奉人見辭支賜前一日具

卷一萬一千三百七　九

職次人數闕祇候庫高麗入貢見賜支賜前二日闕太僕寺等處常朝假故前一日闕大內鑰匙庫崇政殿跡決罪人一西上閤門掌忌辰奉慰行香臨奠問疾應干出禮之事詔高麗神宗皇帝優待使命已稱國信可改隸客省餘並依擬定逐處看詳如未盡未便條具申尚書省三年六月十七日詔知四方館事黃冕自仕祿至令並不曾陳乞磨勘稍釋廉恥宜加褒賞可特與轉遙郡觀察使五年二月十八日客省言皇太子簽賜春社節儀本省今內止有宰臣親王賜節料節儀即未敢依上件令例簽賜詔應合賜節料節儀等並依親王例欽宗靖康元年四月十三日詔客省引進司四方館西上

卷一萬一千三百七

十

閤門為殿庭應奉與東上閤門事體一同可依祖宗法隸中書省其隸臺察指揮更不施行高宗建炎元年十二月二十一日知東上閤門使韋淵言橫行五司尚未還依元豐舊制欲乞將西上閤門引進司四方館併歸閤門客省其三司印記案牘條令什物並閤門客省隨事拘收內人吏依職次撥填閤門客省見闕餘人並罷免致虛費廩祿恩賞詔依元豐舊例二十五日今後客省承受閤門可依元豐舊法還補施行四年四月二十二日同管客省四方館公事藍公佐等言本管人吏先奉日推恩越州所有臣僚下到起居旦表繳進奏狀并日逐行移印記欲乞就用客省印記行使詔依候印記到

粮

日依舊十一月十九日客省四方館言伏覩曉示百司留吏戶部等其餘並令從便令契勘所掌職事與閤門一同亦合量留人吏并所管搬擎進奉人兵並依舊祇應餘人依已降指揮令各從便從之紹興三年十一月十四日詔客省四方館并隸臺察先是御史臺六察所隸官司有因一時申明免隸臺察去處至是殿中侍御史常同乞依舊制施行所貴百司庶務有所按察不敢違戾故也四年四月七日詔四方館客省並依祖宗舊制隸屬中書省不隸臺察五年六月九日詔引進司西上閤門及客省四方館官已有廢外可只依見行員數右武大夫以上並稱知閤門事兼客省四方館事若官

卷一萬一千三百七

十一

未至右武大夫者即稱同知閤門事同兼客省四方館事今後並依崇寧在京通用令以除授為序稱同知者在知閤門之下餘並依閤門事其觀察使以上即序官緣建炎元年十二月內韋淵奏將引進司西上閤門廢併當時止以東閤門事六員同管三司職事今來武臣陞官見遵用政和二年改定官制其吏部討論即與當年九月內整正指揮不同切慮又有臣僚申請更改難以遵守故有是詔六年正月二十六日客省四方館言逐司依格每季合破紙劄朱紅係雜物等庫支請後來續承指揮應官司紙劄朱紅並於請受都歷內批勘逐司自東京勘請至揚州昨據渡江散失都歷根審院阻

節不肯批勘堅要歷元敎行令來逐司所破紙劄朱紅
不多致乞依格內所破逐色三分為率支破二分截自
今年春季勘請詔依舊逐司請定都歷批勘令赴左藏
庫支給所破紙劄朱紅以四方為率支破一分客省格
每季表紙七百大抄一千小抄一千二百朱紅四兩閏
月加三分之一四方館格每季表紙二百大抄紙八百
小抄紙一千朱紅三兩閏月加三分之一　十二年八月
十八日客省言大金使人到來朝見朝辭訖殿門外幕
次內賜酒食依格各合差客省官一員伴賜詔更不差
官　十三年六月六日四方館言舊例郊祀宣德門肆赦
蕃國進奉使副大小首領并賣馬蕃部郊壇陪位及肆
卷二萬一千三百七　十二
赦稱賀立班係鴻臚寺具到職次姓名習儀上令承受
分任班位至日引押契勘將來郊祀登門肆赦若有上
伴蕃國使副等在闕欲乞下禮部依此施行本部看詳
鴻臚寺昨於建炎三年減罷除無案籍考據外若將來
大禮諸蕃國有因朝貢到闕即本部開具職次姓名關
報四方館令依自來條例內賣馬蕃部若不因朝貢止
緣賣馬到闕即令兵部開具回報本館施行從之　十二
月三十日客省言正旦使人朝見與將來朝辭各殿門
外賜酒食合差伴賜官詔各就差館伴官伴賜　十四年
正月二日詔今後使人入界止差承受一名隨逐接送
伴前去掌管一路御筵儀範所得口劵食錢等並依接

國　易

送伴白身主管文字則例支破仍舊接送伴一歷批勘
二十五年十月八日客省言將來占城國進奉使副到
闕在驛禮數儀範緣無舊案牘今條具到禮數行馬坐
次下項詔並依擬定一進奉使副與押伴官相見其日
進奉使副到驛歸位次客省承受引譯語赴押伴位參
押伴復作押伴問遠來不易參訖譯語作奉使副傳語
押伴官訖退客省承受同譯語入進奉使副位次使副
起立與客省承受揖見揖訖客省承受作押伴官同傳
語進奉使副遠涉不見喜得到來少頃即得披見次客
省承受引首領赴押伴位參復作押伴問遠來不易參
訖退客省承受次撥人從參押伴客省承受喝在路不
卷二萬一千三百七　十三
易參訖退譯語齎進奉使副名銜分付客省承受轉押
伴訖復請押伴轉銜分付譯語訖少頃客省承受引押
伴官同進奉使副陞廳對立客省承受執展狀相見訖
揖各赴坐點茶畢客省承受喝入卓子五盞酒食畢客
省承受喝撤卓子次點湯喫湯畢押伴官進奉使副相
揖畢分位一習朝見儀其日候閤門差人赴驛教習儀
範同客省承受先見押伴訖計會譯語請進奉使副服
次客省承受同譯語引教習儀範人相揖教習朝見儀
訖相揖畢退朝辭准此一朝見其日五更人馬從物入
位客省承受計會譯語請進奉使副上馬相次上馬次
押伴官與進奉使副相揖畢行馬首領於門外上馬至

客

客下疑脫省字

侍漏閤子下馬俟開內門押伴官進奉使副上馬
至皇城門裹宮門外下馬至殿門外侍班幕次侍班其
首領已下步行入皇城門俟閤門報班引進奉使副出
幕次入殿朝見拜數禮儀並如閤門儀俟朝見畢閤門
引進奉使副出殿客省承受接引歸幕次客省承受引
伴賜舍人押伴官進奉使副對立相揖畢客省承受贊
坐點茶喫茶畢客省承受唱入卓子酒食畢客省承受
唱入卓子酒食畢客省承受唱徹卓子點湯喫湯畢客
承受引伴賜舍人與進奉使副相揖畢伴賜舍人先退
次押伴官進奉使副相揖畢引至宮門外上馬首領以
下步行出皇城門外上馬歸驛朝辭准此一在驛客省
簽賜節料節儀其日俟客省承受齎到賜目管押所賜

卷一萬一千三百七　十四

節料等到驛客省承受先報押伴訖於設廳前望闕鋪
設所賜物客省承受引進奉使副立定引進奉使副拜
賜目跪受訖次引首領以下拜賜目跪受賜訖退一御
筵其日俟賜御筵天使到驛諸司排辦備客承受取
進奉使副名銜轉押伴看訖納天使復取客賜御筵天使
轉銜分付譯語少項客省承受引天使押官官進奉使
副降階對立定客省承受先引押伴官至闕謝恩如儀
畢引依位立次引進奉使副謝恩如儀畢引依位立天
使與進奉使副相揖畢天使先退次押伴官與進奉使
副相揖畢引押伴官進奉使副陞廳席後立客省承受
撥首領以下謝恩如儀訖赴席後立官省承受上廳贊

揖畢赴坐點茶喫茶訖行酒俟酒食畢客省承受唱徹
卓子點湯喫湯畢引首領以下謝恩客省承受贊席後
立俟首領以下謝恩如儀畢客省承受引押伴官進奉
使副降階對立定先引押伴官謝恩如儀畢引依位立
次引進奉使副謝恩如儀畢引依位立客省承受引天
使依前位立進奉使副令譯語跪執謝表拜訖進奉使
以表跪受天使訖引依位立與天使相揖畢天使退次
押伴官進奉副相揖畢引分位一進奉日進奉使副與
押伴官相別其日俟進奉使副以下般擔行李盡絕就
驛酒食五盞俟排辦備客省承受引押伴官進奉使副
陞廳對立相揖畢客省承受贊坐點茶喫茶畢客省承

卷一萬一千三百七　十五

受唱入卓子五盞酒食畢唱徹卓子點湯喫湯畢客省
承受引押伴官進奉使副對立定客省承受互展狀相
別訖分位客省承受引首領以下辭押伴並如參押伴
儀畢次伴送使臣交割起發前去同日詔占城進奉人
到闕在驛主管諸司官就差監驛官與臨安府排辦事
務官同共管幹疾速施行十一月三日客省言占城國
入貢其進奉人非晚到闕緣本省別無見存條令案牘
檢照今具合行排辦事件伏乞施行並從之一欲乞候
進奉人到闕客省就驛置局主管事務一令來進奉人
候報到至國門日分客省承受同合用人從鞍馬等出
城幕次內計會引伴使臣祇備使用候入城到驛與押

伴相見茶湯畢排辦酒食五盞訖分位所有相見酒食
五盞令在驛御廚翰林司隨宜供應排辦其城外幕次
令臨安府於經由入國門外側近去處釘設幹辦一進
奉人到驛所有朝見日分欲乞候本省取到進奉人膀
子具奏取旨引見及朝辭日分依此施行所有皇城門
外待漏幕次付物等欲乞從本省關報儀鸞司排辦釘
設一押伴官并進奉使副乘騎素銀鞍馬四匹判官等
鞍馬一十匹乞下馬軍司差撥事畢還發一進奉人到
闕本省置局取索文字欲乞下步軍司差校進文字兵
士五人事畢發遣乞從本省保明關報皇城司權閣請
物入宮門號五道逐人繫帶事畢送納一進奉人起發

卷一萬一千三百七　十六

日就排辦酒食五盞押伴官相別訖進奉人交付伴送
使臣起發前去所有酒食五盞食在驛御廚翰林司排
辦供應二十一日詔福建市舶司差到使司韓全等八
人押伴占城進奉人到闕回日可就差伴送前去合得
券錢令臨安府自到闕日照券批文同日詔占城進奉
人到闕已降旨揮客省置局主管日輪官一員到驛照
管合破酒菓喫食等依押伴官支破其客省使臣行首
承受典書投送文字兵士各日支食錢并合用紙劄朱
紅據數並令臨安府支破食錢自入驛日起支起發日
住支二十二日客省言令來占城進奉人到闕別賜國
信物色已下所屬製造訖欲乞送祇候庫打角學士院

官

封題請寶訖付客省關送押伴所施行從之翠毛細法
錦夾襖子一領二十兩金腰帶一條銀器二百兩衣著
絹二百疋白馬一匹八十兩閙裝銀鞍轡一副二十七
日詔引伴占城進奉人使臣韓全等八人并譯語二人
自泉州引伴并伴送前去特與等第犒設一次使臣韓
全一百貫與占射差遣一次令吏部給據譯語二人各
五十貫衙前一名五十貫手分一名三十貫軍兵五人
各一十五貫並令戶部支給同日詔占城進奉人到闕
押伴官與衣館伴大金使副例減半支銀絹各一百疋
兩充收買私覿客省客置局主管與依國信所主管官
例減半每員支銀絹各二十五疋兩並令戶部支給其

卷一萬一千三百七　十七

當行房分折食錢令臨安府依大金人使到闕例減半
支給二十八日客省言占城進奉人回程其沿路差破
遞馬宿泊飲食等並乞依引伴來程體例施行所有擔
擎人乞據合用人數令臨安府應副起發前路逐州交
替經由州軍委巡尉防護出界反依已降旨揮令押伴
所於未起發已轉牒經由州軍預行差人界首祇備交
替從之二十六年正月十四日樞密院言交趾差太中大
夫周公明等管押稱賀昇平及差右武大夫李義等管
押常貢綱運同赴闕投進本省契勘熙寧四年諸蕃國
稱賀令客省官置局主管令後應緣蕃國入貢並乞依
上件省記旨揮施行今後交趾占城羅殿國小張蕃入

貢係屬客省主管置局本省已有占城國昨到闕見辭
等體例所有將來交趾國到闕見辭等應干合行事件
伏乞旨揮詔將來交趾國到闕並依占城國進貢人昨
到闕體例并内有事體輕重或該載未盡事件並令客
省逐旋中朝廷取旨令後遇諸蕃到闕准此同日詔令
來交趾到闕其見辭分物等依占城國到闕閲會太常
寺檢討典故施行太常寺檢討到交趾朝見分物故例
支賜内使鞍改作履一十五兩渾鍍銀腰帶改賜一十
五兩金腰帶衣著作五十匹鞍轡令造銀裹橋錦緣素
紫羅襯紫羅刺裹鞦轡間鍍稀釘銀作子副使朝見分
物依正使件數内金腰帶一十兩衣著三十匹銀器二

卷一萬一千三百七　十八

十兩鞍轡令造銀裹橋錦緣素紫羅襯紫羅刺裹鞦轡
間鍍簇三銀作子監綱絹作一十疋内減五千改作銀
器一十兩書状官絹作一十匹内減二千改作銀器一
十兩並依昨占城朝見已賜例各賜一十兩金花銀腰
帶絹寬汗衫小綾夾襖頭袴幞頭絲鞋孔目官防援官
行首都衙常押衙各絹作七疋内減二千改作銀器五
兩各賜絹汗衫絹勒帛絹夾襖頭袴幞頭麻鞋通引官
行首通引官知客衙官行首看詳公人各賜絹汗衫絹
勒帛絹夾襖頭袴幞頭麻鞋絹五疋其使副以下朝辭
分物並依昨占城已賜例其通引官行首通引官知客
衙官行首看詳公人朝辭將各賜銀五兩絹三匹令所

所屬先次製造排辦候會到的確人數稱呼如有該載
未盡名色可比擬等第給賜施行二十四日詔令伴送
三佛齊進奉人使回程除日用喫食蔬菜熟藥外並不
得應副買賣金銀疋帛生藥等物御經由州縣具應副
過物件中尚書省樞密院并各省四月三日詔將來交
趾進奉人到闕押伴并一行應辦人並依昨占城進奉
人到闕著紫衫帶子體例施行同日詔令來交趾到闕
懷遠驛差監門官一員機察出入兼提振火燭管轄祇
應軍兵鞍馬從物等仍與諸司官同共管幹其差取日
支食錢並依押伴所差破引接已得旨揮施行二十七
日客省言據客省主管文字張彦中状伏覩本省元豐

卷一萬一千三百七　十九

格主管文字大禮畢銀器四十兩衣一襲昨緣紹興十
三年八月内有主管文字劉揆差充奉使大金賀正旦
國信所都轄至當年十一月内郊祀不在省祇應因而
不曾批勘伏乞自紹興二十五年郊祀大禮畢為始批
勘詔依本省見行元豐格批勘今後准此六月十七日
客省言交趾國入貢應事件並依占城體例外今續有
合行事件欲乞施行並從之　一押伴官并進奉使副
乘騎素銀鞍馬及判官以下并本省使臣人吏鞍馬候
會到的確等的確等第稱呼人數乞從本省豫合用數
目関報馬軍司差撥事畢發遣其一行鞍馬欲乞差管
押使臣一員并空馬人各日支食錢於押伴所料次錢内

支給一將來交趾進奉人到驛切慮諸色人亂有出入應入驛人並置牌號機察出入無牌號人輒入者乞從本省送所屬依條施行仍每名立賞錢三十貫犯人名下追取一本省使臣人吏置局行移文字事體繁重欲乞依國信所使臣人吏等第添破食錢並乞減半支給自進奉人過界日起支出門人往支三省禮房樞密院廣西房提點職級至主行人依客省使臣體例施行守闕減半支給點檢催驅印房依條施行並隨逐處大歷內批勘令來係是暫乞不理為名色也次數今後諸蕃國入貢乞依此　一懷遠驛差監門官一員欲乞於見任寄居待闕大小使臣內指差進奉人到闕前三日

卷一萬一千三百七　　辛

赴驛若係寄居待闕官其本身請給仍全臨安府按月幫勘候進奉人起發日住支七月十三日客省言昨占城國入貢本省差承受一名入驛掌管儀範引接祗應今來交趾到闕切慮一名祗應不前欲乞每綱各差承受二名詔遇蕃國到闕特貼差承受一名入驛引接祗應今後準此八月二十七日客省言每歲正旦生辰大金人使到闕合賜簽賜亦是本省依格繳進謝表今來交趾賀昇平常貢兩綱使副朝見依本省格繳進九月十五日詔交趾到闕令內藏庫支絹四十九匹錢二十貫五百文客省使臣以下銀絹三十匹兩支在驛諸司官絹五匹支在驛監門官錢三十貫支學士院點檢文字

等並充犒設十月三十日詔令來三佛齊到驛懷遠驛差監門官一員機察出入兼提振火燭管轄祗應軍兵鞍馬從物等仍令諸司官同共管幹其差取請給食錢一并所破喫食等並依昨交趾已得指揮體例施行十一月二十二日詔諸蕃到闕日輪客省客一員在驛宿直內監驛監門掌儀承受巡視把門親事官應在驛諸色祗應人等自合依國信所隸客省官主管日食支錢并事畢依例支賜犒設令客省官奏請支散客省押班所行移案牘如敢析截隱漏當行使臣手分並從徒一年科罪十二月二十四日詔昨占城交趾進奉人到闕客省已差承受二人國信所掌儀一名赴驛同共祗應今

卷一萬一千三百七　　二十一

來國信所已降指揮更不差客省添差承受一名充添掌儀祗應令先次施行鞍馬食錢依國信所差到掌儀則例支破同日詔押伴官鄭應之遇在驛闕官職事相妨令申閤門免赴起居事同日詔三佛齊進奉人到闕正月一日合赴拜表待班幕次於南宮門外以西廊上管軍知閤幕次鸞司釘設令出入麗正門其管軍知閤門幕權於宮門裏以東廊上釘設　孝宗隆興元年八月十七日右諫議大夫王大寶等言客省吏額一十五人今減典書二人以典書五人為額四方館吏額一十一人今減貼司二人詔見在人且令依舊將來遇闕更不遷補撥填

閤門司在紫宸殿前南廊，掌供奉乘輿朝會游幸大宴及贊引親王宰相百僚蕃客朝見辭謝糾彈失儀。置使副使，亦有通事舍人。（永樂大典未註卷數）

宋會要　閤門使

紹興元年，詔主管閤門宋錢孫轉橫行一官，落權字。上

曰：「錢孫乃藩邸內知客，稍習閤門儀注，而法非橫行不許知閤門，故與轉橫行一官。」紹興五年，詔左武大夫以上並稱知閤門事；若官未至右武大夫者，即稱同知同兼，序在閤門之下，即副使也。（永樂大典卷一萬三千三百二十六）

宋會要　引進使

真宗景德元年十一月二十八日，契丹遣左飛龍使韓杞朝于行在，宮命知澶州引進使何承矩郊勞，翰林學士趙安仁接伴之。乾興元年（仁宗即位未改元）二月，遣崇儀副使薛貽廓假引進使使契丹，以真宗崩告哀

卷一萬三千三百二十六

二十五

寄案史志東頭供奉官上當補內字

全唐文

內侍省

宋會要

國初有內班院淳化五年改黃開〔門〕院又改內侍省內侍
班院景德三年止名內侍省所領舊有監火監內侍內
給事內謁者內寺伯宮教博士掖庭宮闈奚官內僕內
府五局令丞令置左右班都知左班右班都知副都知
並景德三年置以諸司使副使已上充初左右班各有
押班後止為押班內殿崇班已上充其屬官有東西頭
供奉官殿頭高品高班黃門六等章分番入直宿出使
之事行幸給使押班已上領省事又有前殿祗候高班
內品祗候內品後苑內品北班內品散內品及寄班供
奉侍禁殿直奉職小底其內府局丞以上為加官自小
黃門以上皆有加官至內常侍止內侍已上不常置亦
有特為內常侍以檢校官為之在內東頭供奉官上
兩朝國史志　內侍省有左右班都知左班都知副都
知右班都知副都知押班東頭供奉官內西頭供奉官
內侍殿頭內侍高品內侍高班內侍黃門都知以諸司
使充副都知以諸司使副充押班以內殿崇班以上充
領省事然不備設自供奉官至黃門一百八十人為定
員凡內侍初補曰小黃門經恩遷補則為內侍黃門自
都知至黃門皆番休直宿或奉使中外車駕行幸則供
給使又有前殿祗候高班內品祗候內品後苑內品其

卷一萬一千九百四十五

掌與黃門以上同凡以罪出者降為灑掃院子今北班
內品散內品是也又有寄班供奉侍禁殿直奉職小底
日奉內朝以備乘傳急詔凡天子巡幸則執乘輿服御
其吏屬則有前後行各二人典二人元豐改制具載職
官志　太祖乾德四年六月詔曰宦者四星著於番象
給事宮掖自有定員人臣之家豈宜私養因而規利尤
紊舊章准唐開元七年詔內侍五品以上許養一子以
同姓者充初養不得過十歲又准寶曆二年詔百官及
方鎮之家不得私置白身內侍者自今內官不許班品
須年及三十以上兼見在朝廷繫職方許養一子若是
自有養父見在不得轉置養子餘依開元寶曆中處分
如降詔前已有養子數多者不在此限內外士庶不得
將童男養為宦者及規求財利所在嚴加覺察違者不
赦　開寶四年七月詔曰前詔內侍不計官品高低逐
人許養一子以充繼嗣近日訪聞多有論訟爭競資財
宜令宣徽院曉示見在內侍自今日已前已有養男者
不計人數明具姓名年幾報宣徽院置籍收係今後如
年滿三十已無養父欲收養義男者本家具姓名年幾
經宣徽院陳狀以聞候得指揮給與憑據收養若衷私
養者許人糾告處死告者賞錢百千以犯事人家財充
如詔前已有義男多者不許人數分析久後資產特許
諸子均分如帳籍無名不在此限　太宗太平興國六

卷一萬一千九百四十五

年五月詔內班舊著黃者自今令著碧　雍熙三年十
月以內中高品都知王仁睿為落苑副使仍舊都知初
領諸司副使也　淳化五年八月改內班為黃門以崇
儀副使兼內班左都知竇神興充莊宅使兼黃門左班
都知初領諸司使也九月改黃門為內侍以黃門院為
內侍省　真宗咸平四年七月詔內侍省差出內品所
賜盤纏錢候見樞密院劄子請赴班當面給之五年五
月溫台巡檢內品徐志通坐養百姓李歡男四人作男
得十二日懼罪還本家又縱軍人奪婦人鄭氏男致鄭
氏抱兒入海死詔決杖配掃灑院手因下詔曰內侍許
養一子前條具載編敕年歲稍遠不知有此明文致陷

深刑良增惻憫再行告示庶俾遵依其今日以前已有
數人許令仍舊自今宣徽院置籍收係姓名分明告示
一依乾德四年開寶四年詔命施行十月詔內侍省應
抽公人當直者至日發遣各歸逐處不得令宿班院十
一月以內侍高品張仁恭為內侍省內侍殿直仁恭從
晉國長公主積歲頗勤幹主為言求遷秩　真宗以仁
恭當近內侍殿頭高品而給事主第其名非便故置是
職命之而給殿頭高品俸料仍令與殿頭高班衮同排
連自今止以轉補月日排石六年十二月詔崇德長春
殿望朔日內侍省差使臣四人更番於板郭觀步如有
窺覘者密具名聞　真宗景德三年二月詔凡者入內

內侍班院分遣使臣於內東門等處句當建置名目細
而甚煩詳其所掌甚有可省去者其內東門取索司可
併隸內東門司餘入內都知司內東門都知司內侍省
入內內侍班院可並為入內內侍省以諸務隸之仍令
逐處各據合行事件條列以聞即降詔條約各令遵守
遂定入內內侍省管句下項事凡三司及憑由司等處
據諸處支遣過物取索同否非傳宣行遣公事出劄子
赴逐處在內庫務及造作所合係本司除破物色具帳
點勘印書除破諸王宮院及公主郡縣主宅奏乞物色
皇城六指揮及翰林儀鸞司御廚輦院宣給特支皇親
下財出室迎娶內降尚書內省劄子取物入內供奉官

已下句當公事諸班內品句當及出外監當收補入內
供奉官已下及料錢依糧請受日奏宿直并私身係名
內侍季帳定諸色人恩賜及身亡孝贈應宣奉聖旨合
係本班句當公事皆著宣命指揮五月內侍省內侍班
院言准淳化五年詔內班院改為內侍省內侍班院入
內黃門班院改為內侍省入內內侍班院已止稱入內
內侍省本班亦請稱內侍省及賜新印從之八月詔內
侍省逐月差使臣於禮賓院監散蕃部酒食馬價者並
得給食直錢仍令句當崇政殿門者提舉賜蕃部酒食
　大中祥符元年四月詔今後入內內侍省內侍省巡
更互逐年差使臣巡黃汴河堤十月東巡詔自來專差

出入止差中使二人祗候傳宣自今令行在入內內侍
省選中使五人逐日入閤內承旨二年正月詔內侍俸
薄比以銜命出使事例不藉俸給自今一切止絶糧增
俸給因言內臣以高班內品廣南舊有此名宜改為入
內內侍省黃門高品視秩如舊二月詔入內內侍省供
奉官改為入內內侍省內東西頭供奉官殿頭高班為
內侍殿頭高品為內侍高品高班內品為內侍高班黃
門為內侍黃門小黃門如初收補且稱小黃門候該恩
轉迁方得補內侍黃門內侍省供奉官殿頭高品高班
內品準此四月詔曰入內內侍省都知李神祐等首冠
禁庭總轄內省屬普行於慶澤俾精考於勤勞而乃自

與公平殊虧整肅致煩瀆之瀨甚在寬慢以何爰聊行
懲戒之文尚示優容之旨其都知李神祐石知顒副都
知張景宗藍繼宗並可守本官內供奉官范守遜皇甫
文史崇貴張延訓妄有覬覦頗為煩黷適行慶賜尚示
優容可內侍省內常侍先是封禪廻內臣有扈從升山
者有至岳下不升山者有不從祀者　帝令都知司第
其勞績親閱之以勞叙迁而守遜等競述勤効皆望超
擢　言神祐等品第不盡公當止之復來數四神祐等
不能禁止故有是命是日又詔內臣任諸司使副使有
子入內內侍省內侍省經恩未遷者並特迁補一人
十六日又詔鄧永迁已授入內都知內中職官不欲更

在他局其先勾當皇城司整肅禁衛御輦院並罷之七
月詔內使宣賜有送錢者宜令本省羞定其數勿使過
當時軍校有亡殁者賜錢五十千其家以十千奉使臣
上封者言故命條約九月改灑掃院子為散內品請色
請受差役悉如院子例十月內侍省言本省使臣保任
子弟咸不乞隸本省並補入內內侍省望行禁止從之
三年二月詔內侍省每車駕出入差內侍二人與御
廚同歡隊食三月詔內侍省內品闕馬及馬病乞納換
者須具名奏送群牧司　四年三月詔內侍監捕賊者
無得製非法凌持物仍每差下使臣取知委狀以聞六
月內供奉官張承素請為故父贈豐州觀察使崇貴立

神道碑帝曰中官立碑恐無體例如李神福竇神興曾
立碑即聽七月帝謂近臣曰昨覃慶中外迁官唯入內
侍省內侍省官若依例以轉即自來在朕左右經歷指
使勤恤勞逸不能均矣因取兩司姓名入仕年月勾當
度數及祗應汾陰人數現自較量勞績改轉則勤勞息
易者有所區別遂詔從祀至脽上及河中府入仕及十
年者至四京入仕及十五年者留司掌事入仕及十七
年者並與改轉將命在外者亦如之其請長假及事故
人任未滿年限者量增俸給內諸司使有子者恩例外
更特改轉一人十月詔先差內品往諸州勾當場務其
內皆是充復廣南後即選識事強明者任之令老不任

事若別用後生者多不能幹自今有內品負闕精加選
擇如闕人即改差使臣　五年二月入內內侍省言前
行費遜乞依陳瑩例轉職帝曰陳瑩太宗尹京日宅庫
前行故特補殿直入內內侍省止有前後行曹司名目
自今不得別置勾當官餘罷之四月詔內侍省本班內
今後所招人力並須審聽行止保識分別方得引赴內
侍班勾當人處仍勒與見在班人力五人遞相合為一
保委不作過重結罪文狀於本省收附如是班內稍有
蹤虜若許令陳告無人保委者即發遣出班其有更巡
兵士亦取索三人共為一保如無人保者亦替換及令
寅夜常切經畧巡檢及不得令庫務倉場當直公人在

卷一萬一千九百四十五

七

班上宿　先於東西八作司抽差到廣德指揮節級長行
共四十二人作兩番每番二十一人寅夜在班分作四
鋪每鋪五人分定經次巡宿打火割移名糧係內侍省
充打火從人逐日皇城司差親事官節級點檢其入內
內侍省所招人力亦仰皇城司入內內侍省依此指揮
十一月內侍楊懷愚言家婢閒諜父母欲各居帝曰中
官皆是養子亦宜深察此弊特杖一百隸唐州內品
六年正月詔比來內臣將命出外不許干預州郡事如
聞有收受牒訴送所在州縣官吏不敢拒之恐緣此或
致枉抑自今宜切禁絕違者重論之州郡受而不奏者
同罪八日詔如聞入內內侍省遣親事卒於京城采察

公事因緣搔擾並止絕之二月帝作內侍箴并注賜內
侍副都知閻承翰等請刻石本省從之七月詔入內內
侍省內侍省內供奉官已下并寄班等自今有乞差遣
者並送逐省勘會定奪取旨候得處分者即却送樞密
院勘會定差　七年七月十六日詔每崇政殿軍頭司
引公事差內侍高品二人整肅祗應人不得諠譁十九
日詔內侍省使臣差出勾當者勘會有已滿三年或元
定二年替者逐旋申奏差替八月詔入內內侍省內侍
省使臣今後須三年一替或有績効及曠急不治者有
司考第以聞升陞差遣增損俸給先是臣寮上言內中
西省使臣有差遣請給不均者故條約之　八年五月

卷一萬一千九百四十五

八

廢內侍省黃門其高班內品改為前殿祗候高班內品
九月詔入內內侍省自今命使臣勾當後苑御園內東
門司龍圖閣太清樓並報樞密院給宣　天禧四年四
月詔寄班祗候自今並依三班使臣所定年限磨勘十
二月詔自今中使傳宣齎手詔御寶文字赴中書樞密
院係迁秩加恩事並先赴入內都知司上籍覆奏訖仍
給付施行　仁宗景祐二年九月詔今後內臣入仕三
十年已上累有勞効經十年不曾迁轉者仰勘會保明
取旨十二月三日詔入內都知押班今後經落職只得
前殿都知押班今後前後殿都知押班不勾當皇城司
見勾當者年滿差替其張永和皇城司闕更不差人前

後殿都知押班親戚不得差勾當御藥院　四年二月
十七日詔自今內品犯罪並勘罪檢刑名杖數聞奏降
所屬處斷遣時高品陳崇祐抵罪贖金令未得與差遣
因有是詔　五年十月二十一日入內內侍省言乞依
景祐二年九月詔內臣勾當諸般差遣了畢除依久例
合與迁轉外不得援進文字及御前乞改轉及乞令後
約當內東門龍圖天章閣並本省選擇差使從之　慶
曆元年七月詔內侍省押班闕員取嘗歷邊任累有功
者補之　四年九月四日入內內侍省言文武臣僚在
京勾當並依外任批書所抵曆子其使臣係二班院出
給諸司使至閤門祗候係樞密院出給入內供奉官已

卷一萬一千九百四十五

下緣各有差遣勾當去處欲並從本省出給所抵批書
勞績及過犯從之　六年九月詔入內殿頭李繼和為
擘畫養馬等勞績於轉官年限內與減四年仍不理入
仕及三十年令後有酬獎勞績並准此　皇祐元年三
月內侍省言自今內供奉官有過且勒歸班給半俸候
復赴入內祗應方許全給從之　十一月以昭宣使眉州
防禦使內侍省內侍副都知揚懷敏領梓州觀察使為
三陵副使罷副都知舊制內臣都知以過罷去者不許
再除懷敏頃以宿衛不嚴被黜至是復用臺諫共論列
罷之　二年十月十二日詔內臣東頭供奉官如內
有情願回授或對贈父母亦聽從便　三年正月十二

日詔入內內侍省內侍省供奉官已下至內品自來每
因勾當遇勞績事件合得指射差遣者只得各於本省
差遣內陳乞指射其已授下未赴賦勾當及見勾當者
並候將來年滿一依今詔并有年限違礙封移差遣亦
只得於本省差遣內回換　四年三月十一日詔近來
入內供奉官已下承領傳宣者並須親赴逐處仍令
承准傳宣處依近條覆奏審取指揮若是使臣依前封
齋傳宣文字授下不得收接　五年閏七月詔內侍省
自今內侍供奉官至黃門一百八十人為額八月十四
日詔入內內侍省使臣為不合直批聖旨特與放罪令
後奏乞事件並依條約申中書樞密院取指揮九月詔

卷一萬一千九百四十五

內臣有自陳勞績而求迁改者自今並下入內內侍省
定奪當否令樞密院取旨其明合賞格者即與施行是
月以入內內侍省內侍都都知延福宮使武信軍節度
觀察留後王守忠為入內內侍省內侍都都知兩省都
都知國朝未嘗除也於是御史俞希孟乞令後更不除
前後殿都都知乃詔自守忠後更不差除十二月詔入
內內侍省內侍省都知押班非年五十以上歷任無贓
私罪者毋得除　至和元年十二月詔自今內臣傳宣
令先至都知司出劄子其被旨處仍覆奏之　二年二
月詔入內內侍省內侍省應內臣曾犯罪停降復得敘
名職者不許通計舊勞以規恩賞二十七日內侍押班

武繼隆言乞今後應係前後兩省內供奉官已下至內
品等如有授到諸般指射轄官優等差遣及朝廷與減
守年代轉官劄子等若或因為公事決配勒停降責者
自後却漸經赦恩叙復內侍省名職更不得再將未犯
罪已前所授文字陳乞使用及內侍省不得施行內有
本非己過因事緣坐累及者不在此限從之　嘉祐四
年四月四日臣僚上言乞今後應係宫禁閤分祗應內
臣諸色人等不得請求嬪御乞批降指揮僥倖恩澤如
實有勞効合該酬奬即令經所屬官司自陳具狀取旨
施行如違令二府依舊條奏劾使臣特降名諸色人並
決配詔今後請求內降刑名並依自前詔約施行　五月

卷一萬一千九百四十五　十一

十一日詔入內內侍省內臣貪多自今權住進養子入
內從翰林學士韓絳之奏也　至治平元年十一月十
七日始有旨壽聖節南郊許奏薦也　六月詔入內內侍
省自今選內臣年五十以上無過犯者勾當內中諸閤
分　五年二月詔入內內侍省內臣曾犯贓私罪勒停雖
經赦毋復隸入內省　十一月六日詔今後內臣更不得
理大使臣資序內勾當御藥院特旨留者　候出外攙
所留歲月比類優轉應已理者依已得指揮外今後更
不再與遷理資序　六年七月八日入內內侍省言乾
元節合得食祿人准慶曆六年五月聖旨收一十人為
額其諸班內品則無定數請補入內內侍高品王日言

等四人各男一並為入內黃門祗候高品內品羅成寧
等三人各男一並為貼祗候內品從之　十月五日樞密
院奏乞自今前後省內臣入仕並理三十年磨勘有已
經磨勘者理二十年其以勞得減年無得過五年從之
自祖宗以來內臣未嘗磨勘轉官唯有功乃遷至景祐
二年九月詔內臣入仕三十年累有勤勞經十年未嘗
遷者奏聽旨蓋猶無磨勘定格慶曆以後其制漸隳黃
門有勞至減十五年入仕纔五七年有遷至高品以上
者兩省因著十年磨勘之例而減年復在其中至是樞
密院患其幸進者不已故釐革之　十一月十六日樞密
院言勘會兩省使臣磨勘條例欲除景祐二年九月詔

卷一萬一千九百四十五　十二

并入內省自來黃門轉高班例依舊外並依今年十月
五日指揮其餘條例更不施行詔合該改轉高班已上
內元因勞績者及無勞績有公罪杖已下者並理十年
磨勘無勞績有贓私及公罪徒已上者並理二十年磨
勘內私罪情理輕取旨餘並從之　七年正月以文思
使帶御器械李繼和為內侍省內侍押班近制兩省都
知押班並選年五十以上及有邊功者參用之去年繼
和當次補而年四十九至是始命之　八月六日詔自今
祗候殿頭以下不許乞入內職名　英宗治平元年十
一月十七日樞密院言勘會自來內臣每遇聖節安排
兒男食祿嘉祐四年五月十一日令權住養子詔今後

遇壽聖節及南郊奏薦並依自來條貫嘉祐四年五月指揮更不施行　二年五月四日詔兩省今後應有本省使臣已得聖旨與改轉及差遣等並仰具元進呈因依供申樞密院覆奏取旨六月十五日詔今後內臣除御藥院依嘉祐五年十一月指揮外自餘合轉內殿崇班特旨留住者如年月理至供備庫副使便令轉出

神宗正史職官志　入內內侍省都都知從五品都知副都知押班並正六品內東西頭供奉官從八品殿頭高品並正九品高班黃門內品並從九品無定員都知押班掌禁中供奉之事凡中外官私應用內侍首辨其所治之事按供奉官以下閥閱以瀆選爲乘輿行幸及祭祀朝會燕饗諸以省給使者皆前期戒令辨具即奉使若督察國事亦如之預給扎之附疾置者進奏或機速文字則受而通進袒免以上宗女出嫁則視服屬給其資賻宗室中都官若賻贈之物則賦以品式禁養餘子爲私身願進外官者推恩加等遷至內殿崇班則寄理資級押班以上秩高者加昭宣宣政宣慶景福殿延福宮使領刺史至觀察留後止其要近職任則章善閣延福宮遷後苑次龍圖天章寶文閣東門司御藥院乃除帶御器械或押班而遷除皆檢勘上樞密院雖兼治職事計於臨時而設官置局者有四掌契丹使命交聘之事以檢察姦僞則歸營句往來國信所都知押班領

卷一萬一千九百四十五　十三

之哲宗正史職官志云凡奉使按伴館津所需服飾器用應官給者皆掌之使命在驛則掌其宴犒飲食例賜之物若非汎須索則準例以給無例者奏稟應掌儀及通事譯語使臣皆以名籍分其職務而檢察其姦僞置吏四承旨須索給要驗以授府庫則歸合同憑由司哲宗正史職官志云監官二人掌禁中宣索之物給其專驗凡特旨賜予宗室外戚及文武官皆具名數憑由付有司準給置吏四造服用之物以供禁省則歸後苑造作所哲宗正史職官志云後苑勾當官無定員後苑造作所並官三人後苑勾當官掌苑囿池沼臺殿種藝雜飾以備遊幸造作所掌造禁中服用之物凡工作所當具數奏稟畫旨取給有司而程其出納之令斂阻稅之課入以修營佛祠則歸提點寺務司哲宗正史職官志入鴻臚寺皆內侍領之凡分房二設吏十有四哲宗正史職官志同內侍省左右班都知副都知押班無定員並正六品內東西頭供奉官殿頭高品高班黃門納品總一百八十人品與前同掌內朝供奉之事應遣官任子選授給使將命之節儆入內省法日直禁省則視其多寡而番休之天子行幸則執乘輿服御以從後省官闕則承詔選補押班以上仍聽玄選凡分案三設吏六哲宗正史職官志同

神宗治平四年神宗即位未改元二月詔內侍內臣聖節合奏兒男今年已經壽聖節收錄將來同天節權罷奏薦　四月七日詔應兩省都知押班帶御器械及內臣大臣使兼職及正勾當去處差遣自來無年限替者今後並以三年為滿差人承替如內有合且令勾當即候滿日臨時取旨　是月樞密院言檢會內臣所領在京職局自來並無更代之期詔內臣正領官局并兼職並以三年為任滿　六月詔入

卷一萬一千九百四十五　十四

內內侍省令後諸閤分閤使臣選差謹畏有行止別無過犯者充仍常切覺察及令開封府皇城司察探如有內臣於街市作過即密具名聞時侍御史吳申言乞令後諸閤分祗應內臣並令入內省結罪保明素有行止別無過犯方得差充仍不得諸閤分指名勾喚及乞下開封府皇城司常切覺察應有內臣於街市作過重行決配廝使閽寺謹畏宮闈清肅因有是命　熙寧元年二月九日入內內侍省言乞將太皇太后殿等十二處使臣依舊祗候及十二年無過餘閤分祗候及十五年無過即並與放轉一資出閤仍乞依舊令內東門司使臣保明如累在閤分不得通理年月只以新差到後來

卷二萬一千九百四十五　十五

閤分年月酬獎從之　二年正月十九日翰林學士承旨王珪等言詳定內臣諸司副使奏薦兒男須是年五十歲者方得奏薦詔內臣諸司副使須自入仕後經兩省祗應及三十年者方許奏薦　三年三月宣慶使遂州觀察使入內副都知石全育言臣歷任四朝今老且病願罷本省乞一宮觀寺院詔為係先朝攀附特依所乞與免職轉官提舉東太一宮仍依石全彬例免朝參仍還節度觀察留後　十月二十八日詔兩省都知押班歲滿當遷自今令樞密院契勘施行　四年四月二日上諭樞密院內臣宮中凡有勾當須稱聖旨若一一關申中書樞院則傷繁碎或稽緩不及事可令本省具白

來合依父例施行事節件批以聞時以內侍直批聖旨獲罪因降是旨也　十月十六日詔樞密院入內內侍省內侍都知押班并帶御器械係外任差遣時暫到闕者除有旨及兼領在京司局並供職外每日起居退更不供職從所請也　是日詔內侍省內臣不係禁中祗應及入內省人數寖多今後前後省內臣轉至承制崇班內常侍許進一子與下班殿侍三班差使內侍省東西頭供奉官殿頭許進一手與下班殿侍諸班內品更不許進入內內侍省所管諸班內品每年通許進五人餘悉仍舊內供奉官以上至黃門如願進外官者比內侍省遞加一等推恩其內臣諸司使副合該奏兒男充前班

卷一萬一千九百四十五　十六

省令後更不得奏內臣時上諭樞密院曰方今宦者數已多而隸前省者又不入內空絕人之世仁政所不取且獨不可用三班使臣以代其職事乎吳充對曰此曹盛衰前代或繫興亡聖朝固無茲慮然人君重絕人繼嗣此盛德之舉也臣等敢不奉行　五年閏七月九日詔入內內侍省供奉官以下至黃門并本省所管諸內品見無兒男充內食祿者許養私身內侍一子為繼嗣初養日不得過十歲須已身年三十無養父或養父致仕方許具狀經本省與狀充係內侍遇聖節依名次收補食祿如未進名及已係名間淪亡亦許依上項條約別養子若已有一子更養次子為私身內侍省當行處

斬不任自首之限外並依前後條令入內內侍省明諭
之　六年七月六日以內侍押班蘇利涉為內侍省右
班副都知仍自今入內省內侍省押班五周年無遷闕
並除副都知　十年十一月二日以昭宣使嘉州防禦
使入內副都知王中正領果州防禦使初樞密院奏中
正當磨勘上以其軍功故特遷之仍詔自今兩省都知
押班已轉至觀察使如該磨勘及雖有功止遷使額其
有特旨者令樞密院執奏　元豐元年正月十二日詔
皇城使達州刺史入內副都知蘇利涉領海州團練使
時利涉枚年當遷詔以利涉先朝攀附而有是命　二
年三月六日上批前內侍高班梁堅坐監高慶陵自盜

卷一萬一千九百四十五　七

贓貸死編管襄州該恩已放逐便令貧窶無所歸內臣
執事兩省更無他所安排可與一內侍首把門內品遂
録為後苑散內品五月十八日內侍押班張恭禮為鄜
州觀察使恭禮事上藩邸歲久故也八月十二日詳定
編修諸司敕式所上入內內侍省敕式詔行之　四年
四月四日入內供奉官王懷政差管押軍器往瀘州欲
不停見幹當後苑西作別給驛券上批瀘州道路幸往
陝西與廣南不同可止依條給驛券或本任添支令入
內省取問懷政妄陳乞　五年三月十四日詔自今入
內內侍兩省初除都知押班中書樞密院同進呈五月
十一日詔內侍省入內內侍省於三省用申狀尚書六

曹用牒不隸御史臺六察如有違慢委言事御史彈奏
七月二十一日詔西京左藏庫使吉州刺史內侍省內
侍副都知石得一為入內內侍省副都知東作坊使嘉
州刺史帶御器械劉有方為內侍省內侍押班仍自今
遷補都知押班並三省樞密院同取旨八月四日詔入
內內侍省聽御史長官若言事御史彈糾先是置監察
御史分六察隨所隸察省曹寺監而三省至內侍省無
所隸故以長官言事御史察之十月十一日詔西京左
藏庫使果州刺史張允誠為內侍押班以逮事英宗藩
邸也十一月十八日詔都知押班除授歸樞密院　六
年正月二十二日大理寺言內侍黃門梁訪下直日入

卷一萬一千九百四十五　六

需雲殿裏幞被當關入殿門私罪徒該赦原詔勒歸本
班　八年十二月二十四日延福宮使寧國軍節度觀
察留後入內內侍省都知張茂則為入內內侍省內侍
省都都知以太皇太后手詔昨建儲及祇奉皇帝即位
有勞故也　哲宗元祐元年八月十八日詔入內東頭
供奉官勾當御藥院馮宗道見寄右騏驥使梁惟簡見
寄文思副使宗道為係隨龍惟簡久在太皇太后殿祗
應各有勤績可與改寄正官並特除內侍省內侍押班
公事更不簽書內侍省公事餘人不得援例同日詔入
內內侍省押班梁從吉久更邊任宣力居多特與轉遙
郡團練使遷入內內侍省副都知十月二日詔內侍押

班梁惟簡在太皇太后殿祗候近二十年累有勤績令
轉出可特帶遙郡刺史後毋為例　二年三月二十八
日詔內侍省供奉官以下至黄門以一百人為定額遇
聖節許進子二人與收係額內有闕於已收係人內從
上撥二人食祿願依舊進借差殿侍者聽奏三人餘依
着為令仍自今年為始　四年六月二十九日左諫議
大夫梁燾言准朝旨差賜大寧郡王佖生日禮物緣有
書送事例恭聞祖宗差宮省親信左右之人並為非次
恩澤後來頗及侍從近年多在言官大懼隳損朝廷故
事浸失祖宗馭臣之意望許免行詔改差入內供奉官
勾當御藥院閻安　八年十一月十八日三省奏刑部

卷一萬一千九百四十五　充

侍郎豐稷言近取內臣大使臣寄資充入內供奉官不
使上曰前取此輩但充場務差遣耳外人不知以為盡
在左右呂大防曰禁中事雖從官亦無緣知然陛下惡
其不知而容其直以指衆言者此明主之事也臣等若
見諸臣當諭以聖意　紹聖元年取內侍省張士和等
為入內省祗候及選私身內侍二十人為入內黄門閏
四月十七日詔宣政使忠州團練使趙世長為宣慶使
昭宣使梁從政為宣政使吳靖方為昭宣使落帶御器
械添差勾當皇城司六宅使周洵等各還一宮以神宗
皇帝隨龍人也六月十二日詔入內內侍省關使臣差
使令本省於供奉官以下兒男私身內侍人數內選長

立二十人先次食祿是年內侍省奏闕員請於私身選
十人詔許選五人又詔宗室諸位都監不許指名奏差
二年九月七日詔內侍省人吏並行倉法　三年四
月七日詔宣慶使階州防禦使內侍省內侍押班李祥
昭宣使榮州團練使內侍省內侍押班權主管入內內
侍省押班公事馮世寧宣政使瀛州防禦使內侍省內侍
押班宋用臣依例自撥押班日與理磨勘自今內臣橫
行初除兩省押班以上如之內臣昭宣使以上無磨勘
法唯押班以上例皆取旨自初除理五年磨勘故因祥
等着為定法　元符三年徽宗即位未改元正月二十三日詔
內侍省官因元祐責降之人如滕州羈管梁知新萬州

卷一萬一千九百四十五　辛

監税曹燾並與依例轉官燾內侍省見今闕官應見責
降在外監當人已經大赦並放還赴省供職入內內侍
省人因黜責降充前省者悉名還　二月二十五日管勾
御藥院郝隨劉友端並與外任宮觀輔臣對因請問郝
隨劉友端所以逐上云禁中營造過當非先帝意皆此
曹所為因命太常少卿孫傑等驅磨兩人所領後苑作
壽畫先詣逐處封鎖文籍則用及拘留干繫人二十八
日輔臣奏內臣劉瑗元磨勘瑗遙防非押班無磨勘法
上頗稱瑗循理然例不可啟遂已四月二十六日取入
內省祗候使臣二十員赴內侍省以本省額百員而見
管止三十員故也九月十六日詔入內內侍省都知劉

有方等各更遷一官以故事單恩知內侍省官合遷兩
官非止遷一官而有以及梁從政皆自陳詔使願至延
福宮使遙郡至觀察使無可遷者回授十九日入內內
侍省副都知劉瑗等各遷一官礙上法者回授有官有
服親十月十六日詔內侍裴彥臣追五官勒停送峽州
羈管令開封府差人押送其前降依隨龍人例指揮勿
行坐勾當御藥院閻守懃任御前進呈文字而彥臣輒
扣守懃之冠斬侮不恭侍御史陳次升彈奏乞正典刑
故有是責　徽宗建中靖國元年七月二十八日宣慶
使成州團練使入內內侍省押班管勾蔡王府閻安責
授高州刺史有府吏鄧鐸有狂悖之言不能伺察故也

卷一萬一千九百四十五　主

崇寧二年五月四日詔入內內侍省昭宣使以上正
使以下各繫真官謂如請俸奏薦恩例等並依本官無寄資入內內侍省皇
城使之類內侍省依此八日改入內內侍省都知為知
入內內侍省事副都知為同知入內內侍省事押班為
簽書入內內侍省事　大觀三年九月十七日詔王仲
千前後在彰善閣及勾當內東門司帶御器械如通及
七年特與依在閣條例轉資施行勘會王仲千係四方
館使雄州觀察使帶御器械通理前後彰善閣祗候月
日計六年有零通理勾當內東門司及帶御器械月日
共七年有零依已得指揮特轉引進使餘依舊　政和
三年九月二十二日詔帶直睿思殿人繫銜序位等在

不帶職人之上十一月十五日詔通直大夫保寧軍節
度觀察留後知入內內侍省藍從熙特與落通侍大夫
依舊保寧軍節度觀察留後罷知入內內侍省除直睿
思殿及令後餘人不得援例雖奉特旨亦令中書省執
奏仍令御史臺彈奏　宣和元年五月二十三日刑部
奏入內祗候黃門內品趙頒狀伏為舊係黃門蒙刑部
却叙充黃門內品名目即不復元官及觀梁毅因罪犯
序充入內祗候黃門內品理訴舊係黃門乞改叙黃門
承樞密院劄子特與叙入內黃門了當切念頒與梁毅
並是刑部約定只叙黃門內品之人欲乞比類敷奏與
頒叙充入內黃門詔與叙入內黃門　四年十月十一

卷一萬一千九百四十五　主

日內侍省奏今後應發過入遞御前文字立定日限收
附并將金字牌子同封報省所貴驛程不致阻滯兼於
本省易為勾考詔限到日三日回報如違以違制論
欽宗靖康元年二月十六日詔內侍轉出或致仕者通
侍大夫與換武功大夫正侍至中侍大夫換武得大夫
自餘以差降等元帶遙郡者悉去之其已轉出者依此
改正仍今後轉出內侍並至武功大夫止二十一日詔
內侍官陳乞寄資復祖宗法除省官已降指揮外所有
轉出或致仕已立新格緣其間參照未備可依下項已
轉出或致仕者依此其合改正之人令入內內侍兩省
具名申尚書省給降付身見帶太尉換內客省使遙郡

承宣使節度使（帶禮官同）換延福宮使遙郡承宣使正任承宣使換宣慶使遙郡防禦使（曾任省官者換遙郡觀察使）省官通侍大夫遙郡承宣使昨來減作昭宣使遙郡防禦使今來不係省官已別改正其省官通侍大夫遙郡承宣使人依不係省官正任承宣使換宣慶使遙郡防禦使（並曾任省官依此）見帶通侍大夫換武功大夫正侍至中侍大夫換武德大夫中亮大夫至親衛大夫換武節大夫拱衛大夫換武經大夫左武右武大夫換武翼大夫以上見帶遙郡承宣使者與改遙郡防禦使帶遙郡觀察使者與改遙郡團練使遙郡防禦使團練使者與改遙郡刺史遙郡刺使無可換者仍舊武功至武翼大夫見帶遙郡者止依本官轉出內有戰功人依祖宗法合除帶御器械者依祖宗法下準此（通外官共六員）武功大夫以下不帶遙郡人八階並換武功郎以下將來轉出或致仕如依祖宗法合轉所資官（祖宗法合轉至副使）寄即依祖宗法二十四日詔入內內侍省更定御前金字牌手制度以舊所發牌闕為金賊攔截竊去恐有做御故也三月一日詔每歲遣內侍一員往川路謂之詔使自今勿遣六月二十六日殿中侍御史胡舜陟言昨降旨揮內侍領外局職事並依祖宗法後又詔除熙豐稟闕依舊外餘並罷今都水將作監有承受官非祖宗制乞賜罷廢從之　高宗建炎元年十月二十七日詔入內內侍省內侍省今後

卷一萬一千九百四十五

兩省使臣不許與統制官將官等私接見往來同出入如違追官勒停編管遠惡州郡　二年正月十六日詔內侍邵成章不守本職輒言大臣自祖宗朝未嘗有內侍言大臣者可特除名勒停送南雄州編管七月六日詔內侍三兩局不可留禁中送吏部與差遣上謂宰臣黃潛善曰兩局見為門司好大言議國政朕前後屢誡其曹各恭乃職勿預他事兩局不可不斥潛善曰陛下初踐祚臣便聞先以訓敕內侍致治之本也　三年四月十日詔自崇寧以來內侍用事循習至今理宜痛革自今內侍不許與主管兵官交通假貸饋遺借役禁軍非所賞職務擅行移文取索貼占屋宇陳乞提領外朝官職事干預朝政外朝非親戚亦不得往還如違並行軍法委臺諫糾察彈劾仍許諸色人告陳如委得實量事加賞　四年六月五日上諭宰臣曰比遣內侍蕪潤賜韓世忠茶藥回聞世忠喜甚潤得銀二百兩奏聞朕以往來稍勞特許之受朕凡遣內侍不容輒受一毫私餽或因使命有但非得旨不可受朕待此曹每告戒約束凡小過失或畧而不問至於故犯則必痛懲之未嘗恕免七月二十四日詔入內內侍省法司程僖已年滿出職補承信郎可特留充依舊祗應應見請諸般請給等權於本省文曆內批勘　紹興元年五月二十六日詔諸陵香火并都監令入內內侍省差十一月六日詔

卷一萬一千九百四十五

差內侍省押班岑荃充主管迎奉温州景靈宮等處神
御其應行移文字並與同宗廖同銜申發其餘內侍並
依已降指揮不得一面行移申發文字　十二月十五日
詔過內殿日有急速事令入內內侍省引對　三年四
月二十六日詔今後內侍官不許出謁及接見賓客令
敕令所立法　十二月二十五日詔自今後內侍並不得
收養禽獸等并市肆遊行如違以違制科罪　五年四
月七日詔入內內侍省使臣今後遇泛恩特許轉武功
郎止並寄資　六年二月二日敕令所看詳內客省使
至昭宣使東西頭供奉官至內品靖康元年已降指揮
內侍官稱一遵祖宗舊法令參照元豐紹興法官品雜

卷一萬一千九百四十五

壓修立諸內客省使至內侍省內品為內侍官從之先
是入內內侍省言本省官稱於元豐條令備載今來紹
興新書即未該載故有是命七月十一日詔內侍官已
裁減外各有定額今後不得額外增添　七年十二月
二日詔約束本省使臣不得將分毫銷金翠毛入內令
互相覺察奏聞　九年六月二十三日詔內侍省寄班
祇候依元豐法今後以十五員為額　十二年十月二
十七日詔已降指揮本省使臣冠帶出入皇城門仍令
後不得依舊繫犀帶　十八年閏八月二十八日詔入
內內侍省聽喚使臣今後以六十人為額　二十二年
十二月八日詔睿思殿祇候見係二十人為額令差慈

寧殿使臣二人充睿思殿祇候今後以二十三人為額
二十三年六月一日上諭宰執曰近差內侍往盱眙
軍賜北使宴却擅買北地物貨實為不便已令拘收沒
官庶少懲誡　二十七年十月十一日詔今後差往川
中賜夏臘藥內侍經由去處如敢收受例外饋送及非
理須索買賣騷擾仰守臣具申尚書省樞密院取旨施
行　三十年九月二十五日詔內侍省所掌職務不多
張官置吏徒有冗費可廢併歸入內內侍省　孝宗紹
興三十二年未改元十月二十二日左奉議郎殿中侍御
史張震言乾德間內臣年及三十以上乘見任朝廷繫
職方許養一子至皇祐五年始詔內侍省自今內侍供

卷一萬一千九百四十五

奉官至黃門以一百八十人為額熙寧中每年止許進
五人自渡江以來一時草創人數闕少故擢免試使行
句喚供職近年人數比舊浸多宜立為定制使久遠可
行欲令入內內侍省立定員額限以官品年格遇有闕
依條施行從之先是震上殿論此事讀劄方數行上曰
朕有此意久矣祖宗以來止許進一子朕意欲依祖宗
法震讀畢上曰此曹人多則黨盛今人數已不少若平
居無事猶可設使當母后少主之時豈不能為禍漢唐
之事是已震曰陛下聖慮及此天下之福也因奏曰祖
宗時聖節許其進子今年天申節已進子矣將來會慶
節乞且住罷上曰固然豈可再也又曰此事當即施行

隆興元年十一月十五日入內內侍省奏自朝廷調發大軍節次承發過御前降下軍期機速金字牌文字共二千餘封並無稽帳詔官吏委是勤勞可各特轉一官資內礙正法人依條回授白身人更候有名目或出職日作一官資收使如不願轉資人支絹二十匹　乾道三年正月二十七日詔內侍以二百五十員爲額先詔內侍昨以二百員近緣差赴德壽宮四十四員應奉朝殿傳宣撫問齋降香表闕人數多可自今以二百五十人爲額以臣僚奏請故也　六年閏五月十四日詔令入內內侍省今後差官抽摘諸倉支遣軍米料予臨安府差撥斗級前去盤量如有少剩數目取旨施行　七年七月十七日詔入內內侍省今後本省祇候班使臣轉至入內祇候殿頭如因恩賞得轉一官止與落祇候二字

內東門司掌受機密實封奏牘及取索庫務寶貨之名物貢獻之品數市易之件直以納于內中并給皇親賜衣節料之物內中修造筵宴之事舊止名內東門取索司景德三年二月改今名勾當官二人以入內內侍充後或增差踰舊制也兩朝國史志內東門司勾當官四人以入內內侍充掌宮禁人物出入周知其名數而譏訶之承接機密實封奏牘內外功德疏回賜僧尼道士恩澤凡寶貨名物貢獻品數市易件直咸宣索於有司受而納于禁中凡禁中須索修造宴設皆先期排辦若太醫診視則引押入內凡皇親衣物節料則以時給之押司官二人前行五人後行八人典四人　真宗景德三年二月詔內東門司每承受尚書等處降出御寶憑由及內降劄子取索錢帛賜與等即謄寫劄子於諸庫務取索應諸州府及在京諸處進奉物並收接上曆進呈若支皇親院俸錢衣賜節料並降御寶支散三月十九日詔內東門於諸軍務取索物已破憑由於通進司投下二十三日詔鑄內東門司印給之舊行文字無印驗至是始給之神宗正史職官志內東門司勾當官四人以入內內侍充掌宮禁出入之事凡人物闌由以法式進止之若承詔有所須索錫予則謄報所隸而留其底貢奉之物則受而注籍以進奏封于機速亦如之太

醫診視則為之師宮中慶賜則視其名數等差以時頒給凡七年進一官分案四設吏十有九（哲宗職官志置吏九）神宗熙寧二年二月二十三日御史中丞呂誨言乞下三司取索内東門司自大長公主而下請受則例編入祿令詔令三司於内東門等司取索文字詳定以聞　八年九月六日詔今後勾當内東門使臣滿七周年與轉一官仍不隔磨勘　元豐三年六月二十二日詔醫官入内祗應并看驗病證醫官隸内東門司　七年九月二十六日詔會通門承傳文字并祗候使臣委内東門司責本番上名内中不犯贓盜請求獻遺賣買同罪保明狀經保明後改節事未發許經内東門司陳首上名亦責相保明狀並許遞相覺察陳告施行上名三年無遺闕酬奬外更減磨勘三年　哲宗元祐六年閏八月十四日詔今後管勾内東門司使臣年滿合該轉官如未係皇城使者非有特旨不許改轉遥郡　高宗紹興二年四月八日提舉内東崇政殿等門梁邦彥等言本司職事自來係入内省官提點皇城司官提舉在京日舊例差皇城司第一房人吏兼行遣文字緣本司在京類管使臣人吏專副共六十一人分隸諸房主行事務昨因巡幸舊人止有三五人見在即今事務比舊繁重若令皇城司人吏兼行委是相妨詔令入内内侍省人吏兼行遣文字　二十七年三月二十日詔宮中首飾衣

服並不許鋪翠銷金仰幹辦内東門司常切覺察不得有違若失覺察以違制論如有違犯之人令會通門捉獲先於犯人名下追取賞錢一千貫如不及數令内東門司官錢内貼支將犯人取旨重作施行其元經手轉入院子儀鸞等從徒三年科罪　紹興三十二年八月十七日詔（孝宗即位未改元）太上皇后生辰物色令内東門司並依元豐令數全取索本色供奉　孝宗乾道元年九月六日詔皇太子合取賜生日等物色令内東門司比親王例三分增一分取賜　三十日詔皇太子妃錢氏請給令内東門司依婉容祿式則例出歷支破供納

合同憑由司　在宣祐門内東廡，掌禁中宣索所須之物而給其要驗。監官二人，以入内内侍省充。兩朝國史志：合同憑由司監官二人，以入内内侍充，

卷一千九十八　四

掌禁中宣索之物而給其要驗。典四人。主管官二員，以内侍充。人吏五人。通御前及宮禁取索并破除金銀寶貨錢帛合同事。　淳熙六年正月十一日，大社令葉大廉言：「内侍省遇有宣索之物，合依舊法給合同憑由二本，一本付傳宣使臣取索，一本省畫時實封差人置歷付所取庫務官勘驗支供，仍將合同繳奏降下户部除破南庫封樁庫下提領所，庶絶姦弊。」從之。二十一日，詔自今取索犒賞軍須并非泛物色等，並出給合同憑由司合同付所屬支取，從臣僚所請也。十四年七月七日，詔合同憑由司减親事官一人，以司農少卿吳燠議减冗食，下敕令所裁定，故有是命。

主管往來國信所

主管往來國信所　掌契丹使介交聘之事。景德初，遣内臣排辦禮信，四年改。每契丹使至，則有館伴、接伴、送伴使副使、管押三番諸司内侍、三班及編欄寄班等，以諸司使副二人管勾，譯語殿侍二十人，通事十二人。初，雄州當用兵之際，每有密事，擇馴謹吏主之，號機宜司，及契丹請和，改爲國信所。　兩朝國史志：管勾往來國信所管勾官二人，以都知押班充，掌大遼使介交聘之事。舊大遼使至，有管押三番諸司内侍、三班及編欄寄班等。皇祐二年置。初，緣路州軍大困於三番使臣須索，知

卷一萬九百四十一　一

諫院吳奎極言其擾，既罷遣三番，而頃置什物並令逐州官自辦之。　神宗哲宗志具在篇首。　主管官二員，以内侍充。前行一名，後行四人，孔目官二人，係名貼司四人，守闕私名貼司各二人。掌行大金賀生辰、正旦使人到闕應干合排辦事件，及遣發奉使大金賀生辰、正旦行遣事務，諸官司拨下到文字發放行遣，架閣庫案牘并日常書寫文字。　真宗景德二年五月，詔將來契丹使至，翰林、御厨、儀鸞緣路供帳完飭，都亭驛及所過州縣官舍，在京内侍省右班都知閻承翰管勾。承翰請徙在京勃海、契丹諸營於外，真宗曰：「本因通好，重勞斷人，非吾意也。」罷之。　十二月，命鎮安軍節度石保吉賜

契丹使宴射于玉津園自後皆命樞密或帥承主之是
月契丹使辭歸國賜宴崇德殿發日遣近臣餞于班荆
館自是歲以為例　三年九月詔如聞契丹緣諸色人
將書籍赴榷場交易自令除九經書疏外違者案罪其
書沒官是月閤承翰等又上言朝廷遣賜契丹國信其
使副隨從兵士已差馬軍員寮一人部轄望更令使臣
同共管勾帝曰若更差使臣則慮本國恐難為禮但令
增差軍頭　十一月詔入契丹使從人不得過百人帝
以使臣奉命外境應其事體不一令有司每奉使以近
年體例諭之令其遵行無輒改易其書題有辭者皆樞
密院送學士院看詳俾令中禮　四年八月帝謂近臣
曰契丹使到闕見辭及在館接伴支賜例物并朝廷遣
使合行之事並有規制行之二年已成定例可特置管
勾往來國信所一司差內侍副都知閤承翰供備庫使
帶御器械綦政敏勾當每年依時申舉遵守施行朝廷
更不臨時處分舊正云排辦禮信所至是建局置印大
中祥符二年二月詔國信所祇應通事張榮李達可與
除流外散試官　十一月八日詔先差充北朝國信所
副使及曾接伴人等每有北朝人使到闕並令依所借
服色官位稱呼立班坐宴　三年正月帝謂樞密曰管
勾國信閤承翰等累奏應副契丹使事件及管設次第
多有增損不同事縶長久可盡取本司應承宣敕劄子

起請事件看詳事有過當於理不便者並改正之咸令
遵守緣路修飾館舍排當次第已曾畫一指揮不至勞
煩近累據臣僚上言多欲添修改易朕思之恐州縣因
緣勞人可降宣命悉令仍舊是月又詔送伴契丹使回
日依程赴闕不必赴忽遽時王隨送伴還回故有條約
十一月一日閤承翰等言每年伴契丹使至遣使侍
宣撫問人使湯藥等望定每年五七次令內侍省差人
押賜詔內侍省與定五次餘令入內內侍省均匀定差
十一月臣僚上言都亭驛每年契丹使至所差殿侍甚
多詔以付閤承翰等相度今後的實合銷人數以聞
十二月監察御史劉謹請今後接伴使到闕於契丹使
未見前先對從之　五年正月詔契丹使所送與臣僚
私覿土宜物數已不少各有定例近年倍多恐因誘致
事可降詔示自前有例者賜與無例者不得給與是年
河東安撫司言契丹遣人至寧化軍自來止泊於橫嶺
鋪望量造館舍從之　八年十月詔入北界持禮國信
使緣路支用錢物並依體例不得輒有更改并接伴使
管押二番使臣等不得妄有言說及詢察契丹事宜務
存大體各須齊肅無令隨行人等多酒率易并與契丹
語言戲謔逐程妄有呼索擾民其管押三番使臣據言
給料例常切照檢盡數供給　天禧三年十二月臣僚
上言每見押賜契丹高麗使御宴樂人致語不依體例

亦無迴避聞於四夷頗失大體自今賜筵教坊令舍人
院撰詞衙前於開封府僚屬中選撰已從所請後開封
府又乞請直館撰亦從之　五年二月詔三班差使殿
侍自今入契丹祇應隸三班與優穩差使者無得更差
接送　仁宗乾興元年未改元四月詔接送契丹使自
今並須慎重禮貌穩審言語不得因循別致猜疑管押
三番使臣亦須用心鈐轄常令齊整供應豐備巡欄使
臣亦須提舉覺察不得作過違者牢固送所屬州軍劾
罪以聞自今每年依此施行及取責知委結罪狀　天
聖元年四月臣僚上言繼好已來每差臣僚奉使尤須
經濟得人欲乞今後差文臣給事中武臣遥郡以上每

卷一萬九百四十一　四

差選差入國之次預行詔敕專委奉舉行止方得差充
候同聞別無曠職優賜差遣以旌勞効宰臣言自今後
欲止令中書樞密院選擇充使從之是月內殿承制馮
仁俊上言每年迎接契丹使三番祇應頗有未便之事
欲乞擘畫定奪詔仁俊與禮賓副使張懷則同相度以
聞　八月樞密院上言入界三節人從舊條並令逐處
揀選有行止無過犯者須都將委保定差候到國信所
更相責成勵狀非不丁寧昨國信使張師德劉諳趙賀
等隨行二十五人因醉酒不謹言語遂致釁隙內親從
長行李達已行處斬自餘亦合決還宜令管勾當國信
所應每年合差祇應人去處派條揀選交付使副若頗

情因奔火帶無行止有過犯人等在內當職官吏劾罪
嚴斷其國信亦常切鈐轄仍曉示三節人等遞相覺察
或有作過仰同保人或知次第人密於使副處陳告候
回雄州交付本州枷勘情罪牢固押送赴闕其同保與
免連坐量與酬獎若不陳告亦當重行斷遣即不得虛
有告報所差親事官即令皇城司子細揀選　十二月
詔自今管押三番使臣凡有起請擘畫未便事件或乞
添差腳乘抽取諸色公人并製造行李物等並令闕報
國信所檢會前後條貫不得一面聞奏直送所屬庫務
二年三月內殿承制馮仁俊言管押三番接送契丹
使同據隨行司錄司貼司李元稱自天禧五年至天聖

卷一萬九百四十一　五

二年接送往回八次並無遺闕准舊例若不就本司遷
轉即於優輕庫務安排令御廚係第二等重難見闕後
行情願就填許之仍詔自今後接送三番所帶公人不
得更指體去處奏乞酬獎　五月國信所言客省傳事
郭榮稱每年契丹使到闕祇應了當乞改班行詔補三
班借職依舊祇應止約依傳事例不得援使臣年限遷
轉　三年三月管勾國信所言翰林御廚儀鸞司每年
所借入國接伴三番器物陳設多破損脫落望自今須
揀選新好者回日別貯詔自今後所差使臣管押三番
者並預先三五日前請領赴國信所呈驗訖打角裝發
五年三月管勾國信所上言每年接送契丹三番使

臣於在京庫務將帶物料不少及至緣路州軍又更取
撥錢帛回日逐番各造帳赴當司投下郝從當司移公
文取索勘經五七月未足況逐州軍係京西河北轉運
管轄雖逐度移文緣不相統轄延遲不赴乞自令後每
接送三番回京日令使臣專差逐番元祗應親事官監
逐管勾官物軍大將長入使臣等據合係回納支使不
盡物限半月内須管納了取索收付齊足即先發遣親
事官歸司其三番手分更與限十日依舊例攢帳赴國
信所投下繳牒三司乞限半月内先次勘會結絶其使
臣軍大將須逐候納齊足見得歸著即歸逐處差使從
之　五月詔自京人使到京並令接三番管押諸司使

卷一萬九百四十一

臣與長入使臣及管押暖車殿侍醫官等同共押領一
行禮物車乘鞍馬綱擔暖車於人使後面隨逐仍令編
欄寄班量押驍捷兵士三二十人編欄同都亭驛於監
門使臣處據一行物色車乘一一交入人使位内候交
撥了足别無遺失踪虞具狀申訖即得各歸所屬去處
真醫官即須每日在驛祗候至進發時除三番諸司使
臣先行外只令編欄寄班内輪那一名量押驍捷兵士
三二十人候進發日於人使後編欄管勾　七年六月
審院官上言大理寺丞封直知瀛州河間縣祗應契丹
使往來了當檢書大中祥符三年九月詔應係祗應國
信所驛知縣並與優差遣四年五月又奏定合入近者

與升陟差遣合入遠者與近使詔自今祗候契丹使者
更候一任知縣即與同判差遣　景祐元年二月九日
國信所言通事趙萬祗應九年人使四十餘次欲乞與
下班殿侍從之　康定元年十一月二十六日禮部郎
中知制誥賈昌朝等言奉詔差館伴契丹回謝使所有
郭稹奉使及張奎接伴語錄並乞關送及更有言語事
意乞令密諭臣等詔國信所郭稹張奎語錄封送昌朝
等仍令後並依此例　慶歷五年十月二十三日國信
所言奉詔相度王平奏乞令後令河北州軍破隨處公
用錢置衲襖權借祗應人使兵士裝著欲依所請及乞
逐處不係支給口食即依三番兵士例給口食詔令逐

卷一萬九百四十二

處以不係省頭子錢收置如無即破係省頭子錢餘從
之　七年五月二十七日入内都知張永和言乞替國
信司詔永和管勾年深别無遺闕自陳乞罷特降勅書
奬諭以宣和慶使逐州觀察使初契丹通好其接送使
人皆自令差三番使臣緣路州軍大困於須索知諫院
吳奎極言其擾既罷遣三番而須置什物並令逐州官
自辦之　三年三月勾管國信所言自今通事殿侍與
契丹私相貿易及漏泄機事者以軍法論在驛諸色人
犯者配流海島若博飲鬬爭欺竊及損壞官物書門壁
者亦行配隸從之　十月知諫院吳奎言近送契丹使
三番之弊所經道路如被寇賊自寢罷以來大河之北

人人利之將於私賍不便故浮議紛紜將有功奪乞以
言者姓名付外施行　五年二月二十一日詔令國信
所申明舊條盗諭河北州軍令後人使驛舍不得供設
置州府圖牓先是户部副使傅永言臣昨奉使契丹接
伴副使李翰閤益州事臣詰其由乃是嘗於都亭驛見
益州圖詳此非使故有是命　治平三年九月二十三
日國信所言點檢公事侍禁劉宗顏已再留點檢三年
有無勾當去處欲乞差劉宗顏兼勾當德寧公主宅每
遇人使到闕即乞長上祗應從之　神宗治平四年未
改元六月詔應差入國接伴等職名位銜有北朝名諱
者並回避　熙寧三年四月七日國信所言接伴大遼

卷一萬九百四十一　八

賀同天節使副吴幾復等牒使人到臨清驛有契丹下
節迪列子夷離根夜刺同宿契丹使者四人傷者十二
人除孝贈錢絹外未敢支對見生餼御衣朝辭例物等
並依病患身死人例賜與其迪列子夷離根亦賜見對
生餼等如身死亦賜與孝賜贈　五年六月二十五日
入内副都知張若水押班藍元震言乞罷北使西人赴
闕訖例賜管勾國信所及都亭西驛所官銀絹從之
八年八月三日詔令後國信從人於宣武以下軍差人
代車營致遠務尚衣庫所差人從國信所司請也　十
二日權三司使公事章惇言乞令後國信所於近上庫
務權差人祗應者令一面關報差撥不須牒眷從之

九月十六日國信所言裁減大小通事大通事以五人
為額小通事難以裁減止以六人為額從之　哲宗元
年四月二十二日國信所言遼國賀坤成節人使赴闕
合差接伴祗應人及給散行李等未敢比附神宗皇帝
同天節例施行詔令比附　紹聖三年三月十八日詔
國信所令後祧主不諱勿得與北使以司勳員外郎王
柏等言順祖翼祖係祧廟生令錄與北人北人既以為
諱則經由州府每與北人交語通書並不得干犯故也
元符二年六月十八日接伴遼國泛使朝散大夫試
秘書監曾收等言新國信敕令儀例中不無增損而事
干北人者恐難改革又泛使往來新條元不該及乞下

卷一萬九百四十一　九

詳定編敕國信條例所取合用書狀條式參詳修定編
寫成冊送國信所照使　政和六年十一月十三日詔
已降指揮管勾往來國信所使臣祗應並及三年已上
謹畏詳熟各與旌賞大通事掌儀韓士廉見任準備將
領可就陞充正將其霍弼韓士廉可特各轉一官所有
霍弼與權發遣中山府路都監韓士廉陞充正將指揮
更不施行　宣和七年十一月十九日南郊赦書河北
京西京畿國信經由驛路近因使人連併往來州縣應
辦不易内有借買過諸般物色未支還者並限一日須
管支還盡絶　高宗紹興三年六月五日奉使大金國
信所言近差到有官人許帶行前任新任見任請給如

無前件請給每月支贍家錢三十貫每日各支食錢五
百緣今來本所內差有到見任官請給不一往往不願
帶行舊請令欲乞應所差官不願帶行舊請之人乞依
已降指揮止支破贍家食錢兼有下節充代軍兵之人
隨身日支食錢五百并贍家錢等並於行在或寄居州
軍從便勘支內軍兵除帶破舊請令逐營依舊批勘應
一行官兵等請給隨家願改移往所至州軍乞依已降
指揮勘支並從之　十一月十七日三省言北使非晚
到來除已將大金國諱旻晟二字行下經由州軍照會
如榜示牌號內有此二字並權行貼改外所有見張掛
應干文榜及民間賣物等見出牌榜如金銀疋帛鋪之

卷一萬九百四十一　十

類亦合指揮照應北使經由州縣并臨安府仰於北使
未到已前將牌榜權行収藏仍委官照檢不管稍有違
戾亦不得資緣搔擾　二十六日國信所言本所大小通
事傳語指使使臣等遇人使到闕引接使副三節人從
殿庭并在驛抄劄聽審語錄押送喫食酒菓等及入位
承領傳語計會公事輪差奉使接送伴覺察祗應無已
奉旨差歸朝人教習譯語亦合差撥逐色人習學祗應
即目止有一十二人實見分差不足今不敢依舊額差
填欲乞比舊裁減貼差其所破請給輪差祗應等並乞
依見行條例內大小通事最要慣熟詳審之人仍乞從
本所於見在人內選揀撥填　一舊額管再留通事傳

語指使使臣共二十四人見在止有八人今裁減乞貼
差六人通共一十四人閑習祗應並乞從本部於見任
得替待闕已未到部大小使臣內踏逐指差及許拘收
舊曾在本所充再留使臣填闕大通事祖額五人見在一
一名今乞貼差二人通共三人小通事祖額六人見在
一名今乞貼差二人通共三人傳語祖額五人見在二
人今乞貼差二人通共四人指使祖額八人見在四人
今乞添差一名通共五人一舊額指揮使下班祗應共
二十人准備祗應五人見在止有四人今乞添差內六
人充入額指使二人充准備祗應並乞下殿前司先次
刻刷曾在所充指使下班祗應如不足即行選差發遣

卷一萬九百四十一　十一

赴所從之　十二月十七日知臨安府梁汝嘉言人使
非晚到行在昨來在京合條三衙差軍巡人把巷約巷〔闌〕
今來本府依倣下項一自候潮門裏并朝天門裏候人
使到並於一更三點斷夜一朝天門裏欲每十丈或十
五丈置一鋪每鋪差軍十名或五名一所宿泊一門外
欲令臨安府巡尉分地分約闌候潮門裏乞朝廷選差
施行一地內如有遺漏乞加等斷罪詔第一項依第二
項每十五丈各置一鋪每鋪差軍兵五人其軍兵仰神
武中軍差撥第三項令神武中軍并臨安府各差兵將
官二員分地分約闌仍具姓名申尚書省餘四項依仍
出榜曉諭　四年正月二日樞密院言大金元帥府差

到奉使元不曾分使副令來並作一等錫賜其人從自
入界諸處並不曾到申分三節並已依中節錫賜今據
館伴所申到奉使下各司書表司係是上節詔令後應
有錫賜內書表司各司並作上節餘依已降指揮作中
節　七十日知臨安府梁汝嘉言人使到館自候潮門
至朝天門裏每一日十五丈置一鋪每鋪差軍兵五人
令神武中軍差撥外及令本軍差將官二員分地分約
闌已據神武中軍兵五百七十五人及將官溫全左宏
兩員并每員親兵一十人共五百九十五人及蒙朝廷
差到左右廂巡檢并兵丁六十二人專在驛前晝夜巡
邏其前項軍兵及將官巡檢共四員自人使到館兩雪
晝夜巡防委是勤勞別無踈虞並不曾支破食錢欲乞
卷一萬九百四十二　十二
朝廷候人使出門即行放散仍乞指揮量行犒設一次
詔特與犒設一次並令戶部日下支破見錢餘依　八
年五月二十八日詔將來大金人使到行在應干錫賜
物色等並令有司預行排辦製造　十二月二日詔左
僕射府權充使館令臨安府日下差人排截　九年十
二月一日國信所言本所舊額官人吏後行四人係名
貼司四人守闕貼司人私名貼司不限人數不下十五
餘人令來見管後行三人貼司二人所有見闕後行一
名貼司內不可選填其見闕係名貼司二名令於守闕
貼司內試補今來又無守闕貼司又緣已差官奉使大

金切慮不測有使人到來人力不勝詔見闕後行一名
依例於本所孔目官內選填請給還補出職並依見行
條例其退下孔目名闕依條例差填施行兼本所掌行
事務繁重不可闕人自今後依舊額內裁減差置守闕
貼司私名各二人更不支破請給向去遇闕依條遷補
十二年三月十六日臨安府言修蓋都亭驛了畢乞
關報所屬差人前來交割照管詔令管國信所交割
八月十八日詔引人使朝見并朝辭並不作常朝九月
十二日館伴所言人乞使安前去上天竺燒香從之
十五日詔主管往來國信所大金使人見辭所有下節
人從並許於皇城門裏宮門外上下馬　二十八日
卷一萬九百四十二　十三
詔御福建路轉運司將逐年供進京鋌茶料製造作大
龍餅子依數如法封角依大龍茶題寫充國信使用令
別作一項差人投進　十三年十一月二十四日主管
往來國信所言大金賀正旦國信使副來程於盱眙軍
排筵館待即未審將來回程合與不合筵待詔內侍省
差使臣三員沿路賜御筵一員於平江府排辦一員於
鎮江府排辦一員於盱眙軍排辦　十二月五日知臨
安府張叔獻言主管往來國信所報舊例大遼國賀正
旦使人赴闕開封府少尹一員往陳橋迎接茶酒於班
荊館賜御筵酒菓入門赴驛本府契勘已降指揮於赤
岸賜御筵所有本府東倉排辦接見茶酒係在御筵之

後即與舊例不同，詔於臨平鎮排辦。　十四年二月十八日，知臨府張叔獻言：近者鄰國遣使講明賀正之禮，辭意恭順，無異昔時，而朝廷待遇一遵舊制，郡縣奉承莫敢少懈。切慮天申朝賀與夫泛使之來，從此當絡驛於道，然郡縣制度或至情文差忒，豈唯失中，誠復其閭科借搔擾，不無病民。欲望稽考古事，立為定式，頒降沿路使之遵守。其供帳之屬，則量行支撥製造，俾置國信庫以貯之，嚴立法禁，不得擅用。詔令兩浙、淮東路轉運司取見逐州軍已行體例，并見在陳設供帳物色等開具申尚書省。　八月十八日，詔令後奉使入國內上中節自辦本色衣服，令使副點檢，並要新鮮，無致故弊。

卷一萬九百四十一

十二月十二四日，國信所言：舊例北使到闕，玉津園射弓畢，觀看馴象。其年，去賀正旦使人即不曾觀象，所有近賀天申節使人到闕，牟馳坊中宣押象赴驛觀看了當。切慮今來賀正旦使人到闕，亦要觀象，臨期備辦遲慢，欲令馳坊常切依例祗備施行。從之。　十七年十一月十六日，詔置國信所回易庫，幹辦官二員，從主管陳瑛請也。　十八年正月十一日，宰執進呈淮南轉運副使錢端禮言：本路應辦國信使宿食程頓乞省併，只作十二頓。上宣諭曰：如有不須排辦去處，自宜省併，亦免官吏乘時搔擾。　五日，詔大金使人到闕，今後應臨安府排辦御筵及觀朝泠泉亭飲食，並要造作如法，供應

古

職官三六之四五

仍令本府差慣熟人兵，依赤岸例托引，如稍有滅裂，不前，仍令國信所奏劾。　十五日，詔令後使人到闕雜劇並令鈞容直、駢化成殿親事官前一月赴教坊，依舊例互相分付，仍令教坊將已分付所排定雜劇名色語言報國信所，闕館伴使副閱視。　二月二十六日，詔景福殿使、寧國軍承宣使、入內內侍省副都知、主管國信所陳永錫，武經大夫、和州團練使、入內內侍省押班、主管國信所李珂並特轉行一官，以應辦人使有勞也。　十九年十一月二十二日，禮部言：主管往來國信所陳永錫等檢會在京舊例，北使赴闕及人從身故，體例已下有司看詳，降付本所，以備照用。本部今欲依具到體例并勘會到事理施行。詔令國信所照會，令據太常寺開具到正旦接送伴語錄：元祐七年，契丹賀正丹使尤番係賀太皇太后耶律迪，高端禮右番蕭仲奇、劉彥國來程，六年十二月五日到瀛州，尤番太傅耶律迪遣人傳語，欲得醫者看脈，并要兜轎。十五日到磁州釜陽驛，中使王慎押到醫官楊文蔚過位，趣立聽口宣看脈。十六日早離磁州，上馬行。次高端禮云：左番太傅不安，蒙朝廷遣醫一行人，皆放心，兼來得甚速，必是朝廷留意。二十四日，入內內侍高班蘇世長傳宣館伴所：北朝人使耶律迪不安，與放免朝見，其例物就驛交割。七年正月二日，入內內侍高品康承錫傳宣伴所：大遼國使人

卷一萬九百四十一

圭

職官三六之四六

耶律迪爲恙所有玉津園本人射弓例物令就驛使仍
免次日引謝六日入内内侍黃門邵琦傳宣館伴所大
遼國使人耶律迪爲恙與免朝辭所有例物令就驛交
割又入内東頭供奉官張士良傳宣宣問耶律迪春寒
安樂知所恙未得一向康和入辭不得已差醫官元常
楊文蔚二人隨行看醫調治途中切在加愛耶律廸令
人答小人上感聖恩願太皇太后皇帝萬萬歲壽左番
副使代跪謝表一通與天使七日入内東頭供奉官馮
世寧傳宣問耶律迪春寒安樂令特賜湯藥一銀合御
酒一十瓶途中宜加調護耶律迪令人答自到館累蒙
聖恩差天使宣問賜湯藥物件及差到醫官上感聖恩

卷一萬九百四十二　十六

只是為恙不曾見得聖人心裏懨不好左番副使代跪
謝表與天使是日回程到班荆館耶律迪乘檐子先行
九日到滑州通津驛晚遣人傳語爲左番太傅昏困缺
來日住一日往復一兩次遂許之十日住滑州至晚蕭
仲奇差人傳語左番太傅身亡告令聲鐘及請僧於靈
前道場十二日住滑州送伴呂希績李世昌過位澆奠
與蕭仲奇等相見遣人送耶律迪襚衣銀裝棺及棺衣
奠酒銀器物等既斂希績等又過位奠酹及慰蕭仲奇
十三日住滑州希績等過位澆奠與高端禮等相見揖
次遣人持廸賻贈下鋪銀器及三節人從孝贈等與之
端禮等致謝晚中王慎全齎仲奇等詔書并迪本家密

賜仲奇等受賜拜表謝恩如儀十四日早離滑州過河
馬上高端禮謂送伴李世昌云耶律迪不幸物故諸事
皆感激昨日蒙朝廷差中使降詔撫問及密賜耶律太
傅本家上荷天恩惟祝二聖聖壽無疆也十九日早離
驛馬上相揖次希績等諭蕭仲奇等昨日得朝廷文字
皇帝為耶律太傅輟視朝一日北副使劉彥國云左番
太傅雖九泉之下亦有榮耀本寺契勘上項事理内襚
衣數目今按穀梁氏云襚者衣服之名故送死之衣亦
名襚也衣多少之數喪大紀小斂之衣皆十九稱大斂
之衣大夫五十稱士三十稱歛衣稱數不同則所歸襚
服亦當有異但所歸者未必具其稱先儒無說不敢斷

卷一萬九百四十二　十七

其多少又按喪大記袍必有表不單衣必有裳謂之一
稱杜預云衣單復具曰稱今來若北使有似此身故之
人其大使欲賜五十稱副使欲賜三十稱切緣古今衣
製不同今參酌大使賜綾羅絹各五十疋副使折賜綾
羅絹各三十疋其銀裝棺及棺衣各合用一件内奠酒
銀器合用注椀一副銀盤盞三副係三次澆奠銀棱茶
盞托一副其大使身亡合得賻贈欲賜絹六百疋布一
百五十疋生白龍腦一斤燭六十條濕香茶各三十斤
酒六十瓶副使欲賜絹五百疋布一百五十疋濕茶香
各三十斤酒六十瓶下鋪奠酹銀器大使賜銀三百兩
副使賜銀二百兩若副使身亡大使合得孝贈欲賜絹

三百疋布一百五十疋大使身亡副使賜絹一百疋布一百五十疋三節人從孝贈上節絹一十疋中節七疋下節五疋其家賜本家合聽臨時指揮又元祐三年七月三日本所據隨從接伴大遼國賀坤成節人使指使楚珣等申六月二十三日堯山縣驛人使傳語有下節契丹一名身死往條北使三節人沿路身死使卯焚燒造木匣絹袋盛貯骨殖候回日分付仍作朝廷意度隨處州軍取係省絹三十疋錢三十貫接送伴使副分付人使充賜與身亡人從孝贈又條三節人沿路及到闕身亡應合給例物並賜與又紹興八年十一月二十三日大金泛使張通古等過界當日人使呼索轎子一頂

卷一萬九百四十一

十八

前去至青陽驛宿泊問得係上節書狀官承議郎行臺尚書省主簿魏千運一名見患不安二十八日到高郵軍本人身亡委高郵知軍劉舜士營辦棺木盛斂了當請本軍僧衆作佛事諷誦經文設香燭酒菓綵繒等供養於公詔院用塼灰攢次日差提舉官趙時前去澆奠又留錢委本軍知軍請僧續作節次齋七追薦九年正月四日到闕在館賜使人張通古等金銀數內身故書狀官魏千運賜銀六百兩二十二日回程至高郵軍張通古等傳語前時死者魏千運恐將來出陸臺押不行不若燒化了送伴使副莫將等傳語甚好遂令高郵軍燒化用小棺木盛去本寺契勘數內三節人身亡支賜

職官三六之四九

數目令照得止有魏千運一名體例令參酌將來若有上節到闕或回程身亡之人欲賜銀二百兩如未到闕在沿路身死欲依魏千運體例止賜六百兩其中節人比附上節減半給銀三百兩下節人却比附中節減半給銀一百五十兩依所有中下節人沿路及到闕合給例物並依前項本所條例支給　二十年五月二十六日尚書省言使人往回渡江不測值風濤處拘於排日程頓濟渡不便詔今後使人渡江值風不拘所定日分候濟渡却令兼程進發　十月八日詔今後入國使副令常切鈐束三節人從不營與北界承應等人相等作鬧應失國體以三人為保如有違犯之人仰國信所差

卷一萬九百四十一

十九

指揮使等覺察候回日具姓名申所闕奏　十二月十八日詔使人到闕赤岸等處錫宴其排辦供須不及經過州府甚非朝廷撫勞遠人之意可行下臨安府并賜御筵等官今後須管躬親行事視並要排設豐絜不得滅尅料例仍令國信所主管官依條抽閱點檢如稍有滅裂具事因申尚書省應干主辦官吏等重寘于法　二十二年六月一日主管往來國信所言令重別參酌到大金都管上節到闕未回程身死支賜欲都管錫銀五百兩上節賜銀四百兩其都管上節沿路到闕應合給例物並賜所有支賜銀如到闕下左藏庫支供令館伴使副給賜沿路下轉運司應副令接送伴使副給使

職官三六之五〇

並作朝廷意度其中下節支賜銀等並依紹興十九年十一月已降指揮施行所有三節人孝贈錢絹緣已有支賜銀令後依近降指揮更不支給從之　二十四年十二月十八日上宣諭輔臣曰大金人使將到并接送伴等一行應牽挽人夫聞多未嘗支破錢米或值雪寒不無凍餒有至死者深可憫惻令所差州軍依已降指揮優加存恤無令少有失所如違在內令御史臺覺察在外轉運司按劾　二十五年十二月二十四日工部侍郎丁婁明等言被旨差充接伴使副陛辭日令措置淮南打凍牽挽人兵毋令所失已具奏聞如遇河凍乞將打凍及牽挽人逐日分作三番輪替如遇交番即預設先犒設酒肉羹糊令能暖方得上船乞下淮南轉運司每遇河凍年分即於係省錢內支破三百貫充應上項使用浙西路亦乞依此從之　二十六年十二月二十六日詔大金使人赴闕接送館伴諸官司應差祗應人姓名如有犯大金名諱旻晟幹亮四字并同音及軍民人西上刺有避忌字並不許差赴使人前祗應雖不係使人前祗應人如有似此刺字犯諱者仰所屬權暫迴避　二十八年十二月二十五日國信所言自來使人朝見禮物檐牀鞍馬於紫宸殿門以西至過道門外一帶陳列候入殿進呈令來使人經由新路入皇城南門若依舊陳設有礙館伴使人等下馬及入殿班路

卷一萬九百四十

二十

除國書合依舊在紫宸殿門上其餘禮物檐牀等欲乞於紫宸殿門內兩壁陳列庶無妨礙及使人應入內經由上下馬去處詔大金使副體宰相上下馬及於麗正門外西廊從北第一至第三間為待漏幕次餘從之　二十九年二月五日詔年例接送北使浙路牽挽人夫素無支請晝夜暴露或至羸乏可委兩浙運司自今遇接送每船預給米二石或遇阻風及大寒極暑令各於人夫具牽挽人姓名各日支米二升炊飯俵散候接送畢具數申所屬出豁　十九日國信所言每遇大金使人到驛告覔物色自來止據排辦騎御馬直一面於本府取索供納至晚開具告覔物色申所照會似此無以關防欲乞今後遇有告覔物色專差通事指使應各一名在位次門外置歷逐一抄轉赴所書劃結押至夜令排辦官具日下的實告覔過物色申所參照從之同日國信所言大金使人在驛打造銀器自來係通事承領分付排辦騎御馬直依例一面計會本府書手鋪戶取索造作徑赴通事處交割遂致銀料出豁不明欲自令每遇轉出打造銀器委當管通事具名數申所行下排辦使臣收索銀料應副候交納了當開具用過銀數報所屬出豁從之　五月五日詔大金賀生辰使人王可道等到闕尤都管為病兩浙轉運司差到管船使臣二人更不經由館伴使副等徑行呼索臨安府臥轎應付

卷一萬九百四十一

二十一

入門仰本司將逐人依條施行仍鈐束自今後所差人
如遇使臣呼索告覓須管計會所屬館伴送伴等官司
說方許蓮行如違以違制論　十四日國信所言在京
日都亭驛俯近皇城外廊火禁嚴切今來本驛亦與皇
城相近況係安泊使人去處兼見收貯在京案牘及官
物浩瀚事體至重欲乞遇使人在驛除合停留燈火官
司許行在留委監驛使臣同提點監門常切巡覷照管
仍置曆拘籍所有其餘不合留燈火去處並令本驛禁
止施行詔非使人在驛國信所除遇檢照案牘書寫緊
急文字許權暫關燈用畢即時打熄餘並禁止　六月
四日國信所言本所被旨奉使大金所有行移文字除

卷一萬九百四十二

中朝廷合用公狀外其餘去處依例合用劄子從之
三十年正月十八日詔去年以來使命往還淮南州郡
如有買過人戶諸般物色不支價錢及有虧價令人戶
赴本所陳訴具姓名聞奏　二月二十一日國信所言
准御寶批隨使副下節額二人聽御前差今後改充中
節從之　三月二日知臨安府錢端禮言本府排辦國
信多緣闕乏錢物臨期於鋪行收買物色過期則不支
價錢致使行戶失業自紹興二十八年以後未還鋪戶
國信等買物錢二萬九千四百八十餘貫若更歲月漸
久人寧戶無緣請領照應本府飯去年揀汰將兵見今
按月將揀汰人料錢并折粮米錢四千五百餘貫赴左

藏庫送納欲望自三月以後將欠鋪戶錢數截撥上件
窠名盡數當官支還從之　四月十一日詔差親從四
十人充人使到闕都亭驛充代剩員使人位看房等祗
應令皇城司於使人過界前半月交割事畢日發遣令
後准此　十二月二日臣寮言每歲接送伴使副所差
將校軍兵三十餘人每名起發借請及沿路批券再借
用緡錢無慮百餘又皆爲合與甚願藉影帶商貨避免
官征詔使副各差將校一十三人軍七兵人　五日主
管往來國信所言昨對境報到大金廟諱其旻字項內
有文字一字今來賀正旦使虞允文有犯元報到諱內
一字詔令虞允文權改名允　三十一年七月十八日

卷一萬九百四十二

臣寮言遣使金國往來所有得語言奉皆大事往往先
照不相照知酬應之間不無差外此爲非使每遇使回
有所受事不載語錄誠爲闕典欲自今後奉使回程各
具所得之語實具劄子闕奏降付三省密院編錄成冊
不許泄漏遇遣使命則令通知前後事宜如此則其知
首尾應荅之間無失詞之患可以專對從之　三十二
年四月十九日國信所言本所舊額管指使祗應二十
人準備祗應五人昨裁減差置指使祗應一十人準備
二人逐年輪番隨從奉使入國及差赴接送伴使副下
掌管引揖儀範聽審語錄并遇使人到闕在驛祗應全
藉慣熟舊人今來見管指使祗應二人準備祗應二人

到所日淺未諳使事其見闕指使祇應若移丈殿前司差撥又是新人竊慮生疎難為倚杖欲乞依已降指揮從本所於殿前司踏逐曾經差入驛祇應人充填及許依再留使臣例拘收舊曾在所充指使祇應人填闕請給等上依權留指使體例施行詔依令後准此　孝宗隆興元年八月十四日主管往來國信所言依指揮條具併省吏額本所見管使臣二十一員點檢通事指使傳語使臣共二員指使祇應一十員欲並減半從之

二年十二月二十一日國信所言勘會已降指揮將來使金國傳語宣問意度令後令國信所錄白一本侯使副赴都亭驛閱視日主管官當面分付使副遵執仍取知委聞奏昨奉金國上尊號本所傳旨陳誠之修寫國奏所在金令來金國賀生辰傳語意度遂具奏聞詔令洪适修寫大金朝見日傳語宣問意度一本赴國信所進呈

卷一萬九百四十一

乾道元年正月二十四日洪邁張掄言接伴金國人使已到楊州於泗州虹縣北境虞姬墓界首取接不發遠迎狀兩朝廟諱御名彼此不傳兩朝皇帝聖躬萬福彼此免問相見叙志彼此稍前三節文公恭盡冠服接伴只着紫衫上節先恭稍起不還揖中下節則坐受其禮舊例止曾與賜御筵中使口宣人有敕中使北使相揖各只依位御筵勸酒傳語稱聖恩隆厚送私覿彼此用日子上件事理元係遂一往復議定欲降付三

省樞密院劄下主管往來國信所照會如已差館伴及日後接伴并賜御筵中使等並令通知庶免異同詔令李若川張説照應參酌施行　二月二十四日國信所言勘會金國國信使副非晚到闕訪聞經由州縣以准備應辦物色為名遇有科取欲令逐路監司嚴行戒約兼人使經由州縣將醫人獸醫工匠行鋪戶等人預期科差騷擾令後如有合用之人令接送伴所報所屬臨期據數和顧所有賜宴更不用妓從之　三月九日中書門下省言提舉修內司承受提轄劉慶祖狀令來人使赴闕沿路御筵已承指揮用樂其到闕合用樂人等乞令臨安府差撥仍委本府承受官主管教習令勒前鈐轄教坊所人吏并教坊省記到舊例行人自起教日並赴教閱處教習庶得應奉詳熟從之

卷一萬九百四十一

二十四日國信所言檢准紹興三十二年三月二十五日尚書省劄子館伴使徐嚞副使孟思恭奏令來館伴金國報金賚位使人高忠建等自接見至出驛有更改到事一十三件一館伴與北使初相見通狀彼此只用一張雙銜一使副相見彼此只各就船同上轎擺定入館內並兼立一本所掌儀以下與北上中節各不參參一使副在驛每遇過位彼此只就設廳上對立相揖一使人入內使副於宮門內隔門各上下馬一三節入於皇城門外上下馬一使人相朝見并意度儀範並係臣等與北

使副面議事朝廷降到指揮令來與近例更改不同一使人在驛遇中使賜到物逐次拜謝恩一使人觀潮天竺之游令更不往一臨安知府送酒食并贍儀與北使副更不門狀予一使人朝辭捧受國書等禮儀並從舊例一夜筵辭換館伴請都管已下就筵勸酒與都管以下相揖彼此使副皆起身一勸都管以下酒只令通事斟勸伏望降下有司令今後館伴參照施行詔並依内觀潮天竺燒香依旦正體例施行　六年十一月十九日詔兩浙轉運司每次應辦人使管船使臣往往逐州旋行差到不能管轄令後專委臨安府於緝捕并體管使臣内選差每船各一員管轄及添差八廂一名親從

永樂大典卷一萬九百四十七

一名作管船軍員名色同使臣自盱眙軍至行在往回管幹機察如覺察到違犯事件當行推賞若失覺察重作施行　七年四月二十九日詔金國使人往回所差防護人令浙西安撫司行下沿路諸州府依臨安府例於禁軍内差撥逐州交替具鎮江府諸軍所差人更不差發　十一月二十七日詔令來奉使所差三節人内都轄禮物官引接儀範指使執旗報信醫官小底共十二員令樞密院將國信所見管并曾出疆及三省樞密院等處慣熟儀範人置籍從上銓擇取旨差書狀官書表司親屬親隨指使職員共十員令正副使選差下節四十人令樞密院於三衙并皇城司等處選擇差以臣

僚言切見入國使副循習舊例盡將三節人從窠闕公相求易皆有定價多出權貴轉相薦送分金入己所費已多且正使副不敢揀擇合行約束故有是命　八年三月三日詔今後奉使往回經過州縣統兵師臣監司知通除有職事行移公文外不許投接啟狀書劄除巡尉防護外餘人並不許迎送接見以賀正旦國信副使孫顯祖言切見國家遣賀正旦賀生辰并接伴送伴使副一年凡八往回自臨安至盱眙千有餘里所過州縣投下啟狀書劄爲使副者回荅不暇統兵師臣監司知通已下出門伺候又須接見稽留行程彼此疲勞非徒無益實妨職事故有是命　九年十一月九日國信所

永樂大典卷一萬九百四十七

言已降指揮應辦奉使并使人到闕通及二十番官吏與轉一官緣官吏一等推賞初無緩劳内主管乞與改作每任滿無違闕特轉行一官礙止法人依條回授從之

淳熙三年四月二十四日詔國信所都轄謝良弼掌儀范趙選各降兩官掌儀范陳斌降兩資並特送千里外州軍編管（良弼等隨湯邦彥出使金國還日係言邦彥等舉動乖謬因併責之）六年正月四日臣僚言生辰正旦國信往來正當嚴寒沿路擡駕舟船人夫衣裝不辦多致凍死今歲尤衆平江府界死者一十八人而官司不為措置乞特降指揮應經過國信人使往來州縣多備牽駕人夫衣裝常加犒勞令次沿路凍死人去處令州縣每名量支官錢埋瘞詔逐路轉運司措置存卹令平江府及沿路州軍將實死人數於係省官錢內支埋殯

〔卷一萬九百四十一〕

錢四月一日知常州李結言國信使副回程河道水淺乞將禮物權寄留鎮江府使副等人出陸先歸候水通日行船上曰使副回程只有國書一封並無禮物聞三節人多有私貨豈可勞擾人夫可依所乞 七年正月十日詔國信所大小通事指使傳語使臣自今與依元符詳定國信一司條法參部止令注授臨安府庫下并行在合入差遣願就同監臨安門者聽 十月四日詔自今的實應辦處方許差官不得泛差冒賞以右正言葛邲言每年人使到闕自盱眙軍至臨安府一路州縣應辦官員皆有酬賞緣此盡以應辦為名往來將迎動費數日並不存留一員在州縣乞即令應辦人使官在州常留當職官一員在縣常留佐官一員與免應辦故有是詔 十一月十九日詔自今奉使入國下節人除親從并譯語親事官外及將不轄資八人許使副差親隨衙子其餘人並令殿前馬步軍司輪差毋得於諸處抽摘令各司排定軍分於每一軍一將內有職名家口無過犯人充曾經入國人不得再去仍於本將內選差正副將一員部轄正將充上節副將充中節本將人數不足許於別將內差撥 十二月二十四日詔每歲奉使金國上中節內除都轄引接并國信所指使定例外吏留二員聽候御前降下自今使副許辟差親屬二人書狀官一員掌管私覿職員一名其餘人數令吏部於

〔卷一萬九百四十一〕

見在部籍定名次經任無過犯大小使臣內差仍委長貳公共選擇貌魁偉年六十以下無殘疾人充諸軍班換授人充行差撥在部人不足申樞密院令三衙輪差入隊准備諳將訓練官揍數已曾經入國人不得再去差定姓名申樞密院訖發赴使副收管依舊赴國信所審量 八年十一月十九日詔自來年為始令六曹將合差奉使金國正旦生辰使副并館伴接送伴下引接儀範人每曹籍定一十人於差使副前兩月遇旬休日分輪一曹所籍人數發赴都亭驛令國信所掌儀通事使臣指教閱習儀範節次 十一年六月二十二日主管往來國信所言賀金國正旦使副舊例係九月二十

三日差官十一月九日起發約至二十三日到盱眙軍二十九日過界令來盱眙軍中準泗洲牒權改定賀正旦十月二十一日過界十二月二十七日到京小書至二十五日到京賀金國生辰使副舊例係十一月十九日差官次年正月九日起發約至二十三日到盱眙軍二十九日過界令來盱眙軍中准泗洲牒權改定賀生二月二十七日到京得旨令國信所照辰十二月二十一日過界二月二十七日到京得旨令國信所照應舊例并令來盱眙軍中列事理約度開具合差官及起發約程到盱眙軍并關報過界月日逐一疾速指定申中書門下省本所令指定賀金國正旦使合於八月中旬差官於九月下旬或十月初旬選日起

卷一萬九百四十二

三千

發約半月可到盱眙軍依令來改定用十月二十一日過界賀金國生辰使合於十月中旬差官於十一月下旬或十二月初旬選日起發約半月可到盱眙軍依令來改定用十二月二十一日過界其關報過界月日乞照應自來體例施行從之　十二月七日樞密院言盱眙軍申泗洲報來歲正旦生辰使彼此權止一年　十三年十二月九日詔國信所減私名貼司一人譯語親事官二人揀選文字散駿長行二人以司農少卿吳燠議定咒食下敕令所裁定故有是命十五年七月八日樞密院言新差京畿第二將臨安府駐劄國信所小通事田愿乞將報謝國信使副下祗應同程特轉一官恩

例候新任滿日乞特添差差遣一次從之　十六年正月十一日詔國信所大小通事指使傳語使臣與依舊法注擬一千一百里差遣　十七日樞密院言國信所檢點使臣安傑依舊通事等例赴部先次注授差遣詔依特令赴部注擬授合入差遣遇使人到闕前一月赴驛祗應事畢還任餘依見行條法　同日照國信所點檢公事郝守二兼同監臨安府嘉會門敕武郎彭林兼同監豐豫門帶行本等驛料供給不理名色次數今後准此　先是七年詔國信所等事許同監臨安府諸城門近有赴部注授差遣多有不願就者故有是命　十八日詔武功大夫特添差兩浙西路馬步軍副總管湖州

卷一萬九百四十二

三壬

駐劄掌儀大通事王舜臣與轉遂郡刺史武功大夫新特差權發遣兩浙東路兵馬鈐轄衢州駐劄掌儀大通事李籌與轉郡刺史以舜臣等在國信所應辦引拌使副陛殿六年轉一官令已及九年未經推賞故有是命淳熙十六年二月十二日國信所言報哀使人到闕所有修飾驛舍什物差破在驛祗應人并館鞍馬館伴使人行李從物等及應干合行事件乞照應金國使泛到闕依正旦體例施行從之遣留使到闕亦如之二十三禮部閤門太常寺國信所言報哀使人到闕皇帝衣服欲乞權易忌日之服禁樂一節緣目今國樂未舉外所有輟朝日分欲乞輟朝三日其典故內所載待制以上

就驛予慰，令乞不行予慰之禮。其輟朝日分自使人朝
見日為始。檢照建中靖國元年三月四日北朝哀告使
人朝見，係御幄殿坐。今來報哀使人朝見御殿，合取自
朝廷指揮。使人服著鞍韉，欲候接伴接見使人，見得服
著是何衣服鞍韉，闕報所屬參酌，申取朝廷指揮。其館
伴使副服著鞍韉，乞照應接伴使副沿路體施行。所賜
衣帶例物，合依自來體例給賜。陳設帷幕，除金國使人
位次用紫外，其餘陳設去處並合照應淳熙十四年正旦
體例。如使人辭免，聽從其便。如北使副本位欲用青聰
從其請。詔第一項遇人使見辭權易忌日之服，第二項
輟朝三日，第三項御後殿，令閤門修定儀注，餘依討論

卷一萬九百四十一

圭

到事理施行。　四月九日，閤門言：「檢會紹興三十年金
國賀天中節并紹興三十一年賀正旦人使朝見，其日
紫宸殿坐，人使朝見畢，垂拱殿不設樂，賜酒五盞，免宣
視盞，兩次宣勸。今來金國報登寶位人使朝見，未審合
與不合賜酒并宣視盞。」詔依例賜酒五盞，宣示盞。　八
月二十四日，禮部、閤門、太常寺、國信所言：「將來賀登寶
位使人到闕，合於紫宸殿賜筵宴，不用樂，不簪花。」從之，
以高宗服制故也。　十二月三十日，館伴金國人使所申：
北引接張倜言：「來時得處分，往回沿路并在館遇筵宴，
乞並免簪花舉樂。」掌儀王舜臣答云：「皇帝方行慶禮，殿
庭免簪花舉樂，斷難稱此，禮非專為使人設。」張倜言：「殿

庭舉樂，國信國不敢辭。花宴日乞免簪花。」詔依例賜花，
仍免簪。紹熙元年賀重明節亦如之。　紹熙二年二月八
日，國信所言：「金國報哀使人到闕，所有宴殿合與不合
排辦，給賜宰執、親王、使相、使人并諸免祇應人等花朵。」
禮部、太常寺、國信所檢準國朝會要：「大中祥符三年正
月五日，契丹告哀使辭，宴于崇殿政，不作樂，以輟朝故。
御使殿。以契丹國母喪，自後契丹國有喪，其使者見皆
不作樂。今來金國報哀使人到闕，照得前項典故，即不
該載給賜花朵，不合排辦。」從之。　十七日，禮部、閤門、太
常寺、國信所言：「金國報哀使副過界，檢準淳熙十六年
三月報哀使到闕見辭日權易忌日之服，御後殿。今欲

卷一萬九百四十一

三三

依上件禮例，欲候接伴接見使人，見得服著是何衣服
鞍韉，闕報所屬參酌。其館伴使副服著鞍韉照應接伴
沿路體例，所賜衣帶例物合依自來體例給賜。陳設帷
幕，除金國使人位次用紫外，其餘並照應淳熙十四年
正旦體例。如北使本位欲用青，聽從其便。賜宴并出入
觀遊等，亦乞依自來體例。如使人辭免，亦從。亦岸班荊
館、都亭驛御筵，欲照淳熙十六年體例，不用樂棚，止絞
縛一字照壁，用紫絹釘設。」從之。　五月十六日，樞密院
言：「檢準淳熙八年十一月十九日奉旨，令六曹將合差
奉使金國正旦生辰使副并館接送伴下引接儀範人
再行遴選十人，於差使副前兩月遇旬休日分輪一曹

所籍人數發赴都亭驛令國信所掌儀通事使臣指教
閱習應用儀範節次申國信所照會尚或違戾令國信
所具申樞密院取旨施行臣僚言上節有引接二人見
係六曹輪差平時不諳禮儀一旦責以引揖進退鮮不
錯誤詔令國信所申嚴行下令後教習務要詳熟 紹
熙五年十二月十五日都省言皇帝見行三年之制今
來金國賀登寶位使人到闕其都亭驛使人位陳設簾
額等依例見用紫色所有館伴使副位詔並用青色令
所屬疾速排辦 慶元元年八月二十六日禮部言今
來瑞慶聖節賀生辰人使到闕係在孝宗皇帝小祥之
後所有平江府往還排辦陳設等欲並令用紫色其餘

卷一萬九百四十一

經過州軍準此從之 嘉泰元年九月二十三日臣僚
言國朝自中興以來講修睦使命禮儀尤為詳備故前
後使者罔不恭順相安於無事已四十年矣為國信之
吏豈不知此近者此輩多自謀利不卹大體前後出使
及為接伴館伴者皆求以逃責不暇與較且掌儀小胥
也二使王人也令掌儀之權重於二使有私求則不容
不遂所求欲接坐不則容不與之對夫二使非不知自
有階給令乃遂其所求而與之抗禮者亦曰姑惟上下
和同以辦國事而已而此輩不知以此自重蓋欲權歸
於己乃是密與北引接等私相交誘以甘言哄以告覓
虜人貪利既中所欲則凡事聽從或因本朝國信使接

職官三六之六五

送伴一儀之稍失一語之稍差遂教使虜人生事然後
掌儀通事等卻從調而護以為己功若本朝銜命之人
無事可指亦復多方挑撥得以邀功且銅禁累降指揮
非不嚴切其三節人使及座船兵梢等或作禮物籠篋
或作隨身衣裝所至公然差撥人夫贍挈般運夾帶過
北界者正以掌儀等與之通同作弊皆有所恃略無畏
憚乞自今以往一切責辦掌儀二人凡國信使與接送
館伴使應有疏失並先將掌儀重行謫罰至於與北界
引接官私交通行禮酬酢並乞嚴行止約毋使依前往
來所有銅錢之禁亦責令掌儀專一覺察如敗露當罪
以坐自令掌儀以下依條合得差遣之人並只與臨安

卷一萬九百四十一

府添差不釐務差遣使之專意國信所職事不得干預
民事庶幾可以革去前弊而重國體從之 二年九月
二十日主管往來國信所言今來賀瑞慶聖節使人到
闕係在光宗皇帝禫除之前近接伴所已申請到指揮
將來十月三十日光宗皇帝禫除畢自十一月一日從
吉所有今來接送伴金國生辰使如在禫祭之前欲令
照應嘉泰元年體例施行至十一月一日及以後在路
御筵受賜謝恩舞蹈山呼作樂供帳陳設等並合純吉
所有今來使人到闕本驛使人館伴位及赤岸班荊館
仁和館等處陳設簾額等欲照嘉泰元年體例並用紫
色釘設內被褥有紅錦緋紅顏色亦乞用紫色排辦從

職官三六之六六

之　四年二月九日賀金國生辰國信使劉甲副使郭倬言已回程結局先恭承宣諭指揮御文數內一項私覿賜子香藥等并生白綃換易之弊甲等除已恭稟聖旨指揮逐一措置革弊外所有諸庫元納到私覿香藥疋帛等並皆就都京驛當官受納差委使覿官打角掌管過界支用甲等自到泗洲至燕京并回程沿路所送私覿逐一對衆抄轉簿歷同都轄掌儀私覿等官公共點撿指實書押文簿分明令據私覿官開具收支見在細數狀帳已行繳申朝廷將見在物件特賜指揮給還元來庫分外令來欲將支送私覿薄子一冊送所屬鏤版成冊永為定例及乞每遇差奉使賀金國生辰給降

卷一萬九百四十一

三十六

一冊赴奉使所照使從之　開禧元年十一月十日尚書省言使人到闕自紹興十三年近差下禁軍充入位祗應例皆年高憒然村蠢行之二十餘年初無闕事後來改差親從四十人入位亦係揀選有行止無過犯該陞揀選轉之人充應至淳熙七年始令皇城司籍定入位之人遇闕補填竊慮因而漏泄詔除譯語人外令皇城司於親從親事官皂院子內選四十人並年六十以上不識字有行止無過犯人差撥祗應已差人不許再差　十二月二十七日金國賀正旦人使朝見宣名訖國信使副不肯折身掌儀葛宗裔等云久例折身如何令次此不行此禮北使趙之傑云條例冊上無折身兩字

慇會數次終不肯折身續閤門傳旨且令歸館別聽候指揮朝見葛宗裔等即時引出殿歸館有旨賀正旦使人令改作正旦日朝見至日朝見如常儀次賀正旦嘉定五年四月十五日臣僚言國信所禮物並從朝廷支降一色精細金銀製造積弊既久往往滅裂乞下文思院自後遇製造上件禮物須管監官躬親監視仍須於人使未行半月以前預期齎至都亭驛交納以憑稽考施行詔令文思院如遇製造禮物須管監官躬親監視不管稍有滅裂候差使副畢限五日齎合用禮物赴都亭驛交納稍有情弊從使副朝申取朝廷施行　同日臣僚言每歲遣使下節所差之人例轉一資照得軍兵

卷一萬九百四十一

三十七

資賞止可轉至五次過是則為寄資俸既不增何苦冒涉萬里緣是往回頻數與北界承應合干人稔熟多有貿易物貨交通言語漏泄國事乞自後不每名不許差過三次小帖子稱其上中節亦乞准此照得奉使官屬已降指揮從朝廷於在京見任文武官內點差其下節軍兵已降指揮於殿步馬軍三司輪差詔奉使官屬其有礙止法不合轉行官資之人軍兵應寄資者並不許差其弩手教頭排軍私覿庫子或有生疎許使副臨時申取朝廷差換施行已上各不得差過三次　同日臣僚言每遇遣使之時殿司差撥官馬四匹以備乘坐又於兩浙漕司差二舟載至鎮江郤寄留軍中養飼別易

四匹前過北界遂致虛破草料多差船隻令乞免於殿司撥馬止就鎮江都統司或揚州差撥前去如至回程日帶北界所得馬繳進之時卻令乞淮東漕司及鎮江府接續差船載至庶免煩費又照對正副人從自殿步馬三司輪差下節之外遂廳止可申差不轉資控攏四名以備使令自過界之後凡般取私覿禮物及飲食衣裘行李登車下馬盡是四人無役往回萬里委是有闕使令所有差到下節人除庫子排軍外沿路更無人專聽使令乞後遇遣使日劄下各廳使副收管執役其都轄掌儀許於正副廳下各止許借一人過界使喚如至泗洲東京並京合般運禮物執打從物之際仍舊歸官聽候差使從之

卷一萬九百四十

六年三月三日臣僚言國家以遣使為重三節官軍皆其偏也上中二節必由廟堂之遴差而下節軍兵取于禁旅之吏選所以示至公絕倖俛也然有名稱未正事權不一弊倖尚多者合議施行且曰親隨曰親屬必使副至親可以相依者也今或以勢奪或以賄售以非親而為親得非名稱之不正乎曰將官曰排軍必下節軍兵素所聽命者也今以今軍之將而使為之將他軍之卒而經營為排軍不能相統攝得非事權之不一乎上中節官皆受差于朝廷今乃欲拘刺以便利托疾以求免者官屬俸給各有抱券之入今乃貪緣而求帮請恃勢而行滅尅者此又弊倖之不可不去者也乞今後親屬親隨必令使副差本宗有服紀之親將官排軍必令主將差本軍見部轄之人官屬委有不可行者使副牒所至郡州差見任一等官替行不許私自抵兌官屬有合得俸給各隨所任令元抱券人幫支不許分文減尅夫名正則言順權一則令行倖去則請安將見士夫易慮而廉靜知恥矣軍旅革心而行伍知禮矣詔從之其接送伴一體施行今後准此

閏九月十日給事中曾從龍言伏覩聖旨令承旨司籍定國信所慣熟行遣人姓名各與出給文帖遇差使副畢日從朝廷輪流點差兩名發下奉使所著役祗應仍將帶過界於下節准備差使安內排卻於四員准備差使內

卷一萬九百四十一

除去兩名如有過犯遺闕卻使副回程日期具申朝廷重作施行仍永不許充應內白身人祗應四次無遺闕遇犯從吏職補授法補一資有官資人祗應三次無遺闕過犯轉一官資或稍有違慢不理為數白身人以補授後從有官資人例施行所有支賜之類並照舊例支破仍令承旨司國信所籍定祗應次數或違慢因依姓名以憑參考推賞施行臣竊謂國信之有司行非省部寺監胥徒之比也游手之徒本無顧籍一遇遣使則究轉請囑求以簡名兜攬商貨以避關征私帶禁物以博易貨賞俸給則恣行刻剝過州郡則並緣騷擾皆利之以為姦弊今許之出疆豈不益滋其奸邪而白身人祗

應四次又許從吏職補資以歲次計之不過八年則所謂八人者皆可以得資矣豈不濫乎自吏興以來銜命出疆不知其幾未聞其不帶行司而有乏使之慮乞只令承旨司籍定名姓遇差使副日從朝廷輪差兩名發下奉使所着役以革請託之弊如有遺闕過犯即行銷籍永不得充應其過界補資等指揮乞賜追寢從之

九年正月十九日臣僚言近將明指護迎虜介所見一路應辦自江以北供帳食物之屬其間有合加稱者事雖至微實關國體夫宴勞飲食之供不過如羊豕雞鶩魚蝦果蔬酒茗醯醢荀葷蔬乳水陸之物不至闕供而已今乃紐於紹興間虜使一時之需官吏循習並緣妄以所需必辦為辭科擾百姓如雜蟲怪禽生麕麑兔麂駝羊羔長虵文雉以至黿蚌鼠蜡之屬瑣細必備皆生致之以告黿水載陸負憧憧道塗與夫先期追集整辦伺候動涉旬月不得着業甚為可念夫飾供帳之屬以禮賓客此吾國體之當然而備不應備之物以過奉之貽若有所畏而幾於失國體凡百必加之意而意外過奉之物則一切畧之以絕科擾以寧民生以全國體從之

卷一萬九百四十二

罕

後苑造作所

在皇城北掌造禁中及皇屬婚娶名物舊在紫雲樓下咸平三年併於後苑作院令名以內侍三人監始領作

七十四曰生色作綫金作燒朱作腰帶作鈒作打造作
西花作結条作玉作真珠作犀作琥珀作玳瑁作花作
蠟裹作裝鑾作小木作鋸匠作漆作雕木作平撥作鍋
作旋作寶裝作纓絡作染牙作砑作胎素作竹作鏃鏤
作糊粘作像生作靴作折竹作稜作匙筯作柏金作裁
作小炉作錯磨作樂器作毬子作輪棒作毬仗作絲鞋
作鍍金作橡洗作牙作梢子作裁縫作機條作釘子作
尅絲作綉作織羅作絛作傷裹作藤作打絃作銅碌作
綿臙脂作臙脂作桶作雜釘作響鐵作油衣作染作戎
具作扇子作鞍作冷壁作傘作劍鞘作打線作後增置
金線作裹劍作冠子作角襯作浮動作滙水作照子作

卷一萬九百四十

兩朝國史志後苑造作所監官三人以內侍充掌造
禁中及皇屬婚娶之名物專典十二人兵校及匠役四
百三十六人舊有西作掌造禁中服用之物舊在皇城
司天禧五年徙置於拱宸門外慶歷二年罷西作舊
在皇城司天禧五年徙置於拱宸門外掌造禁中之物
以入內都知押班一人提點以班四人監別以二人監
門兵校及匠一百七十一人　真宗景德二年八月詔
後苑造作所應傳宣製物請須憑由不得著所造物名
止用字號請撥物料若除破之時自依舊例　太中祥
符元年正月詔後苑造作翠毛不得言七寶字　天禧
元年七月詔後苑造作所自今每製造物色據合使物

料勘會委是管庫見無此物名件即得下雜買務收買
供應不得將官庫所有物色一例收買別置曆撥行户
仁宗慶曆四年六月二十二日詔後苑今後不得似
別句當處一例三年一替如非次有闕即差人填闕
至和元年十二月詔後苑作金箔只令本所作造除製
造皇帝頭冠禮物及北朝禮物即使使用并毛頭金仍
據合使數目旋行計料拍造供使所有其餘應係製造
諸般生活並不得使用及更不得準備拍造本作以句
押官前行各一名後行曹使共八人為額凡係翠毛造
作不得七言寶只畧言事宜除乘輿禮衣頭冠國信禮
物使用外其餘並不得使用　二年二月詔本作左右

卷一萬九百四十

番聽喚使臣製造金銀并諸般物色等令於貼黃上不
得開說名件數目只具實重斤兩並稱內降生活　十
月詔後苑造作所要真珠並於見管庫務取索更不下
行收市餘應製造物色物料名件委的官管庫無者方下
雜賣務收市　嘉祐元年三月詔應本作除係製造御
前要用物色并官中所造生活即破物料所有其餘製
造生活即不得破官中物料應所製造生活係合使金
銀諸般物色令下諸處取索并雜買數目並令本所具
數關報合同憑由司取索仍仰本所只以所造生活字
號為名取索使用　六年十二月二十二日詳定利害
所言文思院定每鋌銷金百兩破火耗五錢雜白銀百

兩破一兩每成鍋鋌銀百兩破五錢並不使行人後苑每鋌銷金百兩却破火耗二錢半雜白鋌銀破五錢須要行人承受斤兩銷折不盡至界滿收為出剩如火折過勒行人陪填看詳兩所鋌銷並同收耗不等乞應今後諸行人赴後苑作鋌銷金銀並依文思院所破火耗則例從之　治平四年四月二十四日神宗即位未改元詔後苑造作所諸色工匠以三百人為額　神宗熙寧元年八月二日詔自今諸司局取工匠聽三司一面指揮先是內侍楊挖等已得旨差後苑工匠造舒國祁國公主下嫁禮物而後苑奏留不遣中書奏令兩所祇應上批此末事也自令可止令三司一面指揮故有是詔同日詔令後除每歲合造契丹逐時禮物外應有諸處降下本渾渡金生活並畫時令所降使臣於所奉指揮來處請領金貨本作更不得申三司計料仍自今內降指揮到日為始遵守四日詔令後除朝省指揮製造生活依舊申請金貨外應有諸處并使臣下本作製造生活及拍連六毛頭金并渡金物色其合使金貨並依前日內降指揮更不得取索令得旨使臣並於元奉指揮來處請領所有諸般物料即令依例申請　二年十一月十日詔應內降指揮製造羅繡花卯並用燃草落蓄仍著為永式非特有指揮令用羅外餘不得輒有變易　元豐八年十二月十四日詔罷後苑作西院　徽

卷一萬九百四十

四四

宗崇寧元年五月二十一日提舉後苑作修造所言內中殿宇修造合用金箔六十六萬餘斤詔要金為箔以飾土木一經糜壞不可復收甚無謂也其請支金箔內臣令內侍楼治　宣和三年正月十二日詔訪聞提舉後苑作生活所以度牒下兩浙淮南等路收買紗帛頗見擾擾可立行止絕更不收買度牒拘收焚毀　七年十二月二十一日詔後苑作生活所自元豐年置建外及乂來局所合存留外本所供奉局令罷歸本所

後苑燒朱所

所掌燒變朱紅以供丹漆作繪之用太平興國三年置令僧德懸德隆於後苑中令鍊咸平末權亭大中祥符初復置天禧五年僧惟秀者其法以內侍一人監之

卷一萬九百四十

四五

宋會要

兩朝國史志：軍頭引見司，舊稱御前忠佐引見軍頭司，
勾當官五人，以通事舍人以上或都知、押班充，掌崇政
殿供奉、諸州駐泊捕捉權管之事，并軍頭之名籍，諸軍
揀閱引見分配并馬直、步直、從殿起居軍員之政令，及
諸司引見之事。勾押官二人，前行二人，後行四人。神宗、
哲宗職官志：但稱軍頭引見司。提點官一員，幹辦官三
員，以閤門官充。使臣二人，押司官二人，前行一名，守闕
前行一名，後行九人，貼司五人，守闕貼司五人。本司所
掌事務：進目司、三房所掌祇候軍員等遷補、開收、事故、
諸般請給及引見公事，并春季體量祇候軍員等；忠佐

卷一千二百五

司所掌御前忠佐遷補、開收、事故、諸般請給等；下名房
所掌祇應正副指揮使并散員、剩員、曹司等遷補、開收、
事故、諸般請給等；開拆司收發諸房生事并朝旨文字
等。　太宗端拱元年六月，詔每差撥馬步軍士朝辭訖，
仍傳宣戒諭本管人員鈐轄隊伍，愛惜鞍馬，磨鍊甲器、
閱弓弩，沿路毋擅離隊伍，先後擾人，及差員僚輪番管
押，如有違犯，當行嚴斷。　二年正月，改軍頭司為御前
忠佐軍頭司，引見為御前忠佐引見司。　真宗咸平四
年八月，詔軍頭引見司自今如傳指揮公事來審會者，
須再取旨。　九月，詔軍頭引見司應管軍頭每事須總
受本司指揮，如有奏陳機密，許實封於本司投下，畫時

以聞，即不得非時接便出頭奏告，違者勘斷奏裁。　景
德二年四月二十一日，詔軍頭司自今引見罪人，召法
官先定刑名。時本司言開封府獄囚當引見，不坐格律，
請再送司錄定斷。真宗慮其繫滯，故有是詔。　九月，詔
取箭鏃醫官自今令軍頭司上簿，具取得、不得姓名，逐
季中奏。三年又令具射着至取出年月聞奏。　十月，詔軍校充川陝馬步軍
都副指揮使者，如元授宣有候三年差替，無過犯遷轉
者，皆回具有無功過引見。　三年正月，詔軍頭司每差
軍頭權軍主、都虞候合入得軍頭者五人，前一日具職
位、姓名、腳色進呈，次日引見。如不及五人，即據合差人
數進呈。若差往巡檢、捉賊、駐泊、守城、指使、閱教，即每差

二

一人以二人引見，不當輪差遣，即置簿依資次差定引
見。　七月，詔三班院每引見磨勘差遣使臣內有御前記
姓名者，仰軍頭引見司令後並令唱謝恩。　四年閏五
月四日，詔軍頭司，如諸軍人員補忠佐者，許移家於馬
步直營或諸軍空營屋住，不得令泊舊營。　六日，詔軍頭
司忠佐入殿起居多不齊整，自今差忠佐二人提舉，仍
令勾當司官鈐轄。　八月，詔御前忠佐軍頭應有病乞假
者，給訖乃奏之。　十二月，詔吏部流內銓引見官員凡得
旨與京朝及職事官、加階、循資、起資、大縣令、萬戶簿尉、
府界簿尉、左右相巡判官、諸處法直官、御史臺主簿、優
與注官、令錄、知令錄、初入令錄人，依例與官，卻與河北、

官並送引見司施行　大中祥符元年正月詔每車駕出
入內侍省送到接駕進狀人本司官密切詢問事宜
如來經諸處者即以所進狀曉示若勘罪即抵徒刑如
乞不施行即不問坐如堅乞施行者取狀繳連仍定本
合送去處或合放寶封聞奏候御寶批降即得施行　七
月詔御前忠佐軍頭引見司今後應引見軍頭差充諸
處管軍及權管並具本人舊請受并新差定職名請受
則例一處比類取指揮如無新職名請受即行公文與
三司取索　九月詔軍頭司今後不得令殿前司抄劄引
見公事　二年正月詔置軍頭司祇候指揮使副指揮
使都軍頭副兵馬使副都頭名目自今遇赦敘理降配

軍兵依此安排每後殿御於軍頭司祇候軍員別行立
二十七日改軍頭司伴飯指揮使為散指揮使五代以
來軍校立功無闕可補者第令與諸校同其食膳因
以為名是後自為冗秩惟被遣者處之且以名品非正
故改焉　三年三月詔諸軍寄位忠佐軍頭自今人給
屋止七間　四年五月詔軍頭司應諸軍乞出箭鏃者
押送樞密院呈驗乃先問中箭年月願出取者於本司
官前出訖引見不願出者置簿管數十月同勾當軍頭
引見司焦守節言每遇駕出有諸色官負僧道軍人百
姓等進呈文狀洎至詢問又別無異見冤枉情理各是
無例施行事件自今欲望有此違犯者並令軍頭司收

送開封府依先降敕命嚴斷從之　六年十一月詔諸
班直謝賜衣日不引公事　七年五月知徐州李昉言
引見司科罪人於崇政殿門外切為親近有虧嚴肅欲
望自今並送開封府或皇城司決遣真宗曰外人不知
近年每月不過一二次決罰人皆杖笞以下此事已久
不欲遽改八月詔軍頭司罪人瘦不任決者並送配所
軍州區分九月五日詔軍頭司應回軍兵士在京者若
老病合配州處軍分及草場倉場神衛看營三等剩員
者限駐泊半月後編排引見訖更與限五日般移其
經過軍士編排引見後令歸本營限十日般移二十六
日詔軍頭祗候散副指揮使自今更有降補者須經恩

方與差遣　仁宗天聖三年十月皇城司言自今遇筵
宴及駕出內其軍頭司迴軍并招揀到兵士直至引
見公事即依例放入所貴整肅詔軍營在京并招到兵
即依所奏若營在外處經過合門見者即放見依例支
賜給食茶酒錢等　四年九月軍頭司言本司元額
勾押官已下七人內勾押官前行三人都大點檢書押
本司公事并入殿內抄劄聖語祇應外餘四人各更分
擘行遣諸般公事不少望許招收貼司三人本司守住
更不於三司抽揀候及一年別無過犯即補充守闕後
行未支請受如有正後行名闕即依名次引見轉補仍
依軍頭司後行例支給請受從之　慶曆五年六月罷

軍頭引見司引不急公事十二月二日勾當軍頭司錢
晦言本司條制見任故任臣僚及兩省都知押班合破
兵士剩員額定人數內有闕並許別差人承填即不得
額外抽占即未有替換指揮有牒到逐處作過病患者
未敢便行差替欲乞今後並許別差人替換即不得於
額外抽占乞下步軍司遍守詔尚書兵部殿前司侍衛
馬步軍司依奏施行　嘉祐五年十月二十七日樞密
院言軍頭司狀支散在京諸軍兵士等來年出軍春衣
勘會自來開坐合支日分并所支色額數目勾當本司
前後省都知押班閤門使副於宰臣未起居班次前進
呈衣樣然後支散勾當本司王道恭在假欲權令閤門

卷一千一百五

五

進呈今後無都知押班閤門使副勾當亦乞准此從之
六年十月十四日軍頭司言馬步軍司關合行引見
配填諸軍兵級三百四十六人緣每日引見不得過三
十人慮更有諸處揀來軍士轉至積壓詔增至五十人
引見刺鎗打刀相撲每番各呈兩對射弓踏弩亦添人
數候無留滯却依舊例　神宗正史職官志軍頭引見
司勾當官五人以內侍省都知押班及閤門通事舍人
以上充品視其官掌禁衛軍入見之事應戎選及選閱
分隸則具名以進詔其進止之節若供奉便殿馬步軍
都副軍頭仍總其名籍頒其禁令凡乘輿行幸有自訴
者審詰事狀稟奏分房六設八哲宗正史職官志同神宗熙寧三

年十二月十二日軍頭司備軍元額一千九百六十人
闕一千一百九十八人應副差使不足舊等五尺五寸
乞減二寸詔今後以一千人為額如闕白直即差步軍
司剩員　四年十二月二十二日詔軍頭司步直并馬
直闕馬者撥填步軍司虎翼有馬者填雲騎按馬直雍
熙四年置步直端拱元年置請給優厚不差發屯戍唯
給軍司官白直騶使而已最為優倖故撥廢之以內批
軍頭司見管馬步兩直令撥入殿前步軍司請受一般
軍分故也　元豐二年正月二十一日上批軍頭引見
司所管在京司備軍借事聞自來差科無優重之別勞
煩偏一出於主轄官受禱私意閒雖有守公之人患無

卷一千一百五

六

法守以拒干請宜依昨詳定剩員差科例委燕達具約
束條目送承旨司看詳聞奏頒降其備軍借事隸步軍
司差使　六年八月二十一日詔軍頭司自今諸路解
發到武藝高強兵級雖有減退如尚在同解發武藝最
下人之上者並依元豐令施行元豐令捨未獲　八年四月八
日詔軍頭司應後殿引見事如呈試武藝人申樞密院
令承旨司官與軍馬司同試有妨嫌即與不干礙軍司
同試如並涉干礙即與軍頭司同試以聞上未御後殿
故也　高宗建炎四年五月十五日詔今後選人改官
如不及甲亦令吏部報軍頭引見司先次引見十一月
十六日樞密院言御前忠佐軍頭引見司勘會本司所

管祗候軍員悉依祖宗舊法差往川廣等路州軍權管克寧牢城等指揮三年一替遇闕依令由樞密院下步馬司差取承替填闕散員係差往福建路權管保節清化等指揮三年一替遇闕合差興仁穎昌府員寮剩員直該期法量移取充散員之人如無合入人依條例許借差祗候軍員承旨填闕其應干案闕簿籍見管祗候軍員散員見在東京軍頭司收管差使如有年滿事故合使闕之人並免引見申乞給降宣命前去承替填闕近緣道路梗阻其東京約二年有餘並無差到權管軍員若不別行擘畫顯見在外權管年滿之人卒無承替期限本司今相度欲乞令川廣福建等路監司勘會闕

具見今軍頭司祗候軍員散員職次姓名人數權管是何指揮到管年月日如已事故之人案闕各元係本司是何軍額職位姓名權管指揮的實於甚年月日為何事故後來曾未差到人填闕並各錄白逐人元授付身宣命或本處信宣及本司元差充文牒從本司依自來條例重別起置簿籍並乞理逐人到營權管年月日三年為滿逐旋收係抄轉文簿挨排資次將已係年滿并事故合行使闕之人依自來條例申樞密院乞行軍馬司差取候引見訖給降宣命前去承替填闕並從之

紹興元年七月二十四日詔軍頭司續到行在正額等子因金賊燒毀請受文曆并承局等東京不曾分擘到

請受文曆令使屬將逐人依舊有礙人例一等支破請給今後更有似此之人依此十月二十一日詔軍頭司正額等子彭遇等久在殿庭祗應近因閱教閃撲傷病不堪充危街祗應特與免引呈依合出職人例陳乞外處院防監及廂軍見闕員寮　二年六月九日詔軍頭司等子內見有轉充將校人并今後有轉充將校至副指揮使已上人為見隨逐行在全闕舊人並與留充依舊應從祗應七月九日詔軍頭司幹辦官今後不許習成資闕仍常切遵執立為永法如被奉特旨內降聖旨指揮只具奏知更不施行　三年正月二十五日詔幹辦軍頭引見宋鏺孫為入殿引呈公事詳熟候今任滿

日特令再任二月四日軍頭司言正額等子趙壁等四人合該陳乞出職已被旨並留充依舊祗應指教新人候將來引呈陳乞其逐人並不依前項指揮出頭陳乞出職詔趙壁不合皷唱無時陳乞先次斷訖特與郴州牢城都頭日下出營餘人免斷依舊收管　四年正月二十五日詔除保義郎軍頭司引見司主管文字郭仲祥引見公事祗應詳熟候今任滿日依舊留充主管文字祗應依舊支破請給不理為資任與不妨參部注授三月十四日詔軍頭引見司頭名押司官依政和五年指揮令後滿三年出職先是本司言近降吏部之司條法作五年出職即與本司見行條令不同緣人吏為係殿庭

職官三六之八五

應奉東京舊人故有是詔十一月二十二日樞密院言
軍頭司申神武中軍今來內教引見射射人數拜習儀
引拽入殿引呼起居謝恩及前一日閤報合經由門戶
乞令本軍依自來內殿引見內教射射體例從之 五
年四月十七日樞密院言御前忠佐軍頭引見司申樞
密院得旨大禮次年二月諸班直將校親從親事官合
依自來條令排轉一次本司契勘今來轉員引見諸班
直年代上名出職呈試事藝弓弩破體槍刀標牌手輸
贏格法分作三等推恩前行後行第三行並係依格法
當殿傳喝推恩今有元自東京抄錄到傳喝格法乞詳
酌施行從之弓箭手前後箭滿不破體為前行箭滿
破體後箭滿不破體為後行前後滿破體存箭一指兩
指三指射箭不去掉下箭第一第二次為後行前箭滿
或存箭一指兩指三指後箭一把為第三行箭存一把
三次掉下箭弓了弓掉下弓身倒為第三行弩手踏上
彍得踏上望山子一次射箭不去踏上弦了謂脚離鐙
子後弦了為前行獲不發脚落掉下箭兩次射箭不去
為後行三次踏不上掉下弩身倒為第三行槍手贏為
前行輸為後行輸却與鬬對人鬬贏為前行掉下槍身
倒為第三行刀手贏為前行輸為後行輸却與鬬對人
鬬贏為前行掉下刀身倒為第三行標牌手贏為前行輸
為後行輸却與鬬對人鬬贏為前行掉下標掉下滿掉

卷二千三百五

九

職官三六之八六

下牌身倒為第三行二十九日詔軍頭司見闕準備等
子相撲打捍子共一十二人係隨從行在扈衛祇應可
將見闕人數特令軍頭司踏逐少壯有筋力二十四人
指名牒軍馬司抽取一次不許占留引見訖贏者收充
祇應輸者遣還十一月十四日軍頭司言等子人員已
下並係禁衛依令後殿祇候退分番上番人東華門外
準備昨自隨從車駕駐蹕並未曾依令差撥祇應欲乞
自今後每日入皇城門裏於南宮門外祇應候朝殿退
分番上番人於行宮北門外準備下番人趂赴本司等
揀軍兵差使又契勘東京日東華門外有等子外房二
間令踏逐到行在宮北門外六部南街西牆脚下空地
一段欲於本司雜支錢內修蓋席屋三間充等子祇候
外房從之 六年正月十一日詔軍頭引見司今後應
射殿特坐內教引呈軍馬射射馳逐弓馬等依舊制令
軍頭司官量將帶人吏并合入等子隨引呈人入殿祇
應四月四日詔軍頭司準備等子見日逐與正額等子
衮同祇應自今後如遇入殿排立等并令入殿祇應十
九日軍頭司言準備等子元符二年爭揀入額昨自崇
寧四年本司申請到指揮理到司月日資次從上撥填
入額祇應其等子在司更不閱習止是等候歲月發隨
事藝坐守撥填切慮無以激勸詔如遇正額有闕將見
管準備人并額外準備人先次依元符二年所降指揮

卷二千三百五

争揀逐色事藝精强人次依崇寧四年指揮理元取揀
到司月日從上撥填今後闕額並依兩項已得指揮闕
行狀補六月二十三日軍頭司言準入内内侍省李存
約奉旨軍頭引見司御前忠佐步軍都頭張明該遇天
申節特與奏次男張永堅依御前忠佐張青等例仍不
候覆奏臣僚言契勘忠佐奏補軍頭司自有成法所奏
子須年十歲以上仍召保驗實聞奏今來張明奏補男
張永堅係是特降指揮未審應與不應條法若别無違
礙自可付之有司條法施行伏望特降睿旨應事有條
法者諸司不得取降特旨一切付之有司從之　九年
正月十四日軍頭司言正額等子十將已下依令引呈
卷二千一百五　十一
輸祗應及一十年許乞外處院防監并廂軍見闕員寮
内有已轉正員寮并將校之人得旨留充依舊邑衛祗
應即未有立定許陳乞出職年限若不到作壁劃額是
投宣將校即無出職格法却不及後來轉授十將之人
今欲乞將等子内有轉充自榮及正副指揮使之人令
後引呈輸依十將以下陳乞條例祗應及一十五年許
陳乞外處院防監并廂軍見闕將校内員寮許陳乞副
指揮使正副指揮使許陳乞指揮使仍與帶遇舊請受
從之　十一年十月二十一日詔軍頭司使臣人吏係
殿庭應奉人數所職引呈公事委是繁重可將見請糧
米與依步軍司已得指揮隨寺監人吏數分一等支給

十二月十五日軍頭司言供内儀鸞都虞候翁政近因
年勞合轉一資不就改轉乞改正元舊御前忠佐馬軍都軍
頭職名詔持令軍頭司狀係名籍餘無干照放停之人
不得援引為例　十二年五月十三日軍頭司言貼司
守闕貼司自南京隨從巡幸揚州係與押司官已下一
等支破巡幸券錢自隨從至温州一例住罷紹興元年
内已降旨揮押司官至後行與支破巡幸食錢貼司守
闕貼司當時全闕未曾支破巡幸食錢今來見管貼司
守闕貼司為係殿庭支應人數除見請請給外並欲乞
依諸司庫務貼司見請則例一等支破巡幸食錢從之
十三年二月二十五日詔軍頭司押司官張珣等係
卷二千一百五　十二
昨隨從迎奉皇太后祗應人數與依閤門客省四方館
例檢照昨平江府已經批勘犒設則例將見今人數依
近降指揮增倍犒設批勘以張珣等言軍頭司正係隨
從車駕往回沿路收接唐突人取責丈狀聞奏聽旨祗
應人數比之他司事務不同自合依閤門客省四方館
已降指揮增倍犒設其糧料院未肯批放故有是命七
月二十一日軍頭司見司言見管使臣人吏共二十一
人引見公事入殿應奉并隨從車駕行幸祗應人數依
在京例於行在文思院打造金鍍荔枝銀腰帶二十一
條單夾紫羅公服各一領單夾紫羅窄衫披襖各二十
領充入殿引見公事隨從車駕儀注從之十月一日詔

己降指揮軍頭司等子轉充員寮正副指揮使出職陳乞外處院防監并廂軍正副指揮使之人今後與免會問逐處依軍馬司病切將校陳乞州軍體例令軍頭司據陳乞州軍窠闕去處徑申樞密院給降宣命發遣前去依職名高下管營餘依已得指揮　十一月二十二日詔軍頭司幹辦官並不得占破等子當直亦不許差借并承局係殿庭排撥引呈公事投進日奏榜子投下朝廷諸官司文字身役自今後幹管官各差承局一名止令隨逐趂赴朝殿祗應俟朝殿退發遣歸司趂赴本司差使如敢違戾以違制論　十四年三月六日詔幹辦軍頭司監師夔為在假多日與罷幹辦軍頭司　六月二十一日詔軍頭司人吏等子承局剩字人及不以是何名色子弟並不得投充本司人吏祗應見充手分貼司者且令依舊候出職日更不得占留在司數內見充手分貼司人日後作過與勤罷　十五年十一月五日詔軍頭司見闕軍醫一名可差翰林醫官局翰林醫學戚時充依令支破請給候依令召募到人即依舊　十八年十二月十五日軍頭司言所管承局昨在京日年及七十許指射看管養老即今別無指射看管養老去處緣為久在殿庭祗應欲乞自今後如有年及七十之人特與依舊支破請給額外執役養老指教新差到人殿內引見公事儀範從之　二十六年閏十月十三日詔

軍頭司使臣人吏係殿內引呈射射等公事日逐趂赴朝殿祗應與依客省四方館使臣行首承受例令步軍司差破兵士使臣職級依使臣例手分依承受例其錢米就本司大曆內批勘　十一月十五日詔辦軍頭司知閤門官每日輪差等子二人承局二人隨逐宣贊舍人已下各一名內等子止合趂赴朝殿祗應歸營止宿餘依已降指揮不得借使及過數差撥　二十八年十二月十三日軍頭司言等子每遇車駕行幸收接唐突人除宗室宗子宗女宗婦外餘人自合便行毆擊比來諸官司人亂有詢問急於得知擅行指約不得毆擊理宜禁止詔自今後除親從仗行接表當詢問八廂入殿御前祗應許毆擊訖量問事因外餘人不得詢問如尚敢違戾及本司人漏泄並依無故輒入通進司法斷罪仍令本司覺察聞奏　二十九年二月二十七日詔軍頭司承局今後遇闕如殿前司無年五十歲以上人特令軍頭司於軍馬司上四軍內指名踏逐年五十歲已下識字人填闕　十二月四日詔軍頭司踏逐捧日充等子自今後可於殿前馬步軍司據人數均差　三十年二月五日詔軍頭司見趂赴後殿起居祗候軍員今後遇忠佐併作一班起居　孝宗紹興三十二年（未改元）九月二日詔幹辦軍頭司知閤門官兼改作提點請給等依幹辦舊例今後兼者准此以閤門宣贊舍人祗候充幹

辦司知閤門官一員亦乞幹辦名稱一同逐改易之。四日詔軍頭引見司案闕見差宣贊舍人及閤門祇候充幹辦司為有奏陳文字例差知閤門官一員兼管亦稱幹辦與宣贊舍人閤門官候稱呼一同可將兼幹辦知閤門事官改作提點其請給等只依舊幹辦例仍自今後差知閤門官兼者准此。十四日詔軍頭司人吏已補官人如轉至保義郎除有引見公事合赴殿內祇應外依內諸司有官人吏例與免每日朝參。

隆興元年二月二十日御前忠佐軍頭引見司言本司人吏額管二十七人見管二十五人外有後行并貼司共二名自建炎年間交番至今存留逐人名闕欲乞開落使闕施行從之。四月十七日軍頭引見司言檢會紹興八年轉員後引呈諸班直年代上名合出職長行共七十九人奉旨作兩日引呈續奉旨作一日引呈勘會今來殿前司開到諸班直年代上名合出職長行共一百一人欲乞依逐次體例作一日引呈從之。七月十六日詔軍頭司踏逐等子可自今後遇闕十分為率殿前司踏逐六分馬步軍司各踏逐二分揀選填闕。

二年六月六日軍頭引見司言臣僚言州縣民戶尋常訟訴事不當冒干清蹕令後許詣登聞鼓院進狀敢邀駕唐突者依法斷罪已獲旨依本司欲乞今後遇有狀接到唐突人吏不責狀聞奏徑送臨安府依已降指揮施行從之。十一

卷一千一百五　十五

日詔軍頭司今後如遇收接到唐突人依自來條例責狀聞奏。

乾道元年十月十五日樞密院言軍頭司自今後補忠佐乞令並遵大觀三年宣和七年逐次指揮施行從之檢准大觀三年十二月八日指揮補御前忠佐一除隨龍人御前幕士察視親從文字外庫巡視（頭須班直禁軍轉員應補者）並許補充及許轉行外餘並不得遷補一免體量并養老除條隨龍人并御前幕士察視親從文字外庫巡視可依已降指揮特免外餘並依條體量宣和七年七月二十一日指揮補御前忠佐除依舊法外一皇城司親從親事官大小園子化成殿樂藝監作諸軍巡視等并諸局工匠一時特轉入者給見請俸給傔從之半奏補子孫閤歲許一次奏補一輦官車子官健翰林儀鸞司太官局等處轉入者並請俸傔從並給三分之一奏補等切並只依元來處都虞候或指揮使法如願請元來處舊俸者聽一養老人並給半俸奏補亦在之。

三年五月十七日詔幹辦軍頭司王正臣已降指揮令赴新任軍頭司闕吏不差人令後提點幹辦官共以四員為額。

四年四月三日詔今後押等子人員遇闕更不於軍馬司差取。二十六日詔御前忠佐步軍都軍頭張成年老有勞依條補乞臨安府崇節第一指揮馬步軍副都指揮使與支半分請給不令管人送軍頭司祇候依舊本司居住。八月二十四日詔軍頭引見司

卷一千一百五　十六

所管等子係扈衛祇應等子長行神衛沈勝逃走令步軍司臨安府捕捉候獲不得令充等子祇應送步軍司依條施行　十二月四日臣僚上言軍頭引見司奏壽聖太上皇后親姪秉義郎閤門祇候吳玖特添差幹辦御前忠佐軍頭引見司臣契勘添差文武官及宗室戚里歸明并恩例或特差之人並不釐務已有近降指揮吳玖以戚里恩例與添差於近制自不合釐務此門一開攀例者衆欲望聖慈將上件特令幹辦指揮更不施行從之　五年三月三日軍頭司言勘會等子人員闕自來係於上五對內差填內事藝精強之人沉壓在下無緣陞進欲乞遇闕將上五對依公爭揀填闕祇應其上五對闕將正額人爭揀正額闕却令准備人爭揀叙棒手依此如五次爭揀不中正額委是事藝生踈發歸元來去處從之　二十六日詔將來引呈諸班直年代上名出職換官射弓弩下項射兩石力弓人如射不得依格補將校射一石七𨋊力弓恩例人如射不得更不射以次𨋊力弓依一石五𨋊力弓免引呈例推恩換官展二年磨勘射六石力弩如射不得依格補將校　七年八月十一日軍頭引見司言本司人吏自令遇後行闕乞將貼書揀試行遣五道取優長者充從之　十月九日詔軍頭司自令後收接到唐突人除事干機密利害實負冤抑外有所訴事不經次第輙敢唐突之人令所屬從

杖一百斷罪　淳熙二年正月二十九日詔軍頭司官依舊堂除　五年閏六月一日詔自令軍頭司踏逐三司禁軍充等子於逐月已揀填班直外方許踏逐其輸者同家屬遣還本處收管不得額外占留以殿帥王友直言軍頭司踏逐等子每闕一名選二人同家屬前去其贏者撥填作等子輸者臨時降留作額外祇應更不遣還故有是詔　十三年十二月九日詔軍頭司減手分正貼司守闕貼司共三人承局三人以司農少卿吳燠議減冗食下教令所裁定故有是命

翰林院在宣祐門内東廊掌供奉圖畫弈碁琴阮之事常以翰林司兼領
待詔藝學無定員有書畫琴阮碁合香裝畫裡塑等名兩朝國史志翰林
院掌天文御書供奉圖畫弈碁琴阮之事以軌授事上待詔藝學裝鑾捏
塑無定員元豐改制具載職官志舊置提舉官一員以内侍官充令置同
舊置前後行九人今置前行一名後行四人貼書二人本院舊總天文書
藝圖畫醫官四局令掌行管轄翰林醫官局天人局事務分四案承行醫
官二十階酬獎磨勘轉官奏薦遺表致仕恩澤擬差諸州軍駐泊祭局撿
類改換服色及陳乞入品并依省記政和格出給醫官翰林祇候醫學醫
候醫診醫證醫愈六階付身兼直丞御前降下聖旨指揮差診御脈御醫
等醫官之類　祥符六年十二月詔祠祭用香令太府寺要用香前一月
具數牒翰林院差内侍一人與監官修合勾本寺手分一人封印送寺封
掌供用神宗正史職官志翰林院勾當官一人以内省押班都知充掌藝
學供奉之事總天文書藝圖畫醫官四局天文局掌瞻候卜筮以參質太

卷一萬六千六百四十七　十八

文之異同日具所占事季定星圖以進有天文官局生學生書藝局掌書
詔命賜日及供奉書籍筆墨琴弈有待詔藝學祇候學生圖畫局掌
以繪事應奉若塑造則課工為之有待詔藝學祇候學生醫官局掌以醫
藥入侍及承詔診療治衆疾有使副使直局藥奉御太醫丞醫官醫學祇
候副使以上五年一遷雖歷東班使副亦兼領本資其賜服敘品選任有
法而翰林院皆統隸焉分案四設吏五（哲宗正史職官志同）紹興二年八
月十一日詔内侍省押班藍珪差提舉翰林院　紹興十八年十二月十
三日詔自今後應奏試補授翰林名目之人限五年許到局供職及有乞
改換科目者並依太史局生附省試法仍令試所各逐名色分場引試
淳熙十三年十二月九日詔翰林院減後行一人（以司農少卿吳燠議減冗食下數令所裁定故有是命）翰林御書院在崇政殿東北橫門外掌御
製御書及供奉筆劄圖籍之事以内侍三人勾當御書待詔以同正官充
亦有正官在院祇候者皆不常置又有翰林書藝在院祇候遣翰林待詔
者則隸學士院後亦有依前祇候者祇候十七人筆匠十七人裝界匠九
人印碑匠六人雕字匠五人　嘉祐五年正月詔省御書院并翰林圖畫
院待詔以下額外所增員二月六日詔宣徽院勘會御書院圖書院見今

額外人内有合條請受者即且令依舊候額内有闕撥填其額外來有請
受人即依三司詳定所奏並減罷仍令後不得額外添人　英宗治平元
年七月二十二日以翰林書藝時君卿為太常寺奉禮郎以舊在藩邸祇
應故也　熙寧三年十二月十六日以明州鄞縣草茅王珣為御書院祇
候珣進所纂證宗要覽三卷并印樣一軸故有獎命　紹興十六年十一
月十七日詔御書院建炎三年罷可依祖宗法復且依舊隸翰林院本院
令省記到一幹辦官一員係差睿思殿祇候一印以紹興御書院印六字
為文一書寫待詔掌行書寫三元八節奏獻祖宗神御表詞并大禮畢奏
謝諸宮觀寺院表詞道場醮儀玉簡及書寫國書御試舉人主行陛降進
卷題寫諸王字頭春貼子端午貼子待詔以下每季進呈所習書札并書
寫錫賜牌額等事務一置局舊在崇政殿門裏次遷臨華門北次遷拱宸
門次遷閤門裏北城下一押宿官二員於書待詔出職人内差一佐
術官直長充書待詔三人書藝學七人書學祇候一十四人書學生不限
人數並無請給一諸色祇應彈琴一名着碁四人擘阮一名鐫字三人熙
筆班一名描邊花一名裝界三人造墨一名雕字二人畫細文一名打碑
二人碾紙兼印書二人繫筆三人繫飛白筆一名造琴阮一名裁縫一名

卷一萬六千六百四十七　十九

漆作一名小木一名鐵作一名剪字一名鐵鏤作一名鈒作一名一專知
官一名前行一名兼副知後行二人貼司二人庫子四人背印守門投送
送文字親事官共四人翰林司二人雜役兵士一千人内節級二人一書
學待詔等資級依年限出職補授合得官資書學祇候滿一十五年補承
信郎書藝學滿一十年補保義郎直長充書待詔滿五年補保成忠郎諸
色待詔祇應轉祇候次轉藝學次轉着緑待詔次轉賜緋待詔次轉賜紫
待詔到院十年差充廟令差遣待詔四等職名遇有闕取旨中翰林院選
日揀試書學生試五體書札王書廣書鍾繇書真小字書批答書學祇候
試六體書札王書廣書鍾繇書真小字書批答勾勒書藝學試七體書札
王書廣書鍾繇書真小字書勾勒批答玉柱篆直長充書待詔試七體書
札王書廣書鍾繇書真小字書勾勒批答玉柱篆三等待詔中吏部給告
藝學祇候由翰林院給帖　十七年四月十七日翰林院言御書院近降
指揮於皇城宮門裏資善堂後修蓋置司去處今欲了畢本院應押宿官
并諸色祇應人等合分番本院止宿及造作合用顏料逐旋據合用數目
欲乞關入在院收掌祇備製造御前所須物色使用今後遇有修整預先
等於令入出并通進司許令收接本院人宿奏牓子投進乞指揮皇城司

等處從之二十二日御書院言攝押宿官骨正臣等狀近降指揮內書學
待詔至書學生試法考試官係初覆審詳定四次考校合格書待詔出職
人并本院待詔藝學別無妨礙人考校契勘日近選試書學生緣自建炎
三年後來至今即無本院待詔藝學目今雖有舊書待詔出職人止有七
人近取到投試人親戚師弟狀拖照得逐人往往有師弟若將來差試官
已見妨礙委是闕人考校詔特權免迴避應所差考校官如有不當從徒
二年科罪七月五日翰林院言御書院合差庫子四人內名募人即未有
指定請給去處詔依行在御藥院庫子請給例自到院日支破　紹興三
十年正月十七日詔御書院可罷本院業體文字并諸色人請受文歷等
並送翰林院收管十一月二十二日吏部言前御書院藝學雷爵等狀依
下院指揮書藝學滿十年出職補保義郎濟等歷過年勞實及九年四箇
月少八箇月近因省罷乞依年勞出職條法上降等補官詔並與補承信
郎　翰林醫官院在宣祐門內之東廊掌供奉醫藥及承詔視療眾疾之
事使副須院事以尚藥奉御充或有加諸司使者直院醫官醫學無定員
醫官醫學以脈色為差加同正官至尚藥奉御者或加檢校官其直院奉
御及同正官皆為之多自醫官特獎命校又有祗候之名　太宗雍熙二

卷一萬六千六百四十七

二十一

年三月翰林醫官使檢校戶部郎中劉翰責授和州團練使時武成軍節
度使劉遇疾遣翰候之復言必瘳未幾而卒太宗怒送中書鞫責降職
真宗景德元年八月魯國長公主乞授翰林醫官使趙自化尚食使兼醫
官院事不許先是雍王元份亦嘗請除自化遙領刺史帝論以非朝廷典
制不可至是謂樞密使王繼英曰自化為本院使居太醫昔安可更有請
求宜召至院試之　祥符五年六月翰林醫官院官見闕醫學祗候醫人
詔令各方脈醫五人保擇一人仍精加考擇　天聖六年七月翰林醫官
院言醫學李誠十年當改轉其人亮頻嘗有負犯請不還改自今後醫學
祗候醫人如補授十年有過犯一度者並不在補轉之限從之　景祐五
年七月十二日宰臣張士遜言翰林醫官宇文令之自入仕至今得二十
年亦嘗經差押衣襖其人本貫晉州有父母墳塋欲乞差押晉絳路衣襖
一次所貴省拜松楸從之　慶歷二年五月詔翰林醫官有勞者止還本
院官毋得換右職及兼差遣六月三司減省所言比來醫官多假求官俸
至有尚藥奉御而其人多於醫官副使者請自今並依例折支從之　六
年二月十一日詔醫官院令差入國醫官不以名次選人如兩次醫較人
數稍多別無遺闕與改轉酬獎先是國信使楊察言自來只憑本院輪差

不惟緣路無醫兼恐貽外國輕笑故有是詔八月五日大宗正司言乞下
提舉醫官院所指揮醫官醫學祗候人今後如有皇族宮院醫治不許皆
囑奏免本院差遣如有皇族下表到本司乞行勘問從之是月詔令直翰
林醫官院犯罪並依七品例以贖論　皇祐三年正月詔翰林醫官院日
輪近上醫官一員在院總領諸科醫官以備應奉七月三日醫官使齊士
明等援例乞同管勾本院公事仁宗曰士明輩緣啟遷條妄陳以供奉藥
餌時有功効特免勘罪令提舉所嚴加戒勵十一月詔翰林醫官自今遷
年四十以上無過犯者以三十二人為額仍分三番入宿院中十二月十
五日詔醫官之屬今後有關遙遷不得額外差置先是帝謂輔臣曰醫官
愈人之疾乃其職爾而每治後宮及宗室愈輒僥倖以遷故條約之　至
和元年四月四日翰林圖畫院言遇年畫造忌辰并諸處酌獻圖幀等及
準御前降送畫造等生活不少並是指定時日要用呈進全藉手分供申
帳目欲自今應有諸處酬獎并特與人不許指射本院學生工匠前檐行
等名目祗應如有闕額乞從本院指填或踏逐抽取從之六月七日內侍
省內侍押班提舉醫官天文等監院武繼隆言乞今後診御脈并內祗應
醫官闕人即於近上大方脈或所闕科目內揀選有行止曾醫藥者試本

卷一萬六千六百四十七

二十一

科經義或方脈用藥次第一二道以通六七分以上者為合格仍自今後
凡有所試醫官乞下入內內侍省差近上供奉官一員與管勾本院公事
醫官使同共揀選問題試驗所貴精選得人祗應詔今後試十道以六通
為合格仍將通粗相折封彌卷首考試餘並從之　至和二年九月詔提
舉醫官院自今試醫官並問所出病源令引醫經本草藥之州土主療及
性味畏惡修製次第君臣佐使輕重奇偶條對之每試十道以六通為合
格　嘉祐二年十月詔翰林醫官院自直院以下自今以一百四十二人
為額　神宗治平四年未改元六月十四日邕王顥言醫官副使仇鼎治
瘡瘍平愈乞與轉正使詔仇鼎與轉醫官使其副使闕更不添填只以使
副四人為額　熙寧五年五月十三日詔應妃主臣僚等不得奏尚藥奉
御太醫丞乞轉直翰林醫官院已上名目先是陳國長公主奏太醫丞李
永昌用藥有功乞轉直翰林醫官院名目止與兒男一名充醫學仍別立
法遂定此制六月十九日岐王顥言試國子四門助教裴從年換額外翰
林醫學詔特與依例免試換額外醫學今後應陳乞醫人換醫官院職名
並依條不許免試時奏薦醫官皆乞免試上慮方技不精容有倖進故申
嚴憲制以革其弊　熙寧六年十月二十一日以鄆州醫人杜壬為翰林

醫學仍賜緋壬醫術有名於京東知鄆州郎充薦之名赴闕試於御藥
院諸醫稱其能故有是命　八年六月四日詔醫官使副並理五年磨勘
年限自醫官副使每遇推恩即改正使今後理五年磨勘依省轉東班諸
司使副仍舊兼醫官使副內副使候轉至軍器庫副使即次遷醫官使八
月四日以三班奉職秦迴特換授尚藥奉御直翰林醫官院元詳御脉祗
應以迴能醫世其家也　元豐元年四月二日詔翰林醫官院選醫學二
人馳驛給券往修閉決河所以上批塞河役衆闕醫治疾故也七日詔軍
器庫使兼翰林醫官使陳易簡等五人幹當御藥院李舜舉四人各轉一
官易簡與今年上路衣襖舜舉等四人聽寄資餘減磨勘二年及與中下
路衣襖共二十二人以上批近太皇太后服藥康復醫官內侍供奉有勞
可推恩故也八月二十六日詔翰林醫官使朱有章治知樞密院事馬京
疾有勞可特與一子翰林醫學十月二日神衛剩員王舉為翰林醫官賜
錢及絹三百以治太皇太后疾有著効也　二年正月二十七日詔直翰
林醫官院沈士安候遷副使減磨勘二年醫學吳有成遷一官以治嘉王
頵疾有勞故也七月二日翰林醫官院能日嚴與一子醫學以治嘉王頵
疾有勞也　三年五月十八日醫官陳易簡罰銅六十斤沈士安三十斤

卷一萬六千六百四十七

二十二

杜壬追兩官國子四門助教楊文蔚追一官並勒停治蜀國長公主疾無
驗故也六月二十二日詔醫官使以下診御脉并御藥院祗應者隸御藥
院其入內祗應並看驗疾證醫官隸內東門司　四年三月十七日詔醫
官前皇城使嘉州刺史陳易簡等降舊官一資敘以皇太后服藥累月康
復也　五年五月十五日詔直翰林醫官院至祗候依舊更不改換其見
帶太僕丞至化外至簿並罷仍今後更不除授令詳定官制所立法以聞
先是官制所到醫官院為翰林院唯使副尚藥奉御依舊外直院而下隸
太醫局令復如故六月十四日詔翰林醫官院改為翰林醫官局使副使
副已下如舊　六年十二月二十四日詔翰林醫官副使能中復尚藥奉
御張介臣並除名編管中復滁州介臣郴州翰林醫官副使姚元善翰林
醫官秦玠各追一官勒停皇城使康州團練使陳易簡西綾錦副使沈士
安各罰銅三十斤皇城使朱有章翰林醫官使奏迪直翰林醫官局王永
和郭震翰林醫官曹應之高務本各罰銅二十斤以治魯國大長公主疾
無狀也　七年正月十一日軍器庫使兼翰林醫官使李永昌張昭文各
追三官免勒停以治中國公主疾無狀也四月十日詔翰林醫官副使單
潁之李永昌張昭文各降三官孟永和李肩各降兩官醫官副使沈鵬黔

舉龐而道各降一官以治華國公主疾無狀也　八年三月七日診視大
行皇帝醫官陳易簡朱有章秦迪沈士安王永和郭震高務本曹應之劉
坐方並除名勒停編管杜壬張濤張德用張宗古張純臣秦玠蔡宗和鄧
化及席延賞潘璟並奪官罰金　哲宗元祐三年七月六日權醫副使兼
翰林醫官副使能日嚴而下六人坐醫判王不効入內內侍省東頭供奉
官朱遠梁和各追兩官坐判王疾奏聞不以時太皇太后臨問不及故也
元符二年閏九月二十八日詔醫官卓順之等六人醫治皇子無効並
除名勒停卓順之送衡州李士奭永州張倚全州王周道隨州李士彝徐
州胡完唐州並編管十月六日詔翰林醫官張永元追一官勒停石與齡
班公權並特勒停以療魏國公主無功故也　徽宗崇寧元年五月四日
詔今後醫官供應湯藥有勞特旨令改轉者授皇城使須曾及五年已上
方許除遙郡刺史授遙郡刺史須及七年已上方許除遙郡團練使授遙
郡團練使須實及十年已上方許除遙郡防禦使止已上如勘會得理年
未滿止許將恩澤回授與本色有官有服親改轉　三年六月二十日講
議司言契勘熙寧九年詔旨興置太醫局教養生員分治三學諸軍病患
歲終比較等第支給食錢激勸生員責其成効元祐裁減浮費遂行廢罷

卷一萬六千六百四十七

二十三

今來除別置醫學教養工醫外所有本局並令興復熙寧元豐舊法令參
酌刪潤修立到教令格式并對修條已頒付於醫局施行從之　五年二
月四日詔醫官兼宮觀可並罷今後更不得差管勾宮觀同日詔對太醫
局可從上留元額定人數餘並罷　政和二年十一月五日西上閤門使
德州防禦使直睿思殿譚積言奉旨差點檢翰林醫官局令相度條畫如
總一本局前後被受條制錯亂不一及官吏失於檢詳或致引用不當令
乞將醫官局及翰林院應前後被受條令并續降朝旨與本局見行條制
送所屬責近限先次參照修立頒降奉行一本宮見管醫官副使已下至
翰林祗應醫人數多除入內內宿諸科醫官已有專切管轄入內內宿醫
官所差注外其餘醫學已下磨勘轉資及應遷補職序改換服色令色令
本局將醫官副使已下至翰林祗候醫人各取腳色一本依下項格目中
納抄上文簿如腳色內有一事隱漏增減不實乞依命官供吏部家狀不
實法科罪遇有遷轉移任等諸般事故之人限當日銷注令比擬本局批
書格目增立如法具職位姓名本州縣某鄉里某人為戶一三代如謂曾
祖父母父母各具存亡如內有見在即具見年若干一某年若干元係太
醫局生或因某官奏試并回授恩澤郊禮蔭補致仕遺表之類試中經令

格式酬奬特補翰林院帖補元翰林祗候醫人或學生某年某月某日赴局供職逐次轉官年月日因依一見係某科目前曾與不曾改換別科一見係額內或額外員數曾與不曾入額醫說於某年月日入額一經與未經任程差遣一經與未經在京時暫非泛差遣一經與未經改換服色一經與未經入品如恩一有無勞績一有無過犯并傳降斷贖展磨勘一有無尋醫侍養請長假已上逐件並是詣實如內有隱漏增減不實甘伏朝典一本局人吏役行重祿其應取會行遣未有立定約束乞令後應合取會節次限三日一起行遣不得依前節次會問往復圓備限當日申所隸官司依條施行如有違滯不法等事並委翰林院舉劾聞奏一本局額內之人緣即目闕多合差之人數少并久在外任過滿之人卒無差注替期乞將外任駐泊見闕若任滿已入本局季限合差注去處不以優重並一家挨排年滿資次先後將見在局額內外人依到局供職月日名次定差醫官並無籍記致有差使不均欲乞本局置簿將合差醫官各以逐科名次籍定職次姓名遇有差使將直日歷對簿依名輪差如有閑收即時銷注若本局差註若本局差遣不當或被差之人輙避免者並委翰林院檢

卷一萬六千六百四十七

察送所屬推治一自來試驗醫官等人其試卷並不謄錄欲乞今後應試人合差考試等官令本司具應管姓名申翰林院差仍本院別差人謄錄過監試使臣及考試官依法考校一本局所管職事頗繁其管勾使臣並係兼行常日不得專一在局欲乞今後本局使臣常留一員在外轉部一員應副時暫差遣遇上宿日乞添破太官局第三等食一分一點檢得翰林院所管醫官並祗候人數不少差遣等第不同雖有法翰林醫官局各置簿二十餘人注簿外其內外差注奏辟并就差再任醫官並祗候逐等額內額外人數并逐時遺補之類並不注都差簿拘管今乞置簿籍定姓名差遣到罷等因依詔未置簿書並行起置其違法事件改正翰林院并醫官局條令令詳定一司敕令所修立　三年八月十八日翰林院奏據翰林醫官局申請求有差遣等醫官四百餘員端閑並無職事乞將不經就試試不終場人不得注授內外差遣本局勘會若不終就試及試不終場人依上件指揮不注授內外差遣轉見在局端閑乞除不得注授內外差遣外如承朝旨特旨差發亦從所屬申取尚書省指揮施行其祗候醫學醫官大醫丞直局醫正已上無差遣人不就將來秋試及試不終場並不額注授本人更乞詳酌嚴賜約束施行從之十二月二十一日根舉入

錫充某州工
診翰林醫
愈充某州
痊翰林醫
證充某州工
理翰林醫

內醫官曹孝忠言奉詔編修入內醫官應約束條令候成書日進呈取旨頒降詔依孝忠乞以詳定編修入內內宿醫官勅令所爲名就用提舉所印乞差開封府檢校注使臣董恍充檢閱文字兩頭祗應除見請外每月特給錢一十五貫就差本所手分孫士謹王應詳定一司敕令所手分李豐等支破見請外每月更特給錢一十貫了日依舊承發通引官一名楷書二人看管剩員五人裝界作一名除並依詳定編修六尚供奉敕令所已得指揮　四年十月二十二日臣僚上言臣伏見今翰林醫官員數比之熙豐舊額增溢倍多熙豐醫官使二人令自醫官已上三十三人副使二人令自醫正已上六十二人直局二人令二十人太醫丞六人令四十八人醫官醫學祗候醫人一百三十二人令自醫官至祗候七百三十二人總計方脉諸科幾一千人數之增溢如此不亦多乎夫郎與醫正視郎而良醫與大夫視大夫直局與丞視陞朝官其請給恩數略等下至祗候醫人皆有常秩柰何不爲限節而使日滋月益且至於不可勝計矣臣按寶元康定立法甚嚴而政和二年指揮非批降特與者不許轉行比來恩澤往往僥求轉行例皆特與方陛下稽古建法慎惜名器如武臣橫行遙郡等悉關宸慮已有定制臣以謂茲事亦不可緩詔元額各增一倍額外

卷一萬六千六百四十七

不許奏薦內外請受人仍只支半俸　六年正月二十一日禮部言翰林院奏翰林醫候齊州醫工俞頔已到任後因父爲換一官與頔轉翰林醫診係在醫候之上乞比附遷改在外職名本部勘會昨降指揮翰林醫候已下充醫工醫痊醫効充醫職近降指揮撥立翰林醫愈三階依例遇赦給告並入從八品其請俸等並依醫効醫痊例支破緣未有合作醫職注授明文其俞頔係新法首先改轉之人致未敢指揮行下詔翰林醫官已上充某州工全翰林醫診充某州工客翰林醫候充某州工視翰林醫職充某州工給　宣和元年二月十二日詔醫職有保和名可改平和　宣和三年閏五月一日詔尚藥局醫佐內宿醫官並醫元豐法試補醫佐闕委尚藥醫職同選府由殿中省內宿醫官闕委醫師選保申翰林院試合格者從上差填　八日詔醫官和安大夫至翰林醫學額外人除曾經入額人外不許作官戶先是二年八月十二日詔先帝董正治官立醫官員額元豐舊額共四員今自和安大夫至翰林醫官凡十四階額內外總一百十有七人直局至祗應凡八階並不立額見在職者總九百七十九人冗濫莫此之甚應額外人可特免改正郎以三十員大夫以二十員醫効至祗候以三百人並爲額外額人依已降特詔等指揮施行見帶遙郎

職官三六之一〇三

人請給等并應醫官入品及依官戶並依元豐法比附元豐法不該入品
依官戶者并改正醫効已下分立員額至是都省言見今額外人比元豐
數多近自大夫已下立定員額過如元豐之數合作官戶人比舊增廣已
是優倖其額外人亦已多如元豐舊數一例使作官戶顯屬太倖今比附
元豐法不該依官戶並改正既比舊數增多理當革其冗濫故降是詔
宣和六年正月二十日詔翰林醫官局合差外任駐泊醫官可令本局以
見闕先後將額內人依條令疾速差注其差入不足去處特於額外人內
權差一次仍以供職先後為次日後闕人唯此權差候額內有人可差日
依舊本處合破請給理任并授特身後不係條限起發或托故指鐶不行
斷罪約束並依本局前後已得指揮施行高宗建炎四年六月三十日詔
翰林院風科入內內宿醫官劉安道差充診御脈祗應特與免試　紹興
元年四月五日詔醫官童從善差充御醫祗應填見闕以醫官局檢準
宣和二年三月十八日御筆內宿醫官今後並依元豐法選保試補仍依
太醫局生差官法就別試所附試所有醫師聽御筆差填御醫已下闕即
逐還雖奉特旨傳宣宣押等御醫官局內東門司執奏不行違者以違制
科罪令來差童從善充御醫有礙前項指揮合行執奏奉御寶批特依令

卷一萬六千六百四十七　二六

來指揮故也九月二十八日詔醫官史灌演特賜緋服色以祗應湯藥有勞
故也　二年四月二十五日詔行在醫官昨依禮部勘當止以四十三員
為額令遇有闕日依條以本色名次最先之人撥填八額若見管額內醫
官有在今來均立到額數外之人緣隨駕祗應可將撥不盡人以先後許
備闕補填作八額人數以翰林院已將舊額於行在權擬定醫官以八十
五員為額禮部言有礙元降指揮故也和安大夫至良醫元額二十員令
五員和安郎至醫官元額三十員令四員醫効元額七員令二員醫痊元
額一十員令一員醫愈至祗候大方脈兼風科元額一百五十三員令一
十五員小方脈元額二十四員令四員針科元額一十四員令二員瘡腫
科兼折傷科元額一十四員令二員眼科元額一十六員令二員產科元
額一十八員令二員金鏃科兼書禁科元額三十二員令三員口齒科兼
咽喉科元額一十二員令一員　四年二月二十五日詔差入內內侍省
官一員主管醫官局令後準此　紹興七年四月二日詔百姓醫人曾守
淳特補額外翰林醫學以供應湯藥累有勞効故也七月二十四日詔遣
廢府內外居民病患者令翰林院差官四員分諸看多具合用藥令戶部
藥局應副仍置歷除破　八年六月二十四日詔診御脈并內宿醫官不

職官三六之一〇四

許免宿直雖降到特旨更不執奏不令施行　九年四月十三日詔昨緣
服藥王繼先醫治有功可特於遙郡上轉一官餘人不得援例　十二年
正月二十八日詔翰林醫證入內內宿賜緋仇師顏特賜紫服色以醫治
有勞故也四月二十四日上批皇太后非晚還闕見今診御脈御醫員額
數少應妨應奉自今後診御脈十人為額御醫十人為額分番應奉　十一
月二十三日詔入內內宿醫官王繼善特與轉一官以供應湯藥有勞故
也　十三年二月五日詔翰林醫官局各添差行二人貼司二人請給補
遷出職並依見管人體例條法內貼司請家食錢乞依庫務支破以本局
言所掌自祗候至和安大夫二十二階醫官宿直看驗諸般差使奏薦封
贈歷勘酬獎陞改服色致仕遺表臣寮舉試醫人注擬諸州駐泊去失審
實叙理官資等類依格合破前行一名後行五名貼司三人通共九人為
額昨緣支畨三分之一權留行在是致即今止有前行一名後行二名委
是人力不勝故也四月四日醫官局言醫官多是初補參局供職了當便
求差出為名不赴任所請假事故不行公參在外端閑避免本局差使乞
今後非見在局供職之人不許陳乞撥填如額內有闕乞將在局醫愈至
諸科各理本科到局供職日醫痊醫効正副使並以受本色告日如同日

卷一萬六千六百四十七　二七

入仕以先後并試補高下依次撥填其未參局已前歷過供職月日並行
釐革若已入額　事轉充額外候到局止理再參局日日諸處實占與理
到任供職月日遇額內闕同本局人衮理名次依見行條法從之　十六
年六月二十一日詔方此盛暑切慮庶民闕藥服餌令翰林院差醫官四
員遍詣臨安府城內外看診合用藥仰戶部行下和劑局應副置歷支破
依例支給食錢仍於本部轄下差撥權藥兵士二名候秋涼日住罷每歲
依此　紹興十九年十二月六日翰林院言據翰林醫官局申檢準本局宣
和令諸醫候初補遇大禮應入品者中翰林院除在局供職醫官見遵依
工條施行外有奏試補授之人已降指揮限五年許到局供職今來未供
職醫官一例陳乞入品本局難以考究有無事故過犯詐冒不實欲乞應
未到局醫官候供職日該遇大禮方許入品從之　二十二年六月十六
日尚書省言行在每歲差醫官遍詣城內外看診給藥及諸路州軍亦有
歲賜合藥錢數依法選官監視隨風俗氣候所宜修合許軍民請服縣鎮
寨量應用數給付緣方此盛暑切慮州軍不切奉行未副朝廷矜恤之意
詔令戶部行下諸州軍遵守施行十月七日詔額內翰林醫効御醫楊師
道額內翰林醫痊御醫仇師愈醫術淺陋不識病源可各降一官　二十

三年二月二十七日詔保安大夫潘士志醫治有勞特與轉遥郡刺史四月二十七日詔眼科醫人徐遠特與補翰林醫候免試驗差充入内内宿以醫治皇太后眼疾有効也　紹興三十年八月九日詔診御脉翰林良醫馮彦祖翰林醫効高楙各為年老難以祗應并特與致仕　孝宗乾道三年四月十四日詔御醫内宿醫官大方脉通以五員小方脉通以三員風科口齒科眼科針科瘡腫科産科通以二十員為額診御脉四員入内看醫三員在内見在溢額人且令依舊令後並不作闕差人在外職事人内除德壽宮六員殿前左右班宿直四員國子監大理寺和劑局雜買務大宗正司各一員許存留外餘人并在局祗應直日太醫局及局生醫並並罷令後更不試補　四年六月八日詔翰林醫證診御脉德壽宮祗應李延年供進德壽宮湯藥有勞特與轉一官八月八日翰林院言太上皇帝聖旨醫官朱仲謙為醫藥有勞特與賜紫服色仍於祗候庫取賜令契勘元豐令諸醫官將恩例等改換服色者候本色服及五年已上許改換宣和二年四月旨指揮應醫官見係服緑未經賜緋陽等賜紫者聽執奏不行其朱仲謙於隆興二年九月内補翰林醫學方及五年未經賜緋有礙本局條法合行執奏詔為係德壽宮祗應特依令來指揮十一月二日

卷一萬六千六百四十七

三十八

翰林院言准太上皇帝聖旨百姓大方脉科趙確特與補翰林醫學差充德壽宮祗應尋取到醫官局檢准宣和六年八月内旨揮應補醫學或祗候自補受日實及五年方許試驗供職今來趙確特補翰林醫學無違礙外所有差充德壽宮祗應有礙前項指揮詔為係太上皇帝聖旨特依令來指揮十九日翰林院言太上皇帝聖旨翰林醫證蔚紹祖為供應德壽宮湯藥有勞特差充入内内宿兼德壽宮祗應尋取醫官局狀契勘蔚紹祖見係針科差兼德壽宮祗應別無違礙所有差入内内宿緣元豐法選保試補醫師聽御筆差填御醫已下闕即遞遷雖奉特旨傳宣宣押等仰醫官局執奏不行合行執奏詔為係太上皇帝聖旨特依令來指揮　五年六月五日中書門下省言盛暑細民闕藥已令翰林院差醫官四員遍詣臨安府城内外看診其合用藥於和劑局置歷支破候秋涼日罷又勘會諸路州軍亦有歲賜合藥錢許諸軍民請服尚慮州軍不切奉行詔令戶部申嚴條法行下諸路州軍遵守務行實惠　二十日翰林院言太上皇帝聖旨醫官趙確為醫藥有勞特與依朱仲謙例賜紫服色詔為係德壽宮祗應特依令來指揮内紫服色依例於祗候庫取賜　十年十月十四日詔額外成安郎診御脉何滋特授額内成和郎額内和安郎診御脉潘

公材特授額外翰林良醫並以醫藥有効也　九年十二月十六日詔内宿診御脉大方脉醫官額管五員内二員見差赴德壽宮祗應内宿醫人應奉可於元額内添置二員通以七員為額　淳熙元年四月二十五日詔翰林醫候小方脉科郭師諒醫藥有勞特差入内内宿已而醫官局言内宿醫官舊法選保試補政和改充銓擇有素舊制乞依元豐法選保試補雖奉朝旨特旨傳宣宣押等許執奏不行違者以違制科罪詔特收行其後大小諸科特差内宿者罔此　九年三月二十日詔以降指揮奉使金國上節内醫官一名吏部於大小使臣内差撥承代名色自今令翰林醫官局將在局大方脉醫官依資定姓名申樞密院輪差一名隨逐前去　十年八月十八日臣僚言元豐舊法内宿醫官以選保試補雖奉特旨許執奏不行比來不問年甲不行保試結托求進工拙相離乞杜絶僥求遵守法令中嚴選保試補之舊規仍革遷就改科之近弊非惟能否不離緩急可備使令亦使僥倖息心法令不至全廢從之是時金大亨直瘡腫科以本局瘡腫科人數已多内宿不可復益遂改為口齒科於是臣僚言大亨平日止以瘡腫為業一旦改為口齒咽喉但知徼冀内宿增俸而不量藝術空疎固有是請　十五年九月十日詔比年醫官少精方脉可自

卷一萬六千六百四十七

三十九

來年為始令内外州縣白身醫人各召文武臣選人醫官一員委保具狀經禮部陳乞於省試前一年附銓試場隨科目試脉義一場三道以二通為格就本所拆卷出給公據照會赴次年省試場試經義三場共一十二道將五通為合格以五人取一名令禮部給帖補充習醫生候次舉再赴省試場試經義三場共一十二道以五人取一名八通補翰林醫學六通補祗候令後特補許有司執奏不行其臣僚已奏試醫人更不狀試仍仰禮部太常寺更參照太醫局試補舊法條具申尚書省取旨十二月初六日禮部太常寺乞令大方脉科風科小方脉科依令降指揮試脉義三道其眼科以下依舊法試大道二道假令法一道以二通為合格其次年省試經義一十二道依舊法以六通為合格從之　翰林圖畫院雍熙元年置在内中苑東門裏咸平元年移在右掖門外以内侍二人勾當待詔等舊無定員令待詔三人藝學六人祗候四人學生四十人為額舊工匠十四人令六人　至和元年十一月二十七日勾當翰林圖畫院李從正等言當院額管待詔三人藝學六人學生四十人近來諸處遣作去處闕下院抽差待詔學生等五七人至十人以上占留動經歲月未遣歸院深慮有悞諸處遣作及御前生活欲自令後應有諸處使臣赴院抽取待詔學

生等往外處祗應乞從本院相度量差一二人往彼計料外有合要畫造人數令下三司抽差盡行百姓同共畫造了當若或內有製造神御去處即許依合要人數差撥應副洛直送入內侍省令告報入內供奉官以下各遵守施行　嘉祐六年四月八日翰林待詔杜用和等言自來每年差一般押送諸路衣襖昨於康定年中諸路權罷從來却嘗再行十路押送衣襖唯有圖畫院不嘗差撥欲乞檢會舊例施行詔依舊輪差抽賜衣襖揆舉所勘會乞依康定元年九月內所降條詔若入仕及二十年未經差送衣襖者逐年輪差一名從之　熙寧二年十一月三日翰林圖畫院祗候杜用德等言待詔等本不遷還欲乞將本院學生四十人立定第一等第二等各十人為額第三等二十人遇有闕即從上名下次揆排填闕所有祗候亦乞將令來四人為額候有闕於學生內揀填其藝學元額六人今後有闕亦於祗候內揀填已曾蒙許立定為額今後有闕理為遷遷從來本院不以藝業高低只以資次揆排無以激勸乞自今後將元額本院待詔已下至學生等有闕即於以次等內揀試藝業高低進呈取旨充填入額續定奪到揀試規矩每預令供報所工料目各給與印絹蠟之五切子令待詔等供到名件點定一般監試畫造呈了當即差待詔等定奪高下

卷二萬六千六百四十七

辛

差錯去處多少及合與不合格式編類等第為從之　熙寧六年正月一日中書言欲以翰林圖畫院隸都大提舉諸司庫務從之　翰林天文院掌察天文祥異與司天監互相關防以質同異事具備於司天監大中祥符二年六月河北陝西諸路祗候翰林天文院以邊防無事故也　仁宗天聖五年八月上封者言先朝以司天監與測驗渾儀官凡奏災祥多商議上方或非據實遂別立翰林天文院每天象差忒各得以聞使相關防庶明儆戒近來郝令判監提點歷書知筭造兼翰林天文院占驗頗異舊制事下開封府判官李應言與內殿承制提舉司天監天文院王克讓同定各分歸逐司祗應免致扶同從之　宣和二年九月詔翰林天文局測驗渾儀刻漏所合臺節級與卒伍同例自今後改作司辰　宣和四年九月詔翰林天文局書寫局學生以四人為額弃一書寫奏報御前文字別無酬賞自今後　及七周年與依司辰條例試補出職　宣和七年五月八日詔翰林天文局天文官食直錢可不給每月止給添支錢一十貫文　十二月二十二日詔罷待詔額外人　欽宗靖康元年正月二十日詔令不諱之朝明目達聰之時天文局尚習舊風隱蔽諂佞今後應天文變異具以實聞上天譴誡朕當克己省過庶銷災祥如敢更似日前國有典刑朕不

貸汝　七月七日詔翰林天文官見趁赴朝參可依祖宗舊法與免趁赴　十十七日詔天文院太史局自今後應諸處勾喚并取索事干天文文字並先具奏聞聽旨前去　閏十一月二十一日詔天文局翰林天文官係屬應奉御前天文休咎之人並不許諸司踏逐指名抽差雖衛到不拘常制特旨等許差指揮並不發遣　高宗建炎元年五月六日詔今後如有天文休咎令翰林天文局依經書實具聞奏如敢隱蔽當從軍法　二年六月二十六日詔翰林天文局瞻望學生見闕頗多可於太史局等處逐急指名抽差依條支給例物所有逐局已取窠闕仰太史局於額外人內踏逐補填　三年四月十三日詔翰林天文局併歸太史局　五月十四日詔太史局天文官令後許將帶學生內中上宿祗備御前宣問天象　紹興元年七月八日詔依舊置翰林天文局專一奏報天象太史局言翰林天文局舊額天官四員見今四員司辰太史學生共二十四人見令十八人玉漏額外司辰局學生共十二人見令六人手分一名見令一名把門親事官二人見闕儀鸞司工匠二人見令二人洒掃靈臺投送文字剩員八人見今闕詔除把門親事官史不差破外洒掃靈臺投送文字剩員差四人餘並以見在人數為定額　二年九月十日詔翰林天文局見祗應學生不曾經試之人並限半年習學依法比試不合格人發遣歸元來去處其闕於諸局試選充填其先降免試差取指揮更不施行　三年十二月一日詔天文院學生以十人為額舊法各以三十人為額分兩番祗應生是省之　六年十一月二十日詔翰林天文局學生諸色人等傳報漏泄天象並依太史局見行條　七年六月十九日詔諸司辰太史生學生玉漏學生權離局所杖八十為首誘引家人者加二等仍奏裁　十四年三月十二日詔翰林天文局瞻望天象學生可特與太史局天文院額外學生內指差填闕

卷一萬六千六百四十七

辛一

宋會要天文局

翰林天文局淳熙四年九月二十三日翰林天文局言已降指揮太史局天文院渾儀所鐘鼓院曾經試中額内學生祇應實及五年與補局生所有翰林天文局不曾該載乞將本局曾經試中額内正名學生祇應實及五年仍依太史局等處與補局生從之六年四月七日翰林天文局生楊源差充番寫奏報御前天文象文字實及年依司辰條例補出職從之七年六月十二日詔翰林天文局官綰習紀候業事不專可于太史局官四員内差置轄晚天文主管官一員為額專一提督本局職事務要整肅可改差太史局直長翰林天文劉思義充翰林天文局主管請給酬賞人從等並依同判太史局則例支破自今除主管翰林天文局官一員外天文官止以三員為額九月十三日詔天文局額内局學生年及七十以工願養老者聽帶本身請給養老退下名闕依條補填　紹熙二年二月十六日詔天文局玉漏學生特與依太史局体例年及七十願養老者聽與帶本身請給所有退下名闕依條補填其書寫學生劉焰特與依司辰體例試補出職

全唐文

宋會要　技術官

醫官院有使副使直院醫官醫學祇候使副使以尚藥奉御充或有加諸司使者醫官醫學加同正官至尚藥奉御者或加檢校官其直院則奉御及同正官皆為之醫學則加化外將尉祇候未加命不得服緋諸書藝藝學祇候亦同御書院有書待詔書藝藝學祇候書待詔以同正官充諸待詔亦同書待詔祇候有以正員充者翰林院有内供奉待詔棊琴院待詔藝學祇候内供奉或以道釋充翰林天文院有翰林天文監官以司天官充翰林圖畫院有畫裝鑾捏塑待詔藝學祇候學生學生同祇候皆執伎以事上者無定員醫官醫學待詔書藝藝學皆以服色為差太祖開寶八年四月以教坊使衛得仁為太常寺大樂局令時得仁以年老求外官且引後唐莊宗時事希領一郡太祖謂宰相曰用伶人為刺史此亂世事焉可效邪宰相即曰擬上州司馬帝曰此輩止宜於樂部中遷轉上佐官亦不可輕授故有是命太宗太平興國七年二月制以翰林御書祇候賜紫僧清潤號奉真大師　雍熙元年十一月以翰林祇應著作佐郎張符為左贊善大夫　四年三月以翰林畫學趙僕等七人並為翰林書待詔先是太宗留心筆劄召善書者十餘人於後殿日習鍾王書而僕等為工故有是命　端拱元年十一月以翰林畫待詔光祿寺丞夏侯延祐為盧州巢縣令　十二月以翰林書學少府監主簿何允元為漢州綿竹縣令允元蜀人

以攻書隸御書院，至是求授家使官，故特有是命 淳
化五年五月以前廣安軍判官校書郎駱偃為翰林琴
待詔偃進士成名雅善鼓琴故授此職至道二年三月
詔應有落伎術頭銜見任京官者遇恩澤只轉階武加
勳不得授朝官 真宗咸平三年七月以汝門元鵠授
朝散大夫依前翰林內供奉以元鵠有傳神之妙故有
是命大中祥符元年二月翰林書藝楊昭度御書待詔
盛亮等言臣等為當直入院稍遲有監院中使趙履信
便去巾帶欲行笞責忝受命服輒具披雪詔送監院中
使宣徽院劾其不奏擅行之罪以聞 三年六月以御
書待詔光祿寺丞同正盛亮為秘書丞同正翰林待詔
國子博士同正尹熙古裴瑀為將作少監同正並依舊
充職翰林書藝振州延德縣主簿王德潤為光祿寺主
簿同正充翰林待詔亮德潤以模勒御製御書泰山銘
及諸碑贊熙古瑀以書封祀等三壇頌也 六年五月詔
伎術官見佩魚袋者特許仍舊自今未至升朝官賜緋
紫者不賜魚袋 九年十月詔諸色臣僚及御書院司
天監天文院翰林醫官圖畫院等處今後須經五年未
該差遣者方得送衣襖如未及五年輒敢陳乞及告託
皇族國親并夾帶實封乞差遣者並科違制之罪 天
禧元年八月詔審官院今後司天監及諸色伎術官並雖係京朝官
不得磨勘 十月詔御書院翰林待詔書藝祗候等入

仕十年以上無過犯者與出職 二年二月以翰林待
詔司農少卿同正尹熙古裴瑀並為太子右贊善大夫
太府少卿同正白憲為太子洗馬熙古等祗候禁中三
十年因大禮模寫碑頌至是表求出官特有茲授 二
年八月詔倉草場監門令司天監依元降指揮差人監
當以替使臣仍自有犯贓罪者永不得差 乾興元年
五月中書門下言翰林醫官圖畫琴棊待詔舊制轉官
止於光祿寺丞如遇恩澤止加階勳天禧四年並自諸
寺監丞除中允贊善洗馬同正自今常例轉官欲至贊
洗止如更遇特恩即至國子博士止不入少卿監從之
九月詔自今司天監并諸色伎伎術官不得依京朝
官例磨勘加階勳轉官 十二月詔司天五官正自今
不得依京朝官例差監庫務見監當者候滿日差替
仁宗天聖元年閏九月詔翰林醫官院司天監天文圖
畫院諸色人等凡該恩澤改轉自有體例近多妄進文
狀及行告屬令御史臺指揮但係伎術官自今不得妄
進文狀并告託皇族國親形勢臣僚乞改轉官資服色
及夾帶實封文字希求恩澤如敢故違並科違制之罪
二年十月翰林待詔太子中舍同正王文度言近書
勒牌額畢蒙恩賜紫緣見今賜緋魚袋乞依舊佩魚仁
宗曰舊條曾有條約不許伎術官輒帶魚袋所以區別
士類不令混淆令宜遵守所奏不行 四年正月御書

院言翰林待詔太子中舍同正御書院祇候王文度合依條出職遍遷文度自陳乞此換正官詔與大理評事留御書院祇候中書門下言自來伎術藝雜流多不與京朝官並應班序之間混淆名品今擬且與轉同正官從之　慶歷六年十二月詔伎術人自今毋得任職內兵馬都監監押　皇祐四年四月詔今後伎術官更不得除遥郡先是諫官御史並言醫官栢温恭不合除遥郡刺史故有是詔　嘉祐元年十一月詔伎術官合奏蔭者止授以伎術官仍一次而止其封贈初以副率次正率次小將軍毋得隔資而授司天監官聽贈至大卿監止初知制誥王珪言近歲伎術官因緣進授者甚衆其合奏蔭者又參用士人之條而無定數雜污仕途莫斯為甚請自今各以其類推恩者醫官使奏醫學教坊使奏色長之類仍只許奏一人不唯可使世專其藝誠足革入官之濫下兩制并以伎術官封贈詳定而翰林學士承旨孫抃等以謂伎術官法毋得任子及封贈令若以類推恩亦近漢疇人子弟之法故著此條　神宗元豐六年六月十八日知登州趙偁言乞諸縣主客不及萬戶補醫學一人萬戶以上二人每及萬戶增一人至五人止除合習醫書外兼習張仲景傷寒方書奏本州差補試依得解舉人例免丁贖罪詔禮部立法　哲宗紹聖二年十一月二十一日詔元祐元年十一月功

力技藝不得入官條勿用　徽宗崇寧元年五月四日詔伎術雜流令補授子弟作班行或文資者自今雖奉特旨令衝改舊條等指揮並許三省樞密院子細契勘若於祖宗貽訓格法實有衝改侵紊者可明具有礙是何條法奏知更不施行以近來有貪冒之徒不顧廉恥夤緣請謁告囑希求衝改格法泛濫陳請故也　五年二月九日詔省內外冗官罷醫官兼宮觀者　政和三年六月六日禮部尚書鄭允中等言本部注授外郡醫長醫職醫工係據試到高下等第依格差注其醫官應有諸般非泛恩澤等並不許換授醫正醫工差遣所貴諸州軍得實學之人及罷任到部再試若注授外郡醫官求屬舉辟再任實占優輕窠闕竊慮差注不行令相度欲應注授醫職醫工並不許州軍及諸官司奏辟亦不許舉留再任所貴易為差注從之　宣和元年五月二十六日權知明州樓异言檢會政和令諸醫藝業優長治療應効為衆推稱堪補翰林醫職者所在以名聞今據州學教授游覺民等狀稱醫學助教臧師顏供應本學湯藥治病有効臣契勘明州最為地遠瀕海少有諳知藥脉之人今來臧師顏委是藝業優長治療有効在學十年所有勞績欲乞補充翰林祇候從之　十一月二十七日禮部言唐州合注醫官四員乞下合屬去處差注下翰林醫官局勘會看詳唐州雖不是舊破駐泊醫

官去處緣本州依條格合差注今欲令唐州權許奏舉
一次如有似此州軍去處亦乞依此奏辟施行從之
二年六月二十日刑部言開封府勘翰林醫學屠儼因
就試外州工視差選入貢士舉院赴試懷挾依條於勒
停私罪上定斷該恩原免釋放詔屠儼依斷特勒停
七月二十三日詔近歲諸路差置醫職等請給白直公
廨並視州縣官至為冗濫增破頭錢有害後法可並罷
見任者依省罷法舊合差醫官去處並依元豐法　四
年四月十四日臣僚言臣聞真宗皇帝有言曰方伎之
流不可以任郡秩至哉聖謨之遠也謹按奉議郎通判
蜀州陳令初以伎術换武階未幾换文資繼為倅貳不
遣吏逆新守意欲專郡政為姦利乞行按治詔令提刑
司根治聞奏仍依舊與武官令後伎術换官勿差守貳
　六月十三日詔醫官自翰林醫學以上曾經入額人
盡為官戶比元豐舊制頗多聞有營利侵民免差科者
實為僥倖可自今轉至翰林醫痊已上曾經入額方許
為官戶已充者並改正　二十七日詔醫官曹孝忠二子
見任文臣伎術雜流玷辱士類可换醫官不得换授文
資令尚書省遵守　八月四日臣僚言檢會大觀元年
五月三十日敕修立下條諸伎術官非隨龍及有戰功
者不得换授右職內醫官仍轉至和安大夫止不得轉
遥郡刺史以上政和令諸和安大夫至醫學太史令至

挈壺正書藝圖畫奉御至待詔為伎術官伏望特降詔
旨自宣和二年五月已後應改更裁定等事有敢議衡
改者並重寘典刑必罰毋赦御史臺常切覺察彈奏御
史臺失察三省按治以聞詔三省常切遵守雖奉御筆
特旨亦許將上執奏不行　十月四日詔諸州駐泊醫
官序位在州縣官之下非緣醫藥不許與見任官往來
違者以違制論　十二月十一日詔諸州駐泊醫官並
依元豐法差注內無人願就去處許奏辟又無人奏辟
聽闕其不願就人令致仕或放歸田里在外醫人不願
赴醫官局公參者依此赴局公參人方許理磨勘差使
　孝宗隆興元年正月二十九日翰林院擬醫官局申
欲將應醫學因酬獎特旨改轉醫候已上名目之人如
自補轉醫學後來未曾經磨勘與自供職日起理如因
酬獎節次轉官與自轉受未後官資日起理若有用減
年貼理磨勘之人其所得減年內元無比折條法指揮
陳乞日一年止作一年收使詔依時隨龍御醫成和郎
潘攸陳乞磨勘翰林醫官局相度立此例　三月十三
日中書舍人張震奏准御前降下聖旨大方脉科醫官
殿前左右班宿直醫治陳與李延年小方脉科潘興世
口齒科潘侃並特與差充入內內宿各填見闕取到醫
官局狀檢准宣和二年三月十八日指揮內宿醫官舊
法選保試補政和改充銓擇有條舊制自今後並依元

豐法選保試補醫師聽御筆差填御醫已下闕即遞遷雖奉特旨傳宣宣押等御醫官局執奏不行違者以違制科罪契勘陳興等並礙前項指揮合行執事奉旨並特依令來指揮臣聞醫雖一伎而執事禁掖者其選試之法加嚴以其所繫重也謹按宣和指揮立法甚嚴令陳興潘世佩並未嘗試補李延年以繆悮久罷一旦忽奉特旨差充入內內宿翰林院執奏可謂能守法矣仍復特依令來指揮是法不信於下也伏望聖慈令依舊法試補從之　乾道元年二月二十六日臣僚上言據主管侍衛馬軍司公事張守忠申契勘本司諸軍遇有病患止係醫官朱中孚一員醫治守忠去年七月內出戍日中獲朝廷指揮差辟醫官局翰林醫候鮑師文前主本人諳曉方書精明色脈欲望特降指揮將鮑師文收充本司醫治仍乞依朱中孚例支破衛官五人例請給臣伏見增添醫官雖為公磨外廷論列恐又有甚於此者不可不杜其源欲望聖慈將前項指揮更不施行從之　八月二十八日執政進呈次洪适等奏曰昨日張說傳聖旨詢問醫官換授事吏部供並無條法惟有王繼先以特恩換授上曰伎術官自是不許換授适等奏曰陛下欲推恩一小臣亦須問法上曰正恐抝出又不可行舊無條法之事豈可增創卿等亦當如此适奏曰陛下如此遵守法度臣等豈敢輕違三尺　十一月

二十二日中書門下省奏准降下聖旨翰林醫證諭御脈賜緋何滋醫藥有勞特與賜紫服色取到醫官局狀檢准元豐令諸醫官將恩例等改換服色者候本色服及五年以上方許改換本局契勘何滋自紹興三十一年十月內服緋至今未及五年有礙前項條令詔特依令來指揮　二十九日臣僚上言竊惟陛下昨壬午年受冊皇太子推恩應官吏諸色人各轉兩官續降指揮遇該轉遥郡之人將兩官作一官收使方許轉行今皇太子受冊應官吏諸色人各轉一官雖降指揮礙止法人與轉行而醫官能試已係遥郡觀察使陳孝廉已係遥郡團練使李師尭係和安大夫合轉遥刺若將今來轉一官便轉行遥郡則是前日礙止法人以兩官轉行而今日止以一官轉行今日一官恩例却與前日兩官恩例無異欲望聖慈特賜行下遇有轉行兩官方許於礙止法上轉行一官其轉一官恩例止令回授諸依再因轉官日通作一官收使遥郡上轉行　二年十一月六日吏部狀准批下翰林醫證張琮乞放行磨勘事本部契勘張琮見係翰林醫證依醫官局條法合理七年磨勘緣本人已曾磨勘依已降指揮合自轉授未後官資朝謝供職日起理至今未及七年致磨勘未得今來却稱係是殿前司護衛軍賞即與本局事體不同緣本官見係翰林醫證係屬醫官局磨勘即不屬本部所掌

乞朝廷詳酌施行勘會張琮昨因磨勘後來該遇覃恩
及護衛功賞依得文武臣已用恩賞轉官不隔磨勘體
例合依所乞詔令吏部施行磨勘　三年正月二十四
臣僚上言隨龍醫官平和大夫階州團練使潘攸差判
太醫局請給依能誠例支破尋取會能誠全支本色因
依係與陳孝廉皆援幹辦軍頭司王公濟例特旨用隨
龍恩數在於祿令固無伎術官請真奉之文按能誠係
和安大夫潭州觀察使月請米麥百餘石錢百千春冬
衣綿絹之屬比他人十倍今潘攸官秩雖降誠兩級然
其所得亦已多矣以醫職而援觀察團練使厚俸何以
别將帥勳舊哉欲望睿旨將潘攸合得請給令戶部照
條支破從之　三月六日詔御醫内宿醫官大方脉五
員小方脉三員風科口齒科眼科針科瘡腫科產科各
二員通二十員為額診御脉四員入内看醫三員在内
溢額人且令依舊今後並不作闕差人其在外職事人
内除德壽宮六員殿前左右班宿直四員國子監大理
寺和劑局雜買務各一員太宗正司一員許存留外餘
人並在局祗應直日太醫局及局生醫生並罷今後更
不試補　四月四日詔應諸路州軍駐泊醫官並以二
年一替其已過滿人不候替人罷任今後不許陳乞奏
辟再任　六月九日臣僚上言伏見今年二月二十四
日指揮醫官何灘為應奉湯藥有勞特與轉行一官仍

不隔磨勘臣已命詞行下訖今月七日又降旨何灘特
轉一官其請給官序並依祿格支破至今纔及百日未
審合與不合又令改轉伏望聖慈詳酌如以灘應奉中
宮果為宣力特與薦行恩典則乞再賜睿旨臣敢不奉
詔如只是向來醫事已經轉官委是月日未久誠恐難
以便須再命亦乞特從寢罷詔特與轉行七月十四日
臣僚上言醫官杜楫祗應皇太子湯藥無効可降兩官
送袁州編管臣切見皇太子本以伏暑微疾未至膏而
醫非其人投藥失當議者謂陛下當取數人斷其腰領
以快天下冤忿俟命兩日不過貶黜杜楫一人而所謂
主病元惡如郭良者蓋偃然自若也欲望聖斷將郭良
杜楫等明正典刑縱未有肆諸市朝猶當黥配海外永
不放還有旨杜楫尋充皇太子醫官最先用藥無効可
除名勒停送韶州編管郭良可降兩官送興國軍編管
風科秦鑄可降兩官送處州編管是日續有旨郭良與
免編管仍追官勒停仍且令臨安府居住聽候德壽宮
使喚　四年八月八日翰林院狀准太上皇帝聖旨醫
官朱仲謙醫藥有勞特賜紫服色尋取到醫官局狀契
勘朱仲謙見係翰林醫證御醫德壽宮祗應於隆興二
年九月内補翰林醫學自補授日服綠至今未及五年
亦未經賜緋今承指揮特賜紫服色有礙本局下項條
法一豈豈令諸醫官將恩例奇改換服色者候本色服

及五年以上許改換一宣和二年四月指揮應醫官見係服綠未經賜緋隔等賜紫者聽執奏有旨爲係德壽宮祗應特依令來指揮　六年二月十五日詔王繼先見孫令依赦叙復職名指揮更不施行從臣僚之請也臣僚上言真宗皇帝時工部郎中陳堯咨嘗任龍圖閣學士坐事削職會赦求牽復上曰學士清近之職非會赦可復祖宗愛惜名器如此况延閣之直祖宗所以待文學政事之臣如王繼先子孫本出醫術其文資職名因附會秦檜得所不當得其後罪蹟既著太上皇帝特出睿斷盡從停廢當時言章所載過犯其子孫所爲乾道三年已行復官陛下之恩至矣今又引赦復職若遂放行則是陳堯咨之賢不得之於真宗而反使王守道輩乃得之於陛下此臣之所甚惜也欲望特賜寢罷有旨依奏　十二月二十日翰林院狀太上皇帝聖旨醫官趙確爲醫有勞特與依朱仲謙例賜紫服色取到醫官局狀本局契勘趙見係翰林醫學大方脉科服綠至今未及五年未曾賜緋兼有礙宣和二年四月執奏指揮詔爲係德壽宮祗應特依令來指揮　七年十二月二十三日宰執進呈太醫局生乞附省試試補虞允文等奏曰醫人入仕之路三有試補有陰補有薦補今獨試補之法廢恐庶民習醫者無進取之望不復讀醫書且局生請給歲不過四千緡國用司省之過矣上曰然

於是詔更不置局依舊存留醫學科可令逐舉附試同日詔隨龍太史局令判太史局李繼宗兩經該遇德壽宮應奉有勞特轉三官許回授可將未曾收使三官特與男安國補太史局保章正充歷筭科臣僚上言保章正雖號太使局然從八品與宣儀郎成忠郎等爾祖宗著令功賞轉官礙止法者許回授有服親皆謂有官人非白身也自大觀政和以後蔡京紊亂法度郡臣始有以轉官回授爲蔭補者今吏部以爲非之補官而不與放行致仕恩澤者是也其後蔡攸遂又回授轉官以爲職名其子蔡衛蔡術皆自侍制以回授而遷直學士由是武臣高俅亦用此例其子堯康以回授自遥郡轉正任堯輔以回授自觀察而轉承宣名器之濫有不可勝言者今陛下命一小臣爲保章正固無足惜然使其精於歷筭衆所共推則雖特命之可也用其父之回授臣恐不可開此例爾從之　八月二日吏部隨龍和安大夫吉州刺史入內内宿兼德壽宮句看李師堯狀先於乾道元年十一月該遇莊文皇太子授册依已降指揮與遥郡刺史後因臣僚上言該轉遥郡之人將兩官與作一官收使師堯一官止合回授得旨依奏候因轉官日通作一官收使遥郡上轉行竊念臣於乾道七年五再該遇德壽宮五年有勞賞合轉一官所有前後兩官並未曾收使乞依陳孝康例轉行遥郡一官詔依特轉

成州團練使　九年五月十一日中書門下省勘會李繼宗等推筭太陽交蝕時刻分數並皆差舛詔太史局令判太史局李繼宗特降授太史局正放罷太史局春官正判太史局吳澤特降太史局中官正太史局丞同判太史局荆大聲特降授太史局靈臺郎並差遣如故

淳熙三年十月四日詔翰林醫官局自今應醫官已授差遣違一年不赴任及不到局公參者並行退願從本局請也　十一月二十九日詔醫官帶遥郡非祖宗舊制自今不得轉授　十二月二日詔太史局可增置春官夏官中官秋官冬官大夫五階令敕令所修入雜壓其磨勘年限並請給則例令吏戶部比擬以聞既而四年八月十四日執政進呈吏戶部言太史局官序服色等並依醫官見行格法令比擬格目自局生至春官大夫計一十六階共理一百四年磨勘服色封贈恩澤理年即與醫官事理頗同并將太史局學生及增置挈壺正至春官正請給依舊支破其冬官大夫至春官大夫五階係是增置其請給並依局令支破禮部又言太史局官服色欲自局丞以下並服綠冬官正以上並服緋冬官大夫以上並服紫參知政事李彥穎等奏曰局生靈臺郎舊法並合試補難用磨勘陞轉蓋醫官獨有勞効可考至太史局官只是歷筭若免試補恐其術不精上曰善又奏吏部參酌局丞欲服緋禮部欲服綠上

曰可服緋冬官正吏部欲服紫禮部欲服緋上曰可許服紫紅鞓吏部以局生為太史局正令為太史大夫上曰此兩官不須置蓋春官大夫以上比醫官已增展磨勘又奏見任李繼宗是判局吳澤同判局恐陞轉却難上曰李繼宗曾在潛邸日久特與換過冬官大夫詔令局丞許服緋挈壺正至局丞若判太史局帶權字冬官正至春官正服紫紅鞓餘從之　十六日詔自今除授宰相執政官及依執政體例人初除并轉廳合得選試醫人太醫助教仍依舊法外轉官致仕遺表所得上件恩例並行住罷　六年四月二日詔自今宰執使相侍從等不許奏試醫人其已奏試中人不得作有官人取諸路轉運司文解先是上謂輔臣曰聞宰執醫人只是量試補官既得醫官名目走赴轉運司解試便作有官人取解雄等奏有官人取解七名取一名其僥倖如此令後亦不須奏試上曰可擬指揮進呈故有是命　紹熙元年四月十八日戶部言翰林醫候龔泳狀已行改轉服色乞添請給契勘本人係用史太師合得冠帔改換若與增添請給委是僥倖乞將醫學以上醫治有勞改換服色人許令添請外其餘改換服色並不許增添從之　二年正月二十四日詔隨龍和安大夫診御脉兼重華官皇子嘉王府宿直周昭為應奉兩宮湯藥日久累不勞效可特與轉行遥郡餘人不得援例　三年

閏二月二十四日，權知沅州劉珪言竊見沅州煙瘴之氣人多疾病緣無良醫診治拱手待斃深可憐憫乞依靖州例差明脉醫官一員充駐泊從之 嘉定二年三月十六日知楚州趙師迫奏臣僚言兩淮曾經蹂踐去處所在冗員令監司郡守斟酌條具裁減竊見本州駐泊醫官能澄今年十月已滿乞免行作闕特與省併住罷其見任及已授未赴上之人別與改換一等差遣從之

宋會要　天策上將軍府

真宗大中祥符八年二月皇兄元佐授天策上將軍　注唐初止爲天策上將軍後唐命馬商爲天策上將軍並開府時以元佐久疾特加殊號仍給俸在功臣上不開府

仁宗慶曆四年正月皇叔荊王元儼贈天策上將軍

元帥府

高宗建炎元年五月二日詔大元帥府限十日結局一行將佐吏卒自河北京東扈衛有勞者第其優劣來上

當與推恩先是靖康元年上奉使至相州京師遣膽勇士數輩間道齎蠟詔授兵馬大元帥便宜行事乃開幕府於相州十日詔大元帥府結局幕府官屬五軍將佐應扈衛過河至應天府軍兵並與等第推恩

宋會要 元帥

太祖建隆元年二月制天下兵馬都元帥吳越國王錢俶加天下兵馬大元帥

卷一萬五千一百二十九

全唐文

宋會要 開封尹

開封府尹牧敗不置唯伏內奉引則遣官攝事尹以親王為之仍兼功德使府廨在宣德門南街東大宗為晉王尹京及秦王許王為尹皆在南街視事時真宗尹京還就府廨今景靈宮即南衙舊址　太祖建隆二年七月以皇弟泰寧軍節度使殿前都虞候光義檢校太尉同中書門下平章事開封尹兼功德使太宗太平興國元年以皇弟永興軍節度使檢校太尉兼侍中京兆尹廷美兼中書令行開封府尹封齊王　雍熙三年七月內以皇子檢校太尉同中書門下平章事陳王元僖兼

卷一萬一千一百九十

侍中行開封府尹改名元祐　淳化五年九月內以皇子襄王宗實行開封府尹改封壽王　十月壽王出閣尹京詔以鎮安軍節度行軍司馬楊徽之為左諫議大夫右諫議大夫畢士安並為開封府判官兵部郎中喬維岳壽王府記室參軍水部郎中楊礪浮議司封員外郎直昭文館夏侯僑並為推官皆太宗自選中謝日召陛殿賜坐諭以輔導之旨乃賜徽之士安白金各千兩維岳等各五百兩　徽宗宣和七年十二月二十二日以皇太子除開封府牧時上有內禪之意用本朝故實也尹闕則置權知府事以少卿以上充兼功德事及識內勸農使真宗咸平五年五月詔開封府左右軍巡使

京官知司録及諸曹參軍知職縣見知開封府並趨庭
設拜　景德元年七月詔開封府知府等不得於府廨
内接見賓客從權知府陳省華之請也　十月宴崇德
殿舊制卿監坐於東廂不升殿時光祿卿陳省華權知
府特命升於西廂五品之南列設位　三年八月詔開封
府今後内降及中書樞密院送下公事罪至徒以上者
並須聞奏　先是御史臺言開封府前勘天清寺僧契
如及故在承吕餘慶孫男歸政止節略劄子聞奏致不
絶詞訟乞自今應干分割田地及僧人還俗事並令結
案録聞方得聞奏真宗曰豈止僧歸俗與私家分財耶
固有是詔　大中祥符二年八月詔開封府凡出榜示

衆並當具事聽朝旨　初本府榜皆立絶牙保引致民
家卑幼舉借回鶻資財者帝曰國家患綏遠人天下無
外京師萬方所湊豈可指言回鶻邪故有是詔　七年
九月權知開封府王曉洞判官等坐斷獄失誤罰金
初法寺准詔長吏爲部民所訟罰訖代之帝以京府事
繁與外郡異立命增贖銅十斤而復其任　仁宗景祐
元年六月十六詔開封府今後有衛宣指揮依條次日
上殿面奏取旨　先是有旨本府後行虎玉轄守闕前
行乃越百餘人判官罷籍以爲言故有是詔　至和元
年九月詔開封府自今凡決大辟囚並覆奏之　初開
封府言得樞密院劄子軍人犯大辟無可疑者更不以

聞其百姓即未有明條仁宗重人命至是軍人亦令覆
奏　熙寧八年五月三司言權發遣開封府事自來依
權知開封府添支則例支給乞編入祿令施行從之
宋會要　臨安尹
孝宗乾道元年四月二十七日詔皇太子光宗御名領
臨安府尹二十九日禮部國史院太常寺言皇太子領
臨安府尹封論典故下項一治所若就臨安府即相去
太遠今欲止就東宫少尹等官屬兩日一次將職官赴
東宫取稟一見今臨安通判及簽判職官並各廢罷却
置少尹一員判官二員推官三員少尹欲依倣淳化判
官例差待從官以上判官欲倣天聖令並用部官以上

餘當椽官緣臨安府係是行都難以全用京府體例並
欲依舊一禮上日臨安府官庭參仍拜冬年節及到罷
等准此本府宣詔意因等少尹以下一面施行訖具事
因申稟一本府日生公事並係少尹受領内命官犯罪
及餘人流以上罪具事因聽裁酌其徒罪具案判准枝
罪少尹一面裁決一皇太子鑄臨安府印一面少尹就
用見今臨安府印判官合鑄印一面安撫司印記職事
亦合少尹兼領諸門場務等鏁匙並令少尹掌管一浙
西安撫司及臨安府職舉所部官緣有結罪保任一節
只乞令少尹奏舉一安撫司及臨安府表奏皇太子係
銜中書樞密院狀及應干文移並依典故係少尹以下

簽書並各從之五月十二日詔晁公武除臨安府少尹
李彥穎劉焞兼臨安府判官陸之望馬希言錢佃並除
臨安府推官十五日詔皇太子用十八日就臨安府禮
上遇出入或有馬前投狀自合收接十七日臨安府言
皇太子領臨安府尹依已降指揮施行外續條具事件
一傳旨內降文字並合先齋詣皇太子宮啓封取令旨
付下少尹等施行一訓諭風俗觀課農桑及應寬恤事
件並合稟自皇太子坐奉令旨出榜施行其餘應干事
務供應排辦收糴軍糧打造軍器刺填軍兵大者專委
少尹同兩判官兩日一次赴東宮取稟一通判簽判職
官職事各以次分管並稟少尹施行一本府應干非泛

卷一萬一千一百九十

事務並送兩浙轉運司掌管施行一本府公吏隨逐少
尹官屬抱公案赴東宮呈稟經由禁中合給入出皇城
門號一本府文移朝省臺部係少尹以下繫銜具申寺
監本路監司少尹以下移牒並從之同日兩浙轉運副
使沈夏言皇太子領臨安尹開已擇日開府浙西諸司
見趁赴天申節上壽候開府日庭賀詔開府日許就臨
安府庭賀九年四月二十七日皇太子再具奏乞免尹
臨安詔宜允詔曰朕惟精於道者必兼於物足乎己者
宜及於人故郎其臨事酬酢之間于以見平日修習之
效卿志立若大識造惟深顧所養而可知乃請辭而甚
力茲亮由衷之懇爰申從欲之思朕以其已試可觀更

使施於有政卿則欲通經學古將一意於斯文其思裕
於乃身尚益尊其所學五月五日詔皇太子辭免臨安
尹已降詔允所請其臨安府知通簽判推判官並復置

卷一萬一千一百九十

宋續會要　左右廂公事所

神宗熙寧三年五月詔以京朝官曾歷通判知縣者四人分治京城四廂其先差使臣並罷之凡民有鬭訟事輕者得以決遣從權知開封府韓維之請也　九月權知開封府韓維言逐廂舊置勾當使臣四員今並減罷其開陶渠塹委都水監救應人户火燭委巡檢司自餘事件即令勾當四廂京朝官依使臣例管勾勘會四廂公事惟檢覆抄劄打量界至檢定贓縱由往福田院支支貧子錢最是奔走不完若令所置京朝官逐時躬親點檢事頭區斷公事竊慮有所妨闕乞逐廂依舊存留使臣分管前項奔走之役詔許留使臣兩員分左右廂管勾

卷一萬九百四十二

十一月十九日看詳編修條例所言開封四廂各置官一員勾當斷決公事內杖六十以上罪及枝蔓公事不許收接文狀依舊外取到逐廂一月之內決斷事件不多欲止令京朝官兩員分領兩廂決斷所是舊來四廂使臣仍舊存留以備諸般差使從之　十二月八日詔京城裏外雪寒應老疾孤幼無依乞丐者令開封府並分擘於四福田院住泊於額外收養仍令推判四廂使臣依舊福田院條約看驗每日依額內人給錢養活無令失所其錢於左藏庫見管福田院錢內支給候春暖即申中書住支　四年七月知開封府劉庠乞罷勾當左右廂公事官詔不許　哲宗元祐元年詔府界捕盜官吏隸本府與都大提舉司同管轄而責其賞罰置新城內左右二廂　六月二十七日權知開封府謝景溫言京師新舊城內惟有二廂遇夜公事解送遙遠請於新城內外左右置二廂通為四廂添舉文臣二員量增人吏從之　四年詔罷新置二廂　紹聖元年四月十七日知開封府錢勰言熙寧三年初置舊城裏左右廂公事所元祐元年增置新城裏兩廂公事元祐四年廢罷增置兩廂今請復置從之　靖康元年五月

卷一萬九百四十二

十八日詔左右廂公事所廂官並暫成資闕

職官三七之九

職官三七之一〇

宋會要　州牧

國朝州鎮有缺或遣朝官權知太祖始削外權牧伯之
缺止令文臣權涖其後文武官參為知州軍事二品以
以上尽帶中書樞密院　凡開封河南應天大名真定
京兆鳳翔河中江寧江陵興元十一府冀兖青徐揚荆
豫梁雍九州皆置牧天子巡狩於其境行大禮則州牧備
奉引　真宗大中祥符八年二月制皇兄楚王元佐特
特授天策上將軍依前守太師尚書令兼中書令行興
元牧賜劍履上殿詔不名州牧自此始　天禧元年元
佐領雍州牧二年加興元牧真宗謂宰臣曰楚王加恩
興化府必遣人來重於煩擾宜速止之不須上京兼州
府兩牧自此始也　景祐二年十一月制雍州牧兼鳳
翔牧荆王元儼為荆南淮南節度使行荆州揚州牧二
州牧自此始也

（卷一萬九千六百四十二）

宋會要　州牧

徽宗宣和七年十二月二十二日東太子除開封府牧
崇寧二年五月十一日户部尚書左膚等言崇寧詔旨
開封府置收皇子領之請制禄令詔如執政官立為定
制　宣和七年十二月二十二日皇太子除開封府牧
時上有内禪之意用本朝故實也淳熙四年五四月五
日詔皇子魏王愷特授荆南𡶶慶軍節度使依前開府
儀同三司行江陵尹判明州兼管内勸農使兼沿海制
置使　五年閏六月十三日詔皇子荆南𡶶慶軍節度
使開府儀同三司行江陵尹判明州軍州事兼管内勸
農使兼沿海制置使魏王愷特授永興成德軍節度使
雍州牧依前開府儀同三司判明州兼沿海制置使魏
王　八月二日詔雍州牧鑄印以雍州牧印為文親王带
牧隨本鎮　十月四日禮部太常寺言親王出鎮加牧合
行禮例今參酌比附親王昨判寧国府見客禮例條具
下項　一接見寄居及過往前宰執使相兩府大尉係
親王出廳降揖序坐茶湯畢就廳上轎一接見見任寄
居文臣侍從官以上武臣正任觀察使以上及見任三
衙管軍知閤係親王出廳贊請某官係到位贊揖訖就
坐點茶畢出笏取覆訖贊就坐點湯畢出笏揖就廳上
轎内文臣曾任侍從以上武臣曾任三衙以上同一見
長史司馬并見任本路監司及寄居過往監司諸州知
州係親王出廳躡鞋贊請某官係到位贊揖就坐點茶
畢贊揖轉椅子出笏取覆訖不點湯揖巡廊退一見任
寄居過往參議官并諸路知軍王府記室參軍等欲並
依昨來判寧国府体例從之

（卷一萬九千六百四十二）

全唐文

宋會要　行府

太祖建隆元年九月以侍衛親軍副都指揮使歸德軍
節度使石守信為揚州行營前軍都總管兼知揚州行
府事開寶二年三月二十四日以知制誥盧多遜權知
太原行府事二十五日以右贊善大夫張濟充行府推
官四月命殿中侍御史崔愚通判太原行府事八年六
月以太子洗馬馬處璘權知潤州行府事太宗太平興
國四年正月十二日以宣徽南院使潘美充北路都招
討兼制置太原行府軍糧等事十三日以鹽鐵判官吳
輿通判太原行府事戶部判官杜載為太原行府判官

卷一萬九百八十八

六月以宣徽南院使潘美知幽州行府事度支判官吳
輿戶部判官杜載並為行府判官雍熙三年正月以右
諫議大夫劉保勳知幽州行府事

宋會要　節度使

乾德元年二月天雄節度使符彥卿來朝上欲使彥卿
典兵樞密使趙普以為彥卿名位已盛不可復委以兵
柄屢諫不聽宣已出普復懷之請見上迎謂曰豈非符
彥卿事耶對曰非也因別以事奏既罷乃出彥卿宣進
之上曰果然宣何得在卿所普曰臣託以處分之語有
未備者復留之惟陛下深思利害勿復悔上曰卿若疑
彥卿何也朕待彥卿至厚彥卿豈能負朕耶普曰陛下
何以負周世宗上默然事遂中止　開寶二年九月上
燕藩臣於後苑酒酣從容謂之曰卿等皆國家宿舊久
臨劇鎮王事鞅掌非朕所以優賢之意前鳳翔節度使

卷一萬三千三百七十四

兼中書令王彥超諭上旨即前奏曰臣本無勳勞久冒
榮寵今已衰朽乞骸骨歸丘園臣之願也前安遠節度
使兼中書令武德行前護國節度使郭從義前定國節
度使白重贊保大節度使楊廷璋競自陳攻戰伐閱及
履歷艱難上曰此異代事何足論庚子以行德為太子
太傅從義為左金吾衛上將軍重贊為左千牛衛上將
軍廷璋為右千牛衛上將軍　太宗太平興國二年八
月上初即位以少府監高保寅知懷州懷州故隸河陽
時趙普為節度使保寅素與普有隙事多為普所抑保
寅心不能平手疏乞罷節鎮領支郡之制乃詔懷州直
隸京長吏得自奏事於是虢州刺史許昌裔訴保平軍

節度使杜審進關失事詔右拾遺李瀚往察之瀚因言
節鎮領支郡多俾親吏掌其關市頗不便於商賈滯天
下之貨望不令有所統攝以分方面之權尊奬王室亦
强榦弱枝之術也始唐及五代節鎮皆有支郡太祖平
湖南始令潭朗等州直屬京師長吏得自奏事其後大
縣屯兵亦有直屬京師者興元之三泉是也戊辰上納
瀚言詔磁寧涇原鄜坊延丹陝虢襄均房復鄧唐澶濮
宋亳鄆濟滄德曹單青淄兗沂貝冀滑衛鎮深趙定祁
等州並直屬京天下節鎮無復領支郡者矣興國三年
復鎮蓋遥領也按此時已盡罷節鎮所領支郡矣而實
錄興國七年五月辛亥又書詔以涇州直屬京不知何
也今削去不著然更須考之

（卷一萬三千二百七十四） 二

景德二年二月三日節度使石保吉葛霸受命上言乞
罷拜授綸誥之儀以帝母后心喪之故也從之拜授當
出乾元門用鼓吹戲馬優樂前導歸地蓋國朝舊規寵
藩帥也
六年十一月九日制以觀文殿大學士右光祿大夫知
河南府韓縝為安武軍節度冀州管內觀察處置等使
河東路經畧安撫使兼知太原軍府事
崇寧四年趙州為慶源府仍以為慶源軍節度使　燕
王俁大觀元年正月改授淮南安武軍節度使　二年
瀛州為瀛海軍節度樂州賜名嚮德軍節度三年融州

為清遠軍節度　政和元年正月十一日制以定州管
內觀察使樞密都承旨郭天信為安武軍節度使佑神
觀使是年瓊州為靖海軍節度　二年九月二十九日
詔節度使以下更不帶持節等只稱某軍節度使之類
　四年五月二十日制靜難軍節度觀察留後直睿思
殿楊戩為彰化軍節度使依前直睿思殿是年拱州復
為州仍舊為保慶軍節度　五年汝州為陸海軍節度
濬州為濬川軍節度　十一月十一日御筆昨嘗降詔
以非緣制礼作樂開拓一路內侍臣僚不持節鉞比以
藍從熙領冬祀壇壝齋宮事已降旨與節度使亦緣礼
祀深慮今後以他事援以為例可令三省樞密院遵守
前詔仍許執奏　七年渭州為平涼軍節度鼎州為常
德軍節度　重和元年瀘州為瀘州軍節度十一月二十
六日端州為肇慶軍節度

（卷一萬三千二百七十四） 三

宣和元年寧州為興寧軍節度均州為武寧軍節度宣
州為慶遠軍節度光州為光山軍節度睦州為建德軍
節度岳州為岳陽軍節度　皇子模宣和二年正月以
檢校太保為淮南節度使封樂安郡王　政和四年十
月涿州賜名涿水郡為威行軍節度檀州賜名橫山郡
為鎮遠軍節度平州賜名海陽郡為撫寧軍節度
高宗建炎元年七月二十九日撫州改為保成軍節度
范致虛建炎二年言者論南陽之陷咎由致虛責安

遠軍節度副使英州安置
紹興中制以龍神衛四廂都指揮使容州觀察使權主
管殿前司公事楊沂中特授保成軍節度使陞充殿前
都虞候主管殿前司公事　九年四月七日宿州復為
保靜軍節度　十四年六月十七日德慶府為永慶軍
節度　七月十二日蜀州為崇慶軍節度　十六年正
月十八日制以觀文殿學士左通議大夫提舉臨安府
洞霄宮葉夢得特授崇慶軍節度使致仕　十七年七
月二十日舒州改為安慶軍節度　八月二十八日制
以寧德軍節度使提舉萬壽觀邢孝楊特授太尉安慶
軍節度使依前提舉萬壽觀　二十五年六月二十七

日岳陽軍改華容軍節度　二十六年二月十一日制
以保康軍承宣使提舉佑神觀韓公裔特授華容軍節
度使依前提舉佑神觀　二十八年五月十二日光山
軍改為寧淮軍節度　三十一年十二月三日華容軍
復為岳陽軍節度寧淮軍復為光山軍節度
孝宗紹興三十二年未改元十月二十三日建州陞為
建寧府建寧軍節度　隆興元年十月二十五日洪州
陞為隆興府鎮南軍節度　二年十月劍州陞為普安
軍節度　淮南河南江東乾道元年三月六日置節度
使　九月二日鼎州陞為常德府常德軍節度　乾道
六年九月二十七日制觀文殿大學士左通奉大夫知

紹興府史浩為檢校少傅保寧軍節度使依前差遣
八年八月二十六日宣州陞為寧國府寧國軍節度
九月十二日制特進左丞相兼樞密使虞允文為少保
武安軍節度使充四川宣撫使

宋會要 節度使雜錄

乾德五年正月朔乾元殿受賀升節度使班在龍墀内金吾將軍上故事節度使不帶使相位在卿監下至是特命升之　王全斌乾德三年節度太平興國四年代五年爲崇義軍節度使攻蜀有功故也　錢弘俶中書令静海軍節度使開寶元年有錢令公墓在紫芝峯見崇明錐刀道者碑

卷一萬三千二百七十四

宋會要 承宣使

宣和三年正月七日詔兩浙制置使直睿思殿知入内内侍省事任落階官爲安德軍承宣使劉延慶拜泰寧軍承宣使　自延慶始考案自延慶始上有脫文

卷一萬三千三百十八

宋會要　觀察使

真宗大中祥符七年三月翰林學士陳彭年言檢討唐以來故事觀察使並合帶刺史詔自今除觀察使可兼領之

卷一萬三千二百九十六

宋會要　刺史

防禦使濟沂登萊汝潁均郢懷衛博洺深瀛雄霸莫代絳解隴和蘄眉黎巂鄭蔡舒復並隸此鄆綿州單濮濰唐祁隰忻成鳳海階果楚濠磁舒岷巂額與慈陵並隸此軍事州號坊丹堦商寧原慶渭環德瀛恩趙保淄汾澤憲嵐石豐河沅秦泗光滁通黃真歙江池饒信太平吉袁撫筠岳澧峽歸辰衡道永全郴邵常秀溫台衢睦虔南劍汀漳綿漢彭邛蜀嘉簡黎雅威茂資榮昌普渠合戎瀘興劍文巴達龍施忠萬開達涪渝韶循潮連南雄英賀封端新康南恩惠昭梧藤龔潯貴柳宜賓橫融化高雷白欽鬱林廉瓊崖儋額楚濠乾儀沁慈遼

卷一萬一百十五

集壁梅春蒙賓南儀儋萬安並隸此　太祖建隆元年四月詔升懷州為團練即以刺史馬令琮充使初李筠叛太祖將親征詔三司張美調兵食美言河內密邇上黨令琮日夜儲蓄以待王師帝善之亟命以團練使授令琮執政言大軍北伐方藉令琮供億不可移之他郡故就升本州為團練以命之仁宗嘉祐三年十一月詔除自軍職罷并橫行職任歲滿合該除正任外非有戰功及殊常績効更不除授如有合該擢用即不得乞預降指揮其已係正任者不得循例敘遷如積勞歲久非次推恩則與遷改州名或加檢校官及勳封食邑英宗治平二年五月三日詔自今正任刺史以上因差知蕃

要州郡或路分總管任使即與勘會如改官定十年曾
經兩次因差遣遷改州名或加檢校官及勳封食邑者
取旨並與遷轉至觀察留後止其戰功及殊常績效因
之超擢者勿拘神宗元豐七年七月十五日以左藏庫
副使帶御器械劉承緒為禮賓使嘉州刺史手詔以承
緒妻建安郡主即先帝同母妹建安郡主夫故擢之

卷一萬一百七十五

宋會要

都督府

高宗紹興二年四月二十七日制以特進尚書左僕射
同中書門下平章事兼知樞密院事呂頤浩時授依前
特進尚書左僕射同中書門下平章事兼知樞密院事
都督江淮兩浙荆湖諸軍事参謀官差户部尚書李彌
大秘書少監傅崧卿参議官差直顯謨閣李承造左宣
教郎劉寧止隨軍轉運使差左司郎中姚舜明崧卿除
徽猷閣待制舜明寧止除秘閣修撰承造除直龍圖閣
閏四月二日呂頤浩言前路應有合行措置事務不可
少失期會臣見帶左僕射職事伏望許臣從便先作聖
旨行訖續具奏知從之頤浩條畫下項一以江淮荆浙

卷一萬九百八十一

都督府為名一印記乞以江淮荆湖兩浙路都督諸軍
事印一十三字為文一用兵臨敵及遣人間探之類全
在激勸使之效命欲先次支銀絹各二萬疋兩内絹仍
通造旗幟使用一逐路財賦許酌度多寡隨事移那不
以有無拘礙裁撥應副一逐路見任官如實有疾病怯
懦或公私罪犯不堪任職或見闕言五處並許施行仍
選官差填替訖奏具所差官自供職日理為任如有舉
宫聽收使一逐路官不以拘礙並聽差出幹辦一淮南
東西路兵火之後人煙稀少務在優恤如有條所不載
於民寬便者並乞從先次隨宜施行訖具奏一令來出
師係都督諸路軍馬其逐路見令應統兵大小將帥並

許聽節制若有行移並用劄子一兵將官屬錢粮乞差
隨軍轉運一員應辦其合行事件令所差官限一日條
具申尚書省一差參謀等官欲乞許於內外見任得替
待闕已未參部人踏逐辟差並不許辭避並與理為資
任任程磨勘年月帶見任或新舊任請給外別給本身
驛券無見任新舊任請給人每月別給錢二十貫其當
直人從般檐兵士並依本資序依條格差破所有參謀
參議各破手分二人機宜幹辦官遇差出破一名於新
至州縣劄差請給並依書寫人例施行其所辟官限三
日起發未授朝廷付身以前令帶權字如未踏逐到許
於內外見任或已授未授差遣人內一面劄差不許避

免請給理任人從等並依見任人法候辟差人到日罷
已上行在官仍並免朝辭參謀官二員參議官二員主
管機宜文字二員書寫機宜文字二員幹辦公事官十
員准備差使文臣十員准備差使大小使臣各二十員
准備將領使喚欲乞辟差十員一行遣文字全要諳練
熟知次第人吏欲乞於三省樞密院六曹及內外官司
內人吏及使臣內踏逐指差各理為資任及通理在職
年限月日如有前項特旨不許發遣抵勘重祿及添給
礙名色并開落名粮等並依令來指揮事畢發歸元處
仍帶行被差見請或見任請給并人從願分擘出歷隨
處批勘者聽兼後項奏請官吏並不許受供饋欲並支

本身驛券白身人破進武副尉仍每月並支錢一合破
親兵三百人欲將帶前去仍並許分擘券歷發遣內存
留人請給就行在勘請一合用行遣紙劄印色朱紅及
發遞物色收藏文字籠仗打角官物等並具數下戶部
日下支給在外於所在官司關取一乞於內外指差醫
官一員尅擇官一員隨請給驛券抽差約束等並依手
分例內醫官仍每月支給藥錢七貫一合用公使錢欲
每月支給二千貫乞自朝廷先次支降一月錢已後月
分於所至州軍應管錢內取撥應副一遇有奏報文字
乞許直發入內內侍省投進一隨軍合用粮料等官未
記乞於三省激賞庫關借五百前去如不足禮部取並

從之四日上諭呂頤浩卿耆艾有勞今總都督之任方
以大事委卿不當復親細務昔諸葛孔明罰二十以上
皆親之司馬宣王以為必不能久唐太宗諭房杜聞公
聽受詞訟日不暇給安能助朕求賢乎卿自今凡事繫
大體者裁決其餘細務闊畧可也六日詔都督府事體
至重已特許差隨軍轉運使一員他司不得援例從侍御史
江躋請也八日呂頤浩言逐路如有潰散軍兵無歸百姓散
走藏匿乞令一面招收使喚逐旋具數申奏仍乞降字
牌旗榜二十副付頤浩招收使用從之五月九日詔都
督府參謀參議官並依兩省官奉使法機宜與轉運使
副提刑序官幹辦官與轉運判官知州朝請大夫序官

職官三九之四

內選人在諸州通判之下六月九日殿中侍御史江躋言乞詔大臣自今有見任宰相暫出撫帥其有所辟條屬除官進職許依呂頤浩體例施行以示恩數餘人不得輒有援例詔令三省遵守七月二十四日徽猷閣待制江淮荆湖都督府參謀官權主管本府事傅崧卿言奉詔呂頤浩赴行在奏事職事令崧卿權行主管頤浩見任宰相領都督之職元降指揮於今來事體有窒礙合行申稟一行移文字除三省樞密院自合依舊用狀六曹用獨銜申狀除兵將官及屬部官司仍用劄子外餘並用公牒其牒以權主管府事為名一逐路應統兵大小將帥並許聽節制一欲乞內江東安撫大使司一路

事務崧卿自可與李光會議商量與決餘兩大使司并餘路分並乞且從逐路大帥依已得便宜指揮一面施行其都督府元留下諸頭項人等已有降下聽崧卿節制明文一元降指揮許從便宜施行訖具奏今來權行主管府事即難以行用乞從申奏或申都督乞詳酌施行其元留下人馬權令傅崧卿節制餘並從之九月二十八日呂頤浩等言都督府申請到畫一指揮見遵依施行外今來同都督諸軍事官一員見欲總兵起發前去建康府措置緣畫一指揮內上許辟差參議官二員幹辦官十五員准備差遣文臣十員今來防秋是時全藉官屬分頭協力委是數少除同都督官許差本宗有

職官三九之五

服親書寫機宜文字官一員幹辦官五員准備差遣文臣十員其辟差請給理任等並依已得指揮從之三十日參知政事福建江西荆湖南北路宣撫使孟庾言准勑差兼權同都督江淮荆浙諸軍事見計置起發方此防秋之際內有干機速待報不及事件欲乞許依呂頤浩已得便宜指揮從之十二月二十八日詔孟庾依前參知政事除同都督江淮荆浙諸軍事三年正月八日孟庾言都督府係總江淮荆湖諸路軍馬元降指揮應大小統兵帥並聽節制近來諸處官司遇有軍期并應副本府錢粮等事並仰先申都督府如合申奏即本府自當施行若敢依前侵紊慢易臣一面酌情處斷從之同

日詔差戶部侍郎姚舜明前去建康府將應干都督府承朝廷支降并諸官司起發到及本府應干取撥錢物粮斛並仰姚舜明專一總領仍於都督府選差有風力諳曉錢穀屬官四員充粮料審計司監官其應干都督府管下官兵幫勘請給等並經由戶部粮審院依條批勘支給其江東路轉運司合應副都督府錢粮事務並就近聽戶部措置施行時以都督府請依舊例差戶部長貳一二員前來專一總領大軍錢粮故有是詔二月七日呂頤浩言依元降畫一指揮許辟差參謀官二員主管機宜文字二員書寫文字一員幹辦公事官一十五員准備差使大小使臣各二十員准備將領一十員

人吏二十四人令來孟庾所辟官吏已到可以分擘使喚臣所辟官吏深慮虛費錢粮合令先次減罷從之四月七日三省言已降指揮劉光世建康府置司韓世忠泗州置司所有都督府合移於鎮江府照應兩軍機務詔都督府移司鎮江府九月十二日詔都督府已罷見存屬官人吏並係隸樞密院內人吏就機速房相兼承受發都督府文字十五日詔都督府參議官朱孝先馬擴主管機宜文字許大年范同幹辦公事張彥朱明劉老許操韓臨亨趙公達馬直之准備差遣楊然侯文仲闞彥昭李季蘇之勤王元翼時洌孫大雅並存留參議官宗穎主管機宜文字李堯幹辦公事蕭掄馬永卿任直清李文中程延年韓滕胄姚者宗准備差遣高鷟董華姚宏李益謙杜絪孫懲並罷四年八月十一日詔川陝宣撫處置使趙鼎為都督川陝荊襄諸軍事孟庾等言趙鼎除川陝宣撫處置使恐與王似盧法原吳玠使名相似乞自睿旨別易一使名上顧鼎曰此是朕不忍不曾與大臣商議所以然者故續有是詔十五日知樞密院事趙鼎言都督府早晚起發一行官吏軍馬等合用錢粮草料欲令逐路轉運司預行樁辦從之九月八日川陝荊襄都督府言依例合將帶知客等前去係於三省樞密院等處差取今欲立定請給知客等七人各與帶行見請外破進武副尉券一道每月贍家錢十

十貫隨行東廚專知官等一十一人翰林儀鸞司五人已上專知官手分庫子請給等乞依降賜公使庫則例廚子院子翰林儀鸞司請給等乞依降賜公使庫秤子則例從之十九日又言本府合干官屬等已有指揮並理資任通理在職年限月日任程磨勘年月事畢發歸元處所在隨軍粮料院降賜公使庫務提轄撥壕寨司之類官吏并屬官下人吏等即未有該載今欲乞並依已降指揮施行從之二十一日又言本府許置計議官四員緣與樞密院計議官名稱一同欲改為詳議官從之五年二月十二日制以左通議大夫守尚書右僕射同中書門下平章事兼知樞密院事趙鼎特授左正奉大夫守尚書左僕射同中書門下平章事兼知樞密院事都督諸路軍馬左通奉大夫知樞密院事張浚特授左宣奉大夫守尚書右僕射同中書門下平章事兼知樞密院事都督諸路軍馬十四日詔都督府以諸路軍事為名二十一日趙鼎張浚言蒙恩除都督諸路軍馬有合奏請事件一印以諸路軍事都督府之印九字為文一川陝荊襄都督府事務并官吏兵將官物等合併歸本府內印記候鑄到新印日於礼部寄收如遇臣等出使却行關取行使一本府行移緣臣等係宰臣兼領乞依三省體式其與三省樞密院往來文字依從來體例互關一如遇臣等出使其官屬并直省通引官知客

散祗候大理官街司堂厨東厨監厨合干人等量度差
撥使囘仍舊内合破使臣、親兵宣借兵士諸色人等乞
許存留照管家屬或將帶隨行一本府應干合行事件
並遵依川陝荆襄都督府并臣昨措置江上已得指揮
及體例施行事小或待報不及聽一面施行並從之同
日張浚言被旨暫往江上措置邊防有合奏請事件昨
蒙差到中軍將官一名馬軍使臣一百人騎令來除將
官乞就差王存外内使臣并馬令中軍依前次數目揀
選差撥仍候起發日每日添支食錢二百文一昨在江
上措置日有支使不盡激犒金帛等乞下所屬取撥前
去一乞於左藏庫見樁管空名官告内共支撥三百道

准備緩急書填立功將佐等使用一乞於省馬院差騾
馬五十頭匹控養兵士各一名管押將校共二人應副
一行官屬乘騎馱載官物一差到官屬使臣等並許通
理前任月日一隨行輜重人并官屬合破白直等除於
都督府差撥外如闕少於所至州軍差撥依條給與口
券逐州交替並從之二十三日都督府言合置參議官
以下即自差辟未足内詳議官欲改諮議軍事從之二
十六日手詔朕以敵人遠遁邊圉少安當乘無事之時
預謹不虞之備蒐簡卒乘行視山川汎臨邊於相臣往
撫臨於師壘西連隴蜀南暨江淮既加督護之權悉在
指揮之域有或難從於中覆卿宜專制於事幾咨爾多

方若時繞率欽承朕命咸使聞知二十八日都督府言
合置參謀官欲乞改作參謀軍事參議官改作參議軍
事從之閏二月十八日都督府言本府行移文字並依
三省體式今來簽廳文字比之其它官司事體不輕欲
乞行移取會文字並依尚書左右司樞密院檢詳房體
式施行從之二十二日都督行府言都督府總諸路軍
馬所用錢粮合差官隨軍應辦欲就差淮南東路宣撫
使司參謀官陳桷兼都督府隨軍轉運判官許辟差幹
辦公事官兩員並依發運司屬官條例施行從之八月
四日詔都督府一行官吏軍兵諸色人等昨自行在隨
從張浚前去江上措置軍事并招捕楊公等了當方盛

暑水陸萬里備見勤勞可特先次各轉一官資内用心
得力差委幹事有功之人令張浚別行保明當與更加
超轉六年三月二十六日張浚言諸路州縣出賣户帖
錢元降指揮令都督府拘收非奉聖旨指揮不得支使
竊緣方今軍事之際合用錢數浩瀚兼措置屯田般發
岳飛粮米等所費益廣若一一奏請處分竊慮待報不
及却成留滯除已逐急取撥應副使用外欲望許臣候
支使了畢具實數奏請除破從之四月十八日張浚又
言都督府并行府恭被聖訓勸誘懷忠體國富豪之人
納金入粟以助軍費詢訪得浙西平江府湖秀常州江
陰軍浙東紹興府衢温州江東建康府廣德軍最係豪

右大姓數多去處行府量度支降官告委守貳隨時勸誘上戶請買即不得將下戶例行均數如或委實勸誘不能數足數目即具狀申取行府指揮兼行府詳度自來民戶物力陞降不常竊慮一槩勸誘卻成搔擾又已行下守令吏切契勘若元係出等上戶即令物力減退亦不抑勒科配從之二十九日張浚又言襄陽府係屯兵控扼重地將來行府巡按前去措置軍事所有應辦邊防及間探斥堠應干軍須并行府置司事務皆合前期經畫緣本府收復未久財賦不充理宜措置以助支使臣已令江東轉運司於本路已還戶帖錢內支一十萬貫并通泰州見應副都督府鹽內各支一千五百

卷一萬九百八十一　十

袋並聽劉洪道取撥措置回易所收息錢專一應副上件支使外循環充本即不得侵用本錢今來係行府都融贍軍財賦應副自合極力措置以濟國事從之同日張浚又言荊襄控扼上流最係重地臣見被旨視師其襄陽府將來權留駐司事務理合差官先次經畫伏見近已除劉洪道知襄陽府本官識度宏遠諳練邊事可以任責欲望差劉洪道兼都督府參謀軍事依舊知襄陽府從之六月八日張浚又言行府見今調發大軍移屯淮甸邊事至重欲乞於侍從官內選官一員充行府參議軍馬詔呂祉除刑部侍郎差都督行府參議軍事七月十七日詔曰勅張浚卿肅將天威鋪敦淮浦久離

環衛想見英姿益心之精微不可以書諭而道之曲折必待於指陳當亟命於僕夫其入趨於帷幄勿憚驅馳之遠副予夢寐之勞詔書到日卿可暫赴行在所奏事故茲詔示想宜知悉十一月二十日詔都督行府江上措置邊事一行官吏軍兵諸色人等備見勤勞可令張浚等第保明以聞七年二月十一日都督府言本府昨裁減使臣發歸樞密院如願減罷即與省罷恩例所有行府近減罷使臣事體一同緣內有到府月日不多之人即難以一槩並給恩例詔行府并屬官下應減罷使臣如到府寔及一年並與依省罷法今後依此三月三日都督府言逐路宣撫使司各有本府隨軍轉運使有

卷一萬九百八十一　十一

湖北京西路宣撫使司未曾差置今欲差本司參謀官薛弼兼督府隨軍轉運副使專一應辦錢糧從之六月八日都督行府言權主管馬軍司公事劉錡見統率軍馬屯駐廬州欲望依例差劉錡兼本府諮議軍事從之九月十一日張浚言已具奏陳解罷機政所有都督府職事別無以次官交割詔令樞密院交割十四日三省言都督府職事并印已降指揮令樞密院交割詔三省合行事並撥隸三省其錢物令三省樞密院同共樁管二十五年八月十四日詔都督府所置官莊并牛租可日下放免今後不得起理元降指揮更不施行三十一年十一月十九日詔知樞密院事葉義問差充督視江

淮荆襄軍馬，中書舍人虞允文充參謀軍事。義問言：「參酌前後執政官出使，損減條具畫一數內：一、合用印，乞以樞密行府之印為文，其行移並依樞密院體式施行，入諸軍擺鋪傳發，所有奏報文字直發入內內侍省投進。」從之。三十二年五月十三日，詔葉義問督視結局，特與轉三官。鶴林吳泳：紹興五年二月丙戌，張浚守右僕射兼知樞密院事、都督諸路軍馬。壬辰，詔浚往江上措置邊防，樞密都承旨折彥質試工部侍郎兼都督府參謀軍事，右朝議大夫知常州詹至秘書省著作佐郎熊彥詩並兼都督府主管機宜文字，司農寺丞蒞談幹辦公事。丁未，張浚辭行，詔百官出城餞送。四月浚視師湖南。五月甲申，浚至潭州，遣岳飛分兵擊楊么。六月湖寇盡平。八月，詔張浚赴行在。九月浚入見。十一月丙戌，詔荆襄見宿大兵措置事宜委任至重，可令張浚往視師。六年正月，浚以虜勢未衰，而劉豫為謀叵測，奏請親行邊塞，部分諸將，以觀機會。上許焉。浚至江上，會諸將議事，命韓世忠據承楚以圖淮揚，劉光世屯合肥以招北軍，命張浚練兵建康，進屯盱眙，命揚沂中領精兵以為後翼佐浚，命岳飛屯襄陽以圖中原。國威大震。諜報賊豫及其子姪猊麟挾虜來寇。九月壬寅，猊以衆數萬過定遠縣，欲會麟于合淝。甲辰，揚沂中至，為撻遏賊，縱大軍乘之，賊衆大敗，猊麟拔塞遁去。辛亥捷奏至，上盡張浚之功，賜詔襃獎，仍令浚具上都督府隨行官吏軍兵推賞。三十一年十月戊午，知樞密院事葉義問督視江淮軍馬，中書舍人兼直學士兼虞允文參謀軍事，樞密院撿詳諸房文字洪邁、祕書省校書郎馮方並參議軍事。己未，鑄樞密行府之印。義問言：「今來軍期之際，全籍逐路州縣竭力應辦，如內有避事不職及生事騷擾百姓，或老病怯懦不堪職任之人，欲許臣先次選官填替對移，其罪狀顯著者具奏取旨，重賜竄責施行。」從之。

紹興三十二年七月九日，詔參知政事汪澈湖北京西路督視軍馬。孝宗已即位未改元。十二日，參知政事汪澈言：「蒙恩差湖北京西路督視軍馬，先具條畫奏請。」並從之。一、乞以參知政事行府為名。一、合用印以「參知政事行府之印」八字為文，令所屬鑄

造，其行移並依三省體式。一、遇有軍期急切事務，難以申請待報，欲乞許臣隨宜措置，續具奏知。一、乞差屬官二員主管機宜文字，一員提舉一行事，一員提轄一行軍兵，二員一候到置司州軍，遇合行香日分，趁赴外沿路並免赴。一、今來出使，每遇所至州軍，具奏平安，候入湖北界三日次奏。一、立功將士合要空名告劄、宣帖等書填，欲乞依昨樞密行府例，將帶已造到一料隨行。一、逐路軍兵將官等，如緩急臨敵能用命，率先破敵，立功奇特之人，乞許臣於所降空名付身內斟量功力，一面書填訖，續具奏知。其有怠惰不職，或臨陣退縮，亦許臣量度隨宜施行，庶幾有以懲勸。一、應干軍期事務，全藉

監司州縣宜協力應辦，如有避事不職及貪汙苛擾之人，乞許臣量度事體輕重，劾或一面對移訖，續具情犯奏聞。其廉勤辦職之人，亦許臣保明取旨旌賞。除軍期外，其餘更有似此之人，亦乞依此施行。孝宗隆興元年正月庚子，張浚以樞密使都督江淮。二月二十九日，詔戶部郎官馮方充都督府參議官，從都督江淮軍馬張浚請也。四月二十二日，詔差江東漕臣句子忞兼都督府隨軍運副，從張浚請也。二十四日，張浚言乞支降一年歲幣應副使用。詔令左藏庫將見樁管歲幣銀二十五萬兩先次降付都督府，絹續次支降。五月二十七日，詔御前忠勇左右中軍並發赴都督府使喚，仍令節

到降五月二十七日詔御前忠勇左右中軍並發赴都督府使喚仍令節次起發六月五日詔參知政事督視湖北京西路軍馬汪澈已除資政殿學士提舉臨安府洞霄宮所有行府一行官吏等限五日結局十四日詔少傅樞密使都督江淮軍馬張浚特降授特進依前樞密使江淮東西路宣撫使七月四日詔江淮都督府官屬並改充江淮東西路宣撫使司八月八日詔可復都督江淮軍馬是日宰執進呈降授特進樞密使張浚先措置江淮軍馬理宜增重事權初浚以符離之役降特進上曰罷樞密使宰臣陳康伯奏曰如此却是罷政上曰可改都督府為宣撫使至是參贊官軍事陳俊卿奏

卷一萬九百八十

十四

降官示罰古法制亦其自請改都督府為宣撫使恐人情觀對號令不行上曰此未可也及殿中侍御史周操論官爵者人臣一己之私有罪隨即貶削乃分之宜若都督之名實國家用人之權柄豈卿亦行遞減上曰此論甚善可與復都督府康伯等奏已有指揮召浚之子栻候到日降指揮上曰善翌日又曰不必拭候來故有是詔九月一日江淮都督府奏契勘本府昨來初置淮江宣撫使司辟置官屬後來改為江淮都督府近又改為江淮宣撫使司近降指揮依舊江淮都督府雖建司開府前後名稱不同所有一行官屬只是就辟改差又就改差就改稱呼即非有更替承代之人欲從朝廷下吏

部將一行官屬自初及今應歷過月日並與通理為考任從之十月十六日又進呈都督府奏節制江淮軍馬其調發進退當從督府取旨施行日近主兵官及帥司監司郡守輒以軍期事務徑申朝廷已劄下遵依本府指揮如敢違戾當取旨重作施行仍取責當行入軍令狀上曰豈有不申朝廷之理可別降指揮行二十三日詔王時升權吏部侍郎王之望罷江淮都督府參贊軍事依舊權戶部侍郎二十四日宰執進呈江淮軍馬調發應援從都督府取旨施行其餘事務並令依舊申奏上曰如此甚善以前張浚嘗劄令王主兵官監司郡守不得以軍期事務申朝廷故也十一月十二日宰執進

卷一萬九百八十

十五

呈孫昭申到都督府降下文牓已於徐州淮陽軍兩界首俵散見差人過淮齎牓前去南青州等處宰臣陳康伯等奏恐是日前所遣令既通和合行禁止上曰不濟事徒壞生靈二年正月二十四日詔已降指揮令禮部給降度牒一萬道分下兩浙等路出賣充都督府會子本錢可先次給降三千道令都督府差官措置二月十三日詔朝請郎任盡言除直秘閣差充都督府參議官從張浚之請也三月三日張浚奏本府見措置兩淮修築城壁開掘壕塹禁壩櫃水打造舟車修治軍器督運錢糧教閱軍馬邊防之備正要官屬分委責辦昨申請許置准備差使三十員緣係使臣稟閱艱得人才今欲

於內分撥六員改充准備差遣許於見任寄居待闕京官選人內踏逐指差其請給等止依准備差使例支破有所今來應辦軍事乞不以有無拘礙踏逐指差不許辭避從之四月十四日詔淮上諸軍暫行休息已差錢端禮王之望宣諭淮東西路其江淮都督府可罷應干錢物令錢端禮王之望同淮東西總領所拘收具數聞奏應官屬使臣並罷有差遣人令歸元任九月二十一日特進尚書左僕射同中書門下平章事兼樞密使湯思退特授都督江淮東西建康鎮江府江陰軍江池州屯駐軍馬餘如故二十三日太傅寧遠軍節度使楊存中可除同都督江淮東西路建康鎮江府江陰軍江池州屯駐軍馬同日詔右通議大夫守尚書吏部侍郎充淮東宣諭使錢端禮除兵部尚書充江淮都督府參贊軍事二十五日湯思退言契勘昨來知樞密院事葉義問督視軍馬行府有空名官告見在三省樞密院激賞庫收欲乞降付臣將帶前去以備使用兼之有空名官告內即無遙郡橫行告命亦乞下所屬給降武功大夫帶遙郡刺史團練使防禦使告各一十道左右武拱衛親衛大夫告各一十道又言昨樞密知院行府支降金一萬兩銀二十萬兩計價錢約及一百萬貫都督府節次支降已多今來先乞支降五十萬貫乞支金二十兩銀一十萬兩餘數續具奏請及在外措置科撥所有金

卷一萬九百八十一

十六

帶金椀金盞乞依昨樞密行府數目支降詔令在藏南庫支降二十七日湯思退楊存中劄子言臣等蒙恩除都督已降指揮以江淮都督府為名臣等同議如同在置司去處只合用都督府印其奏狀榜示同行僉書或分在兩處亦合以江淮都督府為名合用印通行繫銜仍于階下聲說行在或出使庶得事權歸一從之二十八日湯思退楊存中劄子又奏臣等契勘昨孟庾韓世忠充宣撫使副日兩員共差置官屬三十員張浚獨員都督差過官屬二十二員使臣監當官在外今來臣等係兩員今參酌裁減差置下項參贊軍事元差一員係從官朝廷已行除授參謀官乞不差置今乞差參議官主管機宜文字主管書寫機宜文字各一員幹辦公事四員准備差使六員點檢主管書寫文字共差三十人分撥一半先次隨逐存中前去從之十月一日詔中書門下省檢正諸房文字兼權戶部侍郎王佐充都督府參謀官從湯思退之請也十日左朝請郎中書門下省檢正諸房文字兼權戶部侍郎充江淮都督府參謀官王佐狀奏聖旨差充都督府參謀官所有應干事件欲乞並依宣諭司參議官魏杞等昨來申請體例并前後已得指揮施行從之同日詔拱衛大夫知州防禦使主管台州崇道觀董庠充都督府一行事務從楊存中之請也二十三日湯思退言臣備位宰相被命督師惟歉人雖已議

卷一萬九百八十一

十七

和而奉使尚未過界屯邊之兵數十百萬當北霜寒不無暴露之歎臣欲擇日同屬官起發至淮上宣布德意撫勞師徒從之二十七日湯思退劄子奏臣契勘先請降到犒賞金銀五十萬貫已附楊存中先次將帶前去乞更支降五十萬貫乞於左藏南庫支降見樁羅本銀內支一十二萬兩并見在金內支三千兩從之十一月六日詔朕屈己遣使欲安軍民而虜情變詐遽爾稱兵所有魏杞等將帶礼物金銀疋帛可令都督府拘收及於左藏南庫支撥見錢三十萬貫令都督江淮軍馬湯湯思退將帶前去並充犒軍支用七日詔王之望可除同都督江淮軍馬湯思退依舊帶都督可只在朝差王

之望充督視限兩日起發既而王之望辭免從之是日參知政事兼權知樞密院事周葵奏臣竊見虜兵渡淮犯濠州及清河口皆是前月二十七八之間今已十日雖諸處未有緊急探報緣楊存中已將王琪全軍發往揚州令王之望除督視必已受命伏望聖慈速令往江上號召兩淮諸將併力捍禦此誠不可一日緩也臨陣易將古人所忌何況都督諸處軍馬而移易於陛辭之日臣竊憂之願陛下勿更疑慮推誠以待之望使之盡力庶幾不悞國事所有之望除督視與楊存中稱謂不同恐外望有所輕重欲令之望亦作同都督更在聖裁有旨周葵所奏甚當卿宜體國勿復多辭八日參知政

事王之望言蒙恩除臣同都督江淮軍馬臣待罪政府疆埸有警出董師徒職所當任陛下倚注之重權參將相所以用臣亦云至矣臣豈敢有辭但於今日事宜有所未允不得不為陛下言之朝廷於兩淮前以大將二人為招撫使後以從臣二人為宣諭使非不可以集事惟憂其緩急之際不相統攝故以宰相為都督則都督之置正欲事權之歸一也宰相未出之間又置同都督使先往視師猶有說也及宰相翌日朝辭忽改差臣為督視則於都督之外又添一司令以其稱謂不同改督視為同都督名雖同矣而於實無異且所以用宰相為都督者本欲事權歸一令不用宰相而分同都督為二

則與向宣諭何異哉湯思退開府兩月忽一旦改命則思退固自難處楊存中既已一面措置號令諸將調發軍馬而又添一同都督則存中又不敢專是臣之此行外則疑督師之心內則損宰相之體臣但見其害未見其利也存中官為三師臣備員二府而同為都督權勢既敵不能相統議論之際誰敢先發人之所見豈能一一皆同相異則或至紛爭相推則有失機會使諸將帥何所稟承甚非元初置都督之意也臣謂楊存中在殿巖三十年為兩朝宿將陛下擢於閑散使副宰相必有以處之都督置副固以備其長之空乏今長既不行而專任其副乃陛下之素畫何必別置一人以貳其任哉

臣之愚意為今日計就其所置而處之則莫若選材能侍從官二人為存中之佐則名體俱順權任歸一同異可否事無嫌疑庶幾協濟臣非為身謀辭難避事危所係不敢不盡其愚陛下必欲臣行臣敢不奉命而去但恐他日必悞陛下大事臣雖誅戮不足以謝天下然陛下亦豈得高枕而卧也臣之所陳不為無理惟陛下為宗社熟慮勿以人廢其言天下幸甚安貼黄稱臣前在建康府辭免除參知政事及赴行在恩命乞且以故官終了使事則臣今日之請非欲安坐朝廷以推避邊事詔其理甚長宜從所請同日湯思退言恭奉聖旨令臣依舊帶都督在朝竊緣臣備數宰相既預軍國之任令來不去淮上不應復領都督職事欲望聖慈特令解罷其一行官吏軍兵等日下放散各歸元來去處除臣即不曾支破券食供給及借請外其餘官吏軍兵緣起發日近並留借請乞下有司其未經請者並行住支已經請者依條二分回尅從之九日詔同都督江淮東西路軍馬楊存中可特授都督江淮東西路軍馬十四日詔昨湯思退請降到激賞金銀官告等並撥赴楊存中充激賞支用令樞密院差使臣二員管押前去十九日詔參知政事兼同知樞密院事王之望往江上勞師以之望奏臣伏覩皇帝陛下以大軍出戍兩淮暴露寒苦臨朝太息宵旰軫懷出內帑之儲蓄加激犒衆賞功之

典優合勳勞宜遣大臣宣布聖澤今楊存中已真拜都督專總兵權臣叨預政機將明是職若陛下不以為不肖乞差臣往江上勞師庶幾挾纊之恩足以振起士氣故有是命閏十一月一日詔李若川除刑部侍郎依舊兼都督府參贊軍事乾道元年二月六日都督江淮軍馬楊存中言邊境綏靖臣依奉聖旨赴闕奏事所有江淮都督府伏望特降睿旨立限結局應諸軍功賞疾速保明聞奏

元祐令中州從八品下州從九品乾道六年任大猷乞令司戶專主倉庫職制令糧料院無專監錄事司戶參軍同知仍分掌給納紹興中明司戶同書獄事慶元四年十一月十一日臣僚言和州見今所管下戶籍較之三十年前已不啻五倍之多自守倅而下除知錄司理各管獄事外祗有防禦判官一員凡直司簽廳公事與省司倉穀庫常平財穀盡責於判官一人之委是官闕事臣竊惟和之與楚事體一同今楚州已蒙朝廷興辟置司戶一員亦乞照楚州體例從朝廷添置司戶一員詔令本路諸司公共奏辟一次嘉泰元年八月二十三日廣東諸司言封州蕞爾山郡不若中州之壯縣紹興七年廢為德慶之屬邑紹興十年復置而為州方其復置之初郡縣之官才止十員自復置之後增益曹職丞簿兵官監當獄廟指使共增一十二員郡計不加於曩昔廩稍視昔而倍差乞以錄參兼司戶並司法從之四年二月二日詔無為軍置司戶一員兼司法以前知無為軍商飛卿奏本軍惟判官一員獄官二員乞增復司戶故有是詔

高宗建炎元年八月二十六日遂安軍承宣使充殿前都指揮使京城副留守郭仲荀言護衛隆祐太后前去江寧府節制一行軍馬及制置東南捉殺盜賊東南安撫使發運監司州軍等依舊例並聽制置司節制令合安撫兼經制使與置制司不相節制恐措置異同不惟州縣無所執守兼軍政不歸於一難以集事乞並聽本司節制從之十一月十六日御營使司都統制充招捉杭州盜賊制置使王淵言大軍日用錢糧草料及鄉道間探人激賞并隨軍火藥箭合用軍器等乞特降指揮施行詔令戶部支銀絹各一萬匹兩應副使用　建炎三年二月四日詔除呂頤浩資政殿大學士充江浙制置使兼知鎮江府劉光世殿前都指揮使檢校太保充行在五軍制置使鎮江府駐劄並專一控扼江口兩司軍馬並同節制仍命楊惟忠節制江東軍馬江寧府駐劄先是黃潛善欲除頤浩資政殿學士上以資政非前執政舊恩數止與從官等特除大學士　十日呂頤浩言今來既充江浙制置使專一控扼江口下自江陰軍口上自瓜洲石步宣化渡巡邏向上州軍應干渡口躬親往來點檢及措置防守難以兼知鎮江府自江陵府至池州乞委官總領防守江口及措置戰船詔頤浩往來經制陳彥文程千秋差充制置副使梁永祖知鎮江府

三月十二日詔御營平寇前將軍范瓊爲慶遠軍節
度使依前職充制湖北路制置使同日詔劉光世爲太
尉依前奉國軍節度使殿前都指揮使充淮南制置使
六月八日御營使司言防秋在近其沿江至海岸合
定地分令措置杭州平江府鎮江府常秀州常州東至
于瀆鎮四十里達大江江陰軍江路與通泰揚州對岸
係浙西路欲令浙西安撫使康允之帶本路制置使從
之　二十六日詔右司員外郎劉寧止除直龍圖閣同
提領水軍沿江制置副使　七月五日詔張自牧差兼
京東制置副使　八日詔權發遣廬州胡舜陟除徽猷
閣待制淮西制置使以舜陟上殿論事慷慨請兵禦寇
以徇國家之急故有是命　八月五日詔浙東西路帥
臣已帶安撫使都總管者並不帶制置使　閏八月一
日詔奉議郎徽猷閣待制淮南西路制置使胡舜陟除沿
江都制置使知建康府兼江南東路安撫使王義叔沿
江制置副使　二十三日臣僚言竊見自今諸州守臣
既帶安撫又兼制置及許便宜權之要重可擬朝廷伏
覩祖宗時所謂安撫者止管機密兵馬邊防等事財計
自有漕使轉輸安撫所不預知蓋有深意存焉今日知
州帶安撫者又兼制置及許便宜是持朝廷生殺之權
而行之於兵馬邊防之間即爲大利若便宜奪所隸州
軍財計爲害不細契勘南康軍隸屬江州安撫制置於

今年七月内訪聞前江州安撫張激差官行便宜公文
過詣本軍場務徼及井竈并上供錢盡搬載上般本軍
帑藏爲之一空方欲離岸間幸而張激被責不曾搬行
萬一席卷本軍既闕絶支費定生變亂伏望止許漕使
轉輸本路財用詔除用兵許依便宜指揮餘並禁止
十一月七日江南東路轉運司言近降指揮令江州建
康府守臣並帶制置使竊詳上件使名止謂制置軍事
不用常法緣斷軍兵將校罪名及抽取轄下州軍器甲
兵級令來江州制置司部盡用制置兩字行遣他州事
務如南康軍知軍韓登胄已係提刑司體量其江州制
置司又差官體量如南康軍財賦已係轉運司移用其
江州制置司又差官劉刷立要起錢一萬貫又令年秋
米擅勒南康軍起二萬石其韓登胄既被放罷本軍有
簽判李閻之合權其江州又差制置司幹辦官朱竑前
來權管軍事竊慮其他州郡於刑獄則無所適從於財
賦則泛科難給欲乞只許制置軍事其他刑獄財賦及
差官權州縣職事乞依舊只付提刑轉運司用舊條行
遣從之　四年四月二十八日詔御前右軍都統制張
俊充浙西江東路制置使帶領所部并陳思恭軍馬前
去撫定軍民招收盗賊除劉光世韓世忠人馬外其他
諸軍人馬並聽節制　五月二十七日詔諸路帥臣近
年並帶馬步軍都總管職任事權已自不輕所有制置

使祇是虛名兼朝廷因軍興時暫差充制置使之人名稱混雜無以區別其諸路帥臣見帶制置使並罷 十月十七日兩浙西路安撫大使劉光世言旦夕起發之任緣本路見有韓世忠張俊係兩浙西路制置使並聽節制竊緣本路兵火之後官私凋弊豈任三處節度呼索詔韓世忠張俊並依名赴行在自合罷制置使 紹興元年九月二十六日詔江東西湖南路上供錢粮久失措置夏秋二稅上戶拖欠不催下戶受弊逐路盜賊尚衆至今招捉未盡可差戶部尚書孟庾帶見任充江東西湖南路宣撫制置使其應干財賦拘催蠲放依條照赦施行務要寬恤民力其上供錢粮催促依限起發應賊盜當招收或掩擊者並委相度措置條具聞奏 二年七月二日福建兩浙淮東沿海制置使仇悆言已被旨制置使敍位依發運使例所有本司屬官亦乞依發運司屬官條例從之 二十六日呂頤浩言朝廷近置沿海制置使最為得策然虜舟從海道北來抛大洋至洋山二孤宜山岱山獵港岑江直至定海縣此海道一也係浙東路者自通泰州南沙北沙轉入東簽料角黃牛垛頭放洋至洋山沿海岸南來至青龍港又沿海岸轉排佃頭至金山入海鹽縣澉浦鎮黃湾頭直至臨安府江岸此海道二也係浙西路萬一有警沿海制置一司緩急必不能照應兩路事宜欲乞令仇悆掌管浙

西淮南路別差制置使一員管浙東福建路候防秋過日罷從之

宋會要

紹興三年四月二十日福建兩浙淮南東路沿海制置使仇悆言發運轉運使副提刑官遇天申聖節依上供格法各有合發進奉銀絹令來本司係新置所有天申節進奉銀絹即別無條格未審合與不合椿發詔不合椿發 六月十六日詔罷沿海制置使司見在定海縣船令明州守臣兼總領張公裕充同總領專在定海縣逐官並同簽書如守臣合請點檢聽暫將州事交與通判訖前去參謀參議官並罷屬官人吏等裁減數目令守臣同公裕減定申尚書省仍以總領海船所為名 九月十五日詔江南西路安撫大使趙鼎充江南西路安撫制置大使 十八日樞密院已降指揮除趙鼎江南西路安撫制置大使岳飛江南西路沿江制置使令措置事件一令岳飛於江州興國南康軍一帶駐軍其江西見管諸處軍馬雖隸使司如遇緩急許岳飛抽差使喚趙鼎發遣應副務要內外相應共濟國事一令來制置大使趙鼎係洪州置司若江上有軍期急速會議不及許岳飛一面隨宜措置施行乞報趙鼎照應一江北對岸係舒蘄兩州可令隸岳飛節制合用錢粮令趙鼎催督所屬監司州縣應辦如違按劾聞奏當議重寘典

憲詔並依仍劄都督府并淮南宣撫司照會　二十一日詔岳飛落沿江二字充江南西路制置使江州駐劄其沿江興國南康軍一帶江面仰多方措置隄備及本路州軍緩急賊馬侵犯去處亦仰分撥軍馬遮護無致踈虞餘依已降指揮　二十九日樞密院言沿海制置使郭仲荀乞辟差書寫機宜文字一員并參議幹辦準備差使人吏等詔置書寫機宜文字一員許差男及之外其餘屬官使臣令仲荀相度就用總領所見任人如内有不堪倚仗之人許具名申尚書省替換若非泛合差官幹事遇闕許本州或所部合差出官内差委　十月五日侍衛親軍步軍都指揮使武泰軍節度使知明州兼沿海制置使郭仲荀乞罷軍職事上曰此有故事兼亦有恩數不當如常制降詔不允令問樞密院吏莫有知者尋繹故實得舊例詔仲荀罷軍職加檢校少保　十九日詔吳玠已除利州路階成鳳州制置使訪聞昨來饒風嶺退師蓋緣宣撫處置使司所任官屬聽信不一今來王似等已委吳玠措置守備所有戰禦之策臨機制勝尤當委任務出長算以責成功仍在協和共濟國事捍賊保境無失機會可劄與王似盧法原吳玠各具知稟聞奏　四年三月二十六日詔關師古除熙河蘭廓路安撫制置使　四月十八日鎮南軍承宣使神武後軍統制充江南西路舒蘄州制置使岳飛言胡

公事

世將除知洪州兼江南西路安撫使兼制置使契勘自來行移係用狀申江南西路安撫制置大使司今來胡世將充本路安撫制置使未審依舊用申狀唯復用公牒詔行移文字許用公牒　二十七日江南西路安撫制置使胡世將言本路先係差除大使合置參謀參議「主管機宜書寫文字各一員幹辦文字三員準備將領差遣差使各五員遇有闕官去處並許奏辟差權詔幹辦公事準備差遣差使各減一員餘依趙鼎已得指揮　七月三日樞密院言席益已差知潭州兼湖南安撫使緣本路見今討捕楊么黄誠賊火王燮見充本路制置使詔席益特差充荆湖南路安撫制置大使兼知潭州　八月十六日詔新荆湖南路安撫制置大使益知潭州席益並依呂頤浩昨任江東安撫大使所得指揮施行　十八日知樞密院事趙鼎言臣今出使川陝荆襄其合行事件已得旨依呂頤浩張俊孟庾昨申請到江淮荆浙都督府并宣撫處置使司已得指揮契勘張俊下屬官張宗元馮康國並帶出郎官職事所有今來踏逐辟差到官屬内有見在行在職事人亦欲依例帶出見任職事從之　十九日江南西路舒蘄州兼荆南鄂岳黄復州漢陽軍德安府制置使岳飛奏劾統制官辛太不聽節制擅自將兵回歸本鎮詔辛太有誤軍期罪當誅戮特貸命除名勒停令本鎮自効是時岳飛奉

將佐王萬收復襄陽府又令萬同牛太等於清水河屯
駐掩殺偽齊賊馬而太不聽節制并荊南鎮撫使解潛
不即發遣及妄申收復襄陽爲岳飛所劾已責太訖就
令解潛分析因依奏聞故有是命　二十六日樞密院
言襄陽府隨郢唐鄧金均房州舊係京西南路信陽軍
舊係京西北路除金均房三州見差鎮撫使外欲將襄
陽府隨郢唐鄧州信陽軍六郡並作襄陽府路本府置
帥司緣收復之初事務不多未差監司止依口一降指
揮委制置使岳飛措置仍隸屬都督府從之　五年二
月十二日詔岳飛除荊湖南北襄陽府路制置使神武
後軍都統制前去荊湖南北路招捕盜賊其錢粮江西
委范振湖南委薛弼湖北委劉延年充隨軍轉運　十
一月十八日樞密院言席益除資政殿學士成都潼川
府夔州利州等路安撫制置大使兼知成都府除逐路
措置邊防調發軍馬隸宣撫司外其應干合行事件並
依江南等路安撫大使司已得指揮詔逐州兵馬自合
並隸安撫制置大使司如遇有邊防緊切大事即令宣
撫司措置　六年二月四日詔馬擴兼沿海制置副使
四月四日荊湖南路安撫制置大使兼知潭州呂頤浩
言乞置參謀參議主管機宜文字各一員幹辦公事五
員並從本司舉辟今乞辟左朝奉郎提舉洪州玉隆觀
傅崧卿充參謀官降授左朝請郎主管台州崇道觀王

次翁充參議官左朝奉大夫主管台州崇道觀范醇充
主管機宜文字右朝散郎主管台州崇道觀王洽左宣
教郎知嚴州壽昌縣臧梓武顯大夫閤門宣贊舍人王
繪並充幹辦公事從之　二十九日諸路軍事都督行
府言岳飛昨充荊湖南北襄陽府路兼蘄黃州制置使
今來已除湖北京西路宣撫副使其蘄黃州自合依舊
兼行節制從之　五月十一日中書門下省言四川監
司郡守玩襲積弊率多違戾已除席益四川安撫制置
大使應所部自合按劾外其監司未有約束詔四川監
司應有違戾並令席益按劾聞奏　七月六日成都潼
川府夔州利州等路安撫制置大使兼知成都府席益
言四川見禁公事未曾被受朝指揮許本司一面酌情
斷遣今據四路諸州歷奏及刑名疑慮等文案並申本
司比欲退下依條施行緣川屬去行在遥遠兼正值暑
月不可淹留待報除命官犯入已贓罪案令本州遵依
已得指揮斷遣外餘案臣已逐急遵依王似邵溥已得
指揮酌情斷下仍已各具奏聞臣契勘四川州軍所申
獄案不少係事干人命全藉通曉刑法官詳斷免有失
當昨得旨於宣撫司屬官內存留二員充屬官其所留
官與本司屬官即無曾任刑寺法官之人欲乞更許於
於宣撫司屬官內存留一員窠闕許於四川得替待闕
寄居官內選差一員充本司檢法官專一詳斷諸州所

申應奏獄案所貴遠民不致冤濫其陝西諸州去行闕愈遠所有應奏獄案亦合取自聖裁詔依其陝西諸州應奏案並依四川已得指揮施行　十月九日樞密院言已降指揮梁汝嘉除浙西沿海制置使其見領巡幸隨軍都轉運使職事自合依舊詔梁汝嘉兼淮東沿海制置使同日樞密院言已降指揮劉錡除浙西沿海制置副使所有通州管下料角最係賊船來路緊切控扼去處除已分撥人船委官措置提督外詔王彥除浙西兼淮東沿海制置副使　十一日浙西淮東沿海制置使梁汝嘉副使王彥言被旨汝嘉等蒙除前件使名其合行事務並依仇愈馬擴已得指揮一乞以浙西淮東路沿海制置使司為名使副各乞下所屬鑄造印記其行移文字入斥候并奉使等第並乞依都轉運司已得指揮施行一人吏且就差巡幸隨軍都轉運司都督府參議官所帶人吏兼充其請給等更不添支一合屬官乞先次差參議官二員今乞差左朝請郎新差通判建康府顧丙右通直郎新差知濠州蔡延世等充請給人從及來差員數乞候闕會到仇愈等已得指揮續行申乞一今來措置防托海道事務繁重合要使臣分頭使喚今乞差置準備差使聽候使喚各一十員並乞許於已來參部見任得替待闕大小使臣校副尉下班祗應內指差先次供職理為資任差訖具名申朝廷給降

付身一沿江海措置防托合要激賞錢物欲乞許依仇愈馬擴例從朝廷支降應副支用一契勘今來淮東浙西沿海把隘官兵及海船梓梢等日支米錢欲乞浙西委漕臣淮東委提點公事專一應副一仇愈馬擴前後申請畫降旨揮今乞並許使副通用詔第四項共差一十員專聽梁汝嘉使喚第五項令戶部共支銀二千兩絹一百匹錢二千貫餘並從之　七年九月二十九日詔右武大夫開州團練使劉錡特授依前官權發遣廬州軍州事兼主管淮南西路安撫司公事馬步軍都總管兼營田使兼淮西制置副使　八年正月二十一日詔胡世將除樞密直學士四川安撫制置使兼知成都府　五月十三日中書門下省言江西帥臣李光見帶安撫大使前來帥臣胡世將係安撫制置使詔李光令帶安撫制置大使　九年正月十三日新差知紹興府充兩浙東路安撫使周秘言已於入界日先次交割安撫都總管司職事昨來沿海制置使見行事務已蒙併歸浙東安撫司訖今來被受告命即無兼沿海制置使字緣本司見有職事祕除已遵依元降指揮一面兼領來審合與不合帶入階銜詔兼沿海制置使　十九年四月二日詔四川安撫制置使司置主管書寫機宜文字幹辦公事各一員准備差遣二員準備將一員使臣一十人其官屬人吏軍兵等請給令總領所支撥錢引

一萬道充歲計如軍中非泛激犒之類別具狀申取朝
廷旨揮弁本司舊有抵當熟藥醋庫每歲所收息錢依
舊充經撫蠻夷等支使仍令户部裁定　十二月二十
一日詔四川發來虜衛人已滿千人可行下制置司令
後每歲招填三百人赴闕虜衛不至闕人　二十
八年五月四日兵部侍郎湯允恭言制置使選任尤重
一司屬官賴以贊佐每制置使替移或赴召命一司之
事皆在僉廳官或係選人而州縣觀望亦多滅裂欲望
令後成都知府闕依條令監司兼權外緣都大茶馬在
成都府置司其制置闕則差都大茶馬又闕則差總領
兼權所有制置一司僚屬除書寫機宜外其餘朝廷選
差或制置奏辟皆用京朝官詔今後四川制置司闕就
令都大茶馬一面時暫兼權茶馬又闕即總領兼權餘
從之

宋會要

隆興元年七月一日新除兵部尚書虞允文言被旨改
差湖北京西路制置使所有差破官吏使臣軍兵人從
請給等並欲依近除逐路宣諭使申畫到前後指揮施
行乞以湖北京西路制置使司爲名下所屬鑄印緣起
發日逼乞且就用近闕借到奉使印沿路行使候給降
到新印日繳納其行移除朝廷其申外所部總領監司
諸軍并州縣乞依例用劄子内外官司並行關牒從之

同日新除敷文閣直學士趙子瀟言被旨差知明州
兼沿海制置使照得前制置使仇悆郭仲荀所差官屬
員多虚費廩禄今乞裁減許於見任得替待闕文武臣
内踏逐諳練海道利害之人先次權攝如委可倚仗申
朝廷給付身參議官一員乞從朝廷選差外書寫機宜
文字一員乞依仇悆例辟差親屬幹辦公事一員準備
差遣一員於京官選人内辟差幹當使臣四員於大小
使臣内通差已上官屬依安撫司屬官例破請給從之
八日虞允文奏乞錢糧當撥内藏庫金銀應副九月
二十三日户部狀準都省批下虞允文言被旨荊襄措
置軍馬兩路見屯官兵數多逐時激犒諸軍發遣間探
等支用不一今欲依江淮宣撫司例於鄂州襄陽府各
置激賞酒庫一所措置收息補助支遣本部今勘當欲
依所乞下虞允文一面措置施行從之　二年七月二
日詔户部尚書韓仲通除荊襄制置使　三日詔荊襄
制置使虞允文已名赴行在參議官品權可陞參謀官
令權主管司事　同日韓仲通言被旨差充湖北京西
路制置使乞依虞允文差置官屬使臣人數并鞍馬等
前後已得指揮施行其應合差人吏軍兵人從等及請
給應干合行事特乞並依兩淮宣諭使體例差破其虞
允文已名赴行在欲下禮部權借第一等奉使印記一
面沿路行使候交割制置使印即使交繳納從之　七

日韓仲通言被旨差往荊襄宣布德意撫問將士乞下學士院給降宣其鎬設乞依兩淮宣諭司例支給從之　同日又言淮東西宣諭司准備支用錢物承指揮於都督府所管錢內各行取撥十萬貫臣將來到司有合支用錢物乞下湖北總領所於椿管錢內支破從之

十一月二十六日詔沈介特起復元官除顯謨閣直學士知鄂州兼鄂岳江黃州漢陽軍沿江制置使不許辭免候指揮到限三日起發　乾道元年三月二十日中書門下省勘會韓仲通昨充湖北京西路制置使除本身驛券外每月別支給錢一百貫令來沈介亦合一體施行從之　六月二十七日中書門下省奏沈介言解職終喪詔限十日結局官吏軍兵並發歸元來去處見在錢物等令湖廣總領所拘收　三年八月二十三日上宣諭宰執曰史正志條具舟師利害其間亦有可行者魏杞奏曰見史正志之論甚有理上曰欲早行措置蔣芾奏曰陛下將來要差大臣出使不若先遣史正志他時可為參贊上曰便差知建康仍兼沿江制置使自建康至鄂渚舟師並令總之　二十九日新除集英殿修撰知建康府兼沿江水軍制置使史正志言契勘今沿江制置使除專一措置水軍海船要為久遠利便之計所有合用印記今乞於禮部關借奉使印前去專充制置司使用所有物差發廳一司官吏窃慮耗費財用

今只就用安撫司發廳官吏兼制置司職事却乞復置省罷闕請給依安撫司屬官吏屬官所帶衘位稱江東安撫司沿江水軍制置司所有庫務更不別置凡有修造船隻教閱支費就用安撫司錢物並從之　四年三月十四日史正志言乞將到任後節省到錢內支撥見錢十萬貫收係制置司水軍亦歷於出產木植州軍收買板木就建康自置船場增造一車十二槳四百料戰船相兼使用從之　六年正月十二日詔已降金字牌二面付四川宣撫使王炎附發邊防文字其四川安撫制置使司見存留金字牌二面令宣司繳納宣司奏檢准紹興十八年九月二十一日四川安撫制置使李璆申奏契勘宣撫司昨奏請到指揮許權留御前發來金字牌二面附發合奏邊防機速文字奏今來制置司亦乞依上件事施行從之　三月十四日中書門下省言勘會四川已有宣撫司係執政官出使詔四川安撫制置司并屬官並罷併歸四川宣撫司公使等及見管錢物委宣撫司拘收具數申尚書省其餘應干事務照應昨胡世將除宣撫併罷制置司已行事理施行　淳熙元年六月十四日皇子判明州兼沿海制置使魏王愷言沿海制置司幹辦公事一員乞許本司依舊辟差準備差遣一員乞復還本司以元置海道幹當使臣稟闕充辟準備差使一員乞令依舊從之既而四年四月又

言近幹指揮省罷諸處準備差遣差使其應屯駐所在
許從主帥依舊辟差本司係屯駐水軍去處已將已差
文臣準備差使改充準備差遣依舊例令入簽廳所有
武臣準備差使窠闕却乞減罷從之　四年三月二十
五日四川制置使胡元質乞添本司參議官一員仍舊
務從之　八年閏三月七日新赴忠州蔡興國言四川
沿邊城寨官舊係逐路帥司辟差今皆專委制置司奏
辟從辟之人州郡不敢誰何廢職曠官往往而有乞令
制置司依吏部格法差注或從四路轉運司出闕案同
在部曾歷沿邊親民未滿六十人擬授詔除堂除一闕
吏部三闕依舊外四川制置司辟差闕內留二十闕令
本司辟差其餘窠闕并潼川府等路安撫司利州路轉
運司窠闕并令逐路轉運司依見行條格指揮差注
六月十四日詔吏部權將四川諸司屬官窠闕官下制
置司照應資格銓量人材具名奏差如係見闕依條先
次就權仍許用三年以下闕即不得將不應資格人以
奏差爲名一面權攝如或違戾依淳熙三年四月八日
權攝指揮將請過鈔計贓其所差不當官司及被差人
並一等科罪　慶元二年十一月十二日中書舍人兼
侍講吳宗旦言竊見臣僚劄子乞罷帥司內機宜事得
旨依欲望聖慈將已辟差在任之人日下住罷過俸給
且與免追如此法令公行無所避就回邪知畏自絕僥

倖所有録黄臣未敢書行詔從之其四川制置司機宜
一闕仍舊存留　三年四月九日詔沿海制置使司添
差參議官更不作闕差人從守臣林大中之請也開禧
二年七月九日詔寶謨閣待制知建康府葉適兼沿江
制置使　三年正月二十七日知建康府兼沿江制置
使葉適奏沿江制置使與沿海制置使事體一同所有
合舉官沿海制置司遞年所發関陞改官陞陟任使員
數係隆興元年知明州兼沿海制置使郭仲荀仇悆呂
源申請依兩浙轉運使例每歲減半舉官并乞將本司
官屬許本路監司互舉奉旨依安撫使薦舉今欲照沿
海制置司已得指揮依安撫使薦舉庶幾有以激厲從
之　六月五日知建康府兼江淮制置使葉適言昨被
旨兼沿江制置使已蒙朝廷照沿海制置使司例薦舉
官屬續被旨改兼江淮制置使專一措置屯田所有薦
舉係通行四路竊照兩淮經虜騎蹂踐之後州縣焚毀
鄉落蕭條目今經理若非有以激賞無以使之樂於向
前乞於四川制置司體例內權放行一半或三分之一
令本司薦舉至結局日止仍將昨來沿江制置司已舉
過員數併行通理從之　七月十七日詔集英殿修撰
知江州徐誼除寶謨閣待制知建康府兼江淮制置使
嘉定元年七月十八日詔觀文殿學士赴建康府何
澹兼江淮制置大使　二年二月五日詔江淮制置大

使司京湖制置司歲舉改官並依四川制置司體例理
為職司　八月四日詔資政殿學士赴沔州兼四川宣
撫副使安丙除資政殿大學士知興元府四川制置大
使　三年三月九日詔四川制置大使依四川安撫司
例歲舉改官一十一員從事郎六員（從安丙之請也）九
月二日詔四川制置大使歲舉改官一十五員從事郎
九員以安丙奏紹興七年席益除四川制置大使專降
旨揮歲舉改官二十員丙先任宣撫副使日得旨歲舉
改官一十員而制置司舊例歲舉九員當來並置即係
共舉改官二十員而四蜀尚有遺材之嘆今宣司已結
局制司事務得旨並歸大使司視前時責任愈重事務
既殷於前而薦員不加於舊恐無以作其趨事赴功之
心故有是詔　嘉定五年三月二十四日詔湖北京西
制置司照湖北京西宣撫司兩路每歲薦舉員數減半
既而湖北京西宣撫司每歲舉改官六員從事郎三員
分上下半年舉改官三員從事郎二員下半年舉改官
三員從事郎一員　七月十一日詔兵部尚書楊輔除
龍圖閣學士知建康府兼江淮制置使　八月三十日
知建康府兼江淮制置使楊輔奏江淮州郡并兩淮江
上諸軍並隸本司節制所有應干事件辟置官屬乞並
照江淮制置大使司體例施行從之　十月三日詔寶
謨閣待制知福州黃度除龍圖閣待制知建康府兼江

職官四〇之一八

淮制置使　十二年六月二十日詔中奉大夫寶文閣
待制兼知建康府江東安撫使行宮留守司公事李大
東充沿江制置使建康府置司朝奉大夫右文殿修撰
賈涉充淮東制置副使楚州置司朝請郎直龍圖閣趙
善湘充淮西制置副使廬州置司以臣僚言國家設制
置使蓋以朝廷去淮差遠軍政難以遥度機有可乘間
不容髮豈可無兼以康此臣恭覩高宗皇帝朝沿江及東
西兩淮各有制置使官卑則命以副使典故具存乞仰
體高宗成憲分差沿江及東西兩淮制置使其有官序
尚卑資望尤淺則亦命以副使俾之各居屬部是非委
得以親見利害不惑於傳聞變生於頃刻則隨變而輒
應戰勝而捷來則覈實而即奏上下相孚而不忤部內
親覩而無間若然則何事不集而何功不成矣故有是
詔　十四年七月十六日沿江制置副使兼知鄂州李
稟奏沿江制置副使一司係朝廷特行剏立並無官屬
可以協濟今欲舉辟幾員伏乞朝廷參酌速賜指揮詔
沿江制置副使司差幹辦公事一員於京官選人通差
準備差遣一員專差選人並以經任有舉主無過犯人
準備差遣二員通差大小使臣令本司從公選辟不許
差子弟并親知以充員數

職官四〇之一九

徽宗宣和七年十二月二十二日，詔宇文虛中除保和殿大學士，充河北河東路宣諭使，其請給人從依見任執政例施行，不得辭避。欽宗靖康元年二月十七日，詔种師道爲河北宣諭使。 高宗紹興元年十二月六日，詔秘書少監傅崧卿權吏部侍郎，充淮南東路真陽楚泗承通泰州漣水軍宣諭使，仍賜逐州軍守臣銀合茶藥。

卷一萬三千三百十二

紹興二年十月十七日，左司員外郎曾統言：差權監察御史兩浙西路宣諭檢承臺劄，不得出謁，契勘本路見有使相及前執政官、知、判州府，合與不合出謁？詔合出謁，餘路宣諭依此。十一月二十二日，詔宣諭官朱異改差浙東福建路，胡蒙改差浙西路，劉大中改差江南東西路，薛徽言改差湖南路，明橐依舊廣南東西路。二十三日，監察御史明橐言：臣等宣諭二廣，應臣章奏比作機速文字投進，應有不依體式及小節未圓之類，乞免退下，或得旨允從，亦乞嚴責程限，如是則遠方事理畢徹聖聰，陛下德音速被遐土。詔依，其諸路宣諭官投進

卷一萬三千三百十二

章奏文字並依此施行。 紹興三年五月二十五日，詔今後宣諭官不得一面擅行取撥支使諸官司錢物，如有合支用錢物，並仰申取朝廷指揮，如違重寘典憲，以知郴州趙不羣稱郴道州桂陽監緣去歲亢旱，民大缺食，其奏未蒙回降，於是判湖南路宣諭薛徽言即權就借諸司見管錢并全永州經制司封樁錢銀應副收糴衡永全州米數賑糶，實事勢急切，難以待報，不合擅行支移，得旨放罪，故有是詔。 九月，江南東西路宣諭劉大中言：今已宣諭了畢，有元給降到親劄、御寶曆，緣江南東西兩路州縣事務繁多，曆紙難以盡載全文，已具節目書曆外，今將薦舉元奏全文繕寫成一冊，發削官

吏一冊申明本路利害二冊檢察平反改正施行事件
二冊科錢粮二冊共八冊欲乞先詣通進冊投進仍乞
擇日上殿從之　十四日劉大中又言宣諭回程了畢
有合結局事件一准學士院給降到宣示逐路官吏等
詔書一道并可漏子全乞申納尚書省一准樞密院給
降到拾收賊盜金字牌黄旗牓五副乞申納樞密院一
本司應干行遣公案簿書等乞送臨安府收管架閣一
乞限五日結局並從之　四年二月二十七日監察御
史廣南西路宣諭明橐言二廣郡縣最多封疆亦闊加
之水土惡弱又瓊州昌化等軍係過海南自行朝往返
萬里橐將帶一行官吏奉行使指不憚寒暑委有艱勤

卷一萬三千三百十二

恭覩元降手詔及畫一內雖有推恩指揮緣一行官吏
事繁簡難易不同若一例陳乞則簡易者遂至僥冒煩
難者無以甄別矣今來除橐乞不推恩外所有一行官
吏乞分升降作等第推恩庶得事理平允從之　三月
七日劉大中改除祕書少監上謂朱勝非曰大中比宣
諭江西頗多興獄今猶未已若令為諫官恐郡縣觀望
朕於用刑欽恤明察常懼有司行法意外今遷大中為
少監蓋朕之深慮也　四月十二日詔祕書少監劉大
中昨往江南東西路宣諭回程結局了當官吏與作三
等推恩施行第一等與減二年磨勘第二等減一年磨
勘第三等減半年磨勘選人比類施行內年限不同仍

依四年法比折白身人候有名目日收使　六年十二
月九日三省言紹興二年遣使分詣諸道布宣德意當
時川陝諸郡不曾遣官前去詔差右司員外郎范直方
宣諭川陝諸郡及撫問吳玠一行將士并給賜御劄曆
子令採訪逐路見任官廉污能否書上曆子薦削以聞
紹興七年二月九日詔范直方今往川陝宣諭并撫
問吳玠一行將士其四川監司帥臣吳玠軍前並令學
士院降詔其逐路州軍仰宣諭司謄寫行下內席益吳
玠仍別降口宣詔曰敕成都府潼州府夔州利州路帥
臣監司等朕惟戎兵國之大事而民邦本也二者皆吾
所重乃軍興十有三載轉餉所資萬民若甚朕既不敏

卷一萬三千三百十二

不能亟定海內與之休息中夜以興念有以紓吾民者
而吏或不能體朕之意一切掊取莫肯加恤或斂不以
時或責非所有或多為之數以資吏姦或虐取其羸以
濟他用甚者因以自私靡所不至而吾民病矣前遣使
者分察諸道以懲以革惟是隴蜀巴漢去朝廷數千里
方宿重兵以臨關輔慮有苛擾如前之為惕然于懷曷
敢忘遠夫帥鎮吾所以屬兵民監司吾所以寄耳目當
宣化率下督姦惠民使州縣之吏知賦斂之不得已念
斯民之無堪愛惜其民取無名之事而已今遣使者宣朕
之意鎮撫諭告省問風俗平反獄訟察官吏之善否給
以親劄御寶曆使明著其狀朕將躬覽而加黜陟焉咨

滿有位惟兵是撫惟民是恤惟廉平是修惟公正是務
毋或不虔罷于邪憲故茲詔諭想宜知悉　十二日范
直方言昨諸路宣諭申請恐沿路或有潰兵邀阻給降
到金字牌旗牓二副準備緩急措置招收詔金字牌旗
牓令樞密院依數降給　十八日范直方又言臣誤蒙
異恩濫將使指未知稱塞曉夕寅懼竊以當家艱難之
時川陝凋弊之後兵屯益廣用度日滋揣本窮源動有
牽制陛下雖有惻怛愛民之心恐未悉下究微臣雖有
精忠體國之意亦無由自陳所可自竭者仰體陛下所
以遣使之意要當正身公心以示遠人激濁揚清以勵
多士凡人情之好惡風俗之美惡民力之耗斁獄訟之

卷一萬三千三百十二

冤抑皆得以上聞然道理阻遠郵傳往復動經歲月深
恐不能久待伏望指揮儻事有實利於民利害廹切間
不容髮者許臣同逐路帥臣監司公共相度事之緩急
窮究利害委不可待報即先次施行訖續具奏聞庶幾
遠方疲瘵之民速被聖澤而牛馬萬里之行亦不為徒
勞矣詔事干粮運令與帥臣監司同共相度關申安撫
制置大使司施行所有違戾詔條事件依所奏先次改
正外民間論訴冤枉體究有實即送所屬根治餘並申
尚書省　紹興八年十一月八日監察御史江西路宣
諭李寀言欲乞同昨監察御史胡世將奉使福建路督
討范汝為例依本路提點刑獄官一歲所舉官吏條格

員數許依五路宣諭官已得指揮　紹興九年二月九
日監察御史三京淮北宣諭方庭實言被旨前去三京
淮北宣諭令措置事件一臣到東京日先詣景靈宮到
西京日先朝謁陵寢相視合修葺去處逐一開奏庶幾
上慰祖宗神明之靈下副士民觀瞻之意一人主之所
以鼓動四方者莫先乎號令故奉天之詔山東雖悍卒
武夫亦皆感激流涕臣所齎詔書并口宣願陛下法禹
湯之罪己哀痛自責庶可以感動人心一河南州郡久
隔王化務先勸誘臣所至乞令延禮耆舊訪問疾苦戒
諭官吏推行赦書內寬恤事件如戶口虛實官吏能否
之類密具聞奏一遺逸山林有清節高名之士或有文

卷一萬三千三百十二

武才能可備國家之用者許臣徧行採訪具名聞奏一
河南州郡文武官及土豪等昨緣劉豫叛逆自結山寨
不忘國恩之人赦書內已令所在保明以聞官員量行
擢用土豪優與推恩欲乞給降敦武至保義郎空名官
告各一道承節承信郎進武進義校尉下班祗應進義
副尉守闕進義副尉進勇副尉守闕進勇副尉空名補
帖綾紙官告各二道令所屬日下出給許臣書填作備
補官資逐旋保奏候得旨換給正補付身一歸附之初
人情未定恐有盜賊嘯聚乞令臣就便招安乞給降金
字牌黃牓等前去其合措置事宜不可候報者許權行
措置一赦內一項應見任文武官各安職守並不易置

令奉命宣諭之初當使遠人知朝廷大信雖有官吏不可倚仗之人未可便行易置或在任官吏見被民間論訴候回日具奏一所至河南州郡宣布德意欲乞許臣節次具因依牒報陜西五路宣諭周聿照會并乞令周聿所施行事宜亦具因依牒報臣庶使號令風傳遠近響應一河南州郡隔絶朝廷已久其利害事宜不可遥度乞候到逐處州郡逐一具奏詔第十項令學士院修撰第六項令樞密院給降十副餘並從之　紹興九年

御史方庭實宣諭三京淮北皆使者職也九年復陜西四月詔簽樞樓炤往永興宣諭秘少鄭剛中為參謀予衛卒千人因制置移屯等事宣諭之權自此重矣　二十

卷一萬三千三百十二

二日詔李寀罷宣諭差充廣西提刑其江西盜賊專委張守措置招捕以中書門下省言李寀昨差充宣諭江西本令宣導德意乃專意督戰措置乖方致陷失巡尉不一又於元奏畫一之外欲移易別路及行在官吏及乞依提刑司奏舉改官等並是招權妄作故有是命

四月二日詔差簽書樞密院事樓炤前去宣諭陜西諸路新復境土所有隨行合用軍馬令殿前司差官兵一千人將官二員内馬軍一百人其經過州縣處有嘯聚盜賊令樞密院給降招撫金字牌旗榜一十副并令學士院降詔付陜西逐路州軍帥守施行　十五日詔已差簽書樞密院事樓炤往陜西諸路宣諭德意合措置

事非一可令就便詢究不拘三省樞密院事並逐一措置聞奏　五月一日諫議大夫曾統言臣聞古者國無九年之蓄曰不足無六年之蓄曰急藏於民猶藏於國也今縣官所入僅足更歲方之於古可謂急矣而有司既無養財之術且不知節以制度豈不殆哉竊見近年困於養兵所以致用者蓋亦多端矣然未見所謂足國裕民之策使公私饒益無不足之憂者蓋不知節以制度故也臣不敢毛舉細故但以去冬及春以来遣使之費言之初命韓肖胄報聘金國又命王倫交割地界以至遣方庭實宣諭三京河南等處郭仲荀留守東京遣周聿就同郭浩宣諭陜西諸路遣士褭張燾恭謁陵寢

卷一萬三千三百十二

又命樓炤至永興等路布宣朝廷德意凡此七使所攜官吏軍兵其數甚多起發借請之類不知其數竊聞熙寧初命宰臣韓絳宣諭陜西纔費十八萬緡時論沸騰以為大咎今一使之費固已數倍於昔合而計之不知其幾何凡此數事雖有出於不得已者然其攙引體例恣非舊比故所費尤廣蓋自崇寧以来權臣用事務為華侈以悦人情其所施行前無所稽後無可繼綱紀版蕩法度廢弛其弊至於今未革也加以兵火圖籍焚毀無可考按盡出一時指揮將来克復境土兩宫南還前命大臣迎奉其費不少謂宜選擇忠實通練之臣檢照三省諸房及尚書六部應於國朝舊制凡使命下官吏

軍兵人數及支費則例逐一裁定要使前有所稽後為
可總庶無妄費可以行遠不勝幸甚從之　六月二十
四日宗正少卿三京淮北宣諭方庭實言臣聞真宗皇
帝自景德講好之後邊境寧靜耕桑蔽野戴白之民不
識兵革此天地好生之大德帝王長久之基業也茲者
大金割還河南舊地以通和好兩國生靈遂獲休息陛
下惇守信義堅如金石臣不復有言竊恐沿邊州縣未
能上體德意或招納叛亡或渡河侵擾初緣細故寖搖
大事伏望明詔官吏兵民各守疆封務相輯睦行灌瓜
之恩絕爭桑之怨安土樂業免於流移戰鬭之苦如景
德時事則甚盛之舉也從之　二十七日殿中侍御史

卷一萬三千三百十二

周葵言竊聞中原遺民初覩朝廷所遣宣諭之臣歡呼
感泣有復見漢官威儀之嘆此皆祖宗恩澤固結之久
陛下德意感動之深人心所歸大意可見今中原百姓
苦僞齊苛暴莫不歸心本朝實陛下恢復之基也然而
凋瘵之餘易以騷動今自宣諭以後所遣留守監司及
其他使命已至數人各有添破官屬人從於新復州縣
少有須索則民將不勝其應非所以慰安之臣願自今
非有急切事宜不須更遣使命留守監司有見闕人處
特行選差外其餘且令因任所有應緣迎奉梓宮及兩
宮官吏並候朝廷見得入界有期方令起發已起發者
令於鎮江等處聽候指揮庶幾河南州縣不致煩擾詔

休內已起發官不得於沿路及新復州軍騷擾　十月
十二日簽書樞密院事樓炤言往陝西宣諭今已回行
在所訖所有行府職事合行結罷詔限五日結罷　紹
興十一年十月三日川陝宣諭使鄭剛中言被旨所過
州縣許按察官吏除治行顯著罪犯明白之人合行聞
奏外欲乞許令薦舉改官親民任使七員堪充從事郎
縣令任使十員庶幾有以獎進人材從之　紹興三十
一年六月八日詔御史中丞汪澈充湖北京西宣諭使
仍節制兩路軍馬先是澈以得旨疾速前去撫勞將士
體訪事宜候事定日赴行在澈乞以湖北京西宣諭使
司為名於鄂州置司就用御史中丞印記行使故有是

卷一萬三千三百十二

命　十九日詔汪澈將來起發除給券外每月別給錢
一百貫　紹興三十二年二月一日詔左朝請郎試中
書舍人兼權直學士院兼侍講虞允文試兵部尚書充
川陝宣諭使允文言被旨差充川陝宣諭使乞依汪澈
宣諭已得指揮施行令具畫一內不同事件一令乞以
川陝宣諭使司為名其兵部尚書印記見在行宮本部
令關借奉使印一面行使一令來一行官屬人吏軍兵
等合給券曆等緣戶部糧料院左藏庫已樁船起發欲
乞下建康府分差行在糧料院出給券曆於總領所支
請施行一置司去處欲乞且就興州踏逐空閑去處以
備一行官屬等安泊如有往來措置事件即起發前去

續具奏知一差破人數内御史臺贊引知班二人令改作引接名目請給等依元降指揮一所有一行官屬等差破到當直兵士沿路若有逃亡即乞於諸州踏逐差填並從之　紹興三十二年孝宗即位未改元九月十八日詔王之望爲權戶部侍郎川陝宣諭使十二月二十九日詔虞允文起發赴行在　孝宗隆興元年四月十五日詔王之望除集英殿修撰提舉江州太平興國宮其川陝宣諭司限五日結局王之望言吳璘已回興州措置把截宣諭一司別無職事兼以衰病乞宮觀故有是命　六月二十五日詔虞允文除兵部尚書兼湖北京西路宣諭　隆興二年四月三日詔尚書戶部侍郎

卷一萬三千三百十二

錢端禮吏部侍郎兼權直學士院王之望兼充兩淮宣諭使宣布德意撫諭軍民應官吏自帥守以下有才能者許令舉薦貪殘不法疲懦不職奏劾罷易見令弃利擾民事件一面禁戢先是上宣諭輔臣曰王師屯駐淮上暴露日久朕念兩路之民困於饋餉修築之役未能安業故有是命　八月詔左朝奉大夫江東運副薛良朋充淮西宣諭使司參議官先差度支員外郎韓元吉得旨令回行在供職至是宣諭使王之望言良朋職司漕計諳曉轉輸乞爲參佐之任故有是命　六月七日尚書戶部侍郎淮東宣諭使錢端禮言被旨差充宣諭淮東今來使事已畢欲乞限五日結局詔候過防秋取

旨未可結局　九月十九日詔權尚書刑部侍郎吳芾爲給事中兼淮西宣諭使　十一月五日臣僚言伏覩指揮淮西宣諭司結局其官吏軍兵並依汪澈例等第推賞伏見汪澈督師襄漢之時疆對敵壘嘗交鋒刃一行官吏以次行賞第一等轉兩官第二等轉一官減二年磨勘第三等轉一官今歲淮西外無邊境如一府官吏先受恩賞竊慮屯戍之人無不怨望不若寢之於未然從之　開禧二年正月二十三日詔吏部侍郎薛叔似差充湖北京西路宣諭使合行事件疾速條具申三省樞密院限十日起發既而叔似畫一申請一合差官屬令比擬權刑部侍郎周聿昨充宣諭使例更加裁減止

卷一萬三千三百十二

乞差主管機宜文字一員幹辦官二員準備差遣五員並許於内外見任得替待闕寄居文武并選人内不以有無拘礙踏逐指差不許辭避仍申朝廷給降付身差劄並與理爲資任及在任月日許帶行見任或前任或新任請給仍支給本身驛劵一道每月支破贍家錢内主管機宜文字四十貫幹辦官三十貫準備差遣二十五貫並日給食錢内主管機宜文字一貫幹辦官八百文準備差遣七百文各自供職日起支發遣日住支已上無舊請或不願舊請更各每月支別給錢内主管機宜文字三十貫幹辦官二十五貫準備差遣二十貫所有人從主管機宜文字乞差當直兵士一十二人幹辦

官各十人準備差遣各八人其差人并當直兵士許於三衙內依數差撥如願帶見破人者聽不得過合破之數當直人除見請外並依一行兵士例添破餘未其所差屬官下共差破手分一名貼司一名許於內外官司公吏內踏逐指差不得辭避其所差人除舊請外合破進義副尉劵一道日支食錢三百文無舊請人支別給錢八貫自被差日起支發遣日住支如分遣屬官前去辦事許於所在州縣官司指差守分一名同所委屬官前去請給亦乞依此支破如礙名色次數並許依令來則例支給一令來所差屬官乞依例與免謝辭事畢日依舊發遣歸元來去處如辟差不盡乞於前路不以見

卷一萬三千三百十二

任寄居待闕文武并選人踏逐申辟朝廷給降付身所辟官候公文到日仰所在州軍限日下先次發遣前來赴司供職不許辭避其差辟并支破請給並依前項事理施行內合破兵士鞍馬於所在州軍差撥及口食錢米等亦乞依例施行其屬官下手分貼司亦各乞差兵士一名差破請給依一行軍兵例施行一行遣文字乞依周聿例差點檢文字一名主管文字四人贊引知班二人書寫文字五人書表司通引官各二人許不拘常制指差不得辭避並理為資任及通理在任月日如有前後特旨不許發遣並特依令來指揮候事畢歸元來去處依舊祗應如有見兼差遣回日亦令依舊內點檢

文字贊引知班止於本臺人吏內差撥外其餘許於本臺及六曹寺監內外官司人吏內踏逐指差帶行舊請其差出名闕止許時暫差人權替候回日依舊所有被差人吏內點檢文字主管文字各日支食錢七百文每月各支贍家錢十一貫贊引知班書寫文字通引官書表司各日支食錢五百文每月各支贍家錢七貫有名目人各破本等劵一道無名目人點檢文字主管文字各支破進武副尉劵贊引知班書寫文字書表司通引官支破進義副尉劵若有拘礙名色次數並乞特依令來則例支破無舊請人每月支別給錢內點檢主管文字二十貫書寫文字通引官書表司各一十五貫其差

卷一萬三千三百十二

人自被差日起支發遣日住支其一行公吏並行重祿兼令來係兩路宣諭及撫勞將士體訪事宜并諸雜使喚不可闕人今乞依周聿例差準備差使準備使喚各五人於見任寄居待闕已未到部大小使臣校副尉內不以有無拘礙踏逐指差不許辭避其請給等並依主管文字例一等支破一除見破親隨廳子親事官承送人等隨行外今乞依奉使條格更差親隨三人并差當直兵士五十人乞下殿前馬步司差撥隨逐前去內點檢文字主管文字準備差使使喚各差槍擎兵士三人贊引知班書寫文字書表司通引官各二人親隨廳子各一人並乞下三衙差撥其所差兵士親事官承送廳

子除舊請外内親事官承送每日各支別給錢四百文米二升當直白直軍兵並每日添破食錢三百文米二升半𪆳子日支食錢五百文内親隨請給等依書寫文字例支破除𪆳子親事官承送自被差日起支發遣日住支外其餘一行當直兵士並自出門日起支入門日住支并乞下臨安府差破茶酒司厨子各二人其請給依兵士例支破一沿路合要乘騎鞍馬令乞下殿前司差撥堪好乘騎馬二疋控馬兵士四人所有一行官屬人吏等合用鞍馬并控馬兵士亦具數下殿前司差撥堪披帶馬控馬兵士各二人並限日下差撥前來應副仍乞下所屬並出給控馬人口券并分擘草料小曆前

路批勘所有控馬兵士添破日支錢米依一行兵士體例支破尚慮道路險遠所差馬羸弱病患不堪乘騎許所至州軍時暫權差人馬或和顧人轎遞州交替其所差撥馬兵士候到置司處權留乘騎候回日發遣元來去處一所有將帶一行官屬使臣人吏兵士等並依周聿例各借請兩月候回日通舊欠作五釐回尅所有一行人願分擘請受於行在或所在任家州軍勘給者聽更合取自朝廷指揮詔差幹辦官一員準備差遣差使使喚各兩員主管文字書寫文字各二員内費引知班改差引接二名當直兵士差三十人餘並依　三月十五日詔湖北京西州縣饑民闕食流爲盜賊已差薛叔

似充宣諭使前去賑䘏近邊報兩淮沿邊亦有賊徒嘯聚竊慮亦係饑民理宜一體差官撫諭差給事中鄧友龍充兩淮宣諭使既而友龍依周聿等例畫一條具悉如薛叔似所請詔準備差遣差使喚各差兩員主管文字書寫文字各二名當直兵士差三十人餘並依　十七日詔鄧友龍除給券錢外每月支別給錢一百貫文　開禧三年三月二十五日詔逆曦就戮合行撫諭四川軍民令許奕前去撫諭仍一就唱犒興州興元府金州諸軍各錢引一十道令安丙於見管錢内取撥已而許奕辭行四月三日詔刑部侍郎湖北京西宣撫使吳獵充四川宣諭使日下前去撫諭已降指揮唱犒許

奕宣諭指揮更不施行湖廣總領項安世時暫兼京西宣撫司職事候吳獵回日依舊　是月十七日御批付吳獵比以逆曦負國付卿西討賴宗社之靈賊不旋踵已誅然遠方亂定之初猶軫憂顧必得信實之臣單車所至佈宣德意惟卿素知體國既輟以行其遂疾驅為朕訪求民瘼鎮安羣情如武興一軍兵數偏重今欲分半屯於益昌別命一帥統之可與宣司商略條具來上諸有經畫併悉以聞　三十日詔書敕四川官吏軍民僧道耆壽等朕緬懷四蜀遐處一隅山川粹靈自昔人材之盛祖宗涵養于今德澤之深亦既有年相安無事豈期世將輒負國恩竊邑叛君甘委身於黠虜干名

犯分敢妄意於異圖事實駭聞理宜亟討尚慮列城之驚擾須頒密旨以翦除方將命崇文以安驅固已平子璋於即日獲匪其醜旋嘉折首之來誅止其魁靡待斧吭之徒費不煩於遺鏃安再底於覆盂皆爾軍民協于官吏篤尊君親上之義堅砥節首公之誠力抗兇頑罔從污染究觀事變足見人情爰特遣於侍臣俾具宣於溫詔併優賚予以勞師屯一視而同仁庶益孚於朕意四方以無侮諒遠震於戎心各寧厥居永臻于治故茲撫諭想宜知悉春暄汝等各比好否遣書指不多及

大典卷一萬三千三百十二

全唐文

宋會要 宣撫使

真宗咸平三年六月詔曰兵威未戢邊候多虞王師効攻守之勞邑民苦饋餉之役每念及此予懷惻然臨遣大臣特加軫問宜令參知政事向敏中充河北河東沿邊宣撫大使樞密直學士馮拯陳堯叟充副大使按巡郡國存問官吏將校僧道耆老百姓等式宣寬大之恩副茲惻怛之意真宗御長春殿置宴以遣之仁宗慶曆二年三月十六日命樞密副使杜衍翰林學士丁度充河東路宣撫使副仍許屯兵多處賜御筵犒設及權於見任官內暫選差指使事訖還本任地遠處給遞馬驛券　三年七月十九日命樞密副使任中師為河東宣撫使參知政事范仲淹為陝西宣撫使仲淹乞更選近臣一員同往每事議而後行庶無差失詔以知制誥田況為副使續以樞密副使韓琦代仲淹

大典卷一萬三千三百十四

宋會要 宣撫使

慶曆四年六月以參知政事范仲淹為陝西河東兩路宣撫使仍許於有軍馬州軍賜御筵合行事件便宜處置八月六日命樞密副使富弼充河北宣撫使會盜起保州令弼經制其事　八年正月命參知政事文彥博為河北宣撫使本路體量安撫使明鎬副之以討貝州軍賊

宋會要 宣撫使

皇祐四年九月以樞密副使狄青授宣徽南院使荆北
路宣撫使都大提舉廣南東西路經制賊盗事 英宗
治平三年十月六日以同僉書樞密院事郭逵為陝西
四路沿邊宣撫使兼權判渭州仍給宣撫使牌印

宋會要 宣撫使

熙寧三年九月八日命吏部侍郎恭知政事韓絳充陝
西路宣撫使以直舍人院呂大防為宣撫判官館閣校
勘李清臣掌機宜文字續命絳兼河東路詔絳不親到
河東止行移文字與合相照應官司其不係招撫部族
開拓疆土勾押兵馬取索錢糧事件更不管勾不令本

卷一萬三千三百十四　二

路申報各得自便絳就拜相充淮南發運使薛向為副
使上以宰相充使則大防為知制誥向為待制可充判
官遂並命為判官 八年十二月二十四日命知延州
天章閣待制吏部員外郎趙卨為安南道行營馬步軍
都總管經略招討使兼廣南西路安撫使昭宣使嘉州
防禦使入内押班李憲副之龍神衛四廂都指揮使忠
州刺史燕達為副都總管光祿寺丞温杲管勾機宜文
字 徽宗政和六年正月五日詔太尉武寧軍節度使中
太一宮使童貫差直宣和殿陝西河東路宣撫使七年
五月二十二日陝西河東河北路宣撫使童貫言今具
合用屬官六員内文臣二員充宣撫判官文武臣二員

職官四一之一九

充參議官文武臣二員充勾當公事從之 宣和四年四
月八日詔太師劍南東川節度使陝西河東河北路宣
撫使楚國公童貫為河北河東宣撫使少保鎮海軍節
度使開府儀同三司上清寶籙宮使直保和殿蔡攸副
之 五年正月七日制以大中大夫尚書左丞王安中
為慶遠軍節度使河北河東燕山府路宣撫使知燕山
府 七月八日詔起復武信軍節度使譚稹為檢校少保
河北河東燕山府路宣撫使 六年八月十一日詔武
信軍節度使譚稹罷河北河東燕山府路宣撫使提舉
西京嵩山崇福宮童貫落致仕領樞密院事陝西河北
河東燕山府路宣撫使初譚稹之代貫也以常勝軍驕

卷一萬三千三百十四　三

請河東別創一軍分其權招雲朔之人以五萬為率屯
河東州縣號義勝軍以李嗣本耿守忠為師撫其軍甚
厚衣廪皆倍他軍常勝軍聞之潛投河東者接踵郭藥
師張令徽訴于朝詔常勝軍毋得至闕南藥師等猶懼
其亡皆再涅其面常勝軍並怨而金人絕無交割山後
州縣之意以稹措置乖方故貶之而復用貫

宋會要 宣撫使

欽宗靖康元年四月十八日檢校少師鎮洮軍節度河
北宣諭使种師道除太尉依前鎮洮軍節度使充河北
河東宣撫使六月三日以知樞密院事李綱為河北河
東宣撫使先是制置副使种師中援太原失利朝廷欲

職官四一之二〇

再遣兵門下侍郎耿南仲言方今欲援太原非綱不可宜以為宣撫使上召綱諭以欲遣意綱自陳書生不知兵今使為大師恐不勝任且誤國事於是臺諫交章言綱儒者不知軍將兵必敗綱忠鯁異衆為大臣所陷寢不報乃受命六月資政殿學士劉韐為河北河東路宣撫副使

宋會要 宣撫使

四年二月二十三日德音昨差張浚為川陝京西湖北路宣撫處置使見在秦州置司所有川陝等路去行在地里迂遠民間疾苦無由得知或負冤抑無緣申訴仰宣撫處置司詢訪疾苦以聞　六月七日詔宣撫使張

浚下一行官吏並各轉一官資內有無資可轉人比折支賜白身人願補名目或願換支賜或願候有名目收使並聽以自行在至闕陝萬里欲旌其勞故也　九月十一日三省言昨降指揮宣撫處置使司許便宜行事係為宣撫處置使有合措置事件方許從便宜一面施行訪聞本司差委官屬幹辦事務如李允文傅雱之屬所至專輒行事皆稱係依本司所得便宜指揮州縣莫敢違戾其宣撫使司所差官如有合行從權措置事務自合申稟本司聽候指揮若許將本司所得便宜指揮自己一面施行則凡係本司差委官吏盡得便宜行事顯見侵紊詔令後除宣撫處置使依已降指揮許便宜

行事外其差委官屬並不許輒用便宜指揮如違重寘典憲　同日三省言宣撫處置使司去歲出師以京西盜賊充斥及荆湖南北分治兵器揀選將士遂許逐路並聽節制今來本司見於秦州駐劄相去逐路大段遥遠緩急機會報應阻隔難以責令奉承兼京西湖北已係分鎮去處即與舊來事體不同詔陝西四川並依舊聽宣撫處置使司節制京西湖北依分鎮畫一指揮其荆湖南路聽宣撫使司節制指揮更不施行

宋會要 宣撫使

十月十五日兩浙西路安撫大使淮南路宣撫使劉光世條具事件一合使印記乞以淮南東路宣撫使為文

一所管淮南真揚通泰承楚州漣水軍等處累經金賊殘破兼接山東正係邊面州軍合要軍馬控扼光世近將祝友等諸頭項軍馬分撥於逐州駐劄及申朝廷差統制官兼充知州訖所有本州通判已下曹職監當官並管下縣鎮等多是闕官欲乞令逐處所差知州各於本軍所管文武官內選差有心力可以倚仗之人填闕一次候將來事有倫緒日乞從朝廷差注一所管淮南州軍並係殘破去處見屯泊軍馬不少乞量行支降錢糧濟接應副免致闕誤一自來宣撫司並差置官屬今既令就差安撫大使司屬官兼行管幹自合從宜省簡緣所管地分比之淮南路邊面廣闊事務繁夥欲乞量

添主管機宜文字并幹辦公事共三四員通行管幹所
有人吏亦乞差置五七人專一施行文字乞於所轄州
縣路逐抽差其每月請受並乞比安撫司見行條例一
全來所管江北淮南州軍北接山東不在遣官過江幹
事及間探事宜即與江池州宣撫使所管淮南州軍事
體不同乞差置准備將領准備差遣差使使喚使臣等
仍依兩浙西路安撫大使司已指揮路逐辟差一淮南
州軍昨緣金賊侵犯土豪聚集巡社欲乞今後土豪所
集民兵巡社令所管州軍各籍定人數無事之時放令
着業耕種如遇警急即旋行拘集從之　同日宣撫使
朱勝非言自來安撫司都總管司各置人吏及公使激

賞錢物緣總管司文移不多不曾專差人吏并激賞公
使亦不曾别破錢物並係安撫司兼令來宣撫司行移
别路文字合别置司屬除公使激賞外乞量差人吏三
五人主行一司文字所有抽差召募及請受並比安撫
司見行條令候將來事務稍多合行添置人吏續具奏
請一除屬官外有統制統領將官准備將領准備差遣
差使使喚等並乞依江西路安撫司已得指揮施行其
人數隨事多寡量行差置詔許差書吏二名貼書一名
餘依　十一月五日詔參知政事孟庾除福建江西湖
南北路宣撫使太尉武成感德軍節度使韓世忠除宣
撫副使應官吏軍兵一切事務共爲一司不得輒分彼

此差撥姚端於所管人内揀選京東河北軍共五百人
統領前去使喚　十一月福建江西荆湖南北路宣撫
使司言大軍今已進發由台温州先往福建討蕩賊寇
次赴餘路所有大軍合用錢糧草料理合預行樁辦欲
不以有無拘礙並許取撥所至並鄰路州縣係省不係
省及係封樁不係封樁工供等應管錢物應副庶可預
行樁辦臨期免致闕誤從之　同日詔宣撫使孟庾係
見任執政所行文字即與朝廷一同其立功將佐等合
行推恩之人令孟庾先次考實出給劄子說具功狀奏
知仍要左右司郎官據宣撫司出到劄子圖作一項繳申
朝廷換給告敕宣劄施行

紹興二年二月四日樞密院言淮南東路盜賊屏除民
漸歸業理合勸率耕桑經理一路詔差劉光世將帶所
部鋭兵一萬人往揚州置宣撫司修舉職事時復到鎮
江府點檢人馬訖却回揚州　三月七日詔吏部尚書
淮西招撫使李光充端明殿學士江南東路安撫大使
馬步軍都總管兼知建康府兼充壽春府滁濠和廬州
無爲軍宣撫使　閏四月十七日詔寶文閣學士通議
大夫程唐差充宣撫處置使司參議官專以措置財用
從宣撫使張俊請也　五月十六日荆湖廣南路宣撫
使兼知潭州充湖南路安撫使李綱言竊見祖宗以來

所置使名莫重於宣撫多以見任執政官充使近如樞密院張浚宣撫陝西四川參知政事孟庾宣撫福建江西荆湖南北路皆見任執政令又除臣宣撫荆湖事體實有相妨借使諸處盜賊一司欲令招納一司欲令討捕不知何所適從諸州錢糧一司欲令支用一司欲令椿留不知如何遵稟以至節制諸將辟差官吏行移措置皆有妨礙欲望詳酌事宜先後將本司職事明降處分使有遵守又契勘所領荆湖宣撫職事與福建江西荆湖宣撫使司軍馬事體一同所用錢糧理合通融應副不分彼此今來福建江西荆湖宣撫使副一行軍馬先到江西并荆湖路分所有逐路州縣錢米並係先次剗刷拘收若不通融應副竊恐闕絶誤事詔令孟庾韓世忠候撫定荆湖南北盜賊班師日量度合用數外盡數留與李綱支用　同日李綱又言被旨應干合行事件並依呂頤浩昨任江東安撫大使日所得畫一指揮施行除恭依外有逐路財賦乞許臣取撥所置州縣係省不係省及係封樁不係封樁并上供等錢物應副支用仍乞依安撫大使司例錢四十萬貫米二十萬碩充一歲之用從之　同日李綱又言乞本司行移除福建江西荆湖宣撫使司及諸路安撫大使用關牒外本路帥臣監司州縣並用劄子從官以上劄送餘並劄付從之　十八日李綱又言荆湖之地綿亘數千里號為上

流如鼎澧岳鄂州連荆南一帶皆當屯宿重兵倚為形勢近所乞不滿萬人若到本路兼得岳飛吳全韓京吳錫等兵方僅及二萬之數分屯沿江要害去處深慮不足乞候到本路相度形勢圖上方略別行申請樞密院勘會除岳飛合係平賊了日赴行在外其餘軍馬依已降指揮平賊了日盡數交割與李綱使喚　七月十六日江南東路安撫大使兼知建康府充壽春府滁濠廬和州無為軍宣撫使李光言合辟參議官二員已辟宗穎外更乞差在中大夫盛旦從之　九月二十三日臣僚言祖宗以來遣宣撫使事畢結局今諸路例帶宣撫使名位混淆兼非舊制文移交互州縣難於應報詔諸路帥臣帶宣撫者並罷內淮東路依舊隸屬浙西帥司淮西并德安府等處依舊隸江東西帥司廣東西湖北路各隸本路帥司　二十四日詔太尉武成感德軍節度使韓世忠充江南東西路宣撫使　二十九日詔顯謨閣直學士左通奉大夫利州路經略安撫使馬步軍都總管兼知興元軍府王似特授依前官充端明殿學士川陝等路宣撫處置副使　十二月十八日詔知夔州盧法原除龍圖閣學士差充川陝宣撫處置副使與王似同共治事紹興三年二月五日宣撫處置使張浚言諸路經略安撫發運監司屬官依條許逐司官互相薦舉所有本司隨軍轉運使副下屬官內係選人員闕

在法合用舉主陞改緣未有許監司等薦舉指揮欲依
發運司屬官體例施行從之　三月二十六日知樞密
院事宣撫處置使張浚言逐路監司知通等所有闕官
去處選差奏聞先令赴任管幹職事竊慮奏狀未達闕
到行差官前來緣道路遥遠多是所替人已年滿遇期
再差官到任亦已多日若便令交割不唯有礙見任人
資考兼恐所差人各懷不測替罷不肯究心職事今欲
將朝廷差到官如踰期者別與本等合入差遣所貴各
不相妨從之　二十七日詔太尉武成感德軍節度使
神武左軍都統制充江南東西路宣撫使韓世忠可特
授開府儀同三司充淮南東西路宣撫使泗州置司

卷一萬三千三百十四　十

四月八日詔慶遠軍承宣使神武前軍統制王𤫊特除
捧日天武四廂都指揮使充淮南東西路宣撫使司都
統制以樞密院勘會宣撫司見闕都統制官故有是命
十一日詔越州鈐轄劉綱聽韓世忠使喚綱元係泗
州招信縣人熟知地利從宣撫使司所請也　六月十
九日知樞密院事宣撫處置使張浚言被旨王似除端
明殿學士川陝等路宣撫處置副使其知成都府令張
浚具名奏差臣今欲乞改差端明殿學士左正奉大夫
宣撫處置使司參議張深充成都府路兵馬鈐轄兼本
路安撫使兼知成都軍府事望給降告命從之　九月
一日吏部言若宰執見帶領三省樞密院職事任宣撫

使副行移文字合劄下本部本部行移即具申本司如
不領三省樞密院事并從官任宣撫使副行移文字合
申本部本部行移即用公牒詔依吏部供到狀內事理
施行餘部准此先是張浚以知樞密院出爲宣撫處置
使續以王似盧法原爲宣撫處置副使止係侍從官吏
部申明故有是命　十月五日端明殿學士左通奉大
夫川陝等路宣撫處置副使王似等言乞照用紹興二
年九月四日赦應川陝官員陳乞覃恩磨勘奏薦封贈
循資致仕遺表或去失付身批書等干照文字命官移
放敘復緣道路遥遠仰經所在州軍保明申宣撫處置
使司驗實依便宜指揮一面施行數內奏差監司守倅

卷一萬三千三百十四　十一

將佐等并官員新舊法宮祠及陳乞守本官致仕捧表
陣亡歿於王事恩澤川陝定差辟官年勞酬賞之類係
宣撫處置使張浚已得旨便宜黜陟施行竊恐道路遥
遠經隔歲月人心疑惑臣遵依指揮並出給照劄許其
衝改行請受遂旋類聚奏聞乞朝廷給降付身告勑契
文臣陳乞舊法宮祠并流寓文武官陳乞破格新法宮
祠見遵依已降指揮所有武官陳乞舊法宮祠差遣別
無指揮遵執乞下有司須降見行條法付本司遵執施
行若武臣陳乞如曾任知州軍并路分都監以上委有
戰功勞績之人欲乞許行蓋注並從之

紹興四年三月一日，知樞密院事張浚言：被旨召還樞庭，依已降指揮將帶軍馬前赴行在。今來道路遼遠，一行起發事務并將來合奏陳宣撫司文字不少，臣已量度差帶官屬分頭管幹，欲乞候到行在依例推恩，仍特與內外陞等差遣一次。從之。　二十四日，武成感德軍節度使、開府儀同三司、充鎮江建康府淮南東路宣撫使韓世忠言：昨來申所屬官乞依舊例，與參謀官係與轉運使副敘官，參議官與知州軍朝請大夫已上敘官，機宜幹辦公事並依發運司主管文字敘官，准備差遣與簽判敘官。今准朝旨，宣撫司參謀、參議官與提舉茶鹽官敘官，機宜幹辦與通判敘官，竊慮屬官敘位不應

卷一萬三千三百十四　十二

降等。兼紹興令發運司主管文字、幹辦公事在所部通判之上，今來宣撫使司機宜幹辦公事却與通判敘官，顯見宣撫使在發運使之下。詔參謀官係知州資序人與提刑敘官，參議官係知州資序人與轉運判官敘官，機宜幹辦公事並依發運司主管文字敘官。　二十六日，詔王似除資正殿學士、川陝宣撫使，盧法原除端明殿學士、川陝宣撫副使，並在司治事；吳玠除川陝宣撫副使，免僉書本司公事，專以指置沿邊諸處戰守事宜。

四月一日，詔曰：宣撫使司并川陝官吏軍民等，朕念處疆陲，覽觀形勢，秦蜀壤地，實據要衝。自時多虞，則有戎事，憫然西顧，曾靡遑寧。昨者特遣樞臣張浚往宣恩

威，任國憂寄，蓋五年于彼，朕有聞焉。肆頒召命，俾還行闕，而師言未已，臺諫交章，考其出使失職之事，在於常刑，當從遠竄。朕念所用吳玠等能禦大敵，累立戰功，許國一心，可膺委任，固是貸浚，止從薄責，庶使玠等知朕厚於勸功而略於記罪之意，感恍奮勵，益建良圖。應累年以來川陝諸路，其實有勳勞而未遂於賞，濫被刑罰而莫當其罪，才能偏廢而不用，謀猷見仰而不伸，廣興橫斂而至於無涯，煩擾斯民而使之失業，故令所頒之澤不盡推行，朝廷所差之官不獲赴上，凡害民咈衆之事違吾德意者，仰宣撫司講求咨訪，疾速措置，以稱朕惻怛軫憂之誠，庶迪惠和，丕臻嘉靖。播告有衆，咸使聞

卷一萬三千三百十四　十三

知。　五月八日，川陝等路宣撫處置副使王似等言：本司相度，今後川陝帥臣、監司闕官或去替不遠，欲乞從本司選擇可倚仗之人，一面擬差主管職事，具名奏乞詳酌給降付身。其州縣官若候不堪倚仗方行對移，即軍事緩急已致闕誤，欲乞將轉運司舊來擬注知、通窠闕并諸州僉判及知縣，亦乞權許本司選官奏差，乞給降付身，庶幾緩急之際得人倚辦。詔帥臣、監司如差待闕替人窠闕，令宣撫使司並約程前期每一闕具奏三兩名聽旨除授，其非次見闕不可待報，許從本司擬差施行。　六月一日，武成感德軍節度使、開府儀同三司、鎮江建康府淮南東路宣撫使韓世忠言：乞依昨任江

南東西路宣撫使日已得畫一指揮行移除安撫大使
外並用劄子從之　十七日左諫議大夫唐煇言自來
內外官司移文或用符牒各有定式唯三省樞密院用
劄子佗官司不敢用蓋以尊朝廷也軍興以來領宣撫
使皆見在二府故用劄子向因主兵官輒援此例臣僚
以為言乞講求事實立為永法已得旨統兵官行移文
字輒用劄子者徒二年今來韓世忠如不係見帶三省
樞密院職事不合用劄子即乞指揮改正施行從之
七月三十日詔鎮江建康府淮南東路宣撫使司行移
本路帥司用公牒所部縣並用劄子　八月三日詔趙
鼎除知樞密院事川陝宣撫處置使　十月七日川陝

卷一萬三千三百卌

十四

等路宣撫處置使司言定國軍承宣使權秦鳳路馬步
軍副都總管權知秦州兼節制階文州統制軍馬吳璘
明州觀察使環慶路馬步軍副都總管兼知慶陽軍府
事楊政前後統制軍馬累立奇功近金賊總領大兵欲
取川蜀直犯仙人關殺金平其吳璘改差充熙河蘭廓
路經畧安撫使兼馬步軍都總管兼知熙州軍州事統
制關外軍馬依前節制階文州楊政改差充環慶路經畧安撫使兼馬步軍都總管兼知慶陽軍府事同統制沿川節制成
鳳興州先次出給照劄去訖伏乞給降付身下本司給
付從之　十一月二十日江南東路淮南路宣撫使司
言本司官屬內幹辦公事三員準備將領五員準備差
遣準備差使各五員緣今來事宜之際軍事繁冗全要

官屬辟集即今見有官屬數少委是幹當不前乞依韓
世忠軍例添差逐色官屬庶幾易為集事從之紹興五
年正月十八日詔武成感德軍節度使開府儀同三司
充鎮江建康府淮南東路宣撫使韓世忠除少保依前
武成感德軍節度使充淮南東路宣撫使鎮江府置司
二十八日詔淮西路宣撫使劉光世於宣州太平州
選擇穩便去處屯泊人馬　閏二月八日詔今後省陳
換給宣撫處置使司付身人並先召保驗實保明與換
給付身　三月六日三省言劉光世韓世忠見充淮南
西路宣撫使緣逐軍兵馬見在鎮江府太平州屯駐詔
劉光世兼太平州宣撫使韓世忠兼鎮江府宣撫使

卷一萬五千三百卌

十五

九日詔邵溥兼權川陝宣撫使應軍期錢糧等事與吳
玠通行主管候正官到日罷　十三日定江昭慶軍節
度使開府儀同三司江南東路宣撫使張浚言本司參
議官左中奉大夫直秘閣[illegible]愿見係添差通判嚴州欲
望特賜改差平江府添差通判候交割了日乞令帶行
見任依舊權本司參議官將來事平日罷本司職事前
去供職從之紹興六年正月十三日詔吳玠依舊充川
陝宣撫使並依江東淮南宣撫司體例專切訓練軍馬
計備器中邊防事務其綿州一司可減罷所管軍馬聽
吳玠分撥使喚應千錢物令趙開拘收充應副宣撫司
錢糧使用仍限半月結局　六月二十六日臣僚論張

淺軍中書寫機宜文字張體純自出身至改官皆不中格法畏避討論遂隸名軍中請罷黜上曰當如所請豈有不容於朝廷之人而可為大將幕屬耶　十二月十四日諸路軍事都督行府言朝廷今欲恢復中原所賴者正在諸大帥幕府猶要得人自兵興以來士大夫一入軍中便竊議而鄙咲之指為濁流皆緣朝廷未加審擇一聽其辟差故所用之人或坐罪廢或報私恩或因應副或出干求貪利冒官略無去就之節有更十年而不退者如朝廷稍擇賢才以重其選乞應軍中屬官許本司奏辟或朝廷差除遇人依舊三年外餘並以二年為任如願留再任者聽本司申取朝廷指揮　十六

（慈以二年成資替罷立為永格詔應宣撫司屬官）

卷二萬三千三百十四

宋會要　宣撫使

紹興七年二月二十六日三省言岳飛任檢校少保武勝定國軍節度使除充湖北京西路宣撫副使兼營田使今來以降制除太尉依前武勝定國軍節度使理合增重使名詔岳飛充湖北京西宣撫使兼營田大使　九年正月五日赦應兩淮荊襄川陝新舊宣撫使及三衙管軍並特取旨優異推賞統兵及將佐委逐軍開具等第推恩　十八日詔保平靜難軍節度使開府儀同三司川陝宣撫使兼營田大使吳玠除四川宣撫使兼營田大使同日詔和衆輔國功臣少師護國鎮安保靜軍節度使充萬壽觀使劉光世除陝西路宣撫使兼營

田大使　同日三省言已降指揮吳玠為四川宣撫使詔舊守陝西地分階成等州依舊聽吳玠節制　四月二日四川宣撫副使兼營田大使吳玠言本司昨充川陝宣撫司日有本軍合用激犒等錢尋中書到指揮下四川都轉運司每歲應副錢一百八十萬貫近蒙朝廷將本司改為四川宣撫司依已得指揮各守疆界即今別無招納及差撥官兵乞將上件錢數自紹興九年分減半支撥從之仍降詔獎諭　九月六日詔胡世將除寶文閣學士川陝宣撫副使　十年七月十二日詔太尉保成軍節度使充殿前副都指揮使公事楊沂中除主管殿前都指揮使公事淮北宣撫副使　十九日太　十七

卷一萬三千三百十四

尉保成軍節度使充主管殿前都指揮使公事楊沂中言被旨除淮北宣撫副使近由請到指揮以淮北宣撫副使司為名凡行移文字未審合與不合與宣撫判官劉錡同共繫銜詔令同繫銜紹興十一年四月二十七日詔韓世忠張俊岳飛已除樞使副其舊領宣撫等司令罷遇出師臨時取旨逐司見今所管統制統領官將副已下並改充御前統制統領官將副等隸樞密院仍各帶御前字入銜及令有司鑄印逐一給付且令依舊駐劄將來調發取旨施行仍令逐司統制官等各以職次高下輪替入見及委賞功司將來了功賞疾速取旨推恩　同日少師鎮洮崇信奉寧軍節度使充淮南西

路宣撫使兼河南北諸路招討使兼營田大使濟國公
張浚言近蒙除受樞密使所有宣撫司未曾回報朝廷
并省部都司文字并日前未了宿毫功賞及淮西諸處
功賞等乞立限結局仍許臣繫舊階申發詔依限半月
結局　二十八日詔韓世忠張浚岳飛宣撫官屬並優
與陞等差遣

宋會要　宣撫使

紹興十八年五月二十七日詔四川宣撫司并屬官並
罷之以上中興會要紹興三十二年七月八日孝宗已
即位未改元張浚除少傅依前觀文殿大學士充江淮
東西路宣撫使建康府置司進封魏國公　十八　十月二十
卷一萬三千三百十四
九日江淮東西路宣撫使司言本司屬官欲依四川宣
撫司主管機宜文字與監司幹辦公事與知州序官從
之

宋會要　宣撫使

孝宗隆興元年四月二十二日張浚言昨承指揮江淮
宣撫司結局所有應辦借置舟船津發錢糧修蓋營寨
置辦軍須得力官吏得旨許臣保明量與推恩今作優
平兩等與減三年及二年磨勘詔江南東路轉運副使
向子忞特復直秘閣淮南路轉運判官鍾世明特除直
徽猷閣淮南西路提點刑獄公事莫濛江南東路轉運
判官陳良弼尚書戶部郎中總領淮東軍馬錢糧洪适

尚書戶部郎中總領湖廣江西京西財賦湖北京西軍
馬錢糧王珏各特轉一官內礙止法人依條出給減年
公據　六月十三日四川宣撫司言得旨差參議軍事
一員其敘位請給人從等並依江淮宣撫使司參議軍
事已得指揮施行本司舊又有主管及書寫機宜文字
幹辦公事准備差遣等係一司官屬亦乞許依江淮宣
撫使司已得指揮詔從之　十四日詔張浚特降授特
進依前樞密使江淮東西路宣撫使節制建康鎮江府
江陰軍江池州屯駐軍馬試尚書禮部侍郎陳俊卿降
授左朝散大夫充敷文閣待制參贊軍事唐文若降授
左承議郎尚書戶部員外郎馮方降授左承事郎直秘
十九
卷一萬三千三百十四
閣查籥差充江淮宣撫使司參議官　七月四日詔江淮
都督府官屬並改充江淮東西路宣撫使司　七日詔
昨都督府進討特許便宜行事今都督府已罷應宣撫
司軍事並合聞奏取旨其前降便宜指揮更不施行
十二月二十八日張浚言昨承恩降節制兩淮後來改
除宣撫都督江淮軍馬二年防秋偶免曠闕除臣與近
上官屬自不當陳乞所有臣隨行官吏軍兵并應辦軍
前費有勞効之人欲望從臣保明比附前後宣撫司督
視府等處月日體例特賜推恩施行從之乾道元年五
月二十九日詔新安郡王吳璘已降指揮除四川宣撫
使所有合差置官屬人吏等依胡世將鄭剛中體例施

行宣撫司人吏舊以六十六人為額，緣今別無調發，可裁減一半。詔從之。　三年六月十二日，詔虞允文可除資政殿大學士、四川宣撫使。績有旨出撫西蜀，雖已除職，未足增重閫寄，可依舊知樞密院事、四川宣撫使。同日，左中大夫虞允文言：「臣蒙恩除資政殿大學士、四川宣撫使，所有本司合行事件，乞依鄭剛中前後已得指揮施行。令來臣合差辟官屬、使臣、人吏、軍兵等，乞就行在先次量行差帶前去，其起發請給等止乞依臣昨往川陝宣諭日已得指揮施行。」從之。　十四日，虞允文言：「契勘鄭剛中任四川宣撫日，有相承到舊管降賜激賞兩庫所管錢物數百萬貫，用支諸軍激犒及逐時入

卷一萬三千五百六十　千

教拍試支賞之類，後來併發制置司支撥二十萬貫外，其餘盡數起發赴行在，亦有撥入總領所同充樁積。今來復置宣撫司，即無一司相承庫務錢物，臣今本司依例合行犒設諸軍一次，及後來逐時入教場拍試支賞之類，費用不一，欲乞下總領所於朝廷封樁錢引內支一百萬貫以備支遣。如若臣到任後有拘收到諸路寬剩并諸軍減汰兵隨錢物，許依鄭剛中措置樁積，以備接續支用。其封樁錢係已降指揮用與四川對減虛數者，制總兩司議定果成對減，必分作三年，令衆止是借撥，最後一年支用之數，日後卻從宣撫司別行陳乞措置撥還。」從之。　十六日，虞允文言：「契勘鄭剛中任宣撫司日置

參議官兩員，伏見淮南東路轉運判官王之奇深知西邊軍前利害，欲乞改除利州路轉運判官，鎮見闕，就令兼本司參議官，得以協濟國事。」從之。　十八日，虞允文言：「奉旨令戶部支錢三十貫，付充隨行激賞庫支用。所有依葉義問江淮昨出使例，合差帶激賞庫監官一員隨行。」從之。　同日，虞允文言：「蒙恩除四川宣撫使，所有本司合行事件條具下項：一、合用印，照得昨來樞密葉義問出使，有鑄到樞密行府印一面，今乞關出行使。所有行移，並依三省樞密院體式施行，仍入諸軍擺鋪遞轉。內奏報文字直入內內侍省投進。一、應干軍期事務，全藉監司、各州縣官協力應辦，如有避事不職、貪汚苛

卷一萬三千五百六十　二十一

擾之人，乞許本司量度事體輕重勘劾，或一面對移訖，續具情犯奏聞。其廉謹辦職之人，亦許本司保明取旨推賞。除軍期外，其餘更有似此之人，亦乞依此施行。一、契勘四川罷宣撫司日，置制置司，行宣撫司職事，案牘、人吏、錢物並已撥隸制置司訖。今來被旨宣撫四川，以軍事為先，欲將舊宣撫司所行軍中應干事務歸本司，外有官員陞改、放散、舉主、士人省試之類，乞存留制置司。」並從之。　五年三月十九日，詔王炎除四川宣撫使，依舊參知政事。　二十二日，王炎言：「被旨除四川宣撫使，依舊參知政事，其應干合行事件，臣欲乞並依參知政事汪澈出使荊襄、知樞密院事虞允文四川宣撫前

後已降指揮施行其間或有可以省減事節亦許臣參酌裁損從之　六月五日王炎言四川路分闊遠宣司事務繁多卽與荊襄不同纔入川蜀使合委官幹事令檢照得虞允文宣撫四川日申請到指揮文臣官屬依鄭剛中差置一十四員欲乞許依虞允文已得指揮施行從之　八年九月二十一日詔令戶部支錢一萬貫充四川宣撫司激賞使用　九年五月三日王炎言被旨出使宣撫四川今來結局乞依昨來虞允文行府出使結局體例官屬推恩施行詔各與轉一官資

宋會要　宣撫使

淳熙元年三月九日詔中大夫參知政事鄭聞除資政殿大學士四川宣撫使是年四月詔四川宣撫司屬官依制置司例賞七月詔已罷宣撫令四川總領趙公說將四川宣撫司錢物盡數拘收另項樁管別聽朝廷指揮鄭聞元將帶一行官屬等已至行在依前後例限五日結局　十二月二十八日詔資政殿學士中大夫沈復除資政殿大學士四川宣撫使與元府置司其見拘收宣撫司但干錢物軍器等依舊歸還本司官屬只許辟差機宜文字一員幹辦公事二員昨拘收到諸軍都統司場務等照應淳熙元年十二月二日已降指揮給還遂軍施行詔四川諸軍陞差兵官依江上諸軍例並從主帥依公選擇內統制官申解赴宣撫司審察餘官

卷一萬三千三百十四　二十二

一面陞差合給付身人從宣撫使備申樞密院給降如有合申宣撫司事理令具一般事狀申奏二年六月一日詔罷四川宣撫司右司諫湯邦彥言陛下復置宣使以分委寄置司之初議論詳悉慮事權重官屬多故損其權而減其屬謂財賦聚於宣司而不及軍中故取舊屬軍中場務悉以還之宣司不得復取謂軍中差使制於宣司而不由都統則陞黜不審主帥無素恩故除統制官解宣司審察外其餘俾都統一面自差宣司只申察院給付而已然宣撫一司其名甚重今復此官而損其權是予其名而奪其實是必上下交惡軍帥不睦沈復到司今本久也自財賦還軍中差使由都統復已不樂軍帥已不相安自此必將大爲間隙就令盡易軍帥亦必相忌望更爲之制或依葉衡向任荊南故事命一詳練可委從官以樞密都承旨職事就知興元仍移制置一司於興元府使之兼任以總四川之務督監司之縱弛察軍師之勤情別揀沈復以大藩府罷宣司之名收宣司之實迺從其請令四川總領趙公碩盡數拘宣撫司錢物令項樁管　開禧二年三月十二日詔四川制置使兼知成都府程松差充四川宣撫司　四月十三日詔給事中兼侍講兩淮宣諭使鄧友龍除御史中丞充江淮宣撫使吏部侍郎湖北京西宣諭使薛似除兵部尚書充湖北京西宣撫使　六月四日詔知建康府

卷一萬三千三百十三　二十二

丘崈除刑部尚書充江淮宣撫使不允辭免鄧友龍令赴行在供職　十一月四日詔刑部尚書充江淮宣撫使丘崈兵部尚書充湖北京西宣撫使薛叔似並除端明殿學士侍讀丘崈依舊江淮宣撫使薛叔似依舊湖北京西宣撫使　十八日詔湖廣總領兼湖北京西宣撫司參謀官陳謙除寶謨閣待制湖北京西宣撫副使　十二月二十四日詔京西宣撫使薛叔似宣撫副使陳謙並宮觀知江陵府吳獵除湖北京西宣撫使　三年三月十七日獵除刑部侍郎依舊湖北京西宣撫使二十一日御扎付獵賊臟干紀神人共憤卿受任荊襄密邇蜀門忠義所激慨然有討賊之志朕甚嘉之今峴

安陸虜騎犇北卿威名益著籌畧方深經理創殘申飭戢守之餘宜爲朕兼總西事凡可携離逆黨指授將士一以付卿無失機會又須審度務在必成應有合行事宜可密切條具來上故茲劄示想宜知悉　是年四月十五日詔權兵部尚書宇文紹節除華文閣學士知江陵府兼權湖北京西宣撫使　是月二十七日除侍讀依舊華文閣學士充湖北京西宣撫使兼權知江陵府九月十九日詔紹節充京西湖南北路宣撫使　五月二十一日知沔州充利州西路宣撫使兼四川宣撫副使安丙言宣撫司每歲合舉官員數昨因宣撫使司廢罷未有專降指揮乞立定每歲合舉官職令陞陟等員數

行下遵守詔依宣撫使已降指揮歲舉員數與三分之一薦舉

宋會要　宣撫使

嘉定元年正月二十六日詔四川宣撫副使舉官特依宣撫制置使歲舉改官一十一員從事郎六員從本司之請也三十日京西湖南北路宣撫使宇文紹節奏本司舉官員數已準指揮湖北京西止是兩路比附四川路分每歲舉改官六員從事郎三員朝請大夫以下陞陟大小使臣陞陟二十員分上下半年舉今紹節充京西湖南北路宣撫使乞比附四川路分增添湖南一路員數吏部言四川宣撫係有四路今京西湖南北乃是

三路若從本官所請每歲合舉改官九員從事郎四員朝請大夫以下陞陟任使八員大小使臣陞陟三十員並分上下半年舉從之　二月三日詔華文閣學士侍讀京西湖南北路宣撫使宇文紹節除寶謨閣學士依舊侍讀京湖宣撫使　三月四日詔京西湖南北路宣撫司屬官歷任及五考以上人許令宣撫使司置司去處一路監司通行薦舉從本司之請也十二年二月十三日詔簽書樞密院事曾從龍除同知樞密院事江淮宣撫使繼而從龍乞參酌前後執政官出使減損條具畫一申請一令來出使乞以同知樞密院行府爲名一官屬等白直人內參謀參議官二十人屬官等一十五

人提舉一行事務提轄軍兵點檢文字各五人監印主管文字各四人書寫文字書奏準備差使各二人屬官下使臣及人吏各二人下殿前司步軍司差赴行府分撥應副差使一乞下步軍司揀選差撥入隊披帶少壯一百人部轄將官一員仍帶衣甲器械隨行使喚所有請給起馬犒設等並依已發出軍人例施行仍出給券歷前逐項所差鞍馬人從等同一乞於本院差發遣工匠二人裝界作二人畫匠一人殿前馬步軍司差承局二十人皇城司差背印親事官二人已上並許踏逐抽差 五月十七日詔崇信軍節度使安丙可特授保寧軍節度使四川宣撫使兼知興元府利州東路安撫使

卷一萬二千三百四 二十六

依前開封儀同三司武威郡開國公加食邑五百戶食實封三百戶 八月十一日詔四川宣撫使依舊利州置司令安丙往來興元府等處措置事

職官四一之四三

宋會要

總領所

先是嘗命朝臣總領都督府宣撫司財賦其後收諸帥之兵以為御前軍屯駐諸處皆置總領亦以朝臣為之

卷一萬九百四十四

仍帶專一報發御前軍馬文字蓋又使之與聞軍政不獨職餉而已其序位在轉運副使之上鎮江諸軍錢粮淮東總領掌之建康池州諸軍錢粮淮西總領掌之鄂州荊南江州諸軍錢糧湖廣總領掌之興元興州金州諸軍錢糧四川總領掌之其官屬有幹辦公事準備差遣（四川又有主管文字二員）淮東淮西有分差粮料院審計司（審計以通判權）權貨務都茶場御前封樁甲仗庫大軍庫（大軍倉）贍軍酒庫市易抵當庫惠民藥局湖廣有給納場（屬官兼）分差粮院審計院（審計以屬官兼）御前封樁甲仗（庫）大軍倉大軍庫贍軍酒庫四川有分差粮料院審計院（審計以屬官兼）大軍倉大軍庫撥發船運官贍藥庫糴買場吏額淮東九人淮西湖廣十人四

職官四一之四四

川二十人　高宗紹興三年正月八日詔差戶部侍郎
姚舜明前往建康府專一總領應干都督府錢物糧斛
仍於都督府選差有風力諳曉錢穀屬官四員充糧院
審計司監官都督府管下官兵等幇勘請給等並經由
戶部糧審院依條批勘支給建康府榷貨務都茶場亦
仰姚舜明提領　七月二十六日詔都督府已有戶部
侍郎姚舜明總領應副錢糧其隨軍運判可省罷　六
年二月二十一日都督諸路軍馬張浚言三宣撫司軍
屯駐江淮所用錢糧雖各有立定取撥窠名及專委漕
臣應辦多是互相占吝不肯公共移那因致闕乏既無
一總領官司諸處財賦出納難以稽考乞於戶部長貳
卷一萬九百四十四
內輪那一員前來鎮江府置司專一總領措置移運應
辦詔差戶部侍郎劉寧止　九月二十三日詔令戶部
郎官霍蠡前去鄂州置司專一總領岳飛軍錢糧　七
年十月十七日詔薛𢿫霍蠡同共總領措置五路應干
財賦仍常留一員在鄂州本司拘催本軍合得錢糧應
副支用以中書門下省言霍蠡總領岳飛軍錢糧二廣
判湖江西五路錢物浩瀚恐有陷留滯合差官措置拘
催故有是命十一年正月十四日淮南西路宣撫使張
浚言總領提舉大軍錢糧吳彥璋措置應辦本司大軍
錢糧首尾二年並無闕誤欲依張成憲昨來應副韓世
忠錢糧例推恩詔吳彥璋與轉一官　五月四日詔以

胡紡為司農少卿總領淮東軍馬錢糧吳彥璋為太府
少卿總領淮西江東軍馬錢糧曾慥為太府卿總領湖
廣江西京西路財賦湖北京西軍馬錢糧各專一報發
御前軍馬文字諸軍不聽節制　十二年六月十二日
詔鎮江府鄂州總領所各置甲仗庫逐軍所造軍器每
月委總領官置籍椿管月具所交收數聞奏仍各許辟
差管甲仗庫官一員　十三年九月二十一日詔總領
淮西江東軍馬錢糧所屬官今後許戶部長貳太府司
農卿少通行薦舉　十五年十月二十八日侍御史汪
勃言四川都轉運司盡併于宣撫司乞就四川路宣撫
司置總領一司專掌財賦從之　十一月二十日詔以
卷一萬九百四十四
趙不棄為太府少卿總領四川宣撫司錢糧所為名
十六年六月二十八日詔四川所屯大軍歲用錢物如
州軍拖欠即從所隸漕司按劾若漕司蓋庇失於檢察
催發即從四川總領所按劾其四路提刑常平司如拖
欠違期不起亦一體施行　十二月十一日詔曰朕惟
軍興以來四川斂重恐不堪久今疆埸罷警營屯內還
無轉餉之費輜重就閑義卒耕作有蓄衆之積仰宣撫
總領兩司取索承平時常賦名色軍興後權所增益參
酌措置既不當竭民力又不可乏軍須兩皆給足永相
保持以副朕顧倚之意　十七年九月十二日總領四
川錢糧符行中言交撥到降賜等三庫見椿斛斗九

十八萬七千餘石詔令總領所酌度均撥減免對糴分數施行　十八年五月二十七日詔以汪召嗣為太府少卿總領四川財賦軍馬錢粮專一報發御前軍馬文字先以總領四川宣撫司錢粮為名至是罷宣撫司始改為四川總領　十九年二月十四日詔諸路軍馬錢粮官槩禁並依轉運使副提舉官從臣僚請也　二十六年正月十四日詔諸軍不得私役軍兵其城郭開張酒店令戶部總領司拘收　閏十月十八日四川總領湯允恭言乞令四川知通簽判推判官同共依限催發州縣贍軍錢物任滿或非次替移有拖欠數多許從本所同所委官或就按劾從之　十二月十八日起居郎

卷一萬九百四十四

趙逵言陛下加惠遠民以四川在萬里外科斂條目戶部稽考之所不及故詔帥臣蕭振等同共措置欲以實惠摩拊疲弱亦事有所當知者蜀之取民條目繁巧不可一概而視按籍而決蓋有顯其名而公取之者激賞絹之類是也隱其名而陰取之者激犒錢之類是也取之以甲而用之以乙者畸零絹估錢為糴本錢之類是也此三者若一槩而視萬一蠲放所及民有熟視而不知徒為貪吏猾胥之幸者矣欲望明詔振等凡總領司錢物窠名當先析為數條曰此官與民通知者此官與民不相通知者必當根其所歸有欲除放不於其官籍之名而於其人戶之所從來然後陛下實惠州縣不能

沮格從之　二十七年七月二十四日總領淮西江東軍馬錢粮方師尹言比年州縣循習不以軍餉為念錢物樁發有累月西方起者粮斛轉漕有經歲而始至者監司坐視略不經意乞擇監司郡守尤違慢者按劾以聞重賜黜責從之　八月九日詔今後總領司互舉改官之人並依憲漕等司舉官磨勘從左司諫凌哲請也　二十九年八月三日總領四川財賦軍馬錢粮許尹言四川見屯大軍用度至廣年額合起贍軍其間公然拖欠不催漕司州郡容庇不加程督即目未起錢引計七百二十餘萬道已行下分限催促外欲乞候歲終從本所取逐路州縣拖欠數目尤甚者具申朝廷重行黜

卷一萬九百四十四

責從之　十六日戶部言湖廣總領所將荆南戍兵倉庫作一處安置別立庫敖置監官一員從朝廷差官監門官一員令本所於本府見任指使選差兼監從之　十七日總領湖北京西軍馬錢粮彭合言贍軍之費宜有餘寄樁之數宜夙備料撥錢粮各有名色其數未嘗無餘寄樁有庫以待闕乏軍須未嘗無備歷時之久料撥之數諸路不及元額而又買發銀價最高支用折閱則歲計不足不免暗借寄樁以紓目前之急累年如此則夙備之數虧矣伏望審究諸路起發赴軍前不數并買銀折閱之數就日科撥應副翌日上諭宰執曰彭合所陳卿等適進呈更支樁積銀五十萬貫此乃一時之

事彭合陳請卻是歲計若止論目前而不及歲計恐於久遠非便宜速與措置尋詔每歲截撥四川合赴行在經總制無額錢三十萬貫貼助本所支遣及於樁管御前激賞庫銀內計價支撥五十萬貫赴本所樁管戶部看詳鄂州大軍近年有不敷額錢朝廷分上下半年貼降錢一百一十六萬餘貫應副其不敷錢數增多乃逐路監司州軍違悼（慢）欲下總領官嚴緊拘催須管及額仍將違欠最多去處按劾其買銀折閱乞下二廣監司帥臣相度措置如何可以不致折閱及可與不可以其他物貨買發限一月開具利便申尚書省從之　三十年三月一日總領淮西江東軍馬錢粮都絜言江東所屯

卷一萬九百四十四

歲費緡錢近七百萬米以石計者近七十萬科撥雖有名期限雖有日官吏侵尅稽違監司守貳恬不加意乞將監司守貳以下弛慢尤甚者按劾重賜黜責其承行人吏即依無心力斷罷事理稍重者亦依條施行從之

八月十一日戶部言江州駐劄御前諸軍合用錢粮已令取撥江西合發赴本所三十年分樁管折帛錢二十萬貫江州樁管上供米三萬石應副續又科撥廣東湖南江西每年合起赴行在經總制錢三十萬貫并於江州轉般倉樁管江西二十七年上供米內取撥三萬石與科見在大軍錢物相兼應副去訖更令於利州路合起發赴行在經總制錢內自紹興三十年夏季為始

每年取撥一十萬貫并下行在榷貨務都茶場給降江西路末茶長短引共二十萬貫撥赴江州應副客人請買同前項已科錢通共八十萬貫令本所置籍排日拘催起赴軍前應辦給遣從之　十二日湖廣總領所言江州屯駐軍馬合用錢粮依荊南差官應副創置倉庫合差監官一員乞從朝廷注授監門官一員乞從本所於江州見任指使內選差所置倉庫粮審院印記乞下文思院鑄造給降從之　十六日湖廣總領所言節次降到臨安府一合同關子共三十萬貫餘已賣到錢一萬九千貫外其餘並無客人請羅（買）卻有降到三合同關子八十萬貫令本所賣錢樁管比之一合同頗為快便

卷一萬九百四十四

乞許本所於三合同關子內已賣到銀錢對換一十八萬一千貫應副支用乞繳還一合同關子卻行換給支末茶長短引共二十八萬一千貫應副支遣將賣到錢撥還所借支過三合同關子錢仍舊卻撥八十萬貫依已降指揮樁管從之　三十一年正月十八日詔淮東總領司太平惠民藥局監官兼監鎮江府大軍倉如遇本倉給納即令前去管幹以總領朱夏卿言大軍倉獨員而藥局職事簡省故也　四月十七日四川總領王之望言乞將諸州軍年額合起錢物自正月一日至十二月終實起到庫錢數比較從上起發歲額無虧欠又從下取虧欠最多處各一十處具知通姓名申尚書省

候遂官任滿改授差遣日乞朝廷參照勤墮斟酌施行
三十二年四月十八日之望言四川諸州軍三十一
年終實到庫錢比祖額遞年並各增羨即無虧欠最多
去處今取增數最多一十州县知通姓名申聞乞籍記
姓名以待選擢從之　四月二十七日詔諸路大軍每
遇招收到人並先具姓名報總領所每旬委總領官及
都統制就本所或教場同共當官填刺軍號其効用等
不刺手面之人亦令對衆審問按名月日詣實應干合
得依粮之類一面從總領所畫日當日並與按旬月日
兩季徑行幇勘支給具數申省部照會出豁科降　孝
宗隆興元年十月六日詔户部於左藏西庫見樁管錢

卷一萬九百四十四

内支降一百萬貫依省則紐折銀二十萬兩餘數以會
子貼支前去淮西總領所交割樁管　十四日詔户部
下左藏西庫於度牒賣田錢内支會子二十萬貫前去
淮東總領所交納貼助大軍支使　乾道元年三月五
日户部言淮西總領楊倓奏契堪淮西總領所恵民局
及雜賣場止是出賣藥物事務不多乞併雜賣場併令
恵民局官兼管本部勘當欲依所乞合以監總領淮西
江東軍馬錢粮所太平恵民局兼監行宫雜賣場稱呼
所有減罷去處其已差下人並依省罷法施行從之
同日户部言楊倓奏本所大軍庫事務繁冗未有監官
本所甲仗庫職事簡省乞改差監大軍庫官一員却令

兼管甲仗庫本部勘當欲依所乞合以監總領淮西江
東軍馬錢粮所建康府户部大軍庫兼監封樁庫御前
甲仗庫稱呼從之　六月二十六日户部侍郎王弗言
欲乞誡飭逐路總領官今後非被旨不得擅截綱運如
違許從户部具名按劾聞奏從之　八月二十五日中
書門下省言勘會淮東總領所係是拘催江東浙西州
郡錢米雖有指揮許按發違慢官吏及浙西官亦許薦
舉緣官稱未正事權不專乞依鄂州總領官例於銜内
添浙西江東財賦六字將合舉官員數於二路通舉餘
並依舊從之　十月十三日户部員外郎江西京西湖
北總領司馬倬言近承指揮令取撥四川白契税錢一

卷一萬九百四十四

百五十萬貫赴本所樁管緣四川係行使鐵錢地分計
置輕齎赴鄂州軍前止得七十五萬貫深恐緩急不足
支用今欲乞於内更行取撥五十萬貫補助三大軍歲
計支用從之　十五日户部尚書員外郎江西京西湖
北總領司馬倬言契勘本所應副江鄂田荆襄大軍務
事繁多乞檢照元降指揮特賜添置詔許復置幹辦公
事准備差遣各一員　二年二月四日樞密院言已降
指揮三衙招收軍兵効用本軍中解樞密院令承旨司
用等仗審驗人材刺填軍額在外屯駐軍委本路總領
官依此其在外諸軍並不解赴總領所止行關報姓名
審驗預作到軍月日放行請給無以關防詔總領所照

應三衙招効用軍兵拍試格法指揮一體施行　二十八日淮西江東總領楊倓等言乞將江東安撫司建康府都統司酒庫並撥付淮西總領使所得旨令共相度欲將諸司酒庫先次交割見管酒麴錢未麥麩本柄并應干動使等其賣酒賣到價錢除元本錢並行拘收應副作本外將合得息錢並行撥還諸司從之　六月十五日四川宣撫使虞允文言契勘四川宣撫自鄭剛中以前未置總領所令照得前來往川陝宣諭并僅（任）荊襄（制田日並依荊襄）宣諭使汪澈已畫降指揮總領所隨事所隸令來乞依上件已得指揮從之　閏七月四日中書門下省言勘會已降指揮差度支郎中唐瑑前去湖廣總領所取索

卷一萬九百四十四

應干收支科降及諸路已未起發錢物逐一究見諸實所有淮東西總領所亦合一體委官前去詣差考功郎官沈复　九日尚書度支郎中唐瑑言究實湖廣總領所財賦緣積歲不曾檢察本所滲漏弊源甚多欲望特降睿旨令後每三年一次差官稽考庶有畏忌兼歲月不久姦弊易見從之　十二日詔户部將江鄂州荆南三處軍馬歲用支遣實數併作一科降付總領所委本所自行審度各從便順分撥　二十四日中書門下省言勘會湖廣淮東西總領所應干收支科降及諸路已未起發錢物各已委官前去取索逐一究見諸實所有四川總領所亦合一體詔令虞允文措置施行從之

八月十七日度支郎中唐瑑言湖廣總領所自來差撥户部人吏每有會問並是本處人供報本部人即供報不行又緣替移頻併亦隨官罷所以不知首尾欲乞並令發回只令總領官於州郡監司吏人踏逐選差三年一替其淮東西總領所并分差粮審院並依此從之　三年十一月二十三日詔令湖廣總領所印造新會子通已未印造共三百七十萬貫將銅版依已降指揮繳申尚書省其舊會子逐旋繳納　十二月二十六日户部郎中四川總領查籥言金州屯駐官兵歲計幫支錢粮數目浩瀚緣相去遥遠本所屬官元差置主管文字幹辦公事各二員準備差遣差使各一員昨準指揮裁

卷一萬九百四十四

减主管文字一員準備差遣差使各一員今欲於元裁减屬官三員内復置一員差往金州幹當僉廳職事從之　四年正月九日禮部言新除户部郎官四川總領查籥奏臣契勘本司贍軍歲計自紹興三十一年軍興後增招兵馬溢額數多用度日廣别無科降止是侵那庫管樁積逐急應副今亦殆盡近準朝廷立定兵額按月所添請受並無指準又有因功轉官添加請給今年又係有閏年分闕數甚多兼川路諸州内有旱傷米價踴貴比去年尤爲闕乏欲望照累政總領官體例給降度牒五千道出賣拘收價錢庶幾補助歲計支用詔降度牒一千道紫衣師號共五百道　二月三日新降户

部郎官四川總領查籥言近降指揮四川總領所應干
收支科降錢物令廣允文集（措置施行欲乞令虞允文）四路漕臣各一員同臣就
宣撫司會算四川見今財賦所入之數對立養兵多寡
之額使兵食民賦出入相當庶幾軍用贍足免以匱乏
頻瀆天聽實為久遠之計詔從之　二十九日刑部言
新除司農少卿淮東總領呂擢奏逐路州軍應有總領
所錢未去處欲乞量立殿最之法許從本所檢察按治
本部看詳欲令諸路總領所於歲終將所管州軍每州
合發本所錢物十分為率若拖欠及二分知通各展二
年磨勘或欠數太多取旨知了辦數足各與減二年磨
勘從之　十一月十七日詔三總領合支官兵春冬衣
卷一萬九百四十四
戶部措置令後並須管依行在官兵條限時日支給不
得依前遲延過時　五年三月六日淮西江東總領葉
衡亦準指揮差屬官前去廬州應副郭振修城官兵錢
糧照得雖有幹辦公事二員內分一員專在池州軍前
給納養廳委是闕官深慮悞事欲乞依鄂州例更置幹
辦公事準備差遣各一員詔許辟差準備差遣一員日
後更不作闕　八月五日淮東總領呂擢言契勘本所
屬官已經裁減止有幹辦公事一員淮西總領所已置
幹辦公事二員近又申明辟差準備差遣一員本司委
是闕官乞依淮西例置準備差遣一員從之　十一月
三日戶部言淮東西總領所奏本所人吏舊請於大軍

錢內勘支立年限與補進義副尉本部照得批勘合於大
軍錢內應副吏不添支食錢其出職年限欲自差到所
充應十年頭名職級補授進義副尉其逐遷以次人各
充應二年通到所及十年依今來出職年限補授下淮
東西總領所照會湖廣總領所亦依此施行從之　六
年四月一日詔淮東總領所併歸淮西總領所令沈复
通領存留屬官一員鑄錢司可減罷併歸發運司存留
幹辦公事二員亦發歸運司　閏五月五日中書門下
省言勘會淮東總領所廢併司名合行并入詔以總領
兩淮浙西江東財賦軍馬錢糧所為名　十七日戶部
言總領兩淮浙西江東財賦軍馬錢糧所為名合用印
卷一萬九百四十四
記今欲以總領兩淮軍馬錢糧所印十字為文將兩所
元印繳納庶幾歸一從之　六月十七日戶部言淮西總
領沈复奏淮東總領所事務至繁正要稽考出入及檢
察糧審院批放緣淮西相去隔遠難以革弊兼照得淮
東養廳從來不曾與務場倉庫干涉今欲依倣池州例
委自屬官管幹給納本部勘當欲依所乞以戶部給納
所為名并令總領官往來提督施行從之　七年五月
四日權知鎮江府兼權淮東總領蔡洸言承指揮復置
淮東總領乞依舊作浙西江東財賦淮東總領錢粮所
為名戶部給納所却行廢罷所有應干合行事件欲乞
並依前後總領所官已得指揮施行本所元管印記近

緣省併別降兩淮總領所印記今既復置所有淮東總領所元印乞依舊行使從之　八月二十五日吏部言總領四川財賦軍馬錢粮所奏本所復置主管文字一員專一主管金州本所簽廳職事乞依金州州縣官任滿與轉一官推賞本部契勘荊湖路安撫轉運司屬官到任任滿應得酬賞者依條各隨置司所在州縣官格法推賞本部欲依所乞將本所在金州置司簽廳官一員依金州州縣官到任任滿已得指揮推賞施行從之　九月二十四日又奏契勘本所屬官依發運司例自與他州不同止有四員皆係選人資望太輕難於號令欲望將本所屬官盡差京朝官許理本等資序其見任

卷一萬九百四十四

者令終滿今任已差選人替官者各乞别與差遣詔依餘路總領所屬官今後並差京官　十月二十四日詔令建康府於朝廷樁管會子内借撥五十萬貫應副淮西總領所支遣却於元科馬軍司未到綱錢内拘收撥還依舊樁管仍開具起發綱運最稽遲數多去處當職官位姓名申三省樞密院　八年四月十六日權尚書户部侍郎沈夏言今後遇總領所官赴行在奏行淮東委守臣兼權淮西湖廣委漕臣兼權從之　淳熙元年三月十七日詔淮東總領所差置催綱使臣三員於小使臣内選差專一往來催促大軍錢糧使喚仍理為資任支破本等券錢既而六年三月淮西援例差置從之

四月十七日淮東總領許于中言乞委諸路通判專一主管拘收逐州錢米起發赴所旬具數目關報本所每半年比較以行賞罰從之　二年十月二十五日淮東總領錢粮臣言乞依淮西總領收趁茶鹽等鈔及額推賞從之　先是元年三月詔自今建康場務歲終收趁茶鹽等錢及額其淮西總領自任内歲終與比附左右司官計日減半推賞粮臣援以為請　三年十二月十七日詔兩淮總領所將收支錢物除依條合置庫分并正赤歷外其餘私歷并創置庫名並行改正如將來朝廷差官點檢得更有違戾當重作施行　四年七月二十四日淮東總領所言鎮江務場歲額收趁茶鹽等錢增

卷一萬九百四十四

羡官吏推賞並不曾經本所徑自供申朝廷致有權行抵當拘催未到錢數多乞自淳熙四年鎮江務場官吏推賞先從本所　實方許施行從之　六年三月二十四日淮西總蓋經言諸州常平買撲酒坊往往侵損官課乞從本所日下發併自行措置興開依數認還常平元額從之　四月二十一日四川總領所言近准樞密院劄子以制置司申請威茂州每年量立省計為錢引一萬四千道數内成都轉運司管認五千道餘九千道合從總領所添貼支撥契勘本所歲計係專用應副四川屯駐御前大軍支遣即無科支諸州係省錢物窠名體例其省計錢物自來隸屬逐路轉運司科撥

詔本路轉運司照應今年三月十九日已降潛臣手詔
將有餘去處通融應副　十年六月二十六日淮西總
領韓彥質言本所五酒庫近蒙許辟差官今乞先令權
半年見得實有心力正行奏辟通理為任又乞差使臣
五員糴買米麥從之　四川
詔四川總領所自令將腐爛米斛別行變賣不得支充
軍糧并零碎折支　三年正月七日四川總領所言金
州屯駐官兵歲支錢引六萬一千餘道係本所與宣撫
司分認應副今既罷宣撫司置制置使司其本司元認
金州一半錢引合令制置使司從之　四年正月二十
五日詔四川總領所將諸處樁積米常以新易陳乞免
換支遣不得以兌換為名輒有侵借如日前有借撥之
卷一萬九百四十四
數即疾速補還　六年二月三日詔自令四川總領所
茶馬司遇歲終各將本年經常及樁管錢物收支見在
於次年正月開具作冊繳申尚書省　十月十六日四
川總領李昌圖言乞自今或有陳請事干本所財計先
下本州相度裁其可否然後施行從之　八年五月一日
詔罷興元金州兩處簽廳其總領所簽廳職事依江陵
府例委各州通判兼管以臣僚言四川總領自來置司
利州去大軍屯駐所在相遠昨緣軍興恐關外四州待
報迂遠遂於魚關置一簽廳以便四州期會差本所幹
辦公事主之後來為總領者不知當來所置簽廳之意

只因糴買一乃於興元金州復置兩簽廳所差官妄
作威福故也　十七年三月六日四川總領趙彥逾言
諸州樁積錢糧乞令各路運使每季點檢王淮等奏先
降指揮總領不與樁積米斛本為淮東西湖廣三處即
不曾劄下四川上曰蜀中糧斛總領自當干預彥逾既
有請可分明劄下照會　雜錄　淳熙四年二月八日
詔三總領所出納錢物並明附正歷不得再有侵借隱
占其州軍綱運以時嚴緊催督毋容拖欠如復滅裂重
行責罰先是總領所文帳多有侵借隱漏遣官點磨既
條上其數於是中書門下省言除欠占壓虛樁之數
別行契勘外餘見管并別庫寄收興州軍拖欠錢物共
卷一萬九百四十四
一千五百八十餘萬內三百餘萬係無侵借及不曾附
帳歷錢已改撥樁管外歷見在錢四百八十餘萬貫
存留總所認數樁收以備急闕仍令拘催州軍淳熙元
年至三年未起綱運七百九十餘萬貫與建康鎮江場
務月收窠名并淳熙四年所科歲計應副支遣已有寬
餘其私置庫歷悉行改正日後收支各立式行下每歲
開具申奏以防滲漏因有是詔　十月二日詔總領係
與發運監司序官職任尤重自今在任一年已上者亦
許除郎　五年五月十一日詔淮東西總領所錢物回（各置市易庫）
易倘從廢罷錢引入納遂不及常平之數淮東總領葉
翥嘗以為言至是戶部侍郎單夔復請依舊於市回易

庫發泄鈔引故有是命　七年七月二十四日　左司郎中杜民表言乞住罷諸路總領漕司營運上曰朕欲罷此久矣内外諸軍添給素重之人每歲共不過三十餘萬緡别作措置支給　於是詔兩淮湖廣四川總領所兩浙四川轉運司營運並日下住罷即逐司將截日終見管本息錢物實數逐一開具申尚書省其諸家累重大官兵合添支錢已一面别作措置支撥訖　而八月詔兩浙本錢已拘收外餘各限指揮到日先將本錢盡數發赴元來去處依舊窠名樁管其收到息錢依已降指揮疾速開具申尚書省　十六年十一月二十三日戶部言湖廣總領所申除湖南創置飛虎軍係别降錢物

卷一萬九百四十四

應副外有江鄂州江陵府屯駐及襄陽府出戍共四大軍并差出德安府隨郢州信陽軍光黄沅靖州常德府及大冶麻城縣等處軍馬合用淳熙十七年分歲計錢物乞科降本部準淳熙九年十月二十一日指揮科降每月以五十八萬九千四百三十餘貫爲約一歲計錢七百七萬三千二百貫九十四文令科撥下項京西襄郢等處見屯軍馬合用鐵錢令轉運司於舒蘄州見樁管并續鑄到鐵錢内各取撥七萬五千貫赴湖廣總領所交納所有諸路州軍綱運錢科撥五百七萬二千六百八十二貫一百四十七文數内有四川提刑司催發錢二十五萬二千四百三十貫近緣免起三年乞下舒

蘄州於今年分鑄到正剩鐵錢内各取撥一十二萬五千貫赴本所補還朝廷錢貼降二百萬五百一十七貫九百四十七文數内貼降四川總領所拘樁綱運錢并貼降江西茶短引各一十五萬貫拘截四川合起行在窠名綱運錢三十萬貫朝廷應副四川免起三年錢六十萬貫京西提舉司見樁鈔鹽錢内取撥三十萬貫就發鄂州樁管去年改換江西茶長引二十萬貫權貸務都茶場於見在散乳香内品搭給降二十萬貫就撥鄂州軍前大軍庫賣引司樁管茶引錢二十七萬五千貫其餘一百二萬五千五百一十七貫九百四十七文乞行下都茶場品搭卯降江西湖南北茶長短引應副給

卷一萬九百四十四

遣從之　十二月十九日臣僚言應外路諸司總領所令於得替日將應有錢物開申省部其新到任人亦限一月内將交到數目從實具申從之　紹熙二年三月二十五日知靖州姚渠言乞將廣西運司今年未支本州歲計錢二萬貫及紹熙三年分歲計三萬貫仍舊行下湖廣總領所照元例於茶引錢内支撥却令本司於每年應副湖廣總領所錢内一併起發交納以後年分歲計只乞就本所支降詔湖廣總領所依靖州所乞事理施行所有廣西轉運司每歲合應副靖州錢仰本司起發赴總領所交納理充歲計錢數　三年七月十二日淮西總領所申乾道四年淮東總領所錢米去處量

立賦最之法本所檢察按治刑部大理寺看詳欲令諸路總領所於歲終將所管州軍每月合發本所錢物十分為率共拖欠二分知通各展二年磨勘或欠數太多重作施行如了辦數足各與減二年磨勘已得旨依淮東至今遵奉每年各有賞罰獨本所因循弛慢今欲至歲終檢舉施行從之　八月九日詔淮東西湖廣總領所各將截日終見樁管金銀錢會等數目仍一一見諸州軍得熟分數逐一從實開具申尚書省　紹熙五年十二月三日太府卿淮東總領葉適言去冬內藏庫取去淮東總領所五十萬貫軍民相語往往觖望萬一更有支取民力之所以窮竭州縣之所以敗壞者正為兵數太

卷一萬九百四十四

廣兵食太費爾乞明詔有司自今除每歲批放外並將有管實在數目逐一開具該載式冊要使朝廷通知有餘不足之數其非緣軍前事無得輒稱支移起發欲以他用雖有中旨許執奏不行俟儲積果多或大簡汰朝廷經制既立然後議窠名之重輕省撥定之數目寬減州縣還以予民從之　九日淮西總領鄭湜奏總領之職在於調度粮餉稽察軍政而已乾道八年總領周闓欲興酒利始奏乞撥諸司酒課併歸總所管趁御前并朝廷淨息錢三十萬貫遞年又抱認淨息錢二十五萬貫又增認建康府稅錢一萬貫通管趁到淨息錢五十六萬貫自撥併之初朝廷約束而新諸司不肯過數造

職官四一之六三

酒亦不敢私自酤賣數十年來諸司私造之酒月增歲盛始者舉在城之酒利惟歸一總所故所虧課額不為甚多後來裂為四五各私其利酒課既已暗分每年管虧淨息二十餘萬往往皆侵移經常錢充發及剗作管運補掩見今已侵過經常錢四十四萬餘貫拖欠朝廷樁管錢八十三萬餘貫若不以利害分明控告向後轉見狼狽乞矜念總所之職本為給粮餉察軍政許將見在本錢給還諸司自行酤賣詔令總領所依舊酤賣每歲除合納內庫錢照數解發外所起朝廷樁管錢全與減免諸司息錢權減四分之一仍自來年為始　慶元元年正月五日中書門下省言淳熙二年十月指揮鎮

卷一萬九百四十四

江務場歲終收趁茶鹽錢及額淮東總領官與比附左右司官計日減半推賞又淳熙四年七月指揮鎮江務場每歲陳乞收趁茶鹽等錢增羨官吏推賞從淮東總領所審實一歲收趁到錢比額增羨其所賣鈔引等錢委是已拘收錢物數足本所即具保明供申推賞照得淮東總領既依淮西總領推賞其務場收趁課額自合提領趁辦詔淮東總領所事體提領措置施行　嘉泰二年十月廿一日新淮西總領王補之奏總領所歲計係朝廷科撥州軍上供錢斛應副支遣使郡守盡數拘樁如期解發不至有悞指準竊見漕憲常平茶鹽坑冶司皆以各州通判為主管官蓋權有所歸究心督促倅

職官四一之六四

廳非州郡比無供輸之煩免支費之擾斷不敢移易借
兑乞令總領所將諸郡合解本所錢斛委本州通判充
主管官專一拘轄催促應限起發須管本年之内數足
本所逐季稽考其間宣勤職守取一二申奏旌賞如或
弛慢不職久負最多按劾責降所有諸州起發錢斛每
歲令本所於次年三月終比較不許展限具發足實欠
殿最名銜以聞乞行賞罰從之　閏十二月二十一日
淮東總領所奏照得淮西總領司近蓋降指揮專委諸
郡通判充主管官拘轄合發錢米催督起解所是淮東
財計理合一體乞令本所將諸州合發錢糧專委逐處
通判一員置籍拘催主管催發一依淮西總司已得指
揮施行從之

卷一萬九百西

開禧元年十一月三十日臣僚言恭惟
高宗皇帝以諸道財賦分置四總領所而又以王人領
之其為慮深矣比年以來賦入虧於前後之相因事權
弛於勸懲之不及假如一州財賦隸於總所者以十萬
計今歲偶因水旱而虧其一若未甚害奈已虧者不復
增來歲遂以九萬為率矣使歲及九萬猶云可也今歲
虧一歲後來者復援虧多之歲以為率矣故曰財入虧
於前後之相因且憲漕諸司之勢必行於郡縣者以刑
獄之冤濫訟牒之稽違財賦之欺隱諸司皆得以察之
下至當職官之去留承行吏之罷復諸司皆得以專之
至諸司耳目之所不接又逖接得以及之故郡縣於諸

司財賦類不敢虧惟總所則異是蓋置司之地去所部
或千餘里間有及二三千里之遠者勢有所不接令有
所不行歲終雖比較展減磨勘不過三二年其間又有
負緣幸免者而懲勸之術窮矣故曰事權弛於勸懲之
不及夫前後之弊非可以驟革勸懲之法亦未易驟加
乞於郡守離任之日各令具本任内合解總所財賦有
無虧欠如虧者即詰其由重加責罰至若在任尤弛慢
者亦許總所按奏如此則諸郡知畏而財賦必不致有
虧緩急必不致誤事從之　嘉定三年十一月九日臣
僚言四川總領所與東南三總領所事體不同參政王
之望總蜀賦日蓋嘗論列以為東南將帥統軍旅户部

卷一萬九百西

總財賦朝廷制其予奪盈虛之柄所以東南總領責任
稍輕又朝廷在近凡事有所倚重今四川去朝廷路遠
又總所不與兵事凡有調度之費據其所需應副若非
朝廷主張假借使之有以自立則緩急難與財賦作主
此說最為明白至開禧用兵之初宣撫使程松以私意
慫慂權臣遂令四川總領所照江淮湖廣體例並聽宣
宣司節制自是本所財賦兩宣司動輒干與且不時取
撥金帛逆曦已藏禍心用度無藝自安丙誅叛之後繼
為宣撫使雖仍指揮之舊其實總所全賴左右扶持以
至今日但軍政財賦既有攸司所當各專任責今宣司
結局改置制置大司當兼實軍政撙節錢糧以寬總所

餽運總所當斡旋備蓄極力措置以應軍須不應復累
大司所有權臣一時元降節制指揮合行釐正其制司
與總所往來文移既是制置大使係執政大臣總所合
用公申如將來止是制置司卻合止用公牒庶幾名正
體順兩司叶和不致止誤國事從之　六年十月二十
八日臣僚言兩淮榷貨務場自姦臣變法創置提轄一
員嘉定二年臣僚以其費用日廣而財計展轉不行奏
請省罷未踰半載朝廷仍舊差官方其增置國以貪吏
侵欺出納之無限也及其省罷則以官吏廩祿費用之
尤多也今此司再復非以課額之有虧乎書以兩司中
請利害考之鎮江一司提轄未再置時所管錢會猶足

卷萬九百四十四

以支數月令反空匱亦立不可支吾歲給降者不啻百
萬建康一司每月認支之額既已省減而朝廷給降月
猶不下十四五萬夫差官三四任更歷四五年課額不
登給降如故而徒增二司官吏費用所謂廐長立而馬
益癯也今若逐歲指降鈔引令總所自行發賣擇一幹
官提其大綱萬一鈔引未甚流通雖不免陳請給降宜
不消增置官吏廩給之費況供帳幕帟徒御使令欲興
諸司並驅今又有增而無減乎乞將鎮江建康分司提
轄職事並令總所交割管掌各令歸班別與差遣實經
久之利從之。　十一月十四日監察御史黃序言國家
置四總領所以董軍餉半天下之賦入皆在焉又於建

康鎮江各有權務一司斡茶鹽之利以通商賈最時料
降鈔引不爲搏節容商入納利源槃彩軍額多闕支遣
贏餘總所得專其權朝廷無所稽考間有私自封殖利
已乾沒而罰徒具文此榷務所以專置分司在前日行
之爲宜也自分司之後遂歲鈔引指數科降務場發賣
登載文歷出入明白爲轄官者不過謹出納之司而已
流通則樁管月廩闕乏則告急於朝雖有他巧無所施
之考之眾政借撥朝廷錢物不知其幾總所坐享其逸
朝廷實任其勞無乃體統倒置者耶向者以積弊而釐
析之今以其無弊而復歸之名正辭順故復推務於總
所爲便或者謂專置一司猶不足以供億而總所安得

卷萬九百四十四

仂而給諸窖如是則以王人委寄之隆而但曰催督綱
運云者無乃擇易而辭難乎夫鈔引即錢物也以變賣
而爲支遣其數不易萬一入納稍遲支遣不敷則以總
所錢物通融之此猶朝三而暮四也鈔引在是況科降
出納大數灼然逐時打筭毫髮無隱特不過使總所任
向來之責而朝廷不爲分司之累兩權轄一司官吏皆
可省罷欲乞將鎮江建康兩處務場日下結局仍舊付
之總領庶幾事權歸一無所扞格從之　八年正月二
十五日吏部言淮東西湖廣總領所昨來係援引戶部例
差置催綱官徒費廩給合照戶部例一體住罷（并見戶部門）
九年正月二十七日司農卿淮西總領胡槻奏本所幹

辦公事一員分司池州事權既專責任亦重池州一軍歲襲朝廷科降錢一百九萬餘貫全藉分司幹官拘催緣累政皆係堂除選人資淺望輕州縣固已輕視又往往多非其人到任即以文字爲急職業多不留意只嘉定八年一歲之間失催錢四十餘萬貫常是本所那撥添湊支遣望將上件窠闕發下吏部照格法差已作縣合入資序人庶幾資望稍高必能辦職從之　十四年二月八日總領四川財賦軍馬錢粮所奏利州大軍庫係四川根本所在日逐收支錢物委是繁夥其監官兩員從元申獲紹興十六年七月二十九日指揮許從本所選擇保明奏辟近準朝廷差下新官杜瑋本所已行

卷一萬九百四十四

遵奉外竊慮以後不經本所審量或有癃老疾病精力不逮之人徑行赴部注授廟堂無緣得知委礙本所出納乞將上件監官兩闕日後免行差注止從本所擇材奏辟從之　十五年正月二日朝奉郎守軍器監淮東總領岳珂奏本所自紹興間剏置淮東一路軍馬盡在鎮江府大軍倉官專一任出納之責近年邊備未撤王師宿淮就戍軍兵糧米多移在淮南交受支遣昨來楊州大軍倉前政總領亦剏辟倉官一員已蒙朝廷從請今楚州比揚州事體尤重本所支遣鎮江月支二萬四千五百餘石揚州一萬一千六百餘石楚州一萬四千五百餘石委是一體不可闕官久例於楚州州官兼攝

各有本職不能專心管幹遂致綱運積壓不以時交委實利害今欲照揚州大軍倉體例剏置監楚州大軍倉官一員專一管幹隸屬本所乞從朝廷選差一次或從本所奏辟庶幾官有定守軍儲可以給足詔從公選辟經任無過犯有舉主人一次仍以監淮東總領所楚州戶部大軍倉繫銜既而珂又奏本所置司鎮江相去動數百里不惟出納經常錢米交受綱運數目繁瀚要任得人竊緣久例沿邊郡縣通判判官知縣兼受給曹官主簿兼倉庫指作兼職不復經意旁歷支遣率付吏手遞互推托不與交受正緣受給官不曾入銜因此視爲不切竊照淮西總領所昨來陳乞通判主管官並帶淮

卷一萬九百四十四

西總領所簽廳職事入銜及赴所批書今來本所正與事體一同乞朝廷詳酌特賜劄下楚揚真泰盱眙軍通判高郵軍判官天長六合知縣並各帶淮東總領所受給錢粮職事入銜除揚州已有專官外餘並於滿替前一季預申本所於見任官内從本所踏逐選差或見得下政可委就差承代管幹其受給并倉庫官遇差兼滿替並赴本所批書從之

宋會要　聖政衍

紹興三十二年孝宗已即位未改元六月二十三日詔曰朕惟太上皇帝臨御三紀法令一新粲然備具嗣位之初深懼墜失其議設官裒集建炎紹興以來所下詔

旨條列以聞朕當與卿等恪意奉承以對揚慈訓續詔專委權吏部侍郎徐度權刑部侍郎路彬措置裒集九月十一日詔勅令所可改爲編類聖政所十二日吏部侍郎凌景夏言近年間有勳臣之家經省部理訴稽之令甲姓名不載難以施行兼在元祐黨禁如文彦博司馬光呂公著等以至靖康建炎以來忠臣義士奮不顧身以衛社稷者類多有之皆略而未編亦盛世之闕典也願詔有司精加討論慶歷建中靖國所載或有未盡者令添入元祐靖康建炎以後有合籍記者接續修纂以光中興天下幸甚詔就委編類聖政所接續修纂十月七日吏部侍郎兼編類聖政所詳定官徐度起居郎

卷一萬九百四十四

兼編類聖政所詳定官周必大言本所奉旨接續修纂功勳忠義臣僚事跡合要昨來慶歷建中靖國編載未盡勳臣及元祐靖康建炎以來建立功勳卓然顯著忠臣義士職位姓名及所主功勳事蹟逐一參考編纂欲望許從本所移文諸路專委監司遍下所部州軍搜訪如有前項勳臣及忠義之家許令子孫或近親供具職位姓名所主功勳實跡見存干照經所屬陳乞本州保明錄白繳申朝廷下所參照施行從之　十八日聖政所言已降指揮將勅令所改爲編類聖政所有應干合行事件欲乞並依勅令所前後申請已得指揮施行從之　二十四日詔尚書左僕射陳康伯提舉編類聖政

所參知政事史浩同提舉　隆興元年正月浩拜右僕射提舉仍舊　十二月六日吏部侍郎兼編類聖政所詳定官凌景夏起居郎兼編類聖政所詳定官周必大言奉旨編類光堯壽聖太上皇帝一朝聖政合要建炎元年五月十日以後至紹興三十二年六月十一日以前三省樞密院時政記起居注參照編類欲乞下日歷所并移文諫院後省依年分逐旋關借或鈔錄用畢封還并合要詔旨草藁參照已得指揮許差人於學士院就行鈔錄本所人吏乞下皇城司支給敕入宮門號二道兼本所檢討官除本處請給外其所添御廚第三等折食錢若於本處所請名色次數相妨者欲乞不理爲

卷一萬九百四十四

名色次數支破仍自供職日爲始人吏請給昨來勅令所舊請則例係依紹興祿格祿秩中明并紹興十三年六月二十八日支米指揮支破施行仍自差到所日爲始從之　隆興元年三月十六日詔編類聖政所修纂光堯壽聖太上皇帝聖政凡大號令大政事令日合遵行者並編類門目每月投進其編年紀事候書成日一併進呈以本所詳定官凌景夏等有請也　五月十九日詔編類聖政所併歸日歷所依舊宰臣提領其檢討官二員以館職兼仍令日歷所人吏先行遣同日編類聖政所言接續修纂功勳臣僚忠臣義士事跡合行併歸國史院欲實封用印牒送從之　十月四日詔編類

聖政所檢討官差秘書省校書郎王東里正字程千里兼其聖政文字秘書監少同預編類　乾道二年閏九月二十九日國史日歷所上光堯壽聖太上皇帝聖政六十卷進書儀注官吏推恩詳見日歷所門　十月五日提舉編類聖政蔣芾言本所官吏欲限三日結局從之其詳見日歷所　淳熙十六年三月二十一日國史日歷所言奉旨壽皇聖帝臨御歲久典章法度粲若日星可令日歷所編類成書朕當遵而行之仰稱付託之意本所今具下項本所編類壽皇聖帝典章法度乞以至尊壽皇聖帝聖政爲名欲從日例就監修國史提舉以提舉編類聖政繫銜所修聖政文字欲乞每月就監修國史過局日聚議供呈檢

卷一萬九百四十四

討官二員以館職兼乞朝廷差置仍乞以兼國史日歷所編修聖政檢討官繫銜即下干預修纂日歷本所官秘書監少著作郎佐見修纂日歷乞依昨來修進光堯壽聖太上皇帝聖政同預編類所修聖政係就用本所應干國史文字照使昨來修進聖政係令日歷所人吏兼行遣其取會文字并漏泄條禁並乞依本所前後已得指揮施行仍乞就用日歷所記行使本所人吏更不添置如遇文字冗併日依例顧工書寫及應干支用合於公使錢内支破每月入歷批勘一百貫合用修書紙劄朱紅物帛等欲乞從本所逐旋具呈監修國史下雜買務收買並從之　閏五月一日詔知樞密院事兼參

知政事王藺提舉編類聖政　七月九日詔秘書省秘書郎黃由校書郎王叔簡並兼國史日歷所編類聖政檢討官　紹熙元年七月八日詔左丞相留正監修國史提舉編類聖政　二年十月十三日詔太常博士章穎兼國史日歷所編類聖政檢討官　三年十二月二十三日國史日歷所上至尊壽皇聖帝聖政五十卷　二十五日國史日歷所編類聖政言至尊壽皇聖帝聖政今已進呈安奉了畢所有本所諸色人將來推恩内下願轉資合得折資錢并經修不經進使臣人吏等推恩犒設錢二千貫文令來務從省減更不支降止候推恩止候推恩指揮下日從本所具的確人數申明朝廷

卷一萬九百四十四

行下戶部依例入歷批勘從之

宋會要　經略使

哲宗正史職官志云掌總護諸將統制軍旅察治姦宄以肅清一道凡兵民之政皆總焉條邊任則綏御夷狄撫寧疆圉若甲兵屯戍芻粟饋運則視其緩急盈虛而移用之掌凡戰守之事即事干機速邊防及士卒抵罪者聽以便宜裁斷其屬有勾當公事管勾機宜文字准備將領准備差使

卷一萬三千三百十一

宋會要　經略使

元豐元年五月八日熙河路經略使張詵乞案文資一員准備差遣照檢常平錢穀從之　十月十四日鄜延路經略使呂惠卿乞以本司回易庫撫養士卒等本錢別置庫不得雜公使錢從經略司變易止充撫養士卒及賞覘事人如小事止支條省錢諸路並乞依此從之

三年正月十三日龍圖閣直學士韓縝以分畫河東地界文字來上詔錄付河東經略司令帥臣親掌　六月二十四日詔就近經略使所在封樁委茶場司管勾如封樁錢物法自今有羨錢准此歲終輒具數以聞

四年七月三日詔鄜延環慶涇原路經略司各支封樁錢十萬緡招納蕃部　九月十七日知延州沈括言西賊聚兵各在本路對境慮大兵既入境賊乘虛寇襲即乞令監司或以次官權州事臣以經略都總管司職事領在城兵往照應從之　十二月三日李憲言准朝差權涇原路經略使其熙河路都大經制并節制秦鳳路軍馬合與不合依舊兼領陝西諸路經略轉運司令應副本路兵馬軍須糧草其經略使監司乞許臣彈劾以次當職官乞許臣一面遣官劾罪陝西河東見任文武官乞許臣不拘常制選委應副雖有違礙並即發遣如敢占留並科違制乞差近上禁軍一指揮為牙隊詔熙河經制並節制秦鳳路依舊兼領所乞牙隊差神衛餘

卷一萬三千三百十一

並依奏　二十二日，熙河路都大經制司乞差蘭州官
詔以四方館使熙河路副總管兼知河州李浩知蘭州
候修會州畢差充蘭會路經略安撫副使　五年正月
二十六日客省副使知誠州謝麟言乞增割戶口山川
并降屬縣名額詔以麟知沅州主管沅誠州沿邊安撫
公事置兵馬監押職官司戶參軍各一員並令謝麟舉
官一次誠州官任滿依沅州酬獎二十九日詔進士鍾
傳爲蘭州軍事推官涇原路安撫制置司主管機宜文
字以李憲奏充効用又言其從軍有功也　二月四日
文思使文州刺史內侍押班李舜舉爲照管涇原路經
略司一行軍馬兼參議軍中大事　六年八月二十一

卷一萬三千三百十一

日詔賜環慶路經略司度僧牒千爲錢十三萬緡別封
樁　七年十月九日詔內藏庫支紬絹各五十萬疋於
熙渭州經略司封樁　哲宗元祐元年十一月五日權
發遣秦州兼管勾秦鳳經略安撫都管司范育言知州
係帥臣將下公事乞不許通判同管從之　是歲詔陝
西河東經略安撫都總管司自元豐四年後應緣軍興
添置官屬並罷又詔罷經略安撫司管勾官　二年六
月二十二日詔自今沿邊臣僚奏請創置更易事並先
付本路經略安撫司詳度利害以聞

宋會要　經略使

淳熙六年四月四日廣西經略安撫劉焞言本路賓邕
昭象等州見有劫盜公事一十五火未曾結斷自來候
提刑司請覆取會或奏聽敕裁動淹歲月今來湖南宜
章賊徒陳峒等竊發與本路抵接本路州縣單弱久有
羣因越獄之風或恐兇徒越逸檢准乾道重修敕諸軍
干邊防或機速機宜事干機會理須從權速請不可淹
留待報餘條機速准此并請軍犯罪事理重害難依常
法而不可待奏報者許申本路經略安撫司酌情斷遣
訖以聞罪不至死者不許特處死餘犯情重自依奏裁
法乞許經略司索取各州勘到情款將逆狀顯著贓證

卷一萬三千三百十一

明白之人一面約法依上件敕條酌情斷遣候事定日
依舊從之

宋會要

安撫使

安撫使諸路災傷或邊境用師皆特遣使安撫事已則罷其河北河東別置司長任景德三年置河北沿邊安撫使以雄州知州充又有副使以諸司副使以上充不常置都監以閤門祗候以上充並掌北邊戎機交聘之事副使都監迭巡所部大中祥符元年置河東安撫司管勾官二人一以代州知州充一以閤門祗候以上充令陝西沿邊大將帥亦皆帶安撫使名近制官輕則為管勾安撫司事　凡諸路安撫之名並以逐州知州充掌撫綏良民而察其姦宄以肅清一道京東東路以青州知州充西路以鄆州知州充京西北路以許州知州

卷一萬三千三百四

充南路以鄧州知州充荊湖南路以潭州知州充其河北路有定州路有高陽關路有真定府路有大名府路並帶馬並帶馬軍都總管而廣桂二州帶經略安撫使

舊制凡諸路安撫使之名並以逐州知州充掌撫綏良民而察其姦宄以肅清一道兩浙東路以紹興府兩浙西路以臨安府江南東路以建康府江南西路以隆興府淮南東路以揚州淮南西路以廬州荊湖南路以潭州荊湖北路以荊南府福建州路以福州京西南路以襄陽府廣南東路以廣州廣南西路以廣州廣南西路以靜江府成都府路以成都府利州路以興元府潼川府路以瀘州夔州並以知州充內廣南西路成都府路

職官四一之七九

潼川府夔州路並帶兵馬都鈐轄餘路並帶馬步軍都總管內廣南東路帶主管經略安撫司公事廣南西路帶經略安撫使

卷一萬三千三百四

職官四一之八〇

咸平三年八月，以京東州郡夏雨連綿，河防衝決，民避災流徙，頗廢農業，遣太子中舍張舒、閤門祗候張禧適往逐州軍縣鎮安撫，使到同共體量，應經黄河水淹浸并避水權徙他處者，所在長吏倍加安撫，不得搔擾，及令逐州軍具析水全壞田產及只浸田苗者人戶數，無致虛破省稅，不經水災人戶亦仰州縣安撫，不得接便差擾。十月二十三日，以翰林學士王欽若為四川安撫使，國子博士袁及甫副之，閤門祗候李咸象同勾當安撫事。知制誥梁顥為陝西路安撫使，秘書丞李易直副之。所至錄問繫囚，除十惡至死、官典犯正枉法贓、致殺人、劫殺、謀殺、鬬殺並為已殺人不降外，餘死罪降從流，流從徒，徒從杖，杖已下釋之。死罪合該減降情理難恕者，疾置以聞。真宗獲諭欽若等曰：朕以觀省風俗，尤難其人，數日思之，無易卿等，各宜宣布德澤，使知朕勤恤之意。四年八月，以兵部尚書張齊賢充涇原儀渭邠寧環慶鄜延州保安鎮戎清遠軍安撫經略使，知制誥梁顥副之。帝以邊將玩寇，朔方糧道艱難阻，故命齊賢等使焉。賜襲衣、金帶、白金，有差，即命馳騎而往。發日，仍命宣徽南院使周瑩祖於瓊林苑餞之。　五年十二月，遣使請河東與轉運總管司同議安撫使麟州界來歸三部族等，賜以金幣，護還於內郡。先是麟州三部族首領

卷一萬三千三百四

勒厥麻族帳甚多，自濁輪寨失守，相率內附，詔分配河東界。至是邊臣言勤厥麻常往來賊境中，慮復叛去，帝且以蕃漢雜居非便，故有是命，仍俟賊境寧謐即放還。

景德元年五月一日，以兵部侍郎、知永興軍向敏中充西路沿邊安撫使。先是賊遷死，延州路鈐轄張崇貴言乞自朝廷遣使弔問，仍望遣大臣至邊上，名賊所親信張浦定議，故命敏中經度之。　十月，以兵部尚書、知青州張齊賢兼青淄濰等州安撫使，都提舉青淄濰等州轉運并兵馬巡檢賊盜公事；知制誥丁謂知鄆州，兼鄆齊濮等州巡撫使，提舉鄆齊濮等州轉運并兵馬巡檢賊盜公事。錦繡萬花谷：景德中丁謂充鄆齊濮安撫使，時契丹犄南民，奔揚劉渡，舟人邀利，不時濟人，謂取死囚斬于河上，詭言取民錢者，舟人大恐，旦夕不敢停濟。

卷一萬三千三百四

十一月五日，命戶部判官、都大沖詣邢洺磁相澶滑懷衛河陽通利軍安撫；九日，命都官員外郎孔揆詣河東路安撫；十六日，命都官員外郎王曙、秘書丞許洞、殿中丞皇甫選、大理寺丞李渭乘傳詣澶州安撫河北驚移渡河百姓，仍嚴戒所至無得搔擾。十二月二日，命殿中侍御史劉益、殿中丞皇甫選詣鄆濮留齊青濰等州安撫河朔驚移南渡之民，仍詔河南州軍常切存撫，令隨處于寺觀安泊，無致失所。七日，命右正言、知制誥陳堯咨、御史知雜李濬安撫河陽懷衛澤潞等州，都官員

外郎王礪秘書丞許洞安撫開封府界滑鄭等州以戎
人適去告諭閭里所至放還壯歸農八日遣侍御史高
貽慶三司户部判官郝大冲通判天雄軍周漸知天雄
軍節度判官張紳分詣河北州軍招撫人民悉令歸業
羣盜結集未擒獲者督官吏討逐仍招誘首身暴露骸
骨令逐處埋瘞祭奠二十四日遣内殿崇班楊保用閤
門祗候胡守節供備庫副使安守忠通事舍人焦守節
分往河北東西路齎敕書撫問及體量官吏將校還壯
等自戎人入寇已來備禦勲績條例以聞　二年五月
就命交州國信使邵曄爲廣南西路沿海安撫使時嶺
表傳言黎桓死諸子爭立謹邊備也　三年四月十四
日以雄州團練使何承矩爲河北沿邊安撫使西上閤
門使李允則爲副使權易副使楊保用爲都監兼提點
諸州軍榷場四年三月十三日鄜延鈐轄張崇貴言趙
德明輸誠請吏貢奉之使道路相屬望依北面例擇官
吏有幹知邊事者爲沿邊安撫使疆場事務聽裁以便
宜真宗以四鄙寧靜不欲增置官局罷之　大中祥符
三年五月河東安撫司請半年一入奏邊事如有急切
不拘此限從之　八月帝將祀汾陰屬江淮不稔令諸
路各帶安撫使乃命知昇州張詠兼江南東路安撫使
本州駐泊都監李重睿閤門祗候蔚信並爲都監知洪
州王濟兼江南西路文思使靳懷德洪州都監張英並

卷一萬三千三百四

爲都監知揚州凌策兼淮南東路文思使楊繼齊閤門
祗候程君濟並爲都監知廬州高紳兼淮南西路東染
院使劉漢凝閤門祗候耿緩並爲都監仍出手劄諭詠
等轄下州軍雖不係災傷處亦常安撫無令墮農扇搖
逃移凡民田未收及低下至旱損處具折狀放分數以
聞常平倉及官倉斛㪷雖令減價出糶竊慮逐處官吏
不体察地方災害旱輕重加減價例相違迴旱人户如
得雨已種夏苗即來春易爲接救如未下種亦須斟量
賑貸免致來春闕少江淮州軍欠折斛㪷權任理納仍
令所在州軍縣於公私空閑屋宇權居泊逃移人户不
得驅逐暴露致枉有夭傷闕少糧食減價出糶人户拋
下屋宇桑棗令本縣及地隣常照管具數收係及災傷
州縣常行約束不得追擾應緣江淮並沿河州軍縣鎮
闕食之處自來差人牽拽綱運牌筏撐駕轉遞物並以
兵士代之及破官錢顧人應副轉運制置司配率物色
及鄉村追斜工匠打造官物自來擾民者並權住應街
市貧乏之人户無錢收糴斛㪷如覺饑餓便擘劃煮粥均
支散官員有貪濁深刻昧於綏撫者速具事狀姓名以
聞應州軍蠲納司見收欠負及依省司定限校料無可
陪填及該赦救除放省司未明指揮者並權住區分聞
坐聞奏其饑民有賣椽木中皮者並支官錢收買以濟
人民四年六月詔曰朕以寡德臨馭庶方靡忘中旰之

卷一萬三千三百四

勤異治阜康之治瞀言江介迄彼淮濱水旱相仍田疇殘廢緬念黎庶于懷惻然宜令起居舍人直史館李迪為江淮南安撫使閤門祗候張利用為都監存問里閭察訪官吏訊詳犴獄寬節財征務適便宜用圖安集

八年八月詔如聞同華虢州河中府陝府歲頗不稔或有流民特命使車往宣朝旨務令安堵用副軫懷其令侍御史李行簡乘遞馬往彼體量招誘安撫各令歸業仍計會轉運司同共相度將見管斛㪷除留准備外量場出糶及量與賑濟貸救濟無令失所如少闕斛㪷即令轉運司那撥應副逐州今年見欠夏稅並特倚閣秋稅仰體量擘劃以聞

十月新差知秦州曹瑋言蒙差兼

涇原儀渭州鎮戎軍沿邊安撫使應有安撫司文字乞鑄印行使從之時宗哥猶斯羅立文法聚數十萬遣人奏願討平夏以自効上以為戎人多詐慮緩急寇邊侵擾熟戶先命周文質監經原軍又徙曹瑋是州兼兩路事以備之賜瑋公用錢三百萬仍詔自今不兼安撫者給其半　大一統志曹瑋事宋以涇原鈐轄兼知渭州移知太州兼緣邊安撫使瑋嘗出巡城以城上邊版太高名主者令下之主者對曰舊如此久矣瑋怒曰舊固不可改也耶命斉出斬之條佐以主將老請兵事罪小宜可赦皆諫瑋聽卒誅之一軍懾伏西蕃犯塞候騎報寇將至瑋方飲啗自若頃之報寇及城數里及起貫鐵以

串纓身令數人引之身佇不動上馬出城望見賊陣有奔馬往來于陣前撿伏瑋問左右曰彼布陣乃用僧耶對曰不然此彼國之貴人也瑋問軍中誰善射者衆言李超瑋即呼超指示之曰汝能取彼否對曰慈太保威重願得十騎裹送至陣前可以取之瑋以百騎與之勅曰不獲而返當死遂進射之一發而斃瑋以大軍乘之賊衆大敗出塞窮追俘斬萬計瑋在郡有士卒十餘人叛寇赴賊中軍吏來告瑋方與客奕棊不應吏亟言之瑋怒叱之曰吾固遣之去汝再三顯言耶賊聞之互歸告其將盡殺之瑋之守郡也州之西止于文盈關之所在最為要害關之左右皆蕃族也瑋以恩信結之成

為之用故秦州每歲出兵以守文盈而已所守既寡則州兵雖少而足用糧草可以自給自後帥臣守其舊規不敢增改初張吉知秦州生事熟戶多去蕃部驚擾至是凡前拒王師者皆伏匿瑋令納馬贖罪而還故地至者數千人廝敦因號南市即秦渭咽喉也自弓門至威遠共置金〔寨〕十數亭障橋梁相望浚濠堡四百丈既而唃廝囉以十萬衆入寇瑋擊於三都谷敗之遷客省使康州防禦使瑋有德于秦秦人請立碑紀功有詔褒美改華州觀察使鄜延路環慶等路安撫使

九年五月以知辰州曾克明為宜融桂昭柳象邕欽廉白等州都巡檢使兼安撫使管句溪洞公事

天禧元年五月詔曰仍

歲之內蝗旱為災穡事靡登流民祖屬託居人上情用
惆然臨遣使車循行方郡詢訪謠俗安集里閭式宣寬
大之恩副茲勤卹之意宜令殿中侍御史張廓往京東
路薛奎河北路判三司鹽鐵勾院張紳兩浙路判三司
度支勾院韓庶閤門祗候賈象之江南路判三司都催
欠憑由司張師德閤門祗候曹琦淮南路体量安撫所
至不得樂宴遊從及多借官健舟舡長吏無得迎送仍
諭廓等除依累降詔旨出糶斛斗賑貸外勸誘富民以
斛斗減價出糶仍逐具數以聞當依例酬獎民有流屬
失所者多方招誘廓又言所至州軍民有儲蓄斛斗者
欲勸誘舉放與貧民候秋成日依鄉川體例子本交還

卷一萬三千三百四

如有少欠官為受理從之　二年二月十六日以西上
閤門副使張照逵為河北沿邊安撫副使以內殿崇班
閤門祗候常希古管勾河東沿邊安撫司事　九月遣
三司度支判官周實馳驛往同耀州河中府體量招撫
各令歸業應經災傷人民有折變擲移稅賦者依近降
敕除檢放外據合納分數與免折變止就本州送納如
願伏勘折斛斗依倉式例折納　三年三月河北緣邊
安撫使知雄州劉承宗言北面有密報事宜其通判官
已下勿復參聞從之　八月詔曰近以洪河溢于澶郡
申戒官吏即謀繕修顧以茲備急於營度而京畿近地
河朔與區境邑之間既鄰於封壤芻茭之用爰賴於委

輸已命攸司各仲良劃盼其經費遂彼便宜雖綸誥屢
行務從於優卹而黎黎在念獨切於矜憐特遣使車往
伸存撫宜令判度支勾院方仲荀往京東路判戶部勾
院劉燁往京西路鹽鐵判官劉平往河北路體量安撫
使人民應有合寬恤改更事件與轉運使副所在長吏
會議施行　四年二月一日以淮南江浙災傷州軍穀
貴民饑命都官員外郎韓德閤門祗候王若訥馳驛體
量安撫及發常平粟減直出糶勸誘豪族出粟糶濟如
願以斛斗振民者等第酬獎及委發運使規度應副
十一日以利州路及階成州民饑遣侍御史姜遵閤門
祗候張士安馳驛安撫　三月命知制誥呂夷簡引進副

卷一萬三千三百四

使曹儀往益梓路安撫以兩路物價翔貴故也夷簡言
所有各數貴民饑州軍見繫囚望許與本州長吏等量
情理從輕決遣及所至州軍名集官吏將校傳宣撫問
又遂州民戶願以斛斗救饑民者元數等第酬獎望出
給空頭告勅付臣就被畜填姓名給之從之　九月命
三司鹽鐵判官劉錯乘遞馬往永興軍安撫犒設及建
道場齋醮　五年正月以職方員外郎直史館章得象閤
門祗候張士安馳驛京東路體量安撫以水災故卹之
仁宗天聖元年正月以三司鹽鐵判官張傳閤門祗
候張永德往京東淮南水災州軍体量安撫　三年六
月二十二日命龍圖閣待制范雍客省副使曹儀充陝

西沿邊州軍體量安撫使詔羅等所至州軍犒設軍員
使臣並察訪邊民利害及體量官吏能否內有貪濁深
刻昧於綏撫者具姓名以聞　四年七月命三司戶部
判官高覩如京副使高志寧往河北路應經水災州軍
體量安撫　六月七日以揚州潤州江寧府江水漲溢漂
溺居民及懷官司舍宇數千間遣太常博士直史館高
餗閤門祗候劉永誼往淮南兩浙体量安撫所至不得
宴樂遊佚及令官吏迎送并多差公人列致勞擾　八
月命三司戶部副使王鬷充河北沿邊安撫使六宅使
康州刺史劉承顏副之以水災故也七年七月命三司
戶部副使鍾離瑾為河北安撫使西京作坊使范仲淹

卷一萬三千三百四

副之以水災故也　康定元年六月御史知雜張奎為
京東体量安撫使內殿崇班閤門祗候杜贇仁副之
慶歷二年四月京東安撫使陳執中請河北沿邊安撫
司凡得契丹事宜並移報本司從之　三年十月詔罷
湖南安撫司蠻賊害潭州都監張克明桂陽監巡檢李
延祚故有是詔　五年正月二十八日以參知政事范
仲淹為資政殿學士知邠州兼陝西四路沿邊安撫使
十一月十四日詔以邊事寧靜賊盜止息知鄆州富
弼知青州張存並罷安撫使　知邠州范仲淹罷陝西
四路安撫使　六年三月詔陝西四路經畧司凡民間
利害及邊事並報知永興軍陝西安撫使程琳　九月

二十八日以三司戶部判官崔嶧為荆湖南路体量安
撫時蠻猶未寧特命嶧往議討除招安之　八年四月
詔置河北四路安撫使從知成德軍資政殿學士韓琦
為定州路馬步軍都總管兼安撫使知定州事文類聚
韓魏忠獻王琦蓋判路人飢為体量安撫使公至則蠲
租減稅以募人入粟招募壯者判以為廂禁軍擐劍門
關民流移就東者勿禁全活飢人百九十萬蜀人曰使
者之來更生我也知澶州尚書禮部侍郎王拱辰高陽
關路知瀛州知永興軍右諫議大夫魚周詢貞定路知
成德軍時舊相賈昌朝判大名府已帶安撫使先是樞
密院使夏竦請分河北為四路至是乃有此詔　六月

卷一萬三千三百四

祠部員外郎集賢校理張揆往河北体量安撫軍民
七月詔河北四路安撫司凡移用軍糧錢帛並牒報轉
運使司　十二月詔御史知雜何郯為利州路体量安
撫使供備庫副使宋守約副使　皇祐三年八月詔遣
使体量安撫諸路御史知雜李兌西染院副使王道恭
京東路起居舍人同知諫院陳升之左藏庫副使李廣
淮南兩浙路侍御史韓贄內殿承制鄭餘懿荆南北路
三司戶部判官韓絳內殿崇班翁日新江南東西路時
七路艱食而長吏多非其人及轉運司頗肆科率而民
不聊生帝因命中書擇使以按視之　四年六月詔知
廣州桂州自今並帶經畧安撫使　八月改新知秦州

孫沔為荊湖南路江南西路安撫使，入內內侍省押班石全彬副之。　五年二月，以天章閣待制田瑜、三司度支副使周沆為廣南東西路体量安撫使。　至和元年五月，以御史知雜郭申錫為河北体量安撫使，西上閤門副使張希一副之。初，河朔荐饑，民多流徙，至是稍復歸業，故遣使安輯之。續詔申錫經制邊事，當須密行，文字毋或張皇。　六月十二日，高陽關路都總管兼安撫使、知瀛州陳升之言：乞下雄州及沿邊安撫司，今後每體探事宜，並關報本路安撫司。詔河北沿邊安撫司候有緊急事宜施行訖，即便關報。　二年九月，詔河北四路安撫司：河朔天下之根本，而官吏多非其人，恐緩急

卷八萬三千三百四

敗事。其体訪知州及主兵官之材否，具以名聞。　十月二日，殿中侍御史趙抃言：京東路青、鄆二州各帶安撫使，近年差兩制前兩府臣僚以鎮撫之。今曹佾知青州，李端懿知鄆州，御史言其不便，乞檢會改差有才謀經任使兩制已上臣僚。詔劉示佾、端懿。　嘉祐元年三月，以三司鹽鐵副使李參、文思副使竇舜卿往荊湖北路安撫。初，以本路轉運使李肅之及知辰州宋守信討蠻人彭仕羲，而知荊南王逵與肅之數論事不合，互有奏論，遂遣參等往體量之。　六月，以知制誥韓絳為河北体量安撫使。事文類聚：韓康國獻肅公絳，字子華。江淮兩浙歲饑，以公体量安撫江夏、東西二路，到部則發倉

廩賑貧乏，問百姓疾苦。西上閤門副使王道恭副之。　二年四月，以右司諫呂譔初、左藏庫副使李綬為河北路体量安撫，以河北數地震故也。　七日，以侍御史朱處約為荊湖北路体量安撫，以下溪州蠻彭仕羲餘黨未附也。　十一月二十五日，左司諫呂譔初言：定州、高陽關置帥至重，其事如判探敵情、關報事宜、捕捉境賊姦細、屯田塘水等之類，付沿邊安撫司，其他軍政悉歸帥府。從之。　三年六月，命侍御史丁翊為夔州路体量安撫，以本路旱災也。　五年七月，詔知許州兼京西北路、知鄧州兼京西南路安撫使，以判許州賈昌朝、知鄧州魏瓘領之。　嘉祐五年八月，以吏部侍郎余靖為廣南

卷一萬三千三百四

西路體量安撫使。言行錄：余襄公靖，字安道。嘉祐五年，交趾寇邕州，殺五巡檢，驛召公，以為廣西体量安撫使。公至，則移檄交趾，召其臣費嘉祐詰責之。嘉祐惶恐，對曰：種落犯邊，罪當死，願貸取首惡以獻。即械送五人送欽州，斬于界上。襄公帥二廣幾十年，恩信被于異域，知交趾大理，特厲南詔之國，皆可以願指承使。公之文武之才，可謂具矣。　嘉祐六年七月，以起居舍人同知諫院龔鼎臣為淮南路体量安撫，侍御史陳經兩浙路体量安撫，以水災故也。　治平二年正月二十六日，命知制誥王陶為陳、許、潁、蔡州、開封府界諸縣安撫使，權三司戶部副使張燾為南京、宿、亳、曹、濮、濟、單州、廣濟軍安撫

使以哭傷故也　蓋公集張忠定公敎外和内明臨事
有仁者之勇在蜀四年尤著惠愛百姓皆畫像以事後
帥李璆賛云公昔在蜀千載一入公今去蜀千百其身
願公再來以慰斯民蓋實録也　治平四年四月十九日
神宗即位未改元命諸路體量安撫使龍圖閣直學士
韓維陝西路天章閣待制陳薦河北路天章閣待制孫
永京東路三司度支副使蘇寀京西路並只往哭傷州
軍維免以趙郡允代之上以允未嘗歷陝西任以永代
之而差李中師京東是年十一月十九日詔賜銀三十
萬兩於永興軍封樁聽經畧司支用從韓琦請也　熙
寧元年五月二十一日樞密院言近北界刺兩屬人户

卷一萬三千三百四

充義軍致人户逃避來雄州存泊及探到事宜甚多沿
邊安撫司並關報高陽關路安撫司安撫使總一道之
寄豈可都無關預欲令今後關報到北界事宜及理會
兩屬人户辨正疆封以至榷場利害塘水增損或沿邊
安撫司處置未當或淹久未決並須移文密切商議不
得輒分彼我務要協心從長濟務或所見不同即具利
害以聞亦不得遷延觀望致失事機詔可　四年八月
九日置洮河安撫司自古渭寨接青唐武勝軍一帶地分
應招納蕃部市易募人營田等事並令同提舉秦州西
路蕃部及市易等公事王韶主之調發軍馬及計置糧
草即令秦州經畧司應副　五年八月十六日以武勝

軍為鎮洮軍以引進副使帶御器械高遵裕兼知鎮洮
軍依舊秦鳳路鈐轄同管勾沿邊安撫司公事所有本
軍合置官令安撫司奏舉　十月二十三日龍圖閣直
學士集賢殿修撰劉庠知成都府罷兼安撫使先是以
茂州邊事令馮京兼成都府利州路安撫使至是漸平故
也十一月七日詔熙河經畧安撫司凡有差發軍馬事
切契勘如非警急並令計食調兵不得與轉運司輒分
彼我枉費軍儲致緩急闕誤　政和三年七月十三日
詔京東路安撫使司可創置本司勾當公事一員以京
朝官或選人充許從安撫司奏辟其請給人從並依保
甲司勾當官條例施行　四年十一月二十二日詔移

卷一萬三千三百四

京西路安撫於河南府京東路安撫於應天府　五年
十二月二十八日龍圖閣學士前梓州路計度都轉運
使瀘南招討統制使趙遹言三省樞密院同奉御筆晏
州夷賊犯順王師出征拓地千里建置五城悉隸瀘州
接連交廣外薄南海控制十州五十餘縣團結滋祥州
長寧軍屬為邊寄宜重依河東代州置沿邊安撫司安
撫司孫羲叟集英殿修撰知瀘州瀘南沿邊安撫使提
舉梓夔兩路諸州軍巡檢兵甲公事奚子厚充梓夔路
兵馬都監同主管沿邊安撫司公事瀘州駐劄臣竊以
元豐中以乞弟犯順移武臣鈐轄知瀘州領沿邊安撫
司事迺因軍興權時之宜洎至事定已罷後來因循未

曾措畫其如梓夔兩路節制於瀘州事權甚重而朝廷付與甚輕今日聖訓所畫藏自宸衷平時責其撫綏懷柔則易以文吏緩急責其控捍制禦則付之武臣一舉可謂兩得矣乞賜詳酌瀘州文臣知州俾令依武臣知州例帶梓夔路兵馬鈐轄仍乞上以瀘南安撫使為名統隸兩路內外諸州更不帶沿邊二字責得開府置帥事權歸正詔瀘南主管鈐轄職事知州可令帶知梓夔路兵馬鈐轄入銜仍以瀘南安撫使為名去沿邊二字　宣和二年三月六日詔瀘州守臣帶潼川府夔州路兵馬都鈐轄瀘南沿邊安撫使　十一月九日大名府路安撫使鄧詢仁言近降朝旨諸路監司及帥臣添置屬官並罷臣契勘河北河東兩路與諸路事体不同欲欲望特令依舊存留詔大名帥司屬官可特行存留三人候罷買等事就緒日依近降旨揮減罷　十二月十五日詔罷置輔郡內潁昌府帶京西北路安撫　三年五月六日臣僚言睦賊猖獗大兵奉行天討已見平靖慮班師之後餘孽尚在理宜措置竊聞太宗皇帝嘗以蜀寇雖平尚有殘孽因命趙昌言為安撫招討之神宗皇帝亦命劉瑾知虔州兼江西安撫兵馬鈐轄今乞以杭越知州並兼本路安撫使鎮撫一方詔撫越州江寧府守臣並帶安撫使兩浙東西江東路鈐轄並依本路選差　九月二十一日詔洪州守臣可依江寧府帶安撫使

卷一萬三千三百四

職官四一之九五

六年四月十四日詔潼川府守臣可帶潼川府諸州路兵馬鈐轄惟瀘州止帶管勾瀘南沿邊安撫司公事仍差武臣　七年十二月二十二日詔河陽開德守臣並帶管內安撫使以知州兼充　高宗建炎元年六月二十一日宰臣李綱言守備當於沿河沿淮沿江置帥府皆帶使名要郡以控扼其帥府文臣一員充帶安撫使馬步軍都總管武臣一員充副總管要郡文臣一員帶兵馬鈐轄武臣一員充副鈐轄次要郡文臣一員帶兵馬都監武臣一員充副都監安撫使總一路兵政許便宜行事鈐轄都監恭與朝廷調發軍馬則安撫使措置辦集以授副總管率副鈐轄都監總兵以行如安撫使自行即遣臣兩員一員留本路攝事一員隨軍以治錢粮提刑文武各一員專切巡歷以治賊盜見今路分鈐轄州鈐轄可以改充今來新制其不可倚仗入令安撫司具名以聞從之繼而江南東路安撫鈐轄司言被旨於沿江置帥府要郡本路帥府文臣一員充都總管武臣一員充副總管要郡江宣州文臣各一員帶兵馬鈐轄武臣各一員充副鈐轄次要郡池饒太平州文臣各一員帶兵馬都監武臣一員充副都監路分鈐轄州鈐轄可以改充今來新制江寧府知府見帶一路安撫使合與不合便以馬步軍都總管繫銜及要郡鈐轄都監知府帶鈐轄都監依此所有置武臣副鈐轄都監

卷一萬三千三百四

職官四一之九六

亦未審合與不合便行改充今來新置詔合帶馬步軍
都總管繫銜置武臣副鈐轄都監合改充　二十八日
宰臣李綱言沿河沿淮沿江諸路置帥府要郡次要郡
使帶總管鈐轄都監以寓方鎮之法許其便宜行事辟
置僚屬將佐以治兵不數年間必有可觀今日控禦之
策無大於此僉謂帥府要郡之制可行但未可如方鎮
割隸州郡有詔京東東西路京西南北路河北東路永
興軍路淮南江南路兩浙東西路荆湖南北路皆置帥
府要郡以要郡帥府爲安撫使帶馬步軍都總管要郡
帶兵馬鈐轄次要郡帶兵馬都監皆以武臣爲之副改
路分爲副總管鈐轄司許以便宜行軍馬事辟置僚屬

卷一萬三千三百四

依帥臣法也兵皆有等差遇朝廷起兵則副總管爲帥
副鈐轄都監各以兵從聽其節制止官願行者聽轉運
司副一員隨軍一員留本路提點刑獄彈壓本路盜賊
遇有盜賊則量敵多寡出兵會合以相應援本路帥臣
當職官措置兵馬先就緒者當優議旌賞　二年三月
八日詔諸路雖各建帥府然於一路見任官吏初無節
制指揮致觀望常態緩急難以集事宜令諸路安撫使
便宜節制施行　五月十七日詔應將副雖在他處駐
劄隨將兵往營或出戍去處知州帶管内安撫使亦令
聽節制並依本路安撫使法　九月十六日臣僚言淮
南西路已依祖宗制廬州爲帥府帶一路安撫使而壽

令疑今

春府又帶管内安撫使若以朝廷置帥之意其管内安
撫雖係要郡亦合聽從帥司節制欲乞應管内安撫
使節制處凡有軍期並專從本路帥司號命（令）詔諸路管
内安撫使軍期事並聽帥司節制如將兵屯戍就粮在
本州聽管内安撫使節制　三年五月三十日尚書省
言令相度欲將江池饒信州爲江州路知州帶本路安
撫使建康府太平宣徽州廣德軍爲建康府路知州帶
本路安撫制置使其節制江東路軍馬及江州知州帶
江東湖北四字入銜並除去所責名正事成號令歸一
任責稍專從之　閏八月二十二日臣僚言諸州守臣
既帶安撫又兼制置及許便宜是將朝廷生殺之權若

卷一萬三千三百四

行之於兵馬邊防之間即爲大利若奪所隸州軍財討
爲害不細欲乞依祖宗良法止許漕使轉輸本路財用
詔除用兵許依應便宜指揮餘不行　四年正月二十
四日詔温州見措置防托捍禦賊馬其守臣可令帶管
内安撫使　五月二十四日詔京畿等路州軍既分爲
鎮撫使其逐路安撫使並罷　二十七日詔諸州守臣
比年以來往往陳乞帶管内安撫使不過欲增置官吏
辟舉親識無補事功其諸州守臣見帶管内安撫使可
並罷　同日三省言湖北路係分鎮建帥地分内鄂岳
州正在大江之南與江洪州接境今欲撥屬江南路沿
江一帶道里闊遠若依舊只於建康江州兩路置帥或

恐無管不盡緩急有失機會今欲將江南東西路州軍
分置三帥總轄內鄂州路安撫使於鄂州置司撥鄂岳
筠袁虔吉南安軍爲所隸江州路安撫使於江州置司
撥江洪撫信州興國南康臨江建昌軍爲所隸建康府
路安撫使於池州置帥撥建康府池饒宣徽太平州廣
德軍爲所隸契勘建康府本係置帥去處緣本府至鎮
江府不滿二百里相去太近而往江州計一千四百里
遠近不倫獨池州正在鎮江江州之間若置帥於江州
則沿江四帥相去道里甚均實爲利便從之　六月九
日尚書省言臨安府舊帶兩浙西路安撫使昨降指揮
權移於鎮江府置司其臨江府見兼兩浙西路同安撫
使令來防秋在近竊慮帥臣事體不專難以倚辦詔臨

安府罷兩浙西路安撫使餘依已降指揮　十五日尚
書省言自來二品以上官爲諸路帥臣即與侍從官并
職名稍高之人一等安撫使顯見無以區別欲乞今後
諸路帥臣如係二品以上即爲安撫大使其繫銜則鎮
撫使体式從之　十六日太尉奉國軍節度使兩浙西路
安撫大使兼知鎮江軍府事劉光世言今來剏置安撫
大使之意是欲控制一路不獨治鎮江一府而止若使
只守鎮江即與別郡太守同爲守土之臣緩急別郡有
警均係常制不敢輒任欲乞將鎮江府別除守臣或添
置通判一員專主民事光世專充浙西安撫大使隨宜

從便置司惟不得出離本路詔鎮江府特添置通判一
員令具名奏辟餘依（名臣言行錄劉光世爲浙東副撫使置背嵬親隨軍皆驍勇絕倫一以當百者）　七月
二日臣僚言今之帥府雖有一路安撫之名一旦有驚
惟知城守自保不相應援則潰敗必矣契勘逐路帥守
雖帶總管鈐轄都監之名然既是守土難以統兵出
援昨來朝廷措置帥府有副總管要郡有副鈐轄次要
郡有副都監而又將兵舊各有將副此皆統兵之官正
欲以備急難相爲應援者也然比年以來所差除者多
是不知兵之人軍中利害既不能語出戰行陣又不素
習或老耄而不任事或以雜流濫居或以技術超擢徒

冒其名緩急之際不可倚仗必至煩朝廷出師而後已
且其官不職不過虛費祿廩而已若統兵官不職則生
靈性命所繫其害甚大欲望應逐路副總管鈐轄副都
監及將副等並令樞密院置籍拘定仍依祖宗差除將
領故事並以曾歷邊任曾立戰功諳知兵書之人任其
職遇有驚急即以次就近起發屬郡將兵策應其土兵
弓手即委提刑統領協力救援若鄰路有警坐視不救
而致失利者重行誅責詔令樞密院遵守　十四日知
越州兼主管兩浙東路安撫司公事陳汝錫言乞添置
幹辦官一員詔特許添差幹辦公事二員令陳汝錫踏
逐奏辟其闕候任滿日更不差人　二十三日詔江南

路已分三帥逐路各置准備將領四員准備差遣六員
准備差使八員准備使喚十員八月一日詔朝散大夫
真徽猷閣范正已充兩浙西路安撫司參謀官先是兩
浙西路安撫大使劉光世言正已係范文正公親孫范
純禮之子趣操蘊藉有父祖風勁正敢為議論高遠衆
所推服乞許於額外更置參謀官一員故有是命　十
五日詔兩浙西路安撫大使許置參謀官一員故有是
命　十五日詔兩浙西路安撫大使許置參謀參議主
管機宜文字主管書寫本司機宜文字官各一員幹辦
公事官五員其請給令尚書省立定則例行下尚書省
言今定參謀參議官欲依本路提舉茶鹽官例支破主

卷一萬三千三百四

管及書寫機宜文字幹辦公事已上欲京朝官依通判
選人以依簽判支給准備將領准備差使使喚使臣欲
並依本軍逐等官見今所請給則例支破詔依擬定內
支散供給人更不支破驛券　十一月六日詔諸路安
撫使兼知州者安撫司事干監司係職事不相統攝合
用關牒有本州事干監司其知州官係大中大夫觀察
使以上應用申狀者書檢不繫名銜知州官未至大中
大夫觀察使合用申狀　四年五月二十七日江南分
三路置帥并置都轉運司指揮更不施行一以鄂州岳
潭衡永郴道州桂陽監為荆湖東路於鄂州置安撫司
以鼎澧辰沅州靖州邵全州武岡軍為荆湖西路於鼎

州置安撫司其荆湖南北路轉運司改為荆湖東西路
轉運司通管兩路財賦其湖南提刑并提舉茶鹽官並
改充荆湖東路其荆湖西路合創置提刑并提舉茶鹽
官管幹職事同日尚書省言昨措置江南分置三帥係
以某州路安撫使為名今來鄂岳既已撥隸荆湖東路
及江南仍舊分東西路其帥臣亦合隨所撥路分繫銜
詔呂頤浩充江東路安撫大使兼知池州朱勝非充江
南西路安撫大使兼知江州高衛充荆湖東路安撫使
兼知鄂州餘依已降指揮　八月十六日福建路安撫
司言福州改為帥府本府移文江南西路安撫使司取
會到改置帥府合差置准備差遣五員准備差使一十

卷一萬三千三百四

員准備將二員乞許依江南西路安撫使司已得旨揮
差置從本司踏逐奏差詔特許倣江南西路安撫使司
置准備將領二員准備差遣差使各五員餘依　九月
一日詔全州今後遇有軍期許聽廣南西路經畧安撫
司節制互相應援時廣南西路兵馬都鈐轄兼主管本
路經畧安撫使司公事許中奏廣西路桂州係置帥去
處北至本州界百餘里地勢平坦無甚險阻自界首至
全州八九十里重岡複嶺多有險阻緩急可以措置把
托緣全州係屬湖南路於廣西經畧司未有節制若割
全州隸廣西路實為經久利便故有是詔　同日中書
門下省言江南西路舊以建康府洪州為帥府置兩路

安撫大使令東路大使兼知池州西路兼知江州二州
地勢僻隘非建康府洪州之比有失祖宗分道置帥增
壯國勢之意詔江南東路安撫大使兼知建康府西路
兼知洪州所有洪池守臣令後選差武臣其紹興元年
正月十日江池州帥司并安撫大使兼知逐州指揮更
不施行　十一月四日詔承事郎王趯充廣南西路經
畧安撫司幹辦公事專一提舉左右江峒丁及收買戰
馬等公事　十二月二日知江州兼沿江安撫使胡舜
陟言本州與池州並帶沿江安撫使令池州已依王進
所乞辟差主管機宜文字幹辦公事各一員準備差遣
共五員令欲令依池州例詔江州安撫司屬官依池州
卷一萬三千三百四
例許差五員前降辟差七員指揮更不施行　紹興二年四
月十二日詔江南東西路兩浙東路安撫大使司准備
差遣以辟文臣不得過十五員准備差使以辟武臣不
得過十五員爲定額其見差下人限指揮到日並令依
條減罷先是江南東路安撫大使呂頤浩言本州准備
差使差遣元有不限員數指揮故有是命也　十一月
二十三日江南西路安撫大使司言得旨諸路帥司帶
宣撫者並罷契勘本司所兼德安府舒蘄光黄復州漢
陽軍七州軍係以宣撫使司行移文字今來既置宣撫
使名稱未當只以大使司稱呼唯復以德安府舒蘄光
黄復州漢陽軍安撫使司爲名兼所管七州軍職事仍

令疑今

舊所有屬官一員入吏五名仍乞依舊存留管幹詔以
江南西路安撫大使司稱呼餘依　三年三月十一日
詔舒蘄州令後控守事務聽江州沿江安撫司約束措
置仍依舊隸屬江西帥司應大事從帥司處置内黄州
遇盜賊竊發就近委湖北安撫司遣兵應援其岳州係
長江上流緊切控扼之地可依江池州例守臣帶沿江
安撫並候盜賊寧息日依舊從知江州主管沿江安撫
司公事從孫祐請也　十二日詔沿江三大使司許置
參謀參議官主管機宜文字主管書寫機宜文字各一
員幹辦公事三員文臣准備差遣武臣准備差使准備
將領各以五員爲額其溢額人並依省罷法施行以中
卷一萬三千三百四
書門下省言昨除沿江三大使所辟官屬緣當時令人
尚未北去爲李成馬進賊馬在近所以增置員額數多
令來邊報寧静別無寇其屬官理宜裁損故也　二
十六日知揚州淮南東路安撫使馬步軍都總管湯東
野言令來總管一路軍馬並令聽帥司節制其淮東泰
州知州張榮承州知州王林見各帶浙西安撫大使司
統制未審合與不合改聽淮東帥司節制詔並合聽淮
東帥司節制　四月十三日淮南西路安撫胡舜陟言
乞依湯東野已得指揮置回易及差使臣回易所過州
縣免税詔許踏逐文臣兩員主管仍令禮部給降江東
兩浙空名度牒共二百道充本路支用餘依湯東野已

得指揮　五月二十日詔新差知池州兼主管沿江安
撫公事陳規改充沿江安撫使以規係從官故有是命
七月知廬州軍州事兼淮南西路安撫使胡舜陟言
本州近來作鎮撫使日隸屬江東安撫司今來已罷鎮
撫依祖宗舊制帶一路安撫使往年本路安撫即與江
東安撫統屬況是本司取稟軍務上有都督府又有淮
南東西路宣撫使司欲乞本州免隸江東安撫司從之
十二日知揚州兼淮南東路安撫使湯東野言自到
郡上下空匱凡倉場府庫支用之類並是刱建役人顧
直官吏俸給皆仰給所賜錢物昨朝廷所賜金銀奇以
贍給軍兵今將罄竭其他皆是逐旋經營支用委是不

卷一萬三千三百四

足竊慮將來監司不卹本州係是興復之初將平時事
体一例根刷錢物拘占糧食使本州措置不行欲乞劄
下本州應干經畫到些少錢物許那移支用一年仍免
監司根刷拘占從之　六月二十一日江南西路安撫
大使趙鼎言本路昨兼管江北七州軍內舒蘄黃三州
見今分充本司軍馬那移錢糧等應副即目興葺漸成
次第近據報到淮南西路安撫使胡舜陟乞節制舒蘄
黃三州人馬有旨依本司契勘上項逐州軍馬既聽淮
西帥臣節制若本路不合兼管其錢糧乞從淮西應副
并江西係與淮西相接今蒙將舒蘄黃三州撥歸淮西
萬一上流有警則沿江一帶並無軍馬應援本司相度

遇有沿江探報即乞許本司時暫勾索逐州人兵權行
使喚詔令江西帥司依舊那融應副錢糧遇盜賊竊發令
聽淮西帥臣措置應大事兼依舊聽江西安撫大使司
節制　十月十二日三省言江州守臣見帶沿江安撫
今來岳飛充本路制置使江州駐劄其守臣難以更帶
安撫使詔江州守臣銜內權不帶沿江安撫使岳飛班
師日申取朝廷指揮　四年正月十五日都省言江西
安撫大使司昨來置司日屯養官兵數廣遂降指揮歲
支二十萬石應副本司支遣近本司已有撥隸軍馬令
將去年九月十日申到兵帳見管一萬五千七百人除
將佐使臣係破券不該支米外且以見在効用將校兵

卷一萬三千三百四

級民義兵萬稍手一萬四千五百一十三人約度一歲
共合支米一十二萬五千五百三十三石八斗理合據
實用數寬剩支撥詔令江西漕司據本司合用米數每
歲支撥十五萬應副其權撥赴岳飛下官兵如內有岳
飛見管認錢糧數目却於本司今來合得米內計數除
豁施行　三月一日詔兩浙西路安撫司幹辦公事通
舊額許辟置三員從知鎮江府沈與求請也　二十八
日詔廣西路經略安撫使司額管准備差遣差使舊額
合破員數許於大小使臣內通融踏逐奏辟先是本司
額管准備差使二員依條奏舉大使臣外准備差遣一
十二員係奏小使臣至是陳乞依江東浙西湖南等路

安撫司已得指揮許本司於文武陞朝官選人小使臣内通馳踏逐指名奏辟施行庶幾邊防緩急得人分頭幹辦不致誤事下部勘當故有是命　四月二十二日詔帥府書寫機宜文字除係事干機密合書寫外其餘文字並不得簽書　二十七日江西安撫制置使胡世將言本路先係差除大使依先得旨令置參議參謀主管機宜文字各一員幹辦公事官三員准備將領差遣差使各五員等遇有闕官去處並許奏辟差權詔内幹辦公事准備差遣差使各減一員餘依趙鼎已得指揮　九月十日詔江東安撫司添置准備差使一員知鎮江府兼兩浙路安撫使馬步軍都總管沈晦言江東安撫司准備差遣差使各五員欲望更添准備差遣差使各一員故也　五年閏二月六日詔江州守臣權帶管内安撫使以中書門下省言沿江已有制置使副難以更置安撫故也　二十二日詔江東西湖南浙西安撫大使許置參謀參議主管機宜文字各一員幹辦公事五員安撫使許置參議主管機宜文字各一員幹辦公事四員其溢額人令終滿今任所有額内并溢額人已差下替人並罷仍依省罷法浙東淮南福建廣南並依舊仍並令逐路帥司舉辟參謀參議辟通判已上資序餘並令録以上資序人准備差使依舊知通差遣文臣候今任滿日却令依舊差武臣諸路帥司合辟差機宜

卷一萬三千三百四

令後並差第二任知縣資序人餘依已降指揮以尚書省言諸路帥司所置屬官多寡不同兼往往堂除差人即非祖宗舊制當别行立定差格故有是命　三月十七日詔荆湖北路安撫使司人吏如頭名實滿三年權依江西已得指揮與補進義副尉　二十四日詔臨安府依舊帶浙西安撫鎮江府帶沿江安撫　五月二十三日權發遣鎮江府劉寧止言令來所帶沿江安撫即不曾分定路分欲乞撥常州江陰軍及平江府崑山常熟縣隸屬本司從之　六年五月十二日詔襄陽府係上流重地密鄰僞境依陝西五路例許帶京西南路經畧安撫使　六月十六日中書門下省言湖北帥司已移還荆南舊治與襄陽事體同詔王庶許依襄陽府例帶經畧安撫使　八月二十五日瀘南沿邊安撫使知瀘州何慤言欲望許臣到任後將城寨官銓量除有不法合行按劾外不職之人未受敕劄者即聽放罷别行差辟已受敕劄者令與閑慢兩易其任各不理遺闕從之　九月十八日成都府潼川府夔州利州等路安撫制置大使兼知成都府席益言契勘裁減冗員令相度川陝四路分置帥府其潼川府夔州路爲一司日帥臣帶瀘南沿邊安撫使蓋以彼處邊防比之餘路事體稍重合分作兩路其夔州路施黔珍州南平軍等處邊面比潼川府路尤更闊遠又係控扼京西與舊不同理當

卷一萬三千三百四

增重事体遵稟使宜令襄州路鈐轄帶本路安撫使切緣襄州路距北邊雖遠方今控扼京西最為衝要今來本路安撫正係襄州知州陸帶即非專置一員難以減廢從之　七年八月二十三日廣東路經畧安撫使連南夫言被旨如盜賊事不可待報許便宜施行訖具奏今來水陸別無大冦所有便宜指揮伏望收還從之　九年三月十五日中書門下省言河南諸路州軍新復之初令權宜措置應天府守臣充南京留守兼應天府路安撫使以单徐宿亳州興仁府廣濟軍為所隷河南府守臣充西京留守兼河南府路安撫使以蔡汝鄭州淮寧潁昌順昌府永興軍為所隷從之　六月十日熙

〔卷一萬三千三百四〕

河蘭廓路經畧安撫司言本路未經兵火已前舊管一十州軍以熙河蘭廓路經畧安撫使司稱呼昨因兵火將河外西寧樂廓等州官吏軍民移那前來河裏緣此後來行移止以熙河路經畧安撫使司稱呼今為割還河南故地本路所轄别無廓州即未審如何稱呼詔以熙河蘭鞏路經畧安撫司為名　十月十八日知廬州兼主管淮南西路安撫司公事兼權淮南判官李仲儒言蒙恩差前件職事所有安撫司各合辟置官屬許踏逐材幹官奏辟有旨依臣僚言契勘昨申請為廬州係是極邊遂劄充辟置今淮西自是近裏州軍即與五年事體不同難以援引前例詔依幹辦公事准備差遣各

減一員餘依已得指揮　十年正月六日福建路安撫大使兼知福州張浚言乞依浙東安撫大使例奏辟官屬除參謀參議官更不差置外欲乞更差主管機宜文字及幹辦公事三兩員並從帥臣踏逐奏差詔許更辟差主管機宜文字幹辦公事各一員　三月六日樞密院言潁昌府係衝會去處理宜增重事權詔令兼管内安撫使　閏六月二十六日詔左武大夫果州團練使知陝州兼節制陝西諸路軍馬司節制韓琦兼管内安撫使以樞密院言琦見措置招集忠義據險保守與賊相距理宜增重事權故也　十二年十月二十二日臣僚言淮南兵革未休屏翰不固權一時之宜於鎮江府

〔卷一萬三千三百四〕

置沿江安撫使閲時既久議者以謂虛設蓋浙西兵政以於臨安帥司淮南兵政聽於揚州沿江安撫司率徒屬四〔數〕十員糜費廪稍曾無毫髮之補欲循沿海制置使司例罷置從之　十四年九月十三日四川宣撫副使兼營田使鄭剛中言令措置欲將利州路分作東西兩路内吳璘乞差充利州西路安撫使以階成西和鳳興文龍州隷屬楊政乞差充利州東路安撫使以興元府洋利閬巴蓬劍州大安軍隷屬郭浩所帶理合一體今欲除落經畧二字乞以金房開達州安撫使為名知成州王彦知階州姚仲知西和州程俊知鳳州楊從儀所帶沿邊安撫及管内安撫並合除落從之　十六年八

月四日詔利州西路安撫司屬官許依本路轉運司屬官到任任滿推賞　二十八年二月三日詔京西南路安撫司有不經朝廷正差使臣一十五員並行廢罷從本路轉運司請也　十一月十六日詔湖北安撫司添差參議官一員減罷見任人令終滿今任已差人別與差遣　二十九年閏六月十六日淮南西路安撫司言本司幹辦公事准備差遣共二員內幹辦公事職事稀少合行省罷添差指使准備差使聽候使喚一十二員乞更不差注照依其見任人與終滿今任已差下人依省罷法如見任人願省罷者聽　三十二年四月十四日淮南東路安撫使司言契勘省併官吏本司今相度

卷一萬三千三百四

欲乞存留官並係正任書寫機宜文字一員幹辦公事一員聽候差使副尉一十員下班祗應八員乞裁省官主管機宜文字一員准備差使一員添差不厘務准備差使三員聽候使喚五員指使四員其巳(見)任已差下人並依省罷法施行從之

紹興三十二年孝宗即位未改元十一月四日江淮宣撫司言淮南西路安撫司見今防秋軍事不一欲將准備將一員改作幹辦公事准備差使一員改作准備差遣從之　隆興元年五月五日詔京西南路安撫司許差主管機宜文字幹辦公事各一員從安撫使王彥請也七日降授特進樞密使江淮東西路宣撫使張浚言

契勘海州係極邊州軍見屯軍馬新招忠義軍多是初自北來未識紀律全在守臣彈壓鎮撫欲乞許帶海漣水軍管內安撫使從之　隆興二年閏十一月十二日吏部言四川安撫司狀乞將本司主管機宜文字幹辦公事准備差遣依運司體例許理為實歷親民資任送部勘當欲依本司所乞從之

乾道三年四月十一日詔利州東西兩路併為一路以利州西路安撫使判興州吳璘改知興元府領御前諸軍都統制職事充利州路安撫使四川宣撫使以知興元府王權改知洋州依舊御前諸軍都統制充管內安撫使是日宰執進呈吳璘改知興元府王權知揚(洋)州上

卷一萬三千三百四

曰吳璘年老意欲歸興元魏杞奏曰若歸興元卻是邊制西路軍馬蔣芾奏曰不若權併歸兩路令吳璘宣撫卻依舊知興元上曰如此甚順至有是詔　八月十四日知襄陽府陳天麟言安撫司置司襄陽府係是極邊邊防利害不可無屬官專掌機要文字緣近來省併止存幹辦公事一員今乞復置主管機宜文字一員從之

十二月一日詔京西路轉運判官韓曉知金州主管金房開達州安撫司公事馬步軍都總管用知樞密院四川宣撫使虞允文薦舉也　十五日宰執進呈臣僚言金州守臣依興州例不當帶安撫總管職事其金州安撫司乞依舊併歸利路上曰舊來如何蔣芾奏曰舊

不曾帶緣郭浩知金州要興吳鏻楊政事體一同故置
安撫今金州自屬利州路而房州自隸京西開達自隸夔
路逐路已有安撫使近除章畧知興州亦已不帶矣上
曰可依奏　四年宣撫使虞允文奏乞令帶管內安撫
司公事奉旨依　四月二日詔金州守臣帶管內安撫
以刑獄公事張松𠃔言金州最為關遠守臣若不稍假
以權則統兵主將勢為獨重州郡施為措置皆有所牽
制初因武臣兼總兵民之權故加銷削以相維帶今以
列郡處於其下其勢必不能相制欲望許令金州守臣
帶管內安撫故有是詔　六年八月二十六日中書門
下省勘會已降指揮四州安撫制置司屬官並罷併歸

卷一萬三千三百四

四川安撫司所有成都府路安撫司幹辦公事一員主
管書寫機宜文字一員準備差使二員合行復置從之
二十七日利州路安撫司公事馬步軍都總管王之
奇言欲乞將潼川府路依利夔兩路許帶安撫使名制
舉並依兩路今照得利州路安撫使在興元府置司潼
川府路兵馬都鈐轄司舊在瀘南置司如蒙陞改作安
撫司欲乞令依舊瀘南置司從之　九年正月二十六
日中書門下省言勘會王之奇差知揚州淮南安撫使
詔廬州守臣今止兼管內安撫司公事　二十八日知
揚州淮南路安撫使王之奇言淮西帥司省罷官屬乞
依葉衡知荆南已得指揮許別行辟差從之　十一年

三月四日詔金州守臣仍舊帶管內安撫四川安撫制
置使留正等言金州元隸京西南路自紹興後撥隸利
州路係極邊重地常差武臣知州帶金房開達州安撫
使節制允駐軍馬　十六年正月二十八日詔自乾道
以後創置修內司等處兼安撫司準備差遣人元非舊
制可並罷今後並不差人　紹熙四年同制置丘崈不
究利病欲分其權遂奏請以軍帥不當更兼安撫使及
知興州奉旨利州西路安撫司依舊併歸東路興元府
置司臣竊詳利州東西路邊面利害各自任責不輕
安撫一司本以鎮撫軍民彈壓盜賊階成文龍西和等
州正當邊面及興蕃夷接界盜賊多於界首往來作過

卷一萬三千三百四

今安撫司既在興元府去西和等州凡千餘里或有盜
賊竊發申安撫司比至行下措置收捕往往緩不及事
曩時朝廷分西路安撫於興州置司且令都統制兼之
其意深遠以其便於節制凡有盜賊小則責以巡尉寨
將大則守把官軍會合收捕統屬既一各盡其職而姦
黠知所畏憚不敢輕於作過自併安撫司後彊賊劉奔
黠時黠之前者趙炳劫掠於比界近張浦等復嘯聚於
黑谷山安撫司相去遼遠未免關牒都統司俾責守把
官軍挨捕而都統司復牒安撫司督責巡尉寨官收捉
西和等州又與都統爭衡軍兵各持彼我互相牽制姦
黠緣此觀望敢於爲盜深恐因此滋生邊事故有是命

慶元元年八月二十六日，臣僚言近者通臣有請兩淮荊襄當擇帥臣欲令臺諫給舍侍從集議于御史臺然後同銜薦舉陛下亟從所請可謂盛舉矣然臣竊見本臺體例多議事而罕議人臺諫乃彈劾之官設使同銜薦舉則保任而往他日職事或弛恐於彈劾有礙考之故事朝廷有所選任或自外遷或自內除或輟重臣以往初亦無所拘礙亦有出於臺諫者今若集議則勢必及外而不及內恐非所以均任使也欲乞令中書密院通擇其人或令二府與侍從給舍公心商議或令各疏人物於廟堂勿拘內外或出自聖斷選擇重臣以往必無不得其人之患從之　二年九月十一日詔利州西路安撫使於興州置司令都統制兼充以四川安撫制置使兼知成都府趙彥逾言利州一路附以關外四川邊關遙舊置安撫司公東西兩路中雖權併尋復如舊一於興元府置司一於興州置司　十一月十二日起居舍人胡紘言諸路帥司向緣軍興事涉機密許辟親屬充書寫機宜文字中間盡行罷去近年沿邊帥臣黨緣有請復開此例凡不應辟置者亦公然聞奏如執券取償甚亡謂也欲乞除四川制置許辟親屬機宜一員外其餘帥司並不許辟差其見任人許隨司罷或帥再任者亦不許再辟從之　三年三月二十五日湖南安撫司奏本司近獲指揮親兵專聽帥臣節制緣起置之

卷一萬三千三百四

初係於潭州住營諸軍內選擇軍兵五百人為額創為一寨拘轄教閱每月券歷亦係親兵統轄官刷作一券幫勘其軍分名籍以至遷補排連尚屬兵將司通管人數卻是人兵一身分隸兩處兵官管轄有此牽制今來若不申明竊恐又復以前窠占役使兼親兵見管人內有淳熙六年因收捕郴寇陳峒回司撥到敢死軍兵通共五百五十六人本司遂行下本寨取會有職名願乞回充營軍分執役兵員已撥回收管外截日親兵及敢死軍通管五百二十四人正撥充親兵其元有已刺軍分入於左手毋指下添刺湖南安撫司親兵七字更不隸兵將司軍籍每月請給只從舊來軍分幫支內充曾有職名人候將來有立功日於已授名次上陞轉向後有闕只從元指揮以五百人為額遇有逃亡事故名闕每季類聚從本司招填卻於左額角上刺七字軍號以潭州雄畧指揮請給支破遇有立到功勞從大軍體例陞轉庶得軍分歸一不敢混殽從之　五年十月二十八日右正言程松言安撫制置使肇於景德迨建炎之初元酌祖宗之舊制諸路安撫帶馬步軍都總管以寓古者方鎮之法法制一定無所易矣中興以來七十餘載雖神州赤縣未歸版圖然猶金楚以為家吳越以為宮聯荊襄之上游控巴蜀之絕險長淮蓄其北鉅海限其東蜀而三江五湖又襟帶乎其內于以保國則莫抗

卷一萬三千三百四

而有餘矣以規恢則待時而可動是則蕃方謀帥朝廷所宜為官擇人而不可忽也今日江浙達于川廣凡十有六路路擇一帥不過十有六人豈無耆儒碩德望實素著者置之十六路之上乎每一蕃帥之闕躊躇四顧選擇惟艱而庸耄者資淺望輕者間亦畀之何其類于之才不甚滿人意乎乞明詔大臣遴柬帥才除嘗任執政外兩制從官必曾經作郡者其餘庶官必曾任提轉職司實有治績宿負時望者使當一路帥臣之寄而庸耄選愞資淺望輕之人無復濫次其間從之　六年十月十四日吏部言湖北安撫使楊輔奏乞將幹辦准備差遣各省罷一員照得本司幹辦公事兩員一係安撫

卷一萬三千三百四

司一係營田司營田文字從來諸屬官並行通簽欲將營田幹辦省罷仍將營田事併入安撫司令本司屬官並通簽管幹從之　嘉定元年四月二十四日利州東路安撫司奏本司屬官廢置不定今止有參議官幹辦公事各一員乞復置機宜文字准備差遣各一員永為定例從之

嘉定十六年二月二日臣僚言國家連帥之任膺一道之責為至重置司所在必擇會府要衝者非苟然也蜀在數千里之外如興元府沔州利州實通西陲鎮壓邊閫屯營相望是以為帥者其權貴專其勢貴一臣聞咸平四年初置利州路於時未有帥也建炎四年宣撫司

承制以端明殿學士張深知利州兼利州路經畧安撫使此置帥之始也及後并度知興元府權利州路鈐轄景興宗代之遂兼利州安撫使由是帥移於興元矣紹興十年楊政為經畧安撫使知興元府吳璘以總戎節鉞為階成岷鳳經畧使乃以四州併歸利路而分利路為東西興元劍利閬金津巴蓬大安為東路政為安撫使階成西和鳳文龍興為西路璘為安撫使時紹興十四年也乾道四年合而為一興元兼領之淳熙二年復分三年又合五年復分開禧三年諸逆之後復合嘉定十二年以丁焴知沔州而又分廟㮣區畫蓋隨時而施宜也臣聞通者蜀事措置日漸有序新遣制使往鎮要

卷一萬三千三百四

地尤責其權之有歸於西方事体有所關繫欲乞明諭大臣從長區處如當合二帥為一乞降睿旨施行以重事權以幸全蜀從之

唐置藩鎮皆有參謀至行軍亦有之闕預軍中機密張建封爲温造字簡輿說劉濟使納忠於朝建炎四年詔兩浙西路安撫大使許置參謀參議各一員紹興四年詔沿江三大使司亦許置參謀參議官五年詔江東西路湖南浙西安撫大使許置參議安撫使許置參議其參謀參議請給依本路提舉茶鹽支破

卷一萬三千九百五十三

宋制河北河東陝西川峽皆有之以三班或內侍二人或三人充太宗至道元年九月供奉官宋元度等五人分往鎮定并等州及高陽關承受公事當言上者馳傳以聞　三年二月詔知滄州西上閤門使何承矩覺察諸路走馬承受并體量公事朝臣使臣踰違公事五月真宗即位未改元詔諸路承受公事朝臣使臣歸闕真宗聽政之初務從簡易故也　真宗咸平五年八月九日帝宣諭寄班使臣即畏避不敢公言早歲靈州巡檢王承境內隸人承受使臣都不以聞遂決杖降職自是無敢隱蔽因降詔戒飭之　景德三年七月詔諸路不

卷一萬三千三百九十一

得奏舉承受使臣初河東轉運使宋博等薦代州承受公事王白帝曰朝廷置此職欲令覩軍政察邊事況頻入奏報固已詳其行止何假論薦故條約之　四年五月詔朝廷比差諸路承受使臣要知邊處物情人事如聞多敗蠹規利及役匠人製作器用什物與豪富公人往來犯者重寘其罪閏五月詔諸路承受不得收接州郡臣僚干求恩澤奏狀十月詔緣邊承受使臣無得受總管鈐轄差領兵馬以圖功賞大中祥符元年正月詔諸路承受使臣多令諸州牒報事宜謄錄入奏頗爲煩擾自今禁止之　三年三月詔諸路承受使臣每到闕須即入見訖不得遷延久住　五年六月權知開封

府劉綜言諸路走馬承受使臣到闕皆直造便坐自令請先於前殿見訖乃詣後殿奏事從之七月二日詔諸路走馬承受使臣到闕據齎到文字於勾當崇政殿門使臣處納下進入如無處分亦次日入見三班使臣即依例於閤門下榜子見餘依舊例施行　六年四月詔諸路承受使臣自令許赴知州總管鈐轄都監會食外無得受生料餽錢五月詔諸路承受使臣多有踰越及受財賄事發被劾皆稱面曾聞奏因緣生姦自令合奏公事並須明具劄子進納不得輒憑口述　七年四月中禁諸州走馬承受使臣受諸路贈遣六月詔曰比擇使臣承受邊奏其於戒飭素已丁寧苟無曠遺亦有升

奬暨側聆於事實多不稱於選掄近河東路供奉官李崇政西川路侍禁張仲文增減上言張皇動衆已降職及勒歸班差遣訖其自令所差內臣三班使臣充職者如能行止周慎奏執允平當議特記姓名優與差使增加俸給其有明負才識深察機宜規度之間實有裨益者亦自别有升擢　九年三月選內侍及三班各一員充秦州沿邊走馬承受公事時曹瑋請以本路駐泊都監王懷信為安撫都監吏迭入奏不許其請而罷是職　天禧三年正月禁川峽走馬承受使臣自令往來興販物色　仁宗天聖六年正月上封者言自令走馬承受使臣年滿得替並具在任功過奏裁如無遺闕者與

轉一資十二月二十八日詔所差諸路走馬諸受使臣多不得人宜令三班院今後並選曾有臣僚同罪奏舉及曾經兵馬監押或巡檢寨主知縣不曾犯贓私罪者充　七年五月詔諸路走馬承受使臣年滿得替改轉後並與家便親民往程差遣　寶元元年二月詔內臣為走馬承受代還如使臣例與改官　景祐五年中書有是詔令復申明之　慶歷三年八月詔諸路走馬承受非本職不得輒言他事　五年十月遣入內供奉官康德用為河東路經畧司走馬承受河東舊無內臣為承受判并州夏竦特請之　皇祐元年五月復置麟府路走馬承受內臣一員　二年閏十一月二十六日詔

令後走馬承受如擘畫過邊上利便事件不得理敘勞績仍入內內侍省選差廉謹穩當之人仍不許指射　嘉祐四年五月二十三日監察御史裏行沈起言乞令後河北陝西等處擇人充走馬承受免使勞擾州郡詔令逐路都總管經略軍馬巡檢等司今後走馬承受得替令逐州軍保明無違越事件以聞方行酬奬　五年二月十七日三班院言奉詔看詳同勾當三班院楊畋所請諸路走馬承受雖是使臣緣預聞邊要帥機宜公事職任非輕理合慎選乞應中書制勑院沿堂五院樞密院出職人並依諸司人吏更不預揀選走馬承受差遣乞依畋請從之條制東頭供奉官并諸司人吏臣

驚宜作警

係家僕及伎術進納人等並不許選諸路走馬承受三
月罷代州駐泊司走馬承受減麟府路成都府利州路
走馬承受使臣一員　英宗治平三年正月十八日樞
密院言諸路走馬承受欲令三班院勘會見任官將欲
年滿更展一季於九箇月已前將見在班使臣依條揀
選四員仍仰主判官躬親試驗書劄各令寫家狀一本
并具析遂入出身歷任功過主人數姓名連狀申樞密
院進入乞點定一名從之九月十九日詔諸路走馬使
臣徐係中奏機密急速文字依舊例發馬遞外其餘常
程文字只發步遞以上國朝會要兩朝國史志走馬承
受以三班使臣及內侍充無事則歲一入奏或邊防有

卷一萬三千三百九十一　四

驚不以時馳驛上聞　治平四年三月十七日神宗以
即位未改元詔令後走馬承受年滿齎到保明狀合該
酬獎者取旨以任滿例當遷官太優故也　神宗熙寧
三年十月二十一日詔自來諸路走馬承受使臣春秋赴闕
並於經略安撫司取索管下城寨平安大狀赴闕進呈
未嘗親歷自今河東陝西令躬親往逐城寨取索所到
留一日不得飲宴仍著為令　五年四月二十一日詔
鑄諸路走馬承受銅朱記所有奉使印即拘狀送納諸
路走馬承受舊例啓曰某路都總管司承受公事居是
職者恐有所隸屬去總管司字冀擅其權因循已久至
是上命正其名仍鑄朱記給之　元豐元年四月十三

日詔走馬承受不得干預軍事　五月十五日詔逐路走
馬承受凡遇差撥軍馬出入仰常切體量人情如士卒
私陪費及將官措置乖失並仰密具事申聞奏如敢不
盡時聞奏致朝廷察訪得知當與所犯人均責　哲宗
元祐元年八月二十二日詔吏部今後選走馬承受依
舊條選無過犯人仍令門下中書後省別立法以聞
紹聖四年十一月二十二日詔諸路走馬承受有闕令
吏部具合選使臣政跡狀申樞密院先以才選次銓序
歷任取旨定差　元符元年六月九日詔諸路走馬承
受任滿酬獎令樞密院審按任內如無違犯或侵越事
依條推恩其本處保明聞奏指揮勿行　十月七日詔令

卷一萬三千三百九十一　五

後諸路走馬承受使臣闕以吏部選到人赴樞密院再
行銓量每路選使臣二人令入內內侍省引見取旨定
差一名　八日詔自今吏部看詳如遇出入回日許關借
詳照若敢隱匿並徒二年不以赦降去官原減諸路安
府鈐轄司依此施行　十二月十六日詔走馬承受公事
雖不係經略司屬官其邊界事宜已有指揮依舊例關
送其官司探到事宜亦依舊例許關借今後雖有帥臣
奏畫到時特旨處不得關報他司事宜亦不得將走馬
承受作他司吏不關送　大觀二年十一月九日　詔
令後東南走馬季奏應有驛鋪並不得乘船違者以違
制論先是兩浙西路走馬承受公事安竦乘座船赴闕

計在路四十三日江南東路走馬呂仲昌乘遞馬赴闕即不曾乘船計在路十一日得旨安排特衝替永不得與走馬差遣故有是命　三年正月二十一日樞密院言準詔諸路走馬承受公事今後取索本路封樁見在錢物糧斛數目聞奏已申選到走馬承受使臣後續有員闕其前闕退下之人亦聽再選二十八日詔諸路走馬承受使臣應合遵守條貫及被受機密朝旨非專下本官者並取索編類成冊申納樞密院仍令後依此接續抄上二十九日秦鳳路走馬承受鄭穳言乞自今本路兵馬出界別路承受一員隨軍從之環慶路準此三年五月十九日詔諸路走馬二員處人給朱記一枚

令禮部鑄造頒付　徽宗崇寧二年二月十七日詔成都府利州路瀘南路各添差內臣一員為走馬承受內瀘南兼梓州路　四年九月八日詔邊界探報事宜依條令實封送走馬承受看詳如在外即更不送逐日經略司或隱漏不送看詳亦無緣見得子細令經略司及沿邊安撫司將探到事宜書號印縫封送承受如供報不實不盡並以違制論不以去官赦降原減續據高陽關等路走馬承受公事所入狀申未審合因季奏為復每月或每季半年取索聞奏事令依糧草數立為每季聞奏修立下條諸每季取索本路封樁見在錢物數關具聞奏諸被受走馬承受公事所取索封樁見在錢物

數供報不實不盡者以違制論不以去官赦降原減奉詔依修定四月十四日上批向令諸路走馬因經過本路州縣等方許取索封樁錢物大帳點檢深慮走馬使臣不詳文意輒有用情每月每旬亂有取索除因季奏取索傳宣撫問外餘並不得取索仰樞密院立法行下六月二十七日詔帥府置走馬承受內臣一員武臣一員緣東南與西北不同不可令侵紊職守應有關見干軍民者並具聞奏仍許入急遞唯不得干預軍民事詞狀及擅行決罰指揮餘令依三路舊法施行江南東西兩浙各共差走馬承受內臣一員於東西路駐劄七月八日樞密院奏京西路走馬承受公事曾處厚申準樞

密院劄子奉聖旨本路州軍等處支給諸軍月糧許走馬承受親臨於已請出粮內取一二合令當職官封題即記走馬承受附遞呈進若走馬承受不在本路或緣假故即與將副往彼取樣封記將官關送到依例附遞竊詳州軍內有無將副去處即乞委本州都監或監押往彼取樣當職官封記前來本所依例附遞進呈從之十一月一日詔走馬承受秦鎮在任不鈐束所帶人兵多請過米麥特罰銅二十斤仍令諸路走馬承受今後嚴切鈐束不得多借請給及有搔擾違者當議重行責罰先是臣僚言鎮違法將帶馬軍及縱令人兵違法借請官物等詔令本路發兵軍副使龐寅孫體量得實故

有是命　四年正月四日詔諸路州軍有走馬承受處
除邊機兵防軍期急速等自依條制外如有事出非常
稍涉要害等仰州郡合屬去處限日下關報本路走馬
承受所　二月十六日樞密院言兩浙東西路走馬承受
公事呂仲昌江南東西路走馬承受公事王淵關併奏
伏覩大觀走馬勑每季取索本路州軍粮草文帳備錄
聞奏續奉朝旨許令取索封樁見在錢物粮斛季奏日
赴闕進呈及近奉朝旨兩浙併作一路仍依舊往還守
季臣等契勘兩路相去遼遠不下數千里於守季傳宣
取索入奏往來時無暫暇兩路帥府安得有互守之理
所奏帳狀竊慮書寫不速遂至遲延欲將兩路州軍每

卷一萬三千三百九十一　八

季合取粮草并封樁見在錢物糧斛帳狀等令逐州軍
如法攢造關報走馬所逐旋繳奏所貴兩不相妨所有
其餘兩路併作一路者望立法遵守看詳諸路糧草所并
封錢（樁）物（錢）物令走馬承受取索聞奏蓋使衆察他司令釆
若止憑諸州攢造帳本所繳奏即與逐州一面申奏事
體無異所有走馬承受公事所取索聞奏自合遵依見
行條制外官司取索糧草帳雖有立定回報日限緣日
限太寬兼封樁錢物未有報限條約乞檢會增修從之
三月三十日詔諸路走馬承受公事使臣大小行人之
職耳目之任舊許風聞庶幾邊防動息州郡不法得以
上達近有陳請不實重行降黜之文例皆偷安苟簡避
罪緘嘿甚失設置之意可仍舊許風聞言事　十月八日
詔江南路走馬承受分在洪州江寧府兩處駐劄相去
遼遠凡有被受朝省文字不能互知自今後應有文字
並雙封降付兩處照會庶免關報留滯　十九日臣僚上
言東南諸路近置走馬承受公事聖聰四達周知遠邇
無壅蔽之患天下幸甚竊謂官吏貪暴民間屈抑監司
職事隳廢而走馬承受能得其實狀以聞此其所補固
不為小其或不知分守侵官紊法輒受詞狀判送州縣
移文督催過於監司喜怒任情所至受弊恐非建置之
旨伏望不以輕授而以守職循分不得有所侵紊嚴加
訓飭庶各知警詔申明行下　政和元年正月十三日

卷一萬三千三百九十一　九

詔諸路走馬承受公事使臣每員許召募手分貼司各
一名手分每月支錢六貫米一石五斗貼司減半並依
舊推行重法其已差到使臣手分并軍典候募到人遣
歸本處　二年正月二十五日詔比聞諸路走馬承受
公事使臣近來於州軍朝拜燕集等處內有官資稍崇
者多居守臣之上甚非所以重千里之寄自今後走馬
承受除州事守臣外並依雜壓敘位餘依舊例仍著為
令　三年七月十四日樞密院言勘會走馬承受自來
獨員及雙員處一員入奏或差出隨軍之類其在本路
人遇非次替移從來並未有交割所管印記案牘人吏
與是何官司收管條約欲乞立法從之　五年十二月

十五日詔諸路走馬承受耳目之寄實司按察均體使
華而通來類皆貪賄交通郡邑商較饋送置土物以事
權要其不職者已行澄汰宜務首公以稱任使　六年
三月二十七日樞密院言入内武翼大夫保州廣信安
肅順安軍走馬承受公事岑奎申伏覩近降指揮應諸
路監司及依監司人凡可按刺州縣者並依陝西路已
降聖旨指揮不得赴州郡筵會及收受上下馬饋送令
來上件指揮雖不該載走馬承受奎慮亦合依凡可按
刺州縣之人除所守季州軍依條赴公使筵會及收受
月例供給外即未審傳宣取索所至本路州郡合與不
合依上條不赴州郡筵會及收受受上下馬饋送若不
卷一萬三千三百九十二　十
合赴廨宇所在州郡筵會其傳宣撫問所至亦未審合
與不合赴公筵一日欲望詳酌明降指揮詔諸路走馬
承受傳宣撫問所至州軍管設筵會等許依舊例　四
月一日臣僚上言恭覩去冬御筆誡飭走馬承受至於
告以任遇之誠諭以設官之意咸使首公滅私清白勉
勵激昂自奮以稱任使則聖訓丁寧可謂至矣慮歲月
寖久或致後來者無聞非所以上稱訓廸之意欲下諸
路許令刊石於廳事昭示永遠之誡從之同日樞密院
言麟府路走馬承受公事揚延宗申伏覩走馬敕諸稱
帥司者謂經略安撫都總管鈐轄司麟府路軍馬瀘南
沿邊安撫保州信安軍安肅軍都巡檢司同　又令諸

帥司被受御前發下朱紅金字牌因季奏齎赴樞密院
送納契勘有知府州折可大并似此等處過有躬受到
御前發下朱紅金字牌合與不合計會齎赴朝廷送納
詔並令走馬承受齎擎赴闕送納諸路似此去處依此
七月十三日設改諸路走馬承受公事為廉訪使者
九月四日詔諸廉訪使者稱呼所名利多不一令後
並以某路廉訪所為名　十四日詔大名府路走馬承
受于奉世奏報失實可於罷送吏部與監當差遣　七
年二月八日詔邊防諜報至重至密動繫機要間不容
髮近聞沿邊每有探報不論重輕虛實互相關報諸司
諠傳騰播增緣百出顯有漏露實於邊防有害自今探
卷一萬三千三百九十一　十一
報除聞奏外更不得報諸司謂如轉運提刑提舉廉訪
等司之類　如有著令並行衝改或擅輒取索及違者論
如違御筆法其復宣和三年三月二十四日因臣僚上
言除去廉二字　四月十一日陝西河東河北路宣撫
使童貫奏竊見自今諸路廉訪使者凡所法禁與監司
一同以至州郡飲會之會例皆不赴但以嚴毅自守甚
妨採聽似非設官之本意欲望詳酌應廉訪使者舊例
筵會聚食欲乞許令依舊赴從之五月一日江南廉
訪使者李穆奏每年天寧節聖壽道場乞各於駐劄關
啓建置具疏進奉頗可恭恪可特依所奏餘路準此十
四日德音比來監司郡守全然失職坐視贓汙並不

舉按州縣姦贓汙吏因緣公事乞取民財率斂錢物不可勝計至或驅役良民應副私事不顧公法公人吏人相與為市不無彰露監司郡守已不廉潔懼不敢發遂使吾民陰受其弊可令廉訪使者廣布耳目覺察姦具以聞重行編配仍坐此勅文出榜許人不須吏歷監司郡守徑赴尚書省陳訴許令衆戶坐一名齎狀赴省當差御史按治六月十五日詔利州廉訪使者丁瑚侵撓帥權干預邊事方行招降遠便進討虧損威信傷陷官兵衆奏報不實可特除名勒停永不收敘送永州編管仍差大使臣管押前去八月二十一日詔令年五月所降德音許諸色人實封訴事赴鄰路廉訪使者投下繳

卷一萬三千三百九十一　十二

申尚書省指揮可更不施行限指揮到日立便止絕仍仰逐路具奏即違施行二十五日樞密院言陝西河東河北路宣撫使司申勘會諸路廉訪使者之職一路事無巨細皆所按刺朝廷耳目之任寄委非輕今序位總在通判之上緣其間有任橫行之人若非泛奉使依條序官在發運監司之上其武翼大夫以上與發運監司序官今來提舉木栰坑冶茶鹽官皆比附監司序位內有官係宣教郎之類並在廉訪使者之上不惟理有未順即未副朝廷委寄耳目之重本司今欲乞諸路廉訪使者序位在轉運使副判官提點刑獄提舉學士常平官之下內係橫行或內侍者帶直睿思殿許與提舉弓

箭手序官如廉訪使者係武功大夫已下即與提舉木栰坑冶茶鹽序官無提舉弓箭手坑冶茶鹽官路分比類施行庶事理順而品序正以副朝廷耳目之任從之

八年正月二十八日詔諸路廉訪使者序位在通判之上其職由接送人並依通判例仍歲支公使錢三百貫文以係省錢充置籍支使今後本所應用動使陳設什物之類不得於他處關借違者以違制論二月二日詔近降指揮廉訪使者序位在通判之上可依按察州縣官例收受供給諸路準此五月八日準樞密院封送到政和重修本所令諸帥司送到諸處探報關申邊界事宜文書即時看詳實封送還已奏者非別有申明更不再奏其附案者如有應奏之事聽備錄聞奏遇出入

卷一萬三千三百九十一　十三

回日亦聽關借餘準上法閏九月十九日臣僚上言竊以朝廷更置廉訪使者選委甚重俾廉訪一路全賴監司若不優假體貌則無以表儀郡縣唯每歲使押賜衣襖至於計會戶部請領沿路使押近乎押綱使臣竊恐非朝廷以使者呼之之意又每到闕伺候戶部製造致有留滯累月實恐治邊不測出入有闕監軍欲望朝廷畫降指揮今後衣襖乞下吏部差使臣管押赴逐路廉訪所交割委廉訪使者覩詣逐處監散所貴事體增崇俾逐路知朝廷遣使之重詔依臣僚所言餘路依此

宣和元年八月十八日詔廉訪使者不許收接詞狀已

有著令若事涉要害或論訴他司違法之類豈容不舉但不許予決即不為侵官可參酌立法取旨施行九月一日臣僚上言乞應除授廉訪使者特加詢考慎擇忠實潔白之吏仍乞自今以往若犯贓私各於本罪加等論庶使仰體陛下責任之專而廉勤自重不為非義天下幸甚詔仍加本罪二等十月十一日詔令諸路廉訪所京畿武臣提刑每月并逐旬申奏賊盜狀仍將關牒所屬不住督責捕資官須管捉獲盡絶餘依累降指揮五月十二月九日真定府中山府路廉訪使者李約奏伏覩政和令諸大慶大禮元日冬至發運監司官提舉茶事提點坑冶鑄錢官司諸州長吏三泉知縣同奉表賀舊例遣使者如舊例月旦奉表參起居仍前期七

卷一萬三千三百九十一

十四

日到進奏院中散大夫刺史大將軍以上在外及武功至武翼大夫任路分鈐轄以上準此臣契勘廉訪使者舊隸逐路帥司走馬承受昨蒙睿旨改正名稱敍官述職幾廁監司之列如天寧節進奉功德疏并賜宴已蒙聖造特依所乞獨有大慶大禮元日冬至月旦奉表臣所領職名未預其數欲望聖慈特許今後依前項令文逐時奉表賀參起居詔依所乞餘路依此 六年三月七日臣僚上言淮南路廉訪使者王若沖奏準勅修立到諸司遇季奏前期報轉運司取索所部見任官職位姓名到任年月日或事故及之官違限人類聚點檢諸

實連奏緣未有關送廉訪所條限伏望下有司脩立關送日限及違限斷罪修法詔令諸路轉運司春於正月下旬秋於七月下旬以前發遣到廉訪所違限者杖一百閏三月十九日詔諸路廉訪使者不合干預茶鹽事若州縣有罪自合按劾 七年四月二十七日詔今後州縣等處合干人應供報文字稽違差錯鹵莽等並許廉訪所遵依監司見行條法施行從京西路廉訪所請也 欽宗靖康元年正月十六日詔廉訪使者並罷其走馬承受公事依祖宗法 四月一日監察御史余應求言自古中人預軍政未有不為患者故齊寺人貂漏師於多魚鳳沙衛殿而二將見獲唐用監軍每無成功此可為後世深戒者也國家近年邊事專委童貫譚稹終

卷一萬三千三百九十一

十五

成大禍幾危社稷今兵革未弭選將命帥固當委任責以成效所遣中人不過隨軍承受奏報文書而已臣竊見近者河東承受王嗣昌奏請畫一乞令日報將兵復驗首級提點賞犒催促糧運及差發探報動息出入皆報承受所則是又預軍政矣雖名承受其實監軍也夫軍政不專於主帥而關決於承受則動有牽制進退狐疑又唐之監軍多擁精兵自衛勝則坐分功賞退則引兵先遁今嗣昌又乞以隨軍步馬各兩隊防護若進裏幹當抽摘隨行是又踵唐監軍之迹也如此豈有同心赴敵死於行陣之間哉朝廷不察其意而從之臣恐將

帥依違不能專制人意積日累勞他時為監軍為制將自兹始也臣又覩童貫之初用事也為熙河蘭會路承受而已繼而措置邊事又為安撫制置使又為宣撫使終之爵郡王職樞密譚稹之初用事也亦熙河蘭會路承受而已繼而為幹當公事又為淮浙制置末乃為河東宣撫使蓋其由來有漸非一日之積也今嗣昌初為承受許預軍政安知數年之後不復為貫稹者乎陛下方脩法度以治內命將帥以事外嗣昌首為亂階漸不可長望追還所請以示專任將帥之意詔嗣昌奏請畫一指揮更不施行七月二十五日詔諸路走馬承受依祖宗法並帶某路某司走馬承受十一月十六日戶部

言諸路廉訪使者已依祖宗法改為走馬承受公事使臣隸屬帥司難以自立一所欲並令聽監司覺察與諸司屬官一等從之以上續國朝會要　建炎元年十二月十二日樞密院言昨罷廉訪使者逐路依舊改為走馬承受公事依祖宗法隸屬帥司詔今後應走馬承受公事職事並依祖宗法如違以違制論委帥臣奏劾二年五月二十二日詔走馬承受公事應行移帥司文字合並用申狀其見帥臣亦合依屬官例　四年十月八日入內東頭供奉官秦鳳路都總管司走馬承受公事胡師回言昨降指揮應今後所差使臣充諸路走馬承受公事每遇赴闕入奏公事許令依例將帶當直兵

士一名隨行今來邊事未息道路梗澁若止許將帶當直兵士一名竊慮闕悮乞遇有赴闕奏事特權差當直兵士六十八隨行管轄人在外若白直兵士不及數仍於本路州軍差撥如沿路有疾病逃亡事故之人隨處差填逐州交替候邊事寧息日乞依熙寧條法許帶白直兵士隨行赴闕入奏人數施行詔遇赴闕奏事權差四十人餘依

歷罷月日闕

大典卷六百一 又卷一萬五千三百三十一 以下有六頁寫被數

全唐文

宋會要 勸農使

勸農使掌勸課農桑之事 太宗至道二年七月，太常博士、直史館陳靖上言：天下多曠土流移之民，衆謂置使招集，給以田種，條上興刱功利。太宗謂宰臣曰：秦滅井田，置阡陌，經界廢而兼并作，遂使普天之下共嗟吒。迄至今日，貧富不均而禮節不復者，良由是也。朕以涼德猥臨大寶，思欲革百王之弊，立一朝之法，復古道而康下民，晝夜思之，未嘗暫輟。前後上言農田利害者多矣，皆是知其末而暗其本，有其說而無其用。唯陳靖此奏頗究根源，舉而行之，頗契朕意。宰臣呂端曰：靖見在外候對。即時召見，帝再三獎諭，仍令賜食而遣之。他日帝語及靖奏，呂端曰：上失其道，民散久矣，今靖所立田法，改更舊制非一，加又大費錢帛，應須下三司議。帝善之，委鹽鐵使陳恕及副使於部內僉選判官各一人，與恕、靖等會議，務令論講貫以極理道。八月，以靖為勸農使，往行陳、穎、蔡、襄、鄧、唐、汝等州墾田，以大理寺丞皇甫選、光祿寺丞何亮引之。選等上言以為功難成，願罷其事，帝初不從，猶詔靖經度。未幾，三司議以為費用官錢多，萬一水旱，恐遂散失，帝重違羣議，寢之。十一月六日，詔：勸農種藝，素有定規，如聞近年多不舉職，非所以副宰字之寄，厚衣食之源。宜令諸路轉運使申飭令佐勸

職官四二之一

民栽種。真宗景德三年二月，詔諸路轉運使副、開封府知府及諸道知州、刺史、少卿監已上並兼勸農使，其餘知州、軍、通判等並兼勸農事，仍令自今除授依此施行。天禧三年十一月，中書門下言：諸路租賦欺隱至多，官私土田侵冒亦甚，欲條貫畫一，專委逐處提點刑獄朝臣管勾。從之。四年正月，詔改諸路提點刑獄為勸農使副，兼提點刑獄公事，所至取州縣民版籍，視其等稅科有不如式者懲之，勸卹耕墾，招集逃亡，檢括隱稅，凡隸農田事並令管勾，仍各賜農田敕一部，常使遵守。八月，詔諸路勸農提點刑獄官自今奏事緣戶賦農田則書勸農司，刑獄格法則書提點刑獄所。又詔：自今逐年兩稅版籍，並仰令佐躬自勾鑿點勘新收舊管之數，民有典賣析戶者，驗定舊稅，明出戶帖。勸農使按部所至，索視帳目，其縣官能用心者，批歷為[illegible]當議升獎。時上封者言諸州民版止委吏人，失於勸驗，移易稅賦，多不均等，故有是命。詔：前敕諸路勸農使所至究民間疾苦，帳籍，慮其因緣取索，受民越訴，以擾民人衆，宜令使副常切鈐束，更不得妄有行遣，呼集民人，其籍掌不整，止得移牒索視，論訴公事並依舊次第陳狀，如已經州縣轉運使不行者，並即時盡公處理，所置曹典勿得過提點刑獄司數。四月二十二日，利州轉運使李防請雕印《四時纂要》《齊民要術》付諸路勸農司，以勉

續

職官四二之二

民務使有所遵用。真宗嘗之，即詔雕印四時纂要、齊民要術二書賜諸道勸農司。○十一月，令勸農使兼提刑獄官，自今以提點刑獄勸農使副爲稱。○乾興元年五月，仁宗即位，未改元。詔許夔州路提點刑獄勸農使副盛京、趙文蔚每歲一至歸州省視家屬。○仁宗天聖四年三月六日，中書門下言：累據臣僚上言，國家以轉運使副、提點刑獄司合勸農一司，更不別置司，行遣常切體量民間疾苦，凡干租稅、徭役、科買物色及諸般事有未便於民者，盡一條奏，如何擘畫即得便濟，當議詳酌施行。及自令體量諸縣令佐如有墾葺得稅、減息流亡、不擾民户、政治可稱者，以聞。即不得避事不言，其轉運、提刑司合提舉公事仍仰區別州郡理與不理之處，不得一例行遣，別致妄外煩擾。從之。○明道二年十一月二十八日，天章閣待制、知應天府陳執中言：乞令後應差權知河南府、河南府、應天府並令兼充畿內勸農使。從之。○至和二年七月，詔：如聞河東户役惟課桑以定物力之差，故農人不敢種植，而絲蠶益薄。宜令轉運使勸植之，仍自今毋得以桑數定户等。

卷六百十　三

營田使

宋會要　鹽鐵使

陳恕自河北營田使知代州，葺城壘戰具，太宗知恕有心計，名爲鹽鐵使。

韓世忠紹興十年以宣撫兼營田大使。

全唐文　發運司　催綱司

宋會要

神宗正史職官志制置發運司並使副或判官二人提（計度轉運司）
點刑獄司提點官一人提舉司提舉官一人各分路列
職掌按察官吏之事轉輸淮浙江湖賦入之物以供京
都收摘山煮海鼓鑄之利以歸公上而總其漕運之事
則隸發運司　三門白波發運司有催促裝綱各二人
以京朝官三班充河陰至陝州自京至汴口催綱各一
人並以三班以上充廣濟河都大催綱一人以京朝官
充後改為輦運司許汝石塘河催綱二人以京朝官三
班充御河催綱一人以三班充提轄官二人以安利永
靜二軍知軍兼充分轄緣河州縣汴河至泗州催綱三
人以三班或內侍充皆分地而領之蔡河撥發一人以
朝臣或三班充又江南兩浙荊湖皆以三班為撥發諸
州又有監裝卸斛㪷官一人或二人以京朝官三班幕
職州縣官充英宗治平三年六月詔發運司勾當公事
傅永兼催發鹽綱　神宗熙寧元年七月二十五日詔
虞部郎中知河陰縣張宗道虞部員外郎發運司勾當
公事傅永並專切催遣自京所撥赴河北糧綱　熙寧
三年八月二十六日詔蔡河撥發隄岸㪷門公事等今
後並隸都大制置發運司提舉管轄　紹聖元年九月
十七日戶部言發運司狀每年上供額斛及府界南京軍

糧動以萬計止管汴河一百七十餘綱須裝卸行運之
速乃能辦集其汴綱在京等處卸糧多有少欠綱分依
朝旨並批發下裝發處折會結絕而從来亦有立定日
限備償明文欲並依京東排岸司一司式立限備償若
裝發處不使結絕自依元祐八年秋頒敕條斷罪從之
元符元年四月二十三日戶部言發運司奏歲額帳
狀乞限次年九月終撥發輦運司限六月終從之　二年
二月六日吏部言發運使張商英奏乞罷真楊楚泗州
監倉門㪷面官四員置巡轄綱運官四員從之　三年
二月二十四日刑部言荊湖北路提點刑獄司申檢準
治平二年三司使韓絳等奏使臣管押汴河糧綱若於
綱運內有過犯並委三司發運司取勘罰贖又準元祐
七年敕小使臣在官處犯公罪杖以下並本州斷發其
應斷罰而所犯情輕者申提點刑獄司委檢法官看詳
又準紹興五年敕諸押綱小使臣犯笞罪批上行程至
卸納處排岸司點檢在外就近送轉運或發運輦運撥
發司施行令看詳治平朝旨係專言渭汴河綱使臣即
不言諸路押綱使臣有相合依是何條令尋送大理寺
參詳今據本寺狀治平朝旨既係一司專條外其諸路
押綱使臣雖依紹聖五年敕令排岸司點檢送轉運司
行遣如所犯情輕者除發運司合依本司專條勘罰外
其轉運輦運撥發司即亦合關報提點刑獄司依條看

詳當否施行從之　徽宗建中靖國元年七月十七日
戶部狀準都省批送下發運司契勘諸路合起上供錢
帛斛㪷內年額錢依條分作兩限封樁起發及紬絹物
帛並限歲終起發如起發違限并不足許發運司牒鄰
路提刑司取勘令相度諸路合起年額上供兩限起發
（上限七月終下限歲終）真揚州排岸司拖照起發月日申發運司
并上供錢及六路轉運司年額斛㪷須管依元條限次
逐限內樁起了足如違并不足並從本司申尚書戶部
下本路提點刑獄司先行取勘轉運司人吏所有合干
官員即依元條施行從之　崇寧三年八月十三日江
淮荆浙等路發運司奏契勘本司總轄東南諸路內兩

卷一千一百十四

浙路每年合起上供歲計糧斛錢帛萬數浩瀚比之其
他路分數目最多及有福建路合起上供錢帛綱運不
少盡皆經由兩浙團發從來未有專置催轄綱運官數
內自江州至荆岳一員所歷路分州軍不多今相度欲
將江州至荆岳州催轄綱運官一員移於兩浙自潤州
至衢州以來催轄綱運於蘇州安置廨宇所有應緣諸
般約束事件並依催轄綱運官已得旨揮施行從之
政和三年三月四日尚書省言訪聞東南諸路綱運往
往沿流州縣注泊蓋緣閫人牽轉多被合干人等盜賣
或致散失有妨都下指擬使用詔令沿流州指揮逐地
分縣令佐及催綱官司巡尉捕盜等官遇有綱栰輪那

一員躬親前來巡防照管出界處相交割立便趕趁前
來如委闕人兵牽轉即仰所屬官司那差廂軍或不足
仰於本地分清河內差刷相兼應副又不足即一面支
轉運司錢和雇人夫牽拽訖申知本司不管少有注滯
仍仰逐地分官司覺候趕趁訖申尚書省八日中書省
尚書省檢會政〔和〕二年十二月十三日敕令後應押栰使
臣殿侍軍大將等如押竹木綱栰送納別無少欠雖有
不敷元來徑寸如有綱解火印照驗分明係是元起官
物別無欺弊仰所屬一面取會元發木官司認狀外其
其管押人聽先次依法推賞如會到別有違礙〔得〕欺弊不
該推賞即行改正依條施行勘會未降上件指揮日前

卷一千一百十四

亦有似此之人理合一體詔並依政和二年十一月十
三日朝旨施行　宣和二年八月十六日中書省言勘
會東南糧綱為拋失少欠數多近已奉御筆措置罷募
土人改差使臣等管押及令經由拖欠路分任責令有
合申明事件下項一六路召募土人法罷其兩河糧綱
所募土人亦合並罷遵依已降指揮施行一六路罷募
土人糧綱并年滿事故等闕轉運司已降指揮出闕召
人指射如過兩月無人指射或雖有人指射不應差注
者即具闕報發運司召人以上差訖除具職位姓名申
尚書省外仍申所屬曹部出給付身或發運司過一月
無應入人指射即申吏部又過一月猶無應入人即闕

都官差注其資次並依已降指揮一兩河土人糧綱并
年滿事故等闕輦運撥發司出闕召人指射差訖具職
位姓名申尚書省外仍申所屬曹部出給付身過三月
無人指射不應差注者即具闕申吏部又過一月無應
入人即關都官差注其資次並依六路已降指揮一管
押人雖已有副尉指射若定差未了閒却有校尉以上
人願就者自合先差校尉等今來所罷土人俟差到人
交割訖發遣歸都官别承差使即不得再押糧綱沿路
拋欠斛㪷除合依已降指揮令經由拋欠路分轉運司
任責次年依上供條限補發外其六路每年隨正額合
起酌中補欠數因自合依舊起發候次年經由拋欠路

卷一千一百十四

分補發到京如實補發到數目過于本路隨正額合起
酌中補欠之數即將剩豁除一兩河拋欠斛㪷其經由
路分任責補欠置籍等亦合依東西直達綱已降旨揮
[illegible]施行內拋欠斛㪷並令地分官司京東輦運司蔡河
撥發司置籍一經由京畿地分如有拋欠緣京畿别無
上供斛㪷自合據合補數目於外路起到應副本路綱
內依數改撥補發上京一提轄文臣已立拋欠分釐責
[illegible]罰其檢察武臣亦合依此一土人如爲已有替罷指
揮執敢作過偷盗糧斛拆賣舟船仰所在官司常切覺
察具違犯申尚書省法外重行斷遣從之　五年五月
十二日詔令吕淙胡直孺東南六路轉運輦運撥發司

官限指揮到據未起斛㪷數目躬親嚴緊催督須管日
近擁併相繼起發到京其已起在路數目亦仰催促沿
路經由州縣及催綱等官司速行遞相趕發兼程前來
尚敢違慢以違御筆論　六月二十五日發運使副吕淙
陳亨伯奏準尚書省劄子權知宿州林箎奏發運司利
害及管見十事劄付臣等照會數內第二十二項自行
直達每路並差提轄官一員今來復行轉般所有湖南
湖北江南東西四路提舉官合與不合減罷取自朝廷
旨揮倉部勘會東南六路提轄官昨緣直達朝廷降指
揮差置今來雖江湖四路復行轉般其逐路有合發斛
㪷萬數浩瀚并係在京指擬支遣數目見不住裝發綱

卷一千一百十四

運直達上唯籍提轄官往來檢察催督令勘會江湖四
路提轄官俟發運司有收糴到或可代發斛㪷奏行轉
般日即行廢罷本部勘會諸路提轄綱運官淮浙各兩
員江湖四路各止一員依法自本路至國門往來催促
綱運檢察違滯近發運吕淙陳亨伯措置轉般晝一內
一項申明江湖四路提轄官係直達差置合與不合減
罷已承旨揮俟發運司有收糴到或可代發斛㪷奏行
轉般日廢罷及發運司勾當公事官陳亨伯稱係諸般
差委及闕有朝旨令分委勾當今來林箎所乞每歲分
輪提轄官於界首取索驅磨行程及乞每歲輪差發運
司勾當公事官於拱州取索行程驅磨事理即有礙元

條及妨闕勾當委是難行外其陳亨伯乞令後提轄官並依法自本路至國門往來催促綱運發運司常切檢察如每歲不見往來經由真揚楚泗致綱運於本路及他路住滯偷盜數多聽發運司於所部選承務郎以上清彊官對移或乞令具事理申尚書省差官替罷事理施行並從之九月五日戶部奏荊湖南北路劄刷大理錢帛趙庠申勘會荊湖南北路諸州軍起發上供錢物有畸零數少去處依條般往近便及泝流去處州軍團併成綱起發上京限十日轉發違限杖一百令團併州軍承他處起到錢物如不依限交收轉發欲望立法約束及許管押人越訴戶部看詳欲依趙庠所乞如他州

卷一千一百十四

或別路起到錢物限次日交收仍乞立法施行諸路準此從之　七年三月二十日江南西路轉運判官高述奏本路宣和七年合起發上供額米一百二十萬八千九百石依近降御筆處分般至淮南下卸依條分三限內第一限二月計四十萬二千九百七十石本司牒諸州縣計置起發今據申已發過四十一萬九千六百十一石九斗八升前去淮南下卸內已充足第一限合發米數外又攙發過第二限米壹萬陸千陸伯肆拾壹石玖斗捌升已具綱名細數申尚書省去訖詔高述須以事罷司旋命復職令能修舉漕計今春上供肆拾餘萬石已足上限繼運下限亦起發奉法修職可特除直秘閣以勸諸路奉公之吏

卷一千一百十四

全唐文

宋會要

三門白波黃渭汴河催促裝綱官二人以京朝官三班充河陰至陝州自京至汴口催綱官各一人並以三班充廣濟河都大催綱官一人許汝石塘河催綱官二人並京朝官三班充御河催綱一人汴河至泗州催綱官三人並以三班武內侍充皆分地而領之　真宗大中祥符四年八月詔復置廣濟河催綱朝臣是職舊命常參官近歲省去止用使臣而州郡皆不承稟故復之　八年七月詔三班院自今諸河催綱巡檢並選曾經監押巡檢般直幹事者充初三班侍禁李世隆為蔡河撥發兼巡檢捉賊真宗曰世隆年方二十五未經歷又上封者屢言催綱捉賊多差權勢子弟故條約之　九年五月十五日詔黃汴廣濟石塘河催綱巡河京朝官使臣自今每歲許一次入奏三門白波發運使判官每歲許二人更番入奏　仁宗天聖三年正月三司言廣濟河催綱太子中舍成璧到任二年催綱斛㪷伍十六萬貳千陸百餘石比前界甚有出剩乞降敕書獎諭從之　慶曆三年十二月省朝御河催綱官　四年三月省廣濟河催綱朝臣一員仍減歲漕軍儲貳拾萬碩　英宗治平三年三月三司言許汝州石塘河催綱屯田郎中徐說請令押綱人員除係拋失少欠諸般過犯申送

卷一千一百十四

職官四二之一三

赴省其餘只本司施行勘會石塘河催綱司所管綱船不少乞令依蔡河撥發司并廣濟河例如有押綱軍大將犯笞罪許令本司勘決訖申省杖罪已上依舊條施行又稱所管綱船其人員綱官多不用心鈐轄梢工愛護舟船容縱偷賣釘鍋動使遇有損壞相驗不堪修補遂恣拆拽散失今後乞據少數估價令人員綱官承認陪納欲依所申并諸河綱船准此從之　哲宗元祐二年正月二十五日左諫議大夫兼權給事中鮮于侁言蔡河撥發催綱司督京西淮南糧運以供畿內半歲不能周一運請令催綱司統按縣道立賞罰使人自為功從之　政和五年七月九日祠部員外郎胡獻可奏士人管押綱運若不立定理界年限輕重等第更互交押妄是勞逸不均令相度欲乞應募士人路分綱運窠名輕重及理界年分并理運數並依自來都官差副尉條法施行候界滿日令更互管押從之

卷一千一百十四

職官四二之一四

宋會要　發運使

太祖乾德二年二月以吏部郎中何幼冲充京畿東面水陸發運使

宋會要

景德二年五月以崇儀副使李溥制置淮南江浙荆湖茶鹽礬稅兼都大發運使時新易榷茶法故專任溥以集其事八月以大理寺丞李渭為太子中舍充黄河三門發運使三年二月以虞部員外郎馮亮為度支員外郎淮南江浙荆湖制置茶鹽兼都大發運使賜金紫

宋會要

太平興國五年正月命右賛善大夫姚沆為陝西三門發運十月命太子中允劉順監三門發運務八年九月以儒州刺史許昌裔洛苑使演州刺史王賓同知水路發運軍器庫使領順州刺史王繼昇駕部員外郎劉蟠同知陸路發運先是每歲運江淮米四五百萬斛以給京師率用官錢僦牽船役夫頗為勞擾至是每船計其直給與舟人令自召募甚以為便既而舟數百艘留河津月餘不得去計吏自言有司除常載外別科置皮革赤煙鉛錫蘇木等物守藏者不即受故也太宗怒奪三司使一月俸分命昌裔等領水陸發運自是貢輸無滯也

宋會要

景德三年發運使李溥奏請取十年酌中之數為額故六路上供六百萬石其後或增或減然其大約以景祐所定歲額為準

宋會要

天禧二年二月以崇儀使高州刺史賈宗領昭州團練使淮南發運副使殿中侍御史薛奎為戶部員外郎並充淮南江浙湖南北路制置發運使内殿承制閤門祗候郭盛為如京副使充都監

宋會要

仁宗明道二年六月三日内侍鄧守恭上言自今制置發運使副都監令並滿三年從之　景祐元年十月五日詔罷江淮發運使以其使黄總為淮南發運使與吳遵路同兼發運司事所有制置茶鹽礬稅令逐路轉運使副兼領之　二年四月二十九日中書門下言近省罷淮南江浙荆湖等路制置發運司其公事令淮南轉運司兼領輦運上京斛㪷舁委逐路轉運司各認年額起發尚慮逐路不切趁辦致虧元數欲下淮南及逐路轉運司並須公共計置依元額上供不得虧少有悮支用如違并干繫人吏置之法從之　五年八月詔復置江淮發運司以兵部郎中直史館楊日嚴為淮南轉運使度支郎中楊告為淮南江浙荆湖制置茶鹽礬稅都大發運使提點鑄錢事其提點鑄錢兼轉運判官周陵

令赴闕合行事件三司限十日畫條奏以聞先是詔罷制置發運鑄錢事令淮南轉運兼領發運茶鹽礬稅各歸逐路轉運復置判官一員鑄錢亦別設官上言者屢稱不便故復置焉　康定元年五月一日中書門下言近差天章閣待制蔣堂充江淮等路發運使其淮南兩浙江南東西荊湖北路轉運司自來凡有發運司文牒移易錢帛逐路多占留欲令自今公共應副務從辦集從之　慶曆元年七月以三門白波黃渭汴河發運使梁吉甫兼汾洛河發運應副陝西轉運司輦運糧草　七年七月二十八日以江浙等路發運判官主客員外郎許元為發運副使更不置正使

皇祐四年二月帝謂輔臣曰比以東南災傷之餘民力匱乏嘗令江淮發運司減上供百萬斛令發運使施昌言許元乃欲分往兩浙江南調發軍儲是必誅剝疲民求羨餘以希進爾宜約束之因詔昌言等遵前詔毋得輒有科率　五月詔江浙制置發運司諸路轉運司仍舊以公牒往來先是發運使許元欲廣收羨餘以媚三司憚諸路不從請以六路轉運司自隸而皆令具公狀申本司既而轉運使多論列於朝故罷之　十一月諫官韓贄言發運使舊例雖嘗入奏不聞逐次改官乞今後每歲更不許赴京師奏事只差人附奏年額足數詔

發運司今後押米至京城外更不朝見　英宗治平二年九月二日詔今後發運使押米運到京城外如的有要切公事須合朝見數奏即候朝旨如許朝見候奏事便辭不得看謁　三年六月以國子博士傅永為淮南江浙荊湖發運司勾當公事從三司奏置也三司乞委本官專點撿諸州軍糴納并轉般倉卸納及自裝發至京下卸常往來覺察綱運中姦弊仍求其利害奏請依時往山場按點鹽貨催發鹽綱　自熙寧初釐正監司所治之職罷武臣為提點刑獄總其新法置提舉司位敘資級視轉運判官遂與提點刑獄轉運發運副使及使定為遷格而蔡河撥發司廣濟河及汜水輦運司

各掌漕事哲宗正史職官志云撥發司輦運司各掌以時起發綱運而督其滯留以供京師之用也提舉解鹽司掌鹽禁次提舉官哲宗正史職官志云提舉制置解鹽司掌鹽澤之禁令使民入粟塞下予鈔給鹽以足民用而實邊備凡鹽價高下及文鈔出納多寡之數皆掌之也提點鑄錢司掌鼓鑄泉貨視提點刑獄哲宗正史職官志云提舉坑冶司掌收山澤之利鼓鑄泉貨以給邦國之用凡地利所入及鑄錢歲有定數視其登耗而賞罰之其選用人材則尤求望實或上親擇焉哲宗正史職官志云天下總二十三路京東東路州八軍一縣三十七京東西路府一州七縣三十五京西南路州

八縣三十京西北路府二州七軍一縣四十河北東路府一州十有二軍四縣四十河北西路府一州十一軍四縣五十三永興軍路府二州一十五軍一縣八十三秦鳳路府一州一十二軍三縣三十八河東路府一州十五軍六縣七十三淮南東路州十縣三十七淮南西路州八軍二縣三十二兩浙路州一十四縣七十九江南東路府一州七軍二縣四十八江南西路州六軍四十七荆湖南路州七監一縣三十四荆湖北路府一州十縣四十七成都府路府一州十二監一縣五十八梓州路州十一軍二監二縣四十九利州路府一州九縣三十九夔州路州九軍三監一縣三十福建路州六軍二縣四十五廣南東路州十五縣四十廣南西路州二十三軍三縣六十四每路置轉運使品秩高爲都轉運使轉運使副使判官提點刑獄公事提舉常平等事淮南江浙荆湖路有都大發運使或副使判官各置勾當公事或管勾文字內提刑司置檢法官像保甲及射地弓箭手路分有提舉保甲司掌什伍其民而教之武藝視其優者而進貴之提舉弓箭手司掌治邊郡縣射地弓箭手之籍及團結訓練賞罰之事成都府等路有提舉茶馬司專掌摘山之利以佐調度凡市馬於蕃夷者率以茶易之凡產茶及市馬州郡官屬得自辟置視其數之登耗以詔賞罰產銀銅路分有提舉坑冶司永興

五

軍有提舉三白渠公事掌開濬三白渠以給關中灌溉之利焉熙寧二年七月十二日詔江淮等路發運使薛向赴制置三司條例司議事十七日制置三司條例司言竊觀先王之法自王畿之內賦入精粗以百里爲之差而畿外邦國各以其所有爲貢及爲通財移用之法以懋遷之其治市之貨賄則亡者使有害者使亡市之不售貨之滯於民用則使爲斂之以待不時而買者凡此非專利也蓋聚天下之人而治之則不可以無財理天下之財則不可以無義夫以義理天下之財則轉輸之勞逸不可以不均用度之多寡不可以不通貨賄之有亡不可以不制而輕重斂散之不可以無術也今天下財用窘急無餘典領之官拘於弊法內外不以相知盈虛不以相補諸路上供歲有定額豐年有餘可以致而不敢贏年儉物貴艱於供億而不敢不足遠方有倍蓰之輸中都有半價之鬻三司發運使按簿書促期會而已無所可否增損於其間至遇軍國郊祀之大費則遣使剗刷殆無留藏諸路之財平時往往巧爲伏匿不敢實言以備緩急又憂年計之不足則多爲支移折變以取之民納租稅至或倍其本數而朝音百用之物多求於不產責於非時富商大賈因得乘公私之急以擅輕重斂散之權臣等以爲發運使實總六路之賦入而其職以制置茶鹽礬酒稅爲事軍儲國用多所仰給宜

六

假以錢貨繼其用之不給使周知六路財賦之有無而
移用之凡糴買税斂上供之物皆得徙貴就賤用近易
遠令預知在京庫藏年支見在之定數所當供辦者以
得從便變易蓄買以待上令稍收輕重斂散之權歸之
公上而制其有亡以便轉輸省勞費去重斂寬農民庶
幾國用可足民財不匱矣所有本司合置官屬許令辟
舉及應有合行事件令具條制以聞下制置司參詳施
行從之先是王安石數爲上言均輸法於是即令薛向
領之上曰須入銜否安石曰但委之以此事又何須入
銜也　九月二日詔令後淮南等路制置發運司如有
合奏稟事件許使副一員乘遞馬赴闕　八日淮南轉

七

運使薛向言乞下三司及提舉司取索在京諸司庫務
每年係六路出辦上供物色若干名件數目每年合支
令來見約支得多少年月外有無闕乏之物及每年計
置若干數目逐年預降本司以憑契勘施行從之　三
年六月十八日手詔中書門下薛向等所總東南諸路
財利創事之始實藉所諳官吏遠近應接方可集辦近
雖累曾指揮如向等奏辟官吏並與應副尚恐有合入
遠官朝廷引條不行可令後如有上項礙條之人特與
差任滿如無勞績即復注遠官　八月二十七日淮南
發運使薛向言近奏舉職方員外郎張穆之虞部員外
郎李文卿開封府兵曹參軍張漢權管勾本司公事及

淮備差遣勾當今來收受裝發已成倫序欲乞并差充
本司勾當張穆之仍乞與理運判資序從之張穆之候
一年職事修舉即具保明聞奏　九月五日詔舊制發
運使副到闕不得出入自今除去先是手詔發運使薛
向甚知環慶城寨地形子細可召赴中書詢訪因有是
詔　四年正月二十三日詔江淮發運司將淮南兩浙
荆湖六路州軍并京東轉運司封椿茶本祖税錢相度
兑易金銀綿絹上京　八年九月中書門下言欲乞發
運使副除所管錢物斛斗就賤處入買貴處糴賣或就
近便計置點檢綱運鹽礬事及諸官吏因本司事有違
法者許糾舉外其餘事並不得管勾仍只以江淮荆浙

八

等路制置鹽礬兼發運使副使繫銜從之　閏五月十
九日詔累降處分令淮南兩浙江東西湖南北及京西
等路措置和糴並未見諸路奏到措置糴買就緒文狀
仰諸路漕臣及撥發輦運司月具各項已糴未糴已起
數目申尚書省近緣應副陸運降見錢三十萬貫在淮
南椿管除已支五萬貫外可盡數令陳亨伯速行拘收
均與諸路品搭見用錢物文抄收糴内東六路仍委亨
伯專行總領措置　六月十一日詔江浙屬者遭賊焚
剗衢州被害尤甚將來興緝當藉他州財力徽州新復
之邦有曰昧於經營近者肆違詔條輒有科配總置兩
路宜得其人可選委陳亨伯以大漕職事經制兩浙江

東路江淮荆浙福建諸司財許聽亨伯移用七路監司州縣官除廉訪所外並聽亨伯按察州縣闕官及不可倚仗之人令於所部見任待闕寄居官内不拘常制差委訖申其餘事合奏稟者聽首次申尚書省餘許亨伯隨便宜施行仍於杭州置司限十日起發前去應合條畫事件疾速條具以聞亨伯自庶官遽進延閣自當竭節盡瘁圖報大恩近降兩浙江東路各添置漕臣一員指揮更不施行　七月三日淮南江浙荆湖制置發運使經制兩浙江東路陳亨伯奏聞具合條畫事件如後一令降御筆七路監司州縣官除廉訪所外並聽臣按察臣欲乞七路監司州縣官應緣經制兩路事件於臣並用申狀如有弛慢違戾合行按劾者許臣先次選官對移所有人吏許臣勾追勘斷内尤甚者勒罷一文臣太中大夫武臣觀察使以上及監司提舉鹽香市舶廉訪使臣欲乞許臣謁見外其餘惟許受謁一契勘七路州縣經涉大江重湖所有財計須遣官屬按以經畫分頭前去點檢剗刷督促般運事務至煩地里遼遠臣欲乞差勾當公事十員於所部見任待闕寄居文武官内不拘常制差委訖申並理為在任月日内見任官支本任請俸待闕寄居支前任或新任請給外並給驛券一道一令來兩浙路殘寇未盡臣出巡措置往來道路合要兵甲防護臣欲乞許於浙東西安撫司合選差禁軍

九

一百人并隨身衣甲將帶隨行一令來將帶發運司人吏將校兵級往來兩路事務並煩道里遼遠欲乞添破兵錢兵級每月十二貫人吏十貫貼司客司六貫將每日支一百文兵級五十文係省錢内支一經制兩路行遣文字煩冗臣欲乞於所部州縣選差攢熟令史五名每月支食錢六貫文於係省錢内支一令來經制兩路事有機密臣欲差臣男宣義郎通判蘄州軍州事鉅充書寫機密文字所有人從請給驛券船馬及理為在任並依所差勾當公事官體例施行一令來經制兩路一行官屬及所至州縣與官吏商量會食之費公使錢臣欲乞節次於所部州縣諸司頭子錢内支二千貫文其合用酒於所部州軍公使酒庫寄造或撥買一所差官屬及七路州縣官吏能悉心盡瘁勞能顯著者臣欲乞先次具狀奏聞特推恩賞或外擢差遣路每路各差勾當公事官一員内待闕寄居官許隨本資序支破請給乞別給驛券仍依政和條令施行人吏等食錢職給每月支給十貫人吏八貫貼司客司五貫州縣人吏三貫公使錢支一千貫餘並依所奏　十一日詔已降親筆處分選委陳亨伯就以大漕職事經制兩路所務安輯郡縣寬紓民力仰亨伯嚴切約束所差官吏隨行兵卒等不得妄張聲勢擾動州縣所至坐費祿廩所有迎送供饋筵會等並行禁止應移用財計並須存留逐處實

十

合用數目不得盡行擿撥致誤彼處調度內應副財用辟差官吏止為被賊州縣其非被賊州縣自不合泛有應副及行差辟除已許辟置屬官外仍不得別作名目差委州縣官如違以太不公論　四年六月九日中書省尚書省言契勘今歲東南六路豐稔米價低平可以乘時收糴起發應接支用詔令權貨務給降香藥鈔五十萬貫并給降承節郎承信郎告將仕郎補牒州助教敕計價五十萬貫文付發運副使呂淙措置隨豐熟次第分拋與六路和糴斛㪷逐旋具已糴數目申尚書省

[illegible]十年五月二十一日都省言檢會熙寧八年五月發運使副兼制置茶鹽礬等事繫銜當年八月發運使罷制置茶事及以江淮荊浙等路制置鹽礬兼制置茶事當年十一月發運司申請以制置鹽礬為專職而發運使副為兼領輕重頗異乞卻以江淮荊浙等路發運使兼制置鹽茶事繫銜緣發運司見今帶制置鹽礬茶事勘會茶鹽事已專差官提舉發運司更不令兼領從之

二十九日戶部尚書曾孝廣奏天聖中發運使方仲荀奏請發真楚州堰為水閘自是東南金帛茶布之類直至京師今真楚州共有轉般七倉養吏卒糜費甚大而在路折閱動以萬數良以屢載屢卸故得因緣為姦也臣欲將上供斛㪷並依東南雜運直至京師或南京府界卸納庶免侵盜從之　元豐元年十一月二十三

詔江淮等路發運副使蹇周輔兼提舉措置福建路賣鹽及賊盜事　六年閏六月七日梓州路轉運副使李琮罰銅二十觔坐前任江淮發運使因奏計乞住煎池州礬而池州寶自嘉祐六年住煎也　七月九日尚書戶部言江淮等路運使蔣之奇奏諸路欠本司錢約二百萬緡若朝省不主張則其錢皆不肯償乞本司申理諸路欠負錢物並負朝省錢物從之

宋會要

宣和元年十二月二十六日制置發運副使董正封奏伏覩元豐二年賜發運司糴本錢令乘時糴穀其後接續借賜錢共三百五十萬貫逐年收糴斛㪷代發諸路見今欠計七百五十萬昨准大觀元年五月九日朝旨每一百萬貫每年帶起三釐一百萬以下帶起五釐已令提刑司拘收封樁今年復行轉般綱運臣欲望睿慈檢會特賜本錢三二百萬貫以備趁時收糴代發諸路額斛如家俞允則乞於九路茶本錢內取撥如不足則乞朝廷應副令具昨罷轉般後來拘收到發運司錢斛下項大觀二年十一月十二日勅真楚等州見管發運司斛斗共九十三萬八千七百四十九石奉聖旨令來年起發上京　大觀二年十二月二十四日勅諸處見管發運司錢共五十五萬九千八百餘貫奉聖旨並起發上京赴大觀庫送納　大觀三年正月二十六日勅

東南六路借欠過發運司米斛七百五十八萬三千餘
石共止還到三十一萬八千餘貫石乞發赴朝廷送納
其諸路借過斛斗隸提刑司催督封樁諸路依違者依上
供法　大觀三年四月十六日馮祚劄子發運司糴本
錢節次賜到二百五十萬貫奉聖旨仰提刑司並行封
樁　大觀三年五月十一日發運副使麗寅孫劄子乞
量留錢一十萬貫擬備緩急支用奉聖旨許留二十萬
貫詔令發運司拘收仍令董正封與麗寅孫同共開具
已交割的實數目申尚書省　同日發運副使麗寅孫
奏契勘本司見無斛斗準備代發充諸路歲計乞許於
江東兩浙淮南路提刑提舉司封樁錢內共撥賜一百

萬貫應副本司趁來年乘時糴買斛斗準備代發充辦
年計如不足即令江西湖南北路提刑提舉司封樁錢
內應副所貴來年復法職事早得辦集從之　四年二
月十二日發運副使麗寅孫奏六路豐年有望欲乞候
將來成熟日依大觀三年指揮令諸司於朝廷封樁錢
內各撥二十萬貫趁時收糴不獨為六路轉運司將來
上供歲計指準足辦可以抑兼并平物價實為公私之
利詔依共不得過五十萬貫　三月三日發運副使麗
寅孫奏六路去歲災傷檢放稅苗不少深恐有誤軍儲
大計今相度今年六路歲額如委實少闕斛斗欲乞據
數令轉運司依崇寧五年八月二十八日詔先撥見錢

於諸司見斛斗并內依充時市價對糴起發如轉運司
樁錢未足即本司一面對糴代為起發從之　十月九
日詔東南末鹽并六路額斛近已復與熙豐舊法各許
截撥合赴元豐庫送納錢充鹽本糴本支使　同日詔
東南六路額斛近已罷直達復行轉般之法檢會今年
戶部印給見錢公據一百萬貫付發運司盡充糴本近
據王瑨奏稱東南客旅多是要販行貨入京少有在外
領公據入京請錢之人只乞樁撥當十見錢付糴貨務
從本司差官就彼召客旅情願換易小平錢及充換戶
部錢許起發上京或正行折充付本司趁時充本糴買
可令發運司候今來指揮到截日將見在公據細計錢

數差官管押上京赴戶部毀抹據數令崇寧軍樁管見
錢充本部支用訖卻令發運司於戶部應上供錢內取
撥應副糴買　元豐中以次補發運及千萬軍儲充足
國用富實比來截撥移用所虧太半自今敢陳請及截
撥者並以違御筆論　四月二十五日發運副使盧宗
原奏恭奉御筆拘收東南九路經制司七色增收頭子
錢樁還舊欠無額上供贍學鈔旁定帖錢物充糴本數
內廣福地遠已奉降詔專委逐路提刑就便拘催及委
廉訪使者檢察外有江淮荊浙六路欲乞依廣福已得
指揮各委本路提刑管勾令逐州軍通判司錄別具帳
申提刑司置籍拘催及委逐路廉訪使者檢察以免失

收使欺移易之弊從之　同日又奏恭奉御筆拘收東
南九路贍學錢物契勘州縣房廊所屬官司不切名人
承賃往往空閑遂致倒塌如泗州在城學屋自宣和三
年後來節次倒塌三十三間其他州縣倒多如此今乞
立法諸路州軍委自知通點檢根括元管房廊如有損
壞日計合破用錢物於所收租課内支撥量功力多寡
立定日限責委當職官起蓋修葺召人承賃所貴不致
虧損課額又州縣所管田産房廊每年合拘催租課州
縣並不以時拘催致有拖欠大段數多今欲乞應諸路
州縣據積欠數目分限二年帶納及年額合催之數並
依　盧秉進制置發運副使東南饑詔損上供米價以

糴秉言價雖賤貧者終艱得錢請但償糴本而以其餘
賑贍是歲上計神宗問曰聞滁和民捕蝗充食有諸對
曰有之民饑甚殍死相枕藉帝惻然曰前此獨趙抃爲
朕言之爾先是發運使多獻餘羨以希恩寵秉言職在
董督六路財賦以時上之安得羨者率正數也請自是
罷獻獨以七十萬緡償三司逋　神宗知薛向材以爲
江浙荊淮發運使綱舟歷歲久篙工利於盜貨輒假風
水沉溺以滅迹向募客舟分載以相督察官舟有定數
多爲主者冒占番奪𢍰廣州諸運皆詣本曹受遣以地
有美惡利有重輕爲立等式用所曹物爲誅賞

宋會要

哲宗元祐三年十月三日詔發運使副兼制置茶事四
年十一月二十六日尚書省言改立發運預妓樂宴會
徒二年法從之　七年三月四日詔諸路發運司勾當
公事官依舊存留其管勾文字官留一員餘並減罷仍
令勾當公事官兼管勾糴糶斛㪷

宋會要

元符三年六月三日發運司言今年頭運裝糧上京汴
綱准朝旨於京岸截撥裝般大行皇帝山陵官物通共
截過六十綱見管汴綱般運不辦而江東西湖南北兩
浙西路綱見來淮下卸欲乞從本司逐急借撥四十綱
徑發上京充辦歲計更不下逐路轉運司相度從之

徽宗建中靖國元年六月十八日戶部言東南諸路錢
帛綱運希少乞許從本部選差文臣一員徑往發運司
催督仍責委沿路州縣及催綱官司星夜催趕到京所
有先差江湖淮浙等路㓻刷大禮錢帛官亦乞令今來
差官去就近催督從之　十二月二十八日發運副使
陳祐甫劄子契勘發運司每年管上供備儲六百二十
萬石係江淮荊浙六路出辦近年以來多有拖欠欲依
上供錢物許於隔路選官催發庶免闕誤從之　崇寧
三年九月二十一日尚書省言崇寧中胡師文爲發運
使迎合蔡京之意盡以糴本錢一千餘萬緡充羨餘進
獻其後因罷轉般倉而逐路轉運司各置直達綱則發

寄案崇寧無六年疑

職官四二之三一

運司已無職事矣猶以催綱為名虛存一司今中原未復而朝廷所取米斛大抵出於二浙諸路綱運自有轉使領之猶循舊例置發運使二員果何謂哉彼發運使者亦知其本無職事不過自請於朝收糴米斛一二十萬斛以塞責而已其所收糴又是抑配編戶之民就非抑配亦一轉運司屬官可辦也伏望詳酌將發運司官吏盡行減罷詔發運司官屬並權罷人吏放散案牘令本司官屬封記內兩浙一司於湖州江東一司於饒州架閣以備照用公使銀器錢物並起發赴行在逐司應干舊來所管職事並令逐路漕司分認管辦　八年四月二十二日戶部侍郎李彌遜言祖宗之法有使於國利於民可行於今者發運一司是也當於經費之外別給糴本數百萬緡復置一司廣行儲積分毫不得取供近用唯以待經遠恢復之須積之一年必見其効三年之間當有一年之蓄加以數年倉廩有豐實之漸田畝有休息之期公私之利不可勝言伏望參酌利病斷以不疑而力行之從之　吏戶部條具應有本司錢物去處於逐州軍通判或簽判職官內選差主管別置庫眼教屋置歷拘收他司取會不許回報本司應干錢糧諸司不許申明借兌雖奉特旨乞從本司執奏不行並從之　六月十八日詔以徽猷閣待制知信州程邁為江淮荊浙閩廣等路經制發運使　十月十一日詔發運

十七

寄案崇寧無九年疑

職官四二之三二

使　十月十一日詔發運使司所差和糴官諸司不許差出候至限滿本司將諸路所糴米斛每路比較最多最虧及有無驗擾濕惡等事開具三兩處糴官姓名保明申奏取旨賞罰如所委官違戾稽慢不候限滿先次按劾從經制發運使程邁之請也　九年正月十六日詔罷發運司其糴買經制等事令戶部侍郎專領三省措置先是參知政事李光言發運使本以總六路財賦以漕赴中都兵興以來既無轉輸今乃委以糴買本錢盡從朝廷給降凡五六百萬緡又以淮南總制司及諸路回易市易官軍等錢數又不下數十萬緡此國用所以窘也乞罷發運司有旨令三省措置至是三省言欲除去發運二字只作經制使司差戶部長貳一員兼領別差副使或判官一員不時巡按諸路將見今屬官十員減作六員數內兩員充主管文字四員充幹辦公事從之　大觀元年正月三日制置發運副使吳擇仁奏本司總領東南糧運近年玩習苟簡職事不修綱運敗壞況失官物臣昔任南轉運司屬官上供一百二十萬計一百一十五綱因子諒王祖道曾減至六十綱歲額數足後來卻添至一百五綱般運不辦並無勸沮臣欲乞到任日會計利害名遣官屬商議講究申請立法亦乞奏計日具逐路於綱運比較進呈斷自宸衷賞罰施行　二年八月二十九日詔應諸路綱令來真達各認

十八

舩額所在并發運司輒折變拘收改易者以違制論　三年五月三日淮南江浙荆湖都大制置發運司承朝旨起發本司斛𣂏九十三萬餘石五十五萬餘貫尋勘會劄子内坐到錢斛縁其間有係封椿及有别司窠名數目本司先次取會到合起錢斛數目係在淮南江東兩浙路州軍椿管爲舊管淮汴綱並是分撥與諸路直達别無綱船起發乞下逐路轉運　十二日呂源又言近乞責限江湖路打造糧船二千七百餘隻合用梢八千餘人欲從本司委官於轄下州軍根刷闕慢窠坐廂軍抽差赴本司充梢梢每名與起發錢一貫每日量添食錢二十文詔依過打造到船逐旋差撥即不得預先差占　十三日詔東南諸路贍軍錢令發運司依應拘收一年應副糴買　十七日發運副使呂源言今來取索驅磨措置錢物竊慮諸處官司循習作過或以遭被燒劫爲詞或以軍興支訖爲説藏匿案籍避免根究合具名奏劾外乞許諸色人陳告十分爲率二分充賞如同作過人自首特與免罪給賞其犯人並依自盜入已贓坐罪若所首及萬貫以上除合得賞錢外申奏朝廷别加賞典應諸路監司州縣承受本司驅磨措置錢物文字並限一日回報如違限承行人吏從本司勾追杖一百科斷情重者仍勒停取索干照文字公案亦乞依此拘收到錢物逐州專委官主管並乞依本司糴本

十九

錢已降指揮不許借兑移用雖奉特旨或免執奏亦具奏聽旨其官司擅行借支即乞依擅支借常平封椿錢物條法並從之　三年五月十二日户部侍郎葉份言發運司昨差寄居待闕官往諸路刷糴本錢物等見數猥多近已得旨減罷訪聞所差官尚在州縣不行解罷依舊批支請給欲下發運司根究差逐官的實員數勒令罷任如依前冒請給乞從入已贓坐罪從之　十六日添差制置發運使高衛言諸收上供錢各有額定起發期限户部準擬支用不可少闕近年緣諸般拋買許截上供錢官司因此作弊更不椿發户部累請不許支截立法甚嚴　昨[至]宣和元年令發運司下六路歲糴米一百萬石同年額般運赴京師封椿每歲未嘗糴發足數而六路上供斛額分定認起折斛錢自此斛額又將虧少不若住罷歲糴虚名責依格起發上供實効錢斛兩得簡便從之　政和元年三月七日户部尚書許幾奏發運司兩年合起上供額斛六百七十二萬六十四百餘石未到欲依去年例差官前去真楚州以來計會發運司疾速裝發并催促本路綱船詔差度支員外郎蓋侁以點檢催促額斛綱運爲名繼而臣僚上言計置綱運發運之職所差郎官何力之有不過取索鞭撻吏人而已徒有煩擾遂不復遣　八月十五日發運司奏諸路合起稜粜米係在京年計如逐路批揀未到許從

二十

本司於逐路起發來上供米綱內揀選批發依條徑發上京卻具數關牒轉運司理充本路合徑起祿粟米數詔特許令上供米內揀選一次　十六日戶部狀契勘六路額斛每年須要於本年般足奏計欲乞今後諸路轉運司應承發運司取會糧運事並限三日報違者杖八十從本司關牒本路提刑司取勘人吏如稽滯過一月不報仍許申戶部詳酌事理申取朝廷指揮施行從之　十月四日發運司奏奉詔截上供錢三百五十萬貫充糴本支使兩項共有未截錢一百八十二萬餘貫文欲望許令本司將政和二年諸路上供錢截留從之　十一月二十四日發運副使蔡安特奏契勘東南六路上供額斛依條合均三限般發限滿不足本州并轉運司官差替吏人勒停臣看詳若或三限各有違欠即一歲之間諸州三易官吏竊慮難行詔出違第一限不及八分轉運司吏人從發運司移文本路就近提舉等司先科杖一百第二限通不及九分准此轉運副使判官各展二年磨勘第三限不足即依見行條法施行如限內率先數足其官吏保明申朝廷等第推賞仍令戶部立法申尚書省　十二月十三日發運司奏監倉場監官并催煎官員乞依熙寧舊法令本司與轉運司輪舉從之　二年二月三日詔罷措置淮南路帑事司併歸發運司依熙豐舊法官般出賣每歲上供賣鹽錢

三萬三千一百貫令發運司依舊額起發先是大觀二年專置司措置而課額虧損故有是詔　七日發運使吳擇仁奏本司領東南大計逐路監酒稅課利自來未曾立法轉運司裒同支使欲令於諸路係省歷內據分數計結聲說出本司所總鹽酒稅錢逐時已支見在實數庶令後易為檢察詔除酒稅係漕司職事外餘依所乞　三月十三日發運司奏六路合發上供額斛如般發違一限從本司會算撥過江湖路自真州并兩浙路自揚州各至泗州上河一節支費關本路出備撥還若已出末限即出備自真揚州至京錢米從之　十六日發運副使蔡安特奏乞今後諸路年額須管依縣限計置般發足備嚴立妄有申陳之法若實有緣故路分申降朝旨方許量減及展期限詔令戶部相度具兩無妨礙永久可行事狀明行措畫申尚書省將上取旨　十月八日尚書省言奉詔措置東南六路直達綱欲六路轉運司每歲以上供物斛各於所部用本路人船般運直達京師更不轉般仍自來年正月奉行其發運司見管諸色綱船合行分撥應副諸路餘令發運司應副非泛綱運從之　十二月十一日發運副使賈偉節言諸路舊欠發運司錢斛近降朝旨椿發七十餘萬貫應副打造舟船聽候朝廷支撥外有其餘錢斛准南一百二十六萬兩浙二百二十六萬江東一十萬江西一百七

十二萬湖南九十八萬湖北二萬今來奉行直達不用錢本糴貫欲逐年立定分數下逐路提刑司催督拘收封樁以備朝廷支用如違依上供法詔戶部均作十年令提刑司拘催　三年九月二十六日發運副使賈偉節奏臣嘗考州縣錢穀出入之籍有季易歲易有一歲而再易者各分事例吏緣為姦臣嘗倣周官數目凡要之法揩令甲都簿之名列為三簿一以付司錄官一以付軍資庫一委之之縣令參互以考其成則催科盈縮發納登耗如指諸掌不可以毫忽欺檢察之司提其綱領簡而不繁與磨勘理欠應在司條法各不相妨仍可參照為用臣嘗試於一路歲賸錢帛一十六萬有畸其發納之可究者又亦倍是以其所嘗試度其所未試則諸路雖廣亦可推而行之謹以諸路財用綱目簿式繕寫成帙欲望聖慈特賜宣取詔令進入　十月四日尚書省言檢會宣德郎黃唐傳劄子今州縣官每遇監司巡按往往假託他事遠俟於數里之外巡尉仍以警盜為名部領甲仗交會境上習以為常已申嚴禁令令擬下條諸發運監司所至其州縣在任官輒出城迎送以職事為名件者同若受之者各徒二年並不以失及去官赦降原減右入政和職制勑條創立衡改政和職制敕發運監司預宴會係內在任官出城迎送一節不行諸般運監司預妓樂宴會自用或作名目避追使令及

過茶湯之類同在路受排頓或受迎送般擔人般及帶公人兵級過數若為條公之人差借人馬者各徒二年即赴所部及寄居官用家妓樂宴會者加二等不應赴酒食而輒赴及受所至在任官諸色人早晚衙并諸色入出城迎送者杖八十並城安泊因公事往彼會議者並不以失及去官赦降原減其轄下官司各減犯人三等右入政和職制敕以職制敕詳定衡改元條不行從之　五年八月二十日詔諸路上供斛斗限滿有欠發運司官吏並同諸路運司一等科罪其今年諸路未到斛斗仍仰本司疾速督責催促件綱前來　十二月二十六日發運副使趙霆奏臣今年督促起運六路直達額斛六百二十萬並已數足外剩般四十七萬八千餘石及催促九路上供錢帛等比去年亦增五十八萬五千餘匹兩兼催發六路茶鹽鈔引各得增羨委是本司官協力幹辦伏望特與推恩詔發運司屬官蔡崇劉望曾偉並轉一官選人比類施行　七年正月十一日詔諸路上供錢物可自令除格令合支撥外發運使應敵陳請截撥及所在限滿不及數者並以違御筆論　九月二十一日制置發運使任諒奏奉詔江淮等六路上供額斛令歲除本色外泛糴之數多於常年江湖等路可以上限淮浙路可以次限並候至六月終仰任諒取首先足辦及拖欠數多路分各具漕司官吏職位名銜

聞奏當議賞罰以為勸沮逐路官吏皆能上體聖意措畫漕運六月終已般入汴計四百六十五萬四千一百二十六石欲乞優與旌賞詔任諒令學士院降敕書奬諭六路漕司官各轉一官仍仰任諒具合賞人職位姓名聞奏　八年四月二十六日發運使任諒奏蒙給降香藥鈔二百萬貫充糴本今來已入夏季乞將上件香藥鈔並令戶部交請樁管就便召西北客人入中見錢給算香藥却乞於東南諸路戶部上供錢內截撥二百萬貫詔香藥鈔一百萬貫不許兌換外特更於東南路截撥上供錢一百萬貫應副仍令江淮等六路劄刷措置廣行收糴　五月二十四日發運判官朱彥美奏發運司久不理財全藉官屬協力措置欲乞添差等勾公事兩員踏逐京朝官選人奏差一舊管吏額自行直達裁減額數不少今來乞於轄下州軍指名押差諸曉財利人吏五人充填舊額一乞差小使臣一員充本司催轄諸路上供綱運兼劄刷錢物與理當一任所有人從請給等並乞依催轄綱運官見行條法詔添差管勾公事官一員仍差承直郎章英亮人吏差三名餘並依所乞　宣和元年正月二十四日詔今後六路漕司般發歲穀若出限拖欠仰發運司具弛慢官按劾當議重行黜責其承受發運司公文並限當日回報如有稽違及回報不實合干人吏委發運司一面關本路提刑司依

法斷罷官吏具奏聽旨　二月二十三日詔江淮荊浙發運司官吏般發歲額增剩萬數可與推恩內武臣依文臣四年法比折選人依條施行人吏減年候出職日收使願換支賜者聽管勾文字朝奉郎劉望宣教郎方迪勾當公事宣教郎鄭可簡通直郎宋晃各轉一官使臣人吏承信郎沈慨孫與之本司都吏陸遇等各減四年磨勘內陸遇特減裁令年月先次出職補承節郎依陳純已得指揮勾當公事奉議郎呂敏問宣義郎梅彥昇通直郎朱汝翼各減三年磨勘宣教郎李援承直郎章英亮管勾外排岸司朝請郎黃叔豹儒林郎張決催轄綱運從義郎王章書吏安仲舉各減二年磨勘守闕書吏趙林韓植副書吏趙思遠孫古張友各減一年磨勘　七月二十一日詔發運司視六路豐儉轉輸和糴以供京師乃祖宗舊制曩因姦吏侵漁糴本成憲遂廢可自今歲糴米一百萬石同平額般運赴京封樁隨逐路豐熟次第以為糴數多寡漕臣措置有方及弛慢者並委發運司舉劾所用糴本限十日條畫以聞如敢蹈襲近弊抑配科率稍涉搔擾必罰無赦　據沈括筆談云劉晏掌南計數百里外物價高下即日知之人有得晏一事予在三司時嘗行之予東南每歲發運司和糴米于郡縣未知價之高下須先具價申稟然後視其貴賤貴則取寡賤則取盈盡得郡縣之價方能契數行下比

至則粜價已增所以常得貴售姦法則令多粜通逐郡縣以數十歲糴價與所糴粜數高下各為五等且籍于主者發運司粜價纔定吏不申粜收但第一價則糴第五數第五價即糴第一數第二價則糴第四數第四價即糴第二數乃即馳遞報發運司如此粜賤之地自糴盡極數其餘節級各得相宜已無枉售發運司仍會諸郡所糴之數計之若過於多則損貴與遠者尚少增賤與近者自此粜價未嘗失時各當本處豐儉即日如價

十月十六日發運副使葉宗諤言昨被旨根刷淮南江浙六路今年增添酒錢起發赴行在點檢得州縣多是妄以軍期為名移用侵數不少詔擅支數目並仰依限補還今後收到錢數如敢移用仰依條按劾　二年四月十二日制置發運副使陳亨伯奏宣和二年二月七日聖旨東南六路和糴一百萬石許於六路提刑常平司朝廷封樁錢內支撥一百萬貫餘一百萬貫截撥上供錢今承江東路轉運司牒分糴米一十六萬石本路依格合起上供錢共二十萬三千九十餘貫依格專一指定應副收買銀綿及截支土軍請受外實只有七萬七千八百餘貫係是起發之數每歲却要上供錢一十七萬八千五百餘貫收買泛抛金銀綿紙羅計闕錢一十萬七百餘貫承鄰省抵狀令截本路一全年無額錢七萬餘貫收買尚不足今來糴米一十六萬石全闕上

二十七

供錢截撥提刑提舉常平司封樁錢各有占用窠名外錢數不多闕錢收糴乞於本路合發新錢內截留應副及承兩浙轉運司牒和糴米二十四萬石本路雖有合發有額上供錢二十萬餘貫係專降敕條截撥收買法酒庫內酒坊糯米及上供金宮人衣綿左藏庫綿婺州鎮江府買花羅并依條買用錢二十五萬三千餘貫今來所抛封樁米約計本錢五十萬貫委無上供錢本司今據兩路公牒欲乞詳酌江東路截撥新錢特降指揮外乞令諸路將和糴本錢於本路上供錢及朝廷封樁錢內通融取撥不得過合撥錢數謂如江東路合撥朝廷封樁錢并上供錢各十六萬貫如上供錢無及不足聽並撥上供錢通不得過三十二萬貫之類若兩色錢各取撥不足即未委合取撥是何錢應副伏乞特降指揮詔東南和糴本錢合依已降指揮應係上供及朝廷封樁並行截撥仍許通融取撥如本路兩色錢各取撥不足即係通融別路錢應副　二十八日詔已降處分盧宗原糴到米斛並限十月終津發到京充御前封樁斛斗每歲以二百萬為額諸路歲額且令徑發上京兩不相干竊慮懷姦之吏不恤國計陰肆阻抑仰盧宗原疾速措置督責諸路漕司令年合發歲額及御前封樁斛斗須管依限到京旬具逐項已未到數目聞奏　七月十四日發運司奏奉御筆江西路預降糴本八十萬

二十八

貫佚將來秋成於豐熟處和糴粳米計置起發本司除已施行外今有蔡河撥發運司淮南兩浙江西湖南轉運司各權添差糴買官即未審從省部差注或本司權差詔先降權添差糴買官指揮一節更不施行　十九日發運使盧宗原奏起發糴本錢物乞選差近上有行止物力職員一名於本州見任文武官內輪差一員監催前來真州送納守臣當職官專一撿察如有侵欺移兌以違制依御筆科罪奉御筆依奏行下每歲終令宗原具逐路當職官勤惰以聞當議黜陟以示懲勸　同日又奏乞諸路起發錢物印給走歷於卸納處繳歷驅磨如地分巡尉苟簡或至侵欺移易乞賜黜責詔依違

三九

御筆論　二十三日發運判官陸寘奏勘會六路歲般上供額斛裝起綱運使合於行程內批定色額卸納去處近年以來轉運司不以上供為先務諸州發來上供斛斗不令元起州縣批定色額卻令綱運前來轉運旋行批書往往臨時移兌或截作本路支用或改作別項色額或將州縣見管斛斗輒作剩餘變糴收錢別作支使而本年合發正額上供常是拖欠欲乞六路每年合發上供斛斗有裝起綱運即時於行程內便行分明批定係甚年分色額斛斗送納去處仍限當日依此開具先申尚書省及戶部并關發運司照會根催如違並乞從本司覺察舉按聞奏重賜責罰詔依　九月四日發

運使盧宗原奏奉御筆和糴米一百萬用封樁上供鈔旁贍學四色錢每歲所糴米不過六十萬則是鈔旁贍學錢兩項中分合糴三十萬可令盧宗原增糴三十萬充還歲糴一百萬拘收過兩項錢數外餘依元降指揮用封樁并有額無額上供錢收糴臣勘會昨累降御筆及聖旨撥到經制餘剩并七色錢無額上供錢鈔旁定帖贍學錢及臣措置經收頭子錢六路樁還舊欠錢充本收糴轉般斛斗續承五月三日御筆盧宗原所拘收錢本可令不住於秋夏豐熟去處廣行收糴其已糴并去年收糴斛斗起發上京別項封樁臣勘會所收前項逐色錢物係散在九路州軍縣鎮逐旋零細收簇其所

三十

糴二百萬碩尚慮收糴不足今奉御筆令取撥贍學鈔旁增糴三十萬充還歲糴一百萬自餘依元降指揮用封樁并有額無額上供收糴緣贍學鈔旁定帖錢無額上供錢見係臣拘收糴買御前封樁斛斗之數并封樁錢亦是臣所收經制七色錢內一色窠名顯是闕前奉御筆贍學鈔旁等錢已撥充御前封樁斛斗糴本歲以二百萬石為額永為定例增糴三十萬指揮可更不施行今後御前糴本不許陳請支撥令尚書省立法施行尚書省撿會　宣和（政和）七年五月十三日勅申明外若他路官司輒行陳請支撥御前封樁斛斗者以違御筆論從之　宣和三年正月十三日發運副使趙億奏臣契

勘諸路合發上供錢糧金銀疋帛雜物等綱在路多是妄作緣故住岸販賣百端作過其催綱地分官司容縱不行催趕臣欲乞今後應沿江河作催綱官司除依法催促綱運外如承發運司文移應緣綱運事務並限一日回報如違官員並許發運司先次選官對移合干人取勘仍委逐州通判季一點檢又奏西外宗室每年合用食米三萬碩條依先降朝旨令泗州排岸司於上供米綱內揀發白粳米扯發前去輦縣卸納今年扯發過安永康李端李日宣趙子儀四綱前去據京東排岸司稱　大觀元年八月二十五日敕湖南路申請乞免截留住洛口指揮逐行截留趙子儀安永康兩綱就京岸下卸臣契勘安永康係兩浙路上供綱別無指揮免截顯是畏避前去西河與京岸人吏別有計會乞將京岸官吏送大理寺根究情弊今後應緣綱運在京岸住滯違法等事乞依熙寧二年九月八日已降朝旨許發運司覺察申奏差官取勘施行詔西外宗室米今後不許諸處截留及就京下卸餘並依奏　宣和四年十一月初七日敕發運使經制兩浙江東路陳亨伯奏乞應諸路州軍糴買上供并軍糧斛斗法酒庫并酒務公使庫糯米並委官置場不得抛下屬縣并於人户行人處收買如有違戾乞重立刑名仍許被率取人户越訴詔如違徒二年取到户部狀檢會政和敕諸緣公使庫職

事輒委縣令佐管勾者徒二年勘會諸州軍公使庫屬縣收糴糯米合遵依政和條敕行所有其餘合糴斛斗自合遵依自來體例措置收糴詔宣和四年十二月七日指揮更不施行　七月一日發運副使呂淙奏准尚書省劄子向子諲奏江淮州縣自宣和六年起稅其經制司陳亨伯措置到七色錢乞於內將七路地契賣糟量添錢播充糴本奏聖旨陳亨伯措置七色錢江浙被賊州縣起稅日並令呂淙拘收專充糴本內增添酒錢禍多及事屬詳細者令呂淙向子諲相度聞奏特行蠲罷契勘經制司昨措置到七色移用錢內一分寬剩錢及罷支學事司減下人吏等錢依原降朝旨候新復州縣數納役錢足用并遠薄日依條除落外止有酒糟增收契稅等錢別無肯細若候勾收專充糴本委實利便詔依　十八日發運副使呂淙奏勘會諸州收到經制移用七色官錢依奉聖旨拘收專充轉般糴本其錢並係散在諸路州縣多有充撥使用及起發稽滯欲乞於逐路或隔路每路各委見任官一員躬親催督根刷計置起發候至歲終取逐路催發到錢最優之人具三二名奏朝廷推賞用爲激勸從之　十一月六日詔江淮荆浙福建七路所收七色錢昨係陳亨伯起請拘收充經制移用已降指揮候經制結罷令發運司拘收專充糴本可逐州委通判逐路專委廉訪官拘催撥充轉般

糴本內福建路令發運司相度支移於近便去處收糴
仍令應奉官每季開具拘催到錢數支樁去處申應奉
司奉行違慢等應干約束並依贍學錢物已降詔施行
八日詔今年上供米到額斛數多有誤中都歲計發
運司官及最多路分漕臣當示懲戒呂淙徐宏中陳汝
錫李偁並落職俞賙向子諲各降兩官范仲熊夢得李
孝昌各降一官蔡傑蔡蒙休胡端平鄭待問各降一官
衝替條事理稍重遜司職級手分有官人降一官無官
人送置司州各決杖一百仍具合降官并決人姓名申
尚書省仰呂淙等并其餘兩浙江西湖北路蔡河撥發
司並限一月據未起斛斗盡數躬親催督起發上京如
限滿不到並將上取旨遠竄內發運司屬官別選能吏
十九日發運司奏契勘江西湖南北兩浙西路新起
用勅告香藥鈔均糴斛斗已準御筆處分權暫和顧舟
船般運合要管押人召募得替待闕及進納并實有行
止物力人管押起發外本司相度欲乞從吏刑部每路
各更差小使臣并副尉校尉一十人發遣赴逐路相兼
差押綱運從之　六年正月二十六日發運判官盧宗
原奏奉詔措置興復轉般倉欲於淮浙江湖廣福九路
官司除淮浙江湖福建七路茶鹽司外應出納錢物每
錢百文別收頭子錢一文應副修船招至人兵糴本支
用從之　二月三日發運判官盧宗原奏契勘興復代

發轉般拘收州縣錢本計置和糴事務散漫合要清强
有材幹官分頭前去欲乞於本部見任官內不拘常制
每路選差官一員前去所至比本司勾當公事供見次
第具因依奏乞量與推恩如有不職亦乞重賜罪責從
之　三月四日又詔許令隔路差官　五日詔去歲六
路額糴不敷呂淙姑從褫職責其後効近據淙奏准差
排發運仰專切促辦諸路年額及均糴斛斗先期到京
所有興復轉般拘收糴本及結絕經制正專委盧宗原
十六日發運副使呂淙奏兩浙被賊州軍正月至起
祖日實闕軍糧衣賜等已行樁留支撥外爲淙依法輸
當今年排運催遣奏計若更到杭州竊恐於發運司職
事妨廢乞就委兩浙應奉官孟庾交割杭州移用庫見
管及本路州軍年終合樁移用月帳錢據被劫州縣契
勘支撥具支過錢物關劉仲元及淙奉詔東南被賊州
縣內有不係燒劫人戶輸納到錢物可以應副外令來
經制司歲終結罷所有正月至起祖日實闕衣糧等只
合指撥的實數目貼支餘並樁充轉般糴本即不得輒
有移易侵用　三〇月三日太府少卿李著等奏比年以
來外路上供錢往往販賣行貨或移易他用到京交納
方見欠久雖有發運司於真泗州選官點檢之法未嘗
舉行除本寺依條取索行程歷點檢外今相度欲乞申
明見行條法下發運司遵守仍令後應諸路上供錢綱

擅自移盜買販物色到京勘鞫得實候斷訖令大理寺
具不點檢去處關報本寺從本寺申戶部奏劾詔依
八日發運判官盧宗原狀六路綱運水脚工錢漕司並
不遵依諸州多稱闕乏令相度欲據淮南路每年合樁
水脚錢二十一萬貫除本路合得錢六萬貫自行移那
支遣將江湖兩浙五路合得錢一十五萬貫令淮南轉
運司契勘管下州軍所入財賦多寡分抛樁撥令於酒
稅課利內以十分為率每日以所收錢撥一分專作水
脚錢（謂如一州日收酒稅錢三百貫即令每日撥出錢
三十貫之類）須管依立定條限樁足別庫收管選曹官
一員專領責知通點檢每月一次起赴真州本司交納
本司專責屬官一員管勾支遣所有兩浙路合支錢數
亦從本司支撥於揚州鎮州瓜州鎮樁管就便委官支
遣如諸州有違欠不樁日分或雖正收樁而輒敢別作
支移其當職官吏從本司點檢奏劾乞重賜典憲仍不
以去官赦原從之　五月十六日詔已降指揮興復轉
般專委盧宗原措置拘收糴本限三年斛斗足辦所有
上供歲額及均糴和糴斛斗呂淙專管竊慮諸路漕臣
州縣官吏隱占移易糴本及妄作指準應已降指揮充
轉般糴本錢物輒充他用以盜論雖有已降處分並合
衝改前後指揮雖奉御筆支撥亦仰執奏不行直達須
候轉般斛斗有次第日罷有司如敢奉行違戾仰盧宗

原呂淙奏劾並當重行黜責隱庇不言與同罪　六月
五日尚書省檢會宣和六年正月二十七日勅發運判
官盧宗原奏依奏御筆措置興復轉搬所有轉般舟船
招置人兵支費浩瀚欲於淮浙江湖廣福九路官司應
出納錢物一百文別收頭子錢一文足應支供到　政
和四年四月二十六日勅荊湖南轉運司狀欲乞應給
納係省錢物並許令每貫石疋斤兩束各收頭子錢五
文足內物價如直錢一貫即收五文足若一貫以上或
不及一貫者並紐計收納或舊收多處自依舊收專充
裨助直達糧綱水夫工錢等詔依所申其應行直達路
分依此正月二十六日詔東南九路除茶事司并六路
鹽事司外應諸司出納錢物每貫收頭子錢一十文省
物以實直價紐計收納餘依　政和四年四月二十六
日指揮應諸司二廣福建淮浙江湖等路收到錢並令
發運司拘收充轉般糴本修置汴綱招置人兵使用江
湖四路見收條省頭子錢係緣直達綱收納候行轉般
日依此拘收　五月三日詔盧宗原拘收糴本興復轉
般並係御指畫親筆處分無損漕計亦無取斂於民訪
聞諸路漕司輒敢觀望指準補欠吏不以上供歲額為
意發運司官又欲以補欠為己功不復督責舉此以廢
彼盧宗原所拘收錢本可令不住於秋夏豐熟去處廣
行收糴其已糴到并去歲均糴斛斗並行樁管以御前

措置封樁斛斗爲名所有諸路上供額斛除已代發過
數合行截還外且令依舊裡發上京如違以大不恭論
六月二十四日詔官師降指揮於六路漕司借舟船
人物等般截官物之類並不得收接仍仰發運司執奏
覺察如違以違御筆論　二十七日發運司盧宗原奏
臣勘會淮浙江湖廣南福建九路所收鈔旁定帖錢依
準先降御筆令臣拘收充發運司轉般糴本近奉今年
五月三日御筆諸路斛額且令裡發上京盧宗原拘收
到糴本專一收糴御前封樁斛斗及承五月十三日御
筆御前措置封樁斛斗昨降處分委拘收贍學鈔旁定
帖錢充糴本官司輙敢申請支撥或緣他事陰肆侵漁
或奉行拘收弛慢拖欠及借兑移用者以違御筆論雖
奉御筆特旨或免執奏亦具奏聽旨及仰諸路廉訪使
臣覺察隱而不言與同罪每歲終令宗原逐路比較諸
州奉行拘收錢本官吏勤惰各三兩員等第保明以聞
准尚書省劄子四月二十八日奉聖旨諸路罷印賣鈔
旁定帖令人户從實自寫依官賣日所收錢數送納合
同印記錢内淮浙江湖六路錢依至宣和二年七月十
三日朝旨撥充糴本即是收糴六路歲糴封樁斛斗一
百萬之數并廣東西福建三路錢令提刑司封樁竊恐
諸路承受上項四月二十八日指揮疑惑合行申明奉
御筆元非漕司常賦已令拘收可遵守今年五月十三

日御筆處分施行　高宗建炎元年五月二十八日淮
南江浙荊湖制置發運判官方孟卿言據翁彦國陳請
經制司與發運司職事相關今來行在一切事務合用
錢糧欲令發運司應副竊緣本司別無所入錢物只有
朝廷降賜廣糴轉般代發斛斗錢本依元降專法不許
别作他用雖奉特旨亦執奏不行其經制司與本司並
不相干若依翁彦國所乞應副切恐有妨糴買致悞君
國大計詔不許取撥　七月九日方孟卿又言諸路上
供錢物不許擅用昨緣軍興諸處往往便宜支用乞從
本司根究今年五月一日以後應絶用過上供錢物數
目責令元截官司限一月撥還起發如出限不見起發
或隱漏不實即從本司奏劾重寘典憲從之　八月二
日京東路轉副使李祐言諸路應副朝廷大計發運司
最爲浩瀚近年歲額未嘗數足蓋緣管押使臣不曾選
擇又沿河居民盜買官米官司並不覺察致每運少欠
不下數千石甚者至沉溺舟船欲下發運司選擇有行
止無過犯能管押使臣沿流官司能覺察盜賣及不覺
察去處重行賞罰及令本司官不住往來催促從之
十二日詔差發運副使李祐自南京至真州往來躬親
撿察措置催促糧運并應見在淮汴金帛錢物綱運限
一日起發户部給行程歷付李祐所至州軍府縣鎮關
津官批上到發月日四日緣赴户部點撿仍令祐督責

諸州縣當職官并催促直達綱及發運司幹辦官等亦給覺察催促綱運歷亦各每日批上行程 縣知佐巡尉州通判及排岸催綱官從發運及逐路轉運司官點撿仍三日一次具所至撿察并催過綱運物數及逐綱押綱官職位姓名申戶部委張慤專一督察

二年正月十六日措置財用黃潛厚言東南六路歲額上供斛斗計六百餘萬石今歲已過限尚有未般之數乞專責六路轉運司及發運司下逐路州軍根刷諸路應干綱船拘收每一萬斛團併為一綱募使臣管押至東京下卸訖至泗州排泊令發運司專差官一員在泗州將回運空船依元路分發歸逐路團併漕運兼察河撥發司亦有未般斛斗並乞下撥發司依此施行 詔依如根刷綱船官不拘收團併管押使臣卸訖回運不至泗州排泊所差官在泗州不將回運空船依元路分歸逐路團併漕運各以違制論

五月十二日發運副使呂淙言祖宗舊法推行轉般本司額管汴綱二百每綱以船三十隻為額通計船六千隻一年三運趁辦歲計昨緣直達將所管汴綱分撥與六路近歲復行轉般雖勾收到八十一綱少有及三千隻之數雖依祖宗舊法於虔吉潭衡四州認定每年打造七百二十三隻為額兩年拖欠未打船共八百三十九隻本司先措置分於江地太平宣州江寧府等處打造糧船亦有拖下數目今欲於沿

流出產材植州軍以逐州所管縣分大小多寡均認添造糧船一千隻并四州舊額拖下及江東諸州催促未到舟船通共二千餘隻並從之

六月五日呂淙又言見於江湖四路打造糧船合選差疆幹官監轄催督及差委使臣隨行點勘工料欲依—大觀四年發運判官王琦打造未足額船一千隻辟差幹辦公事四員依本司幹辦公事例從之

紹興元年二月七日尚書省言軍儲在昔並係發運司總領收糴轉般代發以充國用邇來淮南湖北已行分鎮又兩浙行在駐蹕自有本路漕臣應副餘路收糴糧斛亦係州縣官應辦其發運司所差屬官并使臣甚衆侵耗財計今欲存留主管文字幹辦催促綱運官一員外餘並罷從之

六月十六日發運副使宋煇言全少綱船漕運妨闕乞將兩浙州府抽稅竹木內權行通撥五分付本司打造鐵頭船般運行在軍儲 詔依內臨安府抽稅竹木以十分為率轉運司并本府各四分將二分應副發運司使用

八月六日詔發運副使宋煇取撥浙西路逐州軍見管坊場增添五分淨利錢與已支降官告度牒師號等相兼品搭專充糴本支用仍先具日前見在合取撥數目申尚書省其已後收到錢仰宋煇專一拘收樁管具每月約收錢數申朝廷聽候指揮支降方得支使

十一月五日詔發運司復置糴責官二員從發運副使宋煇之請

也　十二日詔發運司於饒州置司催促到諸路上供錢糧於洪州饒州及近便沿流州軍樁管如無朝廷專降指揮諸司州郡擅行兌那移用者徒二年逐州差監倉一員令本司不以文武官差辟若漕司州縣官樁發上供弛慢不職令本司按劾從發運使湯東野之請也

二年三月七日臣僚言發運一司官吏軍兵請給歲縻錢無慮十六七萬緡初無一毫本分職事臣常考國朝舊制江淮兩浙荆湖南北路每歲租糴運至真揚楚泗州置轉般倉納泝流漕運入於中都於是命發運使領之凡此六路州縣山歉之處則許民輸錢入官本司於豐熟去處糴米以足歲額率以為常公私兩便　舊制有都大發運使副使判官使以兩省官或待制尚書郎以上充副使判官以朝官以上充其後為制置發運使　紹興二年臣僚以謂既有諸路轉運使以職轉輸發運司本無職事虛縻緡錢罷之八年復置經制發運使九年罷　孝宗乾道六年三月二十八日史正志除戶部侍郎江浙京湖淮廣福建等路都大發運使四月一日史正志言得旨發運司於江州置司所管事務斛斗催發綱運茶鹽若鑄錢理欠貿易官吏乞差主管文字幹辦公事各二員糴買催綱各二員文武通差　人吏十五人使臣併兩司員數舉官改官十五員令狀八員從之　同日詔淮東總領所既併歸淮西存留幹辦公事二員歸發運司　十九日史正志言本司依已降指揮差屬官員數乞於見任寄居待闕官內不以有無違礙路逐選差分頭管幹乞先降省劄理為在任月日候將來措置稍見次第願乞辟正者申奏朝廷給降付身

二十三日詔朝廷修復舊典置發運官講求裕民之政以豐邦儲又使總外計者副之欲遠近一體務在協濟其諸路監司守臣宜各體朝廷責成之意毋得違失

二十四日詔許子忠等一措置鼓鑄錢併入發運司應鑄錢職事並隸本司措置　六月十八日史正志言諸路州軍及帥司公使自有立定歲賜錢數雖在法徵利聽撥入公用如賣醋收息一歲所入不肯盡入公使以資妄用戶部不曾檢察措置欲於十分內撥五分赴發運司貼助糴本仍專委逐郡通判縣丞逐日拘收樁管逐旬申本司伺候起發從之　二十六日史正志言蒙朝廷支降錢本措置貿易及拘收州軍起發到糴本等逐色窠名錢物於本司交納萬數至多合行置庫一所除見自行計置修蓋庫屋外乞以都大發運使司貿易糴本庫為文下文思院降給印記從本司辟差使臣二員充監官理為資任具申朝廷給降付身并置專知官手分庫子各一名其監官除本身請給錢別給錢專庫手分請給並依總領所鄂州大軍庫監專等見請則例支破如搜檢出入官物火禁亦依大軍庫體例從之

十月十一日，史正志言：自閏五月二十五日到江州本司，至九月終，檢察拘收到諸路監司州郡寬剩失陷歲樁錢米金銀，共計錢二百八十萬一千五百一十七貫五百八十四文省；兼檢察到州郡監司除樁撥朝廷歲計外寬剩錢米，共計錢六十九萬五千五百四十九貫三百四十六文省。詔令戶部盡數拘收，應副諸軍券食等支遣。從之。　十二日，詔都大發運使司可就行在置司，其外路職事仍依舊時復巡歷。　十二月二十八日，詔史正志職專發運，奏課誕謾，廣立虛名，徒擾州郡，責授楚州團練副使、永州安置。其發運司可立近限結局。王佐理財無方，則虧常賦，特降三官放罷。　三十日，中書門下省言：勘會發運司已降指揮立限結局，所有昨來支降糴米，其貿易錢本并司應干見在錢物米斛萬數浩瀚，緣發運司官屬人吏公案見在行在，理合委官驅磨。詔差大理正兼權度支郎官單夔日下拘收公案，逐一點檢，具數申尚書省。　同日，中書門下省言：勘合發運司限日結局，所有見在應干錢物米斛理合拘收。詔差程紘候送伴回日，就便前去具數申尚書省。

宋會要

咸平元年六月，命近臣舉轉運。上嘗語參政李至曰：「凡興官宜先擇舉主，以類求人。今外官轉輸之任最切，卿等可先擇人而令舉之。」越明年，河東轉運使宋博經制饋餉，以幹治稱，朝廷難其代，凡十一年不徙。

宋會要

大中祥符二年四月，定監司舉主賞。詔運使、提刑所舉官，如後五年無過，有勞幹者，特奬舉主。又謂宰臣曰：「舉官犯贓則連坐，而舉得其人者賞亦弗及，非所以為勸也。」故有是詔。　十一月，詔論監司失察罪。分天下為郡縣，總郡縣為一道，而又總諸道於朝廷；委郡縣於守令，總守令於監司，而又察監司於近臣，此我朝內外之紀綱也。故欲擇守令必責之轉運，欲舉轉運必責之近臣。既嚴連坐之罰，又定舉官之賞，而失察者又有罪，賞罰行，紀綱正矣。然賞罰但行於已舉之後，舉官當擇於未舉之先，蓋惟正知正，惟邪知邪，善惡各以類至，此真宗所以先擇舉主也。

宋會要

寶元元年，復置轉運使。廢罷之之初，上封者屢以為非便。致少連從陝西奏：前為淮南轉運使時，偶值豐年，而上供之數得以辦集，然諸路各任所見，無所統制，恐經久誤大計。遂復之。

宋會要

淳熙二年十二月十六日，宰執奏湖南二漕皆闕，上曰：只得一漕足矣，用兩漕事不專一。李彥穎奏：漕司錢物若置兩漕，倍有費耗。向來浙漕率用兩人，財賦為之一空。近日止除一漕，亦不闕事，況他路乎。　三年五月二十八日，詔尚書省取諸路漕司三年歲入攷酌中之數立為定額，依舊催趁。歲具收支帳狀申尚書省，仍開具作何支破，不應支破者令備償，其見在錢封樁待用。既而臣僚言：今日財賦欺弊可以糾察者，如轉運司移用錢及一分五釐錢、二分折酒錢，拘收有至二三十萬緡撥入公庫，餽遺巧作支破，此錢多取之酒稅。　六月二十

二

七日，詔廣南東路轉運使副任滿轉一官，轉運判官減二年磨勘。　六年三月十九日，上謂輔臣曰：諸路漕臣職當計度，欲其計一道盈虛而經度之，今則不然。於所部州郡有餘者取之，不足者聽之，逮其乏事，從而劾之，吾民已被其擾矣。朕今以手詔戒諭，俾深思古誼，視所部為一家，周知其經費而通融其有無，蕭察其能否而裁抑其蠹耗，庶乎郡邑寬而民力裕也。詔具戒敕官吏。是年九月明堂赦，令諸路漕臣限一月各具合如何經度通融事件以聞。　四月二十一日，詔成都轉運司每歲管認成茂州省計錢引五千道，令照應今年三月已降手詔，將有餘去處通融應副，從四川總領所請也。　七月

二十六日，詔諸路漕臣約束所部州軍，不得科擾病民，常切覺察。如有違戾去處，具名按劾。漕臣失於覺察，亦重寘典憲。以將作監潘緯論州縣之弊：大率守臣到官，首請屬邑責認財賦數足，遂邑謂之獻助；妻僚佐下邑點檢，責認解發，抑無為有，謂之劉刷；州納二稅，既倍收耗，重價折科，又刷具合零就整，謂之畸零；酒稅不用祖額，逐年增加，謂之遞年課利；錢拘催錢物，鈔狀既到，先填舊欠，別令催發，謂之改鈔；春冬衣賜，別定數目抛降拘催，謂之軍衣；又有曰無額經總制、曰補虧、曰州用、曰版帳、曰綱目、曰格目、曰月樁、曰青冊子之類，名各不同，科取於民。宜責漕臣痛行蠲除，其守令循良者使之論薦，將加擢別，並緣掊克，有按劾以聞，重寘典憲，故有是

三

詔。　七年三月十五日，四川制置使胡元質言：關外階成西和鳳州各有歲計，可足州用，緣轉運司盡行拘催，別置倉庫，自行收受，每歲量行抛降，由此州郡匱乏，不免斯取於民。乞下利州路轉運司將每年抱認數目許各州合發漕司錢物內徑行截留。從之。　十八日，詔諸路漕臣限一季與所部州縣商度賦入通融，其有無者有幾，裁抑其蠹耗者又有幾，仍條具以聞，令三省置籍稽考殿最，以議賞罰，從臣僚請也。　八月二十四日，詔兩浙轉運司營運日下住罷。　十一年五月一日，詔今後兩浙轉運司應干奏劄奏狀，並令於通進司投進。　十六

年正月二十八日詔自乾道以後創置修内司等處兼轄運司準備差遣人元非舊例可並罷令後更不差人

紹熙元年五月一日臣僚言恭覩淳熙六年三月十九日壽皇聖帝御筆手詔戒諭諸道轉運視所部為一家周知經費而通融有無竊見諸州財計優餘窘匱誠不能相等欲乞嚴飭諸路漕臣確意遵守淳熙六年詔旨必行通融使無有餘不足之患從之

宋會要　察訪使

神宗熙寧三年八月十六日同判司農寺呂惠卿言比歲以來累降詔旨訪求農田利害中官司未有應令繼命輔臣經制其事具為條約付與諸路使之推行皆有成法如聞逐司自被朝旨只是謄録行下即未能用心講求申明法意曉諭州縣責以成効以故至今未有報應雖數告諭催促期以歲月當行考察及已有察訪指揮而所在官吏玩令如故臣以職事在於兼領宜糾不職以信典憲又緣本寺未曾施行且令具録元降條約畫一牒逐司問其從來節次施行之狀諭以向去檢舉督察之方仍且聲述朝廷前後所降約束要在必行尚慮逐司未即呈稟乞賜戒敕仍乞將元降差官察訪當行考察等指揮節次舉行繼之以實使人人知其不為空文則令遵而事立矣其行下逐司牒一道隨狀繳進詔候來年合察訪取旨差官餘並從之四年九月二十八日命檢正中書刑房公事李承之察訪淮南兩浙常平及農田水利差役事令與轉運判官以上序官仍使體量近降鹽法六年三月二十五日又命李承之察訪永興秦鳳等路五月命檢正中書戶房公事熊本察訪夔州路太常丞直舍人院鄧潤甫權定州推官館閣校勘呂升卿察訪京東路六年命檢正中書刑房公事沈括相度兩浙水利兼察訪七年四月二十三日命龍圖

卷一萬三千三百十八

閣待制兼樞密都承旨曾孝寬充河北東路兼青鄆齊濮州察訪使九月命中書檢正五房公事李承之察訪河東路兼提舉義勇保甲十二月命檢正中書户房公事滿宗孟察訪荊湖南北元符元年十月六日大理寺言察訪使司應州縣若非當路別無察舉事者聽不遍到已經兼司若專制總領官而行遣未審當或失於察舉者聽察舉事小者牒本司改正大者以聞涉情弊者申尚書省委隣路官推治隣路係本察訪路分者聽直牒內係命官仍具奏聞從之

宋會要　招討使

熙寧八年命知延州天章閣待制吏部員外郎趙禼為安南道馬步軍行營招討使建炎四年詔張俊招討江南其應用錢糧草料令本路運使及本路州軍縣鎮不以封樁不封樁取撥應副差隨軍轉運使一員仍榜本路都轉運使湯東野專一同共協力應副令户部支降銀絹各五千匹兩候起離行在處及一月許犒設一次紹興五年詔岳飛招討飛先任制置使已除檢校少保增重使名故也　六年二月十九日樞密院言岳飛昨克湖南北襄陽府路制置使日依第二等奉使條例發運監司並用申狀外兼張俊任江南東西路招討使日除安撫大使司公牒外其餘帥司並用申狀今來岳飛已改除湖北京西南路招討使理合申明詔並依條例施行　十年六月制以少師兼節制鎮江府韓世忠特授太保兼河南北諸路招討使封英國公少傅鎮洮崇信奉寧軍節度使充淮南西路宣撫使兼營田大使張俊特授少師兼河南北諸路招討使封濟國公武勝定國軍節度使開府儀同三司充湖北京西路宣撫使兼營田大使岳飛特授少保兼河南諸路招討使如故　三十一年十月四日以四川宣撫使吳璘充陝西河東路招討使大一統志吳璘紹興三十二年以四川宣撫使除陝西河東路宣撫招討使其年春領兵收復散關

卷一萬三千二百二十四

及和尚原璘遣其子挺及都統制姚仲率東西兩路兵
攻德順金人左都監自熙河以兵由張義堡駐鳴沙會
平涼之師來援挺率兵戰於瓦亭大破之遣別將復原
環二州三日諸將攻德順久未下璘知士卒有怠志即
單騎自秦州星馳視師自擁數十騎遶四城傳呼南北
之人服璘威名思識顏面一聞璘之來士氣百倍金騎
遁去遂服德順軍市不易肆璘入城父老迎拜馬首縶
不能行高宗命虞允文以兵部尚書充川陝宣諭使齎
詔勞璘允文至秦州聞璘在德順即揚鞭而馳見璘共
議軍事遂遣兵攻破熙州繼攻鞏州克之六月孝宗即
位賜親札嘉勞璘與允文曰商榷恢復關故地允文謂

璘曰敵必再爭德順不可少緩璘以為然乃馳赴城下
允文固泰州調度軍用德順之東曰東山北曰北嶺東
山小而可守下瞰城中北嶺形勢延接實控扼之地璘
至則連營北嶺撅重壕築深塹開戰道益為不可犯之
計且指視諸將以金人他日所營已而敵果大至合完
顏悉力兵十餘萬正營所指之地有敵先引數千騎出
視東山去巢穴稍遠聲之狼狽趨營既乃大開壁出師
苦戰自旦及晡敵敗先退入壁自是堅守不動谿谿萬
戶復請精兵自鳳翔來援初璘一軍當北嶺下傅城下
寨敵騎又以馳突至是璘下令夜移入城將士不知所
謂頗有口語既旦敵果合兵大出直至其處已無所得

乃譁譟城下璘命偃旗臥鼓士無敢譁諸將請戰不應
迨日昃敵氣已惰令諸將鳴鼓直衝其營賊大駭遣諸
將襲敗之當時非璘徙城下之營則敵幾得志時敵既
守不出挺請挑戰以奇兵播虛聲璘令列陣城下調敵
閉營璘則就以其陣移上東山築堡以守時雨雪大寒
凍不可入則燒土而掘之連夜堡成而敵忽至極力爭
之殺傷幾半諸將嘆璘之多算敵自是失三路形勝璘
調諸將益出兵至秦州允文疏璘勳績以聞孝宗詔褒
之金人潛軍永洛城開道隴山以示我出奇實亦自便
歸計璘乃部置諸將分屯要塞且益出蜀口之師分德
順兵歷陣內外相合以擊之敵又謀進兵取鳳翔俄有

詔班師以鎮江駐劄御前軍都統制淮南浙西江東西
路制置使劉錡充京畿淮北京東路河北東路招討使
以主管侍衛馬軍司公事充湖北京西路制置使節制
兩路軍馬成閔為京西路河北西路招討使　十一月
二十五日以主管侍衛馬軍司公事充湖北京西路制
置使京西路河北西路招討使成閔依前主管侍衛馬
軍司公事兼鎮江府駐劄御前諸軍都統制淮南東路
制置使京東西路淮北泗宿州招討使以鄂州駐劄御
前諸軍都統制吳珙充湖北京西路制置使京西北路
招討使

宋會要 招撫使

紹興十年五月二十六日制以少師護國鎮安保靜軍
節度使劉光世特授太保三京等路招撫處置使光世
言每月公使錢乞支給二千貫乞差參謀官參議官主
管機宜文字書寫機宜文字幹辦公事准備差遣點檢
醫藥飯食帶見任或新舊任請給或不願帶行每月別
給錢內參議官各五十貫主管及書寫機宜幹辦公事
准備差遣各三十貫點檢醫藥飯食二十貫從之仍令
戶部支降銀絹各三萬匹兩錢二十萬貫一十五兩數
金腰帶二十條十兩數金束帶二十條充激賞令所至
州縣并漕臣專一應副如有違誤仰按劾聞奏光世言

卷一萬三千三百二十四　四

本司被旨結局所有先差置屬官欲望添差差遣或與
先次占射差遣一次詔依省罷法　孝宗皇帝隆興元
年八月十二日詔安慶軍節度使捧日天武四廂都指
揮使充鎮江府駐劄御前諸軍都統制劉寶兼淮東路
招撫使節制本路軍馬　二年三月二十八日詔保平
軍節度使龍神衛四廂都指揮使建康府駐劄御前諸
軍都統制王彥兼淮南西路招撫使節制本路軍馬
開禧二年四月二十四日詔寧遠軍承宣使鎮江府駐
劄御前諸軍都統制兼知揚州充淮南東路安撫使馬
步軍都總管郭倪兼山東京東路招撫使武經大夫鄂
州江陵府駐劄御前諸軍都統制趙淳兼京西北路招

撫使武德大夫權發遣襄陽府主管京西南路安撫司
公事馬步軍都總管兼江陵府駐劄御前諸軍副都統
制皇甫斌兼京西北路招撫副使合行事件各許便宜
施行訖聞奏

宋會要 撫諭使
高宗建炎元年五月七日詔尚書右丞呂好問兼門下
侍郎為京師撫諭使二十八日上謂輔臣曰金人肆毒
中國生靈塗炭比雖下詔多方凡經殘破州縣優加存
恤若未盡也可遣使諸路撫諭八月二十八日詔昨金
人入寇朝廷命令隔絕賊盜竊擾民不奠居近朝廷已
措置捍禦金賊掃蕩羣盜崇儉除苛弛役薄斂凡不便
於衆者悉行蠲除稍向就緒令學士院降詔差官撫諭
及體訪官吏廉謹勤恪軍民利病以聞兩浙東西福建
路差兵部郎官江端友荊湖南北廣南東西路差殿中
侍御史馬伸淮南東西路江南東西路差監察御史寇
卷一萬三千三百十二
防河東路就差王瓊河北路就差馬忠陝西路就差錢
蓋四川就差俞汝礪京東西路京西南北路差吏部郎
官黃次山朕紹膺駿命寅御寶圖以萬方之戚休為一
體之舒慘思敷遷澤溥潤黎元日者姦臣蔽欺邊防湖
騎凌犯京邑是以盜賊伺其間隙郡縣為之殘破井邑
蕭然田疇荒蕪毒流民體痛軫朕心每一顧瞻為之流
涕雖號令間阻者半載而臣民愛戴者一心惟祖宗德
澤之深致海宇懷來之固豈朕菲薄所敢遑寧惕然若
涉春冰懍乎如馭朽索夜分忘寐日再御朝補緝政綱
講究民瘼捍禦北戎之備亦既圖嚴蕩平羣盜之姦幾
於弭息以至崇節儉之至樸除繁苛之細文弛役蠲徭

薄征輕斂凡不便於衆者急有聞而罷之若時所為稍
向就緒是用分遣信使具宣恩言及官吏之勤惰廉汙
雜於並進與兵民之利害疾苦壅於上聞咸俾周詢盡
期洞照將大明於陞黜且悉議於革因嘉與多方復躋
至治誕告爾衆咸體朕懷　十二月二十三日京西路
計度轉運副使李洪誠言已降指揮遣使逐路撫諭欲
就委縣檢忠義巡社以逐路三五處奉行優劣者賞罰
之庶幾有以激勸詔令逐路撫諭官因就體究已來就
措置次第并有無抑勒搔擾等事條具聞奏　三年二
月二十六日詔差吏部郎中方闓撫諭淮東　四年正
月二十四日中書舍人充兩浙江西湖南撫諭使李正
卷一萬三千三百十二
民言面奉聖訓奉使所至州縣應常程簿書刑禁並免
取索點檢惟官吏能否依法具奏外其民間事干州縣
實負屈抑令欲並聽陳訴即為伸理從之　八月二十
六日宣教郎撫諭舒蘄等州周虎臣言乞以舒蘄等州
撫諭司為名從之　紹興元年十月六日監察御史胡
世將言被旨差前去福建路撫諭乞以福建路撫諭司
為名及依第二等奉使條格施行並從之以范汝為賊
黨未平有旨令世將招收仍降詔曰爾等素懷忠義為
國宣力比緣闕食因而嘯聚原其所自實非本心今遣
使招收應日前罪犯一切不問特與赦免仰將被虜脅
從之人給據放散令胡世將具首領姓名具奏　議推

恩 十二月二十一日詔差秘書少監權吏部侍郎傅崧卿充淮東宣諭使賜淮東州縣撫諭詔曰朕惟祖宗覆育海内垂二百年愛惜元元同於赤子迺者禍發所忽胡虜内侵二聖往征中原大擾顧朕崎嶇遷避粤在海隅嘗膽痛心靡忘宵旰思欲救民塗炭與之更生眷爾淮東最近行在曩自未經兵火國已困於官司調役頻煩科斂苛重賦租之入取足於災傷逃亡之後榷販之課責辦於陷折顛沛之餘凡所當施於民者略不及施而所欲取於民者殆無不取民受兵害以及比年寇盜相仍亦唯爾淮甸之間被禍尤酷蓋十百有一僅獲生存而又漂蕩零丁顛頓困苦日不堪命朕甚愍之是

卷一萬三千三百十二

宜剗革蠹弊振拔羸𦿔以加惠一方俾獲蘇息就委傅崧卿採訪民間利病條具來上即議罷行所有人民見今歸業而官吏多闕撫存未至種粮全乏耕作無資仰傅崧卿與營田等司及州縣長吏多方措置期稱朕意惟兵賴民以養民恃兵以安必得百姓不失耕桑之時然後三軍不乏廩給之養淮東將士素著忠義已令獎諭犒賜勉力守禦庶幾更相風厲保護吾民助朕再造之基實自茲始朕意懇切非事空言咨爾軍民其各體悉 二年十二月十五日詔駕部員外郎李愿差充川陝撫諭官廸功郎滿棐差充撫諭官下幹辦官令李振下差兵級五十人使臣一員京畿第二將下差兵級五

十人使臣一員並令給券候四至行在日住給逐州差兵級一百人兵官一員護送逐州交替 二十三日詔吏部郎中周隨亨差充川陝撫諭官與李愿同行給券外各支賜銀五百兩候回日並與陞擢差遣 三年四月二日權知虢州董震言京東西淮南陝西州縣蓋緣並罹兵革道路梗澁詔令久失頒降上下之情不通無以慰安遂使遠方死節之士傷殘凋弊之民無所赴愬伏望聖慈察遠方軍民戀慕之心時降詔音遣使安諭庶使德澤普浹生靈咸知朝廷恩意以慰來蘇之望今來鄰近有未反正州軍亦乞降詔慰諭或只付臣轉送庶得人人知有自新之路詔令學士院降詔獎諭董震仍

卷一萬三千三百十二

給空頭敕書二十道令就便撫諭 七月宰執進呈撫諭韓世忠軍士勑牓條目上曰卿等更加改定又不可太文使三軍通曉春秋時楚圍蕭蕭潰申公巫臣請楚莊王曰師人多寒王廵三軍拊而勉之三軍之士皆如挾纊言之感人深也如是令撫勉世忠軍士宜倣此 八年正月二十八日臣僚言竊聞淮南之民自聞車駕欲還浙西妄意朝廷不復經理淮甸日夕惴恐不遑寧居州縣官吏不能撫綏反更搔擾常賦雖有寬恤之詔而横歛每出無名監司坐視公然容縱不復宣布陛下德澤即日隴畝荒廢少人墾耕若更逃移蓋難興葺欲望遣官遍行撫諭案察騷擾之吏綏懷疲瘵之民使知陛

下雖暫南巡不忘北顧安於農業為永久之計詔令逐路監司遍詣州縣撫諭如有搔擾去處按劾以聞仍曉諭民間通知　孝宗乾道元年十一月二十七日詔昭慶軍承宣使知閤門事兼客省四方館事幹辦皇城司龍大淵差充兩淮撫諭軍馬二年正月十五日龍大淵兩淮撫諭軍馬回有旨限五日結局

〔卷一萬三千三百十二〕

宋會要　鎮撫使

高宗建炎四年五月二十日宰執進呈分鎮文字擬江北諸鎮許令世襲上曰若便許世襲恐太重當俟其保守無虞然後許之　二十二日宰臣范宗尹等言衆議分鎮事宜諸鎮帥臣乞以鎮撫使為名欲將京畿湖北淮南京東西州軍並分為鎮其陝西四川江南兩浙湖南福建二廣路並仍舊制諸鎮除茶鹽之利國家大計所繫所入並歸朝廷及依舊制提舉官外其餘監司並罷所有財賦除上供錢帛等合認數送納與權免三年其餘並聽本鎮帥臣移用更不從朝廷應副管內州縣官並許辟置內知通令帥臣具名辟奏朝廷審度除授其官吏廉汙勤惰並許按察升黜所管內州軍並聽節制遇軍興許以便宜從事其帥臣不因朝廷召擢更不除代如能捍禦外寇顯立大功當議特許世襲從之仍令學士院降詔詔曰周建侯邦四國有藩垣之助唐分方鎮北邊無夷狄之虞永惟涼眇之資屬此艱難之運作黎元之父母未能除喪亂之憂保祖宗之土疆無以扞侵陵之患逺巡南國久隔中原盖因豪傑之徒各

〔卷一萬三千三百二十四〕　五

奠方隅之守是用考古之制權時之宜畫野離疆成就
瓜分之勢折衝禦侮俾無尾大之嫌繼自荆淮接於畿
甸豈獨植藩蘺於江表蓋將崇屏翰於京都欲隆鎮撫
之名爲輟按廉之使有民有社得節制於境中足食足
兵聽專征於閫外若轉移其財用與廢置其屬僚理或
應聞事無待報維寵光之所被既並享於終身苟功烈
之克彰當永傳於後裔尚賴連衡之力共輸夾輔之忠
期捍禦於寇戎用奬扶於王室咨爾列辟體予至懷
卷一萬三千三百二十五　六
二十四日詔以翟興爲河南府孟汝唐州鎮撫使兼知
河南府趙立爲楚泗州漣水軍鎮撫使兼知楚州薛慶
爲承州天長軍鎮撫使兼知承州劉位爲滁濠州鎮撫
使兼知滁州趙霖爲和州無爲軍鎮撫使兼知和州吳
翊爲光黄州鎮撫使兼知光州李成爲舒蘄州鎮撫使
兼知舒州李彦先爲海州淮陽軍鎮撫使兼知海州
同日三省言京畿等路州軍既分爲鎮撫使其逐路安
撫使欲並罷卻令鎮撫使帶馬步軍都總管其鎮撫使
司官屬欲令置參議官一員書寫機宜文字一員幹辦
公事二員並聽奏辟鎮撫使除授並命詞給告從之
二十八日上宣諭輔臣曰布衣程康國上書論分鎮十
事内有一事四鄰有警令即應援此似可行是日進呈
詔令諸鎮戮力悉心藩屏王室外惇睦鄰好救災恤難
如有外寇侵犯更相應援或能解圍卻敵當議推賞

六月十日詔陳規除德安府復州漢陽軍鎮撫使兼知
德安府解潛除荆南府歸陝州荆門公安軍鎮撫使兼
知荆南府程昌禹除鼎澧州鎮撫使兼知鼎州陳求道
除襄陽府鄧隨郢州鎮撫使兼知襄陽府范之才除金
均房州鎮撫使兼知均州馮長寧除淮寧順昌府蔡州
鎮撫使兼知淮寧府　十一月臣僚言近者措置分鎮
以捍禦寇戎扶奬王室實爲良策萬一諸鎮或於奏報
之閒別有意外之請朝廷亦宜明告以分畫已定措置
已詳信在言前不可損益脱或更易則必開爭端此必
信不渝之實也始終專務誠實則諸鎮皆知朝廷重信
如此必能謹其常職蔑有覬覦將同心戮力以圖夾輔
卷一萬三千三百二十五　七
之勳矣臣所謂維持悠久之術實在於此詔令三省樞
密院遵守　九月九日詔鎮撫使不得擅離本鎮　十一
月六日詔諸路鎮撫使行移關牒等並依安撫使見行
體例紹興元年三月七日荆南府歸峽州荆門公安軍
鎮撫使兼知荆南府解潛言乞權增置主管機宜文字
一員幹辦公事二員及添置准備將領准備差遣准備
差使各一十員准備使喚二十員内聽候差使仍乞不
限員數並許踏逐選官辟置候將來事宜寧日罷並從
之　九月二十一日詔河南府孟汝唐州鎮撫使翟興
襄陽府鄧隨郢州鎮撫使桑仲金房州鎮撫使王彦淮
寧順昌府蔡州鎮撫使李紘互相救應一處有急候文

宇到別鎮方許出兵　二年閏四月二十八日荊南府
歸峽州荊門公安軍鎮撫使解潛言欲乞更添置議官
一員準備幹辦官五員詔許添參議官一員幹辦官兩
員　十一月一日詔江北州軍帥臣郡守遇警急即互
相關報統率人馬應援若依前坐視致鄰近疎虞元承
關報帥守重寘典憲　三年正月十九日詔武功大夫
袁州防禦使李横授襄陽府鄧隨郢州鎮撫使兼知襄
陽府　四月二日詔武翼郎閤門宣贊舍人權知虢州
兼安撫節制商陝虢州軍董震特轉武節大夫除遥郡
刺史依前閤門宣贊舍人差權商虢陝州鎮撫使兼知
虢州先是震率西京界翟琮董實各將所部復歸本朝

卷一萬三千三百五十五　八

於今年正月三日并兵收復西京擒獲偽留守孟邦雄
等董震兵馬最多士卒畏服故有是命　同日詔已除
董震權商虢陝州鎮撫使緣本鎮耕種未廣令宣撫處
置使司斟量郡縣應副糧食無令闕誤　五月二日詔
武翼郎兼閤門宣贊舍人河南府孟汝唐州鎮撫使兼
知河南府翟琮特授利州觀察使充河南府孟汝鄭州
鎮撫使兼知河南軍府事琮率衆還朝忠郎可尚故有
是命　四日河南府孟汝鄭州鎮撫使翟琮言本鎮緩
急賊馬犯境無兵應援緣朝廷在遠道路梗澁奏報不
及又本鎮不係處置司張浚宣撫地分乞將本鎮依金
均房州鎮撫使王彥例亦隸宣撫處置使司從之　七

日詔武功郎董先授武功大夫吉州觀察使差充商虢
陝州鎮撫使兼知虢州先是鎮撫使翟琮言昨遣董先
自收復商虢州之後葺治數郡軍民畏愛敵人不敢侵
犯已依便宜旨揮差權商虢陝三州經略安撫使提兵
往來捍禦賊馬撫綏軍民措置收復本路陷沒州縣并
昨來歸正人理宜褒賞故有是命　六月一日樞密院
言鎮撫使解潛李横兩鎮地界相接各處大江下流控
扼川陝京西等路最為衝要竊慮緩急侵犯不務更相
應援有失枝梧詔劉與解潛李横各務體國協和敦睦
鄰好訓練士卒遇有賊馬侵犯不得輙分彼此致失機
事

卷一萬三千三百二十二

全唐文提點司

宋會要

兩朝國史志提點司有提點同提點提點並以朝官以上充掌提轄諸縣刑獄兵民賊盜倉場庫務兼管勾溝洫河道之事勾押官一人典七人元豐改制因之

卷一千一百十七

十二字另低二格

全唐文

宋會要

提舉常平倉農田水利差役 神宗熙寧二年九月九日制置三司條例司言近詔置京東等路常平廣惠倉欲量逐路錢物多少選官分詣提舉諸差官充逐路提舉常平廣惠倉兼管勾農田水利差役事於是屯田郎中支公弼太常博士王廣廉河北路駕部員外郎蘇涓太子中書劉瑾陝西路太常博士胡朝宗殿中丞張復禮京東路太常博士李南公殿中丞陳知儉京西路都官員外郎熊本殿中丞徐儆淮南路太常博士張峋秘書丞侯叔獻兩浙路都官員外郎林英開封府界都官員外郎許懋太常博士曾誼江南東路太子中舍張次山江南西路職方員外郎梁端比部員外郎謝卿材河東路太常博士吳審禮喬敘荊湖南路都官員外郎田君平荊湖北路太常博士李元瑜成都府路都官員外郎姜師孟秘書丞田祐梓州路虞部郎中王直溫都官員外郎張吉甫利州路虞部員外郎韓彥殿中丞張授夔州路屯田員外郎游烈廣南東路太子中允闞杞廣南西路太常博士嚴君貺福建路又差同管勾大理寺丞朱紘京西路著作佐郎曾亢淮南路前益州司理參軍王醇兩浙路大理寺丞王子淵京東路著作佐郎張果之陝西路台州天台令蘇澥江南西路前睦州桐廬

卷一千一百十七

縣令曾點福建路著作佐郎范世京荊湖北路謝仲規成都府路楊汲楊南東路俞充廣南西路就差楊汲提舉開封府界十二月三日詔近分遣官往諸路管勾常平廣惠倉等付與條目事皆有狀行之歲月當議考察竊恐所差去官及轉運提刑司未悉朝廷之意令遍指揮。二十二日改差秘書丞田祐提舉河北路常平廣惠倉兼管農田等事先是命提舉夔州路上以祐本定州人令使裁治夔州路事恐非所諳可改河北或京東一路故有是命　三年七月六日詔諸路提舉常平廣惠倉兼相度農田水利差役事官依前降指揮疾速計會監司州縣相度利害以聞二十五日詔閤門令後諸路

卷一千一百十七

提舉常平廣惠倉官到闕並令辭見或有陳陳合上殿如諸路提點刑獄例　四年二月四日提舉成都府路常平廣惠倉等事李元瑜奏見募人充役本路有管勾官及知縣不切遵奉推行者許差官對移從之四月十八日兩浙路提舉常平廣惠倉等事職方員外郎林英勾當官著作佐郎王醇並衝替提舉官太常博士張峋服闋依衝替人例施行以英等在任不推行新法也　九年五月十四日權開封府界提點諸縣鎮等事蔡確言府界提舉官乞專差官一員更不令司農寺丞兼領從之八月六日詔陝西等五路提舉常平倉司具降指揮令諸常平存留一半錢遇斛㪷價錢許趁時收糴後

至今夏糴到是何斛㪷及若干數目速具以聞勾當管勾十月十二日詔常平錢穀莊產戶絕田土保甲義勇農田水利差役坊場河渡委提舉司專管勾轉運使副判官兼領其河渠非為農田興修者依舊屬提點刑獄司　元豐元年正月十九日詔提舉官並差朝官資任服色添給錫賜序官入從並依轉運判官例其當舉官於開封府界提點諸路轉運使副判官提點刑獄見舉官數內均減立法（其立法諸路提舉所舉官計二百有九人內二百有一人均減增定）二月五日詔府界諸縣並依已行義倉法仍隸提舉司三月二十七日詔河東永興軍等路各增提舉官一員以判司農寺蔡確言近制提舉常平官不令他司兼領誠

卷一千一百十七

為至便然有所部闊遠如此數路者恐獨員之事故也　四月十三日詔兩浙路提舉增置一員以判司農寺蔡確言兩浙路州縣戶口衆多提舉司所管錢穀三百餘萬乞擇能吏倚以辦劇故也五月八日熙河路經畧使張詵乞舉文資一員準備差使點檢常平錢穀從之十三日詔諸路州軍並差官一員主管常平錢穀十縣以上二員分治即廣南無通判職官州軍委知州主管並下縣點檢給納聽次曹官或知縣代之六月十四日詔提舉官自今與轉運判官以資任相壓同者序官其添給當直接送人船遞馬兵士並同轉運判官例九月十三日詔三司司農寺各同罪舉陞朝官五人充諸路提

舉官限十日以名聞十月十九日判司農寺蔡確言諸
路提舉常平司舊兼領轉運司極有擅移用司農錢物
自分局以來河北東路提舉司申轉運司所移用錢二
十餘萬緡江東提舉司申轉運司所移用錢穀十二萬
餘貫石蓋轉運司兼領則不能免侵費之弊今川廣等
路未有提舉官並轉運司兼權及提舉官假故亦轉運
司承例兼權欲乞提舉司闕官處令提點刑獄兼權如
廨舍稍遠即量留吏人照管官物等委知州或主管官
就便提轄其提舉官時暫在假亦委知州或主管官權
本司文字又言自今提舉官稱職者乞令久任候有成
效與遷提點刑獄及以上差遣從之二十六日詔罷開

卷一千一百十七

封府界提點司幹當公事官二員並轉充提舉司主管
官　三年九月四日詔委轉運司及提舉官每州於通
判幕職官內選差一員不妨本職專切管勾令通點檢
在州及諸縣錢斛遇有糶糴俵散收納即許往來點檢
催促務令濟辦十一月十六日詔諸路如管一縣以上
州軍許差管勾官兩員從制置三司條例司所請也時
京西路提舉官陳知倫言每州有至十縣以上雖不及
十縣而地分大段闊遠乞委官兩員分頭管勾河北路
支公溺亦言充京管下十縣地理闊遠乞差管勾官兩
員制置司以為言故有是詔　四年八月二十三日司
農寺言諸路提舉常平官課績已許本寺考校升絀其

管勾官即令提舉司一面保明申量功績大小酬獎從
之　六年正月二十六日戶部上諸路提舉官散斂常
平物增虧之數詔三年四年散多斂少及散斂俱少處
戶部下提舉司分析以聞六月二十三日詔尚書戶部
移置錢百萬緡均與永興秦鳳路提舉司　七年七月
三日奉議郎徐彥孚提舉荊湖北路常平等事彥孚知
衡州黎陽縣言青苗息錢可用常平法聽民非時吉凶
匱乏用抵保稱貸立期輸官不報又言保甲逃亡恐責
以歲月寢虧本數乞立責正長法下開封府界三路保
甲司相度以聞故有是命九月四日詔諸路科買上供
圓融抑配委轉運司提點刑獄提舉司舉劾逐司互察

卷一千一百十七

十二月十六日詔常平免役場務錢穀剩數提舉常平
司立限移於帥臣所在及邊要州封椿及諸三路州軍
封椿常平錢物半年一具數上都省　八年四月二十
二日淮南東路提舉常平司言皇帝登位乞依發運提
點刑獄官例以本司錢進奉從之　哲宗元祐元年閏
二月八日司馬光言諸路提舉官並罷從之提舉官專
行苗役之政既廢官隨罷焉二十八日戶部言乞罷諸
州常平管勾官從之五月二十一日詔鄜延環慶涇原
秦鳳河東五路經略安撫常平倉司勾當官並罷　紹
聖元年閏四月二日詔復置提舉常平等事官以右朝
散郎陸師閔為河北西路提舉左朝奉郎馬瑊京東西

路右承奉郎劉當時荆湖北路左朝奉大夫范峒福建路左朝奉郎王森利州路左朝散郎徐彥孚成都府路左朝散郎張琬江南東路左承議郎程鎬開封府界右朝奉郎韓宗直淮南東路左朝請郎王奎河北東路左奉議郎徐常廣南西路左朝奉大夫蕭世京廣南東路左承議郎崔適淮南西路左承議郎許幾京西南路左朝奉郎曾孝序秦鳳路左朝奉大夫吳荀永興軍等路左奉議郎鄭僅京東東路右朝奉郎梁子美梓州路右朝議郎董遵夔州路右朝奉郎呂温卿兩浙路左奉議郎周純江南西路左奉議郎王博聞京西北路左朝奉郎郭時亮河東路右承議郎茹東濟荆湖南路。三日，詔提舉常平官資序請給序位服色人從並視轉運判官，以資序相壓，同者序官，到任二年，三省具奉行役法能否取旨。同日，又詔元祐罷提舉官，遂於府界置提刑司，今提舉官已復，提刑司可罷。五月七日，詔提舉常平官如曾任提點刑獄，與提點刑獄序官。同日，太府寺丞高鎬言開封府界提舉常平司請依元豐條復置管勾官二員，許本司舉差。詔復置一員。　二年五月六日，户部尚書蔡京言常平免役等事請依元豐制專任提舉官，他司勿關與。從之。七月二日，詔應免夫錢並隸提舉常平司。六日，奉議郎周純言今復置常平官，而詔告乃止於免役法，恐名未正也。元豐稱常平等者，謂常平免役

坊場農田水利户絶保甲義倉抵當也。願詔大臣斟酌損益，如免役之法，則常平官名實正矣。詔送詳定重修敕令所。二十八日，提點京西北路刑獄徐君平言提舉官與監司舊帶勸農者，乞據所分巡州縣括其地之不墾闢，周知頃畝，縣為圖籍，詢究其弊之所在，為救之之術。從之。　元符二年五月九日，權提舉永興軍等路常平吳顯言諸路奏差管勾官乞特依熙寧元豐互注法。從之。同日，淮南兩浙察訪孫傑言按察兩路監司職事，體訪得偏遠州縣多有提舉常平司不曾到處，請自今提舉官雖與監司互分巡歷，並須本司官二年遍詣所部。從之。　徽宗崇寧二年三月二十三日，宰臣蔡京劄子奏農田水利山澤市易抵當皆常平職事，悉以利民，所用錢物合支常平息錢，仰提舉常平司審量支給，一萬貫石以上申尚書户部，限三日行下支給。從之。五月十三日，詔兩浙路添置提舉常平一員。　三年四月五日，户部狀據荆湖南路提舉常平司申近承符勘會坑冶事擬隸提舉常平司管勾外，其轉運司并提點坑冶更有是何所領職務。本司契勘舊管坑冶已係轉運司應付退錢本去處，合隸轉運司提點坑冶鑄錢管勾外，所鑄到錢入常平庫送納，於近降朝旨即無明文許與提點坑冶鑄錢司通管。詔自降指揮日舊來坑冶自合屬提點鑄錢轉運司，自後新置合隸提舉司管勾，餘路

準此　大觀三年七月三日臣僚上言竊覩常平免役
之書神考所以理財之政垂萬世而不可易者也常平
之息非緣常平事免役積剩非緣免役事皆不得輒用
而他司輒敢陳乞借支並科違制之罪陛下形之詔書
罔不委曲曉諭則常平之息免役積剩實有助於仁政
欲乞明詔申飭有司遵奉神考成憲庶幾財用各足不
致侵紊詔戶部右曹錢物舊有條約禁止頗嚴近來官
司陳乞破條支借甚失元豐成憲可疾速申明行下
政和元年十二月四日戶部奏臣僚言乞應州縣擅支
用常平錢穀不以自首原免其提舉司知而不舉者委
提刑司覺察聞奏詔可令戶部條畫申尚書省將上取

旨本部相度欲乞應州縣擅支用常平錢穀提刑司知
而不舉亦乞依擅支用條法科罪仍乞依臣僚所乞專
令提刑司覺察施行若提刑司知而不糾亦科杖一百
之罪兼提舉司所管錢物不止常平一色如允所乞其
提舉司應管常平等錢物並乞依此施行從之　七年
八月二十五日詔陝西河東京畿京西提舉香茶礬事
司並罷令逐路提舉常平司兼十一月三日詔試尚書
戶部侍郎任熙明尚書戶部員外郎程邁奏戶部右曹
掌常平免役救令大觀中被旨頒降旁通格式令諸路
提舉司每歲終遵依體式具實管見在收支編成旁通
次年春附遞投進又本部取諸路錢物之數編類進呈

殆將十年未嘗檢察鉤考以見金穀之登耗盈虧與提
舉州縣官之能否勤惰幾為文具竊見政和六年旁通
其間違戾隳廢者凡七事一係散常平錢穀隨稅斂納
去歲未納數多路分一常平糴穀所糴數少路分一農
田水利堙廢無措置興修路分一市易歲終收息數少
路分一抵當歲終收息數少路分一熟藥歲終收息數
少路分一免役錢依去計一歲募直應用之數立為歲
額多準備錢不得過一分有不敷準備錢卻有準備錢
過歲額處如有逐件違犯即是官司違法緣旁通冊內
並不曾開說乞委官編行點檢因加賞罰以示懲勸詔
令逐路提舉常平司具析逐項因依聞奏仍令諸路今

後將每年所申戶部旁通內量行開說因依謂如是常
平散斂元若干已斂若干未斂若干其未斂之數內若
干係災傷倚閣若干係逃亡戶絕若干係拖欠未納又
如場務元管處所若干已賣若干未買若干其未賣之
數內若干係因敗闕停閉若干係過月未賣之數候到
仰戶部逐一檢察鉤考具以聞八日戶部言乞初除提
舉常平司官上殿稟聖訓訖許赴右曹講議仍給紹聖
常平免役敕令政和續附各一從之　宣和二年十二
月三日詔新提舉兩浙常平陳隆壽且令依舊在鹽香
本任依已得指揮專一管勾鑑湖田事不簽書鹽香職
事　三年四月二十八日詔尚書省申飭諸路常平官

遵守詔令內合免執奏者非再奉御筆不得施行如尚敢蹈襲違慢當重行黜責先是提舉江東常平王瞻言常平專置使者付以剌舉不得支移許以執奏比緣用度寖廣乃有臨時指揮支移他用仍俾有司免執奏有司選儒委靡不能援法建明由是借兑不繼殆非熙豐立法之意乞飭戒有司各請遵奉故有是詔　六年十二月十一日講議司奏勘會諸路監司承朝旨支撥封樁錢糴買及諸般支用近來官司乘支用急迫更不關會所掌官司一面支撥至有數陪於合支之數及虛指別州縣錢斛兑那其實元無見在侵耗封樁錢物虛掛張籍有誤緩急欲取索措置從之仍委提舉常平官措置二十五日中書省尚書省言荆湖北路提舉常平司狀檢會先承宣和四年正月二十六日敕諸路州軍所收無額錢物令諸路州軍式勘會每月供申提舉常平司仍委本司官常切取索干照文歷點對根磨等契勘諸州無額錢已有立定年終合起錢數即無別合根磨錢物所有諸州合申無額錢月狀并本司通及兩季合申都狀即未審合與不合供申戶部勘當無額上供錢緣已承朝旨自宣和六年為始令轉運司量州軍認數依限樁發外今來常平司自不消根磨供申詔依戶部所申　七年正月二十一日手詔朕嗣承先烈罔敢怠忽永惟元豐稽若先王修水土之政與田疇之利省繇

卷一千一百十七

役之科嚴凶荒之令澤被生民施及後世博矣粤自初載大綱小紀具在方冊舉而行之二十年間何其盛哉乃者用非其人誕慢欺罔改法廢令借熙豐紹述之名以庇貪污營私之惡繇役存興盜賊多有百姓流離莩踣莫之能恤常平賑貸度支調度盜賊務用莫之能懲惕然內思豈不戾遵制揚功之孝乎皆見四方章奏為之太息可應提舉常平官屬並罷令尚書遵守按前後有罪惡顯著失守漫法應不許支用而輒支用應當執奏而不執奏者並重寘典型竄之遠方仍令三省修已廢之法協奉公之心輔承先志以稱朕懷三月二十三日詔直秘閣京畿提舉常平官程昌㝢到職未踰兩月親行所部檢舉已廢法令悉力奉行具載十冊來上可特遷一官直徽猷閣以勸能吏五月六日詔曰諸路提舉常平茶鹽官近已之任尚慮因朝廷黜陟之際觀望畏避懷不自安遂致曠廢自今各安爾職究心奉行修舉職事毋致滅裂當議較其功罪而侯以賞刑播告四方明聽毋惑十一月三十日中書省言講議司劄子戶部右曹奏欲乞截自宣和七年正月為始應常平等錢物責見任提舉官遵守成憲因緣申請直承朝旨支借並申本部執奏宣和六年以前諸司支借過錢物委見任提舉官逐一開項年分名色所借數申陳逐路取旨責限撥還庶幾不致拖滯混淆有實還到之數詔今後

卷一千一百十七

不緣官司陳請直降指揮支借常平錢物並令戶部執
奏仍令本部契勘見實欠數目自是何年月日支借逐
一開具申尚書省　高宗建炎二年六月十四日詔諸
路提舉常平司併歸提刑司令本司將見在錢穀器皿
等拘收具數申尚書省七月一日詔令提刑司將常平
司見在金銀並起發赴行在八月九日京畿轉運判官
上官悟言軍興之際養兵犒賞費出不貲理宜廣行蓄
積以贍邦計竊見諸路常平近已廢罷州縣坊場市易
等錢合諸路所有見在萬數別無支用去處乞下諸路
委自己以根刷除免役錢外盡數起發庶幾贍給軍費
不致窘匱詔令逐路提刑開具見在常平錢物數申尚
卷一千一百十七
書省十七日詔令諸路提刑司開具舊常平司山澤坑
冶課利等錢物自崇寧後來至宣和七年終因何不行
起發有無侵欺擅用如曾承指揮支使亦開具見管數
申尚書省從戶部所請也二十一日戶部言諸路常平
司併歸提刑司所有人吏貼書欲乞減三分之一其存
留八取入後年月先後所貴公當其諸州兼主管官吏
欲乞依舊庶幾逐處拘催錢穀不致闕悮詔三分內存
留一分餘依九月二十四日戶部尚書黃潛厚言諸路
提舉常平司依法每歲限三日已前具舊收支見在旁
通本部編類諸路數限秋季終進呈竊緣本部依元豐
法每歲已有限秋季終攢類進京常平等錢物總數政

目文冊令來旁通見各支破食錢虛費無補乞除依元
豐法進呈政目外將旁通並罷詔從之十二月五日福
建路提舉常平司言本司自併歸提刑司除已遵依施
行外令根刷到泉州見在常平等錢米物貨若干竊恐
遠方官吏以減併常平專司遂沿習軍興巧作侵支隱
落緩急非泛輒斂及民以致搔擾欲乞嚴降指揮以所
具數付提刑司樁備專俟朝廷處分指定名色方得支
遣詔從之十八日知濠州連南夫言被旨下諸路將常
平錢物計置輕齎金帛差官押赴行在交納今剗刷起
發到常平司在下係封樁錢若干貫變轉到銀若干兩
并預買紬抵當金銀及軍資庫見在未起夏稅匹帛等
卷一千一百十七
已計置赴行在交納奏聞乃詔預買紬絹并軍資庫物
帛既非上供額數自合樁留充本州本路軍兵衣賜餘
赴行在送給諸路依此二年五月六日都省言常平錢
物除罷散斂外其餘名色不少各有支用窠名若不關
防檢察竊慮官司欺隱移用有誤支使詔令諸路提刑
司各取索管下州軍未撥付提舉司以前三年逐色收
支錢物內以一年酌中之數具狀申省如所收數多不
擾於民及有虧失數目各具當職官吏職位姓名并所
虧因依具申仍仰提刑司常切檢察若有欺隱及妄支
移用去處按劾以聞八月一日詔復諸路提舉常平官
陛僚等伏見神宗皇帝修講常平之政置提舉官錢穀

充足不可勝校崇寧中始取以充學校養士之費政和中又取以供花石應奉之資僅費三十年所有無幾逮承罷提舉官而常平之財所存一二以億萬計方時多事財用爲急望復置常平官講補助之政從之同日是臣僚言昨置常平歸提刑司朝廷實遵祖宗法以利民令承常平一司所有應係官錢諸路計萬數不少往往官吏欺弊遂至失陷乞朝廷逐路專差官一員驅磨所屬州縣立限追納別作一項樁管從之十月十一日三省進呈復置常平官事擬詔語曰近緣臣僚論列已復置常平提舉官勘會常平之法歲久多弊自來以紹述爲名雖知有公私不便合行增損改易事件莫敢申陳

卷一千一百十七

令承復置提舉官止爲推原常平本意與民爲利所繫不細他司難以兼領尚慮蹈襲日前却置致使民受弊可除青苗斂散法依已降指揮永不施行外應見行條法委侍從官三員專一討論限半月條具奏聞取旨施行上以手指青苗斂散永不施行八字顧謂宰臣曰此事宜令進奏院先報行使遠近聞之知朕復常平官實爲民也上又曰從官差誰討論潜善曰翰林學士葉夢得屢於臣處說常平提舉宜置給事中孫覿上殿劄子乞復常平提舉中書舍人張徵詳練久作民官欲差葉夢得孫覿張徵從之十七日户部言右曹徵奏常平等錢物總數秋季具冊以聞今年合攢類建炎元年分總

數諸路提刑司幷涇原環慶等路安撫司已預行會問終不齊集乞免進一次其來年合申數目望嚴賜指揮諸路提刑安撫司常切遵守條限供申詔據已到數攢造投進餘依十二月八日翰林學士葉夢得給事中孫覿中書舍人張徵言常平法起自西漢本以惠民祖宗行之已久熙寧初緣類推廣附以青苗免役市易抵當坊場河渡農田水利等事其意亦在寬恤民力只緣創法之始急於功利委任非人覬望捃刻遂致議論不一紹聖間再行修定已稍損益但拘守紹述之說必於盡行故如青苗斂散追呼騷擾市易物貨苛細爭奪農田水利之官謾誕欺罔之類明知其弊不能革去所以民

卷一千一百十七

至于今以爲病其後應奉花石取以資不急之用遂失創法本意近又緣軍興調發諸司或許借貸於是移易侵漁掃地殆盡建炎霈恩首罷青苗法蓋得之矣然未幾併罷常平使者以他司兼領吏無專責漫無統紀謂法雖存無復修舉人實惜之今朝廷復置常平使者命官討論竊詳聖意非是再欲盡行熙寧本法及別有創立正爲法本惠民於此艱難民力困弊之後務欲寬鄉後省科斂通有無濟乏絶使得博採羣議與時變通擺去拘礙之議應干害民之事盡行删除存其經久利便者使有司專一持守以遺將來實爲美意尚慮中外不能究知妄有測度或請欲根刷已放債欠或請欲營求

非理羨餘以為足國用之計動搖民聽不無疑駭欲乞明降詔旨先次播告使上下通知然後於實德州縣入內遴選通曉世務習知民事篤厚忠信之人以充使者使之奉行言修政舉人被實德則上可廣惠民之實下可明革弊之意矣　三年正月十一日吏部尚書呂頤浩等言奉聖旨討論常平法自來常平所蓄不得非常支用昨因廢法將常平所入輒分他用失陷儲積不可勝數如户絕并折納到田產昨撥充贍學今來諸路既科舉取士其元撥田產并學事司因撥到上件田產後來營置到錢物依建炎二年六月十六日勅下發運司將東南諸路收到錢物依江西已得指揮更充糴本一年農田水利東南所入甚厚如越州鑑湖湖州廣德湖

卷一千一百十七

潤州練湖所收租課依靖康元年五月五日指揮發運翁彥國拘收專充糴轉般代發斛㪷本錢皆係常平司所管田產始者取充應奉次取充漕計見取充發運司糴本伏望追還常平司樁管以待朝廷緩急移用更有似此之類俟除常平提舉官到任先次拘收所貴常平有以為本從之閏八月九日臣僚言臣聞漢昭元年罷榷酤均輸之法唐順宗即位罷月進羨餘之貢如拯溺救焚唯恐其不及所以固邦本於不拔延世祚於無窮恭惟　陛下即位之元年即降指揮罷提舉常平官吏蠲放常平錢穀詔下之日無遠無近鼓舞歡忻仰戴惟

新之政而去歲之冬初復有指揮置提舉官根刷諸司侵支催理民間舊欠諸司侵支固豈入己非軍期犒賞則月給錢糧通使撥還亦非己出奪彼與此有何利害民間舊欠所在皆然非逃亡人民則膚胥猾户迫令輸納號令不行良善編氓例遭抑配開猾吏衣食之源遺平民椎剝之苦人心駭愕物論紛紛使陛下重失民心特在此舉繼聞有旨委從臣詳議渡江之後未即施行而遠方官司奉承不暇修飾廨舍名置吏人供帳什物之資增給祿廩之費不知其幾何也近據監察御史林之平申福州一州已使過錢三千餘貫則其餘州縣計不減此提舉官差與不差提舉司置與不置元無明降指揮徒使四方奉行違戾切惟斂散本非良法知取債

卷一千一百十七

之利而不知還債之害前言固已曲盡於人情而今乃督責於既已放免之後則其為嗟怨豈特還債之比邪臣願明降睿旨一依建炎元年指揮罷提舉常平官吏放見欠錢穀仍令追理耗用樁充錢本復講舊平糴之法不惟陛下恤民之詔不為空言而使斯民復見祖宗之政詔降諸路復置常平官指揮更不施行十一月四日江南東路提刑司言罷提舉常平司併歸本司今取會到本路一十州軍四十八縣見管錢斛金銀真珠銀器絲帛等詔令本司將金銀物帛等先次計置起發押赴行在外見錢米依舊樁管不得別作支用仍開具窠

名中尚書省　四年六月二十二日詔諸州常平官吏月給食錢並罷　紹興元年六月二十八日户部言諸州縣常平賑濟糶糴義倉鄉村場務免役在保推排家業陞降等第盡于民務依法立常平免役按專置人吏行遣元豐以來隨州縣大小立定顧食錢數推行重法又諸州見任官内選充主管官統轄隨縣多寡立定月給食錢所行文字許主行常平等事吏人兼管昨罷青苗散斂承建炎四年六月二十二日朝旨應諸州常平官吏月給食錢並罷即合減罷常平主管官依格月給食錢并兼行文字人吏内有見添破食錢去處亦合住罷所有常平免役按人吏依祖宗法並行重禄其合支

卷一千一百十七

本身重禄錢不應減罷令措置並依逐州役法元載内顧食錢數支給從之先是建康府申令來既罷提舉官即應干官吏月給食錢並罷本府未審上謂罷支主管官并主管司人吏食錢惟復本府五縣見行常平免役按人吏重禄食錢並罷止支與常平法食錢故有是詔

二年六月十七日詔諸州常平主管官合支食錢並許依舊支給仍仰專催督常平諸色租課及應干錢數遇有替移並令批上印紙明言常平錢數别無拖欠失陷方許離任候到吏部如點檢得不經批書不許參部從兩浙東路提刑孫近奏也十二月二十九日度支員外郎胡蒙言常平之法靖康初廢提舉官唯罷散斂錢

穀餘則其法具存悉兼領於憲司七八年矣未聞朝廷每歲終以格法較諸路措置推行之能否以責其實效也而軍旅未息用度百出則收常平程課以助經費況殘破郡縣逃絶田産不可以數計坊場河渡訖以停閉地界利源盡入於私室及神霄已廢額學校未養士二浙又有所謂湖田草田籴之類名色不一臣欲乞申嚴期自兼領使者至州縣守令立爲殿最之法歲終稽考而勸懲之詔令户部立法申尚書省本部令修立下項諸令佐催納免役錢舊常平司諸色租課限滿委知通取索應催納欠之數批書印紙仍申提刑司本司類聚每歲將任滿之人考較以足而不擾爲優有欠而最多

卷一千一百十七

爲劣各三人限次年二月終具事狀保奏（無或不足聽聞）而不擾者陞半年名次欠而最多者降半年名次詔從之

三年正月三日詔諸路提刑司官各給敕一道兼提舉常平等事於銜内添入仍許直幹辦官一員於置司州軍差屬官一員兼管常平等事其本司人吏與存舊額之半内提刑官兼提舉常平等事與依舊支破提舉官食錢其本司應干田産錢物委逐州主管官根括驅磨候新差到幹辦官逐一取索檢察如得見主管官却有隱漏令提刑司按劾施行以户部尚書黄叔敖等罷司之後不置專管其提刑司及州縣當職官吏觀望茍簡不務振舉職事坐令失陷官物滋長姦欺故也三月

九日江西提刑司言諸州主管常平官在法許本司選差通判幕職官充竊慮其間有主管替移任內有拖欠失陷常平等錢穀避免責罰許會本州官吏只依式批書任內勞績其拖欠失陷錢更不批上印紙一面前去參部省部無由覺察今相度今後應本司選差諸州主管官並令所屬即時批上本官印紙照驗方得放行逐月添支食錢如過替移即遵依已降去年六月十七日指揮餘路依此詔從之四月十二日江南東路提刑兼提舉常平事張匯狀戶絕等田產近緣兵火官司不曾盡實根括拘收及已前亦有冒占官產之人不少乞限一月指名冒占之人許自陳首（自出榜日爲始）如能依限出首

卷一千一百十七

即與免罪給賞却將所管田產紐立租課依舊給與承佃若限滿不首即別許人陳告除依法給賞外更與犯人名下每上戶追錢一百貫等給與告人充賞戶部契勘除告賞自合遵依見行勑條外如見曾冒占人自今限內自首給佃從之餘路依此十九日江浙荊湖廣南福建路都轉運使張公濟言被旨拘轄檢察常平錢物今點檢得秀常等州有違法侵漁充使過常平錢穀欲乞朝廷各責限半年撥還數足如限滿不足將合干官吏特賜行遣戶部勘當欲並限一年盡數撥還起赴行在送納如違限不足並依已降指揮施行庶使侵欺財計官吏有以畏憚并下都轉運司照會更切嚴緊催促

從之五月七日戶部言江西提刑兼提舉常平等事丁彬狀乞立限責委諸州主管官根括驅磨常平司田土租課錢物欲依本官所申限一月如稍有違慢漏落亦乞依已降指揮按劾從之九月二十戶部狀據江南西路提刑兼本路提舉常平等事丁彬劄子契勘提刑官闕在法係轉運司兼權若將來提刑官任滿或非次替移其提刑職事依法牒送轉運司官兼權所有提舉常平司職事若依例前去轉運司官兼權其州縣官吏觀望定是依前違法侵用常平官物今相度如提刑司官闕欲依條許將提舉常平職事牒送提點鑄錢提舉茶鹽官或鄰近所在文臣知州時暫發遣庶幾常平官物

卷一千一百十七

不致侵耗從之餘路準此十月十八日都省言今秋諸路大稔正當米斛上市之際雖依法合行收糴深慮常平官不為盡數剗刷錢本及收糴後時却致價賤傷農詔令兩浙東西江南東西廣南東西路提刑兼常平官將應干州縣見在常平等合充常平糴本錢物專委任主管官親詣逐縣同令佐盡數剗刷逐旋關撥乘時措置開報盡本收糴米斛樁管其糴到數仰知通認數就充糴州縣常平倉別項封樁仍仰提刑官嚴切約束所委官將合取撥糴官先次樁垛錢本遍有人戶中即仰躬親監視兩平交量不得過收加耗即時支還價錢無令少有科配騷擾及容縱請託入中巧偽濕惡米斛如

違仰提刑司官按劾仍仰逐司各先具上件合剗刷窠名且約度半年錢數及可以收糴米斛各若干并旬具剗刷到錢本已糴買到米數各開具申尚書省　十一月十六日詔提舉常平司主管官並依常平舊法先是戶部看詳欲諸州並以通判充主管官不得別差他官臣僚言元豐紹聖立常平令諸州聽提舉司選通判幕職官充主管官蓋通判或材力不能辦事即令人許於幕職官選差此通法也　五年閏二月十二日詔諸路提舉常平併入茶鹽司仍以提舉茶鹽常平等公事為名內無茶鹽去處依舊令提刑兼領先是臣僚言財用利源有旨令戶部講究條具申尚書省內一項欲以常平

卷一千一百十七

茶鹽合為一官稍重其選故有是詔　四月三日總令司言據兩浙東路提舉茶鹽常平等公事司申據紹興府申契勘有管義倉米貳萬一千三百餘石雖依條唯充賑給其米經年陳次欲比街市價例量減錢出糶近緣明州申請米價踴貴細民闕食乞將義倉米出糶已承朝旨特令明州於上件米內借支一萬石候秋成日却行依數收糴撥還不得拖欠仍令常平司拘催樁管仍免執奏及再得旨奏知不行今看詳欲乞於收到義倉米內借支一萬石令紹興府置場出糶餘並依明州已得指揮詔依即不得糶與公吏之家務要實惠細民　七月二日都省言諸路提舉常平已降指揮併入茶鹽司

無茶鹽司去處依舊提刑兼領專置幹辦官令訪聞逐司為系併入兼領職事並不逐一講究致他司（常平官雜）妄用失陷錢物有悞朝廷緩急支用詔令諸路提舉常平事務恪意奉行無得苟簡致有失陷錢物如敢少有滅裂戶部按劾申尚書省取旨重行典憲　八月七日詔應諸州軍曾兼主管常平官罷任到行在如係合堂除差遣人令閤門候朝見日具職位姓名報吏部依元降指揮取索印紙點檢如不經批書即具狀申中書門下省未得與堂除差遣　十二日福建路轉運判官薛昌宋言諸路州軍借撥過常平司錢物亦皆緣應副軍期即非侵欺失陷又已經年歲今來若必令責還要之盡取於民而

卷一千一百十七

已欲乞將七州軍以前年分借過常平司錢物乞依福州已得今年三月二十二日聖旨並特與除破使福建一路之民均被朝廷寬恤之恩詔並特與除破今後如更敢擅支常平錢物依法施行　六年五月一日詔自今諸路提舉茶鹽常平官有闕並取資歷已深呈實素著之人或於郎官以上選擇任用從殿中侍御史周必言也（詳見提舉茶鹽司門）　二十五日詔令江南東路轉運常平司行下所部州縣將本路應本納并今後合納職田租米令輸納本色隨市價盡數收糴充義倉米別項樁管專充賑濟支用其合支本錢許取撥本路常平司所管錢如不足將本路係省錢相兼應副旱傷闕食餘路州軍

有職田去處依此施行　七年二月二十四日浙東提舉常平司主管官趙樁言今來逐路乞置提舉常平司主管官一員並依轉運司主管文字官體例施行欲乞許常平主管官往詣管下州縣檢察將點檢到事件申提舉司及遇有要切事並從本司差委庶幾所至州縣檢察違戾驅催錢物不致失陷從之仍詔餘路準此八月二日詔令逐路轉運司據借兑過常平數目候起納稅日並限一月依數先次樁還仍令常平司不住催促各具已交還數足文狀申尚書省十二月二十五日有旨天下苗米其不熟處除依條放免外止令納錢却運錢於熟處糴米如此則公私兩利臣樁奏曰此乃劉晏

卷一千一百十七

之法也見行措置　八年正月二十一日詔今後提舉常平及常平主管官除代不過一員其已差下人並令依舊從御史中丞常同奏乞在外堂除窠闕依倣在內除授之限故也十二月十九日參知政事李光言政有避其名而失其實者有無其實而徒存其名者常平之法本出於漢耿壽昌今州縣錢穀有屬常平司者名色非一悉總於戶部右曹今乃以王安石之故而廢之既使香鹽司兼領又別差主管官一員有司莫知適從錢穀因致失陷豈非避其名而失其實乎欲望廢罷常平司主管依舊令香鹽司兼領庶幾名正而事成尋進呈上曰常平法既出漢耿壽昌今豈可以王安石而廢之

職官四三之二五

其常平提舉自可復置庶幾一司錢穀不致失陷令三省措置條具以聞　九年四月六日詔今後諸路常平司幹辦官遇出陸巡按州縣許差破般擔人一十名以江淮荊浙閩廣等路經制使司申明紹興格監司屬官差出止許破般擔人六人委是使用不足故也七月十七日臣僚言諸路常平錢物昨罷提舉官不無陷失近既設官主管而命經制司領之若使本司常切拘催奉行不許諸司支借移用則此一司所積緩急亦不為小補但其間有近降指揮令解付行在者計天下諸司錢物亦多矣雖未能盡如古人三分以一為凶年之備獨不可損此一項邪蓋州縣之間有此一項錢物豊年增

卷一千一百十七

價以糴凶年減價以糶物價自平農末俱利所濟既多而又有以備朝廷之緩急何苦而不為近見楚州乞將漣水縣所有常平錢五百貫文准備奉迎兩宮及樞密樓炤宣諭回日支遣戶部已申明許行支用夫楚州雖闕乏何至少此五百緡哉政恐開此端緒使州縣各自便用非戶部所當爾也臣愚欲望聖慈特詔常平一司錢物並遵守戶部右曹敕條雖內有近降指揮許解行在者並令依舊法於所在處樁管不許支用移易仍追寢楚州許用常平錢指揮庶幾有以為國家根本之計不勝幸甚詔令戶部遵守見行條法九月十四日戶部言諸路主管常平官近因置經制司改作經制某路幹

職官四三之二六

辦常平等公事今來經制司若罷即合依舊稱呼又契
勘建炎元年内罷諸路常平司其職事令提刑司兼管
後來紹興五年内改令茶鹽司兼管其無茶鹽司路分
安提刑司轉運司兼領近因經制司總領其逐司並已
罷兼今來若罷經制司所有常平職事若依舊止令一
幹辦官主管竊恐體輕難以按察州縣無以革絶前日
失陷之弊兼常平一司所管錢物并糶賣賑濟等事言
常平和糴之法祖宗以是惠賙艱饑其來久矣比年州
縣類為文具有廢而不舉者有苟簡以塞責者以新易
陳此成法也間有積歲蝕腐而未嘗問不許借貸此成
法也間有悉充他用而實無儲願詔諸州縣乘今日賦

税未畢之時以常平錢差官置場悉數和糴委常平官
徧行省按有不虔者必罰無赦從之　十二年五月二
十三日權發遣和州馮由義言前知州蔡伸因去歲支
散官吏軍兵請給大軍經過犒勞遂致錢糧罄匱以常
平司二項錢共八千餘貫米二千餘石逐急支散本州
已累申乞除破雖蒙劄下淮西常平司令指定施行其
常平司至今移文折難竊緣月給錢糧自不能繼無由
可以撥還欲乞特與除破從之八月五日詔令諸路提
舉常平司主管官徧詣所部州縣點檢將日前糴米并
以陳易新未還之數乘此秋熟收糴撥還早令數足如
法椿管仍開具本路州縣已未補還實數保明申尚書

省當議數實賞罰施行先具知禀狀聞奏以尚書省勘
會州縣多以兑易為名輒行侵用故也　十五年六月
二十一日户部言民間生子不舉者已降指揮於常平
或免役寛剩錢人支四千緣免役寛剩錢所收微細竊
慮州縣留滯欲令諸路常平司行下州縣於見管常平
義倉米内改支米一石從之八月二十六日詔諸路提
舉茶鹽官改充提舉常平茶鹽公事先是户部侍郎王
鐵言常平法始於漢宣帝用耿壽昌之䟽施於邊郡以
致中興國朝行之大郡錢穀有至百萬其下猶不減五
六十萬建炎初罷提舉官兼以他司初不以為不惠於
民不利於國也徒以追咎改作遂併其官官廢事闕法

令無復修舉故紹興六年復置主管官然權輕不能振
職名存實亡無補於事非祖宗利國惠民之旨也夫常
平之設上以收開闔斂散之權下以抑兼并豪強之家
備水旱而救札瘥視豐凶而平物價科條實繁其利不
一有義倉和糴之儲坊場河渡之入以産制役欲使平
均以陳易新俾無紅腐一有饑饉則開發倉廩以濟艱
食豈一主管能勝其任哉建言者將欲省官而主管復
將欲省吏而胥徒如故獨能一提舉官而姦弊百出州
縣苟且無所畏憚封樁錢物借貸移易多致陷失比年
饑歲賑濟之法漫不加省蓋以主管官威令既不能肅
制而職事又不得自專勢使然也今雖隸於憲司兩獄

訟繫多不能究心其能責以利國惠民之實效乎欲乞
復置常平提舉官以主管官為幹辦公事其他無所損
益而積弊可除庶幾良法美意不為虛文故有是詔九
月八日權戶部侍郎王鐵等言已降指揮諸路提舉茶
鹽官改充提舉常平茶鹽公事緣成都潼川府利夔州
路即無提舉茶鹽官及淮西京西路提舉茶鹽見係逐
路轉運提刑兼管廣西路提舉茶鹽見係提刑兼管及
諸路常平司主管官所掌職事並合取自朝廷指揮詔
四川廣西令提刑淮西京西令見兼提舉茶鹽官兼領
主管改充常平司幹辦公事依轉運提刑司屬官體例
十二月二十八日吏部言常平官今來改充提舉常平
卷一千一百十七
茶鹽公事合依舊法為監司與轉運判官序官及歲舉
改官五員縣令三員大小使臣陞陟八員承務郎以上
五員試刑法官七人合依舊盡還本司從之　十六年
三月三日戶部言臣僚言常平一司專為賑濟設實國
家之仁政也自兵興以來州縣紓目前之急移易他用
習以為常比復常平提舉官則向來借兌之弊已在罪
任難以遽令填還欲自未復提舉以前凡有借兌寬立
程限分以三歲撥還仍釋其罪違時拖欠必寘常法自
已復提舉已後即仰州縣遵守舊憲不得借兌提舉官
每歲考核少有違戾並不以赦降去官原減庶幾往者
既獲自新而來者有所畏憚本部措置欲下諸路提舉

常平司開具節次借兌因依若干數目從本司量度年
月遠近申取朝廷指揮隨其多寡立限撥還餘依臣僚
所乞從之　二十一年十一月二十一日上因論水利
謂輔臣曰須是常平官得人若監司用心此等事無慮
聞近時監司多是端坐不出巡歷仍詔諸路州縣灌溉
民田陂湖往往為人侵占令戶部行下提舉常平官躬
親措置申尚書省　二十七年八月四日戶部言逐路
常平司保明到本路州縣所立平準務合用本錢除不
不及一千貫去處不立賞罰外令相度比擬條法將立
到本錢一千貫以上去處以本多寡參酌立定監官候
一歲終以本計息賞罰格自收息及三分以上陞一季
卷一千一百十七
名次不及一分五釐展一季名次五千貫以上收息及
三分以上陞半年不及一分五釐展半年一萬貫以上
收息三分以上陞一年不及一分五釐展一年三萬貫
以上收息不及分以上減一年磨勘不及一分五釐展
一年磨勘本部除已相度監官歲終收息分數賞罰外
竊緣立到本錢既多寡不同即難以一等添破食錢欲
乞將不及一千貫以上本錢去處比擬條法除不賞罰
外每月收息及二分止與添破食錢三貫文外有立到
本錢一千貫以上添五貫文五千貫以上添七貫五百
文一萬貫以上添一十貫文三萬貫以上添一十五貫
文如不及二分即依已降指揮不支食錢欲下逐路常

平司行下州縣遵守施行餘依見行條法指揮從之十三日淮南東路提舉常平司言分委官前去諸州軍點檢到見在常平義倉斛㪷即無侵支移易虛椿之數戶部將本司奏到今年四月分見在斛㪷數目比較一路總計奏到一十四萬二千一百石點檢到共一十二萬六千三百二十四石盧光州安豐軍比奏到增七百一十六石和舒蘄濠黃州無為軍虧一萬六千四百九十二石詔令本路常平司取虧少數目嚴立限以督之九月十四日戶部言殿中侍御史王珪言常平賑糶所以相兼并濟貧弱此良法也每歲夏秋之間禾稼未登或小有水旱民方艱食之時富人閉糶以規厚利若官糶

卷一千一百十七

少損其直則閉糶之家不能乘人之急而價自平所濟貧乏其利為不小也竊見諸州郡每歲輸納秋租自裝發綱運之後倉廩一空所存止有常平義倉斛㪷軍粮吏俸及換發上供不足之數百色支費皆取給於此受納苗米然後逐旋撥還所在成例是名為常平而專以備州郡急闕至飢民艱食則坐視而無以賑之殊非立法之意前日朝廷委諸路常平提舉差官盤量所欠動以數萬計其間如借兑耗折雖責之分限補填終不可得亦恐見存之數未必皆可得實也近聞福建有貴糴之處父老訴之州郡冀欲賑濟而郡官占吝不發米價頓增人多困斃此其意必欲留為州郡急闕之備或已

借兑無見存之數不暇恤民間之空乏也臣願委諸路提舉常平徧巡諸州躬親閱眎以知其實有遏合賑濟而州郡占吝不發者許人戶越訴監司互察臺諫按劾以聞有中下之州所積不多賑濟不足則令提舉計以一路有餘之處通融取撥以應其乏免致流離轉徙此亦古者移粟就民之意近年以來州縣遇合賑糶之時官吏但欲塞責其所給散多只於州城之內近者可得而遠者不能及至村落之間無所得食而不逞之輩藉以鼓唱有攘奪剽掠之患況饑民往返數十里之間或至餒死於道路令若許令隨所在差撥就近應副庶當均給而實惠可以及人也本部看詳欲下諸路提舉司

卷一千一百十七

依奏躬親遍詣所部州縣點檢見管米斛令項如法封椿如遇合賑糶闕少米斛須管於就近有米斛去處多方兑撥那融應副依條賑糶不得占吝務在存恤如有違戾去處從本司按治依條施行若本司失於按治即仰轉運提刑司互相按察從之二十九年三月二十六日中書門下省言諸路出沒沒官戶絕田宅價錢昨降指揮許常平司取撥三分應副糴本今來措置盡數起發難以更行分撥詔令戶部行下諸路如常平司有闕糴本令開具申朝廷支降七月五日詔逐路提舉常平官躬親措置沒官戶絕等田宅如能率先出賣數多仰戶部具申尚書省取旨優異推恩或出賣數少當行黜

責州縣當職官能用心措置亦於已立賞格外增重推賞或令常平官按劾聞奏重作施行先是戶部提領官田所狀契勘江浙等路沒官戶絕田宅近承指揮州委知通縣委令丞措置出賣今訪聞有奉行違戾去處致引惹弊端欲乞令提舉常平官嚴行檢察令措置下項一人戶見佃田宅依指揮令州縣官躬親監督依鄉原體例肥瘠高下估定實價與減二分如願承買並限十日經官自陳日下給付盖欲優恤見佃之家今訪聞估價之時其所委官並不躬親監督致令干人作弊受有力之家計囑低估價直便令承買或見佃人未有錢即計囑高擡錢數要得出賣不行令措置欲未賣田宅並依條出榜許實封投狀自出榜日為始限一月拆開封以最高錢取問見佃人如願依價承買限十日自陳與減二分價錢給賣如不願承賣即三日批退給價高人若見佃人先佃荒田曾用工開墾以二分價錢還工力之費如元佃熟田不在給二分之數限滿無人投狀再限一月若兩限無人承買即量行減價出榜召賣一見佃人戶已買田宅既於官中低價承買却又增價轉手出賣或借貸他人物收買後却行增價準折之類欲許諸色人經官陳告以所買田宅價錢三分給一分與告人充賞餘拘沒入官別行名人實封投狀買庶幾隔絕姦弊一人戶所佃田宅若其間有已前冒占及詭名挟

卷一千一百十七

田至今耕種居住送納課米或二稅既已施工力終是見佃之家竊慮州縣不許作見佃人承買致引惹詞訴今措置欲並作見佃人戶承買一今來合賣田宅其間有官戶形勢之家請佃往往坐占不肯承買致阻障他人亦不敢投狀今措置如出違前項拆封日限無人投狀承買即依官估定價直就勒見佃人承買其所納錢令作三次限一百八十日納足違限不足即依已降指揮施行如依前坐占不肯承買即仰州縣具名申常平司本司具因依申取朝廷指揮施行一人戶投狀承買田宅拆封日見得著價最高合行承買却稱不願買者依已降指揮以所著價十分追罰一分入官仍給賣以次著價最高人又不願亦追罰一分錢竊慮有狡猾之人用意阻障妄增錢數既至拆封却稱不願承買又將合沒一分錢數用情計囑不為送納攪擾見佃之家今措置欲似此合追罰一分錢數限一月追理納足仍令常平司常切覺察如州縣不為追理或頑猾人戶不為送納即具名申取朝廷指揮施行所有人戶實封投狀著價最高若見佃人與投狀人皆不願買即將次高錢數先次取問見佃人施行一契勘出賣浙西營田已承指揮權住賣外所有其餘路分營主官莊屯田前後已降指揮即不該載今來並不合出賣一訪聞常平司并州縣人吏多受情囑邀阻乞覓及不將前後措置多出

卷一千一百十七

文榜曉示雖出文榜隨即隱藏不令人戶通知或州縣作弊欲使人抵價買得榜內更不寫出田段價直却令買田人先低價投狀臨時於紙縫內用紙攙入所買田土外人無從得知致出賣稽違欲下逐路常平司官嚴行覺察稍有違戾按劾申朝廷重作施行人吏決配一令來措置止係補圓未盡事件即不衝改前來指揮欲下兩浙江東西湖南福建二廣西川提舉常平司疾速行下所部州縣遵依施行仍令州縣分明大字多出文榜州縣要鬧及鄉村坐落去處曉諭民戶通知無令藏匿若常平司不檢察乞令提刑司覺察按劾詔依權置事理施行於是中書門下省言江浙等路出賣沒官等

卷一千一百十七

田宅前後措置指揮纖悉具備全在常平州縣官恪意奉行近據逐路申到所責田宅大段數少蓋緣常平官視為虛文不切督責及州縣知通令丞弛慢全不究心覺察容縱吏人受囑高下估價隱匿文榜百端欺弊致出賣稽違理宜申嚴約束故有是詔同日戶部提領官田所言諸路寺觀絕產已降指揮令常平司拘收令項椿管申取朝廷指揮至今未見申到已椿管數目詔令諸路提舉常平司依已降指揮疾速開具申尚書省

三十年十一月一日右諫議大夫兼侍講何溥言臣契勘常平義倉所以為水旱盜賊之備祖宗立法雖顆粒不得移用其意深矣臣訪聞沿海州軍比以裝發海州

權宜濟急支費畧盡有司因循不補終恐亡以待卒欲乞特命提舉官巡歷諸州稽其已支之數量其合糴之實或將他州贏餘以濟目下窘乏有無相補輕重適均庶幾新陳之交有以相接而緩急之際不足為憂從之

孝宗乾道元年八月十四日詔諸路提舉常平官下諸州主管官契勘以新易陳借兌數目於今秋苗米內依數撥還仍開具申尚書省　四年五月十四日詔諸路提舉常平官每歲春季躬親巡歷逐州點檢常平倉米要見椿管實數申尚書省六月七日詔諸路提舉常平官督責所部州縣候秋成須管將人戶納義倉米數依條限拘催盡實收椿仍將見管錢趁時收糴米斛如

卷一千一百十七

法椿管不得違戾七月十二日詔提舉官日下遍詣所部盤量常平義倉米斛所至具實數即時開申如州軍元申數內却有虛椿將當職官吏重寘典憲提舉官徇情隱庇亦當一例黜責八月十八日詔諸路提舉司差官根刷應諸司吏人所借常平雇役錢在五年內者盡行追納自後州縣敢擅借支者依條按劾以聞　六年八月二日權戶部侍郎王佐奏臣攝空民部日受四方詞狀而訴冒役者居其半乞令提舉常平司委主管官限兩月取索屬縣額內公吏看詳委有違條冒役即行勒罷如收敘應法自合聽令在役仍將各縣公吏姓名揭於板榜其再入役者畧其所敘之因俾民通知歲終

一易自今以後論訴冒役者必須指其元來所犯刑名與收敘不當因依如根究得實監司守令當職官依紹興二十六年八月指揮坐以違制之罪倘或姦民挾私妄訴亦科反坐刑名庶幾州縣稍得安靜從之　七年六月二十四日臣僚言近歲以來常平之法寖以不修抵當平準之柄悉取而用之戶絶水利之田欺隱於奸吏胥庾之積所至空虛方糴米狼戾之際無本以收糴殆野有餓莩始為移粟之舉取之鄰州別路道路既遙時月亦淹救助未至而民之骨已槁矣願陛下申詔提舉官檢覈管下諸州常平糴本有支移侵盜去處各令隱括樁辦以俟將來新穀既登穀賤傷農之際增價收

糴以惠斯民從之　十月二十四日提舉兩浙西路常平茶鹽公事李結言奉旨令禮部給降到度牒一百八十道及左藏南庫支到會子一十四萬八千貫付本司收糴米八萬八千二十餘石除已州委主管司法縣委縣丞收糴樁管契勘目分正係米斛收糴之際若俟變到度牒價錢竊慮失時乞先次於左藏南庫支借會子七萬二千貫付本司趁時收糴所有度牒令所屬旋行轉變拘收錢會發納左藏南庫從之　八月四月十七日詔諸路常平官限半月委逐州主管官取索五年的實收支義倉數目開說逐年有無災傷檢放及支給過若干并見在之數實計若干自今在甚處樁管申戶部稽

考從權戶部尚書楊倓之請也　九年七月二十一日戶部尚書楊倓奏乞令諸路提舉常平官將諸州軍常平倉錢斛委鄰州官點檢截日見在數目內米一萬石已下盡行盤量一萬石以上抽摘盤量結罪申提舉司從本司覈實保明限一月奏奏如日後發露其所委官并提舉官並行按劾取責重作施行若提舉司不按月聞奏亦乞從臣等比較最遲去處按劾從之

大典卷一千一百十七

此條原本在本卷第一頁內

續宋會要

御史臺主簿

元豐三年李定請增置一員點檢六案文字元豐六年九月中丞黄履言本臺有主簿兼檢法官二員乞復置分治職事詔置主簿并檢法官一員從八品又奏本臺主簿檢法官係分掌班籍參預定刑所領職事與他司不同元祐元年大理寺右斷刑架閣庫專委主簿主管

接上寫不空行

續會要

淳熙元年三月十日京西運判胡仰言襄陽居民繁多乞下本路常平司置藥局一所依免役令以抵當務官兼計置藥材修製出賣從之　二年閏九月二日詔諸路常平司每歲秋成之際取見所部郡縣豐歉各及幾分如有合賑糶賑給去處即約度所用及管米斛若干或有闕少合如何措置移運並預期審度施行仍於九月初旬條具聞奏　三年四月二十九日詔廣東提舉依已降指揮作提舉廣南東路常平茶鹽公事繫銜八月十八日詔提舉常平茶鹽官遇闕如文武臣提刑有兩員去處令以官序兼權從江西提刑趙燧請也　八年九月十四日詔自今諸路提舉官毋得輒授雖差替人不得過一政兼須履歷有政績之人以侍御史黄洽言湖南提舉張仲梓未嘗更練喜怒任情仲梓既罷因有是命　九年十二月五日前福建常平提舉周頡言常平三弊一曰公吏非時借請二曰選人支破接送雇人錢三曰給散乞丐孤貧米乞下諸路將前後公吏已借請錢依元豐令剋納五分官雇人錢般家止得就寄居處保明幫請如紹興三十一年三月內臣僚所奏事理施行至於支給乞丐人米則與申嚴行下責在提舉常平司嚴行措察將州縣違戾去處痛與按劾懲治從

卷一千一百十七

之　十六年九月十五日臣僚言常平所在椿管元有定數乞令各路提刑司刷出州縣所管常平見在之米其間或有少損則以陳易新須管及額樁留外有常平錢量支添糴以實廩庾如法藏貯無致移易從之　嘉泰元年八月十四日臣僚言今歲夏秋之交雨澤稍愆諸路州郡間有旱歉雖未見申到被旱分數然度其事勢向去未免舉行荒政全仰常平使者究心民事預期措置竊慮間有常平使者年老昏繆全不事事或貪庸失職受成吏胥或素無風采人不畏憚今若付以一道之重俾之提振荒政必致誤事欲望睿旨明詔二三大臣相度被旱州郡精擇素有才望之人付以常平使者之職自今在任有如臣前所陳者倘無顯過且於別路兩易其任若或素無治狀已試罔功衆論之所不與者令御史臺具名覺察即賜罷黜別選精力彊敏優於政術一路官吏之所畏服者畀以是任庶幾官得其人民無捐瘠從之

卷一千一百十七

開禧二年三月一日戶部言大理正費培奏竊見江西提舉置司于袁自紹興年始從于撫本州軍兵提舉司占破二百餘人衣糧借請悉倚辦于本州去歲送迎提舉官前後凡五次每一次為費畧以借請一項計之不下萬有餘緡況又有非時差出少者一二十人多者五六十輩每名借請三月或半年皆從本司先次免支續移文幫勘不踰晷刻便行解發叢爾小郡坐受困弊將何以堪乞行下江西提舉司以撫州係置司去處供億百費已是不貲特免差撥兵卒其破人數却於本路十州軍分撥差使季一更代或有違犯聽從本州行遣如遇迎送差使徑就各處借請庶幾免致專困一郡可以少蘇民力從之

卷一千一百十七

宋會要

提舉茶鹽司　淳熙元年五月十六日詔浙西茶鹽司
幹辦公事二員內減罷一員可令復置專一往來諸場
措置催督鹽課及復置海鹽縣砂腰催煎官一員從提
舉葉謨請也　三年四月二十九日詔提舉廣東常平茶
事改作提舉廣南東路常平茶鹽公事繫御　六年八
月十八日詔提舉常平茶鹽官遇闕如文武臣提刑兩
員去處令以官序兼權　八年九月十四日詔自今諸
路提舉官毋得輕换雖差替人不得過一政須履歷有
政績之人　十二年六月二十三日詔廣東西鹽事併為

一司應合得事件令吏戶部長貳同共條具聞奏已而
吏部尚書蕭燧等言罷廣東提舉一司改置提舉廣南
路鹽事司照昨來廣西帥臣詹儀之陳請且就梧州置
司專管兩路賣鹽序位在兩路轉運判官之下所有常
平茶事廣西依舊係提刑兼管廣東乞委運司兼管其
廣路鹽事司幹辦公事一員廣西路鹽事司主管一員
並改作廣南路提舉鹽事司幹辦公事今來併司委是
利便若只置幹官兩員慮檢察不及乞更添置準備差
遣一員詔並從之　十三年三月知容州譚惟寅初除都
提舉廣西路鹽事　淳熙十六年九月十一日淮東提
舉錢端忠言竊見淮東諸處鹽倉支發袋鹽依元降指

揮每袋於客人名下收取別納袋息錢肆百肆拾文專
一應副鹽事官兵請受吏祿紙札船運脚乘等用季終
有餘起發赴鎮江府樁管近以來添差鹽官不釐務官
請受於上項錢內支給泰州二十六員高郵軍一十六
員通真州六十三員每員月請百千上下積歲累月必
當侵耗鹽本詔特添差人且令終滿更不作闕差人
紹熙元年十一月二十七日廣南西路經畧安撫轉運
提刑司言照對提舉廣南路鹽事王光祖乞復置監石
康縣鹽倉及回環庫窠闕下吏部注識字小使臣逐司
照對石康倉係交收白石場發到鹽支付常運司般運
前去欽州武利倉及鬱林州都鹽倉交卸應副諸州府

般賣兼回環庫係收轉運司發到錢支撥應副車丁般
運鹽脚支用其所管錢鹽數目浩瀚若從朝廷差注正
官監當守給委是便利從之　三年三月二十五日廣
東提舉趙不迂申廣州賣鈔庫都鹽倉開到收納客人
窠名錢數內每籮增收鹽斤錢三百文省照得自淳熙
十年四月一日二廣通行客鈔東路住賣鹽每籮增收
鹽斤錢應西路漕計至淳熙十六年十月十六日指
揮罷都提舉廣東西鹽事依舊例給賣所有增收鹽斤
錢卻仍前交納除已行下廣州都鹽倉日下住收鹽斤
錢卻仍前交納除已行下廣州都鹽倉日下住收外其
多收到錢貳萬捌仟捌百捌拾玖貫肆伯省銀五十六

兩六錢乞並撥入塩本錢支歷收附添助買納塩貨支
遣客鈔詔廣東提舉司將上件錢銀一就認數樁管非
奉朝廷指揮不得擅行支用仍月具帳狀申尚書省
嘉定七年七月二十七日臣僚言檢照開禧二年内因
浙東提舉司幹官申請於慶元府温州各創置分司幹
官一員專一提督塩倉收支點檢諸場買納至　嘉定
六年内因白劄子陳述温州塩課利害行下本司相度
本州自辟置分司幹官以後支發袋塩較之經械新額
仍前趂辦不敷遂將原辟差幹官繼行省罷孰不謂宜
外有慶元府分司幹官事體一同當時議者偶不及之
遂得仍舊自創置及八年課額虧惱如故而一司吏卒

需索倉場騷擾亭户不能安迹乞將慶元府分司幹官
照温州例特與省罷其已辟差人别與一等堂除近次
差遣仍劄下慶元府守倅須管每蔵登及元額如有虧
欠取旨責罰若措置增羨乞與旌賞照得浙西提舉司
嘉定四年内因臣僚申請乞做浙東體例創置[分]司幹
官一員於嘉興府華亭縣置司蒙降指揮許於本路官
屬内辟差比年以來所辟本路官屬率為權要親舊所
得其挾勢騷擾弊亦如之併乞住罷或有場分職分廢
弛令行提督只於本司屬官内差委往來點檢措置施
行從之　嘉定十七年三月二十三日淮東總領所言
經費一月何啻陸拾萬緡鎮江務場認發錢半全籍發

賣茶塩鈔引以應供億其兩浙塩司確意措置不患課
入不登今來臨安平江紹興三塩倉積壓鈔引壹拾柒
萬[餘]袋無塩可支安得客人復來請買是致本所支遣不
給詔令三府帶行浙西江東淮東總領所主管茶塩官
入銜到罷從本所批書庶得專意督辦

宋會要 都大提舉茶馬司

自熙寧七年四月差太子中舍三司幹當公事李杞著作佐郎梓夔路察訪司准備差遣蒲宗閔相度成都市易務得旨令市易司經畫收買茶貨專充秦鳳熙河路博馬更不相度市易當年十一月權發遣三司鹽鐵判官公事提舉成都府利州路買茶公事李杞同提舉成都府利州路買茶公事蒲宗閔應買茶博馬州軍並令杞等提舉謂秦鳳階成熙河等路遂命杞與提點刑獄序官蒲宗閔與提舉常平序官後又令與轉運判官序官自後因之置都大提舉及主管同主管各因其資品高下除授云 哲宗正史職官志都大提舉茶馬司掌收摘山之利以佐調度凡市馬於蕃夷者率以茶易之產茶及市馬州郡官屬得自辟置視其數之登耗以詔賞罰。神宗熙寧七年六月二十五日熙河路經畧使王韶言奉詔募買馬令黑城夷人頗以良馬至邊乞指揮買馬司速應付從之仍令李杞據見茶計步乘般運具已撥數以聞 七月八日中書奏勘會達涪州稅到客茶不少詔宜令相度成都府等處收買茶貨李杞等相度此兩州茶色額如可以應副秦州博馬即合如何擘畫津般到得本處應副支用逐具的確事狀以聞 九月十六日詔經畫成都府利州茶貨李杞買物帛應

卷一萬一千六百八十三

一

副熙河路博買馬仍具所博買茶數以聞 十月十四日太子中舍三司幹當公事經畫成都府利州路茶貨李杞等奏興成都府路轉運司同共相度到於雅州名山縣蜀州永康縣邛州在城等處置場買茶般赴秦鳳路熙河路出賣博馬 十一月二日又奏准朝旨於本路出產茶州軍相度計置買茶津般往熙河秦鳳路出賣勘會洋州集州興元府出產茶貨內集州近已廢罷本處產茶不多難以置場收買外有興元府洋州廣產茶貨自來通商興販乞與轉運司同共相度於興元府洋州置場收買津般往熙河秦鳳路出賣從之 三日詔李杞蒲宗閔並專令提舉買茶等事更不管幹三司職事李杞於秦州蒲宗閔於成都府路逐空閑廨宇居住杞與提點刑獄序官宗閔與提舉常平倉序官 十一日詔戎州軍事推官張昌宜令流內銓就注充本司幹當公事其戎州推官員闕勘會施行仍令本司候將來任滿無過杞具勞績保明聞奏從李杞請也 十月十二日權發遣三司使公事章惇奏已差李杞等提舉收買川茶省司已應副本錢令更有事節令來乞於職位內稱提舉成都府利州秦鳳熙河等路茶場公事如向去事務繁多更合要官員幹當乞許本司奏差令來初剏置茶場官中本息錢數有限慮恐熙河路輙有優使乞於茶稅息錢內每年認定四十萬貫應副熙河博

卷一萬一千六百八十三

二

馬并糴買粮草餘外錢物並本司樁管從之　八年正
月十九日李杞蒲宗閔奏準詔許同罪保舉無贓罪京
朝官班行選人五員充本司幹當公事令乞差新授秀
州司法參軍孫鼇抃充本司幹當公事本司差出諸路
州軍幹當亦乞令乘遞馬支驛券從之仍令流內銓差
注　二月二十日又奏乞差右班殿直段緘充本司幹
當公事從之　閏四月二十六日中書門下言提舉熙
河路市易司中明與提舉成都府利州秦鳳熙河等路
茶場司有無統轄勘會成都府買茶於熙河路博馬元
係都提舉市易司擘畫昨差李杞蒲宗閔前去相度遂
就差提舉買茶即是熙河路市易司一事令相度其茶
場司合併入熙河路市易司為買茶稅場李杞蒲宗閔
合兼提舉熙河路市易司仍各依舊分頭幹當並隸都

卷一萬一千六百八十三

提舉市易司統轄從之　六月詔三司具未置熙河路
買馬場以前買馬錢物歲支若干於是何官司出辦自
用茶博馬後如何封樁申中書取旨　八月六日提舉
成都府利州秦鳳熙河等路茶場公事兼提舉熙河路
市易司奏茶場司已併入熙河路市易司所有市易司
已與比部員外郎汲逢等同共幹當及連銜申發文字
其諸州茶場亦合令汲逢於御位內添入同提舉成都
府利州秦鳳熙河等路茶場公事並隸都提舉市易司
協力幹當從之　二十三日權發遣三司鹽鐵判官提

舉成都府利州秦鳳熙河等路茶場李杞言賣茶博馬乃
是一事乞同提舉買馬歲以萬五千匹為額詔杞兼提
舉買馬且以二萬匹為額候二年取旨杞以為數多再
詔以萬五千匹為額　十一月十六日中書言川茶元
法於茶稅并息錢內歲認定應副熙河博馬及糴買粮
草乞令提舉買茶官歲給熙州岷州大竹并洋蜀州茶
各三百駝以為應副市糴於茶場應副粮草數內除割
從之　九年四月二十三日都提舉熙河路買馬司言
監牧司闕之見錢市易司錢物而市易司欲俟還足方
肯應副買馬遞相推倚實誤博馬日用欲乞馬價盡用
茶貨折之若馬客願貼錢就整請茶者亦聽候所貼見
錢數多即許與茶兼支庶幾公私兩利其年額博買茶

卷一萬一千六百八十三

貨乞令茶場相度合用數支撥與四場候數足然後以剩
數撥與轉運司糴買粮草從之　十年九月二日詔提
舉成都府等路茶場司李稷乞應干本司職務措置申
請辭訟等事他司毋得干與如處置有屈抑許經歷司
申理從之　四日詔提舉成都府利州秦鳳熙河等路
茶場司更不隸都提舉市易司亦罷兼秦鳳路市易司
十月二十八日詔茶場司許不依常制舉辟勾當公
事官三員　元豐元年四月七日提舉成都府利州秦
鳳熙河等路茶場公事李稷奏議者常言茶價高大國
馬遏絕臣以謂博馬官司既不用責茶自當以銀帛和

市往時劉佐定熙河名山茶每馱直三十七貫省呂大
防用蔡容允減價減為二十五貫一百六十省然去冬
民間且二十七貫足由是觀之劉佐知增而不知減呂
大防知減而不知增是皆立法不能變通今且畫一起
請一諸出賣官茶令提舉茶場司立定中價仍隨市增
增減應增減者本州本場體訪詣實增訖申茶場司本
司為覆按若後時及妄謬不實並隨事大小奏劾施行
應減者申茶場司待報一臣竊詳茶法官利在價高以
得厚利處之無術而并與法壞者劉佐是也買馬官司
利在茶價低價低則蕃部利厚而馬有可擇近蒙朝廷
已立對行交易法銷去買馬官司爭價之弊臣不復論

卷一萬一千六百八十三

五

列臣以謂既許隨市色增竊恐遂州止務添價都致賣
茶數少須立定每歲課額及酬賞格法使人人赴功則
事務不勞而辦今勘會熙寧十年賣茶倍於常年欲立
條下項諸博馬場所用茶秦州額熙寧十年支賣茶五
千九百二十四馱今定六千五百馱熙州額熙寧十年
支賣并博馬共一萬三百七十九馱今定一萬九百馱
通遠軍熙寧十年支賣并博馬共六千九百六十馱今
定七千六百馱永寧寨熙寧十年支賣并博馬共七千
九十一馱今定七千五百馱岷州熙寧九年賣并博馬
共三千九百四十六馱熙寧十年賣并博馬共三千三
百八十六馱今定賣并博馬共四千馱並從之　五月

二十一日提舉茶場李稷言三路三十六場大小使臣
殆及百員乞不限員數舉三班使臣詔從之內歲舉官
十員候三年茶法成序取裁　六月十一日提舉成都
府等路茶場蒲宗閔言乞依李稷舉劾官吏詔宗閔與
理轉運判官資序比李稷所舉人三分之一其州縣官
吏於茶場司職務有違亦許按劾　九月十六日李稷
又奏已降指揮般茶鋪令提舉茶場司選三班使臣一
員具名奏差今選到三班奉職楊廣乞差充巡轄秦鳳
興利般茶鋪填數置闕從之　二年四月二十五日三
司鹽鐵判官國子博士李稷奏臣檢會茶法元條每年
收息稅四十萬貫應副博馬及糴買粮草續準朝旨盡

卷一萬一千六百八十三

六

數應副博馬以其餘助轉運司往時所收息稅不能數
辦元額止隨手支充博馬本息畧盡近準條與買馬司
對行交易以此本司錢物出納分明緣前後條貫各經
衝改更無合應副轉運等司年額定數臣竊計三路官
茶稅錢茶場司既以通認十五萬貫即諸州出入所得
盡係茶場司年額往時轉運司亦曾應急申請支過茶
稅錢致本司所認歲入頓成散落竊恐因循寖越常守
欲乞自今後於年額息稅內歲以五萬貫給轉運司餘
悉待公上詔用取進止合入提舉成都府利州秦鳳熙
河等路茶場司教從之　五月十三日詔右贊善大夫
同提舉成都府等路茶場范純粹序官廩給人從視提

舉常平官薦舉官分李稷之半別給都大提舉茶場印付稷聽稷純粹同轉運司舉官知洋州並從稷請也

三年十二月二十五日詔提舉成都府利州秦鳳熙河等路茶場公事官每年合舉官三分減一李稷等蒲宗閔每年合舉京官三人縣令一人使臣陞陟三人同提舉陸師閔舉京官一人縣令一人使臣陞陟三人

四年五月十二日陝西府路轉運使都大提舉茶場李稷言臣典領茶法五年選辟官屬同心一力奉宣條詔令所差諸州官罷滿及期乞本司自令奏辟雅州漢州知州邛彭利州通判名山永康綿谷順政知縣所貴維持法度久益不懈詔如轄下官弛慢令茶場司奏劾罪以聞

卷萬一千六百八十三

七月九日奉議郎權發遣羣牧判官公事郭茂恒奏臣近準詔訪聞陝西轉買蕃部馬并斛斗所用錢物不如蕃部所欲致收買數目不多差臣相度若專以茶博馬以絲帛博糴斛㪷及將茶場買馬併為一司如何措置可以經久施行詳具畫一聞奏臣於本路體訪得蕃部所欲大抵惟茶為急自來將馬中官請到折價銀絹等只是將三二分歸蕃其餘往往却赴茶場博買茶貨其買馬司所支銀紬絹等又例各折價高大茶場却只依市價量添些小錢數博易其鈔亦隨時各有虧損約計一匹馬價虧蕃部錢多者至四貫以上少者亦三貫以上是以不如所欲致買數不多及少肯將好馬入塞臣今相度若

專以茶博馬委是利便兼勘會舊日亦是用茶充折馬價雖兼用金帛等亦從其便自事局既分祇於近歲已來專用銀絹及錢鈔等不復用茶況賣茶買馬事實相須今若將提舉買馬官通管茶場不惟職務相濟兼蕃部得茶如其所欲中國可致多馬以充戰騎實為兩便所有博糴斛㪷勘會見今熙河等路諸司各置場博糴或用見錢或用茶或用鹽鈔等各從蕃部之便今若專以絲帛博糴緣其間亦自有願要見錢或茶之類者臣今相度欲乞兼用絲帛博糴謹具逐項措置經久可以施行畫一如後一蕃部將馬中官其價錢並以茶充折約計每馬一匹支茶一馱如馬價高茶價少即將餘數以銀紬絹及見錢貼支內銀紬絹並依逐處在市見賣

卷萬一千六百八十三

實價紐折不得有虧官私其見錢仍計每匹價直不得過十分之一如不願請銀絹等只願以餘數筭請零茶亦聽從便如馬價少茶價高即許貼錢請茶或合併就整請領或據錢數筭請零茶貼黃稱以上件馬價若支一分見錢每年約用五萬餘貫提舉買馬司逐年有收到雜支祖課內贓等錢約六萬餘貫可以應副支用一蕃部牽馬赴場候揀中據合請茶數限當日出給關子赴場請茶畫時支給所有願貼請銀紬絹及見錢等只就買馬場亦限當日支給已上如稍稽滯干繫官吏並從嚴斷一今來所支博馬茶並須取蕃部情願不得抑

勒一令來買馬額數乞立定每年二萬匹委提舉司拋降與逐場認數收買仍於額外廣誅收市候至歲終會計賞罰其額外買到數仍比額内合該賞典優與推恩每年具數比較聞奏貼黄稱臣近與提舉買馬司同共會計到每年本息錢共五十五萬六千八百八十八貫六百一十八文省計合買馬二萬一千三百二十八匹令來既不用鹽鈔其紬絹又依市價從蕃部即更無合收息錢只有本錢并收地租課等共四十九萬六千三百三十五貫五百八十七文紐算只合買得馬一萬九千三百六十五匹令定二萬匹爲額少着錢二萬三千餘貫乞據數於賣茶息錢内除破其自來所收息錢只是有賣出字馬等合收息錢數亦不多一自來德順軍階州所買馬不係年額數内見令支折馬價亦用銀紬絹等臣令體訪得階州賣馬蕃部亦是多願要茶令乞并依熙州等場定到新例外德順軍多是側近淺蕃將馬中官不願請茶兼本軍亦無賣茶場只是於稅務寄賣數目不多令只及時將本軍見支折馬價除見錢依見行則例更不增損外其紬絹銀等並依市價紐算支折仍聽從便請領内階州貼支紬絹自依舊以川小細絹充之貼黄稱德順軍買馬係於陝西年計一萬五千匹外添買令來既將買馬錢本盡數會計立定新額其德順軍亦係支用買馬司錢合將本軍所買馬收入年額

卷一萬一千六百八十三

九

令提舉司給與熙州等場一處拋買仍令廣誅收市一以提舉陝西買馬監牧兼同提舉成都府利州秦鳳熙河等路茶場司爲名一茶場司息錢年額萬數浩瀚買馬錢本數亦不少各存舊額以備鈎考令欲乞將朝廷所給買馬紬絹除蕃部願請外并鹽鈔租課並委本司同共擘畫變轉移用候歲終將實收到錢數與見錢并支博買茶數各行計會如支過茶數多買馬錢數少補償不足即於茶場司事提舉買馬監牧官並通管一提舉茶場買馬官資任坐次相壓及諸般請給當直人等事並各依舊條施行一臣令體度得自來蕃部將斛㪷入漢界見令沿邊州軍諸官司收糴所支錢物不一如轉運提舉常平倉司多用見錢茶場只是用茶經制司多用鹽鈔已是各從蕃部之便臣令相度乞將紬絹與茶相兼博糴斛㪷並從之　十二日詔雅州名山茶令專用博馬候年額馬數足方許雜賣　十八日中書門下奏據提舉成都府利州秦鳳熙河等路茶場司幹當公事官五員未有印記乞下少府監先次鑄造銅記五面並以提舉茶場司幹當公事朱記一十一字爲之如降送本司貳責憑給付逐官行使從之　八月二十一日奉議郎新差專切提舉陝西買馬監牧兼同提舉成都府利州秦鳳熙河等路茶場公事郭茂恂奏下項事一臣近相度茶場買馬併爲一司元奏請畫一條件内一

卷一萬一千六百八十三

十

須乞將朝廷所給買馬紬絹等除蕃部願請外并塩鈔租課並委本司同共擘畫變轉移用。今既蒙朝廷專以馬事付臣兼領茶司，緣提舉茶場官不兼買馬之職，故條約事件尤須明具。今來雖專以茶博馬，其錢帛等亦須寬作計置應付。臣昨會計每年馬價內支一分見錢約數，只是將買馬司合得錢紐筭，自可應副得足。租課收歛有時，內臓錢散在陝西諸州軍，或後用未至，即恐須要塩鈔就買馬變轉見錢應副支用。其紬絹既許將馬價零數取情願貼請，亦未能便見的實合用數目。兼朝廷改法本要致馬之多，已將紬絹依市價折筭，若蕃部有願要多請紬絹者，須其所欲，如此則一歲所支未易預計。臣今欲將買馬錢帛等先委買馬司移用，逐旋約度餘剩之數，節次關報茶場司同共變轉。兼昨會計立到買馬年額二萬匹，盡計馬司錢物實數已有不足，若至歲終會計，除本色支用外見在之數並合撥歸茶司充茶價錢。即於歲初川路紬絹未到及收積支撥鈔錢未備、新陳不相因之際，買必致闕用。欲乞每歲終會計後，許馬司却於茶司交撥過錢物內借撥應副支使，於年內據撥還。所有昨會到每年買馬少著錢二萬三千餘貫，乞於賣茶息錢內除破，只是約度計筭到數，緣逐年收買馬數不足，如向去支過價錢多，並合據數除豁。一臣竊聞朝廷已降指揮，名山茶專用博馬，候年額

卷一萬一千六百八十三　十二

馬數足方許雜賣，此有以見陛下留意馬政之切至也。今蕃部所欲茶，大抵多欲名山一色，然亦時有願得其他色額如大竹、洋州之類者，竊恐茶場司為有今來朝旨，不敢兼用別色。臣今欲乞特賜指揮，除名山茶依前降朝旨外，如蕃部有願請其餘色額茶者，亦聽從便。並從之。　十月二十七日，提舉陝西買馬監牧同提舉成都府利州秦鳳熙河等路茶場司奏：準詔買馬價錢仰依條畫時支給。又詔今經制熙河邊防財用司指揮，許令弓箭手依官價自買及格堪披帶馬，赴本司呈印訖，給付買馬場，當日支給價錢，仍充買馬司年額之數。本司歲額所入見錢不多，欲乞今後弓箭手自賣到馬價錢，許以茶及銀紬絹見錢相兼支給，所貴易為應副支用。從之。　十一月二十五日，中書劄子：提舉成都府利州秦鳳熙河等路茶場司奏：準朝旨，名山茶專用博馬，候年額馬數足方許雜賣，又餘色茶如蕃部願請，亦聽博馬支用，即不妨茶場司出賣。竊緣本司年額課利浩大，只熙河一路逐年椿認應副錢二十萬貫及非泛支撥在外，諸雜茶色變轉絕少，全藉出賣名山茶趁辦。若伺候馬足雜賣，監牧司買馬必是年終數方足備，纔及歲首又須却止住出賣，應副博馬，如此則本司無有貨賣名山茶之期。今來雜色茶亦博馬，即本司買賣左右為法所拘，竊慮收趁課利不足，有悞支用。兼蕃部出漢

卷一萬一千六百八十三　十三

賣賣非只將馬一色興販亦有將到金銀斛㪷水銀麝
香茸褐牛羊之類博買茶貨轉販入蕃若不令本司旋
行出賣即蕃客別買物貨不惟大段虧失本司財利兼
名山茶却有積壓買馬蕃部未必盡皆要茶次下等一
匹馬價自不及茶一䭾之直大約每歲不過用茶一萬
五六千䭾乞賜指揮除依今來朝旨諸色茶亦聽博馬
不妨出賣外名山茶亦乞責辦本司應副博馬年額管
足所有餘數並許出賣責得兩司各不妨闕詔從之以
上續國朝會要 元豐五年二月十八日提舉陝西買
馬監牧兼同提舉成都府利州秦鳳熙河等路茶場公
事郭茂恂奏奉聖旨陝西逐路諸軍闕馬至多仰臣具

卷萬一千六百八十三 十三

合如何擘畫可以招誘蕃部廣行收買支填得足速具
事理聞奏一勘會熙河路州軍各有蕃官如包順包誠
趙純忠之類並是近上首領蕃部素所信服其勢力足
以招致蕃客乞賜敕書令各官誘蕃部販馬入塞每人
且令結買五七百或一千匹仍乞委自逐處守臣丁寧
慰諭之或要預借茶綵仍乞應副支借約定期限如能
招置數足即乞量賜恩奬歲月之間必有成効一體問
得舊日券馬上京馬價甚高每匹大約不下三十貫而
茶價其初頗賤每䭾不過十二貫今則馬價減於舊日
茶價倍貴於前緣蕃客往來販易須有所得乃肯趨利
而來臣今相度若將博馬茶比之用錢及別物貨博買

者別為兩等其博馬茶量減錢一貫已來如此則蕃部
自然多販馬入塞矣若以謂稍虧茶價緣賣茶之息甚
大馬來既衆則售茶亦多茶價高即馬來者少不若稍
減以致多馬是其實無損也一自來買馬自四赤七寸
至四赤一寸七等中各以一寸為差而價錢自三十二
貫至十六貫其等第差降少者祇一貫三百文多者至
五貫一二百等量之際蕃部以爭較等第分寸不肯中
賣謂如四赤四寸馬二十七貫三百文如有虧分數須作四赤三寸收買價直二十二貫二百文即是寸爭一寸便較錢五貫二百文價直相遠往往不肯作四赤三寸中賣臣今相度欲乞將諸等價裒合重行均定使相

卷萬一千六百八十三 十四

較不致絕遠如此則易於收市兼勘會熙岷秦州馬價
並合一般其蕃部就秦州中賣比熙岷州遠七八程有
費餱糧之費欲乞因今來均定馬價於逐等內將熙
岷州各減五百文秦州各添五百文所貴稍得均當一
勘會自來依條每月將門戶蕃部勾招到中官馬數比
較最多者支與綵一匹銀椀一隻重半兩自來不計馬
數多少只取最多者一名支與臣今相度乞重別立定
每月勾招蕃馬中官及一百匹已上者不限人數並各
支與上項例物如月各不及百匹即取一名最多者支
與綵一疋銀楪子一片重二錢所費錢物不多而有所別
異可以激勸蕃部兼舊條蕃部中馬其賣馬蕃部並給

酒二升自來只是紐計價錢支給相兼既久祗與馬價一縻請領不復知有犒設之食今乞除依自來條例外委逐州長吏每旬於中馬稍多日分量給酒食犒設賣馬蕃部亦足以使遠人知朝廷之意樂於致馬入塞詔所乞預借茶絹恐致失陷外餘並從之 五月二十四日朝散郎同提舉茶場公事蒲宗閔奏臣伏見今來新開拓蘭州定西城與通遠軍熙州隣近蕃部所嗜略同體問得川茶亦可博賣近經制司奏新添城寨費用增廣令添助歲額錢十萬貫今欲擘畫津般茶貨往蘭州定西城委監酒稅官兼管漸次貨賣就近添助不得公私興販往彼候見次第即依熙州通遠軍等處先得指

卷一萬一千六百八十三 十五

揮例擘畫差官置場其餘約束並依本司條貫施行從之同日同提舉成都府等路茶場蒲宗閔言成都府路產茶縣及利州路興元府洋州已有榷法今相度巴州等產茶處亦乞用榷法從之 六年正月十七日同提舉茶場公事蒲宗閔奏監牧司新條乞買馬錢帛等先委買馬司移用等事欲乞將博馬茶價錢物不須先令馬司移用其馬司若額外更要錢物乞令申奏本司於息錢內正行支借抛送兵部檢准元豐元年正月九日指揮御羣牧司關牒行司據所要茶以錢帛對數交易不得預行指占致妨滯茶場司歲額又元豐四年八月二十一日郭茂恂奏乞將買馬錢帛先委買馬司移用

逐旋約度餘剩之數節次關報茶場司同共變轉每歲終會計後計馬司却於茶司支撥過錢物內借撥應副支使於年內據數還本部看詳乞依元豐元年正月九日指揮所有元豐四年八月二十一日條例更不施行從之 四月三日同提舉茶場公事陸師閔奏伏自買馬司兼領茶場而茶法不能自立蓋有所職既專以多馬為務而又得與茶事則其勢不免於取此以益彼如責馬司用茶並乞依舊條以錢帛對數交易仍不許別司取撥茶貨詔令蒲宗閔陸師閔共同詳具利害奏聞 同日提舉成都等路茶場陸師閔言文州與階州接境有博馬及賣茶場龍州舊 通商乞以文龍二州並

卷一萬一千六百八十三 十六

為禁地其秦州本司差官一員造帳計置川路茶綱入陝西路出賣仍於成都置博買都茶場從之 五月三日提舉陝西買馬監牧司奏據階州申元買馬蕃部請大竹茶每馱一十四貫六百四十文所有近茶場司每馱添錢五貫三百六十文近累申上衙只每馱減錢一貫文為茶價高大買馬不行本司看詳階州茶價添起錢數其馬價若只依舊恐蕃部不肯將馬中賣須致量增馬價詔只依舊價如蕃部不願請茶並以見錢物帛收買 六月七日兵部狀勘會提舉陝西買馬司郭茂恂奏內一項節文臣昨減於去年中奏乞將博馬茶比見錢及物貨博買者每馱減錢一貫文即蒙施行緣今來

馬

茶價比之日前增數至多又添長不已而買長價如舊
所較數日相遠殊甚臣今相度若欲稍添馬價緣一增
之後難復減損而日後它物價平脚費稍少則茶固應
可減不若只將茶價減數，博買所貴他日易於裁損可
復如舊臣今欲乞權將應係博馬茶每馱量添色高下
及馬等第參酌於見折價上更與減一二貫以來仍從
本司相度隨時增損候向去脚費漸少茶價稍減即依
舊每馱秖減錢一貫文所貴蕃部可販易於招誘竊恐
茶場司以減錢數多仍乞從依前降朝旨減價錢外令
來所減茶價錢本司管認別作項次撥還如此則自不
虧損茶司財利詔提舉買馬司更不兼茶場司其博馬

卷一萬一千六百八十三　十七

茶每馱比見賣價更與減二貫文所減價更不撥還許
理茶場司課息所有買馬司用過茶價限歲終撥還取
足不得拖欠　二十二日提舉成都府等路茶場郭茂
恂言昨準詔專提舉買馬兼提舉茶事而茶場司不兼
買馬既不任責遂立法以害馬價每馱有增十餘千者
恐蕃馬歲不入上悞國事乞併茶場買馬為一司庶幾
茶司同任買馬之責　降旨闕　閏六月十二日吏部狀
準都省送下提舉成都府利州陝西等路茶場司奏乞
秦熙河岷階州通遠軍永寧寨茶場並乞令本司不拘
常制踏逐諳曉事法有心力京朝官選人小使臣奏乞
差充監官本部檢會聖旨內外官司舉行恚罷令來係

是本處創有陳請合取自朝廷指揮詔特依　十三日
提舉茶場公事陸師閔劄子奏竊見新修茶場司敕尚
未全備擇出合行通用條貫三十八件內有於新法干
礙者略加刪正下項諸提舉官於轄下官吏事局相干
同按察部內有犯同監司諸提舉官點檢職務公事杖
已下罪就司理斷事合推究者送所司徒已下依編敕
監司點檢法諸路茶法職務措置詞訟刑名錢穀等公
事除州縣施行外合申明者申取提舉司指揮施行他
司不得干與雖於法合取索文字並關牒提舉司施行
不得專輙行下諸處亦不得供報如已經處置尚有抑
屈者許以次經轉運提刑司申理諸幹當公事官川路

卷一萬一千六百八十三　十八

二年陝西二年半為一任選人願三考者聽從便供給
依廨宇所在州簽判例州無簽判依職官例京官以上
及大小使臣各隨本資添支本資無添支者依監一萬
貫場務例給諸幹當公事官闕無所承許不拘常制選
差轄下官權充其餘應合差官幹事並依編敕差官依
條行諸紙筆朱墨油燭皮角以係省錢收買在京申省
支給諸文字往還並入急脚遞從之全文見茶門　十
月八日户部狀提舉成都府利州陝西等路茶場司奏
檢準元豐五年二月十八日朝旨郭茂恂奏博馬茶量
減錢一貫已來竊詳元無指定減過錢數合令是何司
分管認明文令來未審令買馬司據減過茶價錢數撥

遷本司或只亦依今降朝旨指揮於本司課息錢內給
除本部令勘當欲將元豐五年二月十八日後來至今
年二月終已前減過茶價錢並依今年六月七日朝旨
更不令提舉買馬司撥還許理為茶場司課息從之
十一月八日詔都大提舉成都府等路茶場朝廷特以
增廣榷賣路分所以改置司名其將事之人資任雖淺
不可不隨宜假借事權宜令與轉運使叙官後詔都大
提舉視轉運使同主管視轉運判官經制熙河蘭會路
邊防財用司準此　九日都大提舉永興軍等路榷茶
公事陸師閔奏請事件子後一本司舊於成都府秦州
兩處置司各有廨宇人吏等今並乞依舊仍於兩處各

卷一萬一千六百八十三　十九

置管幹文字官一員許不依常制奏差承務郎以上或
選人充仍並依幹當公事官條一幹當公事官見管七
員內二員係奏差五員係吏部差今乞許本司不依常
制奏差所有吏部已差下未到任交割者亦乞別指名
奏差替換其接送當直兵級及不許赴妓樂筵會等事
並乞依轉運司管幹文字官條一每年奏舉選人改官
舊條通計合舉九人欲乞特添三人外有縣令小使臣
陞陟員數只依舊條併舉一本司舊支頭子錢七百貫
充公使今乞特添三百貫每年共支一千貫文一公使
合用酒欲乞隨所至州縣那兌支用以米麴工價筭還
通計不得過合造酒數一本司今來赴闕依例添差等

分三人各使遞馬及擔擎文字兵士五人遞鋪七人乞
令後遇赴闕及出巡並依此施行一本司舊係提舉官
與提點刑獄序官同提舉官與轉運判官惟都大提舉
官元係陝西路轉運使兼領未有明文詔特令與轉運
使序官餘並從之　十二月十二日守監察御史張汝
賢奏近定奪郭茂恂蒲宗閔互論公事因兩司執議榷
茶價之法至今未定遂相度立為酌中之法以息紛紜
今準朝旨送陸師閔相度聞奏臣勘會師閔今年中嘗
具劄子上殿奏乞馬司用茶依舊條以錢帛對數交令
與蒲宗閔同其利害聞奏亦用前說同狀奏聞此二人
之議固已符合臣詳究兩司利害博馬之利實仰於茶

卷一萬一千六百八十三　二十

而茶司運致茶貨自秦隴以西惟以顧債腳乘為患不
以出賣不行為患借令馬司不為支用蕃部亦必以他
物博易實無損於歲課此茶司之利所以無仰於馬司
然欲其法度相濟可以經久實在朝廷參酌而行之令
止令師閔相度誠恐尚執前議祇求自便不顧馬司之
害則行之將來未免牽制臣契勘逐年買馬冬季常多
夏季常少春季多少不常蓋馬性宜寒而畏熱其來多
寡不常待用之茶宜亦有別臣愚見竊謂可令逐季首
樁定名山茶馳春秋各三千各加一千夏減一千餘茶
量數樁留若買到馬多更要支用仍委茶司畫時應副
所支茶價並限次季還足庶為酌中之法兩得順便中

書省勘會蒲宗閔據張汝賢定奪到與郭茂恂互奏公事多有不當以茶法推行之初宗閔能協力主辦職事不爲異論所搖特免勘除都官郎中令年十一月二十五日得旨郭茂恂依赦放其張汝賢相度到椿定博馬茶數等事令陸師閔相度聞奏詔張汝賢前奏先次施行其令年十一月二十五日令陸師閔相度聞奏指揮更不施行　七年五月十七日户部言都大提舉成都府永興軍等路榷茶司奏利州路買馬事件内一項有令來添額買馬合用茶貨乞指揮茶場司於洋州興元府應副本司勘會若洋州興元府額外應副買馬司茶般赴文州支用則是通商低價茶侵入禁地有害茶法

卷一萬一千六百八十三　二十一

令相度乞許令本司就近於文州茶場見賣茶内支撥應副買馬除轉運司舊額茶只用洋州興元府元價並雇脚錢數計筭歸還本司外有添額買馬合用茶并舊額茶内虧少錢并乞依例計筭理爲本場課額本部看詳欲乞依本司所奏從之　十一月二十二日都大提舉成都府永興軍等路榷茶公事陸師閔劄子諸巡轄般茶鋪使臣請受當直兵士並依巡轄馬遞鋪例出巡給遞馬一匹每歲比較如無住滯工限及逃死兵士不及五釐任滿與減一年磨勘先次指射家便差遣從之　十二月十一日兵部奏陝西買馬司自熙寧十年差官買馬歲以一萬五千匹爲額至元豐三年每歲常買

及數其時馬價聽用茶并雜物從蕃部所便相兼折還唯茶依市價外其雜物各有量增息錢歲收六七萬貫至元豐四年郭茂恂乞蕃部中馬專以茶充其餘數仍許見錢物帛内物帛止依市賣實價紐折並不收息遂增立年額爲二萬匹至五年八月滿一年止買及一萬四千七百餘匹又至六年八月并閏月計一年有餘又止買及一萬六千一百餘匹至令年八月又滿一年合行比較約僅買到一萬二千匹比之前二年其數愈少各不增及新額本司累奏稱收市不行乞差官詢採參酌裁定并乞前來奏禀蒙朝旨令具到利害大抵皆以茶價高及别司買馬價高爲説本部看詳自元豐四年

卷一萬一千六百八十三　二十二

後雜物既用實估及折馬茶比見賣市價每馱又減錢三貫已是暗增馬直然其所買馬不惟不及新額亦不能過舊額所買之數乃是每歲陡失利入不少又買馬額數漸虧望賜詳酌指揮參考新舊應干買馬事件利害措置施行詔陝西買馬撥隸經制熙河蘭會路邊防財用司仰本司先具合行事件畫一聞奏候至來年下半年交割管幹　八年二月二日户部狀都大提舉成都府永興軍等路榷茶公事陸師閔奏近準朝旨許令本司於文州茶場見賣茶内支撥應副買馬竊緣本司應副買馬茶既已理爲課額即轉運司所還舊額茶價及顧脚錢並在定本之外難以逐時增添收係乞據逐

年還到錢數依川路食茶錢條限分數於陝西路封樁委是允當本部欲下榷茶司同所屬轉運司相度聞奏奉詔依今送下榷茶司奏具其錢係屬本司所管即與利州路轉運司別無干預難以同共相度本部乞依本司元奏事理施行從之　十一日戶部狀都大提舉成都府永興軍等路榷茶司奏準敕陝西買馬監牧司相度到文州買馬利害一乞將買馬紬絹綾茶之類令買馬官專管本司看詳欲乞令買馬官親管折博支給外依舊令職官兼管幹折博場文歷倉庫支收出入等事於本司茶法別無妨礙一乞令後茶場司合應副本路博馬茶數並令文州茶場以洋州等處茶應副如買馬

卷一萬一千六百八十三　二十三

數多額外更合銷物色並乞許令本司預行計度下應副官司依數即時應副看詳買馬司所乞文州茶場應副茶事已準朝廷令本司就近於文州茶場見賣茶內支撥應副買馬除轉運司舊額茶只用洋州興元府元價并雇脚錢數計筭還本司外有添額買馬合用茶并舊額茶內虧少錢數並依例討筭理為本場課額本部欲依相度到事理施行從之　七月十日兵部狀成都府利州路經制買馬司奏今相度黎雅嘉州買馬博馬合用茶數除舊額買馬茶令於雅州官場收買外有新額買馬合用茶數欲乞依利州路已得朝旨體例令榷茶司於就近場務支撥應副仍理為榷茶司課額尋下

榷茶司相度如朝廷許令本司應副並須於春初指定的實合用斤數關本司支撥如支用不盡即不許減退本部欲依所乞施行從之　九月十八日詔陝西提舉買馬監牧司及成都府利州路買馬司並令提舉成都府永興軍等路榷茶公事陸師閔兼提舉仍舊用茶貨隨宜增減價直相度穩便置場去處計置博馬候及一年具買到馬實數并應有合措置事件令詳具畫一聞奏所有先降陝西監牧公事撥令陝西路轉運司管幹指揮及陝西買馬撥隸經制熙河蘭會路邊防財用司并成都府利州路買馬指揮並更不施行　哲宗元祐元年六月九日相度措置熙河蘭會路經制財用司事

卷一萬一千六百八十三　二十四

所奏提舉榷茶司於本路買馬歲額萬數不少其買馬場并綱馬上京所歷州塞支過經制司支計粮草料並係輟郡邊計應副緣本路與內地州軍不同經費既多芻粟倍貴豈任他司侵用緣榷茶司以茶博馬每茶一馱收頭子錢三百文係專庫均分竊詳買馬場所用博馬茶場專庫於此無功輒享其利實出僥倖乞應副買馬場并綱馬上京支過本路糧草等歲終計數令榷茶買馬司以上項頭子錢撥還如不足更以茶頭子錢貼支從之　十月十七日都大提舉成都府等路榷茶兼陝西等路買馬黃廉言按元豐六年閏六月十三日并八年十二月七日朝旨應緣茶事於他司非相干者不

得闕與設使緣茶事有侵損違法或措置未當即未有許令他司受理闕送明文深恐民間屈抑無由申訴乞止依海行元豐令監司巡歷所至明見違法及有詞訟事在本司者聽闕送應緣馬事亦乞依此從之　四年二月四日吏部狀都大提舉成都府利州陜西等路茶事司狀通年於雅州名山縣買茶數目浩瀚應副沿邊博賣具知縣并昭化依政德陽巴西雒縣各係裝卸雇脚去處若省部依名次差人前來萬一不至得力無由改易乞許本司奏舉名山依政利照化等緊切處知縣三員外有巴西德陽雒縣職事差少只乞許本司舉官一次詔雅州名山邛州依政利州昭化知縣許奏舉外

卷一萬一千六百八十三　二十五

餘從吏部差注　紹聖元年閏四月九日樞密院言買馬歲額錢約五十餘萬貫自開拓熙河運川茶易戰馬其後官司務在收息趣賞不以國馬為急至高增茶價盡折馬司錢鈔尺帛以充本司之息緣運茶市馬共是一司均為朝廷之物請自今一切官為收市上駟不過用茶三兩馳而聽民以錢請買於官則實息自倍旬外無賣盡令計綱上京以供良馬之用詔大僕寺相度六月十日都大管幹陜西等路茶事師閔奏伏見買馬用茶博易每以茶價增長侵費買錢物為害竊緣茶事司歲課浩大其費茶之數多而博馬之用少不可以博馬之數減損費茶價直捐棄厚利乞應用茶博馬並依

見令所行條法外每歲將未增茶價以前一年內買馬逐等實價立為定額會計支破買馬司錢物外有增起茶價並令茶事司於所收稅息錢內支破從之　二年四月二十二日都大提舉成都府利州陜西等路茶事兼提舉陜西等路買馬公事陸師閔奏陜西賣茶買馬比較賞罰素有成法令來券馬初行已見得沿邊州軍買賣各與前日事體不同蓋販馬客人多是就便入錢買茶結券如前日沿邊入納見錢十餘萬貫並於秦州茶場算請又如熙岷通遠馬場歲額不少今來客人多就秦州結券則諸場必虧舊額凡此之類並因改法使然即不係於官吏能否竊慮歲終比較賞罰有所不均

卷一萬一千六百八十三　二十六

乞應今年茶場馬場比較課額並委都大提舉茶事司及提舉買馬司詳具逐處增虧因依奏裁仍候法行就緒別立條貫聞奏從之　續通鑑長編宋哲宗紹聖二年八月辛卯朝散郎直秘閣都大提舉成都府利州陜西等路茶馬陸師閔權陜西路轉運使仍兼領茶馬事

三年八月八日樞密院言太僕寺考會紹聖元年二月綱券馬死損分數綱馬死者不止十倍令復行券馬係陸師閔建議其効已見陸師閔特賜銀絹各一百匹兩仍令學士院降敕書　元符元年九月二十八日都大提舉成都府利州陜西等路茶事司申準批下利州路轉運司申檢準元豐元年二月十二日敕文州年額買馬

五百一十一疋又準元豐八年十二月十五日敕成都府利州路買馬錢並依未置司以前舊額疋數合用錢物令逐路轉運司應副外有不足並於榷茶司稅息錢內支破後準元祐七年八月二日敕管幹茶事閣令奏準敕買馬錢本舊額令轉運司應副外有不足並於茶事司息錢支破令來川路已罷榷除收致錢外更無諸般課息恐應副買馬闕悞以前額外買馬支過錢數令茶司更不撥還令後逐年買馬錢仰成都府利州路轉運司均數又準紹聖元年八月二十七日敕文州添額買馬合用茶令轉運司筭還元買茶價幷雇脚錢近準紹聖四年二月二十五日敕提舉茶事陸師閔奏復行

卷萬千六百八十三　二十七

榷買川茶依元豐法不許通商本司勘會文州舊額買馬逐年額外合用錢數目並係茶事司於稅息錢內應副後來閣令奏請為罷榷川茶後來闕少課息所以令轉運司均認本司自承準上件指揮後來至紹聖三年終買過額外馬支過馬價並生料等見取會元價撥還本路財稅歲入有限應副不足自均認後來拖欠萬數不少尚未有錢撥還令來已準敕依舊禁榷川茶其茶司歲入課息等錢自可數足舊額應副買馬之費所有元祐七年八月二日并紹聖元年八月二十七日指揮理合更不施行自紹聖四年二月二十五日指揮後來合依舊令茶司管認外有未降復榷川茶日前均認過

數目乞漸次撥還送都大提舉茶馬司相度申樞密院勘會昨準朝旨永興鄜延環慶三路復為禁茶地分後來出賣川茶倍多並於興元洋州收市應副即目大段闕少錢本支使本司令相度欲將未準紹聖四年二月二十五日復禁川茶日前合還本司茶錢乞嚴責日限撥還應副茶本急闕支用所有自復行禁榷川茶日以後利州路買馬錢本並從逐司依元豐年條法應副申閣事小貼子稱所有成都府路黎州買馬錢本亦乞依此施行從之其去年二月二十五日以前轉運司錢限一年撥還

三年九月二十七日　徽宗即位未改元　都大提舉成都府利州陝西等路茶事兼提舉陝西等路

卷一萬千六百八十三　二十八

買馬公事程之邵中自來蕃商唯是將馬入塞博易茶貨今訪聞得近因熙州邊事後來並不將馬入漢只用水銀麝香毛段之類博易茶貨是致馬額虧少今相度令後許蕃商將馬并物貨各中半赴官折請名山一色茶貨仍令支茶場分明於茶馳上印號出給公據付蕃部收執前去及委經過近邊城寨關堡子細點檢若有公據印號茶馳方得放行其公據拘收毀抹繳赴元給茶場照會如無公據印號茶貨即不得放入蕃界仍乞差本司勾當公事及準備差使官員更互前去邊塞點檢無令透漏茶貨入蕃所貴招誘蕃馬入漢中賣從之

十二月十七日提舉陝西等路買馬監牧司奏檢準

詔令後許蕃商將馬并物貨各中半赴官折請名山茶貨令有合申請事件一令來未有明文指定告賞刑名欲乞應將不係博馬茶無公據夾帶透漏入蕃並許人告依匿稅條格施行一蕃部博馬給公據入蕃茶經過城塞堡鎮有合收稅去處雖即目不多緣公人上下因此邀阻乞權免收稅所有免過稅錢歲終計筭於茶事司年額稅息錢內除豁其稅務監官許將免過稅錢通入課額比較候將來買馬通快依舊例施行並從之

二十七日詔訪聞涉冬已來熙河蘭會路漸有蕃商赴近邊博易令都大提舉成都府利州陝西等路茶事司應茶貨除胡宗回合要打誓支用量行應副本色外其

卷一萬一千六百八十三

二九

餘入蕃茶惟博易馬方許交易即不得將茶折博蕃中雜貨務要茶馬懋遷漸通仍每月終會聚月內博馬到匹數具狀聞奏

徽宗建中靖國元年四月三日戶部狀茶事司奏蕃戎性嗜名山茶日不可闕累年以來買馬大段稀少蓋因官司及客旅收買名山茶與蕃商以雜貨貿易規取厚利其茶入蕃既已充足緣此遂不將馬入漢中賣有言馬政令乞將名山茶立為永法專用博馬如諸官司客旅等輒取支賣與興販其買賣之人官吏等並乞以不應為從重科罪如有計囑情弊自依本法本部看詳所乞專用博易馬已有今年十二月二十七日朝旨外有官司客旅興販並依本司奏乞事理

施行從之

五月三日吏部狀都大提舉成都府利州陝西等路茶事司乞將準備差使臣二員許舉小使臣差使借差殿侍軍大將充都官闕契勘所乞左軍大將充委是闕人應副難議施行殿前司申若依條奏舉殿侍如朝廷許差別無諸般違礙本部今勘當欲依本司所乞及逐處申到事理施行從之

九月十七日茶事司狀令相度綿州羅江巴西縣界八茶鋪令巡轄綿利州界茶鋪使臣移赴綿州置廨宇巡轄邛雅州成都府路茶鋪使臣兼催撥黎州博馬茶綱所有逐官稱呼窠闕一員以巡轄綿州羅江至利州昭化縣界茶鋪呼於綿州置廨宇一員以巡轄漢州成都府至邛雅州界茶

卷一萬一千六百八十三

三十

鋪兼催發黎州博馬茶綱稱呼依舊只於成都府置廨宇委是地里職事均當從之

十二月十一日戶部狀準茶司奏黎州合用博馬茶自來隔年拋數行下雅州在城并名山百丈盧山縣茶場收買應副雖嚴加督責收市常是不足伏緣逐場買茶出賣收息比額增剩及買秦熙等路綱茶及八分各有賞典管勾官減監官之半唯收市黎州博馬茶別無賞罰逐年常是收買不敷元拋數目因而黎州支遣不接邊有積欠蕃人馬價於邊防不便今相度雅州在城名山百丈盧山縣茶場收買黎州博馬茶比元拋不及八分及虧發積滯即監專公人并管勾官買賣食茶收息雖比額增剩并收買起

綱茶雖及八分不在推賞之限及名山茶場買秦熙等路綱茶令年分拋買一百二十綱茶近又秦州更添買二十一綱本司已一面行下本場且依元拋數收買一百二十綱仍收買黎州博馬茶候足數接續收買本部欲依本司所乞事理施行從之　崇寧元年五月二月都大提舉茶馬事程之邵中茶事并買馬監牧司雖在川秦兩處置司緣所領職事並係通管自來為相去遙遠行移申請文字往往不相照應令乞應緣川秦兩司茶馬職事凡有獨銜申請及雖係同狀不曾同簽並須互下兩司勘當如所見不同亦令各具利害開陳免致利害不得詳盡詔令茶馬司提舉官令後除常程文字

卷一萬一千六百八十三　三十一

依條外應合更改措置事件並須連書申奏如有所見異同仰各具利害開陳　二年三月二十四日都大提舉程之邵狀自元符三年九月二十七日申請專用名山茶博馬并貼賣與中馬人逐年買馬七州軍茶場賣過茶收獲稅息錢數比遞年收獲稅息錢外建中靖國元年二月內增剩收到稅息錢二百五十三萬二千九百九十七貫一百三文省內建中靖國元年收到增剩稅息錢已赴闕奏計日已將錢六十六萬八百四十三貫八百六十七文省申納朝廷封樁外餘并崇寧元年收到增剩稅息錢共一百八十七萬二千一百五十三貫一百三十六文省係專用名山茶博馬并貼賣比遞

年分外收到稅息錢數目詔據上件增剩息錢並令提刑司封樁聽候朝廷支用仍依條具帳供申都省　七月二十二日尚書省劄子勘會收復湟州除已降指揮用茶博馬并移出措置糴便司買馬司往湟州置司及支勘本錢交子等外程之邵稱所管茶數共約四萬餘馱數內名山茶約一半以上依條專用博馬不許出賣若盡數取撥往湟州委是闕悮令來馬額令程之邵令年馬額權住博買其茶依已降指揮盡數支撥前去若是久來蕃戶將馬中官已計置到馬恐有悮蕃客自來入中之人兼慮諸邊萬一闕戰馬既相度移都大買馬司往湟州令就近於湟州量數支撥三五千馱博馬以

卷一萬一千六百八十三　三十二

備急用令來支降去茶鈔銀絹準元博買糧草并馬為軍須支用外不得別將支使仍置簿拘管逐一抄上所糴買到及支用過數每季申尚書省檢點句考如違並徒三年吏人決配千里從之　八月九日樞密院劄子為程之邵令巡歷熙河竊見收復湟州故地部族甚衆商賈通行竊謂非茶馬無以招集漢蕃人族蓋蕃部特茶馬為命本州又當青唐一帶蕃馬來路乞朝廷指揮就本州添置茶馬場實為要便如蒙俞允乞依條令本司選舉大小使臣二員充茶馬場監官內馬場監官內馬場監官依例兼本州兵馬都監候舉到官令逐官各計會本處當職官同共修蓋場庫驛舍般運茶貨計備

芻秣等了日開場博糴所有茶馬場合行事件並依逐司見行條貫施行候及一年見得茶馬課息從本司中請立額貼黄稱勘會茶馬場監官依條係本司奏舉内買馬都監近準朝旨罷舉令來事初欲乞令買馬監牧司舉官一次右檢會已降朝旨令相度都大茶馬司移往湟州置司其本州茶馬場自合添置詺依其茶馬場監官令後並特令奏舉　九月十六日以朝請大夫直龍圖閣提舉成都府利州陝西等路茶事兼陝西買馬監牧程之邵為集賢殿修撰熙河路都轉運使兼川陝茶馬　十月二十三日同管幹成都府等路茶事孫鰲奏今年輪當臣赴闕奏計方欲起發間承朝旨比年例

卷一萬一千六百八十三　三十三

增兩倍茶應副新邊支用續又令臣量添價錢速行收買川馬赴闕奏計不免往迴數月顯妨收市茶馬乞特免今年奏計一次從之　三年二月二十九日戶部狀提舉陝西等路買馬監牧司申黎州所買馬類多不堪披帶自來止為羈縻遠人又慮買數過多有損無益遂立條從八月一日開務至三月一日住買後來官司有失體究本意不限月分收買却於成都府馬務經夏養餵比之起綱時月積留死損極多枉費官錢芻粟不少馬務監官每歲例該責罰遂累次擀會舊條乞本州每年自八月一日開務買馬至三月一日閉務住買蒙朝廷施行自徼免得積留在成都府馬務養餵病生枉死

物命令會算黎州見買四歲至十三歲四赤四寸大馬每匹用名山茶三百五十斤每斤折價錢三十文銀六兩每兩止折一貫二百五十文絹六匹每匹止折一貫二百文絮六張每張止折五十文青布一匹止折五百文約本處價例僅是半價支折與賣馬蕃部自黎州至鳳翔府汧陽監四十八程沿路倒死數目不少兼馬多充雜支令會計秦州買四歲至十歲四赤四寸大馬一匹用名山茶一百一十二斤每斤折價錢七百六十九文比黎州減得茶二百三十八斤又減省銀絹等不少家比馬價錢止四分之一黎州歲買馬二千匹元符二年買五千二百八十餘匹元符三年買四千一百餘匹

卷一萬一千六百八十三　三十四

費用茶萬數浩瀚雅州至黎州道路盡是山嶮人夫負擔委是不易近準建中靖國元年十二月十一日敕茶事司奏乞雅州在城名山百丈盧山縣茶場收買黎州博馬茶不及八分及雇發積滯即收買起綱茶雖及八分不在推賞之限契勘收買陝西名山茶一百二十綱買及九十六綱已及八分該賞其黎州收買博馬茶自來不限定分數令若候黎州收買足茶數及雇發無積滯方賞其陝西綱茶必是減少留滯有妨博馬戰騎兼於陝西貴價出賣茶處虧損課額欲乞黎州買馬且依元條收買三千匹其博馬茶比舊減半支折所有一半茶却依價折與銀絹等合用錢物除轉運司年例撥到

外有餘少錢物並依舊茶事司應副即蕃部尚為優幸
不失撫納遠人之意所有雅州名山買陝西綱茶并黎
州博馬茶且依舊條收買送戶部符茶事司逐舊書申
奏令據提舉官孫鼇抃狀黎州南蠻及吐蕃部落惟仰
賣馬為生久來不以配軍為限盡行收市柖懷遠人今
若止以三千匹為額更除豁不理賞之數必致減損買
馬官賞格無以激勸又恐因此阻節遠人於蕃情未順
兼茶事司額外買馬銀帛自來轉運司計置支還茶事
止是應副茶貨年終計筭撥還成都府轉運司見申乞
令茶事司撥還用過銀絹虧損價例若減半支茶却以
銀帛支折轉運司豈肯更行應副若依舊不限數買馬

卷萬一千六百八十三　三五

又緣欠蕃部茶八千餘擔亦非經久之法所有買發黎
州年額并額外馬通數歲買不得過四千匹賞罰并收
市合用茶及支折茶緣且依見行條法施行其四赤以
下馬更不收買本部看詳若止三千匹為額不惟減損
買馬官賞格無恐阻節遠人若不限定分數及比舊減
半支折茶收買緣今來應副湟州博糴萬數浩大比賞
年加兩倍買茶亦恐闕悞除賞罰并收市合用茶依見
行條法施行欲將黎州年額并額外馬通歲額不得過
四千匹其博馬茶比舊減半支折所有一半茶却依優
折與銀絹等所是合用買馬錢物除轉運司年例撥到
外有餘少錢物並依舊茶事司應副其四赤已下馬更

不收買兵部看詳除所乞將年額并額外馬數通不得
過四千匹合係年額馬二千匹依舊一千匹額外收買
外即無未盡未便事從之　四月十一日殿前司申承
樞密院批下都大提舉成都府利州陝西等路茶事司
狀殿侍本司指使王鑑狀竊見馬司指使殿侍程佾先
有狀乞立磨勘年限尋申明已奉聖旨與理八年磨勘
改轉三班差使外有茶事司指使殿侍未有立定磨勘
年限乞施行勘會本司指使殿侍與馬司指揮殿侍窠
闕資任並同及差赴川陝往來取送官物應副茶本并
諸般差使幹當委是事務一般本司契勘欲乞將都大
提舉成都府利州陝西等路茶事司指使殿侍比附依

卷萬一千六百八十三　三六

提舉陝西等路監牧司指使理八年磨勘改轉三班差
使從之　五月二十日都大提舉茶事司狀本司係移
運錢物買賣收趁課利司分即與諸司錢物事法不同
兼每年買茶收獲課息除年例支使外將所餘年分外
增羨息錢已逐旋具數申納朝廷以助支用近年以來
多為諸司及臣僚申請承受朝廷指揮許於諸司錢物
內取撥支用遂將本司茶錢一例作諸司錢取撥今來
若令他司並作諸司錢物一槩取撥支用便見本錢妨
闕寖壞事法欲乞令後他司及臣僚申請乞支用諸司
錢除茶馬司錢物不許作諸司錢一例支使如朝廷非
泛支用乞下本司契勘有寬剩錢剩〔數〕刷應副從之　十

二月二十五日提舉陝西路買馬監牧司狀黎州年額并額外馬通歲額不得過四千匹其博馬茶比舊減半支折所有一半茶却依價折與綵絹自八月一日開場至九月終共買到三百五十匹比遞年一般月分大段虧少契勘賣馬蕃蠻以茶為本即目正當買馬之際若比舊減半支茶不唯買馬稀少兼恐悞事欲申候朝旨深慮有妨趁辦歲額已逐急下黎州將四赤二寸以上馬每匹合得茶依已降朝旨比舊減半支折外各與量添茶一摖招誘收市所來年已後合用博馬茶欲乞依舊收買應副其減半支折指揮乞更施行從之　四年六月三日都大提舉茶事司買馬監牧司奏茶馬司幹

卷一萬一千六百八十三　三十七

文字幹當公事第一等將仕郎張察文林郎楊達將仕郎張庭玉黃瑜第二等登仕郎高成章將仕郎王易朝奉郎孫俞朝請郎路康國及逐司點檢文字等自承朝旨後來首尾管幹催促撥發茶貨有勞詔第一等張察特改宣德郎楊達張庭玉黃瑜各循兩資第二等王易孫俞路康國各減三年磨勘高成章循資占射差遣一次內選人如無資可循或已官即比類推恩人吏第一第各轉一資如無資可轉及有違礙或不願轉資即支賜絹二十匹第二等各支賜一十五匹第三等各賜一十匹　七月二日熙河蘭湟秦鳳路經略安撫制置使司奏奉詔處分相度措置馬政事尋先次指揮岷州計

置收買馬一萬匹作制置司支用候足日奏取處分已令知岷州馮瓘措置今據馮瓘申已牒提舉買馬司逐急借撥名山茶貼作三萬馱支與岷州候見得的確數目申朝廷却行撥還及已牒茶事司依馮瓘所申并下秦鞏熙河岷州依所乞應副去訖一於買馬場勘會到良綱馬並係支一色名山茶下項良馬三等並四寸已寸已上上等見支茶二馱一頭中等見支茶二馱二十斤一十五兩半下等見支茶二馱二十斤七兩半綱馬四赤七寸見支茶一馱一頭二十六斤半四赤四寸見支茶一馱一頭一十九斤一十二兩四赤五寸見支茶一馱一頭壹十四斤一兩半四赤四寸見支茶一馱一

卷一萬一千六百八十三　三十八

頭四斤一十一兩四赤三寸見支茶一馱四十九斤二兩四赤二寸見支茶一馱三十二斤一十二兩一勘會日近蕃客稀少即令買馬場全然收買不得若不添展茶數竊恐卒難收買乞候蕃客牽馬到場相驗好弱臨時添搭良馬權添茶三十斤綱馬權添茶二十斤相度欲依馮瓘所乞權添上件茶數博馬只作添搭支馬才人即不得礙買馬司博馬體例候今來數足依舊一契勘若只買良馬一萬匹約用名山茶三萬馱今來本州見管有三千餘馱止買得一千餘匹一欲將秦州廟州鋪分擘合應副秦鞏熙河州名山茶以三分中且截撥二分赴岷州準備支用一今來茶數既多即沿路不免

擁併欲乞將秦鞏熙河大路榷茶鋪權行差那於本州沿路地分貼鋪及下經由縣鎮堡寨和雇人夫併工推般庶得辦集從之　十月十二日樞密院奏熙河蘭湟路經略司申熙河蘭岷鞏州舊管蕃兵近年出入頻數死過戰馬不少雖督蕃官首領緊行收買添填其蕃兵例各闕乏兼無貲博買令相度乞將熙河蘭岷鞏州闕馬蕃兵於逐州茶場各量借茶添助收買五千匹每匹借茶一馱共借茶五千馱仍許蕃兵將斛㪷折納元價其斛㪷可充茶事司應副支給逐處茶場監官巡鋪使臣榷茶鋪兵請受如有剩數無支遣處許令別司樁錢兑糴從之　十二月三日中書省尚書省檢會元豐六

卷一萬一千六百八十三

三九

年閏六月十三日條諸出賣官茶提舉司立定中價仍隨市色增減應增者本場體訪諸實增訖申提舉司覆按應減者申提舉司待報令立到熙河路博馬貼賣出賣茶名色酌中價例下項博馬茶名山茶每馱七十八貫五百三十三文瑞金茶每馱一百二十九貫四百一十三文洋州茶每馱七十貫五百四十二文萬春茶每馱八十七貫三十六文貼賣茶名山茶每馱八十一貫六百五十一文瑞金茶每馱一百七十三貫三百四十八文萬春茶每馱一百七十三貫三百四十八文洋州茶每馱一百七十三貫三百四十八文出賣食茶油麻垻茶每馱九十三貫九百九十八文洋州茶每馱八十六貫二百三十文崇寧茶每馱八十一貫八百六十六文楊村茶每馱一百一貫九百七十三文興元府茶每馱一百二十二貫五百七十一文永康軍茶每馱九十八貫七百二十四文味江茶每馱九十三貫四百一十四文堋口茶每馱一百三十貫四百五十三文諸州茶專充博馬更不出賣舊出賣數令洪中孚相度博糴斛㪷　十一日中書省尚書省檢會熙寧元豐川茶惟以博馬不將他用蓋欲因羌人必用之物使之中賣不至艱阻國馬不乏騎兵之用竊慮淺見官司趣一時之急陳乞別將支費有害熙豐馬政失今日繼述之意修立下條諸川茶價博馬輒陳請乞他用者以違制論從之以

四十

卷一萬一千六百八十三

上國朝會要

徽宗崇寧五年二月六日戶部狀同提舉成都府等路茶事孫鼇抃奏準尚書省劄子洪中孚奏乞會茶司見在之數如未用折博蕃馬即盡將博糴斛㪷所有茶價增減臨時視斛㪷多寡計定詔令鼇抃同共措置即不得有妨博馬支用契勘茶司計名山等綱茶有條專用博馬不計出賣其逐色茶價係茶司依條以川路產茶場元買茶本廉費等錢立定逐州價例比其餘雜茶例各低賤所以優潤蕃商鈎致國馬今來若依洪中孚陳請必恐將漕司減損茶價虧失歲課欲乞除斛㪷價許臨時隨市勢增損外其茶依本司已定價例折博不許減損又稱乞用提刑司封樁加買到兩

倍茶交撥與洪中爭同共措置博糴斛㪷本部看詳欲
依所乞從之　十六日戶部奏熙河蘭岷路轉運使洪
中爭等狀乞令茶司與臣同共措置茶博糴奉詔依奏
令孫鼇抃同共措置契勘得所管茶貨除可以移那般
運應副博糴外令相度乞令西寧湟廓州名客人先將
斛㪷赴本處入中其價錢出給合同會子給付客人令
自齋前來河州茶場出外變轉仍支與每馳腳錢西寧
廓州比河州至湟州腳錢量加饒潤如本場闕錢即以
茶依價添搭紐折本部欲依崇寧四年十二月二十八
日朝旨於加置到兩倍茶內支還不得有妨博馬支用
從之　五月二十三日都大提舉成都府利州陝西等

卷一萬一千六百八十三　四十一

路茶事司提舉陝西等路買馬監牧司奏本司轄下見
有員闕去處不少雖依本司條權差罷任待闕官承攝
為無法與理在任月日往往不願權攝差委不行乞應
茶馬職事員闕去處見差權官權攝月日依陝西轉運
提刑司法與理為考任從之　六月二十三日詔將加
買兩倍茶並撥與茶馬司應副博馬支用更不博糴斛
㪷同日樞密院奏都大提舉成都府利州陝西等路茶
事司申勘會川茶始自熙寧七年置司推行迄今三十
餘年從來計置般赴秦鳳熙河等路應副博馬有餘出
賣元豐中立法雅州名山茶專用博馬候年終馬數足
方許雜賣自建中靖國元年後來為買馬數多名山茶

數少又以興元府萬春瑞金大竹洋州四色綱茶相兼
應副博馬僅能足辦緣孫鼇抃與洪中爭同共措置茶
博糴斛㪷即不得有妨博馬支用尋契勘若更將茶博
糴委是有妨博馬望賜指揮除將已椿加買到兩倍四
色綱茶應副博糴斛㪷外將名山茶依累降指揮專充
應副買馬支用餘依崇寧四年十二月十一日指揮
十一月十日提舉陝西等路買馬監牧司奏陝西路轉
運司幹當公事官近依朝旨許存留一員其合差官幹當
尋於轄下選差其間拘礙不許差出者不少雖有職官
及司戶可差卻兼充買馬等同管幹本司全然差那不
行欲乞將逐司管幹官并就委本州依條不許差出官

卷一萬一千六百八十三　四十二

不妨本職差委幹當奉詔每州委見任官一員管幹除
州界時暫差使外不許差出又買馬司敕諸買馬及有
牧地處委茶事司所差管幹應報本司文字不許他司
差出州界契勘本司差定逐州運管幹官茶馬司自來
依條選擇通判或職官幹當今若止於不得差出官內
就委竊慮合差官有限艱得可以倚辦之人兼錄事司
理司法體輕緩急難以集事今來陝西牧馬地撥隸馬
司所總錢斛不少全藉管幹官往來點檢兼茶司地方
闊遠職司不一今欲乞將逐州軍茶馬司管幹官許令
本司依舊選差從之　十二月六月詔神考修立馬政
於川陝市茶博馬及以茶息應副邊計行之甚久已見

成効其屬官等全籍能吏幹集故舊制盡從逐司奏舉
近緣臣僚陳請復行差注除馬司屬官并買馬官已復
奏舉外其茶司元豐年應奏舉并同轉運司選差員闕
並依元豐舊法施行　大觀元年正月十九日尚書省
言熙河蘭湟路都轉運使洪中孚奏蕃地許官以茶絲
博買募人種佃以諸司并折博務見在絲兩路通融應
副外不足許本司約數奏聞從朝廷給降其茶並令茶
事司應副取足奉詔依奏其茶於兩倍茶內支撥應副
仍具合用數奏聞契勘令來若許令熙河蘭湟轉運司
取撥茶貨博買蕃地不唯違戾已降指揮兼壞敗本司
成法蕃部以馬易茶元非本意必恐因此隳壞馬政伏
卷一萬一千六百八十三　四十三
望遵依已得指揮應係茶專充博馬不得他用從之
二月三日同管幹成都府利州陝西等路茶事兼提舉
陝西等路買馬監牧公事龐寅孫奏昨准朝旨提舉陝
西成都府等路茶馬司屬官六員僉分中減罷一分止
支與合入資序請給等已依朝旨裁減外檢會茶司令
諸提舉官所請係省請給歲給以息錢計還轉運司令
節文幹當公事官指使添給並以本司雜收錢給如不
足即以茶司頭子錢充勘會茶馬兩司屬官並係熙寧
元豐年差置即非後來緣事旋添兼逐員添給並於本
司雜收茶息錢等內支給即無侵耗轉運司歲計財用
除裁減外見存員數輪定兩川及沿邊以來分頭催促

應副秦鳳熙河等路博馬綱茶及買戰騎委是緊切事務
乞將茶馬兩司減定屬官許依本司元豐舊法支破請
給內馬司屬官並依茶司屬官條法本司管認撥還詔
依　三月二十四日龐寅孫又奏伏見元豐立法川茶博
馬有剩並許出賣除名山茶外有萬春瑞金大竹洋州
茶自來措置招誘買馬許中馬蕃部依合得馬價對買
外更許貼買四色綱茶一馳近承朝旨川茶專用博馬
即未有許對賣貼賣明文欲望除名山茶外將萬春等
四色綱茶並依舊例從本司約度蕃馬中賣并貼賣對
賣與中馬蕃商餘依元豐舊法施行從之　九月十三
日戶部狀都大提舉成都府等路榷茶司狀檢準敕諸
卷一萬一千六百八十三　四十四
都大管幹成都府等路茶事兼買馬公事支賜添支依
諸路提點刑獄官則例支破本部看詳本司大觀令內
已有立定提舉官請給都大提舉依轉運副使添支依
陝西例同提舉依提點刑獄同管幹依轉運判官例令
勘當添支自合依本司令文施行其支賜都大提舉欲
依支賜令內陝西轉運副使例同提舉依諸路提刑例
同管幹依諸路轉運判官例支賜從之　十一月二十
六日提舉陝西等路買馬監牧公事孫鼇抃奏契勘自
崇寧四年六月後來承熙河蘭湟路制置司牒準御前
處分收買良馬所買數並足係本司官吏協力措置應
副茶帛催督收市令來除臣不敢僥求息賞外本司官

吏乞依崇寧五年十二月九日例推恩詔孫鼇抃特與
轉行一官餘依奏　二年三月二十七日都大提舉榷
茶司狀名山茶準條專用博馬近年額外汎拋馬數浩
瀚本司逐擘畫將自來出賣萬春等四色綱茶相兼支
折方能充足緣博馬茶依條不理年額不住據諸場申
陳稱自將博馬後來賣茶年額例各虧失本司今相度
除名山茶準條專充博馬不理年額外欲將萬春等四
色綱茶與理爲茶場歲額不預推賞之數仍自大觀元
年爲始從之　十月七日詔川茶有數品惟雅州名山
茶爲羌人貴重可令熙河蘭湟路以名山茶易馬恪遵
神考之訓不得他用餘茶博糴量度茶數勿使過多可

卷一萬一千六百八十三　四十五

委陳敦禮措置聞奏　二十三日熙河蘭湟秦鳳路宣
撫使童貫奏奉詔國馬所賴非輕比聞馬數出少川茶
價低其弊安在可體訪日令因依講究悠久利害可以
救正之方臣講究得川茶如初榷買般赴秦鳳熙河等
路應副博馬係以元買本錢添搭脚稅隨市增減價例
不定真熙豐間馬賤茶價亦賤即令馬貴茶價隨市亦
貴近年以來諸場買馬比熙豐間雖逐等量有增添茶
數緣元降指揮每歲買馬以一萬五千足爲額今來係
以二萬足爲額除添五千匹外逐時又有泛拋足數甚
多若不量行添搭深慮無以招誘蕃客收買伏望且依
目今收買又稱元豐四年郭茂恂奏請以茶充折外其

餘數支見錢物帛增立年額爲二萬足比舊額常買不
足詔且依見今斤馱收買　三年八月二十五日詔茶
馬司餘剩錢物支撥與陳敦復充熙河路糴買糧草
四年五月七日詔熙河秦鳳等路茶馬事應今日以前
泛拋買馬添茶給引博馬等指揮並罷一切遵依元豐
法仍令提舉茶事司措置施行　十一月二十五日詔
秦州場見封樁結罷宣撫司布二萬匹可盡數撥赴提
舉川陝茶馬司支用疾速行下　政和元年二月十一
日戶部狀提舉陝西等路買馬監牧司狀今來若令買
馬司依舊博買蕃蠻物貨移用相兼買馬委是元豐舊
法尋關駕部勘當欲依元豐年朝旨施行看詳提舉茶

卷一萬一千六百八十三　四十六

雅州博易司稱黎雅州　熙寧年即不曾置博易始自
崇寧元年置場博易至五年正月二十八日朝旨住罷
本部今勘當欲依所乞住罷崇寧年所置黎雅州博易
場並依買馬司檢具元豐舊法施行從之　七月九日
樞密院奏尚書兵部申準政和元年正月二十四日聖
旨川陝茶馬司自昨降處分罷添給引博馬及住泛拋
買馬悉依元豐法後來自八月至年終計買馬八千餘
足赴闕仍用茶數少減省錢緡八十餘萬所有兩司官
吏奉法勤恪協濟事功可取索當職人姓名分定等第
取旨推恩本部勘會兩司當職官吏職位姓名令據買
馬司申勘會到今年正月至二月十日終又買過馬二

千五百八十二疋上京減省茶計銅錢二十六萬九千
餘貫乞施行提舉官張鞏李稷特各與轉一官管幹文
字第一等陳損王易特與減三年磨勘内王易特與循
一資仍占射差遣一次第二等魏允中高世祚彭議許
應特各與減二年磨勘第三等魏超王運特各與減一
年磨勘吏人第一等特各支賜絹一十五匹第二等特
各支賜絹十匹第三等特各支賜絹五匹詔依逐項指
揮内使臣減年磨勘仍依四年法比折　十月二日戶
部言提舉陝西等路買馬監牧公事李稷奏勘會陝西
買馬以茶斤重立定價例舊法上等良馬最貴不過一
馱一頭比因泛抛數多增添茶數及倍耶蒙依元豐舊

法其馬價比泛抛頡減茶數蕃商故生邀勒尚未肯多
將馬出漢竊緣戎人不可闕茶欲乞將熙河秦鳳路諸
場四色綱茶權住出賣每蕃部中馬一疋除依條支還
馬價外如願買茶者仍許依見賣價收買四色綱茶一
馱引領門戶買一頭候三二年間馬來往通快即依舊
例施行從之　二年六月二十五日權發遣提舉成都
府利州陝西等路茶事兼提舉陝西等路買馬監牧公
事張鞏劄子契勘洋州茶場歲買茶貨浩瀚其品搭催
督般發茶貨盡繫西鄉知縣欲乞依名山知縣例許本
司舉辟比監官減半酬獎從之　三年七月二十七日
都大提舉成都府熙河蘭湟秦鳳等路榷茶司幹當公

事何漸奏契勘雅州名山綱茶專用博馬山南四色綱
茶通賣漢蕃自大觀四年後來依元豐法減茶買馬歲
常有價剩之數又為減茶之初蕃商中馬未致通快本
司措置權住買四色綱茶立賣與中馬蕃商其名山茶
除博馬外不許他用是致川陝諸場庫各有價積下茶
萬數不少且以興州長舉縣等兩庫見管名山茶已及
五萬餘馱竊慮所買既多所用有限不免陳積令相度
欲乞將名山茶依條專用博如有剩數許中馬人依見
買四色茶體例用市價支賣却將四色茶依舊出賣收
息勘會除價剩名山茶已降指揮添博收馬外契勘四
色綱茶貼賣與中馬蕃部等耶指揮候三二年買馬通

快依舊今來將及二年詔每年將四色綱茶並專充博
糴漢蕃斛㪷封樁不得別將支用仍逐旋具糴到斛㪷
數目申尚書省　八月十三日朝請郎直龍圖閣權發
遣都大提舉成都府利州陝西等路買馬監牧公事張
等路買馬監牧公事張鞏劄子準御前劄子臣僚上言
同何漸劄子令相度措置可否利害保明聞奏今檢具
前後手詔教令及依應相度措置到下項一準元豐四
年七月十八日中書劄子奉詔雅州名山茶專用博馬
候年額馬數足方許雜賣一準馬司格應熙秦岷階州
通遠軍各依逐等所定馱數以新茶支折　諸如有見
在元祐三年四月新茶即支四年分茶之數　如蕃部願

要銀紬絹洋州茶大竹茶之類並許各依見賣實直價
例筭請更不限定分數一準崇寧四年十二月十二日
奉聖旨諸川茶非博馬輒陳請乞他用者以違制論一
準崇寧五年六月二十四日聖旨應係茶並專充博馬
支用餘依崇寧四年十二月十一日朝旨施行一準大
觀元年三月二十五日敕中書省尚書省送到龐寅孫
劄子奉聖旨依所申他司不得侵用一準大觀四年正
月七日樞密院劄子三省樞密院同奉聖旨熙河秦鳳
等路茶馬事應今日以前泛抛買馬添茶給引博馬等
指揮並罷一切遵依元豐舊法仍令提舉茶事司措置
施行一準大觀榷茶司令節文諸名山茶依舊樁留博
馬外如買馬司闕博馬數多闕支用委提舉司即時應
副有剩從本司相度貼賣與中馬人又準敕諸名山茶
博馬外剩數非中馬人輒支賣者杖一百一準政和元
年十月二日敕中書省尚書省送到户部狀準都省劄
子奉聖旨提舉陝西等路買馬監牧公事李稷奏奉聖
旨依一臣契勘名山茶自熙寧榷茶之初本以博馬至
元豐四年計其馬足積羨聽以出賣實為通法繼復有
并用大竹洋州茶博馬之議建中靖國年始有許將名
山茶餘數止對賣與蕃商之論大觀中又有權住賣四
色綢茶令對賣門户蕃商之請然臣攷利害之實元豐
之制最為要準而後人之請或趨一時之利不可為典

要或川秦首尾相戾不達利害之實姑以職事陳請而
已蓋除馬司博馬外茶司自有歲額必待售茶而辦其
四色綢茶實為茶額根本秦熙兩路漢民所售食茶不
多而淺蕃熟户並煎四色綢茶遠蕃多嗜名山茶間有
姦商詭用綢茶麤硬食茶罔之者亦能區别若將名山
四色綢茶一切禁之不賣必致茶額不敷出茶無藝顯
難屬饜而害馬政惟斟酌非實馬足茶羨則貨之者是
通法也其對賣尤非利害徒益門户蕃人乃熟户蕃族
之為駔儈者與官場吏卒乘便為慝竊取官息其利不
及生蕃於馬未始加益若將名山茶四色綢茶依元豐
舊制從本司參量合用博馬茶外剩數轉易回本入川
惟不得害馬政妨茶額元豐時雖曰兩司而提舉官一
以任責苟其才下亦能約量不致乖戾自取譴責今相
度欲乞應名山茶四色綢茶專用博馬餘數聽本司量
度轉易回本入川不許輒將他用臣契勘昭化順政長
舉庫積茶以今年五月中旬狀攷之僅有五萬九千四
百馱蓋昨緣大觀四年前利州路凶歉至今居民事力
未能如舊故其昔日甲頭脚户流莩之餘存者逋負夥
甚雇名不行臣比欲草具建明乞將興元府至永興軍
一帶減下舊額茶鋪兵士七百餘人並聽本司於洋州
至興元府添立鋪其餘添隸長舉至秦州諸鋪運茶則
永遠不致積壓其廩給自係本司錢内支給一切不預

別司調度又應川界轉般茶諸邑令辟舉有經三年礙
吏部格雖辟書數上終無一人得注授者攝承之吏玩
習歲月寖以廢弛又臣嘗建議乞應本司辟官乞破格
差注一次已蒙朝廷聽行而吏部終以合注承務郎以
上者不許降用選人令五年竟未有差注臣又嘗建議
乞將發茶場庫監官縣令如成都府排岸司興州長舉
縣茶卸庫興元府西縣轉般庫監官綿州巴西利州昭
化三泉興州順政長舉興元府南鄭西縣知縣計十處
每撥發茶及四萬馱無闕失與減二年磨勘以其諸縣
如長舉昭化之類多是僻小去處既難得人肯就及專
任茶司事務而有責無賞誠非勸沮之道至今未奉指

揮積是三年茶或滯留滯而通之可久無弊臣今相度
欲乞應興元府至永興軍一帶減下舊額茶鋪兵士七
百人並令榷茶司措置於洋州至興元府西縣添置茶
鋪各請兵級人數外將其餘數分添入長舉縣乾渠鋪
至秦州赤谷鋪並依茶司自來例施行應熙秦州路榷
司所辟官承務郎以上選人大小使臣並許互換通
舉謂如承務郎以上知縣處亦許奏舉選人知縣處亦
許奏舉承務郎以上不以有無拘礙並行注差應撥川
茶路地分成都府排岸司興州長舉縣茶卸庫興元府
西縣轉般庫監官綿州巴西縣利州昭化三泉興川順
政長舉興元府南鄭西縣知令每撥茶及四萬馱無違

闕與減二年磨勘貼黃稱契勘臣僚上言儹積茶五萬
餘馱約計每馱二百七十三貫文省條鐵錢舊價緣自
今年奉行夾錫錢寶後來每馱一百貫文省以見茶數
約計錢五百九十餘貫文又稱契勘吏部及八路差官
法無本等人亦聽破格差注檢會下項一政和三年七
月三日敕榷茶司狀朝旨令買馬司每年添買二萬匹
合用茶令計置茶本從朝廷應副取到狀自減茶博馬
後每年約儹剩茶一萬四千餘馱內利州昭化庫見在
在名山茶四萬二千一百六十五馱興州長舉庫見在
名山茶八千六百一馱其餘場庫未在其數奉聖旨據
令來合添買收馬二萬匹所用茶於儹剩名山茶內支

撥應副博馬仍令榷茶司今後每年寬剩計置茶一萬
馱盡數充添買牧馬之用其合用茶價仰具數申尚書
省所有歲額博馬茶如有剩數亦仰衮同應副添買牧
馬之用一政和三年七月二十八日敕何漸劄子乞將
名山茶依條專用博馬如有剩數許中馬人依見買四
色茶體例用市價支賣却將四色茶依舊出賣收息契
勘四色綱茶貼賣與中馬蕃部等昨降指揮俟三二年
買馬通快依舊令來將及二年奉聖旨每年將四色綱
茶並專充博糴漢蕃斛㪷封樁不得別將支用仍逐旋
具糴到斛㪷數目申尚書省一政和三年六月七日敕
戶部狀榷茶司申乞立定成都府排岸司興州長舉縣

裝卸庫鳳州轉般庫綿州巴西縣利州昭化三泉興州順政長舉縣興元府南鄭西縣任滿收發過茶無失陷欺弊提舉司保明每四萬馱與減磨勘二年如不獲抄附失陷一萬馱展磨勘二年其承直郎已下賞罰並各比類施行二分以上依差替人例本部看詳本司申乞即係累賞竊恐太重今勘當欲依巡轄般茶鋪使臣任滿去減磨勘一年先次指射家便差遣餘並依本司所申事理施行詔除名山茶博馬四色綱茶博糴并撥發官等賞罰並依近降指揮外其措置鋪兵依奏餘不行

五年五月七日詔茶事司循法舊制特許辟官訪聞比來不顧公議多引四川土人今後辟官不許奏辟土人已辟官並罷仍着為令違者奏舉官并被舉人並降名

卷一萬一千六百八十三　五十三

六年二月十九日樞密院言同管勾成都陝西等路茶馬監牧公事程唐奏勘會本司遵奉聖旨依元豐舊法減茶買馬臣到任措置陝西買獲馬四萬五千二十一匹收稅息錢四百八十三萬五千餘貫契勘陝西自承朝旨復行錫錢物價已平是致蜀茶通快今且以熙秦路共收到稅息四百七十萬三千四百餘貫比類增羨委是本司官吏協力粗有成效乞等第推恩詔程唐除直秘閣外餘分優等及第一第二第三等優等轉一官選人循兩資第一等減三年磨勘選人循一資占射差遣第二等減二年磨勘疑有闕文今檢未獲人吏支賜絹優等二十匹第一等十五匹第二等一十匹第三等五匹

七年三月十五日詔管勾川陝茶事程應副陝西運司年額有勞可特除右文殿修撰其合用收買四色綱茶本仰尚書省每歲給降度牒三百道付程唐自政和六年下半年為始

四月二十五日提舉成都府等路茶事郭思奏政和五年分川陝收到茶息錢三百七十一萬一千一百七十二貫其支用外見在一十一萬一千九十八貫七百五十文省取到諸州牧附年帳申尚書省外別有三十五貫糴到斛斗為秦州本司取會未足附次年帳供申詔郭思賜紫章服

宣和三年四月二十四日朝奉大夫何漸奏臣竊惟川陝榷

卷一萬一千六百八十三　五十四

茶之法本以市駿實邊使茶無滯貨則馬來數多邊備充足臣頃承乏使事措置雇發沿路積滯茶馱悉至邊場頗見其利比宣和元年茶司奏計在臣替罷數年之後提舉官程唐具奏尚稱用臣計置茶貨博馬減省錢緡此有以見雇發之利其博如此今任適當川陝茶馬之衝伏見利州昭化興州順政長舉三縣雇發最為衝要累年縣令悉係權攝深恐檢察不專復有積壓之患臣愚欲望慈特加訓敕應雇發地分關官令茶司遵依元豐成憲以時選舉庶幾得人任職利源增廣吏部供到川陝榷茶雇發地分知縣見今依元豐法榷茶司與本路轉運司同共選差永康軍青城知縣蜀州永康知

縣雅州名山知縣漢州德陽知縣利州昭化知縣見闕
漢州雒縣知縣邛州依政知縣利守綿谷縣令興州順
政縣令見闕興州長舉縣令詔依元豐法。八月十二
日何漸又奏竊惟神宗皇帝肇建茶馬爾司吏員多寡
稱事繁簡後來因事增員不無冗濫乞應添置員闕悉
遵熙豐成憲從之　十一月十二日吏部奏檢會提舉
成都府等路茶馬兼買馬監牧公事宇文常狀準敕陞
充提舉即不帶都大及同字所有序官限指揮勘會宇
文常係同管勾茶事準敕陞作提舉其權茶司令文內
即無立定提舉茶事序位之文本部今勘會欲將宇文
常序位在陝西熙河蘭廓路轉運副使諸路轉運使之
下諸路轉運副使提刑之上令年四月四日詔依吏部

申勘會張有極元受敕內亦不帶都大及同字與提舉
宇文常事體一般所有序官未審合與不合依宇文常
已得指揮詔依宇文常所得指揮施行令後準此　十
二月十八日詔川陝買馬萬匹提舉茶馬司郭思張有
極及官屬等陞職進官有差　四年四月十一日樞密
院奏勘會提舉陝西等路買馬監牧司恭承聖訓遵依
元豐成法減茶買馬宣和二年八月至三年十月買獲
馬二萬二千八百三十四匹計減省錢二百八十五萬
六千五百餘貫有畸令具秦川兩司合推賞官吏職位
姓名下項提舉官郭思張翬宇文常何漸內張翬宇文

常各特與轉一官宇文常轉行郭思何漸所歷月日不
多更不推恩屬官優等管幹文字夏思忠幹當公事馬
冲各減三年磨勘進義副尉張佾減一年半磨勘第一
等管幹文字李伸道幹當公事趙子游劉澈韓洪各減
一年半磨勘第二等管幹文字程敦臨幹當公事范洪
張巖劉子明各減二年磨勘第三等幹當公事万俟詠
李與同各減二年半磨勘本司人吏優等減二年磨勘
候出職日收使第一等各支賜絹八匹第二等各支賜
絹六匹第三等各支賜絹五匹詔特依逐項指揮內磨
勘年限不同人依四年法比折選人依條施行　五年
十二月十五日樞密院奏勘會提舉陝西等路買馬監

牧司恭依聖訓遵守元豐成法減茶買馬宣和四年九
月至宣和五年九月買到二萬一千九百四十匹減省
錢三百二萬六千五百六十貫文令具秦川兩司合推
賞官吏職位姓名下項提舉官何漸韓昭各特與轉一
官屬官優等管幹文字晁公邁幹當公事范洪各減三
年磨勘第一等管幹文字劉靄侯彪幹當公事何掄各
減二年半磨勘第二等管幹文字程敦臨幹當公事張
巖各減二年磨勘第三等幹當公事王城減二年半磨
勘人吏優等各支賜絹十疋第一等各支賜絹八匹第
二等各支賜絹六匹第三等各支賜絹五匹詔特依逐
項指揮內選人令吏部依條施行　六年八月十九日

都大管幹成都府等路茶事王蕃狀伏見前提舉官何漸昨具奏為闕官逐急擇人權攝欲乞將本司熙豐以來不拘常制許辟員闕依元豐舊法不得並差川人及依近降指揮不得奏差知州外餘並許臣踏逐選擇公廉練達之人不拘常制指名奏差奉御筆依所奉許辟一次後來何漸除奏外見餘未曾奏辟去處欲乞依已降御筆指揮許蕃依何漸申請不拘常制指名奏辟一次從之 七年五月二日詔茶馬司辟官並依元豐法

十月三日吏部奏權提舉成都府等路茶馬公事韓昭奏契勘本司窠闕遵奉元豐成法合從本司不依常制奏差令踏逐到宣教郎王滋乞差通判興元府承事

郎安邠乞差充都大提舉榷茶司勾當公事忠翊郎王義夫乞差充階州買馬監押勘會王滋前任清州司戶曹事三考得替磨勘改官合入初任知縣資序其興元府通判依熙寧格係注通判人即不係應入窠闕兼有礙元豐令雖不拘常制不得奏差茶馬司勾當公事雖許本司奏差緣提舉茶馬係二員依政和令連書或一就奏舉令來韓昭獨御奏差礙前條法階州兵馬監押係提舉陝西等路買馬監牧司闕令來本官稱本司窠闕合從本司不依常制奏辟緣即無許舉買馬監押之文兼王義夫不應材武見係監當資序依條不許舉辟詔令吏部行下 欽宗靖康元年五月十五日詔川陝

所起歲額綱馬全藉茶貨博買訪聞自近年以來買馬司不切用心預行措置樁備及將茶貨等輒以他用是致收買馬不能敷額緣此積年闕馬數多雖已降處分不得以茶及本息錢博買珠玉等并收羨餘尚慮不為遵奉巧倖侵欺轉易他用可令本司令後將合博易茶貨等預行樁備不得轉易他用專充買馬仍令買馬路分走馬承受每年取索所得茶貨等子細驅磨支使有無侵欺轉易他用若有違戾其買馬司應干當職官吏並以違制論 以上續會要

高宗紹興四年七月二十九日熙河蘭廓路經略統制熙秦兩路軍馬關師古言本軍所管戰馬不多乞支撥

川茶於洮岷州界博換應副使用詔令宣撫司支茶博馬亦令本司別作相度多方應副 五年十月四日樞密院言已降指揮於永康軍威茂州置場以茶博馬并文州等處買馬其當職官如博買到馬數多乞與推賞詔每歲各博買到四尺三寸以上堪披帶馬每一千匹與轉一官如買到出格堪好馬更優異推恩仍令宣撫副使邵溥同提舉買馬官趙開措置疾速廣行博買及於宣撫司選差諳曉馬事屬官一員專一在諸州軍催促博買候見就緒亦當推恩 七年閏十月二十七日宰臣趙鼎言得旨復置茶馬官舊有主管茶馬同提舉茶馬都大提舉茶馬凡三等上曰此猶轉運使副判官之

比也若擇得人當考其資歷命之茶本以博馬而近來
猶聞博珠玉及紅髮之類珠玉今日固無用紅髮特爲
馬之飾而已亦何所用須一切禁止　十三年八月三
日詔叙州通判依崇寧三年指揮許行辟差才幹官管
當買馬職事從都大提舉茶馬所請也　十月三日都
大主管成都府利州熙河蘭鞏秦鳳等路茶事兼提舉
陝西等路買馬監牧公事賈思誠言茶馬司措置般運
茶貨博買西馬所有茶事通判縣令合同場監官及買
馬都監全藉有材幹官究心職事廼能辦集自軍興後
具轉運司多不照應條法却將本司合專辟并同共奏
差窠闕更不選擇人材止以名次高下一例出闕注擬

多致非材曠廢職事乞下逐路轉運司遵依敕條施行
吏部勘當欲將洋州西鄉知縣興州通判長舉順政知
縣階州都監興元府監稅兼合同場官並令本司依敕
條辟差施行從之　十四年二月十一日都大提舉茶
馬司言諸買馬司幹辦公事官任滿催督諸場買馬歲
額數辦提舉司保明與減二年磨勘不及八分展二年
磨勘契勘川路歲額黎州三千匹文州一千匹叙州八
百五十匹長寧軍三百九十五匹內叙州長寧軍並係
羈縻遠人除叙州及額外其長寧軍累年不敷歲額所
屬官合得酬賞保明未得欲乞許令本路將諸處通計
若敷及歲額即依條保明推賞詔許權將黎文叙州三

處溢額馬數通計推恩仍戒約長寧軍不得因而廢弛
十六年四月二十七日御史中丞何若言四川茶馬
司逐年起發馬數差人管押赴行在交納緣所差牽押
兵士别無交替道路遥遠經涉月日人力既自疲乏加
之在路草料間有不時其馬多至死損甚者十之四五
牽押兵士恐坐罪責往往逋逃況馬綱所至州縣懼怕
羸馬在界倒死却乃支折價錢遣促起離人雖受錢馬
不得食適以爲害欲乞將四川茶馬司綱馬赴行在交
納者並依廣西路已得指揮自起發州軍差使臣將校
等外其牽押兵士逐州軍交替遇有起發綱馬預行關
牒前路州縣仍乞申敕提舉綱馬及檢官司嚴行督察

所屬州縣遇綱馬到驛即時支給本色草料並不得折
支價錢其合差承替牽押兵士去處前期差定如敢違
戾重作施行如此則人人不致於涉遠逃亡馬不至於闕
食倒斃詔令四川茶馬司參照已降指揮措置申樞密
院　十八年七月一日詔南平軍買馬每歲權以三百
匹爲額候及三年取酌中之數立定歲額令茶馬司比
類諸場條格賞罰施行從兵部所請也　八月十六日
都大主管成都府利州等路茶事兼提舉四川等路買
馬監牧公事韓球言川路諸場買馬內南平軍所買到
並係出格良馬堪充披帶昨點檢得本軍遞年買馬比
元初措置年分並各虧少緣本軍僻在一隅難以檢察

照得叙州年額買馬專委知通主管内通判從本司依
文州條例奏舉其本州所買馬十無一二堪充起綱令
相度欲將叙州通判員闕兊易南平軍通判從本司依
條奏舉其叙州通判員闕依舊歸還轉運司使闕從之
十一月二十四日韓球又言買馬州軍官員諸色人
違法與蕃蠻衷私博馬本司已立賞出榜禁止訪聞尚
有窮乏之人不顧條法却販茶綿等前去買馬附近沿
邊州軍誘引蕃蠻將馬前來中賣如威茂州後蕃係接
連熈河亦嘗有蕃蠻將馬前來與諸色人博易不唯寖
久有壞馬政兼恐引惹蹊開生路於邊防不便欲望將
本司見管巡捉私茶使臣并買馬州軍管下巡尉許令

巡捉諸色人私與蕃蠻博馬内有透漏去處以匹數比
附透漏私茶條法斷罪施行從之　二十年十一月一
日詔都大提舉四川茶馬司幹辦公事官一員依舊於
遂寧府置司從本路諸司請也　二十二年二十一日詔
四川都大提舉茶馬司起發綱馬所差管押使臣往往
不識馬性飲餧失時致損斃數多虛費財計可令吳璘
揀政每綱選差慣熟有心力諳曉養馬使臣二人將校
一名醫獸一名兵士二人添破本等驛券錢米專充管
押其牽馬人兵令茶馬司依例差撥賞罰見行條例
二十三年五月一日樞密院言茶馬司差使臣等押到
馬綱内有瘡疥瘦瘠馬數依近降指揮更不推恩若本

綱馬内有瘡疥瘦瘠依寄留倒斃馬數除豁及依得見
行條法不礙推賞詔依舊格推賞施行　二十五年三
月十四日詔西和州宕昌買馬自來用茶博買緣客人
艱於般運却將茶於私下博絹前去可令茶馬司措置
自後兼用茶絹聽客人從便博買　二十六年六月三
日利州西路安撫使御前諸軍都統制吳璘言宕昌馬
場年額買到馬十分為率内撥二分應副支使其茶馬
司自紹興二十一年至二十五年分應副二分馬共三
千六百餘匹未曾支撥緣璘見管入隊馬七千餘匹皆
齒歲過大若三五年之間盡不堪乘騎不惟虧損馬額
亦恐緩急有妨使喚乞下茶馬司將紹興二十六年合

撥二分馬依元降指揮早賜支撥所有拖欠以前年分
未撥馬數恐難一併支撥欲乞作五年帶發支赴本司
所貴緩急不致闕事詔令茶馬司將二十六年已後合
撥二分馬依已降指揮應副不得拖欠其積下馬逐旋
收買補發　十二月十二日樞密院言黎文叙州長寧
軍南平軍等處互市買馬以銀絹錦綵折博近年茶馬
官韓球等或拘收正色銀絹緻將他用却以積欠物數
充博馬致欠少客人馬價或大估銀絹價充數或先給
關子銀絹後時方到及諸州知通買馬官不法又借那
支用或巧作從物等或賤買所博馬銀絹關子以致蕃
客不肯將馬出賣詔令茶馬司將博馬銀絹等並預期

排辦即不得依前大估價錢及擅將他用留滯客人如諸州有違戾去處按劾聞奏仍令四川制置司常切覺察同日樞密院言茶馬司所差廂禁軍牽馬近年分差不公如潼川府夔州路轄下州軍廂兵不足科傔人錢引却於附近州軍趂數科差前期追集雜役馬務官吏雪令於秋冬間打生草錢馬却收所破草料入已人瘦馬瘠以故起綱多有倒損之數詔令茶馬司今後還起馬日依數差撥即不得前期科差雜役其倫盜草料官吏令本司常切覺察如有違戾按劾聞奏　二十七年二月十一日樞密院言茶馬司歲額收買西馬西和州三千六百餘匹除二分七百二十匹應副四川制置司外餘數并階州五百匹循環撥付殿前馬步軍司詔令茶馬司於西和州階州歲額外更措置增添博買先具每歲添買數目申樞密院　三十二年五月四日總領四川財賦軍馬錢糧專一報發御前軍馬文字兼權提舉秦司買馬監牧公事王之望言承成都府都大提舉茶馬司牒分撥利州以東至陝西州軍并興元府洋興州等處權茶買馬職事照得被受前項指揮止是兼權提舉秦司買馬監牧公事所有茶事未曾承準指揮未審今來如何繫階詔依見今川司提舉王弗繫階帶茶馬職事以上中興會要　孝宗隆興元年四月七日四川安撫制置都大提舉茶馬成都府路提舉轉運司舉

黎州歲額買馬三千匹全藉知通同共措置通判闕元係茶馬司奏辟昨緣一時申請併歸銓選遂不得人難以責辦乞從茶馬司依舊法選官奏辟吏部勘當欲依逐司所乞從之乾道元年二月十四日四川茶馬陳弥作奏臣契勘本司舊管幹辦公事三員準備差使二員緣近降指揮止存幹辦公事二員竊恐本司管四路事繁地遠全藉屬官分責與他司事躰不同欲乞復置幹辦公事一員仍乞許臣選才辟差免致闕悞從之同日又奏馬政為今日要務比年官屬曠職寖成廢壞欲乞將茶馬司元辟差闕依祖宗舊法內除守臣係朝年選授如有貪懦不職按劾以聞其餘許從本司辟置式已在任待闕人亦許臣銓量庶幾人知勸沮悉皆激厲詔買馬州軍通判令茶馬司依舊法奏辟　七月八日四川宣撫使吳璘奏準樞密院乾道二年四月五日劄子提舉四川茶馬陳彌作奏本司買馬係川秦兩司文黎珍敘南平長寧軍六州軍年額川馬五千六百九十六匹係應副江上諸軍階之峯貼峽西和之宕昌兩處年額共買馬四千一百五十匹係輪年應副三衙緣秦司去本司二千餘里專委本司屬官前去措置收買自八月開場以來只買過馬二十八綱近據屬官趙永申自十月十五日以後將及一月無匹馬到場續得宕昌買馬官王德俊申准宣撫司分委屯駐將官收買進馬

不限數目竊見宕昌峯貼峽雖係兩處置場地里相距
不遠只洮疊州一路蕃客前來入中自至市以來止有
此數若是本司與宣撫司爭買不惟蕃客觀望重有所
激又兩司各不相照致有私販竇爲未便欲乞將秦司
馬併於宣司買發本司依年例應副茶帛庶幾事權歸
一共濟國事照依臣令契勘宣撫司自隆興元年被旨
收買進馬節次發過馬四千匹並係續䝉任内兩司各
無相妨自陳彌作到任本司又得旨買發進馬五百匹每
疋價錢止是二百餘貫茶馬司價錢比本司非不高大
止緣茶馬司拖欠蕃客價錢致馬來少今却稱臣高價
攙買緣臣所買進馬並係續䝉任内自有年月可考即

與陳彌作到任後買馬並無相干兼照祖宗成法專置
茶馬司措置買馬他司不得干預況宣撫司事務繁冗
難以更與茶馬司任買馬之責乞下茶馬司遵守成法
從之　九月一日吏部狀準都省批下四川茶馬司奏
檢察買馬非祖宗舊制緣本司一時添置初無毫髮之
補月費俸給三百餘千占役吏卒四十餘人無以支給
不免侵移博馬錢帛致欠蕃蠻馬價爲害非輕欲乞依
法省罷所有買馬職事乞依舊法令知通監押恊力任
責從之　十月三十日戶部准都省批下四川茶馬契
勘階州知通係堂除非本部闕准乾道元年指揮買馬
州軍通判許令茶馬司依舊法奏辟從之　十四日四

川宣撫使司奏據茶馬司申川秦二司元管屬官八員
因併秦司歸川司裁減三員後來又減罷川司兩員見
存三員各分一員專一主管成都興元遂寧府簽廳令
於鳳州河池縣置司所有簿書倉庫儲積之類必藉屬
官管幹欲乞於減罷秦司屬官三員内再行辟置秦司
幹辦公事兩員一管幹宕昌買馬事務一管幹河池縣
秦司簽廳令本司於京官内踏逐諳曉馬事之人奏辟
乞賜敷奏契勘末軍興以前陝西岷階州并川路歲額
買馬共八千七百四十六匹今每年買馬一萬九百六
十六匹比之元立歲額委是歲多闕官分幹欲乞許令
辟幹辦公事准備差遣各一員詔時許添置准備差遣

一員令本司辟差　五年二月二日四川茶馬司奏准
隆興元年續䝉申獲降指揮將諸處捉到私茶依龍安
縣體例如園戶犯私茶及十斤以上其戶下茶園估價
召人承買五分沒官五分還犯人田價竊詳申請本意
止謂禁絶園戶不得私賣與販人虧損官課今來園戶
或有批歷違限或有歷不隨茶或有借歷批賣或有茶
數與歷内不同之類甚多州縣一例拘沒茶園致窮民
破家失業欲望特降指揮若不係正犯私茶只乞照應
見行條法斷罪理賞免行拘沒茶園得旨令後茶園戶
私販茶並依舊法其續䝉申請指揮更不施行　四月
十四日兵部申茶馬司差使臣自成都府及興元府押

馬至漢陽軍馬監全綱至倒斃不及二分減半年磨勘
倒斃至留及二分至不及三分展二年磨勘倒斃寄留
及三分降一官資每增及一分更展一年磨勘餘分數
準此遞展若綱內看驗得瘡疥瘦瘠合依寄留倒斃馬
數除豁令來茶馬司所發綱馬到監寄留倒斃數多取
旨詔令後茶馬司所發綱馬到監將寄留倒斃及四分
已上押馬使臣并所押綱馬令趙樽差人管押赴樞密
院聽候指揮　七年五月十二日四川茶馬司奏照對
本司黎文叙州南平軍等處互市綱馬專用錦綵折支
本司自置錦院一所盡拘織機戶就院居止專一織造
不許在外私織昨奉朝廷下成都路轉運司織禮物錦

一千匹緣提舉官在秦司其轉運司徑行勾差本司錦
院機戶就近織造致機戶夾帶私織販賣竊慮事妨馬
政令後如要織禮物錦欲乞行下諸司將合用官錢付
本司就錦場織就撥赴諸司起發庶可革私販免害馬
政從之　二十七日四川茶馬司奏宕昌隸西和州通判
係本司辟官專一措置買馬緣知西和州係武臣通判
職事非一不容專往宕昌令欲添差通判一員不敢創
置止於本司屬官內差京朝官幹辦公事兼知主管宕
昌簽廳職事請給人從依舊非唯職任專一司中園戶
收販茶子入蕃界已有申獲罪賞指揮近有將茶苗公
然入蕃博賣深屬不便欲望行下並依茶子罪賞施行

事送部權照紹興十二年指揮園戶輒將茶子轉賣入
蕃及買之者並流三千里不以赦降原免告捉賞錢五
百貫園戶籍沒入官州縣失覺察并透漏當職官並徒
二年科罪照得茶苗栽種不過二年便可採摘比茶子
為害尤重令欲下刑寺審覆行下本司遵守施行從之
三年二月六日執政進呈陳彌作言乞免四川茶馬
司積欠綱馬却從日下年分催促上曰可依所陳行下
自此立罪賞苟或違戾必重作行遣　詳見此門茶馬
四年三月十七日四川宣撫使虞允文奏照得祖宗朝
都大提舉買馬官於秦州成都各置司居治各半年排
撥月分居秦司訖事即歸川司措置發茶并買馬監中

之類令欲依倣舊制於鳳州河池縣置秦司既近宕昌
買馬之弊可以稽察又措置收養最為便利從之　同
日四川宣撫使虞允文言都大茶馬司應副三衙歲額
馬共三千五百五十五疋累年常是拖欠一千匹上下
自張松到任於去年八月開場至今年正月終買發數
足望於松職名上特加陞進以為方來之勸詔特與轉
一官　五月十五日四川茶馬司奏檢准令節文文州
買馬通判奏舉知縣以上資序人又準隆興元年本司
奏乞將文州通判從本司奏辟吏部行下令同本路提
刑轉運司審度連書保奏令逐司奏文州買馬係興化
外蕃交易全籍通判措置招誘舊係茶馬司奏差後緣

一時申請令本路運司銓注竊慮不得其人難以責辦
職事若從茶馬司依舊選官奏差委是經久利便吏部
再勘當依逐司審度到事理施行從之 七月十二日茶
馬司奏川秦馬司互市之地惟西和階州並是西馬比
諸州為最上歲管四千二百七十疋應副三衙并四川
宣撫使司本司津致茶帛應副博買歲費壹百餘萬全
藉所屬州郡禁戢私販招誘蕃商協力趣辦令文黎等
六州軍知通並帶主管買馬事西河階州舊法止是提
舉買馬並不帶主管買馬事兼兩州通判未係本司奏
辟馬之增損既無賞罰全不介意照得宕昌等處即非
無馬止緣知通不識縱容盜販減尅茶帛若不控告朝

卷一萬一千六百八十四 六九

廷無緣革弊欲乞將西和階州通判依乾道元年指揮
從本司奏辟仍一依文黎等州知通專一主管買馬事
賞典亦比類文黎州見行條法如買馬不及九分已上
展磨勘三年知通並令赴本司批書候馬額足日放行
庶幾州郡有所懲勸不致有悞馬政批送兵吏部勘會
申奏兵部契勘岷州買馬自來係專委都監其知通止
是提舉令令知通專一主管買馬不須更差都監庶事
權歸一吏部兼通判可以督責本州界內蕃兵防護馬
客及措置應辦草判禁止私販委為利便乞從本司選
辟諳曉馬政之人若買馬充額除依關外四州合得邊
賞外仍依已得指揮將通判買馬酬賞推給又有西和

州茶場監官一員緣極邊無賞文臣不願就本司止差
小使臣權攝多不辦事契勘本處收支買馬錢銀茶絹
動計數百萬全藉廉勤諳曉錢穀官管幹欲乞從本司
於文武四選通辟許依關外四州合得邊賞外如任滿
錢物無欺弊乞減二年磨勘選人循一資庶幾有以激
勸率皆效職從之 六月五日宰執進呈殿前司使臣
李師勳押馬倒斃之數虞允文奏曰自蜀至漢陽止寄
留二疋自漢陽至此皆平路却死損幾半見存者皆瘦
瘠不堪乞重作行遣上曰宜從重典仍先令殿前司取
問因依梁克家因奏李舜舉昨有劄子云取馬軍兵多
東南新募之人不諳馬性今後取馬乞於效用內選差

卷一萬一千六百八十四 七十

臣未以為然蓋取馬類有賞舜舉所云殆為效用轉資
之地上曰然允文奏曰臣昨與舜舉言今後取馬不如
差闕馬官兵自住馬既着脚自然護惜不致損斃舜舉
亦以為然上曰極是前未有講論及此者部押使臣亦
須差訓練官以上庶幾軍校有所畏憚則沿路不敢怠
於芻秣矣允文奏曰俟招三衙與之議定別議指揮進
呈上曰甚善 九年二月二十一日樞密院奏勘會四
川茶馬司起發到三衙綱馬赴行在並經由承旨司審
驗所有江上諸軍理宜措置諸令總領所遇綱馬到並
須審驗格尺齒歲具有無齒老病患低小數目申奏
二十三日樞密院奏所置漢陽軍收發馬監遇茶馬司

發到綱馬並許歇泊一月將肥壯無病者排發其病患瘦瘠者責令看養醫治令到監日久病患瘦瘠者甚多未堪發却有續到者各有廳分亦無病患顯是本監提轄有失督責已降指揮委鄂州都統漢陽知軍同行提點竊恐都統制軍務繁重漢陽知軍權頗輕難以責辦理宜措置詔更令湖北漕臣每旬輪次到監提督依立定格式每旬與見今提領提點提轄官連銜具申樞密院仍關牒茶馬司照會施行　三月四日樞密院奏勘會四川茶馬司近來排發綱馬到監比之每歲其斃數多竊所差使臣不行精選理宜措置詔令三衙并江上諸軍取馬使臣並差七人衙官軍兵十將以上人充

令茶馬司先次排定綱分預行關報諸軍指期差人取押無致擁併積壓留滯各具知稟聞奏十七日四川宣撫使虞允文奏據都大茶馬司申自減罷提點綱馬驛程官後所發馬綱在路弊端百出委於馬政有害不敢蓋復內乞差二員一員自成都府至興元府一員自興元府至漢陽軍令提點驛程仍乞許從本司踏逐申宣撫司差辟欲望降旨施行從之　十一月十九日詔恭奉太上皇帝聖旨每年進奉天申節馬除四川宣撫司茶馬司文州許進外其餘殿前馬步司并諸路都統制並可自乾道十年為始免進

提點綱馬驛程　孝宗乾道二年四月十二日臣僚言四川茶馬司提點綱馬

驛程官每至州縣以點檢為名百端搔擾虛費生事有損無益已得旨將見任并差下人並罷專委逐州通判無通判委以次官御內帶入提轄綱馬驛程六字欲為望特降睿旨將廣南西路自靜江府至行在二員亦依今來指揮施行從之　七年正月十三日詔復置廣西路提點綱馬驛程二員一員於靜江府一員於撫州置廨宇從權發遣靜江府兼提舉買馬李浩請也　九年三月十四日四川宣撫使虞允文言勘會四川茶馬司至行在提點綱馬驛程三員已降指揮復置成都府至興元府興元至漢陽軍二員令茶馬司辟差所有漢陽軍至行在一員亦合差置詔復置漢陽軍至行在提綱

馬驛程官一員令樞密院選差大使臣以上諳曉馬政人充　以上乾道會要

宋會要

舊坑冶鑄錢事隸轉運司元豐初間以他官兼領至元祐元年以坑冶鑄錢通為一司後時或以別司兼管云

神宗元豐三年二月二十九日經制熙河路邊防財用司言秦鳳路坑冶▇不許本司經制乞令轉運使撥還已興置本錢如許經制乞發遣陳述坑冶選人楊嶽赴本司其坑冶如係本司掀置並乞隸屬本司從之七月七日三省言江湖等路提點坑冶鑄錢司舊管五錢監近年江池饒州增歲鑄額及興國軍睦衡舒鄂惠州創置六監提點官一員通領九路水陸巡按不周欲增置

卷一千一百十

官一員分路提點詔以太常少卿錢昌武領淮南兩浙福建江東東路李棨領荆湖廣南西路十月十八日詔自今秦鳳路告發坑冶轉運司一季不興置即令經制熙河路則用司管轄　哲宗元祐元年二月二日新淮南等路提點坑冶鑄錢事李深言坑冶鑄錢舊隸一司至元豐二年以荆廣淮浙分為兩路韶州岑水等場自去年以來坑冶不發欲乞兩路提點鑄錢通為一司從之仍每路特借錢一十五萬貫　紹聖二年八月十五詔江淮荆浙福建廣南路坑場監官遇闕並令就近東提點鑄錢司本路轉運司選差權官其課利及五萬貫以上處令轉運提點鑄錢司互舉從福建轉運司請也

十一月六日詔諸路提點刑獄兼提舉坑冶事從江西轉運副使馬城請也　三年二月二十二日詔諸路應坑冶興發處並令提刑司差官檢踏如可採取關轉運司施行　元符元年三月九日權戶尚書吳居厚言乞今後令提點坑冶鑄錢司據江池饒建州合用銅每年應副不及合從本路委不干礙官司勘治欠數限次年春季補足從之十二月二十六日專切措置鐵冶鑄錢監事呂潛言應緣鐵冶事乞並行倉法從之　徽宗崇寧二年三月二十六日江淮荆浙福建廣南路提點坑冶鑄錢司奏與廣南東路轉運司相度到乞韶州路木場監官今後許通舉常調職官令錄并承務郎以上或

卷一千一百十

判司簿尉各年未五十曾經任人並與理本資序如一任內收買銅貨通補及得逐年祖額承務郎以未轉一官選人與改合入官如任內收銅不及祖額通比只虧及五厘已下亦與降等酬獎內選人與改次等合入官或與減京官舉主二員若額外增及一倍承務郎已上更與轉一官增三百萬斤與減三年磨勘五百萬斤減三年磨勘選人並比類逐等酬獎仍與占射差遣一次及乞遇提點司巡歷有監官或權官於本場作過虧失課利不能幹辦亦許本司一面選官對替從之八月二十九日詔除坑冶專置司自合依舊外逐路坑治事並令本路提舉司同共管勾　三年四月五日戶部狀據

荆湖南路提舉常平司申近承符勘會坑冶事務隸提舉常平司管勾外其轉運司并提點坑冶更有是何須職本司契勘除舊管坑冶錢係轉運司應副過錢本去處合隸轉運司提點坑冶鑄錢管勾外所鑄到錢入常平庫送納於近降朝旨即無明文許與提點坑冶鑄錢司通管詔自降指揮日舊來坑冶自合屬提點鑄錢轉運司自後新置合隸提點司管餘路準此十二月五日措舉措置江淮等路銅事所狀契勘興置膽銅煑煎膽土及踏發坑冶興修廢坑並係創發事務散在轄下州縣多無正官不惟省部出闕無人指射兼本州所差權官並是時暫苟祿不肯用心管勾職事兼契勘台州亦

卷一千一百二十

巖場亦係銀銅坑冶合差監官乞依今年六月十九日兩浙路提舉司奏舉銀場監官指揮體例將本所不拘文武官踏逐奏舉一次已後却令吏部依名次差注從之　五年二月十五日詔内外冗官頗多不能振舉事徒費祿廪提舉措置河東坑冶鑄錢司提舉陝西路坑冶鑄錢司措置河北路鐵冶鑄錢司措置廣東路坑冶鑄錢司專切管勾韶州岑水場買銅事措置磁邢相懷州鐵冶公事河北鐵冶鑄錢司準備差使管勾踏逐窟眼官淮南西路提舉常平司檢踏坑冶使臣以上可併入逐路轉運使官兼管勾其官吏並罷　大觀三年二月十二日提舉江淮荆浙福建廣東路銅事司言檢踏

坑冶官合置三員於使臣内抽差帶行舊請日支食錢二百文省至今全闕入勾當緣出産寶貨多在深山窮谷人跡不到之處須籍檢踏官分頭勾當緣是出入辛苦所得微薄是致久無人願就今相度欲乞將見闕檢踏官三員不問文武許從本司於見任或待闕得替官選舉充仍乞依條給驛券一道從之　九月十七日朝請大夫新差江淮荆浙福建路提點坑冶鑄錢錢景山劄子據本司進奏官申點南廣南路併歸本司緣景山未曾承准得上件朝旨未敢於銜内添入點廣路欲乞明降指揮詔銜内添入點廣二字　十月十五日工部狀江淮荆浙福建廣南路提點坑冶鑄錢潭州置司并新差

卷一千一百二十

江淮荆浙福建路提點坑冶鑄錢司事狀乞歲舉官并添置管勾文字一員及勾當公事官乞於京朝官選人内於見任得替待闕待次人内指名奏乞特差支與見任或前任新任請給驛券一道隨合入資序理任其赴任得替并在任遇差出並破遞馬遞鋪遇差出轄下勾當其應干禁約並依監司屬官法及乞添公使錢虞部令取會到逐路鑄錢司每歲舉官員數不等今勘當欲乞令處潭兩司各歲舉承務郎已上大小使臣陞陟通逐路共不得過八員承直郎已下改官不得過四員所有乞差管勾文字官自合遵依大觀元年二月十三日并今年五月十五日朝旨并批狀指揮施行尚書左選

勘當所舉承務郎已上充陞陟任使欲依條比侍郎左選已勘當歲舉改官員數減半奏舉二員尚書右選勘會欲乞許令逐司歲舉陞陟大使臣三員詔逐司每歲各支破公使錢三百貫內虔州提點司許添差勾當公事官一員餘依逐部勘當施行其勾當公事官奏舉請給等依所乞　四年四月二日臣僚上言伏覩大觀二年三月八日敕諸有治處並縣令兼與正官一等賞罰九月十四日敕諸路銀銅坑治並令兼管其賞罰各減正監官一等三年正月十九日敕應有治處知縣每月一次到治監點檢催督如違杖一百臣竊謂縣令之職當先責以治民要在宣導朝廷德澤使流通而征臧獄

訟各得其平不專為課利設也百里之內事隨日生雖敏健者為之猶恐有不暇給今諸有坑治者皆崎嶇山谷中往往去縣不下五十里亦有多至五七處者又皆散在四境之內必責令兼管又每月遍行則縣事必有廢弛積滯力所不逮且既有正監官專任其事於法所應當辦者今豈得違不必使之兼管均受賞罰也此皆是一時為提舉官者不究事理徒欲張聲勢增重其權妄有陳請伏望聖慈詳酌罷去兼管及每月一到之法庶為令者得以專意治民不廢縣事非小補也詔大觀三年正月十九日應有治處知縣每月一次到治點檢指揮更不施行九月二十四日戶部奏據淮南西路提

舉常平司申光州固始縣申契勘本縣見管錢坑冶戶一十四戶元係自備財力請射烹煉其所產課利舊係爐戶認納每日鐵課稅錢入官元屬提舉常平司附歷收管係買納入官應副鼓鑄夾錫鐵錢使用其坑冶鑄錢司管幹近準朝旨應東南州軍鼓鑄夾錫鐵錢並罷即未審所管坑戶合與不合依舊隸提舉常平司收納課利依場務法名入買撲本部契勘坑冶先係屬提舉常平司管勾昨為鼓鑄夾錫鐵錢司（鐵隸鑄錢）今來既承朝旨罷鑄夾錫鐵錢其上件坑冶自合依舊歸常平司今欲乞申明行下東南路施行從之　政和元年二月二十七日戶部工部狀準都省批送下江淮等路提點坑冶鑄

錢潭州置司狀乞將江池饒州三錢監年額所鑄上件新錢向去一例依劍州已得指揮遞展兩月比較賞罰等事狀後批勘會江淮等路提舉坑冶鑄錢司元申請稱江池饒州錢監物料去處盡在深山高源去處其般運緣故與建州錢監事體一般令來逐部勘當未至詳盡兼鼓鑄不數與起發條限刑名輕重不倫窠別勘當金部契勘年額上供錢江饒州等申明依元符窠折條限鼓鑄樁發並承朝旨依所申等今來本司稱江池饒州般運物料去處盡在深山高源與建州錢監事體一般乞上件四監年額新錢向去一例依大觀四年四月二十五日已得朝旨遞展兩月令勘當欲依本司所乞

外所是刑名輕重合取自朝廷指揮工部令勘當欲依
本司所乞事理施行所是鼓鑄不敷除合依崇寧法斷
外有起發條限刑名係屬户部更乞朝廷詳酌申聞事
尚書省勘會除刑名不銷更改外詔依户工部所申三
月十二日詔陝西河東興復鼓鑄夾錫錢寶雖令逐路
轉運司管勾緣漕司職事繁冗方鼓鑄之初頗有措置
恐難以兼領别致措緩其陝西河東路可各差文臣一
員充專切提舉鑄錢中大夫提舉亳州明道宮許天啟
專切提舉河東路鑄錢朝散大夫胡簡修專切提舉陝
府西路鑄錢所貴事法專一早見就緒二十四日工部
奏新提舉河東路鑄錢事許天啟劄子所有序官資任
人從請給之類乞指揮吏部準大觀元年四月八日敕
專一措置提舉河東路坑冶鐵鑄錢王柘序官請給人
從等依提舉常平官許天啟與提舉曾任陝西路轉運
副使詔許天啟與提刑序官　二年四月二十六日河
東路轉運提舉常平司奏相度到應金銀坑冶之利並
依元豊條法施行右曹契勘昨準朝旨山澤市易皆常
平職事悉以利民所用錢物令支常平息錢又續朝旨
自降十一件指揮日舊來坑冶屬提點鑄錢司轉運司
自後新置隸提舉司内提舉司所管坑冶收到課利物
色又准朝旨起赴大觀庫樁管應副朝廷移用及收買
劄銅鉛錫鐵之類若他司要用又有法許樁錢充買兼

逐司所管坑冶事務各不相干課利設有虧耗自合措
置施行今來若將新舊坑冶並撥入轉運司有礙朝旨
本部今勘當欲下逐路提舉等司遵依見行條勅施行
從之八月八日江淮等路提點坑冶鑄錢廣東路提舉
常平司奏契勘廣東路鐵坑久來並隸轉運司續準朝
旨應干新發鐵坑除舊屬轉運司外盡歸措置銅事司
昨因鼓鑄鐵錢逐準朝旨撥隸提點司後來罷鑄夾錫
鐵錢又準朝旨令提點司榷買收息出賣復準朝旨令
提點提舉常平司管勾逐司今契勘廣東路出產鐵貨
不多自來不曾榷買收息出賣經久難以施行今相度
欲將廣東一路鐵坑舊屬轉運司提舉常平司者即合
歸逐司管勾並依前後條法施行堪置場官監依冶法
拘收到利若苗脉微細不堪置場官監即所隸監司立
定年額課利錢數召人買撲所有韶州岑水場要用鍋
鐵浸造膽銅即令鑄錢司支撥銅本錢就便收買使用
詔依逐司所申十二月七日江淮荆浙福建廣南路提
點坑冶鑄錢司奏欲乞於諸路州縣場監應有本司錢
物去處並許本司每年於别路或鄰州選差清彊官一
員前去點檢根磨其所差官不許辭免除請給外别添
日給驛券一道仍破遞馬一疋出過百日即乞理為考
任差破人吏二名除依條合得差出日給食錢外更日
添一百文省各與差破遞馬所屬官司承受取會文字

並限二日報如點檢得諸處官司弛慢不職欺隱失陷
本司錢物諸般違慢作弊内官員具職位姓名申本司
從本司取勘施行違慢人吏合所委官一面勘決若被
差官承受本司公文輒敢非理推故不即前去亦乞本
司勘劾依條施從從之十六日尚書省言勘會東南坑
治雖專置提點坑冶鑄錢兩司分領管勾比歲以來課
利大段虧少致趂辦鑄錢年額常是不敷有悮歲計具
逐司提點官坐視闕乏全不用心措置兼坑冶苗脉興
發採礦烹煉盛衰不常近據虔州具到所管坑冶五十
餘處其潭州狀稱所管坑冶共止九處内五場久無課
利只有四銅場並皆坑窟取撅深遠下手興工採打不

卷一千一百二十

行若不令兩司通共那融應副歲終衮同比較嚴立殿
最之法則事難辦集無以勸沮今欲擬修下條提點坑
治鑄錢官以兩司應管錢監每歲總計合鑄錢數比較
增一分以上減二年磨勘三分以上減三年磨勘五分
以上轉一官虧一分以上展二年磨勘三分以上展三
年磨勘五分以上降一官右入江淮荊浙福建廣東路
提點坑冶鑄錢司格諸提點鑄錢輸委提點刑獄司〈謂非提點鑄錢置司所在路分者〉索取兩司應管錢監總計合鑄錢年額
歲終衮同比較具增虧實數擬定合該賞罰保明聞奏
右入江淮荊浙福建廣南路提點坑治鑄錢司并提點
刑獄司令諸提點刑獄司歲終比較保明到東南提點

坑治鑄錢官應副鑄錢增虧五分以上者依格賞罰外
取旨陞降差遣右入三省通用令一時揩撢一勘會東
南坑治歲收課錢監鼓鑄年額近歲增虧多寡不同今
來提點官既立歲比殿最賞罰其年額理宜重別參酌
立定欲令所屬將應管坑治及錢監内從來無額或連
年增虧去處各取政和元年以前五年實增實虧數目
逐一參照酌中立定新額具委無輕重不均限一月保
明申尚書省其提點官員賞罰候立定新額比較施行
一勘會東南坑治鑄錢近歲收趂多不敷額連年虧欠
今來專立提點坑治鑄錢官殿最賞罰全籍所委官盡
心比較務要賞罰公當仍先自虔潭州比近江南東路

卷一千一百二十

提點刑獄司為頭取索比較以後逐年輪轉交割與以
次相比路分管勾比較施行一今來新立提點坑冶鑄
錢官殿最法如舊法別有專立賞罰者自合依舊各行
引用若内有相妨者即從重施行無提點提轄官既嚴
立殿最之法及約束措置賞罰并檢踏官亦已增賞及
弛慢許奏劾衝罷外其諸路坑冶鑄錢監官亦合別增
賞罰緣舊法輕重不一欲令提點提轄坑冶鑄錢官將
應干監官賞罰參酌重加增立務要督責辦集仍限十
日擬立尚書省檢踏約束勘會諸路坑冶及鑄錢其所
屬監司州縣從來避免應副多不興舉故朝廷專委官
前去提轄措置自當檢察州縣督責應辦訪聞所委提

點提轄措置官屬惟務收受餽送不敢盡公措畫致奉
行滅裂課入虧額歛鑄不數兼東南提點坑冶鑄錢官
既已立定歲比殿之法及諸路所差提轄官亦已約束
措置賞罰外若不逐司差官分頭檢踏及支借錢本雇
工採打并增立賞典優加俸給禁止收受供饋則事難
辦集今措置到下項一河東陝西河北京西京東路所
委提轄措置坑冶鑄錢官下各已降朝旨許差檢踏官
二員外欲江淮荆浙等路提點坑冶鑄錢虔潭兩司各
差置檢踏官三員一諸路坑冶檢踏官並許於承務郎
以上或選人大小使臣内踏逐諳曉坑冶有心力人充
仍具名奏差應採訪興發或有苗脉處並躬詣檢踏得

實其地不以官私皆許支破錢本差人採取烹煉或人
兵不足及無會解之人即許雇募人工採打或名人戶
開採應一行用度以至燈油之類並許名保借支官錢
應副候烹採到寶貨先行還官外餘充課利若開採不
成及無苗脉或雖有而微細其所借官錢並與除破即
不得過三次若擅開採到數能補還所借官錢者雖過
數仍許銷除別行支借以工並委當職官子細勘驗支
借不管透誤大支如敢冒借或大支罪輕者並徒三年
許人告賞錢一百貫仍並同本縣官採取其本縣官不
肯用心許申提舉提轄司改差他官如委有苗脉者前
官重行黜責若能檢踏興發立成課額者其檢踏并被

差官並依檢踏官增賞一倍一檢踏官以二年為一任
隨所理資序給本身及見任或前任請給仍支驛券過
出入檢踏別支券馬一應提點提轄措置坑冶鑄錢官
屬並不得受例外供饋内檢踏官不以有無例毋並不
許收受諸般饋送以上如違其收受并與之者各以自
盜論一勘會坑冶興發全藉檢踏官協力盡心公共相
視檢踏除已增立賞典優給請俸外如有不切用心相
視檢踏施慢不職之人仰所屬提點提轄措置官奏劾
先次衝罷當議重行黜責從之　三年正月二十二日
尚書省勘會昨會西路提轄坑冶鑄錢官係提舉京西
陝西州路銀銅坑冶鑄錢事務今來除陝西京西路已

各差官專一提轄措置外其川路即未曾專行差官緣
川路甚有金銀等坑冶興發竊慮無專差官提轄措置
因循隨廢走失山澤利源深為可惜詔令陝西路提轄
措置坑冶官兼提轄措置川陝坑冶應有合行事件並
依大觀三年四月三十日及今年陝西已得指揮施行
二月十二日提轄措置京東路坑冶司狀今條畫下項
乞將勾當公事官一員改作檢踏官一員將來差到正
官如能用心究尋或招誘使人施功因而自採得見苗
脉能興山澤厚利許本司臨時參詳其功力課利保明
申奏乞朝廷量事推賞一路新坑有人陳告便令措置
下手開發其所用錢本等深恐所屬不應副乞所屬以

轉運司係省錢物權行應副候將來收到課利申取朝廷指揮依數兑還等畫一候指揮檢會政和二年九月二十四日敕河北路坑冶改勾當官一員充檢踏官政和二年十月十一日敕京東路坑冶辟置官屬依河東路措置坑冶司所得指揮勘會除第一項已降指揮外詔應緣坑冶本司錢遇闕許於常平司封樁耆戶長錢內支借餘路依此並免執奏餘依奏九月二十四日權發遣提轄措置河北坑冶鑄錢李著奏檢承崇寧四年十一月二十一日朝旨節文本路錢監州通判並依河東已得指揮貼逐奏舉勘會磁州見置錢監及鑄錢院以籍通判管勾今本州通判劉洙準河東路提轄措置坑冶錢監司奏舉充隆德府通判今來若從河東坑冶錢監司所辟顯於本路錢監州却有妨闕伏望許存留劉洙依舊仕任候今任滿日再任一次詔鑄錢司舉通判指揮更不施行　四年五月十五日江淮等路提點坑冶鑄錢司奏承敕潭州提點鑄錢司復移於饒州置司續奉聖旨鑄錢司更不復移本司契勘若移司饒州便於奉行職事止在潭州必見闕事伏望更賜詳酌詔只就饒州置司五年二月十八日河東路提轄檢踏措置坑冶錢監司奏承朝旨節文鑄到錢每季令提刑提舉司分詣再行看揀別無麁惡不堪方行行用契勘本路諸監院每季鑄到錢直至次季看揀了當方許支撥

其被差官有事故或先承他司差委者有經半年未曾看揀委是有妨應時樁撥支遣令乞將諸監院每月鑄到錢於次月內令提刑提舉司再行看揀如逐司官巡歷未到不能親詣即乞令逐司於上旬內就錢監院隣近州縣差官看揀如被差官先承他司差發除軍期急速外並乞限三日先次起發於當月內看揀了當方許承當別司所委事又提轄措置河北路坑冶鑄錢司奏乞應提舉提刑司所差看揀錢官並依貢舉差試官法限三日起發如敢託故推避或本州別作名目占留不為依限起發並乞朝廷立法加以刑名約束看詳今除三路係應副軍期不可緩慢以每月餘路每季差官看揀外今擬修下條諸提舉常平提點刑獄司河北河東陝西路每月餘路每季分詣錢監院看揀已鑄到夾錫錢如親詣不及計程前期差官須管於本季本月終到監院謂如春季錢春季終正月錢正月終所差官到監院之類即被差官他司不得差委若承他司差者俟看揀畢聽赴應副軍期機速事非右入政和錢法令諸被差看揀夾錫錢官不趁期到監院若妄託事故避免或官司別作名目占留或輒差委者各杖一百即差委後時致所委官趁期到監院不及者止坐所差監司監司應親詣而不如期到者同右入政和錢法敕從之四月十六日江淮荊浙福建廣南路提點坑冶鑄錢虔州司奏昨饒州岑水場措置掀興煎銅之法本場收到煎淋銅二十七

萬一十斤舊來每年亡收膽銅三十餘萬因本司措置
淋添煎淋礶銅等遂收及六十餘萬斤其煎淋銅功利
不小永遠歲歲得銅鑄錢補助上供詔提點官并措置
官各與轉一官同日詔近差倉部員外郎徐禋措置東
南銅令徐禋將東南路舊坑所出寳貨一就措置七月
十一日尚書省倉部員外郎措置東南西路坑冶寳貨
徐禋奏坑冶興發莫盛於今日然而有司憚於應副州
縣以為生事或隱而不告或檢踏不以實或興置年深
未曾立額或有額而無收或有收而無額或有祖額而
課利虧欠或因人戶自陳便行停閉由是官吏得以肆
姦豪强得以擅利積弊若此稽考何從逐路如檢踏得
有司州縣依前苟簡措置失當欺隱妄謬當職官吏乞
許臣按劾取旨黜責從之十二日措置東南坑冶寳貨
司奏本司元降朝旨屬官當直人依奉使條格今來蒙
本司差委逐路深入遠惡山險去處所有人從親隨檐
擎人并吏人所乘遞馬乞依轉運司管勾文字官差出
泛從之八月二十八日江淮荆浙福建廣南路提點坑
冶鑄錢饒州置司奏承尚書省措置東南坑冶事件內
虔潭兩司各差置檢踏官三員並許於承務郎以上或
選人大小使臣內踏逐請曉坑冶有心力人充仍具奏
差二年一替契勘本司所管路分廣闊若候奏辟官到
司差發前去檢踏竊慮後時今欲從本司一面於見任

或得替待闕京朝官大小使臣及選人內踏逐權行依
額選差分頭前去其所差權官合破請給人從券馬等
並乞依政和二年十二月十七日朝旨施行候奏辟到
正官日住罷詔依權官令本司具名申尚書省差九月
七日江淮荆浙福建廣南路提點坑冶鑄錢虔州司奏
檢會元豐二年中書省劄子江浙等路提點坑冶鑄錢
司提點官一員通轄九路水陸廣闊巡歷難為周遍欲
添置官一員與見任官分領提點一員於饒州置司提
點淮南兩浙福建江東路坑冶鑄錢一員於虔州置司
提點荆湖廣南江西路坑冶鑄錢奉聖旨依續承朝旨
通為一司通管九路就洪州置司又承敕鑄錢司分為
兩司提點荆湖南北淮南江東路坑冶鑄錢事虔州置
司提點江西兩浙福建廣東西路坑冶鑄錢事近承朝
旨將潭州司復移饒州依元豐年所分路分契勘本司
所管坑冶場昨因發運司申請欲將提點鑄錢官一員
於虔州置廨宇一員於潭州置廨宇詔依兩司各認見
今所管路分已是勞逸得均方成倫序偶於去年潭州
提點官丘括具陳乞移潭州司於饒州置司竊緣當時
分兩司各自任責管勾職事今來饒州司不顧利害申
乞令虔州司更兼管湖南湖北兩路坑冶鑄錢職事緣
元降朝旨為地理遥遠難以周遍及永與岑水兩處坑
場出產銅鉛物料最為浩瀚所以分令虔潭州各就近

出産處措置等今来饒州司申請意欲併令虔州一司管勾應辦銅料不惟虔州司獨自抱認自来分定兩司年額責罰兼虔州司去湖南湖北路地理遥遠其饒州司若不管勾湖南湖北路坑場錢監職事即更無任責顯見别無職事欲望且令虔州提點一司依舊管勾見今所領路分尚書省勘會除依已降指揮饒州置司外詔所管職事路分並依潭州置司日所得指揮施行十月二十四日提轄措置陝西川路坑冶催促鑄錢蔣彛奏契勘本路坑冶久失措置亦有元未曽立額去處其間縱有舊額增虧不一如同州韓城縣兩場祖額各六百萬斤陝閿鄉縣金冶歲額八百兩比年以来全然虧

少今来若便以五年之數立為額不免減落課利兼恐場冶因此不肯用心又如虢州朱場縣金場及陝府湖城縣金場等處見今措置興發既許用常平錢穀即坑冶本錢不闕欲乞一面且行措置催趂買賫候至今年終各見所入多寡自来年正月立為新額詔依所乞立為永額仍令戸工部注籍拘收須管趂辦收及新額候至来歲終即具一全年逐州軍實收到新額物數别無虧損保明申尚書省參酌多寡取指揮推賞如諸路更有似此增立新額課利去處並依此仍具合增立額物數申尚書省

六年三月十三日江淮等路提點坑冶鑄錢虔州司奏承敕本司奏韶州岑水場措置煎淋膽

銅就緒詔提點官並措置官各與轉一官四月二十六日詔推行夾錫錢本以惠四方行之累年制作不精加雜錯易壞公私病之遂使惡錢流布錢輕物重不勝其弊已降指揮永不行用其提舉官等並罷五月十四日尚書省言諸路措置坑冶及鼓鑄銅錢未有令是何人管勾詔除鑄夾錫錢監院依已降指揮廢外其諸路提轄措置坑冶官吏並依舊存留六月十三日以尚書省言諸路坑冶除五路已有專提轄措置官并淮南荆湖南北廣南東西亦已有監司兼管措置外其江南東西福建兩浙處亦合差監司兼領詔江南東路差轉運副使林箎江南西路差轉運判官張孝純福建路差轉運

副使翁彦國兩浙路差轉運判官王汝明十月十四日陝西河東路宣撫使童貫奏契勘陝西路提轄鑄錢官近已有指揮未得鼓鑄惟所領坑冶事猶依舊管勾竊緣坑冶之利所出不見浩瀚虚設提轄官吏等委是冗員欲望特降御筆將陝西河東路提轄鑄錢坑冶官並罷所有見領職事並歸提舉常平司詔令常平司兼領

七年正月十八日尚書省言新授提舉東南九路坑冶徐禋狀契勘坑冶置坊官監今来事初全藉廉勤之吏協力勾當欲乞應坑冶監官從本司量見任可存留廢罷并闕官處並踏逐六十歲已下有心力無過犯文武官申朝廷乞下吏部差注與理本等資任不以有無

逞礦權許辟差一次兼契勘坑冶置坊係是路僻去處醫藥飲食皆非所便，而又請給微薄不足養廉欲乞於權買價錢內每貫剋留一十文充監官茶湯錢每月給不得過一十貫文從之六月二十五日詔訪聞虔州饒州提點鑄錢兩司官邇來不務通融銅寶致工匠有端閑之處仰兩司官輪年於虔饒州守任交互巡歷檢察管下坑冶應干收支見任銅料各具閑報通融應副依格鼓鑄庶各供備無有不足之患七月二十三日奉議郎措置荆西坑冶時君陳奏詢究得坑冶利原招置窑戶請射檢察兵匠開採已置成官治催督收趁採到金七百兩銀五千兩差勾當官劉充管勾赴都省呈納詔

卷一千一百二十

時君陳轉一官九月十四日中書省言勘會近到朝旨為諸路坑治事務稍已就緒并催促上供柴炭不須專置官司遂降朝旨京東京西河北路坑冶鑄錢司提舉東南九路坑冶司專切根刷催促上供柴炭所並罷令逐路提舉司筆運司兼領令來上為諸路所置專司官屬稍多慮州縣艱於應辦又緣條令各已完備事法皆已成緒即比事初不同理合裁損竊慮外路官司並不體認朝廷意旨妄意覬望便將逐司已成法令公然廢弛不為奉行則使山澤地利不歸公家在有螙散又況諸司前後所得朝旨等自合一一遵奉施行詔令逐路提舉等司仰將逐件事務一一遵依前後所降朝旨施

行不得妄意亂有廢墮如少有不前官員並當停廢吏人支配千里仍各具已知委狀聞奏　八年十一月十四日江淮等路提點坑冶鑄錢饒州置司奏契勘江池饒州錢監鼓鑄錢額上供全仰韶州岑水潭州永興信州鉛山三大場并新發坑場收趁銅料應副全藉兩提點官不住往來巡察等照會逐場相去遼遠動涉三四十程每遇出巡其不通陸路處自合乘船外有通陸路去處又却道程迂遠理欲徑便乘船前去緣有礙大觀四年三月二十五日指揮不免陸行却成迂滯恐為未便令相度兩提點官如遇出巡管下坑場錢監點檢驅催物料應副錢監鼓鑄上供額錢經由去處不以水陸

卷一千一百二十

路並從徑便從之　重和元年十一月二十日江西路轉運判官兼措置本路坑冶劉蒙奏興國軍大冶縣金鷄山等處銅礦興發臣等欲望敷奏申敕諸路則已墮之法庶幾復舉詔諸路元罷提舉坑冶官並復置仍具員數取旨其江南路令劉蒙同措置又詔除陝西京東河北河東坑冶官不置外餘並依舊內東南九路坑冶司減勾當公事二員京西路寶冶指揮候新官到日措置消與不消招置具狀聞奏　宣和元年正月二十六日都省言檢會金部員外郎朱尹奏承尚書省劄子奉御筆饒虔鑄錢司失陷本錢不少積年不曾勾考差臣前去勾考仍委措置以鐵蒸銅事臣令叅酌范之才昨

提舉荊湖茶事出使條例畫到合行事件下項一檢會昨范之才提舉南北兩路茶事差屬官四員令來措置勾考東南諸路事務不敢故有陳乞欲只依上件體例共差四員內一員充管勾文字官仍乞於見任或得替待闕不以京朝官或選人內踏逐具名奏差所有資任請給遞馬驛券當直人從并差破手分等並依范之才已得指揮奉御筆屬官可止差三人其該載未盡依范之才已降指揮仰別具申請餘依奏二月十五日新差提舉東南九路檢踏坑冶鄧紹密奏前官條裡被差之初有申請到畫一朝旨已經勘當令來復置合行照用欲乞先次並依條裡已得指揮施行詔序位請給支賜

卷一千一百二十

人吏人從舟船遞馬驛券薦舉按察公使錢等並依江淮等路提點坑冶鑄錢司條例施行　六年五月九日新差權提舉京西南路常平等事雷勉狀奏竊利之輩所夫苗脉不實唯在借請官錢遂成失陷欲望下諸路委漕臣與提點官公共講究革弊之術如有告發坑冶委提點坑冶官選委能吏同州縣當職官躬親詣地頭監轄取打礦石烹試如委實有寶即計其所出有補於官許依條借請官錢仍令作料次隨其所出之寶量多寡借請及乞令召第三等以上稅戶保借無容似前泛濫借請枉致失陷仍乞提點坑冶司關報漕臣公共點檢覺察詔令諸路提點坑冶官并兼領官條畫措置申

尚書省　七年正月二十四日詔陝西坑冶見差提舉官一員巡按不能周遍可分京西別駕一路二月二日詔諸坑冶興復之初全藉官屬專一提振諸路各置提舉坑冶官一員仍並理提刑資序所用錢物並仰運司應副如州縣官不切遵奉公然弛慢者按劾以聞內有稽違觀望不職甚者並許先次放罷具實聞奏同日詔已差官分路興復坑冶鼓鑄仰尚書省悉力舉行又詔熙豐諸路鑄錢監十九處歲鑄新錢僅六百萬富國裕民具載典彝即今東南惟存其跡如上供監分尚以他錢代起廢法弛令莫甚於此利源所失動數百萬致公私匱乏斂取百姓應廢罷熙豐以來舊鑄銅錢監分並

卷一千一百二十

行興復仍委本路提舉及與監司郡守同共措置增數舊額鼓鑄不得鹵莽滅裂應合行事件條具以聞三月三日詔江淮等路提點坑冶鑄錢司官屬依熙豐員數餘路坑冶官屬並罷內舊坑冶隸轉運司者依熙豐紹聖法崇寧以後新坑冶隸常平司者依崇寧法提點官令中書省選差十二日中書省尚書省言勘會已降指揮諸路興復坑冶專差官提舉措置合行事件下項一以提舉某路坑冶司為名一合用印記令工部行下所屬限十日撥先鑄造以提舉某路坑冶司印為文并複礴印匣等全一合用公廨並以舊提舉坑冶司廨舍充如已被他司拘占或舊無處或全來提舉路分與舊不

同合於別州置司者即從便路逐申尚書省未路逐到間許權於寺院治事一逐司各置管勾文字官一員勾當公事官兩員檢踏官十員內管勾文字勾當公事官差文臣檢踏官通差文武臣許提舉官於見任得替待闕待次官內踏逐通曉坑冶次第人具姓名申尚書省下吏部差一提舉官序位理任借服色舉官員數請受供給公使錢當直并接送人兵遞鋪水路破船並依本路提刑官本司管勾文字勾當公事官依轉運司屬官檢踏官依提刑司檢法官見行條例施行其舉官員數如提舉兩路已上者從一多舉一水路合破人船許於本路州軍見管無違礙船內踏逐限一日應副一合置

卷一千一百二十

人吏并書表客司通引人數并請給等並依本路提刑司差破許於無違礙官司指名抽差限一日發遣不得占留如無或不足聽召募一應用紙札朱紅發遞角皮筒油單之類聽於隨處州縣取索應副合用價錢於係省錢內支破一應取會事承受官司限一日回報其申奏行移文字許入急遞仍令提刑司進奏官並行承發一興復坑冶之初全藉州縣官協力措置如勸誘開採寶貨浩瀚許提舉官保明聞奏當議優與推恩弛慢廢職亦仰舉劾依降御筆坐違御筆之罪從之二十四日詔陝西河東京西坑冶見三路共差一員官提舉路遠山僻巡按不能周遍令伊陽銀坑興發可分兩路京西

差陳修允謝辭令疾速前去五月七日都省言檢準四月二十一日省同奉聖旨諸路坑冶令中書省檢會熙豐以來條制將上取旨吏戶工部供到熙豐舊置提點坑冶鑄錢官下項江淮荊浙福建廣南路提點坑冶鑄錢虔州置司提點官一員勾當公事官一員檢踏官四員政和二年十二月置一員政和六年三月添置江浙荊湖福建廣南路提點坑冶鑄錢饒州置司提點官一員充京西路檢踏京西路坑冶鑄錢及差置勾當公事官一員檢踏官三員政和七年八月指揮罷重和元年十一月復置見係提轄檢踏措置京西路坑冶鑄錢司陝西路政和二年七月差官一員充陝西提舉措置興

卷一千一百二十

復坑冶及差勾當公事官一員檢踏一員重和元年十一月指揮罷宣和元年十二月指揮復置宣和二年十月奉御筆陝西坑冶司罷河北路大觀二年五月差官一員充提舉措置河北路坑冶鑄錢差檢踏官二員政和七年八月指揮罷河東路政和二年八月差官一員充檢踏措置坑冶及差勾當公事官一員檢踏官一員重和元年十一月指揮罷宣和元年十二月御筆復置宣和三年十月指揮罷京東路政和二年九月差官一員充提轄檢踏坑冶及差檢踏官二員政和七年八月指揮罷宣和七年二月一日都省劄子奉御筆諸路各置提舉坑冶官一員宣和七年三月十五日敕諸路

復坑冶專差官提舉措置逐司各置管勾文字官一員
勾當公事官兩員檢踏官十員宣和七年三月二十四
日奉御筆陝西河東京西坑冶見三路共差官提舉路
遠山僻巡按不能周遍可分為兩路令具諸路見差置
官屬下項提舉荆湖南北路坑冶司提舉官一員管勾
文字一員勾當公事二員檢踏官一十員提舉京西路
坑冶司提舉官一員　勾文字一員勾當公事二員檢
踏官一十員提舉陝西河東路坑冶司提舉官一員管
勾文字一員勾當公事一員檢踏官一十員提舉廣南
東西路坑冶司提舉官一員管勾文字一員勾當公事
二員檢踏官一十員提舉江南東路坑冶司提舉官一
員管勾文字一員勾當公事二員檢踏官一十員提舉

卷一千一百二十

京東淮南路坑冶司提舉官一員管勾文字一員勾當
公事二員檢踏官一十員提舉兩浙福建路坑冶司提
舉官一員管勾文字一員勾當公事二員檢踏官一十
員銅本錢舊坑冶隸轉運司熙寧已前係轉運司置場
榷買其本錢係轉運司應副紹聖四年後來冶戶無力
興工聽就錢監借措留錢大觀二年後來舊坑冶轉運
司闕本錢許借常平司錢收買新坑冶係崇寧二年三
月以後興發者隸提舉常平司置場官監處冶戶無力
興工許借常平司錢俟中賣於全價內尅留二分填納
不堪置場召人承買處中賣入官價錢以常平司錢限

當日支還契勘諸路坑冶除江淮等路係提點司專領
外其餘逐路坑冶職事未置逐司已前舊坑冶係屬轉
運司崇寧以後新發坑冶係屬常平司詔提點坑冶鑄
錢司官屬依熙豊員數餘路坑冶官屬並罷舊坑冶隸
轉運司者依熙豊紹聖法崇寧已後新坑冶隸常平司
者依崇寧法提點官令中書省選差　高宗建炎四年
三月十七日江淮荆浙福建廣南路提點坑冶鑄錢孫
莊言本司歲用銅鉛錫鐵唯藉荆廣路坑場出産其合
要本錢全仰二廣五分盐息錢應副以地遠煙瘴前後
提點官罕曾親到致官吏弛慢積弊百端今太后六宮
及從衛百司官兵已到虔州所有本司欲望許令於荆

卷一千一百二十

廣路踏逐衝要軍州權置廨宇候太后六宮從衛百官
還闕日仍舊歸司從之　紹聖元年二月一日都省言
訪聞江淮等路提點坑冶鑄錢司近來多是妄以坑冶
興發為名擅差見任城寄居待闕官充檢踏官之類騷
擾州縣冗費請給令所在嚴行禁止如有違犯本司官
並被差官各以違制論請過俸給並計贓如實有坑冶
興發合差官檢踏去處止許時暫遣見任官　二年五
月十一日詔鑄錢司鼓鑄錢實歲有定數昨緣有司失
職鼓鑄多不敷額宣和二年五月二十六日指揮許取
撥二廣五分盐息錢助買銅本近公然違戾將盐息錢
更不買銅就便充作所鑄上供錢起發因此唯務拘刷

塩息更不修舉鑄錢職事今後專責兩提點收買銅貨應副鼓鑄仍每月開具收二廣五分塩息錢數收買到銅貨若干般發往是何錢監鼓鑄若干候歲終依法比較賞罰如敢留襲久弊充塩息錢直作所鑄上供起發者並依擅行截使移易上供錢物法以提舉廣南路茶塩李承邁言韶州永通監自國朝以來年額鑄錢四十五萬貫於岑水場買銅六分起付江池等州錢監外四分仍舊鑄錢四十萬貫循環充本宣和二年始撥本司塩息錢五分充買銅本而錢額益虧乞還本司椿管每歲可得錢三。十萬貫以助經費故有是詔七月二十日提點江淮荆浙福建廣南路坑冶鑄錢王暎言本司闕

卷一千一百二十

之本錢收有銅鉛物料以致課額虧損乞將本司年額上供錢內權借留一十五萬措置回易將所獲息錢充循環錢本其所留錢限次年內先次起發仍乞置虔州提點司准備差使五員主管幹運許本司踏逐校尉以上有物力諳練錢穀土人充選所有理任請給乞並依諸司押綱使臣條例仍別量支食錢庶幾有以激勸從之二十二日鑄錢司言本司昨被旨許置幹辦公事一員檢踏官五員催綱官二員後來與諸司屬官一例減罷緣所隸九路不可闕官詔復置幹辦公事一員檢踏官三員催綱官一員八月七日尚書省言訪聞提點坑冶鑄錢虔饒州司舊管小料七綱共計船二百八十隻

般運嶺南銅鉛物料依紹聖四年二月十一日敕旨應經過州縣不得截留附搭亦不許借數別裝官物累年以來多是過軍虜奪前去今止有剛（綱）船一十七隻致綱運有闕詔虔饒州提點鑄錢司應官客船過往有軍馬及他司州縣輒敢拘占截撥者依紹興二年三月二十二日指揮科罪仍許梢工越訴先是臣僚言乞禁止官司拘占民間舟船有旨應官吏軍下使臣等輒于州縣亂作名色指占舟舡及州縣因作非泛使命經過差人捉舡並徒一年許船戶越訴九月三日戶部尚書黃叔敖言東南州軍舊用常平司錢買鐵在法他司要用聽依元價量搭息撥錢充買欲乞專委提刑司剗刷所在

卷一千一百二十

常平司買下鐵貨若干斤重計定元價及令搭息錢數申尚書省將通水路去處盡數撥與鑄錢司浸銅鼓鑄却於鑄到錢內依數撥還從之　三年四月二十三日詔提點鑄錢司廨宇安頓錢物及一司公案令後不許諸官司指占安泊及駐屯兵馬如違杖一百科罪從提點坑冶鑄錢向宗恕所請也九月十六日詔今後虔饒兩提點官遍詣坑場銅鉛錫所產處措置應副監院鼓鑄立限起發歲額仍委逐路提刑司覺察稽違　四年六月十六日工部言崇寧二年五月十一日敕修立到條江池饒建州每年鼓鑄上供新錢銅料闕乏致虧者責鑄錢司鑄錢司不先次應副物料與版杖八十官

責委發運司具職位姓名聞奏取旨近降指揮發運司官屬權罷職事並令逐路漕司分認管辦竊慮事有相干欲乞令江東西路提刑司遵依前項條常切覺察施行從之　五年六月五日三省言提點江淮荆浙福建廣南路坑冶鑄錢司近歲所發額錢比舊十虧八九蓋以兩司並建坑冶鑄錢責任既不專一職事多致弛廢詔將饒州司官吏除留屬官一員外其餘官屬人吏並行減罷應干見行事務等權併歸虔州司管雖有上項指揮後來多在饒州置司贛州只係廵歷七月二十一日提點坑冶鑄錢趙伯瑜言竊見茶監司文移准敕州縣並限一日回報如違以違制科罪欲望應本司文移

卷一千一百二十

應報稽違及輙不應報去處亦乞許酌立法詔鑄錢司文移州縣並限二日回報如應干稽違及輙不應報者各杖一百　六年四月十八日提點坑冶鑄錢趙伯瑜奏被旨興復坑冶令先諸鉛山場措置詢訪得管下責綠坑場見令封閉竊青綠係銅之母發為精英其名有浮淘青頭青二青大綠之類皆是價高值錢之物靖康初住罷採打令來雖別無所用而民間裝飾服用亦有合用青綠去處往往被人户私採盜賣暗失錢本誠為可惜今相度乞將管下坑冶出產青綠去處從來本司措置召入與採委自坑名場拘收立價抽買入官量行搭息變賣資助銅本如朝廷許依所請即乞早賜指揮

施行詔令鑄錢司依已降指揮召人與採抽買即不得抑勒騷擾七月十二日尚書省言勘會坑冶鑄錢昨緣積弊之久所入不償所費已降指揮省減官屬及委官講究弊病訪聞近來尚以催綱檢踏檢視為名差官幹辦人數至多批請驛券州縣供億頻仍甚失朝廷省減官屬興復利源之意理宜約束詔令趙伯瑜將上件所差官一窠寢罷今後如坑冶發泄興盛官務物料遲延委實合行差官内量事選委支破合得請給毋致泛濫仍不得巧作事因一槩差委虛破驛券支請失錢稍有違戾重寘典憲八月三日户部侍郎王俣言民間銅器盡以錢為之所在京冶公然貿易一錢之毀鬻利十倍

卷一千一百三十

則其為害不可勝計臣愚欲望聖斷明詔有司講究利害凡諸路有錢監去處止據所有銅料盡行鼓鑄令漕司董之提點司與舊額權行罷免申嚴銅禁悉遵舊法上下維持期於必行所冀國家至賫不致耗竭詔令工部勘當申尚書省　七年七月二十日中書門下省言紹興七年三月二十一日勑節文監司知州見帶職并曾任監察御史以上及館職更不銓量外監司大藩節鎮知州差初任通判資序以上人軍事州軍監第二任知縣資序以上人檢准紹興勑諸稱監司者謂轉運提點刑獄其提點坑冶鑄錢茶盐市舶未有該載詔提點坑冶鑄錢依監司茶盐市舶依軍州事已降指揮施行

十一年三月四日，江淮荆浙福建廣南路都大提點坑
冶鑄錢韓球言本司係管東南九路州縣場監路分職
事最多緣每歲止得薦舉改官四員令來本司正當措
置興復坑冶利源之際須藉所轄州縣官協心應辦又
以薦舉數少無以激勸緣提點官序位資任並與提點
刑獄官一同今欲乞本司薦舉除文臣與武臣陞陟依
舊外所有薦舉改官及職令員數乞並依江南東路提
點刑獄官條格施行庶幾薦員稍寬可以激勸從之十
月韓球言本司見置檢踏官六員前此多是在司端閑
時有差出往往止緣私計不曾實辦職事球欲乞以本
司所管路分州軍内有緊要錢監坑冶場職事去處將

卷一千一百二十

檢踏官各認分定專管職事内一員在饒州本司一員
在信州一員在建州一員在韶州一員在潭州從本司
差委前去逐處分頭檢踏逐處坑冶催趁課利物料所
有逐官請給人從並各隨所分定逐州支給差破應副
如逐處或有互差幹當事務即乞從本司臨時差委從
之　十二年八月十九日韓球言坑場監官弛慢不職
已有專法對移取勘所有坑場縣分令丞不可倚仗之
人近申畫指揮並具事因申取朝廷指揮對替施行緣
韶州與江潭州瀏陽信州鉛山饒州德興四縣所管坑
冶累年積弊不可槩舉欲將前項四縣令丞點檢得弛
慢不職課利虧欠並許本司先次對移取勘申奏朝廷

乞賜施行所有浸銅兵匠及見差那撥鋪兵級在場浸
銅之人如有違慢作過虧欠課額亦乞從本司將情重
之人改刺重役場監從之　十月十日韓球言本司獲奏
令年八月十九日勑節文將韶州曲江潭州瀏陽信州
鉛山饒州德興四縣令丞今後如點檢弛慢不職課利
虧欠並許本司一面先次對移取勘申奏朝廷乞賜施
行欲望詳酌將其餘諸州管下應有坑冶縣分令丞如
本司點檢得有弛慢不職課利虧欠之人並乞依上件
四縣令丞已得指揮許本司一面先次對移取勘申奏
朝廷乞賜施行所貴可以責辦興復坑冶早見就緒從
之　十一日韓球奏應曲江保昌始興三縣知縣自紹興

卷一千一百二十

二年遭賊火殘破之後至今已經一十年内曲江縣紹
興六年一次差到正官外自餘年分前後差官權攝乆
不交替場冶利害未嘗究心以致保昌始興兩縣亦然
是致課利虧欠無緣興復欲乞詳酌下吏部差注韶州
曲江南雄州保昌始興三縣知縣正官前來填闕詔令
鑄錢司奏辟一次　二十四日韓球言坑冶鑄錢祖宗以
來係發運司兼提點至景祐元年專置都大提點坑冶
鑄錢官一員準嘉祐勑與提點刑獄序官依條提點刑
獄在發運判官之上竊緣發運使係管六路歲舉改官
二十員縣令十員如係發運判官三分減一即今提點
官雖歲得舉改官七員縣令六員緣提點司所管九路

坑場五百一十三處球近已措置過數內以採興坑冶計一百七十九處合趂金銀銅鉛錫鐵課利及鑄錢監院六處見鑄新錢其閒州縣及場監官內實有材幹之人須藉薦舉激勸使之辦事本司所得薦舉改官員數委是數少伏乞比附發運判官合得員數施行詔許通舉改官十員餘依已降指揮　二十六年十二月十七日尚書省言坑冶鑄錢司近年以來所鑄歲額全虧而一司官吏所費不貲理宜措置照都大提點坑冶鑄錢司官吏檢踏官屬並罷令逐路轉運司交割措置條具聞奏　二十七年八月二十六日知樞密院事湯鵬舉言兩日見三省議鑄錢事未定臣職事非所干預然有

管見不敢不奏聞前日罷坑冶鑄錢司歸諸路轉運司甚善但戶部近日欲撥本錢兼別差官臣聞逐監本錢見在不曾起發戶部措置有未盡善所以臺章論列兼恐坑冶司省罷官在此留為異議願陛下以鑄錢專委漕臣必能就緒自不須別差官上曰此一事朕詢之十大夫亦無他說獨王珪再有章疏朕謂凡有建立人各以所見更相可否歸之至當然後已若一人唱之百人和之事未必當朕何所取朕觀近日議論皆有未盡且鑄錢先理會銅苗若銅坑不發何以鼓鑄多是百姓若官中科擾雖有銅坑發處亦不告官須是明立賞罰多方勸誘使不為百姓之害可矣兼今日工役比之昔時

干不得一如鍊銅造模磨擦般擔之類如何得人使須是先計置銅匠與雜役人等第給食錢人力既至銅料又備錢豈難鑄至於薪炭之屬官中宜架下見錢燒炭人戶爭來求售何至科擾卿等可同共商量俟有定議來奏鵬舉曰謹領聖旨二十七日三省樞密院言昨緣都大鑄錢司歲額全虧一司官吏所費不貲遂行省罷令諸路運司分認措置議者或謂諸路銅料有無不等運司不相統轄無以通融鼓鑄雖已委官看詳未有定議按唐制戶部尚書侍郎官領鑄錢使國朝三司亦分覺鹽鐵令欲參酌舊制置提領諸路鑄錢官於行在朝廷通行選差侍從或卿監一員不妨本職兼領仍許置

屬官二員踏逐舊司通曉人吏使喚具合條諸路運司知通拘催應副職事並令依舊通管應干合行事件令提領官照鑄錢司舊制審度因革條具措置申尚書省取旨其戶部申請指揮更不施行從之九月十四日戶部侍郎兼提領諸路鑄錢司榮薿言准勅差兼提領諸路鑄錢乞以提領諸路鑄錢所為名合用印記欲權就用戶部右曹印記使用仍乞下禮部以提領諸路鑄錢所印八字為文所屬鑄造已降指揮許置屬官二員外欲乞並作幹辦公事其序位請給人從依發運司屬官仍乞從本所踏逐奏辟從之　二十八年九月四日提領諸路鑄錢所言諸路錢監見行興鑄除本司屬官二

員外欲時暫吏選官二員分委前去逐監專一措置詔
朱商卿呂靖差提領鑄錢所措置官併措置畢日罷
二十九年閏六月十九日左司諫何溥言鄱陽之坑冶
永平永豐兩監當諸路皷鑄之半鉛錫銅錢四面輻湊
祖宗以來置司其地宜矣當其盛時歲鑄緡錢不下數
十萬比年有司措置無法弊事毛起計其所得不償所
費遂請廢罷朝廷因用其言初欲分隸漕司而諸路隔
越不相統轄其勢無以通融遂議總制於版曹創置屬
官其捧檄一出疾驅而歸第不過條具數端藉手以復
命而已其利害經久之策何從考究而得其實况提領
端坐省部屬官間走道途而可以責辦數千里之遠者
乎望特詔大臣令有司從長措置依舊置司饒州詔令
給舍議七月十八日中書舍人洪遵等上鑄錢司議曰
泉貨之行於世如穀帛水火之適於用自古所不可闕
故必張官置吏以董之在周之九府漢之鍾官令丞唐
之鑄錢使是也國朝或以漕臣兼領或分道置使或並
為二司自中興以來置都大提點事權太重官屬太多
動為州縣之害但當隨時之宜為救弊之計間者亟行
廢罷事出倉卒初未嘗下有司討論既罷之後又無一
定之論初委轉運使又委提點刑獄又委郡守貳號令
紛紛不一皷鑄益少乃命版曹提領雖以侍從臨之然
官守不專勢難適度而屬官有幹辦公事又有措置官

間一差出州縣承迎甚於使命則使權視前日又重矣
罷提點一人官屬十餘人而總以侍從置在京官屬四
員下至胥吏之類額雖減而月給數倍則官屬視前日
又不少矣異時提點坑冶以一職名官猶懼不濟而况
版曹錢穀之司遠在數千里外符檄往來安能辦治屬
官之出不過毛舉細事以塞責耳今何溥請乞復鑄錢
司遵等切以為復置使令參照祖宗舊制參今日利害
畫一下項一景祐元年置江淮荊浙福建廣南等路都
大提點銀銅鉛錫坑冶鑄錢公事一員元豐二年分置
兩司在饒州曰提點淮南福建江南東路坑冶鑄錢事
在虔州曰提點荊湖廣南西路坑冶鑄錢事政和七年
提點鑄錢官兩員輪年於饒虔州守任紹興六年趙伯
瑜乞依嘉祐著令銜內添都大二字與提刑序官事權
太重今欲參酌祖宗舊制以江淮荊浙福建廣南路提
點坑冶鑄錢公事繫銜與轉運判官序官依舊於饒贛
二州置司輪年守任專以措置坑冶督責皷鑄為職如
州縣於坑冶弛慢不職許從本司按劾其逐歲薦舉所
部官並依未罷司以前員數施行一主管文字幹辦公
事舊各一員檢踏官九員秤銅官催剛官各二員官屬
既多往往非理干擾州縣今欲於饒州置管文字一員
贛州置幹辦公事官一員請給人從序位並依轉運使
主管文字幹辦公事例韶州建州各置檢踏官一員並

依準備差遣例別置秤銅官催綱官各一員專差武臣，如係暫闕不許輒差文臣權攝屬官請給於逐州支破兵給不得過數逐州知通縣令佐依舊以提點主管入銜屬官只許於本司本路差出及赴本司稟議不得輒往別路一提點司手分貼司軍典舊額二十二名今欲以手分十名貼司二名軍典一名為額屬官下手分軍司舊係十六名今欲逐官下各破手分一名請受依舊鑄錢司則例一提點司淺剛船專一裝載銅鐵鉛錫本司多是差借外人纔至裝綱卻於州縣差船實為騷擾今後淺綱船不得差借如有違戾令監司覺察按劾一諸監兵匠並依見在人數不得抑勒州郡虛樁闕額錢

卷一千一百二十

糧及科取率分工錢一監兵閒有枝藝工匠常是占留私役或借事官員仰指揮到日委自提點司量行揀選如係諸色工匠不許存留別行招刺令後輒差監兵借事並以違制論一錢監官有兩員去處如一員缺不許差見任及寄居官權如並闕許差本司屬官或見任官一人時暫兼權一昨拘收到鑄錢司什物見樁管激賞庫詔依給舍議罷提領官其檢踏官於饒州添置一員鑄錢所見在吏人十四名發赴本司令提點官條具本司及屬官下合差置吏人申尚書省仍令江東轉運司撥饒州錢一千貫付新差提點官公用見拘收什物令具狀赴激賞庫請領至是議上從之　三十年五月十

三日江淮等路提點坑冶鑄錢公事李植言乞下江西提刑司撥還舊來廨宇工部看詳提點坑冶鑄錢官多在饒州其贛州止係廵歷欲令本州係官屋宇摽撥充鑄錢司廨宇一元計置上管文字一員幹辦公事一員檢踏官三員秤銅官催綱官各一員準備差使二員內檢踏秤銅催綱官乞更不設置幹辦公事一員乞改作主管文字係饒贛兩司各一員更乞添置準備差使三員本司并主管文字下乞通置手分十人貼司代軍典各五人共二十人為額依舊司則例支給請受吏戶部看詳內乞踏逐添差大小使臣三員充準備差使欲共置三員其餘欲盡依本司所乞從之　三十二年孝宗已即位未改元十一月二十七日江淮荆浙福建廣南路提點坑冶鑄錢公事魏安行奏本司舊置屬官一十三員見令止有五員緣本司所管路分闊遠闕官廢事欲於舊檢踏官內復置兩員從之　孝宗隆興元年十月十六日戶工部狀准批下提點坑冶鑄錢司申從來般擔銅鐵等係是和雇人夫紹興二十八年承南安軍差到鋪兵六十人前來岑水場銅鐵軍般運多不遵依程限擔擾鄉村令相度欲依舊和雇人夫般運官司計量鐵數多少支給錢米委是省費經久利便逐部勘當欲依所乞事理施行詔依十一月五日提點坑冶鑄錢公事黃仁榮奏本司未廢司以前置檢點官九員近獲旨復置兩

卷一千一百二十

貪奏是闕官幹當乞將準備差使三員數内改一員充
檢踏使臣詔依　乾道元年正月一日大禮赦文勘會
鑄錢監所用木炭自有合支破窠名本錢收買應副應
州縣巧作名色科擾仰令後收買木炭須管專一置場
即當官支還價錢不得科擾減尅作弊仰監司提點鑄
錢官常切覺察如有違戾按劾以聞　二年四月十二
日提點坑冶鑄錢司狀契勘紹興五年十一月指揮坑
爐戶依保甲法與免身丁令據興國軍坑戶劉介狀稱
被本縣不時差科坑丁作匠應奉官司坊廓採坑本司
已行約束外乞降旨應坑丁作匠並令本縣注籍與免
本身諸般非泛差使所貴專一用心興採坑冶詔依六
卷一千一百二十
月三日尚書工部侍郎薛良朋奏奏旨諸坑冶出銅去
處令臣措置要見所收數目今條畫下項一契勘鑄錢
司祖額一百六十一萬七千九百三十五貫八百文内
除六十七萬七千五百五十五貫三百九十九文充銅
本錢實合發錢九十四萬三百八十貫四百一文後來
皷鑄不數承降旨權以五十萬貫為額每年盡行分撥
起赴内左藏庫臣拖照舊案并關會戶部見得紹興十
一年提點鑄錢官韓球曾陳乞支降茶引一十五萬貫
作銅本錢又紹興十六年支降江西茶引三萬貫又紹
興二十七年支降八萬貫係於近便州軍經總制錢通
融取撥委是支降本錢分明欲從朝廷支降八萬貫仍

以江西江東茶引并一并見錢於近便州軍上供錢内
撥下鑄錢司以銅額多寡均撥諸州將茶引轉變同見
錢逐時責付諸州給還坑戶銅本庶可督責銅額一契
勘州縣拘納坑戶銅寶就使依官估支給價錢尚自不
酬實直令既不支錢又令將所採銅寶盡行送納官司
其坑戶一無所得叅之人情實不可行臣今措置且以
坑戶採銅十斤為率内只許本縣收買七分所有三分
許令坑戶經本縣出給文引備坐斤數從便賣與他處
官司即不得私下交易如數外擅賣許人陳告依本司
約束賞罰施行一契勘坑冶興發人戶欲行告發多畏
立額恐將來取採年深礦苗細微官司不為減額不敢
卷一千一百二十
告發令相度應人戶告發銅鉛錫鐵坑冶更不立額但
據採煉到數赴官中賣即時支還價錢度使坑戶放心
告發一諸路坑場現令所產銅鉛錫鐵係鑄錢司二分
抽收八分摧買令來措置興復坑冶場務要課利增重
理宜優恤令相度應見催趁并人戶踏發新舊坑冶所
趁銅免抽收支還十分價錢優潤坑戶一參照昨指揮
坑爐戶每一名一年内中賣到銅五千斤免差役一次
一萬五千斤免差役兩次賣及三萬斤以上免差役三
次庶使加意趁辦一勘會已降紹興二十七年正月二
十一日指揮坑戶自備錢本採煉寶貨賣納入官從紹
興格特與減一半數目依全格推賞補官契勘折減一

半數目推賞尚慮太多難得預賞之人今相度欲於所
減一半數目上以三分為率再減一分依元格推賞補
官庶使人戶用心赴辦課利從之　三年正月十二日
司農寺丞蕭㩳提點坑冶鑄錢公事晁公愚奏諸路出
産坑冶去處五金雜出銅坑有鉛鉛坑有銀銀坑有鐵
所廣礦脉厚薄不等自來銅鉛錫鐵隷提點司金銀坑
隷轉運司事不歸一職難兩盡且如銀坑有銅轉運司
但收銀寶其所有銅置而不問鉛坑有銀即提點司但
認鉛數其所有銀亦恐漕司爭占不敢防閑遂致百姓
黄緣為姦如銅銀雜出於漕司則稱係是銅礦當於泉
司告發於泉司則言係是銀礦當於漕司告發彼此不

卷一千一百二十

照私自行採賞為利害今乞專委提點司拘轄却轉運
司歲收過金銀數目責令提點司抱認庶幾五金之利
全歸公上詔依　十三日詔劉莊士奏對坑冶利害可採
典特一官提點坑冶鑄錢司幹辦公事一員特差劉莊
士填闕　二十八日詔江淮荆浙福建廣南路提點鑄錢
陳滈所乞自辟官屬指揮更不施行從臣僚論列也臣
僚上言伏覩吏部牒報新除提舉坑冶鑄錢陳滈劄子
以泉司事重乞自辟差官屬視其勤惰而為黜陟已得
旨巳奏竊詳諸路分置監司各有官屬皆是朝廷差置
若曰泉司事重可以自辟如總領轉運提點刑獄事顧
不重乎使皆援此例以進則將何辭以拒之而況使者

易置雖多屬官未嘗改易今有以到任未及終更者將
何罪而罷之乎又有已授而未及赴上者將無事而抑
之乎審爾則堂除之目移於泉司使者之權偏於銓部
矣滈但當躬率吏屬幹辦職事如有不職自當奏劾可
也欲望特寢前命從之　四月一日詔陳滈所乞復置檢
踏一員指揮更不施行從臣僚論列也中書舍人梁克
家言竊見坑冶一司未罷之前官屬頗多自紹興二十
九年復置止留主管文字以下七員後來節次增添遂
至十一員隆興二年方減其四今已有主管文字二員
幹辦公事三員并劉莊士係權行添置共四員檢踏官
一員準備差遣一員遇有坑冶興發又許差所部州縣

卷一千一百二十

官前去檢踏今更添置徒有增官之費而無舉職之實
若滈以身率先督責見今屬官使之曉夕究心講求利
病無職業不辦之理所有錄黄臣未敢書讀故有是命
五月三日詔右承奉郎監饒州永平監蕭物料庫嚴琯
特降兩官放罷為在任減剋物料私鑄銅器從知饒州
俞翊之奏也　五年二月十一日戶部尚書曾懷言契
勘諸路金銀坑冶舊隷轉運司昨緣晁公愚陳請盡委
提點司拘催本部竊詳提點司係十一路坑冶闊遠何
以機察今欲依舊撥隷逐路轉運司免致失走課入詔
依　六年四月一日詔鑄錢司減罷併歸發運司存留
幹辦公事二員二員歸發運司其減罷屬官並依省罷

法二十四日尚書省勘會司農寺丞許子中專一指置鼓鑄鐵錢其鑄錢司已降指揮併入發運司詔許子中應鑄錢職事並隸發運司措置閏五月二十九日江淛荆湖淮廣福建等路都大發運使史正志言信州鉛山場額趂黑鉛二十萬斤依指揮令丞監官知通如措置及額減一年磨勘更於額外五分以上減一年半磨勘增一倍以上者各減二年磨勘若虧欠亦各展一年磨勘比額虧五分以上即合對展後緣當職官專務趂鉛得賞不趂銅課續降指揮如趂鉛外須趂銅及新額一十三萬斤即與放行鉛賞照得近年以來趂銅既不及額其趂鉛即不該賞是致當職官不切用心銅鉛數少有妨鼓鑄令相度欲將所趂額賞罰依紹興三十一年三月已降指揮其收趂銅如及新額一十三萬斤亦乞減一年磨勘虧欠五分即展一年磨勘兩項賞罰各不相妨庶可責其用心趂辦從之七月十六日工吏部狀準都省批下許子中申勘會舒州同安監鼓鑄鐵錢所用鐵炭浩瀚乞置官吊兩員專一往來尋踏苗脉興發及檢檢起置事件令勘當欲依所乞差置一員從本所踏逐文武官員內辟差從之八月七日詔利州路紹興監監官一員僉牛檢踏官一員紹興監監門官一員僉牛鐵務官一員窠闕並令轉運司每季使闕集注差官從利州路轉運判官提舉鑄錢趙公說之請也十月十八

卷千一百十

日發運使史正志言本司已興置江州等處錢監尚闕工匠照得諸州鐵作院兵匠諸會工作易為指教即目多是空閑欲許從本司逐急刷差添貼鼓鑄一年一替詔諸州見打鐵甲於廂軍內刷差前去十一月二十八日中書門下省言勘會近降指揮鼓鑄鐵錢歲額五十萬貫續據發運司申乞將興國軍富民監鑄錢六萬貫理從措置淮西鼓鑄許子中所鑄之數詔今後鼓鑄錢發運司及許子中每歲各認三十萬貫立為定額其興國軍富民監六萬理充發運司三十萬貫之數餘前後已得指揮十二月十三日史正志言契勘諸處鼓鑄銅錢惟饒州永平監數多近緣許子中盡數取撥兵匠共三百一十四人前去舒州同安監指教今永平監闕人鼓鑄詔令許子中先發一百人回令發運司於諸路廂軍內剗刷一百人往同安監習學十六日史正志言契勘坑冶寶貨所在有之惟籍逐縣令丞公共收趂緣未立定賞格今相度欲下所屬令從新發或停閑坑冶若令丞措置招坑戶一年內趂發過銅一萬斤鉛三萬斤錫五萬斤鐵十萬斤各減一年磨勘更增及五分減一年半磨勘增及一倍以上減二年磨勘詔依十九日吏部狀準批下史正志劄子契勘吉州安福縣連嶺場信州弋陽縣寶豊銀銅場各監官一員別無職事合行省罷就令縣丞兼監緣本司已興置鐵錢場四處權差右

卷千一百十

迪功郎許孝純監江州廣寧監右迪功郎徐榛興國軍
大冶縣富民監左迪功郎徐之茂監臨江軍新淦縣豐
餘監右迪功郎蔣莊監撫州裕國監欲望朝廷給降付
身所有省罷場監官請給人從許本司拘收令欲依本
官所乞仍於逐處縣丞銜內添入兼監逐處稱呼及正
差右廸功郎許孝純等充四處監官詔特依　七年二
月二十八日詔右朝請郎直秘閣江璆除提點坑冶鑄
錢填復置闕三月六日許子中奏先奉旨以司農寺丞
兼措置淮西鼓鑄鐵錢續既差權發遣舒州依舊兼措
置淮西鼓鑄鐵錢緣是郡守不敢擅出欲得躬親前去
蘄黃等州相視置監去處措置鼓鑄所有郡事依條差

卷一千一百二十

以次官權行管幹從之五月十五日新江淮荆浙福建
廣南路提舉坑冶鑄錢公事江璆言如信州鉛山韶州
岑水場皆有監官二員文武各一然銅鉛鐵料所出浩
瀚乞將兩場監官文臣繫階作本司檢踏官專一措置
本場所有韶信兩州幹辦公事即不時差出督責諸處
場監銅鉛鐵課及催起錢物從之十七日江璆劄子契
勘江西路四監鐵錢已鑄到三萬餘貫畫旨每二萬貫
令淮東轉運司雇舡裝載下通泰州盐場充亭户本錢
却兌换客人納到銅錢從淮東提盐司計置起赴左藏
南庫樁管後來撥隸本司督責鼓鑄通前計鑄到鐵錢
一十萬一千餘貫欲望朝廷劄下淮東轉運司速行計

置舟船前去逐監般取委自知通裝發往通泰州兌换
銅錢起赴左藏南庫交納詔依令提舉盐事司兌换銅
錢發赴左藏南庫交納二十四日詔鑄錢司每歲認鑄
鐵錢三十萬貫所有合用本錢令户部科降度牒二百道
餘令鑄錢司於所餘銅錢本錢內取撥應副鼓鑄十月
九日江璆奏檢準乾道七年五月六日指揮逐州通判
係專注管坑冶事務內有不可倚仗及弛慢之人令本
司劾奏差官對移本司契勘吉州通判趙擴自本司復
置之後牒令催趁鐵課修葺綱船起發鐵料等事經及
累月並無一字報應積壓鐵料七十餘萬斤竊恐其他
州軍通相倣傚難以責辦欲望睿旨將趙擴重賜黜責

卷一千一百二十

以為慢吏之戒詔放罷十一月二十三日工吏部狀準
都省批下提點鑄錢司申契勘江西路興置江州廣寧
監撫州裕國監臨江軍新淦縣豐餘監興國軍大冶縣
縣富民監歲鑄錢三十萬貫緣本司所轄坑場錢監路
分稍遠全藉州縣當職官協濟應辦欲望朝廷劄下錢
監州軍依已得指揮令守臣提領知縣兼監督趣鼓鑄
無致闕悞如歲終拖欠即從本司具當職官申乞施行
本部勘會近據鑄錢司申乞下逐州軍知通據歲額應
辦鼓鑄每歲及額特與減年磨勘如或虧欠分數乞與
展年已降指揮候鑄及所定課額即無推賞令勘當欲
依所乞事理施行從之　八年三月二十二日詔知江

州李木、通判蔣該，知興國軍向澹、通判王杞，知大冶縣鄭梓各特降一官，以逐監鼓鑄錢虧額，提點江珱按奏，故有是命。五月七日，新差知處州趙善仁言：「乞依舊令通判、令丞銜内帶行主管銅銀鉛坑冶職事，如任滿無虧欠，及巡尉任内無私採透漏，即依條推賞施行。」詔依。其推賞一節，令户工部同勅令所參酌立法，申尚書省。其後户工部同勅令所修立下條：「每歲立定所收銀銅鉛數，任滿無虧欠，各與減二年磨勘。巡尉官如任内無私採透漏，候任滿，令本州批書，巡檢與減半年磨勘，縣尉升六箇月名次。」從之。六月〻六日，江珱狀：「前來曾措置韶州岑水場添槽作一百所，取膽水膽土淋鐵成銅，

下二廣州軍委守臣點檢雜犯配隸人年四十已下筋力強壯，各二十人，借支月糧，限半月發赴本場役使，且以五百人為額，具申朝廷取旨。依外照得韶州岑水縣係分兩場，内黃銅場管鑿山取礦，烹煉黃銅，置武臣監官一員；膽銅場管浸鐵洗礦，烹煉膽銅，置大武臣監官各一員，内文臣監官改作檢踏官。逓年以來，兩色銅課皆不敷額，往往各分彼此，互有侵占。已將兩場併作一場，責辦監官依舊以趂外，緣岑水場承平人煙繁盛，其黃銅場監官階銜帶兵馬都監，主管煙火公事。令來既併為一場，及又刷差二廣配隸五百人在場淋銅，實是爲合雜犯之人，欲望朝廷詳酌，將岑水場兩監官並係

階作監韶州岑水黃膽銅場並烟火公事、監轄淋銅及檢踏措置官，庶幾有以彈壓，不致生事。」送吏部勘當，欲依本官所乞施行。詔依。九月二十，提點坑冶鑄錢司申：「據興國軍申，富民監歲額鑄錢十萬貫，及補填乾道七年未鑄錢。本監見管工匠二百餘人，假令晝夜不歇，未能及額，欲望裁減，令有事力監分均認。本司相度，欲將興國軍富民監、江州廣寧監歲額量行裁減各一萬貫，却令臨江軍豐餘監、撫州裕國監管認，並自乾道八年為始。」詔依。十七日，詔右從事郎、専一措置處州庫山等處銀場管準特貸命，追毀出身以來文字，除名勒停，決脊杖二十，刺面配連州牢城，仍籍没家財。以準銷錢

為銅以應官課，却將銀銅場合得銀吏不抽收歸官，入已盜用，大理寺丞吳淵前去取勘得實，故有是命。十一月六日，江東路提點刑獄公事梁俊彦奏：「准付下户部尚書楊倓劄子，得旨半年内鑄到新錢，每次取一貫進呈。尋取到饒州九月新錢二萬餘貫，内一分係黃銅錢，九分帶鉛錫錢，取到二貫進呈。得旨永平監監官令江東提刑司取勘，限十日聞奏。本司令勘到鄭炤、趙師回職為監官，各不合依鑄錢司公帖節次將夾雜銅依十分好銅數目支出鼓鑄。兼提點官江珱到永平監，見有鑄到錢一萬四千五百貫文黑色，却令本監分納起發。有後鄭炤、趙師回為好銅數少，不合節次將夾雜鉛錫

錢衮同黄銅錢在庫運發至左藏西庫詔江璆鄭焰趙
師回各特追三官勒停户部長貳各降一官左藏西庫
監官各特降兩官工部長貳各展二年磨勘十二月二
十六日詔鑄錢司依舊置提點官二員於饒贛二州置
司左承議郎王揖除江淮荆浙福建廣南提點坑冶鑄
錢公事右宣教郎李大正除江淮荆浙福建廣南路提
點坑冶鑄錢公事並填見闕　九年正月六日江璆言
乞支降乾道九年鼓鑄本錢等事送户工部勘當契勘
乾道十年本錢科降度牒二百道餘令鑄錢司於所餘
銅錢本内取撥應副并乾道八年分本錢分在藏南下
庫支會子八萬貫却給降度牒二百道付本庫給賣價

錢撥還續據江璆奏所用本錢已多方擘劃分俵四監
所欠止三二萬貫俟降到會子支蓁充足樁留會子五
萬貫充來年分本錢吝又準批下江璆劄子所陳乾道
九年本錢欲乞朝廷指揮下南庫於支降去年未支會
子共六萬貫并給降度牒一百道通揍一十萬貫應副
鼓鑄詔依九月新差提點坑冶鑄錢司王揖劄子照得
今年雖是分置兩司緣諸路軍州錢糧物料交互多寡
有無不等難以分擘欲乞權將乾道二年所收銅課約
為則例分路趂辦所有錢額計銅所入同共鐵鑄然後
比較逐年增虧詔銅課比乾道二年數增三分之一措
置趂辦如州縣事干坑冶鼓鑄若有違戾許按劾聞奏

二十六日權發遣處州姚述堯奏被旨令臣措置本州
銀銅坑事竊見本州雖有龍泉松陽兩縣石堰等銀坑
一十一處庫山等銅坑九處其間地力所産高下不等
行下本縣取問業主願與不願自備工費採打據權龍
泉縣事張漢勘會到有石堰李湖銀坑兩處蔡崧等五
人地有庫山等銅坑數處係可久等二人地據逐人狀
各甘自備工費採打依本州措置銀以分數支給銅以
工價收買已各出交帖給佃令措置欲將銀銅分作兩
處銀以十分為率六分給官四分給業主庫山等四處
銅坑依王文等責到狀將净銅就官賣約計工費乞納
銅四斤請官銀一兩所有坑户收到鉛貨以十分為率

卷一千一百二十

内二分納官八分給坑匠即就勒赴官中賣量立價每
斤支錢二百文收買應副銅坑折合計料使用庶幾公
私兩濟其銀銅兩場除監官外尚慮工匠等别有侵欺
已别差指使八名兵給四十八名分頭監督每月所支
食錢并應干本柄係將收到銀内措數逐旋支撥詔並
依内銀赴行在左藏南庫銅赴軍器所送納閏正月五
日工部狀準批下王揖李大正狀其分認路分課額及
合行事件一欲將江南淮南兩浙潼川利路分隸饒州
司江西湖廣福建分隸贛州司錢糧物料並依所分路
分催趂一準省劄檢會乾道二年鑄錢司申江東路饒
州興利場膽銅二萬三千四百八十三斤信州鉛山場

膽銅九萬六千五百三十六斤弋陽縣寳豐場黄銅四千斤池州銅池縣膽銅四百八斤五兩四川路潼川府銅山縣黄銅六千斤利州青堊黄銅七千斤興州青陽縣黄銅一千六百六十二斤分隸饒州司共計一十三萬五千一百二十九斤五兩福建路汀州長汀縣黄銅六十二斤南劍州尤溪縣黄銅三千六百五十四斤建寧府因將場黄銅八千三百一十七斤四兩邵武軍光澤縣黄銅三百二十五斤廣東路韶州岑水場黄銅二黄四十斤膽銅八萬八千九百四十八斤連州元魚場黄銅二千八百八十斤湖南路潭州永興場膽銅三千四百四十斤分隸贛州司共計一十二萬八千四斤四兩兩項通計二十六萬三千一百六十九斤九兩合於上件數内依令降指揮增三分之一趂辦一契勘銅川利州路緣為路稽察不前訪聞得逐處産銅浩瀚逐年收到餘剩銅轉運司貨賣價錢以為公庫使用令乞劄下潼川利路産銅州縣應有額外增羨數目與免立額盡數起發一契勘坑冶場監官係吏部以格法差注初非選材或有庸繆昏老不堪委任之人乞從本司申奏與嶽廟差遣即從本司踏逐有材力人不以有無拘礙辟差一契勘雖是分置兩司緣諸路州軍互有官物干連難以逐一分撥令乞仍舊各以江淮荆浙湖廣福建潼川利州路提點坑冶鑄錢公事繫銜應行移並連銜

通行按察刺舉一契勘鑄錢司舊管料額孔目職級手分貼司代軍典三十四人昨因廢罷後復置共三十人令來分置二司人數不敷使用令乞量添十名通舊人分兩司使唤工部勘會鑄錢司吏額依已降指揮係於主管文字下通置手分貼司代軍典共二十名令勘當欲下本司量行添破手分四名貼司二人計六名共二十六名為額詔並依同日王祺等申契勘鑄錢已有主管官二員分置在饒贛二州又有屬官三員盡在饒州令欲擬一員過贛州令更乞辟置一員庶幾事體均平工部契勘鑄錢司屬官已差置七員内主管文事二員幹辦公事二員檢踏官一員各已分撥置司去處外準備差使二員亦係本司辟差員數未曾分隸令勘當欲下本司各分隸一員使唤一天申聖節并大禮年分進奉銀欲乞依崇寧上供格法并照舊例於産銀州軍支係省錢收買連銜進奏户部勘當欲下江東西湖南福建廣東路轉運司依崇寧大觀格於出産州軍收買輸流起發依逐官所乞事理施行一契勘合用印記二顆饒州已有見行使銅印外乞給贛州司印禮部契勘欲下工部鑄造一顆付本司行使以江西湖廣福建路提點坑冶鑄錢司印十五字為文詔並依八日工户吏部狀準批下權發遣虔州姚述堯狀坑場官吏多與坑户偷瞞官物及有私銷錢寳之弊關防未盡除已委巡尉

不妨巡捕往來巡察及委主簿機察坑場偷瞞官物并委知縣點檢旬具有無覺察保明事狀稽考外所委官每月各添支食錢五貫文省欲乞於逐官考內稽考有無透漏坯銷錢寶等事件批書印紙庶幾官吏有所激勵逐部勘會點檢機察巡捕官每月添支食錢欲依所乞批書所委官印紙事內知縣主簿已有立定六項課績批書指揮外縣尉乞依本官所乞從之十一日王稱李大正狀奏臣竊見紹興二十八年指揮拘收器具數目浩瀚州縣惲水脚之費多不解發亦有與易妄用之弊乞令臣等委官分路取索當時拘收干照根刷無民間私有銅鑼條違法禁欲乞檢舉條令一就拘收添助

鼓鑄詔依十二日王稱李大正言今來雖將見管坑場分隸兩司所有舊坑多係江西贛州一司管內竊慮江東饒州一司無所措置今欲於江西管內取撥江州吉州撫州興國軍隆興府卻隸饒州司從之三月十五日戶工部狀檢準乾道八年五月七日知處州趙善仁奏處州管下坑冶乞令處州通判令丞依舊例於銜內帶行主管銅銀鉛坑冶職事候任滿日無銀欠并巡尉任內無私採透漏即依條推賞施行除許帶坑冶職事外其推賞一節看詳如通判令丞任滿無虧欠各與減二年磨勘巡尉官任內無私採透漏候任滿令本州批書巡檢與減半年磨勘縣尉陞六箇月名次擬送敕令所

修立格法詔依五月十六日中書門下省勘會諸路各有金銀銅鐵鉛錫坑冶比元豐祖額今所收不及五十分之一設或發歇不時不應自元豐年後九十餘年更無一興發去處顯自州縣循習隱蔽不申是致失陷財計詔令逐州知通候指揮到日限兩月講究失陷因依從實檢踏興廢去處供申其已前隱蔽并與放罪仍責委無隱漏及講究不盡事件具結罪保明申尚書省八月七日中書門下省勘會處州坑冶因乾道七年以後差官措置一年收到銀二萬二千八百餘兩銅四萬五千餘斤諸路各有興發去處州縣循習隱蔽不申是致歲久失陷財計已降指揮限月講究并令提點鑄錢官

據所分路分數實至今來取申到照得處州坑冶過額之數合開坐行下逐州知通并提點官照應指揮疾速供申如有違戾取旨行遣詔依十月九日李大正狀奏契勘韶州岑水場趂辦浸銅淋銅課額全仰春水浸漬今年一春闕鐵使用臣至南雄州索到收支鐵歷點對去歲一年之間收鐵五十八萬餘斤其南雄州只支發過二十七萬餘斤照得般發銅鐵綱運係本司主管通判南雄州林次韓今已任滿去官見任通判曹緯自正月到任至目下已發過鐵五十八萬餘斤有此不同欲望特賜處分以為勸戒詔林次韓特降一官曹緯特轉一官二十三日尚書省勘會諸州軍申到金銀銅鐵鉛

錫數往往不及元額及有申稍無興發去處多是隱蔽鹵莽詔令諸州運遵依已降指揮疾速委官子細詢究盡實定結罪保明申提點司覈實申尚書省如將來朝廷差官檢踏得稍涉欺隱當職官吏重作施行二十六日權發遣蘄州提領鑄錢韓映言奉旨令分舒州同安監歲鑄鐵一十萬貫文申乞差知監官一員準指揮就差蘄春知縣兼管映契勘所置監係在蘄口鎮自州城往來即須三日蘄春知縣難以兼監令來催督人匠工程收支鐵炭萬計浩瀚豈可闕官伏望詳酌許令選差一員奏辟監視庶幾專一從之 淳熙元年正月十一日詔舒蘄州住罷鼓鑄鐵錢逐監已差監官並依省罷法

見役工匠盡數發赴饒州鑄錢司收管內招到百姓人匠願從便者聽具鐵炭物料並起赴軍器所未盡事件令饒州鑄錢司條具申尚書省先是詔令蘄州分舒州同安監歲鑄鐵錢一十萬貫就差蘄春知縣兼管既而以所置監在蘄口鎮去州城差遠蘄春知縣難以兼監許令選差一員奏辟監視至是罷之十五日提點鑄錢司言江撫州興國臨江軍鑄錢監如歲鑄及額知通監官乞與一等各減半年磨勘虧及一分者展半年磨勘若於額外增鑄及一萬貫即與比類通減一年磨勘下工部勘當請依所乞外其逐監比歲額虧及一萬貫亦比類通展磨勘一年仍令本司歲具逐監實鑄過錢及

官職姓名以聞從之既而江州廣寧監興國軍富民監元以一十萬貫為額知通監官減磨勘一年虧及一分展磨勘半年臨江軍豐餘監撫州裕國監元以五萬貫為額比江州興國軍兩監減半賞罰其後廣寧富民監各減作九萬貫豐餘裕國監各增作六萬貫本司以其增減不同故有是命二月十三日中書門下省言提點鑄錢王楫興復坑場鼓鑄精緻各行推賞詔王楫特一官吏減二年磨勘監督官章洞監官周椿沈作賓各減二年磨勘葉箕減二年磨勘李大正候所鑄錢起到行在量度推賞七月二日提點鑄錢李大正言被旨遍詣所管坑冶州軍除已到贛袁潭三州外所有襄房辰沅州

及二廣福建去處乞依潼川利州路分委各監司與逐州守倅保明申省事下工部本部勘會惟京西襄陽府房州欲依所乞從之 二年二月二十二日提點鑄錢王楫言建寧府豐國監已行住罷令二年間並不興鑄乞將監轄收支物料鼓鑄錢寶官一員減罷依省罷法從之二十四日楫又言諸處場監官乞從提點官選擇辟差一次如有敗事舉官同坐從之 三年五月十一日戶工部言提點鑄錢王楫鼓鑄銅錢逓年虧減却以打造麻扎及雁翅刀為詞又乞以元降鑄本舊錢通計新錢起發失鼓鑄本意詔楫降兩官仍自淳熙三年為始須管每年鼓鑄數足不得拖欠 五年六月二十七

日詔江淮等路提點坑冶鑄錢公事可依景祐元年故事銜内帶都大二字與提刑序官　九年十一月二十三日詔左藏南庫借會子二萬貫文付坑冶司鼓鑄錢本却仰本司發回茶引二萬貫文赴行在都茶場送納仍將本引現在之數日下措置給賣及據撥足本錢嚴禁拘催須管鼓鑄及額毋致拖欠以本司言坑戶闕錢採打銅鉛有妨鼓鑄乞將元給降茶引五萬貫文給換官會應副支遣故也　十年一月二十二日詔諸州所欠鑄錢司錢七年已前並與蠲放八年已後行下州縣盡數撥還　十二年三月二十二日省韶州永通監監官置潭州衡山縣泉井銅鉛場監官一員既而都大提點坑冶鑄錢司言永通監監官全無職事徒費廩祿而衡山縣泉井銅鉛新發二年間趁銅一萬二千九百餘斤鉛七千五百餘斤而有是請　十三年八月一日都大提點坑冶鑄錢公事趙師彝言信州鉛山縣坑冶場鋪兵處因縣道不支衣糧畫降指揮專委任官別置倉庫支納竊詳鉛山令丞各係主管坑冶官知縣以兼兵馬都監繫銜趁辦銅鉛增虧均受賞罰其鉛山場趁銅兵級知縣自當管轄但未有明降指揮所以不曾干預令欲將鉛山場兵級令丞與監場檢踏官同共統轄彈壓措置坑冶事務其場兵衣糧縣丞專一拘催及時支散其餘有坑冶場兵處亦乞準此從之　紹熙元年十

卷一千一百二十

二月三日提點坑冶鑄錢司言嚴州神泉監鼓鑄合用銅鉛係於信州鉛山場等處支撥緣般運費力多是空閑工役兼去永平監差遠鑄料間有不相接濟令乞只就永平監一處鼓鑄人力不闕寔為利便所是神泉監見任監官候鑄絶物料日并已差下替人並乞與對換一等差遣人吏專知發歸元來去處兵匠移填本州廂軍及嚴州石堰場銅鑛日來衰微其監官二員亦乞省減一員見任人許令終滿已差下替人亦與對換一等差遣從之　二年二月五日四川總領李結言利州紹興監見管工匠一百八十七人除招刺到監兵子弟及舊投刺軍匠三十六人外其餘皆是諸處配到貸命之人晝則重役夜則鏁錮無有出期乞下鑄錢司日後遇有配到人兵將在監執役年遠者逐旋填替發還元本州軍内癃老疾病與詳元放停若筋力尚壯情理兇惡者與在州羈管兼本監軍匠最係重役而衣糧未能衆足乞各除舊請外更與添支米二斗逐部指定紹興監見管兵匠一百八十七人工匠數足可以立為定額如日後諸處配到人溢額許將見在老弱之人揀放如元係軍人願歸本軍百姓願充廂軍者聽其元犯情重永不放還之人不許揀放所乞支米欲行下本路漕司於見管米内那融應副按月支給並從之七月二十八日提點江淮湖北鐵冶鑄錢劉煒言照應創置提點鐵冶

卷一千一百二十

司事務最為繁冗今措置下項一照得淮南運司淮西
提刑提舉常平茶盬四司止有屬官并檢法官共三員
内檢法官不許差出淮南運司舊有添差幹辦公事一
員見令闕人今乞省併却移充提點鐵冶司幹辦公事
窠闕就無為軍置司一乞置檢踏官二員内一員舒州
置司往來兼管舒州光州錢監事一員蘄州置司往來
兼管蘄州漢陽興國軍錢監事並許於曾經本路本軍
縣差遣任滿及見任官選人内選擇辟差一乞置監門
官一員兼受給專關防滲漏及人匠出入搜檢許本司
於文臣選人武臣小使臣内通行踏逐有材幹公廉經
任之人一照應見令舒州同安監蘄州蘄春監監官元

卷一千一百二十

係本州辟差今乞止許本司差辟一照應捕捉私鑄全
藉巡尉乞將湖北路德安府復州漢陽軍鄂州江西路
隆興府興國軍江州江東路南康軍寧國府池州太平
州建康府及兩淮州軍都監巡尉銜内並帶巡捉私鑄
鐵錢任滿批上印紙悉從之十一月二十七日南郊赦
勘會諸路州縣坑冶興發在觀寺祠廟公宇居民墳地
及近墳園林地者在法不許人告亦不得受理訪聞官
司利於告發吏不究實多致騷擾及有坑冶停閉苗脈
不發去處勒令坑戶虛認歲額可令提點鑄錢司委官
詢訪日下改正仍檢坐見行條法指揮約束常切遵守
如有違戾許人戶越訴　三年三月九日提點鑄錢司

言竊見建寧府大挺鉛場昨來係坑戶撲認淨利日來
興發浩瀚乞將豐國監監官兼監大挺鉛場往來管幹
兩處職事若將來大挺場採取盡絕即仰往兼詣建寧
府大挺場別置監官一員依處州石堰庫山銀銅場例
作堂闕差人其豐國監令坑冶司相度合與不合省罷
既而坑冶司言照得舊係建寧府嚴州贛州三監與饒
州分鑄今併就永平一監稍覺難辦况豐國監有交受
南劍等州并大挺場坑冶銅鉛從本監轉發前來永平
監鼓鑄事體稍重若省罷豐國監官深慮福建一路坑
場轉發銅鉛遲滯欲乞仍舊存留免將來再有申乞復
置從之　慶元元年十二月三日右正言兼侍講劉德

卷一千一百二十

秀言坑冶司凡所總管屬自主管文字而下至於監轄
坑場幾三十員隨事之輕重職之崇卑莫不皆有責任
唯建寧之豐國監贛之鑄錢院舊各置監官一員後緣
銅料不繼罷去鼓鑄而監官至今猶存冶司舊有辟差
窠闕凡六近以其一歸堂除而今所存者尚有五闕吉
州置司檢踏官監潭之永興場監建寧之瑞應場與夫
處之石堰庫山場監轄使臣是也乞廢罷前兩監官少
寬州縣冗食之患舉後五闕皆歸吏銓以聽公選詔吉
州檢踏官潭州永興場建寧府瑞應場三闕令後堂除
餘并依其廢罷兩監官見任人許終滿差下人依省罷
法　三年八月十六日江淮等路都大提點坑冶黄唐

奏本司歲計支遣錢二十六萬緡內十九萬緡係省額錢均撥諸州供納外三萬緡有奇係本司收到坑場所產花利錢尚欠三萬緡係逐年拘催到諸州未解錢數補湊支遣欲乞令本司令後於次年春季之終取一郡欠數最多者申奏朝廷主管官量賜責罰廢錢主管官有以任其責户部勘當欲下本司照合起條限催發如有違欠最多去處仰徑申朝廷取旨施行從之二十九日中書門下省言已降指揮諸路屬官令後並不許差注本貫及居止在本路者見任人令終滿已差下人聽兩易添差不釐務者非詔坑冶司屬官止避本貫及居止處

卷一千一百二十

四年二月五日中書門下省下嚴州神泉監復置之初已鮮到當三新錢三千貫鼓鑄精緻見得究心措辦理宜議賞詔監官如三年鑄及十萬貫減改官舉主兩員又能催趲工程即照應已降指揮吏與優異推賞其知通應辦無遺闕每歲各減一年磨勘如不及全年計日推賞

嘉定十五年七月二十二日臣僚言銅錢寖少楮券寖輕不可不慮夫錢者本也楮者末也中興之初分鑄於虔饒二州除椿留外歲鮮緡錢四十九萬令總九路為一司歲額近有十五萬乃累政積壓至五十六年之錢猶未起發尚何望其佐國之經費乎彼司提點之職者亦非不欲課額登足積弊相仍難以頓革非上之出令有以申嚴之則人心未易聽從夫其為

弊固多端而關於利病之大者有三焉一曰鉟銷滲漏之多二曰本錢支遣不敷三曰官屬體統不一夫銅為有限而用之者無窮勢家器具商賈般載散之外境安得而不耗此鉟銷滲漏之弊也坑冶本錢朝廷於諸郡科撥歲總十九萬緡而州郡馴習拖欠每歲纔及十三四萬故工役之費卒不能給此本錢支遣不敷之弊也國家張官置吏有長有屬使之作統相維叶力裨贊而冶司所總之路既廣故有檢踏布於江浙湖廣間分司以董之顧乃闕到之官任滿解職與冶司邈不相關其貪者殘食本錢繆者虧折銅課不卹也所謂相維裨贊之意何在此體統不一之弊也乞申飭有司檢照累降指揮嚴漏泄之禁官民之家不得以銅為器玩每郡專委通判檢察其料撥本錢去處亦專委通判拘催如額解發還許冶司奏聞分司檢踏官並要赴冶司銓量然後之任如此則三者之弊可革而錢楮庶乎可以相權實正本澄源之策也從之

卷一千一百二十

全唐文

宋會要

市舶司掌市易南蕃諸國物貨航舶而至者初於廣州置司以知州爲使通判爲判官及轉運使司掌其事又遣京朝官三班内侍三人專領之後又於杭州置司淳化中徙置於明州定海縣命監察御史張肅主之明年肅上言非便復於杭州置司咸平中又命杭明州各置司聽蕃客從便若舶至明州定海縣監官封船荅堵送州凡大食古邏闍婆占城勃泥麻逸三佛齊賓同朧沙里亭丹流眉並通貨易以金銀緡錢鉛錫雜色帛精麤瓷器市易香藥犀象珊瑚琥珀珠琲賓鐵鼊皮瑇瑁瑪瑙車渠水晶蕃布烏樠蘇木之物太平興國初京師置榷易院乃詔諸蕃國香藥寶貨至廣州交阯泉州兩浙非出於官庫者不得私相市易後又詔民間藥石之具恐或致闕自今惟珠貝瑇瑁犀牙賓鐵鼊皮珊瑚瑪瑙乳香禁榷外他藥官市之餘聽市貨與民其後二州知州領使如勸農之制通判兼監而罷判官之名每歲止三班内侍專掌轉運使亦總領其事大抵海船至十先征其一其價直酌蕃貨輕重而差給之　太祖開寶四年六月命同知廣州潘美尹崇珂並充市舶使以駕部員外郎通判廣州謝處玭兼市舶判官　太宗太平興國元年五月詔敢與蕃客貨易計其直滿一百文以上

卷一千一百二十四

量科其罪過十五千以上黥面配海島過此數者押送赴闕婦人犯者配充針工淳化五年二月又申其禁四貫以上徒一年遞加二十貫以上黥面配本地充役兵

二年正月命著作佐郎李鵬舉充廣南市舶使　七年閏十二月詔聞在京及諸州府人民或少藥物食用今以下項香藥止禁榷廣南漳泉等州舶船上不得侵越州府界紊亂條法如違依條斷遣其在京并諸處即依舊官場出賣及許人興販凡禁榷物八種瑇瑁牙犀賓鐵鼊皮珊瑚瑪瑙乳香放通行藥物三十七種木香檳榔石脂硫黄大腹龍腦沉香檀香丁香丁香皮桂胡椒阿魏蒔蘿蓽澄茄訶子破故紙荳蔻花白荳蔻鵬沙紫礦胡蘆芭蘆會蓽撥益智子海桐皮縮砂高良薑草荳蔻桂心苗沒藥煎香安息香黄熟香烏樠木降真香琥珀後紫礦亦禁榷　雍熙四年五月遣内侍八人齎敕書金帛分四綱各往海南諸蕃國勾招進奉博買香藥犀牙真珠龍腦每綱齎空名詔書三道於所至處賜之　端拱二年五月詔自今商旅出海外蕃國販易者須於兩浙市舶司陳牒請官給券以行違者沒入其寶貨　淳化二年四月詔廣州市舶每歲商人舶船官盡增常價買之良苦相雜官益少利自今除禁榷貨外他貨擇良者止市其半如時價給之麤惡者恣其賣勿禁　至道元年三月詔廣州市舶司曰朝廷綏撫遠俗禁止末

卷一千一百二十四

游比來食祿之家不許與民爭利如官吏罔顧憲章苟
徇貨財潛通交易闌出徼外私市掌握之珍公行道中
靡虞薏苡之謗永言貪冒深蠹彝倫自今宜令諸路轉
運司指揮部内州縣專切糾察内外文武官僚敢遣親
信於化外販鬻者所在以姓名聞四月令金部員外郎
王澣與内侍楊守珷往兩浙相度海船路六月詔市舶
司監官及知州縣通判等今後不得收買蕃商雜貨及違
禁物色如違當重置之法先是南海官員及經過使臣
多請託市舶官如傳語蕃長所買香藥多虧價直至是
左正言馮拯奏其事故有是詔九月王澣等使還帝諭
以言事者稱海商多由私路經販可令禁之澣等言取

卷一千一百二十四　三

私路販海者不過小商以魚乾為貨其大商自蘇杭取
海路順風至淮楚間物貨既豐收稅復數倍若設法禁
小商州大商亦不行矣從之　真宗咸平二年九月兩浙
轉運使副王渭言奉敕相度杭明州市舶司乞只就杭
州一處抽解詔杭州各置市舶司仍取蕃官穩便　大
中祥符二年八月九日詔杭廣明州市舶司自今蕃商
齎鍮石至者官為收市斤給錢五百以初立禁科也時
三司定直斤錢二百詔特增其數　九年九月十八日
太常少卿李應機言廣州勾當市舶司使臣自今後望
委三司使副使判官或本路轉運使奏廉幹者充選從
之　天禧元年六月三司言大食國蕃客麻思利等回

收買到諸物色乞免緣路商稅令看詳麻思利等將博
買到真珠等合經明州市舶司抽解外赴闕進賣今却
作進奉名目直來上京其緣路商稅不令放免詔特蠲
其半　三年十月供備庫使侍其旭言廣州市舶庫門
舊令鈐轄監閲望止於都監押内輪司其事從之　四
年六月右諫議大夫李應機言廣州通判係審官院差
緣兼市舶公事望自今中書選差候得替日如不虧遮
年課額特與改官優加任使其市舶使臣亦候得替依
押香藥綱使臣例遷轉親民任使詔廣州通判於京朝
官中選累有人奏舉者具名取旨其市舶依所請施行
　仁宗天聖三年八月審刑院大理寺言監察御史朱

卷一千一百二十四　四

諫上言福州遞年常有舶船三兩隻到鍾門海口其郡
縣官員多令人將錢物金銀博買真珠犀象香藥等致
公人百姓接便博買却違禁賣貨不少乞申明條貫下
本州從之　四年十月明州言市舶司牒日本國太宰
府進奉使周良史狀奉本府都督之命將土產物色進
奉本州看詳即無本處章表未敢發遣上京欲令明州
只作本州意度諭周良史緣無本國表章難以申奏朝
廷所進奉物色如肯留下即約度價例迴答如不肯留
下即却給付曉示令迴從之五年九月自今遇有舶船
到廣州博買香藥及得一兩綱旋具聞奏乞差使臣管
押　六年七月十六日詔廣州近年蕃船罕至令本州

與轉運司招誘安存之。八年六月詔廣州監市舶司使臣自今三班院依棟走馬承受使臣例選取三人各曾有舉主三人已上者具脚色姓名供申樞密院其差出使臣如在任終滿三年委實廉慎別無公私過犯仍令本路轉運使副保奏當與酬奬。景祐五年九月七日太常少卿直昭文館任中師言臣在廣州奉敕管勾市舶司使臣三人通判二人亦是管勾市舶司名銜並同勘會所使印是市舶使字乞自今少卿監以上知廣州並兼市舶使入銜內兩通判亦充市舶判官或主轄市舶司事管勾使臣並申狀詔知州徐起兼市舶使令後少卿監已上知州兼市舶使餘不行。神宗熙寧四年五月十二日詔應廣州市舶司每年抽買到乳香雜藥依條計綱申轉運司召差廣南東西路得替官往廣州交管押上京送納事故衝替之人勿差至元符三年六月十一日廣東轉運司奏欲於上京送納字下添人如逐路無官願就即不限路分官員並許召差如無官仍約定綱數申省乞差軍大將裝押字從之．七年正月一日詔諸舶船遇風信不便飄至逐州界速申所在官司城下委知州餘委通判或職官與本縣令佐躬親點檢除不係禁物稅訖給付外其係禁物即封堵差人押赴隨近市舶司勾收抽買諸泉福緣海州有南蕃海南物貨船到並取公據驗認如已經抽買有稅務給到

回引即許通行若無照證及買得未經抽買物貨即押赴隨近市舶司勘驗施行諸客人買到抽解下物貨並於市舶司請公憑引目許往外州貨賣如不出引目許人告依偷稅法。七月十八日詔廣東路提舉司劾廣州市易務勾當公事呂邈以擅入市舶司拘攔蕃商物故也。十九日詔廣州市舶司依舊存留更不併歸市易務。九年五月二日中書門下言給事中集賢殿脩撰師孟乞罷杭州明州市舶司只就廣州市舶一處抽解欲令師孟赴三司同共詳議利害以聞三司言今與師孟同共詳議廣明州市舶利害先次刪立抽解條約詔恐逐州有未盡未便事件令更取索重詳定施行。元豐三年八月二十七日中書言廣州市舶條已修定乞專委官推行詔廣東以轉運使孫迥廣西以轉運使陳倩兩浙以轉運副使周直孺福建以轉運判官王子京迥直孺兼提舉推行倩子京兼覺察拘攔其廣南東路安撫使更不帶市舶使。五年十月十七日廣東轉運副使兼提舉市舶司孫迥言南蕃綱首持三　齊詹畢國主及主管國事國主之女唐字書寄臣熟龍腦二百二十七兩布十三疋臣昨奉委推行市舶法臣以海船法徼商旅輕於冒禁舞召賈胡示以條約曉之以來遠之意今幸刑戮不加而來者相繼前件書物等臣不敢受乞估直入官委本庫買綵帛物等候冬船回報謝之

所貴通異域之情來海外之貨從之十二月二十一日
廣西轉運副使吳潜言雷化發船之地與瓊島相對今
令倒下廣州請引約五千里不便欲乞廣西沿海一帶
州縣如土人客人以船載米穀牛酒黄魚及非市舶司
司抽解之物並更不下廣州請引詔孫迥相度於市舶
法有無妨礙　六年十一月十七日密州范鍔言欲於
本州置市舶司於板橋鎮置抽解務籠賈人專利之權
歸之公上其利有六使商賈入粟塞下以佐邊費於本
州請香藥雜物與免路税必有奔走應募者一也凡抽
買犀角象牙乳香及諸寶貨每歲上供者既無道塗勞
費之役又無舟行侵盜傾覆之弊二也抽解香藥雜物

每遇大禮内可以助京師外可以助京東河北數路賞
給之費三也有餘則以時變易不數月坐有倍稱之息
四也商旅樂於負販往來不絶則京東河北數路郡縣
税額增倍五也海道既通則諸蕃寶貨源源而來上供
必數部倍於明廣六也有是六利而官無横費難集之功
庶可必行而無疑況本州及四縣常平庫錢不下數十
萬緡乞借為官本限五年撥還詔都轉運使吳居厚悉
意斟酌條息以聞其後居厚言其取於輕重之權毅然
可見於今無不可推行之理欲稍出錢帛議其取舍之
便考其贏縮之歸仍上置推易務差官吏牙儈法請自
七年三月推行已而居厚又言鍔所請置抽解務如此

則犀制明廣二州已成之法非淛廣江淮數路公私之
便海道至南蕃極遠登萊東北密邇遼人雖立透漏法
勢自不可拘攔而板橋又非商賈輻湊之地恐不可施
行　哲宗元祐二年十月六日詔泉州增置市舶　三
年三月十八日密州板橋置市舶司　五年十一月二
十九日刑部言商賈許由海道往來蕃商興販並具入
船物貨名數所詣去處申所在州仍召本土物力戶三
人委保州為驗實牒送願發船州置簿給公據聽行回
日許於合發船州住舶公據納市舶司即不請公據而
擅乘船自海道入界河及往高麗新羅登萊州界者徒
二年五百里編管往北界者加二等配一千里並許人

告捕給船物半價充賞其餘在船人雖非船物主並杖
八十即不請公據而未行者徒一年鄰州編管賞減擅
行之半保人並減犯人三等從之　元符二年五月十
二日戶部言蕃船為風飄着沿海州界若損敗及船主
不在官為拯救録物貨許其親屬召保認還及立防守
盜縱詐冒斷罪法從之　徽宗崇寧元年七月十一日
詔杭州明州市舶司依舊復置所有監官專庫手分等
依逐處舊額　三年五月二十八日詔應蕃國及土生
蕃客願往他州或東京販易物貨者仰經提舉市舶司
陳狀本司勘驗詣實給與公憑前路照會經過官司常
切覺察不得夾帶禁物及姦細之人其餘應有關防約

來事件令本路市舶司相度申尚書省先是廣南路提
舉市舶司言自來海外諸國蕃客將寶貨渡海赴廣州
市舶務抽解與民間交易聽其往還許其舉止令來大
食諸國蕃客乞往諸州及東京買賣未有條約故有是
詔　四年五月二十日詔每年蕃船到岸應買到物貨
合行出賣並將在市實直價例依市易法通融收息不
得過二分從廣南提舉市舶司請也　五年三月四日
詔廣州市舶司舊來發船往來南蕃諸國博易回元豐
三年舊條只得却赴廣州抽解後來續降沿革不同今
明許於非元發船州住舶抽買緣此大生奸弊虧損課
額可將元豐三年八月舊條與後來續降衝改條詳從

長立法遵守施行　大觀元年三月十七日詔廣南福
建兩浙市舶依舊復置提舉官　三年七月二十詔罷
兩浙路提舉市舶官令提舉常平官兼專切提舉通判
管勾　政和二年五月二十四日詔兩浙福建路依舊
復置市舶從福建路提點刑獄邵濤請也　三年七月
十二日兩浙提舉市舶司奏至道元年六月二十六日
勑應通判諸色官員并市舶司官使臣等今後並不得
收買蕃商香藥禁物如有收買其知通諸色官員并市
舶司官並除名使臣決配所犯人亦決配緣止係廣南
一路指揮詔申明行下　四年五月十八日詔諸國蕃
客到中國居住已經五世其財產依海行無合承分人

及不經遺囑者並依戶絕法仍入市舶司拘管　五年
七月八日禮部奏福建提舉市舶司狀昨自興復市舶
已於泉州置來遠驛與應用家事什物等並足定犒設
饋送則例及以置使臣一員監市舶務門兼充接引幹
當來遠驛及本司已出給公據付劉著等收執前去羅
斛占城國說諭詔納許令將寶貨前來投進外今照對
慕化貢奉諸蕃國人等到來合用迎接犒設津遣差破
當直人從與押伴官等有合預先措置申明事件今措
度欲乞諸蕃國貢奉使副判官首領所至州軍乞用妓
樂迎送許乘轎或馬至知通或監司客位俟相見罷赴
客位上馬其餘應干約束事件並乞依蕃蠻入貢條例

施行如更有未盡事件取自朝旨本部尋下鴻臚寺勘
會據本寺狀稱契勘福建路市舶司依崇寧二年二月
六日朝旨招納到占城羅斛二國前來進奉內占城先
累赴闕係是廣州解發外有羅斛國自來不曾入貢市
舶司自合依政和令詢問其國遠近大小強弱與已入
貢何國為比奏本部勘會今來本司並未曾勘會係
比奏及申明合用迎接等事今欲下本司勘會依降比
奏施行詔從之八月十三日詔提舉福建路市舶施述
與轉一官以詔誘抽買寶貨增羨也　七年七月十八
日提舉兩浙路市舶張苑奏欲乞鎮江平江府如有蕃
商願將舶貨投賣入官即令稅務監官依市舶法博買

內上供之物依條附綱起發不堪上供物貨關提刑司選官估賣從之　宣和元年八月四日又奏政和三年七月二十四日聖旨於秀州華亭縣興置市舶務抽解博買專置監官一員後來因青龍江浦堙塞少有蕃商舶船前來續承朝旨罷去正官令本縣官兼監今因開修青龍江浦通快蕃商舶船輻湊住泊雖是知縣兼監其華亭縣係繁難去處欲乞依舊置監官一員管幹乞從本司奏辟從之十二月十四日詔福建提舉市舶蔡栢職事修舉可特轉一官勾當公事趙賁轉一官令再任　三年十一月二十六日詔諸路市舶本錢並依茶鹽錢已得指揮　四年五月九日詔應諸蕃國進奉物依元豐法更不起發就本處出賣倘敢違戾市舶司官以自盜論　七年三月十八日詔降給空名度牒廣南福建路各五百道兩浙路三百道付逐路市舶司充折博本錢仍每月具博買并抽解到數目申尚書省　高宗建炎元年六月十三日詔市舶司多以無用之物枉費國用取悅權近自今有以篤耨香指環瑪瑙猫兒眼睛之類博買前來及有虧蕃商者皆重寘其罪令提刑司按察聞奏十四日詔兩浙福建路提舉市舶司併歸轉運司令逐司將見在錢穀器皿等拘收具數申尚書省十月二十三日承議郎李則言閩廣市舶舊法置場抽解分為麤細二色般運入京其餘麤重難起發之物

本州打套出賣自大觀以來乃置庫收受務廣帑藏張大數目其弊非一舊係細色綱只是真珠龍腦之類每一綱五千兩其餘如犀牙紫礦乳香檀香之類盡係麤色綱每綱一萬斤凡起一綱差衙前一名管押支腳乘贍家錢約計一百餘貫大觀已後犀牙紫礦之類皆變作細色則是舊日一綱分為之十二綱多費官中腳乘贍家錢三千餘貫乞將前項抽解麤色並令本州依時價打套出賣盡作見錢樁管許諸客人就行在中納見錢齎執兌便關子前來本州支請詔依舊餘依所乞二年五月二十四日詔依舊復置兩浙福建路提舉市舶司尚書省言併廢以來土人不便虧失數多故復置之六月十日詔給度牒師號一十萬貫付福建路十萬貫付兩浙路專充市舶本錢十八日兩浙路提舉市舶吳說劄子契勘本司廨宇舊在杭州已經燒毀伏見杭州神霄宮依昨降朝旨廢罷見今空閑欲乞踏逐一位子量以本司頭子錢等筭安着一行官吏詔依仍不得過四十間七月八日詔兩浙路市舶司以降指揮減省冗費每遇海商住舶依舊例支送酒食罷每年燕犒其上供細色物貨並遵舊制團綱起發羅步擔雇人廣南福建路市舶司準此十月十七日司農卿黃鍔奏臣聞元祐間故禮部尚書蘇軾奏乞依祖宗編敕杭明州並不許發船往高麗違者徒二年沒入財貨充賞併乞删

除元豐八年九月內創立許海船附帶外夷入貢及商
販一條並蒙朝廷一一施行臣近具海船擅載外國入
貢條約稟之都省蒙劄付臣戒諭臣已取責船戶陳志
蔡周純狀稱今後不得擅載如違徒二年財物沒官之
罪欲望特降處分下諸路轉運市舶司等處依應遵守
不許違戾從之　四年二月二十六日尚書省言廣南
路提舉市舶司言檢准敕節文廣南市舶司狀廣州司
船庫逐日收支寶貨錢物浩瀚全藉監門官檢察欲乞
許從本司奏准無賦私罪文武官充廣州市舶庫監門
庶幾得人檢察杜絕侵盜之弊從之六月二十二日詔
諸路市舶司錢物今後並不許諸司官劃刷如違以徒

卷一千一百二十四　十三

二年科罪　十月十四日提舉兩浙路市舶劉無極言
近准戶部符仰從長相度將秀州華亭縣市舶務移就
通惠鎮具經久可行事狀保明申請施行今相度欲且
存華亭縣市舶務卻乞令通惠鎮稅務監官招邀船船
到岸即依市舶法就本州抽解每月於市舶務輪差專
秤一名前去主管候將來見得通惠鎮商賈免般剝之
勞往來通快物貨興盛即將華亭市舶務移就本鎮置
立詔依　紹興元年十一月二十六日提舉廣南路市
舶張書言言契勘大食人使蒲亞里所進大象牙二百
九株大犀三十五株在廣州市舶庫收管緣前件象牙
各係五七十斤以上依市舶條例每斤價錢二貫六百

文九十四陌約用本錢五萬餘貫文省欲望詳酌如數
目稍多行在難以變轉即乞指揮起發一半令本司委
官秤估將一半就便搭息出賣取錢添同給還蒲亞里
本錢詔令張書言揀選大象牙一百株并犀二十五株
起發赴行在准備解笏造帶宣賜臣僚使用餘依　二
年正月二十六日詔令戶部取會兩浙等三路提舉市
舶司酌中年分起發上京物數并抽解博買用過錢
數及賣過物色若干等自權住起發後來所有抽解買
賣到息錢並依此開具申尚書省內兩浙係近便仍責
限回報先次措置三月三日詔兩浙提舉市舶移就秀
州華亭縣置司官屬供給令秀州應副　四月二十六

卷一千一百二十四　十四

日戶部言據提舉廣南路市舶張書言劄子近年以來
不蒙朝廷給降本錢兩轉運司又取撥過本司見錢五
萬貫文見今委實闕乏詔令禮部給降廣南東路空名
度牒三百道紫衣兩字師號各一百道撥還本司充博
買本錢支用六月二十一日廣南東路經略安撫提舉
市舶司言廣州自祖宗以來興置市舶收課入倍於他
路每年發船月分支破官錢管設津遣其蕃漢綱首作
頭梢工等人各令與坐無不得其懽心非特營辦課利
蓋欲招徠外夷以致柔遠之意舊來或遇發船眾多及
進貢之國併至量增添錢數亦不滿二百餘貫費用不
多所說者眾今准建炎二年七月敕備坐前提舉兩浙

市舶吳説劄子每年宴犒諸州所費不下三千餘貫委
是枉費緣吳説即不曾取會本路設蕃所費數目例蒙
指揮寢罷竊慮無以招懷遠人有違祖宗故事欲乞依
舊犒設從之　七月六日福建路安撫轉運提舉司奏
准紹興二年四月十一日德音勘會本路地狹民貧官
吏猥衆訪聞市舶只是泉[州]一處舊來係守臣兼領今既
有提舉設屬置吏費耗祿廩其利之所入徒濟姦私而
公上所得無幾仰本路帥臣監司同共相度可與不可
廢罷條具聞奏逐司今相度到未置提舉官已前只是
本路轉運或提刑司官兼領比置官後所收課額元無
漏落兼每歲自八月以後至六月以前風信不順即無
販𦨞及海南回船到岸其提舉司官吏於上項月分並
各端閑委是以廢還逐司詔依仍委本路提刑司兼領
　八月六日詔市舶司廢罷其本司銀器錢物並令起
赴行在左藏庫送納舊管人吏以入仕年月日先後三
分中存留一分官吏請給舊費令提刑司取見元支窠
名每月支數依元窠名樁收訖具狀申尚書省尋詔市舶司屬官不
罷　九月二十五日詔舊市舶司職事令福建提舉茶事
兼領前降令提刑司兼領指揮更不施行　十月四日詔
福建提舉茶事司權移往泉州就舊提舉市舶司置司
將令來兼管市舶司職務繁衝　三年六月四日戶部
言昨承朝旨取會兩浙市舶司已前酌中年分起發上

卷一千一百二十四

十五

京物數若干等數權往起發往來抽解轉買及一面賣
過物數所用本柄收到息錢並依此開具供申仍分明
聲說曾如何支使見在之數於何處樁管候比照驅考
有無虧損侵隱措置經久可行利害申尚書省本部行
下本司取會開具依應回報去後今據兩浙提舉市舶
司申本司契勘臨安府明溫州秀州華亭及青龍近日
場務昨因兵火實無以前文字供攢本司今依應將本
路收復以後建炎四年紹興元年二年內取紹興元年
酌中一年一路抽解博買[到]貨物比附起發變賣收到本
息錢數目開具如後一本路諸州府市舶務五處紹興
元年一全年共抽解一十萬九百五十二斤零一十四
兩尺錢二字八半段等本部尋行驅考得雖有所收息
錢其間多有一面支使名色不一例各不見具致許支
條法比欲再行取會又恐內有違法擅支數目遷延月
日不肯依公回報若不別作擘劃又緣市舶務所管朝
廷錢物浩瀚唯在提舉司檢察拘轄似此深恐得以侵
用因而隱失財計今相度欲乞委兩浙提刑司取索市
舶司自建炎四年以後應支使錢物窠名數干照并許
支條法指揮逐一子細驅磨將不合支破錢數依舊追
理撥還入官添助博買錢本仍乞令諸通判自今後遇
市舶務抽買客人物貨須管依條躬親入務同監官抽
買及自紹興三年為始歲終取會逐務開具的實買到

卷一千一百二十四

十六

物貨名色數目用過本錢營運利息應支使錢物夾細帳狀保明申淛西提刑司從本司取索驅考如稍有隱漏不實之數並依無額上供法施行若逐州通判不依法躬親入務同監官抽買亦乞令提刑司按劾施行詔依七月一日詔廣南東路提舉市舶官今後遵守祖宗舊制將中國有用之物如乳香藥物及民間常使香貨並多數博買内乳香一色客算尤廣所差官自當體國招誘博買仍令户部限三日將市舶司抽解博買舊法參酌重別立定殿最賞罰條格具狀申尚書省以尚書省言提舉官往往非其人致蕃商稀少理合講究故也八月二十二日新差提舉廣南路市舶姚焯言蒙恩付

卷一千一百二十四　十七

以南海舶事唯蕃商物貨之職而已他不與焉今赴新任竊塈〔恐〕入境之後或見本路民間有的實利病乞依守臣五事例得以條具聞奏庶幾遠民咸喻德意從之九月九日詔廣南市舶庫錢物除朝廷指定取不合應付外其餘官司今後並不得取撥支使雖奉特旨亦聽本司執奏不行提舉姚焯言本司錢本多爲轉運司畫旨取撥致無以應副蕃商故也十一月十二日户部言諸路收買市舶司博易物色本錢欲依舊用坊場錢應副從之十二月十七日户部言勘會三路市舶除依條抽解外蕃商販到乳香一色及牛皮筋角堪造軍器之物自當盡行博買其餘物貨若不權宜立定所起發窠名

烏牛角下脫白牛角

窠處枉費脚乘欲令三路市舶司將今來立定名色計置起發下項名件欲令起發赴行在送納金銀真珠玉乳香牛皮筋角象牙犀腦子麝香沉香上中次箋香檀香烏文木鵬砂朱砂木香人參丁香琥珀珊瑚蘇合油白荳蔻牛黄膃肭臍龍涎香藤黄血碣蓽澄茄安息香縮砂降真香肉荳蔻訶子船上茴香茯苓菩薩香鹿茸黑附子油腦茯苓琥珀上等螺犀中等螺犀下等螺犀水銀上等藥犀中等藥犀下等藥犀鹿速香赤倉腦米腦腦泥木札腦夾雜銀石碌白附子銅器銀八哥子南蕃蘇木高州蘇木隨風子青木香乾薑川芎紅花雄黄川椒石鍾乳瑠黄白木夾雜黄熟香頭上等生香茴香

卷一千一百二十四　十八

烏牛角沙魚皮上等鹿皮魚膠海南蘇木熟速香畫黄龜鼊皮魚鰾椰心簟蕃小花狹簟菱牙簟蕃顯布海南碁盤布海南吉貝布海南青花碁盤皮單下色餅香海南白布海南白布皮單揀香上色餅乳香中色餅香次下色餅香上色袋香中色袋香下色袋香乳香塌香黑塌香水濕黑塌香青碁盤布細生速香斫削揀選低下水濕黑塌香黄蠟松子榛子夾煎黄熟香頭白蕪荑山茱萸芧朮防風杏仁五苓脂黄耆土牛膝毛絁布高麗小布占城速香生熟香夾煎香上黄熟香中黄熟香下箋香石斛下項名件欲令本處一面變賣薔薇水御碌香蘆薈阿魏蓽撥史君子荳蔻花肉桂桂花指環腦丁

香母扶律膏大風油加香路（路青）火丹子紫藤香篤芹子茴蔻黑萬耨龜童洩藥天南星青桂頭秦皮橘皮鼈甲蒔蘿官桂榆甘子益智高良薑甲香天竺黃草荳蔻藿香紅豆草菓大腹子肉破故紙苓苓香蓬莪朮木鼈子石決明木蘭皮丁香皮殼荳蔻烏藥柳桂桂皮檀香皮薑黃柏思子蒼朮青椿香幽香桂心大片香薑黃熟纏末潮腦三賴子龜頭枝實密木檀香纏丁香枝白膠香檣香頭雞骨香龜同香白芷亞濕香木蘭茸烏黑香麤熟香下等丁香下等冐頭香下等麤香頭下等青桂片香麤香木蕃檳榔肉連皮檳榔舊香達皮大腹麤熟香頭海桐皮松搭子犀蹄土半夏常山菟仁遠志暫香下速香下黃熟香照依

五年閏二月八日，詔市舶務監官并見任官詭名買市舶司及強買客旅舶貨，以違制論，仍不以赦降原減，許人告，賞錢一百貫，提舉官知通不舉劾，減犯人罪二等。　六年十二月十三日，詔蕃舶綱首蔡景芳特與補承信郎，以福建路提舉市舶司言景芳招誘販到物貨，自建炎元年至紹興四年收淨利錢九十八萬餘貫，乞推恩故也。二十九日，戶部言：兩浙市舶司申看詳到泉州相度，乞今後蕃商販到諸雜香藥，除抽解外取願不以多少博買外，其抽解將細色直錢之物依法十分抽解一分，其餘麤色並以十五分抽解一分。若依所乞，即於本路委是利便等事，送戶部勘當。

本部言：欲下三路市舶司更切契勘，如委實可行，不致虧損課息，即依所乞施行，仍仰今後博買物貨照應前後節次已降指揮博買施行，毋致枉有占壓本錢。除象牙、乳香、真珠、犀係是寶貨之物，合依舊分數抽解外，其諸雜香藥物貨欲依已勘當事理施行。詔依。　七年七月二日，三省言：紹興七年三月二十一日敕節文：監司、大蕃節鎮知州差初任通判資序以上人，軍事州軍監第二任知縣資序以上人。檢準紹興敕，諸稱監司，謂轉運、提點刑獄，其提點坑冶鑄錢、茶鹽、市舶未有該載。詔提舉坑冶鑄錢依監司，茶鹽、市舶依軍州事已降指揮施行。閏十月三日，上曰：市舶之利最厚，若措置合

宜，所得動以百萬計，豈不勝取之於民？朕所以留意於此，庶幾可以少寬民力爾。先是，詔令知廣州連南夫條具市舶之弊，南夫奏至，其一項：市舶司全藉蕃商來往貨易，而大商蒲亞里者既至廣州，有右武大夫曾納利其財，以妹嫁之，亞里因留不歸。上令委南夫勸誘亞里歸國，往來幹運蕃貨，故聖諭及之。　八年七月十六日，臣寮言：廣南、福建、兩浙市舶司抽買到市舶香藥物貨，依紹興六年四月九日朝旨，立定合起發本色，并令本本處一面變轉價錢，赴行在送納名件，緣合起發內尚有民間使用稀少等名色，若行起發，竊慮枉費腳乘及虧損官錢。詔令逐路市舶司如抽買到和劑局無用并

桂寫不空

臨安府民間使用稀少物貨更不起發本色一面變轉價錢赴行在庫務送納内廣南福建路仍起輕齎。十一年十一月戶部言重行裁定布市舶香藥名色仰依合起發名件須管依限起發前來所是本處變賣物貨除將自來條格内該載合充循環本錢外其餘遵依已降指揮計置起發施行不管違戾合赴行在送納可以出賣物色細色呵子中箋香沒藥破故紙丁香木香茴香茯苓玳瑁鵬砂蒔蘿紫礦瑪瑙水銀天竺黄末珠砂人參鼉皮銀子下箋香芥子銅器銀珠熟速香帶根丁香桔梗澤瀉茯神金船上茴香中熟速香玉乳香麝香夾雜金夾雜銀沉香上箋香次箋香鹿茸珊瑚蘇合油牛黄血竭膃肭臍龍涎香華澄茄安息香琥珀雄黄鍾乳石薔薇水蘆薈阿魏黑篤耨鱉甲篤耨香皮篤耨香沒石子雌黄鷄舌香香螺奄葫蘆芭翡翠金顏香畫黄白荳蔻龍腦有九等　熟腦　梅花腦　米腦　白蒼腦　油腦　赤蒼腦　腦泥　鹿速腦　木札腦　麤色　胡椒檀香夾箋香黄蠟黄熟香吉貝布襪面布香米縮砂乾薑蓬莪朮生香斷白香藿香蓽撥益智木鼈子降真香桂皮木綿史君子肉荳蔻檳榔青橘皮小布大布白錫甘草荊三稜碎箋香防風蒟醬次黄熟香烏里香苓上香中黄熟香冒頭香三賴子青苧布下生香丁香海桐皮蕃青班布下等冒頭香下等五里香苓牙蓽修割香中生香白附

子白熟布白細布山桂皮暫香帶枝檀香鉛土茴香烏香斗盍香半夏芎藭布石碌紫藤香官桂桂花花藤麤香紅荳高良薑藤黄黄熟香頭叙藤黄熟香片螺頭斬剉香生香片水藤皮蒼朮紅花片藤瑠琉水盤頭赤魚鰾香纏小片水盤頭杏仁紅橘皮二香大片香糖霜天南星松子麁小布大片水盤香中水盤香獐腦青桂香斧口香白苧布鞋面布丁香皮草菓生苧布土檀香青花蕃布旋蓉螺犀隨風子細丁海母適同亞濕香菩提子鹿角蛤蚧洗銀珠花梨木瑠璃珠椰心簟犀蹄蕃糖師子綏枝實麁重柱費腳乘宋木大蘇木小蘇木硫礦白藤棒修截香青桂頭香蕃蘇木　蘇木

鑊鐵白藤麁鐵水藤坯子大腹子薑黄麝香木跳子鷄骨香大腹檀香皮把麻倭板倭枚板板頭薄板板掘短板肩椰子長薄板合蕈火丹子蛀蚶乾倭合山枝子白檀木黄丹麝檀木苧麻蘇木稍鞦相思子倭梨木榼藤子滑皮松香螺殼連皮大腹吉貝花布吉貝紗縵枝菓砂黄麁生香琉黄泥黄木柱短小零板杉枋厚板松枋海松板木枋厚板令赤藤厚枋海松枋長小零板板頭松花小螺殼麁黑小布杉板狹小枋令團合雜木柱枝條蘇木水藤篾三抄香圓鐵腳珠蘇木腳生羊梗黄絲火杴煎盤黑附子油腦藥犀青木香白朮蕃小花狹簟海南白布單青蕃碁盤小布白蕪荑山茱萸茅朮五苓脂

黃耆毛施布生熟香石斛大風油秦皮草荳蔻烏藥香
白芷木蘭茸蕤仁遠志海螺皮生薑黃芩龍骨草梳頭
土琥珀吟餅密木白眼香鬱香鐵熨斗土鍋荳蔻花砂
魚皮柏還腦香栢皮黃漆滑石蔓荊子金毛狗脊五加
皮榆甘子菖蒲土牛膝甲香加路香石花菜麤絲蠒頭
大價香五倍細辛䛕腦舊香御碌香大風子檀香皮纏
香皮纏末大食芎藭梅董陸香召亭枝龜頭犀香荳根
白腦香生香斤舶上蘇木水盤頭幽香蕃頭布海南碁
盤布海南青花布皮單長木長倭條短板肩二十三日
臣寮言廣東福建路轉運司遇舶船起發差本司屬官
一員臨時點檢仍差不干礙官一員覺察至海口俟其

卷一千一百二十四

放洋方得回歸如所委官或縱容般載銅錢並乞顯罰
以為慢令之戒詔下刑部立法刑部立到法諸舶船起
發（販蕃及外蕃進奉人使回蕃船同）所屬先報轉運司差不干礙官一
員躬親點檢不得夾帶銅錢出中國界仍差通判一員
（謂不干預市舶職事者差獨員或差委清強官）覆視候其船放洋方得回歸諸
舶船起發（販蕃及外蕃進奉人使回蕃船同）所委點檢官覆視官同容
縱夾帶銅錢出中國界首者依知情引領停藏負載人
法（失覺察者減三等）即覆視官不候其船放洋而輒回者徒一
年從之　十二年十二月十八日詔福建路提舉市舶
令見任官專一提舉其已差下替人令疾速赴任專一
提舉茶事福建路提舉市舶司昨自紹興二年廢罷遂

令提舉茶事司兼領就泉州置司時朝廷措置福建臘
茶欲就行在置局給賣於是通判臨安府呂滋言乞將
福建路茶事司依舊復歸建州專一主管買發臘茶而
戶部言令將提舉市舶司未廢併以前官吏令量減孔
目官手分各一名外每月約支錢止三百九十貫米止
十七碩比之茶事司見請錢米其錢歲減二千四百六
十貫米減一百二十六碩故有是詔　十四年九月六
日提舉福建路市舶樓璹言臣昨任廣南市舶司每年
於十月內依例支破實錢三百貫文排辦筵宴係本司
提舉官同守臣犒設諸國蕃商等令來福建市舶司每
年止量支錢委市舶監官備辦宴設委是禮意與廣南

卷一千一百二十四

不同欲乞依廣南市舶司體例每年於遣發蕃舶之際
宴設諸國蕃商以示朝廷招徠遠人之意從之　十五
年十二月十八日詔江陰軍依溫州例置市舶務以見
任官一員兼管從本路提舉市舶司請也　十六年四
月十日提舉福建路市舶曹泳言乞今後本路沿海令
佐巡尉批書內添入本地分內無透漏市舶物貨一項
所屬得本司保明方得批書及州縣有承勘市舶透漏
公事如或滅裂詳本司奏劾從之九月二十五日宰執
進呈廣南市舶司繳進三佛齊國王寄市舶官書且言
近年商販乳香頗有虧損上曰市舶之利頗助國用宜
循舊法以招徠遠人阜通貨賄於是降右朝散大夫提

舉福建路常平茶事赤復一一官以前任廣南市舶虧損蕃商物價故有是命十七年十一月四日詔三路市舶司今後蕃商販到龍腦沉香丁香白荳蔻四色並依舊抽解一分餘數依舊法施行先是紹興十四年一時措置抽解四分以市舶司言蕃商陳訴抽解太重故降是旨　十八年閏八月十七日詔明秀州華亭市舶務監官除正官外其添差官内許從市舶司每務移差官一員前去溫州江陰軍市舶務專充監官主管抽買舶貨收支錢物仍與理爲本任從提舉市舶司周奕請也　二十一年閏四月四日右中奉大夫直顯謨閣知撫州李莊除提舉福建市舶上曰提舉市舶官委寄非輕若用非其人則措置失當海商不至矣莊可發來赴闕稟議然後之任七月八日廣南市舶司言廣州通判二員主管市舶職事比之幹辦公事職事爲簡乞將通判賞減定依幹辦公事官一等推賞詔下本司上差通判一員主管市舶職事其賞依本司所乞與幹辦公事一等比監官條法減半推賞施行　二十七年六月一日宰執進呈戶部措(置)廣南銅錢出界事上曰廣南市舶司逓年有蕃商息錢如及額許補官此祖宗舊制前兩年有陳乞推恩人朝廷不與恐緣此蕃商不至今後可與依舊例推恩即非創立法制　二十九年九月二日宰(執)進呈御史臺檢法官張闡論市舶事上曰廣南福建兩

浙三路市舶條法恐各不同宜令逐司先次開具來上當委官詳定朕嘗聞闡市舶司歲入幾何闡奏抽解與和買以歲計之約得二百緡如此即三路所入固已不少皆在常賦之外未知戶部如何收附(及如何支使)卿等宜取見實數以聞湯思退奏曰謹當遵依聖訓行下逐路舶司抄録條法并令取見收支實數俟到條數聞奏以御史臺檢法官張闡言比者叨領舶司僅及二載竊嘗求其利害之灼然者無若法令之未修何當福建廣南各置務於一州兩浙市舶務乃分建於五所三路市舶相去各數千里初無一定之法或本於一司之申請而他司有不及知或出於一時之建明而異時有不可用監官之或專或兼人吏之或多或寡待夷夏之商或同而或異立賞刑之制或重而或輕以至住舶於非發舶之所有禁有不禁買物於非產物之地有許有不許若此之類不可槩舉故官吏無所遵守商賈莫知適從姦吏舞文遠人被害其爲患深欲望有司取前後累降指揮及三路節次申請釐析刪修著爲一司條制故上諭及之

孝宗隆興元年十二月十三日臣寮言舶船物貨已經抽解不許再行收稅係是舊法緣近來州郡密令場務勒商人將抽解餘物重稅却致冒法透漏所失倍多宜行約束庶官私無虧興販益廣戶部看詳在法應抽解物不出州界貨賣更行收稅者以違制論不以去官赦

降原減欲下廣州福建兩浙轉運司并市舶司鈐束所屬州縣場務遵守見行條法指揮施行從之　二年七月二十五日臣寮言熙寧初創立市舶一司所以來遠人通物貨也舊法抽解既有定數又寬期納稅使之待價此招致之方也邇來州郡官吏趣辦抽解之外又多名色兼迫其輸納貨滯則減價求售所得無幾恐商旅自此不行欲望戒敕州郡推明神宗皇帝立法之意使商賈懋遷以助國用從之繼而戶部欲行廣南福建兩浙路轉運司并市舶司鈐束所屬州縣場務遵守見行條法施行毋致違戾八月十三日兩浙市舶司申條具利害一抽解舊法十五取一其後十取其一又其後擇其良者謂如犀象十分抽二分又博買四分眞珠十分抽一分又博買六分之類舶戶懼抽買數多所販止是麤色雜貨照得象牙珠犀係細色抽買比他貨至重非所以來遠人欲乞十分抽解一分更不博買一三路舶船各有置司去處舊法召保給公憑起發回日繳納仍各歸發船處抽解近緣兩浙市舶司事爭利申請令隨便住舶變賣遂壞成法深屬不便乞行下三路照應舊法施行一商賈由海道興販諸蕃及海南州縣近立限回船緣其間或有盜賊風波逃亡事故不能如期難以立定程限今欲乞召物力戶充保自給公憑日為始若在五月內回船與優饒抽稅如滿一年內不在饒稅之

限滿一年已上許從本司根究責罰施行若有透漏元保物力戶並當坐罪從之　乾道二年五月十四日兩浙路市舶司言建炎三年四月四日指揮應販市舶香藥給引付人戶遇經過收稅去處依此批鑿免兩州商稅當來失寫物貨二字致被稅務阻節乞於香藥字下添入物貨二字詔依仍令人戶於出給支引內從實開坐所販名件數目齎執前去六月三日詔罷兩浙路提舉市舶司所有逐處抽解職事委知通知縣監官同行檢視而總其數令轉運司提督先是臣僚言兩浙路惟臨安府明州秀州溫州江陰軍五處有市舶祖宗舊制有市舶處知州帶兼提舉市舶務通判帶主管知縣帶監而逐務又各有監官市舶置司乃在華亭近年遇明州舶船到提舉官者帶一司公吏留明州數月名為抽解其實騷擾餘州瘠薄處終任不到可謂素餐今福建廣南路皆有市舶司物貨浩瀚置官提舉誠所當宜惟是兩浙路置官委是冗蠹乞賜廢罷故有是命二十七日兩浙轉運使姜詵言奉旨提督兩浙市舶事務今條具下項一今來市舶司廢罷行移文字欲就用轉運司印記元印合行繳納一市舶司每歲天申聖節及大禮各有進奉銀絹欲依舊例將市舶錢收買發納一市舶司元於見任官內差一員兼主管文字點檢帳狀今欲就委轉運司屬官提舉官廨宇今欲充市舶務庫安頓

官物舊務却有監官廨宇一市舶司元管都吏前後行貼司書表客司共一十一名今欲於內存留前行手分貼司各一名其餘並罷從之　三年四月三日姜詵言明州市舶務每歲夏汛高麗日本外國舶船到來依例提舉市舶官於四月初親去檢察抽解金珠等起發上件今來撥隸轉運司提督欲選差本司屬官一員前去從之二十二日詔廣南兩浙市舶司所發船回日內有妄托風水不便船身破漏檣柂損壞即不得拘截抽解若有別路市舶司所發船前來泉州亦不得拘截即委官押發離岸回元來請公驗去抽解從福建路市舶程祐之請也十二月二十三日詔令福建市舶司於泉漳

卷一千一百二十四

二十九

福州興化軍應合起赴左藏西庫上供錄內不以是何窠名截撥二十五萬貫專充抽買乳香等本錢從工部侍郎提領左藏南庫姜詵請也　七年十月十三日詔今後廣南市舶司起發麤色香藥物貨每綱以二萬斤正六百斤耗為一綱依舊例支破水脚錢一千六百六十二貫三百三十七文省限五箇月到行在交納如別無欠損違限依押乳香三十斤推賞其差募官管押等並依見行條法指揮從戶部尚書曾懷之請也　九年七月十二日詔廣南路提舉市舶司申乞於瓊州置主管官指揮更不施行先是提舉黃良心言欲創置廣南路提舉市舶司主管官一員專一覺察市舶之弊幷催

趕回舶抽解於瓊州置司臣僚言昔頭元中嶺南以舶船多往安南欲差判官往安南收市陸贄以謂示貪風於天下其事遂寢還官收市猶不可況設官以漁利乎故有是命　淳熙元年七月十二日戶部侍郎蔡詵言乞委幹辦諸軍審計司趙汝誼往臨安府明秀溫州市舶務將抽解博買合起上供并積年合變賣物貨根括見數解赴行在所屬送納趁時出賣從之既而汝誼申若盡數起發切恐無本博易乞爲量留詔存留五分十月十日提舉福建路市舶司言舶司素有常綱之弊部綱官皆求得之換易偷盜折欠稽遲無所不有今乞將細色步檐綱運差本路司戶丞簿合差出官押麤色海

卷一千一百二十四

三十

道綱運選差諸州使臣諳曉海道之人管押其得替待闕官不許差從之（二年市舶張堅有請以見任官司差出者少乞依舊差待闕官從之）

二年二月二十七日戶部言市舶司管押綱運官推賞今措置欲令福建廣南路市舶司麤細物貨並以五萬斤為一全綱福建限三月程廣南限六月程到行在無欠損與比倣押錢帛指揮推賞如不及全綱以五斤為則作十分組計亦依押錢帛綱地里格法等第推賞從之十二月五日提舉福建路市舶蘇峴言近降旨揮蕃商止許於市舶置司所貿易不得出境此令一下其徒有失所之憂乞自今諸蕃貨物既經征榷之後有往他者召保經舶司陳狀疏其名件給據付之許令就福建

路州軍興販從之　六年正月二十二日詔前廣州鄭
人傑特降三官以人傑任內透漏銅錢銀寶過界故有是命　二十三日詔復
置光州中渡市榷場主管官兩員從朝廷於文武官內
選差一次既而宰臣趙雄等言光州復置中渡榷場官
御前恐有曾經在榷場幹事人可以差充監司庶可檢
察禁物不令過界上曰御前自來不曾差人在淮上買
物如淮自北界之屬官中並無令榷場官鄉等宜一面
選差須戒其禁絕銅錢等違禁之物過界於任內無透
漏當與陞擢差遣　七年八月三日臣僚言黎州塞外
諸戎多以珠玉犀麝之屬互市任官自欲收買減尅時
直囑付牙儈不許外人增價鬻貨啟怨引惹邊事乞行
卷一千一百二十四　三十一
禁約詔守倅輒買者令諸司按劾州縣官令守臣按劾
監司違戾許行互察　十一年十二月十四日中書門
下省檢會淳熙十年九年四月己降指揮令後與蕃商
博易解鹽之人徒二年二十斤加一等徒罪皆配鄰州
流罪皆配五百里知情引領停藏人為同罪許人捕若
知情引領負載減犯人罪一等仍依犯人所配地里編
管許人告透漏官司及巡察人各杖一百獲犯人并知
情引領停藏人從罪賞錢二百貫流罪三百貫如告獲
知情負載人減半其提舉官并守令失覺察並取旨重
作施行詔令逐路提舉官并州軍守臣各照應已降指
揮常切覺察禁止毋令違犯每季檢舉多出文牓曉諭

十三年十一月二十七日宰執進呈前知雷州蘇詵
奏廣西軍寨向來有回易處蓋以備一寨之用即無差
人在外之例兵官貪婪者不循三尺差破兵卒已私所
差兵卒因而彊買貨物多致生事乞令本路軍寨舊有
回易處只於本寨置局不許輒差兵卒出外因而營私
上曰此說可採可嚴行禁戢毋致擾民　十五年九月
二十四日宰執進呈四川制置司相度永康軍置博易
場不便事上曰博易場是不可置非惟引惹生事不廉
之吏便啟貪心　十一月二十二日知盱眙軍葛拱言臣
僚奏陳發容過淮關防更夜之弊奉旨令葛拱日下措
置聞奏契勘本軍與北界泗州對境設置榷場每遇客
卷一千一百二十四　三十二
人上場通貨已自互相結甲五人每一保榷場書填甲
帖付保頭收管榷場文關到申數客人單名物貨件段牒
付淮河渡本渡憑公牒辨驗甲帖真偽同榷場主管官
并本軍所差官當面逐一點名搜檢隨身并應干行貨
若無夾帶禁物方得過淮其渡口搜檢官合干人并渡
載棹梢各與來往客人相熟自是不容夾帶外來姦細
作過之人本軍前後措置關防非不嚴備止緣冬間日
晷向短客人過淮不許經宿商議交易彼此圖利難便
圖就是致遲延有至夜晚日分今措置令榷場每兩日
一次發運每場不得過五百人過放客日須管侵晨裝
發給由淮河渡衆官搜檢通放至日未沒前向載盡數

過淮如有般未了物貨於次日裝發及再行傳語泗州已從本軍措置所有溝澁才候來年春暖即便開撩從之　紹熙元年三月八日臣僚言福建市舶司每歲所發綱運有麤細色陸路綱有麤色海道綱其押綱官並無酬賞至於海綱人畏風濤多不願行每差副尉小使臣多有侵欺貿易之弊竊見饒州錢監起發錢綱綱官押及二萬三千貫地滿三千里例減磨勘二年錢寶與香貨皆所以助國家經常之費況錢由江行香由海行乞令後市舶司綱官押海道麤色綱及十萬斤委無少欠乞紐計價直比附錢綱推賞從之　開禧元年八月九日提轄行在権貨務都茶場趙善謐言泉廣招買乳香

卷一千一百二十四　三三

緣舶司闕之不隨時支還本錢或官吏除尅致有規避博買詐作飄風前來明秀江陰舶司巧作他物抽解收税私賣攪奪國課乞下廣福市舶司多方招誘申給還牒變賣給還價錢仍下明秀江陰三市舶遇蕃船回舶乳香到岸盡數博買不得容令私賣從之十月十一日詔泉廣市舶司將逐年博買蕃商乳香自開禧二年為始權住博買　三年正月七日前知南雄州聶周臣言泉廣各置舶司以通蕃商比年蕃船抵岸既有抽解合許從便貨賣今所隸官司擇其精者售以低價諸司官屬復相囑託名曰和買獲利既薄怨望愈深所以比年蕃船頗疎征税暗損乞申飭泉廣市舶司照條抽解和

職官四四之三三

買入官外其餘貨物不得毫髮拘留巧作名色違法抑買如違許蕃商越訴犯者計贓坐罪仍令比近監司專一覺察從之　嘉定六年四月七日兩浙轉運司言臨安府市舶務有客人於泉廣蕃名下轉買已經抽解胡椒降真香縮砂荳蔻藿香等物給到泉廣市舶司公引立定限日指往臨安府市舶務住賣從例係市舶務收索公引具申本司委通判主管官點檢比照元引色額數目一同發赴臨安府都税務收税放行出賣如有不同并引外出剩之數即照條抽解將收到錢分隸起發上供令承指揮舶船到臨安府不得抽解收税差人押回有舶司州軍即未審前項轉販泉廣已經抽解有引

卷一千一百二十四　三四

物貨艦隻合與不合抽解收税詔令戶部令後不得出給興販海南物貨公憑許回臨安府抽解如有日前已經出給公憑客人到來並勒赴慶元府住舶應客人日後欲陳乞往海南州軍興販止許經慶元府給公憑申轉運司照條施行自餘州軍不得出給其自泉廣轉買到香貨等物許經本路市舶司給引赴臨安府市舶務抽解住賣即不得將元來船隻再販物貨往泉廣州軍仍令臨安府轉運司一體禁戢從之

職官四四之三四

宋會要

治平四年神宗即位未改元五月八日新河北體量安撫使陳
薦言皇祐初河北荐饑朝廷輟汴綱米七十餘萬石漕
黄河以濟一方之民欲乞依例輟米三十萬石轉漕至
澶衛州通利軍北京賑濟兼聞河北糴便司頗有陳積
糧斛乞候臣至本路借支貸糧户二石以所輟米撥還
從之治平元年五月二十一日三司言河北都轉運使
趙汴乞罷提點刑獄都提舉糴便望委轉運司管勾從
之　神宗熙寧二年八月十八日龍圖閣直學士陳薦
言聞河朔今歲豐稔倍常物價必賤欲乞指揮河北糴
便官量增市直收糴從之十月二十七日知滑州蔡挺
言本路秋稼大勝常時可因此計置粮草然臣所受旨
但提舉糴買而已自餘皆轉運司施行臣不闗與儻於
元指揮内更少假以事權庶幾施為稍獲辦事詔挺具
所見糴買利害以聞十二月十八日河北糴便司言熙
寧二年沿邊軍粮準朝旨糴三百三十萬石草四百萬
束約度未至有備乞增糴軍粮五十萬石草二百萬束
從之　三年十二月九日詔河北糴便司置勾當官一
員　十年十二月十日詔河北沿邊米價騰貴轉運使
糴便司尚增錢召人入中不惟使遂熟細民艱食又糜
公錢以資豪右可速指揮如軍糧可支二年即權住收

糴　元豐元年九月二十七日三司請於糴便司權住
糴鈔錢内更撥錢十萬緡應副河北路轉運司乘時收
糴軍粮從之二十九日同知樞密院事薛向請下提舉
糴便司糴民所自糴米粟及坐倉入官仍依諸軍所請
用見錢坐倉收糴從之　二年正月十四日詔司農寺
市易淤田水利司封樁粮斛並充換與河北糴便司更
不計置三月八日提舉河北糴便粮草王子淵言糴沿
邊軍儲皆商人入中歲小不登必邀厚價故設内地州
縣寄糴之法以權重輕自内地用御河船運至沿邊且
以熙寧八年言之綱船三百用兵士幾二千人所運不
及八萬石計綱船兵工約一斗已費錢七十矣若僦私
船百里之地斗才一錢三分至五分率以千里之遠計
之猶可省綱船所費之半宜雇客船便下三司議三司
請留綱船二百二十艘應副般運不足即如子淵議從
之九月十二日詔提舉河北糴便粮草司接並邊被水
州縣如軍食有備權住糴賜末塩錢二十萬緡付河東
轉運司　三年六月四日詔三司選官措置河北糴便
　四年八月三日以提舉河北路糴便粮草承議郎王
子淵權河北西路提點刑獄兼提舉糴便粮草　七年
五月二十四日尚書户部言河北轉運司借支河北糴
便司封樁及舊糴便司三司封樁糧六十餘萬石無寬
剩錢物撥還乞除放照通限十年還哲宗元祐元年五

月一日，戶部尚書李常言：「河北舊有糴便司，專置提舉官經制邊備，後止令轉運司兼領，以措置為名。按糴本錢不預漕計，難俾兼領，請復置提舉糴便司。」詔可。其措置司職事令提舉糴便司與轉運司通管。八月十四日，戶部言：「欲支撥糴便司見錢二十萬貫應副河北路轉運糴買。」從之。　五年九月二十四日，詔措置河北糴便司職事，令提舉河北糴便司一面管當結絕，轉運司更不兼管。十二月二十二日，詔提舉河北糴便糧草以三十月為任。　紹聖二年四月二十七日，詔復置河北措置糴便司。　三年四月十三日，詔罷河北提舉糴便司，就差提舉河北路糴便糧草王子京同措置糴便。以兩

司號糴，枉增價直，動多相妨，故有是詔。十一月九日，以河北路轉運副使郗總兼措置糴便。　四年九月四日，詔河北轉運司、措置糴便司、西路提舉常平司於逐州就便去處乘時多方計置。　元符元年二月四日，戶部言：「河北措置糴便司狀：『趙州糴倉關到措置司糴本文鈔，每一十貫加饒錢三百文；轉運司糴本文鈔，每一十貫加饒錢七百文。加饒不同，使錢斛斗價亦高下不一。今相度，乞將本司文鈔依轉運司例，每一百貫文並支加饒錢七貫文。』本部相度，一州兩司用鈔加饒不同，乞將今後立定加饒，每一百貫文支錢三貫文。」從之。八月十三日，戶部言：「河北措置糴便司封樁糴本錢物，除朝

廷外，不許他司取索；其諸州亦不得輒報，如準朝旨，申本司施行。」從之。　三年五月二十四日，知定州、寶文閣直學士路昌衡奏：「糴便司乞不令轉運司兼領。」從之。國初以沿邊十七州軍蠲減稅賦，年計不足，故歲賜鈔錢二百萬，并十七州軍稅賦，悉糴便司專領，所以轉運司不能侵漁。後併為一司，非便，故昌衡以為請。十一月九日，詔河北措置與提舉糴便各為一司。　徽宗大觀二年十二月二十一日，上批：「河北連年豐稔，今歲大熟，兼并射利，姦猾乘間高估物價，分盜緡錢。軍儲雖已積二十萬石，而增糴之數猶未數額。可檢會元豐置司措置糴便條例，委彊幹官一員提舉，仍令條具疾速聞奏。」勘

會除已有元豐條例外，詔徽猷閣待制王寯充河北路都轉運使，專切提舉糴便糧草。

解正字 解俗字

全唐文

宋會要

神宗熙寧二年七月七日，知河中府蔡延慶言：乞下解鹽司相度揚自來煎煉私鹽地分置煎鹽戶煎煉歸官，每斤依鄉原例支價錢，依解鹽出賣，如敢私賣，依私鹽法。上曰：此恐不可施行，然要詳盡利害。且令陝西轉運司、制置解鹽司各具相度以聞。

元豐三年六月五日，三司言：提舉賣解鹽司自熙寧八年至元豐元年收息錢拾陸萬伍阡柒伯緡，提舉言殿中丞張景溫、勾當官右班殿直呂逵各遷一官，餘減磨勘二年，吏賜帛有差。

四年四月十三日，陝西路制置解鹽司言：解鹽歲增錢準條作熟鈔召人中買，內陸萬緡令三司封樁。去年三司封樁歲增錢陸萬緡，凡為鈔玖阡柒百伍拾壹席。令民間鈔多價賤，若更變賣，恐轉損鈔價，見鈔乞納三司，更不出。從之。并所增經制轉運司合得陸萬緡，亦令納三司。自今後並權住給鈔。十二月二十二日，詔提舉江西、廣南鹽事司蹇周輔已差充河北都轉運使，更不差提舉鹽事官，令廣南東路轉運判官程之邵、江南西路轉運司提舉鹽事司及合屬處依已降條約悉力奉行，毋得有虧歲課。

五年十月十九日，詔宣義郎張元方提舉出賣解鹽及提舉巡捉私鹽，相度措置於鹹地。

六年十一月十二日，廣南東路轉運副使高鎛言：本

卷一千一百十五

解

路賣鹽場務多虧欠，欲依陸路鹽法，就差逐州主管官為鹽官，考較功過賞罰。乞令提點刑獄兼提舉鹽事。從之。

哲宗元祐六年七月八日，三省：陝西制置解鹽司舊專設官總領，後來方令轉運使一員兼管，致職務下專，有害鈔法。乞依舊差官專充制置解鹽使。從之。八月二十二日，命復置解鹽使，依諸路轉運副使資序。

七年十月二十二日，權發遣陝府西路轉運副使陳元直專切提舉出賣解鹽。

紹聖元年六月七日，陝西路轉運司言：相度制置解鹽從來令轉運使副兼，別無闕曠，鹽司錢物並係朝廷臨時指揮支給，於轉運司亦別無侵耗，其制置解鹽司專官可廢罷。從之。

二年十二月三日，提舉出賣解鹽司言：本司管勾賣鹽官合依舊以常平主管官兼領。從之。元符二年九月二十五日，詔差陝西轉運副使兼制置解鹽使[illegible]相度鹽地關河并隆月堰。

徽宗建中靖國元年二月十三日，權發遣虢州孫陞權發遣陝府西路轉運副使兼制置解鹽使。

大觀四年八月六日，中書省言：奉御筆見議鈔法，將欲頒行，逐路專委運副一員推行。數內陝西路仍委制置解鹽司官同共措置。在京并永興軍兩處買鈔場，合用監官二員，並堂除。選差一員，委戶部郎官一員提舉買鈔，支還客人錢物，催促印給三路文鈔。應干事務，詔提舉買鈔差戶部員外郎李友聞，諸路提舉解鹽官陝西路

卷一千一百十五

差權發遣陝府西路計度轉運副使公事陳敦復同提
舉解(辟)鹽官，河東路差權發遣河東路提點刑獄公事王
勤，京西路差權發遣京西路轉運使張杲，權貨務買鈔
官差宣德郎鮑嗣宗，陝西路買鈔官差奉議郎蹇競辰。

卷一千一百十五

全唐文　宋會要　經制使

神宗熙寧十年八月六日，詔入內副都知李憲權發遣
秦鳳等路轉運副使趙濟同經制熙河路邊防財利，許
舉勾當公事文武官五員，如事干經畧安撫司，即連書
以聞。　十二月七日，詔經制熙河路邊防財用司條上
利害事內有可行者，宜先行下，庶於因事可及時經畫
以助邊費。時以熙河用度不足，仰度支供億，於是命入
內都知李憲置領經制財用司，中書具憲所條上可施
行者凡十四事，如所奏行之。　十一日，以秦鳳等路提
點刑獄、駕部員外郎霍翔兼同管勾經制熙河路邊防
財用事，其提舉官莊及營田弓箭手公事並罷，悉歸本

卷一千一百二十二

司。　十八日，詔近下經制熙河路財用司畫一治田等事
聞所降指揮，已入遞付熙州，治所緣本司官李憲見在
京師，宜別錄本，速劄下，庶令及時早得行遣。　二十五日
詔：經制熙河路邊(防)財用司兼秦鳳路財利事及置市易
務，不隸都提舉市易司，其熙河、秦鳳路市易務並罷。　二
十七日，經利熙河路邊防財用司言：州軍城寨各有蕃
部弓箭手官莊營田水利等事，務繁多，乞依常平司逐
州軍差通判或職官一員，逐城寨選使臣一員，充管勾
官。從之。　元豐元年正月十七日，詔經制熙河路邊防
財用司增秦鳳路、行熙河路事，稱經制熙河路邊防財

用司行秦鳳路事稱經制秦鳳路財用司御筆改用作利字（改用作利據御筆批後並作用不知何時又改）却十九日詔經制熙河路邊防財用司根括買耕地為官莊限半年聽民自陳其方田更不施行　二十二日詔秦鳳等路轉運副使同經制熙河路邊防財用太常博士趙濟候經畫就緒與除官職　閏正月二十八日入內副都知經制熙河路邊防財用等事李憲言同經制官及同主管經制官分巡所至州軍各稱行司官吏上下難以遵稟乞同經制官已下凡遇分巡如事干邊防蕃部弓箭手及差移官吏勾抽役兵改易措置候回本司與長吏從長商議所貴上下易於稟從從之仍許憲銜內增都大二字本司

卷一千一百二十二

主管官並用申狀十二月八日經制熙河邊防財用司言本司推行事務各已有緒乞自明年管一路歲計用度詔具經制歲入若干以聞已而本司奏約以元豐二年所入錢粮計百餘萬貫石　三年正月十一日經制熙河路邊防財用司言置司以來實收利入元豐元年四十一萬四千六百二十六貫石二年六千八萬四千九十九貫石四月五日詔陝西轉運司熙河一路錢帛芻粮並交與經制司管認緣經制財用職事舉廢官吏亦令經制司施行九月十三日權發遣永興軍等路提點刑獄葉康直減磨勘二年以經制熙河邊防財用司奏收課利功也　五年四月十六日權管勾涇原路轉

運判官兼同管勾經制熙河路邊防財用承議郎胡宗哲降授承事郎權發遣同經制熙河路邊防財用通直郎馬申降授承務郎展磨勘八年坐闕軍前粮餉也　六年七月十三日經制熙河蘭會路邊防財用司言乞於蘭州添置市易務支撥錢本計置物貨應接漢蕃人戶交易因以增助邊計從之　十一月八日詔經制熙河蘭會路邊防財用司都大提舉視轉運使主管視轉運判官　七年八月三日權發遣同經制熙河蘭會路邊防財用司申乞免熙河路封樁新復五州軍額林物事請受詔自今更不封樁其已封樁者撥與經制司十月三日經制熙河蘭會路邊防財用司言糴買全在冬春之

卷一千一百二十二

交乞十月後印給次年鹽鈔限正月至本路下尚書戶部戶部言若本路預得鈔招誘入中牽制秦鳳等四路鈔價乞依秦鳳等路吏部差使臣於正月下旬押赴經制司從之　十二月九日詔陝西買馬隸經制熙河蘭會路邊防財用司　元祐元年正月十二日詔朝請大夫監在京皮角四場庫務孫路朝奉大夫權都大提舉清河輦運公事穆衍相度措置熙河蘭會路經制財用司事三月二十八日詔罷熙河蘭會路經制財用司其本路財利職事併入陝西轉運司如有措置事速具聞奏其熙河路合得錢物許允那應副即不得將充別路支費經制司舊官候交與轉運司方得離任　徽宗宣和

又卷一萬二千三百三

三年六月十一日，詔發運使陳亨伯經制兩浙江東路事（具發運使門）。高宗建炎元年十一月二十三日，樞密院言：「訪聞江西轉運司認定應副經制司金銀錢帛一百萬貫，行下逐州收簇酒税等并七色錢物，騷擾尤甚，致本路軍兵錢糧等不能預先樁備，有害軍政。」詔將江西漕司認定經制司數目並特免，所有本路軍兵錢糧仰漕司先次計置樁管，無致闕誤。紹興元年正月二十六日，戶部言：「看詳除東南八路轉運司所管樓店務係省房廊已增收錢三分充制外，發運司見管所罷學事司係官屋宇，未審合與不合依此增收。令勘當，欲下兩浙路提刑司依前項已降經制司所得指揮，增收三分樁充

卷一千一百二十二

經制錢，令提刑司拘催起發赴行在，補助經費。其餘東南路分依此施行。」從之。二月七日，戶部侍郎孟庾言：「欲令東南州縣每季收到經制錢數目，限次季孟月十五日已前具帳申提刑司，本司類聚申尚書省并本部，從金部置籍拘催。如違限，並依無額帳狀違限科罪。」從之。

九年正月十八日，三省言：「有旨罷發運司，其糴買經制等事令戶部侍郎專領，令三省措置取旨施行。今措置經制發運使司，欲除去發運二字，只作經制使司，差戶部長貳一員兼領，別差副使或判官一員，不時巡按諸路。將見今屬官十員減作六員，數內兩員充主管文字，四員充幹辦公事，應本司官吏資任、請給、人從等，並

依經制發運使司已得指揮。契勘經制司職事，專管檢察內外應干諸司州縣軍監失陷錢物，舉催未到綱運，措置糴買及總領諸路常平司事，仍許於諸路常平司各選差知首尾人吏二名，與逐路幹辦公事官下行遣文字，其餘人吏公案並歸經制司，同本司人吏行遣。」從之。二十三日，戶部侍郎兼江淮荆浙閩廣路經制使梁汝嘉言：「一、乞下禮部鑄印二面，一面以『江淮等路經制使司之印』十字為文，一面以『江淮等路經制判官之印』十字為文。一、諸路平常司兼隸經制司，緣為尚有聲說未盡路分，今乞於江淮荆浙閩廣字下添等字。一、諸路常平司主管官並改充經制某路幹辦公事，緣上件職

卷一千一百二十二

事本係管常平司務，未有該載，欲乞作經制某路常平等公事繫階。」並從之。同日，詔經制判官與轉運副使敘官，從梁汝嘉請也。　二月二十日，梁汝嘉言：「諸路幹辦常平官係每路各置一員，唯河南兩路止差一員，委是難以遍行檢察，乞東西路各差一員。除吳㮚就充幹辦西路外，東路乞差右承議郎、新差權揚州通判蔡材管幹施行。」從之。三月十五日，江淮荆浙閩廣路經制判官霍蠡言：「朝廷復置經制一司，檢察中外財用，專以戶部長貳兼領其事，而臣一介疵賤，何足以當重寄。臣聞自三司之法壞，而戶部雖掌經費，不復稽財用之出入久矣。軍興以來，上自朝廷，下至州縣，案籍焚毀，綱目散

亡老胥猾吏出沒其間而掌邦計者但以調度不足爲
憂志在苟得苛刻隱欺之患不暇復省故一有調度舉
以其數責之漕司漕司責之州州責之縣縣責之民民
不勝其求不得不爲巧避之術於是詭名寄產分戶匿
税之弊百端紛起而吏受重賕雖良民不得不爲此者
實有以驅之也今爲縣者非不知民有巧避之術爲州
爲監司爲戶部者亦非不知州縣監司皆有妄取侵用
之數而上下相蒙莫或誰何故公賦屈於隱欺民力殫
於賂遺舉天下之財悉耗於姦胥之手者職此之由今
將檢察其實固非督其逋負收其羨餘以爲刻剥之務
亦將計其所取於民者幾何有當取有不當取者從而

卷一千一百二十二

是正之蓋其上供於朝廷供億於大軍及諸司之所支
撥州縣之所常用者各幾何有當用有不當用者亦從
而是正之使其所取有常所用有數僥于朝達于萬
民皆可通知爲經久之制尚慮不知者謂今設官之意
檢察之名徒爲聚斂之政願詔諸路監司州縣使明知
陛下設官理財將爲足國安民之計悉力而奉行之詔
依令經制司行下諸路監司照會八月二十二日宰執
進呈曾統言乞罷經制司劄子上曰經制一司須經久
方見利害今纔半歲難遽責以近効若實無益雖亟罷
可也三省措置以聞二十九日臣僚言累具奏劄論創
置經制司不當未嘗施行竊聞建司之初即創官吏長

貳之外屬官二十員正名人吏客司二十六名貼司之
屬不知其幾各有請給四時餽遺出入津送種種樓閒
置司半年以來校其所入未必能補其所費至於創置
酒庫亦是陰奪省司之利夫經制所總之事皆戶部本
職稅賦失實當問轉運司常平錢穀失陷當問提舉司
監司不法自有互察之文州縣不法自有監司按舉之
令若使經制司檢察則戶部亦可廢又何必置諸司欲
乞檢會累奏早賜施行詔令戶部措置戶部條具一經
制司係檢察諸司州縣失陷錢物并舉催未到綱運總
逐路常平等事緣本司所管路分廣闊未見速效今來
若隨事依舊分隸諸司拘收檢察其經制一司自可寢

卷一千一百二十二

罷一經制司若行寢罷欲乞將拘催檢察上供錢物糧
斛等職事並各併歸逐路所屬監司主管施行年額上
供錢物糧斛酒稅諸路瞻軍酒務樁辦雜本等隸轉運
司無額經制朝廷封樁錢物建康永豐圩等隸提刑司
茶鹽錢物隸茶鹽司常平并市易回易平準等錢物隸
常平司一據經制司主管官具到見管江浙錢物欲令
逐州軍主管官除市易務錢物外依舊窠名樁管聽候
戶部充雜本支用一經制司酒庫應干官物欲乞併歸
措置瞻軍酒庫所分撥使用一經制司屬官人吏欲責
限一月結局其所管公使錢物等並赴左藏庫送納其
經制司案牘並發赴本部所有逐路案牘并抽差到吏

卒並發歸元來去處一諸路主管常平官近因制置經制司改作經制某路幹辦常平等公事今來經制司若罷即合依舊記罷經制司餘依措置到事理施行內主管官請給序位等依已降指揮施行

卷一千一百二十二

寄業徐輯去真引文獻通攷

徽宗宣和三年方臘初平江浙諸郡皆未有常賦乃詔除陳亨伯以大漕之職經制七路財賦許得移用監司聽其按察於是亨伯收民間印契及當糟醋之類為錢凡七色是後州縣所有謂經制錢自亨伯始也其後翁端朝繼為之紹興初與發運俱罷九年復置以戶部侍郎梁汝嘉為使司農少卿霍蠡為判官以檢察內外失陷錢物舉催未到綱運措置糴買總領常平為職未幾諫議曾統言其無益而多費就省之紹興中又有總制司以參政孟庾領其事其職略視經制司云云今附此

卷一萬三千二百三

全唐文

宋會要　提舉保甲司

神宗熙寧三年十月十八日陝西宣撫使韓絳乞差尚駕部員外郎馬珫秘書丞劉拱秘書省著作佐郎呂大忠殿中丞樂渙赴本司，以備提舉義勇從之絳又言義勇分為七路延丹坊為一路邠寧環慶為一路涇原儀渭為一路秦隴為一路陝解同河中府為一路階成鳳州鳳翔為一路乾耀華永興軍為一路　四年五月四日詔罷陝西諸路提舉義勇官委本屬州縣依舊條分番教閱轉運提點刑獄司遇起教日提舉初陝西宣撫司請辟官八員分總諸路義勇人情以為煩擾無補曾公亮出鎮永興對日首以為言故罷之　八年閏四月四日詔五路義勇保甲差在京有職事官一員提舉仍各不限常制奏舉選人或班行一員勾當公事不以時差出或躬親巡察差知制誥沈括等十一人兼提舉尋皆罷之　元豐二年十一月二十九日詔開封府界提舉保甲官以昭宣使果州防禦使入內副都知王中正東上閤門使榮州刺史狄諮為之初王安石議減正兵以保甲民兵代之於是始置提舉教閱之使後又行於西北三路世議不以為然而後卒改焉　三年六月三日詔五路轉運提舉官巡歷所至許按閱見教義勇保甲武藝有不如法關牒提點刑獄司施行以河北提點

卷一千二百八

刑獄劉定言一司不能遍閱州縣保甲故也　十三日詔廣南梓夔利路保甲令監司提舉司歲分州縣按閱從尚書兵部請也　十五日詔河北河東陝西路各選文武官一員提舉義勇保甲武臣提舉義勇保甲兼提點刑獄文臣提點刑獄兼提舉義勇保甲自今五路提點刑獄準此　四年正月七日詔提舉保甲司錢物專令文臣領之　六年十一月八日詔提舉保甲司三路北轉運司提舉視轉運使同提舉視副使同管勾視判官開封府界北提點司提舉提點官同提舉視三路同管勾官仍依所定格子除授並為監司其人從舉官恩數等並依所視職任武臣專管教閱文臣專管催驅收支錢物輒侵紊者徒一年　八年十月二十八日詔罷府界三路提舉保甲官諸路以提刑獄兼領　哲宗元祐元年二月十五日詔府界三路提舉保甲官并官屬罷謁禁　閏二月二十四日詔河北東西路永興秦鳳等路提路提舉（點）刑獄兼提舉保甲司並依提刑司例各為一司　二年五月二十八日詔河北陝西路提刑兼提舉保甲並依提刑司分路　徽宗崇寧五年二月三日詔河北東西路河東永興秦鳳路各置武臣提舉保甲兼提點刑獄罷提舉保甲文臣

卷一千一百八

提舉弓箭手司

神宗元豐五年二月十五日詔提舉熙河等路弓箭手營田蕃部共為一司隸涇源路制置司許奏舉幹當公事官一員準備差使使臣三員七月七日提舉熙河等路弓箭手營田蕃部司康識言與兼提舉營田張大寧同議立法乞應新收復地差官以千字文分畫經界選知農事廂軍耕佃頃一人其部轄人員節級及雇助人工歲入賞罰並用熙河官庄法餘並召弓箭手人給二頃有馬者加五十畝營田每五十頃為一營差諳農事官一員幹當許本司不拘常制舉選人使人請給依陝西路營田司法不滿五十頃委付近城寨官兼管月給食錢三千從之

卷一千一百二十四

哲宗元祐元年三月二十八日詔罷提舉熙河等路弓箭營田蕃部司　元符元年二月十七日樞密院言鍾傳奏乞權於熙秦兩路輟那新城內地土並召弓箭手居住仍置提舉官二員從之　三年三月八日罷提舉弓箭手司從章楶之請也　徽宗政和五年二月十八日勘會陝西河東逐路自罷專置提舉官隸屬經畧司事權不專頗失措置根括打量催督開墾理斷交侵等職事盡在極邊帥臣無由親到竊慮

因循浸久曠土愈多銷耗民兵人額有害邊防大計兼提文臣玩習翰墨多務安養罕能躬親衝冒寒暑奔走往來議事可陝西河東逐路並復置提舉弓箭手司仍各選差武臣一員充理任請給恩數等並依提舉保甲條例施行每路各置勾當公事使臣二員每歲令樞密院取索逐路招置弓箭手并開墾過地土比較優劣殿最取旨黜陟四月二十七日太尉武信軍節度使奉御前處分邊防童貫奏據提舉陝西河東路弓箭手何灌等申請今來復置提舉弓箭手司其人吏並行重祿人從恩數並依文臣提點刑獄條例資序高者自從高　契勘逐官資序不等緣曾任鈐轄都鈐轄知州軍路分都監資序所有請給人從隨行指使接送人並乞依上項從高條令支破施行兼政和五年二月二十一日指揮理任請給恩數等並依提舉保甲司條例契勘提舉弓箭手司舊視提舉常平司又崇寧三年正月敕節文提舉弓箭手官減舉改官縣令比提舉常平官減半今來本司依提點刑獄官減半外刑獄條例並同今欲乞薦舉改官縣令依提點刑獄官減半外有分書建掾後來添舉改官員數內零分更舉一員其逐路城寨甚多當職使臣並係奉行弓箭手職事所有薦舉大小使臣並乞依提舉保甲司條例更不減半看詳可行欲依所乞從之十一月七日奉承御前處分邊防司奏檢會崇寧二年五

卷一千一百二十四

月十一日樞密院奏提舉河東弓箭手兼營田司使臣中營田司
五員並分差在新邊城寨往來照管耕種催納租課等
事寂為勞苦緣逐人依指使判例各差破白直兵士二人
委是使喚不着欲乞依監當官條例差破白直兵士五
人於數內差識字軍人一名應副文字若不足並從下
差禁軍詔依所申本司今相度本司準備差使官員合
破人從欲乞並依上項提舉弓箭手兼營田司已得朝
旨差破如遇差出有公案文字依監司差出小使臣缺
乞勾當政和重修格破擔擎鋪兵二人陝西諸路亦乞
依此施行本司看詳欲乞陝西河東路提舉弓箭手司
所差本司小使臣並權依河東路弓箭手司上項所申
事理差破候招刺就緒日依舊從之 卷一千一百二十四 四十
欽宗靖康元年二月十四日罷陝西河東提舉
弓箭手官以其人復隸帥司

宋會要

監司提舉郡守 轉運提刑使

神宗元豐三年四月二十六日詔監司提舉官有所措
置及申請而輙及他司者論如非所職輙主管法 哲
宗元祐元年四月十八日三省言奉旨轉運使副提刑
令後選曾任知州以上轉運判官選曾任通判實歷親
民差遣所至有政迹人詔監司許降一等差授如曾任
監司見係通判資序以上亦許差 十一月二十四日詔
諸道監司互分州縣每二年巡遍 三年五月四日御
史中丞胡宗愈言近者監司不復按舉不法坐視部下
官吏貪惏違越苟簡偷惰瘝廢職務並不督察望明賜
戒敕詔劄與諸路及府界監司仍令御史臺覺察 二十
六日詔監司秩滿資深無過人除知州者與理監司資 卷一千一百九
序 五年臣僚言監司使文苛簡多不編行所部詔轉
運提刑司按部二年一周 八年十一月五日監察御
史郭知章言竊見比年選授監司多錄寺監丞寺監丞
多以知縣資序注事或半年或一年遂除監司令之外
官惟監司為要任所以助朝廷承流宣化繫一路之休
戚其任可謂重矣竊謂宜稍為法以限之除轉運判官
必擇通判資序除提點刑獄必擇知州資序仍各須實
歷一任有治績者然後簡拔用之詔今後監司並依元
祐元年閏三月八日條貫差人如闕人即許降一等差
授是時來之部亦言祖宗朝除任諸路監司其掄才甚

家所以待遇之體亦甚重故當時詣監司號為得人比來朝廷除任監司官其掄材甚疎付與甚易寺監丞之職雖自朝廷掄選然其清濁高下蓋未嘗無間也七寺丞則異於諸監丞矣宗正太常秘書丞則又異于七寺丞矣今之寺監丞不問人才能否職任高或一年或二三年例除諸路監司付與可謂易矣祖宗之制監司或自内除或自外徙皆受命即行未嘗有所待也元祐初轉運判官始有待闕既而延及提點刑獄今則轉運副使亦使之閑居待次遇之之體輕矣此士論所共惜者也欲望應除監司用祖宗故事候有闕方差其寺監丞及任滿止可隨材擢用不必人人盡為監司庶幾使者

之體亦稍加重（元祐元年閏二月八日條待未見）紹聖元年十一月十五日侍御史翟思言請臣僚仕知縣乃得闕陞通判知州乃得除監司庶幾部使者郡縣得材能吏詔自今初除轉運判官提舉官須實歷知縣以上親民人提點刑獄以上須實歷知州或通判人　元符元年八月二十九日左司郎中呂温卿言諸路監司及州縣各以事格目繳省部分六案詔送詳定一司敕令所　徽宗崇寧元年四月二十六日臣僚上言竊見諸路監司郡守多務沽長厚之名而苟避刻薄之譏以此奉行職事往往失當而民被其害國家雖有良法美意而實惠不能及民者以奉行之人不得其宜也朝廷不可不察乞特賜

誡諭使諸路監司郡守平心悉力守法信義此救弊之所宜先也詔劄與御史臺常切覺察彈奏　二年正月二十六日中書省言四川地遠軍防不修乞利州夔州依成都府例各置鈐轄移利州路分于劍門關兵卒增倍成都府舊以便宜從事罷去已久乞軍民所犯臣盡者令酌情處斷四川監司鈐轄大州守臣不差蜀人所轄兵馬東軍與士人參用如舊法從之　四年九月七日中書省言奉詔除依元豐舊制設置監司外所有後來增置提舉茶塩坑冶鑄錢學事保甲糧草官之類可子細相度可以併省者即行併省不可併省者依舊存留仍裁減屬官嚴立出巡搔擾及受饋遺約束其經畧

安撫轉運提刑發運糴便提舉司準備差使勾當公事官等亦相度裁減無令冗員侵耗那用令依御劄指揮契勘到監司等見管屬官計五百三十餘員今參酌措置欲依下項諸路轉運司（屬官一百九員）提刑司（屬官十八員）經畧安撫司（屬官一百一十三員）鈐轄司（屬官三十二員）總管司（屬官七十二員）發運司（屬官九員）措置河北糴便司（屬官六員）提舉陝西成都府等路茶馬司（屬官六員）欲除帳司檢法官指使外其餘屬官據見在員數三分中罷一分所減分數不及一員即就整減一員止有一員者聽留　五年二月一日手詔四方之遠視聽豈能周遍慮有民瘼壅于上言可詔逐路監司察民間疾苦具實以聞六月三日詔曰諸路監司所與

共治而寄制舉耳目之任顧不重哉茍非其人不能檢
身律下乃違法背理貪贓違濫全無忌憚其能制舉一
道稱所任乎朕本勵郡守縣令各各循理而按察之官
身先犯令則士民何所視傚見令諸路監司互相察舉
知法或庇匿不舉以其罪罪之仍令御史臺彈劾以聞
朕當驗實重行黜責故茲詔示想宜知悉內庇匿不舉
以其罪罪之一節仍著為令八月十九日詔訪聞諸路
監司屬官擅行文書付下州縣及出按所部犯分撓擾
可令今後學事司屬官許出諸處點檢學事外餘並不
得離司出詣所部及不得擅移文書付下州縣即有公
事差委句當者徑詣所差處沿路不許見州縣官及受
饋送違者徒三年仍不許赦降去官原減二十九日詔
應監司到所部半年或因赴闕奏事許舉部內所知二
人著為令十二月六日京畿轉運使張杲奏伏見陛下
申畫王畿肇新四輔改提點轉運使職事繁劇舊提點
官兩員請分京畿增置運判一員從之　大觀三年四
月二十二日尚書省送到內降劄子臣僚上言竊見近
者違例條奏之人率多御前或朝廷得知制下推鞫索
詖知通監司掌舉按之職但聞舉人之能未見陳按人
之罪復待聖主廉察望有御前及訪聞公事得實若干
件以上按察官司容庇不發量立懲誡之文詔依立法
施行者詳若知而容庇自依律科外今修立下條諸所

部違法監司及知通失按舉謂因御前及朝廷察治得實請理重旨並奏
裁得旨依擬定仍先次施行　政和元年二月二十四
日詳定一司敕令所狀修立到條諸被受朝旨應委監
司同共管句或分詣句當者並予符牒內指定合依某
司所舉某官同共施行從之三月二十九日臣僚上言
契勘法有監司互察之文而提舉學事官例以侵官越
職之故不干預他司事臣以出巡所至有百姓多是稱
訴冤枉臣以職事不相干不敢受理欲望特降睿旨提
舉學事官巡歷遇百姓有詞狀聽詢問情實關送所屬
監司內降黃貼子欲從其請恐奸權之人侵越職事宜
深思講究惟使民不失法意為良檢準元符令諸監司
知所部推行法令違慢若詞訟雖非本職其事因牒所
屬監司行遣其命官老病不職而非隸本司準此仍聽
具奏詔依申明行下八月二十日臣僚上言恭惟藝祖
誕受天命聖神相授專務愛養元元以固邦本謂刺史
縣令于民最親尤宜遴擇內則諭輔臣戒飭使保廉節
而外則責監司按察俾不得侵漁吾民其或弗按則加
之刑罰天聖中工部侍郎李應幾坐守兗州日貪暴不
法仁祖出之因謂輔臣曰應幾貪墨何由累至此宰臣
王欽若對曰應幾素無廉節然監司未嘗按舉故累資
至此于是監司皆罰金以懲之當是時外臺之官莫不
悉心舉職而郡縣之吏爭以廉白相尚矣今陛下以聖

德嗣服遴選守宰敦尚廉隅勤恤民隱同符仁祖比肆赦罷憲司圭田使專一檢察貪吏多取違法害民者以聞此雖堯舜之用心無以加也臣愚伏願申詔部使者振舉職業謹察貪吏必以名聞其或坐視侵牟恬不加意因緣他故暴露失律之罪必罰無赦庶幾仰副遴選守宰敦尚廉隅勤恤民隱以光昭祖宗之美意從之九月八日臣僚言朝廷設置監司所以寄四方耳目職在糾察貪污勸率部屬比來彈治多出臺諫或是朝廷訪聞或因事詿誤所部監司恬然坐視全無摘發偷安竊祿辜負使令遂致恩澤弗宣閭閻受弊一歲中部內有似此違犯之人如及三人以上者雖不及三人而或曾薦舉者準此其

卷一千一百九

司司並令吏刑部開具申三省具名取旨不以去官赦降原減仍委御史臺常切覺察從之其後十二月二十二日因臣僚言又詔及二人以上者令吏刑部檢舉上件指揮施行十五日臣僚上言竊以審處經費自中都可謂詳節于內矣凡外之財計非不廣也其患在于官吏經制無術拘摧失時欲乞明詔監司講出納之節樽冗費之源郡邑之吏奉行有稱者許以名聞稍加旌勸詔戶部審詳以聞十二月十三日詔帝王之盛州牧侯伯致其外庸以和庶政群吏之治三歲誅賞國朝以來按察之權分路置使選用賢能不輕付畀比年擢任頗輕職事曠廢竊據要司吏民姍笑掌漕事者歲計匱

職官四五之六

乏土貢闕供司憲禁者寃贓聞作刑罰未衷常平不修水土之利學校未聞人材之衆或依勢作威妄自尊大或嗜利自營漫不舉職欲重外寄其可得乎應今後若除提點刑獄轉運使副以上須選曾任州軍監司臺諫官寺監長貳郎中員外郎提舉常平茶官許通選曾任通判知縣寺監丞館職博士學行有聞政績顯著無贓私徒坐非上書姦邪上等之人并歷任具名取旨差仍令于細批書功過三省歲終考殿最事狀仕仰三省參定立法著于甲令務在遵守違者御史彈劾以聞其後二年正月六日臣僚言新定監司之格非上書姦邪上等之人亦許除授則中下之等皆在其選矣比降指揮

卷一千一百九

上書姦邪等不得就試學官夫試學官且猶不可而況于一路按察之計能為陛下宣布德澤推行善政仰副陛下紹述之美意乎且上下之等相去何若要之操姦邪則其揆一也矧當人材盛多之時諸路使舶不過數十輩奚必用姦邪中下等之人然後竟其額邪願陛下深念國體所係特降睿旨應上書姦邪等並勿除監司仍乞于近降指揮內刪去二等二字詔依　二年十月十九日臣僚上言竊見今日官吏其內外親屬之有權者玩法如無法視監司長吏如無人且監察御史臺屬也近者高宇為之其兄高定令襄之宜城恣橫不法貪污害民剌舉按察之官非獨不繩其罪又且薦其材以

職官四五之七

監察御史之勢已能壓陛下至公之法況宰相執政左
右近侍之親戚乎伏望特降睿旨監察御史以上及宰
執大臣其内外親屬敢有依勢犯法者監司長吏不得
蓋庇如别因人言上達淵聽其本路本州按察官並嚴
行典憲内曾經薦舉者仍加等坐之不以赦降去官陳
首原免則天下官吏皆知法不可屈非特吏民受賜亦
震懾姦宄整肅權綱之一端也檢會政和元年八月二
十日敕臣僚上言郡縣之間貪汙不法監司失職詔部
使者振舉職業謹察貪吏契勘朝廷設置監司所以寄
四方耳目職在糾察貪汙勸率部屬比來彈治多出臺
諫或是朝廷訪聞或因事罥罣所部監司恬然坐視全
無摘發偷安竊祿辜負使令遂致惠澤弗宣閭閻受弊
令來所言可令今後一歲中部内有似此違犯之人如
及三人以上者（雖不及三人而或有曾薦舉仍准此）其監司並令三省具
名取旨不以去官赦降原減仍委御史臺常切覺察詔
申明天下　三年正月二十四日尚書省言勘會昨降
指揮指揮州縣監司各修舉職事砥備朝廷差官點檢
及已降手詔訓諭令差官往四路按察監茶事合依已
降處分應州縣監司職事并許按察點檢若有違慢失
職或修舉奉公之人並許舉劾保明聞奏其畫一並依
前後察訪條例施行仍條具申尚書省沿路不許受謁
出謁不得受供饋及聚議會食之類與第二等支賜亦

卷一千一百九

不得妓樂接送有所須之物如陳設家事什物之類並
合用官錢收買不得取借不得勾呼行人市户諸色人
隨行供應如有公事許當職官見任官相見所至州縣
如有冤抑見在囚禁照證分明許即時疎放乞以聞其
挾私害法妄言惑衆即仰收禁奏取旨詔依奏報文字
許赴入内内侍省投進仍展限五日出門二月十六日
詔監司不職者可並依在京諸司例沙汰四月十九日
詔請諸道監司置簿應一路州司録事各以其簿按之
將事之稽違已經糾舉者具載其上俟逐司巡歷到檢
察漕案對簿所記考其勤惰歲終諸監司參較定為優
劣悉聞于上以俟陛黜閏四月一日詔今後監司不許
任本貫或産業所在路分九月二十三日臣僚上言應
御筆寛恤手詔乞令監司類次恭于孟月上旬印給令
民間通知違者比稽緩制書律加二等從之十二月十
六日詔藝祖削平僭偽混一區宇監觀五代藩鎮之弊
專恣跋扈封靡自擅因或率由于法度之内失馭臣之
柄有末大之患乃罷藩鎮俾處環衛遴簡儒臣出補方
面百五十餘年海内蒙澤而分陜以西大河之東控制
二虜析路置帥皆公卿侍從之良州牧侯伯之選統列
城握强兵當重寄廩餼之厚卒徒之衆華資要職寵異
之數不為不至比年以來稍復縱弛破制玩法恃帥權
乘高勢而為邪無報國之心有營私之實或摸取帑藏

卷一千一百九

號為公使規半入己或私役禁旅營繕第家資給過往虛稱白直率米為釀不可以數計科配軍民侵奪官酤公私交害擾擾番户賤市貴物不給其直貨賂交通汙蔑監司耳目按察之官曾莫敢言至于理財備邊之術足兵之計所當為者恬不為恤考其治效蔑如也今法度具備期于不犯聽土日廣期于富庶而關寄之臣輒肆抵冒殊負眷注比以數經恩宥未欲致于理自今已往敢有犯者竄殛刑戮當不汝容仍仰監司耳目之官詳究逐項事理各務按察繳奏以聞　二十六日手詔陝右宿重兵制縣虜本路所出既不足以充軍儲故資以川蜀之供茶鹽之利及自今降糴本錢鈔金帛相踵于

卷一千一百九

道歲以千萬計將漕之臣不聞畫策以助邦計而每以急關上聞期于必得夫春秋租稅之入榷酤鹽鐵之征一切失催賤市虧折而不關掌計之官且何賴焉其咎親諸所部條具州縣出入之數措置之宜養兵裕民之術實封來上毋為空言　六年閏正月三日臣僚言應監司巡按並乞依陝西已降指揮收買飲食藥餌其餘並禁止從之　四月二日詔今後按次之官行部過遞馬鋪兵委闕須得指定見少實數牒所屬縣會方得依條和雇無文移及不支雇直者乞重立刑名仍許雇人越訴從臣僚請也　七月二日詔應諸路監司不得抽取縣鎮公人充本司吏職見供職人並放罷違者以違制論

監司互按以聞　三十日詳定一司敕令所奏臣僚上言近降睿旨陝西路監司不得赴州(郡筵會及收受上下馬饋送欲乞應諸路監司及依監司例人凡可按刺州縣者並依陝西路已降指揮施行所有置司去處合得供給官為撥立正數許令收受等詔依令詳定一司敕令所立法申尚書省本所今相度欲乞依置司州府知州應受諸色供給之類並聽箕請外如遇出巡給驛券一道歸司日罷從之　十二月十日詔依條立到諸監司（依監司例人凡可按刺州縣者同）輒赴州縣筵會及收受上下馬供饋者各徒二年　七年二月十二日詳定一司敕令所奏諸路監司供給依置司處知州例支破其出巡或被旨

卷一千一百九

句當公事除沿路上下馬饋送及筵會自依已降指揮不許收受趁赴所所有置司所在州上路及歸司饋送緣知州所無欲乞許令依舊例收受其諸路依監司例人并凡可按刺州縣者亦乞無依諸路監司已得指揮施行詔依　十五日尚書省言勘會除監司已降指揮依置司處知州供給遇出巡給驛券外所有其餘官司屬官欲遇出巡亦許破券一道歸司日罷詔依　八年正月二十五日詔五禮新儀州縣推行未臻厥成可令諸路監司因按部考察勤惰歲擇一二以聞當議賞罰以勸忠厚之俗　八月十五日詔諸路監司及依監司依人凡可按刺州縣者今後出巡除不許赴州郡筵會外其

上下馬供餽並依舊所有置司依知府知州供給之類並過出巡給驛券指揮更不施行　宣和元年六月二月二十一日詔應除授監司可遵守前後詔旨擇材望為衆所推曾任通判以上資任人充七月二十一日臣僚上言先準詔監司按察一道祖宗以來所任必吏治民資材兩得職事修舉近歲有初改官為監司者資淺材薄取輕一路非使者之重今後差除監司並次通判以上資序人具歷任取旨差竊見宣教郎蔡毋慮特差權發遣廣東運判毋慮自改官後曾未三數月遽有今來除命誠如詔所謂資淺材薄取輕一路非使者之重也詔已降除命更不施行　二年六月六日尚書省言

卷十二百九

臣竊見遠方監司巡按所至差人夫戶馬多不依法雖有應破之格而州縣貪緣多差不以數計走吏皂隸皆乘戶馬負荷卒衆悉代之以人夫自至傳舍往往又為所轄者受賂而潛遣之復告逃亡再行差補一時搔擾至于如此宜部使者提綱一路當正身潔己使州縣有所視効而身自違戾將何以糾察官吏乎欲望特降指揮嚴行戒約申明法令而告諭之詔申明政和六年四月二日指揮行下　十一月一日詔近歲諸路諸司及帥臣添設屬官冗濫徒擾州縣無補公私可除學事提舉茶市舶坑冶鑄錢木炭木植司陝西都平貨務屬官及提轄直達綱運外餘並依元豐員額以後添置員闕並

罷內學事坑冶鑄錢市舶司續添置官及臣僚陳乞添設屬官並諸州轉運司管內並罷減罷官依省罷法十八日臣僚上言竊見監司提業一路事干州縣法令之當檢察者其目不一每遇按行指摘點檢多不過數事前期移文號為刷牒官吏承報必預為備而文之所不載者曾不加省故吏或因循寖多曠失實由檢察之不嚴也欲乞明詔部使者巡按所至各具所隸事目不以巨細臨時摘取點檢不得預行刷牒州縣既莫知所備則必事事為之戒當使庶務畢舉罔有闕遺矣詔依十二月十五日詔監司郡守遵依累降御筆指揮並三年成任令後通判准此　三年八月二十八日詔監司郡守

卷十二百九

未滿三年並遵依累降指揮不得非時替移雖奉特旨令三省執奏　九月一日臣僚言四海之廣所與共治者在守令而監司刺舉之官也近歲以來任非其人背公自營倚令擾民者比比皆是惟以附托權勢為計委之營緝田產製造器用侵用公錢須索誅求靡有藝極甚則假托氣焰強市横斂乞自今有敢蹈襲抵犯重立典刑令御史臺及廉訪使者覺察按治誕被委之者並以枉法自盜論知而不案與同罪　十一月二十二日手詔重惟賦政于外俾德澤下究實賴外臺頃有弛慢驕虐者亦足汰黜變而通之朕心庶幾焉自今應于政無補于民弗便若蠹邦財害實利者監司郡守悉以上聞務

從寬恤如觀望頋避方命懷奸倚法以削朕當與衆共
棄罰不爾私　四年二月二十四日詔監司知通自熙
豐行官制後例替成資可並遵依舊制其治績顯著及
專委占當合滿三年或令再任者自依專降指揮十二
月九日刑部言增修諸轉運提點刑獄歲以所部州縣
量地遠近互分定歲終巡遍提點刑獄仍二年提舉常
平一年一徧並次年正月具已巡所至月日申尚書省
以上巡未徧而移罷者至次年歲首新官未到即見任
官春季巡畢詔依十日臣僚言乞詔諸路監司未經上
殿者雖從外移並令赴闕引對有得之官庶幾闒茸老
疾者無所容而真賢實能率職効力足以即副為官擇

卷一千一百九

人之意從之　六年五月二十七日中書省言勘會初
除監司合上殿人其見闕官去處初除人未有指揮詔
今後就外初除監司人如係見闕官去處候任滿日上
殿申明行下十二月十九日詔監司審擇縣令委有治
績連銜保奏每路不得過三人各赴都堂審察錄用如
人材卓異可備除擢取旨引對以言者論縣令雖有審
察之法未聞褒擢故有是詔　七年六月十二日手詔
中都裁押冗濫立為經常簡易之制事協于至公法稽
于成憲百司庶府惟動丕應罔不是乎遵揚繼述之意
庶無愧于前人夫京師諸夏之本患中國而綏四方之
遺也承平日久法令明具可遵而不可失而僥倖苟且

之徒習尚弗虔為便文自營之計民繁物阜可安而不
可擾而貪賍刻薄之吏侵漁不已為豐殖黷貨之資甚
者託言公上以奉貢入之常賄賂要權以圖進取之策
浮靡相先費出無藝流弊滋久上下相蒙雖明示勸懲
申頒詔令而監司州郡恬不加恤然則國用安得不屈
民力安得不匱哉師臣監司各條具所部無名之費不
急之務以聞　高宗建炎元年五月一日赦應諸路帥
守監司許依例進貢推恩其因金人及盜賊曾失守或
逃避之人不許進貢十二月六日詔諸路監司應曾燒
刼州縣並躬親巡歷一歲再遍所至具月日申尚書省
仍開坐所措置過事尚書省類聚考其當否而為之升

卷一千一百九

黜從臣僚之請也　二年八月十七日朝散大夫充秘
閣修撰新差同提領措置行在茶盐司徐公裕言契勘
提領官二員內梁揚祖係發運使兼領前官楊淵乃工
部員外郎係第二等奉使同領以上逐官應干事件各
有本職任條法外令來公裕係是正除上件官所有服
色序位剌舉請給人從等並未曾有立定指揮詔並依
發運副使條法施行內舉官減三分之一　三年二月
十八日知平江府湯東野言元豐政和令節文諸發運
監司因點檢或議公事許受酒食其巡歷所至薪炭油
燭酒食並依例聽受續準宣和二年御筆每歲巡歷所
部並一出周遍即有故復出者不得再受所過州縣酒

食供餽今軍興之際調發緊急百須應辦巡歷不常又非平日無事之比難以指定歲終巡遍之限倘使區區往來適路之間供給所入不足以償所費而又廨宇所在合得供給例皆微薄見今物價踊貴既不足以糊口又使吏營適路之費深恐未稱朝廷所以委寄部使者之意欲並依元豐政和條令施行詔權依所乞三月二日詔監司緣事擅置官屬理當重寘典憲爲累經赦宥特免行遣其所差官並罷令後更敢擅自差置者差與被受官並徒三年所在官司不得放行請給四月十二日詔諸路州軍除添差宗室歸朝官存留外餘並日下減罷監司屬官依此施行其江東路經制司屬官日下

卷一千一百九

減罷所有職事並令安撫司屬官兼領九月十七日詔諸路監司今後差官屬出幹事不得差待闕官如輒差其元差官司及被差官各徒二年不以去官赦降原減十月一日臣僚言自宣和以來至今爲州縣之害者贓吏是也贓吏不除民無安靖之理欲乞立法應按察官自通判至監司每半年具發擿過贓吏若干人並籍記姓名以爲殿最或當劾而不劾致因他事暴聞者其不劾之官並重行貶黜詔每年一次令諸監司按察官具發擿過贓吏姓名申尚書省置籍　四年二月二十三日德音應軍民疾苦或刑政未便事件仰監司探訪聞奏六月三十日詔應監司巡歷去處除合得供給外輒

使

以米麴價錢于所部公使庫買酒（緣本司職事于所在州取者非）入己者以自盜論不入者以坐贓論十月四日詔應監司被旨體究公事如敢遷延觀望及徇情滅裂令御史臺彈奏重寘典憲　紹興元年正月一日德音方今州縣積弊百姓疾苦朝廷無由盡知令今諸路監司及郡守縣令各據一路一州一縣隨所在合有可以罷行事件講究條具申尚書省如實使國利民當議襃賞五月二十五日御筆監司以侍從所薦縣令不法不即按劾重寘典憲上以侍從薦縣令如將來犯贓則與同罪若按發一人則并坐舉者監司必觀望有所不敢故戒飭之

二年二月五日臣僚言近葉夢得李回馮澥並以曾任

卷一千一百九

執政陳乞子姪爲監司屬官望或創添窠闕與之且監司屬官並係堂除若發運司則壓通判其餘往往亦與諸州通判敍官遇本司長官出發廳實行其事其權甚重豈可輕畀未出官人請收還夢得等三人已降指揮令別陳乞合入差遣其以前未曾出官經任堂除屬官人不以已未到任並令放罷歸部別選歷任三考以上實有材能之人以重其選從之十八日詔今後監司令三省取見本貫不得除鄉貫係本路人九月二十八日詔今後諸路監司及安撫等司屬官元額之外不得以軍期爲名輒行奏辟及見任罷任待闕未出官人並不許暫時虛作名目差委出入被差之人計傭坐贓師司

監司別行黜責十一月二十四日詔應寬免詔旨令諸
路監司每季具所部州縣施行實狀上聞其奉行周悉
與夫苟簡者精加檢察為之賞罰　三年三月十九日
新除淮南轉運副使郭康伯言先在揚州居住有父母
墳壠并產業礙監司不許任本鄉貫指揮詔淮南係緣
邊去處既非本貫雖有墳壠自不合避二十六日司封
員外郎鄭士彥言真宗即位之初詔宰相曰天下物宜
民間利弊惟轉運使得以周知當令更互赴闕延見詢
訪以今日論之宜不止于轉運使而已若獄訟之繁簡
茶鹽之利病船貨之低昂鼓鑄之多寡各有司存乞依
祖宗彝訓應監司提舉官因事到行在所並令引對不

卷一千二百九

許免除奏稟職事之外凡可以救時濟治者悉許敷陳
詔除兩浙路外餘依奏六月五日工部侍郎李耀言願
擇知州資序以上人充轉運使副與提點刑獄第二任
通判資序以上充轉運判官坑冶提點官初任通判資
序以上充茶鹽市舶提舉官若資序未及則擇嘗歷郎
官監司郡守行治有稱者充其選詔令三省常切遵守
　五年閏二月十九日詔諸路監司屬官除轉運司主
管帳司提刑檢法官外餘並堂除內兩浙轉運司催促
糴買官減一員往來催促剗刷起發行在米斛官二員
並罷仍並差令錄以上資序曾經任人三月八日詔應
諸路監司取會州縣三經究治不報住滯人吏杖一百

勅停當職官申尚書省取旨　六月二日神武副
軍都統制岳飛言將復襄陽府路未曾差置監司許置
監司一員兼領諸司事務九月十四日勘會諸路監司
與本路安撫大使司宣撫司行移並用申狀今四川轉
運使李迨係龍圖閣直學士其與四川安撫制置大使
司及川陝宣撫司行移㕘有指揮詔並用申狀書檢不
繫銜十二月十八日詔監司守貳委寄非輕除授非人
百姓受弊比年員多闕少致有除代數政去處尚慮選
擇失當其間不無望實未副之人可令中書省開具已
除監司守貳職位姓名送中書後省御史臺照會仍令
今後遇闕到前半年取索以次待闕官出身歷任脚色

卷一千二百九

並加銓量如有不可任用之人具請實狀奏與改作自
陳宮觀　七年五月二十六日中書門下省言諸路監
司係通治一路祖宗法即不避本貫詔監司除授依祖
宗法施行內本貫係置司州軍者即行迴避閏十月二
十九日右正言李誼言今後除授監司不以本貫入其
見任并已差下人乞與鄰路兩易其任庶幾公道稍開
私門稍塞從之繼而中書門下省勘會福建轉運葉宗
諤提舉兩浙市舶章藺提舉浙西茶鹽章茂並礙本貫
詔葉宗諤改為江西漕運使替徐林章藺改為提舉廣
南市舶替黃大名並成資闕提舉浙西茶鹽章茂與提
舉江東茶鹽徐康兩易其任　八年正月二十一日詔

令後諸路監司如通提舉坑冶茶鹽市舶當平主管官
除代不得過一員監司屬官諸州教授除代不得過二
員　九年五月十六日樞密院檢詳諸房文字晁謙之
言竊見外路監司郡守按發之際初不體究其實但知
使文自營改易月日走作前期奏劾習以成風至有一
郡之内凡起獄者或流入爲深刻或濫及于無辜乞
賜戒敕凡案發之際先委清彊忠厚之士體究得實方
聞于朝庶幾人自無冤從之　十一年九月十二日臣
僚奏乞凡監司容縱贓吏並不按劾而爲臺諫彈奏劾
鞫有實者其監司亦坐之輕從降秩重或免所居官俟
奏斷日令大理寺貼説取旨從之閏四月十一日又詔
卷二千一百九
中嚴行下二十六年九月一日又詔如臺諫彈奏外人
户論訴得實其失按察監司令刑部具名申尚書省取
旨　十三年二月三日詔諸路常平司職事令茶鹽官
兼領八月三日詔每路委有出身監司一員兼提舉學
事如本路監司並無有出身人即從上一員兼管　二
十六年二月二日詔諸路監司仰依法分上下半年出
巡修舉職事除坑冶司外其諸司官屬並不許差出五
月十四日詔近民之官莫如郡守其間職事修舉治狀
顯著者可令監司連銜保明聞奏當議甄擢六月四日
詔諸路監司躬親遍歷所部州縣詢訪廉察官吏條具
奏聞當議黜陟八月十三日上謂輔臣曰新除兩浙二

漕臣卿等可召至都堂面諭近屢降寬恤事件到任後
令遍詣所部税賦之足否財用之多寡民情之休戚官
吏之勤惰悉加訪問如有奉行弗虔職事不舉者並按
劾以聞庶幾可以警動諸路使皆知所覩傚九月十四
日詔曰朕宵旰圖治講求民瘼詔旨屢頒務行寬大革
去煩苛監司之職臨按一路寄耳目之任専刺舉之權
命令之下是宜悉心布宣庶使郡縣得以視傚乃奉行
不虔徒爲文具致事有壅滯姦弊弗除欲實德及民其
可得乎至如官吏廢弛不聞有所懲治乃或上下相蒙
習爲偷惰甚無謂也繼自今其究乃心率乃職以祇承
朕命其或不恪委臺諫按劾以聞當寘重憲十月五日
卷二千一百九
中書門下省檢正諸房公事陳正同言監司按治之牘
相踵而上姦贓者懲戒既嚴而不稚異循良恐或未盡
乞更令諸路監司採訪部内有愷悌之政宜于百姓潔
己奉公不邀虚譽者拔擢一二人不次用之庶幾感恵
兼行人知勸沮上曰卿此論甚合朕意今日方有一郡
守爲監司所薦已令除職再任任滿與陞擢差遣矣
二十七年六月四日詔諸州軍上下半年多閞具監司
出巡將帶人數并批支過口劵數目及有無應副過酒
食物件供申户部點檢八月八日左司諫凌哲言比來
州縣官吏每遇監司巡按帥府移替例皆傾城遠出爲
監司帥守者亦輒受而不辭乞嚴飭于諸路監司帥守

互相覺察應所屬見任州縣官不應迎送而輒出迎送與不應受而輒受之者並須依公按舉寘之典憲其或徇情容庇委御史臺彈奏從之十一日詔諸路監司可將所借管下州軍兵士盡數發歸元差去處今後監司接送據依條合破人數分下諸州差撥候接送畢即發回仍專委帥臣覺察以知郃州趙不茹言監司赴上替移例于管下州軍差撥廂禁軍既而更不發回別給口券所費不貲乞行禁止故有是命　二十八年七月十七日詔監司按發屬吏仰依條不得送置司州軍如所犯稍重即申取朝廷指揮委隣路監司選清强官就本處置獄推究其州軍按發官吏即申監司於隣州差官

卷一千一百九

所委官不得避免及接見賓客仍限三日起發如有違戾重作施行十月十二日左正言何溥言乞詔大臣應監司郡守除命既下即日起發或以疾故丐祠祿俟終滿方許陳乞如或違戾令御史臺糾察從之十一月四日詔諸路州軍合依錢物糧斛仰所隸監司將違限拖欠最多去處當職官吏依然按治監司如在置司州軍或因出巡到州縣方許特暫勾追都吏典押整會供報以左正言何溥言財賦積欠所在而有監司帖州則追都吏州帖縣則追典押一歲之間殆無虛月徒有勞費無益于事故有是詔　二十九年八月十八日詔兩浙東路提刑徐度兩浙西路提刑呂廣問候滿日各赴行

在除在內陞等差遣初度等有名命司諫何溥言監司擇人每患其難今既知其可用復不使少安厥職恐求者未必如舊送迎紛紛重為勞擾乞令二人依舊供職或有顯效寵升職名俟其終更乃加名擢故有是命　三十年十一月十二日京西路轉運判官兼提舉提舉常平茶鹽等公事蔣汝功言契勘淮南東西路監司依諸路屬官已得指揮隨置司州軍推賞今京西路轉運提刑提舉在襄陽府置司正係極邊乞依淮南路監司一體推賞從之　三十一年二月二日軍器監主簿揚民望言監司三弊曰按吏所以除民之蠧賊而忤己者搜索其過奉己者容庇其罪以示威福一也巡按所

卷一千一百九

以察郡縣而卒伍菲屨之資胥吏囊橐之賄一縣或踰千緡二也居處多藉絨綿以公使奉其奢華不足以示儉宴會送迎錢計其月收過于供給不足以訓廉三也此三者監司之弊他道未必皆然蜀去朝廷最遠吏尤自肆乞命四川帥臣監司互從從之　孝宗紹興三十二年八月二十三日（元未改）中書門下省付下內降寬恤事件勘會監司巡歷不得過數將帶人吏于州縣乞覓計贓坐罪其以白狀借請州縣錢者準盜論所取索文案置歷委守貳令佐發遣其諸司屬官過往及通判職官李默行縣依　有違戾監司仰御史臺彈奏州官令提刑司按劾以聞十二月三日詔曰朕祇膺慈訓誕保

斯民永惟戚休繫于牧守昔我祖宗每思共理乃分遣
遣使以寄耳目守之臧否靡不周知故累朝之民安于
田里法令猶存而人莫克舉是以循良不勸而貪暴未
革將何以助朕為治咨爾使者其悉乃心察列城之政
舉循良劾貪暴及疎怠曠職者以聽陛黜至于任非其
所長無他大過者亦條列以聞朕當命以他官刺舉以
公朕則有賞阿私失實罰亦隨之其令諸路帥臣監司
限兩月悉具部內知州治行臧否連銜聞奏苟違朕言
令御史臺彈劾　隆興三年三月七日詔朕自即位以
來累降詔旨優恤軍民其令尚書省下諸路帥守監司
開具見已如何施行務使實惠及人無或失信敢有不

卷一千一百九

廢必罰無赦　五月十一日詔自今後應除監司於闕期
前具名取旨仍令先次上殿不得在外又以資序差除
可立為定式　九月十五日臣僚言乞專降指揮應監司
並不許將親隨僕使在任所如遇出巡除依條合帶吏
人二名客司書表一名當直兵級十五名不得以承局
茶酒等為名別差人數及不得令隨行人吏兵級於合
任日數外借支食錢等乞取錢物如違許人越訴監司
不互覺察與同坐　從之　十月五日侍御史尹穡言本臺
每日受諸路州縣民戶訟訴多是官吏擅行科擾肆為
貪欲雖有監司不為受理以遠在數千里外不憚勞費
前來陳狀欲望特降指揮自今後許本臺取每月臺諫

官所論州縣官吏貪汙罪犯及因本處民戶陳論得實
施行事項監司不曾按發究治擇一二多者具名奏劾
將本路監司重行貶黜庶使遠方之民得以安業　從之
乾道元年正月一日大禮赦文勘會監司巡歷州縣
依條不得過三日訪聞近來多是過數收受饋送并隨
行公吏已降指揮借請歲不得過兩月却有直判白狀
重疊過數借請乞取搔擾若州縣過數供送并仰監司
互察如違令御史臺彈劾　十八日臣僚上言臣聞臺諫
之與監司雖內外不同其為耳目之官均也臺諫之察
郡邑孰若監司之詳且審今監司不刺舉而必俟臺諫
按劾是辜陛下之委寄也欲望特降睿旨戒敕諸路監

卷一千一百九

司察郡縣之吏不職不法者按劾究治罰一懲百如隱
庇不舉致臺諫論列必議失察之罪庶幾內外協心官
吏知畏　從之　五月十四日詔令逐路監司帥守講究實
有革弊事聞奏毋事文具　六月四日潼川府路轉運判
官賓敷奏郡守多自外除用或在任選易其有老病者
朝廷莫得而知之縣令皆外臺擬注而銓量之法益為
文具老病者以資格得之守令如此斯民何賴焉乞下
諸路監司將見任守令公共銓量將郡守老病者具名
聞奏縣令老病者徑從罷免若監司容隱亦必寘之嚴
科有旨賓敷所奏雖當今監司例為文具從來未見公
劾可劄諭本人到官當踐其言勿為循習取容稱朕臨

遣之意七月七日詔諸路監司將見任老病守臣限一
月公共銓量聞奏知縣委守臣體訪申取朝廷指揮如
監司守臣亙為容隱御史臺覺察以聞十二月十四日
詔應已授監司郡守人候闕到半年前赴行在奏事訖
方得之任如本貫川廣見在本鄉居住之人即仰逐州
知縣結罪保明議實申取指揮　三年閏七月十五日
詔令後監司郡守除授訖已上殿應赴在二年內者與
免將來奏事候闕到前去之任其赴在二年之外及除
授未經上殿人依已降指揮闕到半年前赴行在奏事
訖之任　四年六月十四日臣僚言紹興二十八年指
揮監司郡守按發官吏往往只送本州或置司去處不

卷一千一百九

無觀望致有寃濫令後監司按發官吏不得送置司州
軍事理重者委鄰路監司選官郡守按發官吏申監司
於鄰州差官推勘其法雖已詳備而尚有可議者如監
司郡守按發所部官據憑一時訪聞贓私罪犯便具申
奏致獲降指揮先次放罷後來勘得止係公罪于法不
至差替衝替追官勒停其被按發之官情實可憐乞降
旨應監司郡守按發所部官致獲降指揮先次放罷後
來勘得止係公罪于法不至差替衝替追官勒停如元
是堂除與本等近闕差遣或係吏部差注與先次注授
差遣庶幾枉被按發者不至失所從之六月二十六日
詔令後守臣有罪狀顯著或職事不舉而監司不即按

劾却因他事發覺三省具姓名取旨守臣不按知縣亦
如之以尚書省勘會累降指揮戒敕諸路監司按發所
部官贓汙狼藉職事昏謬為民害者非不嚴切近來往
往坐視守令治政乖謬全不按劾未欲即加典憲理合
申嚴約束故有是命七月十三日臣僚言郡守縣令治
所部之兇頑犯法者監司郡守劾所隸之贓私不法者
皆所以奉行天子之法也比來多有所部之民所隸之
吏曾被治劾者懷怨挾恨隨即媒蘖其私公肆論訟以
償憤怒之氣俾其訟得行而以罪加于治劾之官則天
下之為守令監司稍不自强者則必畏首畏尾有所忌
避是民之兇頑吏之贓私者殆將縮手而不敢問矣守

卷一千一百九

令監司真有過差他人訟之可也豈應有嫌之人所得
而告此而不懲則告訐之風日長姦惡之俗日滋實傷
害風化之大者欲望特降指揮戒敕中外如有曾經守
令監司之所治劾者輒敢以私訟元治劾之官不問事
之虛實即以告訐之罪罪之庶幾此風衰息助成忠厚
之化詔依　五年四月十三日臣僚申請將廣西轉運
使副提刑合得到任恩澤乞罷去候任滿與轉一官詔
從之九月四日詔諸路監司令後分上下半年依條巡
按詢訪民間疾苦糾察貪墮不職官吏仍具詣實以聞
如依前容縱公吏等乞覓搔擾當重寘典憲以中書門
下省勘會諸路監司近來多不詣所部州縣巡按官吏

貪墮無所畏憚間有出巡去處又多容縱隨行公吏乞覓掻擾理宜約束故有是命九月六日新差權發遣江南東路計度轉運副使程大昌朝辭進對上宣諭曰近來監司多不巡歷卿爲朕徧行諸州察守令臧否民情寬抑悉以聞奏　六年五月七日詔令後監司郡守闕到合奏事之人如到國門日經閤門引見上殿更不逐時畫降指揮閏五月二十六日臣僚言國家建官以察所部雖所掌之職不同欲共濟王事則一也然而監司徇私黨局凡有施行不相照應從漕司則違憲司從憲司則違提舉司遂使州縣難于遵承甚者或務姑息或爲矯激專欲沽百姓之譽不恤州縣之難行推原其

卷一千一百九

故多由清要持節不諳州縣事體故所行若是乞自今清要官補外不曾歷州縣者且令治郡俟有善狀擢爲監司未晚詔依六月三日詔諸路監司責任非輕近來多有闕官去處可檢照累降卿監郎官吏送補外指揮施行七月八日詔川廣監司郡守未經上殿許先赴任之人令後任滿須赴行在奏事訖方得再有除授八月二十五日中書門下省檢會紹興七年五月二十六日敕勘會諸路監司係通治一路祖宗法即不避本貫內本貫係置司州軍者即行迴避有旨令後除授監司可依前降指揮施行二十八日吏部勘會淮南京西利州路監司屬官到任任滿依條法許依置司州軍推賞今

來極邊州縣官承指揮增賞到任任滿共轉一官其監司屬官亦合一體今欲將淮南監司屬官應得酬賞各隨置司所在州縣官格法合依乾道五年十一月指揮推賞從之十二月十一日詔淮南東西等路監司帥守察本部沿邊縣令職事修舉者保明聞奏從淮南東路安撫使晁公武之請也　七年二月八日詔方令州縣積弊百姓疾苦朝廷無由盡知令諸路監司帥守限一月各行講究條具一路一州一縣便國利民事件以聞十月十二日詔諸路監司將白直人兵照條於置司州差破外將諸州抽差人兵盡行發還如違令御史臺按劾以三省樞密院勘會諸路監司合破白直人兵皆有

卷一千一百九

定數訪聞比來別立名色多行占破却于所部州軍差撥軍兵赴司就置司去處添破口食以致郡計闕之甚爲大害故有是命十二月二十五日詔諸路監司昨裁減準備差遣差使冗闕可復置並差選人其諸司屬官幹辦公事並差京官以上已差幹辦公事非京官人候回日依紹興二十八年五月二日指揮歸吏部依格差注　九年六月八日詔令諸路監司郡守不得非法聚斂並緣申請妄進羨餘違者重寘典憲令御史臺覺察彈奏八月二十日中書門下省奏勘會已降詔書勸課農桑并遍牒考課條法詔令諸路監司郡守恪意遵行限次年正月終各保奏以聞毋致違戾十月七日詔遂

路漕司行下本路州軍各差通判或簽判一員專一主
管歸正官按月幫支請給并安泊去處應干事件務要
存恤月具支過人數錢米數目申樞密院二十三日宰
執進呈赦令所修立監司互察等條上曰監司委寄甚
重此條使互相按舉恐于事體未是雖如此修改大意
亦是互按卿等更宜詳悉理會不然除去此條亦可十
二月十五日詳定一司敕令所狀已須乾道海行條法
其間有得旨刪改條件合遍牒內外通知一諸監司準
指揮分諳本路州幹辦者各具本年已分巡歷處有方碍處
晚丘縣前去一諸監司每歲被旨分諳所部點檢催促結絕
見禁罪人限五月下旬起發雖未被旨亦行遍本司闗官或專奉指揮躬親幹辦
及鞫獄捕盜捉獲河防不可親詣者委幕職官仍具事因申尚書省至七月十五日以前
巡徧仍具所到去處月日申尚書省詔依二十三日權
戶部侍郎蔡洸言諸路州軍起發上供并經總制等錢
各有期限賞罰比年監司不體法意其起發如期者皆
與保明被賞而違限者未見其舉劾也有賞無罰人無
懲勸乞嚴飭諸路監司依限催發其守貳尚敢違例許
臣擇其弛慢尤甚者按劾奏聞監司不行糾察亦俾坐
罪從之　淳熙元年三月七日尚書省言諸路帥臣監
司下文武臣準備差使並改作準備差遣見任并已差
下人並令依舊滿任武臣自今悉從堂除與文臣例為
屬官從之　二年十二月十二月七典赦應年七十依

法不除監司郡守如歷任有治績而精力尚強之人令
三省取旨詳見知府州軍監　三年二月八日詔除授四川監司
帥守如已被受信劄令不候授告敕先次赴上自今準
此九月六日詔諸路監司互相饋遺及因行部輒受折
送者以贓論以臣僚言近歲監司臨按多受饋餉行部
例有折送錢物數目至多又有無忌憚者諸司互以錢
物饋送皆以折酒為名賍餉相通專濟私欲乞嚴寘刑
章必罰無赦計其所受悉以贓論在內令御史臺彈劾
在外許諸司互察故有是詔十月十四日詔自今監司
被受三省六曹委送民訟並仰躬親依公予決疾速回
報若事干人衆或涉遠路須合委官定奪亦仰立限催
促候所委官申到從本司再加詳審別無不當方得具
申仍令所屬曹部置籍稽考如有違戾取旨施行　五
年十二月十六日右諫議大夫謝廓然言乞自今除授
監司並須先契勘年甲或已年及即乞只與祠祿庶得
持節之人類皆彊明振職從之　六年九月二十五日
臣僚言乞下諸路州縣應監司使命經從祇令于門外
相見諸司屬官及應沿檄被差過往之人並不許迎送
免使官吏曠廢職守軍兵妨奪教閱從之　七年正月
十三日起居郎木待問言監司巡按州縣乞如臺制不
報謁賓客上曰監司巡按州縣留不過三日若更報謁
飲宴則何戢吏姦去民瘼耶自今後許接見賓客不許

報謁仍不得赴州郡宴集　三月九日詔監司郡守條具
民間利病悉以上聞無或有隱既而中書舍人鄭丙言
昨詔監司郡守到任必以民間利病條奏而所在乃以
細故塞責民之疾苦不以上聞如廣西因章窮之變陛
下令諸司講求利害始有打算歲計之請如南劍州道
士邀駕訴本縣科敷陛下行下本處覈實如近日臣僚
進對言諸路數酒捉酒之弊陛下始行約束皆非本路
監司守臣之所自言乞行申敕故有是命　八年二月
二十七日臣僚言四川去朝廷最遠其在本處授監司
太守差遣者既免奏事一任復一任至有不出巴峽周
旋麾節一二十年而未嘗至輦轂者賢否皆不可知宜
令久任四川監司郡守人更迭為東南差遣其在任未
久者既有任滿前來奏事指揮候到闕始得別與除授
從之七月二十三日詔帥臣監司以勸農為名自當朝
夕諮訪以待上問比者數命諸道條具雨暘豐歉之候
乃或泛言某郡某縣大槩如何或云見行取會顯屬文
具即自令行下所部令諸縣五日一申州州十日一申
帥臣監司繳候指揮到日帥臣監司旬時開具聞奏其
或不盡不實並當黜罰　九年三月十八日臣僚言頃
詔監司帥臣臧否所部歲終以聞然郡守更易不常監
司帥臣好惡不一則言有當不當有已去而不及臧否
者有近到而已遇臧否者或取其辦事而不言其害民

或喜其彌縫而不言其疏謬或畏其強有力而不議或
以其疏遠無援而見斥望復詔諸路監司帥臣自今臧
否所部必須總計一歲之數不問已去見在就其中而
區別之或臧者朝廷已加擢用則具其臧之次者或否
者朝廷已行罷黜則具其否之次者其有臧否不當者
必令具析以聞詔除初到任人外餘從之先是正月十
三日詔諸路監司帥臣淳熙八年分歲終各合臧否所
部守臣令日下聞奏至是臣僚復有此請　四月四日詔
臣令盜發所臨其帥守監司不能先事彈壓仰三省樞
密院具名將上先議責罰如平定有勞却行推賞　十一
月四日臣僚言監司守臣所部官吏因不職對移自有
成法訪聞近來多任私意不俟奏報顯屬違戾詔吏部
檢坐見行條法申嚴行下　十二年六月二十六日進
呈諸路帥臣監司每遇歲終各以所部郡守考察臧否
來上浙東一路最近淳熙十一年分至今尚未聞具聞
奏鄭丙等展二年磨勘上曰近來廢弛事多須當懲
誡可並降一官　八月十四日新除監史冷世光言監司
歲出巡歷吏卒誅求所過騷然有過使錢有輕齎錢有
遞馬券食錢一縣之中凡數百緡僅能應辦否則睚眦
以興怨捃摭以生事乞明詔諸路監司今後巡歷所至
力革此弊所用隨行吏卒各于州郡差撥逐州交替庶
幾杜絕誅求之擾從之　十三年七月九日詔監司去

處守臣暫闕令監司兼權若監司兩員去處則依官職次序如遇監司巡歷時暫令本州以次官兼權毋得輙受知州上下馬供給公用之類從臣僚請也　淳熙十六年七月十四日臣僚言今來監司有興販木植動以數萬爲立價直以年厚利至于貨賣不行抑令所屬州郡變轉州責之於縣縣斂及于民至有鬻產送納況牌務所過場務既免征稅而住賣之處亦無抽解不惟瞞失官課又且壞奪商賈之利乞嚴立禁止如有違戾許令內臺糾察重寘典憲從之十九日臣僚言乞詔二三大臣取諸路見在職任及已差除監司姓名畫一開具稟取聖斷將其間素無材望又無績效之人改授州郡

卷一千一百九

差遣若昏老庸謬并無廉稱則或與宮觀或遂罷斥如此則見在不才監司可得而汰去矣又言乞詔侍從臺諫集議公舉才力可為監司者上之宰執所知則許自薦籍于中書遇有員闕即于其間選授如此則將來監司可多得其才者矣從之十月九日詔川廣監司郡守未經上殿許先赴任之人如連任上件差遣任滿須赴行在奏事訖方得再有除授見闕取旨　二十三日前權知南安軍方崧卿言乞明戒監司凡官吏罪之當按者不必互相關白各以所察之實明著罪狀若果衆所共惡自應不約而同若其意見有殊或臨部未久更須詳核亦不必以失按為過庶幾監司得以各振其職而為

之官吏者樂于自展所長不虞異見之罰從之　紹熙元年二月二十三日臣僚言乞自今除授監司必選擇曾任州縣之人苟未歷州縣而爵位雖高亦須使之試郡而後除庶于州縣事體目曾親歷不至于持未試之術行偏見之私從之　六月十九日詔今後郡守監司其間有贓汚狼籍曾經論列或曾被按劾而事（跡）昭著者嘗任祠祿之後不得復任監司郡守從臣僚請也　十一月二十一日御史中丞何澹言竊見壽皇在御每因監司有闕于少監而下親自拔擢人人感勵號為稱職近日監司適有虛員亦有闕次不遠者願陛下出自聖意擇其臣之久次而人材為衆所推許者分遣以往以為初政

卷一千一百九

特達之舉以重諸道按察之權詔三丞以上久次有材望可為監司者選擇差除　二年四月十一日臣僚言近來監司未知舉察罕事按刺乞詔有司考監司之績凡其按察刺舉之職振而風采著者與加旌擢倘一任之內默默全無按刺與一路之間官吏有不治之迹因事自彰而失于按刺者以不職之罪罪之從之　六月一日臣僚言至尊壽皇聖帝慶中嚴守臣條具裕民五事之制淳熙法書告成遂以守臣到任及半年以上具的實民間利病事件以聞著之於令欲乞令後監司到任半年亦令條奏裕民事件務要的實利便不得滅裂文具庶幾廣求民瘼悉以上達從之　五年九月二十一

日中書門下省言四川二廣其地險遠遇監司闕官士
大夫資望稍高者皆不願就無以深慰遠民之意乞今
後于寺監丞內選差從之二十七日臣僚言竊惟今日
至急者惟有拯救諸路旱傷一事茲事甚大責在監司
監司得人則州縣各自究心赤子均受實惠今救災之
尤急于常平使者目即災傷去處尚且闕員雖或已
除而在遠者展轉必至窮冬救災之務要及西成之際
或就擇他方或移擬近地或輸陳粟或督種麰麥皆在
此月之內若至天寒歲暮則後時無及差擇監司豈非
今日急務近年以來立為二著三丞之限材與能者始
不得以備緩急之用只如壽皇之朝或自寺監丞及百

執事便與持節者累累相望其人見朝廷非次擢用必
思悉力報稱昨日伏聞已降指揮川廣監司得不以資
格受任臣知陛下之心與天下公議相協但遠民之可
念未若近民遍日迫切之情欲望亟降睿旨去近歲監
執資格之說遵壽皇選吏之規諸路見闕使者俾于班
列之間疾速選差真實體國愛民之吏以收人心以回
天意從之　慶元元年十月二十九日殿中侍御史黃
黼言竊詳吏部銓法年六十五不許注知縣巡尉巡尉
以警捕為職而縣有人戶社稷財賦獄訟其責任之小
者尚爾而況於監司郡守乎乞檢舉紹興二十三年十
月二日三十二年正月十三日隆興四年三月十四日

前後指揮令尚書省行下吏部再行申明監司郡守年
及七十者其見任人不至疾病昏耄廢事聽其終任改
畀祠祿如有年耄疾病之人許其自陳以全其進退之
義自今年及七十者不除授監司郡守著為定令從之
十二月二十六日臣僚言乞今後應除授監司及已除
未上之人並須曾作州縣及歷他司者庶幾諸路皆受
大賜又可使人材之練歷前來三丞嘗降指揮許作監
司令亦乞考其資歷如不曾經歷州縣且與見闕州郡
以試其材俟有政績即行陞擢庶幾內外均一從之
二年九月二十七日臣僚言監司帥守令于迎送之間
一切踰法過制既破兵衛之給又邀舟楫之用方來則

大移征索以為當然暨去則自為囊橐取又數倍今宜
立為之法使舟行者鐫其兵衛陸行者禁其水脚或兩
有所取者其一以贓論迎送兵之多寡遠近並以成法
申嚴行下從之　三年五月十一日殿中侍御史張釜
言乞今後有自朝行吏迭補外而未經作郡之人及在
外雖經作郡而不曾考滿者並且與知州軍差遣俟其
治行有聞然後擇尤異者以節畀之庶幾諸路耳目之
寄盡得老成吏練之人而措諸政事無捍格不通之患
從之十月六日臣僚言辰沅靖在湖外為至僻之郡其
地至狹其民至貧三州之境相接蠻猺生界不率與之
雜處若州縣政平訟理拊摩得術則百姓安業邊方帖

然豈復有侵擾騷動之患向來所以間曾剽掠故入熟地作過亦州縣為政乖謬有以致之夫州縣官吏從事於此地非不知百姓之不可虐生界之不可擾實緣三郡去朝廷至遠凡事輕忽得以自恣所賴監司歲一巡郡故風俗之美惡獄訟之繁簡官吏之貪廉蠻人之出沒皆可察訪而賞罰之令提刑提舉在常德為置所之所窮年卒歲足跡未嘗一到究其所由蓋緣三州之地荒陋遼僻非特水陸皆險舟車不便行役所以亦難乞行下湖北　提舉兩司每一歲分上下半年必要遍歷三郡以察官吏以閒風俗以安蠻獠從之十二月十一日殿中侍御史張釜言乞四川諸路帥臣監司令後

不許令隨侍子弟互注沿邊有賞去處窠闕應廣西州縣見任官諸司不得存留在置司權攝有妨本任職事如有違戾在外許諸司互劾在內委御史臺覺察彈奏重寘典憲從之　四年正月十六日監察御史張巖言孝宗皇帝有詔宰臣云監司民之休戚係焉今後二三大臣宜精加考擇既按資格又考材行合是二者斯可進擬前日臣僚之言資格已正臣謂材行尤當深考也欲望睿旨凡前所除授未經作郡除監司已在任之人若有聲績著聞卓然超異者可令終任俟解替日朝廷別與見闕州郡如已試平平如足采錄者似不應濫居其職即與改郡吏令詳試民事若尚待次即令換合入

州郡俟有治行尤異然後畀之以節如此則資格材行二者俱得其平人情公論方為愜當從之二十二日右正言兼侍講劉三傑言乞令後監司郡守應以疾患控列別無規避者即與將上取旨畀之祠祿以均閑佚其抱病日久不以自陳致有廢事者郡守則令監司覺察監司則令諸司互察使賜罷斥或有隱蔽而不以聞者則令御史臺劾奏亦與黜責庶幾各知廉恥不敢養痾以負朝廷之隆委從之　五年八月二十六日臣僚言乞備坐慶元重修條令行下諸路監司嚴切戒飭今後須管每歲徧詣所屬巡按俟起程有日先次奏申其所歷郡縣或曾興除民間利病刺舉官吏賢否應有已施

行事件並於回司之後限在半月內逐一開具聞奏并申尚書省諫院御史臺如有違戾仍前視為文具委自臺諫覺察彈劾重寘典憲從之十月二十七日右諫議大夫兼侍講陳自強言乞諸帥臣監司今後屬官過有合行按發事跡即當論奏毋得黨庇一或黨庇致有臺劾則必量其輕重以罪其長如此則為之長者斯以時而覺察為之屬者亦自知于循謹從之　六年正月二十三日臣僚言乞申敕監司使之恪守成憲明知分道置使其職在于按察若州縣吏贓污不法繆懦不治劾章不以上聞致有臺諫論列者當併責罰仍詔大臣其於諸路監司遴選賢德重厚風采有望之士俾當其寄

庶幾上下相維內外一體從之　嘉泰二年十月四日
臣僚言內外庶官除授監司郡守在七十以前而赴上
之日適年及七十者關到之日許其自陳令赴闕奏事
儻于堂察臺𠫵及陛對之際見得其人視聽不衰筋力
尚强猶可委使及自揩揮下日見在任之人並合滿此
一任然後納祿不過踰致仕之期僅一二年爾庶幾有
志事功者不以年高而終棄而監司郡守亦多得老成
更練之人其有目昏迹遠恃老貪汙不知止足者則有
臺諫彈劾在焉從之　十一月九日臣僚言臺諫風聞于
千萬里之外日省月察時有彈擊向之論及縣令則守
臣自青論及守臣則監司引咎今諸路監司偃然坐視

不得戢法慢令之守置而不問罷輭不任職狠愎不事
事貪刻以害吾民者恣縱之而不察竊長厚之名以成
委靡之俗乞令後臺諫或論及所部守臣通及三名許
御史覺察將本路監司量行責罰從之　三年三月二
十四日臣僚言數年以來州郡監司交承之後具申錢
物前後不同或有申聞朝廷而不與之明別是非或有
私白臺諫而無從究見曲直其弊皆起于不候交割先
次離任之故甚者貪夫資之以席卷姦吏乘此以並沿
隱匿窠名竄易文歷歲月侵奪漫不可考其間弊倖殆
不止此合符告新古人所貴乞自今後監司郡守到罷
雖被召命並候覩相交割錢物即須同銜申上方許離

任或以故去或以罷斥亦令佐貳屬官將見在錢物明
著項目列狀交管結罪具申朝廷從之　二十七日臣僚
言選任監司多自三丞二著及遺寺監丞中拔擢而用
之近歲以來獻議者必拘以曾任州郡方許持節夫監
司之才固不可以多得今有其才者既以未任州郡而
不預選曾任州郡者或多遲暮而乏風采是豈容拘之
以此而不加廣耶乞自今監司除嘗為知州軍許選差
外其三丞二著雖未為知州軍而嘗任知縣者若堪充
是選則並許通差其未為知縣者雖歷三丞二著勿差
如舊從之　嘉定三年五月二十六日臣僚言乞申儆
中外俾膺監司之任者每歲各季輪流巡按管下州縣

稽察官吏疏列臧否訪求民瘼具以實聞雖窮荒僻左
之地尤當博采情偽所過州縣各差三十人祇應迎送
不許赴宴會受饋遺從之　四年二月五日監察御史
商飛卿言監司所統一路吏治短長耳目易及頃乃竊
賢厚之名以自蓋鮮所揚激乞自今選任監司一以孝
宗之已行為法不必拘三丞二著之制儻其人委有風
望曾經作邑雖寺監丞亦許選差仍乞令侍從兩省以
上官各舉所知條奏以聞有不如所舉并行責罰從之
九年二月三日臣僚言今之監司或掌刑獄或董餉
運茶鹽倉庾各有攸司太率以廉察為職教畫一該觀
聽攸繫好惡雖微舒慘立見由中朝百執而視外一監

司若未足深加之意然列城十邑之休戚實關係乎一臺之正否委任一非其才喜怒不得其中則九重雖有如天之澤亦將壅閼而不獲施矣今江浙諸路監司闕有闕員未即差除得非謹於掄選而不以輕畀乎乞命大臣審擇中正無私剛廉不撓之士亟充監司闕人去處仍詔近臣各舉一二人以備採擇諸路幸甚從之

十一年十月三十日臣僚言朝廷置部使者之職俾之將明王命以廉按吏治至于職事則各有攸司婚田稅賦則隸之轉運獄訟經總則隸之提刑常平茶鹽則隸之提舉兵將盜賊則隸之安撫是以事權歸一而州縣知所適從民聽不惑而詞訟得以早決而今之為監司者務勢作威不以激濁揚清為先務而惟以追逮縣吏為威名不以按發姦贓為己能而惟以泛受詞狀為風采故理筆之吏凡有詞訟今日經某司則判曰云云明日經某司則又判曰云云甲可乙否彼是此非遂致州縣之間無所適從日遷月延終不予決是豈陛下分臺置使之本意哉乞下臣此章戒飭諸路監司體朝廷設官分職之意懲昔人侵官離局之非若州縣之間或暴賦橫斂以搖民心或隱蔽水旱以欺主聽或大吏有姦贓而蠹國或兵將包藏而干紀許諸司從條吏互察外自餘詞訴須委自簽廳契勘果隸本司方與受理若未經州縣結絕者且與立限催斷給與斷由聽詞人次第

理訴並不許他司越職干與及妄有追索入案庶幾州縣之吏可以一意奉行閭里之民不為豪強所困從之

十二年十月五日臣僚言竊惟國家設官分職內外錯立激揚所繫舉刺並行詳內畧外固非分治本意而有舉無刺任按察者可不究心乎蓋人主深居九重人才賢否不能徧察故內而彈擊則責之御史外而按刺則責之監司比年以來臺臣奏劾無月無之而監司郡守各不舉職夫有舉必有刺二者宜兼行之今也連連累牘紛紛來上或舉政績或舉所知或舉廉吏或舉科目有獨銜而特薦者有連銜而列薦者有一狀而薦至五六人者每至將替尤為猥衆其間固有時取姦贓庸按一二然類多吐剛茹柔莫肯任怨至有終歲而不按一人終任而不劾一吏者豈部內官吏皆賢而無可論者耶上下相蒙孰視不問雖言責之地得其風聞不敢緘默而外臺容庇漏網實多乞戒飭監司各察其屬舉賢糾惡參舉並行仍令省部每遇刺舉來上或舉多刺少或舉少刺多並置籍稽考畧倣臺臣月劾之例少加旌別如有任滿不按一吏終歲不劾一人者並令臺臣覺察重與責罰庶幾官曹肅清姦貪知畏從之

十四年六月三日臣僚言天子耳目寄與臺諫而臺之為制則有內臺有外臺外臺即監司是也今之內臺非已經作縣者不與焉選則外臺之任可輕畀之未嘗作縣者

乎且薦舉之事外臺職之按刺之事外臺又職之至于芻粟飛輓之任犴獄平反之責倉儲斂散之權其上關國脉下切民瘼至不輕也淳熙閒臣僚奏請今後監司非曾歷知縣者不可輕畀亦謂其糾察郡縣觀覽風俗歷任頗重難以付諸未嘗更歷民事者也欲望聖慈申明舊制應凡監司並照內臺體例必曾作縣有聲者然後除授則由內外皆可得人而于耳目之寄不為無補從之閏十二月一日臣僚言竊觀慶歷中富弼上言乞令中書密院通選諸路轉運使副令逐路轉運選轄下知州逐州選部內知縣縣令于是薦張温之九人以備選擇又觀嘉祐中陳升之嘗言郡縣之得失固不得周

卷一千一百九

知付之十八路轉運使遂上選用責任考課之法二臣之言可謂切中時病今之監司鮮能任責謂薦賢可以市恩謂按吏足以召怨或終一任而被旗擢者多至數十經按劾者間有一二豈所部多賢而無可按之吏耶臣嘗考之矣其說有四雅無譽望則有所隱蔽而不欲言素乏廉隅則有所縱弛而不復言暱于親故則有所掩覆而不容言迫于勢要則有所顧忌而不敢言是以州縣之吏善惡不分功過莫辨朝廷有寬大之詔而吏弗宣守宰無循良之政而民愈困夫監司號外臺耳目職業不修迺至若是豈不負陛下委寄哉邇者近甸守令罪狀顯露人所共知臺臣已行彈奏矣監司方從而

按發不幾於失職乎州郡守倅賍證明白見于互申諫臣已行論列矣監司乃為之回護不幾於患蔽乎上下相師習以成風無惟乎吏不稱職而民不得安其業也夫有官必有課其來尚矣上自州縣長官下至一命之吏皆有長以考察其能否獨監司無所屬而莫為之長其賢不肖當使誰課之漢法御史中丞外督部刺史本朝蘇洵亦欲朝廷議定職司考課之法於御史臺別立考課之司中丞舉其大綱擇屬官強明者專掌其事以舉刺多者為上以舉刺少者為中以無所舉刺者為下臣謂舉賢人之所樂按吏人之所難故歲舉率有定員而終歲或不能按一吏今莫若參用本臺月課之制委

卷一千一百九

自御史考察諸路監司相視按刺多寡而定其高下歲終以名聞于朝而行賞罰焉庶使監司皆知自勉而不至曠職州縣有所畏憚而不敢為非民生庶乎有瘳矣欲望睿旨宣諭大臣特賜施行從之

全唐文

宋會要

分司　太祖建隆元年二月以左驍衛大將軍致仕李
彦崇為右羽林大將軍分司西京　三年二月以左清
道率府率范貽祚為左衛將軍分司西京　開寶二年
八月以太子少詹事王祐為少僕少監分司西京　四
年六月翰林學士左散騎常侍歐陽迥落職以本官分
司西京　七年十二月以江南偽命官許寔為右贊善
大夫分司西京　九年八月以江南偽命崔萬安為太
府少卿分司西京　太宗太平興國六年十月除名人
和峴為秘書丞分司西京　七年正月以除名人張炳
為殿中侍御史分司西京　八年七月以前崇信軍節
度掌書記沈承慶為大理寺丞分司西京　雍熙元年
十二月追官人段從革為秘書丞分司西京　二年正
月除名人曹翰為右千牛衛大將軍分司西京　四年
十二月前右補闕蘇德祥為殿中丞分司西京　真宗
咸平元年九月以左衛上將軍張永德為太子太師分
司西京仍授其孫大理寺丞文蔚西京監當以便就養
明年十二月以車駕北征召永德為東京城內外都巡
檢使三年二月復授彰德軍節度使　三年六月西京
左藏庫使張正吉為左衛率府副率分司西京　四年
七月都官郎中分司西京楊坦檢校秘書少監充安遠

軍節度副使坦年老上言分務不便故改授焉　五年
九月右僕射張齊賢為太常卿分司西京坐子宗誨與
薛氏訟財故也　十一月以職方員外郎分司西京樂史
直史館史年七十餘以郊祀畢奉留守司表入賀真宗
召見以其筋力不衰篤學好著書故授以舊職　六年
三月以前太子中舍呂藩守本官分司西京藩故相端
之子病足請告凡數年當落籍特推是恩也　景德元
年七月以光祿卿李昌齡分司西京昌齡知光州轉運
司言其病不任事故有是命閏九月以歸德軍節度副
使胡旦為祠部員外郎分司西京　四年九月以四方
館使平州防禦使知同州上官正為左龍武軍大將軍
領平州防禦使分司西京起居舍人知華州張舒守本
官分司西京並以轉運使言老疾不任吏事而正以嘗
預平蜀功故特令領郡優其俸給　大中祥符二年三
月吏部尚書致仕宋白言母氏年八十五歲臣弟交見
任職方員外郎分司西京欲望除一致仕官帶分司俸
給以遂侍養詔令依舊分司支給請受許赴東京侍養
　三年七月詔左龍武軍大將軍韶州防禦使分司西
京韓崇訓請俸依見任例支給　四年二月詔應西京
分司文武官不因贓罪授者科錢三分中特給一分見
錢　六年六月以翰林學士戶部郎中知制誥楊億為
太常少卿分司西京陽翟養疾俟校日赴西京億以母

疾上章請告不待報而行既至許州復自稱病故有是命　七年十一月右諫議大夫權西京留司御史臺陳象與為衛尉卿分司西京先是河南府言象與不職故有是命　天禧四年正月以太府卿裴莊為光祿卿將作監韓援為秘書監兵部郎中崔旰為太常少卿並依前分司十一月以保静軍節度副使臧綸為太常少卿分司南京綸以疾陳請故也十二月比部員外郎孫夢協乞分司南京取便居住詔許焉後多援例許從便居住　五年正月司勳員外郎知解州蕭芳分司西京仍以其子殿直國真監西京牧馬監以便侍養十一月山南東道節度使同平章事王欽若責授銀青光祿大夫司農卿分司南京欽若時判河南府稱疾擅離任赴闕故有是命　乾興元年四月仁宗即位未改元以秘書監分司西京韓援為太子賓客太常少卿分司西京崔旰為太僕卿兵部郎中分司西京高紳司封郎中分司西京韓昌齡並為太常少卿皆依前分司六月守司徒兼侍中分司西京丁謂降授太子少保分司西京謂為真宗山陵使坐與內侍雷允恭擅移皇堂當降制止命舍人院草詞九月詔銀臺司閤門都進奏院自今分司官表章並許收接時分司西京韓援上言准都進奏院公文分司致仕官并前任丁憂持服官表章無例投進緣分司官見今食祿列在班簿致仕官亦有俸給即與丁憂持服不同故

卷一千一百十八　三

有是詔　仁宗天聖元年五月給事中充集賢院學士張復為光祿卿分司南京與假百日將理候痊損發赴南京七月主客員外郎判三司度支勾院李宗諒言姪國子博士昭迪昨自汾州通判就差監潁州正陽鎮鹽酒稅兼兵馬都監為患乞就除分司西京且在私家求醫損日却赴西京詔給假百日將治候痊損發赴西京　二年四月以知曹州刑部尚書集賢院學士薛映本官分司南京仍於曹州居住九月知兗州工部侍郎李應機為將作監分司南京徐州居住　三年四月知宿州工部郎中孫元方求分司詔以元方在任公事無曠闕令終此一任差替　六年十二月主客員外郎分司南京郎煥落分司就蓋監當　七年十月工部郎中監泰州茶鹽商稅務周嘉正分司西京泰州居住嘉正言兼男茂先近授楚州司户參軍乞改授泰州倚郭縣簿尉或判司從之　慶曆五年十二月賜司封員外郎分司西京趙希言三品服仍賜錢十萬初樞密使王貽永副使龐籍丁度言希言嘗講禁中年餘八十而家素貧故賜之　六年七月右正言知制誥知吉州余靖為將作少監分司南京許居於韶州　皇祐四年正月詔御史臺臣僚年七十因體量罷官或分司致仕者更不推恩子孫　嘉祐四年九月以翰林侍讀學士禮部郎中知和州呂溱落職降官分司南京　五年六月以寧國

卷一千一百十八　四

軍節度副使孫沔為光祿分司南京至七年十月以知
濠州　神宗熙寧三年六月光祿卿知舒州楊巘守本
官分司南京巘以本路轉運司奏庸懦不職乞改宮觀
差遣故也　元豐元年七月十九日詔自今武臣遙郡
已上分司如歷任不因戰功轉官及不曾任管軍及橫
行並除南班官分司　三年九月四日御史王祖道言
太常丞汪輔之除廣東轉運副使輔之即乞分司致仕
朝廷為改成命令依舊為開封府推官臣竊以平日無
事差一監司輒避免而不行萬一二廣有邊陲之警朝
廷何以使人誰肯為陛下行者望從輔之之請詔許輔
之分司　四年十二月十六日詔見分司官三年罷自

令更不許分司以侍御史知雜事滿中行言乞自今見
任官更不許陳請分司已分司者候滿二年放罷　哲
宗元祐元年五月十八日詔李定落龍圖閣直學士守
本官分司南京揚州居住定父沒始辭官持所生母心
喪劉摯言其不持服也　同日詔三京依舊置分司官　六
月十二日詔相州觀察使張誠一特責授左武衛將軍
分司南京於本處居住以左正言朱光庭言邪險有虧
孝行也　十八日詔資政殿大學士正議大夫提舉西
京嵩山崇福宮呂惠卿落職降為中散大夫光祿卿分
司南京蘇州居住以諫官蘇轍中丞劉摯論列故有是
命　二十七日詔龍圖閣直學士李定責授朝請大夫少

府少監分司南京滁州居住以左司諫王巖叟言不持
所生母仇氏服故有是詔　十月三日詔奉議郎前太府
寺丞王璋許守本官依舊太府寺丞分司南京璋以疾
自陳故也自是應自請分司並帶職事官　紹聖元年
七月十八日詔降授左正議大夫知隨州呂大防守本
官行秘書監降授左朝議大夫知黃州劉摯守本官試
光祿卿降授左朝議大夫知袁州蘇轍守本官試少府
少監並分司南京大防郢州摯蘄州轍筠州居住以御
史中丞黃履等言大防等謗訕先朝變亂法度乞各正
典刑故有是命　二年五月二十二日詔依元豐四年
朝旨見任官不許陳乞分司從殿中侍御史郭知章言

也　三年八月十九日詔梁濤除少府監降授奉議郎
管勾洪州玉隆觀南安軍居住劉安世除少府少監並
分司南京各於本處居住　元符元年正月二十四日
前知應天府趙君錫等將公使庫寄納官錢借使詔君
錫以少府少監分司南京亳州居住　三年（徽宗即位未改元）
六月十日左正言陳瓘言龍圖閣待制知荊南府邢恕
昨者自謂親聞司馬光有凶悖之語遂以告於章惇而
光及范祖禹等緣此貶竄又以文及甫私書達於蔡確
妻明氏謂劉摯梁燾王巖叟皆有姦謀而摯等家族幾
至覆滅挾怨嘗以反覆詭詐得罪先朝公議不容固亦
久矣今罷以華職付之大藩中外沸騰不以為允望降

睿旨原情定罪以協公議三省進呈確疏韓忠彥請改撰司馬光呂公著告命上曰但收邢恕訓詞中具載此意則天下皆知之矣是日責恕為少府少監分司西京均州居住　欽宗靖康元年二月十八日詔太師蔡京特責授中奉大夫秘書監分司南京致仕河南府居住以言者論京政和中首建平燕之議王黼當國循襲創造邊患黼大正典刑如京之惡豈可獨貸故有是命　高宗建炎元年五月二十九日資政殿大學西道總管王襄責授中大夫秘書少監分司北京襄陽府居住資政殿學士北道總管趙野責授中大夫秘書少監分司南京青州居住以擁兵在外不能入赴國難而為退避之計故也七月三日詔朝奉大夫充徽猷閣待制知平江府鄭滋落職責授秘書少監分司南京筠州居住以為郡躭樂不恤國艱故也　三年三月十二日詔光祿大夫提舉南京鴻慶宮黃潛善責授秘書少監分司南京衡州居住正議大夫提舉西京嵩山崇福宮汪伯彥責授秘書少監分司南京永州居住皆以其謀國不臧致虜騎憑陵故也十七日詔錢伯言責授軍器少監分司西京澧州居住以伯言嘗棄城而遁故也同日詔黃潛厚責授中大夫秘書少監分司南京道州居住以殿中侍御史王庭秀論其賣官售罷故也七月八日詔張瀲落職責授秘書少監分司南京衡州居住以朋附黃

卷一千一百十八　七

傅劉正彥故也　四年五月二十三日詔中大夫同知樞密院事周望授青秘書少監分司南京衡州居住初望為江浙制置使以嘗有補獲苗瑀功遂超拜本兵之任既而以宣撫使總師平江會金人南牧望不能統御大軍為捍禦計望風先遁致虜騎乘間復破吳門連陷諸郡言者乞加誅斥乃有是命八月十八日詔權知三省樞密院事滕康同權知三省樞密院事劉珏並責授秘書少監分司南京滕康永州居住劉珏衡州居住以言者論其傳聞警報使太后乘流涉險故也九月十七日詔分司居住人該遇今年二月二十三日德音令所屬具元犯因依取旨移放　紹興元年十月三日詔朱勝非責授中大夫分司南京江州居住坐辭難避事之罪也　十年閏六月二十五日詔前相趙鼎責授中大夫秘書少監分司南京興化軍居住　十一年十一月十三日詔范同責授左朝奉郎秘書少監分司西京筠州居住朱翌責授左承事郎將作少監分司西京韶州居住臣僚言同嘗貳政之始首為遷塵之謀驅役疲民騷動州縣州縣之吏望風而迎奔者絡繹於道以朝廷執政之尊而恃威怙權蔑視百僚無所不至至於掩人主之雋功稱為已有勸人主之必殺逞為已私陰結維城之戚密通左右之臣引用非人植立黨與必欲盡排異已者而中傷忠良故如朱翌郎大受之徒皆以傑黠

卷一千一百十八　八

險躁之資甘為鷹犬厮役之態同之所向翌等必附之翌等所言同必行之更唱迭和共濟其姦故有是命　十二年正月二十九日詔孫近責授左朝散郎祕書少監分司南京漳州居住以臣僚列其交結朋比之罪故也　十月二十一日詔左朝奉大夫提舉江州太平觀何鑄責授左朝奉郎祕書少監分司南京徽州居住以破和議故也　三十一年七月十九日詔同知樞密院事周麟之責授左朝奉大夫祕書少監分司南京筠州居住以其辭避使虜故也

卷一千二百十八

九

以上大典卷九千二十同

宋會要

判知州府軍監

周朝州鎮有闕或遣朝官權知太祖始削外權牧伯之闕止令文官權知仕其後文武官參為知州軍事二品以上及帶中書樞密院宣徽事者稱判兩朝國史志知州通判判官掌書記推官支使錄事參軍司戶參軍司法參軍司理參軍知州府事各一員府以朝官及刺史以上充州以京朝官閤門祇候以上充凡州之別有六曰都督曰節度曰觀察曰防禦曰團練曰軍事凡諸司使赴本任或知他州皆不簽書錢穀事通判州各一人與長均理州府之政無不統治藩府或置兩員廣南小州有試秩充通判兼知州者節度觀察皆有判官京官以上充則謂之簽書判官事又節度有掌書記觀察有支使而節度觀察防禦團練軍事皆有推官府則置司錄州則置錄事參軍而下各一人戶多事繁則置司理二人自通判而下州小事簡或不備置又節度防禦團練皆有副使而節度團練副使並以待左降官諸州有司馬長史文學參軍助教士人或有特恩而授不釐務亦有以負犯人為之者流外則止除別駕司馬又有軍監使掌同諸州以京朝官及閤門祇候以上充亦有稱知軍監事者邊要之地或戶口繁多亦置通判以京朝官充判官各一人以京朝官及選人充司戶司法司理參軍並同諸州軍小事簡不備置非繁劇而不領縣務者

量減官屬河南應天大名使牙職左右軍巡院悉同開
封而主押以下差減其數府院置孔目勾押司開拆官
行首雜事前行其餘州府使院置都孔目官都勾押官
各一人又節度觀察有孔目勾押勾覆押司官前後行
之名衙前置都知兵馬使左右都押衙都教練使押左
右教練使散教練使押衙軍將又有中軍子城鼓角宴
設作院山河等使或不備置又客司置知客副知客軍
將又通引司置行首副行首通引官具防禦團練等州
使院衙職悉約節鎮而差減焉元豐以來具職官志
太祖乾德四年十月詔應荆湖西蜀僞命官見爲知州
者令逐處通判或判官錄事參軍凡本州公事並同簽
議方得施行時以僞官初錄用慮未悉事故有是命焉
開寶五年初平嶺南以其地有瘴毒艱於命吏詔以
太子中允周仁俊領瓊管五州仁俊言請以僞命官駱
崇璨等分知諸州事乃以崇璨知崖州譚崇知儋州楊
舜卿知振州朱光毅知萬安州仍各授檢校官　八年
八月以陳州南頓縣令楊可法爲鄭州防禦判官權知
軍州事　太宗太平興國九年三月選祕閣丞楊延慶等
十餘人分知諸州太宗謂宰臣曰刺史之任最爲親民
非其人則其民受其弊昔後漢秦彭爲穎川郡守教化
大行百姓懷惠乃有鳳凰麒麟嘉禾甘露之瑞可謂善
政也以一太守猶能致此況君天下者乎何謂太平之

不可致和氣之不可名也　雍熙三年四月以駕部員
外郎梁裔知應州監察御史張利涉知湖州右贊善大
夫馬務成同知寰州左拾遺張舒同知雲州時田重進
北伐凡下州郡即命朝臣領之　端拱元年正月詔州
郡長吏應受制敕暨三司轉運使移文至於部民訴牒
悉繫日著於文簿以幕吏一人句稽俾絕留事　十一
月以鎮州馬步軍副都總管同知州事充州刺史王明
爲禮部侍郎依舊同知州事仍給刺史俸　真宗咸平
元年二月廣南東路轉運使康戩言新恩循梅四州瘴
有毒請於江南州縣官中就選知州詔流內銓選荆湖
福建人注本州官令知州事　二年六月二十六日詔
廣南通邕欽廉融等州知州能綏撫蠻夷俾其樂業者
替日當議優奬別致生事重寘之法　四年二月詔廣
南諸州先令幕職州縣官權知自今並差京官　五年
十月洛苑使李繼和請擇防禦團練並鎮戎軍真宗曰
屢有人言緣邊州軍宜如往制並除牧守朕謂但得其
人可也前代兵權民政悉付方伯利害亦可見矣　景
德二年十二月十八日詔河北河東陝西路緣邊州軍
官爲通判幕職巡檢既爲所舉則在職依違不能協公
務今後宜罷舉　三年六月詔近日知州已下多與部
內使臣官屬爲姻後方以關致煩移替自今應轉運使
副使知州已下不得與部內使臣官員爲姻違者並行

朝典　九月廣南轉運使言邕州都押衙知田州黄衆
盈請授檢校官知州事詔授銀青光祿大夫檢校太子
賓客兼監察御史武騎尉知州事　四年四月詔選嶺
南人歷職有聞者優與改官令知廉州先是廉州知州
數年間亡殁者四人帝諭以非習水土者不可令往時
邵曄自廣南安撫回因令保舉使臣一人優命遣之至
是復降此詔　十一月詔審官院今後選京官曾知縣
者充廣南知州通判依例引對　大祥中符四年八月
一日以捧日右廂都指揮使王潛等七人為諸州團練
刺史並赴本任仍詔審官院擇官為通判　五年六月
故恭孝太子韓國夫人田氏言兄閤門祗候承說乞入
知州軍差遣帝曰親民官豈可輕授承說先無能幹之
聲止可近便都監　七月詔諸道州府公文並申轉運
使副内丞郎大兩省官知州府本路轉運使副或是本
曹郎中員外及小兩省官雖統攝委於事權然等差秦
於品秩自今應知制誥并觀察使已上知州府凡事申
轉運司公狀並止書案檢令通判并以次職官於狀後
列銜如大兩省官已上充轉運使官高於州官者即
如舊儀云　六年正月以澧州注泊都監史方知邵州
先是邵州闕知州轉運使遣潭州鹽稅閱人若拙權
領州事帝以若拙頃與李玹等同謀叛因告變受官付
以親民何以勸俗故以方代之　九月河北安撫司言

冀州路當衝要信使往來先差文臣知州今乞選刺史
已上詔以澤州團練使魏榮知州事　七年四月詔諸
路知州通判每委閱視在城倉庫其外縣者止校薄籍
不須巡行　初淳化中長吏每季行縣之制至是罷之
是月詔慶成軍知事判官不兼知縣主薄　自汾陰
禮成以榮阿縣為軍仍隸河中府官屬猶領縣事至是
許轉達朝廷　九年八月以右僕射陳堯叟判河陽河
堤事專委通判已下修護堯叟提總之　堯叟以疾求
補外故有是旨優大臣也　天禧三年六月夔州路轉
運使刁湛言雲安軍管一縣戶口鹽井課利最多自來
知軍並差班行未於點檢致欠官鹽不少望依舊例選
有心力强明朝臣知軍從之　四年五月廣南東路運
司言新從春州請於選人幕職州縣内選嶺南人内有
無贓罪者充本州通判兼知州仍量與錫賜及與錄事
参軍俸錢添支得替日依漳州龍巖華縣惡水土例酬
獎從之　五年六月侍御史燕肅言瓊崖儋萬安四州
之地漢為儋耳珠崖郡地方千里越隔大海久被聖化
戶口滋豐自來轉運提點臣僚以部内州郡數多復又
地里遐遠在一任中少有過海親到者瓊州知州兼瓊
管四州轉運司公事崖儋萬安三州十四縣知州知縣
並係瓊管轉運司専差使處衙前攝官充補臨理多務
誅剝不便遠民故近年以來瓊州知州羅善長黄建中一

緣坐贓汚蓋不擇材致此隳敗欲望自今選差曾有近
上臣僚同罪保舉者知瓊州俟得替無遺闕與陞擢差
從之　仁宗乾興元年即位未改元六月審官院言準景德
四年十一月詔應廣南諸州軍知州通判選京朝官曾
差知縣者充令詳新轉京官知縣到任及一年已上者
亦依例移差緣廣南東西兩路州軍有戶口稍多處若
一例就差知縣往彼知州頗以優倖今將下項十七州
差合入通判資序人知州餘州即依元詔施行從之
英韶惠連端潮康賀封南雄循象藤柳潯邕梧凡十七
州　仁宗天聖五年六月廣南西路提點刑獄司言高
欽融三州皆侍禁知州舊有推官闕員已久高融州各
卷九千七百七十七
無推官只有司戶司理參軍或是常程公事亦有行遣
失錯況嶺南人民至衆犯罪頗多谿洞相連地里迂遠
全藉長吏詳酌施行若只以資序合入遠官差遣亦未
為便自今前項知州望吏選本人歷任勾當公事粗有
能聲者差遣從之　十月以淮南江浙荆湖發運副使
張綸兼知泰州時是州修捍海堤故命綸兼領其本司
公事仍令往來同發遣　六年正月廣南西路提點刑
司言高州大辟公事兩件相繼飜變已別差官覆勘各
得分明緣本州地接雷化等州海岸刑獄甚繁須藉長
吏發遣竊慮刑獄別有枉監檢會舊差京朝官知州欲
乞選差經歷諳會公事有心力帶職供奉官以上使臣

武臣差廉明京朝官知州詔今後選差使臣充知州
是月上封者言朝官充通判經兩任例入知州況一郡
長吏委寄非輕若匪擇人豈能稱職欲望自今並須三
任通判方得差充知州如有殊常勞績及奏舉人數多
者令審官院取旨從之　八月以真楚泗三州路居津
要令審官院選知州　九月禮部員外郎郎簡言與元
府利州知州令後乞選差人從之　七年三月廣南西
路轉運司言融州居枕邊陲地連谿洞見屯兵甲事務
亦繁自來無職官唯知州一員若非得人則致曠敗欲
望自今選曾親民政諳練邊事强幹使臣充知州從之
五月四日梓州路轉運使李紘言審官院將新及第
卷九千七百七十七
人授京官知縣者未滿一任就差充廣南知州緣初官
未諳歷事遠荒之地尤藉撫綏兼替回例入通判頗為
僥倖乞今後京朝官知縣合入遠地候第二任移充廣
南知州詔審官院詳定既而請依紘所奏若遇西川廣
南有通判員闕即依例移差如無闕任滿差替其如知
縣之人緣有累任監當方入者亦有自歷州縣改官者
綿歷既久望且依舊施行其奏蔭官特賜進士出身差
充知縣及未曾勾當特與知縣者亦請依新及第人例
從之　十四日上封者言近邊內地州郡多是儒臣知
州邊事武畧安肯留意自今選有武勇謀畧內殿崇班
已上三二十人於河北河東關西及西川廣南不以遠

近但路居衝要處充知州得替日具本處民間利害或邊事十件以聞或朝廷有所驅使詢之于朝則曰某人曾在某處知某處事宜則是先試以近邊之事後委以臨邊之任或為州郡之防或為偏裨之將不乏人矣詔自閤祗候已上充知州知軍候替回日知州令言事五件內三件民間利害二件邊事或兵馬利便其知軍言事三件內二件民間利害一件邊事或兵馬利便　九月上封者言審官院所差知州自來止三任通判無過犯依次差充或才器凡庸年老病患並存格例不復區別欲望今後所差知州並具官位姓名申中書於宰臣衆廳時令引出詢問如堪差委即差若庸愚老病即具事狀以聞乞降等差遣或全然衰老疾病便與分司致仕詔今後定差知州知軍引見後當日或次日令到中書　十年七月二日詔大名府真定京兆鳳翔河中江陵江寧七府兗鄆青陳許亳襄鄧孟潞并延秦陝耀杭越蘇揚洪泉福二十一州自今知州府並與三司判官轉運使副使一等差遣　景祐元年四月二十九日新授江南東路轉運使蔣堂言竊見諸路差武臣知州軍等多是素昧條教不知民事欲乞今後除陝東邊陲之處合選差近上武臣外其餘州縣即乞改差文資仁宗令諭樞密院今後差武臣知州軍並選擇人　寶元二年二月二十一日臣僚上言曰近差除邊上知州軍臣

僚等乞早催赴任仍合與日限進發勒定到任月日詔並令乘遞馬限三月十日已前須管到任時以西邊有警也　康定元年五月十九日都官員外郎何白上言乞於群臣中擇識理道明撫綏能制姦吏善撫軍旅者一百餘員代陝西河北河東三路知州軍不材之人苟一郡之內得一良吏則萬事皆集詔諸路轉運司體量部下知州知軍有年老昏昧貪濁踰違及非幹勤者具事以聞　二年十月二十一日審官院言近令臣僚奏舉河北河東陝西知州人數頗多欲令見任知州到任一年半差人替二年滿闕從之　慶曆四年正月詔審官院凡選差知州而通判官高者勿拘　七年六月詔審官院益梓利三路並選歷官無私罪人為知州　皇祐二年三月一日右司諫陳升之言乞委中書樞密院考察河北牧守治狀如素來庸常別無他術者宜推擇有才能之人以代其任詔河北轉運司安撫司體量轄下知州軍治狀　三年四月江南東路轉運司言知江州林咸德老昏而通判梅德臣又非才多病請擇人代之帝曰一州軍民將何寄乎其令咸德致仕德臣罷歸　七月十八日帝宣諭宰臣曰近日職司以長吏不理而聞者多矣中書未嘗施行且長吏者民之性命可不慎乎宜擇其甚者罷之小者易之文彥博等愍謝而退故自鄧州王關合州呂士宗等或以衰老或以弛慢而

罷對移者凡十六人　六月汝州兵馬都監楊景宗請
徙知一州帝謂輔臣曰景宗章惠皇太后之弟豈不
念之然貪戾之性老而踰甚今與州則一方之民受弊
矣卒不與之　是月詔威茂黎集壁等知州及戎瀘州
通判自今令轉運司舉本路京朝官知縣前任成資令
任一年或前任一年令任二年者為之候滿三年理初
任通判　四年七月九日詔廣西連賀端白等州近罹
蠻寇新差長吏宜令審官院慎擇廉平存撫痍困　十
一月詔真楚泗三州自今令江淮制置發運淮南轉運
司連狀保舉如職事修飭代還當除提點刑獄　五年
閏七月八日詔諸路知州軍武臣並須與僚屬參議公
卷九千一百七十七
事毋得專決仍令安撫轉運提點刑獄司常檢察之
八月詔黎雅州控扼蠻夷為四川之屏蔽自今宜擇武
臣諸司使副以上知州黎州仍益屯陝西兵三百人雅
州二百人置駐泊兵馬都監一員　至和元年八月詔
雅州知州專管勾黎州兵馬賊盜公事　嘉祐三年四
月詔省府推判官諸路轉運使提點刑獄非體量劾奏
而為知州者並理本資序其朝辭所賜及添支遇恩補
蔭子弟亦如之　四年五月詔武臣知州軍非歷路分
分都監一任以上毋得差其當差者仍先與小處知軍
　九月十五日詔齊密華邠耀鄜絳潤婺海宿饒歙吉
建汀潮凡十八州並煩之地自今令中書選人為知州

其知潮州委本路轉運提點刑獄司同保薦之　十一
月詔廣南西路欽廉融三州自今令本路經畧安撫轉
運司舉內殿崇班已上為知州仍帶沿邊溪洞都巡檢
使　英宗治平元年閏五月詔自今大使臣知州軍須
本轄安撫經畧路分總管轉運使副提點刑獄及內外
待制觀察使已上乃許奏舉。二年五月樞密院言自
令武臣知州軍選歷任無贓私罪者私罪杖以下公罪
體量衝替除差遣候經四任親民贓私罪徒已上而嘗
立戰功酬奬轉官者亦候經四任親民仍臨時取旨知
州軍路分都監鈐轄等如有員闕即與正差不得陳乞
理為資序從之　十一月三日御史知雜呂誨言乞除
卷九千一百七十七
擬知州人引見日令上殿親有所問又使中書閱其可
否然後授之詔自今鄭兗曹蔡相邢同晉壽湖明宣河
中等知州府辭見許上殿。三月十二日樞密院言自
至和年降詔後凡諸司使知州軍並乞帶兼鈐轄蓋自
誤用上條令欲差除武臣知州除須合兼鈐轄去處外
餘並只用兼管勾駐泊軍馬公事著為定式如前任資
高令來所差知州軍不是責降即許理為資序其正任
防團已上知州自依舊制從之　神宗正史職官志知
州事通判州事各一人府軍監事如州視地望重輕以
資級應選者見蕃方劇郡則通判二人知州掌郡國之
政令通判為之貳凡其屬有七判官推官掌受發符移

分案治事兵馬都監掌訓治兵械巡察賊盜録事司理司戶參軍掌分典獄訟司法參軍掌檢定法律各一人皆以職事從其長而後行焉凡降赦條制先詳意義注於籍而下所屬歲時勸課農桑旌別孝義其戶口賦役錢穀聽斷之事率舉以法若不能決則稟於所隸監司屬縣有令有丞有主簿有尉主簿鈎稽簿書尉專捕盜禁物餘事與令丞通治而倉庫酒榷各有監臨官以分掌之雖吏員多寡及節度觀察推判官掌書記支使有無繫於州府軍監之高下而典領職務則同焉　皆

卷九千七百二十七

宗正史職官志諸州府置知州事一人州軍監亦如之掌總領郡務宣布詔條以教化導民善而以刑罰糾其姦慝歲時勸課農桑旌別孝悌其戶口賦役錢穀獄訟聽斷之事率舉以法凡兵民之政皆總焉屬縣事令丞所不能決者總而治之又不能決則稟於所隸監司及申省部凡法令條制先詳意義注於籍而行下所屬有赦宥則率官吏宣讀而班告於治境舉行祀典察郡吏德義才能而保任之若疲軟懈怠或冒法則隨職事舉劾遇水旱以法賑濟及安集流亡凡郡邑詳（祥）瑞及民有孝義可稱者旌事實以聞若河南應天大名府則兼留守司公事太原府延安府慶州渭州熙州秦州則兼經畧安撫使馬步軍都總管定州真定府瀛州大名府京兆府則兼安撫使馬步軍都統（總）管瀘州潭州廣州桂州

雄州則兼安撫使兵馬鈐轄潁昌府青州鄆州鄧州則兼安撫使兵馬巡檢其餘大藩府或沿邊州郡或當一道衝要者並兼兵馬鈐轄巡檢都監或帶沿邊安撫提轄兵甲沿邊溪洞都巡檢餘州軍則否其屬官有無及員數多寡皆視其地望之高下與職務之煩簡而置之

。治平四年閏三月神宗即位未改元詔齊家鄧華邠耀鄜絳潤婺海宿饒歙吉建汀潮等十八州並係嘉祐中詔委中書選清幹臣僚差充近年該堂除知州人多直指射有違詔約令後應堂除知州於上件員闕自合聽候中書掄選並不得陳乞指射。是月詔令後知州如兩考俱在劣等即展二年與監當差遣以知隋州考

卷九千七百七十七

惟實為考課院定到政迹第一年為中等第二年為劣等有旨特展一年磨勘與州郡監差遣因有是詔　九月二十六日詔諸路知州府帶安撫或總管都鈐轄并京府令後長吏闕員並令轉運使副提點刑獄兼權餘只令通判權行發遣如別有總管鈐轄即兵馬公事牒與總管鈐轄　十二月十八日考課院言準嘉祐六年閏八月詔轉運使副提點刑獄每歲終定部下知州軍一人能否尤著者為優劣如連二考俱在優等即具以聞當議特行賞罰看詳新知廣濟軍祕書監祝正辭前知衛州係治平二年三年河北都轉運使元絳轉運使無虔沈立提點刑獄沈扶韓璹連二考為優等乞賜詳

敕詔降勅書奬諭仍差知襄州　神宗熙寧元年正月
二十九日原州係臨涇縣令鮮于師中上言乞於利閬興
元閬別置一帥夔峽亦置一帥以為四蜀維持之勢詔
利州路興元府今後依真楚州例豈選人知州事夔州
知州樞密院精加選擇　二年八月詔今後真楚泗州
令發運使副精加選擇同罪舉充如無正知州人即許
奏舉第二任通判人權知　五年八月二十七日詔陝
西丹州寧州隴州河北永寧軍永靜寧軍知州軍自今參
用文資為之　八年二月二十九日以潭州通判屯田
員外郎趙楊權知郎州今後仍互差文臣從本路轉運
司所請也　元豐元年五月七日提舉茶場司言彭漢
卷九千七百七十九
知州許本司權奏辟如能協力保明留再任從之　八
月八日詔知順州西上閤門使康州團練使陶弼更為
上閤門使以嘗得旨順州知州先轉一官候及一年更
轉一官任滿陞一任時弼到任一年也　十二月四日
詔內藏庫副使權太原府路鈐轄張世矩罷兼知火山
軍以河東都轉運司言準詔具土人武臣知州軍者以
聞世矩府州土人故也　二年四月十七日廣南西路
經畧司言賓州瘴癘加以兵火之後難得官願就乞差
殿中丞吳潛知賓州從之　同日詔尚書司勳員外郎
韓晉卿等知壽州先是晉卿自大理出初知同州上以
晉卿非次替罷特與一見闕故易之　三年正月二十

二日賜故知瓊州俞瑊家銀五百兩以本路言瑊在海
六年不得代而死故優邮之　三月二十七日詔瀘州
自今差武臣各帶本州沿邊都巡檢使遇有邊事與兵
官照應出入從梓夔路鈐轄司所請也　十月三日詔
應川峽人連任西路知州者不得過三任　十一月三
十日詔諸路監司具到部下知州通判治狀最優有未
經朝廷任使者令中書籍其姓名　四年九月十五日
詔陝西河東次邊近裏州縣北自議兵之初朝廷便選
擇守令者不惟歆供辦軍須需與轉運之官叶力蓋以部
內兵民一朝悉發遠從征討則肅察姦究綏靖鄉廬乃
所責任可以朝廷之意丁寧申諭俾各遵守苟能於兵
卷九千七百七十三
火未還之間警察盜賊鎮撫部民各獲安居當議旌褒
顯擢職事　五年正月二十六日客省副使知誠州謝
麟言本州旁近戶口或遠隸他州見有封疆不足城守
乞增割戶口山川并降屬縣名額詔沅州新修貫堡托
口小田豐山堡寨係控扼蠻獠形勢之地宜以瀨渠河
貫堡寨為治所合置渠陽縣隸誠州仍以麟知沅州主
管沅誠州沿邊安撫公事置兵馬監押職官戶司參軍
各一員並令謝麟舉官一次誠州官滿依沅州酬奬
七年八月二十四日詔堂除及吏部使闕知州自今三
年為一任　二十九日詔武臣知州軍及軍使並三年
為一任　十二月十七日詔黎茂威三州知州委鈐轄

轉運司依選格奏差　八年七月十二日詔今後知州
年及七十不許奏舉再任　哲宗元祐元年閏二月二
十八日詔今後差知西京大名應天成都太原府永興
成德軍秦延青鄆杭瀛定慶渭熙廣桂州並待制已上
人曾任正提刑已上即權餘並權發遣其兼安撫總管
等自依舊條其知河陽荊南江寧潁昌河中鳳翔陝府
陳兗襄鄧潞陽亳蘇越洲潭泉福梓徐曹蔡鄭滑鄜
同晉廬壽湖明宣滄齊隸州已上并差曾任正提刑人
餘並權通判已下資序權發遣其見任提刑已上因差
知州軍即具歷任取旨　六月一日詔新復郡縣知州
州軍並堂選餘吏部選差　十月四日詔內地及川廣
知州堂除人外並以三十月為任　十二月二十二日
詔堂除知州成資為任　二年六月二十四日詔三京
及帶一路安撫總管鈐轄知州闕轉運提點刑獄官兼
權餘州以次官或轉運司選官權攝武臣知州闕安府
鈐轄司選官權內西北陝西安撫本路闕官許牒轉運
司權差先是武臣有闕帥臣與監司互差定州安撫司
以為言著為令　十月八日詔知賓橫州悉用武臣即
有警使以兵互應　三年六月一日吏部言熙寧敕知
州通判川廣一二年為滿元豐敕川廣以三十月元祐
敕知州通判並以三十月為任即不分川廣許川廣知
州除有專法指定及酧獎外不以見任新差官並二年

為任其使闕滿替悉依本法從之　二十二日詔邢趙
州守臣令從互差武臣從安撫使滕元發請也　十一
月十四日詔辰州知州自今互差文武官　四年八月
八日詔河中鳳翔邠涇自今並選差守臣從文彥博請
也　五年十二月二日詔成利都夔路轉運司知州軍
監闕官並依差權繁難縣指揮施行從夔州路轉運司
請也　六年六月十二日樞密院言元豐七年中書省
條堂除知州軍三年為任武臣依此元祐元年指揮以
成資為任武臣未曾立法詔武臣任六等差遣川廣成
資餘並三十箇月為任　八年正月十二日荊湖南路
安撫鈐轄轉運提刑司言全部永州係沿邊溪洞其知
州望委逐司選有文武材畧人同奏舉詔令後吏部選
差文臣　紹聖二年六月二十三日知永寧軍劉宗卿
言應武臣知州軍處遇災傷降不下司敕令轉運司牒
與通判同書無通判處同簽判書之因災傷為盜罪至
死者守貳同決從之　四年正月七日詔丹州知州令
後令樞密院選差武臣　二十五日梓州路轉運司言
乞令後知州並許通差川峽人從之　徽宗崇寧元年
九月二十五日詔邢趙辰州守臣自令依熙寧差武臣
罷互差指揮　二年正月二十六日中書省言四川地
遠軍防不修乞利州夔州依成都府例各置鈐轄成都
府舊以便宜從事罷去已久乞軍民所犯巨蠹者令酌

情處斷四川監司鈐轄大州守臣不差蜀人所轄兵馬東軍興土人參用如舊法從之　三年二月二十一日詔深洛磁州國信道路經由知州並令吏部依格選差申三省審察　四年閏二月四日中書省言昨自元豐肇新官制隨事之宜分隸六曹總領職務各正名實比者開封已正尹牧惟外路州縣等處尚循例舊而所置案名未曾體倣官制隨事分隸致主行事務叢雜令體倣六曹爲六案各依六曹所主事務行遣庶中外事體歸一其有該說未盡事件悉合依倣官制格目承行及主行吏人既隨事分撥輕重不同自當量事繁簡約度合銷人數從本屬當職官隨宜均定所有常平等事合係常平免役案（食貨五七之十七）主行并關拆司知雜案自合依舊外詔令路監司行下本路逐州軍等先次令相度增損前期分撥釐正已定申本司再行相度施行訖申尚書省　大觀三年四月二十八日戶部侍郎蔡居厚奏檢會已降詔旨吏以罪去多緣赦宥或由推擇吏付以郡寄然罪有輕重槩以與之則害民廢法無所懲艾自今情理深重者勿與知州差遣乞應以罪能或送吏部及遇赦牽復之類雖係知州資序者並依詔旨從之　九月八日詔萬安軍知軍令後令樞密差武臣　政和元年八月二十四日詔諸路州軍令後守闕並仰遵元符條令仍令提刑司走馬承受常切覺察如舊弊不革即速按

劾聞奏議加黜責　時河北帥臣言本路州郡暫闕守臣權攝多非其人率皆貪猥不遵詔令於民利害略不加省元符令諸三京或兼一路經略安撫總管鈐轄知州闕轉運提點刑獄官兼權餘州以次官或轉運司選差武臣無知州即安撫鈐轄司差官故降是詔　五年十二月十三日陝西路轉運司席貢言乞沿邊知州闕令本州通判兼權其兵馬職事令帥臣選武臣權不得干預郡事從之　六年五月八日手詔藝祖深鑒王季藩鎮得自置立而馴致專恣比來諸路帥司黨緣請求數乞辟置守臣侵紊國法漸不可長自今有託邊事辟置守臣者以違制論　宣和元年十二月二日詔令後四輔知州差待制已上（食貨五七之十七）　三年四月二十一日中書省尚書省言江浙淮南等路宣撫使童貫奏切詳江浙州縣經賊去處整葺事務全藉守令得人方可辦治若又只循常法注擬或未曾經歷民事兵火之後豈可更失撫馭乞江浙守令內杭睦歙衢婺宣處州除已係朝廷日近選擢及宣撫司奏辟外其餘並乞朝廷遴選累歷州縣熟知民事無過犯人仍並以三年爲任勿復替移任滿課績顯著特乞優異推恩所貴有以激勸從之　閏五月一日詔恭涪兩州大寧監鹽課係衆木應副夔州路州儲可令本路漕司踏逐才幹清强官充知州監任滿無遺闕保奏　十二月十七日詔嚴州守臣依舊差

文臣　四年二月八日臣僚言近省部寺監官以疾請
者皆與之郡臣謂郡守非養病之地其真以疾請者皆
宜休之祠館不絕其祿若郡一失守千里受害應曾任
或見任省寺部監長貳及監司以疾請而與知州軍者
在京令御史臺在外令監司驗實以聞與宮觀見任知
州連軍被疾者準此　六年閏三月十八日臣僚言
臣聞王者之於農也非特財率之必有教督之言焉雖
守令勸課著在甲令然比年以來但知考課之文究其
誠心惻怛如古田之制未易得也伏望申嚴守令勸課
農桑之法然恭率弗虔徒爲文具即令監司按劾以聞
從之　七年八月十日瀘南沿邊安撫使黎撰言本路
卷九千七百七十七
沿邊施黔等州皆係武臣知州即珍州與施黔州事體
一般欲望將珍州守臣依黔州守臣武臣詔特依奏
三十三日詔蜀漢彭邛興劍徉雅利知州令後並堂除
依格人　九月五日詔令後守臣依已降處令並三年
爲任毋輒更易　十月二十六日詔令後守臣緣事改
移或因罪罷並仰據任內所管歲計錢穀金帛之類收
支見在數目開與後官照會覈實保明申尚書省　高
宗建炎九年五月七日詔河北路京東西路除帥司外
舊差文臣知州去處許（通差）武臣一次　七月二十日
詔要郡文臣一員帶本路兵馬鈐轄武臣一員充副鈐
轄次要郡文臣一員帶本路兵馬都監武臣一員充副

都監令逐州改正稱呼　十二月九日詔應州郡守臣
遇有緣事改移衝罷並候後官交割職事畢方可離任
去職　十月二日詔洪州分寧知縣陳敏識特與沿江
知州軍差遣先是臣僚言朝廷比緣防秋選擇郡守頗
患之才然猶未聞取已前忠義不屈有已試之効者不
次而用之且如洪州分寧知縣陳敏識說諭邑人無得
降拜至披冐示衆云若欲降拜請先殺我衆遂從之邑
中以寧朝廷雖使之還官矣未聞委以郡寄無以爲忠
義之勸欲望深詔大臣取前日保護城邑守節不屈卓
然有功之人如敏識之類者不以其官之高下超遷郡
守之任庶幾緩急可爲倚仗故有是命　十一月十二
卷九千七百七十七
日臣僚言切以郡太守之職總府庫甲兵之重官府士
民之重任專城之責者也雖閒出公門則兵官坐甲仗
庫以徼不如甲令行縣則委之叅佐承平乃爾竊當擾
攘易搖之時一郡安危尤繫於守臣之動靜不可不察
大江之南凡有寨堡不知其幾郡而太守躬行按視始
於婺州繼以信州既皆得請切恐此命一下援例而請
者繼踵而沓至迫此盛冬正當嚴加防扞之時風傳小
警爲守臣者皆諉事於其副而遠走外邑則江浙諸郡
守臣棄城郭者往往而是則東南之勢將何恃以自保
乎倅貳素無守將之權且任責匪專其下必不信服一
朝驟當專城之寄必有不勝任者人見太守委城而出

羣情動搖必有震驚逭走者守臣既行必分兵自衛姦人窺伺必有乘閒而竊發者邑去郡遠者或二三百里若令行諸縣半月之程決不可回託事出限誰復察而制之彼既挾按行之旨緩急可動而城守保民之意既已不專則防禦扞敵之謀必未盡力其患可勝言哉乞將所降兩守臣躬親按行寨柵指揮乞更不施行專委通判同本縣令佐嚴加檢察重以賞罰從之 二十九日詔岳州知州銜內許帶本路兵路都監以知州宋晒言岳州係節鎮自來銜內並帶本路兵馬都監緩急有警庶幾可以處置本州兵將之類令來晒所授敕命銜內毋之切慮合帶故有是命 紹興元年正月八日知越州陳汝錫言諸路守臣並許節制管內軍馬除逐州轄有緩急事宜合依前項指揮聽從本州守臣節制外所有事干一路軍政及合隸帥司差發之類並合遵依舊法施行詔申明行下 二月十七日詔令後守臣在任改差並依昨降指揮候新到官交割訖方得離任 三月一日建康府路安撫大使呂頤浩言自近行在前來赴任經由臨安府嚴婺衢信等州切見知嚴州柳約知衢州李處勵去冬措置寨柵一一可考皆依山據險控扼衝要使賊馬不犯衢嚴若不肯事難避事毅然之任處勵謹守一邦使無它望朝廷雖曾推賞肩之公議似未當切兼二人者吏畏民愛治狀可觀詔柳約李處勵各

進職一等是日進呈上曰守臣治郡有勞但當進職不必數遷李回曰漢宣帝時守臣有治効輒有璽書增秩賜金意亦出此 二年閏四月六日新除顯謨閣直學士左朝教郎知平江府李彌大言平江府係鄉貫所在乞改除宮觀詔彌大爲係從官特不避本貫 七月一日詔知太平州許端夫特許終任以被言章別除守臣蒙本路安撫大使李光并監司備據民戶狀乞舉留終滿故也 十月三日臣僚言近聞諸郡守臣有以罪罷而新官未至者皆以近降候新官到交割指揮之故猶復在任往往自以爲既罪不復顧藉豈徒廢弛職事殆有縱意所如肆爲不法者欲望令守臣應改移差遣及罷吏不候新官到先次罷任委本路運司選以次見任廉幹官權行主管帥臣則令監司權之如此則守土之臣常得其人不至爲千里生民之害從之 三年二月十二日臣僚言比年以來州郡守臣並帶本路兵馬都監既與異時沿邊事體不同又於今日諸州統制無補徒署名位以成虛文欲望寢罷仰副陛下總核名實之意詔見今要郡次要郡守臣帶路分都監去處並罷 十月十一日詔知泗州徐宗誠候任滿日特令再任先是泗州百姓等六百九人狀切見知州徐宗誠到任以來本州城郭屋宇漸有營葺郡人歸業頗衆其政能自儉約知民疾苦前此境內皆食草實本官以私錢糴斗

畜粮種課民耕鑿分給之外軍儲亦足八人皆得粒食
欲乞特令本官再任故有是命。八月三日宰執進呈
薛徽言與郡上曰徽言得無資淺乎郡守唯當擇累歷
之人祖宗朝兩任知縣方作通判兩任通判方除知州
然自諳練於民事更須久任勿委移易如此天下安有
不治哉　五年七月八日中書門下省言應郡守初自
行在除授及自外罷任赴闕並令引見上殿勘會官員
新除郡守緣有闕期未到若依已降指揮上殿切慮難
以久待班次詔新授郡守除見闕人外餘並免上殿
十月二十二日宰臣趙鼎等言近來卹民之詔數下而
州縣之吏往往奉行不虔使百姓不受實惠上曰守令
（卷九千七百七十七）
皆帶勸農公事多不奉職農者天下之大本也可不重
乎然其要當在擇人如或守令有治効顯著者可令中
書省籍記姓名特加擢用　二十五日右諫議大夫趙
霈言比年以來郡守更易不常固有交印視事席未暇
煖人復改命或與他州守臣兩易其任然公帑每遇到
罷例依各有饋送多者數百千少者亦不下三二百千
初到任人既已收受饋送或移之他郡亦復如之凡一
易守臣則所費必倍到任已踰年而更易者猶之可也
其間却有止經一兩月遽迎還陟而受兩處饋送顯属
重疊枉有支費公帑所入有限例冊所定有常一或過
多則供須何以取足必責之庫官庫官無策必仰之酤

息酤息不充必裒之寺觀以至受納禾米多取於民資
其出剩以助供須唯庫官受納官相為表裏則無復纍
露此令日之深弊也臣伏見昨降聖旨灼見茲弊令敕
令所立法故當時詳定到條令諸監司知州非任滿替
移雖有例冊饋送罷任之物及受之者並受贓論罪矣
然講究尚有未盡止不許受罷任之物而到任未久改
易他州者未有明文欲乞應守臣兩易其任在半年內
者不得重疊受到任饋送如違守臣及庫官並以贓罪
坐之其監司到任未久遇有改易者准此從之　六年
五月十二日都督行府言已降指揮劉洪道除知襄陽
府係上流重地密鄰僞境欲乞依陝西五路例許帶京
（契勘襄陽府）
（卷九千七百七十七）
西南路安撫使從之　七月八日詔太平州池州江州
興國軍鄂州岳州並以三年為任餘並依舊以中書門
下省勘會沿江州軍係為控扼去處故也　九月二十
一日詔宜州守臣兼帶提點買馬其合行事件並依邕
州已得指揮　二十三日三省言知明州仇悆知衢州
吳革知處州呂丕問並究心郡政戢吏安民理宜褒陞
以為良吏之勸詔仇悆與轉一官吳革與陞一職呂丕
問除直祕閣　十二月二十一日提舉淮南西路公事
張成憲言淮南守令賞與重疊遂啟僥冒之弊歸業民
戶皆係旋營耕墾若州縣撫存不擾自然戶口漸增耕
墾日廣欲望將守令歲增戶口并墾田土及知縣任滿

墾田酧獎併入任滿賞格乞量與增重庶格冒賞詔淮南守令開墾田土增招户口即從一重推恩　二十六日中書門下省言荆門知軍舊係文臣窠闕昨因殘破之後一時權差武臣今來自合依舊正差文臣詔績戲改差知荆門軍　八年正月六日宰執進呈臣僚言章乞今後從官知州不許使衘見任人趙鼎奏曰祖宗以來待遇從官無異庶官遇宰執無異從官則非朝廷之體陳與義奏曰人臣亦何有重輕但堂陛之勢不可不存秦檜奏曰嚴堂陛乃所以尊朝廷也　十二月十七日宰執進呈湖北宣撫司乞差胡邦用知靖州上曰郡守牧民之官亦藩屏所寄當自朝廷選差若皆由將帥

卷九千七百七十七

辟置非臂指之執也　十八日殿中侍御史鄭剛中言切謂承流宣化莫先於太守今日之勢尤急於邊郡如楚泗通泰以至滁濠江鄂接連襄鄧閩陝之地爲今邊郡者大畧不過二三十郡委以與人誠不可忽願詔大臣將諸處見任及已除未及赴之人精加審察訪求材術之士畧其細行但平時績効著聞實可任用者精選二十餘輩布之邊郡使其講究利源招徠士卒種植牧養蕃息疲瘵分委既定時遣朝廷官吏按行省察取其無狀者復更易之俟其處處得人則須以持久增秩賜金之事可行也從之　九年五月十二日中書門下省言諸州守臣並二年爲任昨降指揮兩淮并沿江三

年爲任今來自合與諸守臣一等詔應守臣並以一年爲任　八月十六日宰執進呈司勳員外郎李公懋劄子兩淮重地乞令侍從近臣鎮撫上曰朕用人材初無内外之間士大夫既爲近列多擇善地至兩淮新疆輒復固辭今後差除擇其避事辭難之人重行黜責　九月四日臣僚言紹興令命官移任已受告敕者解罷知州須候替人考之舊章本無此法蓋自建炎之初盜賊蜂起所在州郡無復固守之意見在任者營求脱免未到官者迁延規避苟得實緣委之而去於是言者建請見任守臣雖有移命須候替人此在當時固合事理其後新書既成遂爲著令至今遵行欲乞明詔有司删去

卷九千七百七十七

此條一循祖宗舊制吏部看詳今來臣僚所請緣本部見遵守紹興二年十月三日指揮施行所乞删去紹興令乞下敕令所從所請删去施行從之　十四日宰執進呈樓炤言差郝抃知陝州上曰陝川合差是何臣僚秦檜曰係舊差文臣去處上曰武人作郡往往不曉民事又恐恣横今日所還州郡久陷夷僞尤須守臣得人使之愛養百姓武臣非所任也可自今只差文臣　十五日湖北經畧安撫使司言准臣僚奏欲乞將湖北路辰州守臣依部州例今後遴差文武臣契勘辰沅靖三州皆係沿邊去處内靖州舊係溪洞誠州先蒙朝廷改作渠陽軍後來省廢再於崇寧元年復置改渠陽軍爲

靖州最係極邊去處，令相度可依舊只差武臣知州外，
其辰、沅二州不全係極邊，合通差文武官。從之。　十一
年三月四日，臣僚言：「應兩淮控扼去處，其守臣悉易武
臣。」從之。　七日，德音：「應殘破州縣所差官，除已有立定
到任賞格外，今收復之後，如守令能措置安輯流亡，勸
課農桑，早見就緒者，令本路監司保明事實以聞，當議
更與優異推恩，仍加擢用。」　十三年四月三日，上諭輔
臣：「郡政以循良稱者，便與擢用，庶可為諸郡守臣之勸。
今兵事少息，當以民事為先，卿等宜博詢之。」　閏四月
二十七日，上諭輔臣曰：「昨日上殿楊大任，朕觀其人物
昏老，難當郡寄，可以宮祠處之。似此等人作郡，臺諫歟
論列，又却別無過顯，只是昏耄，郡事不理，千里之民陰
被其害。今後差郡守，卿等切宜審詳。」秦檜等曰：「謹遵聖
訓。」　六月二十九日，上諭輔臣曰：「朕頃嘗下詔令守臣
到任半年，以工具民間利病或邊防五件聞奏。近觀諸
處所奏，其間固有法所該載者，亦有一方利便朝廷所
不知者，宜委都司看詳，有便於民，即與施行，無事虛文。」
　九月二十日，禮部言：「權發遣建昌軍李長民奏：宣和
以前，應知通、令佐階銜並帶主管學事。自軍興以來，學
校之教中輟。今和議既成，儒風復振，宣化承流，責在郡
縣，所有主管學事，謂宜依舊結銜，以示聖朝偃武修文
之意。本部下國子監勘會，昨行三舍法，除從官以上知

卷九千七百二十七

輔

疆宜作摇

郡係帶提舉學事，餘郡知通、縣令佐並帶主管學事。今
諸路監司既已選有出身或從上一員兼提舉官，欲依
李長民所乞，令郡知通、縣令佐依舊例帶提舉或主管
學事結銜。」從之。　十四年七月四日，上諭輔臣曰：「京西
襄陽府一帶宜擇守臣，庶不生事。」秦檜曰：「當依聖訓。」
十五年九月十三日，詔諸路知州帶本路安撫使，如見
係帶待制以上職任，今後舉官與作職司，收使從吏部
請也。　十一月十九日，權廣南西路提刑吳彥璋言：「管
下諸州多連溪洞，守臣拙於綏撫，往往輕易生事，動經
歲時，不唯廣害生靈，氣亦枉糜經費。欲望戒令不擾，唯
務靖安，一任之内若無邊事，優加賞擢；其生事之人，重
賜斷遣。」詔行下本路遵守施行。　十六年十月十三日，
上諭輔臣曰：「今天下無事，民事最急，監司、郡守須擇人，
得其人，則為縣者有所畏憚，不敢恣縱。蓋縣官皆是銓
曹依格差注，難別賢否，全在監司、郡守考察，如昏謬不
任事者，別與一般差遣，清疆有才力者宜擢用之。」　十
七年七月二十五日，宰執進呈左朝散大夫謝尋擬差
權知潮州，左朝奉郎陳惇特差知饒州，右承議郎林琪
差權知忠州。上可其奏，因宣諭曰：「凡除郡守，莫須到堂
否？」秦檜曰：「例須恭辭。」上曰：「今既休兵，正以民事為急，卿
宜加詢審，如有昏耄無取，恐不能宣布朝廷愛民之意，
不若只與宮祠。」　十八年十一月八日，上諭輔臣曰：「荆

卷九千七百二十七

南重地帥臣不可不遴擇軍興以來多差武臣令疆場安靖可依舊選文臣庶能舉職　十九年二月二十三日上諭輔臣曰令四境寧息沿邊守臣務在安靖若任滿別無生事可量緊慢取旨推賞　二十一年十月二十八日宰執進呈右宣教郎守大理正張嶬奏乞應州郡常程文字並用木匣實封令遞鋪或祇候典轉送下縣縣復責令承帖人付鄉村上曰公人下鄉止是搔擾朕頃在河朔親見其弊可檢坐見行條法申嚴行下

二十三年十月二日侍御史兼崇政殿說書魏師遜言郡守之職分民共理委寄非輕考之格法如年及七十已自有礙今有尸素恬然冒居而不知去者非唯不應

卷九千七百七十七

格法臣恐昏耄適為民害今欲令許其自陳宮觀庶幾公私兩得其便若猶有志在忝竊不自退者仍望朝廷取索職名姓名與理作自陳宮觀從之　二十五年六月二十六日刑部員外郎張嶬言郡縣長吏間有連日不出公廳文書訟牒多令胥吏傳押因緣請託無所不至鄉民留滯動經旬月至有辨訟終事而不識長官面者如此則豈能盡民之情宣上之德欲望申嚴今後守令非疾病式假不許不出廳治事仍令監司常切督察從之　八月六日宰執進呈乞差侍從兩員同看詳守臣到任所請裕民五事上宣諭曰守臣陳獻利害當令國與民皆足乃為稱職如建炎間時方艱難財用匱

乏翟汝文知越州乃盡放欺和預買及鑑湖官租不恤國計而專欲盜名如此等人國家何所賴也秦檜曰陛下成中興之功而知民疾苦保惜生靈蓋兼漢宣帝光武之事業上曰朕何敢望二帝然志所深慕焉於是差權刑部尚書韓仲通權戶部侍郎曹泳同共看詳　二十六年三月十一日右正言凌哲言自江以北諸路州軍殘破之後尤宜遴選望詔大臣均擇循良之吏以為郡增嚴殿最之法使知激勸從之　四月三日詔應自今知州通判互論不法事件並須拘留在任選委監司之清正有風力者依公究治取見詣實曲直情狀施行從右正言凌哲請也　十月二日宰執進呈武德郎向

卷九千七百七十七

世禧差知賓州上見履歷狀係內舍生問世禧豈武舉出身者湯思退等奏元是襄陽府府學內舍生後因獲賊補官前任東南第十二副將上曰士人必知民事如此差除甚善　閏十月二十三日樞密院進呈武經郎王恪擬差知靖州上曰靖州沿邊其溪洞人本不敢生事只緣官吏不得其人因省地人欺凌蠻徭或買物不還錢遂致殺人生事若撫馭得其宜安有不安帖湯思退曰蠻徭雖不知禮義然亦守信聞與省民交易畫地為期多因失約遂成怨怒陳誠之曰恪久從湖南兵官頗諳彼中風俗必能副陛下使令上曰善　二十七日中書舍人王倫言近省詳諸州守臣條具到裕民事件

其間亦有五事之內唯二三的實餘皆細務及本州自合奉行之事取以充數而已類非民間緊切利病以此却恐利病稍多去處亦為五條所限不得盡言夫多者必損少者必增切慮日久寖成文具欲望應今後諸州守臣條民事件不拘五條之數或多寡唯務的實庶幾有以上副陛下務施實德之意從　二十七年、八月八日詔諸路監司帥守常切互相覺察應所屬見任州縣等官不應迎送而輒出迎送與不應受而輒受之者並須依公案舉實之典憲其或徇情容庇仍委御史臺彈奏　十一月十九日宰執進呈左正言何溥奏欲望特詔大臣自今郡守毋屢數易其有治狀顯著必俟滿秩

卷九千二百十七

而議甄陞備或少有過差亦希下章以詭求效上曰此論切中時病然亦近有因事移易者自今非甚不得已且令成資宜常切遵守宰臣湯思退等奏曰豈惟郡守監司亦然諸路監司昨因臣僚薦舉除授至春間往往滿替將來欲於卿監郎曹中擇其資淺者令中外更代皆至成資而罷上曰如此不惟免迎送之擾亦可革內重外輕之弊矣　十二月十二日上諭輔臣曰監司郡守固當久任然其間有癃老疾病之人使之在職亦有有利害蓋移易差遣應有煩費及迎送之擾耳與其職事廢弛貽患一州一路此利害孰輕孰重今後如有此等可與宮觀仍理作自陳沈該等奏曰久任常法也至

於癃老疾病合行罷遣有不得已者當依聖訓施行
二十八年正月二十七日詔諸州縣今後止許守令出郊勸農不得別行差官每歲並用二月十五日仍不得將帶公吏及因而遊翫飲酒搔擾其勸農飲食並依時價折錢給付父老仍多出文榜曉諭人戶知悉并下諸路監司常切覺察如奉行卻致搔擾去處即依前項已降指揮按劾施行無致違戾　七月七日右正言朱倬言四川郡守凡赴新任舟輿器用靡不備具又需黃金以為人舡之直多至五六千緡少亦不下三四千緡就移鄰郡具解罷者亦不少損其數欲乞明詔有司俾之立法自今為郡守者敢復如所陳並以贓論監司隱蔽不

卷九千二百十七

劾許臺諫論列從之　九月十九日知蘄州宋曉言條具裕民事一諸州軍守臣到任之初經理財賦既去替將近或改易差遣往往便將本處見在歲計錢糧私情恣意非法妄用轉運司不為監察遂致財賦率多闕乏而搔擾及民乞下諸路轉運司常切約束及取索州軍守臣到任一年收支若干并去替一年月分取支若干比較多寡開具夾細窠名帳狀并守臣職位姓名保明申朝廷付戶部審實稽考如有增添非法妄用不應支使錢物本從部具因依申乞朝廷當將職官取旨黜責施行一比者連拜詔旨戒飭監司郡守不得覬望當路挾情徇私劾贓之污吏明以賞罰於法郡守不得而專

設或所部有實犯罪仍與通判同銜按劾欲望特降處
分應所部有實犯守臣具事因牒報通判同銜具奏如
所見不同或守臣增加罪狀或於法觀嫌應避限兩日
具事因回報仍先次申尚書省若出違日限守倅互有
容庇即是有違詔條乞下所司嚴立法禁戒約從之
十月十二日詔監司郡守除命既下即日起發或以疾
故乞祠祿必俟終滿方許別有陳乞如或違戾令御
史臺糾察以聞　三十年十二月四日宰執進呈差諸
州太守上曰朕請見秦檜每論除授必曰臣未知其人
心術如何恐招物議似未爲確論且人心不同各其如
面若之何盡知其心術然後除授朕謂果知其賢才固

卷九千七百七十七

當用之不然采之公論若國人皆曰賢如何不用借使
繆濫旋行罷黜亦惟公論但使不容私意無所不可以上
中興會要孝宗紹興三十二年未改元七月十九日新除江淮
東西路宣撫使張浚奏兩淮守貳縣令闕官尚多欲望
許令宣撫司奏辟次從之　隆興元年八月八日詔曰
朕惟共理允賴守臣比年以來迁易靡定欲使宣化承
流民安田里難矣載嚴成法每徇私恩令後郡守須到
任二年方許差除　二年二月十三日宰執進呈擬差
辥彥直知舒州上曰親民之官不可輕授寧與在內清
要官宰相湯思退奏彥直嘗爲郎官張浚奏彥直嘗爲
成閱隨軍漕上曰更且試之以事它日可以親民付之

州郡未曉宰執退相與言曰上於州郡不輕付人如此
可知顧治之意也　十一月二十五日詔郢州係極邊
去處守臣見係文臣可令辥仲通趙撙選擇有心力兵
官一員將帶本管軍馬前去兼知郢州　十二月六日
湖北京西路制置使辥仲通言趙撙契勘武節郎本司
後軍統制王世顯臨敵果勇素有心力欲令本官將帶
軍馬前去兼知郢州從之　乾道元年六月十九日詔
曰朕從鄰好息兵方務內治安衆近因遣使就令體訪
兩淮之民徧歷四五百里僅存數十家此守令勞來安
集之無効也朕何賴焉自令其痛革偷惰專務撫綏思
拯瘡痍早息愁嘆若漁取煩勞固奪陂澤飭廚傳耽宴

卷九千七百七十七

飲使工欺下營私背公有一于此必罰無赦臺諫監司
常切檢劾仍將詔諭各置守令治事之左右以爲朝夕
之戒　二年六月十一日中書門下省言勘會已降指
揮非曾任守臣不得除郎官著入條令詔於守臣字下
添入及監司三字條令字下添入提舉市舶司五字
四年五月十四日詔令後大辟罪展委長吏於聚錄之
際躬加詰問　二十六日尚書省言勘會二廣州軍多
係荒僻瘴癘之地無人願就有久闕守臣去處詔令諸
路監司帥臣依吏部破格外於見任得替待闕寄居官
初任通判及第二任知縣資序人內選辟申朝廷給降
付身　二十九日諸路總領所令後於歲終將所管州

軍合發錢物十分爲率若拖欠及二分知通各展二年磨勘或欠數太多取旨如了辦數足各與减二年磨勘從淮東總領呂擢之請也　十一月一日知樞密院事四川宣撫使虞允文言龍州與綿劍利州接境西竹七日始爲文州不可謂邊郡國初知州係文臣慶曆年因有西夏事宜臣僚建明龍州去文州不遠改差武臣往往知有兵不知有民伏乞依祖宗元法改差文臣詔令後通選差文武臣　五年三月十三日樞密院言廉州欽州融州賓州橫州雷州南平軍永康軍黔州施州宜州西和州階州邕州萬安軍靜江府瀘州沅州辰州夔州靖州全州文州龍州武岡軍舊法知州並差武臣詔

卷九千七百七十七

靜江府夔州瀘州用文武臣通差餘並依舊法　十七日詔請邕宜欽廉州知州文武臣到任並各與減三年磨勘其奏補子孫及眷親條格指揮更不施行內邕州舊州不該載任滿酬賞外餘州並各與減三年磨勘

同日樞密院言舊法三省樞密院互差文武臣知州郡州澧州常德府並添入文武臣通差知州真州楚州通州高郵軍滁州盱眙軍泰州安豐州光州舒州和州濠州無爲軍均州光化軍郢州隨州信陽軍桂陽軍成州鳳州興州黎州雅州茂州威州石泉軍大安軍珍州叙州長寧軍德安府郴州瓊州昌化軍吉陽軍廣安軍高州鬱林州雲安軍使詔今後可依擬定州郡文武通差

十一月二十三日詔今後郡守宮觀人並許先次解任依舊以次官攝如任滿得替即須伺候替人交割方得離任　十二月二十五日臣僚言奉旨右宣教郎通判靜江府鮑同差知高州乃知靜江府張維所薦守臣不當薦通判非堂除不當知高州欲望寢罷從朝廷選除從之　閏五月八日臣僚言見任守臣凡年七十以上者乞詔大臣檢舉例與宮觀自今後除授考其政績參以歷履方許擢用從之　八月十四日詔今後監司郡守凡按發之際先委清强忠厚之士體究得實方聞於朝從吏部侍郎江大猷請也　八年三月十一日吏部言荆湖北路安撫轉運提刑提舉常平茶監司奏欲乞

卷九千七百七十七

將常德府守臣帶提舉鼎澧辰沅靖州兵馬盜賊公事委是利便本部欲依逐司所申事理施行　十二月十三日戶部尚書楊倓言契勘諸路額發經總制錢每年常是虧欠照得今年八月四日指揮止令通判拘催專任賞罰切恐與守臣異同不肯協力欲乞依乾道二年十二月五日指揮令知通同共任責協力拘催分受賞罰庶幾不悞本部歲計從之　九年六月八日詔諸路監司郡守不得非法聚斂並緣申請妄進羨餘違者重寘於罪令御史臺常切覺察彈奏　八月十四日臣僚言凡州縣守令輒因公事敢科罰百姓錢物者許諸色人越訴坐以私罪仍乞放罷人吏決配贓入己者官吏

送監司根勘以聞監司察州郡州郡察縣鎮監司不能覺察御史臺彈奏若因事發覺監司守臣並一等罪從之

卷九千七百七十九

淳熙元年三月五日樞密院言差文武臣知州郡浙東路明州江東路池州江西路江州興國軍福建路漳州興化軍湖南路郴邵全州桂陽軍湖北路常德府澧沅靖州信陽軍辰州德安府廣東路惠州德慶府廣西路静江府融高雷欽林瓊州昌化吉陽軍淮東路真楚通泰滁州高郵盱眙軍淮西路舒和光濠州無為安豐軍京西路隨郢州光化軍成都府路簡雅茂威州石泉永康軍利州路興元府洋興成鳳州大安軍夔州路夔達施州南平南安軍潼川府路遂寧府瀘敘州長寧廣平軍　專差武臣知州郡廣南西路邕賓橫敘康宜州萬安軍利州路文階西和州夔州路黔州　四月六日黎州知州依威茂州例差武臣從知成都府薛良朋請也　五月二十五日詔諸州軍守臣罷黜指揮到日即將州印交與以次官不得匿旨逗留如違仰監司及御史臺覺察聞奏　十二月八日詔滁州到任任滿依廬楚州推賞　二年二月八日詔吏部見擬注知州軍令盡歸堂除使闕　六月九日中書門下省言武臣橫行正任或大小使臣差充知州從來未有稱呼定制自今正任觀察使以上差充知州府並為知某州府通侍大夫至右武大夫差充知州為充某州若係合差待制以上人去處為權知武功至武翼大夫帶遙郡差充知州為

卷九千七百七十六

權知州（某）若係合差待制以上人去處即為權發遣武功大夫至小使臣差充知州府並為權發遣正任觀察使以上差知帥府為兼某路安撫使餘州帶管內安撫者為兼管內安撫使通侍大夫以下差知帥府帶兼主管某路安撫司公事餘州帶管內安撫者為兼管內安撫司公事從之　十月十八日詔西和階成鳳州守臣依舊以充制官兼　十一月四日詔自令黎州守臣令制置提刑司公共於文武臣內通行選差公廉有材力人申取朝廷指揮　六年六月詔令制置茶馬提刑三司公共奏辟以四川茶馬吳揔言黎州買馬全在守臣得人本司不預難以任責故也　二十三日詔應赴任

卷九千七百七十六

二

半年前奏事別與差遣人知州資序添差參議官通判以下資序並添差通判其初授訖朝辭人亦依逐項資格與正闕參議通判差遣先是新知潯州曹朴上殿上以其不堪作郡又不欲使待遠闕宣諭宰執令與添差龔茂良訖分作兩等以處之故有是命　三年三月二日詔四川都統制吳挺選習兵官一員兼知文州以四川制置使范成大言文州管下蕃部作過知州李彥堅畏懦失職下任王彪老謬不肯之官彥堅彪既罷因有是命　四月三日詔侍從臺諫兩省官照資序差格不以內外雜舉監司郡守歲各五人保舉官及五員以上列銜共奏明言所舉人有何政績才術堪任何等監司

帥府大小州郡差遣聽上下半年奏舉中書省置籍三省吏加考察取旨除授　六月二十一日詔真州通判通徐棟知泰州中書門下省言已降指揮第二任通判以上資序人不以內外與知州軍差遣棟雖係初任通判資序因監司以勞効實跡薦舉與陞擢差遣難以一槩施行故有是命仍令自今後有似此之人依此　八月十二日詔富順大寧知監自今堂除潼川路轉運司申定差朝散大夫楊騫知富順監吏部檢準淳熙二年二月八日勅行在職事官諸路監司知州軍依舊堂除內不曾該載知監窠闕詔楊騫依轉運司定差因有命　十一月二十三日詔諸州軍守臣惟才是用自今不

卷九千七百五十六

三

拘遠近於文武臣內選擇差除　四年四月十六日詔諸州軍差武臣去處須精加選擇可以治郡者閤門宣贊舍人應材言令日武階通差守臣然而郡寄重甚非便民事者强使為之必不勝任故有是詔　七月二十五日詔職事官未至知州資序人陳乞外人緣堂除并取到部闕通判皆遠如係通判資序可特與添差參議官一次知縣次序以上與添差通判一次在職改官後及二月同每路每州各不得過一員候添差及兩政之後別取旨先是二年定職事官除郡之格理觀民資序後以實歷職守官年月等第除授於是翰林學士知制誥周必大等言乾道中書門下令諸在京職事官未至

監察御史已上履歷尚淺供職未久陳乞外任者不得除監司知州軍差遣注特旨除授或資序已及者非令乃許其身內攺秩或京官不曾作縣纔歷職事官三二年便得為郡間有辛勤州縣縣歷數任必參格法方始得之若何而不內重外輕乎乞自今職事官未至監察御史以上者履歷尚淺供職未久陳乞外任欲乞依乾道中書門下令不得除監司知州軍差遣其有材能勞效卓然顯著特旨陞擢者不拘此限其元係部闕州軍并川廣州軍令三省選定緊望去處合堂差外並發下吏部依格法注擬元係堂除通判闕依舊歸堂所立定格即非舊法合行除去並依舊法從之其吏部注擬知

州軍并堂除通判員闕並遵依紹興五年閏二月十三日措置指揮　五年六月二十七日詔吏部注授知州軍人並令赴都堂審察訖前去之任候任滿日奏事　六年八月二十三日詔鬱林州守臣可令樞密院選差武臣一次　八年三月二十八日詔帥府并駐大軍州軍守臣自不合除代外自今每路各留兩闕候見任人去替半年方許差人三省常切遵守以待御史黃洽言令州郡大率皆四年闕職事官之久次者豈不欲更迭補外大抵食貧無以為遠次之資是以盤旋而不能去議者無以處之遂又有添差參議通判之說州郡既以闕乏而創為添差不已夫豈良策宜於州郡闕中留十

數闕不差替人以俟後來擢用之人故有是詔　九年正月三日詔諸路守臣任滿開具本州實在財賦數目及有無拖欠諸色請結并有無少欠人戶錢物不管以在庫虛數及不係合本州合用之數在內具公文交割與交代如正官未到並以交割以次官及具一般文狀省部置籍稽考如有不實許監司臺諫覺察奏聞　總領及轉運司依此施行十一年六月令戶部檢坐申嚴仍仰新到任人限一月內將交割到數目從實具申如違許本州部具名奏聞　七月十六日詔自今黎州守臣銜內帶兼節制黎雅州屯戍軍馬以四川制置使陳峴言雅州滎經縣并碉門寨等處與黎州相關所管戍

兵止是知縣知寨官主管或有小驚分布防拓須聽黎州守臣號令方能相應故有是命　十一月六日詔汀州守臣依舊堂除　十二年十一月十一日權戶部侍郎葉翥言乞令守臣得替開具合起歲額諸色窠名錢物有無發足與虧欠及許其自言在任之日或能關防滲漏撙節妄費趲積儲蓄以為一州後日計者申尚書省下戶部以憑審實從之　十三年二月十三日進呈知州軍留闕上令中書置薄籍定遵守先是上諭宰執州郡不須待闕人多可大郡小郡各留幾處勿除代於是所留凡四十二州浙東路紹興府明婺處州浙西路臨安鎮江平江府湖州江東路建康寧國府太平州廣

德軍江西路隆興府贛吉州臨江南安軍福建路福州建寧府泉汀州湖南路潭郴州武岡軍湖北路江陵府鄂州荊門信陽軍淮東路楊楚州盱眙軍淮西路廬和州無為軍京西京（路）襄陽府光化軍廣東路廣州肇慶府潮州廣西路靜江府邕瓊州　十月二十七日詔令後四川二廣知州軍見居川廣合闕到半年前奏事人及係見闕去處並令諸本路轉運司稟事仰漕臣精加銓量人材委堪任使非昏謬老疾之人結罪保明申尚書省以上孝宗會要　淳熙十六年十一月十四日詔知閬州吳昭夫知果州趙[illegible]各特轉一官與近闕蜀郡差遣以四川總領趙彥逾言措置有方催科不擾故也

卷九千七百七十六　六

十七日宰執進呈盱眙守臣霍麃捕獲趙興等透漏銀兩甚多不可不畧與旗賞上曰與轉一秩以為沿邊官吏舉職者之勸　紹熙元年三月二十四日詔潭州觀察使知楊州鄭興裔除保靜軍承宣使以興裔久任邊帥職事修舉故也　六月十九日臣僚言應郡守有贓汙狼籍曾經論列或被按劾而事跡昭著者任祠祿之後乞不得復任郡守從之　二年三月二十三日中書門下後省言看詳吏部尚書鄭僑奏乞自今到部初任用賞改官人須實歷三任方許注知州軍闕自餘悉如見行條法庶幾用舉主陞改人資歷稍同實為允當從之　四年十二月十一日中書門下省言今沿邊州郡

豪疑誤

所除太守皆用二年承替與內郡無異送往迎來初無固守之計令欲將極邊楚州盱眙軍滁州豪州安豐軍光州隨州郢州光化軍均州信陽軍金州洋州鳳州西和州成州階州次邊高郵軍和州無為軍德安府復州荊門軍二十三郡令後遇有闕到半年三省樞密院同共商議於文武臣精加選擇並令三年為任每遇任滿如有治効取旨陞擢特令再任見在任及已差下人並成資滿罷從之以上光宗會要　紹熙五年十月四日臣僚言朝臣建舉四蜀之地付之制司其權不輕其責甚重則凡一切之事宜皆歸之制司而州軍守臣赴上之銓量反歸之四路之漕司夫漕司之權比制司為輕而

卷九千七百七十六　七

漕司之責亦不如置司之重權輕則不敢多有所廢黜責輕則不暇詳於顧計其間雖特立獨見不溺此習之人然亦無幾令不若以銓量守臣之柄一付之制司夫權重則雖廢黜之多而有所不憚責重則顧計利害之深而不敢苟且如此則昏耄疾病不勝任之人不得以冒居守臣之任而州郡無不治矣從之　閏十月十日赦令所言令以紹興參附尚書司勳格紹熙五年七月九日聖旨擬修下條郢州州縣官格右到任及一年減一年磨勘任滿更減二年磨勘右入淳熙京西路酬賞法從之先是權發遣郢州任世安言京西一路六郡之地與敵境相接除襄陽府均隨房州光化軍五郡官吏

任滿皆有恩賞獨郢州無推賞之令如房州一郡居大山之中地勢深阻去邊稍遠尚蒙朝廷存念官吏任滿亦與推賞而郢州極邊乞照別次邊體例特與放行恩賞庶幾官吏趍赴事功自然有所激勸至是勅局修立為法也　慶元元年二月一日詔處台衢秀嚴信池筠袁撫江泉漳潮通泰鄂永邵州南康軍二十闕令後止差一政令中書籍記非職事官補外不許陳乞　六日詔南安郎武漢陽知軍三闕依舊堂除　七月二十三日詔曰朕圖回初政不遑康寧延見群臣時詢治道有可采用未嘗不行比覽奏對所陳多以監司郡守數易為說盖監司與一道按廉之權郡守膺千里牧養之寄覺不久任獎非一端雖得賢能之人要必假以歲月豈有閱日尚淺又復徙而之他居官者懷苟且之心競進者亡久留之意民知其將去則莫從化吏知其可欺則絕簿書若乃財用殫于送迎卒徒疲于道路郡縣凋弊殆不能支此誠今日所宜首革者也朕既明諭大臣遴選人材于除用之初矣繼自今深鑒前弊無數變易以考治功以寬民力其有績效著聞者當以璽書勉厲增秩賜金公卿有闕選諸所表以次用之庶幾于漢宣中興之治頋不美與刺史二千石其各安乃職共乃事務為悠久之計政成而俟褒擢稱朕意焉　十月三日詔通判資序及兩經任通判人方許除知州庶幾士夫不為

卷九千七百七十六

八

空言究心民事以副朕愛養元元之意如有卓異之才宰執將上取旨別議旌擢雖有已降指揮者更不施行

十一月三日右正言劉德秀言國家在外之選莫重於監司郡守然監則多出於一時之差擇初不膠於一定之法若州郡守臣則似膠於法而不通矣不有以通之其可哉且令天下幾郡為郡守者幾人或已居官或未赴上姑以十分為率其三則為朝廷補外之人其七則由小官積累以至者也其由朝廷補外者則以才望選而由小官以至者特以資歷耳令小官之入仕或早或晚是雖不一姑酌其中而言且以三十而仕守闕歷任必須七八年有舉主三人而後得所謂關陞者又守闕歷任六七年求舉主五人而得所謂改官者則蓋幾五十年矣既已改官然後作縣謂之須入而縣闕之佳者至三年其次者亦不下二年其守闕歷任又如前比迨作縣之竟則已五十餘矣然後入所謂屬官通判展轉兩任共須十年然後始可望四年五年之郡則幾於七十矣當此之時筋力疲於少年之奔走精神困於少年之酬應雖有趙廣漢之聰明桑洪羊之心計謾不復知省矣其權不過委之於倅吏否則一歸之吏胥之手而已百姓何由而蒙利哉臣愚以為令不若擇天下之劇縣若干類而榜之使改官須入之人其居是官有撫字催科兩課俱優發摘教化並行不悖者令州縣監司

卷九千七百七十六

九

以其治狀結罪保明來上仍令御史臺覆覈如委有顯迹則稍超躐之昇以見近闕通判任滿即與知州軍差遣如此則其人幸筋力之未衰精神之未耗展布四體以惠利斯民一利也為劇縣者既前知有州壘超躐之可慕則悉心畢力趣事赴功而縣無不治民無不被其惠二利也舉一事而二利從亦通變而適時之法然或者謂近降指揮須兩任通判然後可以得郡乃與之相背也臣以不為然近降指揮為中常之才設也初不相妨亦可兼用如陛下以臣言可采乞降付三省詳酌施行從之　二十四日臣僚言孝宗皇帝朝詔守臣到任踰年以民間利害五事上聞年來殆成文具臣謂莫

卷九千七百七十六　十

若不必限以五事但使之講究利害委有關繫生民休戚者然後使之上聞少者或以一二多者或過於五事如可備採擇乞頒諸州奉行從之　十二月二十一日宰執進呈中書舍人汪義端劄子乞邊地帥守雜用文武之臣若文臣知州亦宜選武臣為貳其文臣倅貳之無用者自可省去上曰郡有倅貳正如諸軍統制之有副也互相糾察豈容省去此論是余端禮等奏聖訓切當無改更祖宗法度亦非所宜　二年九月二十七日臣僚言監司帥守陛下所賴以風厲一道而表率郡邑也今於迎送之間一切踰法過度既破兵衛之給又邀舟檝之用名為水脚且水則具舟檝陸則具輿馬所出

各不過一塗所莅亦各有定數灼然不可欺也而剖符持節以出既多為之程又兼取夫水陸之費方來則文移正索以為當然既去則自為囊槖取又數倍監司取之於列郡郡首取之於列邑郡縣費已何所從出不過為一切之政以供之幸而終更者二年一取已不勝擾其或數去數易將何以堪令宜立為之法使舟行者鎸其兵衛陸行者禁其水脚或貪冒無恥而有所取者一以贓論迎送之兵多寡遠近並以成法申嚴行下庶幾稍知自律足以表率郡縣之小吏從之　三年四月三日臣僚言仰惟孝宗皇帝長慮遠馭凡兩淮荆襄沿邊州郡必斷自聖意精加採擇猶慮未能盡得其人嘗詔

卷九千七百七十六　十一

從臣臺諫各舉所知以充其任一時應選皆是綿歷州縣深達事機熟諳民務才能之傑然者間用武臣亦必其儕輩中之素所推服而更練不在文臣之下者近年以來除授寖輕往往躐分而求循例而請夤緣交結志在苟得乞自今兩淮荆襄州郡及金洋等處守臣不許妄有陳乞其有資歷稍深舊例可得而才能不堪邊寄者且與外任兵官差遣或川廣遠近庶幾控扼形勢要害之地舉得其人可以上寬憂顧詔從之仍常切遵守

五月二十四日詔嘉興府處台衢嚴信池袁撫江潮漳泰溫徽州通增作十五闕專充職事官補外其已籍定邊郡如遇有闕亦許通差以三省言昨來所留三十

闕内常留見近十闕以待職官補外緣十闕大窄故有
是命　四年正月二十二日右正言劉三傑言乞令後
監司郡守應以疾患控列別無規避者即與將上取旨
界之祠祿以均闕佚其抱病日久不以自陳致有廢事
者郡守則令監司覺察監司則令諸司互察使賜罷斥
或有隱蔽而不以聞者則令御史臺劾奏亦與黜責庶
幾各知廉恥不敢養痾以負朝廷之隆委從之　四月
二十九日臣僚言伏見二廣州郡有自來係吏部依格
法差注去處因慶元二年臣僚有請乃降指揮盡作堂
除緣此有資歷深多者既不得受有孤寒恬退者又不
容受反使能官安分之人未免滯淹其躁進巧圖者蹤

卷九千七百七十六　十二

次越等妄行陳乞徒長奔競愈不足以重遠方牧守之
寄詔從之其廣東路英德府南恩循梅封新州廣西路
潯高藤昭象梧貴化鬱林州昌化吉陽萬安軍守臣闕
並發歸吏部照舊來格發差注所有在堂二廣州軍闕
如武臣陳乞亦須曾歷民事熟於州縣者方得進擬
五月二十一日詔令後京官補授雖已任通判得替未
曾作邑人須通歷兩任通判終滿方得與除州郡差遣
十一月二十七日臣僚言比年以來歲使監司定臧
否之論而朝廷行黜陟之權法信美矣唯是人心不同
真偽難辯或有違法以干譽設詐以盜名巧為營求冒
干臧最而政未必平訟未必理田里之愁歎莫之卹乞

降監司於考察郡首之際其實惠及民者則以為臧而
虛聲罔民者即以為否庶幾欺偽不行為郡首者各圖
惠民之實以副陛下保民如赤子之意之從之　五年
六月二十六日臣僚言竊見近降指揮凡守臣引年謝
事之人例與宮觀候替人交割錢物訖方得離任朝廷
之意正恐錢物易以侵欺兼又干求請囑乘間而去旬
月之内咈人任怨既不可為則未免徇私曲從寧無害
事反使其人愈不自安乞令已得宮觀人徑將錢物交
付以次官一面離任如以次官妄有支動許新人點檢
具申朝廷請旨施行仍令監司覺察從之　十月二日
臣僚言比年臣僚有請累降指揮應監司守臣改差替

卷九千七百七十六　十三

罷具見管交割錢物數申省部此誠良法美意天下遵
承無敢違戾大抵錢物有經常有餘羨有支用有起解
有樁積有增有虧要當分別窠名使各歸著乞行下諸
路諸州令後交割錢物各開數目窠名某錢某物令後
樁管某錢某物合充支遣某錢某物合行起綱供申省
部交與後官其見管錢物内有無合起綱運合支用度
庶諸使路諸州財賦所在本末源流各隨其實一歸聖
朝責實之公而無昔人偽增之弊從之　嘉泰元年三
月二十三日右諫議大夫程松言乞明詔大臣其於武
臣知州蓋無選擇曾任閤門已經擢用之人亦須察其
慈祥愷悌留意民事至於繇常調而序進者更宜審熟

文臣限以考任及曾任縣令委有政績然後付之郡寄應州郡通差武臣去處仍乞妙選才幹之吏以為倅貳庶幾相與協濟詢究民瘼檢柅吏姦下為千里之體而上副九重共理之切從之　四月二十九日詔令後四川守臣闕到合赴上之人銓量得雖川臣昏耄疾病而才力實不逮者並令制置司從實保明別與宮觀閑慢差遣　二年二月二十七日詔令後曾經作縣又經通判任滿之人到堂且與川廣小郡如任通判不曾作縣合再與通判差遣　四月十七日臣僚言乞照慶元三年指揮止乞酌中存嘉興府處台衢嚴信池袁撫江潮漳泰溫徽州共十五闕令中書再行注籍專待職事官

補外並止差一政日後更不借用仍乞照已降指揮邊郡有闕亦許通差其餘諸州有元係留闕令次再行存留留剩下之數並以待外方合得州郡者與其他諸州軍府衮同使闕庶幾外方求郡者有闕可入不敢更有睥睨留闕而朝士之丐外者亦得近闕以行不至有先乞占闕之蔽從之　三年十二月二日右諫議大夫張澤言當今急莫先於邊備之策莫急於選擇帥守乞詔二三大臣留意邊郡帥守將背公徇私不能為國遠慮之人易而去之除授之際公共相度精加選揀必求彊敏通練能為國遠慮者用之俟在任果有政績則增秩賜金俾之久任以示褒庭使有志事功之人咸知激昂

奮勵從之　四年六月二十一日臣僚言監司守臣多不以實選選人改官僅了作縣一任通判即擬知州雖望郡大藩率可坐致如執券取償所至害民罕有善政向因臣僚論建嘗降兩任倅貳方許作郡指揮詔宜申嚴必行以重民社之寄乞令後通判兩任方許除授知州除廣郡外欲乞四川亦照此施行如正術才望公論共推者即係朝廷擢用詔除成都潼川遂寧興元府瀘興夔州外其餘州軍令後上州差曾任知州一任以上人中等州差兩任通判人下等州差一任通判任　開禧元年三月二十五日臣僚言臣聞郡縣天下之根本也郡守天下之司命也令為郡守者其視往昔何如哉

通判善罷不用屬舉取一陣如探懷袖至於一任知縣一任屬官不歷早刺亦得以竊專城之寄不亦太輕且濫乎其間有罪戾罷斥之餘黃緣祠祿不俟滿歲即謀干請都堂之審察御史臺之參辭閤門之見謝皆所以察其人而審其實著之令甲豈容輕廢今在外得郡之人始焉既無堂審臺參陛辭之禮或期甫及又夤緣複任滿奏事之命自始至末九重不知其人廟堂臺諫不識其面雖癃老疾病闒冗猥瑣皆得掩覆其迹若人而居千里之上豈不重為民害乎今郡守之闕近者兩政遠者數年朝路壅塞不通廟堂除授不行職此之由乞詔有司申嚴實之政重牧守之寄除曾經擢用有朝蹟

已經奏對及湖廣四川沿邊員闕辟置外，其他除郡雖知州以上資序，並須親到闕方許除授。如合奏事之任人已對在四年外者，不許巧作規避。庶幾賢否別而倖門塞，牧守賢而國本固。從之。　嘉定元年六月十八日，臣僚言：「息兵修好，既通信使，將撤戍軍，經理邊陲最爲急務。然而蹂踐之後，農桑一空，室廬不存，赤地彌望，流民歸業，生計茫然，各欲使之安存其業，未知所出。朝廷用人往往拘於資格之相當，局於履歷之相稱，間欲拔擢而用之，或牽於人情而聽其自擇，或懼其創例而來者不已。是以經束拘攣，用者未必能，能者未必用。當安平無事之日，猶可固執資序；至於極溺救焚之時，其可不思所以更之哉！乞令侍從兩省臺諫各舉邊郡太守二三人，倶姓名來上，次第分遣，仍乞久其資任，寬其文法，課其勞績，第其優劣，或增秩賜金，或褒詔除職。舉得其當者受上賞，薦非其人者被顯罰。如此則不出十年，兩淮荆襄金蜀皆復承平全盛之舊矣。」從之。　八月十三日，御史中丞章良能言：「令之急務莫如經理兩淮，令守臣多出臣僚薦舉或朝廷遴選，事體至重，自合專以功名爲念。若假此以爲進身之計，到任未久又求遷擢，則萬事無可爲者。乞兩淮守臣並以三年爲任，任未滿間不得陳乞宮觀。如有罪狀顯著，嚴行責降，不特放罷而已；若功效尤異，即用增秩賜金之規，或有加職名以示褒賞。其未滿三年別有移易，許給舍臺諫論奏。其荆襄間亦乞一例施行。」從之。　二年二月十一日，詔雅州守臣任滿與減二年磨勘，令勑令所修立成法。以四川制置司言雅州守臣責任非輕，考之地理正係邊面，乞比附黎州賞典，故有是命。　五年二月一日，臣僚言：「先朝舊制，文武臣皆以磨勘遷轉。文臣自選人至京朝官，止以考第察之者詳且密矣。仁宗皇帝以改官猥衆，於是始立舉員之制，而武臣則仍其舊。方是時，武臣之登用者少，而入仕之途未加多也。今武臣爲郡視爲常典，而廉汙能否莫之保任，是可不斟酌其法而損益之乎？且文臣必三考有舉主而後關陞，又三考有舉主而後爲縣，縣滿三考然後爲倅，倅滿爲郡。其歷民事差久，而保任薦揚之者七八人焉，然其間猶有貪鄙狼藉者，有昏謬不解事者。今武臣或便從軍，或爲計議，漫不省民事之謂何，乃遽爲郡，安有高材異能不待嘗試如彼其易哉！乞自今後武舉人所官須歷巡尉，次任須歷諸州都監，又次任便歷知縣，無過犯有舉主，方可與郡。庶使習熟民事，宅生重寄，皆得循良諳練之士，而文臣武臣之得郡守者不爲偏矣。」從之。　六月一日，監察御史石崇萬言：「作邑任滿人許授通判，此固舊制也。臣竊見近降指揮，帥府大藩如臨安、紹興、平江、慶元府等闕並差經任通判人，其次名郡如胡、秀、衢、婺、太平、建寧等闕並差

作邑有政績人如經任通判人願受者聽其他如常嚴饒信等闕並差應入通判人如作邑有政績人願受者聽如是資歷淺深粗有以甄别令也不然一經作邑曾預論薦即起倖轄之望僅倖終滿初無聲稱即乞大郡通判豈不陵躐夫一任通判人許授川廣州軍此固舊法也臣竊見續降指揮兩浙江淮湖南北京西州郡除師藩外並差兩任通判以上人四川州郡分為三等上等州如崇慶眉漢嘉定之類差曾任知州一任人中等州如黎雅隆叙重慶之類並差兩任通判人下等州如威茂石泉長寧之類方許差一任通判人如是則其選稍艱不至冒濫令也不然一經作倅不量資格便欲覬望近裏州郡豈不超越乞自今除授守倅並照已降指揮如京官出身有恩例免作邑人須實歷八考方許授小郡通判其已曾經任通判人當先考其前任履歷更審觀人才可以作郡然後畀之庶幾稍革奔競僥倖之風從之

二十三日國子博士徐自明言臣觀内外州郡每闕一帥臣守臣陛下必為之精擇遴選或有躊躇數月而不輕授者若乃績用無聞僥倖滿秩或與一蜀郡或與一廣郡則諉曰是資格之不得不與者也是險僻瘴癘之鄉人所不樂去者也夫蜀郡廣郡非陛下之土地人民乎至使昏謬闒茸者得之貪冒無恥者得之其不病民者鮮矣至於每歲用改官人而俾之試縣雖

未必盡皆得人猶曰用薦舉五削而後得之也而縣令之職無郡不有令選人之能奮勵以自標其身者不授諸司幹官則授州縣幕職官去矣其俛首而受令者非庸謬昏耄徒否則罪戾之餘而已吏部亦不復與之較曰是財賦之難辦民訟之難決督責多而勞績少非人之所樂為者也如是則又安保其不為民病乎夫地遠帝畿則貪虐易以下及病苦難於上訴職近親民賢而惠易以孚不賢則虐易以肆是誠不可不深念毋以其遠且小而忽之也臣願川廣諸郡非作倅實有勞績著為監司所舉者不可以輕授而畀之郡者必令奉事之官因以問其所言考察所行以周知其能否其昏耄而闒茸者宜止與之師府參議及大郡倅貳至於諸邑之令非嘗有一二舉削而無過犯者不可輕與仍令監司謹擇其憂民稱職者先有所舉薦以為作邑者之勸從之

八年七月十一日知贛州楊長孺奏汀贛聯境民習兇頑不務農桑易於為盜近年贛盜頗稀汀盜反為贛害蓋贛人有犯追捕甚嚴人知懲艾惟汀州隸福建汀人為盜於贛贛州移文追捕而汀州視如秦越緣此數載汀盜公行此而不防久將益熾勢須江西守臣得以兼福建之兵權庶幾福建盜賊江西可以討捕竊見本州兼領兵甲越至廣界南雄南安悉在鈐制故江西交廣事體相關應援如響廣東之盜不敢侵踰其效可

覘獨汀州之盜頻來擾害捕則竄歸欲乞將汀州兵甲照南雄州例許本州守臣捉擊添入汀州兩字繫銜仍劄下福建路安撫提刑司及汀州照應施行庶幾彼此相維群盜可殄又照得贛州端金縣正汀盜出入之衝而古州古城寨最近瑞金若蒙朝廷以古城寨為兩州界寨使本州與汀州皆得統轄則汀盜有所畏憚矣從之　九年十二月十七日詔天水軍移就天水縣舊治其知軍令四川制置司選辟文臣一次　十年八月一日四川安撫制置使司奏據新知天水軍黃叟孫申乞照光化軍與龍州體例兼帶彈壓屯戍軍馬本司照得天水軍正係極邊去處又有出戍官兵若使守臣與之全無關涉竊恐緩急誤事黃叟孫所陳委為允當乞檢照龍州體例自後天水知事兼帶彈壓屯戍軍馬繫銜從之（己上寧宗會要）

卷九千七百七十六

通判諸州府軍監

通判諸州府軍監　宋置諸州通判各一員西京南京天雄成德益梓并鄆荊南潭廣秦定等州各兩員小郡或不置正刺史以上及諸司使副使知州者雖小郡亦特置兼管內勸農使　太祖建隆四年四月命刑部郎中賈琬等充荊南道諸州通判十一月詔應諸道州府公事並須長吏通判簽議連書方得行下

開寶四年四月詔廣南管內州郡除已差朝臣知州外其餘見闕知州通判處委吏部銓於鄧唐隨郢襄均房復安申等州幷荊湖管內見任令錄兩考已上成資

者及判司簿尉中兩任五考合入令錄年五十五以下者移注仍別降敕兼令知州許般家赴任緣路支給館券其俸錢並依逐州錄事參軍例據戶口特支見錢以三考為限秩滿不令守選據資敘量試書判注在北幕職官七年五月詔諸道州府通判官等每有公筵並接知州坐次　太宗太平興國五年七月命知萊州殿中丞鄭濬文知單州左贊善大夫劉厚德並通判本州事以刺史赴本任故也　雍熙二年二月以著作郎韋亶通判隨州殿中侍御史李式通判道州武允顯通判博州　初李繼捧歸朝其弟繼遷遁入蕃部為寇會邊臣言繼遷悉知朝廷事蓋繼宜捧等漏露故宗族悉置於外令亶等通判專司郡政　真宗咸平四年正月省杭州通判一員　景德二年六月置濱州通判一員以刺史周繼赴本任也　真宗以武臣多不閑政理非通判廉幹則民受弊詔應防閑刺史在本任及知州處見任通判令轉運司察其能否以聞　八月八日河北轉運使劉綜請擇文學器識之士通判緣邊州軍庶其商度邊事往還北境文牒從之　三年十月置解州通判官一員舊制州不及萬戶不置通判至是解州及數乃置

四年十一月詔保州通判自今選進士登科有材幹者充保州密邇邊境舊止武臣知州每契丹官屬書門及行移文牒多未適中故令選任　大中祥符二年十

卷九千七百七十六

二月詔緣邊并連接溪洞州軍其閒通判職位高於知州者並勘會移易　四年八月詔武臣新罷軍職正授郡任者各選差通判官　六年正月上封者言武臣知州軍處或闕通判望令轉運司飛奏以聞付有司速差所差官如未到任仍於京朝官知州通判有全員處權差從之　天禧四年七月置懷州衛州通判各一員以轉運使言二州頻年災傷令民稍復業請增官綏撫故也　乾興元年仁宗即位未改元五月置戎州瀘州通判各一員從安撫使江德源請也也　天聖元年三月中書門下言應北朝人使經過州郡通判令後令審官院選差從之　二年四月集賢校理葛昂張仲尹黃弼陳商范説等言各乞外任差遣詔並與小處通判　太宗朝凡帶館職出皆知州景德後且興並以官畢止與通判因以爲例　三年五月二十八日中書門下言新授虢州團練使田敏差知隰州自來防團刺史赴本任又知州無通判處權置同判候差朝廷及內職知州即却省罷詔隰州權置同判　五年八月置祁州通判一員先歇增置詔轉運司相度乃言本州領三縣戶口萬三千民事稅賦不少止以武臣知州況係緣邊實稍要差置故從之　六年正月上封者言京朝官兩任知縣入通判歇望令後並須三任方得差充如有殊常勞績及奏舉人數多者令審官院別取旨從之　六月詔廣州權置

通判一員舊無通判至是轉運司言近以武臣石普知州本州錢穀刑獄事繁乃增置　七年三月二十五日詔潭州同判官自令增置一員從太常少卿李若谷請也　七月詔自河北河東陝西緣邊同判並於第二任近地知縣內到任及二年已上者就移候得替別充三任同判方入知州　九年九月詔沿邊四榷揚州軍自令同判選經歷任有心力清幹京朝官充　是月河北轉運司請置順安軍通判一員從之　寶元二年正月詔陝西秦鳳鄜延涇源等州鎮戎軍及河北鎮定瀛莫雄霸等州通判自令令審官院並選差人　五月增置永興軍延州通判各一員　康定元年六月十六日河東轉運使文彥博言河東隰憲州寧化保德苛嵐火山軍處地居邊境自來止有職官元無通判乞各差京朝官一員充通判却省職官一員詔審官院選曾經知縣二任者充見任職官候候資攷放便許叅選　十二月二十四日詔增施州通判一員以京朝官充仍於本路縣令內選舉從本路轉運司之請　皇祐三年二月審官院言通判員多闕少令定藩府州軍凡五十一處請各差京朝官一員爲簽判及踹符等二十二州邕桂宜三州通判舊制就移知縣入充令請先闕從之　五年閏七月二十六日詔令後曾任中書樞密院臣僚出知外郡更不得奏辟通判許添奏職官一員餘依前後條

貫　嘉祐二年正月九日，右諫議大夫、知桂州張子憲
言：乞差前知貴州周約充本州通判，非常例也。詔以桂
州一路安撫使自今聽舉通判一員。　十月二十二日，
審官院言：勘會西京、北京、滄州、廣州、荆南、并州、江寧府、
杭州、永興軍、鎮定、秦延、渭、慶、鄆、青州並是京府及安撫
使、都鈐轄分領州鎮，其差通判，欲今後並以知州資序
人差充，任滿無公私過犯，候到院與陞半年名次。從之。
時以在院知州員多，故有是請。○哲宗正史職官志：通
判掌倅貳郡政，凡兵民、錢穀、户口、賦役、獄訟聽斷之事，
可否裁決，與守臣通簽書施行。所部官有善否及職事
修廢，得刺舉以聞。○神宗熙寧元年正月二十三日，詔

諸州通判通點檢本部巡檢器甲具堪任披帶行使以
聞。仰本路提運、提點刑獄、兵甲司每歲舉行，仍自今器
甲損壞，只送本轄州軍納换。　四年十一月十七日，詔：
自今近臣因老疾得知州軍者，其通判並擇時天章閣
待制知單州孫思恭以疾乞任，許之，因有是詔。　五年
十月，詔編定鎮戎、保安、通遠軍通判，言鄉軍使並令中
書選差。　十一月十九日，詔熙州置通判二員、曹官三
員。　七年四月二十一日，詔諸州軍器物料並置庫，選
職事或曹官一員兼監，仍委通判點檢。　元豐元年五
月七日，提舉茶場司言：彭、漢通判許本司權奏辟，如能
協力保明，留任。從之。　三年十一月三十日，詔諸路監

司具到部下通判治狀最優，有未經朝廷任使者，令中
書籍其姓名。　六年二月二十五日，詔陝西路帥臣所
在通判不許監司差出，從知慶州趙卨請也。　四月二
十六日，陝西轉運司乞就差通直郎、通判解州吳安憲
通判延州。詔：沿邊軍民事之大者雖多屬經畧司處置，
然干涉州務事亦不少，須得明敏之人，剩遣乃無敗事。
兼即令本州内外興役修治城壁，方賴以次官分頭幹
辦，可依所奏速差。　哲宗元祐元年十月四日，詔内地
及川廣通判除堂除人外，並以三十月為任。　十一月
五日，權發遣秦州兼管勾秦鳳經畧安撫都總管司范
育言：知州係帥臣，將下公事乞不許通判同管。從之。

十二月二十二日，詔堂除通判成資為任。　二年十月
八日，詔賓、横州通判聽舉京朝官知縣資序已上人充。
三年六月一日，吏部言：請川廣通判除有專法指定
及酬獎外，不以見任新差官並二年為任，其使闕替悉
依本法。從之。　九月十六日，詔吏部擬注通判依知州
例赴門下省引驗。　紹聖三年三月十六日，京西路轉
運副使郭茂詢言：西京係祖宗陵寢在所，通判職任至
重，請自朝廷除授。從之。○三年十二月十五日，發運使
呂溫卿言：乞真、楚、泗州通判請自朝廷選授。從之。　四
年正月二十五日，杭州路轉運司言：乞今後通判並許
羌州峽人。從之。　元符元年，詔通判、幕官令日赴長官

廳議事及都廳簽書文繳　徽宗崇寧三年二月二十一日詔河北國信道通路經由州軍通判令吏部依格選差申三省審察　政和元年六月二十日詔河北沿邊次邊州軍全藉强幹材敏通判糴買軍儲營辦職事自令差注並令三省審察不得容罷癃綿弱年高之人　三年閏四月十一日詔武臣知州處勿差宗室通判　十九日詔自令三省吏人出職不得同任一州守倅　六月九日湖南路安撫鈐轄司言武岡知軍見係武臣若緩急出入須藉通判治理兼學事亦須常得有出身通判管幹伏望復置通判一月從之　九月二十六日欽州言遠小州軍係初任或第二任知縣人權入通判兼無司錄去處係通判糾察六曹即未審合與不合理作實歷親民詔應無司錄處通判並許理實親民　四年十月四日詔諸州通判有兩員處以一員堂除　五年四月十九日臣僚上言伏覩雄州每年北虜弃本朝國信使副往還到州至白溝驛及次白溝界首交割絹並是通判親臨職事實比他郡不同自來本州通判亦有差出雖差官權代臨事不無滅裂臣欲乞今後雄州通判雖不拘常制亦不許差出從之　十月二十八日吏部言武臣知州軍並皆邊遠其通判專差有出身官致有闕官日久去處少有應格之人自合依元豐法不限有無出身差注從之六年七月二十九日詔邊倅

多副貳武臣倚以文法訪聞或老疾輕易或全無風力坐糜廩俸無補郡事令後並具名取旨差仍著為令　七年六月三日詔淮陽軍廣濟軍信陽軍高郵軍荆門軍漢陽軍懷安軍邵武軍復州榮州雅州普州通判堂除餘令吏部差人　宣和三年閏五月十九日訪訪聞諸州軍通判員闕多是寄居待闕或他州官奔競請求權攝窺圖利人漫不省事虛費祿廩令後通判闕差本處以次官權仍止許收受本職供給等違者以違制論　六月八日詔諸州監香茶礬事並委通判處委錄　四年六月二十六日荆南府申明本府通判二員即未審合與不合依舊制通簽六曹文字都省勘會昨因京東路轉運司申請應天府少尹二員乞分治六曹事准政和七年四月四日敕依本司所乞諸路兩員處依此詔令通管府事諸路兩員處依此　七年正月十八日中書省尚書省言諸州添差通判處遇知州替移及時暫在假於條牌印與以次官而添差入官在正任通判之上竊慮合將州事令正任人掌署緣未有明文詔令尚書省立法　高宗建炎元年六月十四日詔諸州軍有通判兩員去處減一員嘉祐以前員額依舊例　二年三月十二日詔承務郎蔡聲通判任以麟州市戶居民僧道樊恭等言聲靖康間為本州司錄撫恤軍民乞留元見闕通判故有是命　三年九月十七日詔應廣

南東路監事並委通判專行務要客販通快仍常切鈐
東官司協力奉行如敢違戾並令按劾從戶部侍郎葉
紛請也　四年六月十一日臣寮言近日州縣自通判
職官以至監當各有添差官或以恩例授請私計陳乞
宗室特差其實本非爲民欲乞罷除添差通判職官其
監當官如繁劇去處添差無過一員詔令後更不添差
通判職官　二十五日詔鎮江府特添置通判一員從
知府劉光世請也　十二月十五日詔監司郡守遵依
累降御筆指揮並三年爲任令後通判准此　紹興元
年十月十九日知荆南軍府解潛言峽州地據川口最
爲要衝自罷通判後來大段廢事欲乞復置本州通判
從之　二年三月十七日詔將淮南通判到任賞比附

卷九千七百四十六

建炎元年九月二十四日京畿已降指揮到任與轉一
官及一年別無事故替移保明申吏部給告者若一年
內替罷更不收使任滿無遺闕更轉一官　七月五日
詔高麗人使經由州軍通判依舊堂除　三年正月十
八日詔令後淮南通判並令朝廷選差以中書門下省
言前降指揮令諸鎮奏辟朝廷審量除授以致闕官故
也　四月二十三日令後應遣發大兵所至州縣並專
責通判充錢粮官於界首伺候應副支遣候人馬出州
界方得歸州　五月十一日詔令吏部契勘有無知州
所辟通判以聞以監察御史鄭作肅言近日帥臣稍奏

辟通判切恐循習不已欲乞降詔檢會應諸州通判係
見在知州所辟者並令罷任令後毋得奏辟故有是詔
十一月十九日詔令後諸路州軍遇遣發軍馬並仰
本州將不係軍馬經由縣分錢粮通融移用應副仍依
已降指揮專責通判充錢粮官於界首伺候應副支遣
及令所委通判常切點檢覺察　四年十月十二日詔
右軍教郎濠州通判國鳳卿依舊還任主管職事先是
臣僚言淮南州軍通判可併有旨舒濠州通判並罷其
國鳳卿已罷宣撫使劉光世契勘濠州係瀕淮南與僞
界接境正衝控扼去處故有是命　五年三月九日三
省言帥府通判令置兩員或有一員去處致帥司遂旋

卷九千七百七十六

申請添置除潭廣洪州鎮江建康成都府係見兩員外
諸帥府通判令後並以兩員爲額　六年三月二十三
日詔舒州許復置通判一員從提點淮南兩路公事張
成憲請也　九月十二日知平江府章誼言本府係車
駕駐驆去處事務繁劇雖有添差通判史愿一員緣係
從軍令來不敢陳乞朝添官吏乞於鄰近州府添差通
判內更那撥一員前來本府添差官庶幾可以分幹事
務詔添差常州通判孫邦就移添差通判平江府仍通
理前任月日任滿更不差人　十八日知成都府席益
言州郡置倅所以佐郡守之治入則貳政出則按縣方
令軍興之際尤不可闕夔路所管州郡軍監共一十三

處軍監之小国無所用置倅除夔州係帥臣及恭涪大郡外施黔達州南平軍係武臣知州皆合置通判又見今通判職事專管催促未運前件州府係泝流所有通判合行存留從之　七年三月六日詔隨州通判魯平之特令再任以平之協賛郡事諳曉民情兼管幹營田備見宣力故也　二十一日詔今後除授通判不得差初改官人　八年九月十四日三省言福建六州二軍内六州及興化軍皆有通判獨邵武一軍倅貳事付之幕職官職任不專乞依做諸州軍置通判一員所有本軍見任簽判乞令成資罷令後更不差人從之　十五日詔濠州復置通判一員先是知濠州楊桂言本州通判

卷九千七百七十六

昨緣朝旨減罷令來本州係極邊衝要去處全藉通判協力故也　九年六月十日詔將新復州軍同知州並令改作通判稱呼從同知順州陳楚請也　十一年八月十八日詔臨安府通判劉將呂斌各特與轉一官以守臣俞俟言各有才力究心職事欲望恩賞以為官吏之勸故有是命　十二年五月十九日詔安豐軍許置通判一員令後堂除使闕差人　八月八日淮西安撫轉運司言欲令盧州存留正任通判一員外其添差通判乞行省併從之　二十年三月二十日詔循州置通判一員從本路提刑司請也　二十六年四月三日詔應自令知州通判互論不法事件須枸留在任選委監

司之清正有風力者依公究治取見詣實曲直情狀具奏施行以左正言凌哲言比來守倅間有互相詆訐者臣條論列乃欲先次並罷故也　二十七年六月十四日詔州郡令通判季點之外不得輙還官下縣劉刷財行刻剥若二稅之出違省限經制錢之欠於季終月椿發食錢之欠不依月分則許州郡按劾以聞　七月五日詔諸路州郡無通判處遇守臣有闕其以次官如係選人即具申本路監司選差鄰郡通判或見任京朝官時暫權攝　二十八年十一月十六日詔瀘州夔州添置通判一員峽州通判一員並減罷　二十九年正月二十五日詔襄陽府利州通判各減罷一員以臣條

卷九千七百七十六

言倅貳為是故也　三十年五月十七日中書門下省言平江府係人使經由路分事務繁重見令通判止係一員難以應辦詔平江府更差通判一員繼而殿中侍御史汪澈言人使經由自盱眙至臨安府何獨平江為繁若六郡援例何辭拒之乞賜寢罷從之　孝宗乾道元年二月十四日詔買馬州軍通判令恭馬司依舊法奏辟從四川都大提舉　彌作乞依祖宗舊法之請也　四年七月二十日詔均州復置通判先是京西南路安撫運司言本州通判昨緣省併都置簽判一員令本州係極邊控扼重地乞行復置故有是命　八月十四日詔均州通判堂除差從吏部請也　六年六月二十

六日詔德慶府通判教授並堂除以本府舊係康州太上皇帝登寶位陞為德慶軍額故有是命　七年二月十九日詔隆州依舊置通判一員　隆州舊係陵州管仁壽井研貴平籍四縣元差通判一員自熙寧年改為監日將井研貴平籍縣廢為鎮將通判改差選人判官令復還州額改名隆州未復還兩縣間將判官改差京官簽判令井研貴平籍鎮復還縣額本州仍有四縣令依舊差通判改簽判為職官從吏部勘當也　九月二十一日詔隆州通判堂除差人職官依條格定差從吏部請也

卷六千七百七十六

宋會要　通判

淳熙元年十一月七日詔寧國府通判以二員為額改差明州通判毛升徐行簡填闕各通理前任月日已差下人依舊添差中書門下省言本郡通判舊有正任添差各一員今並新額故降是命　二年六月九日浙西提刑徐本中言諸路州軍應差鄰州通判措置公事而正任通判實有事故者許差以次官權通判前去仍不得以監當曹官主簿充代從之　十一月二十三日詔應赴半年前奏事別與差遣人通判以下資序並添差通判其初授訖朝辭人亦依資格與正闕通判差遣　三年正月三十日前任武岡軍簽判陳公琦言本軍昨因臣僚申請減罷通判其職事並隸簽判合得酬賞乞賜施行詔依元置通判推賞指揮其任滿撫過蠻猺各安生業別無侵擾引惹生事與減二年磨勘　六年四月九日詔自今宗室戚里歸正官等應合用恩例添差通判每州共不得過一員已差下人聽依舊簽判以下及諸司參議官等準此　七年十二月二十八日工部侍郎兼臨安府王佐言本府通判賞罰五員今闕其一職事不辦乞選才術疏通者添差一二員詔許添差一員　九年十一月十二日詔自今通州不得以季點為名輒行下縣或因諸事差出令量帶人從嚴加禁戢無得因緣騷擾仍

卷一萬六千二百九十二

令監司常切覺察其或知而不問亦坐失察之罪從侍御史張大經請也　十二月三日右諫議大夫黄洽言添差經營釐務為今日之弊停則尤繫利害乞自今應不釐務者並不許薦舉作釐務從之先是三年十二月詔詔常州添差通判趙光夫特令釐務　十年七月二十八日詔辰沅靖州通判止許往來三州內幹當不許差出遠處從湖北提刑吳燠請也　十四年八月十六日利州路提刑張續言乞將本路通判窠闕除蕃通判合自吏部差注闕外四州通判自制置司奏辟外所有金洋興利文龍等州通判窠闕依八路法送本路轉運司擬差庶幾不致闕官廢事詔除已差人外今後依元豐舊法令本路轉運司照應條格施行　十五年十二月二日詔今後臨安府添差通判止差一員　紹熙元年七月二十四日吏部言安豐軍乞復置通判一員其簽判却行減罷詔依其闕令堂除　二年二月七日詔今後補授京官人歷三任闕陞知縣者如才力不能作縣雖是堂除未可便與通判且令更歷一任如簽判屬官之類任滿方得陳乞小郡通判差遣　紹熙五年十一月七日滁州奏兩淮極邊州軍並無添差通判買闕獨本州因朝散大夫朱輞用戚里恩例指射陳乞因而差注不釐務任滿更不差人任滿之後又乞再任自後作買闕因仍差注已更四政緣本

州係極邊僻遠窮陋之處，賦入微薄，與真和州事體不同，乞照應昨來創行添差任滿更不差人指揮，消落上件負闕。詔從之，今後江北州軍並免差。慶元五年四月二十七日，詔今後添差注通判並不許指授有産業去處。以臣僚言臨安府仁和縣自慶元三年正月内推排物力造簿已定，有韓尚書戶所敷和買連歲送納多是不足，蓋其家韓秋者見任本府通判，輕視屬縣，敢為拖延，縣延中秋，秋又怒鄰追縣吏及里正，因繫決罰，備劇喙壽秋被罰，故有是命。嘉泰三年五月二十三日，詔今後知縣任滿人曾歷總領所、安撫、制置、經略、轉運、提刑、茶馬、鑄錢司幹官任滿，與理為通判一任。開禧二年八月八日，中書門下省言：已降指揮，將諸司幹官理為通判一任，以重其選，可就吏部量取二十闕，權作堂除，進擬照得試中教官人未曾該載。詔將試中教官有資考人許令比附前名人陳乞。十二月二十五日，詔崇慶府、潼川府、遂寧府通判，今後令堂除使闕。嘉定六年三月二十八日，詔惠州添置通判一員，所有簽〔判案闕〕置通判者罷，其見任人聽令終滿，已差下次，令赴部別行注授。令入差遣，以廣東諸司奏請，故有是命。詳見幕職官門。十二年六月十九日，臣僚言：班行不清，固由庸才之充塞，亦以更迭之制不嚴，展轉凝滯，乞明詔大臣申更迭之制，凡未經作邑之人，非

三丞二著權郎，且與通判差遣，庶令習熟民事，轉而為州，不致臨政事踈輕重無措，抑亦為官擇人，可均内外之任。從之。十三年六月十五日，詔奉議郎、知贛州贛縣桂如淵特差簽判崇信軍節度判官廳公事，二年滿日罷任，滿理為通判，月日將來更不作闕。十四年七月十日，權兵部侍郎陳廣壽言：國初懲五代藩鎮之弊，始置諸州通判，詔公事並須通判簽議連書方許行下，蓋以武臣為之，必賴倅貳協贊，庶不致闕失。今邊方郡守往往欲事權出於一己，慮其相侵，率不諫于同列，自為剖判，曲直失當，下合事情，而郡佐復多遠嫌疑，柔怯畏避，知享平分之樂，而不能為關決之助。邊方徵擾之餘，困於科調，而乃使不更民事之人專擅其上，未免有以狼牧羊之患。乞行下凡沿邊郡守係武臣去處，應干獄訟財賦，須管倅貳同心併力，公共事行，苟能魚恭協濟，課最上聞，則守倅均賞；其或貪虐肆行，冤枉無告，則守倅同罰，庶仰合祖宗用人之意，而使邊氓拜撫摩之惠。戶刑部看詳，照得州郡刑獄詞訟雖專決於郡守，其間蓋藉通判公心協濟，乞依今來奏請。從之。十五年八月二十五日，臣僚言：伏見近者諫臣欲於二廣諸郡置倅，陛下即俞其請，是亦所以惠海隅之民也。臣竊照廣郡多是武臣為守，若設倅貳為益非淺。儻曰郡之小者難於供給，如英德府賀

州等郡舊嘗有倅者，何嫌於復置，況是課臣請廢本州簽判，並更省併一二冗職之俸以予倅，則誠為可行。若得添置數郡倅，如遇闕守之郡，亦可差權，庶知顧卹，又盡已被官人不顧就僻地，倅仍許經略司專行選辟。從之。十六年五月九日，都省言：照得已降指揮，紹興府係奉攢宮，專委兩通判每月一次躬親點視葺治，竊緣通判各有本職，恐事任不專，合行添差通判一員，專以處職事，官更不分管兩廳職事，止通行簽押本府文書，專一主管攢宮修奉。其請給人從，合依舊來添差通判體例支破，仍舊用路鈐廳作廨宇，庶幾專事舉，不為具文。詔紹興府特置添差通判一員，仍贊務專一主管昭慈、永祐、永思、永阜、永崇陵攢宮修奉。

端拱元年十二月，詔諸州州司理院并屬縣獄簿並用州印，長吏四省屬縣司申州。仁宗天聖五年十二月，開封府言：「先準編敕，應司理院禁勘公事，合销紙筆油燈，罪人合破薦席柴炭，委長吏量公事刑獄大小，以本處估賣贓罰衣物等價錢支買供用；如不足，於係省頭子錢內支給。左右軍巡院每日贓罰錢內各支三貫文，收買燈油紙筆供用不足，欲於係省頭子錢內逐院每日各支十貫文。」從之。神宗元豐元年四月十一日，丹州言：「本州僻小，管宜川一縣，每有公事止於司理院當直司勘鞫，乞併州院入司理院。」從之。乾道七年二月四日，臣僚言：「臨安府所管左右司理院、府院三獄院，每院推級四名推行重祿外，其餘杖直、獄子等自舊皆無請給，往往循習乞覓，無所顧藉。乞令三獄每處止許置杖直、獄子一十二名，比附大理寺則例，每月支錢十貫、米六斗，並推行重祿，仍不許諸處官司差撥。如敢仍前乞取，並計贓斷罪。」從之。

[illegible]卷一萬九千九百八十九

直

全唐文
宋會要
上佐　收

宋以諸州府長史司馬別駕為上佐官太祖開寶四年六月詔廣南偽命官送學士院試書判取稍優者授上佐令録簿尉八年四月教坊使衛得仁乞補外官中書擬上州司馬太祖曰此輩止宜於樂部中遷轉上佐官不可輕授乃補太常寺太樂局令太宗至道元年七月以峽路渠州教練使范仁辯等十二人並為諸州上佐蜀盜之起范仁辯等嘗出私廪以助縣官又糾合義族以全城邑轉運使以聞故有是命真宗景德元年三月詔三班使臣年七十五以上者借職授支郡上佐奉職殿直授節鎮佐上不願者放歸鄉里仁宗天聖二年六月八日詔諸州攝助教樂和等三十三人元是年老經學舉人先朝閔其衰老無成特與此名俾霑賦禄令其有請可並除參軍九年六月上封者言近日上佐官多擅離本處赴闕進狀妄有披訴及僥望恩澤詔自今副使上佐官文學參軍等不得擅離本處委所在官吏覺察犯者寘其罪仍令登聞鼓院不得收接所進文狀十年三月五日詔舉人緣恩澤授上佐文學助教參軍者聽從便出入時鄭州文學戚元成者舉進士授此官貧凍不能濟州以詞制散官不聽他適與負犯授者一例繇管州將言其事特有是詔景祐四年二月二十七日

詔應因公事授上佐文學參軍十年已上無過願逐便者逐處以名聞時洪州別駕劉藏器累經赦宥乞從逐便因有是詔慶歷二年六月補新授諸州長史文學田庭堅等五人為三班奉職王好言等十八人為借職劉易等十四人為下班殿侍三班差使初進士諸科特奏名人既授以逐州長史文學而願試方畧武藝乃命翰林學士蘇納等考其中格者補之五年十一月詔尚書刑部應貶官人經恩敘授諸處行軍司馬副使上佐官司士文學參軍願不之任者聽之皇祐二年十一月五日詔應慶歷六年以前因應舉殿前恩澤授諸州司士長史文學助教見年六十以下精神不至昏昧者並許朝臣三人同罪保明奏舉赴銓授下文字試判三道依言邊事試中人注權入官其攝助教與注諸州參軍每官只得同罪奏舉兩人仍於舉狀內開坐已舉過人數姓名重結罪以聞仍令銓司置簿拘管候舉主數足勘會施行　兩朝國史諸州有司馬長史文學參軍助教士人或有特恩而授皆不釐務亦有以負犯人為之者流外則止除別駕司馬神宗熙寧九年三月二十七日中書門下言應應舉授試國子四門助教人欲令流內銓作長史文學條例施行從之　淳熙元年十一月七日詔寧國府長史俞召虎改除明州長史司馬蘇諤改除明州司馬各通理前任月日以皇子魏王愷移鎮四明故也二年二

月二十二日詔直祕閣明州長史俞名虎除直徽猷閣以職事修舉故也三年十月十九日詔明州長史莫濟除祕閣修撰司馬陳延年除直祕閣以興修東錢湖灌溉民田協贊有勞故也四年四月濟賜紫延年賜緋四年五月二十三日詔明州司馬陳延年令再任以皇子魏王愷言延年陳建劾力故也明年詔以贊治有勞陞直徽猷閣六月十二日詔明州長史輩湘除直敷文閣以皇子魏王愷言相贊佐有補故也七年二月十二日詔明州長史蘇諤除大理少卿司馬陳蒼舒除司封郎官以皇子魏王愷堯結局故也

宋會要

掌書記　幕職官

國初兩使各置推判官節度置掌書記觀察置支使餘州置判推官各一人太平興國六年詔諸道節度州係舊置支使貲考俸科同掌書記以經學及諸色人任無出身人充書記支使不並置國初楊國華為之廳存子城之南

卷一萬四千三百九十七

全唐文

宋會要

幕職官

太祖乾德三年七月詔曰管記之任資序頗優自前藩鎮篤人多自初官除授自今歷職兩任已上有文學者即許節度使觀察留後奏充三年三月詔諸州長史今後或有須藉人代判者許於幕職內擇公幹者充不得更任代判從之五代以來領節旄為郡守者多武臣皆不知書所至必自置吏稱代判以委州事因緣不法初革其弊太宗太平興國四年八月以贊善大夫十五員充諸州節度判官韋亶鳳翔唐正白襄州孔憲滄州張蔚陳州張利涉徐州楊舜舉廬州呂祐之兗州武元穎曹州周巨源鄧州孟上交壽州韓國華相州王化基揚州鄭歸昌容州張至邢州張郢宿州太宗以宿州戎幕闕官選朝士補之俾分理事且試其才六年十月詔諸道節度州依舊置觀察支使一員資考俸料並同掌書記自今吏部除擬以經學及諸色入仕無出身人充凡書記支使不得並置雍熙四年三月以檢校秘書監黃夷簡為倉部員外郎充許王府判官檢校秘書少監慎守禮帰為膳部員外郎充諸王府掌書記二人皆假偽命官假為朝累封至許王因命為屬官四月以水部員外郎耿振為梵州團練使振先任三司職心勞得疾俾從優逸故有是命端拱元年三月以六宅使何承矩知滄州節度副使事時米信在鎮不知書為人粗暴故令承矩領州事淳化四年九月十一日詔諸道州府新除行軍防團副使上佐文學參軍及茱錮人等宜令轉運司自今本州闕官仰次補承之以責其効俾之自新或勤幹有聞當再與叙用其行軍副使並先上聞取旨五年十二月太常丞武允成除成都節度副使仍預公事允成太平興國元年進士迨此年七十八視聽不衰帝嘉其壯健而已遷慕持命以優之真宗咸平二年九月審官院言諸處兩使判官闕於得替通判中依例差充從之三年四月十日詔諸州行軍司馬節度防團副使上佐司士文學參軍非特許簽書者不得掌事十五日河東轉運使范正辭上言請自今幕職州縣官到任半年令長吏通判具能否以聞從之是月詔川峽幕職州縣官並二年注替景德元年十月國子博士張紳大理評事祕閣校理劉均分知天雄軍節度觀察判官事紳受命乘傳督河北軍粮時參知政事王欽若判天雄軍府上言奏辟故以命之三年七月令審官院選京官一員知西京留守判官事以知留守司邊肅請置此官代通判巡行屬縣故也大中祥符四年六月以祕書少監直祕閣黃夷簡為檢校祕書監充平江軍節度副使不簽書公事夷簡以疾在假者累年復丁母憂表乞散秩還鄉故有是命天禧元年六月以武昌軍節度副使邊肅

知光州以赦叙也時刑部言肅元犯真宗曰肅在邢州時北戎侵擾屢詔棄城入保肅能固守頗著誠效雖坐贓廢亦累經赦故特有是命二年九月流内銓請以自令軍監判官更不兼通判從之四年正月詔桂廣州幕職自令增注及五員仍選有吏幹勤事者常以桂廣嶺南大藩而轉運勸農使多委二州幕職鞫治獄訟詳公事故命增員以備差遣仁宗天聖二年二月河北緣邊安撫都監張炎成言雄霸州廣信安肅軍保州五處最是窮邊内保州雄州廣信軍凡承受北界公牒演用文字迴報須畧言典故乞自今吏部銓選進士及第有公器者充判官或推官凡有往來公牒專令相度迴荅從之四年六月二日中書門下言今後奏舉人及常選入内經八考已上合入令錄雖未赴任特與職事者乞並除節度觀察推官仁宗問舊例如何王曾對曰自來初等職官俸入太薄緣已被保舉與兩使推官則稍似外陝從之五年十二月廣南路西運司高言融二州欲乞各除推官一員流内銓言自來高州置司戶參軍一員兼錄參司法事融州置司理司戶參軍二員兼錄參司法事若置推官即少得合入之人注擬令相度高融二州請依舊只令司戶參軍兼知逐州推官廳公事從之六年六月以無為軍巢縣主簿梅鼎臣權鳳翔府觀察推官俟回日與初等職事官資叙從知府周寔之舉也

七年十月上封者言河北緣邊州軍所置幕職多經學出身不惟公事因循至書斷案牘紕繆文理辭語不能曉會緣多武臣知州軍若朝廷行下文字州府關報不能辨白則或訪問他人又緣邊州軍承受外地公文或失詳明便成漏泄欲望自今逐州軍職官各取進士出身有舉薦者一人充詔吏部銓選注八月十四日詔節度行軍司馬簽書州事者位在幕職之上自今負犯人吏不除授時行軍司馬石待問簽書州事乞定著位事下禮院參議議者以今之行軍司馬皆過犯叙除不可準於典故遂有是詔哲宗正史職官志幕職官掌助理郡政分案治事其簿書案牘文移付受催督之事皆分掌之凡郡事與守倅通簽書神宗熙寧七年四月二十一日詔諸州軍器物料並置庫選職官或曹官一員兼監九年六月十三日詔流内銓河州簽判令後不依名次選差合入職官人充元豐三年十二月二十七日夔州路轉運司言南平軍止有通判一員無職官本軍兩縣一鎮六寨堡事務繁多欲乞依嘉州例置職官一員兼監鑄錢監從之六年二月二十五日詔陝西路帥臣所在職官不許監司差出從知慶州趙卨請也政和二年三月二十七日荊湖南路轉運司言桂陽監簽判乞依熙豐法復置從之三年十一月一日詳定一司敕令所看詳舊幕職州縣官令後直郎以下其就任改官之

人自改官日理任等除元祐法合行删去外今以熙豐
舊法參酌修立下條諸承直郎以下應就任改官者理
任自改官日即願通計前後月日滿三年罷者聽仍不
理為任從之高宗建炎元年十二月二十三日詔降揩
揮諸州軍府司錄依舊為簽書判官廳公事諸路除舊
有簽判官自合存留司錄改充餘州司錄並令減罷訪
聞舊無簽判處却存留司錄充簽判令都省劄下吏部
遍牒諸州軍依元降指揮改正仍行下轉運司取會所
轄州軍改正減罷員闕類聚申尚書省如有違戾按劾
以聞紹興十年八月十四日詔右承務郎邢孝寬添差
婺州簽判任滿更不差人以皇后親弟故也十三年四
月十七日詔化州簽判任滿賞格今後依本州幕職官
例與理不依名次家便差遣一次二十一年三月五日
詔南恩封新梅州各置簽書軍事判官一員二十四年
正月二十五日詔潮州添置軍事判官一員三十年十
月二日信陽軍教授陳端彥言通化軍係極邊如遇守
臣在假以次官係選人充軍事判官難以權郡乞將通
化軍見置軍事判官改差簽判欲乞差注承務郎以上
官從之十一月八日臣寮言忠州萬州渠州珍州茂州
開州梁山軍懷安軍石泉軍大安軍其間多控蠻獠既
無通判且不差簽判以次官盡是選人乞依通化軍將
見置判官改差簽判除本官俸錢合幇勘其餘請給增

損不多儻遇闕守則以通攝不必鄰郡差官從之三十
一年六月二十四日吏部言京西南路安撫轉運提刑
提舉常平茶鹽司奏通化軍判官元係兼司法今來改
置簽判有司法令職事欲依判官例令簽判帶行兼管
從之孝宗隆興元年十月三十日四川安撫制置等司
奏仙井鹽〔監〕已復還州額知州合自朝廷差除其軍事判
官乞依忠州等例改為簽書判官廳公事本部勘當欲
依所乞從之二年二月十日梅州言右宣教郎梅州簽
判黃民瞻乞參照欽廉州簽判任滿賞格修立施行吏
部照得梅州簽判係承紹興三十一年指揮創置窠闕
欲乞參照本州推官等任滿合得賞格比類與減二年
磨勘占射差遣一次修立成法施行從之乾道元年二
月十五日潼川府路兵馬鈐轄轉運提刑司申普州係
選人充判官緣遇守臣有闕若候選差鄰郡通判權攝
所差官未到閤郡東委有妨闕乞依諸州無通判處改
差簽判吏部勘當欲依所申從之三年十二月一日廣
南西路轉運司申建武軍象梧潯柳貴化州通判闕並
無京朝官願就乞注職官資序人一次詔令吏部行下
本司將逐州軍簽判闕如無應格人願令職官兼權十
六日權發遣和州胡昉奏本州判官係是江淮宣撫司
一時奏辟即無承受專降復置指揮明文兼無為安豐
軍判官職事見係錄參兼管今來欲乞將判官窠闕依

舊省罷令録叅兼管從之五年九月二十五日利州路安撫提刑轉運司奏撿劒州元係軍事州今上皇帝舊領藩邸已準推恩陞為普安軍今是節鎮乞將軍事推官員闕改作普安軍劒州節度推官從之七年二月十九日詔龍州見任簽判窠闕改作職官十一月二十七日淮西路安撫提刑淮南路轉運司奏遂州乞復置和州判官一員兼司法光州節推一員兼支使並從之令吏部使闕淳熙元年十二月六日詔濠州復置軍事推官一員以淮西諸司言本州極邊自省罷幕職官闕事廢故也二年十二月二十五日詔邵州許添置軍事判官一員同推官分管簽廳當直司職事以守臣丁雄飛言簽廳止有推官一員且無司戶乞依衡永州例添差判官或司戶一員故也四年二月二十三日詔荆南府依舊為江陵府簽判節度推官以荆南繁劇吏部侍郎周必大言選人有兩使職官如節度推判官合從軍額察推及支使則從州府名姑以行朝言之寧海是軍名凡簽判及節推則以寧海軍入銜臨安是府名凡察推支使則以臨安府入銜此定制也近有從事郎李敏用歸正恩例添差荆南節度推官合從軍額其奏鈔內卻帶荆南府三字其前有差過從政郎郭世華已是如此蓋緣前後除本府守倅或作江陵府或作金南府而不知荆南是節鎮江陵卻是府號差互失於釐正至淳熙元年有司又不照兩使職

官自有分別誤作勘會稱江陵府幕職州縣官窠闕內有節推一員係作荆南節度推官繫銜其餘曹縣官計二十四處並稱江陵府遂謂荆南即無軍額亦無指揮分別欲作一體稱呼殊不知荆南不稱軍猶太原府謂之河東揚州謂之淮南襄陽府謂之山南東道成都潼川府謂之劒南東西川也當時事下湖北安撫司本司不知節鎮行移自來多有軍額遂乞依倣建康等體例就以荆南府為名所有節度推官自來專從軍額難冠以府字合行改正故有是詔二十六日吏部言廣南簽判窠闕破格曉示滿半年以上如無官願就差欲具申都省行下逐路運司使闕人若逐路再滿半年又無定差別官乞本部再行破格出闕召官指射如本部再破格曉示滿半年又無官願就卻具申朝廷施行從之以廣南西路轉運司奏郴縣貴州建武軍高化州等簽判乞破格定差職官資序一次下部指定故有此請六月八月七日詔蘄州復置推官一員兼措置鑄錢從守臣施温舒請也十五年六月十九日吏部言乞依利州路轉運司所乞將金州洋州蓬州大安軍簽判闕注第任知縣資序次酬奬改官合入知縣應選年未六十人如經使兩季別無應格人就第三季許破格差注初任知縣資序應選有舉主年未六十人其破格定差官到任任滿更不推賞如定差日卻有本等人願就即先注本

奏人從之。十一月十三日，夔州路轉運司言：「忠州簽判闕官半年以上，乞許令本司將上件闕如集注日無本處應格人，就破格差破初任知縣資序次第二任監當資序人，仍銓量差注。如同日有應格人，就先差應格人。」仍乞立為定制。如見任人過滿勝及兩季以上無應格人就，依此破格差注。從之。淳熙十六年四月二十一日，四川安撫制置使趙汝愚言：「四川京官簽判員闕多有闕官去處。照得通判供給錢從條支給八十貫，止是成資解罷；簽判供錢四十貫，却於三十箇月為任。其簽判責重祿薄，又須兩年半方得解罷，比之通判優劣大不相侔，是致京官曾歷知縣者便自經營通判軍監差遣，更不願就簽判窠闕。乞將四川諸州軍無通判止有京朝官簽判去處，並聽成資為任。」從之。紹熙元年十二月二十四日，臣僚言：「二廣諸州多無通判，其簽判實任通判職事。比年以來，廣西定擬簽判之闕，多有恩科癃老之人。欲乞行下廣西轉運司，應今後定擬諸州簽判，稍加審擇，不許差年六十以上昏眊之人。」從之。三年四月十一日，詔省罷蘄州推官。從本州請也。開禧元年四月二十三日，臣僚言：「乞行下諸路，應簽廳職事不許以勢干請。或未免兼攝者，不得已簽廳為名支破俸給，庶幾權有所歸，職有所分，不至重為民病。其或玩習為常，蔑視憲度，令提刑司覺察以奏，重賜鐫降，以為不安職守者之

戒。」從之。嘉定元年八月六日，詔茂州添置推官一員。以知茂州楊恩成言：「州舊有教授、司戶各一員，教授兼簽廳職事，與司戶同佐郡政，實賴裨贊。因制置司經畫威茂兩州歲計，省罷教授員闕，見今在州文吏止有司戶，倉庫獄訟叢於厥身，雖有精力，亦恐有所不及。乞省併雞宗關同知關一員，添置推官。」故有是命。二年二月十四日，詔潯州推官、司戶更不注恩科人，並作破格許初官注授。從守臣之請也。五月十六日，臣僚言：「監司有幹官，州郡有職官，以供簽廳之職。使幹官職官得其人，固自能舉職；或非才不能勝任者，則按刺易置之可也。今乃不然，差兼簽廳者動輒三兩員或四五員，其為冗費與添差何異？是朝廷徒有罷添差之名，而無添差之實也。乞將諸路及州郡所差兼簽廳官並行住罷，令回本任，各共乃職。所有復置、創置名闕，自今並行免差。」從之。三年十一月十七日，詔天水軍添置判官一員，以天水軍軍事判官入銜，令制置司於經任有材幹選人內奏辟。五年八月十四日，荊湖北路轉運司言：「信陽軍係是極邊小壘，止有信陽、羅山兩邑，戶口無多，獄訟稀少。既有專官司理院一獄，係省部差注；而又有軍院，卻無正官，乃以判官兼之。其判官階銜即不帶兼上件獄官，止帶兼司法。且既兼司法，即合檢斷獄事；既自勘鞫，而又自檢斷，豈無妨嫌？乞省罷。」吏部勘當：「信陽軍判官既兼司法檢

斷難以又兼軍院鞫勘委以職事相妨及本軍録叅自來無此窠闕其軍院見得不係省額所置合行省罷詔信陽軍添置司户一員兼録事參軍堂差一次以後令吏部依條使闕十二月一日廣西諸司言賀州判官推官乃簽書之一職爾曩者正緣郡小力微省罷通判改注簽判少寛郡計今已有簽判而推官窠額猶存如中州之郡有簽判亦無推官窠闕去處況此斗大之州郡復有之乞賜省併施行從之六年三月二十八日廣東諸司言本路梅新恩英連封州簽判無官願乞許運司將職官資序人定差或許監司辟差從之七月二十八日知州均州丁昌時言乞將本州節度推官注有出身人俾兼教官之職著之令甲永為定制尋將闕籍照得均州職官止有推官一員勘當上件事理乞自令後注有出身人俾兼教官職事仍牒敕令所修成定法詔依吏部勘當到事理施行閏九月十三日知廬州李大東言本州流徙復業之後田疇交錯訟牒紛然曹職官止有四員節推專簽廳知録司理掌獄事日不暇給照得楊州見管兩縣曹職官尚有六員本州所管三縣曹職官僅有其四欲望特許本州添置察推一員復向來省罷窠闕從之八年七月二十八日京西湖北制置司言光化軍中本軍係是極邊全藉僚佐裨助舊止有簽判一司理二員無事之時常有乏使況今城壁已立備禦方

嚴而簽判久無正官止有司理一員衆職萃於一身雖使才力有餘者當之亦恐乏事又況增戍既多則財穀之任非他官所可兼管竊見比者沿邊諸郡如信陽安豐盱眙皆添置司户以專出納況本軍止有郡僚二員乞照信陽軍等處體例添置司户一員從本路運司或本軍選辟一次通舊所有之官不過三員亦未至於冗費不惟平時出納責任可專亦使緩急之際得以協濟實為邊方幸從之九年十二月十七日詔天水軍移就天水縣舊治置録事參軍一員令四川制置司選辟一次十一年五月二十日詔高郵軍判官改作京官簽判闕注已作縣任滿人仍專置軍事推官一員並堂差一次日後令吏部使闕以都省言兩淮州軍並置通判員闕獨本軍只置判官一員其推官又以録參兼行慮恐之事故有是命十二年八月四日臣僚言國家駐蹕吳會置守之重畧倣開封雖官儀期復於舊京僚屬難同於往制但彈壓之所最為煩劇服寀分曹僅與外州郡比甚非所以壯商邑之極隆漢輔之威也乞將簽判官公事節度推官觀察推官四闕改作堂除其簽書判官差曾經作縣有政績人任滿理通判資序餘推判官差注有舉主人任滿無遺闕比附作縣令例入幹官差遣有能顯著聲績並量材擢用仍須見闕始差下政以重其選其見在任人京官即與近闕屬官選人即與近

闕堂除一次已差下人赴部重行注授優給占射兩年
如見任而情願就部亦同上項恩例庶幾幕屬得人從
之十六年四月十五日臣僚言銓部之法講若畫一州郡
係屬所資以協贊者幕職官若也今選人初任甫及一
考或因罪罷未幾到選殘零有闕皆得注授若係宗子
類以恩例徑注破格職官在部則有破格殘零之分在
郡則均為幕職之寄彼既罰不傷其毫毛而反使起躐
兼居官一考吏事幾何重以罪斥寧有媿晝以裨郡政
乎欲乞今後選人初官未及二考或以罪罷不許徑注
破格及殘零職官從之

淳熙十二年八月十三日吏部乞將夔路見闕縣令辟
差一次從之以吏部侍郎王藺言夔路見闕縣令凡二
十處亦有六七年無正官者其闕並依本路轉運司定
差應格人少而格法阻礙乞令本路安撫轉運司公共
選擇經任無贓私過犯人不以其他拘礙辟差一次候
有辟正去處仍舊收歸吏司差使闕故從其請　同日
吏部乞將二廣見闕縣令辟差一次任滿與陞一年名
次從之　以吏部侍郎王藺言二廣見闕縣令三十六處
有十餘年無正官者或係尚書左選與本選通差窠闕
或係本路轉運司定差窠闕其間四方之三已承指揮
破格並未見有人指射及定差到人邊惡之地且無負
格繳有賞格處亦不過任滿得不依名次家便差遣而
已其間唯宜州忻城昭州立山廉州石康邕州武緣宣
化梅州程鄉南恩州陽春得循資減年及減舉主從來
亦經腹削人孰肯就乞將上件見闕去處令本路經略
轉運司公共選擇經任無贓私過犯人不以其他拘
礙聽從辟差一次如任滿無遺闕則部特與陞一年名
次其有賞格處自依見行條有辟正去處依舊差注
歸本部注擬及轉運司定差故從其請
慶元元年二月二十三日詔選人任郴州宜章縣令滿
日該磨勘與減舉主一員　乾道四年三月二十三日

卷一萬八千九百九十八

知潭州張孝祥以宜章深在溪峒水土惡弱入不顧就
乞今後如條選人在任彈壓別無盜賊生發即於合歷
勘日特減舉主二員京官與轉一員詔從其請録淳熙
新格選人任滿止循一資至是本路帥司請復舊推賞
故有是命淳熙二年十二月十一日臣僚言昨來臣僚有
請令諸路監司帥守各於歲終以所部縣令實跡分為
臧否七等次春奏上此令一行致使作邑之人不安分
守不修職業專事經營權要書劄囑託當路希覬推薦
以圖陞進非惟無補於考察且私意盛行是非紊亂他
時難以取信況縣令能否自有監司帥臣舉劾之法不
必如是紛提徒長奔競之風誠為未便乞將臣僚所請
卷一萬八千九百九十八
已得指揮寢罷施行從之　三年二月二日詔四川令
後不得違法抽差知縣縣令有敢抽差若經營求抽差
者重寘典憲其抽差過月日並不理為在任諸司互相
糾察有敢隱蔽御史臺覺察以聞併與坐罪仍立為令
甲　以臣僚言四蜀縣令知縣違法抽差甚衆到官未
几即謀他徙大抵非貴遊子弟即高談之文士往往憚
煩不肯屑就迫於令入姑為一來委而去之不過付之
佐官而已佐官既非本職豈肯竭力盡心上司違法抽
差亦難以嚴詰峻責綱運月解悉不能辦故州郡拖欠
縱所有至數十萬緡而本州官兵月給有拖下累月者
此則縣令抽差之所由致也故有是命　四年四月二

十六日宰執進呈嚴州分水知縣王斌近遣論羅寄居
王中實等率衆入縣衙毆擊之閏守三日　上曰如
此則守臣亦可肆其無禮矣京鏜等奏此風不可長欲
作訪聞行下懲治　上曰恐相倣傚不可不治　十二
月四日知贛州彭演言贛之為州在江西之極南實與
嶺南接境龍南安遠二縣瘴癘之氣視嶺南他州縣殆
甚焉乞將龍南安遠二縣縣令從鄰縣梅州程鄉及惠
州河源縣例許以舉主二員改合入官仍許通用前任
舉主及免職司或前任已有舉主三員亦並候三年終
滿別無公私過犯許提刑及守臣照改官狀保入己贓
甘當同罪体式連銜保奏亦與改官蓋前任舉主並於
卷一萬八千九百九十八
三員以上即其人才必有可取而本任之內並無公私
過犯其餘薦官律已亦有足稱又令憲司守臣連銜責
其保任則非出於一人之私意而其言亦不苟矣若京
朝官以上任知縣者亦乞倣此優立賞格庶几士夫欣
慕而來務修職業以期宗庭詔如京朝官願就之人候
三年任滿與轉一官更減二年磨勘嘉定三年十
一月十七日詔天水軍置天水縣令一員令制置司於
經任有才幹選人內奏辟先是四川制置大使安丙言天
水軍元係秦州成紀縣疆理紹興初創為天水縣今改
為軍徙治白環堡以就形勝去舊縣十餘里其舊縣治
井邑如故欲隨宜措置存天水縣之名俾通判兼領即

故縣為治所，專管民訟財賦，以通判天水軍事兼知天水縣事入銜，與理為通判，仍三年為任。其措置撫御顯有勞績之人，任滿許諸司保明陳乞軍監差遣，庶几有志事功之人不憚極邊展效才力。其上件窠闕，仍乞專委制置安撫司於改官授告人內公共選辟，其於邊防實為利便。檢正都司擬到，照得所乞將已改天水縣為天水軍，奏辟初改官人充通判天水軍兼知天水縣事，自來無此條法，難以施行。今欲創置判官、縣令各一員，以天水軍軍事判官及知天水軍天水縣事入銜，仍令制置司於經任有才幹選人內選擇辟差，故有是命。五年八月十三日，權發遣靖州陳謙言：靖州有三縣，曰永平、曰會同、曰通道。永平負城之邑，文武通差；會同、通道實是外邑，多注右選。會同自慶元五年秉義郎石師鈞之後，今已十餘年無人注授；通道自嘉定元年成忠郎盧元吉之後，今亦數年無人注擬。乞下吏部將此二闕，凡武舉出身曾經任人及任子曾試律義經任者，皆許破格注授，任滿之後特轉一官。吏部勘當：會同、通道二闕，今來申請乞作破格差注，止合差武舉出身經任監當資序，有舉主二員，年未六十人。其任滿，舊法得減三年磨勘，今乞特轉一官，竊恐太重，欲任滿日與減四年磨勘。將二闕作破格差注。從之。〈卷一萬八千九百九十八〉　九月二十一日，臣僚言：自今以後，凡有武臣資格合入兩淮縣令者，除武舉

入外，其餘並當同文臣任子一例銓試，其在選中方許注授兩淮縣令，必須先歷武尉一任，庶几稍通文學，粗諳民事，不至為民病矣。從之。　七年二月四日，荊湖南路安撫司奏：郴州桂陽縣昨被峒寇殘破，先差承節郎張志寧權縣令，總管官軍在縣駐劄，提督討捕，擒來捕獲賊首。其張志寧解罷職事，轉同諸司辟差從政郎前衡州錄事參軍鄭必聞充桂陽縣令，葺理縣治，結集流徙，候任滿與減舉主三員，內職司一員。本官去官止有半年，其下次人雖已差從政郎陳鍔，所是資格未準，特定合其申，催促早賜行下遵守。詔郴州桂陽縣令任滿無盜賊疎虞，與減二年磨勘，選人循一資，付吏部施行。〈卷一萬八千九百九十八〉

四月八日，浙東提刑兼知慶元府程覃奏：四明屬邑大率瀕海，而昌國一縣去州尤遠，凡與高麗接境，是以為邑令者多不奉法，貌租賦，至於重科，公吏恣行於掊剋，細民呻於暴獷，往往啓釁而興訴，狀縣令多是選人，未曾閱歷，或無舉主，或皆繆無能，無所顧藉。欲乞自後專注改官人，庶几知自愛重，志心撫字，從海島生靈各安田里，無有愁歎。詔吏部今後專注改官人，其見任人且令終滿，已差下人令赴部別行注擬。元年四月二日，臣僚言：二廣氣候惡弱，西廣尤甚，今資格之合入縣令者必不肯深入瘴烟之地。今欲使文臣之為令者不憚深入以惠吾民，惟有減舉員以示激勸，呈試

以東廣言之循州之長樂興寧新州之新興皆許用兩
祇常員募狀改官梅之程鄉只用一對南恩之陽春滿
考不用舉狀今乃是文臣之選入注授往往皆能律己
愛民以希改秩此已行之明驗也豈有行之廣東而廣
西最僻絶之地獨不得援此為比乎此觀二廣守臣亦
有以此為裕民五事之獻者融州守臣趙善湏乞以懷
遠邑令比附陽春河源推賞柳州守臣鄭鼒乞以馬平
柳城洛容比附東廣諸邑推賞皆乞量與减員廣西諸
邑令減舉員處頗多如象之武仙昭之立山高之信宜
雷之徐聞化之石城等邑皆毒務熏蒸民生憂悴户口
蕭疎不可不擇人任撫安之寄若推東廣減員之令以

卷一萬八千九百九十八

示激勸於選人恩數不為泛濫而遐方小民實均被不
貲之施乞令廣西諸司條具諸邑之最惡弱久闕官去
處申上量與裁減舉員以為作邑者之勸庶少蘇嶺海
無告之民從之　七月四日臣僚言邑令之職最為近
民古者郎官出宰百里本朝仁祖尤所注意以至紹興
之詔旨寺監丞簿改官未歷民事與堂除知縣乾道之
御筆非任縣令不許除監察御史凡此者皆責任之不
輕故除用之示異是時監司郡守仰識上心体案邑令
而無上下不相恤之政故仕邑寄者得以行撫摩之志
二十年來海内寖有不可為之縣未赴者有償債之憂
已赴者有覆湯之嘆臣知其故矣敢畧陳之如零細累

名色歲納苗米舊來就縣納者今乃取之於州如批支
驛券或寄居祠奉舊來就州支者今乃移之於縣趁文
蠲放之賦後令承認民户逃闕之數不與除豁酒課無
米麴之助令自郡點起綱無般腳之資令自措置積年
邑久前政已去而尚須帶納征亭商稅差官監收而又
令補解官有綾造而欲獻助郡有迎送而欲貼陪以至
一邑之内有縣官吏胥之請給縣兵遞鋪之衣糧乃科
以不可催之錢畀以未嘗有之米此皆彊其所無者至
如闔郡官屬諸司幕客每於職事皆有年涉年例饋遺
但可增添囑託夫馬惟當應副上官到縣排辦之數多
者或至千餘緡差人下縣需索之費少者不下數十千

卷一萬八千九百九十八

如此之類日甚一日當此之際彊斂者無所用其力才
智者無所施其巧不取於民將焉取之於是因訟事而
科罰其初數十千旋至于數百千用歲額而豫借其初
一二年旋至于五六年科取竹木多折價錢已輸税租
抑令重納推肌剥髓以苟目前朝暮凜凜但思脱去豈
復于愛人利物之事少垂意哉乞命大臣選有風力人
畀以諸路漕寄使之精加体訪凡部内屬邑之不可為
者究其不可為之因皆許邑令條陳利害復與守臣詳
悉評議其逐縣財賦實可催者令照條限催理解發其
他白撰窠名一切罷去使州縣通融有同一家庶几邑
令得以展布而民力得以少蘇從之

諸縣事務要劇者以京朝官或武臣幕職領 以上國朝會要 舊會要
分知縣及縣令爲兩門今依神宗正史職官志併爲一門兩朝國史志軍
使兼知縣州令丞主簿尉令丞掌字民治賦平決詞訴之事主簿爲之佐
尉掌盜賊傷殺令參用京官或試銜幕職及三班使臣皆謂之知縣事又
有軍使兼知縣者凡縣各置押司錄事錄事史佐史諸鄉置里正賦役州
縣郭內舊置坊正主科稅開寶七年廢鄉分爲管置戶長主納賦耆長主
盜賊詞訟諸鎮將副鎮都虞候同掌警邏盜賊之事有典以主文案所由
以役使皆無定數元豐改制具載職官志以上續國朝會要 太祖建隆
四年六月詔曰河朔右地魏爲大名分治劇邑當用能吏近多曠敗之政
殊昧撫綏之方致逋吾民以失常賦思慎釐於縣務特選士於朝行斷自
朕心以重其事其以大理正奚嶼知大名府館陶縣監察御史王祐知魏
縣楊應夢知永濟縣屯田員外郎于繼徽知臨清縣朝臣知縣自嶼等始
真宗咸平四年五月詔自今三班使臣知縣不得以諸州衙吏及富民受
職者充六月以兵部郎中史館修撰韓授祕書少監知河南府洛陽縣從
所請也景德二年九月河北轉運使劉綜請參近臣連銜於幕職州縣官

內錄舉堪任京官知縣者各一員俾知天雄軍相州管內劇邑真宗曰河
朔宰字尤藉得人然慮舉官或致稽滯當俟銓司引對常選人察其有績
效無罪累者朕自擇之天禧元年十一月太常博士判三司度支勾院韓
庶言江南州軍五千戶已上縣望差京朝官知縣從之二年正月詔應臣
僚奏舉幕職州縣改授京朝官與西川知縣者如未有闕不得差權知縣
且與監當差遣 先是每授京朝官知西川大縣若未有闕即差權知近
地縣邑伺候遠闕或三五月即便移替往往以不終任考因循吏緣爲姦
兼送迎煩數重勞於民故有是詔四月殿中丞黃宗甫言京官使臣知大
縣及萬戶縣令欲望不許差出除本州諸縣及鄰縣公事即許更互就便
勾當從之 乾興元年五月 仁宗已即位未改元 詔諸路轉運使自今因
事降充監當人不得差權知縣事時陝西轉運司差監酒稅著作佐郎饒
爽權知華州蒲城縣故條約之 仁宗天聖元年正月開封府界提點諸
縣鎮公事李識言畿內京朝官知縣自今請令大兩省及知開封府同罪
保舉如滿三年無贓私過犯公事幹集特與陞涉差遣至於諸縣簿尉亦
許清望官論薦若考績有聞等第量與擢用詔審官吏部銓今後選差人
充十二月十二日中書門下言近年諸處甚有大縣戶口極多公事不少

闕官句當審官院少得京朝官差充知縣深爲未便欲今後於引見職事
官內揀選歷任中公過稍少者於中書引驗相度年甲精神取旨降勅令
帶本官知大縣乃就多支與俸給從之 三年十月詔自今府界知縣有
年滿者從府司預奏乞降勅下清望官於見任官朝官內保舉進士出身
曾歷親民者充先是王駢等起請舉府界知縣至是釐改九月監察御史
陝西路體量安撫王沿等言乞自今同奏舉改轉京朝官並差知陝西災
傷大縣候及成資方得依例四川陝仍處京官改轉者少縣分不治處多
欲乞於本路幕職州縣官內體量選差官權充詔陝西轉運使體量轄下
縣令知縣有不治處選具幕職州縣官權替勾當具姓名聞奏當議降勅
指揮七年閏二月六日詔應河北河東廣南沿邊幕職州縣官等改轉京
朝官者今後並差充福建知縣八月知開封府王博文言府界扶溝中有
東明縣各軍民公事繁多或地連貴戚路處衝要全藉心力官員管勾欲
望令審官院自今不以先後到院資次於京朝官內選差有主及歷任中
顯著勤績官員充知縣從之八年正月殿中侍御史張存言比部員外郎
知開封縣劉汀知祥符縣李宗簡各緣門地遂廁郎曹之選於中才猥
庇身於大邑乞自今開封兩赤知縣依舊差館職及五朝知名者充自餘

常流不在除授詔劉汀李宗簡候資替 景祐元年三月二十三日臣僚
上言乞今後知州赴任諸縣令佐更不得離縣入呈牒知從之閏六月七
日審官院言在院祇候知縣京朝官不少欲乞今後有願乞監當差遣
者勘會近遠差注與當親民一次從之 慶曆七年二月二十二日詔陝
留等九縣屯兵縣分知縣今後差朝臣候年滿得替如在任理斷軍民公
事別無曠敗如合入遠特與之地不合入遠特先次差遣六月詔天下知
縣非鞫獄毋得差出八年五月詔諸道非鞫獄而差知縣縣令出者以違
制論具被差官擭在外日月仍不得理爲考特權三司使葉清臣自永興
召還言所部知縣有沿牒他州而經數時不歸者恐假領之官不能盡心
職事故條約之 皇祐二年二月詔雄州歸信容城知縣自今罷差京朝
官其令本路轉運司舉武臣有才勇及曉兩地民情者爲之三年三月詔
天下知縣縣令若差推勘刑獄及應副軍期或權繁劇縣須具奏聞其闕
慢處輒差及差而不奏者以違制故失論被差之官亦行責罰差出日月
仍不理爲資考五年十二月夔州路轉運使言請升南州爲懷化軍并三
溪入南川縣以朝臣爲軍使兼知南川縣置主簿尉各一員從之 至和
元年十一月詔湖南郴溪洞諸縣其令本路安撫轉運司舉官爲知縣處

滿京朝官免入遠選人與免選以上國朝會要　縣令試銜知縣太祖乾
德二年正月詔曰張官置吏所以爲人吏或不循人將受斃故於近歲增
陟明文如聞比來多有踰越奉吾詔以不謹致斯民之未康宜示申明俾
令遵守應諸縣令無事不得下鄉一准建隆四年五月詔書從事仍自今
令録簿尉並委本判官録事參軍等常切覺察如有不周公事輙下鄉村
及追領人户節級衙參並宜刻罪以聞先是建隆中有詔約束令尉立爲
條制故詔及之　太宗太平興國六年正月六日詔令長之任所以字民
百里之裁制自專一邑之慘舒攸係朕深惟致理用洽小康而所司掄材
未能稱職況今封疆混一縣邑動皆缺員歷年未補銓衡則拘常調而不
擬州郡則緣下吏以爲姦朕思其所長用立新制與其限於資級不若校
以行能俾下位以東求令長吏而保舉且用試可以觀其材償及報政之
期自有陟明之典宜令諸路轉運司州郡長吏於見任判司有清廉明幹
者奏舉當傳召赴闕引對授以知縣秩滿差其殿最以定黜陟　雍熙三
年四月詔常選人擬知縣令録者便以地望爲資叙有犯亦同正官之法
淳化元年十月詔知縣令録人未有試銜並與試校書郎五年五月詔
曰令長之任風化所出故有不下堂而一境治兩換縣而善政行所宜躬

親字人不可嬰以佗務應天下縣令自今轉運司及本州並不得輙令按
獄刑獄監筦倉庫等事俾專厥職　真宗咸平二年詔吏部銓凡註令佐
一縣之内不得全用流外出身人　仁宗天聖二年正月詔諸州路軍自
今常留縣令管勾簿書催督税賦及理婚田詞訟不得差出勾當小可公
事及於縣鎮道店場務比較課利其令佐年滿雖准銓牒放罷若一縣全
無關人未得出給解由須本縣不至闕人即許離任時諸州軍累言偏縣
令佐因年滿放罷及轉運司差往他處比較課利有一縣全闕官者故條
約之七年十月二十一日詔諸路轉運副使及知縣州府軍監朝臣武臣
崇班以上舉部内見任判司簿尉有出身三考無出身四考以上廉勤幹
濟無贓私罪堪充縣令者除轉運使副不拘人數餘各一員仍須同罪如
未有人亦許察訪候有以聞即不得舉親屬及得替常參官有兩人奏舉
者送銓司候縣令闕就移如在任無贓罪有公私罪情理稍輕及能區决
刑獄無枉濫催理税賦不逋擾本州府軍監具實以聞得替參選日與職
事官再令知縣如有依前顯效得替引見特與京官仍逐任替迴免選或
不應得此詔即候該參選日且與知縣縣令其日前令録並依資序注擬
判司簿尉内無人舉者如資考合入令録人材書判稍堪精神不昏昧無

仍

贓罪者並依例注擬内前任令録并初入人犯曾犯贓罪及私罪至徒者
銓司相度與注小處令録如精神昏昧勾當稍難者取旨其已條及初入
令録人内雖無人奉舉而歷任無贓私公罪三度以下情理稍輕及有勞
績者銓司相度人材書判堪預掄選者引見取旨已是令録七考已上與
職官知縣不及七考與大縣令初入令録者且依制與縣令將來升陟當
議依奏舉人例内常選人引見日特有恩旨者自依常例　景祐五年二
月六日中書門下言諸處奉舉縣令人數頗多合入闕少先降有出身三
考無出身四考舉令條貫乞不施行從之十一月二日流内銓言舉縣令
乞令後依前詔舉主人數外其間須得一員見任轉運或提點刑獄及知
州軍監官方許施行詔令後所舉縣令須舉本部内官仍於合入遠近路
分就移餘從之　康定元年十二月詔諸路轉運副使提點刑獄及知州
府軍監朝臣武臣令後舉縣令其舉主兩員内但一員現任本部一員見
任别路州軍許令保舉狀逐旋送銓置簿舉主數足依奏舉人例申中書
候降下仰就近移注二年三月河北體量安撫使賈昌朝言流内銓條貫
諸處所舉縣令只差擬十五千及十二千俸錢去處銓司見有十千縣令
員闕甚衆豈可以縣户稍少不擇宰字之官況今諸處差點到强壯人等

逐年進退丁口均量差役須在得人則民不受弊乞令後所舉縣令如移
十千俸錢處權與十二千如差常選人即自依舊數從之六月七日中書
門下言自來舉縣令人訪聞流内銓只是移注過滿見闕僻小縣分欲令
令後許指定縣分奏舉從之十五日詔舉縣令之法本欲試其治能而流
内銓選注過滿見闕僻小之處令所部指定煩劇或久不治縣奏舉之四
年十二月二十二日詔吏部流内銓進納緣官人舉縣令者須及五考有
所部升朝官三人同罪奏舉方聽施行七年六月詔天下縣令非鞫獄毋
得差出　皇祐二年六月詔舉官爲縣令自今河北陝西轉運使副歲各
舉十二人提點刑獄各六人河東京東西淮南轉運使副各十人提點刑
獄各五人兩浙江南東西福建荆湖南北廣南東西益梓利轉運使副各
八人提點刑獄各四人夔州路轉運使四人提點刑獄三人江淮發運制
置使副各六人府界提點各三人知開封府并諸州府軍監各一人仍止
得舉所部官初同提點京西刑獄張易治替併舉十六人爲縣令仁宗謂
輔臣曰縣令與民最近故朕設保舉之法令易所舉猥多豈無干請之人
故令歲定之三年三月詔天下縣令推勘刑獄應副軍期權知繁劇縣方
許差仍須以聞事具知縣　至和二年八月詔吏部流内銓臣僚陳乞子孫

當得試銜知縣者自令並與注權初等幕職官以初官不欲臨治縣事也
以上國朝會要哲宗正史職官志縣吏掌總治民政勸課農桑平決訟獄
有德澤禁令則宣布于治境凡戶口賦役錢穀賑給之事皆掌之以時造
戶版及催理二稅有水旱則受災傷之訴以分數蠲免民以水旱流亡則
撫存安集之無使失業有孝悌及行義聞于鄉閭者具事實申於州激勸
以勵風俗若京朝幕官則為知縣事有戍兵則兼兵馬都監或監押丞掌
二令之職主簿尉佐理縣務而主簿專掌稽考簿書尉長追捕盜賊及檢
覆之事小縣不置丞或以主簿兼縣尉之職　治平四年八月神宗即位
未改元詔今後不許臣僚乞骨肉本處知縣差遣以殿中侍御史裏行張
唐英太子太師致仕張昇子璹知許州陽翟縣昇舊家本縣半是親舊雖
使凡事盡公人以為疑有旨令任成資與替却許就本處監當以便親
養因有是詔十一月一日詔今後京朝官知縣被移者如所移處闕限未
滿見任替人未到並令且依舊管勾未得離任十三日詔考課之法所以
練羣臣而覈名實也逐路監司與夫郡守之政既已科別其條具為令矣
至於縣令之職與民尤近而未嘗立法恐非以愛育元元之道宜令天下
州軍各具所轄縣令治狀優劣以聞以副吾陟罰之意其條約令考課院
詳定以聞　神宗熙寧元年十月二十五日詔開封祥符二縣令開封府
舉有出身經一任三考無贓私罪公罪徒以上曾有舉主三人者充從權
知開封府呂公著之請也三年正月二十六日詔今後開封祥符知縣
亦許選無出身人及通判資序人權差十一月二十七日以鄜州司法參
軍楊琪為丹州軍事推官知鄜州直羅縣令後更不差使臣從宣撫使韓
絳之請也四年二月五日詔江南東西荊湖南北四路知縣人自今連併
兩次作硬闕收使者令審官東院勘會闕報本路許依七路條貫指定就
差或見任官滿無人願就即本院依例硬差七日詔諸路知縣闕候正入
人不就又無人差移見闕及半月外過滿闕二十日外八路見闕過尚及
差移五日外八路窠闕無人指射及差移一月外並許親民監當無贓罪
及公罪徒私罪情理輕者權指射差注與知縣請受候在院監當人數少
即別取旨二十三日詔利州路轉運司利州三泉知縣自今且從本司舉
官　元豐元年閏正月二十九日詔鄆州長壽知縣范規與堂除差遣以
縣水災而率民護城有勞也四月二十三日詔定州望都縣自今罷武臣
知縣差京朝官十月二十五日詔開封府界諸縣知縣自今差合入親民
京朝官三年五月二日御史范鏜言知開封府祥符縣唐穀癃病職事廢

弛詔令提舉司體量六月九日上封者言乞精擇守令　上謂輔臣曰朝
廷惟一好惡定國是守令雖衆沙汰數年自當得人也詳見判知諸州府
軍監門九月十五日詔陝西河東次邊近裏州縣比自興兵之初守令能
於兵夫未還之間警察盜賊特為捕少鎮撫部民各獲安居當議旌褒顯
擢職任詳見判知諸州府軍監門五年正月十七日詔開封府界提點司
聞知管城縣陸亶職事不修體量事實以聞初提點司不按舉承詔即言
亶闒慢透漏事多適滯糾摘稽違事數條以應詔上批陸亶先銜替仍劾
罪二月二日上曰判史縣令治民為最近今之藩郡不過數十往往多不
得人則縣令可知也自今吏宜精擇詳見知府州軍監門六年三月二十
三日開封府界提點司言陽武縣尉權知縣張繹昨黃河溢水注縣凡七處
水決繹身先勞苦率衆用命救護縣城公私以濟乞不依常制權知本縣
吏部言張繹以奏舉縣令見待闕開封府界知縣法不許借注詔繹特改
合入官知陽武縣四月一日詔前知鄧州南陽縣曹卑知穰縣陳知純並
勒留在本縣同見任官催納積欠以提舉司言卑任內欠坊場河渡錢五
萬緡常平錢八百千知純任內欠坊場錢四萬緡常平九百千也六月八
日淮南轉運提點刑獄司言知濠州定遠縣賈棠以體量愚暗不曉事差
替自體量後親捕獲強竊盜四夥乞許令滿任除落差替從之閏六月十
九日權發遣提點開封府界諸縣鎮范峋上殿言知雍邱縣向宗愨違法
劾奏上曰已逐之矣諸縣可稱者何人峋言奉議郎知考城縣孫戴簿書
嚴整稅課辦集通直郎知咸平縣朱勛未滿任而去民至今思之上曰朱
勛嘗有薦廣西幹當者峋言趙禹征交南嘗奏勛隨行上曰違慢者既斥
逐有善狀者復收擢則官吏自然戒勸詔孫戴朱勛中書省記姓名七年
六月二十一日廣南西路轉運司言民方逋鹽稅錢和糴米其縣令佐雖
得正官交替乞並住給請受勒令催理候足日放罷從之納外欠不滿五
分即放罷　哲宗元祐元年十月二十九日戶部言欲乞選揀知縣兼監
倉場賞罰並依正監官法從之十一月二十二日吏部言准勑尚書侍郎
內外學士制兩省臺官左右司郎官諸路監司各舉公明廉幹材堪治劇
仍係合入知縣或縣令一員令吏部不依名次差充重法地分知縣縣令
缺差賊盜多有萬戶以上縣任滿委監司保明治狀作三等陞賞有任滿
酬獎者聽從之任令吏部考較等第以聞令詳立到考較等第其舊有任
滿酬獎者聽累貫從之三年十一月四日三省言在京堂除差遣累有增
改而吏部缺少官多今裁定開封府祥符咸平尉氏陳留襄邑雍丘知縣

並中書省差大康東廣明考城長垣知縣並吏部差注錢依在京分數從
之五年十月十六日三省言通遠軍乞申乞添置倚郭一縣以隴西為名
差選人充尉兼令簿從之　紹聖三年八月十三日詔開封祥符知縣令
從差通判以上資序人四年九月十一日新知揚州程嗣恭言乞今後吏
部差注縣令過有以資考入而無主簿處不許流外人充尉詔都司立法
徽宗崇寧二年四月十九日都省言八路知縣等闕雖依條係八路轉
運司使闕差人緣令來前項置官去處並係劃添欲並令吏部依條差官
如一季無人願就下八路差注從之四年八月十九日前權提舉永興軍
等路常平等事王穀言乞申明禁約應陝西諸縣知令除奉朝旨或委係
軍期急切外不得以應副軍期為名妄有差出者以違制論從之　政和
元年四月十二日梓州路提舉學事鄭宗言欲乞今後鄰州接境人不得
注鄰縣令佐吏部勘會注擬官員差遣條本貫開封府不注本縣諸州
不注本州即河南京兆府鄆蘇州有產業者雖非本貫亦不注親民令臣
僚所請令佐不得注鄰縣令看詳令佐事權不同欲于上條內不注本州
字下添入縣令不注鄰縣六字從之二年四月三日詔縣令於境內親詣
田疇勸諭勤惰以為力田之倡述職承宣虔奉明詔即出鄉就見父老播

告國家務農重穀惻怛愛民之意以十二事勸課農桑宜各遵行上副朝
廷之意一曰敦本業謂農桑為衣食之本工作之類乃是治末雖獲厚利
而無本源故於本業切宜敬尚二曰興地利謂曠地有可以墾闢者積水
有可以疏決者皆宜耕種廢使地無遺利三曰戒游手謂羣飲聚博放鷹
走犬游惰之事皆廢農桑為人父兄理當戒謹為人子弟尤宜遵稟四曰
謹時候謂農時一違諸事廢敗尤在所謹故耕以時則土膏種以時則苗
秀斂以時則無禽獸之耗無盜賊之侵無霖雨之壞五曰誡苟簡謂耕欲
熟芸欲足則田土膏腴禾稼茂實蓋農事最為勞苦人易怠墮多致苟簡
尤宜戒勉六曰厚蓄積謂財不妄用穀不妄費穀有餘則農事實用有備
七曰備水旱謂修圍池塘以資灌溉開溝導洫以泄淫潦則旱澇無患八
曰戒宰牛謂牛為耕稼之本當務孳生況其功力最大尤不當殺九曰置
農器謂農家器用缺一不可與其廢用修飾車服不若以財廣置農器十
曰廣栽植謂麻麥粟豆果瓜蔬菜凡可以為養生之資者廣務栽種則自
然農足十有一曰恤佃戶謂佃客多是貧民方在耕時主家有催舊債不
已及秋收時以其租課充折債負乃復索租愈見困窮不辭離即逃走宜
加以寬恤十有二曰無妄訟謂非理興訟致被追呼在官對定必費時日

以妨廢農桑甚為無益五月九日臣僚上言願特詔諸路監司告戒所部
令丞掾於催科之前舉行法令究所以便民之方毋失期會使民艱於輸
納毋繁文移督責以滋吏姦其有輸入以時民安而賦足於課最號為不
擾者歲特取一二尤者以聞少加褒擢以示旌勸若擾民長姦歲額虧闕
尤無狀者即劾奏于朝議加典刑詔依所奏仰尚書省委戶部限五日檢
詳前後條令立為約束疾速編行歲終具陞黜官以聞十一月十一日權
發遣河北路轉運副使侯臨言乞繁難縣令闕官及六年以上如有人願
援者候任滿無公私過犯令本州及轉運司保明京朝官與轉一官選人
與減舉主二人改官詔依承務郎以上與減二年磨勘選人比類施行從
之三年三月十七日臣僚上言訪聞士大夫之間皆輕縣令之選蓋太平
盛時人皆重內而輕外又縣令之任為最繁重催科勸率民訟刑禁凡朝
廷所行之政多在焉前日吏部兩選知縣窠闕久不注授者甚多以人皆
輕之不願就故也願察縣令勢輕之弊議所以增重激勸之法使人皆悅
慕各思效職詔令尚書省措置六月十一日新提舉利州路常平等事虞
知原言乞抄令非緣學事及沿邊不拘常制并部領本縣夫役外餘雖拘
拘常制並不得差出從之四年三月二十八日尚書省言勘會萬戶以上

知縣昨於崇寧三年六月十一日降朝旨講議司措置並差承務郎以上
至大觀四年七月內衝改詔並依崇寧三年六月十一日已得指揮施行
其見任已差人許終滿令任七年正月二十八日左司員外郎陳揚庭言
應諸路知縣有闕及一年以上者令吏部措置差注廢治縣得人政事悉
舉從之六月二十八日詔訪聞虔吉州管一十二縣見闕正官權官苟祿
不切任事民受其弊仰轉運司限一月依格選那合入資任人差填訖奏
九月二十三日新知宋州宋昭年言比年以來士多求倖免故諸路縣令
例直差注然考課固有成法而有司徒為具文漫不加意臣謂宜因遣使
採民謠察政事其治行尤異者不次陞擢去其不任事者以為勸沮詔令
尚書省檢詳條令立法取旨施行八年十月十六日尚書省言河南府永
安軍使兼知縣事自來吏部使闕差人緣應奉陵寢全藉有風力才幹人
管勾即與其他軍使不同詔令後朝廷使闕選差人　宣和二年十二月
廿三日中書省尚書省言增修到諸繁難縣令闕本路無官可考若轉運
提點刑獄司於罷任待闕官內選年未六十曾歷縣令無私罪疾病及見
非停替人權不得差在本貫及有產業并見寄居處舊曾寄居處上條合
入政和職制令衝改本條不行從之三年十月十二日詔濱州招安深州

東鹿縣令佐許河北轉運副使呂頤浩踏逐有心力人奏差一次内京朝
官替見任人成資闕選人替年滿闕先是委頤浩拘催州州縣學事司田
土租賦頤浩言兩縣田土空閑無人承佃在縣令佐協力幹辦故從其請
也四年正月二十八日提舉利州路常平劉鎡言切見僻遠縣令多缺正
官類皆權攝苟且歲月豐己營私視公宇如傳舍曷暇究心職事勤恤民
隱乞二廣縣令見闕處盡行差注從之五年十二月五日利州路轉運判
官王敏文等奏縣令之職全要風力强勁不可以昏老任之近蒙吏部差
注六十以上之人伏望處分雖破格不以拘礙唯縣令乞差年六十以下
之人從之六年十月二十三日臣僚上言川峽四路差官之法令佐不得
並差川陝路人内地人多不願就故本路監司不免差官權攝所差官多
是川人有至三五年不替者其與破格差注名異實同欲乞應川峽四路
令佐内無應入人而限滿無本色人就者許通注鄰路人庶使注授稍廣
各得正官民不受獘詔可依所奏尚書省立法施行十一月十九日詔令
後監司審擇縣令並同共審擇委有治績連銜保奏每路不得過三人召
赴都堂審察録用如人材卓異可備除擢取旨引對七年三月二十七日
臣僚上言伏見川路縣令多是川人往往去鄉近便故舊干託旦暮不絕

伏望川路縣令不許差注川人庶幾有以杜絕干託騷擾之獘從之十一
月二十一日臣僚上言竊見福建諸州軍管下諸縣逐時非遇知州到任
内欲入州營私干謁即以稟公事為名將帶公吏入州往來動經數日委
是有妨理民急務緣公事有疑依令只合申州與決即無專許知縣入州
稟覆之文欲望下有司立法禁止施行詔依所奏立法餘路依此　欽宗
靖康元年四月十八日知太康縣康國材知扶溝縣惠厚下知東明縣宋
晟能牽衆守禦與改合入官五月十八日詔畿内縣知縣並替成資闕六
月二十九日利州路轉運判官張上行言本路定差官員並遵守熙豐法
至宣和七年始有不許差本路人為縣令之制緣川州去鄉遠近不同且
如本縣洋州人指射劍州梓橦縣令則去鄉一十七程以本路人不該定
差若成都府路綿州人指射去鄉兩程却係別路人合差況祖宗八路差
官法令佐不得并差川人續降旨令佐不得差本貫鄰縣人關防已備即
依祖宗八路差官法七月六日詔三省申明舊制今後不以堂除吏部人
凡初改官未曾實歷知縣者不許別除差遣以上續國朝會要　高宗建
炎元年七月十四日江南東西路經制使翁彥國言准朝旨增置弓手小
縣二百人大縣三百人知縣兼領不知如何繫銜舊法兼兵知縣有添給

食錢詔知縣兼管不須帶入銜月給食錢三貫候創置縣尉到日罷二年
七月二十四日知常州周杞言防秋之時沿江令佐乞不許帥臣監司差
出雖朝廷除授差遣並許本州占留候來年二月以後方得離任詔依劄
劄與帥臣監司紹興元年正月十四日詔今後京朝官知縣闕次並令三
省選擇差除仍内外侍從官各舉堪充縣令京朝官二員中書門下省籍
記姓名以次除授俟有善政任滿陞擢差遣或犯贓罪連坐舉官依條舉
法二月八日詔應知縣縣令今後不以是何官司並不得差出雖專畫到
許差見任官指揮亦不許一例指差仰守臣檢察如或違戾按劾以聞被
差及差之者以違制論二年十一月十三日詔今後知縣闕官處只委本
州日下差本州屬邑丞簿權外巡尉場務闕下依舊法三年十月十三日
臣僚言乞自今令佐官非出入假故應通簽而獨行者官司不得被受仍
乞申嚴典憲重行黜責監司守臣按行覺舉詔坐條甲嚴行下今後如遇
差出或在假等事故並于階銜下分明批鑿五年閏二月二十一日詔自
今見任縣令未經交割離任以前並不許輒從諸軍辟置及不得兼帶軍
中幹辦職事專委監司常切覺察如敢隱蔽重真以法六年三月二十七
日詔諸縣非有公事拘留平民或受訟輸納多端乞取及多收米麥剩耗

造酒聚飲等令諸路帥臣監司按劾以聞六月七日詔帥守監司今後縣
令庸懦不才者依法對移贓污不法者依法按劾自餘並遵詔令不得横
肆凌逼從右司諫王縉請也八月十七日詔四川知縣有不可倚仗之人
令安撫使置大使司依已降指揮先次對移聞奏十二月二十四日詔令
諸路監司今後分上下半年開具所部知縣有無善政顯著及謬懦不職
之人申尚書省七年二月九日詔將寺監丞簿等任滿已改官人未歷民
事者各與選擇堂除知縣一次十五日詔應堂除知縣並借緋章服供給
依簽判例支給任滿赴都堂審察如治狀有稱即與陞擢差遣内監司列
薦治狀顯著者當不次除擢九年七月六日詔吏部自後縣令差文臣以
臣寮奏建炎以來始注武臣為害甚衆故也十四年四月七日臣寮上言
縣令之職比年類多偷墮每畏事繁無辭以卻遂於詞狀前預令人吏朱
批有無少欠官物一有少欠則非特不為受理又且從而監繫非理扭枷
緣此一邑之内豪户日益恣横而冤抑之民日益困迫欲乞今後如有似
此違犯之人許令人户越訴仍委監司覺察按劾從之九月十六日軍器
監葛子厚言乞詔諸郡守臣任滿朝見進對日各舉所部縣令一員命有
司覈實親加奬擢并上日所論甚善如所舉稱職特與推賞其或不當則

坐以繆舉之罰十六年三月二十二日詔龍州清川知縣依舊差置武臣
從本路諸司請也十七年十月十三日右正言巫伋言近年州縣間上下
苟且凡命令之下視為具文欲望申敕州縣將前後所降指揮編次成冊
置之廳事守令常切遵依如少有違戾即仰監司覺察按劾從之十八年
六月十三日上諭輔臣曰近布衣上書多言縣令非理科率朝廷自和議
以來未嘗有取於民可申嚴監司郡守常切覺察或有違戾即須按劾十
四日宰執進呈檢坐前後約束縣令指揮欲令監司郡守常切覺察上曰
自今有作事過當或年老昏謬可並與宮觀差遣庶幾不為民害十九年
三月十六日宰執進呈前知復劉州時奏湖北縣令有久無正官者差本
州見任及寄居待闕官時暫權攝臣恐事曠闕吏緣為姦民受其弊伏望
應湖北縣令闕正官去處路之曲庇無功過之書彼此相蒙畏無忌憚詔據廿四年
申嚴行下應對具事實申尚書省二十六年八月二日詔初改官及應理
知縣資序人雖有兩任如用縣丞作實歷親民者即依舊法須滿六年替
罷方許依條關陞其選人任縣令候滿任無過犯與占射差遣一次十月
二十八日吏部言欲依臣寮所請將治縣善最并七條之目刊印成冊凡
縣令授記即給付一本并將逐項治民條法鏤板遍下諸路州軍及監司

卷一萬六千五百卆十九　十一

等處行下所部縣分正廳令大字書寫板榜常切遵奉毋致違戾從之二
十七年七月五日詔縣令之職最為近民累降指揮治狀顯著之人令監
司郡守保舉陞擢如貪污不職即行按劾尚慮未能悉意奉行循習觀望
或挾情徇私舉劾失實可令學士院降詔嚴行戒飭二十八年五月二十
日詔昭州立山縣知縣破格差注縣令資序人任滿許依恭城平樂昭平
縣大觀專法比人循一資仍不依名次家便差遣廣南人循一資酬賞若
有考第舉主合該磨勘之人依法減舉主一員外更與減一員仍許破格
差注令錄資序人內京朝官破格差注人許依正格任滿推賞如同日御
有本等人願就即先差本等人從本路漕司請也六月八日詔沿邊溪洞
知縣有係武臣去處自今降指揮到部日遇有小使臣指射此等知縣窠
闕並依格注經任親民人比附處轄馬遞鋪專注識字人指許諸司及本
州不以有無拘礙選辟能吏上曰可令吏部具已差下未赴之人催促之
任未差去處疾速出闕如無人願就即下所屬辟差其尤係辟闕令速行
奏辟六月二十三日上諭輔臣曰知縣員多朝廷難以一一差選有過亦
難盡察須責之監司郡守如治狀可嘉即與轉官再任或陞擢差遣庶可
激勵二十年十月十六日詔諸守令遇勸農不得用妓樂迎送及宴會賓

客如違徒一年著為令二十四年七月十二日宰執進呈郡守縣令能布
宣德澤實惠及民有政績者令監司守倅保奏陞擢上曰或遷官或陞差
遣庶有激勸如失不保奏令御史臺彈劾遂降旨行下十二月十七日司
封員外郎王葆言郡守縣令民之師帥而縣令則於民為尤親者也近年
以來監司郡守多緣好惡之私以吏易縣令在法命官犯罪雖有實狀亦
須具奏方許對移今或謂有贓污不法而對移者初未究見罪迹有不俟
奏稟而行者在法縣有繁減難易監司察令之能否隨宜對換亦必具奏
聽旨今或謂疲懦不才而兩易者所易之官未必循良亦有反為民蠹者
遇有闕令去處多差寄居待次之人夫寄居待次區區馳騖以丐攝官必
無體國裕民之心至有竭倉庫以示私恩縱貪殘以滋己欲一邑之間公
私困弊物論不容方為去計違其去也特當擇令當官試書劄百字以上
方許依格法差注其四川二廣定差辟差沿邊溪洞知縣窠闕依此施行
七月十四日左正言何溥言乞詔大臣擇天下大縣收其闕以為堂除公
選博采風績顯著之人以居其職假之服色優以廩給候其滿秩特與甄
陞籍記姓名以待他日之用本部看詳今來臣僚所請擇天下大縣收其
闕以為堂除者將上件闕盡歸朝廷則慮本部有員多闕少之患欲依祖

卷一萬六千五百卆十九　十二

宗故事遇朝廷有選知縣乞下本部點取闕次供申取旨差除理作堂除
仍依臣寮所請與借服色支破發判供給候任滿如治狀顯著即與陞擢
差遣從之二十九年四月二十八日詔右迪功郎許狀差充均州鄖鄉知
縣以本路監司言狀久諳京西人情乞不拘常制破格差注故也三十年
二月五日詔令後知縣係陞朝官即帶兵馬都監若宣教郎以下即帶兵
馬監押從荊湖北路通判王趯也十二月十一日宰執進呈因知縣疲
懦不職事上曰知縣若非贓私慘酷自當依祖宗朝兩易其任不理遺闕
茲為良法豈可不遵奉陳康伯奏曰不惟不成法兼紹興敕令所載亦同
以上中興會要。　紹興三十二年七月八日孝宗已即位未改元。詔兩淮
知縣除立定賞條外候任滿無過從本路監司保明與減舉主一員八月
十三日知元州秦杲言盧陽黔陽麻陽三縣各接徭獠生界及接廣南係
水土惡弱瘴煙之地縣令任滿循兩資今乞比照本州幕職官與改合入
官或止依判司任滿該磨勘與減舉主二員吏部勘當欲將三縣縣令依
見行賞格推賞如任滿得替應磨勘改官人任內不曾透漏贓賊五人以
上入界即與依本州判司減舉主二人不願減主者聽與循資從之　孝
宗隆興元年三月二十三日吏部言劄子乞今州郡長吏舉行對移知縣

不理遺闕指揮將一州内在任官察可為縣者使之作縣令看詳欲將諸州縣分繁簡難易令本州長吏察其能否隨宜對换各取願狀具奏聽旨有不堪為縣者亦乞依此各不理遺闕仍並申監司照會如對换不實輒徇私意仰監司將長吏按劾從之二年十月五日廣南西路經畧安撫都鈐轄提刑轉運司言乞將化州吳川縣西鄉創置石城縣減吳州縣丞員闕充縣令并增置簿尉一員選差小使臣及校尉年未五十人充縣令注令錄以上經任人吳縣縣舊係京官知縣令欲改差選人縣令吏部勘當吳川縣闕欲先差京官以上如無正格及破格合入京官即許通差選人餘依逐司所陳從之十二月二十日詔吏部縣令窠闕無應格人願就依已節次申降指揮許破格差注一次乾道元年三月二十二日詔京官以上任知縣權以二年為任二年三月二十四日宰執進呈御筆令後非兩任縣令不得除監察御史宰執洪适奏察官陛下親擢如必要曾經兩任縣令人恐應格上者少問其故對曰有出身人法許差教官故不歷縣令欲令有出身初改官人曾任縣令方許授教官不曾任縣令並令先注知縣上曰極是庶幾有出身人皆知民間利害他日差除不至乏人也适等奏曰合更下吏部看詳從之二十五日上謂宰執曰兩任縣令方得為察

官果可行否洪适奏曰非不可行但艱於應選縱有之恐其才未必可用上曰若改兩字為曾字亦可然號令重於更易此法既不可破數年之後不患無人也四月十六日吏刑部言看詳自今後非兩任縣令不得除監察御史非曾任守臣不得除郎官乞著入條令下吏部照會施行從之二十七日尚書吏部侍郎權吏部尚書陳之茂等言伏準御筆降下堂除理實歷親民知縣等事今議定下項一除職事官以上係朝廷選用人材外今後除六院官須要曾經實歷知縣一任方得除授一今後教官及在京監當主管尚書六部架閣文字等闕如係京朝官以上任上件差遣亦須實歷知縣一任方許関陞通判或兩任内曾經作縣一任雖授別差遣並與授理為兩任関陞通判官觀獄廟承務郎以上関陞知縣及宗室換授理親民准此仍自今降指揮日為始並從之八月十六日尚書吏部侍郎權吏部尚書陳之茂等言集議指揮内知縣除選人外其京朝官並以二年為任立為永法令四川轉運司檢坐令諸知縣人川廣並三十箇月為任本部未敢依本司專法亦未敢依集議指揮詔令吏部遵依四川專法施行九月十三日四川安撫制置使司言嘉州峨眉犍為兩縣令後許令本路都鈐轄司同提刑司選辟諳練事藝合入資序人充逐縣知縣吏部

勘當嘉州峨眉犍為知縣雖是本路轉運司定差窠闕緣並係邊縣欲許令本路諸司選辟從之二十二日中書門下省言勘會累降指揮令監司守臣保明知縣縣令治狀顯著具姓名聞奏未見有一申到詔令諸路監司於部内各舉三兩人不許連銜守臣於屬邑各舉一二人具姓名保明申令中書門下省籍記取旨甄擢如無聽闕十月十日試吏部尚書陳俊卿言勘會近准御筆集議指揮改官人理知縣資序兩任内一任實歷知縣方得関陞通判内有改官後曾歷兩任内雖不歷知縣却曾任知州軍并監司差遣無得知州軍監司比之州縣責任尤重理宜參酌本部未敢擅便施行詔曾任監司郡守人依實歷知縣関陞從之三年六月二十五日臣寮言知縣縣令若從銓部差注恐不得人欲乞擇繁難處並令堂除稍重其選詔令吏部看詳令看詳應繁難處雖係部闕乞令堂除非繁難處雖係堂除闕却乞歸部從之八月八日詔令四川逐路帥臣監司審實繁難縣分保明申尚書省如本路自今應有見闕知縣令公共辟差經任無過犯人一次申朝廷給降付身從臣寮之請也九月二十四日權尚書吏部侍郎薛良朋言本部近承指揮凡注擬知縣縣令令赴都堂審察其不才及老病者別注差遣或宮觀嶽廟本部遵守外有在外指射并移注及

四川二廣定差奏辟人欲依舊法令本處知通精加銓量保明申部從之十一月十九日詔今後京朝官知縣依舊法以三年為任從知瓊州李褰之請也四年二月八日吏部言勘會四川因事到闕官甚衆本部節次陞降指揮刻剝四川知縣闕依格法借注甚為通流繼而衝改謂與四川運司定差窒礙令來別無見榜不該又不許借注則川士遠來無合入差遣令欲借四川轉運司三年以上合入窠闕榜令注授責可發歸四川又於定差亦不相妨從之二月二十二日荆湖南路安撫使張孝祥言臨武宜章深在溪洞水土惡弱人不願去欲乞今後如係選人在任彈壓別無盜賊即於合磨勘特特減舉主二員京官轉一官庶有所勸從之八月八日成都府路轉運司言本路一季所出知縣闕次不下三四十處京官就集不踰五七員各指射本等窠闕破格輒無就者乞將本路京朝官知縣見闕及過滿如已經兩考收使無本等人就許依紹興二十三年十月破格注酬獎改官知縣資序未經任人次第二任監當有舉主人次通注選人仍依差注縣令條格通注奏舉職官及職官知縣縣令并常調職官知縣及應入縣令人所貴縣邑不致曠員從之十七日成都府路轉運司言承乾道三年都省劄子四川定差知縣縣令依舊法止令本處知通銓量保

明申部照會本司凡遇定差知縣縣令依元降指揮並係本司長官躬親銓量見行遵依別無衝改若別委知通不唯有礙元降指揮兼恐事不歸一詔下成都府路轉運司仍依元降指揮餘路准此　五年二月五日權發遣臨安府周淙言乞令揀官知縣帶兼兵馬都監事如有盜賊庶有統轄可以擒制從之　六年正月十七日成都府路鈐轄轉運提刑司言已准指揮仙井監改為隆州緣熙寧五年內陵州改為監將貴平縣籍縣廢為鎮令復還縣額乞將井研縣丞仁壽縣主簿並省復置縣令兩員從之　二月三日廣西轉運司言賓州領方遷江兩縣知縣簿尉承隆興元年指揮並差武臣竊慮不曉文墨百里受弊欲乞知縣差文臣簿尉差武臣庶得利便從之　十一月六日敕勘會縣令賢否係民休戚令貪贓者監司守倅公然蓋庇民無所訴在法所部違犯監司知通失按舉者奏裁今後更失按舉當議重行停降　八年正月九日四川宣撫使王炎言欲將夔利兩路京朝官知縣無人願注闕破格差注令錄實資序以上及經任有舉主人如無人許逐路帥司選辟從之　五月十一日詔紹興府諸暨縣楓橋鎮改為縣減本府酒官并贍軍庫官共三員用添令丞簿尉本處有義安鄉以義安為名從轉運副使沈度之請也　九月二十二日吏部言見榜知縣二十

卷一萬六千五百九十九

十五一

名闕目今在部待次知縣資序四十二員欲借使五年以下闕一次從之　十二月二十四日中書門下省言臨安府錢塘仁和縣依開封府開封祥符縣例并紹興府會稽縣兼掌攢官舊皆堂除詔三闕依舊堂除餘繁難等縣係堂除者並權令吏部差注　九年八月十四日詔縣令報因公事被科罰百姓錢物者坐私罪故罷詳見知州門　二十日權吏部尚書李彥穎言照對乾道二年集議京朝官知縣以二年為任次年議者請復以三年見今合入知縣人併集銓曹無以發遣況中外京朝官無非二年何必獨令知縣守三年之制欲乞依乾道二年集議指揮施行從之　十二月九日臣寮言乾道二年指揮實歷知縣一任人方授通判乾道八年指揮初磨勘改官人並須入知縣、有在任承務郎理監當資序三任通及六考用舉主關陞知縣資序人更不歷縣徑干通判幹官或除知州軍有礙銓法今後乞令歷縣一任詔令吏部看詳申尚書省　十二月二日詔龍州清川知縣改差文臣尉兼簿改差武臣清川知縣舊用武臣不曉習文法故易之從本路諸司請也　淳熙元年三月七日尚書省言沿邊知縣縣令縣尉隨格通差文武臣武臣仍須識字依文臣法知縣縣令先本部銓量次都堂審察方許差注其窠闕并差注格法令吏部條具申本省湖廣晏經

盜賊縣道可以文武臣通差其窠闕令逐路帥臣監司同共開具申奏候到選吏部處置申取朝廷指揮其文武官歲舉武臣陞陟內將二人舉堪充陞陟親民任使到部官有舉主二員曾歷監當差遣考第及格人方許注授知縣縣令從之　五月六日權吏部尚書李彥穎言昨降指揮乾道五年待闕職事官已添差任滿之人可與堂除外任差遣內有任滿已改官人令赴部注授近發下堂除知縣其任滿初改官人更於部闕通注理作堂除本部未有許借服色之文乞依自來堂除知縣體例許借服色從之　二年二月八日詔瓊州澄邁縣令與比附瓊山縣令任滿循資酬賞從廣西諸司請也　十二日吏部言欲將沿邊次邊知縣日後遇有本選合出窠闕依已降指揮通差文武臣四選同日出榜召官指射如同日有四選官願就即差京朝官次大使臣次選人次小使臣餘依逐選見行條法從樞密院請也　四年十月臣寮言監司守臣中擇明習憲章長於涖事人歲舉堪任知縣縣令二員將有舉主人方許注沿邊次邊知縣縣令如其間有習刑法頗銓試律義或斷案爲合格不拘內外差注知縣縣令候任滿無敗闕依文臣例與陞將副差遣從之　十年十一月詔如文武臣指射先注武舉出身人從本部長貳銓量訖申樞密院審察　十一月二

卷一萬六千五百九十九

十六一

十七日吏部尚書蔡洸言承務郎以上官前任知縣或縣令已任滿偶緣替人未到因改差或避親丁憂罷任請依得替罷到部收使陞壓名次恩例從之　五年九月十六日執政言先降指揮極邊次邊知縣元差文臣處並通差文武臣昨來王佐所申武岡軍綏寧知縣窠闕舊係專差武臣今亦乞令文武通差從之先是湖南帥王佐按武岡軍綏寧知縣敦武郎葉逵騷擾淫人受贓至千九百餘貫乞重作施行上曰且放罷令取勘何如王淮等奏曰淫人甚懼官司若置獄取勘追逮者衆或至騷擾生事葉逵騷擾受贓爲帥臣所劾自可便與行遣上曰可降三官放罷淮等曰此闕舊係帥司辟武臣上曰武臣多不曉事記得淮上及四川闕外諸縣許通差文武臣卿等可理會將上至是故又及之　四年四月二十二日詔贛州瑞金知縣張廣令吏部依淳熙三年八月七日指揮先授通判理作堂除以江西路轉運副使錢佃等言瑞金與汀州爲鄰兩界之衝盜賊盤踞追捕之速則竄入他境自廣到官嚴立保伍機察姦細群盜屏跡昨茶寇自興國攻瑞金不能三十里而先事有備民賴以安乞賜旌擢故也　七月二十六日詔吏部將廣南簽判知縣窠闕破格曉示滿半年以上無官願就具申都省行下逐路運司使闕差人若逐路再滿半年又無定差

到官本部再行破格出闕召官指射如本部再破格曉示滿半年又無官願就具申朝廷施行從吏部請也　五年正月二十四日詔注擬知縣縣令並令吏部精加銓量乾道三年赴都堂審察指揮更不施行　六月四日詔郴州宜章知縣雷深特轉一官候再任滿日取旨陞擢以吏部侍郎李椿言本縣有召募二百人在縣置寨恃驕難制深撫馭有方故有是命　十二日臣僚言諸州知縣不宜注授恩榜補官之人如係極邊知縣縣令雖許通差武臣仍要銓量其人才術幹略及能兼通法律方得注擬其餘次邊知縣只令專注文臣詔吏部措置申尚書省吏部言武臣知縣縣令除武舉出身及試中七書義或已試中斷案人許依已定法條差注外其不曾經試中人見係親民資序有舉主二員依小使臣呈試指揮添試斷案一場仍止試一道問目少立條件比文臣銓題一半內有能文願隨文臣銓試者召保官二員候銓試收試其四川亦合依此令赴制置司附試次邊知縣謂如淮南路揚泰真舒和黃蘄州高郵無為軍京西路房州湖南路全州湖北路德安江陵府復州荆門軍利州路興建州雖是次邊即與內地州軍事體頗同欲依臣僚奏請差注文臣其恩榜補官人若年五十五歲不許注授知縣窠闕雖破格亦不許注授縣令上謂輔臣曰措

置恩科甚當向來一半文學可以出官今止三之一耳若便限以年則為縣者絕寡矣於是詔悉從之內次邊縣道許通差武臣仍依極邊武臣知縣格法施行　十一月三日詔監司郡守自今以往縣令苟無大過不得以私意輕易去留遇有闕官去處一依甲令只令以次佐縣兼攝以臣僚言令邑率有為監司郡守不樂者諭令請祠畀醫而去却委澤僚攝事縣庫所卷而去故也　十四日工部郎官楊輔言廣西之盜已殄乞命選曹遴選縣令勿注推恩得仕兩舉權攝正攝補官者上謂輔臣曰縣令最為近民李何以攝官為之可令吏部詳議以聞既而吏部言在法知縣縣令並注已改官及經關陞有舉主考第人其推恩得仕比至經任関陞往授年已六十近降指揮已不許注授知縣窠闕即無許差注攝官條法其廣南東西路攝官檢點皇祐大觀紹興條格已是詳備目今廣東合補正額待次攝官各二十五人共一十九處窠闕廣西正額待次攝官各三十人共三十五處窠闕除海外瓊州樂會文昌縣萬安軍萬寧陵水縣昌化軍宜倫縣或是令闕有以主簿兼縣事外其海北並係場務監當即無縣令窠闕令乞下轉運司照條不得將不是闕官闕次輙差攝官及不得因所攝之官就委兼權其他職事如違許諸司互察御史臺彈奏從之　七年

正月十五日樞密院具到審察武臣知縣縣令格目　一知縣縣令令注經任有舉主關陞親民人一注年未及六十無疾病人一注識字能書曉文義人一注不曾犯贓若私罪情重人一當官試書判二道從長出題一審察臣各具已見判便剳子三兩件投陳詔吏部先次銓量如應得今來立定格目即具申樞密院審察餘依見行格法　九月二日詔四川知縣縣令候二年闕官方許辟差以新知劍州張瑱言四川奏辟知縣縣令之弊欲令三年無正官去處方許奏辟一次趙雄等奏擇縣之優異處辟差誠為未便上曰諸司各私其親舊占了好縣豈容如此故有是詔　十七日知南劍州沈維言自今知縣須候成資方許監司列薦上謂輔臣曰知縣未及二年功効亦未顯著難以舉薦可從之　八年六月十八日臣僚言京官曾任知縣因癃老昏懦遭監司或遭章按罷即係停罷未成資任若縣丞與幹官等又係選闕格不應入乾道九年四月指揮除建康荆南平江紹興府明州簽判外其餘州軍簽判許依格注授竊詳知縣以癃老昏懦雖縣丞幹官俱不許入況簽判比之縣丞又為緊切至如小處簽判例無通判尤為優異乞令本部將曾任知縣因癃老昏懦遭章按罷人且與注授縣丞一次候縣丞任滿別無過犯方與注授簽判詔依舊法差注　九

年正月五日詔郴州貴陽縣令本路帥漕縣令量試方許赴上如不堪倚仗別行奏辟從新知潭州李椿請也　十五年五月二十三日詔賀州富川昭州立山知縣二闕行破格定差初入官注判州司簿尉人一次賀州臨賀廣州番禺韶州曲江廣州南海連州桂陽知縣五闕令本路運司照應格法定差應入縣令人一次英州真陽欽州靈山貴州鬱林柳州洛容縣令見闕照已降指揮下本路破格定差一次如同日却有本等人願就先差本等人以臣僚言二廣縣令多攝官無所顧藉故也　十一年五月一日吏部言京官在法理知縣資序人須實一任滿方合理當實歷其注文攝若在任未滿二考改移或尋醫侍養並不許理為一任即兩考實歷便合理當一任今來承務郎以上官理知縣資序人授知縣差遣在任已成二考偶因丁憂罷任之人服闋之後再行參部緣見今知縣以三年為任本部却將似此之人作不曾實歷知縣一任復令止注知縣差遣顯是礙前項條法今欲將京官任知縣在任已成二考不因罪犯偶因憂罷之人即照應前項條法與理當實歷知縣一任從之　十二年二月二十一日臣僚言諸縣收支如版帳錢物等皆知縣自專而丞或不預簽押其常平倉等通簽河渡等錢雖縣丞通管出入之際易為欺弊乞自今諸縣應干

牧支必使丞佐等通簽其縣丞所管財賦則必使知縣檢察將來如有以贓獲罪並量輕重責罰從之　七月二日知贛州趙善佐言乞將本州安遠龍南知縣二闕通差選人從之以上孝宗會要　紹熙元年五月二日知贛州鄭汝諧言龍南安遠兩縣最為煙瘴之地自裁減賞典之後無人肯就照得惠州河源縣令只用舉主兩員改合入官今龍南安遠去河源縣界止二三百里欲乞並與減舉主二員或職司一員如注京官知縣與特一官庶早得人管幹縣事吏部欲將兩縣如係選人注授候任滿無過犯從舊法任內有舉主三員與改合入官龍南縣如係京官知縣於新格減二年磨勘仍占射差遣一次上安遠縣於新格減三年磨勘仍占射差遣一次上乞各更與減一等磨勘從之　二年七月二十一日吏部言潼川路運司審度到渠州大竹鎮乞與興復為縣於流江縣分丞一員為大竹令移在城駐泊兼尉其流江知縣却改為令委是利便本部照得即不聲說有無主簿及夫竹鎮酒稅合與不合改為大竹縣酒稅乞再行相度詔依諸司保奏到事理主簿一員仍令駐泊兼其酒稅隨縣名改正　三年七月七日宰執進呈吏部勘當到贛州龍南縣難以廢罷留正奏云龍南有瘴舊來只用兩紙文字所以有人願就後來朘削賞典幾盡故多闕

官上曰豈可有無賞與盡復典賞以上光宗會要　嘉泰元年五月二十六日臣僚言立國之本在民係民之休戚者最切於州縣使為州縣而上下相濟有無相通均節之利歸於公家安俗之福及於田里則王澤得以下宣無復嘆息愁恨之心矣今州不恤縣縣不恤民乞戒飭州縣毋得循習交相規奪以貽民害俾上有均節之利下有安裕之福從之以上寧宗會要　淳熙十六年四月二十一日四川安撫制置使趙汝愚言四川知縣縣令內除合差選人并沿邊縣分通差四選官外有專注京朝官知縣去處並係繁劇大邑久無正官兼京官員闕所在並以三年為任惟川蜀獨專法止以三十箇月解替每任之縣較之內地常少半年照得近降指揮四川改官止以一十五員為額本司目即節次放散過選人改官已挨排積下淳熙十七年十八年員數見今四川京官知縣闕多在部京官合入知縣人絕少乞將已經本司放散過四川選人改官從名次專令注授京官須入知縣窠闕一次仍乞今後京官知縣並以三年為任滿從之　閏五月十二日權吏部尚書顏師魯言知縣近制並以三年為任今或以二考緣故而罷若許其參選與理資任謂之曾歷親民何以為作邑者之勸吏刑部看詳知縣尋醫多是在任有公私頗過監司郡守未欲按治勸

令尋醫今滿年到部却與三年知縣無過人事體一同委是不均合除丁憂人外餘並以三年為滿任在法應避親者期親並罷餘依限陳乞對移應入闕其任知縣人若在任成考以上親避期以上親者當日便合解罷即與其他所謂親戚者不同仍許理為實歷知縣一任若在任不成二考或作緣故陳乞避親者即不合理為實歷知縣一任從之　八月十一日臣僚言近年應改官人須要作邑不材之人能害百姓在法諸縣有繁簡難易監司察令之能否隨宜對換仍不理遺闕又敕諸監司以繁簡難易察換縣令而私徇者以違制論乞申明上件指揮今後所在知縣委實才力不逮者從本州具申監司或監司自能采訪即行公共商議不拘縣之小大擇人兩易他日到部並無妨礙其縣令亦依此施行則能否各當其任而民得撫字矣從之　十月三日詔秀州華亭知縣未有京注授令漕臣同守臣於京官選人內公共選辟一次理作堂除於是兩浙漕臣潘景珪選擇承直郎前江南西路運幹楊潛舉主考第今已及格乞先與改合入官差充華亭知縣理作堂除候任滿別與陞擢從之紹熙三年七月七日吏部言江西提刑鄭湜等相度贛州龍南縣難以廢罷今欲從諸司所申照本縣民庶所請擇地勝處易置縣治其合得賞祇依舊格如無人願

就本路監司同本州守臣選辟從之　二十四日吏部言潼州府路諸司奏相度到敘州南溪縣新興移潼閔山三里割隸宜賓縣以便民戶輸送等委是經久利便照得近制緣邊京官知縣並通差選人南溪縣舊注京官近改官人多不願就今若將三里撥隸宜賓之後若無京官願就即通差選人從之以上光宗會要　慶元二年九月二十八日兩浙路運副使師嵓奏管下台州黃巖縣比之台仙居寧海諸邑地界廣闊戶口繁夥賤及一倍詞訟紛紜稅賦浩瀚素號難治自淳熙十六年之後吏部止是差注選人乞下吏部今後黃巖知縣並注京官從之　三年二月二日詔四川今後不得違法抽差知縣縣令有敢抽差者經營求抽差者悉重寘典憲其抽差過月日並不理為在任諸司互相糾察有敢隱蔽令御史臺覺察以聞併與坐罪仍立為令甲以臣僚言四蜀縣令知縣違法抽差甚衆到官未幾即謀他徙大抵非貴遊之子孫即高談之文士往往憚煩不肯屑就廹於合入姑為一來委而去之不過附之佐官而已佐官既非本職豈肯竭力盡心上司違法抽差亦難以嚴詰峻責綱運月解悉不能辦故州郡拖欠總所有至數十萬緡而本州官兵月給有拖下累月者此則縣令抽差之所由致也故有是命　四年正月二十四日臣僚言乞申嚴乾

道二年淳熙元年指揮令吏部常切遵守應理知縣資序之人須要實歷
知縣一任方得注授通判如不曾實歷知縣者並止得注知縣仍令三省
凡於堂除之間須以體國為心所有京官出官未曾作縣之人並不得與
通判差遣庶幾法意均平人知奮勵仰副陛下愛撫黎元之意從之九
月七日詔沿邊武臣知縣令後依銓法差注以監察御史張巖言邊縣事
體與內縣不同內縣所長者民事而已邊縣自邊防之外兼主民事必有
通才乃能稱職隆興初政戎馬方息朝廷欲存撫復業之甿兼為守衛之
計以防南牧是以通差武臣亦時宜法也在法沿邊注武臣知縣須關陞
親民資序有堪任知縣縣令舉主二員赴部選量日長貳出題試書判二
道試中者申密院審察之日又令具已見利便三兩事惟武舉與試中七
書義及斷案人免書判其立保薦銓量之法嚴密如此豈容泛進自後循
襲漸虧法意大小使臣粗有寅緣干堂即得邊邑既聞其端抱虛者紛至
皆援例而前以求倖恩初無練歷之能輒畀民社之寄是以數十年來邊
縣未聞政績顯著者正以保薦銓量之法姑亦文具而干堂者又得以泛
進故也自今沿邊州縣並令吏部先差文臣次差武臣一依銓法差注其
武臣須加嚴保薦選量之法舉主二員並要於歷任處監司帥守為舉方

理為舉主庶幾熟知其人有才通可任縣寄者至於銓量之法亦當審察
其才能毋為文具自指揮之後吏不堂差武臣縣令現任者委監司帥守
體量有不堪其任者即申朝廷與祠祿理作自陳如此則邊縣不至泛用
不練歷之人以為民害而邊防綏禦之計亦庶乎得人矣故有是命十
一月十二日臣僚言凡令之為令者徒知簿書期會之為急生財修繕之
為功催料政拙者指為愚人凡事操切者目曰能吏聽訟之事置而不問
字民之效邈焉無聞乞戒飭監司守令今後論薦知縣如其廷無滯訟邑
無冤民訟訴不至於上司者始可剡薦不得徒以財賦為急如或徇私行
權淹延民訟醜異至多者並從按治施行從之、六年正月十七日臣僚
言堂除知縣自來祇是錢塘仁和會稽三縣緣係行都附郭并攢官去處
事體既重特加優異昨來有就部中注擬郤夤緣理堂除遂致泛濫且啓
僥倖猶是就部注擬之後方敢陳乞近來又有大僥倖者名次未當注擬
徑於朝廷陳乞下部直差攙奪他人當得之闕遂使銓注之法自此而壞
堂除之例自此而創乞特降指揮除前三邑依舊堂除外自餘知縣闕並
令赴部依公注擬仍不許注擬之後乞理作堂除從之。嘉泰元年二月
十七日臣僚言廣西一路諸縣縣令少有正官若無以次官處多是於他

州別縣差官權攝甚至差寄居待闕右選攝官多者一年少月數月候去
忽來志在苟得職事廢弛既任莫伸閒有貪夫掊魁自營則一意聚斂席
捲而去恬不顧恤於是縣益廢壞至有一二十年無敢注授者其間有水
土惡弱嵐瘴至重去處加之經久權攝事皆廢壞淳熙令諸廣南官得
替該職官循資酬賞者如考第合磨勘與減舉主一員又令諸廣南縣令任
滿該改官應減舉主者更減一員竊詳法意廣南縣令任滿有循資酬賞
改官之人自合減舉主二員狀比歲以來廣西一路縣令任滿到部未聞有
用舉主三員得放行磨勘者乞行下廣西監司帥臣刷具本路諸縣有水
土惡弱累年無人願就去處斟酌輕重分作三等同銜結罪保明具申朝
廷候到送吏部照福建廣東西路見行格法將願授知縣選人隨其地土
惡弱輕重量減舉主申取朝廷指揮行下本部照應出闕在任必要實歷
三考方該賞典從之、二年二月十二日殿中侍御史林采言縣令字民
之官於民最近得其人則百里受福非其人則百里受禍不可不擇也夫
作縣者當以十二事為戒自己不貪財子弟不與政官物不預借公事不
科罰保正不催科戶長不代納簿鈔不關銷稅苗不失割公人不下鄉擾
吏不鬻獄差役不偏曲推排不漏濫凡此謂之十二事作縣之善固不止

此然為縣令之至要者能行此十二事其縣亦治其訟亦少乞委諸路轉
運司出給版牓行下為縣各揭於廳事之左使凡為縣令者朝夕觀省然
後監司郡守擇本部縣令之能行十二事不擾民訟者任滿之日得以名
聞擇其尤者特加激勸有一違此即行按劾重寘典憲從之、七月十三
日殿中侍御史林采言今日之為繁難大縣者宜有以示勸乞與
遣一次如有材力最優之人乞從朝廷擢用不必問其有無薦書如不因
按劾彈奏任滿批書見得委有遺闕從吏部具申隨輕重責罰仍乞照舊
法應作縣人除丁憂乞成二考許理為一任外餘並通三考終滿如有覬
避觀人即趂逐一般闕次對換如一月無對換即到部別注知縣據及三
考乞經按劾論列人雖已改正亦不許通理考任須實歷三考無遺闕方
理為任如上件作縣不滿及有規避作縣人內不得為院轄職事以上官
外不得為通判幹官之屬所有日前曾任本州知縣人不許堂除本州通
判如已得通判人許與一搬差遣人兩易滿一月後與堂除別州一般通
判其在吏部乞依本法從之、四年三月二十日前知英德府鄧之綱奏
乞將二廣諸縣久無正官注授者令吏部四選通差或四選中又無注授
令監司帥守審度文武中廉慈愿者奏辟充填然後考核否臧嚴加黜陟

從之。二十八日中書門下省言吏部改官人合注知縣差遣緣拘年限出闕是致注授不便詔令吏部將應干知縣窠闕不拘年限並令曉示從便注授一次。十月二十八日臣僚言竊惟銓曹之法莫嚴於注擬注擬之官莫重於知縣而京官任子皆自兒時奏補多有虛增年數冀速出仕纔更一任憑藉勢力干圖薦舉二任即注知縣而未嘗吏練不習法令輕任妄作無所不至殊不知民社所寄簿書之叢委獄訟之曲直財計之登耗雖巧心敏手處之猶恐力不暇給今乃以年少未更事之人遽任劇繁鮮不敗事乞自今後京官注擬知縣一遵祖宗格法必兩任有舉主而後注授仍照鹽場窠闕體例並注年三十以上有舉主人見在任者且令終滿替回依冒任縣丞格法注幹官簽判差遣不許即求通判已注未上之人並令赴部聽別改注庶幾舊法不廢而少年者得以養成遠業從之。開禧三年二月二十五日臣僚言今兩淮郡縣驟經創殘一旦欲使安集以還舊貫誠為不易使委任得人以至誠惻怛之意思治圖終勤於朝夕則成效可必今見闕縣令去處須從帥守公選可與共事之人辟置在任隨縣劇易專以招集戶口多寡為賞格之高下或與改秩或減舉員或與陞擢稍不勝任者復許其便宜劾罷如此則上下相孚而規摹歸一臂

指相應而後先不紊人人爭欲以績效自見從之見任知縣縣令令監司帥守從公審實內不勝任之人取旨與祠祿仍一面選辟承替。嘉定元年閏四月十二日刑部侍郎四川宣諭使吳獵奏朝廷嚴須入之令凡改官人必須作邑所以重民社抑僥倖誠良法也然以四川觀之知縣之闕有餘而改官之員極寡每歲所故川班不過一十五員分為四路銓注逐路不過得三四員以故知縣常有見闕去處有司不免破格差注或奏辟選人及小使臣或簿尉監當兼權或寄居待次官攝事乞下四川轉運司許令改官待班人一面注授合入知縣差遣如有見闕先與出給就權赴官候班到日與降付身仍將就權日月通理三考之任從之。三年四月十九日臣僚言乞明詔內外自今治郡有聲者必須任滿方許擢用改官人雖曾受辟候任回須管依舊作縣從之。四年二月十一日詔令吏部將應干知縣窠闕不拘年限並行曉示聽改官人從便注授一次。六年正月二十九日部省言吏部改官人合注知縣差遣緣拘年限出闕是致注授不行詔令吏部將應干知縣窠闕不拘年限並行曉示聽改官人從便注授。七年十二月二十日臣僚言近歲以來知縣被罷之人往往即求改正既得改正即求通理彼其被罷之時若非臺諫彈奏即是監司郡

守按劾不曰贓濫則曰暴酷皆謬者也使其一時所論不能盡實為之改正亦合使之更歷三考以驗其才否奈何復使通理前任曾未幾時而遂脫去乎且其心自知日月不多更不思為久計民何望焉又其通理之人類皆急於見次不問繁難久廢之縣冒昧以前臣愚以為今後任知縣人如是以理去官法許通理自如舊法外其餘以罪黜罷之人縱經改正不許輒求通理須管任滿三考方得改去雖法許通理之人亦不許注授繁難見闕去處庶幾獲戾之人勉圖後效以自贖詔令後作縣以罪罷黜之人縱經改正內已及一考以上者須再滿三考其已及二考以上者須再滿二考方聽理為知縣一任。九年正月二十五日觀文殿學士知潭州安丙言潭州屬縣凡十有二湘潭劉陽攸縣三邑財賦民訟最稱繁夥而所注乃選人湘潭攸縣本是注京官劉陽亦是京官選人通差往往中闕人憚繁劇不樂注擬尚左因無人願就遂作破格闕侍左並注選人如湘鄉湘陰益陽皆為中邑見注京官豈有攸為上邑湘潭劉陽亦中邑乃一向注授選人不惟失當來立法之意且選人資望既淺同官未必協力吏民率多玩視今若得京官注授庶幾資望稍重可以復振兼三邑舊來本是京官窠闕乞仍舊差注京官外有善化寧鄉兩縣近來戶口亦繁而善

化又係附城亦欲通注京官如一季無京官願注卻闕侍左通注選人庶幾事任稍重不致負聖朝字民之意從之。二月三日臣僚言天聖中近臣保舉知縣必改三年無贓私過犯特與陞陟中興以來隨時因革而京官縣令率以三年為定制比來此意寖失到官未半載民瘼撫求而未究教令僅數而未浹已多端求為兩考避親計於是朘民膏血厚自豐殖締交延譽希進交遷斯民愁嘆一不遑恤安望其盡心摩撫以副陛下為民設官之意哉乞考天聖之常憲遵中興之成式特降指揮自今京官知縣必以三年為任到任已及二年不在避親之限或一考半以上以理去官許陳乞填補二年著為定制如有違戾許御史臺按劾銓曹注擬常務遵守如是則人無倖心各有固志百里得人而元元被惠矣從之。八日吏部奏廣西經略安撫司言靜江府古縣令素來無萺無官願就今乞將古縣令於衙上帶兼兵馬監押文臣比附龍南縣令任滿循資減舉主體例例武臣比附邕欽沿邊都巡檢鳳州河池知縣授訖轉官得替減磨勘陞名體例乞乞詳酌立法今後靜江府古縣令任滿無遺闕與循一資占射差遣如有改官舉主三員與改合入官付敕令所本所照得古縣令係是四選通差窠闕上件指揮止該載選人酬賞及武臣依所乞比附所是京官

注授上件差遣卻未有任滿推賞明文乞送吏部參酌比擬合得酬賞本部照得古縣令任滿推賞選人循一資與占射差遣減改官舉主二員所有京官昨來照條比擬將選人循一資占射差遣一次唯是選人減舉主二員京官不用舉主別無條法可以比擬今參照賞格如贛州龍南縣選人縣令循一資占射差遣一次減舉主三員京官知縣轉一官減二年磨勘即係共減磨勘六年除選人循資占射比折京官三年磨勘外所有舉主三員約減三年磨勘今古縣令減舉主二員若京官比擬龍南縣賞格合減二年磨勘緣龍南係風土惡弱去處比古縣利害不同欲更與減一年磨勘共減三年磨勘仍占射差遣一次所有占射差遣京官上所得從條合換次等減一年磨勘即係共減四年磨勘委是輕重適中從之　十二月十七日詔天水軍移就天水縣舊治置天水知縣兼本軍判官兼司法如係有出身人即兼教授令四川制置司選辟一次　十二年正月七日臣僚言乞朝詔吏部凡知縣以罪罷斥去許注中下之縣雖便詔赦只許注上中之邑其緊望之邑雖無同射之人亦不許差注所有通理一節亦必遵照條例施行從之　九月二十七日臣僚言縣令之職撫字催科號爲繁劇而沿邊諸邑亦非內地比尉曹之官所資彈壓而沿邊諸邑亦

卷一萬六千五百九十九　二十五

非內地比豈容輕畀乞令吏部左右選應文官注授沿邊知縣縣尉差遣須年六十以下之人其六十以上並不許差注庶幾官使得人事功易集從之　十三年四月十日臣僚言竊見朝廷創制衡州酃縣郴州桂東資興縣正欲令佐得人以安百姓銷患于未形近來多是經營無出或占留諸司簽聽其本職卻別委官暫權多是差恩科或右選雜流之人緩急不可倚仗殊失創縣置官之意乞下湖南帥臣監司自今爲始新創三縣並不許巧作名色差出別差權攝仰御史臺覺察見差權攝人日下還任庶幾三邑俱有正官照得三縣令佐俱要人擇併乞下吏部不許注恩科人以巡尉只許注武舉人不許注右選雜流人從之　七月三日臣僚言當今作吏之難莫若近民之官於民尤近者作縣是也縣無劇易限以三考官卑責重行志實難惟求無愧於心心庶可少寬於百論然而才品器局人固不齊其廉其貪其臧其否清議不可泯滅官邪所當糾繩於是按劾之法行焉間曾罷命未忍棄捐庸示寬恩復許改正俾勉圖於後效以自贖於前愆於是通理之法行焉而近之通理者類以了債爲言苟焉湊考之計於是建議者以爲罪罷之人縱經改正不許輒求通理內已及一年以上者須再滿三考其及二考以上者須再滿二考方聽理爲知縣一任乞

下吏部任知縣人已歷一考以上爲臣僚監司郡守論罷非實因贓濫慘酷曾經追攝伏辯情理深重顯著之人與照赦條除落罷零考許令通理從之　九月二十九日臣僚言臣聞主一邑者有知縣有縣令邑之大者付之知縣邑之小者付之縣令祖宗之法自入仕以來已及三考或舉諸司令狀則許之注擬縣令已及六考者或舉狀及格則許之改官作縣此固一定之法也然所謂令者其責重而職勞與知縣實等幸而一任之內五削並足固可脫選其有兩任之後始能到班則未免仍受邑寄使其精力有餘不以累任親民爲難也猶可黽勉從事苟其不然則恐九考作邑力困於應酬心勞於治理其於獄訟財賦之間未必不以衰弱而反致闕誤者則知邑無劇易均曰繁重彼既練歷涉履之久可不思所以憫卹優易之乎乞下吏部詳酌事宜變通其法庶兩經作令滿替實歷九考有政聲無過犯舉員及格改官之人特免再作知縣其願作縣者聽循舊法其不願者卻許受簽幕或幹官以當知縣資歷從之　十一月十九日詔贛州瑞金縣南安軍南康縣知縣並以兼兵馬監押繫銜先是江西提刑劉筠言南安軍南康縣當林峒之衝本司昨來申創古城一寨所以控扼要害彈壓來萌贛州瑞金縣接臨汀石城之交鹽子出沒其間則有狗腳

卷一萬六千五百九十九　二十六

巡檢以任警徼追捕之責然古城一寨錯居井邑群勇悍之夫日與百姓爲市既於本縣無所繫屬將來循習豈無縱擾之虞瑞金去州爲遠或有盜賊之警全藉巡尉爲之奔走而狗腳諸卒素無紀律視縣道之文移恬若無有甚至頑傲驕橫敢於犯上漸不可長此二寨者若使其於縣道有所統隸則禁令自行階級自嚴緩急之際乃可使令竊見南安軍南安縣建昌軍廣昌縣近者知縣兼兵馬監欲望朝廷劄下贛州南安軍見任知縣並以兼兵馬監押繫銜者永爲定制庶幾軍兵在其境內者得以鈐束而整齊之吏部勘會乞下江西安撫轉運提舉提刑司照條連書保奏逕是逐司審度保明來上乞將選人承直郎以上京官宣教郎以下並兼兵馬監押通直郎以上兼兵馬都監繫銜故有是命　十四年四月二十五日臣僚言應是右選試中文科換授京官者如未經任人照本條止注監當差遣後更須再歷一任若已經一任人仍須再歷一任已經兩任人仍須再歷一任已上凡縣佐郡幕幹官並許通注回日有陞陟舉主二員方許注授知縣內已經一任再歷兩任人與減舉主一員其有宗室到部須仰書鋪重立罪賞於射闕狀內明注委無妨嫌方與注授不許援三日內退闕條法復求換易二說既行庶幾宰邑之官可得通練之才而到部之

官亦無淹滯之患其於銓法不為無補照得在法右選使臣兩考方當一
考即是四考方當一任近來換授京官者乃以所歷二考即是一考便作
已經任人注授知縣不亦太濫今若使未經任人先注濫當一任後注縣
佐等一任則止是四考又已經一任人止是實及一考更歷兩任方成五
考又已經兩任人止是實及兩考更歷一任方成四考如此則可得注授
知縣其視有出身人六考奏補人七考舉主並皆及格及尉曹獲當改官
後更歷一任方許作縣實為優異從之　九月十日明堂赦文勘會知縣
縣令放罷後到部從已降指揮不許差注繁難大縣及選闕知縣縣令止
許注小縣并中縣下縣知縣縣令似此之人如該今赦令吏部開具元犯
申尚書省酌量事理輕重除不許注授繁難大縣及選闕外特許注授見
榜上縣并未應出闕中下縣知縣縣令一次　閏十二月五日右文殿修撰
知靜江府胡槻奏本府十縣民淳事簡號為樂土又多有濃蕢係是部闕
京官選人通差人事願就從昔不注右選內惟有陽朔一縣緣諸司吏人
室家田產所在知縣不能誰何間係靜江府守臣選辟其他諸縣自來並
無奏辟者近年以來諸司不知守令以私意妄亂辟人照行十縣目今
興安修仁義寧古縣係左選餘臨桂理定靈川永福荔浦陽朔六縣盡係

右選內義寧古縣下政皆已辟右選將到如此則八縣皆係右選又淳祐
頃年盡是左選亦緣諸司間辟右選後來在部亦打作左右選通差及諸
司奏辟今亦太半右選靜江係是會府仍非瘴地不應差武臣為令虧損
事體虐害善良乞下吏部照舊來格法盡差京官選人不許諸司仍前妄
辟右選所有義寧古縣下政雖是武臣今將次到官欲且存留外其餘八
縣已差辟右選之人乞令赴部別從注擬今天下會府並無武臣為令靜
江郎非深廣無人肯就皆是佳邑是以先欲整救外諸郡尚餘六十二縣
亦有佳處自不妨左右選通差或從諸司薦辟亦不妨右選進身之路從
之　十五年八月十七日臣僚言台屬邑五獨臨海附郡其簿書期會牒
訟賦租視他邑繁夥蓋相倍蓰顧乃使選人為之秩卑望輕權不足副勢
要足以陵之豪疆得以侮之吏胥得以玩之其間不能自植立者往往蓄
縮避就幸於苟免而已尚冀望其以幹辦聞哉乞下吏部自今臨海許從
京官通差庶幾事權稍重得以展布詔令吏部今後改差京官　十六年
三月二十四日吏部言軍少監兼權考功郎官黃涇奏立法貴乎中用法
貴乎一作縣被罷之人槩得通理則過寬一切沮之則過嚴舊制非因贓
濫慘酷情重之人照赦除落被罷零考餘與通理考任謂是立法得其中

自嘉定七年議者有請罪罷之人纔經改正不許徹求通理及一考以上
須再滿三考及二考以上須再滿二考乃聽理為知縣一任自此照赦通
理之制既格而不行而赦文亦不復載斷而都司以為侍吏之意太薄抗
疏于朝歷一考以上一時論罷非因贓濫慘酷情理深重之人照赦除被
罷零考許令通理嘉定十三年之請也方其申請之時吏部勘當雖有十
一年前後之別皆以照條為言是照通理之條非赦條之謂也及吏部續
行指定於十一年以前則曰照條以後則曰照赦條自此例以赦條不載
沮之特不知赦條自七年衢改舊制故八年以後因仍不復載爾前乎十
一年者例得以照條通理後乎十一年者乃獨拘於赦條而不得通理毋
乃因法之不一乎勸沮之道恐有未明欲乞照嘉定十三年指揮應任知
縣人歷一考以上一時按罷有非實因贓濫慘酷曾經追攝伏辯情理深
重顯著之人以遇赦為準不問赦條載與載悉與除落被罷零考考通理
考任庶幾立法中用法一吏姦不得以出入作縣者爭自濯磨奮厲以副
清朝甄錄之意本部照得嘉定五年郊祀赦文內應任知縣在任已歷一
考以上一時論列或按奏放罷其間非因贓濫及用刑慘酷別無情理深
重罷任之人除不理被罷考內月日餘令吏部與通理考任後承嘉定七

年臣僚箚請是致八年十一年兩次大禮赦文內不曾載說續有十三年
十一月指揮即是衢改嘉定七年指揮本部今看詳本官奏請正應得嘉
定十三年十一月臣僚奏請委是可行但以此通理滿罷之人到部注授
似不可與無過犯三考人一同要須略與分別今欲將初任知縣被罷次
任許通理滿三考人且與注簽判或諸司幹官一任候滿方許注授通判
或有遵用今來指揮通理前任滿三考之後因交代未到在任候代遂致
次任自成三考將來到部卻合比同無過犯滿三考人使許注授通判差
遣從之

全唐文

宋會要 縣丞

仁宗天聖四年七月二十一日詔開封府開封祥符兩縣各置丞一員在簿尉之上仍於有出身幕職令錄內選充 時兩赤縣簿尉多差出外勾當而本縣闕官祠部員外郎蘇耆以為言乃命增置 慶歷八年四月詔開封府畿赤縣丞不許他處奏辟 皇祐三年三月詔開封府曹官赤縣丞自今並除新改京官人任滿與免遠官 初用選人一年無過遷益歲遷者甚衆故裁革之 神宗熙寧元年十月詔京畿縣丞簿尉除舉官外令審官院流內銓精加選擇從權知開封府呂公著之請也 四年三月五日編修中書條例所言欲令諸路轉運司具州軍繁劇縣分主戶二萬戶以上增置縣丞一員以幕職官或縣令人充從之 哲宗元祐元年四月十二日詔應係因給納當平免役置丞簿並行省罷內縣丞如委是事務繁劇難以省罷處委轉運司存留保明以聞 元符元年詔縣丞簿尉日赴長官廳議事及發書文檄 徽宗崇寧二年三月二十四日宰臣蔡京言熙寧之初修水土之政行市易之法與山澤之利皆王政之大者追述緝熙當在今日農田如荒閑可耕鑿瘠鹵可變膏腴陸可為水水可為陸之類水利如陂塘可修灌溉可復積潦可洩圩堤可興之類山澤如銅

卷八千百三十九

鉛金銀鐵錫水銀坑冶及林木可養斤斧可禁山荒可種植之類縣並置丞一員以掌其事從之 四月十九日中書省尚書省言檢會三月二十四日勅諸路除已置縣丞處外餘並置丞一員承務郎以上知縣者即差承務郎以上官萬戶以上即差令錄人萬戶以下經任判司簿尉並許差見闕榜半年無人願就者以次通注令欲承務郎以上知縣去處差置縣丞並差承務郎以上親民人次新改官合入知縣人並與理為實歷知縣資序次第二任監當有舉主人萬戶以上差職官縣令及奏舉職官知縣縣令人萬戶以下差縣令及奏舉職官知縣縣令人萬戶以下差縣令及奏舉職官知縣縣令人萬戶以下差縣令及奏舉職官知縣縣令已授差遣待闕人換授又無差經任判司簿尉人從之 九月二日尚書省言諸州縣丞除差判司簿尉資序人已有條不差年六十以上外其餘應入人未有限隔詔應差縣丞並不注年六十以上人 三年十一月十五日詔諸路創置縣丞見今未差注去處尚多如兩月以上無本等合入人願就并未有奏舉別官並許不拘資序考第權入仍支與縣丞請給 大觀三年八月十四日詔昨增置縣丞內除係舊額及萬戶以上縣分委是事務繁冗并雖非萬戶實有山林川澤坑冶之利可以興修不可闕官去處依舊存留外餘令逐路轉運提舉常平司同

卷八千百三十九

共相度聞奏　四年三月三日兩浙轉運提舉常平司言杭州錢塘仁和臨安縣丞係熙寧年舊置去處疆界濶遠詞訟最多委是難治合依舊存置湖州烏程歸安安吉長興四縣各係萬户以上事繁舊有縣丞合行存置德清武康縣不係事繁元舊不曾置縣丞合行減罷從之　同日江南西路轉運提舉常平司言照對本路南昌等四十八縣内除一十二縣舊有縣丞外洪州分寧等一十九縣各係萬户以上委是事務冗繁實有山林川澤坑冶合行依舊存置洪州奉新等一十七縣雖及萬户以上事務不至繁冗亦無山林川澤坑冶合行廢罷從之　宣和六年閏三月十七日工部尚書郭三益言本部自來承行常平司奏到縣丞種植任滿合該推賞之人止是汎言係官地内或道路傍側之類即不曾指定著望去處致難以考驗詣實欲乞今後保奏狀内開說所種是何官地如天荒户絶退灘之類仍具所屬鄉村地段頃畝至自甚年月日種植是何名色以前有無舊來林木及曾經報奏之數每歲曾無依條拘籍點檢務要聲說詳盡可以覈實庶幾稍革欺弊今來申明推賞條貫别無衝改從之　高宗建炎元年六月十四日詔諸縣縣丞如係嘉祐以前員闕并及萬户處存留一員餘并罷　十一月二十日詔諸縣縣丞闕官去處許令本路提刑司依已降指揮舉辟一次　紹興三年

十一月初六日詔淮東諸縣縣丞専管農田水利等令來職事至少可權行減罷内泗州漣水軍更不裁減　先是臣僚言淮東諸州縣累經兵火人户外移未全復業見今事務比之往時實爲減省若仍舊差置官屬人吏委是猥冗故有是命　五年閏二月二十二日詔自今見任縣丞未經交割離任以前並不許輒從諸軍辟置及不得兼帶軍中幹辦職事專委監司常切覺察如敢隱漏重置以法　六年九月二十三日詔右從政郎池州青陽縣丞何稽中特授右文林郎　先是淮南西路安撫使司言稽中於本地分沿江把截捍禦一百餘日應辦屯駐人馬支遣錢糧並無疎虞故有是命　十八年三月六日詔泰州海陵縣置丞一員從本路諸司請也　二十年八月十五日詔肇慶府高要潮州揭陽新州新興德慶府端溪瀧水縣各置丞一員先有詔縣及萬户者許置丞至是本路諸司有請故也　孝宗乾道六年正月十七日成都府路鈐轄轉運提刑司奏隆州貴平籍鎮復還縣額乞將井研縣丞一員仁壽縣主簿一員並省併就令縣尉兼管於所復兩縣各置縣令一員縣尉兼主簿一員從之　七年正月二十八日吏部言四川承務郎以上縣丞一依内地承務郎以上縣丞法以二年爲任從之　淳熙五年二月四日詔諸縣縣丞如均稅事體置丁稅一司從臣僚請也　十二年

二月二十一日，臣僚言乞自今諸縣應干收支，必使丞佐等通簽，其縣丞所管財賦，必使知縣檢察，將來智有以贓獲罪，並量輕重責罰。從之。　嘉泰二年三月八日，監察御史張澤言：遇縣闕令，並須遵從條法，先差以次官縣丞及選曾歷任良循之人，不許輙差他邑官及初官權攝。從之。　四年十二月二十六日，權知揚州鄭挺奏：江都縣所管户口年來增進，事緒繁夥，闕官協助，欲添置縣丞一員。從之。　開禧元年十月七日，知建昌軍趙汝礪奏：本軍新城、廣昌兩縣疆境闊遠，事務繁冗，乞增置二丞，同共協濟縣事。詔本路轉運、提舉兩司參詳，逐司請從汝礪奏陳，委合公議，經久利便。從之。　既而

嘉定七年十月，權發遣建昌軍羅勲言：本軍舊特撫州之支邑，創郡之始，屬邑僅有其二。紹興八年始析南城而為新城，分南豐而為廣昌，則新城、廣昌特南城、南豐之一隅也。自析邑以來，南城、南豐有丞、簿、尉，新城、廣昌則有簿、尉而闕丞，非故闕也，事省力微，簿尉之職自足以兼之。開禧元年守臣始請增置二丞，往往徇一時之情，而不為經久之計。蓋此二邑非南豐、南城之比，僻陋尤甚，窮是邑者常有遺之之慮。置丞以來，月糜俸給，縣計益虧；且去郡稍遠，動與令抗，事益不治。乞將二邑丞闕並行省罷，少蘇二邑。從之。　嘉定元年四月二十四日，詔省罷興元府城固縣丞一員，令主簿兼領，自後永為

定例。從利州路安撫司之請也。　三年三月二十五日，詔金州洵陽、漢陰兩縣丞候見任人滿日省併，更不差人。（從四川制置大使司之請也。）　四年十月七日，詔省罷衡州茶陵縣丞、郴州郴縣丞二員，添置郴州桂東縣丞、巡檢各一員。（從知潭州曹彥約之請也。）　八年七月八日，知興元府許沆奏：蜀之饒風關，其險聞於天下，東北距金州，西南距洋州，舊例洋州。嘉定三年知州申制置大使司，乞將金州之漢陰縣漵口鎮朔為饒風縣，並以洋州真符、西鄉、西縣三鄉之田留此饒風關，遂隸金州。故洋州郡計日削，兼饒風去金州為遠，邊民困於遠，邊民困於遠輸，失險病民，害孰重此。欲將饒風新縣廢罷，依舊為鎮，仍復漢陰縣丞一闕，治于漵口鎮，使之催理稅賦，受接民訟，實為經久之利。從之。　十三年八月二十六日，江西提刑司奏：江南西路提刑趙汝端乞將南安縣丞闕下部省廢，卻以俸給補助新創大傅、石龍兩寨及大傅書院地基并養士劉士聰等户役官田段等稅賦。未委縣丞俸給每歲若干，大傅、石龍兩寨稅賦若干，可以兩相對補。本司契勘，照得南安邑小事稀，官不必備，若減省縣丞以補民賦，其錢米猶有贏餘，損予縣道，以補逃絕失陷之租，如此則荒殘之邑、凋瘵之氓皆得以少抒，誠為兩便。乞將見任人聽令終滿，下政別改注一等差遣。從之。

真宗咸平六年詔京東西河北河東陝西淮南諸縣令兼知館驛使勿得差往他所 淳熙十二年詔川陝廣西漕臣依元降指揮兼帶提舉綱馬驛程公事繫銜其提點使臣並改作幹辦稱呼

太祖建隆三年十二月詔曰賊盜鬬訟其獄實繁逮捕多在於鄉閭聽決合行於令佐頃因兵革遂委鎮員漸屬理平宜還舊制其令諸道州府今後應鄉村賊盜鬬訟公事仍舊却屬縣司委令尉勾當其萬戶以上縣差弓手五十人七千戶以上四十人五千戶以上三十人三千戶以上二十五人二千戶以上二十人千戶以上十五人不滿千戶十人合要節級即以舊鎮司節級充餘並停歸色役其弓手亦以舊弓手充如有賊盜縣尉躬親部領收捉送本州若有群賊畫時申州及報捉賊使臣委節度防禦團練使刺史畫時選差清幹人員

卷萬五千三百七十

將領廳頭小底兵士管押及使臣根尋捕逐務要斷除其鎮將都虞候只許依舊勾當鎮郭烟火賊盜爭競公事仍委中書門下每縣置尉一員在主簿之下俸祿與主簿同又詔縣尉以在任無冦賊理為上考非捕賊不得下鄉其較考並依判司仍與免選注官所有捉賊期限賞罰並依前制減一選者超一資殿一選者折一資

四年七月以大名府涇城縣尉張又元為本府元城縣令賞捕盜之功也天下縣尉久廢其任是歲復置賞罰之令而又元與令殷淊首該賞典以激勸之 乾德六年十一月詔賊盜漸息逐縣弓手稍多宜復差減自今萬戶縣三十人七千戶二十五人五千戶二十人三

千戶一十八人二千戶一十五人千戶及不滿千戶並
一十人令尉如妄占留差遣許人陳告重寘之法　太
宗雍熙三年十一月詔縣尉在任三限捉獲劫殺賊並
於歷上批書行劫及捉獲日月斷遣刑名令後應書較
縣尉考第如在任捉獲劫殺賊人考帳內分明開折第
一限獲者准格與折兩次不獲劫殺賊第二第三限獲
者並與折一次不獲賊其三限內捉獲劫殺賊人開說
批書不全者令後一次獲劫殺賊人批書不全者比折
一次不獲劫殺賊人即不理為勞績　至道元年二月
詔吏部銓自今西川簿尉並選年壯可任者以備緩急
真宗咸平元年十月詔天下縣尉司不得置獄　四

卷萬五千二百七十五　二

年四月十二日西川安撫使王欽若等上言川陝縣五
千戶以上請並置簿尉自餘仍舊以尉兼簿從之　五
年八月詔置縣尉司弓手營舍　大中祥符三年四月
太常丞乞伏矩上言川界弓手多貧乏困於久役州縣
拘常制不替至破壞家產況第一第二等戶充者長里
正不曾離業却有限年弓手係第三等戶久不許替事
體不均今滿三年與替情願在役者亦聽其第三等戶
例即與第二等戶差充從之　四年十一月大理寺言
自今諸縣弓手唯許勾當縣尉一司公事外不得别有
差使仍以節級弓手共十人充縣尉當直供身驅役不
得私使往外處勾當同本縣令佐置歷批上姓名印押

半月一易亦不得有妨緩急捕賊從之　九年四月詔
三京及諸轉運司除川陝州軍外並據所管縣分弓手
每五人借弩一枝其弓箭鎗劒令各自置辦以簿拘管
遞相交割委令尉常切點閱　先是上降詔河北轉運
司太常博士張希顏言復州有弓手置弓刀以捕寇者
本州以私置衣甲器械坐其罪皆杖脊配隸本城真宗
因令編下諸道　天禧元年九月詔自今令尉親自部
領弓手鬬敵殺獲劫盜及十人以上雖不全火并七人
以上雖不傷中並比類元條酬獎　先是獲全火十人
已上全火不及十人而傷中者方得酬獎帝特寬此條
以勸勤吏　四年三月二十五日詔自今縣尉鬬殺全

卷萬五千二百七十七　三

火賊資考當入令錄者授節察推官　五年五月二十
三日劍州言梓潼等縣俱當驛路望各增置主簿一員
從之　仁宗天聖二年二月詔瀘州江安等兩縣合佐
縣尉等自今除元是西川人及流外出身不注外取選
人情願者據資序注授官如在任別無遺闕得替即與
職事官酬獎仍與授官歷子分明　四年七月詔兩川
弓手自今不得雇人代役犯者許鄰保糾告重行科罰
時呂夷簡自益州安撫回言川中豪民咸傭夫以代雜
役多得情農每執杖恙不得力故有約束　五年八月
流內銓言准詔開封府界闕簿尉於選人中揀無遺闕
有出身書判人材稍優者引見取旨權超資注擬令府

界簿尉有過滿員闕緣少得有出身人揀選引見欲望許於見該參選合入判司簿尉人內揀有出身歷任無贓私罪或止是公罪三兩度者並引見取旨權趁資注擬從之　康定二年八月五日中書門下言近令淮南等路添差弓手與舊同教閱武藝捕盜令處縣尉中有貪濁昏耄欲令流內銓自今並選無贓罪年六十已下注授仍令體量如貪濫不公即依理施行止是年老昏昧臨事怯弱即與選人對換從之　慶曆二年四月詔如聞京東西盜賊充斥其令轉運司委通判或幕職官興逐縣令佐擇鄉民之武勇者增置弓手仍令流內銓選歷任無贓罪年未及六十者爲縣尉以捕擊之　八

卷一萬五千二百七十七　四

年四月詔開封畿赤諸縣簿尉不許他處奏辟　皇祐五年二月詔置南川縣主簿尉各一員從夔州路轉運司請也以川溪併入南川故有是請　至和二年十一月增置開封府祥符縣尉各一員　嘉祐五年十月置婺州義烏永康武義浦江四縣主簿各一員　神宗熙寧元年十月二十五日詔京畿縣丞簿尉除舉官外令審官院流內銓精加選擇內開封祥符二縣令開封府舉有出身經一任三考無贓私罪公罪徒已上曾有舉主三人者充從權知開封府呂公著之請也　三年八月二十三日提舉河北路常平廣惠倉等事王廣廉言一縣之事不以繁簡唯令簿尉三員又簿尉所職各異

苟有謬誤所職事者雖坐之而莫得救弊乞令後依舊簿專管勾稽簿書尉專管捕捉外其餘縣事並令通管如此則吏不增員事能協濟從之　十月二十八日京西路轉運司言州縣人戶昨添差爲鄉弓手後別無捕盜日限止是歲集縣尉司教閱一月放散其所置隨身器械入官架閣而令全免戶下賦役深爲僥倖詔京東西淮南兩浙江南荊湖福建等路添差手並放罷　十二月一日詔全道郴潭邵永州桂陽監有溪洞蠻猺處縣分主簿縣尉及逐州監銀銅鉛錫坑冶監官令轉運司依川廣七路指射員闕就差條貫施行　四年十二月十三日侍御史知雜鄧綰言請於陝西河東沿邊城

卷一萬五千二百七十七　五

寨梢大處置主簿一員從之　九年五月八日詔應係減放兵級弓手教閱義勇保甲地分縣尉令流內銓選差仍別立格　元豐元年閏正月二十二日廣南西路轉運司言邕州太常寨乞依陝西沿邊例增主簿一員從之　六月十九日詔滄州清池莫州任丘霸州文安大城秦州成紀隴城清水延州膚施延川慶州安化合水全州清湘灌陽（邵州）邵陽武岡澧州石門慈利十八縣自令委三班院選差使臣爲尉　二年二月十二日詔增戍州僰道縣主簿一員　四年正月九日詔開封祥符縣各省尉一員弓手二十人陳留等二十縣弓手亦如之以復置縣城四面巡檢二員故也　五年三月二十

八日，提舉河北路保甲司言：「諸縣尉事外，惟主捕縣城及草市內賊盜，鄉村並責巡檢主管，沿邊把截控扼巡檢兵級並依舊。其定州望都、曲陽、北平、唐縣，祁州蒲陰，保州保塞，廣信軍遂成，安肅軍安肅，順安軍高陽，永寧軍博野，滄州清池，霸州文安、大城，莫州任丘，雄州歸信、容城，逼近邊界，舊以使臣為尉，其職事與內地不同，鄉村盜賊恐難一例專責巡檢，欲並令尉依舊條，惟不干預教閱。」從之。　七月四日，詔重法地縣尉並差使臣。　九月十四日，詔諸縣給納月分，無丞處主簿非檢覆本縣災傷，勿差出，遇闕併權免縣事。　十月十五日，詔罷縣尉司指使，撥與逐縣巡教官充指使。　十二月七日，樞

卷一萬五千二百七十

六

密承旨司言：「開封界諸縣及白馬、胙城、韋城弓手，昨雖裁定縣以二十人為額，其庸錢未經立法。看詳縣尉既不管鄉村賊盜，弓手頗減出入之勞，所支庸錢當依諸路弓手定為一等，一年正支錢三十千，共減錢三千六百二十緡，乞預先會校錢粮，一處封椿。」從之。　六年二月十七日，詔定西城置主簿一員，從李憲請也。　七年十月四日，權開封府界提點范峋等言：「諸縣尉專捕草市賊盜，及通管縣務，歲下鄉常以百數，若省縣尉，一主簿不能辦事，乞依舊。」從之。　哲宗元祐元年二月日，詔京東西、淮南安撫、轉運、提刑司體量縣尉老疾不任職之人，選官對移，或奏具因依以聞。　八月二十四日，右司諫蘇

轍言：「舊法縣尉皆用選人，近歲並用武臣，自改法以來，未聞盜賊為之衰息，請復舊法。」詔除沿邊縣尉依舊外，餘並差選人。　元符元年正月二十三日，三省言：「吏部侍郎左選諸縣簿尉祠薦處，請不注流外人。」從之。　二月三十日，刑部言：「欲於編敕巡檢、縣尉應承告強盜而故不申徒二年字下，添入重法地分條結集十人已上者，仍不以赦降去官原減。」從之。　徽宗崇寧二年七月十五日，詔重法地分縣尉舊差武臣處，並歸本選，依元豐法選差。　大觀三年三月十九日，詔：「訪聞諸路縣分有令丞簿尉，令知總縣事，其尉專主盜賊。若令丞簿差出事故，縣尉權攝縣事，萬一有賊盜合行掩捕，即恐職

卷一萬五千二百七十

七

事相妨，難以出界襲逐。可立法，每縣常留令或丞簿一員在縣，不許差出。如非次偶闕，州軍那差官權管勾，所貴不妨縣尉捕盜職事。」立下條：「諸縣令丞簿雖有條旨許差出，須常留一員在縣。如非次見闕，州郡差官權。」從之。　政和元年正月二十三日，廣南西路經略安撫司言：「近廢龔州隸潯州，依舊存留平南縣；廢白州隸鬱林軍，存留博白縣。乞各置主簿一員，管認元額賣鹽收稅。」從之。　四年四月八日，集賢殿修撰、知廣州張勵言：「潮州倚郭海陽縣地理最為濶遠，傍臨大海，道路險惡，前後盜賊驚劫不常，本縣止是縣尉一員責使巡警，顯見力所不逮。今相度既有知縣，又有縣丞，其主簿兩員委是

責輕事簡欲將一員改作縣尉量添弓手分定地界管認巡捕從之　六年十月八日吏部言秦鳳等路提舉保甲司申本路保甲地分無巡檢係差文臣縣尉合奏差武臣縣尉窠闕本司契勘鳳州河池兩當縣巡檢係管兩縣涇州并鳳翔府管界巡檢係管四縣至五縣已上巡檢合兼巡教一縣保甲外有其餘州縣分令來合與不合奏差武臣縣尉檢承　政和五年十月十三日詔大名府館陶夏津冀州棗彊武邑水南宮六縣令後並令本路保甲司依條踏逐試驗奏差武臣充縣尉應教保甲地分無巡檢係差文臣縣尉處並依此侍郎右選令勘當諸縣有巡檢去處令巡教廨宇所在保甲外餘縣有巡檢不係廨宇所在及無巡檢縣分欲依前項指揮並許奏舉武臣充文臣縣尉兼巡檢保甲侍郎左選勘會有四縣共巡檢一員其四縣應干巡檢職事並合管勾切慮難以止限廨宇駐劄去處緣別路亦有似此去處從之　七年三月十四日詔沿邊巡尉武臣並樞密院選曾歷邊任有方略或戰功人充任滿無遺闕與酬奬　七月二十一日吏部言大名府安撫司乞元城縣復置縣尉一員仍將見管弓手一百五人分在東西縣尉下主管捕盜詔許復置餘依所申　宣和二年二月十五日提舉京畿京西路鹽香茶礬事司盧知原言私鹽及茶礬香盜販全藉巡捕官不住遍詣巡警則

卷萬五千二百七十七　八

私販不致透漏雖前後立法約束不能奉行欲乞應管下縣鎮於逐鄉村置粉壁一座依巡轄馬遞官法每月躬詣地頭於粉壁上親書出巡月日一月之間責其一遍亦不為勞如不親書及坐罪立法尚書省檢會政和勑諸巡尉下鄉巡捕應書歷而令人代書及代之者各杖一百欲依所請諸巡檢縣尉應出巡而不出或限內不遍及不書粉壁者各杖一百從之　三年十一月十三日臣僚上言巡檢以巡捕為名迎送違令罪笞縣尉亦有明文伏望於政和令巡檢不得迎送條內入縣尉二字從之　七年八月六日臣僚上言竊見兩浙縣自來係差文臣昨緣方臘作過武臣提刑楊應誠乞通差小使臣係一時指揮賊平之後自合依舊欲望下吏部一面差文臣承替或令終滿今任庶官得其人民不受弊詔見今人令終滿今任今後差文臣淮南路依此　高宗建炎元年五月十七日提點兩浙刑獄公事高士曈言兵戈之後盜賊時發皆緣巡尉怯懦不即撲滅以致嘯聚如本路巡尉有不堪倚仗之人許臣審量放罷不拘文武官選擇有材武心力合入之人踏逐指助教權縣尉去處多不用心彈壓盜賊欲乞本路見闕巡尉去處許令本司踏逐有心力膽勇選人使臣奏差一次詔令本路運司限一月差注如限滿無人願就去處即令本司具闕關提刑司許行奏差一次　九月十八日

卷萬五千二百七十七　九

詔沿江已差過第一次武臣縣尉免改正其再使闕差下替人並罷今後依格法差人　二十七日詔樞密院合差糾置諸縣武尉指使許諸路逐州保明有材武大小使臣申樞密院銓量取旨差注　十一月十二日詔諸縣武臣縣尉不拘大小使臣如有丁憂之人權宜給暇一十五日候至盜賊稍平復依常法應措置防秋處州縣依此　紹興元年三月十七日臣寮言福建路巡尉欲望特降指揮差說具名申奏從之　十一月六日江南西路轉運司言乞依淮東提刑司已降指揮縣尉闕許令提刑司具名奏辟一次從之仍詔諸路准此　二年八月二十五日詔縣尉有員闕去處下吏部限三日速差其文臣縣尉不差五十以上人充　三年七月四日詔今後應犯罪之人不許對移充縣尉　四年二月十七日福建路轉運判官曾詹言防托把隘全籍巡尉乞令安撫轉運提刑司公共踏逐有風力材武之人運銜結罪奏辟從之　五月六日廣東路提點刑獄公事曾統言本路州縣水土瘴弱多是闕官至有差攝癃老疾病及疲懦不任事之人令提刑司於本路見任官內選擇兩易其任見闕正官處令逐司奏辟詔依如狗情移易及奏辟不實者並依上書詐不實科罪　七月二十八日詔常州無錫縣添尉移就洛社置廨舍彈壓盜賊　七月十四日詔諸路添置武尉銜內並帶兼巡

卷萬五千二百七十七

十

職官四八之六九

捉私茶鹽以提舉兩浙東路茶鹽公事蔡向請也　三年七月二十二日江淮荊浙都督諸軍事呂頤浩言據知常州俞俟劄子本州邊臨大江及太湖地分闊遠全籍巡尉防托本州四縣見任巡尉共一十二員數內有怯懦不可充捕盜官可以幹辦場務之人其監當官卻有材武不諳場務職事欲乞許令本州兩易其候過防秋依舊從之　三年十一月三十日詔諸鄉村巡尉每月地界闊遠處聽巡尉更互分巡於要會處置粉壁州給印歷付保正副掌之巡尉所至就粉壁及取歷親書到彼月日職位姓名書字仍與本身歷對行批轉本身歷候巡遍齎赴州印押州縣當日給還仍仰提舉茶鹽司及主管官逐季點檢著為令從兩浙西路提舉茶鹽公事夏之文請也　十二月十五日淮南轉運司言乞將淮西諸縣所置武臣縣尉并弓手雖累降指揮相度廢罷緣即日尚有見置武尉等去處其所管添置弓手雖有六十人以上舊額緣見管人數多是不及六十人欲將武尉并弓手並行減罷所有見在弓手撥填文尉下見闕人去處如有剩數權於額外收管從之　四年五月十九日左奉議郎周綱言昨乞罷諸路武尉併新弓手續覩朝旨將新弓手撥填舊弓手闕額外武尉與文尉通管職事切慮紛爭事權拘占役使追者保擾鄉民其弊有不可勝言者若朝廷未遽罷去且令終滿今任

卷萬五千二百七十七

十一

職官四八之七〇

姑欲全其資考止可使勿躉務使其果有材武緩急可
博遇有盜賊乞安撫司及本州臨時指名差使未為晚
也從之　五年正月二十一日樞密院言兩浙江東西
沿江海見任巡尉多是癃老疾病及疲懦緩急不可倚
仗之人詔令逐州守臣逐一銓量如有似此之人於本
州見任官內選擇有材武非老疾疲懦之人兩易其任
不理遺闕即不得徇情移易仍具所易官職位姓名申
樞密院日後令吏部審量差注　閏二月二十一日詔
自今見任簿尉未經交割離任以前並不許輒從諸軍
辟置及不得兼帶軍中幹辦職身專委監司常切覺察
如敢隱蔽重寘以法　八月七日詔諸監司妄作緣由

卷一萬五千二百七十七

十二

非追呼巡尉弓兵將帶遠離地分（謂出本界者杖一百著為令）　十年四月十一日臣僚言二廣諸縣縣尉多是
恩膀或初出官等人應選緣今日艱難之際境內纔有
盜賊竊發率疲懦畏縮而不敢進且乞一例選擇材武
出身小使臣或軍功有勞等人充選候將來盜賊寧靜
日依舊詔令本路安撫提刑司同共相度合差武尉去
處申尚書省　五月六日臣僚言乞申命攸司稍重巡
尉嚴立禁令應地分內被盜而本保不以聞官與巡尉
受報不即掩捕及容縱所領弓兵妄以搜索停藏為名
強取財物皆重行斷罪守令監司知而不糾亦量加責
罰詔令刑部立法　十一年六月十三日成都府路提

刑李授之言嘉州峨眉犍為兩縣正係緊要邊面乞將
兩縣見任文武縣尉改差武臣從提刑司選官具申川
陝宣撫使司差注所有逐縣弓手各不滿六十人每遇
蠻人侵犯委是闕人防托乞每縣添置弓手各以一百
人為額責委武臣縣尉專一管轄教習事藝以備邊塞
防托從之　九月二十七日詔主簿縣尉依舊例帶主
管學事結銜　十四年七月十五日知濠州李觀民言
沿江諸郡間每遇官員客旅或諸色綱運有不逞之徒
恣行劫掠乞下所屬嚴飭巡尉常令更互往來巡捕及
遇諸處綱運入界即時關報前路官司仍護送至界首
首交割若有疎虞其所經由去處並當按治詔令逐路

十三

提刑司措置施行　十五年五月三日詔應見任巡尉
候任滿令所屬批書任內有無食藥事廢公事如有候
結絕了日方許參部若任滿失行批書自參部日與降
一年名次　七月十二日詔省黔州彭水縣外尉一員
從本路諸司請也　八月十一日詔滁州全椒縣添置
主簿一員楚州山陽鹽城寶應淮陰縣尉兼主簿令後
差注文臣並從本路諸司請也　十六年四月七日詔
惠州博羅縣添置主簿一員從本路諸司請也　十八
年二月十四日詔恭州壁山縣涪州樂溫縣忠州墊江
縣萬州武寧縣大寧監大昌縣各置主簿一員從本路
諸司請也　五月二十八日詔潼州府通泉飛烏射洪

鹽亭銅山東關縣遂寧府長江青石遂寧縣果州相如縣合州石照巴川銅梁赤水漢初縣昌州大足昌元永川縣普州安居樂至縣資州內江龍水縣榮州榮德資官應靈縣敘州南溪慶符縣廣安軍渠江岳池縣榮州威遠縣敘州宜賓宣化縣渠州鄰山鄰水縣各添置主簿一員從本路諸司請也　十九年六月二十六日上諭輔臣曰福建盜賊漸已消弭惟海道間有作過者只緣巡尉不得其人可令安撫提刑司覺察如不可倚仗者須選官替罷　二十六年七月二十九日淮南東路安撫司言楚州盱眙軍並係邊地盱眙軍管下盱眙招信兩縣見今並係武臣縣尉本司今欲將楚州山陽淮陰兩縣縣尉依盱眙招信兩縣體例並差武臣充仍乞選差有材武之人所有見任人發遣歸部依省罷法別注差遣詔並依內武臣縣尉令吏部選經任有材武年五十以下人充仍申樞密院審察　二十八年九月二十五日給事中楊椿等言知浩州程敦書奏縣無丞者簿得以貳令令有任簿之職者往往常求差出簿失於銷注鄉司得以作過乞下諸路監司縣無丞者其主簿不得差出及兼他職遵依縣丞法施行從之　二十九年三月十九日淮南路轉運司提點刑獄司言近降指揮無縣丞處主簿不得差出緣本路共管二十縣止有泰州海陵一縣有丞若主簿不許差出委是闕官選委欲

職官四八之七三

卷一萬五千三百七十七

十四

乞許令依舊從之　三十年正月二十九日知明州象山縣俞光疑言本縣管海洋濶遠接連溫台州界其間常有賊船結集竊見本州五縣尉司各管弓手八十餘名獨本縣額管四十五名乞依諸縣例添置八十名從之　三十一年八月十七日詔真州六合縣主簿依舊存留自今後如遇知縣排頓其主簿更不許差出　紹興三十二年六月二十三日孝宗皇帝即位未改元詔省淮西光州固始縣主簿一員從安撫等司之請也孝宗隆興元年正月二十八日臣僚言縣尉戢姦禁暴巡警彈壓一邑之政多任其責乞詔吏部本選今後不許差癃老疾病年六十以上人充仍委長貳凡有差注依知州知縣法銓量從之　四月十七日詔廬州倚郭合肥縣濠州鍾離縣和州歷陽縣壽春府壽春縣無為軍望巢縣屯軍去處各復置主簿一員從淮南路運判莫濛請也　五月六日知明州韓仲通言契勘明州外邑曰昌國曰象山皆居海中海道盜賊出沒全藉縣尉隨時擒捕若差武臣必能盡力欲望特降睿旨兩縣各置武臣縣尉一員下吏部差注小使臣有材武年未五十歲人充從之　二十八日權發遣賓州張昂言本州商稅院及管下獨女鉛場各係小使臣窠闕稅額微細乞改作攝官却將本州嶺方遷江兩縣尉正作武臣窠闕令本路轉運司定差庶不失元額員數從之　乾道

職官四八之七四

卷一萬五千三百七十七

十五

三年六月十一日起居舍人洪邁言諸路州縣巡尉令後遇監司知通初到許量帶兵級出一程防護若凡值出巡經歷而在置司五十里内者許其送迎過此以外皆不得出從之　四年五月十四日宰執進呈知和州胡昉奏契勘本路州軍除盧光亳壽春四郡各係武尉餘州亦乞改差武臣上曰亦不必全用武臣文武通差可也若有不職帥司自可按來別差人去　五年三月十四日吏部奏京西路安撫轉運司言房州房陵縣尉昨制置使司奏請省併緣地分僻遠全藉巡捕彈壓係緊切窠闕不可闕官欲乞依舊復置從之　四月十二日戶部言知樞密院事四川宣撫虞允文奏官員白劄子言近年鄉司作弊却將經界出山簿隱藏官司無所稽考委自令丞無縣丞委主簿置櫃於縣廳上收掌上件簿書交替日依場務法委官盤交結罪保明申州批上印紙方許放令離任從之　六年正月十七日吏部言乞將隆州新撥貴平縣籍縣各置縣令一員縣尉兼主簿一員仍舊本路轉運司准條使闕從之　六月十六日吏部言乞將淮東沿邊州軍文臣縣尉窠闕依淮西已得指揮改差武臣餘州軍自令文武臣通差從之　十一月十五日福建路安撫使提刑司奏汀州武平縣尉乞依舊差文臣從之　七年正月十五日詔嘉州峨眉犍為兩縣各置主簿一員先以成都路諸司言兩

卷一萬五千二百七十七

十六

縣近邊地里濶遠止有文臣知縣一員武臣縣尉兼主簿緩急邊界有警尉出巡邊如出納官物銷注簿書之類並無佐官協力故也　七月十二日詔復置廬州舒城無為兩縣主簿二員從權知廬州趙善俊請也　十一月二十七日詔和州烏江縣含山縣廬州梁縣無為軍廬江縣各置主簿一員從淮南西諸司請也　十二月五日淮西安撫淮南轉運司言安豐軍壽春縣係倚郭戶口稍衆兼管大軍錢糧乞依舊復置主簿一員從本軍辟差從之　八年三月十一日吏部京西路轉運司奏房州昨乞裁減房陵竹木兩縣縣丞主簿共四員竊緣本州四縣已省併永清入房陵上庸入竹山封疆濶遠復業人戶益衆兩邑主客萬餘戶縣尉巡邏無虚日緩急之際知縣親行縣道一空欲乞兩縣依舊各復置主簿一員從之　九年八月二十一日荆湖北路安撫轉運提刑提舉司言乞將峽州長陽縣舊漢寨依東南縣例置文官西尉一員從之　淳熙元年三月七日詔吏部將沿邊縣尉自今隨格通差文武臣仍須識字依文臣法令勑令所照應差注格法重別修定一體施行修立到條法如後　一選闕縣尉限五日先注應材武親民人限滿無人就方許經任應材武監當人指射内郴州先注武舉出身人如無即依上法仍試書劄百字試中許差並不注癃老疾病年六十以上在部委長

卷一萬五千二百七十七

十七

貳若在外指射及奏辟定差即監司帥司或寄居州軍知通並精加銓量一注闕縣尉（雖駐尉司）右注年未六十不經體量怯弱弛慢并非有疾不任捕盜人諸應注縣尉委長貳精加銓量在外指射及奏辟定差者即監司帥司或寄居州軍知通准此乾道四年二月十九日并乾道六年六月十六日勅淮南東西路諸州文臣縣尉去處自今通差文武臣如同日指射即先差文臣次大小使臣乾道五年九月二日三省樞密院言將京西路極邊州軍差注武尉依淮西已降指揮通差文武臣如同日指射先差文臣次大使臣若無大使臣指射即差小使臣餘依本選格法所有廬州梁縣合肥縣光州

卷萬五千三百七十七

光山固始定城縣安豐軍安豐六安霍丘縣濠州鍾離定遠縣盱眙軍天長縣楚州寶應鹽城縣尉通文武臣先差大使臣次選人次小使臣侍郎左選武岡軍綏寧縣澧州澧陽安鄉縣邕州宣化武緣縣信陽軍信陽羅山縣廬州合淝縣辰州沅陵縣融州融水縣郢州長壽京山縣襄陽府襄陽縣尉通差文武臣如同日指射先差選人次大小使臣侍郎右選勘會除本選自來認定沿邊縣尉專差武臣小使臣窠闕去處從本部依見行條法已降指揮差注外今欲將沿邊文臣縣尉窠闕通差文武臣欲依尚書侍郎左選已措置事理施行從之　三年四月七日詔武臣縣尉通理及五考得替到部

與依權巡檢法一等關陞　八月六日詔諸處弓兵獲到私販茶鹽如事狀明白依時給賞如弓兵縱容私販巡尉官坐視致有透漏並仰所部監司覺察以江東提舉趙師揆言弓兵捕獲私販而推賞止及巡尉乞定弓兵賞罰故也　四年二月十七日詔諸路遇縣尉陳乞賊賞須體究是與不是躬親鬬敵然後保奏　以吏部侍郎周必大言國朝會要天聖七年五月大理寺申請凡縣尉躬親鬬敵捉殺賊全火十人以上合人令錄人並授京官仍賜緋章服至天聖八年又詔未合入令錄人止令循資乃知選人初官難用賊賞改秩令見合行條法非軍功捕盜只得循資蓋本天聖之遺意其後姦

卷萬五千三百七十七

槊日生凡縣尉因弓手捕到強盜七人其奏狀必云馬前三步親自捉（擬）到以此為軍功捕盜例得改次等官乾道七年八年各五人九年八人則是三年之間僅有十八人逮淳熙元年一歲已有十八人二年十六人三年亦十三人而取會未圓者尚不在數使縣尉果有才勇手格強盜雖更加擢用初未為過其如假借弓級牽合人數外則州郡提刑司胥吏坐受計囑綴緝文數內則棘寺省郎審覆之際多以賄成使朝廷坐受欺罔輕畀爵秩望詔勅令所參考新舊賞格分別輕重稍為限制仍申飭外路遇縣尉陳乞賊賞更切體究是與不是躬親鬬敵然（後）保奏庶幾革去偽冒有功者勸故有是詔

七月二十一日左司諫蕭燧言捕盜官應格改官將以勸功而姦生詐起往往揍足人數遷就獄情求合法意所以捕盜改官者甚多乞詔勅令所改修成法止興循資從之　既而吏部言未降旨以前申奏到部之人依條合依立功時格法酬賞詔見在部收使獲盜改官人與依舊法施行　五年十二月十六日詔吏部右選自令遇注縣尉令赴銓量讀律成句或擇易曉一二句問之略通方許擬差　七年五月二十九日詔自今恩科出官人年六十依格不注縣尉雖破格亦不許注見任人不職弛慢者令監司郡守踏逐對換從江西提舉陸游請也　十月四日右正言葛邲言自今選人初官有捕盜酬賞乞候終任日無過犯始得陞改從之

卷一萬五千三百七十七

二十

八年八月二日詔贛州寧都縣兩尉舊差武臣自今東尉改差文臣見任人令滿今任已差下武臣依省罷法先是寧都父老詣縣言本縣兩尉舊並差文臣未嘗闕事後因臣僚申請差武臣本縣文臣止有知縣縣丞主簿三員武臣却有巡檢一捉殺兩縣尉共六員或知縣不測在假及丞簿差出無官權縣又如檢驗若初覆檢盡差武臣恐有失當州上其事故有是命　十年十一月九日臣僚言萬州南浦縣漁陽鹽井歲收鹽一十四萬六千三百餘斤從來以南浦縣主簿兼監鹽井去縣八十餘里主簿例多恩科老繆之人不能鈐制姦黠緣此每年

拖欠不下四五萬斤乞將漁陽鹽井專差監官一員而以南浦縣尉兼主簿從之　十一年五月十六日詔鄂州蒲圻縣主簿改作西尉仍兼鄂岳州蒲圻臨湘新店市鎮草湖盜賊烟火公事　臣僚言鄂州蒲圻縣四十里有市曰新店民戶夾溪而居南岸數百家則屬蒲圻北岸百餘家則屬岳州臨湘縣去縣甚遠北有草湖廣數百里皆盜賊出沒之地乞以蒲圻縣主簿分領捕賊而移主簿於新店為蒲圻縣西尉兼領兩縣新店及草湖盜賊烟火公事凡杖七十以下皆聽裁決且於本縣弓手額內差撥一十名別增二十五名充西尉司弓手令兩州縣應副錢粮下本路安撫提刑司相度稱經久利便乃從之

卷一萬五千三百七十七

二十一

十一月二十一日紹興元府南鄭縣添置縣尉一員通差文武官從利州東路安撫提刑司請也於縣南九十里地名米倉堌置司以南鄭縣南尉繫銜兼主管米倉市　十二年二月十二日權戶部侍郎葉翥等言近日二浙私鹽公行略無畏避巡尉任滿不過究轉請囑提舉司保明却以無透漏推賞雖曰止得占射差遣一次然亦不可妄予乞將提舉司保明巡尉合得無透漏賞到部之日未得便與放行須自戶部行下權貨務契勘本人在任月日本州軍住賣鹽額有無增虧如住賣鹽額虧即是巡尉任內必有透漏私鹽難以與賞若住賣鹽及額所合得無透漏却與依舊放行

從之　八月十九日，福建路安撫使趙汝愚言：本路汀州與贛州為鄰，常多寇盜，全在巡尉得人，庶能彈壓。乞令吏部今後汀、贛兩州縣尉闕不許注恩科出身人，如牓闕滿一季無本等人願就者，聽武舉出身人通注。其已差下人候到任，從知通銓量，如昏謬不能任職，具姓名聞奏。詔權依。　十月十四日，吏部乞將汀、贛二州縣尉非次闕牓五日，專許武舉出身親民人指射；先差大使臣，次小使臣，限滿無人願就，許武舉出身經任監當人指射。長貳精加銓量。從之。　淳熙十六年十二月九日，江南東提刑司言：寧國府太平縣尉高世楙獲到私鑄銅器六百一十斤，乞行推賞。詔與轉一官。　紹熙元年四月十八日，詔：今後恩科人年及六十，不許注縣尉。　二年五月十一日，詔黃州黃岡縣上巴河添置東尉一員，從前知黃州李撰之請也。　三年四月九日，詔安豐軍六安縣故步鎮添置縣尉一員，從淮西諸司之請也。　六月十六日，利州東路遂司言：大安軍指使三員內將一員改作大安軍尉。吏部勘當，乞差注年未六十選人，如無選人願就，即注小使臣，先親民，次監當資序應材武人，並銓量定差。從之。　慶元元年正月六日，江西安撫司奏：吉州永新縣民物繁夥，舊來縣尉例是文階，向因茶寇為梗，遂改差武尉。自此深為民病，乞今後永新縣尉仍舊令左選差注。從之。　嘉泰元年三月二十四

卷萬五千二百七十七　二十三

日，詔婺州東陽縣添置縣尉一員。先是，臣僚言：東陽為婺州難治之縣，而永寧又為東陽難治之鄉。蓋緣此鄉鄰分潤遠，跨涉紹興諸邑，風俗慓悍，人戶積年稅賦不輸，官司遣人追逮，則聚集毆擊，巡尉亦望風奔避。前後如此者屢矣。請於永寧鄉增置尉司一處，弓級百人。其創置之詳，乞委自本州守貳從公相度施行，實為永遠之利。既而婺州奏：永寧鄉果是東陽尤僻去處，增置縣尉，實為利便。所添縣尉合以東尉為名，緣建置之始，乞差文官詳練有材力人建立規模。東陽一十四鄉，合分為二扇，兩尉共管九鄉巡檢，管五鄉。諸司保奏來上，故從之。　十一月十二日，浙東提刑曾晪奏：在法縣尉闕官許於寄居待闕官內選差權攝，蓋為警捕盜賊，其任稍重。科舉之年，縣尉有出身人當差充考試，近年以來專以闕應副人情，於是民之受害始有不可得而言矣。乞特降指揮，立為定制，自今縣尉差充試官，止令丞若簿兼攝，不須於寄居待闕內差。若丞、簿、尉皆有出身，仍須存留一員以備兼攝，不許盡數差出，庶革權官乘時為害之弊。從之。　二年十月二十四日，詔：今後如有極邊縣尉窠闕，並注年未五十人，如係兩淮通差闕，即先差小使臣，次選人，不許注授不應材武之人。　三年五月八日，詔迪功郎、嚴州建德縣尉楊圭特與循兩資，以本路漕臣奏嚴州烏龍山虎豹出沒，傷民害旅，圭

卷萬五千二百七十七　二十三

能措置驅捕勦絶乞行激賞故有是命　四年正月二
十三日詔紹興府諸暨縣添置縣尉一員　以守臣辛
棄疾奏楓橋鎮淅東一路衝要之地乾道間嘗陞爲義
安縣至淳熙初復罷爲鎮止有鎮税官各一員無事力
可以彈壓姦民無忌憚乞增置縣尉一員以武舉初任
人注授故有是詔　十一月三日詔令後贛州興國雩都
寧都三縣尉闕令吏部注授武舉出身及曾任縣尉無
過犯人從守臣趙時逢奏請也　開禧二年七月十日
臣僚伏覩諸州縣尉多注恩科及吏職往往皆年老昏
耄不能嚴於紀律勤於追捕乞專委諸州守臣銓量巡
尉如有年老昏耄不堪任職之人即與改授祠禄若年

卷一萬五千三百七十七　二十四

高精力未衰之人即與管下主簿或監當對易職任其
已注未上之人與別官兩易差遣仍令後應恩科吏職
雜流非材武之人不許注授從之　嘉定元年四月十
八日詔罷衢州西安縣南銀場監官添置西安縣西尉
一員以選人充與東尉分界管幹兼領銀場酒税職事
以守臣孫昭先奏西安南棲處之遂昌北抵嚴之遂
安相望三百餘里止有一尉惟是管下銀場監官一員
拘收課利兼管酒税烟火後緣廢畈酒課坐糜俸廩官
爲虛設故有是命　九月七日淮西運判張孝仲奏奉
旨本路見任知縣縣令許諸司審量有不勝任人選辟
條替其縣尉巡檢監鎮欲乞一體審量或有不稱職許

從辟替詔從之淮東準此　四年四月十八日四川制置
大使司奏天水縣尉困縣改建爲軍遂作軍尉今仍創
縣乞將天水軍軍尉改充天水軍天水縣尉兼主簿職
事從本司於左右選内通行選差從之　十月七日詔
郴州添差兵馬監押一員改入在選爲桂東縣尉　五
年三月二十七日侍御史徐宏言竊惟選人作尉獲賞
者一朝及格即遂通班所以重人命而戢盜賊也今格
當作尉者希覬釀賞多擬寘闕於濱海州縣故其到官
之初不務弭盜而願多盜鍛錬旁及於無辜牽連湊足
於人數有本非兇惡殭盜而用財買囑故入其罪者有
以任内所護之盜積一名兩名而湊成全火者亦有躡

卷一萬五千三百七十七　二十五

跚蹤迹而稱馬前三步躬親鬭敵者妄冒成賞請托保
明初無履歴之素而遂有改秩之榮乞行下諸路提刑
司自今凡作尉獲賞者仰於任滿日勘會在任獲賞之
後有無透漏羣火盜賊申聞省部如有透漏即前賞不
許行用其有本非殭盜不係全火躡跚蹤迹濫希賞格
者仰嚴行覺察許人陳告得實卻從省部改正以爲縱
盜弛職僥倖冒濫之戒從之　二十九日左司諫鄭昭
先言建隆中以初罷鎮將重令尉之權首頒捕盜之令
立爲賞格許以捕盜改秩蓋賞當乎功寧過於厚然又
慮其干名倖進相與爲欺也故立爲馬前三步之制謂
遇敵格鬭萬死一生以此償之良不爲過比年以來此

意寢失因有巡檢捕獲賞無所用而宛轉買囑者有之亦有弓級捕獲尉初不知而攘為己功者有之甚至所獲之盜不過數人而鍛鍊無辜以足其數者又有全無贓證率是平民而囹圄捶楚抑勒承認者且獲盜竊盜刑名不同臣近覩廣西憲司申奏梧州司曹志稱攝尉通曾平民鞫而為盜前後郡守縱吏成就之得旨已從鐫降勘鞫此特因事敗露耳似此之類不一而足乞於刑部俾申嚴馬前三步之制仍戒勅監司守臣如或保奏必須詰實其有徇情挾私如臣所陳乞併治其欺罔之罪庶幾功賞不至冒濫從之　七年八月六日京西路安撫司奏襄陽府屬邑惟南漳最為闊遠除知縣外

卷萬五千二百七十七　二十六

止有一尉巡捕一月不能遍及諸鄉其巡檢一員又隸襄陽宜城南漳三縣至本縣百餘里設有盜賊委難應援又況外當邊面之風寒內歸峽之心腹捍之事宜合增置縣尉一員分任巡邏警捕之責文武通差請給並依正官從之　十一月二十四日權知楚州趙仲䕫〔夫〕奏本州鹽城縣有岡門堰市居民日繁商旅所聚惡少縱橫鬬訟滋多亦不可無官司彈壓本縣佐官有簿尉二員其主簿職事至簡欲將主簿省罷併令縣尉兼管卻於岡門置西尉一員仍乞差武舉人與本縣尉通管海道庶幾緩急有以相濟從之　八年八月十八日京西湖北制置司奏郢州所管長壽京山兩縣各止有尉一

員近年以來流民猥聚詞訴亦繁若所差尉或是武臣不通文理難以倚仗欲將兩尉自後各差注文臣從之

九年十二月十七日詔天水軍移就天水縣舊治其天水縣置縣尉一員仍兼主簿令四川制置司選辟一次　十二年七月二日樞密院言縣尉之職以警盜為先不得其人則害可勝言哉六合四年前後兩尉皆出於進納彼其初以資得之龍斷之念驕僭之態蟠結于中安知官業之為如何選部以其初筮不問其地之緊慢人之賢愚例以尉授之而不知利害貿絕欲乞自今有擬注淮邑尉者必先問其出身精加揀擇有如進納之人止授之以繁難監當將見任人令監司精加揀擇

卷萬五千二百七十七　二十七

堪任職守人許令終滿其已差未赴人令赴部別注授合入差遣及自今後雖依條破格亦不許注授從之

十二年九月二十一日臣僚言伏見衢州西安縣知縣丞簿之外元止一尉而已因前知州孫子直以西安縣疆界廣濶申乞添置一尉為東西卻廢罷本縣南銀場監官俾西尉兼總其事西尉乃居城闉遇有幹旋行出鄉似若優閑所隸弓手五十名雖於東尉司撥到二十名外剏立三十名月支廩錢歲計一千六百二貫未免均敷於民以贍員之官徒為民困今欲復省而廢之所隸弓手二十名撥還東尉司外餘人住罷及將西安縣每歲增科沒錢一千六百二貫亦行免敷所有南銀場

人烟稀少不成井邑兼在山澤之內月收課額併令東尉寧管龍游縣亦係繁劇去處與西安江山兩縣事體一同西安江山乃有丞簿尉三員分領其事獨龍游縣止有縣丞及縣尉兼主簿二員而已緣本縣管下一十一縣四十九都路當孔道稅賦繁夥周回數百餘里若遇差委或丞尉有他故更無別員司差令欲廢罷西安尉卻於龍游縣置主簿一員俾職任各得其當從之

九月二十九日詔沿邊縣尉年六十已上人並不許差注詳見知縣門　十三年四月十日臣僚言竊見曩者郴冦之發上關朝廷優顧下而江西湖南廣東三路俱受其害伏自賊平之後朝廷創置衡州酃縣郴州桂東縣資興縣正欲令佐得人協力以安百里銷患於未形令職撫字丞簿佐之巡尉警捕俱不關官訪聞近來多是經營差出或占留諸司本州簽廳其本職卻別委官暫權多是差恩科或右選雜流之人緩急不可倚仗殊失朝廷創縣置官之意乞下湖南諸司及衡州郴州自今桂東資興酃縣三縣官並不許巧作名色差出別差權攝仰史臺覺察其權攝人並日下還任庶幾三邑俱有正官仍乞行下吏部不許注恩科人其巡尉止許注武舉不許右選親流人通注庶幾不至生事引惹邊隙從之　七月二十六日臣僚言竊謂方今改秩之法惟盜賞為僥倖令附會上官通融惟以金錢賂遺吏胥事蔑

卷萬五千二百七十七

三八

不濟所爲前捕獲徒虛語爾頃者議臣厭其偽濫欲盡廢磨勘乞與循資事竟不行僥倖如故凡今尉曹賞改多在中州事簡倖優不涉勞苦非分之福甚於邊功臣嘗親見窮邊一尉嘗以多事萬死一生於戎馬間追逐官軍護餉或部領民兵守險或能掩捕田里剽掠或能消弭叛亂姦民曾不得比附僥倖之徒希榮脫選三邊事體勞苦一同或死于瘴兵或死于奔命亦無褒異疇肯激昂臣竊見每歲班行酬賞八員明知僥倖法難輕廢且乞歲減二員以處極邊縣尉軍興以來凡奮不顧身宣勞疆埸人所共知者本任內前後曾擒兇惡强盜通計七人以上不拘金火不必爲前藏獲許其陳乞仰本部關具已斷獄案仍述本官才具在任勞效申聞帥憲監司公共保奏取旨注籍比附酬賞班引西蜀保奏如之歲放通不過兩員或保薦未到許令次年補足如此則極邊諸縣盡得佳尉他時邊境需才緩急可以選用其與端坐內地僥倖通藉者萬萬不侔臣今所陳非敢陛下輕改成憲權宜激勸邊事定日仍舊不待勘當不須體例聖君所行即是故事如臣言可采乞賜審斷施行從之

鎮寨官

淳熙元年十二月五日詔紹興府諸暨縣楓橋鎮烟火公事專差文臣一員兵武臣主管監稅一員仍舊從守臣錢端禮請也　五年十二月十六日詔吏部自今注縣令尉及監鎮兼烟火公事再令讀律晁

卷萬五千二百七十七

二九

貳詳加銓量。以吏部侍郎程大昌言：「在法，小使臣授
縣令、縣尉及監鎮兼烟火公事，須經銓量，乃注。而從
來銓量止是審驗癃老疾病，未必能通文義。乞自今銓
量並令當面讀律，或擇易曉一二句問之，須通方許擬
差，庶幾銓量不為虛文」，故有是命。　十一年七月二十
八日，四川安撫制置使留正言：「乞於黎州東南邊大渡
河上修築要衝城，移兵屯守。所有知要衝城官，乞下本
司作員闕奏差，令成都府路轉運司應副請給二年，為
任。與依關外四州極邊體例推賞。」從之。　十二年十一
月十五日，臣僚言：「紹興府餘姚縣眉山、三山廟山諸寨
皆係沿海控扼去處，內安撫司水軍統轄眉山寨駐劄

卷一萬一千二百七十七　三十

一員，三山廟山寨官各一員，并明州沿海制置司海道
幹當使臣三員，並專以捕盜為職，累政相承，皆係諸司
辟差，往往夤緣請求，不可倚仗。乞將上件窠闕悉歸吏
部，詔令後令吏部於大小使臣中選差有材武諳歷海
道之人充。　十三年八月二十七日，前瀘州瀘溪知寨
劉昌齡言：「湖南沿邊防守知城堡寨官，除請受在本州
軍支給外，其供給錢，遂州軍公使庫例給歷頭，令於本
寨自行措置，緣此每遇蠻獠因事赴寨陳詞，例將理斷
人科罰錢物充供給錢。」詔令後並就公使庫按月支散，
如或科擾，重寘典憲。　十四年六月二十七日，詔黎州
盤陀寨依安靜要衝城等體例施行。　四川安撫制置

司言：「黎州三面與蕃蠻接境，先來本司措置，就形勢控
扼處建置寨柵，以為經久備禦之計。內西南邊置安靜
寨，係防吐蕃青羌路；東南邊置要衝城寨，係防邛部川
等蠻路；西邊置盤陀寨，係防五部落路，並係緊靠邊界
瘴烟之地。除要衝城寨官已得旨許理為員闕，任滿依
關外四州官推賞外，餘盤陀、安靜兩寨官皆未有推賞
格法，內盤陀寨未準指揮理為員闕，所以久無官願就。
乞將黎州盤陀寨依要衝、安靜城寨官體例理作員闕，
從運司應副請給，其盤陀、安靜知寨仍乞許從本司選
差，具申樞密院給降付身，任滿日並依要衝城寨官體
例比附關外四州官賞格推賞，所貴邊寨體均一，有以激

卷一萬一千二百七十七　三十一

勸。」故有是命。　淳熙十六年八月十八日，詔隨州隨縣
唐城市仍舊改為唐城鎮，置監鎮官一員，兼管本鎮烟
火公事，仍於文武臣內通行差注，從本路諸司請也。
紹熙元年正月十七日，權發遣黔州黃旦言：「今後差注
沮寨官，必選有材武人，庶幾緩急可以倚杖。」從之。　二
年二月一日，四川安撫制置司言：「臣僚奏照得碉門元
置知寨，止為彈壓訓練，以鎮邊壘。今興收稅，殊失大體，
威重不行。欲於知寨外別差稅官一員，專令收稅，勿與
寨事。其知寨乞從制置司銓量按試，請熟邊備、精於武
事者差充。本司乞於雅州見任釐務指使內省併一員，
差管碉門寨商稅外，所有碉門知寨，乞自朝廷差注，或

從本司量度人材選差專一主管烟火彈壓邊面詔其知寨官令制置司選差　七月十一日湖北諸司言江陵府松滋縣澧州澧陽縣管界巡檢乞移就西平市置寨彈壓從之　三年三月四日福建安撫司言浦城縣查源洞賊平之後措置欲將左翼軍官兵三十人存留在臨江鎮彈壓他時朝廷或有調發亦不妨抽撥從之

八月十二日廣西諸司言照得萬安軍調置知寨兼帶地爛博敖烟火賊盜公事委與縣官相妨乞令後差注調置知寨許令兼帶統轄博敖地爛忠義民兵結銜吏部勘當欲將調置知寨兼本路分巡檢窠闕銜內添入統轄博敖地爛忠義民兵從之　二十五日知峡州朱晳請移三州巡檢於土溪置寨從之

卷一萬五千二百七十之

三十三

全唐文

宋會要　鎮將

掌巡警盜竊唐有品秩五代已來皆節帥自補親隨與縣令抗礼公事專達于州自建隆二年置縣尉主鄉盜賊鎮將所主止郭內而已仍統於縣副將兼領都虞候又有鎮典主文簿（案）所由供役使無定數太祖建隆四年四月詔涇原邠慶等州長史不得補蕃人為緣邊鎮將太宗太平興國二年詔藩侯不得差親隨為鎮將自此皆用本州牙吏（官）為之亦有宣補者真宗景德二年八月詔益梓利夔路鎮將不得捕鄉村盜賊及受詞訟　哲宗正史職官志諸鎮監官掌警邏盜竊及煙火之禁兼征稅榷酤則掌其出納會計　神宗元豐元年閏正月七日詔廣南西路沿邊寨鎮使臣自今並依五路舉官條奏舉权免取願就狀候文人入貢取旨以本路經略司言沿邊寨鎮使人年滿及見缺無人願就故也　五年十一月六日廣南東路轉運判官徐九思申東海有島曰香山嶠佃户主客共五千三百三十人欲置香山鎮差監官一員主煙火盜賊從之　哲宗元祐元年二月二十一日詔諸將兵在鎮寨非將官駐劄者監鎮寨主依知縣法司管公事著為法　徽宗大觀元年九月四日京畿計度轉運使宋喬年奏乞應京畿下諸鎮已有武臣處只令專管酒稅外別差經任文官一員管勾鎮事仍兼

酒稅其民旅裀襍見無監官去處亦乞依此差官乞自朝廷差注或許臣具名奏辟一任並從之三年六月十四日詔大觀元年九月内京畿諸鎮添差文臣指揮更不施行政和四年正月二十四日兩浙轉運司言湖州安吉縣梅溪鎮監官不曾轄監中煙火居民畧無畏憚今相度欲令本鎮監官就兼煙火公事從之

宋會要 牙職

太祖開寶四年十月知邕州范旻言嶺外十州風土甚惡縣鎮津口稅賦失額州主令佐皆是衙前職名及土人補置因無廩祿非此色人不易久任應言事者或請遍除職官廣屯兵士未知嶺外所入則少朝廷所費則多制置之時別有宜便詔依舊例差衙前勾當　太宗太平興國二年三月二十二日以諸州所籍送當隸牙校者凡百人具九十五人補殿前承旨五人老病遣還先是方鎮侯伯得自補子弟為軍中校既死其子弟因父兄財力率豪橫奢縱民間患之太宗在晉邸悉知其事故即位之始盡令諸州籍其名部送至闕下以賤職羈縻之　八年五月詔諸道州府軍監衙前使院客司通引官多是知州通判臨替狥情額外添人驀越遷補自今並須依次轉補及不得額外別置名目添入如日前已有此類並須改正如違許諸色人論正犯人當行配決告事人支賞錢二百千犯事人家財充賞其干繫官吏等並當除名新官到任後不舉覺亦連坐之　真宗景德四年三月詔開封府職員孔目官勾押官至前後行自來元不定遷轉年限今後並五年一遷遞度具功過以聞六月詔諸州軍解奏牙校守職年深乞班行者自來例補借職若係藩方者即人員數多計其歷職久而方遷今後可特補奉職大中祥符四年十一月詔開

卷二萬四百七十九

封府使院職員前後行等特因轉補職名如有見闕吏不轉補俟逐司却及舊管職名人數內有員闕即依舊例施行　八年正月詔三京及諸道州府軍監衙前使院職員等有受入己贓依法不至徒刑勒停見充散押衙者今後經恩特與降等收係或定額已足即令守闕「如有闕亦依例遷轉內有元犯枉法贓并勒充衙前散職後再犯入己贓並依舊名目收管經恩不得收係應三司開封府過犯公人自來赦文該叙理者除犯入己贓及徒刑外餘並許於刑部投狀送所屬處勘會元犯因依以聞當與量所犯等第收叙　八月詔開封府應管牙職將佐都押衙左知客押衙左番通引官行首並

卷二萬四百七十九

壹處遷補仍具新定資級以聞　舊例叙遷至牙職之首即府以闕補充班行至是本府以押衙知客權行首各奏歲滿出職故有是命　九年九月開封府言定衙吏為三等左右都押衙為第一等以五年出職客司左右知客押衙為第二等六年通引同左右番行首為第三等七年並出職其職員不立等第有闕即本司次補從之天禧二年十月詔逐路轉運司奏諸州軍都知兵馬使供職年限看詳有一二年或二年一替之處例各不同自今並二年一替　二年十二月詔諸路府州軍監自今都知兵馬使年滿並先申本路轉運司委使者驗人材書堪任班行差使即得發遣赴闕如選懦不習

書劄及老疾不任差使者却送逐處與攝長史司馬　五年七月詔廣南州軍都知兵馬使除廣邕桂州每及三年無過即試驗送闕下自餘滿日並試驗具入仕件析奏裁　仁宗天聖元年十一月詔宜州最處邊陲接西南蕃南丹州控帶蠻洞其衙前職員累經差使甚有勤績自今都知兵馬使三年滿依例赴闕與班行諸處不得援例　四年正月詔應諸州軍州院勾押官已下條節級名目者如犯入己贓依法不至徒刑勒停該赦叙理者比類使院勾押官已下体例與衙前散押衙名目不得隨例遷轉　七月三省言夔州路轉運司運轄下十二州軍使院都孔目官勾押官職滿安排勾當名

卷二萬四百七十九

目內十一州軍已有舊例難議改更外有俞州使院都孔目官年滿取使歸農自今於本州守闕教練使安排吏不歸農從之　十月樞密直學士薛田言益州見管職員文帳內有歸明軍將後行四十餘人即今只有十餘人乞與除落歸明二字從之　六年七月開封府言在府使院十一案每日行遣錢穀稅賦及刑獄諸般文書不少欲乞添置守闕勾押官壹名已後為額與都孔目官同共繫書點檢諸司公事從之　十月臣僚上言伏覩豪民於防團刺史以上武臣門館希求牒帖補充教練使衙內指揮使或內知客子城使以至押衙過圖軍將者竊緣並是元隨之人止可供身驅使而外道豪

民求此名目凌駕州鄉兼并縱肆官吏至有陪接者欲乞自今武臣品秩合說補置牙校者止得於隨行人内收補更不得以豪民充從之　八年二月南京言當京自來並無長入衙前轉遷條例昨自建京後來牒西京會問留府兩衙分到衙前所管職員都知兵馬使一人左右都押衙二人都教練使一人左右教練使各一人守闕教練使一人押衙二人並三年一轉至都知兵馬使三年滿出職如願在班行即押赴闕如不願者與攝長史司馬遷轉之時如闕職名人數將舊管長入軍將從二名排連資序轉充押衙守闕都教練使左右教練使都教練使左右都押衙都知兵馬使乞依此條例從之

卷二萬四百七十九

四月知濱州崔有方言欲乞應諸州軍年滿得替理正押司錄事如差充衙前年滿願求充衙前者並依見在職承引客司等例據入仕年月次第相對遷轉所貴願充衙前人見此遷轉職名體例漸次別為招誘從之

景祐元年二月十五日權三司使范諷等言准詳定衙前人乞除川陝廣南福建兩浙等路且依舊外餘路招召不曾犯徒刑有戶貫人充候及三周年不犯徒罪無官物縮繫願上京充三司軍將令本州申三司抽填差使詔三司軍將如不至闕人且仰住招候招到人額内收足即更不得抽差鄉縣人充餘從之十月九日詔州府都知兵馬使今後年滿合得奉職者與借職借職者

與三班差使殿侍並三年滿無贓罪轉一資　五年二月十七日詔衙前軍將身死並依客司承引官名闕許本家骨肉承填　寶元二年八月十二日以府州都孔目官勾當府谷縣折諫為借職是州境皆党項部落堡人戶稀少朝廷但以孔目吏掌縣事教練使為獄官時知州折繼宣莅事不法罷去諫常依倚為姦轉使奏罷縣事授借職羈縻之司理院許選牙職不犯徒者充

皇祐四年十二月詔諸州衙前在緣邊應役者止令主管官物毋使管勾公厨茶酒帳設司違者以違制坐之

嘉祐三年十一月詔諸路轉運司開封府界及府界提點司體量衙前差配主持買納官物及押綱之類有害民者條奏之

卷二萬四百七十九

五年二月知雄州曹偕言幽州入社清自來與雄州刺事宜今事覺挈家來歸請補外州一教練使給良田數頃仍給月俸從之以上國朝會要

神宗熙寧三年十一月二十二日定州言使院都孔目官乞依太原府都孔目官例年滿赴闕與下班殿侍本州指使一年轉□三班差使詔太原府年滿推恩指揮今後更不施行　哲宗元符三年六月十七日試尚書兵部侍郎兼權吏部侍郎黃裳等言契勘諸路都知兵馬使年滿轉補三班差使借差在元豐條到部應副日收入任程指射差遣元祐立法乃許歸本州或本路管押綱運仍依召募得替官員支給路費係短使者即

理短使係任程者即理在職月日今省詳在部人合應副短使一年以上無闕方許收入任程若獨許銜職出身之人就便出外管押綱運理當短使顯屬僥倖今欲乞依元豐條格施行借差從之其元祐指揮更不施行

徽宗政和三年二月八日中書省言契勘今天下諸州軍因仍五代藩鎮之弊胥徒府史有子城使教練使都教練使左右押衙左右都押衙中軍使兵馬使都知兵馬使名稱鄙俗今董正治官革去因襲擬釐改作都史副史介史公皂衙皂散皂上隸中隸下隸從之其請給遷補出職之類並依逐州軍見行條法施行以上續國朝會要

卷二萬四百七十九

高宗建炎三年四月八日詔應殘破去處監司州縣人吏並減半不經殘破去處減三分之一自今移文務從簡省　十月一日臣僚言諸縣吏人自定額比年以軍興為名多自添置百姓因事到官則群乞覓少不如意則舞文巧詆無所不至欲望行下逐路轉運司諸縣額外人數並限日下罷免妄作名占留者許諸色人越訴詔行下諸路依近降裁定人數施行　四年七月二十七日詔應換授班直親從官差充諸州軍縣指使依已降指揮於令之任候任滿日更不差人　十月二十四日樞密院言諸班直親從親事官已降指揮保義郎已下差諸州軍指使未曾立定人額詔每州各以五員為額內已過數人任滿日更不差人仍以先到任為額

紹興元年六月六日戶部言吉州申昨來[illegible]衙前舊法係稱都知兵馬使等名目及本州人吏係稱都孔目官等名目後准指揮衙職改都吏人吏改典史等契勘建炎元年六月十六日敕開封府官並依舊制諸州軍府准此竊恐都孔目官等并衙職等名稱亦合依舊詔諸路監司州縣衙職人吏並依舊制稱呼

三年十二月十五日淮南轉運司言建炎三年四月八日赦應殘破去處人吏並減半不經殘破去處裁減三分之一今來文移減少民訟未多欲乞淮西州縣已減上更又減三分之一如將來民戶歸業事務繁冗許從州縣申請乞行添置其州縣如有吏願減者聽其減併從之

卷二萬四百七十九

八年三月六日詔監司州縣等處吏人犯罪但已曾編配或於法本不合編配而情重法輕有司酌特行編配之人雖會恩或依條放還或改正過名並不許收叙亦不得投充他處名役從之　五月二十三日臣僚言州縣吏人各有定額中昨三分減一而官吏循習務為容庇往往過數存留望申嚴法禁令後專委提舉常平司覺察從之　九月二十一日詔諸路監司州軍人吏見帶校尉以上名目之人不自陳解罷依舊充役者徒一年官司容庇杖一百　以臣僚言州郡舊制人吏每遇考課推其年額最高無罪犯者補攝參軍號為出職未有得為品官者唯節鎮衙前每歲解發一名

補承信郎近歲以來寖失舊制監司州郡執役入吏當
緣軍興之際奏功推賞竄名其間例蒙授以品官一州
不下數人高者至保義郎下者進武校尉且以近地數
州論之平江府尤甚為役吏而帶行階官固非舊制而
又仍舊掌行文案未嘗罷役參選故有是命　十二年
九月八日臣僚言州縣往往擅自增添人數額外收補
充手分貼司御書手并存着私名貼寫之類及收叙犯
罪勒罷吏人入役并有斷配他州者輒敢不往配所依
前冢居或存留在案充私名貼司恣其作過伏望令戶
部檢坐敕條行下諸路專責通判先自本州軍及逐諸
管下縣將額外增置及斷罷不應充役之人并存着私
名貼寫之類並日下放罷所有斷配之人如尚留本家
卷二萬四百七十九
即收捕依法施行訖嚴切押往配所交管其州縣違戾
之罪乞權貸免自後有犯論如常法仍令部使者常切
覺察詔令戶部檢坐見行條法行下仰諸監司按察如
失覺劾令御史臺彈奏　十三日赦勘會監司州縣公
吏自有裁定入額後因泛濫收係及令負犯人冒名充
役竊害百姓累加約束近臣僚奏陳又降指揮令戶部
檢坐條令申嚴仍委監司按察尚慮上下容庇奉行滅
裂限赦到應見犯及額外收係如私名貼書家人之類
並放罷鎮寨場務依此當職官失覺察並行竄責　二
十六年八月十一日御史中丞湯鵬舉言欲固邦本在

寬民力在省人吏今之州縣胥徒最冗為民之害最甚
且如既有正額又添守闕既有習學又收私名創立事
端則謂之專行分受優輕則謂之無案率置一局則三
四人共之貼司又不可勝計比年以來朝廷屢行告戒
赦文累有約束裁減省吏額或禁止冒役丁寧備至率
皆巧作名目或云見行理會而所屬公文未下乞先次
權案或云已經赦宥而敘復合得元名乞先次收補於
案牘公移則避罪而不繫書於監司巡案則匿名而暫
迹避凡此之類未易縷舉緣此州縣本無事也以人吏
衆多紛張而生事居民本無訟也以人吏姦猾教唆而
興訟追呼逮捕文移騷然第見吏日益富民日益貧比
年守令監司恬不加卹朝廷豈可不為之立法乎伏覩
卷二萬四百七十九
建炎三年赦文內一項具載減罷人吏最詳而一時奉
行不虔至今徒為空文乞下戶部委逐路常平官躬親
出巡量立期限參照見行條令視州縣繁簡分為上
中下三等立定合置吏額如逐處已是足用則不須增
置如或過額則自當裁減內有曾經編配放停之人並
不許收敘稍有違戾於額外收補委監司守令常切覺
察如不遵守以違制論詔依令逐路常平官參照額立
定申尚書省　十二月十二日宰執進呈兩浙東路提
舉常平趙公稱奏一路人吏共四千二百六十一人減
罷二千一百九十三人上曰一路人吏有許多減得極

是縱容此輩在官侵錢圖不足借唯是姦猾侵欺大為
民害二千餘人衣食皆取於民便是供養二千餘家民力
極不易沈該曰無此輩蓋是黠胥教唆詞訴尤為民患
上曰若諸路依此措置減罷不唯州縣省事百姓亦受
賜無窮也　三十年八月二十五日大理評事蔡洸言
伏覩紹興二十八年郊祀大禮勅契勘昨緣州縣監司
公吏猥冗已降指揮裁減及犯罪停罷之人訪聞往往
循習積弊別作名目收係既無吏祿則取給百姓至於
教唆詞訟變亂曲直擾害公私並日下罷逐與免科罪
仍仰提刑司常切覺察如有違戾去處按劾以聞切見
近日諸州縣監司吏額之外略已去矣獨有諸縣未能
卷二萬四百七十九
恪意奉行頓革此弊除吏人定額之外依前潛置私名
號為貼書欵司其徒尚繁每一劇邑有至一二百人少
亦不下數十人縣官利其便於使令一切不關朝入縣
門百十為群散之吏舍行遣公事擾切百姓乞取無厭
抵暮無有垂手而歸者使鄉民日贍一二百人自然膏
血盡矣何為而不困耶且有老姦巨蠹罪犯斷停置身
無所專務刺探縣道持其短長苟或不容則假托姓名
妄興詞訟官吏畏之無敢不留公事一入其手則舞文
弄法擾害公私正如詔旨之所謂者可不逐乎伏望申
嚴行下提刑司常切覺察如有違戾去處即依赦勅指
揮按劾施行私名冒役之人一例依條斷罪詔令戶部

厚

申嚴行下其昨降指揮令諸路監司參照裁定吏額至
今未見申到去處仰本部限一月催督如依前違戾具
監司職位姓名申尚書省取旨十二月七日臣僚言州
縣公吏每月請受從長官給券按月以支不許借請不
許以次官書判乞備坐見行條法及節次承降指揮下
諸路監司并所部州縣常切遵守令後公吏借請一歲
通不得過兩月如過數借請其借請之人及判狀書
官吏並計贓斷罪及乞從戶部不時取索驅磨將違戾
去處按劾施行從之　以上中興會要　孝宗乾道二
年五月十七日戶部言提舉江南東路常平茶鹽公事
李厚奏令後吏人陳理身役雖有敘法更令本州縣保
卷二萬四百七十九
明申常平司具錄元犯重行覆實本部契勘緣已有見
行條法指揮該載慮州縣奉行不虔欲行下諸路常平
司鈐束所部州縣常切遵守毋致違戾從之　五年三
月二十七日臣僚言乞嚴行禁戢監司州縣公吏非因
差出不許借請令諸路監司互察從之　六年八月二
日試宗正少卿兼戶部侍郎王佐言乞令提舉常平司
委州之主官官限兩月取索屬縣額內公吏看詳如委
有違條冒役人即行勤罷如收敘應法聽令在役仍將
各縣公吏姓名揭於板榜其稱再入役者略具所敘之
因俾民通知歲終一易論訴冒役者必須指其見犯刑
名與收敘不當因依如根究得實監司守令當職官依

紹興二十六年八月指揮坐違制之罪或姦民挾私妄
訴亦科反坐從之　九年閏正月七日詳定一司勑令
所言契勘諸州衙職解發補官乾道令稱孔目官每州
補一名年滿解發赴闕補官緣政和二年二月九日指
揮都知兵馬使改爲都史昨修書日照都史二字作都
吏字改移爲孔目官今看詳合將上條内孔目官三字
依舊作都知兵馬使爲文從之　六月十七日兩浙西
路安撫司言本司人吏年勞補進義副尉存留充主管
文字三年竊緣本司係掌行一路事務其主管文字實
歷三年應辦委是繁重乞欲將人吏補受充主管文字
三年爲任年滿無遺闕特一官離司從之　以上乾道

卷二萬四百七十九

會要　淳熙元年十一月[illegible]七日詔將吏職副尉職名
依舊法隸都官　二年二月十日福建提刑葉南仲言
郡縣獄吏推行重祿令職級押錄之下有推司疑司之
下有代書貼司自推款司以上行重祿代書貼司無祿
也是以每有獄事則推款司主行之而贓賂公行則在
乎代書貼司也獄成而無詞訴則衆分其賂有詞訴則
貼司當之又相與營救止抵徼罪乞詔有司立定郡縣
獄吏額數應在獄者並行重祿如敢額外增置無祿人
吏並以違制論令監司按察以聞從之　四年九月二
十八日臣僚言乾道七年太府寺丞王全福申請乞將一
州縣吏人就提刑司試中方許補充近來州軍循習久

例皆不試補乞令諸州軍法司習學并知曉法律不係
習學人解赴提刑司令檢法官依條收送州不限所取
人數將試中人籍記姓名行下本州元習學人外其餘
人數知諸州無合格人及日後闕少諸司許指名申提
刑司選差詔諸州軍每歲專委通判試補將試中人籍
記以備差補　五年四月八日詔諸路提刑司行下所
屬應州縣承勘人吏並從上名選差諳曉鞫獄人從大
理評事周邵請也　紹熙三年五月二十九日臣僚言伏
覩法文應州縣分爲等降許置吏額皆有定數近者所
至多於額外巧作各色添置乞行下監司守令照應見
行條制額外一人不許存留揭示姓名使民通知捨是

卷二萬四百七十九

許入越訴庶几民不被其侵漁之害從之　慶元六年
大月二十四日臣僚言州府吏人資級自正額手分遞
遷都孔目官及點檢文字其衙前職員資級自客司客
將遞遷押衙等昨來臨安府陳乞本府係車駕駐蹕之
地事務不一委是勤勞竊見兩浙轉運司人吏年滿已
降指揮補承信郎緣本府與外郡不同比漕司尤重乞
比附開封府格法上降二等補承信郎欲乞除兩浙轉
運司臨安府自依見行條法指揮外今後諸路監司州
軍人吏并衙職等並不許解發所有已保明在部之人
亦不許補授庶免攀援僥濫之弊仍乞令勅令所循立
成法從之

都鈐轄鈐轄　朝官及諸司使以上充，或一州、或一路、兩路三路，亦有無都字者。　兩朝國史志：有都鈐轄、鈐轄，以朝官及諸司使以上充。有一州、有一路、或兩路者，官高資深充都鈐，官卑資淺稱鈐轄。　舊州鈐轄除本州知州已帶本路帥臣，并本路兵職高及管內安撫使者依舊稱鈐轄，餘知州見帶本州兵馬鈐轄，其州鈐轄依新制改稱兵馬副鈐轄。　真宗咸平五年四月，以知鎮戎軍李繼和兼涇原儀渭州駐泊兵馬鈐轄。真宗曰：李繼和累請益兵，朝廷難以應副，本路總管司軍馬之數已是不少。繼和益者，慮其時總管司不為策應，朕細思其若

卷二萬一千二百三十一

蒞就命繼和充四川駐泊鈐轄，其鎮戎軍駐泊兵士，却令總管司通連管轄。宰臣等以為經，故有是命。　景德元年十月，詔川陝四路兵甲賊盜事，內益利兩路令西川鈐轄司提舉，梓夔兩路令峽路鈐轄司提舉，其遂州都監但主本州兵甲盜賊事。　先是咸平四年，詔分川陝為四路，以西川轉運使馬亮為益州路轉運使，總益綿漢彭邛蜀嘉眉陵簡黎雅威茂永康凡十五州軍，以知益州宋太初、崇儀使楊懷忠並為益州鈐轄、提點兵馬捉賊事；峽路轉運副使李防為梓州路轉運使，總梓遂果資榮昌普渠合戎瀘懷安廣安富順凡十四州軍，以知梓州王渭提轄兵馬捉賊事，西川轉運副使張志

言為利州路轉運使，總利洋興劍文集壁巴蓬龍閬興元劍門三泉西縣凡十五州府軍縣，以益州都監王沆知利州，提轄兵馬捉賊事；以峽路轉運使丁謂為夔州路轉運使，總夔施忠萬開達渝黔涪雲安梁山大寧凡十二州軍監，以知夔州李漢贇提轄兵馬捉賊事。今復更制，故有是命。　大中祥符五年六月，涇原路駐泊都鈐轄兼知渭州曹瑋言：乞依舊例別差人知渭州，臣止乞一面管勾鈐轄司事。帝宣示王欽若等曰：邊防軍馬所屯之地，若別置知州，即各生事體，可降詔以此意諭之。　十月，詔廣州鈐轄兼提舉在城煙火賊盜事。　天禧三年五月，延州言：閤門使鄜延路鈐轄高繼勳以私

卷二萬一千二百三十一

買部民馬，抵罪，勒停。其軍馬公事乞交與知延州趙湘權管勾。帝曰：邊防軍馬公事既已停罷，即合盡時交對，自今當條約之。　仁宗景祐二年五月二十七日，樞密院言：高州蠻僚驚劫人戶，英州亦有賊盜，雖已差人捉殺，緣朝廷路遠，緩急奏報不及。欲於廣南西路各置鈐轄司，其廣州知州兼充東路鈐轄，并舊鈐轄外更添駐泊都監一員；桂州差近上臣僚知州兼充西路鈐轄，一員及舊駐泊都監每路各三員，差指使使臣二人。從之。　寶元三年七月二十三日，樞密院言：河東安撫使段少連乞罷陝西河東兵馬鈐轄等巡邊名目，或欲令兵馬司臣僚察視兵甲城寨經度隣界事由，許即令簡徑

並任其下提點刑獄朝臣許歷州鈐轄而與路分鈐轄以官敍之皇祐元年正月二十一日兩浙轉運司言請自今知杭州專管勾一路兵馬鈐轄

出入不須張皇從之　慶曆二年四月詔諸路轉運使副爲按察之官其路分兵馬鈐轄司事仍選諸司使副一員爲本路駐泊兵馬都監司管勾鈐轄司事如本路軍人犯法許鈐轄司量輕重斷遣從之　至和元年八月二十三日樞密院言今後三路雄鈐轄差遣並實有武藝或膽勇出衆堪任戰陣者充候及五年與正鈐轄知非時將立戰功朝廷酬獎者不拘此限自餘更不差權仍不許陳乞從之　二年五月罷河北河東陝西三路知州軍兼路分鈐轄都監其正任團練使以上只爲本州總管諸司使以上爲本州鈐轄餘管勾本州駐泊兵馬公事其員多處將來有闕更不除　嘉祐元年十一月

卷二萬一千二百三十一

詔武臣爲路分鈐轄及六周年者給添支錢五十千

二年九月七日詔内臣爲鈐轄都監者逐路止置一員

四年五月二十四日詔淮南東路揚州西路廬州江南東路江寧府西路洪州湖南路潭州福建路福州長吏並兼本路兵鈐轄　神宗治平四年元本改閏三月詔今後三路分内臣鈐轄都監闕並須選擇如内臣未有可選者即於前班五換選差　熙寧元年十二月十七日樞密院言自至和年條貫微凡諸司使知州軍並乞帶鈐轄蓋是誤用條制今欲差除武臣知州除須合兼鈐轄去處外餘並只用兼管内駐泊軍馬公事爲定式如前任資高今來所差知州軍不是責降即許理

爲資敍其正任防團以上知州自依舊制從之　三年五月二十一日樞密院言武臣知州未立定合兼鈐轄州軍去處今定除河北河東陝西知州軍帶經略安撫使及都總管外河北雄滄二州河東代路二州知州自今並兼本州駐泊兵馬鈐轄除本州軍兼管勾本州駐泊軍馬公事其正任防禦團練使以上知州自依舊制從之　六年十二月三日詔六宅副使邢佐臣充太原府路鈐轄兼給路分鈐轄添支自今諸司副使充正路分鈐轄准此　九年二月十三日詔改新知廣州祠部員外郎史館修撰劉僅知虔州兼江南西路安撫兵馬鈐轄其洪州即罷鈐轄司候南事平日依舊　元豐元年八月十八日詔自今路分兵官與將官互差　二年

卷二萬一千二百三十一

正月十七日以左藏庫使李希一爲永興軍路鈐轄希一初授本路都監自陳乞一路分鈐轄上批希一累任外任恐合陞鈐轄可具資序進呈遂命之　二月十八日詔成都府路鈐轄寄任頗重與他路不同其知府處置鈐轄司職事自今並須參議於接待儀範並依蔡延慶參判任以前體例毋輒裁損　先詔坐次與本路通判敘官其罷之初趙抃爲京以前執政爲安撫使故見鈐轄儀稍殺故也　三年三月十四上批京西路轉運使移向乞移梓夔路鈐轄司於其資州應接夷事澗爲近便但轉運鈐轄兩司皆不欲徙故言者雖衆議卒

不行且依殉奏直處分仍專委轉運使高秉處畫自今
委中書選人知資州帶主管梓夔兩路兵馬司事　四
年十月十四日英州刺史步軍都虞候林廣言梓夔路
鈐轄司欲乞依舊止於遂州安置如戎瀘州遇有諜報
夷賊事入急遞飛申轉運鈐轄司同議處置賊勢稍大
即鈐轄領兵赴就近照應從之　五年四月十九日詔
旋梓夔路鈐轄司於瀘州遇有邊事安撫鈐轄司措置
施行轉運司更不干預　七月二十九日詔已置瀘南
安撫司其遂州鈐轄司事並隨安撫司移瀘州　七年
十一月二日詔增差廣東鈐轄張整為廣西鈐轄駐桂
州其廣西上供錢禁軍缺額錢米並令樁留其常平免

卷二萬一千二百三十一

五

役寬剩經畧司知羅度僧牒錢緩急並奏聽支用從知
貴州黄時中請也尋又詔整馭軍太急委苗時中覺察
無致生事　哲宗元祐元年十月二十八日樞密院言
臣僚奏梓夔路鈐轄司元在遂州昨因蠻賊作過應報
應遲遂遷往瀘州今乞依舊在遂州詔候邊事寧息奏
聽朝旨　十一月二日詔三路京東鈐轄並只差內臣
一員如未有可選之人即權於前班內差　五年九月
十三日詔除三路外諸路鈐轄司各權添差大使臣兩
員充準備差使　六年五月十二日太原府路鈐轄兼
第一將皇城使康州刺史訾虎罷兼將依舊專充本路
鈐轄以帥司稽虎緩急統制諸將故有是命　閏八月

六日給侍中兼侍講范百祿言梓夔路鈐轄及沿邊安
撫兩司專委武臣既不隸帥府又無別官同領當用兵
之際或可從權於無事之時則為偏重乞依祖宗舊制
以鈐轄司移歸遂州其瀘河止存沿邊安撫司詔梓夔
路鈐轄梓州路轉運提刑司相度瀘州樂共城差大使
臣充知城更不帶路分都監以梓夔路都監一員知瀘
州兼管勾瀘南沿邊安撫司公事移梓夔路鈐轄歸遂
州與遂州共治鈐轄司軍馬及同議戎瀘州邊事其合
行更改等事並條畫以聞　八日江南東路鈐轄司言
本路舊有路分都監二員緣本司統制江東軍政乞循
舊制差路分一員詔東南第五將武端民兼權　元符

卷二萬一千二百三十一

六

三年三月十八日詔建湟州為都護府以濰州團練使
熙河蘭會路都監兼本路鈐轄王贍為隴右都護知湟
州兼隴右都巡檢使東上閤門副使知湟州兼隴右沿
邊都巡檢使王厚為隴右同都巡檢使都護職事如沿
邊安撫司例施行仍令經畧司以時檢校　五月七日
詳定一司敕令所言臣僚奏路分兵官駐劄處不係將
禁軍不因本司牒差許與不許巡觀教閱及點檢軍中
差遣所有不係將禁軍指揮小分亦未審路分兵官合
與不合管轄等事檢會樞密院劄子節文諸路分鈐轄
都監自置將後來所管職事訓練軍馬繫書銜位皆未
有定制遂路事理不一除三路二廣係邊帥統屬舊戒

論緒及元置係在控扼去處如淮南兩浙江南東西荊
湖南北福建路並合依舊外其餘諸路令相度到路分
兵官合管職務一管轄本路不係將屯駐駐泊就糧禁
軍應駐劄處歲首揀選及排連將補公事並與知州等
同共商量行遣兼提舉本處所管諸軍教閱若與鈐轄
司共州看應鈐轄司行遣軍馬公事並簽書同行不同
州者亦聚銜書其某處一路分兵馬兼將者除管轄本
將軍馬外亦依前項指揮如因巡教揀選將兵所至有
管轄不係將兵亦仰巡歷教閱點檢軍中差遣一每年
春秋許安撫鈐轄司相度有不係將兵兩指揮以上州
軍輪定三兩處牒差不兼將路分兵官一員前詣仍與

卷二萬一千二百三十一　七

隨處長吏同共商量措置務在勞逸均平奉聖旨依令
欲依上件指揮施行從之　徽宗建中靖國元年正月
十八日永興軍路安撫都總管司奏近司久來行遣文
字管下縣鎮將領訓練官司之類並用劄子行下詔依
所申詳見營門熙　崇寧二年正月二十六日中書省言四川
地遠軍防不修乞利州夔州依成都府例各置鈐轄移
利州路分於劍門關兵卒增倍成都府舊以便宜從事
罷去已久軍民所犯臣竊者令酌情處斷四川監司鈐
轄大州守臣不差蜀人所轄兵馬東軍與土人參用如
舊法從之　大觀二年九月十四日詔應東南路鈐轄
司置籍每月各具見管開收兵馬文狀具帳聞奏詳見總管

門
三年六月二十七日內降劄子帥府舊無路分鈐
轄者許置一員無路分都監者望郡置一員參總軍政
並選材武有功人充東南除舊有路分鈐轄或路分都
監去處依舊差置於帥望州駐劄外其餘添置路分鈐
轄路分都監許令終滿今任更不差人　政和五年十
二月二十八日詔瀘南自先復晏州鎮理並廣可令帶
梓夔路兵馬鈐轄仍充瀘南安撫使　六年十一月七
日詔應見理路分鈐轄路分都監州鈐轄資序人並改
正今後如敢奏陳乞理為資序者以違御筆論仍委御
史臺覺察　宣和二年四月四日詔近緣諸路州軍多
占破有手藝人充白直更代不時軍士嗟怨委廉訪使

卷二萬一千二百三十一　八

者據籍點檢深慮日後經隔歲月差使依前不均便行
改造新簿無憑照證令後諸軍差使簿籍並限三年一
易仍申鈐轄司照會違者以違制論　二年四月二十
日詔荊湖北路荊南府歸峽安復州荊門軍漢陽軍為
荊南路帶兵馬都鈐轄治荊南府鼎澧岳鄂辰沅靖州
為鼎澧路帶兵馬都鈐轄治鼎州　五月六日詔杭越
州江寧府守臣並帶安撫使兩浙東西江東路鈐轄並
依三路法選差詳見安撫使門　六年四月十四日詔潼川府
守臣可帶潼川府夔州路兵馬鈐轄瀘州帶管勾瀘南
沿邊安撫司公事仍差武臣　九月三日詔近降潼川
府守臣帶潼川府夔州路兵馬鈐轄瀘州止帶管勾瀘

南沿邊安撫使公事差武臣指揮勿行以言者論瀘川控扼南夷移帥潼川地遠不便也 高宗建炎元年六月二十一日詔沿江要郡江寧州文臣各一員帶兵馬鈐轄武臣各一員充副鈐轄 二十八日詔諸路要郡兵馬鈐轄以武臣為之副 八月八日詔諸路都監改為副鈐轄其請給人從序位並依舊定監例仍於要郡駐劄 四年七月八日詔臨安府依舊帶浙西路兵馬鈐轄 八月二十五日知洪州軍州江南西路安撫使馬步軍都總管高衛言洪州舊來係帶江南西路鈐轄後緣帶馬步軍都總管却令虔州帶江西路鈐轄今洪州既隸江州路其江州路安撫大使已帶馬步軍都

卷二萬二千二百三十一 九

總管欲乞却令洪州守臣帶江州路鈐轄應本州駐劄及時暫差發到本州統制統領兵將官等並聽節制從之 十一月二十一日詔鄂州置兵馬副鈐轄一員 紹興元年二月三十日詔建康府池饒宣徽信撫太平州廣德建昌軍為江南東路依臨安府例改作江南東路兵馬鈐轄 十一月一日詔諸路諸州鈐轄自今差除兵官令樞密院吏切遵守見行條格其添差除係隨龍并宗室及歸明歸朝官外更不差人 二年四月十九日詔逐路分充聽候差使依條許差撥去處每司不得過六人二年一替其見帶兵馬鈐轄州軍充聽候差使人並罷 五月十八日知臨安府兼兩浙西路兵馬

永輝言臨安府車駕駐蹕事體愈重即與要郡兵馬鈐轄 添州府上

鈐轄州府不同即今並無屬官欲乞差置主管文字一員從之 三年三月十七日詔要郡決要郡守臣已罷兼帶兵職其逐路官兵亦合措置鈐轄改充路分都監內增置副鈐轄去處皆係衝要控扼州軍方今多事之際未可便罷副鈐轄依見置員數改作路分都監權且存留並候寧息日取旨仍仰逐路帥司開具見任人申樞密院將不應格法人别行選差內見添差人依舊 十一月十五日淮南轉運司言諸州禁軍指揮自經兵火之後例皆缺額見在兵級不多除廬州係帥府合存留鈐轄外其餘州軍鈐轄欲並行減罷從之 七年閏十月十六日右正言李誼言乞樞密院今後選差路分鈐轄及州鈐轄當以軍功武藝及累歷邊任之人從之

卷二萬一千二百三十一 十

十年二月十一日詔淮南東路兵馬鈐轄移就揚州帥府駐劄 十八年七月十日樞密院言諸路鈐轄循例陳乞差破隨行指使即無專一許差條法指揮詔今後更不差破 二十八年十二月十五日知鎮江府楊揆言舊法一路則有路分鈐轄一州則有州鈐轄如常秀州平江府皆有之獨鎮江府無州鈐轄自今不係將及廂軍緣無總轄之官甚不整肅欲乞差置州鈐轄一員從之 二十九年二月十二日詔復置淮南西路兵馬鈐轄一員依舊廬州駐劄 孝宗隆興二年二月八日臣僚言都副總管至州鈐轄差遣乞依祖宗六等格法將

曾立戰功有履歷人等第除授庶可杜絶僥倖整肅軍
容從之　乾道元年八月十四日詔令後應文武臣知
州軍諸路鈐轄總管副總管鈐轄都監見辭並令上殿
批入料錢文歷如託避免對並未得差除舊任委臺諫
監司常切按察以違制論　三年七月四日樞密院言
諸路鈐轄到任二年遇滿不候差替成資罷除揀汰應
初離軍第一任添差到任人在乾道二年四月十四日
指揮之前並令終滿三年為任從之　八年五月十五
日宰執進呈降下吳挺劄子乞令本司統制王世但離
軍添差兩浙西路兵馬鈐轄平江府駐劄奉御筆批依
虞允文奏曰王世但在軍中日已帶江南東路兵馬鈐

卷二萬一千二百三十一　十一

轄太平府駐劄今既離軍自合前赴新任上曰既有現
帶差遣此劄子不必施行可特添差兩浙西路兵馬鈐
轄平江府駐劄不釐務請給人從却與依正官例支破
九年閏正月十七日上諭宰執臨安府既有路分都
監一員而平江府又有一員何也可并路分鈐轄員數
契勘創始之由梁克家奏初因特添差後遂因仍作闕
上曰可盡刷諸路所增數見任人許終滿後不再差亦
不許指揮於外但行下樞密院吏房遵守　四月四日
宰執進呈賈和仲乞添差副都總管梁克家等奏曰考
之格法觀察使以上方除副都總管廉官止合除總管
而和仲前三任乃已除副總管上曰既於格法有礙且

當守法可除江南西路正任總管　淳熙二年九月十
三日詔揚州廬州荊南襄陽金州興元府興州依舊分為
七路每路文臣一人充安撫使以治民武臣一人充都
總管以治兵其逐路都總管職事且令帥臣依舊帶行
候正官到日交割　六年六月八日詔諸路兵馬鈐轄
除訓路將兵逐路各留一員餘並省罷見任並差下人
令終任內浙東路兵馬鈐轄特令依舊　以浙東路鈐
轄紹興府駐劄為管幹昭慈永祐陵攢官修造故也
八年正月六日詔添差兩浙西路副總管提舉德壽宮
陳源與在京宮觀免奉朝請先是奉太上皇帝聖旨以
源應奉有勞特轉兩官權給事中趙汝愚因論内侍不

卷二萬一千二百三十一　十二

可參預軍政伏覩建炎三年詔書自崇寧以來内侍用
事循習至今理宜痛革自今内侍不許與主兵官交通
假貸饋遺借役禁兵且猶不可今乃假以一路總戎之
任恐非太上所以防微杜漸之意神宗皇帝時始令王
中正李憲稍預邊事是時朝廷法度峻整若無甚害而
卒之夤緣攀引覺致童貫開邊之禍上以汝愚之言進
呈太上皇帝繼而又宣諭宰執凡有似此差遣者皆改
差在京宮觀云　九年九月一日詔諸路帥司行下訓
練路鈐每歲一詣州軍按教分作春秋兩番前去不許
趂赴筵會收受折送多帶人從過驛騷擾差顧夫脚須
索買物并濫設等仰帥臣監司常切覺察如有違戾按

勑以聞　以湖南安撫李椿奏諸州被擾故之　十三
年十月二日上曰押行門久在殿陛出職差遣掏以兩
州鈐轄太繁可降指揮存留五州於是詔建康府隆興
府福州三處依舊存留總管窠闕專差轉員後合得恩
例人　先是六年詔諸州總管內留二闕差轉員恩例人
外餘闕更不差人至是復　十六年閏五月二十三日
樞密院言諸路副總管許差破指使一名副無職事委
是盡破員缺詔見任人且令終滿日後更不差人　十
月二十三日詔今後差諸路訓練路鈐並要年六十以
下曾經從軍或有材武人充其已差人且令依舊　紹
熙元年四月十五日詔州鈐將官如係別路無統攝準
卷二萬一千一百三十一
十三
令序官如本路有統攝依乾道元年三月二十六日已
降指揮序職　九月二十五日臣僚言近年以來戎職
寢雜其最甚者國信所人吏是也昨來國信所通事如
聶攸薛師道之徒久年祇應官止州鈐轄路分都監而
已未聞任路鈐者今既任路鈐矣所餘者止副總管爾
有王舜臣者頃以夤緣僥冒而得之臣僚失於論列令
者孟守忠復除江東副總管然則止緣王舜臣一人破
例遂皆源源而起乞罷孟守忠新任止與前任一般差
遣仍降指揮今後雜流出身之人不得過路分州鈐差
遣從之　慶元六年四月十八日樞密院言嘉興府申
本府路當津要歲解朝廷上供錢斛應辦金國往來使

人并月支廟禁上軍逓鋪宗室嶽廟歸正忠順歸朝大小
寄居并官俸給百色費用日應官之卽與豐餘大郡事
體不同本府慶元四年八月內蒙朝廷特添差武節大
夫兵鈐仍釐務張卓續又特添差武節大夫浙西副總
管乃釐務曾組并以副將馬立闕差武功大夫果州團
練使總管程孝廉以將官修武郎李顯闕特添差武節
大夫浙西副總管壽昌以忠翊郎張祐闕特差訓武郎
浙西兵鈐董致中今將皆官請給除豁外張卓五員自
到任止今年二月計增支錢二萬一百一十九貫米五
百七十二石麥二百八十二石竊念本府所收財計有
限深慮雜軍棟汰寺官經朝廷作闕陳乞注授在本府
卷二萬一千二百三十一
十四
實有利害欲望朝廷日後有本府路分總管差遣人須
要資格相當歷錢郎稍可扶持詔將嘉興府戰功歸
正添差缺令後更不差總管餘照應逐州軍體例施行
　慶元六年七月九日樞密院言檢會知江陵府兌制
湖北路安撫使楊輔言江陵為令重地財計所入頗窮
所出益廣令帥司及本府官兵有總管有路鈐有州鈐
有正任添差路分正副將而入隊禁軍不滿三百人實
無職事可管欲乞朝廷于除授之際如差總管則免差
路鈐差州鈐則免差路分若向上五員之中減兩員則
歲可省五六千緡已降指揮依續撥楊輔申鈐轄江大
齊身故乞省併州鈐一員并本路副總管吳漢英終滿

乞不差皆官從之　開禧二年五月十二日臣僚言乞行下諸路安撫司遍牒諸路所管州軍見任總管路鈐鈐轄路分將副有昏耄癃疾及七十以上人許自行陳乞解罷將與宮觀差遣今所居州軍應副請給無致失祿或身居兵職不能當繁難任使而顧位不去師臣監司按劾以聞仍疾速催以次官赴上內有曾從軍者與存留在任講究軍事路令逐路安撫司逐一從公銓量保明申樞密院　嘉定十三年十二月十日詔張威特差充利州路馬步軍副總管利州駐劄三年、（滿）日罷更不作闕

卷一萬一千二百三十一

十五

全唐文

宋會要

巡檢

掌巡檢州邑捕詰盜賊之事以閤門祗候以上至諸司使將軍或內侍充自兩州至十州及沿邊寨或路當險要者亦因其地為名亦有同都巡檢使供奉官以下為者不云使沿邊又有巡檢都監之名巡檢使自一州至九州軍有或從道路便宜不限境土亦有同巡檢使三班為者不云使自二縣至七縣開封府諸縣有巡檢一員二縣至三縣有駐泊巡檢各一員府界東西路都巡檢使各一員京城四面各一員緣海有刀魚舡戰棹巡檢江河淮海亦有捉賊巡檢使又有駐泊捉賊及巡馬遞鋪巡河巡捉私茶鹽之名　太祖乾德五年二月詔諸處巡檢監押自今捕得盜賊及犯麴鹽人並送本屬州府不得擅行決斷　太宗太平興國元年十二月以前登州刺史翟美為濠州刺史兼江南諸州巡檢使樞密副承旨滿仁謙副之　二年正月以廣南諸州巡檢唐州刺史曹光實為本州團練使依前巡檢　二年五月以單州團練使劉廷欽為兩浙諸州巡檢　真宗咸平三年正月十一日以（西）京左藏庫使康州刺史楊允恭為荊湖江浙都巡檢使內殿崇班楊守遵副之　侍禁閤門祗候焦守節為都監　景德二年三月以殿直知雄州機宜司趙延祚為左侍禁雄州北關城巡檢　延祚本州之大姓自

卷一萬二千二百三十一

太宗廟常出家財交結廣中豪傑伺戎人動靜以白州將因授殿直令掌其任至是以契丹和好廢機宜司而有是命　三年五月十日置京東五路巡檢司以應天府曹濮州廣濟軍為一路淄齊青州為一路登萊濰密州為一路單濟鄆兗州為一路沂徐州淮陽軍為一路先是京東諸郡常有羣盜依阻山河州縣苦之乃令閤門祗候胡守節與京東轉運使張知白等相度所部州軍分為五路令使於警捕也　九月詔選使臣二員為長城口巡檢一緣西山一東抵順安軍各給兵百人分道巡邏以邊民多齎禁物及盜挞（販）北界馬故也　大中祥符元年八月詔自京至應天府曹濟單蔡許汝潁陳亳濮淄青州廣濟軍並增置巡檢兵捕賊使臣及令寄班忠佐提振之　二年八月令湖州發卒數十人屯洞庭山初帝出山圖以示輔臣曰此山在水中四面去岸各十餘里聞歉歲則兇盜多匿其中故命警巡之　九月從廣州都巡檢使廨於州東南之海澳從轉運使所請也　五年正月京東都大巡檢胡守節言部民王吉知羣盜所匿密以告官請候擒獲以其贓給之帝曰然則被盜之家不已重傷乎宜賜官錢三萬贓物悉歸其主　二月詔三班院擇使臣為諸州都同巡檢　先是多用補廕未歷事者故申明之　三月京城都巡檢言京城諸鋪兵士自來官中不曾給與杵棒只遞旋借代

卷一萬二千二百六

及自收買欲乞逐鋪官給三鬚釵手各三條置簿管係遞相交割壞即官為易換從之　九月二十八日淮南轉運使王隨請差使臣一員充廬壽等州提轄橋道兼巡檢量給兵士器械仍與巡檢添支從之　十二月命吏部員外郎知延州李及兼管界沿邊都巡檢使仍給衛隊馬步兵士如邊境無事即不得出巡　六年十一月分命閤門祗候寄班三班使臣等為在京新城外駐泊畿縣巡檢以奉祀故也俟車駕回悉如舊　七年九月詔選可班四員充京城四面巡檢仍優與添給各差禁軍馬軍五十人步軍八人支給器甲帝以京城四面巡檢疆界闊遠兵士至少其使臣復不諳練故有是命

卷一萬二千二百六

十月以侍禁閤門祗候龔德為慶州沿邊都巡檢使管勾慶州華池縣平戎鳳川柔遠淮安鄜延州子午狗道嶺義位達磨洛河川塞保安軍小胡族地分置廨於華池縣歲給緡錢五十萬備宰酒以犒蕃族帝以慶州管熟戶尤衆其間有納質夏州者故特置是職　十一月置戎瀘資榮州富順監都巡檢使一員時內殿承制閤門祗候馬守遵言戎瀘等州夷獠雜居本路鈐轄在遂州緩急不能計集故特置此職　八年十一月京東轉運司言青濰等州提舉巡檢捉賊寄班侍禁劉元嚴等到任已來獲賊殊少手下軍馬甚多所至寧無擾擾況遂州自有巡檢使望乞廢提舉巡檢捉賊一司却移

登萊等州都巡檢於密州安邱縣廨宇安泊從之　九
年五月五日以東　院使平州刺史知辰州曾克明為
宜融桂照柳象邕欽廣白等州都巡檢使安撫使殿直
馬五為閤門祗候充同巡檢兼安撫都監並管勾溪洞
事時蠻人屢入寇故有是命仍發潭州駐泊虎翼兵三
百人以從歲給公費錢三十萬　七月以入内西頭供
奉官楊守珍為東頭供奉官宜融等州權同巡檢兼安
撫都監勾溪洞公事乘傳之任　九月詔如聞諸道巡
檢兵士老病不任事宜令諸路轉運提點刑獄司分行
點檢悉以强壯兵卒易之其衣甲器械損弊者亦然
天禧元年三月詔從戎瀘資榮州富順監都巡檢使於

卷一萬二千二百六　四

江安縣廨先是其廨在戎州去瀘并監押將百里緩急
夷寇驚擾即應援不及故也二年正月詔川峽巡檢捉
賊隨行兵卒無料錢者月給醬菜錢二百其見請不及
者足其數初壽春郡王友張士遜言捕賊食不及時皆
須自市食物故望加給之故有是命　二月從泗濠州
路巡檢廨宇于龜山先是僧智悟缺　轄之人為
行者計千餘人凌毆平民恐為　遷帝遣内侍任守忠
取新隸籍盡逐之因命從巡檢以防察焉　四月詔自
巡檢使臣宜令選腳色有武勇者充如軍職出身及化
外歸朝班行當更詳酌差遣　八月新城内權都巡檢周
仁美言地分巡檢軍士捕亡卒賊盜不獲皆有決罰而

獲之者無賞令請獲亡卒一人賞錢二百賊一人錢五
百從之　三年九月二日供備庫使傅其旭言廣州多
蕃漢大商無城郭雖有海上巡檢又往復不常或有剽
劫則全之禦備請從廣祥恩州海上都巡檢一員廨於
廣州市舶亭南以便防禦從之　二十九日令諸路巡
檢不得以犯罪配軍卒景迹百姓於地内緝賊　時京
東提點刑獄言巡檢使臣差軍卒於地分緝賊所差之
人皆犯罪配隸者恣鄉村擾民故有條約仁宗天聖四
年九月詔諸路轉運使提點刑獄知州知軍等今後常
切提舉覺察巡檢捉賊使臣若有盜賊之處不住催促
擒捕如顯是怯懦即具狀以聞仍於部内選有武勇使

卷一萬二千二百六　五

臣權差替換候有勞績則具奏聞如不切覺察當行朝
典　十月上封者言在京水路巡檢使臣每至營巡船
載骨肉隨行或遇賊驚劫皆有顧戀不盡時尋趁捉殺
致令潰散乞今後不得船載骨肉隨行從之　五年六
月二十一日同提點開封府界諸縣鎮公事張君平言
汴河至泗州千里堤多盜賊剽劫雖有縣鎮監押巡檢
又緣地里遥遠各有煙火倉場庫務所繫欲乞每兩驛
添置巡檢使臣一名却廢自京至楚州夾河巡檢樞密
院請於沿汴每兩驛置捉賊使臣一員選差與人員兵
卒七十人器甲六分人船一隻於空迥處立廨舍却省
夾河巡檢從之　七年八月開封府界提點諸縣鎮公

事張仲宣言府界諸縣頗有賊徒盖巡檢使臣只於廨
宇端坐並不用心望降詔旨鈐轄府界東西路都同巡
檢駐泊捉賊使臣等自今常切於地分内往來所到縣
鎮不得住過三五日仍令諸縣每遇巡檢駐泊到彼却
具到發日時文狀報本府如有諸縣申報賊盜令本府
畫時勾收巡檢駐泊印紙曆子批上候獲銷破從之
八年十月供奉官閤門祗候康文德奉舊制都同巡檢
及捉賊使臣在任至得替捉到强刼竊盜及殺人賊分
數磨勘升降施行其諸州軍縣鎮兼巡檢使臣捉獲賊
盜不該磨勘賞罰之法事体未均欲望自今依都同巡
檢捉賊使臣例許令磨勘從之　慶曆三年九月置開

卷一萬二千二百六　六

封府諸縣巡檢各一員分東西二路置提舉捉賊各一
員是月詔諸路轉運按察使提點刑獄及諸州長吏舉
所部兵馬都監至監臨場務使臣有材勇堪任巡檢者
以名聞若捕賊有功即不次廷擢之　年四月詔
州廣信安肅軍巡檢都監仍舊每月輪一員出巡邊六
年正月詔道州桂陽監傜賊未息權置都巡檢使一員
七年八月詔以保州沿邊巡檢司隸定州路雄霸等州
界河隸高陽關路其兩司守捍之計委逐路主將處置
仍分屯兵馬控禦賊盜毋令侵軼　八年六月二十五
日以禮賓副使裔銓充盧壽光州兼沿淮都巡檢使
皇祐元年二月六日涇原路都總管知渭州夏安期言

乞令原州等處揀選弓手分作三等分屬東西兩路都
巡檢下管係乞差土人使臣四人充弓箭手巡檢從之
七月二十四日京西轉司言相度滑州韋城開封府
長垣東明曹州冤勾南華五縣之間自來多有賊盜合
添置使臣一員充五縣管界巡檢從之　至和二年二
月增置　城巡檢一員兼管勾城池事　八月置
寧化軍東陽西陽州至天池東西巡檢使臣一員專管
勾弓箭手公事　以富弼言寧化　招耕禁地弓箭
手已千餘人其土人右班殿直高政材勇絶倫可使爲
巡檢因以命之　嘉祐元年五月權置京城裏外巡檢
以晝夜大雨是年七月罷京　城裏所增巡檢　三

卷一萬二千二百六　七

年十二月詔諸路每一州軍巡檢有至三五員者又三
兩州至八九州有都同巡檢或駐泊捉賊員數過多非
唯軍馬勢分兼遇驚刼罕能獲賊惟逐縣弓手習知賊
所匿藏而捕獲之其一州軍止留巡檢一員數州留都
同巡檢一員其沿邊沿海及河泲江湖險僻之地舊有
巡檢處並留之其增逐縣弓手減散從承符脚力代以
剩員　四年二月二十一日減罷京東西路鄆齊等七
州軍管界巡檢及駐泊兵士以起居舍人知制誥劉敞
上言而本路安府轉運司相度以爲便也　五年三月
詔京城外四面巡檢自今並選閤門祗候以上常經外
任親民而無贓私罪者爲之是月罷倉州路嵐石及高

陽關路保州廣信等軍都巡檢司　六年七月六日廣
南東路轉運司言廣州東江水路至東莞縣界海水至
潤多盜賊去東南道巡檢至遠難爲防遏有地名亭頭
千餘家日有市井乞添置巡檢一員於亭頭仍分東南
道巡檢水軍二百人防截從之　十月詔京東西淮南
浙江荆湖南北路比年水灾盜賊仍起其令逐路安撫
轉運提點刑獄鈐轄司控扼之地相度權增置都同巡
檢候向去豐熟即復減罷英宗治平元年二月樞密院
言請自今使臣充替及降監當者歷任曾經親民實有
武勇堪捕賊者元犯情輕許舉充權巡檢理監當資序
其入親民差遣曾犯贓私罪實有武勇者亦聽舉差沿

卷一萬二千三百六

八

邊任使從之　二年十二月二十八日詔界河巡檢三
員自今當以一員屯獨流寨一員屯信安軍一員居霸
州治本司事仍一月一出巡每季番休相代　三年十
月以泰州團練使郭諮爲滄州總管兼雄霸州沿界河
至海口及滄州界沿海都巡檢使　都巡檢使巡檢巡
檢　國朝以閤門祗候以上至諸司使將軍或內侍充
自一州至十州及緣邊寨或路當險要者亦因其地以
爲名亦有同都巡檢使若供奉官以下爲之者即不云
使緣邊又有巡檢都監之名巡檢使自一州至九州軍
有或從道路便宜不限境土亦有同巡檢使三班爲之
者亦不云使自二縣至七縣開封府諸縣有巡檢一員

二縣至三縣有駐泊巡檢各一員府界東西路都巡檢
各一員京城四面各一員緣海有刀魚船戰櫂巡檢緣
江河淮海亦有捉賊巡檢又有駐泊捉賊及巡馬遞鋪
巡河巡捉私茶鹽之名景德三年置京東五路巡檢司
以應天府曹濮州廣濟軍爲一路單濟鄆兗州爲一路
淄齊青州爲一路登萊濰密州爲一路沂徐州淮陽軍
爲一路大中祥符五年詔三班院擇使臣爲諸州都同
巡檢七年詔選寄班四員充京城四面巡檢慶曆三年
置開封府諸縣巡檢各一員又分東西二路置提舉捉
賊各一員嘉祐元年權置京城裏外巡檢以晝夜大雨
尋罷舊城裏所增巡檢三年詔諸路每一州軍巡檢有

卷一萬二千三百六

九

至三五員者又兩三州至八九州有都同巡檢或駐泊
捉賊員數過多非唯軍馬勢分兼遇驚劫罕能獲賊惟
逐縣弓手習知賊所匿藏而捕獲之其一員軍止留巡
檢一員數州留都同巡檢一員其緣邊緣海及河汴江
湖險僻之地舊有巡檢處並留之　景祐三年上封者
言諸處巡檢務在武勇心力强明者乞不以福建荆湖
江浙川峽及衙前首職文資出身人顓其事真宗謂樞
密使王欽若曰人之勇怯豈拘南北若此區別非任人
之道　歸田錄太祖時郭進爲西山巡檢有告其陰通
河東劉繼元將有異志者太祖大怒以其誣害忠臣命
縛其人予進使自處置進得而不殺謂曰爾能謂我取

繼元一城一寨不止贖尔死當請賞尔一官歲餘其人誘其一城來降進其其事送之于朝請賞以官太祖曰爾誣害我忠良此纔可贖死尔賞不可得也命以其人還進進復請曰使臣失信則不能用人矣太祖於是賞以一官君臣之間蓋如此　太祖時李漢超為關南巡檢使漢超武人所為多不法久之關南百姓詣闕訟漢超貸民錢不還及掠其女以為妾太祖召百姓入見便殿賜以酒食徐問曰自漢超在關南契丹入寇者幾百姓曰無也太祖曰往時契丹入寇邊將不能禦河北之民歲遭劫虜汝於此時能保其貲財婦女乎今漢超所取孰與契丹之多又問訟女者曰汝家幾女所嫁何人百姓具以對太祖曰然則所嫁皆村夫也若漢超者吾之貴臣也以愛汝女則取之得之必不使失所與其嫁村夫孰若處漢超家富貴於是百姓皆感悅而去太祖使人語漢超曰汝須錢何不告我而取於民乎乃賜以銀數百兩曰汝自還之使其感汝也漢超感泣誓以死報　提舉兵甲巡檢事淳熙十五年七月八日詔夔州等臣寮提舉歸峽州兵甲司公事以知夔州揚輔言夔之與歸峽蠻相貲今以歸州改隸湖北則夔之屏蔽單弱一有緩急事不相應乞依江西贛州兼廣東南雄州兵甲公事例庶幾利害相通以備不虞故有是命　淳熙元年正月四日詔永州祁陽縣排山增置巡檢一員（五年）

卷一萬二千二百六　十

（措改作衛永州接界巡檢並從前後守臣之請也）　二年閏九月七日廣南西路司言邕賓横貴藪州之間有古棘虛通諸州境盜往來會集之地向來有巡檢今乞依舊置一員乞以賓横州同巡檢為名招置土軍五十人為額從之　三年三月十三日成都府路都鈐轄司言威州巡檢即無立定滿替賞格乞依茂州石泉軍巡檢例減磨勘三年從之　八年二月二日知江陵府高夔言石首監利潛江三縣巡檢見在監利縣置寨緣急只可照管一縣其魯家洑在三邑之間欲移就魯家洑置寨把截庶可通照三縣地分從之　十一年正月九日詔鬱林州博白縣巡檢移就本縣周羅鄉駐劄仍於銜內帶入從知鬱林州施押奏請也　十二年二月十二日權戶部侍郎葉翥等言近日二浙私鹽公行畧無畏避巡尉任滿不過宛轉請屬提舉司保明初以無透漏推賞雖曰止得占射差遣一次然亦不可以妄予也今欲將提舉司保明巡尉合得無透漏賞到部之日未得便與放行須自戶部行下榷貨務契勘本人在任月日本州軍住賣鹽額有無增虧如住賣鹽及額虧即是巡尉任內必有透漏私鹽難以與賞若住賣鹽及額所合得無透漏賞却與依舊放行從之　六月二十二日令諸州縣不得輒令巡檢就寨自行受納有違戾者將差及受差官並坐之十一月十三日權發遣黔州蔣介言本州兵官巡檢駐劄

卷一萬二千二百六　十一

捉賊三關並係大使臣窠闕七八年來久無正官緣川蜀大使臣極少並無本等人可以注授乞下夔路轉運司凡沿邊大使臣差遣日後無本等人注擬通差試中材武小使臣從之　十三年五月十七日詔西和州和山寨巡檢監押二員內一員移充威遠鎮巡檢於威遠鎮置司兼煙火公事從本路帥憲司請也　十四年二月八日知福州賈選言乞今後應沿海巡檢須係武舉或軍功出身年五十諳曉兵機行陣之人方許差注吏部看詳欲將沿海巡檢窠闕從條先選曾經海道捕賊立功諳會船水人次注武舉出身人如無即依見行條法差注止不注流外出身之人從之　十五年七月四

卷一萬二千三百六

十二

日詔成州天水縣巡檢移就黃竹置司從四川制置司請也淳熙十六年八月二十三日詔施州廢罷同巡檢窠闕一員今任滿更不差注將同巡檢下土軍併入管界巡檢司補填闕額任本路諸司請也　紹熙元年九月二十九日權發遣盧州趙翠言安豐軍花靨鎮巡檢兼監河渡後來又有不帶兼監今來創置榷場全藉巡檢機察私渡乞於差劄內照元降指揮以花靨鎮巡檢兼煙火公事爾機河渡四字繫銜從之　二年六月二十四日宰執進呈許及之奏盱眙軍浮山鎮巡檢李漢超已經三任於本地及北界人情稔熟與姦為市因致透漏錢寶乞別差官承替只以二年為任上曰此說極是大率人情

稔熟不能無弊　四年九月二日權發遣郢州羅頌言京山縣疆界遼遠不時盜賊竊發乞省罷添差指使四員復置巡檢一員吏部勘當乞省罷指使并聽候使喚各二員日後更不作闕添置巡檢一員於永隆市駐劄乞差作郢州長壽京山兩縣巡檢繫銜從之　十二月二十一日樞密院言吏部擬注沿海巡檢并諸路押隊差遣並申樞密院銓量竊慮行遣迂滯詔今後並委本部長貳一面子細銓量差注施行　嘉泰元年九月十二日辰州奏沅陵縣管下有黑累堡與浦口堡相距止十數里尋常多是黑累巡檢兼之其浦口地分不數十里為巡檢者絕無職事乞將黑累浦口巡檢共為一闕通

卷一萬二千三百六

十三

管兩處地分事都將浦口巡檢闕改作浦木山巡檢注擬合入闕八下湖北諸司相度公共保明及吏部勘當委為經久利便從之　開禧二年正月二十九日知盱眙軍常諸奏本軍所管戶口不及江浙一大縣而都監乃有五員閫境之內已有五巡檢而外有沿淮巡檢兩闕其間一員並無一職可為赤地可管乞省罷一都監一巡檢卻於天長盱眙各置主簿誑減罷沿淮巡檢一員更不差人增置盱眙縣主簿一員　五月二日吏部言夔路諸司乞徙臣僚奏請將施州建始縣巡檢司移屯南寨卻廢南寨監押一員令巡檢兼領任滿從監押酬賞條格本部欲從所請將施州建始縣管界巡檢

衙內繫帶南寨兵馬監押及催綱巡捉私茶鹽礬私鑄
銅器令本路轉運司認定永遠使闕專一定差小使臣
所有建始縣巡檢地分專責建始縣尉巡捕并移置巡
檢司土兵於南寨屯駐從之　七月十日臣僚言乞專
委諸路州守臣銓量巡尉如有年老昏耄不堪任職之人
即與改授祠祿若年高精力未衰之人即與管下主簿
或監當對易職任其已注未上之人與別官兩易差遣
仍令後應恩科吏職雜流非材武之人不許注授巡檢附
從之（詳見縣附門）嘉定元年九月七日淮西運判張孝伸奏
本路見任知縣縣令許諸司審量有不勝任人選辟承
替若縣尉巡檢監鎮所管人煙盜賊於邊頻利害實有

卷一萬二千三百六　古

關係欲乞一体審量或不稱職許從辟替詔從之淮東
準此　四年十月七日詔添置郴州桂東縣縣丞巡檢
各一員從知潭州曹彥約之請也（詳見州縣陞降廢置）同日詔郴
州英田巡檢隸于郴縣資興巡檢隸于資興縣　五年六
月二十四日詔吳江巡壇以兼權巡檢入銜以平江府
言長洲縣尹山小長橋及吳江縣四橋等處一帶接
連太湖盜賊出沒措置創蓋鋪屋寨屋分差兵士乞以
巡壇兼權巡檢故有是命　十二月一日廣西諸司奏
梧州蒼梧一縣譚甫山則有巡檢西岸則有向巡檢在
州則有都監都巡以郭言之不過三百餘戶而有都巡
檢使將安用乎乞將都巡檢除罷其都巡司額管一百

二十名土軍內將五十名撥付譚甫寨招塡把截外餘
七十名併付同巡司收管從之　六年五月二十二日
江西轉運司奏筠州申上高縣銀場土豪請買招集惡
少採銀山中又於近山清谿創立市井貿通有無大小
嗜利無厭輕命好鬬乞選移兩縣巡檢置於清谿市防
扼本司相度合於袁州分宜縣向斜園創置巡檢爲且
卻以筠袁州分宜上高縣巡檢繫銜可以彈壓蒙山方
山大槩之患已得旨依令臨江軍新喻縣尉陳朴厚陳
乞蒙山係上高分宜新喻三縣之界去本縣治九十餘
里地形峭拔姦猾所聚三縣均以爲病今者巡檢繫銜
只以分宜上高兩縣則姦徒不容於彼界必致奔聚於

卷一萬二千三百六　十五

本縣巡檢於本縣既無統攝則必置於度外自此蒙山
之民不獲安枕乞於巡檢銜內增入新喻繫銜本司照
得所乞委涉新喻尉司利害從之　八年三月二十五
日淮東安撫司奏滁州之三縣全椒來安皆有巡檢惟
清流一縣正介西北之衝乃獨無之本縣心有令尉兩
人勢尤單弱顧置清流巡檢一員俾立寨於關山搬招
土兵五十人平居可以遏盜便安行旅緩急可以助大
軍之耳目仍將本州添差將官兵官員闕並行省罷庶
幾減省冗員無益之費增添巡檢有用之官詔滁州清
流縣添置管界巡檢一員令淮東安撫司徑公選辟一
次　八年三月二十六日湖州奏本路歸安縣管下地

名荷葉浦水面寇劫盜出沒今於韶村建立寨屋指
募土兵添造巡船其安吉縣酒稅官三員一員係在鼎
慈專差武臣今欲省此官卻置荷葉浦巡檢一員所是
新置巡檢乞從朝廷選差一次自後從作部闕其請給
卻從本州勘酌量行添增使之可以養廉專一巡警從
之　九年三月二十三日淮西安撫轉運司奏照得除
州申無為軍盧江縣金牛鎮市有居民二百餘家本軍
酒坊一所從例係差本軍指使官權攝兼煙火公事今
乞創差巡檢一員置在彼處兼煙火酒務使之巡視城
壁關防盜賊庶幾其職稍專詔無為軍金牛鎮創置巡
檢一員專一巡視修冶城壁關防盜賊等事令淮西安
撫轉運司公共奏辟一次其請給等並依本軍指使則
例支破餘依　十二月十七日詔天水軍移就天水縣舊
治其天水縣巡檢一員令四川制置司選辟一次

卷一萬二千三百六　十六

監當

淳熙七年三月二十八日利州東路安撫諸司言利州
紹興監監官一員欲改注應選大使臣先親民次監當
並銓量人材注擬從之諸司言其(元)係本路提舉鑄錢
官踏逐武臣申宣撫制置司差辟昨來撥付轉運司每
季使闕集注先職官次從政修職郎次廸功郎緣本監
所管人兵並係兇惡免死配隸之徒以此多是掛闕無
人願就間有指射率皆怯懦不能彈壓其錢監官吏部
四選皆有差注條格許差文武官故其請　九年三月
二十七日詔監興元府在城商稅兼合同場二員撥歸
利州路轉運司依見條法差注以知興元府張堅奏本
府稅務監官二員昔監(和)營合同茶場須歲茶馬司或乞
專辟或乞踏逐人才關轉運司通簽奏差其間累年變
革雖不同大抵皆借茶以為重而稅務事則恬不顧恤
且被茶司之檄而來者必有夤緣興元既在屬部豈敢
誰何乞撥上件(闕)歸轉運司則茶司與本府皆可考其能
否事下吏部以為允當故有是命　八月十一日詔光
州稅務鹽監一員依舊歸部差注　淳熙十六年十一
月二十一日戶部尚書葉翥言乞撥還犒賞酒庫內監
官及二萬貫以上許置二員不及二萬貫去處各乞省
罷一員從之　紹熙三年閏二月二十三日湖廣總領

卷九千七百七十五　一

所鄂州大軍庫經常收支措澣止有監當一員委是闕
官管幹照得紹興二十三年五月内得旨許令添置一
員自後未蒙差到今踏逐文林郎程愈可以任上件職
事其請給人從理任酬賞並乞依見任監官體例從之
已上光宗會要慶元三年二月四日詔紹興府添差不
釐務支鹽官今後以十五員為額見任人許令終滿以
浙東提舉司言紹興府諸鹽場官吏及押袋官并諸處
監事官吏食錢逐時修葺諸處鹽敖食場屋宇收買行
遣紙札雜物并扛鹽脚錢從條係將支監〔鹽〕倉每袋所收
客人別納袋息錢四百四十文專一支給每年約支錢
一萬五千餘貫續蒙省部注下添差不釐務支鹽忠順

卷九千七百七十五　二

歸正官其添給食錢亦循例于上件窠名錢内掛支蓋
緣別納袋息錢所支數多逐年所收不償所費以致支
遣不行照得添差不釐務支鹽官已於紹興府隨資序
每月支破驛料及供給等外又於支鹽倉逐月添給鹽
事食錢二十貫文委是優厚在乾道淳熙年不過一
二十員而已今來節次承準都省注下三十員每月支
錢六百貫以一年計之約支錢六百〔千〕餘貫蓋緣貪圖前
項添給多有指射上件差遣致見侵支袋息窠名深為
不便故有是命　八月十七日詔嚴州復置神泉監差
監官一員權隸工部將諸處拘納到銅器並鑄當三錢
侯鑄足十萬貫日監官取旨特與優異推賞仍令嚴州

知通日下修蓋監屋其餘事件檢照舊來監例施行
四年三月十八日詔潭州衡山縣贍軍酒庫官改作監
橋口鎮乃湖南封域下流之地當長沙益陽湘陰三縣
界首商賈往來多於此貿易盜賊出没亦於此窺伺市
户二千餘家地狹不足以居則於夾江地名暴家岐者
又為一聚落亦數百家緣暴家岐郤〔隸〕屬湘陰縣管去縣
六十餘里其本地分巡捕官司則地土山巡檢寨相去
又一百一十里忽有警急官兵在遠難以救應而橋口
巡檢又以非其界分坐視不顧具橋口鎮雖有巡檢一
員職兼煙火專注右選大使臣往往不堪更練民事遂
致群不逞陽為市人陰為鼠竊本官又郤聽長沙寧鄉

卷九千七百七十五　三

兩縣差使每遇差出本鎮動是十日半月無人彈壓及
領接日逐相爭鬭打公事頃年常有刼盜入市剽掠富
家財物而去無可誰何政緣其地四通八達水陸無迹
若不措置恐啟小人窺窬之心今欲添置文臣監領專
管煙火緣不敢創為此闕郤契勘得本州管下衡山縣
有贍軍一員別無職事坐糜廩稍乞將衡山縣贍軍一
員改作監橋口鎮主管煙火公事就將見任人廸功郎
姜必遷大改差所有已差下人如願承替從赴部陳乞
換付身其請給本州自行支給於衡山酒務初無妨廢
而於橋口一鎮可以倚仗所有本鎮巡檢郤責其專一
巡捕盜賊仍乞以橋口鎮暴家岐橋江水陸巡檢入銜

應恭家岐沿江二十里內如有彊竊盜賊並仰巡捕無幾事任歸一委是經久利便故有是命　五年四月二十九日臣僚言場務監官趁集課額乃職分之常事設有不辦或遇譴罰亦法禁之當然身所自為彼將安咎令乃有前政拖下欠數必欲後官抱認補填程督移催急於星火卑官小吏惟命是從前日之額未填後來之數已闕因仍展轉虧欠愈深或閣俸錢或索印紙間有追呼受辱質貸備償罹此非辜誠可憐憫乞戒勅州郡自令場務監官或有虧欠課額即合將本人任內所虧分數申嚴批書以為殿罰不得抑令後政抱認以貽場務小官久遠之患從之　六年三月二十六日監登聞檢院吳英儁言諸路州軍多以諸軍揀汰養老不釐務使臣差管發賣酒醋監門河渡之類其間多有曾立戰之功之人無力待次率就養老以贍其家朝廷立此窠闕以優其老令州郡不能體察多與釐務使臣混同差使兼其平日捨金鼓之外素所不習既不善委曲於人又不能規為措置多為吏輩肆欺或有折欠悉以俸資陪備捫心飲恨無路自明由是觀之所謂優之者乃害之大也乞下諸路州軍今後不得差養老不釐務使臣管賣酒醋及監門河渡之類如或違戾當職官吏重寘典憲專委提點刑獄司總領所覺察奏聞從之　嘉泰元年三月六日詔鄂州在城酒務撥併付湖廣總領

卷九千七百七十五

四

所兼都統司承認課額已差下監官領史部別行改注以湖北諸司有請故也　四年正月二十三日詔省罷紹興府諸暨縣楓橋鎮稅官令鎮官兼領從守臣辛棄之請也　開禧元年閏八月二十四日吏部言提領建康府酒庫所申監建康府戶部東西南北中酒庫五庫各係監官二員乞將見任監官各省罷一員見任人許令終滿已注未上者別行注授仍乞下吏部照格法選差使臣五員赴所準備差使分幹諸庫事務以提領建康府戶部贍軍酒庫所準備使喚結銜召任部經任識字校尉小使臣指射仍從本部銓量差注從之　十月七日知建昌軍趙汝礪言本軍監贍軍酒庫一員曩時酒務分局故有監酒稅二員復有監贍軍酒庫一員令三務合而為一且酤賣微細日計息錢不登三數十緡既有兩酒官則贍軍自不必置又有監太平銀場一員頃歲銀坑興發故置官以辦使臣之俸月錢百緡米幾十石或大使臣以上其數又不止此豈不重為州縣之蠹乞將監贍軍酒庫監太平銀場二員省罷從之　嘉定元年三月九日詔行在贍軍激賞酒庫所都錢庫監官令吏部侍左（侍）右通行差注依條使闕如同日有文武官指射先差選人　八月十六日吏部言小使臣任課利場務監官一時被監司郡守差檄部綱不曉法意不曾給到所屬自陳辭避干照被差在路風濤險阻交納了足動

九千七百七十五

五

涉百日之外泊至回任仍舊管幹趁辦課利無虧欠批
成二考替罷卻將所差日月不許理為在任往往皆破
考任反以為害乞將似此小使臣監當被差部綱不曾
給到自陳乞照即取索印紙見得任內課利數足即與
批書滿罷權與理為在任月日從之　二年正月二十
日權知開州王煒言本州監稅官一員係轉運司定差每
一日課額止二十千又添差一員不閑務之人坐食耗
蠹清酒務初無正官員闕日課五十千止是本州措置
酤賣每日輪差公吏而已乞下轉運司減添差監稅只
令正員稅官兼監清酒務許令文武官通注從之　三
年八月二十三日知邛州舊管蒲江縣鹽井一監僻居

卷九千七百七十五　六

窮谷之間民居不滿百家鹽夾僅供一郡而監官乃以
兩員為額內一員兼賣引商稅煙火一員兼買茆支鹽
職小而任不一事簡而官獨繁乞省減兼買茆支鹽監
官從之　二十八日詔潭州船料場造船場都作院在
城酒稅監官五員見任人且令終滿已差下人依省罷
去以湖南諸司言從潭州所請廢罷所有錢米添助贍
軍支遣故也　五年九月二十一日臣僚言行在酒所
以贍軍激賞為名合都城內外列為十有七庫事煩責
重專在監官得人曩歲多注文臣近來庫官除四員注
差文臣外其餘皆右選也致其出身往往非盡由科目
世家或自軍伍奮身或從吏胥出職其間有不顧廉恥

者有不知文墨者前上無以趣辦國課下無以檢柅吏
姦照得列庫監官其有雙員者縱不能盡差文臣而以
一文一武相須並任不惟增重其官而左選士流希望
陞改有所顧藉必能盡瘁乃職欲望下三省詳酌施行
詔將贍軍諸酒庫雙員監官自今後並以文武官對差
見任人許令終滿已差下人元係雜出身及流外人並
令赴部別行注授內堂除人赴尚書省別行陳乞合入
差遣續勘會已降上件指揮除見任并已差流內武臣
一闕存留外所有合差文臣闕次開具下項南上庫藩
蒔庫南庫東庫西庫北庫南外庫北外庫中庫餘杭庫
詔十闕並令堂差經任有舉主選人一次內堂差闕令

卷九千七百七十五　七

後仍舊堂差部闕令後令吏部照應已得指揮差注流
內文臣其籓葑庫內一員自後令點檢所奏辟流內文
臣　十二月四日樞密院言勘會內諸司等處吏職出
官之人多是出官之後卻差充內諸司等處幹辦監門
等官差遣既先於本司執役後趣於監官同職委是分
守無別其元係吏職出官卻任在京局務監當差遣事
體亦同詔自今後內諸司等處吏職出身之人並不許
差充內諸司等處幹辦監門等官差遣其以吏職出官
亦不得任在京局務監當差遣仍令三省樞密院常切
遵守　五日詔賀州稅官一員省罷以本所官監及添
差稅官一員并監廟二員不欲盡行省減監廟於內止

省減一員與太平錫場監官一員並省罷蒙州稅官一
員省罷以本州官兼又有添差監廟三員措使兩員各
存留一員梧州添差監稅一員省罷從廣西諸司奏請
也六年七月八日都大主管川秦茶馬監牧王鉛言本
司馬務錦院最係繁劇去處皆係使臣兼攝竊見本司
管押茶船官三員舊來運茶應副陜西博馬遂有此官
今不過昭化一處用船餘皆茶鋪陸運全無職事誠可
省併內二員係成都幫請一員係漢州幫請欲乞存留
成都府一員外省罷一員并漢州一員卻於前件窠闕
許令本司辟差馬務監官一員錦院監官一員並以小
使臣奏辟兩年為任詔從之令本司於小使臣內踏逐
卷九千七百七十五　八
曾經任有舉主無過犯人充　七年八月五日淮西提
舉喬行簡言訪聞兩淮州縣榷場商旅般運物貨過淮
卻打博北界鈔鹽回歸其弊皆緣州郡利於收稅更不
覺察禁戢卻將捕到北鹽拘沒入官置鋪出賣或分與
鹽鋪戶發泄令行措置本司近準指揮令後兩淮榷場
監渡官選差見任官兼管令提舉司常切覺察遂行下
光州安豐軍其花靨鎮中渡兩榷場不得差補攝公吏
去後據安豐軍申選差本軍花靨鎮巡檢兼管光州申
中渡係屬光山縣巡尉亦當任責遂差本縣縣尉仙居
巡檢砂窩巡輪流兼管三月一易本司已備申朝廷照
會訖外訪聞礁河兩渡非特北鹽過界近來本界私茶

渡淮而北亦復不少尤當嚴謹亦何從一二差遣不使之
專一管幹令欲乞將中渡花靨兩渡監官創置員闕選
差曾經任有舉主人充應內有稍獲到茶鹽與照巡尉
格推賞其透漏者罰亦如之庶幾職思其憂亦可使之
巡檢姦細機察盜賊體探邊境事宜詔從之增置中渡
花靨兩渡監官各一員仍令淮西運司選辟經任有選
舉主選人一次今後作堂除使闕　十一月四日提領
建康鎮江府轉般倉監門職事自來係差武臣自嘉定
六年內準指揮專差經任有舉主無過犯選人永作堂
除照得本倉監官亦係堂除選人昨因提轄鎮江榷貨
務魯卑民涑乞倉官任滿推賞已蒙行下任滿與減二
卷九千七百七十五　九
年磨勘訖惟是門官雖係改差文臣與倉官事均一體
未蒙比附推賞乞明降指揮詔令後建康府鎮江府轉
般倉監門官任滿如能搜檢無透漏官物比倉官與減
半推賞施行　八年十一月二十三日淮東總領宋鈞
言諸軍分屯兩淮向已多而揚州為最月支糧米計一
萬七千餘石本所每歲截撥不下十三四綱而倉敖不
增添監官不專差但委之本所司戶大率視為他司委
遣之事漫不屑意交納稽時令欲乞特敕置揚州戶部
大軍官一員從本所選辟廉潔有才力一次伐之措置
添差倉敖一意出納自後歸之部闕注選人曾經任無
過犯者庶幾職掌專一詔令淮東總領於揚州見任縣

官内選辟一員仍以兼監户部大軍倉擎衙候任滿日
於本州及總領所批書訖方得離任任滿合得酬賞與
照條放行已上寧宗會要

卷九千七百七一五

十

宋會要　監押

以閤門祗候以上充三班爲者名監押諸州府軍監皆有之領本城及屯
駐兵掌屯戍邊防訓練之令以肅清所部有至二員者或爲同監押禁兵
駐泊則增至一員不領本城兵邊州有至三員者亦有一路兩路三路者
其關城縣鎮寨津堡亦有置者縣或知縣兼充朝官爲都監京官幕職爲
監押畿縣則云簽書兵馬司公事國初以諸州都監或雜用文臣爲之其
後遂罷止以武臣爲之兩朝國史志都監有路分有州府軍監有縣鎮有
城寨關堡並以閤門祗候以上充然以參用三班使臣凡監押則專用使
臣馬都監監押悉充在城巡檢自都監而上至路分大率皆置一員亦有一
州一路數員者其知縣監鎮朝官即兼都監京官即兼監押畿縣則云
同簽書兵馬司公事掌屯戍邊要訓練之政令以肅所部以上續國朝會
要太祖乾德三年五月詔差起居舍人劉兼通判泗州兼兵馬都監七月
以尚食奉御劉儀充西路兵馬都監十二月詔西川管內監軍巡檢使不
得御州縣公事太宗太平興國三年五月以客省使翟守素爲兩浙諸州
兵馬都監莊宅使花光進酒坊副使弭德超並充監押五年十一月以太

子中允董儼充唐州方城縣兵馬都監兼監商稅真宗咸平六年十月長
樂郡主高氏爲其弟殿直處約求亳州兵馬監押真宗曰護戎之任實司
軍旅處約未歷事不可從也景德元年七月以水部郎中三門發運使許
玄豹兼河陰都監知縣事河陰領汴口每歲均節水勢以濟江淮漕運玄
豹上書自言習知利害願兼領以自效故也是月又詔西路沿邊有都監
監押處罷駐泊都監三年六月詔以六宅使康繼英如京使苗忠右領軍
衛將軍潘璘右司禦率府率劉文質充昇洪杭福遂州駐泊都監各提舉
本路諸州軍兵馬巡檢公事仍於泗州各選置都監巡檢使量益駐泊兵
甲時司天言星文災異主吳越之分帝曰西北兵民雖漸息肩而東南久
安當深慮之近臣曰數歲前司天亦言吳越有災宜過爲備陛下分遣使
命周恤黎民釋逋租選良吏雖小有險歉而終保謐寧今郡邑豐穰過前
遠矣復何患也帝曰居安思危有備無患古之善教也故有是詔三年八
月以禁衛步騎兵分屯河陽澶州各三千人曹滑徐許州陝府白波各二
千人陳汝懷虢州各千人仍選使臣充監押命御前忠佐同管轄之九月
詔三班院自今使臣年及三十累經勾當者乃得選差充監押巡檢先是
宿泗州巡檢王文用受賊父賂而釋其賊復慮敗露即誅剽劫伏法帝觀

業見文用裁二十歲未嘗歷事因有是詔四年八月令環慶路都監二員
每歲一巡沿邊戍寨更迭而往時上封者環慶諸軍多分屯淮安洪德寨
時總管未嘗按視戎事弛慢故也十二月詔川陝節度州及衝要兵多處
監押用侍禁已上爲之時興元府言有小校對護軍無禮其人乃三班奉
職以秩輕故也大中祥符元年八月以車駕巡幸東京陝西淮南路諸州
地當衝要者權增屯兵命諸司使已下爲駐泊都監又以內殿崇班劉文
質爲齊州駐泊都監兼都巡檢以泰山北西有路抵齊州故增警備也二
年六月詔西北諸路駐泊司事並與知州同管勾以事多違戾故也八月
以閤門祗候康訓同管勾陝路駐泊公事時峽路俟延賓有疾帝以蠻寇
未寧發兵招遏慮施黔夔峽專人援擢故擇訓從事仍令慰撫之三年四
月八日詔京東西河北東有屯兵處並選諸司使副及御前忠佐爲都監
駐泊令以時訓練五年二月詔開封府諸縣軍民相毆訟者令知縣都監
同議裁斷以上封者言縣與本軍各庇所部多致枉柳故也六年五月二
十八日荊湖北路轉運使陳世卿上言新立澧州成武口等寨其監
押尤須得人請自今歲滿即委本路轉運使本州知州保舉使臣撥之候
其任滿有勞特與酬獎從之七年十二月陝西轉運使請增置慶州柔遠

寨鳳川柳泉等鎮環州合道鎮監押各一員從之八年五月詔江淮西浙
駐泊及巡檢兵士並遣習水者往以舊兵不習船水難於捕寇故也六月
供備庫使劉知訓言廣州人煙闊遠軍營最多其兵馬都監監押廨宇並
在古廟請從一員廨宇於左廂從之八月十四日增置忻州駐泊都監一
員從河東安撫司之請也十七日新知永興知府李迪言永興所部慮兆
時寇賊望令駐泊使臣量領兵捉搦帝曰大段寇劫即令駐泊使臣與巡
檢捕捉如小可賊盜勿令差出十月益州路轉運使薛田言綿州路當要
衝見管戍兵甚衆請依彭州例增置駐泊都監一員從之十一月權涇原
路鈐轄兼知渭州郝榮言涇州戍兵甚衆請用閤門祗候一員充都監從
之天禧四年六月三班院言自今內地駐泊捉賊使臣請以合任遠地監
押巡檢殿直以上習戎事者充仍支監押添給代還日復任遠地從之五
年四月知秦州陳堯咨上言慶州監押以奉職而所屯軍校多軍廂主忠
佐都虞候並係統轄事體非便詔三班院自今差陝西沿邊州軍兵馬監
押須慎擇曾經邊防任使少壯有武勇殿直以上使臣充乾興元年十一
月仁宗已即位未改元詔開封府諸縣兵馬都監自今應係縣郭煙火賊
盜軍人與百姓鬭爭公事並仰與縣司同共施行二年十月三日三門白波

發運使張方言望差京朝官充河陰知縣仍乞依鞏縣例同僉書兵馬司事詔白波發運判官文洎兼知河陰縣同僉書兵馬司公事天聖三年八月河北緣邊安撫司言近以奉職張可久充廣信軍兵馬監押竊緣本軍最處窮邊屯兵不少其張可久新自舉人得官不惟未諳邊事兼恐職卑難為彈壓管勾欲望於殿直以上別選曾歷邊任監押者充從之　四年二月同管勾河東緣邊安撫司王世文言代州界寶興軍寨主李繼忠見任右班殿直其新差到本寨監押王格乃是左班殿直職序非便恐致不和望下三班院自今凡監押職位須在寨主之下從之格仍移他任　七年六月鳳州防禦使何俊上言環慶州沿邊鎮寨借職本職充寨主監押巡檢者其間有年高不諳武藝之人又緣鎮寨及巡檢下各有禁軍或軍主都虞候在彼駐泊處官卑不為畏懼欲望自今並以殿直以上充從之　九月上封者言河北沿邊州軍兵馬監押多是近裏州軍小處監當一任殺使即差充全未知邊任事體欲望自今於曾任監押巡檢及曾任沿邊指使使臣內差充從之　景祐三年八月置廣南西路駐泊兵馬都監一員寶元二年六月九日益州路轉運司言威州是蕃部出入要路乞選使臣一員充兵馬監押從之威州舊曰維州控制吐蕃之要害地形絕險

唐天寶後陷于吐蕃宣宗朝收復景祐中改州名　康定元年六月涇原路總管司言諸堡寨有寨主監押二員者請月遣一人行遣若斥候不謹者劾其罪從之　慶曆六年五月置青鄆州路分都監以知登州吉州刺史劉渙兼青州路兵馬都監內殿崇班賈舜卿為鄆州路兵馬都監以上封者言京東武衛宣毅軍皆土人凶悍者衆請選置青鄆州路分都監各一員以將訓練之　七年十二月詔陳留雍丘襄邑尉氏咸平陽武等六縣兵馬都監自今開封府及府界提點司更舉閤門祇候以上曾經外任者為之　皇祐二年二月二十五日秦鳳路經略司言竊見本路都監崔懿文在當路諸事周知欲乞就差再任從之　嘉祐二年八月詔內臣為鈐轄都監押遞路止置一員　九月樞密院言河北陝西河東路分都監自轉運崇班以上更三任親民有本路安撫經畧轉運前兩府五人同辭奏舉者方得差其京東減親民一任舉主二人若有戰功者勿拘從之　三年正月十八日詔開封府陳留襄邑尉氏縣兵馬都監自今差諸使副使以上三年一代之與減磨勘一年　閏十二月十九日大名府路駐泊兵馬都監鈐轄潘若沖言三路州軍所差駐泊都監本城都監監押朝廷於歷任中分別高下以定資序自來多是本城都監監押為見駐泊司差

占當直兵士數多要近上禁軍當直或抽禁軍手藝人占役却於所轄處乞兼同管駐泊軍馬公事事體不便欲乞本城都監監押除在帥臣手下自來例差管將分軍馬外其餘州軍不得擅差同管駐泊公事其駐泊臣僚如有不職及闕官於鄰近處選差往彼填替所責各司其局免致相侵如違乞重賞之法其見同管勾駐泊軍馬去處令勾收所差文字各守本職從之　八年十月詔自今陝西四路極邊城寨主都監監押巡檢令帥臣舉官以上國朝會要　哲宗正史職官志路分都掌本路禁旅屯戍邊防訓練之政令州府以下都監皆掌其本城屯駐兵甲訓練差役之事資淺者為監押治平四年六月神宗已即位未改元詔知欽州宜州侯見任官年滿差官日更不兼安撫都監　熙寧元年七月二日詔泰州大甘谷口寨新築城可名甘谷城仍置知城監押從陝西經畧使韓琦請也　二年閏十一月京東轉運司言乞今後應係本路都監監押並與選差曾經任都監監押任使精歷之人所責軍政得人況所養禁軍乃是淮脩河壯戰士軍政當與三路一同主兵之官資選即與三路不等亦乞今後並與河北兵官一體選任從之　三年七月三日詔增開封府陳留兵馬監押一員從本府請也　十三日樞密院言夔州兵馬都監只兼管勾訓練本

州駐劄本路兵馬所有路分兵甲公事即不得管勾從之　是月詔減衡州駐泊兵馬都監一員從權河北監牧使周革之請也　九月鄜延路走馬承受公事歐育言沿邊監押官即寨主却為監押所壓人情不能相下由是罕得和同乞自今選心力武幹者充寨主不以官資並在監押之右從之　十月詔諸路見闕兵馬都監處如未有本等合入即於邊左一州駐泊都監內管勾本路都監公事　十一月詔減同陝二州駐泊都監各一員上以西陲用兵多在邊內地官冗故也　四年三月二十七日詔府界諸縣兵馬都監今後樞密院選人　五年五月三日詔河北陝西河東京東路都監自轉大使臣後歷三任親民內一任邊任有舉主五人者充第二任親民者與權第一任親民者與權發遣其京西等路自轉崇班後經親民一任及曾經邊任方許差其因戰功歷權者雖未成一任亦與權並不許陳乞　元豐元年八月十八日詔自今路分官與將官互差　三年三月十四日上批近差梓夔路都監王宣雖從軍嘗立戰功然皆就本路陞擢未嘗一至京師朝廷得以親審其材否聞宣人品極鈍全少識略常須得人指蹤或且稍堪驅策今若委以處置職任不惟於邊事無補亦恐緩急別致乖方臨朝廷更可別選一稍可思慮者代宣遂以去[illegible]

使高遵治兼閤門通事舍人代之　五年十二月十三日，詔熙河經略都總管司至路分都監並加蘭會二字。　六年五月十七日，熙河蘭會路制置司言王贍已至本司，乞依舊充本路都監。詔賜贍裝錢二百千，速發赴鄜延本任。　哲宗元符元年十一月二日，詔三路京東路都監並只差內臣一員，如未有可選之人，即權於前班內差。　六年閏八月六日，給事中兼侍講范百祿言，乞依祖宗舊制，以鈐轄司移歸遂州，其瀘州止存沿邊安撫司。詔瀘州樂共城差大使臣充知城，更不帶路分都監，以梓夔路都監一員知瀘州，兼管勾瀘南沿邊安撫司公事，移梓夔路鈐轄歸州。　紹聖四年九月二十一日，詔供備庫副使劉永安令尚書吏部添差充揚州駐泊都監，永安以先朝隨龍人有請也。　元符二年五月二十一日，定州路撫司言深州係次邊州，欲乞城外更差兵馬監押，從之。　三年二月四日，安中書省勘會本省吏房元豐八年三月二十四日剳韋惠文臣除在京職事官、武臣樞密都副承旨、帶御器械、閤門通事舍人、閤門祇候、內臣都知押班之類職任，各除遂項辭說外，其餘差遣依例並權不帶。所有見充兵馬監押處因今來轉官合陞為都監者，即令吏部於申狀內勘當聲說，一就行下。今來本房見行單思轉官人，欲乞元豐八年故例施行，從之。　徽

宗大觀二年四月十六日，吏部狀勘會元降指揮，帥府望郡通判兼職兵官並朝廷選差，應上件指揮內兵官字止為駐泊都監、兵馬都監及監押兼幾刺杭越等州都巡檢使，令本部擬注申三省審察差人，致未敢施行。詔東南帥府望郡駐泊都監、兵馬都監、監押及杭越等州創添都監、巡檢並朝廷差。　三年六月二十七日，詔帥府舊無路分鈐轄者許置一員，無路分都監者望郡置一員，參總軍政，並選材武有功人充。東路除舊有路分鈐轄或路分都監去處依舊差置於帥望州駐劄外，其餘添置路分鈐轄、路分都監許令終滿今任，更不差人。　政和六年十一月七日，詔應見理路分鈐轄、路分都監、州鈐轄資序人並改正，今後如敢奏陳乞理為資序者，以違御筆論，仍委御史臺覺察。　七年七月五日，真定府路安撫使趙遹奏：「昨乞差武義大夫吳子厚充本路兵馬都監，奉御筆依奏。近承降到宣命，就差權易澧路都監。契勘子厚係太原人，累任河北沿邊差遣，於北方利害素來諳練，出官所立戰功奇功，悉係三路，備見得力。若蒙聖慈許令再留本路，緩急以備驅使，不致闕事。」詔依舊充真定府路兵馬都監。　宣和二年四月六日，詔虔州地接廣東，江山險阻，私鑄盜販，習以成俗，嘯聚出沒，民被其害，可於江南西路、廣南東路添置路分都監各一員。

十月二十三日，樞密院言：「臣僚奏國家養兵訓卒，分屯州縣，因其大小而立多寡之數，掌兵之官則又隨其多寡而定員其額，此舊制也。並邊極塞藩府節鎮屯軍稍衆，自有將帥統轄外，其餘路分州鈐轄、都監、監押各有常數。至如東南列郡及非邊州，舊來不過一二人而已。比歲正額之外添差兵官，有及數倍。臣略行取會，如湖州舊額一員，今乃添七人；平江舊額三員，今乃添五人；江寧、信德、襄陽、慶源府等處見任各六七人；下至宣、密小壘，亦皆五人，悉有添差之數。若此之類，未易臣舉，是非以兵多而增官也，殆以州郡供給優厚而溢員猥增。官溢員豈特卒伍有將迎之勞，至於占破人從，遂州往往差使不足，其害百出，閱習武藝則又未嘗也。太過之弊，遂至於此。臣契勘昨降處分，已罷添差，後來減省溢冗員額，蕭清銓曹差注頗便，宸翰申勅，使之遵守，舉而行之，不應增溢如是之多也。若額管兵官一員處，宜不可暫闕，今獨不然，有至七年而不補者，婺州是也；四年而不補者，秀州是也。見今全闕亦踰十數郡。至於城外巡檢，專以警捕為職，若詢有盜賊竊發，要在晝時捨捕，今有累歲闕官不差者，其利害得失與東南兵官豈可同日而語哉？朝廷之上運化變通，顧不難也。伏望聖慈詳酌減罷添差人數，其諸州見闕兵官及巡檢去處，即乞降指揮差注，應

無一偏不舉之弊。」詔額外人並放罷，見闕官仰樞密院限三日差填員足，將上奏知；及令尚書省吏部勘會闕官去處，係樞密院窠闕，由樞密院差人補繼。而十一月十三日，樞密院言：「勘會除將領外人依所降指揮先次放罷外，本院即未審依條許添差宗室并歸明蠻官。」尤當遴選。比來所除諸路鈐轄、都監、諸州鈐轄，一州之闕多至三四員，或是貴戚子弟，或是胥吏出身，或是臣僚子家給賜恩澤，不惟坐縻厚俸，兼諸州士卒不多，撫散充其徒從，無復教閱，甚失祖宗建置兵官之意。乞詔樞密院今後專用武藝出身、累立戰功資序應入之人，其添差窠闕除隨龍人及宗室外，餘減罷。詔差除兵官令樞密院更切遵守本院見行條格，其添差除係隨龍并宗室及歸明、歸朝官外，今後更不差人。　三年三月四日，中書舍人趙思誠言：「祖宗朝兵馬都監、監押，大州不過三員，小州止一員，今一州之中至有六七人，職事不修。條人使臣係與不係依今來指揮減罷，無契勘軍班換授之人，遂時降指揮許添差三路都總管司教押軍隊，即別無正額。及昨蒙指揮為李奎冒用階官換武臣，奉御筆許添差都監、監押，本院已添差訖，今來即未審合依舊存留在任。有此疑惑，未敢擅便施行。」詔並係合添差。以上續國朝會要　高宗紹興元年

年月九日內侍楊公怨以潛邸之恩與一都監亦不爲僥倖但其爲人難使也迄民可別與一差遣。十一月一日臣僚言方今用武之時諸處掌兵之數多驗擾乞降睿旨今後惟忠義勳勞之後朝廷特加優恤者許添差外餘更不添差詔吏部除宗室外具諸路添差過員數并元差因依申尚書省 三十年七月二十一日詔武翼大夫兼閤門宣贊舍人李唐義添差兩浙東路兵馬都監台州駐劄武節大夫李琢添差兩浙東路兵馬副都監衢州駐劄並釐務唐義等以隨龍恩自陳故有是命 以上中興會要 孝宗隆興二年八月二十二日真州申據本州兵馬都監胡永等狀真州正當水陸衝要累經兵火自隆興元年應辦軍期糧草即無闕誤伏覩楊州已申乞將楊州官任滿賞依舒州無爲軍例內選人許到部一併收使今乞比類楊州舒州無爲高郵軍例施行吏部勘會無爲軍舒州係是次邊昨緣逐州敍陳與極邊州軍事體一同已降指揮並依光州減半推賞楊州真州亦次邊並許依舒州無爲軍推賞今欲依本州所乞從之 乾道元年三月二十五日三省樞密院奏近降旨揮諸路州軍禁軍闕額已行招塡專任武將各統一路之兵循環教閱內一項逐州都監令吏部依格注授內釐務都監

除煙火公事捉捕盜賊外不得預雜務從之 四月二十四日詔成忠郎鎭江府駐劄御前前軍第二將正將魏方添差鎭江府兵馬監押不釐務請給人從並依正官例支破候三年滿罷更不差人從故節度使魏勝妻乞姪照恤孤遺故有是命 五月六日詔今後蓋州都監監押雖應格法差令吏部長貳躬親銓量人材堪充兵官許擬差如精力衰弱不能治軍及疾患不堪職任之人並不得差注 十二月十日詔前軍第一副將魏均添差常州兵馬監押不釐務候三年滿日罷更不差人 以鎭江府駐劄御前諸軍都統制鄭據申據故齊安郡夫人于氏狀亡夫贈寧國軍節度使魏勝係在楚州淮陰縣戰力屢戰死於陣前蒙朝廷追贈節鉞加謚建廟今子郎藝夕亡官今男魏郊年尚幼小未能就祿雖有賜到田土係在常州宜興縣界無人管當今有姪魏均見充前軍第一副將欲乞家便差遣庶得專令照管莊産故有是命 二年九月十八日詔今後諸路釐務總管鈐轄都監已授未赴任人依監司郡守已降旨揮闕到前半年赴闕上殿說之任 三年三月十九日樞密院劉子奏檢會建炎四年七月二十五日已降旨揮今後應堂除並擢替二年爲任有旨諸路分副都監州鈐轄以下已到任二年過滿之人不候差下替人令照上件旨揮減資

滿罷 十月五日宰執進呈使臣張鑑差遣魏杞奏曰張鑑監資序若除兵馬都監恐太高上曰可與副都監其人亦能文遠方召來須有以處之 四年九月十一日詔武翼郎曹瀞添差明州兵馬都監並在城巡檢不釐務以瀞係慈聖光獻皇后親姪孫陳乞故也 八年六月一日吏部狀准江淮等路提點鑄錢江瓔申乞立定都監巡檢縣尉任滿獲私錢推賞格法其在城都監任內批書失覺察其獲私鑄錢因依今勘當依所乞都監任內添入批書逐項因依與巡尉一體施行從之 九年閏正月十七日宰進呈先得旨臨安府既有路分都監一員而平江府又有一員可并路分鈐轄員數契勘創始之由梁克家奏曰初因添差後遂因而作闕上曰可盡刷諸路初增數見任人許終滿後不再差亦不須降旨揮行下密院吏房遵守 淳熙元年五月二十八日詔兩浙東路移處州路分副都監一員於婺州駐劄浙西路移常州路分副都監一員於江陰軍駐劄江南東路移池州路分都監一員於廣德軍駐劄江西路移江州路分都監一員於臨江軍駐劄淮南東路移楊州路分都監一員於泰州駐劄荊湖北路移岳州路分副都監一員於鄂州駐劄見任人且令終滿已差下人權依今來改移駐劄州軍之任以樞密院言諸軍所管禁軍有人數多而

全無兵官駐劄訓練總領者有禁軍數少而兵官多者今欲以諸州軍禁軍多寡參酌均定故有是詔 上國朝會要 三年十一月十二日南郊赦文諸軍曾經立功應修武郎以上見在部係親民資序應材武格法年六十以上令吏部長貳銓量人材精力不衰堪充兵官與免呈試許指射淳熙三年六月終以前見榜破格都監巡檢闕一次 其後六年九年明堂赦亦如之 十年十二月二十一日詔成都府路兵馬都監仍舊於三都統下兵將官內選擇素諳戰陣年尚強壯之人具職次取旨差官從知成都府留其請也 以上孝宗會要 淳熙十六年五月二十三日四川制置司言欽將珍州遵義麗皋兩寨監押二員省罷却存留遵義高富兩寨巡檢一員於思義寨駐劄從之 紹熙元年四月二十九日臣僚言外郡禁軍唯籍兵馬都監日逐監視教閱間有宗室戚里奏薦子弟未諳從事一旦責以訓練懵然不曉乞令吏部將逐州兵馬都監監押合差員數之內專以一闕注授曾從軍有材武及軍班換授曉習行陣之人庶可倚仗吏部看詳今後乞將諸軍兵馬都監係獨員去處專注應材武次曾任主兵官之人內有合差都監二員以上及都監押共差兩員以上去處並乞通融注授一員應材武曾任主兵官之人從之 二年十一月二十七日南郊

較勘會揀汰雜軍曾經立功應修武郎以上見在部係親民資序應材武格法年六十以上人可令吏部長貳銓量人材精力未衰堪充兵官者與免呈試許指射紹熙二年六月終以前見榜破格親民都監巡檢闕一次　嘉定二年十一月五日湖北路轉運司言岳之為郡盜賊出沒紹興初剗賊榜公嘯聚朝廷特遣大將以平之其州雖有廂禁兵然三都監權輕職卑不可倚仗乞省都監一員復置路分從之　五年十二月一日廣西諸司言賀州有添差不釐務兵馬監押一員委實冗贅乞下所屬鐫罷又柳州已有正任監押又有添差監押並無職事管幹又象州合城內外不過二百餘家軍籍不滿二百既有兵馬監押又有添差是誠為贅見任之人乞聽其終滿自後並乞住差從之　十二年十一月十七日詔利州更與差置兵馬監押一員仍釐務以四川宣撫司言據利路轉運司申利州地臨劍外正係蜀漢往來衝要去處總所倉庫之聚戎司軍馬之屯嘉定而後始以漕臣兼之今止有兵馬都監一員獨力管幹乞做興元府例更置兵馬監押一員仍釐務其差注格例照興元府見差小使臣親民資序人竊見目即正任添差指使數內多是癃老虛廢幣廩無補公家所當減汰乞將見任指使三員候終滿日並乞廢罷卻以此俸補助支給故有是命　以上寧宗會要

全唐文

卷二萬二千一百廿三

九一

職官四九之九

全唐文

宋會要

遣使巡撫

太祖建隆元年三月命武勝軍節度使宋延渥等領舟師緣江巡撫而貽書於江南國主曰朕自勉徇推戴志安兆庶顧邊壓之罷警欲疆理之大同乃睠江濱近僭中夏當開創之方始諒巡撫以攸宜聊會帥臣往諭朝旨今差鄧州節度使宋延渥為都總管舒州團練使司超劍之量率兵棹自襄州下江直至通州以來緣北岸經畧巡撿提舉口岸止絕偷渡舟船安撫人民若或經過之處須經南岸卽令先發文字告諭本處人員然後過往載惟明達當體所懷　太宗淳化四年二月分遣使於諸路巡撫工部郎中直昭文館韓援考功員外郎直秘閣潘慎修淮南封司員外郎直昭文館李豫水部員外郎直史館樂史兩浙翰林侍讀左司諫呂文仲秘書丞直史館陳堯叟陝西殿中侍御史陳載右司諫直史館馮起江南皆賜緡錢以遣之仍下詔曰去年以來愆亢茲甚江浙淮陝最被其災歲既荐饑人則艱食大開廩庾以救荒亡常平之蓄屢空轉徙之民相斷頗慼壞奪多罹刑辟繫狴牢者既衆斃枯木而亦繁當官者謹守科條不體好生之意按察者專務循默罔伸刺舉之文盡然疚懷明發不寐用擇通方之士俾宣欽卹之仁韓援等所至可勞問疲羸申明詔旨首詢獄犴周訪

卷一萬九百四十七

一

職官五〇之一

惸嫠，招輯流亡，俾復其所，導揚壅遏，使得上聞，刑辟之
間哀矜為務，率從輕典，寧失不經，有可以惠恤下民，悉
得以便宜從事，官吏罷軟不勝任、苛刻不撫下者，上所
行詔令有所未便等事，咸宜條奏，附疾置以聞。八月，以
虞部員外郎高象先為本曹郎中，充江南、荆湖、廣南路
巡撫使。　真宗咸平二年三月，以度支、刑部員外郎、直
史館陳堯叟為廣南東路巡撫使，賜金紫。三年七月，以
翰林侍讀學士夏侯嶠為江南巡撫使，知制誥趙安仁
副之；翰林侍講學士邢昺為兩浙巡撫使，倉部郎中、直
秘閣潘慎修副之。所至問民疾苦，疏理滯獄，廉吏而還。
復命，中使餞于郊外。四年十二月，命司封郎中欒崇吉、

卷一萬九百四十七

二

閤門祗候郭盛巡撫荆湖路。　景德三年四月二十一
日，遣屯田員外郎謝濤為益利等州巡撫使，閤門祗候
王承僅副之；左正言、直史館孫冕為梓夔等州巡撫使，
閤門祗候郭盛副之；太常丞、直史館路振為福建等州
巡撫使，閤門祗候鄧恩副之。所至存問犒設官吏將校
父老等，疏決見禁罪人，雜犯罪人至死及官典犯贓，依
法外，流已下遞減一等；其雜犯死罪情理可憫者，諸負
欠官物，累經赦宥除放而尚令理納者，悉條其事以聞；
仍撥察官吏能否、民間利害以聞；內出名香付冕等，令
所經名山大川及古聖先賢祠宇，精虔至禱，為民祈福。
二十八日，命職方郎中、直昭文館韓國華為昇宣等州

巡撫使，閤門祗候張士宗副之；審刑院詳議官、殿中丞
周寔為江洪等州巡撫使，閤門祗候王德信副之；度支
郎中裴莊為兩浙路巡撫使，閤門祗候張雄副之。其存
問按察疏決，如謝濤等例。　大中祥符二年正月，命右
司諫、直史館張知白按巡陝西路。自去冬華解少雪，穀
價騰貴，流民入唐、鄧州，轉運使言瀕河倉庾止有二年
之蓄，故遣使視之。十月二十三日，遣使巡撫舒州，以霖
雨害稼故也。八年二月，命知制誥陳知微、閤門祗候曹
珣巡撫淮南路，三司戶部判官、虞部員外郎袁成務、閤
門祗候王承僅巡撫兩浙路，候到處州軍，取索見在斛
斗數目內有少闕之處，即相度撥填，仍密切體量巡檢

卷一萬九百四十七

三

使臣能否，如老而慢職者，即對換訖聞。先是，真宗以淮
浙去秋不稔，物價稍貴，民頗艱食，故遣使賑卹。時上封
者又言淮右物價貴，民家積穀者多，請勒其減價出糶，
以惠貧民。帝慮其擾，止令知微等勸諭富民出糶，無得
抑逼民間。九年三月，命虞部員外郎張懷寶、閤門祗候
王守榮巡撫溫處州，發廩粟救貧民，因令按視杭州江
岸，具事狀以聞。　天禧四年閏十二月，以龍圖閣學士
陳堯咨為鄜延、邠寧、環慶、涇原、儀秦、渭州等路巡撫使，
皇城使劉承宗為副。時邊臣言唃廝囉作文法，竊恐為
患；曹瑋又言其文法已散，必無生事，頗致異同，故遣使
撫察。仍詔曰：眷茲列郡，實介西陲，輟內閣之近臣，暨禁

庭之信使屬邊防之無事亦晏犒以申恩允為原隰之
輝華且訪閭閻之疾苦至於官吏之治行州縣之賦徭
宿負之未蠲滯訟之或訴即當平處並以數聞仍就決
於薄刑在廣宣於寬詔勉遵朝命用副予裹仍以此事
付堯咨等一到逐州軍並宣備酒食犒設軍校使命官
員等一察訪民間利害條上其目一有朝廷轉運司配
率物色及鄉村追紏工匠打造官物來擾民者並件析
其事一體量官員使臣能否內有貪濁深刻昧於綏撫
者速上其狀一州軍係逋欠錢物見依三司定限校料
無可償及該赦敕除放三司未與振輝者並仰件析其
事一應諸色人陳訴屈抑已經轉運司提點刑獄司行
遣屈斷稱是不當便仰收接文狀詳事理按鞫得實狀
罪已下即仰屈分徒罪已上飛驛以聞其斷遣不當事
狀仍候回日齎赴闕進呈一候到逐州軍取索見禁罪
人當面錄問如已結成公案催促疾速結絕不得淹延
其小罪即當面詳度決放

卷一萬九百四十七

四

宋會要

國信使

太祖開寶八年十一月命祕書省校書郎直史館宋準
假朝請大夫少府監為契丹國信使殿直郝文受假右
衛率府率副之　真宗祥符二年詔先充北朝國信使者每
有北朝人到闕並依所借官位服色班坐宴　天禧二
年十二月二十六日詔應曾充北朝國信及接伴送伴
使副等每遇契丹人使到闕除大兩省外餘並令于左
掖門出入候迴日依舊　乾興元年七月遣戶部郎中
直史館劉鍇客省副使曹曦為皇太后迴謝禮信使副
工部郎中趙賀內殿承制閤門祗候楊承吉為皇帝迴
謝禮信使副　仁宗寶元二年三月二十一日右司諫直集
賢院韓琦言乞今後國信及接伴使副委中書樞密院
擇才進名若有臣僚輒敢陳乞望賜嚴斷詔今後令擇
臣僚充　慶曆二年三月遣右正言知制誥富弼假資
政殿學士戶部侍郎為迴謝契丹國信使西上閤門使
符惟忠副之報其請地事也　八月命禮部郎中知制
誥張師德為契丹國母生辰國信使西京左藏庫副使
趙忠輔副之國母生辰命使自此始　神宗熙寧四
年九月五日以文思副使張交充賀北朝皇太后國信
使以馬傳祖應國陷虜不願往代之　五年九月七日
以供備庫使任懷政為大遼國信副使代田諲初以懷
政押賜夏國主生日禮物因對上問懷政家世任福之

卷一萬三千三百二十七

一

姪也乃命與證易之　二年三月十四日太常博士同
直儒等言國信一路郡縣驛亭陳設什物以至樂器等
故弊乞新之詔在京令國信所緣路委監司一員先事
點檢修治　十月二十二日詔以西京左藏庫副使兼
閤門通事舍人河北沿邊安撫副使劉瑨假西京左藏
庫使代曹評為遼國信副使令雄州止以評疾報契丹
乘驛還闕以慈聖光獻皇后崩故也　三年正月五日
送伴遼使李琮等言大行太皇太后未葬恐使人以故
事邀過白溝置酒作樂詔勿過白溝橋給樂人倒怨如
故事　八月二十三日詔自今遣文臣奉使帶館職者
並帶職　閏九月二十八日知定州韓絳言諜知遼人

卷一萬三千三百二十七

二

遣石宗回為賀正旦副使令于接伴等處因語須說及
本石晉出帝之後乞預令接伴館伴使副以語折之詔
劄與接伴使副　四年八月二日詔自南北通和以來
國信文字差集賢院學士蘇頌編類　九月二十七日
詔將來北使經過新路州軍守臣內有審官常格輒差
材品凡鈍難以酬接虜人者可從中書預選官移易其
知趙州史宗範磁相邢趙州通判令河北轉運司體量
人材如不堪接待人使即于轄下選官對移並候人使
回日依舊　五年十月八日太僕少卿吳安持等言奉
初接伴大遼賀正國信使原武河決雖已治道傳聞自
滑州以南猶有橫水三十餘里詔遣水部員外郎王諤

計置新船六十艘以待濟　十二月十四日上批河北
沿邊安撫司諜知遼人令賀正旦副使趙庭睦因覘朝
廷西事慮虜人因語言探問虛實具當酬應之辭三省
樞密院同議定劄與館伴使副　十七日接伴使吳安
持言遼使沿路事節並如舊唯例送樂人馬一疋不至
臣等候前路言及詔安持等所不送馬勿問　六年二
月二十五日詔北使經過處知州曾借朝議大夫者依
舊自令更不借官令權服金紫不得繫金帶其押賜御
筵官仍互借先已借朝議大夫即借中散大夫並許繫
金帶不佩魚　十月八日內西頭供奉官馮世淪追兩
官張應之羅安李慶長勾東頭供奉官譚文極內侍高
品盧世永右班殿直寄班祗候朱伯瑜各追一官並編

卷一萬三千三百二十七

三

欄國信使不覺察軍營兵與北人私交易也　十二月
五日命給事中韓忠彥館伴遼國信使初命禮部侍郎
李常上批四邊事未定慮虜人至闕須語及之恐常不
知西事本末緩急難酬對故也　七年四月八日石得
一奏接伴虜使下親從官隨行覘步欲乞令過位覺察
詔許之其入位與北人私相交易及將達事情者察之
餘勿舉　八年四月十八日命左司郎中滿中行充皇
帝登寶位北朝國信使左班殿直閤門祗候焦顏叔假
供備庫使兼閤門通事舍人副之詔中行等到遼國諭
館伴使令以太行皇帝遺制尊皇太后為太皇太后同

處分軍國事與禮並依章獻太后垂簾故事兩朝合通
信使具聞于北朝　八月二十四日詔太皇太后特送
遼國生辰禮物令御藥院依章獻太后與北朝皇太后
禮物數排辦内冠朵纏以金玉腰帶水晶鞍轡以玉鞋
韈以靴代之　九月十八日樞密院言昨令國信使滿
中行等計會北朝依嘉祐年北朝皇后賀仁宗皇帝生
辰正旦使人傳達禮意皆自北朝皇帝傳達今來北朝
弔慰太皇太后其使人傳達却係北朝皇帝專致傳語
使人見日回閤并辭日太皇太后亦當專爲傳宣閤北
朝皇帝非故事當改正欲令送伴北朝弔慰使副婉順
說諭使人悉依嘉祐年例從之　哲宗元祐元年正月十八
日館伴遼使所言國信使蕭治等稱南使過本朝生餼
錄目無大宋國賀正旦或生辰字今所賜錄目却有大
遼國賀字乞除此四字方敢收留尋面諭以久例豈可
輒有更改比至同程終不收受詔雄州移牒北朝涿州
其錄目候蕭治過界牒送訖奏　五月六日雄州言得
涿州牒今後若委所司于生餼目内書寫北朝國信使
副并三節人從經久爲便本朝有司不空南朝字亦議
別行更改詔令雄州移牒北朝涿州今後所賜信使生
餼客省目子并折支司内並書北朝賀遼節名國信使
副并國信下三節人從　六年四月五日左諫議大夫
鄭雍言昨充北朝生辰國信使伏見朝廷歲以玉帶贈

卷一萬三千三百二十七　四

遺遼人恐歲久有時而盡請令後施作旋琢新帶以充
歲用從之　七年正月二日樞密院言遼使耶律迪病
且殆緣通好已來未有故事今用章頻王咸宜奉使卒
于契丹北人津送體例須送館伴所密掌之如迪死即
施行從之　九月四日詔王子韶罷秘書少監以將命
使遼而御下苛細致指揮使刃其予并傷予詔故罷之
十四日詔入國接伴使副今後不得將帶親屬并有
官人充職員小底違者罪之其入國使副實有宿疾聽
帶親屬一名小底不以有無官具奏聽旨先是非泛使
出疆以老疾自陳有例得帶親屬自熙寧後著爲通法
奉使者稍稍以親戚自隨因緣干擾故立條約　紹聖
元年正月二十二日詔東上閤門使成州團練使王湛
奉使遼國與館伴妄爭濮王諱字却韓參政慰狀及與
呂陶相逢禮不赴坐對荅乖易特罰銅二十斤罷所居
官　三月八日給事中呂陶等言具析到昨充宣仁聖
烈皇后遺留使副于北界遇朔望依元豐八年王震故
例用治平四年嘉祐八年不赴宴會例按明道年遺留
使副語錄内在北界遇朔望日並赴昨宣仁聖烈皇后
上僊臣僚遇朔望日亦無祭奠舉哀之儀與嘉祐治平
元豐故例不同呂陶等未嘗奏稟輒引用直作朝旨行
牒北界朔望不赴筵會及請移宴日仍以疾不赴致罷
曲宴雖已該恩詔呂陶除集賢院學士知陳州于是詔

卷一萬三千三百二十七　五

張舜民等到北界因語及呂陶事即荅云昨宣仁聖烈
皇后上僊朔望日別無禮制聞陶等誤用故例妄有移
牒及請移宴日舜民等比在路中已聞陶等降黜并言
主上敦重信好所以特有行遣之意　閏四月五日戶
部郎中林邵等言請自今接伴副使擇官高者令武臣
知州借官相壓詔今後武臣知州係承制崇班並借供
備庫使諸司副使並對借序坐在接伴副使之上　九
月十七日國信所繳奏回謝北朝國信使張舜民副使
鄭价與送姚企賁閻荅失當各特罰銅二十斤　十二
月二十一日接伴使時彥等言遼使至邢州見知州磐
皂幞不肯赴亭子茶酒蓋自來北使經由州軍皆武臣

卷一萬一千一百二十七　五

知州并瀛州安撫使及接伴押宴官並繫紅帶自餘文
臣知州不帶學士以上職名即依舊來儀制詔令時彥
等婉順折難勿虧事體　四年二月十五日詔入國接
送館伴使副不得以無例之物送遺人使仍立法　三
月八日開封府言賀北朝正旦使副下三節人從喧聒失
禮及射弓處宣武虎翼兵士楊千等喧鬧罪狀國信使
副時彥曹旺奏三節人從無作過者虛妄不實詔右司
員外郎時彥供備庫使曹旺左班殿直成義安特各追
一官勒停楊千王千王立各杖脊配千里外牢城濕達
等降配鄭州　九月七日詔國信使副自今依熙寧條
許帶親屬一名充小底其元祐法勿行從國信使范鍠

請也　元符元年二月一日權開封府推官王詔言差
充興龍節送伴遼國人使欲乞依接伴到闕例只于瑞
聖園內設閣子令送伴使副伺候相見如允乞下有司
著為令從之仍令詳定編修國信條例于儀內修具
八月詔遼使經過如遇知州病患事故應本州接送人
使有違闕許權迎送人使官按斷從接伴使韓粹彥請
也　三月十四日樞密院言司勳員外郎韓粹彥等言
人使在路州軍諸頓酒食料例已經編定陳設器皿亦
各新潔惟府界諸頓祇應人等自京差到酒食未至豐
厚宿頓中路四處共差內臣兩人難以照管詔更不自
京差內臣并祇應人員委本處令佐管勾令府界提點

卷一萬一千三百二十七　六

檢　二年正月十四日高陽關路走馬承受公事言訪
聞北界人言差下泛使蕭德崇等于二十四日離燕京
上節中帶夏國二人同行詔令河北沿邊安撫司體問
詣實聞奏　三月十六日館伴遼國泛使所言泛使蕭
到禮物有玉帶及小蹀腰元無封尋詰其因乃云例外
物虜主臨行授使者故不封詔劉與御藥院取旨問荅
初宰臣章惇以謂恐無禮執政皆曰彼乃欲以為勤學
也上然之　四月二十九日館伴所言竊見修華戎信
錄自通好以來事無不載而元豐六年後來未經編錄
伏望委官續成從之　閏九月六日試給事中兼侍讀
趙挺之言差充賀北朝生辰見領詳定編修國信條例

有北道刊誤志及接見北使書狀儀式亦能全備欲乞就行詢訪沿路看詳修潤從之　三年徽宗即位未改元二月二十一日詔國信使尚書司勳員外郎韓粹彦文思副使賈裕回至白溝聞國哀不別送伴皆罰金

六月一日吾登位國信使韓治曹譜至虜庭虜遣蕭括劉彦儒館客欲以南朝謝登位國信所爲名治譜爭以不當稱謝卒白國信所而還建中靖國元年二月十四日命尚書吏部侍郎張舜民爲遼國賀登位國信使西上閤門副使閤仁武副之中書舍人謝文瓘爲遼國登寶國信使皇城副使王漸副之尚書工部侍郎賈易爲遼國弔慰國信使左藏庫使兼閤門通事舍人劉喬副之易以目疾辭改命給事中上官均代之又命朝散大夫淮南江浙等路發運副使黄寔龍圖閣直學士中散大夫爲遼國賀登位國信使代張舜民　十月五日詔朝奉大夫給事中上官均朝散郎給事中謝文瓘皇城副使王漸禮賓副使兼閤門通事舍人劉喬各降一官以使遼弔奠而從者更衣以入有違舊章故也　徽宗崇寧元年五月二十六日詔朝請郎尚書吏部員外郎宋景降授朝奉郎文思院副使曹潘降授供備庫使送吏部以接伴遼使不能閑其徒從之實故也　四年八月二十八日承議郎尚書禮部侍郎劉正夫假資政殿學士太中大夫爲遼國國信使以林攄未畢使事虜繼遣使

卷一萬三千三百七十七

七

至致再還　時靖和皇后園陵在京府界禁音樂七日虜使託疾不肯入見得肯就館錫賚卒使如禮而歸

八月十八日樞密院言尚書度支員外郎王革接伴遼國賀天寧節人使到相州遇靖和皇后小祥賜御筵合作樂與否今太常寺檢會莊穆皇后園祥故事特不視朝其日百官詣西上閤門進名奉慰詔靖和皇后小祥大祥依小忌内外禁樂一日　五年正月二十一日詔馬防罷刑部侍郎降授中奉大夫知蘄州以奉使辱命也　政和二年八月十二日臣寮言接送伴北使及引押夏人貲此務爲苛察及以語言相勝或致生事乞加譏禪仍申嚴幾察條禁詔令尚書省樞密院立法禁止

卷一萬三千三百七十七

八

四年正月二十六日詔訪聞接伴副使高士儒于白溝驛感疾至雄州身亡蓋緣使事物故在道理宜存恤仰本州委官一員照管津遣仍量與應副　四月五日詔尚書屯田員外郎楊信功送吏部以言者論其送伴北朝人使肆言褻狎有損國威故也　七年二月十二日詔朝請大夫杜充降授朝散大夫勒停武顯郎宣贊舍人狄獬降授武器郎宣贊舍人勒停坐奉使輕褻典章故也　宣和四年正月二十四日詔朝奉大夫宋孝先降一官勒停坐奉使遼國傲慢失職故也　高宗建炎元年五月一日赦應昨緣奉使金人有本經推恩人許令自陳與檢詳元降指揮推恩内有金國拘留未

還者其請給令所屬權給一半贍養其家候及一年止
九月詔從事郎傳雱特授宣義郎假工部侍郎充金
國通和使武功大臣趙哲副之修職郎王倫特授朝奉
郎假刑部侍郎充金國通問使進士朱弁補修武郎副
之已而輔臣黄潛善汪伯彥請遣祈請使改傳雱爲祈
請使馬識遠副之其已降遣發約束且令馬忠韓廣等
駐劄大河之南候遣使先行別聽進止　二年十一月
二十二日敕應官吏等奉使見在金國之人所有其餘
應干恩數等並候回日一併給還仍不拘攀革年限　石
林燕語宋朝館伴契丹例用尚書學士並以陪臣處之
下契丹一等也契丹館于都亭驛使命往來稱國信使
高麗館于同文館不稱國信其恩數儀制皆殺于契丹
卷一萬二千三百二十七　九
自後王將明等皆以學士館伴仍升使爲國信建炎三
年畢仲衍在揚州復入爲學士高麗自海州來朝遂差
館伴因建言高麗國學士館伴出于一時之命而升爲
國信使今夙尔四夷尔以軌物當正前日適然之失因
辭疾于是改差中書舍人張達明而罷國信皆用元豊
爲儀自畢仲衍請也　紹興二年九月四日敕應官員
諸色人因奉使金國未回之人其家屬寄居州縣已降
指揮令所在官司多方存恤寓應州縣遵奉不虔仰監
司按察無致失所　十九日詔應奉使金國未還之人
并隨逐官員使臣等其家屬散在諸路州軍居住訪聞

所在並不應副請給自今後專委守臣須管排月支給
如違從徒三年科罪仍許奉使之家越訴及出榜曉諭
四年九月十五日九年正月五日十年九月十日敕並
令按月支給　三年五月十七日詔端明殿學士左太
中大夫同簽書樞密院事韓肖胄充金國軍前通問使
左朝奉大夫試工部尚書胡松年副之續條具申請三
節人從欲于六曹及諸官司內不以有無官資及見任
待闕已未參部人內指名抽差或辟差如有一切違礙
並免執奏不許辭避上中節內有官人與先次轉四官
資白身人並先補承節郎進士先補迪功郎候回日各
與依單功法特添差合入差遣一次今來轉補官資依
卷一萬二千三百二十七　十
例不作非泛補授理當參部差出理爲資任下節軍兵
並各先轉三資候回日更轉一資上節都轄一員指使
二員書表司二員禮物六員引接二員醫候一員中節
職員四員親屬親隨六員執旗信三員小底二員下節
御廚工匠二人翰林司二人儀鸞司一人文思院針線
匠人一人將校二人管押軍員二人軍兵六十八人敎駿
二人書狀官欲支起發絹六十匹錢一百貫銀五十兩
上節起發都轄絹四十匹錢十貫銀二十兩指使禮物
官醫候引接書表司並各絹三十匹錢四十貫銀一十
兩中節起發並各絹二十匹錢三十貫銀一十兩內醫
候破合藥一百貫下節軍兵軍員起發絹一十匹錢二

十貫內有官人並許帶行新舊見任請給如無請給每
月支贍家錢三十貫日支食錢五百文軍兵每月贍家
錢八貫日支食錢五百文內將校起發錢絹并贍家食
料等錢依中節人體例有官人各破本身驛券一道三
節人並借請兩月從之　五年二月二十二日詔應奉
使金國未還之人具應干恩數令本家齎元差或干照
文字赴尚書省陳乞施行　紹興五年閏十月十九日
奉使金國報謝所言照得今欽次合差下節軍兵并訓練
官等係輪到侍衛馬軍行司差撥出戍建康府人窃緣
本所起發不測逼近若行差取相去千里委實地里差
遠慮恐辦集職事不前是致抵捂乞就便于殿前司或

步軍司借差上件官兵一次其馬軍行司合差官兵等
充日後以次奉使差使詔于步軍司權差一次　同日
兩浙轉運司奏金國信使副非晚過界所有往回應副
御筵并沿路舟船出陸船擔人夫排辦飲食宿頓等撿
會丨淳熙十三年十一月指揮並委漕臣今後準此窃
緣本司見今應辦哲文神武成孝皇帝梓宮過江攢宮
修奉等事務委是繁劇難以前去乞別委浙西監司應
辦所有一行舟船并祗備庫陳設衣幃器皿錢酒等本
司卻行照例備辦遣發應副詔長浙西提舉黃灝餘從
之　七年十二月三十日詔右朝奉大夫王倫除徽猷
閣直學士提舉醴泉觀假龍圖閣學士左中大夫樞密

都承旨充金國軍前迎奉梓宮使右朝請郎高公繪轉
右朝奉大夫假拱衛大夫忠州防禦使副之　八年十
二月二十三日詔端明殿學士左太中大夫簽書樞密
院事韓肖胄充金國報謝使光山軍承宣使樞密副承
旨錢愐假光山軍節度使樞密都承旨副之　二十九
日御史中丞勾龍如淵言和議既定遣使歲必再三欲
望特詔有司撿照近年體例參酌中制將支賜之物并
三節人數及所得恩例凡使者在館及至界首比舊減
三分之二至汴京或至燕中減半直至金國全減庶幾
久而可行以革泛濫之弊詔令三省樞密院照會　九
年正月五日敕應奉使金國未還之人剩贈奏薦已降

指揮給還合得之數尚慮所在州軍保奏稽緩或官司
非理沮抑仰監司按劾御史臺覺察　同日詔王倫除
端明殿學士同簽書樞密院事免簽書仍賜同進士出
身差充迎請梓宮皇太后交割地界使藍公佐除宣州
觀察使假保信軍節度使提舉萬壽觀副之　二十六
日右諫議大夫李誼言國信所指差三節人從多是進
士甚至于執旗報信亦以進士為之伏望今後所差三
節人除親隨許用進士二名外餘並以使臣充丨紹興
八年以前使人將命實犯不測故三節人從悉假以優
恩今既通和豈可復援前例欲乞量與裁減詔令禮部
撿照奉使大遼體例參酌條具以聞　十[illegible]年九月十日

敵應因奉使金國未回并屬官其官職合該奉薦人未經奏薦者特與蔭補一次如係陞朝官特與封贈一次各令本家于所在州軍保明陳乞十二年十一月八日敕並同

十一年十一月十一日詔左朝散大夫尚書吏部侍郎魏良臣假左正議大夫充接伴使福州觀察使知閤門事兼客省四方館事王公亮假保信軍承宣使副之館伴準此

十三日詔左朝奉郎試禮部尚書兼侍讀莫將差充館伴使成州團練使知閤門事兼客省四方館事曹勛副之館伴準此

二十三日詔左朝奉大夫試御史中丞何鑄除簽書樞密院事差充金國報謝使拱衛大夫利州觀察使知閤門事兼客省四方館事曹勛除容州觀察使副之

卷一萬二千三百二十七　十三

十二年五月三日詔左朝請郎試尚書戶部侍郎沈昭遠假吏部尚書充金國賀生辰使福州觀察使知閤門事兼客省四方館事王公亮假保信軍承宣使副之

金國生辰遣使準此于是詔檢奉使大遼進呈取旨國信所具到國信令格奉使指使滿二次轉進武校尉譯語親事官奉使接送伴送及兩次轉一資親從差隨奉使及接送伴兩次無遺闕候授名滿二十年轉一資奉使書表司入國三次滿足轉一資奉使隨行醫官及三次換章服已衣紫許回授有服親或指射差遣醫學以下轉一資或換章服奉使禮物殿侍滿二次轉三班差使奉使引接殿侍滿

四次轉三班差使別無奉使大遼生辰推恩人體例檢正檢詳看詳參酌擬定正使起發支賜銀絹各二百匹錢一千貫副使起發支賜銀絹各二百匹兩錢八百貫三節人從共破五十人不許差白身人上節一十八人下節三十人內準備差使四員餘差軍兵上中節先轉一官資內選人比類施行候回日更轉一官資添差合入差遣一次內醫官吏支合藥錢一百貫下節準備差使先轉一官資候回日更轉一官資內軍兵先轉一資候回日更轉一資起發上節支銀絹各一十五匹兩中節支絹一十五匹銀一十兩下節支絹一十疋銀五兩請給三節人從日支食錢五十文內有官人帶行新舊任

卷一萬二千三百二十七　十四

見任請給如無請給或不願請新舊見任者每月支贍家錢三十貫內軍兵除帶行見請外月支贍家錢八貫並自到所日起支結局日住支有官資人仍破本身本等券一道並借請兩月詔依擬定立爲永法

六月八日吏部侍郎充金國接伴使魏良臣等言欲乞依舊例差編欄官二員引接儀範二員職員二員小底二人親隨二人醫官一員主管文字二人書表司二人外更乞差準備差使十員許依例指差借請兩月詔準備差使許差四人官屬人吏等管並借請一月

八月十八日詔左朝請大夫試御史中丞萬俟卨除左中大夫參知政事差充金國報謝使榮州防禦使帶御器械刑孝楊假

保信軍承宣使知閤門事兼客省四方館事副之 九
月二十八日詔左宣儀郎中書舍人楊愿假戶部尚書
充金國賀正旦使右武大夫宣州觀察使知閤門事兼
客省四方館事何彥良假奉國軍承宣使副之 正旦遣
使準此 十三年十一月二十一日國信所言北朝賀
正旦人使赴闕舊例開封府差少尹接送詔差知臨安
府張叔獻 十四年正月六日詔吏部尚書羅汝楫差
充金國報謝使鎮東軍承宣使知閤門事鄭藻副之
三月二十六日詔應差生辰正旦非泛奉使并接送伴
官合差國信所指使譯語親事官及皇城司親從並仰
依祖宗舊法聽審使副問答語言及見聞事件兼覺察
一行人務專令整肅可劄與主管往來國信所令從過
差奉使等官令檢坐條法指揮閑報常切遵守毋致滅
裂 八月八日詔右承議郎監潭州南嶽廟萬俟允中
奉使金國禮物官日私以違禁之物附載入國博易罪
利游貿命追毀出身以來文字不刺面配貴州本城收
管 十五年五月九日詔人使經過州軍令兩浙淮南
轉運司並以官錢應辦不得騷擾百姓各具知稟聞奏
十九日詔接伴金國賀生辰副使錢愷降一官送伴
別差人以接伴不職故也 十六年三月十日尚書省
言接送伴所差官屬員數太冗欲裁減小底二人親隨
二人主管文字二人準備差使四員止差部轄一員編

卷萬一千一百二十七 十五

欄官二員引接儀範二員職員二員醫官一員書表司
二人從之 四月十一日詔今後金國使人赴闕所差
接指使親從譯語等人除身分合得券食錢外其沿路
州軍所送錢物並不許收受如違以贓論 十四日接
伴使副王循友等言接伴使副沿路收受州郡饋送及
有數處犒設官吏等欲乞今後不許收受從之 十七
年三月十八日宰執進呈國信所乞裁減接送伴北使
官屬事上宣諭曰邊知白渡淮多日尚未見到恐路中
滯留則隨從人等不無生事騷擾可擬降指揮今後計
程赴行在 十八年五月十五日工部尚書詹大方言
近蒙差充金國賀生辰使每戒約一行官吏等不得輒
起事端過有須索竊慮後來三節人或有不識大體責
辦供應妄生語言有失事體所損甚微所繫甚大欲望
自今後每遣使人嚴行戒飭詔今後遣使自使副至三
節人並具知委狀申尚書省 十八日詔今後差賀生
辰正旦使副所給起發銀絹錢並各減半其三節人各
與轉一官資內使副仍各與轉一官以殿中侍御史余
堯弼言比年盟好既固將命若安行無虞與講和之始
事體不侔故有是詔 閏八月三十日詔今後奉使生
辰正旦下三節人過界並不許與北人博買如違從徒
二年科罪使副不覺察同罪 二十年三月九日詔左
中大夫參知政事余堯弼差充賀金國登位使鎮東軍

卷萬一千一百二十七 十六

承宣使知閤門事兼客省四方館事鄭藻假保信軍節
度使領閤門事副之 十月詔賀金國登位副使應合行
事件并起發支賜三節人從等並依未經裁減已前賀
生辰正旦人數體例推恩以余堯弼有請從左右司看
詳擬定也 二十二年正月二十四日詔令淮東浙西
經由州軍遇人使往還委守臣當職官并諸軍統兵
官嚴切措置關防如有違戾取旨重作行遣賀正旦人
使回程至鎮江府有都統制劉寶下使臣楊敏輒往北
使馬前妄出語言故有是詔 二十三年四月六日詔
令後奉使須選擇醇謹之人至加武臣作副亦當遴擇
二十五年十月九日殿中侍御史徐嘉言欲自今
後差往金國賀正旦生辰使副并三節人等回並不許
收受供給饋送錢物等如輒受者依朝廷遣使出外輒
受供給饋送以自盜論供送者與同罪奉使一行往回
經由州軍縣鎮非理需索糜費一切盡行往罷不得依
前應副如有違戾並委本路帥臣監司覺察按劾聞奏
取旨重行遠竄如帥臣監司失于按劾令御史臺覺察
彈奏並從之 十二月二日上宣諭輔臣曰張士襄去
歲奉使回當朕前奏事欺罔不寔罪犯止以奉使不肅
罷續以宮祠處之可與遠小監當以為後來奉使之戒
二十六年二月四日進士單鎡言比年以來奉使官
屬不問賢否惟金多者備貨而往多是市廛豪富巨商

卷萬三千二百二十七 十七

之子不可不革欲望自今凡遣使人必加謹簡其所辟
到三節人從先具姓名申取旨三省樞密院次第審量
仍劄下國信所更切覺察庶革前弊從之 四月十九
日詔翰林學士左朝請郎知制誥兼侍講陳誠之假資
政殿大學士左大中大夫醴泉觀使兼侍讀充賀金國
上尊號使吉州刺史知閤門事兼客省四方館事蘇曄
假崇信軍節度使領閤門事副之以盱眙軍言得泗州
軍上號聖文神武皇帝故也 十月十五日詔奉使金
國使副并三節人推恩並有定制今後不得援例過有
陳乞如違令御史臺彈劾 二十七年十二月二十五
日詔今後人使往來兩浙淮南漕臣須管隨從行船不
得相遠仍多辦舟船篙梢準備使用 二十八年二月
十三日詔奉使接送伴使副往回不得輒赴筵會如違
依已降收受饋送指揮科罪仍令臺諫覺察彈奏 四
月十七日權尚書工部侍郎劉章言奉使凡三節儀從
官與轉官資于啟行之日既受賞典往往慢易欲望依
使副例俟回日推賞從之 五月二十八日詔泉州觀
察使知閤門事兼客省四方館事石清與外任以館伴
北使飲酒致醉疎慢失體故也 十月十九日詔接送
伴官屬等已有約束不許私販其奉使三節人從可令
有司參照立法禁止 十一月二日臣僚言比年以來
奉使辟差官屬多不親行募人充代市井狡猾之徒何

卷萬三千二百二十七 十八

所爱惜欲望申嚴憲令應三節人從如或假名代行重
賞許告奉使失于覺察亦與其罰詔依仍自來年爲始
二十九年九月四日詔自建炎紹興以來奉使未回
之人有親的子孫本家見無食祿人者可令經吏部自
陳驗實申尚書省取旨特與一名恩澤　二十一日詔
翰林學士左朝散郎知制誥周麟之假左朝散大夫信
安郡開國侯充奉使金國皇太后告哀使吉州團練使
知閤門事兼客省四方館事蘇曄假崇信軍節度使齊
安郡開國侯副之　十月三十日禮部言今來顯仁皇
太后上僊所有將來人使過界并三節人從合着衣帶
及沿路御筵入見花宴聽樂等下太常寺討論顯仁皇

卷一萬三千三百四十七

十九

太后係于十月二日小祥十四月大祥十六日禫除其
告哀使副并三節人若于禫除日分過界即合從吉服
只用皂鞓黑帶之類如嘉祐八年元豐八年故事從之
三十一年四月七日詔應靖康建炎紹興以來奉使
未回使副之家陳乞恩澤令吏部驗實照應已降指揮
依條施行其在外人委知通躬親驗實保明申吏部仍
令本部行下諸路州軍出榜曉諭　五月六日詔左中
大夫同知樞密院事周麟之假信安郡開國公充金國
稱賀使洪州觀察使知閤門事兼客省四方館事蘇曄
假崇信軍節度使領閤門事副之　二十二日權禮部
侍郎金安節等言今來孝慈淵聖皇帝升遐自發哀後

館伴并送伴使副等官合權易黑帶去魚并皂鞓鞾其
人從止合服紫衫皂帶並從之　六月二十七日詔左
朝散大夫敷文閣待制樞密都承旨徐嘉假資政殿學
士左大中大夫醴泉觀使充金國稱賀使文州刺史權
知閤門事兼客省四方館事張掄假保信軍節度使領
門事副之　三十二年三月二十一日詔左朝奉郎守
起居舍人洪邁假翰林學士左朝議大夫知制誥兼侍
讀充賀金國登位國信使果州團練使知閤門事兼客
省四方館事張掄假鎮東軍節度使領閤門事副之
四月七日詔奉使金國使副下三節人私行傳易即仰
覺察以聞重寘典憲如使副博易回日令臺諫彈劾

卷一萬三千三百四十七

二十

紹興三十二年七月九日孝宗已即位未改元詔中書
舍人劉珙假禮部尚書充皇帝登寶位報金國信使知
閤門事孟思恭假保信軍承宣使副之既而諫議大夫
任古言思恭受賂罷見任詔差知閤門事張說假昭慶
軍承宣使代之　二十八日詔右宣教郎盧仲賢假樞
密院計議官右宣教郎李栻假將作監主簿並充通書
金國左副元帥府　十一月十三日詔尚書戶部侍郎
王之望假禮部尚書充金國通問國信使知閤門事龍
大淵假崇信軍承宣使副之　孝宗隆興元年三月十
九日王之望等言先蒙差充金國通問國信使副今既
不過界三節人合與不合放令逐便兼辟差王銖龍仲

淮充親隨前去並蒙補上州文學令乞繳納誥三節人
于逐使已轉一官更不以祈展年磨勘王銖龍仲淮各
與轉一官候有名目日收使　八月二十九日詔宗正
少卿魏杞假禮部尚書充金國通問使帶御器械康湑
假崇信軍承宣使副之　九月五日魏杞康湑言令來例假
所差官屬全在同共宣力分掌職事乞依王之望等
先與轉一官資出給省劄補授候回日換給如不該推
恩却行繳納從之　二年十二月十六日詔中書舍人
洪适假翰林學士差充金國賀生辰使知閤門事龍大
淵假寧國軍承宣使副之　乾道元年正月十七日詔
武節大夫閤門宣贊舍人王抃充金國國使信所參議

卷一萬二千三百二十七　壬

官將書有勞可特轉右武大夫遙郡刺史　二月二十
二日詔尚書刑部侍郎李若水假吏部尚書知閤門事
張說假昭慶軍承宣使充接伴金國報問使副　五月
二十八日詔尚書戶部侍郎李若水假吏部尚書充賀
金國上尊號國信使武翼大夫和州防禦使權知閤門
事曾覿假寧國軍承宣副之　九月六日詔國子司業
汪涓假工部尚書權知閤門事康湑假保信軍承宣使充
接伴金國賀生辰使副自後接伴同此　二十九日詔
權尚書吏部侍郎魏杞假吏部尚書樞密都承旨張說
假昭慶軍承宣使差充館伴金國賀生辰使副自後館
伴同此　十月三日詔權刑部侍郎方滋假戶部尚書

充賀金國正旦使忠州團練使王抃假福州觀察使副
之自後賀正旦遣使同此　二十三日詔國子司業汪
涓假工部尚書權知閤門事康湑假保信軍承宣使充
送伴金國賀生辰使副自後送伴同此　十一月三日
詔吏部侍郎陳天麟假禮部尚書幹辦皇城司宋直溫
假保康軍承宣使充接伴金國賀正旦使副自後接伴
同此　四日詔金國賀生辰使人回程在路遇冬節特
賜使副絹各五十匹上節各八匹中節各五匹下節各
三匹從樞密院請也　十二月九日詔權吏部侍郎陳之
茂假工部尚書知閤門事曾覿假寧國軍承宣使充館
伴金國賀正旦使副自後館伴同此　二年正月三日

卷一萬二千三百三十七　壬

詔尚書吏部侍郎陳天麟假禮部尚書幹辦皇城司燕
德壽宮管幹事務宋直溫假保康軍承宣使充送伴金
國賀正旦使自後送伴同此　十六日昭慶軍承宣使
知閤門事龍大淵奏　恭覩兩朝每歲信使往來雖臣僚
有請和雇游手所至適成騷擾欲自今委建康府御前
都統制淮西總領均差不入隊人自揚州至盱眙軍往
來差使備家糧兩月選差兵官鈐束所有合批口券令
所屬樁辦錢米發赴接送伴使副委官照券支給從之
九月二十二日詔今後北使往來令所過州縣遇夜
月備火照照更不差百姓　十一月一日兩浙路計度
轉運副使周淙言已降指揮北使來令所過州縣遇夜

自備火燭照切燥隨船照照多是趂趁不前仍令州縣
依舊置火壕照道仍戒約前期三兩日差雇人使過即
時放散從之　三年四月十五日詔從義郎閤門祗候
充金國賀生辰國信副使趙應熊以使回程道中身亡
特贈武翼郎與一子承信郎恩澤吏與進武校尉一名
「四年十一月十七日詔兩浙東路兵馬鈐轄張德明
特追毀出身以來文字除名勒停送隆興府編管充國
差充賀金國正旦國信副使受馮嗣宗等懇囑差撥入
國送盤盃金銀收受入已特有是命　六年四月六日
詔訪聞浙西江東淮東路州縣差夫應副往來及朝
廷差出官多以奉使為名差雇夫馬騷擾百姓合行約
卷萬三千三百三十七
束詔食遞路行下所部州縣今後除朝廷賀生辰正旦
及接伴北使往還外其餘並不許差雇如違重作施行
閏五月九日詔起居舍人范成大假資政殿大學士
醴泉觀使充奉使金國祈請國信使權知閤門事兼樞
密副都承旨康湑假崇信軍節度使副之　二十四日
館伴使趙雄副使王抃奏二十八日使臣朝辭依例宣
賜御筵其日係皇帝散齋更不用樂外所有歸驛賜御
筵并夜筵未審合與不合用樂詔歸驛賜御筵并夜筵
並許用樂　十一月一日賀金國正旦國信使呂正己
副使辛堅之言近日對境文移已行回牒竊慮尚有文
移往來事關使者未過界間亦合預聞乞下盱眙軍自

今應有文移並令關報盱眙軍酬酢之間免致差誤從之
今後依此　二十二日詔今後應使臣往來其淮東合
用牽挽舟船并打擔軍兵本路諸州軍見管不係將禁
軍一千八百餘人可令漕司于內依舊數預期輪差應
副仍選委兵官往來部轄彈壓與依例支破錢米犒設
等　八年十月二十日詔武翼大夫趙益假宣州觀察
使知閤門事充接伴使令朝見日依見借官職起赴起
居仍立今後差充接送伴使副依此　九年十二月九
日賀金國正旦國信副使張瑊言臣每聞北使渡淮到
盱眙軍岸下有馬頭二所兩國使副各一處艤泊兩兩
界駕船篙師各欲先奪在上者多至爭競恐致生事有
卷萬三千五百三十三
失國體欲下盱眙軍并接伴所將兩處使副馬頭各分
一所明立大字牌記以為定例庶幾人使往來彼此安
靜從之　淳熙元年二月二十一日詔權吏部侍郎趙
雄中假左朝請大夫試工部尚書權知閤門事兼客省
四方館事龍雱假泉州觀察使知閤門事兼客省四方
館事充接伴金國使副館伴以權兵部尚書兼知臨安
府沈度假試吏部尚書充福州觀察使知閤門事兼客
省四方館事兼樞密都承旨王抃副之　三月二十六
日上御垂拱殿引見金國泛使通奉大夫吏部尚書梁
肅定遠大將軍太府監蒲守中　八月五日詔敷文閣
待制提舉佑神觀張子顏假工部尚書充金國報聘使

武功大夫定州刺史權知閤門事劉崇明州觀察使副
之　九月二十七日詔虜人待報聘使之禮厚今次金
國賀生辰使人已來沿路供張飲食並要如法務從豐
厚及館伴亦然仍令所屬照檢覺察　二年二月十七
日詔左司諫湯邦彥假翰林學士知制誥朝議大夫提
舉佑神觀兼侍讀充奉使金國申議使閤門舍人陳雷
假昭信軍承宣使知閤門事兼客省四方館事副之既
而三年四月詔邦彥送新州雷永州居住以臣僚言其
奉使虜庭頗乖使指驅車並還又于虜庭輒有所受且
不能堅守已見惟從謝良弼之謀于是後詔邦彥雷並
編管國信所使臣謝良弼等三人並除名勒停

寧宗嘉泰

卷萬三千三百二十七

二十五

元年正月九日臣僚言伏見每歲朝廷遣使賀金國生
辰正旦其三節官屬人從依節次指揮內上中節許差
文武官及使副所領職局人吏候回程各轉一官未有
官人候有名目收使所有下節軍兵二十六人欲乞指
揮許于三衙輪差軍兵前去回程各轉一資只係兵部
陞轉緣以軍兵所以淳熙七年指揮每次選差正副將
部轄前去近年以來卻有蔭補副尉或吏職出月入足
非軍兵冒充下節軍兵暨至回程將合得軍兵轉資賞
計會省部脫漏賞典使作一官轉行竊緣軍兵資格自
有輕重一資押官二資承局三資將虞候四資十將五
資軍頭之類比之轉一官事體不同若乃蔭補出身或

大典脫嘉定二字寄案嘉泰止四年無七年今校補

吏職補授校尉之人只轉兩階便可入承信郎在法實
歷五任十考方轉一階今若冒軍兵一資之賞作實歷
十考超轉一官委是冒濫乞今後下節二十六人元降
指揮只許抽差三衙軍兵並不許踏逐在外蔭補及吏
職補授人充應從之　三月八日起居舍人俞烈言竊
見迎接北畔使人例是南北之舟至淮河中流虜則對
設然後並舟南向而南北兵梢各欲爭先到岸盱眙兵
梢慣于操舟率先至岸北人恥于不勝乃于後舟鉤適
南使舟尾以爭一先並有用篙仗相打者又北使執從
物人或行列差互編攔人不好說諭至令兵梢用仗趕
打北來下節亦用抵敵有失事體乞行下盱眙軍及淮

卷萬三千三百二十七

二十六

南轉運司戒約兵梢令彼此之舟取齊到岸編攔官不
得仍前生事如有違戾重作行遣詔令淮南轉運司盱
眙軍行下部轄官常切鈐束兵梢今後或有違戾重作
行遣其部轄官一併坐罪　九月二十三日禮部太常
寺言今來賀瑞慶聖節使人到闕係在光皇宗皇帝小
祥後百官並已服純吉緣皇帝見在服制之內今欲乞
從典故免上壽所有辭授書赴宴等欲令所屬照應
淳熙五年會聖節并今年賀正旦使人到闕見辭等体
例施行其班直親從等見服繫紫衫黃帶于係已降指
揮並合仍舊從之　嘉定七年十一月十九日詔自今奉使
入國內下節人除親從并譯語親事官及將不轉資入

人許使副差親隨廚子餘人令殿前司馬步軍司輪差不得于諸軍抽摘令各司排定軍分每一軍一將內選有職名家口無過人充已經入國人下差仍于本將內選正副將一員部轄前去正將充上節副將充下節如本將人不足許于別將內差　二十五日詔每歲奉使金國合差上中節內除都轄引接并國信所指使已有定例外更留二員聽候御前降下自今使副許辟差親屬二人書狀官一員掌管私覿職員一名其餘並令吏部于見在部籍定名次經任無過犯大小使臣委長貳公共選差人貌魁偉年六十以下無殘疾人充如在部人不足中樞密院令三衙輪差入隊準備訓練甚已經

卷一萬三千三百廿七

廿七

入國人不差具姓名申樞密院訖發赴使副依舊國信所審量　八年十一月十九日詔自來年為始令六曹將合差奉使金國正旦生辰使副并館伴送伴下引接儀範人每曹籍定一十八人于差使副前兩月遇旬休日分輪一曹所籍人數赴都亭驛令國信所掌儀通事使臣指教閱習尚或違戾令本所具申樞密院取旨　十年十二月十六日權兵部侍郎余端禮等使金國還上虜中事接伴間端禮云南朝幾年一郊答曰帥是三年禮典已定復問金國幾年一郊接伴云無定或時行之　十三年正月七日權工部侍郎兼樞密都承旨李昌圖言竊見本部所轄文思院每歲制造北使器皿等物

龜

方其成也初則起部長貳臨視倣曾繼之赴都亭驛中使縣集復齎詣宰執偏閱至再三亦云足矣猶以為未也又從而繳進以瀆天聽此屑屑之事自有司存何至抑勞九重之尊乞自今所造錫賜北使等物止令赴都堂詳悉驗視免行進呈以尊國體從之　十一月九日接伴使章穎副使李孝純言今來取接使人係在壽皇聖帝小祥之內竊目今臣僚見行三年之制及接送伴兩發使副彭龜年等沿路著白涼衫皂帶乘坐皂鞍韉及御筵等處陳設并用青素及果桌撤去綵花粉仙使人免舞蹈山呼係接伴參之禮今來穎等接伴賀登寶位人使係行賀禮所有服色禮儀等本寺合與不合從

卷一萬三千三百廿六

廿六

彭龜年體例施行禮寺指定撥條已降指揮群臣入局治事以皂巾涼衫皂帶所有今來賀登寶位人使到闕其接伴使副等沿路服著合依前項已降指揮從之　十四年十二月十八日宰執進呈畢上曰今次賀正旦人使到闕緣在喪服中禮物合與不合收受施師點等奏欲且下禮官議既而禮部太常寺申到正旦禮物及〔乃〕是通好之儀不可不受翌日宰執進呈劉〔鄭〕僑劄子上曰金國禮物當與館伴意度且令堅辭如是不從止令陳于殿門之外庶幾于禮稍順既而金國賀正旦使至禮物止令有司收受更不至殿庭臣僚言臣聞禮之能服人也久矣春秋之時魯國有難齊將圖之仲孫湫以魯

秉周禮未可以動其後夾谷之會齊使萊人以兵亂之孔子相魯折之以禮齊卒成好礼之服人其明驗大效如此哉日者虜使奉會慶節書幣以來吾國適有大故陛下方在衰絰之初命羣臣集議皆曰是故當與之見既而聖意獨斷却其書幣就館津遣彼亦逡巡退聽而歸此無他禮之所存有以服其心故尔今正旦之使復來其事與前日大同而小異外庭臣子皆以陛下方御縞素聽事内殿不知當何以待之忽已降指揮見議素幄引見使人令有司議禮物之當受與否則知聖意已有所處矣然臣竊謂彼之前日見却出于倉卒不意今日之來必將深思熟計以相醻酢適聞指揮已出萬一使諜而知之或恐以賀正為辭不當于素幄引見欲望陛下預于此日少留聖慮或密諭大臣參正素定之議俟其辭或出此則授之館伴從容閑暇以應之無若前日之舉涉于怱遽則為得體矣議者猶以謂我之告留之使已往彼之魁奠之使未來今日之事似有先慶後弔之嫌臣竊謂時之先後適然至是我本意況引見于初到之日至于正旦陛下自行禮于大行几筵之前朝會俱罷亦何名為慶哉國有典故礼有經權參酌其宜自然中節如臣管見愚陋何足以仰裨聖明惟陛下財幸詔令來正旦通問專為和好故說素幄許其入見若受禮物則有慶賀之嫌已令館伴郎而不受又慮使人

卷萬三千三百五十　三九

援故事以為請未審于典礼如何可令禮官詳議以聞既而兵部尚書兼權禮部尚書宇文价權禮部侍郎兼權吏部侍郎顏師魯太常少卿尤袤秘書省著作郎兼權禮部郎官倪思太常丞黃黻太常博士張體仁奏臣等屢考祖宗以來雖居喪制未有不引見人使亦無不受禮物之文前朝諸臣豈不知不當受而所以不免從權者以為既已通好不當無事而使之疑也今歲賀會慶聖節人使陛下方當哀疚之中鄰之使去中外感歎聖德雖狼子野心亦知委順今正旦人使亦既許素幄引見受其書矣所有禮物恐無不受之禮况元日朝會俱罷初無賀儀幣物所有將書亦非慶禮前者聖節之使専以陛下誕辰鄰之可也正旦為兩國通好萬一使客必欲如禮而去則徒為紛紜亦恐無辭以却其物在禮有反經以從權正為是也竊以為當受兼照得所議若聖斷以為然即乞下館伴使更不必宣諭鄰其禮物庶幾不致臨時往復以全國體詔依詳議到事理施行可就殿之東楹設素幄引見人使百官並免衆見其禮物毋令入殿付之有司　十五年二月十八日詔中書門下省檢正諸房公事京鏜假禮部尚書充金國報謝使侍衛步軍司計議官劉端仁借容州觀察使右衛上將軍副之令臨安府製造三節人從過界衣服　十一月四日殿前都指揮使郭杲言每遇金國使人赴闕例

卷萬三千三百五十　四十

于三司輪差伴射官屬竊詳軍中使臣自辛巳歲至今僅四十年日漸消磨見存者往往年邁筋力向衰抱纏習射已非所宜目即諸軍隊將訓諫官其間有人物魁偉正當壯歲可習武藝者拘礙白身不能應選乞今後合差伴射官如兵將官内闕人不以有無官序通選如武射中與特補一官資不惟軍士知有取進之路又且激昂材藝得以應選仰副國家蒐擇褊裨之意從之。十六日禮部閤門太常寺言國朝典故啟攢前三日至祔廟皇帝並前殿不坐將來賀登寶位使人到闕依孝宗淳熙十五年賀正旦人使到闕于垂拱殿東楹引見令來賀登寶位使人朝見已降指揮皇帝御後殿引接書

卷一萬二千三百二十七

朝見并賜茶候朝辭日依舊垂拱殿東楹坐賜茶等令歆權於紫宸殿引見其餘並從舊儀唯不設仗從之閤門條具一是日使人朝見開紫宸殿門并紫宸殿兩廊及後殿兩廊放班門令百官并使人入出赴後殿起居朝見賜茶一知閤門官已下并當祇應宣贊舍人已下合祇應諸司官并赴後殿後幄起居宰執有如奏事起後殿後幄起居奏事一御後殿坐望參官四拜起居權免舞蹈儀仗免排設一宰執使相及使人侍從正任館接伴並後殿宣坐賜茶一行門禁衛等於紫宸殿内隨宜排立迎駕起居令入内官報撥一使人朝見授書止合知閤門官并當祇應宣贊舍人在後殿内餘并出殿

提點一名同儀鸞司繳褥位一使人合賜例物止權兩箱過如未盡未使事臨時隨宜施行　二十一日宰執進呈館伴賀登寶位使副黃艾等申北使丕啟等云朝見日三節人何不賜茶酒艾等答以無例上曰若用吉禮則三節人皆賜茶酒今以孝宗之制故止于賜茶使副之外三節人何須焉彼不知禮例故爾　二十二日閤門太常寺言今來賀正旦使人到闕入賀係在孝宗皇帝祔廟之後緣有已降指揮自今後應有拜表稱賀等事為在至尊壽皇聖帝喪之内並權免欲是日免入賀并免拜表所有見辭受書赴宴出入觀遊服飾等欲令所屬照應淳熙十六年賀正旦使人到闕見辭等體

卷一萬二千三百二十七

例施行從之　淳熙十六年二月八日盱眙軍申金國報哀使副取二月二十五日過界詔就差何澹戴勳充接送伴使副澹先于去歲十二月差充賀金國生辰至盱眙金國遣使報哀就改命焉　同日禮部太常寺言何澹戴勳充接送伴使副所有衣帶自合純吉金國使副如繫黑帶聽從其使帷幕用紫沿路賜宴如堅辭不肯赴座並令析賜既而權禮部侍郎尤袤等續行參酌接送伴使副與金國使副初接見日合依典故權服公服黑帶佩魚以後沿路相見其接伴使副自合純吉服從之　十二日詔差中書舍人羅點假朝請大夫試吏部尚書充金國報登寶位使武功大夫濟州防禦使權

知閤門事兼客省四方館事譙熙載假保信軍承宣使
知閤門事兼閤客省四方館事副之其合行事件並依
紹興三十二年體例施行自後接送館伴正旦生辰使
副借官同此　十四日宰執進呈差館伴使副職位姓
名其間依例亦具統制官上曰不宜差軍中官此輩素
不知書不閑儀矩一旦差充此等職事往往旋去習學
徒為可笑又使餘人互相儌傚盡廢武藝而從事于此
甚非穩便今後切不須差　十五日詔差起居舍人諸
葛廷瑞假翰林學士承肯朝請大夫知制誥兼侍讀充
弔祭金國使皇叔太子右內率府副率趙不慢假鄂州
觀察使左武衛上將軍副之祕書郎劉崇之假朝散大
夫起居舍人兼史館修撰充金國請祭文官其合行事
件依正旦體例施行既而崇之言使副除隨行人外有
三節人從分掌宲座是以不至失事今既不許增創所
有合用應辦掌管人數乞就見差三節人內分撥祗應
從之　二十七日尚書省言金國併遣使副名色不一
沿路申發文字往往差互詔止以第一次第二次第三
次之類稱呼　二十八日太常寺言諸葛廷瑞等過界
服着等今討論于典故即無該載所有使副等過界合
服所借本品服仍乞準備紅鞓黑帶黑鞓黑帶候到金
國弔祭令使副等審度服繫施行從之　三月六日詔
國子祭酒沈揆假端明殿學士中大夫提舉中太一宮

卷一萬一千三百二十七

兼侍讀差充賀金國登寶位使武功大夫吉州刺史權
知閤門事兼客省四方館事幹辦皇城司韓侂胄假安
慶軍承宣使知閤門事兼客省四方館事副之　九日
詔訪聞平江鎮江府等處賜金國使人御筵多不整肅
冗闌觀看今使副所到州軍須報守臣差人約攔犯人
禁勘取肯每差接送伴令承受宣諭　十四日詔今來
使人往來頻併沿路州縣不得饋送如有違戾並以贓
論　四月十六日接伴使張濤言至盱眙見入遞文書
率多淹緩乞下浙西淮東嚴行約束應干涉使客文書
別立字號依擺鋪法日行三百五十里違者究劾詔兩
別提舉馬遞鋪官嚴行約束毋得違戾又言遞年使客
往回例於鎮江都統司及楚州出戍軍中差步卒二百
餘人騎卒一百人服乘小馬九十五人州郡批支券食
等數目既多未免煩困乞下淮東運司照應前數減半
差撥從之　八月二十九日主管往來國信所言金國
賀登寶位人使將來到闕契勘近奉使賀金國登位國
信使副沈揆等過北界所賜衣服例物常例外更有別
賜物數　射弓朝辭正使紅錦綾羅透背等共三十五
段鞍轡馬二匹散馬一十二匹折絹二十四匹雜色裹
絹二十五段副使紅錦綾羅透背等共一十五段鞍轡
馬二匹散馬七匹折絹一十四匹雜色裹絹一十段朝
辭三節人上節銀一十兩絹二十二匹中節銀八兩絹

卷一萬一千三百二十七

一十八匹下節銀五兩絹一十一匹　得旨令國信所將別賜物段等比擬指定折賜本所參酌比擬到計合折銀五千三百九十兩詔依其銀令封樁庫日下支降比擬折銀正使雜色綾羅絲絹共折三百兩馬二匹折銀一百兩鞍轡二副折銀二百兩副使雜色綾羅絲絹共折銀二百八十兩馬二匹折銀一百兩鞍轡二副折銀一百二十兩都管書狀官共四人雜色絲絹共折銀一百兩蓋複五副折銀一百兩上節共七人雜色絲絹共折銀四十兩蓋複二副折銀四十兩下節共三十九人雜色絹絲共折銀三十兩蓋複一副折銀二十兩

十一月十四日臣僚言乞降指揮令後奉使下節軍兵須令所差軍分揀選慣能乘馬之人仍須先于教場中選試取其精熟者保明差撥其上中節內大小使臣如準備差使執旗報信小底之類當于諸軍訓練隊將內大小使臣如準備差使執旗報信小底之類當于諸軍訓練隊將內選人物魁梧鞍馬習熟者為之自來年賀生辰奉使為始從之

光宗紹熙元年六月八日上宣諭奉使金國一行人合得一官賞後來因人議論鐫減自今可與復舊三節人往返最勞或有斃馬等便至死損不應各此賞格

十三日臣僚言朝廷所差使副一行事務委任甚重至若國信所人不過使之往來商議皇城司人不過使之機察事宜而已初非有所假借使之得以誰何使副也此曾合而為一自作威福不容鈐制其入國者往往又于過界之後妄生事端或于其間反行挑攪恐動使副及沿路恐喝監司州縣多受鈔物乞自今應接伴入國使副及一行官屬事務許其從實機察萬一國信所與皇城司人不遵繩檢紀令未約束非理求取挑借及如臣前所陳亦許使副具名聞奏庶幾事體兩全從之

十月二十八日皇子嘉王府翊善黃裳等言送伴至揚州收金國禮信所牒一件及本所回牒照會却云牒內不合書寫年號不肯收受據此引接齎到公案內有本朝送伴所回牒果是無年號遂牒會到盱眙軍遇與泗州公文往來並寫年號猶執前說至盱眙軍臨行方肯收接照得所差行司緣無正闕往往多是在外浮泛之人充應是致乘誤乞今後正差行司二名却于合將差校內撿減人數仍于曾歷行司慣熟諳曉行移人內選差詔國信所今後同接送伴使副將行司吏人公共選擇差撥

二年正月三十日盱眙軍奏金國事故使副取二月初四日過界詔就差蘇山劉詢充金國報哀接送伴其合用部轄等並于三節人內就差合行事件仰國信所日下照例關具申三省樞密院山等係賀金國正旦回程年例合至正月三十日到盱眙軍三省檢舉故有是命

二月三日詔戶部郎中宋之瑞假朝請大夫試禮部尚書差充弔祭金國使閤門

宣贊舍人點檢閤門簿書公事充宣詞令趙嗣祖假嚴州觀察使左衛上將軍副之祕書郎兼權倉部郎官王叔簡假朝奉大夫守太常少卿兼史館修撰充讀奏文官既而叔簡言合用公使從物乘馬張蓋等既比使副一體所有乘座舟船亦乞立黃旗乞行下所屬製造從之

四月十一日保静軍承宣使提舉佑神觀鄭興裔遂年奉使金國及接伴送使副賜宴中使回程經過揚州瓜洲鎮渡江所用般剩人夫每次不下二千餘人乞劄下揚州自今接送伴除與北使同行聽從差夫外所有奉使金國回程止乞差夫一千人送伴使副回程差夫八百人賜宴中使回程差夫二百人庶幾約定人數不致泛差從之

卷一萬三千三百二十七

三二七

九月二十五日差充賀金國正旦國信使黃由副使張宗益照得由字係犯金國名諱偏傍宗字係犯金國名諱合行回避詔黃由時暫改名申張宗益除去宗字並候事畢日依舊

三年三月二十一日進呈黃由等劄子昨充賀正旦使副乞奏對上曰兩人都[illegible]引見要詢問北界事留正等奏張宗益前日過對境然跡脫爲虜人所輕上曰只爲是張子蓋之子前日差佗去卻如此所以遣遲者之意正爲要伺察此等事全不奏來宗益更與外任遲者亦須懲治

伍年六月十二日詔大行至尊壽皇聖帝六月九日陛（陞）遐梓宮發引在十月之後九月七日本國皇帝生辰仰盱眙軍閑報對境權免道（使）一次

寧宗慶元元年正月九日宰執余端禮等言虜使移剌敏等必欲求竹牛角館伴使副孫逢吉等執不與之此意亦是上曰聞渠虜主甚欲得此與之亦未害但恐後來源源不絕爾

十二月十日尚書省言金國賀正旦使人緣在哲文神武成孝皇帝未祔廟前已降指揮令接伴使副諭使人免賜幡勝優與折支本色就所至州軍照數充支日後郤令所屬撥還照得賀登寶位使人合賜幡勝內侍省未曾差官詔令戶部據合用金銀兩數付內侍省所差官前去給賜使副二人各純金幡勝一副各重一兩五分各折金二兩上節一十一人并接伴使副二人各渾金鍍銀幡勝一副

卷一萬三千三百二十七

三二八

各重六錢鍍金五分各折銀一兩半中節一十四人下節三十九人各間金鍍銀幡勝一副各重五錢八分鍍金三分各折銀一兩

二十六日送伴使章穎副使李孝純言送伴金國賀登寶位人使至前路必遇歲元昨來金國賀天申會慶重明聖節往回途中該遇端午冬至重陽節各差天使賜使人節儀今來前路使人該遇歲元節未知合與不合降賜詔依冬至例給賜其合用絹于所至州軍代支郤令戶部依數撥還仍令押御筵官就賜使副二人各生白絹五十匹都管二人各生白絹一十二匹書狀官二人各生白絹一十二匹上節七人各生白絹八匹中節一十四人各生白絹五匹下節

三十九人各支白絹三匹　二月三日右丞相趙汝愚
等言竊惟行人之官責任甚重欲求稱職必在擇人人
固須才事當有據嘗考周禮行人之職掌賓客之禮儀
名位尊卑皆有禮籍禮俗政事自為一書神宗皇帝嘗
以僚國和好盟誓聘使禮幣儀式皆無攷據始命蘇頌
修成一書名曰華夷魯衛錄今兩國通好姑務息民凡
所遣之使入此是臨時選擇事非素習初非世官家禮或
有疑責成吏手安危所繫事體非輕乞特命儒士自隆
興以後聘使往來之禮吉凶慶弔之儀編類成篇以為
準式使已用之文燦然可觀後來之事酌之而行可以
息爭端可以定疑慮今後遇遣國信使副及接送館伴

卷一萬三千三百二十七　三九

各授一編使之檢用誠非小補詔令樞密院承旨編修
司共同編類　十一日詔奉使金國並不許辟差見
任知縣縣令充上中節人數許本路監司守臣劾奏有
已差人更不推賞先是臣僚言乞自今後考試官並不
許差知縣立為定制勘會近來諸縣知縣縣令黄緣干
請辟差充奉使所差遣同被差至回程動經數月妨廢
職事故有是命　六月二十九日臣僚言銅錢透漏法
禁不行今朝廷見議兩淮鐵錢未有成說雖鐵錢不得
過江而銅錢過淮常自若也每歲使人出疆一行隨從
頗衆誰不將帶銅錢而往不知幾年于此矣此而不禁
法令何緣可行欲乞自今次遣使重立罪賞互相覺察

委自使副糾舉不得容情隱庇如有犯者不問是何名
色人必行無赦若所遣三節人從過界並無銅錢與彼
交易亦使知本朝法制加嚴不同曩日誠立國之所先
乞賜處分詔令戶刑部檢坐見行條法指揮申嚴行下
今後使副到盱眙軍臨期責令排軍將三節官屬人從
隨行衣籠逐一搜檢有無將帶銅錢具申使副其排軍
衣籠邵令都轄檢察如有違戾依法施行　八月二十
六日詔瑞慶聖節賀生辰人使到闕係在孝宗皇帝小
祥之後使人見辭並設淡黃幄百官使人幕次陳設並
用紫色以禮部太常寺檢會　淳熙十五年十月會慶
聖節在高宗皇帝小祥之後典禮故有是詔　三年十

卷一萬三千三百二十七　四十

月二十八日知臨安府趙師𢍰奏本府年例合造奉使
金國三節官屬紫羅衫共計七十二領其色皆拘前例
變染成緋謂之赭紫竊見曩歲虜使到闕皆服緋色紫
衣中國之人互相倣傚近年以來虜介到國使副以下
皆是深紫公裳窄衫側聞本朝遣使出疆虜庭官僚亦
皆深紫之衣而本朝使屬却衣赭紫之服況沿路衣著
不禁風日顏色昏淡觀瞻之間甚繫國體乞劄下以憑
遵守逐急染造施行從之　四年正月二十九日主管
侍衛步軍司張國珍言昨準指揮今後奉使入國下節
軍兵令殿前馬步軍司排定一軍一將輪差有職名家
口無過犯人充不得差已經入國人自承上件指揮至

令二十年諸軍屢經選差，目即雖未經入國有職名軍
兵數亦不多，其間又有年貌衰瘁或身材矮小不中選
者。若行備數差撥，誠恐有輕國體。乞下殿前步軍司，令
後若是有職名軍兵差撥不數，許于白身效用內通行
選差人物魁梧、善鞍馬、有家口無過犯、不曾入國人前
去。非惟軍校濟霑恩霈，抑亦增重國威。從之。　五年二
月十三日，臣僚言：竊見國家遣使，其間三節官屬合六十
人，內下節一十六人係于三衙輪差官兵，自餘悉聽使
副踏逐指差。其在選中者，不過為轉官資理實歷之計，
悠悠往來，他不暇顧。行之既久，玩弛滋甚。今乞將三節
官屬除都轄、書狀官掌儀引接儀範，并使副親隨守宅

卷萬三千三百二十七　墨

並從舊例差充外，其餘自上節至控攏，盡乞于軍中令
統軍官精擇官軍自三十歲以上至五十歲以下之人
使充。其選仍乞申嚴指揮，已差者不許再差，庶革其玩習
之弊。詔除都轄、書狀官、禮物官、書表司、引接、醫官、指使、
國信所指使、親屬、親隨、職員、小底、準備差使、譯語、親事
官、親從、控攏並依舊例差撥外，其執旗、報信二員，令三
衙主帥選擇軍中有心力諳曉事務可以倚仗有官人
各二十人、轉資軍兵二十六人，令三衙主帥于諸軍選
擇驍壯有心力軍兵各一百人，並自指揮下日限十日
保明申三省、樞密院，籍記姓名，遇差奉使日，聽候朝廷
點差，候差足日再行選擇。　四月七日，新知溫州毛憲

奏：仰惟國家中興以來，偃兵息民，兩國聘使來往，歲以
為常。竊見浙河韋挽人使舟船，率用百姓，而淮河則用
兵卒。使之歲有挽韋役使之勞，夫兵皆吾兵也，民皆吾
民也，當卹於淮，獨不當卹乎浙乎？兵可用於淮，獨不可
用於浙乎？乞行下兩浙轉運司，令浙西沿路州縣遇兩
國聘使及接送伴來往，並照淮河體例，止以兵卒韋挽
舟船。部將每歲所給百姓雇直支犒，不得容令減尅。從
之。　十月十六日，詔金國賀生辰使僕散琦為患，可免
朝見，仍令宣贊所有朝見持書等，令副使張汝猷代僕
散琦行禮。　六年八月九日，尚書省言：勘會大行聖安
壽仁太上皇帝八月八日陞遐，見行差官告哀，緣將來

卷萬三千三百二十七　墨

梓宮發引在本國皇帝生辰之後，詔令盱眙軍關報對
境，欲權免賀生辰遣使一次。　十一日，奉使金國告哀
使吳盱言：副使林可大的日而前因感冒，醫療稍獲安
愈，緣傷動胃氣，遂得嘔噦之症，疾勢日增，竊恐臨時取
接或未痊安。詔令盱眙軍差官醫治，如病勢增重不能
過界，即就差揚州鈐轄岳松假廣州觀察使、知閤門事
兼客省四方館事副之。　十一月一日，禮部、太常寺言：
金國弔慰祭奠使副到闕，緣皇帝見在大行聖安壽仁
太上皇帝服制之內，所有行禮見辭日，欲依──淳熙十
五年紹興五年禮例，皇帝服衰絰，宰執以下合赴立班
官并應奉官人引班依昨來小祥禮畢禮例，服布幞頭布襴

衫冐經布𥜥侯班退易常服黑帶從之　嘉定元年正月二十二日詔起居郎許奕閤門舍人吳衡差充通問金國使副既而改作通謝許奕假朝議大夫試禮部尚書吳興郡開國侯食邑一千户實封一伯户賜紫金魚袋吳衡假福州觀察使右武衛上將軍永康郡開國伯食邑七百户　九月二十一日臣僚言今後使人到闕應干料買之物照時直隨精粗定價隨即支還毋致穡緩經從州軍收買使人合用之物從寔酬價以時支還自餘往來饋送等費乞嚴行約束如往來沿流牽擔之夫動以千百計官司雖量給口食然東散多不以時其間未免減剋每遇冬寒多有凍餒至斃者乞下所屬務

卷萬二千四百二十七

四三

令優給不得縱令減剋從之　十二月八日詔賀金國正旦使曾從龍副使葉滐日下回程接伴使徐邦憲副使鄭盡令就揚州聽候指揮以盱眙軍繳泗州牒報金國大行皇帝升遐梓宮猶在攢殿山陵未畢難議受賀故也　二年十月十七日館伴金國賀生辰使章穎副使董世雄言館伴使人在稅亭茶酒間有北引接闕河等云昨日赤岸御筵傳爾免樂甚荷周旋今日到館國信來時得朝省處分緣皇帝見居心喪館中應御筵宴並告免聽樂止賜花免簪戴殿庭禮數為係貴朝皇帝生辰不敢不聽樂止受賜花免簪戴乞詳酌指揮施行從之既而三年賀歲元禮館伴使劉槃副使王域亦同

館伴使

此請　三年十月十七日接送伴金國賀生辰使副李洪李謙同班內殿奏事洪等出劄子奏向來陛辭之時恭奉聖旨令歸日具江淮風物民間利病奏聞上曰曾令具江淮風物民間利病洪等對展劄子奏陳訖聖上再三首肯上又問使人別無生事否洪等奏云徒單鎬等沿途執禮直是恭順

真宗

景德元年十月以屯田員外郎權判三司勾院杜夢證假衛尉卿侍禁閤門祗候康宗元假西上閤門副使接伴契丹賀承天節使迴日充送伴使復以鹽鐵判官殿中丞直史館樂黃目假司農卿接伴代夢證　十一月命翰林學士李宗諤東上閤門使曹利用充在京接伴

卷萬二千三百二十七

四四

契丹賀承天節使時已命樂黃目康宗元詣雄州接伴使回日充送伴使又命群收判官著作左郎王曉假開封府推官吏部郎中候契丹使至持知府張雍齎禮迎勞于郊及還又命屯田員外郎權判三司勾院杜夢證假檢校秘書少監開封少尹餞于工德橋自後皆以府判官假少尹為餞推官假判官郎中為接送不復命他官　十一月二十日詔接伴使副李宗諤等逐日入朝起居令于北朝人使前先起居於東面立令使人起居

大中祥符元年六月以都官員外郎係與假秘書少監使契丹諭以將有事於泰山也　二年二月六日詔自今契丹使有例外贈遺接伴館伴使者再辭不已則

正旦使
生辰使附

許納之官給器幣爲答初契丹蕭智可等至白溝河與送伴使陳知微酌酒爲别遣舍利以所乘馬遺知微又以二馬至令自擇之知微固辭不受朝廷務懷遠俗故有是命。十二月十二日詔自今館伴使所得馬官給其直副使半之初契丹使與館伴使有私覿馬悉輸官而答禮皆已裿至是見迴工言故也　是月差太常博士集賢校理張象中假太常少卿侍禁閤門祗候薛貽假引進使接伴契丹告哀使仍馳驛以往又命户部郎中知制誥李維假左諫議大夫洞曹利用館伴之以其國母蕭氏卒　仁宗天聖三年九月六日起復户部郎中知制誥夏竦言蒙差充契丹使臣父往年與契丹鬬敵没於王事義難以行許之　十六日殿中侍御史張億言蒙差接伴契丹使竊緣億名犯北朝諱未審避與不避詔以程琳代之其後韓億充使遂令權改名意王克明接伴亦權名克用　四月十二日接伴使孔通輔言北中亞知兩制臣僚之數欲乞假言外各令兼帶本職從之慶曆詔奉使接送伴兼會毋過飲酒語言務存大體仍委使副遞相覺察

卷萬二千三百七十

太宗太平國興二年十一月命監察御史李瀆假太府卿閤門祇候鄭偉假右千牛衛將軍爲契丹正旦使　三年五月命左補闕李言假司農卿使契丹通事舍人薛使寶假西上閤門使副　十一月命供奉官閤門祗候吳載假西上閤門使太常寺太祝毋賓右假右贊善大夫爲契丹賀正使　真宗景德二年二月二十五日命開封府推官太子中允直集賢院孫僅假金紫光祿大夫檢校左僕射衛尉卿上柱國樂安郡開國侯食邑一千二百户爲契丹國母生辰使右侍禁閤門祗候康宗元假西上閤門副使紫金光祿大夫檢校兵部尚書兼御史大夫上柱國東平郡開國侯食邑一千户副之　是冬遣太常博士周漸假太府卿右侍禁閤門祗候郭盛假西上閤門使爲契丹國主生辰使　職方郎中直昭文館韓國華假秘書丞衣庫副使焦守守節假西上閤門使爲契丹國母正旦使　秘書丞張若谷假將作監內殿崇班郭允恭假引見副使爲國主正旦使自是歲以爲常　十月命殿直曹利用爲閤門祗候假崇儀副使使契丹澶淵之役朝廷姑務休息兵民故復遣使講好焉　三年十一月開封府判官太子中允直集賢院孫僅假衛尉卿接伴契丹賀正旦使以陳若拙護詞鄙近代之

卷萬二千三百二十七

祭奠使

仁宗嘉祐三年正月契丹母蕭氏卒遣侍御史朱處約假左諫議大夫爲祭奠使宮苑使惠州刺史潘若冲副之　三司度支判官兵部員外郎集賢校理李師中假左諫議大夫爲吊慰使六宅副使雍規假六宅使榮州刺史副之　神宗元豐八年遺留入國使副元借行李使副皂鞍

韉青結絲鞍複黑鞋犀腰帶青襴素纈繳壁青紕幕青絹坐褥子白成銀香合香匙金白成銀交椅小罐子手中筒三節人從青筋點錦絡縫衣服青筋點錦簷帽子皂鞋角腰束帶俟褌除即從吉服使副只繫黑帶去魚袋打青繖乘皂鞍韉仍去械座鋪踏即從常儀服窄衣黑鞋角帶其馬纓徹去三節人從並服紫衫黑帶　十二月七日詔左太中大夫叅知政事賀允中充皇太后遺留使保信軍節度使領閤門事兼客省四方館事提點皇城司鄭藻副之　二十九日三省樞密院言擬到令後遣使三節人格例常使合差二十四人（文武臣通差）送使如非執政官與此同令歇止許使副通差文臣六人餘差武臣校副尉下班祇應具轉支賜依見前條格從使係執政官二十八人（文武臣通差）令歇止許使副通差文臣八人餘差武臣校副尉下班祇應上節恩數依舊守節轉一官與回日添差遣下節轉一官資以上並不許並承議郎以上并行在職事官合差人並差正身不得充代內引節禮物官書表司乞踏逐慣熟無官人者聽與破本等支賜及承信郎請給其恩例候有名目日收使仍不得過人三從之　三十年正月十八日詔令後奉使金國使副不以兩府侍從過界後並只令依常例坐車馬不得妄於例外索覓轎子前去令盱貽軍遵守施行　二十四日詔左朝奉大夫守宗正少

卿金安節武翼郎帶御器械韓偰各特降兩官以送伴不職故也　治平四年六月二十三日送伴北朝弔慰使王瓘等言今後館伴接送并入國使副如北使例外送到微少麝香等乞令逐番使副自備茶藥紙筆香藥之類回荅從之

祈請使 通問使

建炎中興未和則有祈請使通問使（建炎元年遣傅雱為祈請使王倫為通問使）

報謝使

嘉祐八年二月十一日詔左中大夫同知樞密院事葉義問充金國報謝使右武大夫和州防禦使知閤門事兼客省四方館事劉允升假崇信軍節度使副

宋會要　奉使　金

淳熙元年正月七日詔自令大金使人如欲踐程到賜
御筵州府值國忌日分與依奉使入國體例受賜就免
赴坐　四月十九日詔自令奉使所差三節人內下節
四十人令樞密院於三衙并皇城司等處選差　五月
十八日國信所言令來報聘禮物私覿比之生辰增倍
道由楚州至盱眙軍沿淮一帶合差防護官兵欲下武
鋒軍增一百人從之　九月十日閤門言金人賀會慶
聖節使姓名並犯廟諱所有姓依例改元字名欲改尚
字乞作元顏尚宣班從之　二年正月一日端明殿學
士朝請郎簽書樞密院事李彥穎言昨充接送館伴借

卷一萬三千一百六十五

朝請大夫令來入驛押伴御筵乞權以元借官銜從
之　四年八月十八日詔應接送館伴奉使所以移文
字並依舊以大金稱呼先是臣僚言春秋爲褒貶於一
字於夷夏之際尤致其嚴夷狄雖彊不可有加於中國
令使介之往姑以大金名之若有司行移止當稱金國
已而復有是詔　五年三月十三日樞密院言吏部乞
自令差奉使金國正旦生辰使副并三節人從合得酬
賞並與減三年磨勘內下節軍兵依析資法比類支錢
其使副下合差引接儀範二人令六曹於書令吏已上
選差謹行止有心力人籍定姓名每次輪差二人發赴
奉使所祗應仍前兩月牒送國信所閱習儀範館伴接

送伴下引接依此差撥從之　四月十一日詔起居舍
人趙思奉使應答依違降兩官放罷　十二月二日二
日詔自令伴射官伴射日依後殿環衛服色　六年十
月三日詔使人到闕伴射官自令可於殿前司馬軍司
通輪保明選差　二十四日詔自令賀大金正旦使副
起發日分用十一月九日　七年八月十一日詔自令
接送伴金國使人回添差都轄一員八廂二人吏不差
撥先是四年差置往回機察使人舟船至是罷之　十
二月二日殿前司奏具到三司輪差上中下節人年分
及本司諸軍差撥資次以後周而復始詔三衙依此先
是詔每歲奉使選差上中節人不足具數申達下三司

卷一萬三千一百六十五

揍數差撥故也　九日詔已降指揮奉使下醫官一員
吏不差撥令六曹寺監通輪選揀能寫字人吏一員充
中節隨逐使副專一書寫表章等祗應　九年三月二
十一日詔自令奉使金國上節內醫官一員令翰林醫
官局將在局大方脈醫官依資次籍定姓名申樞密院
輪差先是令吏部於大小使臣內差撥承代名色故有
是詔　十月七日詔自令人使到闕伴射官自人使朝
見前十日令權綴馬步軍班起居侍立　十年八月二
[illegible]十七日詔自令奉使禮物官令吏部差有出身選人
一名其親從二名許使副自差　十一月二日詔自令
奉使親隨二員願差無官人者聽　十二月十六日詔

大

殿前司前軍步軍第一正將杜贇行門換授從軍日久
令部轄奉使下節軍兵先是吏部申奉使金國合差上
中節於吏部籍定名次大小使臣內差數內却有係軍
班出身而剩軍號有旨諸軍班換授人免差已而杜贇
自言雖係行門換授從軍一十二年與到部軍班事體
不同故有是命　十二年十二月八日大理少卿充賀
金國生辰國信使章森言去歲被命出疆蒙宣賜笏帶
鞍馬及支賜銀絹緣不曾過界乞賜繳納奉旨特免回
納今者復令將命所有舊例給賜等物乞行寢免詔除
笏帶鞍馬已經賜外銀絹特減半支給不許辭免　十
四年二月十三日詔訪聞今次賀金國正旦使副下三
節官屬內劉孝榮李九齡李巽馬守中劉宗彥下節軍
兵劉興張勝在北界爭奪車仗及使酒喧鬧違犯約束
特將逐人回程所得成半恩賞折資錢更不施行　三
月十七日中書舍人李巘言每歲奉使出疆回至瓜州
別無禮物及公家利害物件乃用夫脚一千八百人關
閉累日於民深害乞下淮南所屬特減一半詔令揚州
斟量合用脚夫差撥不得過數科擾　十月九日禮部
太常寺國信所言今行太上皇帝升遐其金國賀會慶
聖節使人沿路至赤岸御筵會食並免坐折賜供張並
用素使人受賜并謝恩止合拜免舞蹈接伴使副遇遣
詔到日舉哀仍諭使人以遭變之意成服三日內並免

卷萬三千六百六十五

相見以後止服黑帶去金魚用皂鞍韉去紙座從之
又言館伴相見并朝見朝辭服色雖係在服制之內緣
係館伴乞權服常服黑帶去金魚并用皂鞍韉去紙座
從之　同日詔將作監韋璞假敷文閣學士提舉醴泉
觀兼侍讀充奉使金國告哀使高州刺史閤門舍人皇
太子宮同主管左右春坊事姜特立假鄂州觀察使左
衛上將軍副之應干合行事件依正旦使副體例施行
　禮部太常寺國信所言告哀使副并三節人從合服
衣帶鞍韉等照應紹興二十九年十月一日所降指揮
大祥內服布幞頭襴衫布袴腰絰布涼傘鞍韉若在禫
祭內服素紗軟脚幞頭黲色公服黑鞓犀帶青織皂鞍
候禫除即從吉服仍只繫黑帶去魚涼繖鞍韉並從制
仍去座三節人衣紫衫黑帶並不聽樂不射弓弩候過
界聽使副審度隨宜改易服用詔使副三節人從過界
合服衣帶鞍韉等並製造付副審度服用遺留使副合
服衣帶鞍韉等同此　十月十三日吏部尚書蕭燧等
言今來金國賀會慶節人使到闕難與明道二年故事
相類緣目今車駕見留德壽宮衰次兼已降指揮百官
免上壽恐難以引見人使如人使必欲朝見却乞用明
道故事小祥二日後於二十三日只就德壽宮素幄引
見庶合上項典故從之於是卒不引見先是三省樞密
院言累日熟議人使入見事蓋以適逢變禮頗難區處

卷萬三千六百六十五

謹按國朝故事惟明道二年三月甲午章獻明肅皇后上僊四月丙午小祥後二日戊申仁宗衰服始聽政於崇政西廟是日對契丹賀乾元使副又明日聖節罷上壽令來月日偶亦相類但緣當係在禁庭乃爲常禮今陛下見留德壽宮長次若歸而引見人使或慮彼以爲疑乞令侍從臺諫禮官同議貴得其當已而燧等議上迺從其請　二十一日詔權禮部侍郎顏師魯假戸部尚書充太上皇帝遺留金國信使武翼郎前權發遣盱眙軍高震假福州觀察使知閤門事兼客省四方館事副之應干合行事件依正旦使副體例施行　十一月六日師魯等言遺留禮信寶物并增添禮物浩瀚參照

得紹興二十九年遺留例係差禮物官五員令來止有禮物官文臣一員及步軍司差到部轄下節軍兵正將一員充上節禮物官委是闕少官屬欲乞吏部更差有出身官一員充上節禮物官同共相兼掌管其逐官支賜請給等依見行格例支破兼照對每歲奉使金國正旦生辰使副例於兩浙淮南轉運司各差破座船一十五隻令來遺留寶物等除已降指揮增添二隻外續承十月二十五日省劄降金器二千兩銀器二萬兩匹物二千匹比之常年例係增一倍令參照紹興二十九年遺留差破座船二十二隻乞劄下兩浙淮南轉運司差撥從之又言今用私覿照得正旦與紹興二十九年遺

留不同未審合與不合依先來遺留體例詔令戸部同所屬依紹興二十九年例數目支降　二十五日奉使金國告哀使韋璞等言檢準淳熙七年十一月二十五日指揮每歲奉使金國合差上中下節内除部轄引接并國信所已有定例外更留二員聽候御前降下令承降下劄沓一員比之常年係少降下一員照得起發日逼所有件上員闕乞令璞等辟差詔特許辟差一次

十一月二日禮部太常寺國信所言檢照紹興二十九年十月三十日禮官討論哀謝使副并三節人若於禫除日分後過界即合從吉服令欲令賀正旦使副照應上件已降指揮施行從之　賀金國正旦國信使萬鍾

等狀照對使副年例於十一月九日出門係在釋服之外所有服繫禮儀并三節人從服飾乞行下遵守又檢準國朝遣遺留使副之類並不聽樂不射弓弩至紹興三十年始聽樂射弓令來雖係待賀禮其賜宴射弓一節比紹興三十年事體不同却緣自再講好以來逐年正月三日係本朝國忌本朝賀正旦使副亦已赴花宴聽樂竊慮彼界接此相強乞明降指揮下禮部太常寺國信所討論而有是命　十八日接伴賀正旦使馮震武等言大行太上皇帝升遐未有發引日分將來接見使人禮儀御筵會食逐有服著鞍韉陳設等乞明賜指揮禮部太常寺國信所檢照紹興二十九年十月二十

一日，禮官討論接伴使副與金國賀正旦人使相見，係在顯仁皇太后未祔廟之前，依典故合服常服黑犀帶，不佩魚，皂鞾鞹，去褥座。其賀正旦使入界，依典故逐處合依舊賜宴，唯不舉樂。　十二月五日，禮官討論賀正旦使經過州府供張，除人使宿位依故事並依舊外，所有賜宴聚食公廳并接伴位并用青紫。趣辦不及去處，更許隨宜審度。赤岸、班荆館、都亭驛等處依此。令來令接伴使副參照逐項已降指揮施行，從之。　十二月十五日，吏部言：「昨奉旨令後奉使禮物官，令吏部差有出身選人一名。今來賀生辰使赴起發日近，即無有出身選人願就之人，乞特降指揮，不拘有無出身，許令通行選

卷萬三千二百六十五

差一次，日後更不為例。」從之。　十五年三月，詔報謝使禮物官再許通差無出身人一次。　十五年二月十三日，詔給與三十年兩祭使人回程曾於沿路折賜見辭等金銀，今來可改作為使人赴德壽宮行禮畢，於至日差承受就驛特賜。　九月十四日，禮部國信所言：「十月二十二日會慶節，雖在高宗皇帝祔廟之後，緣皇帝見服布素，羣臣未純吉服，所有接伴使副接見金國賀聖節使人禮儀服着鞾鞹等，欲照應淳熙十五年賀正旦接伴使副體例施行，其供張並青紫。」從之。　十二月九日，詔館伴副使鄭嗣宗內宗字犯金國廟諱宗堯上一字，權改嗣昌，候回程日依舊。　十六年十二月七日，盱眙軍

言泗州牒報來歲正旦生辰人使彼此權罷。

卷萬三千二百六十五

遣使

建隆二年三月太祖謂輔臣曰每遣使四方多或踰越
無王人之體何以禁止對曰宜齊之以刑帝曰但得其
人則自然合禮何須繩之以法邪　三年正月詔教諭
使臣將命出入自今於所經州郡無故不得駐留　開
寶五年四月遣常參官四人分往逐處相度田土苗稼
點檢採察公事左司員外郎侯陟京東路右贊善大夫
周謂京南路太常博士董淳京西路太子中允劉甫英
京北路　九月五日遣司勲員外郎和峴江南道採訪
真宗咸平二年八月二十八日命度支判官兵部員
外郎直史館陳堯叟供奉官閤門祗候陳采西川體量
卷萬三千二百奚
公事戶部判官太常博士直史館丁謂右侍禁閤門祗
候焦守節峽路體量公事　九月七日命樞密都承旨
王繼英前諸鎮定高陽關路閱視行宮頓遞宣慰將士
八日命比部員外郎直史館洪湛供奉官閤門祗候
韓絡輝荊湖路體量公事　十二月真宗行在遣屯田
郎中李嬌比部員外郎孟元振虞部員外郎史館檢討
董元亨秘書丞李易直許洞殿中丞宋華太子中舍耿
明秘書郎董翔齋詔馳往邢洺祁趙雄霸冀諸州帝諭
之曰汝等此行可徧詣閭里諭以朕已至此速令復業
無或流散　四年八月命直史館曾致堯太常博士王
琪供備庫副使潘惟吉通事舍人焦守節分往陝路提

舉軍器帝諭以巴蜀遐遠時有寇盜因遣使廉察風俗
官吏能否而安輯焉　閏十二月帝謂宰臣曰河北諸
州艱食之際恐有寇攘暴起仍發倉廩以賑貧民若一
一飛奏待報必致稽緩可選近臣乘傳酌便宜從事訖
以聞乃命知制誥梁顥供備庫副使潘惟吉往東路知
制誥薛映西京左藏庫使李漢贇往西路　景德元年
十二月遣內殿崇班楊保用供備庫副使安守忠通事
舍人焦守節閤門祗候胡守節分詣河北東西路撫問
仍詢察官吏將卒樂戎勲績以聞　二年五月遣使撫
勞河北山西採木軍士仍優賜之　康定二年四月五
日遣屯田員外郎劉渙直昭文館充秦隴路招撫蕃落
卷一萬三千二百奚
使　二年九月十一日命侍御史蕭定基祠部員外郎
集賢校理王琪分詣江南荊湖提舉相度制置鹽酒
仁宗慶曆二年六月十八日樞密副使右諫議大夫任
中師充修建北京使翰林學士蘇紳充副使　三年三
月十一日命三司鹽鐵副使魚周詢宮苑使周惟德陝
西相度錢寶解鹽定奪修水洛結公三城利害　慶曆
四年四月遣集賢校理張掞往江淮兩浙路轉運司體
問民間利害事　十二月十三日遣內侍盧昭度等五
人分往河北河東陝西撫問官吏將校　嘉祐二年九
月命權發遣三司鹽鐵判官事雷簡夫體量辰澧州盜
賊公事　五年六月詔選差朝臣往諸路寬恤民力

治平四年四月十九日（神宗已即位未改元）命諸路體
量安撫使龍圖閣直學士韓維陝西路天章閣待制陳
薦河北路天章閣待制孫永京東路三司度支副使蘇
寀京西路並只往災傷州軍維免以邵亢代之上以亢
未嘗歷陝西任以孫永代之而差李師中往京東　神
宗熙寧二年九月二日詔遣太子中允權監察御史裏
行王子韶往明州體量前知州苗振在任違越事狀前
知睦州朱越治狀仍採訪所過州軍官吏善惡民間獎
病回日以聞　四年正月十七日河東轉運司言宣撫
司軍興之際本路應副科率極為勞困詔遣監察御史
裏行范育乘驛體量旋入急遞以聞　四月二十一日

卷萬三千三百五十六

詔遣太常博士陳充往宿亳等州體量災傷仍令樞密
院下本路修飭武備以聞先是手詔如聞宿州災傷之
民非常之食盜賊充斥人不安處見禁死罪僅五百人
未獲軍賊亦不少及所至全無武備若不速行賑濟必
致聚為賊盜卒難剪滅並不見本路奏至可速相度故
遣充往　九年四月二十四日詔應朝省寺監差官出
外安撫體量察訪及勾當公事如有措置乖方并違法
等事監司及州郡長吏並密具事狀以聞如有隱庇別
到發露量事輕重取旨　元豐元年正月十七日詔遣
西京左藏庫副使元日宣兩浙路文思副使曹詔江南
東路點閲團結諸軍　二年四月二十二日上批河北

東路提舉官李純乞勾收諸路官司先借兑出本司錢
穀可選差精敏有風力文臣一員兼委以勾催都水監
借京東等路提舉司雇夫錢迺遣尚書都官員外郎潘
良器催促撥還　六月十一日詔遣大理少卿蹇周輔
往徐州鞫妖人郭進獄　四年正月初九日詔遣御史
知雜事何正臣幹當御藥院梁從政瀘州體量劾韓存
寶等以韓存寶總領重兵往討小蠻不能擒戮首惡不
候朝旨輒自退軍韓永式同商量輒敢符同故有是詔
二月十一日詔遣司農寺主簿李元輔往蜀中經制
見在司農錢有合行遷徙變轉即具措置事件及契勘
耗折數目以聞　十一月二十七日詔聞自興軍以來

卷萬三千三百五十六

關內人情震懼多全室逃亡令朝旨其已經差夫之戶
更不差發令李承之速往陝西諸路安撫告諭民苦於
調發而非軍興所急者悉蠲之　六年九月二十八日
詔三路非泛使命除當支賜外仍取旨別與支賜其所
至不得受饋如送（違）與受之者各徒三年　七年六月五
日詔已遣朝奉郎陳公裕往發運司刷磨見欠內藏庫
錢處本官顧避根究滅裂可續遣入內供奉官謝禋同
根究　九月二十三日命殿中侍御史蹇序辰尚書右
司員外郎路昌衡往熙州劾李憲以憲於熙河會功生
事故也　哲宗元祐二年二月十二日監察御史上官
均言請先詔諭諸路侯役書行半年遣使按省庶幾官

吏先事警飭從之　紹聖元年九月六日詔遣監察御史劉拯乘傳按河北東西路水災州軍賑濟缺食人戶應合行事令條具以聞　三年二月二十五日詔三歲一次取旨遣郎官或御史臺按察監司職事　元符三年十一月十七日徽宗已即位未改元以尚書戶部員外郎許幾新荊湖北路轉運副使曾孝序分使陝西會計措置財用尋改命戶部侍郎宇文昌齡　十二月二十七日臣寮言河北濱貼黃等數州昨經河決連亘千里人民孳畜没溺死者不可勝計至今米斗不下三四百錢饑凍而死者相枕藉甚可哀也乞選官乘傳同本路監門守令體量拯救從之　崇寧元年七月二十五日

卷一萬三千二百五十六

臣寮言去古既遠巡狩之禮不可復也建官立法猶足以稽古之遺意故漢唐以來有巡行之博士直指之繡衣觀風之八使按察之六條皆所以宣導德意延問疾苦究吏治之得失視風俗之厚薄其歸一也神考熙寧中嘗遣使察訪哲宗紹聖中亦復臨遣陛下紹述先志明目達聰顧於郎官御史中選亮直之人巡行諸道以興利除害黜幽陟明然委任之法尚輕省察之目未備督責之令未嚴能否之課未立臨遣疏數之節入奏久近之限參酌條目有待今日願明詔有司上稽熙寧故事下攷紹聖格令有因革於今者纘成一代之典昭神考稽古求治之功廣陛下遵制崇寧之志詔送三省

二年八月三日臣僚言紹聖詔令三歲一遣郎官御史按察諸路監司職事訪聞諸路監司每聞朝廷遣使則以出巡為名日候于境上蓋自來未有約束禁止監司亦不敢輒廢伏望特詔有司每遣使諸路察本路監司不得以出巡為名先至界首迎候違者以違制論從之

政和七年四月二十日詔入內內侍兩省使臣被遣將命應合破人馬所須並依元豐舊法其後來衝改增添事並罷尚敢陳請並以大不恭論　四年三月九日兵部員外郎馮康國等出使陛辭上臨遣宣諭曰卿等到郡縣戒飭官吏曉諭軍民國家多難彊敵侵陵除已分遣兵將及會合諸處防遏攻討外全藉諸路帥臣監

卷一萬三千二百五十六

司郡守縣令敷宣詔條奉行法令撫恤人民保守境土其險隘關津防托去處或差官軍或集鄉社並仰選差忠實能吏統率其衆務要嚴靜辨認姦細勿致透漏仍不得乘此阻節過往搔擾鄉村其官吏貪暴百姓冤抑並許密行體訪具詣實以聞　紹興二年九月二十四日詔差權戶部侍郎姚舜明免朝辭三日起發前去衢部辰沅州將董旼招諭到曹成馬友下將兵取見實管人數應副沿路糧食令建康府駐劄恐本府錢糧未備煑於一行有功人補授官資道路遼遠取索不便如曹成等願赴行在仰舜明同董旼疾速將帶前來其經過去處不得稍有搔擾令樞密院出榜撫諭軍衆候到駐

劄畢日取指揮推恩先是福建江西荆湖南北路安撫使司言使臣董旼準宣撫使司劄子被旨前來荆湖南北路衡邵辰沅州措置收集到曹成馬友等軍馬近十萬衆除揀放外尚有八萬餘人見自郃州按程進發前去江東路宣撫使司公參使喚所有沿路合應副事已牒江東西轉運司請體訪曹成等人馬久在湖廣擾動州縣今來招收各便聽從改過自新所至之處秋毫無犯若州縣官吏更能體國愛民公共措置錢粮橋道津遣不致闕乏生事則數千里皆得安業久遠爲利乞嚴賜指揮州縣應副故有是命

宋會要

一百五十六

孝宗隆興元年六月二十三日詔遣武略大夫兼閤門宣贊舍人郭昇往四川傳宣撫問吳璘計置買馬　十一月二十二日詔遣右朝奉郎大理寺丞劉敏求往潭州同黄祖舜監納李顯忠金銀等仍依大理寺正俞長吉差出吉州結正公事體例施行　二年十一月十九日詔遣胡銓往平江府江陰軍通泰州尹穡往紹興府明州並措置控扼海道及點檢人船　二十二日詔遣將作監丞韓彦古往鎮江府駐劄御前諸軍都統司計議軍事　乾道二年九月十一日詔遣度支郎中唐瑑同提舉浙東常平宋藻守臣劉孝韙往温州諸縣遍詣被水去處按驗覆實具合賑恤事件聞奏内劉孝韙將

州事權交割以次官　五年八月二十七日詔遣司農寺丞高駢（繹）往淮東西湖廣總領所并池州給納所及軍前等處點檢應干樁管錢物粮米草料　九月二十四日詔遣右通直郎淮西安撫司參議官許子中措置淮西山水寨民兵并撥填忠義人耕作　六年四月二十二日宰執進呈皇子魏王賜夏藥梁克家奏曰舊宣賜二府夏臘藥率遣中使後以起動州郡止令進奏院遞賜上曰聞中使所至州郡不無煩費虞允文奏曰爲害甚久紹興末諸路安撫制置使及諸軍主兵官賜皆從遞乾道初雖前二府亦已罷遣今魏王領藩恐須遣中使以示陛下恩意上曰甚善　九月十三日詔遣右承

卷一萬三千一百五十六

務郎軍器少監兼權兵部郎官韓玉往建康點檢牧馬仍以奉使軍器少監爲名　七年正月二十日詔遣右通直郎大理正兼權度支郎官單夔往江州點檢措置拘收運司錢物　十一月十三日詔遣右宣義郎大理寺主簿薛季宣往淮西同趙善俊等措置賑贍安集　淳熙元年正月五日遣登聞鼓院耿延年往台州同守臣措置賑濟　三年九月十日分遣官往總領所點檢財賦户部員外郎馬大同鄂州軍器少監兼權吏部郎官耿延年建康府秘書省著作佐郎兼權考功郎官何萬鎮江府　四年三月二十五日命度支員外郎周嗣武往四川總領所點檢驅磨五年内錢物收支見在數

目出豁開具以聞，仍考究置所以來財賦源流并關内關外和糴利害條具聞奏。以奉使四川點磨錢物所為名。先命右曹郎官謝廓然，已而改命嗣武代行，仍許辟屬官二員。　九年三月二十五日，詔遣秘書省著作郎袁樞往真、揚、和、廬州、鎮江府，將作監主簿王謙往嚴、常、徽、饒州、廣德軍，並點檢措置賑濟。　十二年五月二十五日，詔遣監都進奏院王厚之措置諸路遞角。樞密院言：「昨發文字至江陵副都統司，依條合破十日，而四十六日方到。其他往來文書多盜拆違滯，兼訪聞諸州軍拖欠鋪兵衣粮，弊端不一。」故遣厚之措置。十一月，厚之（詔將辯一二百　十五年六月廿九日詔遣秘書郎兼權倉部郎官王厚之）回程，往湖廣總領所點檢措置錢物。　八月，詔厚之同湖北諸司措置存恤諸州被水人户。

卷萬三千四百五十六

九月二十七日，詔遣幹辦行在諸司審計司黄邁往江陰軍相度開濬横河。　淳熙十六年五月一日，遣監登聞鼓院許介、監行在都進奏院王定往紹興府，將五等下户和買二萬五千餘匹權住催一年，同監司守令相度經久利便以聞。既而許介等言：「應行移申奏朝廷等文字，乞作相度紹興府和買利便所稱呼，於禮部關借印一顆行使。合要前後臣僚及官司申請措置紹興府和買案牘，令户部降下，并轉運司關借。其公吏等，於内外諸處官司指名踏逐選差，並行重祿。」從之。　慶元四年十月三日，詔點檢三總領所，淮東遣大理寺主簿謝巖，淮西司農寺

主簿謝大過，湖廣軍器監主簿滿子韶，各點量樁積米。

嘉定四年十二月八日，尚書省言：「已降指揮頒行新會，下諸路監司州軍收換第十一界、第十二界、第十三界舊會，有新會並要作七百七十文足行使，節次指揮該載已是詳盡。監司州縣皆當恪意奉行，尚慮循習舊來弛慢之弊，或有違戾，合議差官前往諸路州軍體訪催督。」詔差司農丞林行知前去嘉興府、平江府、常州、江陰軍、鎮江、建康府、太平州，將作監主簿邱壽雋前去紹興、慶元府、台、温、處州、建寧府，監登聞鼓院汪必進前去湖州、廣德軍、寧國府、池州、南康軍、江州、興國軍，籍田令王棐前去嚴、婺、衢、信、饒州、隆興府、撫州、臨江軍、吉州，

卷萬三千二百五十六

各限三日起發。監州縣尚有違戾去處，仰所差官開具當職官吏職位姓名，申取朝廷指揮。所差官吏止許帶人吏二名，聽從四名，令尚書省斟量日支食錢，仍於封樁下庫以新會支給。經由州縣並不得輒受宴會饋送，亦不許更行批支口券。其合用兵級，於經過州縣差撥二十人使喚，逐州交替。　梁迥以閣門使使江南，冒于貨賄，誅求無度。凡所貢時果食物貯以金銀雜寶器者悉留，陶滌者還之。初甚毅然，不御酒食，鮮語忮强，雖承迎曲至，無以得其歡心。後主與群臣甚憂，既而厚賚賄直數十萬緡，迥大喜。過江登舟，宴樂為酒令，呼伶人奏戀情歡曲，戀戀數日不發，南中士人多笑之。

至唐改

宋會要　茅山志（三官寫在此云下唐注云一枝寄寄棄云）

諸遣使投龍簡處建道場三晝夜設醮一百二十分若遣使或差官致祭設齋醮所須之物並檢舉及時排集若使人過有闕索差撥者隨處具奏江南道名山衙廬茅蔣天目天台會稽四明括蒼縉雲金華大庾武夷唐地志亦云（寄撥無年月姑附于此）

卷四千五十四

宋會要　諸使雜錄

康定二年正月十二日命諸路安撫使副翰林學士王堯臣禮賓副使王易陝西路知制誥王拱辰西京左藏庫副使恩州刺史馬崇正益梓州路知制誥賈昌朝閤門通事舍人徐奎河北路三司度支副使楊吉西京左藏庫副使彭冉閒河東路御史知雜張錫內殿崇班慕容惟恭利夔路侍御史論程京東路侍御史魚周詢京西路開封府判官方偕江南東西路施昌言淮南路三司判官魏兼兩浙路范宗傑荊湖北路

諸司使　唐制百職皆九寺三監分典開元中始置諸使其後漸增由是寺監之務多歸諸使朝廷每有制詔

卷一萬三千三百三十六

則云諸司諸使以該之多以內侍省官或將軍兼充天祐後五代用外朝臣以卿監將軍及刺史以上領使本朝定該內客省使至閤門使謂之橫班皇城使以下二十名謂之東班宮苑使以下二十名謂之西班初猶有正官充者其後但以檢校官為之或領觀察防禦團練使刺史內客省使（崇政殿受朝則立侍）客省使副使引進使副使四方館使（四方館以通事舍人判隸中書省石晉始有為卿監寺判者皇朝初以檢校官判館淳化四年改置使名）東上閤門使副使西上閤門使副使以上為橫班延福宮使（明道元年置）景福殿使（大中祥符五年宣政使應州觀察使劉承規以久疾辭職特置是名班在客省使上）宣慶使（舊諸司使止於宣政使大中祥符九年東封禮畢宣政使李神福當遷職特置使名）宣政使（淳化五年以王繼恩有平賊之功特置使名以校之）

宣使淳化四年置以皇城使王延德王繼恩莊宅使杜彥鈞為之以上朝參位在東班前皇城使副使翰林使副使唐有翰林使掌技術之待詔者五代又有翰林茶酒使皇朝初有茶林使後止云翰林使尚食使副使御廚使副使軍器庫使副使儀鸞使副使唐置營幕使後置司和院使梁開平初改儀鸞院使宋朝置儀鸞使弓箭庫使副使唐有內弓箭庫使宋朝因之後去內字衣庫使副使宋朝初置內衣庫使後省內字東綾錦使副使西綾錦使副使東八作使副使西八作使副使舊八作使太平興國二年始分西東牛羊使副使香藥庫使副使榷易使副使舊有香藥易院因置使氈毯使副使唐有氈坊毬坊使五代合為一使皇朝因之鞍轡庫使副使唐神策軍有御鞍轡軍五代置使皇朝因之酒坊使副使唐有酒坊使皇朝初加內字後去之法酒庫使副使周太祖平河中得酒工王恩善造法麴因置法酒庫使翰林醫官使副使以上二十使

卷一萬三千三百三十六

為東班宮苑使副使左騏驥使副使右騏驥使副使唐有飛龍及小馬坊使梁有天驥後唐復為飛龍小馬坊使長興元年改飛龍院為左飛龍院小馬坊為右飛龍院太平興國三年改左右天廄坊雍熙二年改左右騏驥院使名從之內藏庫使副使太平興國初置內藏庫及使名左藏庫使副使唐以太府少卿知左藏出納五代有使皇朝因之作坊使副使西作坊使副使唐有作坊五代置使舊為南北熙寧三年改今名皇朝因之莊宅使副使六宅使副使唐置十宅六宅使以諸王所屬為名或總云十六宅後止云六宅皇朝因之文思使副使內園使副使洛苑使副使如京使副使侍儀使副使唐有閑廄使太平興國五年改今名西京左藏庫使副使西京作坊使副使東染院使副使西染院使副使唐有染坊使太平興國三年分置東西二院使名亦分福賓使副使供備庫使副使太平興國三年改庫名為內物料庫而不改使名以上二十使為西班

太宗雍熙四年五月以侍御史鄭宣司門員外郎劉墀戶部員外郎趙載並充如京使以殿中侍御史柳開為崇儀使左拾遺劉慶為西京作坊使先是太宗以五代戰爭以來自節鎮至刺史皆用武臣多不曉政事人受其弊帝欲兼用文士漸復舊制故先擢宣等為內職是月以右拾遺曹諫為崇儀使初諫知定遠軍會戎人入寇兵少而城不固人心危懼欲降於虜諫斬數人乃定因率屬士卒虜不敢犯遂引兵去帝聞之降詔獎賜五品服未幾召赴闕改授此命　淳化四年二月以皇城使蘇州團練使王延德皇城使河州團練使王繼恩莊宅使羅州刺史杜彥鈞並為昭宣使諸司使舊無使

卷一萬三千三百三十六

額詔有旨特置仍定立位在東班諸司使前別為一行排立定俸錢三十千　五年八月以劍南招安使昭宣使王繼恩為宣政使順州防禦使先是繼恩有平賊之功中書建議欲以為宣徽使太宗曰朕讀前代史書多矣不欲令宦官干預政事宣徽使執政之漸也止可授他官宰相等懇言繼恩有大功非此任無足以議賞典帝怒深責丞相等不能為朝廷惜名器因命翰林學士張洎錢若水議別立宣政使之目序立在昭宣使之上以授之　真宗大中祥符五年十二月以宣政使同修玉清昭應宮副使新州觀察使初承珪屢表乞退宰相曰承珪歷事三朝志存忠謹年未甚高而體中多病者

由勞心勤身所致也宜少減煩冗別加美名以示優寵
真宗曰可特授景福殿使仍改州鎮班在客省之上特
定殿使月俸如內客省使而給實錢景福置使自此始
也時劉承珪以疾乞致仕特置此職以寵之　天禧元
年十月新授供備庫使郎文昭供備庫副使徐繼和言
並立自樞密院諸房副承旨主事授官望准例帶舊俸
給詔文昭從所奏繼和月給見錢目餘如內諸司副使
之例　四年閏十二月翰林醫官使霍炳為權易使兼
翰林醫官使仍給見俸他人不得引為例　仁宗慶歷
五年閏五月十七日引進使恩州刺史王克基以節度
副使繫職三十五年特乞解換一防禦使承出外重難

卷一萬三千三百三十六

任使詔除遥領陵州團練使知本州事　皇祐四年八
月以權廣州番禺縣令蕭注為禮賓副使仍權發遣番
禺縣事賞捕繫蠻賊之勞也　五年六月十九日詔諸
司使副至三班使臣應在京職任者除閤門臣僚外餘
皆不許連兩任從侍御史毋湜言也　至和二年十二
月詔武臣嘗有贓濫者毋得遷橫行其有戰功者許之
初閤門通事舍人柴貽範乞遷閤門副使御史言其嘗
生濫事免官不可以例除也　嘉祐三年八月詔立定
橫行員數客省引進四方館各置使一員東西上閤門
使共二員閤門引進客省副使共六員副使通事舍人
共八員內閤門副使轉引進副使引進副使轉客省副

使即依諸司副使磨勘條例施行遇閤門使有闕則以
次遷補不拘磨勘年限內有歷閤門職事後別無近上
臣僚同罪奏舉及曾犯贓及私罪杖以上情理重者若
遷補名次到日並與別除它官內有任東西閤門使
或四方館使及七年無私罪未有員闕遷補者與加遥
郡其改正任者須是授引進使及四年轉充團練使客
省使及四年轉充防禦使其戰功并殊常績效非次拔
擢者勿拘　三日詔自今客省引進四方館各增置使
一員以六員為額東西上閤門使共增二員以六員為
額閤門引進客省副使共增二員以八員為額閤門通
事舍人增二員以十員為額所添員數須俟逐官依定

卷一萬三千三百三十六

條年限合該遷轉如遇有闕即與添差諸司副使兼閤
門通事舍人年限合該磨勘依舊例如在閤門供職與
轉七資若不在閤門供職與轉五資　十月四日詔客省
引進四方館使自今遇有員闕須改官及四年以上方
聽以次除授之　英宗治平二年五月一日樞密院言諸
司使額并正刺史以上及皇城使並無磨勘年限橫行
使付至閤門通事舍人定員稍狹并諸司副使磨勘改
諸司使永例過優俱未適中今欲盡為永制皇城付使
宮苑付使該磨勘者各於本班使額從下與升五資改
轉諸司使其自左藏庫副使已上因酬奬及非次改轉
者即依舊例轉皇城副使並從之　神宗熙寧五年十

一月二十六日，詔今後諸司使副磨勘歷任內有戰功曾經轉官酬獎者與轉七資，使額其餘並轉五資。所有閤門通事舍人帶御器械者兩省都知押班勾當御藥院使臣等轉七資，使額條例更不施行。舊諸司使副有戰功者磨勘改官，率用常調，轉五資上謂無以褒勵武人，兩閤門兩省職事皆左右近習，非勳勞不可超躐，故有是命。哲宗元祐三年十月二十八日，詔橫行使副無兼領者許兼宮觀一處，月給食直錢使十五千，副使十千，其宮觀合破添給勿支。徽宗政和二年九月二十九日，詔曰：昔神考董正治官，肇建文階，以祿多士，聯職合治，各有等差，名實既賓，以克用乂。而武選官稱循

卷一萬三千三百三十六

沿末世，有志未就，以迄于今。述而後明，靡敢怠廢。朕夙夜惟念，易而新之，訓迪厥官，自我作古。夫名不正則言不順，言不順則事不成，凡爾有官，尚謹乃止。欽我成憲，其爾之休。所有武階磨勘遷改請給奏蔭等事，凡厥恩數，悉如舊章。咨爾有衆，祇于新書，毋忽。橫行新官通侍大夫（舊官內客省使）正侍大夫（舊官延福宮使）中侍大夫（舊官景福宮使）中亮大夫（舊官客省使）中衛大夫（舊官引進使）拱衛大夫（舊官四方館使）左武大夫（舊官東上閤門使）右武大夫（舊官西上閤門使）中亮郎（舊官引進副使）中衛郎（舊官引進副使）左武郎（舊官東上閤門副使）右武郎（舊官西上閤門副使）右一十二階大夫帶遙郡仍舊內通事舍人閤門祇候看班祇候，仍舊皇城使以下新官武功大夫（舊官皇城使）武德

大夫（舊官宮苑使左右騏驥使內藏庫使）武顯大夫（舊官左藏庫使東作坊使西作坊使）武節大夫（舊官莊宅使六宅使文思院使）武略大夫（舊官內園使洛苑使如京使崇儀使）武經大夫（舊官西京左藏庫使）武義大夫（舊官西京作坊使東西染院使禮賓使）武翼大夫（舊官供備庫使）右八階帶遙郡仍舊皇城副使以下新官武功郎（舊官皇城副使）武德郎（舊官苑副使左右騏驥副使內藏庫副使）武顯郎（舊官左藏庫副使東作坊副使西作坊副使）武節郎（舊官莊宅副使六宅副使文思副使）武略郎（舊官內園副使洛苑副使如京副使崇儀副使）武經郎（舊官西京左藏庫副使）武義郎（舊官西京作坊副使東西染院副使禮賓副使）武翼郎（舊官供備庫副使）醫職新官和安大夫、成和大夫、成安大夫、成全大夫（舊官軍器庫使）保和大夫（舊官西綾錦使）保安大夫（舊官榷易使）翰林良醫（舊官翰林醫官使）和安郎、成和郎、成安郎、成全郎（舊官軍器庫副使）保和郎（舊官西綾錦副使）

卷一萬三千三百三十六

保安郎（舊官榷易副使）翰林醫正（舊官翰林醫官副使）詔令吏部依此頒行。三年八月三十日，詔官爵以待勞能，今興事造功能者輩出，而官名不正，非所以寵獎多士，可下項依此。郎亦如之，惟不置通侍、右武、左武、拱衛、親衛、翊衛、中衛、中亮、中侍、協忠、顯正、宣正、正侍、通侍。四年八月二十六日，詔自今雜流入仕因功賞推恩至武德大夫止，不遷橫行遙郡，雖奉特旨許執奏。九月十三日，詔橫行額外人不支真俸，只支舊官請給。十四日，詔自今自今通侍大夫須實及四年方許換正任，雖奉特旨，亦令中書省執奏，仍令御史臺覺察彈奏。六年十一月二日，詔武臣自今應自雜流入仕遷至橫行者，其恩數請給奏薦

等並依武功大夫法著為令　三十日詔爵以待勞能令興事之臣多而官不足可於武臣橫行內增置親衛翊衛中侍協忠履正宣正正侍大夫　十二月二十日詔橫行係雜流出身者遇宴衛免赴坐　宣和六年六月二十二日詔近歲爵祿之濫見在京外官橫行一百一十八人內在御前職事者止係五員係臣僚下者至五十人官以親衛翊衛等為稱而給使於臣下不以為嫌殆有五季跋扈之風應外官橫行可並以見今官為數敢有陳乞轉行並奉行官司並以違御筆論雖奉特旨止具奏知見任臣僚之家差遣或為管句事務者並罷無職任令吏部注擬

卷一萬三千三百三十六

全唐文

宋會要　提舉所

先是紹興三十二年六月四日詔張去為落致仕依前延福宮使安德軍承宣使提舉德壽宮仍詔以提舉德壽宮為名依所乞令工部下所屬鑄造印一面應行移公式等並依入內省見行條例施行差點檢文字使臣二人支本等驛券外每月添給錢一十五貫贍家錢一十五貫並三年為任任滿無遺闕與減三年磨勘再留依此又主管文字三人書寫人二人其請給等主管文字依入內省書令史書寫人依書史見請則例支破內有名目人每及五年轉一官資白身人候實及七年與補

卷一萬九百四十五

進武副尉出職所差使臣人吏被差官司如有拘礙不許抽取條制指揮特依令來指揮日下發遣仍於皇城司指差巡視背印投送親事官各二人及於臨安府差看營禁軍兵士六人　紹興三十二年六月十一日詔應在內日常應奉諸司仰輪差諸色官吏等赴德壽宮如法應奉不得少怠有違以大不恭論應奉人數并物色可令應奉諸司各行差破宿衛並執從物人可令殿前司皇城司等處脩具科差德壽宮諸門依皇城門及宮門法仍依行宮大內置巡警守衛一切務令如法　十二日詔左武大夫昭慶軍承宣使董仲永入內內侍省東頭供奉官寄資武功大夫遂群團練使幹辦御藥

院陳子常並差提點德壽宮，武翼郎、帶御器械特添差兩浙西路兵馬鈐轄宋鈞，閤門宣贊舍人、權點檢閤門簿書公事兼宣詞令宋直温並差兼德壽宮管幹事務。

十三日，敕應德壽宮見今侍衛親從官僚等，於令敕合轉官外，特與合轉兩官資，礙止法者許回授。

同日，詔太史局每日輪差主管文德殿鍾鼓院官一員、司辰、直官、局學生內通輪二人德壽宮祇應。

十五日，左武大夫、昭慶軍承宣使、新差提點德壽宮董仲永等言：「被旨差仲永等提點德壽宮，令來事初，全集使臣人吏管幹事務。乞差點檢文字使臣一人，主管文字二人，書寫二人趁辦。內點檢文字使臣許於已未到部見任得替待闕並見領職局大小使臣、校副尉內指差，與支本等驛券，每月添給錢十二貫，贍家錢八貫，三年為任，任滿無遺闕，與減二年磨勘，再留依此。主管文字、書寫人許於已未到部使臣、校副尉及內外官司人吏內指差。其請給等，主管文字依入內省書吏，書寫人依貼司見請則例支。內有名目之人，每及六年轉一官資；白身人候實及八年，與補進武副尉出職。所差使臣、人吏，被差官司如有拘礙，不許抽差。相兼條制、指揮等，特依令來指揮，日下發遣。」從之。

卷一萬九百四十五

十七日，詔德壽宮差吏部大小使臣三十員充本宮祇應，可添校尉二十員，與大小使臣竊同祇應，請給、破券、理任等依使已得指揮施行，並聽

本宮指差。

二十一日，詔德壽宮應修造合用工匠、檯木，可劄與提舉官，報所屬支供。

二十六日，詔張去為差提舉德壽宮，請給、人從、恩例並依入內省都知見行指揮條例施行。

七月一日，詔右武大夫、福州觀察使、入內內侍省副都知林肇特授宣政使、保康軍承宣使，差遣如故，以提舉修蓋德壽宮畢推恩也。

十七日，詔德壽宮提點官內許依舊任差破人從者，可差兵士一十人，幹辦事務官四員可各差兵士八人，並充白直使喚，過闕並報步軍司差填。

同日，詔幹辦內東門司梁康民、張安中並特歸吏部，特與免參部，先次出給料錢文歷，並特添差兩浙西路兵馬鈐轄、臨安府駐劄，請給、人從等並依正官則例支破，依舊兼德壽宮幹辦事務。

卷一萬九百四十五

二十七日，詔修內司修蓋德壽宮了畢，官吏兵匠等推恩：內第一等與轉兩官資，第二等與轉一官資，減三年磨勘，第三等與轉一官資，礙止法人特與轉行，願回授者依條回授；白身人候有名目或出職日，特依令來所轉官資收使；餘人並本宮支犒設。

八月十六日，詔延福宮使、安德軍承宣使、提舉德壽宮張去為特授安慶軍承宣使，差遣如故，以修蓋德壽宮推恩也。

二十二日，入內內侍省東頭供奉官、睿思殿祇候、德壽宮提轄造作任訢奏：「入內內侍省侍殿頭王楫差充德壽宮監造官，申請下項：一、乞以德壽宮監造為名。一、乞量行

差手分一人抄寫人二人許於内外官司人吏内指名差填其請假手分依修内司手分抄寫人依貼司見請則例支破候實及十年與補進武副尉出職一修内司撥隸本宮雄武壯役工匠搭材共三百八十七人即未有立定額數軍分指揮今乞以五百人為額並撥充雄武指揮其請給闕所屬依雄武見請則例批勘從之　十一月三日詔御輦院下都營撥屬德壽宮　隆興元年三月二十七日詔隨太上皇帝過德壽宮應奉官吏諸色人依敕各轉兩官資應續差到宮人各與轉一官資令後准此　四月十三日詔殿前司先差到官兵一百六十七人德壽宮周圍擺鋪於本宮後添修營寨移

卷一萬九百四十五

逐人老小居住可令本司更差軍兵三十三人充在營把門打火看寨差使通作二百人　七月二日詔德壽宮應奉官吏等昨降指揮依敕各轉兩官資數内白身人吏給到轉資公據内無計日後收使之文可依例並候有名目日特作兩官資收使并續差到官人各合得轉一官内白身人吏依此候有名目日特作一官資收使已出公據令所屬換給其儀鸞司車子官踐輦官内有礙止法人並與依已轉行兩資人例特於見今職名上轉行令後准此　十一月十四日詔安慶軍承宣使提舉萬壽觀張去為依前差提舉德壽宮　二十日詔右通議大夫試兵部尚書兼戶部尚書兼點檢贍軍激

賞酒庫錢端禮賜同進士出身除端明殿學士簽書樞密院事兼權參知政事兼提舉德壽宮　十二月二十六日德壽宮彈壓擺鋪官兵宣祐等狀係殿前司入隊帶甲人數擺鋪合得身分請給乞下所屬依南皇城下擺鋪官兵支折請給體例施行從之　二年二月十二日詔武德郎主管佑神觀兼德壽宮幹辦事務李思温武經郎主管佑神兼德壽宮幹辦事務梁紹祖並特令再任依舊兼德壽宮幹辦事務　乾道二年五月二十二日詔德壽宮官吏諸色文人等應奉有勞並特與轉行一官資令後實及五年准此内礙止法人特與轉行願回授者聽白身人吏候有名目日作一官資收使前項

卷一萬九百四十五

官吏仍不隔磨勘　九月九日詔武顯大夫吉州刺史提點德壽宮特添差兩浙西路兵馬鈐轄臨安府駐劄梁康民候今任滿日特陞差本路馬步軍副總管依舊臨安府駐劄　十四日詔武翼大夫忠州團練使特添差兩浙西路兵馬鈐轄臨安府駐劄兼德壽宮幹辦事務張安中兩任並無遺闕候今任滿日特陞添差兩浙西路馬步軍副總管依舊臨安府駐劄為係德壽宮幹辦事務請給人從等特與依正官則例支破　三年十二月十五日詔武功大夫昌州團練使李玘特與轉眉州防禦使以德壽宮彈壓擺鋪軍兵年勞也　四年六月八日詔翰林醫診診御脉德壽宮祗應李延年供進

德壽宮湯藥有勞特與轉一官　八月八日詔恭奉太上皇帝聖旨醫官朱仲謙為醫藥有勞特與賜紫服色仍於祗候庫取賜　十二月二日詔恭奉太上皇帝聖旨百姓大方脉科醫人趙確特與補翰林醫學差充德壽宮祗應　五年八月十二日詔隨龍武功大夫壽聖太上皇后殿幹辦人舩鍾彥昇特添差臨安府兵馬鈐轄依舊兼壽聖太上皇后殿幹辦人舩　六年閏五月七日詔武義大夫劉堯勍特除帶御器械兼德壽宮幹辦事務　七年五月二十四日詔德壽宮官吏諸色人等昨於乾道二年五月二十二日為應奉有勞並特轉一官資了當今後賞及五年准此今年已及五年可依已降指揮並特與各轉一官資仍不隔磨勘內礙止法人特與轉行願回授者聽白身人更候有名目日特作一官資收使　六月十六日詔雄武指揮軍兵應奉德壽宮年勞推賞緣昨步軍司申請上件人兵作工役禁軍於副都頭已上每兩資作一資補轉其逐人為係德壽宮祗應令該恩賞可將副都頭已上之人每月特作一資轉行　九年五月六日詔德壽宮應奉官得旨添差外餘並不許添差

卷一萬九百四十五

宮觀使

宮觀使副使判官都監提舉提點管勾及外宮觀　凡

侍從及勲戚武臣內臣兼領在京宮觀並附此餘官別入外宮觀

祥符七年八月宰臣向敏中為景靈宮使 十一月八日以修玉清昭應宮使叅知政事丁謂進工部尚書充玉清昭應宮副使二十七日以右正言直集賢院晏殊為玉清昭應宮判官賜金紫入內內侍省押班周懷政為玉清昭應宮都監勾當景靈宮會靈觀事內殿承制鄧守恩同勾當玉清昭應宮景靈宮會靈觀使 八年八月十八日以三司使工部侍郎林特為戶部侍郎同玉清昭應宮副使二十三日以同玉清昭應宮副使戶部侍郎林特為修景靈宮使兼管勾景靈宮會靈觀公事九月令玉清昭應宮判官又正言直集

卷一萬三千三百二十二

院夏竦同管勾景靈宮會靈觀公事 九年正月工部尚書叅知政事丁謂進刑部尚書充會靈觀使五月以尚書右丞趙安仁為景靈宮副使先是丁謂充修景靈宮使兼管勾宮事至是安仁受命丁謂管勾景靈宮太極觀公事 八月以制誥劉筠為景靈宮判官供備庫副使周懷信為都監時周懷政勾當公事而常在禁中故增置一員遞宿 是月以翰林學士李迪為會靈觀使知制誥樂黃目為判官東染院使鄧守恩為都監以周懷政勾當管觀事而常在禁中故增置一員遞宿是月又以西京左藏庫副使帶御器械王承勛為同玉清昭應宮都監以周懷政為都監常在禁中故增置一員遞宿 九月以翰林院學士楊億權管勾景靈宮副使事是月詔玉清昭應宮景靈宮會靈觀移牒並本使書檢副使已下書銜發遣 天禧元年三月以樞密使同平章事王欽若充會靈觀使七月以宰臣王旦為太尉充玉清昭應宮使九月以翰林學士李迪為給事中叅知政事依充會靈觀副使 二年正月以宰臣王欽若管勾新修祥源觀 三年正月以翰林學士盛度權管勾會靈觀判官公事是月以玉清昭應宮判官知制誥陳堯咨為龍圖閣直學士官職如故 四年八月以翰林學士錢惟演為樞密副使兼會靈觀使 十一月以樞密副使錢惟演管勾祥源觀事五年正月以內殿

卷一萬三千三百二十二

承制皇太子宮祇侯劉從源內殿崇班史崇信同管勾祥源觀事三月以翰林學士承制李惟權管勾會靈觀使副事四月以翰林學士李諮權管勾景靈宮判官事知制誥錢易權管勾會靈觀判官事 仁宗乾興元年未改元。七月以龍圖閣直學士馮元為會靈觀副使是月以樞密副使都大管勾祥源觀事錢惟演為祥源觀使十一月以入內內侍副都知周文質管勾祥源觀事天聖元年呂夷簡為相時朝廷崇奉之意稍緩因請罷使名熙寧中富鄭公弼領集禧觀使居洛此宮觀使居外之所從始也天聖六年十二月以參知政事魯宗道充祥源觀使七年七月宰臣呂夷簡樞密使張旻樞密

副使夏竦各上表乞罷宮觀使，乃降詔曰：近以紫虛之館烈熖致燔，方祇荅於監觀，實内懷於省愳。誕頒詔諭，已輟繕完，眷諸列真之庭，皆有侍祠之使，存隆封奏，釐叙勤能，以謂國家因事建官，非為定制，隨時適變，必在吏張。况薰薦之儀，備存科式，典掌之事，咸著規模，當謹飭於攸司，俾奉遵於成範，無煩總領，可致潔蠲。既揆理以甚明，固在禮而無越，勉依所請，應協從宜。其宮觀使並罷，判官、使臣令同管勾本宮觀公事。

明道中，錢惟演以使相為景靈宮使。續宋會要

寶元元年九月，以滁州防禦使劉從廣勾當會靈觀。二年九月二十一日，管勾祥源觀季淑言：管勾官等當直兵士各無定數。檢會條制，宮觀副使當直十二人，判官、都監各十人，承受、管勾使臣並比類減定入數。此時本觀有清衛兵士二百人，故定此額。後經減省，今只雜役兵士一百人，管勾官所占兩番有過元數者。伏緣觀宇地遠，系雜民居，近歲北門外營屋延火，去墻至近，修葺掃除，全無人使，除當直外，防守少人，甚非先朝崇奉之意。系在官守，欲乞特降勅命，別定勾當官十二人，同勾當官十人，承受及真儀官四人，嚴切遵守，不令別有廢闕，無得更分番次，虛占數外役使，并擅抽把分他處指使。委本觀覺察聞奏，依律斷罪。從之。

卷一萬三千三百二十三

康定元年九月，資政殿大學士李若谷提舉會靈觀事。若谷罷參知政事

為提舉。自後學士、知制誥、待制皆為提舉。慶曆五年二月五日，京東路同提點刑獄公事、崇儀副使耿從正言年齒已高，乞提舉兗州景靈宮太極觀，從之。閏五月，宣徽北院使李用和為景靈宮使。八年九月，徐州觀察使楊景宗提點萬壽觀。皇祐元年六月，以邢州觀察使李端愿管勾祥源觀公事。至和元年十二月，觀文殿大學士晏殊提舉萬壽觀事。嘉祐四年二月，鎮東軍節度觀察留後李端愿同提舉萬壽觀。六年四月十七日，宣慶使、武信軍節度觀察留後石全彬言已罷群牧副使，乞提點東西兩太一宮，從之。　英宗治平元年正月八日，景福殿使、武信軍節度觀察留後石全彬言：令提點東西太一宮、奉先禪院，乞再任宮觀，以禮衰老。從之。三年八月，以武康軍節度使李端愿為醴泉觀使。治平四年神宗即位未改元九月，觀文殿大學士富弼為集禧觀使，十月復判河陽，熙寧元年四月再充使。

卷一萬三千三百二十三

神宗熙寧二年十二月二十四日，詔宮觀差遣不限員數，差知州資序人以上，須精神不至昏昧，堪任釐務者充，以三十箇月滿替。三年正月二十六日，詔應宮觀差遣，除兩制已上臨時取旨外，餘候到闕體量定差。五月十四日，詔杭州洞霄宮、永康軍丈人觀、亳州明道宮、華州雲臺觀、建州武夷觀、台州崇道觀、成都府玉局觀、建昌軍仙都觀、江州太平觀、洪州玉隆觀、五嶽廟、太原府

興安王廟令後並依嵩山崇福宮舒州靈仙觀置管內
或提舉官先是上以諸臣歷知州有衰老不任職者令
處閑局令增諸道員數使便鄉里示優恩也二月二十
七日詔諸州宮觀嶽廟所差提舉管勾官等合給添支
大兩省大卿監及職司資序人依本人見任官知小郡
例知州資序人依本人見任官小郡通判例武臣即比
類施行若遥郡以上罷正任及遥郡換南班官亢係文
資換者却與換文資內有功績殊異者別取旨四年五
月詔應臣僚陳乞宮觀并國子監差遣除大卿監已上
及朝廷特旨與差從中書旨揮外餘并送審官東院予
十一月十六日詔應提舉管勾內外諸宮觀及嶽廟官
卷一萬三千三百二十三
常留一員在彼餘聽如分司致仕例任便居止五年十
月十七日詔自來提舉提點在京宮觀寺院文武官未
有定制應武臣横行使并兩省押班已上並充提舉餘
官充提點六年四月詔應宮觀差遣係大卿監及職司
并本州知州自來管勾者並充提舉餘官管勾九月十
四日以莊宅使帶御器械知鎮戎軍張璘為右騏驥使
提點鳳翔府太平宮璘有戰功以病請退故還官以閑
局處之八年正月二十五日以皇城使忠州團練使馬
偁管勾兗州仙源縣景靈宮太極觀宮公事尋除偁大
將軍以閑職難仍舊官也閏四月十八日詔今後武臣
遥郡刺史以上曾立五路路分鈐轄不因體量并有戰

功曾經轉資歷路分都監以上差遣不以官資並許陳
乞外處宮觀差遣九年五月一日以殿中丞曾孝紀同
管勾西京崇福宮從父公亮所乞也孝紀點當資序得
管勾宮觀用父恩也熙寧十年六月十四日鎮南軍節
度使同平章事判江寧府王安石為集禧觀使居金陵
從其請也　元豐元年正月九日集禧觀使鎮南軍節
度使同平章事王安石為尚書左僕射觀文殿大學士
集禧觀使先是安石辭使相乞以本官領宮觀屢詔不
允而安石辭不已故有是命　十月十八日詔左藏庫
使昌州刺史曹誌提點萬壽觀其先差提點萬壽觀皇
城使嘉州團練使劉永壽提點醴泉觀以誌太皇太后
卷一萬三千三百二十三
之姪故也五年六月三日詔禮賓使英州刺史幹當皇
城司向宗良提點中太一宮兼集禧觀十一月十八日
門下省奏樞密院差入內東頭供奉官李宗立領萬壽
觀不當為提點詔改為主管六年四月十八日詔前宰
臣執政官宮觀差遣添支依知大藩府祿令給二十八
日詔宮苑使榮州刺史幹當軍頭引見司時君卿為皇
城使嘉州團練使提舉醴泉觀上以君卿昔事濮邸先
帝遇之甚厚故也八年五月十四日詔資政殿大學士
兼侍讀呂公著提舉中太一宮兼集禧觀公事七月十
二日資政殿學士韓維兼侍讀仍提舉中太一宮兼集
禧觀公事十二月二十四日龍圖閣待制兼侍讀趙彥

若提舉萬壽觀公事　哲宗元祐元年十月六日以內侍省內侍押班梁惟簡管勾景靈宮十六日端明學士光祿大夫范鎮落致仕提舉中太一宮兼集禧觀公事兼侍讀二年八月八日給事中張問提舉醴泉觀問移疾逾兩月就私第書省中事御史趙屼論之問亦自陳故有是命三年五月二十四日觀文殿學士正議大夫孫固提舉中太一宮兼侍讀十月二十八日詔橫行使副無兼領者許兼宮觀一處月給食直錢使十五千副使十千其宮觀合添給勿支四年十二月二十五日御寶批訪聞近降旨揮提舉提點集禧醴泉等處宮觀只許非時點檢官物月押簿歷外餘並鴻臚寺施行今來

卷一萬三千三百二十三

提舉提點在京宮觀與提舉提點外處宮觀事體不行如非時同幸之類若凡百責辦鴻臚一司必致闕事兼恐經久難行可除減官吏并吏祿外餘並一切依舊六年詔橫行狀諮宋球既領皇城司罷提點醴泉觀正月十二日彰德軍節度使知陳州馮京為左銀青光祿大夫觀文殿學士兼侍讀充中太一宮使京知河陽告老徙陳州過國門辭甚疾故有此除非前宰相除宮觀使自京始八年三月五日詔尚書右僕射蘇頌引年乞解機政可依所請特除觀文殿大學士充集禧觀使六月十二日中大夫守尚書左丞梁燾充資政殿學士同醴泉觀使先是燾以疾求罷有詔與在京宮使宰相以故

宮觀使

事非宰相不除使遂置同使之名以寵之按元祐六年馮京已除中太一宮使燾非事始也卻掃篇元祐間梁左丞燾罷政事除資政殿學士特創同醴泉觀使之名以命之梁公言故事無以學士領宮觀使者且同使之名前所未有力辭不受然是是前二府往往以學士直為宮觀使之名不復除矣

元符三年未改元八月二十一日詔觀文殿大學士中太一宮使范純仁免其在京供職許歸潁昌府上初名純仁欲以為相日佇其至而純仁目疾益甚累章乞骸骨不得已從之九月四日詔安燾服闋可依前左正議大夫除觀文殿學士提舉中太一宮兼集禧觀公事兼

卷一萬三千三百二十三

侍讀十一月十八日左正議大夫尚書右丞黃履為資政殿大學士提舉中太一宮仍免朝參履自春初名還即苦舌瘍不能奏事久乞罷退至是得請　崇寧五年二月十三日詔司空尚書左僕射兼門下侍郎蔡京除開府儀同三司安遠軍節度使充中太一宮使　大觀元年三月十一日特進尚書右僕射兼中書侍郎趙挺之除觀文殿大學士佑神觀使三年正月十五日靜江軍節度使王鷹除檢校司空河陽三城節度使中太一宮使以靖和皇后葬事既畢加恩故也三月三十日中太一宮使武康軍節度使姚雄為右金吾衛上將軍充醴泉觀使六月一日中大夫同知樞密院事管師仁除資

政殿學士充佑神觀使四日太師尚書左僕射蔡京為
中太一宮使四年二月三日詔龍圖閣學士通議大夫
新知杭州張商英除資政殿學士充中太一宮使十月
一日皇后言族姪居中位樞府久中任臺省未敢受命
上謂輔臣曰后意甚確且陳經史以漢唐后族為戒居
中可除觀文殿學士中太一宮使久中除龍圖閣學士
提舉醴泉觀　政和六年五月二十八日詔措置宮觀
如萬壽醴泉近百員建隆迎真儲祥儲福儲慶宮處並
可差官仍差中太一宮佑神醴泉萬壽觀見今員多處
改填逐處見闕其建隆觀今後更不立額提舉中太一
宮兼佑神觀張秀陳仲存提舉醴泉觀石端提舉萬壽
卷一萬三千三百二十三
觀馮鐸並改提舉建隆觀提點萬壽觀宋孝廣王愷差
提點建隆觀提舉中太一宮吳庠陳仲堅提舉萬壽觀
王從善並改提舉上清儲祥宮提舉中太一宮鄭子奇
提舉萬壽觀劉景宣趙希魯並改提舉太清儲慶宮提
點中太一宮宋孝莊王行提舉萬壽觀李詢仁王倚並
改提舉玉清儲福宮提點中太一宮陳仲善提點萬壽
觀曹晫並改提點玉清儲福宮並令免僉書公事文獻
通考徽宗建玉清萬壽宮乃命宰執兼使副用真廟故
事也近以前宰執奉朝請者領在京宮觀使而在外舊
相只除提舉宮觀非祖宗優待宰相之体靖康以來猶
未釐正蓋朝廷未暇講也政和八年太師魯國公蔡京

少傅太宰鄭居中少保少宰余深檢校太保領樞密院
事童貫並兼充神霄玉清萬壽宮使知樞密院事鄧洵
武門下侍郎薛昂中書侍郎白時中尚書左丞王黼宣
和殿大學士蔡攸並兼充副使　卻掃篇政和中詔天
下咸建神霄玉清萬壽宮復置使宰相使相領之執政
為副使侍從為判官判官惟武章書以開封尹領之他
未書命而天下郡守皆兼管勾通判兼同管勾驛前二
府領州如之蓋欲重其事也輔臣既罷領宮觀使其從
雜以使相節度宣徽使為之無所職事奉朝而已宣和
五年四月十三日觀文殿學士通奉大夫鄧洵仁為佑
神觀使七年正月二十四日奉國軍承宣使樞密副都
卷一萬三千三百二十三
承旨知東上閤門事鄭成之為安德軍節度使上清寶
録宮使領東上閤門職事二十五日詔保和殿大學士
銀青光祿大夫致仕孟昌齡宣勞頗多可落致仕除醴
泉觀使應恩數從人等並依近例施行四月十一日檢
校少傅慶遠軍節度使王安中為檢校少師充上清寶
録宮使兼侍讀　欽宗靖康元年正月四日特進太宰
兼門下侍郎神霄玉清萬壽宮使慶國公白時中為觀
文殿大學士中太一宮使二月十四日起復特進太宰
兼門下侍郎李邦彥為觀文殿大學士中太一宮使十
七日檢校少保同知樞密院事种師道為檢校少傅鎮
洮軍節度使中太一宮使二十四日中書侍郎王孝迪

為資政殿學士提舉醴泉觀孝迪執政終一月言者攻之乃上章乞罷故有是命同日觀文殿大學士中太一宮使白時中知壽春府時中乞在外宮觀於壽春居正上特以郡守處之三月三日太宰兼門下侍郎張邦昌為觀文殿大學士中太一宮使十三日殿前都指揮使檢校少傅奉國軍節度使開府儀同三司高俅為檢校太保中太一宮使六月二十九日詔內外官見帶提舉管勾同管勾神霄玉清萬壽宮並落去七月二十七日應道軍承宣使提舉亳州明道宮曹曚提舉醴泉觀十一月二十六日以簽書樞密院事李回提舉萬壽觀高宗建炎元年五月六日資政殿學士提舉醴泉觀充京

卷一萬三千三百二十三

師撫諭使路允迪改差提舉南京鴻慶宮四年五月十三日參知政事兼權御營副使王綯除資政殿大學士提舉萬壽觀兼侍讀始除資政殿學士上曰綯嘗為朕宮僚而除執政若不以罪去則必進職故有是命八月十三日資政殿學士權三省樞密院事盧益提舉醴泉觀兼侍讀紹興元年八月詔朱勝非與復宣奉大夫提舉萬壽觀兼侍讀初勝非罷同都督復知紹府辭上以勝非於苗劉之亂嘗有功特有是命二年十月保靜軍承宣使邢煥除慶遠軍節度使充醴泉觀使三年七月一日資政殿學士謝克家張浚並提舉萬壽觀兼侍讀五年七月一日詔任在京宮觀請給人從前宰執依見

任減十分之二閣學士已上依六曹侍郎直學士已上依中書舍人大中大夫已上依左右司郎中任樞密都承旨閣學士已上依六曹尚書直學士已上依六曹侍郎大中大夫已上依中書舍人十八日資政殿學士主守提舉萬壽觀兼侍讀八月三日親衛大夫貴州防禦使吳德休提舉萬壽觀以自陳歷事四朝乞在京宮觀免朝參從其請也七年正月二十一日詔前宰相執政官見任宮觀每系仕滿旋行陳乞再任緣曾宰相執始來有除授即合依舊宮祠難以引用常法理為任數從中書門下省請也八月十四日觀文殿大學士左正奉大夫浙東安撫制置大使兼知紹興府趙鼎除萬壽觀使

卷一萬三千三百二十三

兼侍讀八年二月四日少傅鎮南定江軍節度使知建康府呂頤浩除醴泉觀使免奉朝請任便居住十二月二日檢校少保奉國軍節度使知紹興府趙鼎除醴泉觀使免奉朝請任便居住先是鼎乞收遠節越改除在外宮觀從其請也紹興十年六月十六日感德軍節度使開府儀同三司充萬壽觀使高世則除景靈宮使判溫州主奉本州神御十一年四月十七日太尉慶遠軍節度使知鎮江府郭仲荀除醴泉觀使免奉朝請任便居住六月七日詔高士榮進正任防禦使提舉醴泉觀二十六日太保護國鎮安保靜軍節度使三京路招撫使劉光世除萬壽觀使免奉朝請任便居住先是

先世以疾自陳乞除一在外宮觀故有是命八月九日少保樞密副使岳飛充醴泉觀使十月二十八日太保樞密使韓世忠除太傅充醴泉觀使十一月二十七日特進觀文殿大學士知福州張浚進檢校少傅崇信軍節度使充醴泉觀使免奉朝請任便居住十二年四月三日敷文閣待制秦梓提舉萬壽觀兼侍講十一月五日大傅樞密使張浚進封清河郡王充醴泉觀使十三年四月十日詔少師昭慶軍節度使平樂郡王致仕韋淵落致仕除萬壽觀使仍奉朝請五月十五日保信軍承宣使帶御器械邢孝楊提舉萬壽觀仍奉朝請以孝楊乞宮觀差遣故也十五年十月十八日翰林學士承旨秦熺除資政殿大學士提舉萬壽觀兼侍讀恩數並依執政熺自資政殿大學士除知樞密院事力陳乞依李淑故事避親罷職故有是命閏十一月十二日權兵部侍郎木友仁為敷文閣待制提舉佑神觀仍奉朝請十六年七月二十九日端明殿學士何鑄提舉萬壽觀兼侍讀二十年八月三日詔保信軍承宣使提舉萬壽觀曹勛許任便居住以勛引疾自陳從其請也二十一年五月三十日吏部狀欲將任在京宮觀之人依在外宮祠以三十箇月為任并元降旨揮任便居住之人若無專降指揮令行在居住即不得擅至國門如有違犯專委臺諫彈劾仍許本部覺察從之二十五年十一月

參知政事萬俟卨除資政殿學士提舉萬壽觀兼侍讀十二月十二日詔醴泉觀使孟忠厚令行在居住奉朝請上曰昨緣徽宗梓宮須大臣宰相護送秦檜辭不肯遂差忠厚以樞密使護葬朕深不欲以國戚任軍旅及朝廷之事萬有一過朕罪之則傷恩釋之則廢法如太后皇后之家子弟未嘗任之以事但加以爵祿奉祠安閑而已三十二年五月十二日詔太傅寧遠軍節度使御營宿衛使楊存中依舊醴泉觀使仍奉朝請以中書門下省言御營宿衛結局也二十七日崇信軍節度使開府儀同三司兼領殿前都指揮使職事趙密除萬壽觀使仍奉朝請

孝宗紹興三十二年（即位未改元）七月十二日祕閣修撰江南西路計度轉運副使張宗元為主管佑神觀仍奉朝請從宗元之請也八月六日昭信軍節度使提舉萬壽觀曹勛特授太尉依前節度使充萬壽觀使奉朝請二十六日祕閣修撰鄭瑊特與換鄂州觀察使提舉萬壽觀十月九日延福宮使崇慶軍承宣使王晉錫為提舉佑神觀免奉朝請十二月十五日敷文閣待制錢周材提舉萬壽觀兼侍讀

隆興元年三月十八日參知政事張燾為資政殿大學士提舉萬壽觀兼侍讀六月八日觀文殿大學士左金紫光祿大夫提領臨安府洞霄宮湯思退為醴泉觀使兼侍讀十二日太尉寧國軍節度使主管殿前司公事淮南西

司祿

路鈐撫使兼權池州駐劄御前諸軍都統制李顯忠為
提舉萬壽觀仍奉朝請十八日大同軍節度使蒲察徒
穆彰德軍節度使大周仁並提舉萬壽觀二年五月二
十三日資政殿學士張浚為醴泉觀使從浚之請也七
月二十八日資政殿學士賀允中落致仕為提舉萬壽
觀兼侍讀九月二日太尉保信軍節度使領閤門事兼
客省四方館事提舉皇城司鄭藻為提舉萬壽觀仍奉
朝請繼除萬壽觀使十月三日少保觀文殿大學士充
醴泉觀使福國公陳康伯依舊醴泉觀使福國公陳康
伯依舊醴泉觀使任便居住先是康伯被旨赴闕奏事
以疾辭故有是命閏十一月四日參知政事周葵為資

卷一萬三千三百二十三

政殿學士提舉臨安府洞霄宮任便居住從葵之請也
乾道元年正月七日少保崇信軍節度使權殿前職
事趙密為醴泉觀使仍奉朝請以密告老故有是命二
月二十一日太傅寧遠昭慶軍節度使和義郡王楊存
中為醴泉觀使仍奉朝請三月二十五日昭慶軍承宣
使董仲永為提舉佑神觀免奉朝請給人從並依已降
指揮施行先以仲永為兩浙東路總管尋詔更不施行
故有是命五月二十七日忠州團練使新添差江南西
路馬步軍副總管江州駐劄郭安為提舉佑神觀以安
言告老乞依一般隨龍官例故也八月二十六日參知
政事兼權知樞密院事錢端禮除資政殿大學士提舉

萬壽觀仍奉朝請二年八月三日敷文閣待制總領淮
西江東軍馬錢糧專一報發御前軍馬文字兼提領措
置屯田楊倓為提舉佑神觀仍奉朝請從倓之請也三
年閏七月六日捧日天武四廂都指揮使武當軍節度
使領江府駐劄御前諸軍都統制兼提舉措置屯田戚
方為提舉佑神觀十一月十七日威武軍承宣使提舉
建昌軍仙都觀張淵改提舉佑神觀四年九月十三日
延福宮使保康軍承宣使入內內侍省押班主管親賢
宅玉牒所都大提舉諸司林肇為提舉佑神觀免奉朝
請從肇之請也五年三月二十二日昭化軍承宣使提
舉神佑觀韋誼候今任滿日待令再任仍奉朝請九月

卷一萬三千三百二十三

十七日建武軍承宣使韋誼為提舉神佑觀仍奉朝請
十二月五日敷文閣待制提舉江州太平興國宮劉章
為提舉佑神觀兼侍讀六年四月十三日敷文閣待制
知泰州張子顏為提舉佑神觀仍奉朝請從子顏之請
也十八日集英殿修撰吳總主管佑神觀仍奉朝請十
一月十九日福州觀察使曾覿為提舉佑神觀二十九
日延福宮使保寧軍承宣使入內內侍省副都知貴竑
為提舉佑神觀免奉朝請從竑之請也七年三月二十
四日寶文閣待制提舉江州太平興國宮胡銓改除提
舉佑神觀兼侍講是日以宰執進呈虞允文奏曰胡銓
蓋處一節甚高久謫海外誰人能及陛下即位首加收

名旋擢從班允協衆望今縱有小小過失謂當闕畧録
其氣節不宜令遽去朝廷上曰朕昨覧臺章躊躇兩日
意甚念之但以四人同時論列不欲令銓獨留今卿所
言正朕意也梁克家奏曰銓流落海上二十餘年人所
甚難陛下不以衆人遇之幸甚上曰銓固非他人比宜
且除在京宫觀留侍經筵故有是句二十八日新除簽
書樞密院事張説已改除安慶軍節度使提舉萬壽觀
其恩數立班並依前執政體例施行八年正月四日成
州團練使知閤門事兼客省四方館事兼樞密副都承
旨幹辦皇城司康濟特轉郢州防禦使為提舉佑神觀
三月一日敷文閣待制知台州韓彦直為提舉佑神觀
卷一萬三千三百二十三
仍奉朝請從彦直之請也九年閏正月一日降授明州
觀察使提舉江州太平興國宫趙樽為提舉佑神觀仍
趂赴六參起居八月二十三日敷文閣待制張子正為
提舉佑神觀從子正之請也九月三日延福宫使昭慶
軍承宣使提舉佑神觀免奉朝請　乾道元年正月十
日詔左通議大夫參知政事兼權知樞密院事兼提舉
德壽宫錢端禮兼充德壽宫使十五日錢端禮言准勑
差兼充德壽宫使今來乞以德壽宫使司為名行移合
依自來執政體例省院並係關送所有印乞以德壽宫
使之印六字為文其人吏使臣止乞就差近德壽宫提
舉所已差人應干請給恩賞等行移之類並依提舉所

已甲降旨揮施行從之　先是紹興三十二年六月四
日詔張去偽落致仕依前延福宫使安德軍承宣使提
舉德壽宫仍詔以提舉德壽宫為名依所乞令工部下
所屬鑄造印一面應行移公式等並依入内省見行條
例施行差點檢文字使臣二人支本等驛券外每月添
給錢一十五貫贍家錢一十貫並三年為任任滿無遺
闕與減三年磨勘再留依此又主管文字三人書寫人
二人其請給等主管文字依入内省書令史書寫人依
書史見請則例支破内有名目人每及五年轉一官資
白身人候實及七年與補進武副尉出職所差使臣人
吏被差官司如有拘礙不許抽取條制旨揮特令今來
旨揮日下發遣仍於皇城司指差巡視背印投送親事
卷一萬三千三百二十三
官各二人及於臨安府差看管案牘兵士六人紹興三
十二年六月十一日詔應在内日常應奉諸司御輪差
諸色官吏等赴德壽宫如法應奉不得少怠有違以大
不恭論應奉人數并物色可令應奉諸司各行差破宿
衛并執從物人可令殿前司皇城司等處條具料差德
壽宫諸門依皇城門及宫門法仍依行宫大内置巡警
守衛一切務令如法十二日詔左武大夫昭慶軍承宣
使董仲永入内内侍省東頭供奉官寄資武功大夫遥
郡團練使幹辦御藥院陳子常並差提點德壽宫武翼
郎帶御器械特添差兩浙西路兵馬鈐轄宋鈞閤門宣

贊舍人權點檢閤門簿書公事兼宣詞令宋真温並差兼德壽宮幹事務十三日赦應德壽宮見今侍衛親從官僚等於今赦合轉官外特與各轉兩官資礙止法者許回授同日詔太史局每日輪差主管文德殿鐘鼓院官一員司辰直官局學生內通輪二人德壽宮祇應十五日左武大夫昭慶軍承宣使新差提點德壽宮董仲永等言被旨差仲永等提點德壽宮今來事初全籍使臣人吏管幹事務乞差點檢文字使臣一人主管文字二人書寫二人趂辦內點檢文字使臣許於已未到部見任得替待闕兼見領職局大小使臣校副尉內指差與支本等驛券每月添給錢十二貫贍家錢八貫三

卷一萬三千三百二十三

年為任任滿照遺闕與減二年磨勘再留依此主管文字書寫人許於已未到部使臣校副尉及內外官司人吏內指差其請給等主管文字依入內省書吏寫人依貼司見請則例支內有名目之人每及六年轉一官資白身人候實及八年與補進武副尉出職所差使臣人吏被差官司如有拘礙不許抽差相兼係制旨揮等特依今來旨揮日下發遣從之十七日詔德壽宮差吏部大小使臣三十員充本宮祇應可添校尉二十員與大小使臣衮同祇應請給破劵理任等依使臣已得指揮施行並聽本官指差二十一日詔德壽宮應修造合用工匠粮木可劄與提舉官報所屬支供二十六日詔張

去為差提舉德壽宮請給人從恩例並依入內省都知見行旨揮條例施行七月一日詔右武大夫福州觀察使入內內侍省副知林聲特授宣政使保康軍承宣使差遣如故以提舉修蓋德壽宮畢推恩也十七日詔德壽宮提點官內許依舊任差破人從者可差兵士一十人幹辦事務官四員可各差兵士八人並充白直使喚遇闕並報步軍司差填同日詔幹辦內東門司梁康民張安中並轉歸吏部特與免參部先次出給料錢文歷並特添差兩浙西路兵馬鈐轄臨安府駐劄請給人從等並依正官則列支破依舊兼德壽宮幹辦事務二十七日詔修內司修蓋德壽宮了畢官吏兵匠等推恩內

卷一萬三千三百二十三

第一等與轉兩官資第二等與轉一官資減三年磨勘第三等與轉一官資礙止法人特與轉行願回授者依條回授白身人候有名目或出職日特依今來所轉官資收使餘人並本宮支犒設八月十六日詔延福宮使安德軍承宣使提舉德壽宮張去為特授安慶軍承宣使差遣如故以修蓋德壽宮推恩也二十二日入內內侍省東頭供奉官睿思殿祇應德壽宮提轄造作任詵奏入內內侍省侍殿頭王楫差充德壽宮監造官申請下項一乞以德壽宮監造為名一乞量行差手分一人抄寫人二人許於內外官司人吏內指名差填其請給手分依修內司手分抄寫人依貼司見請則例支破候

實及十年與補進武副尉出職一修內司撥隸本宮雄
武壯役工匠搭材共三百八十七人即未有立定額數
軍分指揮今乞以五百人爲額並撥充雄武指揮其請
給關所屬依雄武見請則例批勘從之十一月三日詔
御輦院都營撥屬德壽宮　隆興元年三月二十七日
詔隨太上皇帝過德壽宮應奉官吏諸色人依赦各轉
兩官資應續差到宮人各與轉一官資今後准此四月
十三日詔殿前司先差到官兵一百六十七人德壽宮
周圍攔鋪於本宮後添修營寨移遂人老小居住可令
本司更差軍兵三十三人充在營把門打大看寨差使
通作二百人七月二日詔德壽宮應奉官吏等昨降指
卷一萬三千三百二十三
揮依赦各轉兩官資數內白身人吏紐到轉資公據內
無許日後收使之文可依例並候有名目日特作兩官
資收使并續差到官人各合得轉一官內白身人吏依
此候有名目日特作一官資收使已出公據令所屬換
給真儀鸞司車子官健輦官內有礙止法人並與依已
轉行兩資人例特於見今職名上轉行今後准此十一
月十四日詔安慶軍承宣使提舉萬壽觀張去爲依前
差提舉德壽宮二十日詔右通議大夫試兵部尚書兼
戶部尚書兼點檢贍軍激賞酒庫錢端禮賜同進士出
身除端明殿學士簽書樞密院事兼權參知政事兼提
舉德壽宮十二月二十六日德壽宮彈壓攔鋪官兵宣

職官五四之二二

祐等狀係殿前司入隊帶甲人數攔鋪合得身分請給
乞下所屬依南皇城下攔鋪官兵支折請給體例施行
從之　二年二月十二日詔武德軍郎主管佑神觀兼
德壽宮幹辦事務李思溫武經郎主管佑神觀兼德壽
宮幹辦事務梁紹祖並特令再任依舊兼德壽宮幹辦
事務　乾道二年五月二十二日詔德壽宮官吏諸色
人等應奉有勞並特與轉行一官資今後實及五年准
此內礙止法人特與轉行願回授者聽白身人吏候有
名目日作一官資收使前項官吏仍不隔磨勘九月九
日詔武顯大夫吉州刺史提點德壽宮特添差兩浙西
路兵馬鈐轄臨安府駐劄梁康民候今任滿日特與差
卷一萬三千三百二十三
本路馬步軍副總管依舊臨安府駐劄十四日詔武顯
大夫忠州團練使特添差兩浙西路兵馬鈐轄臨安府
駐劄兼德壽宮幹辦事務張安中兩任並無遺闕候今
任滿日特陞添差兩浙西路馬步軍副總管依舊臨安
府駐劄爲係德壽宮幹辦事務請給人從等特與依正
官則例支破　三年十二月十五日詔武功大夫鼎州
團練使李玘特與轉眉州防禦使以德壽宮彈壓攔鋪
軍兵年勞也　四年六月八日詔翰林醫診御脈德壽
宮祗應李延年供進德壽宮湯藥有勞特與轉一官八
月八日詔恭奉太上皇帝聖旨醫官朱仲謙爲醫藥有
勞特與賜紫服色仍於祗候庫取賜十一月二日詔恭

職官五四之二三

奉太上皇帝聖旨百姓大方脈科醫人趙碓特與補翰林醫學差充德壽宮祗應　五年八月十二日詔隠龍武功大夫壽聖太上皇后殿幹辦人船鍾彥昇特添差臨安府兵馬鈐轄依舊兼壽聖太上皇后殿幹辦人船　六年閏五月七日詔武義大夫劉堯勛特除帯御器械兼德壽宮幹辦事務　七年五月二十四日詔德壽宮官吏諸色人等昨於乾道二年五月二十二日為應奉有勞並特轉一官資了當今後實及五年准此今年已及五年可依已降指揮並特與各轉一官資仍不隔磨勘內礙止法人時與轉行願回授者聽白身人更候有名目日特作一官資收使　六月十六日詔雄武指揮

卷一萬三千三百二十三

軍兵應奉德壽宮年勞推賞緣昨步軍司申請上件人兵作工役禁軍於副都頭已上每兩資作一資補轉其逐人為係德壽宮祗應今該恩賞可將副頭已上之人每資特作一資轉行　九年五月六日詔德壽宮應奉官得旨添差外餘並不許添差　淳熙元年八月四日安慶軍節度使知樞密院事張說授太尉提舉佑神觀　九月一日武泰軍節度使提舉萬壽觀曾覿除開府儀同三司為萬壽觀使六年正月十一日除少保寧武軍節度使充醴泉觀使　三年九月二十四日安德軍節度使提舉隆興府玉隆萬壽宮伯圭授開府儀同三司為萬壽觀使任便居住二十五日鎖院付下中書門下

省熟狀趙伯圭除使相提舉洞霄宮必大奏按故事宗室戚里或前宰執帶節度使多充宮觀使若至使相自領使無疑昨史浩以使相提舉宮觀者誤也恐自此遂以為例今具士㒟錢忱等例皆是以使相充宮觀使在外任便居住者合取旨改正一更四點進入五點上批可依士㒟等體例除宮觀使　四年三月五日崇信軍節度使開府儀同三司提舉臨安府洞霄宮史浩除少保觀文殿大學士為醴泉觀使既而五年三月十八日為右丞相十一月十五日罷以少傅保寧軍節度使充醴泉觀使兼侍讀八年三月五日判建康府辭不赴乞歸田里奉御筆史浩潛藩舊學比辭相位錫第于此念

卷一萬三千三百二十三

念求歸屢形懇牘朕惜其筋力未衰欲使卧護北門今遜避再三出於誠實不可免強可免判建康府依舊在京宮觀兼侍讀五月二十七日除少師為醴泉觀使　八年二月二十八日以少保觀文殿大學士判建康府陳俊卿為醴泉觀使以俊卿乞罷建康故也　九年六月二十二日以觀文殿學士宣奉大夫梁克家為醴泉觀使兼侍讀自福州召還故有是命　九月二十二日皇叔祖保康軍節度使提舉佑神觀嗣濮王士歆授開府儀同三司為醴泉觀使　十年六月二十日以敷文閣直學士知遂寧府李燾提舉佑神觀兼侍講兼同修國史　十二年六月十八日通議大夫敷文閣待制洪邁

提舉佑神觀兼侍講兼同修國史。十三年正月二十二日，皇叔祖昭慶軍節度使提舉佑神觀士岘授開府儀同三司，為醴泉觀使。十一月二十三日，特進右丞相梁克家除觀文殿大學士、醴泉觀使兼侍讀。十五年五月二十三日，敷文閣學士、通奉大夫、提舉隆興府玉隆萬壽宮韓彥直提舉萬壽觀。六月四日，武泰軍承宣使、帶御器械、幹辦皇城司、專切提舉訓練所、宜春郡開國公夏執中授奉國軍節度使、提舉萬壽觀。十六年正月十八日，昭慶軍承宣使、提舉佑神觀、吳興郡開國侯郭師禹授保大軍節度使、提舉萬壽觀。五月十二日，詔少保益國公周必大充醴泉觀使，在外任便居住。

卷一萬三千三百二十三

紹熙元年六月二十四日，詔寧武軍節度使、開府儀同三司、判同川府、降益川郡國開公趙雄充醴泉觀使，在外任便居住，從其請也。五年二月十一日，詔少保、觀文殿大學士、益國公周必大充醴泉觀使，以辭免判隆興府，故有是命。五月一日，詔太師、安德軍節度使、判大宗正事、嗣秀王伯圭充萬壽觀使，以辭免判大宗正事，故有是命。

哲宗正史職官志：外任宮觀非自陳而朝廷特差者，如降黜人例。神宗熙寧二年十二月二十四日，詔宮觀差遣不限員數，差知州資序人以上，須神不至昏昧堪任釐務者充，以三十箇月滿替。三年正月二十六日，詔應宮觀差遣除兩制以上臨時取旨外，餘並到闕體量定差。五月十四日，詔杭州洞霄宮、永康軍丈人觀、亳州明道宮、華州雲臺觀、建州武夷觀、台州崇道觀、成都玉局觀、建昌軍仙都觀、江州太平觀、洪州玉隆觀、五嶽廟、太原府興安王廟，今後並依嵩山崇福宮、舒州靈仙觀置管勾或提舉官。先是，工以諸臣歷監司、知州有衰老不任職者，令處閑局，今增諸道員數，伕使鄉里示優恩也。十六日，龍圖閣直學士、兵部侍郎、集賢殿修撰何郯提舉成都府玉局觀，以病故也。郯遂請老，乃除右丞致仕。七月二十七日，詔二京留臺、國子監及諸州宮觀嶽廟所差提舉管勾官等添支，大兩省、大卿監及職司資序人視知小州，知州資序人視小州通判，仍各依本人見任官。武臣倣此。遂都以罷正任，及遂都改授南班官，元係文資換者，却與換文資，功績殊異者，別取旨。四年五月，詔應臣僚陳乞宮觀并國子監差遣，除大卿監以上及朝廷特旨與差，從中書指揮外，餘並送審官東院。十一月十六日，詔應提舉管勾內外諸宮觀及嶽廟官，常留一員在彼，餘聽如分司致仕例任便居止。六年四月，詔應宮觀差遣係大卿監及職司并本州知州有朱帶管勾者，並充提舉，餘官管勾。十八日，

卷一萬六千一百五十一

詔前宰臣執政官宮觀差遣添支依知大藩府祿令給。九月十四日，以莊宅使、帶御器械、知鎮戎軍張璹為右騏驥使、提點湖府太平宮。璹有戰功，以病請退，故遷官以閑局處之。八年正月二十五日，以皇城使、忠州團練使馬偁管勾兗州仙源縣景靈宮太極觀公事，尋除偁大將軍，以閑職不可仍舊官也。閏四月十八日，詔今後武臣遇都判史以上曾歷五路路分鈐轄，不問體量并有戰功曾經轄資歷路分都監以上差遣，不以官資並許陳乞外處宮觀差遣。九年五月一日，以殿中丞曾孝純同管勾西京崇福宮，從父公亮所乞也。孝純監當資序，得管勾宮觀，用父恩也。元豐元年正月十九日，權發遣三司使李承之言：「近年以來，朝廷置假資格稍高之人為其衰遲或不任事，未欲遽令休退，改直提舉主管宮觀之職，優與俸祿，以示始終，而不立員數。臣僚避閑食祿，罔居無恥，或精神未衰，年齒方壯，以便私避事，亦求此職。條制既寬，初未釐革，欲令內外宮觀約百餘員，無職冗職事或資廩食不下數萬緡，臣竊惜之。乞今後在

京宮觀提舉、提點、主管官共無得過十五員，諸路倍之。如有除授，令依例待闕。所貴勤勞官吏之人有以區別，不虛費國用。詔中書立法：自今陳乞宮觀等差遣人年六十以上聽差，仍無過兩次。　二月七日，詔：當官東西院應乞宮觀人年六十以上聽差，毋得過兩任。　二年六月二十四日，尚書屯田員外郎、權京西轉運副使李南公主管西京嵩山崇福宮。以御史黃顏言南公女皆適士人，而同産女弟在室者已三十餘歲，妻寄於妹婿范遂家，按之有實故也。　五年九月十六日，詔應尚書吏部陳乞留臺宮觀國子監人年六十以上兼用執政官恩例者，通不得過三任。　哲宗元祐元年五月二十二日，新差知蘇州張銑依舊提舉杭州洞霄宮，以其罷堂也。　七月二十八日，提舉西京嵩山崇福宮韓宗師再任理提刑資序，以宗師自陳父老，從所乞也。　二年六月十四日，詔鄆達罷廣州觀察使、知河中府，除左武衞上將軍、提舉嵩山崇福宮。先是，達知潞州，河東路轉運使論達言語蹇澀，步履艱難，請別與差遣，以安老疾。會達徙知河中府，亦露章祈免，故有是詔。　三年十二月十六日，詔應緣例陳乞子弟宮觀嶽廟差遣再任者，不理為資序。　紹聖二年正月十三日，侍御史翟思言：「職令後知州資序人年七十以上者，並依元豐以前舊法注監當差遣。元祐

卷一萬六千二百五十一

二年興監嶽廟差遣法，勿用其見任執政官許依例陳乞，仍不得過一任。及於今丈年七十乞宮觀條內『侍御史』字下添入『以上』二字，『職司』字下添入『中散大夫』四字。」從之。　元符元年，知樞密院事曾布言：「高遵固年八十一，乞再任宮觀。高遵禮年七十六，已再任亳州太清宮，又從其再任之請。待遇宣仁親屬，敦篤如此，當宣付史官。」從之。　徽宗崇寧元年七月十一日，中書省勘會：熙寧三年五月詔以諸臣歷監司、知州，有衰老不任職者，使食其俸給，令處閑局，故令諸州增置宮觀員數，使人各得便鄉里，且以優老示恩。自後添差屬縣，裁減而諸州供給亦無明文，是致往往失所，恐非先帝創立宮觀優老示恩之意。今以熙寧、元豐以來條制參詳修立下條：諸三京留司御史臺、國子監、諸州宮觀嶽廟提舉、管勾等官添支，前宰相、執政官依知判諸路州府例，待制已上依見任官知郡例，中散大夫以上并職司資序人依知諸州府大鄉監例，知州資序人依見任官充小郡通判例，通判資序人依見任官充軍、通判例，武臣正任横行以上依諸司副使知州例，路分鈐轄以上依待禁閤門祗候知州例，路分都監以上依[illegible]直充諸路走馬承受例。上條合入祿令衞改元豐三年十一月十八日并元豐六年四月十八日、紹聖元年五月十六日指揮不行。諸宮觀嶽廟提

舉、管勾等文官因陳乞及非責降充者，並月破供給，於所居處依資序降二等支。職司以上資序人依通判例，知州資序人依僉判例，無僉判處及通判資序人並依職官例。前宰相、執政官及見帶學士以上職者，諸陳乞宮觀嶽廟若三京留司御史臺、國子監，年七十以下不得過三任，七十以上曾歷侍御史以上聽兩任，寺監長貳、六曹郎中以上同。及職司、中散大夫以上並一任，曾歷堂除知州資序人准此。當直宮觀嶽廟宮觀使五十人，學士以上四十人，大中大夫、官察使以上三十人，中散大夫及提點刑獄以上資序并正任横行以上二十人，知州路分都監以上資序十五人，通判以下資序十人。從之。　十月二十七日，詔應責降充宮觀人不得同在一州軍居住。　政和三年二月十五日，尚書省言：「勘會官員闕陞，條並貫理考第，其宮觀以三十箇月為任，顯是礙閡陞。」詔今後應宮觀差以三年為任，其已授三十箇月合罷人並依三年滿罷人例施行。　八月十七日，尚書省言：「宮觀已降指揮三年為任，嶽廟其以二年。」從之。　二十四日，中書省言：「檢會大觀重修中書省令，諸宮觀差遣，中散大夫以上及職司資序並充提舉，餘官充管勾。勘會餘官內朝奉郎以上及曾任職事官監察御史以上職任及曾帶貼職之人，若與承務郎並一等充管勾宮觀，

卷一萬六千二百五十一

應無以區別。今參酌添立下條：諸宮觀差遣，中散大夫以上及職司資序充提舉，朝奉郎以上或曾任職事官監察御史以上若曾帶貼職充提點，餘充管勾。」從之。　十月二十九日，中書省勘會：「除授宮觀差遣，近降旨立定提點、提舉、管勾三等，所有諸受從人亦合隨所授職任修定。今參酌舊法，擬立下項：承務郎以上任宮觀差遣提舉二十人，提點一十五人，管勾一十八人。右入政和重修吏卒格衞改本格中散大夫及提點刑獄以上資序知州通判以上資序差當直人格不行。承務郎以上任宮觀差遣職外任許在京居住者，提舉十五人，提點十人，管勾四人。右入紹聖吏馬司格衞改本格大中大夫及職司資序知州通判江下資序差當直人格不行。」從之。　五年八月十三日，詔新知池州陳邦光提舉杭州洞霄宮，池州居住，以言者論其以地遠辭桂州之行，方命不恭故也。　六年閏正月二十六日，戶部侍郎孟昌齡言：「文武二途本為一道，祿廩待遇理當均一。朝廷近為宮廟供給之制，以優禮臣下，令文臣任宮廟自職司以上比視舊差至通判而上，按令通判與武臣序官自有定制，而武臣宮觀供給未有明文。臣欲乞曾任職事與通判序官人依通判法，餘皆勿給，以稱陛下均待文武之意。」詔係武功大夫以上未至知州職司資序人依通判資序

入例支破供給以下仞給　三月二十四日樞密院言臣僚任宮觀差遣
供給人從各有等差今外路見任宮觀之人其間或有妄稱資序冒請供
給謂如知縣人稱作通判知州人作職司未應請而妄請當請少而受多
或匿其照檢州縣不察欲乞今後任宮觀獄廟人並令吏部以本官資序
符所住州郡及於所受付身內聲說應給合得其見任人住州供具所請
月給等第申吏部勘驗如有冒請即行改正從之　宣和元年八月十一
日臣僚上言竊以宮觀獄廟設置官屬既免親執祠事而又給廩祿陛下
養賢優老之意厚矣比年下至小使臣往往偷閑竊祿其數猥多臣迄會
到吏部右選小使臣任宮觀差遣凡四百二十七員累日已來又不知其
幾人也使皆有功可念有勞可錄猶未免汎濫之弊況其間年齒方壯血
氣未衰者比比皆是挾其入仕亦未久遠曾無汗馬横草之勞率皆規避
重難以就安逸伏望聖旨應小使臣之授獄廟差遣者將重其選庶幾可
以杜絕僥倖不爲苟免退避之計詔今後小使臣更不得差注宮觀獄廟
見任人並罷　九月十七日吏部言奉聖旨選人見任獄廟令吏部具數
申中書省取旨本部勘會選人見任獄廟計七十九員檢會政和七年十
月敕內一項應未應出官人及選人小使臣并大使臣武功郎以下並不
卷萬六千二百五十一
得陳乞宮觀獄廟差遣如違以違制論詔並罷　二年二月九日制以寧
遠軍節度使知大名府兼北京留守司公事大名府路安撫使梁子美爲
開府儀同三司提舉西京嵩山崇福宮　五月五日中書省言奉御筆宮觀並
依元豐法其後來新置創添差兼領等員闕並合先次放罷限三日所有
宮觀窠闕令具下項一熙寧編敕闕額西京嵩山崇福宮南京鴻慶宮鳳
翔府上清宮亳州明道宮杭州洞霄宮襲慶府仙源縣景靈宮太極觀華
州雲臺觀建州武夷觀已改爲建州武夷山沖祐觀台州崇道觀成都府
玉局觀建昌軍仙都觀江州太平觀洪州玉隆觀舒州靈仙觀改爲舒州
潛山真源萬壽宮一崇寧三年七月六日敕添置下項靈濟觀建隆觀奉
慈觀延祥觀陽德觀福源觀崇先東太一宮西太一宮長生宮一政和
二年十一月五日敕添下項成都府玉清宮成都府國寧觀成都府長生觀
成都府太平觀江寧府萬壽宮江寧府崇真觀江寧府崇禧觀杭州紫霄
宮杭州集真觀泰州萬壽宮襲慶府會真宮襲慶府岱嶽觀筠州妙真觀
溫州南真觀溫州萬壽宮華觀信州上清宮信州太霞宮南康軍足真觀
南康軍逍遙觀臨江軍承天觀陝州太初觀筠州明道觀泗州太初觀彭
州沖真觀衡州露仙觀衢州福堂觀南雄州會仙觀成都府崇道觀成都

府永寧觀衢州興道觀　十三日中書省言檢會御筆宮觀並依元豐法
其後來新置創添差兼領等員闕並合先次放罷限三日詔依下項應宮
觀獄廟依熙豐立定窠名新置內外宮觀獄廟並罷大中大夫以上任資
蘇官依舊見任并曾任職事官監察御史以上及監司五謂責降并見入
任歸明人并蕃官並依舊見任職事官監察御史以上及監司陳乞並謂
合堂除並依熙豐法久任內非癃老疾病人並罷隨龍官依舊大中大夫
及武臣正任以上見任都下宮觀依舊內太中大夫以上任職事兼宮觀
人並罷太中大夫及武臣正任以上正領宮觀兼判差遣或見領差遣兼
宮觀人並罷內太中大夫以上兼書局人依舊太中大夫及武臣正任以
上領在外宮觀人依舊內依舊人見領內外新置宮觀改差舊額宮觀用
恩例陳乞并請給人從差注並依熙豐法餘依已降指揮獄廟並依宮觀
已降指揮　二十五日詔三京留守司御史臺添權判官一員仍差大卿
監并職司以上差遣人國子監添同判官一員尚書檢會宮觀不限員數
并在知州資序人以上並須精神不至昏昧堪釐務者充審官東院編敕
宮觀獄廟及三京國子監御史臺並差知州軍人仍到院體量精神不至
昏昧堪釐務者充元豐元年二月六日中書省劄子應審官東西院陳乞
卷一萬六千二百五十一
宮觀等差遣人年六十以上許差仍不得過三次吏部尚書左選條諸嘗
勾宮觀獄廟三京御史臺判國子監並注知州軍年六十以上精神不至
昏昧堪釐務人長官審驗差不得過兩任無用執政官乞者加一等奉聖
旨依條依已降指揮元係侍從曾責降與宮觀後來改作自陳人依堂除
宮觀人令吏部差注人並依元豐吏部法注知州軍年六十以上精神不
至昏昧堪釐務人詔依此行下　六月三日吏部尚書蔣猷等言勘會承
務郎以上官任新置創添宮觀獄廟已依五月五日所降指揮並行先
次放罷今承正月十三日指揮內一項依舊人見領內外新置宮觀改差
改差舊額宮觀令來除太中大夫及監察御史以上官監司責降人兩項
外其無官任新宮觀獄廟合罷之人內有年甲資序任數若依得元豐格
法合差注宮觀獄廟之人未委今來並合與不合一面改差舊額宮觀得
旨應任新置宮觀獄廟年甲資序任數依元豐格法不合罷人並改差補
宮觀仍通理前月日滿罷當部照準元豐令諸嘗勾宮觀獄廟三京御史
臺判國子監並注知州軍年六十以上精神不至昏昧堪釐務以長官審
驗差不得過兩任若用執政官陳乞者加一任又令諸年七十乞宮觀獄
廟及三京留守司御史臺國子監者曾歷侍御史能兩任知監長官及職

宮王逸

司中散大夫以上並一任又准考功元豐令諸州職司省謂轉運使副提
點刑獄及朝廷專差宣撫安撫察訪發運同知州 勘會承務郎以上官昨任
新置宮觀嶽廟已該罷人內年甲資序任數應得元豐法令之人以上件
敕命指揮别剏施行從之 十四日中書省檢會熙寧四年三月勅令從
應宮觀差遣如係大卿監及職司并武臣遙郡以上及本州知州目未帶
管勾者並充提舉餘官各充管勾政和三年八月十五日勅係諸宮觀差
遣中散大夫以上及職司資序充提舉朝奉郎以上或曾任職事監察御
史以上若曾帶貼職入充提點餘充管勾詔依熙寧四年三月指揮內稱
職事者謂職司資序人其見帶提點提舉管勾不依熙寧四年三月指揮
者令吏部出給公據改正 七月十三日中書省言勘會承務郎大使臣
以上昨任宮觀嶽廟資 年甲等不應熙豐格法罷任人及六曹寺監覈
外減罷有官吏職詔依省罷法 八月二十五日中書省言勘會文臣非
因宮觀嶽廟減罷親民資序到任及二年入詔嶺在外指射或外聽候堂
除差遣者聽 三年二月二十二日詔承事郎直龍圖閣王桐妻宜人鄭
氏奏二男墉珏並幼失所昨奉御筆墉差管勾萬壽觀珏差管勾江寧府
崇禧觀今宮觀並依元豐法先次敕罷竊念妾家貧二子並幼遽罷俸祿

卷一萬六千二百五十一

見無所歸伏望特許男墉珏依舊宮觀詔王墉王珏爲係王安石之孫特
與宮祠不得援引爲例承事郎王墉管勾江州太平觀王珏管勾建州
武夷山沖佑觀 三十日觀文殿大學士通奉大夫知大名府鄧洵仁言
伏覩中大夫直徽猷閣致仕張宗武累經任使遇妨被賞近以微疾遂乞
休官今已痊安精力尚壯欲望特落致仕除一宮觀差遣詔張宗武許落
致仕差提舉鳳翔府太平宮 四年八月二十二日少傅鎮西軍節度使
知福州余深言乞納節鉞罷郡外除宮觀一任詔依所乞差提舉西京
嵩山崇福宮任便居住所乞罷節鉞不允令學士院降詔 六年十一月
十四日奉議郎陳恬差管勾清平軍上清太平宮以前知京兆府王序言
恬翰墨文章比肩古人靜退之節士論高之寓本府衣食所給故有是命
七年九月二十五日吏部言奉御筆中散大夫提舉西京崇福王逸候
候今任滿日特令再任吏部檢準元豐令諸管勾宮觀不得過兩任勅令
王逸已壁宮觀兩任若特令再任即不應條法令年八月七日聖旨今後
內降及傳宣與差遣之人或違礙資格吏不進呈具因依告示不行路史
不施行令吏部告示 欽宗靖康元年三月二日尚書右丞李梲爲資政
殿學士提舉南京鴻慶宮 九月二十七日資政殿大學士新知荊南府

譽度提舉南京鴻慶宮先是度罷中山本職復以知荊南中書舍人安扶
繳還詞頭極論其罪且言童貫收復故地度爲率先附會建議之人故有
以帥燕當行竄貴詔以度有保守中山之勞以功贖過令以次舍人劉珏
行下珏又言其不可故有是命 高宗建炎三年五月二十六日勅降指
文臣承務郎以上許權差宮觀一次蓋爲未有差遣之人權行措置發遣
所有見任并已授差遣之人並不許陳乞吏部侍郎康執權奏承指揮文
臣承務郎以上許權差宮觀一次緣自渡江來續條法及逐次所
降指揮例皆散失今省記元擬立因依條具下項一宮觀差遣舊來係差
六十以上知州資序人本部長官體量精神不致昏昧堪釐務者許差一
任兼因執政官陳乞者加一任即年七十以上若曾任侍御史以上及職
司人許差一次並具鈔擬注欲乞仍舊一昨降指揮曾任監察御史以上
兩年四十以上者不限資序許權差宮觀一次知州資序年六十以上已
經兩任者更權許差注一次通判資序年五十以上若四十以上歷任曾
經堂除終滿一任者知州資序人並依此知縣資序八年四十以上歷任
無贓私罪曾經堂除滿一任人並權許差一次一令來預行先次差注宮
觀一次見令未有差遣之官權行措置發遣所有見任三代年甲鄉貫出

卷一萬六千二百五十一

身歷任到罷年月日并元差事因及功過舉主等朝典文狀腳色一本仍
召保官三員結除名罪指定歷任以來委的有無贓私罪犯及所任差遣
是與不是堂除終滿一任之人各開具委的自陳具見任行在人且令於
本部陳乞仍取索保官印紙或誥勅照驗批書仍循舊例赴長官體量即
行具鈔擬注在外人令所屬州軍依此陳乞仍委目知通體此體量堪釐
務别無冒偽姦弊即一面批書保官印紙等照驗訖從知通結罪保明繳
連本官文狀及家狀腳色并保官狀申部以憑擬鈔施行如有一事一件
隱漏不實許人告陳特立賞錢五百貫文充賞具陳乞并保人送廣南
編置若官司保明不實官吏並科徒二年之罪從之 九月七日勅京師
河北京東以至淮甸見任待闕之人遭罹劫虜脫身逃歸流寓饑寒困踣
萬狀朕甚憫之內有緣罪犯未能赴部之人許破常格差嶽廟宮觀一次
尋詔選人並以二年爲任 紹興三年二月十四日詔宮觀嶽廟人京官
已上二年選人三年爲任 十九日尚書左僕射同中書門下平章事呂
頤浩言昨蒙聖恩除臣長男抗次男摭初奉貼職主管萬壽觀依條主管
萬壽觀合赴朔望朝參又國忌行香之類班列間不免與百官相見恐有
嫌疑乞改差抗摭一外任宮觀差遣庶獲稍遠班路詔呂抗差主管台州

崇道觀呂撫差主管亳州明道宮並任便居住　三月二十五日知樞密
院事張浚言乞用恩例陳乞母舅左朝議大夫徐應宮觀一次從之　四
月二十六日右宣教郎吳鐸言近蒙朝廷差監潭州南嶽廟係破格依格
職薄體給不足念鐸係勳臣之後乞特賜閤鑄宮觀一次詔改差主管台
州崇道觀　五月十六日詔自今郡守到官未滿任或未成資非實有故
不得輒請宮觀　十一月三日詔應宰臣執政官用親屬恩例陳乞嶽廟
差遣者除特降指揮用恩例差撥外餘人並依格法施行其已授嶽廟差
遣之人並許終滿今任以臣僚言近來陳乞親屬差遣太濫並欲遵舊制
見任嶽廟官者罷之故有是命　四年六月二十二日吏部言臣僚劄子
竊見兵火以來縉紳失所吏部難得選人差遣襄有曾任監司知通不復
更歸吏部願審量其才早與除授若委無闕可入非緣罪犯不可錄用者
且與宮觀嶽廟一次更有破格宮廟請給至微亦可次第差除本部勘當
承務郎以上宮觀差遣見依建炎三年五月二十六日指揮施行外嶽廟
差遣係朝廷差注即不係本部合使窠闕若選人無差遣乞破格嶽廟於
本部別無違礙欲依臣僚所請並赴尚書省投狀詔除依建炎三年五月
二十六日指揮合差宮觀之人吏與特差一次餘依吏部勘當　二十四

卷一萬六千六百五十一

日左承議郎張延壽言昨任侍御史因丁母憂解官至紹興三年本臺檢
舉丁憂服闋蒙恩除延壽主管江州太平觀乞檢會延壽別無事因特降
指揮與依自陳宮觀例施行從之　九月十六日詔保義郎閤門祗候劉
汜許用父錫初授團練使依條合得恩澤一名特差監潭州南嶽廟　十
一月八日川陝等路宣撫使司言川陝官員陳乞新書法宮祠前宣撫使
張浚依已便宜照陛聖旨驗實無違礙並已出給照劄欲乞給降付身從
之　五年閏二月二十二日詔應陳乞宮觀人曾任左右司郎官以上並
充提點宮觀　二十七日詔京朝官知縣已下資序并選人如委是西北
流寓無產業之人及非流寓人有若占射差遣恩例或父母祖父母年七
十以上或係省員廢併并曾任諸州教授並令赴尚書省投狀與差嶽廟
一次如無逐件恩例在部實及半年以上無闕可入者許經吏部陳乞注
破格嶽廟一次內西北流寓人仍依去失法召保官一員　二十八日詔
應陳乞嶽廟人若出身偶用開封府等處户貫而物產在江南及祖父母
父母雖年七十以上有兼侍之人並不許陳乞所有破格嶽廟人令尚書
省於所給付身內聲說仍令所屬批上料錢文歷　四月二十二日詔應
曾任宮觀嶽廟人並與理作經任令吏部放行參選　五月十三日吏部

言將仕郎張績年一十八未應出官條格詔張績前降差監南嶽廟指揮
更不施行　十九日權吏部侍郎晏敦復等言契勘前降指揮今後應陳
乞嶽廟差遣之人並令赴吏部投狀令本部取索勘驗保明申尚書省擬
差出給付身內有未曾擬正階官之人須候降到許差指揮再行奏鈔顯
屬泰煩欲乞應初出官人陳乞嶽廟如應得所差指揮即便擬階官申尚
書省擬差從之　七月十二日詔選人嶽廟應格之人與支本身料錢外
支食錢五貫破格之人止與支破本身料錢　十月十日臣僚言準紹興
令諸臣僚因陳乞及非責降宮觀嶽廟差遣者並月破供給於所居處依
資序降一等支職司以上資序人依通判例知州資序人依簽判例無簽
判處及通判資序人並依簽職官例武臣武功大夫以上未及知州職司
資序人準此其前宰相執政官及見帶學士以上職者不降等勘宮觀官
自祖宗以來即無支破供給之文止因崇寧間蔡京用事創立格法支破
宮觀供給王黼作相之後已行住罷今來却修入紹興勅令永為成法所
在州軍雖不曾一一支給緣已是編勅該載難以止絕干請欲乞刪除從
之　二十八日殿中侍御史王縉言初出官人監嶽廟理資任若便許用
舉主關陞及年限磨勘僥倖太甚欲乞應初官監嶽廟人年未及格并不

卷一萬六千六百五十二

理資任選人候陞格書考方許為舉主資及三考無出身通理四考方
許用舉主關陞承務郎以上陞務磨勘一依舊法自後未經參選人并父
祖見任通判以上及宮觀通判請給者更不差監嶽廟所貴人知自勉異
日可備選用詔未經任人父祖已授通判以上差遣及提點以上宮觀除
用恩例陳乞外今後更不許差監嶽廟餘依見行條法　六年正月二十
六日詔右通直郎沈雲紀許用父參知政事與求依條裁許陳乞親屬差
遣恩例特差監潭州南嶽廟　三月二十日右承務郎陳羆言祖宗舊例
遊龍人子孫並與堂除差遣羆故父載祇事潛邸曾緣黨附今羆不敢判
有僥倖欲乞陶鑄一嶽廟差遣詔特差監潭州南嶽廟　五月八日臣僚
言祠館之任家居而食厚祿本出朝廷禮賢優老之意艱難以來士或不
調陛下憫其失職特設此令甚大惠也然格法之外尚或僥求有年甲資
序未及而輒陳乞者有任數已過而陳乞再任者求之於六等宮觀之格
五項嶽廟之法無一合者惟以貧窶為辭得於格法之外亦未失陛下矜
恤之意但其間多有無職之人昔已叨竊名祿廣殖田宅自知把貨殖營
不復收用惟知所在憑藉官勢經營財利視其家則豐衍而無須於祿廩
者其人則不當復蠹於士類如此之人乃更與失職寒士共饕其食今國

家所患正在宫祠而財匱若以既匱之財給至冗之官恐不能徧及徒使州郡之間用度不支而實資仰禄者先受其弊欲乞今後陳乞堂除宫觀嶽廟之人除貧乏廉潔朝廷所知者其餘一切按格典之詔依奏除見任知州軍以上又曾任侍從官宫觀人依舊堂除外餘令吏部按格擬申尚書省給降付身　九年三月二十六日詔將許差宫觀兩次之人內一任未及二考不因過犯罷任依嶽廟已得指揮別差一次　十年正月八日祕閣修撰張宗元言元係落徽猷閣待制提舉江州太平觀蒙恩復祕閣修撰差遣如故其今任宫觀乞自復職日理作自陳仍依例二年半為任從之　十九年七月八日詔連州判史添差兩浙東路馬步軍副總管紹興府駐劄韋訊免赴任與在外宫觀隨侍父淵令衆州按月支破請給以后族也　二十年十一月二十九日詔武功大夫前蕃部新隨曹昉差主管洪州玉隆觀仍令久任　二十五年十月二十二日詔秦檜孫左朝散大夫試尚書禮部侍郎兼實録院脩撰塤右承議郎充敷文閣待制提舉佑神觀堪並除提舉在外宫觀內塤除敷文閣直學士檜薨故也　二十六年五月十七日湖南轉運司申潭州南嶽廟遺火燒毀殿宇詔監官先次放罷令取勘具案聞奏其殿宇下轉運司計料合用多少錢數申尚書省

卷一萬六千二百五十一

取旨降撥　二十七年七月二十二日詔諸路司屬官減員幷添差未到任合省罷人如赴任在降指揮一年內願就宫觀嶽廟人與特差一次　二十八年四月十七日尚書左右司員外郎王晞亮言文武官實有疾病則許以乞醫假其年勞則優以宫觀此舊制也而紹興二十五年十一月指揮乃有州縣官係疾病日久者許求宫觀而去則是合乞醫人却得宫觀與舊制相戾有司疑惑莫知所承乞刪去從之　二十九年三月四日詔權尚書工部侍郎楊椿除敷文閣待制提舉佑神觀奉朝請　三十二年正月十三日臣僚言郡守之職其任為至重其事為至繁昨者朝廷因臣僚之請以謂郡守年及七十非惟不應格法亦恐趁辦為民之害遂令吏部並與自陳宫觀其後吏部謂此乃一時申請本非舊法不肯永遠遵用殊不知大夫七十而致仕乃古之今典也今乞將前項指揮永為著令從之　紹興三十二年十二月二十九日孝宗即位未改元詔文武臣陳乞堂除宫觀嶽廟未曾立定員數除在京宫觀文臣曾任監察御史以上監司郡守及帶職人武臣曾任宫觀知閤御帶郡守遥郡横行及帶軍職人外文武臣宫觀以四百人為額嶽廟以三百人為額大使臣注嶽廟以一百人為額小使臣曾從軍添置嶽廟以三百人為額宗室依格適差宫

觀嶽廟以七百人為額其溢額人許終滿今任　孝宗乾道元年正月一日大禮赦文應官員宫觀嶽廟任數已滿依法不應再陳者更許陳乞一次三年十一月二日大禮赦六年十月六日大禮赦九年十一月九日大禮赦並同　四月五日吏部侍郎葉顒言竊見選人監嶽廟差遣在任未終滿因丁憂罷任即非别有罪犯難以必要終滿一任方與免試令相度欲將任嶽廟未滿丁憂罷任人候服闋日並許依條收使免試恩例參選從之　八月十二日立皇太子赦內應文臣曾任侍從官見無差遣未復職者許陳乞在外宫觀一次　十一月二十三日執政進呈蘇揩乞宫觀上曰可與宫觀因又曰蘇揩殊無一言朕欲批不善奏對又恐從此以口辯取進　二年二月八日權吏部侍郎陳之茂言契勘本部待闕宫觀計三百四十四人見在實闕計二百八十員其間多是廣南瘴癘人所不願注擬今歲黄甲約五百人并特奏名上二等免銓試約二十餘人官有十倍而可注之闕無三分之一竊見宫觀嶽廟有堂除有部差堂除所得優厚非有祖父恩例不許陳乞至於部差月得五十而貧者不足於用然非西北流寓江南無產業父祖無人食禄又不可得此待闕之官所以積壓尤多今欲將一歲所差過員數隨宜增添望州郡大小各置宫觀嶽廟立

卷一萬六千二百五十一

為定額內以五分之一為堂除以處恩例特旨皆餘悉為部闕次第注擬從之　四年五月十八日臣僚言紹興三十年十月二日指揮郡守年及七十者許令自陳宫觀不請者與宫觀理作自陳今略數班簿亦幾二十輩恐其間有精力未衰朝廷擢用令知澧州乞降旨檢會前令特與宫觀理作自陳具下項新知州賈伶新差知南恩州田伯疆知汀州韋能定知肇慶府秦籲知昭州葉東叕知廣州章兼知廣安軍姚悠知榮州楊髙新差知辰州黄繹並年七十一知萬州梁載年七十二已過滿知陝州胡括年七十三直秘閣新差知常德府張允蹈知連州戴師仁詔並與宫觀理作自陳　七月十二日尚書吏部員外郎林栗言在法諸宗室宫觀嶽廟若前任不釐務滿罷願就前任者聽契勘本選小使臣校尉曾經從軍立功依累降指揮注授諸州軍添差指揮使聽候使喚不釐務及嶽廟差遣如任滿替回願就前任州軍添差不釐務等窠闕有妨礙於前任不許差注切緣揀汰離軍之人多是貧乏殺身可憫乞將添差指使嶽廟之人比附宗室嶽廟不釐務差注不礙前任仰稱陛下優卹之意從之　十一月九日詔今後選人任嶽廟者悉不理考第吏部立為定格　十二月二十六日尚書吏部侍郎薛良朋言乞自今降嶽廟不理考指揮之前應罷

幹出官有獄廟考第之人並依隆興元年恩科出科官人一例理樣入官
所有陞改循轉於上件考第並不合收使欲望詳酌施行詔除隆興元年
恩科人所授獄廟已得指揮許理權官外餘並依乾道四年十一月九日
指揮施行　五年二月二十一日吏部言檢準乾道四年七月十二日吏部
員外郎林栗劄子乞將應離軍添差指使獄廟之人比附宗室獄廟不釐
務差注不礙前任州軍已降指揮依本官所請其大使臣即有該載明文
支破合一體差注從之　三月七日吏部契勘未降獄廟不理考第指揮
之前除并注授獄廟見今在任之人將來獄廟任滿並不理考第本部今
措置欲乞除隆興元年恩科注授獄廟合理權宮之人自合候終滿外其
餘見今在任人願截日批書罷任赴部參選別注授差遣者聽不願者候
終滿罷所有初官授獄廟不曾銓試中願罷任之人如有免試恩例許收
使赴部參選如無恩例自合依指揮候銓試中到部從之　九月二十八
日吏部狀準批下內劄子竊見獄廟差遣既不理考則文臣無有肯授者
乞差注武臣離軍在部待闕之人送部措置尚書右選勘會依條以武功
至武翼大夫曾任路分都監以上右武大夫不曾任同許注設獄廟大藩
鄧鎮二員餘州一員又紹興二十九年四月十五日指揮將應從軍發遣

卷一萬六千二百五十二

添差任滿到部武功大夫至修武郎不曾任路分都監以上差遣每州軍
獄廟不得過一員內大藩鄧鎮更差一員並二年為任本選見在部待次
修武郎以上官共三百五十餘員差注不行除本部依條注授橫行獄廟
今來更不增添員闕外今措置欲將上件獄廟每州軍各更增添一員依
見行格法差注庶幾不致積壓日後依此使闕待部右選勘會見在部待
次小使臣校尉共一千七百餘員除昨承紹興二十九年四月十五日指
揮將應從軍發遣小使臣添差任滿到部之人以資序各次高下並注獄
廟諸州軍各添置四員內大藩鄧鎮州軍五員並二年為任本部見遵依
使闕今措置欲每州各增添一員詔權添一次　六年三月十九日吏部
侍郎陳彌作言契勘宗室小使臣添差親民差遣每州一員經任監當每
州十縣以上五員七縣以上四員五縣以上三員餘二員初任大藩鄧鎮
二員餘州諸縣各一員遂將差注經任初任人外常有二百餘闕無人願
就本部有軍功補授之人員多闕少差注不行欲乞借上件宗室監當見
闕權改作獄廟稱呼依本部見行條法差注一次如已經注後却有宗室
願就亦許依資敘差注候今來借使一任滿日依舊撥還宗室使闕庶可
時暫發遣在部軍功補授之人照依曾先注曾立戰功之人　六月十三

日吏部言選人獄廟考第在不理考指揮之前考第舉主及格乞退新任
陞改依令旨難許收使緣無法可以比類檢照止有舉主除差遣率復許
退新任磨勘關陞條法欲比附上條許令退闕陞改從之　十一月六日
南郊赦應貢士年五十以上五舉到省合赴乾道五年特奏名殿試之人
緣事赴試不及若將來殿試唱名補授文學年六十以上與理乾道五年
年甲用今年赦恩召保參選特差獄廟一次　七年六月二十四日中書
門下省言檢會乾道二年八月二十四日已降指揮諸軍將士曾與金人
接戰及卒樂立功之人將戰功顯著一十三處立定格目近來不注有上
件立功揀汰離軍及已經添差滿罷之人陳乞獄廟今措置欲將上件經
一十三處戰功顯著之人已經添差滿罷未曾注授獄廟與差注獄廟一
次已經差注獄廟別無差遣與差破格獄廟一次其破格獄廟依正差獄
廟請給料錢減半從之　九年四月二十三日詔今後離軍橫行使臣令
樞密院審差與差將副差遣若年六十以上精力已衰有戰功依已降指
揮與差宮觀餘差獄廟以樞密院勘會諸軍離軍橫行使臣添差吏部見
與大使臣一例衮同注授差遣無以甄別理宜措置故有是命　六月一
日吏部言據武功大夫台州刺史張福等狀伏覩本部見使橫行獄廟闕

卷一萬六千二百五十二

並無本等人指射欲乞盡數刬刷已未有到任及見榜獄廟員闕依乾道
六年例借差一次本部契勘見榜橫行獄廟員闕無本等人指射欲乞朝
廷指揮借差一次欲許修武郎以上曾經立功之人指射差注如同日部
有本等橫行人指射即先差本等人日後依舊使闕差注本等人從之
淳熙元年二月二十日吏部言棗陽軍合差獄廟尚右差橫行一員先親
民次監當并曾立戰人二員係循環使闕差注乞自今更不差撥侍右合
差從軍添差任滿人四員戰功人二員今乞減從軍添差任滿一員戰功
一員更不作闕差注從之　二年十二月十七日慶壽赦應選人年七十
以上依法不應到部仰長貳銓量將尚堪釐務人與注殘零闕一次內四
川二廣令逐路轉運司結罪保明申部依此施行願就破格獄廟者聽十
三年慶壽赦同此　三年九月二十三日詔外官任宮觀者依宗室宮觀
例以二年為任既而權吏部尚書韓元吉言賦祿之法所以待任事之有
勞者自唐至本朝有官有分司者號為降黜祿不全給神宗皇帝始置宮
觀差遣以易分司之任當時優待耆老侍從及庶官知州資序年六十以
上人其選亦艱數十年來士大夫病廢空礙動輒請祠而宗室自大使臣
又有遂州立定宮觀員闕武臣又歷行陣而資序高者亦復與之州縣間

宮觀廩祿多於見任釐務之官。今京朝官在職,例以二年為任,而宮觀獨以三年半為任。蓋祖宗朝在宮觀者任皆三年,故宮觀止以二年半號三十個月,是不得與在官者比。至元祐員多闕少,在官者亦減作三十個月為任,而宮觀因仍不革。紹興初,京朝官又減作二年,而宮觀失於整斷,獨用三十個月,返優於職任之人,故有是命。　十月八日,詔:自今有曾經論列放罷之人,必具罪戾可恕、日月已久,方許然後上其陳祠之請。既而臣僚言:昨嘗論奏知穎州陳天驥不應便與奉祠,因有是命。　十一月十三日,南郊赦:選人陳乞闕陞,致仕,通理任嶽廟差遣,如在乾道四年十一月九日以前罷任并出違條限人,具考第並許收使。　五年十二月十八日,詔:自今除監司、郡守,並須與勘年甲,年及者與祠祿。　六年三月四日,詔:自今堂除添差宮觀嶽廟,未曾用過戰功恩例人並使闕差填,帥府節鎮不得過三員,其餘州軍不曾過二員,仍不得差過元兩任之數。自今降指揮日為始,其已差人,候任滿日更不作闕。　九月十六日,明堂赦:選人先一任差遣未滿,因避親之類以理去官,而第二任授嶽廟不釐務差遣已滿,又行別注第三任,亦嘗於限內陳乞通理。雖係兩任,緣嶽廟不釐務差遣,既不與理考第,若作兩任,妨礙通理,可特許將第三任補滿第一任理

卷一萬六千二百五十

為考第。　七年八月十一日,詔:見任宰執、臺諫子孫京官敷當資序人,並差嶽廟;已注授未赴上者,許父祖陳乞改差。　八年閏三月十七日,詔:勅令所於通判闕陞知州條內刪去注「文臣除宮觀,聽用一任,即不許理當資歷」一十五字,卻修入「宮觀並不許理當任數」八字。從知江陰軍王師古請也。　二十八日,詔:自今應曾被彈劾放罷之人,須是宮觀任滿,然後取旨除授。　十年二月二十三日,詔:自今內外諸軍元有例帶離軍之人,合得陳乞差遣,願就宮觀嶽廟者,聽仍理當離軍添差一任恩例。　十二年十一月二十二日,南郊赦:應紹興三十一年以後歸正京朝官、大小使臣、選人、文學、校副尉、下班祗應,任數已滿之人,緣添差不釐務,不許闕陞,將來有礙補擬,自今可令吏、兵部依官序先次注授正闕差遣,將副以上隨才擢用。或願就宮觀嶽廟者,特許陳乞一次。內任數未滿人,願依舊添差者,聽。其諸州軍順官候滿七任日一體施行。既而十五年明堂赦同此。所有紹興三十一年以後歸朝人未曾該載,深慮闕陞奏薦亦有妨礙,可將已經添差七任之人,依條去替半年陳乞就注正闕,陞差遣,將副以上隨才擢用;或願就宮觀嶽廟,亦許陳乞一次。　同日,南郊赦:特奏名文學依法遇赦日年已六十者,許二年內參選注權入官;其年六十三歲以上,如有

舉主二員,可權差破格嶽廟一次。十五年九月明堂赦同。　十三年正月一日,慶壽赦:應與官宗室見年七十以上,可令經所屬陳乞,申大宗正司契勘詣實保明以聞,特與補承信郎,仍添差嶽廟差遣一次,就滿本州縣支破請給,不理為吏部立定員額。　同日,慶壽赦:應文武臣宮觀嶽廟任數已滿,依法不應再陳乞者,該今赦年七十以上,特更許陳乞一次;八十以上,特許兩任。　同日赦:選人任州縣官,在任因年老,監司、守臣申乞依淳熙八年指揮改差應格嶽廟,任滿不許再行陳乞之人,如委是年老不堪任釐務,若該今赦,許經所在州軍知通保奏,再差嶽廟一次。　同日赦:大小使臣年七十以上,體量不堪釐務之人,別無合入窠闕,尚慮失所,並特與差注嶽廟一次;八十以上,特許兩任。　同日赦:應曾經十三處立到戰功人,理宜優異,昨淳熙四年指揮與兩任添差不釐務武嶽廟差遣,仍支全分請給,如任數已滿,可更與放行一次。　同日赦:應諸軍揀汰離軍大小使臣、校副尉、下班祗應,年七十以上,許更添差嶽廟一次。　同日赦:應淳熙十一年特奏名試在第五等,如係國學、臨安府進士,特與差嶽廟一次;諸州進士與破格嶽廟。應淳熙十一年特奏名文學見年七十已上,依法不應出官,許召保官三員委保正身,於所在州軍陳乞,保明申吏部,與差嶽廟一次。

卷一萬六千二百五十

閏七月十一日,迪功郎應說等狀:身老上庠,幸遇太上皇帝慶壽,以年及補官,乞照淳熙三年太學生滿貿等該遇太上皇帝慶壽恩例,補官外與嶽廟差遣。詔並與嶽廟。　光宗紹熙二年正月二十八日,詔:史彌正以偏親年老,乞奉祠祿,其志可嘉,可除直敷文閣,依所乞與主管建寧府武夷山沖佑觀。彌正以直秘閣新權發遣福建路提刑乞改授祠祿,侍養偏親,故有是命。　十一月二十七日,南郊赦:應紹興三十一年以後歸正京朝官、大小使臣、選人、文學、校副尉、下班祗應,任數已滿之人,願就宮觀嶽廟者,特許陳乞一次。諸軍揀汰離軍已經添差一任,因到部許注授嶽廟差遣,具闕原實緣殘廢不能親身赴部,令召本色官一員結罪委保正身,許家人齎狀赴部陳乞差注。勘會昨遇登極赦恩,同舉數推恩補授文學并龍飛榜賜諸州助教,依下州文學恩例之人,依法遇赦日年已六十者,許二年內參選注權入官;其年六十三歲以上,如有舉主二員,可權差破格嶽廟一次。其免解待郎特奏名學職年人準此。應進士年五十以上,五舉到省,合赴紹熙元年特奏名殿試人,緣事赴試不及,若將來殿試唱名入第四等以上合補授文學之人,雖係年六十已上,與理紹熙元年年甲,用今年赦恩,名係參選,特差嶽廟一次。　五年正月一日,慶

壽，敕應文武臣宮觀嶽廟任數已滿，依法不應再陳者，該今來慶恩日年八十以上，特更許陳乞一次。

卷一萬六千二百五十

大字居中

全唐文

中興會要

國朝之制大夫無正員止為兼官中丞除正官外帶他官尚書則曰某官兼御史中丞郎則曰御史中丞兼某官給事諫議則曰某官權御史中丞事次有知雜侍御史一員以尚書省郎中員外充副中丞判臺事又有左右巡使掌朝廷紀綱分糾違失及文武常參班簿祿料假告凡文官違失右巡主之武官違失左巡主之舊以臺吏巡察咸平四年始令左右巡使分其職又有監察使掌祠祭受誓戒致齋檢視彈糾左右巡使監祭之外又有廊下使掌入閤監食香使掌國忌行香二使臨時充

卷二十六百七

通謂之五使其推直有四推曰臺一推臺二推殿一推殿二推凡京師外推則左右巡使臺鞫劾及出於外皆推直御史三院闕則他官權充推直官咸平中嘗置推勘官十員後罷又主簿亦專在臺鞫獄

接下葉不空行

全唐文

宋會要

太祖開寶七年閏七月詔除授京官差遣句當黜陟令中書依朝堂官例降勅御史臺修寫班簿每十日一上中書　太宗太平興國九年七月詔御史臺推勘公事其當推御史並須當面推鞫不得垂簾只委所司取狀仍令中丞知雜御史專切提點務在公當不得淹延如經勘斷後致人披訴抑屈勘鞫不實本推官吏重寘之法知雜御史與中丞別取旨　淳化三年二月詔京朝官除授替移及丁憂免官請假身亡除朝旨出落班簿外仍令進奏院畫時抄錄報臺四月詔今後御史臺所

卷二千六百七

勘公事徒罪已上案成後輪差丞郎諫議已上一員就臺錄問取伏款文狀方得結案以聞　四年二月詔御史臺追勘外州刑獄舊例差驅使官從人齎牒徑往追取若取受錢物縱放罪人漏泄公事即勘鞫決停　三月四日詔御史臺勘事須中丞知雜當面引問提舉催促看詳款狀盡理方得結案若無干礙逐旋疎放不得淹延枝蔓毋追到罪人即躬親問過令吏引於直官前點檢沿身及卧物不得將紙筆文書刀子入獄直官須輪次承事直印禁人送食不得用甆器先於直官前呈過及出再呈不得帶文書器令以致傳達獄情其推事須問頭碎款連穿長款圖寫即經中丞知雜看讀錄問

責伏款狀方具奏案其孔目衙直四推令史遇勘事曰
不得出中門因有病者句官醫人看治省視湯藥日具
增損由報夏月即五日一湯刷枷杻令罪人沐浴真官
監視勿令交雜每酉時直官押令史點唱鏁牢夜問公
事即據房旋關在臺公人有因緣推勘乞覓錢物者許
人陳告決停　二十二日詔今後御史臺所勘公事係
徒罪已下結成文案更不差官録問只委中丞知雜録
問無致枉濫　六月一日詔臺憲之地朝廷要司如聞
近年頗紊前制立朝之士多闕於恪恭執憲之臣務從
於拱默宜申詔旨用警諸司當思遵守典章審詳按劾
使搢紳之內各務恭虔囹圄之間不聞冤抑共致和平
卷二千六百七
之氣體茲勤恤之懷其御史臺合行故事並令條奏以
聞應有刑獄公事中丞已下躬親點檢推鞫不得信任
所司致有冤濫　九日詔御史臺四推主推四人書吏
八人自今於京東京西淮南河北四路選差每有滿闕
就三兩月下轉運使指定州府委知州通判揀選廉幹
有行止能書札者孔目勾押官補主推使州院前行補
書吏給口券押速赴臺試驗收補　主推四年無遺闕
與奉職書吏三年滿轉主推更二年亦與奉職如無主
推闕即候滿四年與借職若只願令州安排者主推與
都押衙書吏與孔目官　八月詔御史臺不得於兩軍
巡府司押差曹司　閏十月詔御史臺就勘公事令所

差臺官於軍巡府司攉抽曹司取勘結案申奏才畢發
遣歸本處　五年正月詔在京臣僚有過犯差官取勘
結案申者不得隨班起居及上殿奏事仍令御史臺具
名牒閤門　三月詔御史臺應干刑獄機宜候朝旨者
即實封通進常程文狀止得通封　至道元年四月詔
御史臺於三館不得與常百司審同行遣　真宗咸平
元年六月詔應丁憂京朝官所在具名銜及開哀月日
持服去處報臺置簿抄上候服闋前預奏候朝旨　十
月詔中丞月給錢十五千知雜十千推直官七千　二
年月閏三月詔御史臺勘案杖罪已下責保在外不得禁
留　三年七月詔御史臺糾察常參官進退出入　上
卷二千六百七
月詔御史臺流罪已上奏案自今尚書省郎中已上兩
省舍人已上從下依次牒請録問　四年二月詔御史
臺差朝官録問軍巡院大辟罪人不得與本院官相見
仍故常朝　三月御史中丞趙昌言言近例臺司多遣
人吏巡察請依故事令左右巡使分其職有踰越法式
者具名以聞從之　閏十二月詔臣僚勘鞫者除三司
臣僚及開封府臨時奏裁外餘並即時劄送閤門不令
朝參　五年六月詔御史臺勘事不得奏援引聖旨及
於中書取意　七月詔御史臺於左右金吾二司凡差
使公人勾司抽三人在臺輪直差使月給錢二百以食
茶充歲一替　六年二月詔御史臺今後推勘公事令

中丞知雜躬親披詳必須子細詢問御史臺推直官躬親勘鞫仍令知雜與中丞提點勘當其問閒被推之人別有申訴欲見中丞知雜明理仰引出更切審問不得只憑元狀子須令剖析毋致有抑屈如斷遣後却有偏曲其本推官或重寘之法中丞知雜別取旨　四月詔御史臺定職掌四十七人主事一人令史十六人朝堂引贊驅使官十二人四團驅使官五人西臺驅使官一人主推書吏十二人所掌內彈六案百司侍制兩縣三案仍舊外新賜職田六品三案不行外彈三案刑獄色役二案見行六品一案不行雜事五案禮錢贓罰月中申支計解補並見行四推臺一臺二殿一殿二並見行

卷二千六百七

五使右巡左巡監祭見行廊下監香使每入閤國忌臨時差六察吏察兵察户察刑察禮察工察及宣敕公廨二庫並見行本臺奏狀中書丞銜移牒三院書銜除閤門平空外自餘並不平空開封府九寺三監並云牒上臺臺申中書密院並云申狀　七月詔應諸牌印官有致移替免令御史臺即時牒禮部置簿追納　九月詔丁憂京朝官令御史臺畫時抄録報銀臺司置簿舉行其合給官誥並送御史臺給還　景德二年九月詔御史臺應差官就勘公事量事大小給限牒報刑部提舉臺司常切催促　十二月詔御史臺所勘罪人並須依公盡理即不得言語怕嚇虛令招罪違者重寘之法

史

大中祥符二年九月詔左右軍巡凡殺害人命未獲賊令開封府別狀上御史臺畢切提舉勒令追捕　三年三月詔御史臺公用錢令三司月給二百五十千其及贓罰錢更不令支給　五年八月詔南省及諸司五品已下官各具本貫三代出身歷任有無遺闕家狀上御史臺自今新陞朝銜謝後並須準此具家狀納審官院逐旋牒送御史臺編聯收掌準備非時檢閱　七年五月御史知雜王隨言請以御史臺新降條目編為儀制從之　九月王隨又請命兩制撰重修御史臺記從之　二十九日詔步軍司差剩員五人於御史臺洒掃不得抽差當直　天禧元年十一月知雜御史呂夷簡言

卷二千六百七

臺直所劾公事自來有同科同年及第者多授詔文稱有違礙望行條約勿復迴避從之　二年十月右巡使王迎等言準詔趙安仁所請重修定令式緣諸處文字悉無倫序難以編緝欲望且仍舊從之　仁宗天聖三年六月右巡使張億等言御史臺推勘公事可只就本臺差人更不於開封府抽差曹司宰臣曰本臺自有四推人吏公事至少請如億奏從之　四年閏五月二日御史臺言近年外州差到四推人吏共十二人多未諳推事欲下開封府於使院前行內揀選有行止諳會公事者六人充候三年滿日如無贓罪節級與御史臺主推前行與書吏候有關於開封府依上項資次抽取填

補從之　七年九月十一日御史知雜鞠詠言故事三院御史除朝參非公事不得出入并行人事近年以來看謁無度乞今後並不許非時出入從之　寶元二年四月中以御史王素言又申明降詔　八年六月詔御史臺今後凡有刑獄文字更不供報糾察刑獄司　寶元三年正月二十八日侍御史方偕言見供職臺官有男女親家并五服內外親屬許令相看從之　慶曆六年六月詔御史臺凡大辟因榜決而獄吏敢飲以毒藥及諸非理預致死者聽人告論支賞錢十萬　七年七月五日詔御史臺自今後定奪公事如有人請求行用許人陳告支賞錢二伯千從權御史中丞魚周詢所請也

卷二千六百七

至和二年知諫院范鎮言先朝以御寶印紙給事官使以時奏上所以知言者得失而殿最之陛下雖審聞諫爭然考其施用其實無幾豈大臣因循而多廢格乎請擬今御史諫官具員置章奏簿於禁中時時觀省之仍以尚書舊所置簿具其言行否每季錄付史官詔中書置臺諫官言事簿令以時勾檢鎖注之仍錄與樞密院　嘉祐六年正月十九日詔今後兩制臣僚許如諫官例與臺官相見從權御史中丞王疇之請也　七年正月權御史中丞王疇等言聞糾察在京刑獄司嘗奏府司左右軍巡皆省府所屬其錄大辟之翻異者請下御史臺竊惟府縣之政各存官司臺局所領自有故事若每因一囚翻異用御史推劾是風憲之職下與府司軍巡共治京獄也恐不可遽行從之　英宗治平元年閏五月詔御史臺閤門舊十日一具文武細書班簿以進自今大書為冊月上之以上國朝會要　神宗熙寧元年六月十八日中書門下言御史臺季進班簿所供逐官職任去處並不開說某人見在任某人見待闕及無明具係堂除堂選審官院差遣路分兼多錯誤臺司點檢班簿內審官院依外任官闕到逐官待闕去處諸州進奏院申到外任官到任替罷姓名勾鑿外其見在京朝官勾當差遣去處自來未有指揮多不供申赴臺致無憑勾鑿乞下三司開封府大宗正司都水監群牧司

卷二千六百七

三館秘閣尚書都省諸司寺監鼓院檢院銓曹官誥院遍令所轄諸司庫務到任替罷勾當京朝官畫時具職位姓名報臺庶得修進班簿齊整從之　二年正月二十三日權監察御史裏行王子韶言朝廷以職事官年七十已上及疾病疲癃者付御史臺體量可否此宜悉委有司豈可每煩朝廷伏況內外職任頗有事繁務劇之處其不能勝任者豈獨老病至於昏懦庸闇之人是能曠官敗事者也今必待朝廷指揮然後體量則所察者少而所遺者衆恐未足以澄清簪笏也臣竊見得替赴任官並有臺參臺辭之制自來只於朝堂與丞雜御史拜揖而已徒襲舊儀殊無義理欲乞今後臺參辭並

須請御史臺本臺每日令御史一人接見詳加詢察遇有老病昏懦之人即白丞雜再同審覈若委實不堪釐務者並許彈奏從之　二月十二日王子韶又言自來冬年寒食節放見謝辭正衙引對之時亦不曾到臺參辭其間頗有避見本臺體量多赴假故冀幸免放有自到闕至出京並不曾到臺參辭乞今後除朝庭非汎差遣及請假依舊外其得替到闕及赴任出京須候臺參臺辭況節假自來止三日不入臺顯不注滯從之　八月二日詔三館秘閣借會要付御史臺謄錄從所乞也　十一月三日御史臺言臺參辭臣僚自來於朝堂先赴三院御史幕次又赴中丞幕次得以體按老疾之人

卷二十六百七

令若只於御史廳一員對拜不惟有失舊儀兼恐不能公共參驗乞依舊制朝堂拜揖如遇放常朝即於御史臺從之　元豐二年十月二日參知政事蔡確言御史何正宫（臣）黄顏皆臣任中丞日舉臣今備位政府理實為嫌乞罷正臣顏御史於是權御史中丞李定言臺官雖令官長薦然皆陛下召對以為可者然後命之取舍在陛下不在所舉今欲迴避不過以為恩有所在奚舍公義而懷私恩此小人事利者之所為今選為臺官者必以其忠信正直足以備耳目之任儻以區區之嫌遂使迴避則是以事利之小人待陛下耳目之官此尤義理之所不可者也詔不迴避　十二月六日詔御史臺重

修一司勑　八日詔内外官司於中書尚書省三司不以有無統攝用申狀唯御史臺於三司移牒後又詔御史臺應官司冠尚書字者用申狀　三年八月三日詔御史勘公事權罷本職不得與在外官吏往還從中丞黄履奏也履言本臺推鞫公事至有逾年而後畢者迺為行遣以致淹久欲乞自令本臺獨勘或外官同勘並令宿直仍罷本職不與在外官吏交往而吏人食直隨獄大小立以三等為之給式大者三十日中者二十日小者一十日過此雖獄畢亦不給而官員食緡亦少裁損詔尚書省立法送中書省取旨　七年二月三日詔外任官乞赴闕奏事如到闕無所陳其事不可形於文

卷二千六百七

字者委御史臺彈奏　十二月一日詔應臺察事已奏雖經恩不原　八年九月十九日尚書省言朝奉郎試御史中丞黄履奏本臺察案檢察官司稽違其句朱鑿閣簿書違式之類係事理輕小者欲止從本臺牒官司改正仍不舊（理）為官吏功過殿最已依所乞所有被察官司除官員依法減等無罪外其人吏自合隨事上簿理為過犯歲終比較從之　哲宗元祐元年三月十八日詔應差除更改事畫黄録到六曹並畫時報御史臺後省諫官按從御史中丞劉摯請也　三年十二月十四日詔刊神宗皇帝舉御史詔于御史臺從滕元發請也　四年詔邊機文字不許御史臺取索（此據職官志）　四月

十八日詔應臺察事已彈察後及一月以上遇赦降者
其稽違本罪不得原減從侍御史盛陶言也　七年七
月十一日殿中侍御史楊畏言在京刑獄姦弊近聞府
縣申李寶病癱身死而本臺牒府差官覆驗乃係拷掠
致死不可不察其糾察在京刑獄一司令係臺察專領
欲乞今後若有禁囚死亡專委御史臺定差自來合檢
驗官員依條檢驗從之　九月十四日監察御史楊畏
言應吏部銓量官吏職位姓名請依三省樞密院奏差
除人例關御史臺以憑考察詔今後銓量到人依條關
奏外仍關吏部置簿籍記　十二月四日詔應獄死罪
人歲終委提刑司在京委御史臺取索姓名罪犯報刑

卷二千六百七

部數多者申尚書省　紹聖元年七月十一日詔應御
史臺見領舊糾察司職事內録問公事令刑部右曹郎
官施行餘並仍舊從御史劉拯言也　三年正月二十
二日殿中侍御史董敦逸言伏覩朝旨大理寺鞫異公
事徒以上送御史臺者臣竊詳臺獄與開封府三院事
體不同本臺除承行官吏外應干公人兵級之類多是
旋差日有添支食錢及諸般費用難以淹久令乞所鞫
之事易為結勘者乞依今來指揮若根磨官物或移文
他路未可遽畢者乞別取旨施行從之　六月一日御
史中丞黄履監察御史蔡蹈言近詔以大理寺申請自
令御史臺彈察諸司違法稽滯等人候朝廷批降大理

寺從本寺牒元舉發處令責限取索送寺書斷緣本臺
紀綱之地豈可代有司區區應報請應彈奏諸司違慢
等事依元豐舊例止從大理寺取索約法庶官司各安
分守從之　四年九月七日御史臺言應非察案人故
入察案門者乞依入六曹法從之　元符元年八月五
日刑部言在京官司被受朝旨乞依元豐四月以前指
揮關報御史臺從之　二年二月二十二日詔吏部守
令課績在優上等即關御史臺嚴加考察如有不實重
行黜責從吏部之請也　徽宗大觀四年六月二十八日
詔比覺臺諫所上章疏論列政事挾情觀望迎合大臣
公肆好惡務快私忿乘間伺隙枝蔓無窮且以慶賞已

卷二千六百七

行而力請追削臣僚放廢則極意傾擠罷革政令損減
員額十去七分而紛紜不已撙節用度省罷營造殆無
虛日而裁減未止託是以濟非指無以為有遠從究治
而後文章論難揣度人主睞動群聽遂致在位在服各
懷畏縮不安所守發號施令下多阻礙莫知孚信良由
建明失中摘摭已甚君弱臣強之漸不可不革自今臺
諫言事若涉好惡迎合觀望失當者國有常刑必罰無
赦應章疏不可施行事並將上取旨　政和元年十二
月二十一日詔曰耳目之寄臺諫是司令言者不治激
以徼名則畏避以趨利或陰交貴勢顯比近習職所當
糾縱而弗治盛則俛首附麗黜則鼓舌詆訾以此觀望

而取世資何所賴焉朕宵旰圖治懔乎以聽言為難有言責者宜直道而行必戲是非毋憚大吏毋溺舊習

六年十月八日臣僚言乞在京職事官與外任按察官雖未至通直郎並赴臺參辭謝從之

七年七月十四日御史中丞王安中奏陛下躬覽萬機凡大號令政事皆出親翰而又必詔憲司耳目之官覺察彈奏比者面蒙聖訓以謂承乏之臣視為空文臣聞命震恐思所以自効繹尋彙聚粗見本末契勘本臺政和四年建請修總官制格目成彈奏三卷續有所降付雖未經編纂亦循舊制應彈奏事並揭于牓初未嘗釐去御筆盡與海行舊條一時指揮不見少異臣恭覽御筆所調告有以

卷二千六百七

一道德言分守者有以隆道揆明法守者有肅朝儀者有整軍政者有正官制者有抑吏強者有戒元祐黨人覆出為惡者有戒諸司奏請之有衝改者有戒監司守令不切遵守御筆者有戒侍從而下非職干預侵越者有戒除橫行落內職僥緣請求者有申敕常平散斂玩法為姦者有申敕和預買前期給償者有申敕賚錫錢妄傳文移者有申敕推賞濫冒不以勞能定等者有申敕明堂推恩輒有攀援者凡此皆大猷顧合與行馬失序等同為一格綱目混淆舊牓昏黑浸昧本意臣今乞除已修成格目外別將本臺前後所奉御筆令覺察彈奏事專為一書每歲中侍御史以上即抄錄一本給付

仍牓內釐出御筆揭示其餘條令之首庶幾上可以嚴君父之命下可以儆有司之守從之

宣和二年十月二十九日臣僚言天下所恃以安者朝廷之紀綱紀綱所恃以立者臺諫之臣若臺諫有所畏忌受制於人必容姦於國而紀綱以壞是故人君惜之事權不繫於官長不拘於大臣養其志氣使不挫於權豪不畏於彊禦雖其人未必皆賢其言未必皆當許以風聞而貸其不實之愆納以虛懷而開其敢言之路豈徒然哉凡欲以破姦回之膽救陵夷之患也方今天下平治朝廷清明然間有擅權挾寵之徒肆為敗常亂俗之惡蔑視風憲之官不啻奴僕之役若非處以私情終必結為仇怨恐

卷二千六百七

其攻己則先設隄防以拒其來聞其有言則廣行營救以反其罪不擠排以今事必中害以它非指切直者為沽名謂披忠者為訕上巧言令色千計百端是致發意欲彈者改遷抗章纔及者貶竄前者沉滯流落而不聊其生後者惴恐憂思而深以為戒忠義風采消委殆盡臺臣雖備位名存而實亡恐非朝廷之福夫彈劾之職當急先其大者譬如捕盜先其渠魁去草急在根本今便置其大者而言其小者是猶捨渠魁而攻瘢羸留根本而摘枝葉適以激其怒而滋其萌是豈除惡務本之意乎且姦人始兆在糾劾而非難其惡已成雖斧越而何及故治國者平時宜有直言頃多之士則悠久庶無

姦謀指鹿之臣今陛下仁天廣覆智燭旁臨賞罰如寒暑號令如風雷所以舉直錯枉防微杜漸者固不患不至所患者姦回植黨堅不可破牢不可拔或左右先容或前後救援不能無誤聞聽至有逆已行之命或方須而旋改沮必罰之威或朝黜而暮陞蠹國害民之事或過而復熾欺公罔上之人或沮而復起國是動揺人心惶惑其根源不在於他在於彊援與知之間而已夫搏擊之任豈人樂為公議所存有不得已人孰不欲保其父母妻子孰不願富貴安榮何苦取怨於權臣犯顏於人主耶聽言之道當以事觀苟惟在己無愆則於人言何卹安用預設隄防苟事干國體則亦何黨何讎奚事

廣行營救臣願陛下深惟此理上體祖宗之成訓下為萬世之成規重惜憲臺之權優養直士之氣使姦回必劾而無遺罪戾必罰而無赦止其防備之私絕其救援之弊明出詔令自今凡臺臣有所論列與夫干請私謁拯姦護惡巧為粉飾者寘之重辟庶姦無所緣紀綱一正天下幸甚詔牓朝堂　三年五月三十日詔臺諫耳目之官辨忠邪伸枉直別情僞明是非乃惟其職近歲任非其人懷諼罔上同于流俗小大之臣苟有勢援憑雖犯義抵法緘口弗言而內外尊君事上竭節首公不恤怨忌無所阿諛者摭以他事或受偏詞類遭彈擊使盡瘁之吏每懷顧避而敢自効朝廷之上亦無以發使

群工豈不大辜風憲之任甚者至背公死黨肆為詆誣阿附權貴為臣不忠孰大於此自今尚敢狃習近態靡有革心邦憲具存當於衆棄仰三省覺察取旨竄責仍牓御史臺　六年四月一日臣僚言竊見御史臺每被詔旨令覺察彈奏有牒言官之文有揭榜長貳廳之法閱歲寖久被受滋多而無成書可以總括詔旨送為虛文乞令臺臣摟閱修成格目以備稽考從之　八月十五日手詔御史以持邦憲糾官邪為職治忽所繫豈容曠官比來中執法而下類皆朋附無所建明觀望意嚮靡有定論擿摭細故僅塞言責鉗口結舌寖以成風每務函容屢申戒諭既失所守終以不悛紀綱耳目之寄

何所望焉宜從薄責以示好惡御史中丞周武仲與宮祠侍御史洪擬殿中御史許景衡知洋州吳嚴夫並送吏部以嚴夫通私書妄薦景衡等故也　七年正月三日詔持邦憲糾官邪責在言事之臣往者臺綱不振植黨交私耳目之寄夫何賴焉朕既遴選臺察廣開言路爾其各揚乃職毋憚大吏毋狗私交毋伺大臣風旨以為鄉背務公好惡振紀綱朕方虛己以聽尚祗欽茲毋忽　欽宗靖康元年四月二十六日詔臺諫者天子耳目之臣宰執不當薦舉當出親擢立為定制　五月十七日御史中丞陳過庭言自祖宗以來定令本臺僚屬非有出身未嘗除授近者唐恕除監察御史恕資有行

[illegible]類推許儻使分領六察固優為之然以蔭補入仕
有違祖宗條例恐此一開自是綺襦之子攀援進取者
足相躡於憲府矣欲乞改除一等差遣詔以恕為郎官
高宗建炎元年十二月詔四參日差知班通作六人下
殿編排班次舊例二人政和間添作四人今以員數倍
多故有是命　三年三月六日詔臺諫員闕甚多令侍
從官公共薦舉堪充臺諫官二員　四年七月二十二
日宰執進呈臣僚言乞以所論事行與不行劄下照會
范宗尹曰凡言官所論朝廷但當容納可即行之不可
即已不必相與較是非也上以為然紹興元年五月二
十五日詔應選人投下磨勘官文字以姓名及到部月
卷二千六百七
日關報御史臺置簿籍定如人吏受賂及故違條限仍
許御史臺檢舉送大理寺依法斷遣所有京朝官大使
臣亦依此　二年六月二十二日詔臺諫言事官係非
時上殿不合在論（輪）對條具之數先是有詔外內侍從省
臺職事官等限半月各述所職利害條具以聞及應行
在通直郎以上輪對臺諫中明諫官及本臺言事官遇
有時政利害並非時上殿數奏若依自來轉對條例恐
不合在輪對及條具之數故有是命　三年正月九日
手詔臺屬憲臣檢察刑獄月具所平反過刑獄以聞御
史臺狀除行在大理寺殿前馬步軍司本臺已檢察外
有臨安府并錢塘仁和縣係浙西路合屬憲司檢察刑

部檢準臺令每季詣大理寺及應有刑獄去處點檢既
稱應有刑獄去處其臨安府錢塘仁和縣亦係刑獄去
處合依上條每季點檢從之　九月二十五日侍御史
辛炳言三省點檢都録事授官即無不赴臺謝之法所
有今年二月十四日魏彥璥楊從古俞宗适等畫降聖
旨不赴臺指揮竊慮有礙臺令詔今後轉官人依條令
赴臺謝　十月二十日詔御史臺每日體量臺參謝辭
官合用木炭茶湯等內木炭於左藏庫勘請茶湯下臨
安府支破　四年二月一日詔南班宗室今後並赴臺
參　以殿中侍御史勍奏右監門衛大將軍士褊等一
十一員不赴臺參拒過飾非故也　五月二十三日詔
卷二千六百七
令後吏部奏鈔刑部斷案每鈔案上省限次日報御史
臺其間經涉日久無故留滯許本臺彈劾　八月二十
五日進呈樞密院進擬崔愼習王宏差遣上曰此是魏
矼所薦論臺臣為朕耳目之官職在彈擊官邪若因而
薦論人才竊慮私有好惡慎習等且依舊可上簿籍記
姓名他日遇有差使量材選用宰臣朱勝非等曰陛下
聖德英斷非臣下所能仰窺萬一　十一月八日上宣臺
諫論事許風聞要須審實至如排擊人才豈容無好惡
若果務大體不指摘纖瑕細故彊置人於有過豈惟陰
德不淺亦可銷刻薄之風成忠厚之俗鼎曰聖訓廣大
此言者宜奉以周旋　五年三月十五日御史臺言德

音根勘前湖州州學教授汪處厚公事本臺主推書吏
人力不勝令欲貼差推司三人書寫人三人許於本臺
察案并內外官司指差不以有無官資並許不拘常制
抽差不許執滯仍依從來例帶行見請給理為在任在
司月日侯畢日發歸元處其錄宿根勘公事例有雜支
錢欲於左藏庫每次支錢五十貫從之　九月十七日
詔大理寺臨安府等處杖以下罪並令一面斷遣具名
申臺從本臺檢察有挾情曲法鬻獄等彈劾施行　十
二月十三日詔本臺朔參用釐務不釐務通直郎以上
望參用釐務通直郎以上趂赴除宣制非時慶賀以望
參官餘並以朔參官赴　六年三月二十四日右諫議

大夫趙霈言竊見御史臺察案近有察吏部書令史隱
匿過名還補事既已申之朝廷付之有司乃私呼棘寺
人吏事涉容情致被罪者不伏以為棘寺有所觀望朝
廷移赴臨安府再勘而臺吏二人悉坐特旨編管臺吏
緣此遂有糾察之嫌司局緣此遂有慢易之弊寖以成
風漸不可長詔劄與御史臺　十月八日詔御史臺所
受諸路詞訟如有事理重害日久不決者具申尚書省
取索看詳其監司州縣留滯經時裁處失當亦許依法
彈奏從監察御史趙渙之請也　七年九月二十九日
詔御史臺守闕驅使官令依條揀試從本臺申明也
八年五月十一日詔御史臺於六察使臣及書吏內從

上選差一人充點檢文字　九年二月五日詔御史臺
將不赴朔望在告最多之人摭實彈奏　六日宰執進呈
上曰朕欲用謝祖信為臺官恐祖信不知朝廷今日事
機卿等可召赴都堂與之議論　臣檜等奏陳臺諫乃天
子耳目自朝政闕失所當論列恐召至朝堂然後除授
外間不知陛下之意不能無嫌　上曰大臣朕股肱臺諫
朕耳目本是一體若使臺諫機察大臣豈朕責任之意
耶　臣檜等雖荷上眷知卒不敢召祖信但退相勉策曰
上虛懷待遇如此其忍負哉　四月詔御史臺守闕驅
使官許招收十人為額　十年閏六月二十日詔應有
刑獄去處獄具違戾令御史臺彈劾以聞　十一年四

月十七日詔訊囚非法之具並行毀棄尚或違戾委御
史臺彈劾以聞　十二年四月二十一日詔鞫獄干證
等人行在委御史臺常切檢察月具有無違戾聞奏　七
月十三日詔禁囚貧乏無家供送飲食依法官給委御
史臺常切檢舉約束　十二月詔御史臺守闕驅使官
上三名每日支破食錢二百文餘七人每日支破錢一
百文　十三年四月二十九日詔今後筵宴等臣僚戴
花過數令御史臺閤門彈奏　閏四月七日詔四川二廣
定差窠闕令吏部四選逐色闕置號簿各二扇一納御
史臺一留本部行下川廣依准起置遇川廣用字號定
差差遣以細狀申部以逐號單狀申御史臺注名於簿

從臣僚請也　九月二十二日詔將來郊祀大禮導駕文武官分左右步騎導本臺與閤門編排報引同日詔大禮前二日朝獻景靈宮前一日朝饗太廟至日圜壇行禮導駕文武官分左右步騎導本臺量差知班於禁衛內往來覺察今後遇車駕行幸準此　十月十五日詔將來郊祀大禮應行事官等務在嚴肅如有懈怠不恭令閤門取旨送御史臺施行　十四年正月九日詔每遇駕出其前導後從臣僚各有行列次序令御史臺閤門編排遵守施行　十一月五日詔察案推書吏今後如有願換副尉之人並依六曹寺監人吏法比換副尉如不願換即依本臺見行出職條法二十五年十

卷二千六百七

二月一日內降詔曰臺諫風憲之地振舉紀綱糾逖姦邪密贊治道年來用人非據與大臣為友黨而濟其喜怒甚非耳目之寄朕今親除公正之士以革前弊繼此者宜盡心乃職惟結主知無更合黨締交敗亂成法當謹茲訓毋自貽咎二日右正言張修請刊聖詔於御史臺諫院從之　二十六年十二月二日御史臺言六察貼司見管一十人今欲減罷四人守闕騎使官舊額一十人今欲減罷五人主管班次舊額五人今管三人見闕二人引贊官格法一名副引贊官格法一名知班驅使官兼書令史格法九人今管五人見闕四人待次守闕驅使官二十人委是冗併並合減罷從之以上中興會要

紹興三十二年八月二十四日孝宗即位未改元詔御史臺令後引贊官出職已補換官之人存留充主管班次部將見令主管班次之人從上一名備出發遣歸部從本臺請也　十月十九日右正言周操言三省有六房其屬為六部而御史臺有六察蓋所以相為表裏也祖宗之意正欲御史糾六房六部之稽違者今之六房六部人吏積習玩侮情弊百出欲望申嚴行下六察官每月糾察所隸官司親加詢究小事具奏大事隨長貳上殿庶幾察官雖不得言事亦得各舉本職詔令檢舉見行條令施行　孝宗隆興元年三月十二日詔御史臺將察案後推書吏自被差到臺及五年如有願比換之人依察

卷二千六百七

案貼司用抵保依條比換從本臺請也　八月三日御史臺狀依指揮條具併省吏額前司主管班次五十為額見係右從政郎馬彥俊并己年滿合補官人胡世昌二人充今欲並行減罷發遣歸部所有見闕主管班次三名更欲裁減一名止以二名為額書令史目今見闕四人並省減罷自後更不立額驅使官五人已經裁減今乞更不省減六察書吏一十三人今併省二人內成忠郎六察點檢文字盧宗邁成忠郎吏察書吏馬希顏各見依已降指揮本臺專法理為資任欲候逐人任滿解罷其上件窠闕更不差人貼司六人已經裁減今並乞存留後推書吏七人今乞減書吏李汝楫一名詔依

見在人且令依舊將來遇闕更不還補　乾道元年三月十七日御史臺狀本臺係掌行糾彈百司稽違點檢推勘刑獄定奪疑難刑名婚田錢穀并諸色人詞訴等事務繁重全藉知次第人主行令欲將察案後推書吏如有願陳乞比換之人候比換訖許本臺存留依舊祇應從之　三年五月十一日上宣諭曰昨批韓曉奏狀知隨州林嶷放罷如此處置莫是葉顒奏曰臣昨見言者論罷韓曉臣知林嶷陰遣其家屬來行在納短卷於臺諫臣方欲再開陳今陛下批出可謂明見萬里之外陳俊卿奏曰近日此風頗盛惟其巧造語言以陰中傷是使監司不敢按郡守郡守不敢按縣官臣嘗見之上曰

卷二千六百七

此風誠不可長朕方欲手敕戒諭臺諫　六年五月四日御史臺狀依指揮條具併省吏額前司舊額主管班次五人已經裁減三人今止以二人為額正副引贊官舊額管二人今乞依舊入品知班舊額管三人今乞依舊知班舊額管六人欲乞止以五人為額候有闕補書令史舊額管九人已經裁減四人今更省減一名驅使官舊額管十人已經裁減五人今更省減一名法司一名今乞依舊前司共以二十三人為額六察舊額管書吏一十三人今乞以九人為額舊額管貼司一十人今乞止以五人為額舊額管通引官五人今乞止以三人為額理檢院舊管手分二名本臺已申朝廷乞將一名

撥送諫院見管一名今乞省減其所掌行遣文字欲併入刑案兼管後推舊額管七人今乞止以五人為額詔依將來見闕日依名次撥填其減下人願依條比換名目者聽　二十八日詔舊制設兩省言路之臣所以指陳政令得失給舍則正於未然之前臺諫則救於已然之後故天下事無不理令任是官者往往以封駁章疏太頻憚於論列深未盡善自今後給舍臺諫凡封駁章疏之外雖事之至微亦毋致忽少有未當可更隨時詳具奏聞務正天下之事　九年五月十六日詔在外臣僚召赴行在或令赴行在奏事被旨日久往往遷延間有托故稽留起發令御史臺覺察以聞九月二十日御史

卷二千六百七

臺狀本臺前司所掌事體非輕全藉慣熟諳練儀範舊人應奉其引贊官依條年滿出職解發赴部擬官訖依已降指揮存留充主管班次三年滿日從上僭那赴部注授差遣昨來紹興七年指揮内引贊官候年滿出職了日存留充主管班次不妨赴部注授差遣今欲乞將見令主管班次并日後引贊官出職補官人先次赴部注授差遣訖却依元降指揮存留充主管班次候三年滿日僭那離臺如注授差遣後未滿三年偶因應赴亦合離臺施行從之　十二月三日御史臺狀檢準御史臺格戶察貼司三人本臺節次承指揮裁減貼司二名外目今戶察只有貼司一名契勘本臺日受詞狀多是

爭訟婚田事屬户察行遣及本臺所轄户部五司倉場
庫務五十餘處逐時取索點檢事務繁劇貼司一名支
掊書寫不及乞以二人為額庶幾職事不致妨廢從之
以上乾道會要　淳熙三年八月三日詔御史臺六察官近日
糾察庶務各揚其職臺綱益振各特轉兩官傅淇齊慶胄劉藩
四年七月十七日敕令所工重修淳熙編類御史彈奏
格三百五條詔頒行先是御史臺言覺察彈刻事件前
後累降指揮經令歲久名件數多文辭繁冗又有止存
事目別無可攷竊恐奉行抵牾乞下敕令所删修成法
各隨事以六察御史察所掌分成門類繳申取旨降下
本臺遵守批下本所至是止之　五年正月二十一日

卷二千六百七

詔御史臺六察自今如有違戾去處許隨事具實狀彈
劾仍許令訪聞覺察聞奏　六月二十一日詔翰林學
士諫議大夫給事中中書舍人各舉堪任監察御史二
人以備擢用　七年十月十六日詔監察御史張大經
察到諸路刑獄奏報淹延未決者至一百六十餘件當
以奏狀付外令所司勾銷未結絕者催促結絕大經既
能舉職可與轉兩官　八年八月十一日詔新權發遣
舒州王藺兩經奏對鯁亮敢言朕甚嘉之雖不曾作縣
可特除監察御史　十四年十月十四日詔御史臺減
前司看管案牘剩員五人六察看管案牘剩員三人既
以司農少卿吳燠議減冗食下敕令所裁定故有是命

十五年六月十一日詔冷世光身居風憲囑託狗私
可放罷既而以大理少卿袁樞言奉旨令本寺勘通州
百姓高楠訴兄居賢事郝承御史臺姓閻人傳意本寺
欲責出余球竊詳其人係的切干證竊恐上下觀望乞改
送臺遣奉旨將作監丞鄭湜就臨安府置院追王楫及
姓閻人鞫實乃殿中侍御史冷世光閻大猷囑王楫云
余球是殿院親戚罪已該赦錢有下落可與責出知在
故有是命以上孝宗會要　淳熙十六年八月十三日宰執進
呈李信甫乞遵用天禧熙寧故事許六察言之上曰祖
宗前後典故甚明宜且遵守不可輕易更變留正等奏
六察臺格具在條目詳備若能舉職相事亦儘有可言

卷二千六百七

者誠如聖訓不必更變舊制　紹熙四年正月一日御
史臺檢法官李謙御史臺主簿彭龜年狀謙等昨從侍
御史林大中奏辟入臺林大中既遷法合隨罷令來御
史張叔椿再行奏辟令依舊在任緣大中所劾大理
少卿宋之瑞田邪等事謙等亦嘗與聞今來大中既除
職與郡即是以當來所劾為非謙等稗贊無狀豈得無
罪若再從辟入臺是以稗贊無狀之人復誤憲府乞與
謙等一在外差遣下御史臺别辟屬官詔李謙除太常
丞彭龜年除司農寺丞以上光宗會要　慶元二年四月二十
七日侍御史兼侍講黄黼言竊惟御史臺有三院其一
為監察御史列職甚衆蓋使之糾正官邪而分察六曹

之務也。高宗之時固嘗置六員矣，孝宗之朝亦嘗治三員，臣以非才濫司風憲，不曾敢辟臺屬而分察之任止有胡紘、姚愈二人，訟訴之紛至，勸講之沓直，點檢刑獄之中，失考校簿書之稽違，監董祠祭之不如儀，舉劾官吏之不奉法，分頭營幹，常有日不暇給之憂，乞更與增置一員，庶幾稍振臺綱，不敢闕誤。從之。

六年十一月二十八日，臣僚言：御史臺紀綱之地，風憲之司，非特糾逖官邪，維持國是，凡上而朝廷，下而百司庶府，外而監司州縣，一事之罷行，一民之休戚，所可以為據依，所可得而稽考者，文書而已。今所至循習日久，應有文書不問緊慢，多是不報本臺，所置簿書無不詳備，事無大小，

卷二千六百七

有報必錄，如人户之詞訟，百官之腳也，以至臺諫之言章，給舍之繳駁，監司守臣之按劾，凡命自上出，事由下達，片紙到臺，皆有拘籍。近日以來，事多不報，報不以時，六察之中惟存虛簿，事有罷行，民有休戚，不得而知。檢照在法，諸被受條制限三日謄報三省、樞密院、御史臺、尚書刑部、門下中書後省、諫院、大理寺左斷刑、右治獄、開封府司五十紙以上五日，即一時指揮準此，仍別為籍節錄，朱書注之。仰惟祖宗立法，蓋如此其嚴且密，有萬世不刊之典，無恪意奉行之官吏，其視一臺略無少憚，近者秋頒申明指揮，蓋七月內雕刊已就，及其到臺，凡四閱月，臺部相去無一里遠，稽違如此，乞詔申飭攸司各遵成憲，自今以往，遇有片紙文書，並照條限謄報，如仍前稽違，從本臺覺察彈奏，所有人吏重行斷罷。從之。

嘉定四年九月二十八日，臣僚言：嘗考臺令參謝辭三者之文最為詳備，今也不然，文武官之任者多不赴臺參辭，御帶環衛、南班等除授轉官並不赴臺參謝，其尊朝廷之意安在哉？且御史耳目之寄，凡官僚到部，必先令赴臺，視其言辭儀，驗其能否盛衰，然後就郡差注，安得先授差遣，臨岐出關，涉迹臺門，飄然徑去之理？又況有不赴臺參驗者乎？紀綱不肅，莫甚於此。乞申敕中外，今後外官任滿到闕，先須赴臺參，出給關子，付之以憑參部；所有在京除授及轉官合赴臺謝，或赴外任，亦合臺辭，並照例給關子付本官照應。從之。以上寧宗會要

卷二千六百七

以上為一卷

全唐文

宋會要

太宗淳化五年正月詔諸州軍經水潦處許有物力戶
及職員等情願自將斛㪷充助官中賑貸當與等第恩
澤酬獎一千石賜爵一級二千石與本州助教三千石
與本州文學四千石試大理評事三班借職五千石與
出身奉職七千石與別駕不簽書本州公事一萬石與
殿直太祝　真宗咸平二年三月兩浙轉運使言越州
民石湛明州民楊文喜各納粟五千石王澤徐仁贇各
納粟三千石賑貧民詔以湛文喜守本州助教澤仁贇
攝助教又詔江南兩浙災傷州軍如有人戶情願將米

卷三千八百七十八

救濟飢民一千石者與攝本州助教餘並依舊等第恩
澤內有將稻穀散施者依鄉土例折充米數如諸雜斛
㪷亦仰轉運司相度比類指揮　十月楚州百姓邵革
習學究張遜出家粟賑貧乏並授試大理評事　三年
八月賜邵州進士趙世昌趙世長並爵公士以其出粟
濟飢民也　四年六月台州言黃巖縣民葉文晟出穀
二千斛救飢民詔授攝州助教　五年四月濱州言學
究寇賓王以粟三千斛賑飢民詔授試大理評事　景
德二年正月河陰部監兼知汴口許玄約言沿河州縣
和糴准備漕運軍儲常患不足乞逐州軍及時增價收
市如少見錢即乞許人入進軍儲等第酬獎詔三司詳

定榷三司使劉師道等言檢會咸平六年十月河北轉
運使劉綜等奏先准咸平四年閏十二月敕應河北實
有飢民州軍如有民庶出來救濟並令第加恩澤今河
北諸州軍大邑軍馬除近裏并通河路之處本司自來
科納轉置常有准備外有定州廣信軍安肅軍北平寨
四處不通水運深入邊陲折中則坐費官財轉輸則動
勞民力乞詔河北州軍應有民庶願以軍儲於四處送
納者依下項等第酬獎或不願離鄉者亦許別議推酬
竊以漢時賈生建言晁錯進說以為方今之務莫若務
農欲民務農在乎貴粟爵者上之所擅出於口而無窮
粟者民之所種生於地而不乏使入粟以受爵塞下之

卷三千八百七十八

粟必多文帝從之令民入粟備邊六百石爵上造等第二爵
也稍增至四千石為五大夫爵第九等萬二千石為大庶
長等第十八爵也各各以多少級數為差臣等今詳所奏欲依
劉綜等前議三司初請及今條件施行劉綜等元奏定
州廣信軍安肅軍北平寨四處乞許納斛㪷十石與本
州助教文學二千石與出身三千石與簿尉借職四千
石與奉職五千石與諸寺監主簿六千石與正字校書
郎七千石與太祝奉禮八千石與大理評事殿直九千
石與諸寺監丞侍禁萬石與大理寺丞供奉官洺州邢
州趙州貝州冀州博州濱州德州　州滄州深州祁州
瀛州莫州雄州霸州保州鎮州乾寧軍順安軍信安軍

水定軍水靜軍保定軍千二百石與本州助教文學二千四百石與出身三千六百石與簿尉借職四千八百石與奉職六千石與諸寺監主簿七千二百石與正字校書郎八千四百石與大理評事殿直萬八百石與諸寺監丞侍禁萬二千石與大理寺丞供奉官懷州衛州磁州相州澶州通利軍天雄軍千五百石與本州助教文學三千石與出身四千五百石與簿尉借職六千石與奉職七千五百石與諸寺監主簿九千石與正字校書郎萬五百石與太祝奉禮萬二千石與大理評事殿直萬三千石與諸寺監丞侍禁萬五千石與大理寺丞供奉官眞宗曰爵賞之命尤宜慎重此事若行經久便

卷三千八百七十八

否宰臣寇準等對幸有與故以濟邊備欲望施行兼乞陝西亦依此例別詳酌聞奏從之是月詔陝西州軍許民輸軍儲如願於陝府西諸州軍送納者依逐等數酬獎鎮戎軍環州渭州保安軍延州原州慶州千石與本州助教文學二千石與出身三千石與簿尉借職四千石與三班奉職五千石與諸寺監主簿六千石與正字校書郎七千石與太祝奉禮八千石與大理評事殿直九千石與諸寺監丞侍禁萬石與大理寺丞供奉官涇州寧州儀州邠州鄜州秦州隴州鳳州千二百石與本州助教文學二千四百石與出身三千六百石與簿尉借職四千八百石與三班奉職六千石與諸寺監主簿

七千二百石與正字校書郎八千四百石與太祝奉禮九千六百石與大理評事殿直萬八百石與諸寺監丞侍禁萬二千石與大理寺丞供奉官永興軍鳳翔府同州華州河中府解州陝府乾州耀州丹州坊州虢州成州階州千五百石與本州助教文學三千石與出身四千五百石與簿尉借職六千石與奉職七千石與諸寺監主簿九千石與正字校書郎萬五百石與太祝奉禮萬二千石與大理評事殿直萬三千五百石與諸寺監丞侍禁萬五千石與大理寺丞供奉官　四月閤門祗候郭盛言洪州南康軍民李士衍等願輸米賑飢民請准詔與官帝曰若其人曾犯刑憲不可授以官秩聽擇

卷三千八百七十八

本家次第親屬代之　十月以淄州學究鄭沔為鄆州中都縣尉沔輸粟三千斛於永定軍助邊費故也　三年正月以濰州學究鄭世英為沂州沂水縣尉入粟濟飢民故也　三月賜青州習三史戚溫叟同學究出身溫叟納粟麥二千餘石賑貧民故也　大中祥符六年三月詔應富民得試銜官者不得與州縣屬使臣接見如曾應舉及衣冠之族勿拘　九年九月詔災傷州軍有以私廩濟貧民者二千石與攝助教三千石與郡助教五千石至八千石第授本州文學司馬長史別駕　天禧元年四月翰林學士知通進銀臺司兼門下封駁事晁迥李維言中書門下劄子付登州棣牟平縣學究

鄭河狀以本州民闕食願出粟五千六百石賑濟望賜弟吳班行不許者臣等商度損餘補之為利亦大望令宰臣定議特從其請俟豐稔即止應儲積之家有所勸率大濟之餒上寛聖憂詔補吳三班借職　五月高郵軍民葡懷玉補本州助教懷玉進米麥共三千石以濟飢民故有是命時參知政事張知白言曰自古入粟拜爵皆歸公廩今則不然但以民或阻飢自相假貸官為受領均給貧窮陛下深軫皇慈所以不惜虛名特加旌賞耳帝曰彼多言之人止以識切為務安肯思慮及此

仁宗天聖七年閏二月四日中書門下言河北沿邊經水州軍望許入粟濟民第加恩賞從之仍聽以麄細叅半

卷三十八百七十八

八年正月二十六日詔河北水災州軍令春斛食踊貴人民闕食許諸色人於沿邊進納斛㪷千石與攝助教千五百石與本州助教二千五百石與長史司馬近地州軍千二百石與攝助教二千石與本州助教三千石與長史司馬　明道二年正月十八日中書門下言願減粟數且令轉送八州有詔輸滿千五百石攝助教二千石為助教三千石為長史司馬四千石為齋郎四千五百石試銜若同學究科五千石者除簿尉時淮南八州飢甚官募人納粟不至故有是詔　景祐元年二月五日河北都轉運司言准勅令指揮州軍許諸色人進納斛㪷與借職奉職殿直等第酬奬乞依例出給班行空名宣補文字付臣等收掌詔令轉運司候有人入狀進納斛㪷立具姓名并石數聞奏便與出給文字降付本處候納足斛㪷給付　二十三日詔河東州軍諸色人進納斛㪷依例與恩澤公筵許令預坐其攝助教犯私罪杖以下情理輕者特與收贖若三度過犯奏取指揮其餘進納路分亦依此施行　寶元二年九月十一日中書門下言近制許諸色人於益利梓夔州路入粟等第推恩欲令逐路轉運司速遍指揮州府軍監縣等分明出榜曉示應有今來入粟授齋郎試銜出身簿尉殿直借奉職酬奬者依見任文武品官例與色本家州縣色役亡沒者不在免限若已後改轉有蔭亦依條貫施行其上件人并受攝助教及本州助教長馬

卷三十八百七十八

等遇公筵許令預坐其攝助教犯私罪杖已下情理輕者特與收贖如三度過犯奏取指揮從之　康定元年四月十五日陝府西路安撫使韓琦等言慶鄜涇三州調民修城有妨農種復少兵士以代夫役令請聽屬民自雇人夫修築三萬工與大廟齋郎五萬工與試監簿或同學究出身七萬工與簿尉八萬工與借職十萬工與奉職從之

宋會要

慶曆四年正月二十三日詔陝西州軍災傷雜已令諸處糴常平倉米救濟慮所藏數少許諸色人納粟等第

賜官　五月詔淮南比歲不登今春又旱蝗其募民納
粟賜官以備賑貸　十二月二十二日詔進納授官人
舉充縣令者須歷官及五考有外朝官三員同罪奏舉
方許施行　五年三月二十八日殿中丞張康言昨以
羌種侵擾邊費寖繁納粟授官有助軍食今干戈漸戢
餽餉是澄况農稼之屢登所在軍儲稍足進納之令宜
且寢停從之　七年二月二日詔流內銓應納粟授官
人不除司理司法參軍洎上州判司資考深無過犯方
注主簿縣尉如循資入縣令錄事參軍者銓司依格注
擬止令監臨物務從御史知雜李柬之所請也　十一
月一日判大名府賈昌朝河北轉運使皇甫泌等言澶
卷三千八百七十八
貝德博滄大名通利永靜八州軍闕少修河物料乞許
諸色人進納稈草等第與恩澤雜稈每束濕重五十斤
一萬五千束與本州助教二萬束與司馬二萬五千束
與長史三萬束與別駕四萬束與太廟齋郎四萬五千
束與試銜同學究出身五萬束與簿尉借職六萬束與
奉職稈草每束濕重一十五斤二萬束與攝助教三萬
束與州助教四萬束與司馬五萬束與長史六萬束與
別駕七萬五千束與太廟齋郎八萬五千束與試銜同
學究出身九萬五千束與簿尉借職詔令開封府河北
京東西轉運司遍行指揮　八年七月四日三司言惟
權發遣三司戶部判官燕度言商胡河決乞寬進納之

法省司相度如今後諸色人於澶州進納於元定下數
目內十分中減下一分與元定恩澤及乞依陝西河東
納粮草例齋郎至大理評事與免本家色役亡歿者不
在免限若已後改轉有蔭亦依條施行除耆長不免外
與免理正一次如知州通判勸誘得人進納令本路轉
運司批上曆子如人數多候得替委本司保明與理爲
勞績或與先次差遣所乞進納竹竿委澶州當職官員
將稈草束數價例比折中奏乞行酬獎省司今更與添
定殿直已上進納數目比附錢粮例添定下項等第酬
獎於元進十分數內各減一分守監簿雜稈八萬束減
一分外納七萬二千束稈草一十四萬束減一分外納
卷三千八百七十八
一十二萬六千束侍禁太祝奉禮郎雜稈九萬束減一
分外納八萬一千束稈草一十六萬束減一分外納一
十四萬四千束大理評事雜稈一十萬束減一分外納
九萬束稈草一十八萬束減一分外納一十六萬二千
束詔三司遍行指揮所乞進納太祝奉禮大理評事並
免色役並不行　是月修河都大總管郭承祐又上言
伏覩澶州見許人進納稈草訪聞亦未大段有人進納
狀緣進納人自來所受宣勅之內明言進納某人受某
官以比豪民之家恥見進納二字多致延滯欲乞顧免
進納二字者於元數上量加三二分於所補恩澤宣勅
之上除落免進二字如允所奏乞降勅命下本州曉諭

詔應令來澧州進納稈草人並於所受文字內與落進
納二字亦更不量加數目嘉祐六年四月詔九入貲為
官至升朝者諸戶役皆免之京官不得免衙前自餘免
其身丁而止若入官後增置田產直五千萬以上年復
役如初備代者聽之

宋會要

熙寧元年九月六日審刑院大理寺言令後本無税貫
差役之人不限丁數並許進納外其有税貫等第人戶
進納人本身外若更有兩丁如願不礙色役亦許進納
仍許雇人充役詔應兩丁之家如情願不免差役乞進
納仍雇人充役並聽　二年七月二十七日荆湖北路

卷三千八百七十八

提刑司體量荆湖十州軍官獨名進納外與澧州各分
得監簿一道齋郎二道擘畫令散戶共力進納尚有辭
免者今本司勸二州官吏不合會散戶共力進納如轉
運司通知亦仰取勸轉運司官吏以聞其人戶已納錢
數即仰給還

宋會要

哲宗元祐二年八月四日復進納人四任十考改官舊
法仍增舉者二人　五年十月七日禮部言降送到空
名假承務郎州助教敎齋郎補牒以千字文為號印記
發下所屬官司仍具注給降事因去處候申到給訖因
依即行銷注應敎牒並置籍拘管以事因注簿訖關送

吏部即行銷簿應敎牒不得下司出榜召人進納當職
官躬親書填給付具姓名鄉貫三代年甲字號及年月
因依申吏部應敎牒如客人販買者指定所詣州每道
給公據照牒以字為合同號印押其照牒公據批鑿毀
抹訖限兩日具姓名鄉貫三代年甲敎補牒上字號報
元承受處從之　元符三年十二月二十一日尚書省
言訪聞河北河東陝西今歲豐熟有物之家多願入中
斛㪷以官其身緣逐路斛㪷價不等欲河北諸州軍令
措置糴便司河東陝西令逐路安撫司各依所定價直
錢召人入納斛㪷仍以本處在市實直紐筭價錢內陝
西河東路以銅錢分數紐計奉職六千貫借職四千五

卷三千八百七十八

百貫齋郎三千二百貫候納足仰本州限一日具狀保
明聞奏出給付身告牒並與免試注官如未願參部亦
聽從便仍不以歲月釐革其納到斛㪷作朝廷封樁準
備移用從之　徽宗建中靖國元年十月二日河東經
略司言據晉軍効用高仲適狀乞入中斛斗進納借職
一官竊緣仲適曾決杖罪外別無過犯本司看詳元降
朝旨許召有物產人情願入中斛斗以官其身外即不
聲說曾有杖罪情輕之人許與不許進納詔高仲適諸
狀元降朝旨進納出官陝西河北河東路似此進納奉
職人准此　大觀三年九月二十日吏部員外郎盛章
言勘會小使臣奏舉員闕並係事務繁劇去處內有舉

到進納出身之人盡是豪富之家因緣計會奏舉差遣恐於職任別致闕本部欲乞今後進納人除赴部依格注擬外更不許諸處奏辟差遣從之　四年二月二十七日臣寮言竊謂賣官鬻爵非前代盛典而重惜名器澄清仕源正今日之急務朝廷以三路財用乏之邊儲未豐近年以來出頒假將仕郎等告牒比之往歲不啻數十倍凡蜀商巨賈乘時射利以輕貨轉易三路其入已厚復伺其粒米狠戾則低價以深藏廣積惟俟便糴之急則高價以中官如假將仕郎官直三千二百緡民間所中斛斗計直千緡必高擡價例以就一假將仕郎所直之數每得三分之易糧已給十分之告牒由是一

假將仕郎其直止一千餘緡非特蜀商巨賈皆有入仕之門但人有數百千輕貨以轉易三路則千緡之入為有餘人人可以濫紆命服以蠹仕路遂致此流遍滿天下一州一縣無處無之已仕者約以千計見在吏部以待注擬者不下三百人是皆豪猾兼并之徒屠酤市販之輩惟利是謀而一毫必競素非士流而一意不分或假手以就銓試或遷居以俟殘零及入仕祿食曾無區別使之居官則人所竊笑使之管學則士為之羞況復性本狼貪所至而民蠹且一任俸給供須已償其直又率貪贓竊取不知其幾倍州郡監司多失按治為害之大莫甚於此臣謂納粟不問工商既霑爵命以庇其身

矣又入仕一任已足償所直矣是宜立法為之防限臣愚欲望應進納入仕一任之後除軍功捕盜合該酬賞外其餘更不許注擬見在部在任者不許帶管勾學事仍委按察官司常加察治如有不法按罪以聞庶使此流知懼不敢自廁於士人之列而流品亦少別矣陛下性堯之仁躬禹之儉一夫失所仰軫聖慮必不忍以嗜利之徒重困吾民近者罪冗員節浮費而理財政事一遵熙豐之成憲則一二年間當旋復於熙寧之盛而財用未富邊儲未豐似非所患也比鬻爵之令宜在所重方今吏部員冗注擬不行正以入流繁雜在所澄汰縱未能盡絕此流入仕之源亦當斟酌元豐之數而裁節

之不亦可乎臣不知政體姑罄愚忠伏望聖慈詳酌可否施行又言臣竊覩方今入仕之門多流外之員其冗濫尤在於進納今進納之直雖曰奉職六千緡借職四千五百緡假將仕郎三千二百緡而商賈猾民於三路入中斛斗以虛估價文折其多者乃不過於千緡少者止數百緡及注授差遣計一任廩稍公田所得已過元納之數致銓曹猥積入仕者幾以千計然詢於州縣求其所謂勤職奉法者不可得至驁貨貪奇則往往而是若不稍加裁抑深恐蠹弊日滋愈不可革伏望特降睿旨下有司將給降三路空名官告補牒之數量行減節及須入納一色見錢方許補授及立法每歲一次銓試

別作一項考較所取合格人以十分為率不得過二分
無即聽闕其已出官人每任得替到部亦須如上法銓
試中方許注授仍不許用恩例免試庶幾以抑市井商
販臨治吏民流品有朸名器增重以清入仕之源實天
下之幸也詔並依元豐舊制　四月二十九日臣寮言
訪聞河北路買官之人多是市井庸猾門戶科役輒恃
無賴以免郡縣莫之能置制暨予出仕一二任間已與納
粟之價等矣欲望立法限定出官任數并與本貫守令
別立儀制詔進納官人見本貫守令不得接坐　九月
十九日蔡州言諸處承買到空名州助教及將仕郎等
敕牒赴州書填各係空年日月多係以前給降宰執銜
位委是不相照應竊慮經久無以考究詔應官中見在

卷三千八百七十八

空名敕牒並三年一易　宣和元年九月二十一日詔
非泛補官者輸納差科免役等並不依官戶法減免進
納入依本條　三年十二月十六日臣僚言進納入自
元豐迄今吏部入仕皆有常格應入令錄及因賞得職
官者並准監當應磨勘者換授降等決臣有止法仍不
免科配其為裁抑有自來矣所以覈名實別流品也嚮
者東南用兵募民入金穀以肖轉輸補文武官一階武
臣以効用盡心文臣以上書可採為出身並理選依官
戶法若遂行之臣恐弗便且常歲科配皆出富室一旦
入粟遂為官戶終身復免則是每戶得數千緡於須臾

而失數萬斛於長久矣頗聞江浙入粟者衆其失不知
幾萬也凡今州縣賦役糴買百色具存既失富家則移
之下戶富家恍倖而下戶重貧理選限有出身自可不
注監當不限磨勘與士大夫流品混矣況居鄉不修而
齒仕版或浸漁百姓取償前日之費則公私皆被其患
以一時措置而廢經常不刊之典得失孰多伏望聖慈
特賜改正並依進納法施行詔近東南補賦入金粟補
官人與常法進納人稍異可特依已降指揮與理選限
不限止官磨勘以示獎錄餘從之　七年十二月二十
三日詔王永從願自辦本家糧斛一百萬石措置赴闕
體國助軍宜加獎擢可先次與轉一官候措置般運足

卷三千八百七十八

辦取旨不次褒擢　欽宗靖康元年五月十八日尚書
省言昨降詔天下士民有能推其財穀贏餘以佐軍興
者各以名聞等第推恩訪聞忠義戶民多願獻納儲蓄
以助國用如沂州沂水縣民程湜獻斛斗五千石撒箄
至京已與補保義郎仍不作進納其似此之人當隨所
納之數與補官資以為勸賞詔應人戶在京獻納者金
帛見錢委元豐庫糧斛委司農寺別路各委州縣官授
納訖並申尚書省河北河東路申安撫司與隨所納之
數計價依條補授名目特與不作進納內宣撫司令將
空名告一面書填即不得抑勒擾擾　六月二日詔昨
童貫出使東南請降告牒召人入粟納金補授文武官

階文臣作上書可採武官作効用盡心並理選限依官
戶法俊因臣僚言不為官戶及近衛改依進納法緣江
浙用兵所費不貲因人戶納金粟應辦遂免科擾轉輸
實為公私之利事平之後復行改革致失信於民無以
誘勸可並依元指揮施行　八月十三日詔應緣獻納
補官並貼納改換新告不作進納之人並令作官戶及
理選限

宋會要

高宗建炎元年九月二十七日詔靖康元年六月一日
指揮進納補官立為三等七千貫承節郎五千五百貫
承信郎六千貫迪功郎今增立諸州文學而下至進武
卷三千八百七十八
副尉為六等庶幾中産之家易於獻納進義副尉七百
貫進武副尉一千貫進義校尉一千五百貫進武校尉
二千貫諸州司士文學二千五百貫諸州助教二千貫
十一月十八日詔應監司郡守辟官及差權官不得
辟差本土進納人　二年六月二日詔獻助補官每路
差監司一員專一提舉七千貫承節郎五千五百官承
信郎六千貫迪功郎依已降指揮並不作進納出身已
係進納人願繳納元授付身貼納數中以十分為率更
減一分　三年三月二十一日詔給降通直修武郎官
告各一十道聽人戶從便納錢及五萬緡書填告一道
給付理為官戶仍依條格封贈並許不限內外差遣注

授有藝能許量材錄用從兩浙運使劉誨所請也　六
月四日詔給降文臣承直儒林文林從事迪功郎武臣
修武從義秉義郎空名官告立價召人納錢書填承直
郎二萬五千貫儒林郎二萬貫文林郎一萬八千貫從
事郎一萬六千貫迪功郎一萬貫修武郎四萬五千貫
從義郎三萬五千貫秉義郎三萬貫其告身止稱某鄉
某人奉公體國宜加獎錄特授某官所有參部注擬資
考磨勘改轉蔭補封敘之類一切並依奏補出身人條
法應今日以前立定出賣文武官告命補牒等第價錢
指揮更不施行其諸路官司先給降過空名官補牒除
已出賣外其未賣數並不得書填仰盡數繳申尚書省
卷三千八百七十八
毀抹　九月二十六日尚書省言新給降空名官告雖
出身資格與常法不同緣所立價直大高例皆變轉不
行契勘舊法官告理選限文臣迪功郎六千貫修職郎
七千五百貫從正郎九千貫從事郎一萬五千貫文林
郎一萬二千貫儒林郎一萬三千五百貫承直郎一萬
五千貫武臣進義副尉七百貫進武副尉一千貫進義
校尉一千五百貫進武校尉二千貫承信郎五千五百
貫承節郎七千貫保義郎八千五百貫成忠郎一萬貫
忠翊郎一萬一千五百貫忠訓郎一萬三千貫秉義郎
一萬四千五百貫從義郎一萬六千貫修武郎二萬三
千貫敦武郎三萬貫錢數適中易於變賣詔令吏部各

計元價改給逐等官告依舊不作進納理為官户仍理
選限外候到部日各更與免試注官其紹興元年六月
四日已降指置給賣新告指揮更不施行應已給降過
數目並繳申尚書省毁抹，十月十七日詔獻納補官
自今不許差注令録　十五日江南西路安撫大使李
回言補官告牒不許以空名預給蓋防冒濫之弊昨劉
光世招降虜人請給告牒得旨先命詞書告降下自不
能他用今淮南州縣類皆闕食官既無以贍恤若容人
有欲輸錢鬻爵者復待朝廷頒降坐費歲月欲乞依劉
光世例以臣所部淮南七州軍博易錢糧先命詞書告
降下從之　三年十一月十七日吉州進士段元禮言
卷三千八百七十八
已獻納錢六千貫合補廸功郎緣元禮曾經杖責不敢
陳乞補官止乞計價給還度牒詔與補授承信郎　四
年三月二十六日詔應納貲授官武臣至大夫日遇郊
方許封贈　四月二十七日權發遣興國軍應繪奏淅
西博糴授官之人校尉免本身丁役更許用蔭承信承
節廸功郎理為官户與免試注官竊詳博糴授官與進
納無異止乞依進納條令官至陞朝聽免色役仍不免
科配從之　六年正月九日詔今後應納粟別作名目
補官人不得注親民刑法官見在任人罷任到部別作
注授仍不注司理司法　三十日詔淮南東路豪民已
曾買官願就都督行府官資差遣人許於元名目上陞

補官資或帶閤職賜帶文臣見係廸功郎陞補承直郎
一萬五千貫特改宣教郎七萬貫特改通直郎九萬貫
武臣見係進義校尉陞補保義郎一萬貫陞補修武郎
二萬貫見係承信郎陞補修武郎一萬五千貫陞補敦
武郎一萬七千貫見係承節郎陞補修武郎一萬三千
貫陞補敦武郎一萬五千貫見係保義郎以上帶閤門
祇候三萬貫見係武翼郎以上帶閤門宣贊舍人十萬
貫已係有官人特賜金帶五萬貫其金帶重二十兩特
行給付以上並作軍功理選限依立定格目與見闕逐
道月下便行起支請給其家並作官户本户見充保副
正當差役召中科敷自陞補官資賜帶日並行蠲免其
卷三千八百七十八
餘一切並依奏補出身條法施行仍免銓試從都督行
府參謀官陳楠所請也　十月二日詔諸州勸誘豪民
進納及三十萬貫以上知通縣令當職官各減二年磨
勘及二十萬貫以上知通縣令當職官各減一年磨勘
仍令都督行府枝賣如別無抑配騷擾依此推賞　十
二年十二月七日詔入貲授官通及二萬貫以上人方
許作官户免役　二十九年十二月二十四日詔四川
進納人依例每鐵錢二文折銅錢一文每鐵錢一貫折
川錢引一道其所補官文臣特免銓試武臣特免呈試
短使　三十一年六月四日户部言措置中賣米斛不
願請價錢願補官資人其米止許於立定格管州府入

中御椿管州軍保明中本路轉運司審實先給公據保
明申朝廷給降付身一萬貫修職郎八千貫迪功郎五
千貫承節郎四千貫承信郎與理作官户仍理選限一
千七百貫進武校尉一千四百貫進義校尉並不作進
納名目許參部注授令吏部出給公據永遠照使一千
五百貫不理選限將仕郎八百貫諸州助教依條聽贖
從之　十月二十三日詔勲臣戚里内侍貴近之家有
願輸家財物助國者令於所屬自陳納足具姓名以聞
優加旌賞從殿中侍御史杜莘老之請也　十一月十
八日詔每縣降右迪功郎承信郎告各一道進武校尉
進義校尉綾紙各三道内右迪功郎八千貫與免試先

卷三千八百七十八

次注授差遣理爲官户依奏薦人例承信郎四千貫進
武校尉一千七百貫進義校尉一千四百貫並免試弓
馬及短使先次注授差遣並無衝改如係大縣增賣右
迪功郎承信郎告各一道錢許用金銀米斛依市價准
折並令本州書填如已經獻納補官之人擬注差遣願
再獻元納之半亦依前件指揮應知縣勸諭及二萬貫
與減二年磨勘選人比類施行如增賣及一萬貫更與
減磨勘一年本州知通究心勸諭諸縣出賣數足各與
減二年磨勘續户部言諸縣民户貧富不同不可椿縣
大小一例降付及止降付轉運司令詳度管下諸縣民
户貧富隨多少給付從之　十二月二十六日宣州言

戴公度獻納錢一萬貫合補修職郎緣公度見係將仕
郎欲更與循一資從之　三十二年閏二月十九日詔
進納補助教曾犯杖罪非情重更不具奏　五月二十
九日詔中賣米斛推恩即與納粟事體不同如補官之
後有司輒敢沮難以違制論　紹興三十二年十月四
日（孝宗已即位未改元）右宣教郎致仕潘好古特轉一官依舊致
仕仍賜緋以獻錢一萬貫故有是命　十一月十一日
臣僚劄子竊見進納及科降博糴得不理選限將仕郎
及助教之人因罪追毁元補校文書者甚多欲望詳酌
自追毁後兩遇赦恩無過犯許再進納一次願超等進
納者亦聽從之　十五日吏部狀准都省劄子諸州獻

卷三千八百七十八

納願補官人甚多户吏部非理取會行遣留滯致有詞
訟將當行人重作施行本部勘會今欲將不理選限將
仕郎未有納到綾紙錢米鈔之人日下符文思院先借
綾紙出給續下元納錢州軍取索米鈔其無家狀人即
將所給綾紙實封入遞從本州軍照應鄉貫三代年甲
一面書填從之　十二月四日左朝請大夫致仕黄軺特
轉行一官依舊致仕以軺知建州日獻助國用故有是
命　隆興元年六月十七日户部狀准批下吏部侍郎
徐林劄子乞將空名官告承信郎以上並依紹興三十
一年十月八日指揮理作官户本部契勘承紹興三十
三年閏二月十九日指揮出賣官告迪功郎八千貫與

免試差遣理為官戶承信郎四千貫進武校尉一千七
百貫進義校尉一千四百貫並免試弓馬及短使校差
遣内承信郎即不曾聲説理作官戶令勘當欲依本官
所乞從之　二年六月一日戶部狀准批下福建路轉
運司奏近准撥降空名官告下諸州出賣多緣知縣過
迎期會僥冒賞典或勒上戶承買或勒中產均敷或勒
質庫戶探關校官者使人昭助大為僥倖同納者率斂
無名徒被追擾乞權行住賣本部勘會除進義校尉不
理選限將仕郎元價低小依舊存留不拘年限請買外
將廸功郎承信郎告進武校尉綾紙繳赴尚書省從之
十月二十日戶部狀准批下秀州申福州助教錢宋
卷三十八百七十八
伐乞將已補助教并空名將仕郎進武校尉綾紙換補
承信郎送部勘當本部檢准隆興元年十一月六日敕
節文處州麗水縣進士郝渭老乞將紹興十八年納錢
八百貫買到助教更貼七十二百貫文通計八千貫補
校廸功郎令勘當欲乞依前項已降指揮換補紹依
閏十一月二日戶部狀准批下四川總領所申保明
到右廸功郎楊似進武校尉楊與可獻納錢引五萬道
比折銅錢二萬五千貫乞推恩送部指定本部照得右
廸功郎楊似獻錢一萬二千五百貫比類金州右廸功
郎田溉例合與循兩資至從政郎仍更減一年磨勘進
武校尉楊與可獻錢一萬二千五百貫比類廣州蒲璐

例於見今名目上擬補至保義郎續承批下楊與可狀
稱與可雖受上件名目年歲未及所有已補進武校尉
不願祇受乞以獻助過錢一萬二千五百貫比換文資
本部看詳即無體例如本人止願將今來所獻錢比換
文資仍繳連進武校尉綾紙赴部毀抹依已降指揮一
萬貫格合補修職郎從之　乾道二年四月三日都省
批下刑部看詳進納人身亡子孫不作官戶本部令擬
修下條諸進納授官人特旨與理為官戶者依元得旨
若已身亡子孫並同編戶從之　十一月二十九日廣
南西路提刑司保明忠訓郎鄭大猷於廣州石康倉請
跋鈔鹽七百籮約錢一萬貫有獻助招募効用之費乞
卷三十八百七十八
加旌賞詔鄭大猷特轉忠訓郎仍堂除差遣一次　七
年二月二十三日詔吏部給降太孺人告三百道每道
價錢七百貫就戶部置場出賣從太學正薛元鼎之請
也
宋會要
乾道五年六月十九日戶部言建寧府進武副尉游松
減價出糶米八千餘石賑救細民合補進義校尉本人
既有前件名目欲減磨勘五年從之　八月二十四日
戶部言建寧府進義校尉張國秀減價出糶過米一萬
三十五石係本人已係進義校尉欲與減磨勘五年從
之　九月四日戶部狀准批下饒州保明到進士程袤

乾道四年正月至六月糶過米穀并借與近鄰共計二萬四千五百三十六石八斗五升，今年認糶穀米共五千一百五十石，乞賜推賞。本部契勘程氏係糶過米穀二萬四千餘石，價亦不甚高貴，欲比擬補下班祗應。詔特與免文解一次。　十月四日，戶部言：建寧府進士游九齡減價賑糶米六千三百餘石。詔特與免文解一次。

六年二月十九日，詔建寧府張安道減價出糶米一萬四千一十石一斗，又設米粥救濟，與補下班祗應。

三月二十四日，建寧府將仕郎蕭戩減價出糶米二萬八千餘石，乞將合得賞與男夢良補進武校尉。詔從之。

七年八月一日，中書門下省奏：旱傷州軍有賑濟上

卷三千八百七十八

戶，許州縣保明申朝廷，依今來所立格補授名目：無官人一千五百石補進義校尉（願補不理選限將仕郎者聽），二千石補進武校尉（如係進士，與免文解一次；不係進士，候到部與免短使一次），四千石補承信郎（如係進士，與補上州文學），五千石補承節郎（如係進士，補迪功郎）；文臣一千石減二年磨勘（如係選人循一資），二千石減二年磨勘（如係選人循一資），仍與各占射差遣一次，三千石轉一官（如係選人循兩資），仍各與占射差遣一次，五千石以上（取旨優與推恩）；武臣一千石減二年磨勘，陞一年名次，二千石減三年磨勘，占射差遣一次，三千石轉一官，占射差遣一次，五千石以上（取旨優與推恩）。從之。　二十九日，詔衢州江山縣毛瑄賑糶米二萬四千九百三十六石五升，與補進義校尉。　十一月

二十日，權發遣隆興府龔茂良言：成忠郎張鞏居吉州永新縣，獻米三千石賑濟。詔張鞏除閤門祗候，添差吉州兵馬都監。　八年二月四日，詔吉州尹真賑濟米五千石，筠州陳元老一千五百石，吉州吳紀一萬石，吳守道四千石，撫州張嘉謀三千石，濟值三十石，數內尹真、吳紀補迪功郎，餘並補進義校尉。　四月十四日，龔茂良又言：去歲大旱，吉州教補助教詹忠節以其子承信郎詹師言仕荆南石首縣，係官過滿，久不得罷，情願獻米一千石充賑濟，乞將詹師言授家便差遣一回替罷。詔從之，仍與堂除差遣。　十六日，龔茂良言：吉州太和縣杭戶陳龍滌獻米一萬石賑濟，乞於內將五千石賞補

卷三千八百七十八

長男德元武官，并將五千石賞補第三男恪文資。其陳德元本是士人，雖曾陷刑辟，審量其人器資豊偉，可以寘之武階。詔陳恪依所乞與補右迪功郎，餘一名令別具陳乞。　五月八日，詔吉州右文林郎易嘉言賑濟米一千石，與循一資。　二十八日，知饒州王秬言：本州去年荒歉，鄉官右通直郎張垓前去諸縣勸諭，到認糶米六萬六千一百五十九石，右迪功郎許軫糶米三萬五千七百七十二石，已降指揮許軫特與轉兩官外，有餘干縣進士董時敏糶米一萬三百石，樂平縣進士程幾糶米四千三百石，德興縣董簡糶米四千石，僧紹禧行者知脩煑粥供膳過五萬三十三百六十五人，僧法博

行者法聚黄衖供膳過三萬八千五百六十一人詔張垓特與轉一官董時敏與補右廸功郎程䴵與免文解兩次董簡與補進武校尉僧紹禧法傳各賜紫衣行者知修法聚各給度牒披剃　七月十八日潭州進士劉允祖非等第户率先獻米五百石賑濟及躬親勸率有力之家出米三千八百餘石詔與免文解一次　二十六日詔右廸功郎郭仲武賑糶米二千九百六十石穀二百石與循一資占射差遣一次　九月五日龔茂良言吉州承信郎易致恭賑糶米一千八百餘石今再出米四千五百石所得酬賞乞與第二男登仕郎易嘉敏與理選限從之　十一月十九日詔永州鄉貢進士蔣

卷三千八百七十八

勵獻助米一千五百石賑濟更減價糶米三千石與免文解一次仍候蔣勵來赴殿試與陞甲恩例　八年九月二十一日建寧府免解進士張茂先狀昨於乾道四年內賑糶過米四萬餘石乞推賞詔補下州文學　九年二月三日户部狀准批下湖北安撫司申乾道七年亢旱枝江縣常安世糶稻穀五千石及中糶二萬石通計二萬五千石乞推賞恩本部欲紐計比折依賑濟五千石賞格補廸功郎從之

以上爲一卷

宋會要

官制別錄

神宗元豐三年六月十五日詔中書置局詳定官制命翰林學士張璪樞密副都承旨張誠一領之祠部員外郎王陟臣光禄寺丞李德芻檢討文字應詳定官名制度竝中書進呈先是元豐二年五月二十二日右正言知制誥李清臣言本朝官制蹤襲前代陳迹不究其實與經舛戾與古不合官與職不相準差遣與官職又不相準其階勳爵食邑寔封章服品秩俸給班位各爲輕重後先皆不相準乞詔有司講求本末漸加釐正以成一代之法　七月六日以著作佐郎祕閣校理何洵直兼詳定官制所檢討文字　八月十四日詔吏部流內

卷三千八百五

銓自今稱尚書吏部　十五日詔中書曰朕嘉成周以事建官以爵制禄小大詳要莫不有叙分職率屬而萬事條理監於三代爲備且隆建于末流道與時降因革雜駮無取法焉惟是宇文造周旁資碩輔準古創制義爲可觀國家受命百年四海承德豈茲官政尚愧前聞令將推本制作董正之原若稽祖述憲章之意參酌損益趨時之宜使臺省寺監之官寔典職事領空名者一切罷去而易之以階因以制禄凡厥恩數悉如舊章不唯朝廷可以循名考正萬事且使卿大夫莅官居職知所責任而不失寵禄之寔豈不善歟其應合行事件中書條具以聞　九月二日翰林學士蒲知孟知制誥李清

竊案徐輯永樂大典引會要云太平興國九年詔改唐朝議大夫為朝奉

臣無詳定官制檢正中書戶房公事畢仲衍檢正中書禮房公事王震並無檢討文字　十六日詳定官制所上以階易官寄祿新格中書令侍中同平章事為開府儀同三司左右僕射為特進吏部尚書為金紫光祿大夫五曹尚書為銀青光祿大夫左右丞為光祿大夫六曹侍郎為正議大夫給事中為通議大夫左右諫議為太中大夫祕書監為中大夫光祿卿至少府監為中散大夫太常至司農少卿為朝議大夫六曹郎中為朝請朝散朝奉大夫凡三等員外郎為朝請朝散朝奉郎凡三等中書舍人為朝請郎起居舍人為朝散郎司諫為朝奉郎正言太常國子博士為承議郎太常祕書殿中丞為奉議郎太子中允贊善大夫中舍洗馬為通直郎著作佐郎大理寺丞為宣德郎光祿衛尉寺將作監丞為宣義郎大理評事為承事郎太常寺太祝奉禮郎為承奉郎祕書省校書郎正字將作監主簿為承務郎又言開府儀同三司至通議大夫已上無磨勘法太中大夫至承務郎應磨勘待制已上六年遷兩官至太中大夫止承務郎已上四年遷一官至朝請大夫止候朝議大夫有闕次補其朝議大夫以七十員為額選人磨勘並依尚書吏部法遷京朝官者依今新定〔官〕例其祿並令以職事官俸賜祿料舊數與今新定官請給對擬定並從之　十七日詔開府儀同三司為使相不繫六勅銜

又詔見任宰相使相食邑實封通及萬戶前任宰相食邑及萬戶並封國公宗室如舊例又詔臣僚加恩並依舊勳已至上柱國即併加食邑實封給諫待制詳加實封省副知雜許併加勳勳已至上柱國食邑自今當加食邑減數〔勳〕令中書本房立法本房尋奏自來大禮加功臣勳階食邑實封凡五等今已罷功臣及以階易官即止有勳及食邑實封凡三等勳止柱國而食邑當依舊法自三百四百五百七百至一千戶實封自一百二百三百至四百戶仍乞各于舊條官序上逐減一等加之如食邑今加千戶止加七百戶〔食邑〕之類其實封亦以此為率即食實封一百戶并初封三百戶仍不減欲乞先行下候成書日別刪定從之　同日中書言據官告院狀諸班直都知押班長行等諸軍使副指揮使軍使副都兵馬使都頭副都頭手未曾受加恩者遇大禮授銀青光祿大夫檢校國子祭酒兼監察御史武騎尉緣見今臺省寺監之官易之以階則所授銀青光祿大夫正為階而國子祭酒監察御史乃職事官皆不合用為加恩令明堂諸如此類未加恩者並乞加武騎尉欲送官告院照會施行從之　同日中書言官制所申朝旨除三公三師外餘檢校官并散階並罷所有宗室及文武臣正任至內常侍已上內臣供奉官已下選人技術官將校中書樞密院主事已下及諸司吏人所授勅留官銜

校等各有帶文散階檢校官及憲銜欲並除去其僧官
并溪洞蠻人知州鎮及化外蕃官所帶散官等合自朝
廷指揮從之　二十四日宰臣王珪自尚書禮部侍郎
易正議大夫參知政事章惇蔡確同知樞密院孫固並
自右諫議大夫易太中大夫同知樞密院薛向自工部
侍郎易正議大夫　二十六日觀文殿大學士集禧觀
使尚書左僕射舒國公王安石為特進改封荊國公宣
徽南院使檢校太尉開府儀同三司西太乙宮使王拱
辰落開府儀同三司並以官制行正名也舊制以開府
儀同三司為加恩散階官制行易為使相拱辰未至使相改
正其名　翰林侍讀學士王陶自給事中遷正議大夫又

進職為觀文殿學士端明殿學士兼翰林侍讀學士龍
圖閣學士韓維寶文閣學士兼侍讀陳薦並自右諫議
大夫遷通議大夫仍並進職為資政殿學士樞密直學
士孫永自兵部郎中遷太中大夫進職為端明殿學士
陶等以東宮舊臣因換官特遷之　二十七日正議大
夫同中書門下平章事集賢殿大學士王珪遷銀青光
祿大夫皇弟岐王顥嘉王頵皇伯豫章郡王宗諤濮陽
郡王宗暉天水郡公宗旦並自節度使同中書門下平
章事換開府儀同三司顥頵仍自檢校太尉並遷守司
空顥進封雍王頵進封曹王宗旦進封華陰郡王河東
節度使檢校太師守司徒兼侍中判大名府潞國公文

彥博落兼侍中除守太尉開府儀同三司依前河東節
度使判河南府景靈宮使護國軍節度使檢校太師守
司徒兼中書令河中尹金鄉郡公曹佾落兼中書令除
開府儀同三司進封濟陽郡王武寧軍節度使檢校太
師守司空同中書門下平章事致仕富弼依前檢校太
師守司空落平章事換開府儀同三司通議大夫知樞
密院馮京遷正議大夫樞密使皆加食邑實封故事大
禮宰臣以下惟加恩至是因改官制珪顥頵彥博京特
遷官群臣並換新階加恩　同日詔嘗任翰林學士除
資政殿學士已上更不別兼學士　閏九月十九日詔
自今致仕官領職事官許帶致仕若有遷轉止轉寄祿

官若止係寄祿官即以本官致仕其見致仕官除三師
三公東宮官三師三少外餘並易之　十月九日詳定
官制所言譯經僧官有授試光祿鴻臚卿少卿者今除
階散已罷外其帶卿少官名寔有妨礙欲乞以授試卿
者改譯經三藏大法師試少卿者改譯經三藏法師其
師其師號及請俸之類並依舊詔試卿者改賜六字法
師試少卿者四字並冠譯經三藏餘依舊　十二月六
日詔應遷官除授者並即寄祿官除大兩省待制已上
至太中大夫餘官至朝請大夫並通磨勘進士八年餘
十年一遷所理年月日降指揮日為始自官制行以舊
少卿監為朝議大夫諸卿監為中散大夫秘書監為中

大夫故事兩制已上轉官至前行郎中即超轉諫議大夫前行郎中於階官爲朝請大夫諫議大夫於階官爲太中大夫而兩制磨勘者舊不轉卿監即以今制不當轉此三階又舊制朝議大夫止以七十員爲額餘官轉至朝請大夫即須俟有闕方許次補至是因有司申明乃降是詔其大兩省待制以上自通直郎至太中大夫磨勘理三年承務郎已上至朝請大夫理四年自如舊制　四年二月十三日詔審官東院所請重詳定令敕並歸官制所　七月二十三日命權判尚書吏部集賢院學士蘇頌同詳定官制　八月八日朝散郎直龍圖閣曾鞏言伏覩脩定官制即百官庶務既已類別自一

卷三千八百五　六

事以上本末次第使吏制之前習勑已定則命出之日但在奉行而已蓋吏部於尚書爲六官之首試即而言之其所總者選事也流內銓三班東西審官之任皆當歸之誠因今日之有司擇可屬以事者使之區處自今僕射尚書侍郎郎中員外郎以其位之升降爲其任之繁簡使省審決其當屬郎中員外郎某當屬尚書侍郎某當屬令僕射各以其所屬預爲科別如此則新命之官不煩而知其任矣曹局吏員如三班諸房十有六諸吏六十有四其所別之司所隸之人不必盡易惟當合者合之當析者析之當損者損之當益者益之使諸曹所主因其舊習如此則新補之吏不諭而知其守矣

憲令版圖文移案牘訟訴期會總領脩行舉明鉤考其因革損益之不同與有舉此而施諸彼有捨諸彼而受諸此有當警于官而布于衆者前事之期莫不考定如此則新出之政不戒而知其叙矣夫新命之官不煩而知其任新補之吏不諭而知其守新出之政不戒而知其叙則推行之始去故取新所以待之者備矣其於選事如此旁至於司封司勳考功當隸之者內服外服庶工萬事當歸之者推此以通彼則吏部之任不待命出之日閱而後辨推而後通也試即吏部言之體當如此其于百工庶職素具以待新政之行者臣之妄意竊以爲槩易此也詔送詳定官制所　十月二十七日詔自

卷三千八百五　七

今除授職事官並以寄祿官品高下爲法凡高一品已上者爲行下一品者爲守下二品已下者爲試品同者不用行守試　十一月八日詔中書丁酉開天章閣進呈官制　九日手詔官制所分撥事類已見次第已得旨減省官吏緣使臣吏人中其有昨編脩內諸司敕式所取到之人其本司已令釐正編脩勑式已經取會未能了當事務不少宜令元編脩官張誠一等比前占之數量行裁減精選可用者依舊置局結絶　十五日對輔臣於天章閣議行官制既而中輟　二十一日詔太中大夫待制以上帶脩撰者並罷又詔諸省曹寺監元額以職事繁簡及資序高下互除尚書侍郎奏事郎官

一員同上殿大理寺左廳已畫旨公案抄送門下省罷
宣徽使見任人依舊自今更不除人　二十二日詔增
減官吏並門下中書省同取旨樞密院置知院同知院
餘悉罷　五年正月二十六日詔文武散階除化外人
依舊外餘悉罷　二月十五日詔官品卑而任職事官
品高若議請減隔一等者聽從高品隔二品者上應議
者請應請者減　四月二十三日詔中書五月朔行官
制　同日詳定官制所言唐制內外職事官有品者給
告身其州鎮辟置僚佐止給使牒本朝亦以品官給告
身其無品及一時差遣不以職任輕重皆中書門下給
黃牒樞密院降宣今若盡如唐制例給告身則職卑而

卷三千八百五　八

事微恐不勝盡給今擬階官職事官選人凡入品者皆
給告身其無品者若被敕除授則給中書黃牒吏部奏
授則給門下黃牒樞密院差則仍舊降宣於事簡便從
之　二十四日詔應除職事官候官制行日罷舊職事
尚書省執政官不用此例　二十五日詔承議郎試吏
部尚書李清臣寄祿官大卑特遷朝奉大夫上曰安有
尚書而猶承議郎者　二十六日詔中書舍人罷執事
官日除龍圖閣待制　二十七日詔六曹尚書依翰林
學士例六曹侍郎給事中依直學士例朝謝日不以行
守試並賜服佩魚罷職除他官日不帶行　五月一日
御文德殿視朝新除職事官未正謝者許立班　是日

詔大理寺國子監官差承務郎以上如無即差選人充
正官立行守試請受法雖外任用前資　二日詔先王
以道在天下列而為事陳而為法人各有分然後安官
各有守然後治三代以降累世相仍寖迷本原遂亂名
寔餘敝斯積其流及今朕閔古弗還因時改造是正百
職建復六聯先後重輕粗獲條次小大貴賤迭相維持
差擇羣材分委成憲佇觀來效共致丕平敢有弗欽將
致厥罪新除省臺寺監官詳定官制所已著所掌職事
官如被選之人不循分守敢有僭紊其申諭中外違是
令者執政官委御史臺彈奏尚書以下聽長官糾劾以
聞文昌雜錄云元豐壬戌五月朔上御文德殿視朝伏

卷三千八百五　九

衙如式既退三省已下職事官各釐新務蓋一時之榮
也初三日詔曰云云詔自內出非學士之辭也　同日
手詔詳定官制所曰有應報新置官司事件不少其李
清臣已下應新除職事官之人並令依舊　三日手詔
朝廷議更官制本欲嚴正吏治非徒膠古希奇而已比
命官置司脩講逾年迨令頒行尚爽條理若自爾去分
撥事類仍前糾紛不免敵侮四方貽譏來世事繫國體
二三執政可不究心其詳定官恐須益得深曉文法之
人如頃所論體統令以此意著為式令　上嘗論蘇綽
建復官制上自朝廷下至州縣悉分為六曹體統如一
令先自京師候推行有序即監司州縣皆可施行矣

同日以御史中丞徐禧同詳定官制詔如聞官制新行諸司不知所屬可一切申尚書省其舊官司如殿中省翰林院之類有見任官者令依舊治事俟新官上即對罷其妄稱疑廢託故避事以擅去官守律論　九日王珪言故事中書進熟進草惟執政書押令官制門下省給事中獨許書黃而不得書草舒亶疑之因以爲請上曰造令行令職分宜別給事中不得書草著爲令　同日三省言九寺三監分隸六曹欲申明行下上曰不可一寺一監職事或分屬諸曹豈可專有所隸宜白九寺三監於六曹隨事統屬著爲令　十一日上批自頒行官制以來內外大小諸司及創被差命之人凡有申稟

卷三千八百五　十

公事日告留滯比之舊日中書稽延數倍衆皆有不辦事之憂未知留滯處所可速根研裁議早令快便大率止以舊中書遣發可也于是三省言尚書省六曹如吏部尚書左右選舊係審官東西院流內銓三班院戶部左右曹係三司司農寺舊申中書者令各剌都省其應奏及本部可即施行者並如舊內外諸司皆準此可申明行下　同日秘書省殿中省內侍省入內內侍省於三省用申狀尚書六曹用牒不隸御史臺六察如有違慢妄言事御史彈奏其尚書六曹分隸六察　十五日詔三省樞密院獨班奏事每日不得過三班其樞密院自今應入進文字自來用押字者並依三省例書臣名

同日詔直翰林醫官院至祇候依舊更不改換其見帶太僕丞並化外主簿並罷仍令後更不除授令詳定官制所立法以聞　先是官制所定剗改醫官院爲翰林院惟使副尚藥奉御依舊外直院而下隸太醫局令復如故　六月癸亥翰林醫官院改爲翰林醫官局使副已下如舊　十七日詔五品已下官應得旨改官並爲敕授　十九日詔翰林學士兩省官見執政官議事並繫鞵六曹尚書以下並靴笏　六月十三日詳定官制所言定制授敕授奏授告身式從之　翌日詔官誥及奏鈔體式令官制所取房元鱗官告看詳改定以聞　二十五日給事中陸佃言三省樞密院文字已讀訖皆再

卷三千八百五　十一

送令封駁應成重複上批可勘會差奏重複進呈乃詔罷封駁房　先是故事詔旨皆付銀臺司封駁官制既行猶循舊至是始罷之　二十七日詳定官制所言御輦院乞依舊隸太僕寺其輿輦及應供奉事隸殿中省牛羊司隸光祿寺其養牛乳牛兵匠入牛羊司從之惟御輦院不隸省事　七月三日尚書省奏自五月一日奉行官制推原法意每事講求緣其端本增立支節須纖悉備具即施用著明奉行以來於今踰月凡續降指揮申明條制雖未周詳謹俻大畧窃慮董正之初在所考察令繕寫集爲二策乞賜覽數　八日詔譯經潤文使同譯經潤文並罷自今令禮部尚書領之廢譯經使

司印　同日詔應冠尚書字者官司申狀並申門下中
書外省準此　十四日詔諸改官於官名應避者擬以
次官資品恩數並依合改官法　二十一日通直郎守
考功員外郎蔡京為起居郎仍同詳定官制京前為官
制所檢討文字于是上批京久在官制所諳知創法本
末其弟雖見充詳定縁條暫置官局所職止于看詳文
字別無政事関由雖兄弟共處理亦無害故也　二十
四日詔御輦院既未有所隸宜令專達時上欲釐正殿
中省職事置六尚如唐故事度禁中未有置省之所未
遑也故有是詔　八月一日詳定官制所言尚書省施
行政令勿屬六曹之事都省總之或有稽違所當察舉

卷三千八百五　十二

而任其責令擬立法諸六曹事有稽違而不察舉者以
律上官按省不覺坐之令僕丞為一等左右司為一等
都事主事為一等令史以下為一等從之　四日詔三
省樞密院秘書殿中內侍入內內侍省聽御史長官若
言事御史彈糾先是置監察御史分六察隨所隸察省
曹寺監而三省至內侍無所隸故以長官言事御史察
之　九月十四日詔應脩明法式並尚書省議定上中
書省速者先次施行餘半年一頒其樞密院并不隸六
曹者下刑部縁功賞者下司勲脩立還送尚書省議
二十三日詔詳定官制所罷局六曹等條送編敕所其
未了事限十日結絶先罷官吏請給　十月十二日詳

定重脩編敕所言準朝旨六曹等處條貫送編敕所修
定乞自朝廷于官制所見在屬官內選差六員為刪定
官從之　十七日詳定官制所言準尚書省劄子官制
所定雜事奏鈔奏有司事舊令式並尚書省左右僕射
與左右丞簽書蓋朝廷以法在所司按法閲奏稟候朝
命而人主於有司之成務付之執政執政官所宜代天
工而任賞罰則人主但閲之而已朝廷以天下事分六
曹以治之都省以總之六察以按之六曹失職則都省
在所糾都省失糾則六察在所彈上下相維各有職守
則奏鈔書都省執政官于理為當其房元齡等告身四
道內三等敕授制授不書尚書都省官內一卷奏鈔並

卷三千八百五　十三

著尚書都省官而不書名授敕授制授則尚書省有書
有不書者唐告體制不一至於奏授則尚書省具鈔奏
上未有不具尚書都省官者然于告身有不書名者蓋
告身翻錄奏鈔其鈔已付吏部翻錄為告故或不書今
奏鈔已書即告身止令代書從之　二十七日尚書吏
部言待制已上舊法六年遷官今準新制三年一遷其
已滿三年磨勘外有剩年月者乞許通理磨勘從之
十一月十七日尚書戶部言行官制以來惟是吏祿條
目最多一等吏人職次既同責任又均而獨於祿廩頗
有厚薄乞三省六曹諸司省臺寺監見充正額人數不
問舊請多寡並依新格支給其係撥到逐等守闕或帶

權守人並給正額請受十分之七應前後許帶舊請指
揮更不施行詔除三省外依奏　十八日詔大宗正司
不隸六曹其丞屬聽中書省取旨差　十二月一日上
批起居舍人王震諳曉吏文即令全無職事官制所擬
脩六書救令文字浩繁詳定官安燾曾台符各有尚書
省職務不能專力可差震同詳定　十三日詔朝散大
夫試吏部尚書李清通議大夫守侍郎蘇頌奉議郎試
中書舍人蔡卞通直郎試起居郎蔡京各遷一官樞密
都承旨客省使舒州團練使張誠一領秀州防禦使故
起居郎畢仲衍賜絹百檢討檢詳官一年已上減磨勘
三年一年已下減二年離局者第減一等並以官制成

推恩也　六年三月二十五日詔罷銀臺司取索舉奏
令故事銀臺司凡奏狀諸處已施行者有著令得取索
行遣看詳若有不當聽舉劾時官制行封駁悉歸門下
省故罷之　七月五日門下中書外省言自官制行已
及朞年其間利害官吏固已習知令編脩敕令條理當
博采衆智欲乞許見任官到局叅議及許其餘人具所
見利害赴本省投狀如有可采量事推恩從之　七年
十月二十一日詔應執事官以除授先後為序同日除
者以寄祿官　十一月二十六日敕諸官司倉庫事不
可專行及無法式須申請者並由所屬寺監寺監不可
專行並隨事申尚書省本部本部又不可專行即勘當

上省若直被朝旨應覆奏者依本條仍各申知上條合
入在京通用令看詳不可專行若無法式事係干邊防
及緊急理不可緩者盡令申所屬待報窃恐遲誤害事
今脩立下項諸事干邊防及應緊急理不可緩申所屬
本部不及聽直申尚書省樞密院右入寺監務庫務通
用令諸事非邊防及應緊急可緩者申本部不及輙直
申尚書省樞密院者杖一百右入寺監庫務通用令奉
聖旨依如違令御史臺覺察彈奏詔遵守元豐詔書如
違犯令尚書省糾劾　哲宗元祐元年閏二月六日詔
自今觀文殿學士資政殿大學士班序雜壓並在六曹
尚書之上資政殿學士曾任執政官者畢此　八日資

政殿學士新知潁昌府曾孝寬言乞下吏部取官制以
前舍官名數委官司裁定有可以仍舊者著為令詔可
吏部勘會見使罷舉窠名及許奏并權暫奏差朝旨緣
無以見在京并外路事務繁簡恐該載不盡難以立定
成法詔應沿邊州軍城寨巡檢都監監押寨主巡防諸
路捕盜官及課利係三萬貫已上場務舊係舉官員闕
處許依舊奏舉如數內令來事務稀少不消奏舉及事
務繁劇合舉官去處具因依窠名各限一月奏聞　二
月二十八日詔職事官許帶職其班序雜壓依執事官
如職高於寄祿官並以職為行守試應緣職添支除酒
外餘不給內尚書非學士除六吏不待帶待制侯二年

加直學士中丞侍郎給舍諫議非待制除者通及一年加待制其見任職事官内舊帶待制已上執事者並還舊職只降敕仍免謝集賢殿脩撰直龍圖閣直集賢院直秘閣集賢校理秘閣校理已上職今後内外官並許帶除職食錢并理任外其餘恩數並依官制已前條貫其横行使副並依舊通管司客省四方館閤門公事其輪直日依舊令　六月十四日左司諫王岩叟言近制職事官許帶職内尚書二年加直學士中丞侍郎給諫諫議及一年加待制臣所未諭望詔輔臣别加講議裁定歸一詔學士除尚書學士待制侍郎並許帶職中丞給事中舍人諫議更不帶待制若除它官及外官者自

侍郎至諫議並换待制尚書换直學士即進擢責降者勿用此例　十六日右正言王覿言近制通十大夫已上皆通行磨勘故自推行官制以來或以特恩或以磨勘而轉一官比舊有實轉兩官以至三四官非所以愛惜名器也請自今官至太中大夫已上毋以磨勘轉官詔文臣磨勘待制太中大夫已上至通議大夫止餘官至中散大夫止其中散大夫已上以勞酬獎合轉官者許回授子孫特上昇遷不拘此制　十月四日詔應試中館職者内選人除試正字改官請俸並等於太學博士法未陞朝官除校書郎陞朝官除秘閣校理正字供職四年除秘閣校理仍候改寄禄官日除校書郎供職二

年除集賢校理秘書郎著作佐郎比直集賢院直秘閣　二年七月四日詔除諸行侍郎如未歷大兩省及待制已上職者帶權字叙班在諸行侍郎之下雜壓在太中大夫之上禄賜比諫議大夫仍不賜金帶候及二年取旨其六曹郎中雖係知州資序未實歷知州及監司六曹員外郎開封府推判官者並只除員外郎　八月六日太師文彦博進除改舊制甄别資品除授之法詔三省參詳資品履歷授新舊制除授　三年二月六日詔自今朝議中散正議光禄銀青光禄金紫光禄大夫並置左右進士出身及帶職轉至左朝議中散為二資餘人轉至朝議中散分左右字為四資以上各理七年

磨勘其正議至金紫並分左右為八資應今官已及此者悉加之　十四日樞密院言文臣换右職舊屬本院自官制後歸三省緣换授大使臣係入樞密院奏差遣又有以本院差在武臣去處因事取旨换授者行遣不一合依例同呈取旨詔今後大臣换大使臣並三省樞密院同取旨　六月二十八日詔今後應除六曹郎中選第二任知州已上資序實歷知州或曾任監司官六曹員外郎校理臺諫官開封府推官並滿二年人充少監員外郎府推官選第二任通判以上資序或初任通判曾歷外任親民二年人充寺監丞選第二任知縣以上資序人充　八月四日詔文武官雜壓增冀兗青徐揚

荆豫雍州牧在御史大夫之上　十一月十四日詔左
右中散大夫以二十員左右朝議大夫以五十員為額
十二月十六日詔應緣例陳乞子弟宫觀嶽廟差遣
再任者不理為資序　閏十二月一日尚書省言未行
官制以前凡定功賞之類皆自朝廷詳酌自行官制先
從六曹依例擬定其事例輕重不同合具例取裁事與
例等不當輙加增損若不務審察事理較量重輕惟從
減損或功狀微小輙引優例亦當分别事理輕重及已
未施行等第立法令以舊條增修凡事與例同而輙增
損漏落者杖八十内事理重已施行者徒二年如數例
重輕不同或無例而比類他例者並具例勘當擬定奏
裁從之仍增三省樞密院相干事並同取旨　十四日
詔陝西河東蕃官蕃兵三路廣西川陝荆湖民兵及敢
勇効用之屬並隸樞密院兵部依舊主行其餘路民兵
令兵部依舊上尚書省應小使臣初補及改轉並吏兵
部擬鈔畫聞訖送樞密院降宣其定州北平軍使瀛州
知肅寧城雄霸州沿界河及海口巡檢都監青澗綏德
大順水洛甘谷定西知城並樞密院差人雄霸州沿界
河同巡檢歸信容城知縣縣尉河東河外六巡檢忻代
州都巡檢使寧化軍天地岢嵐軍阜城州都巡檢使沅
州渠陽寨邵州蒔竹縣廣西左右江都巡檢左江右江
四都同巡檢宜融溪洞都巡檢朱崖軍使吏部依格擬

差申樞密院銓量降宣處分在京者引驗河東陝西川
峽荆湖廣西極邊及接連溪洞巡檢城寨大小使臣即
吏部先條具差舉窠名申樞密院看詳指定要切處别
具取旨銓量初官制循唐舊典以名寔釐正由是三省
樞密院舊所領事各隨名分隷至是因樞密院請改焉
十八日置六曹尚書權官俸賜依六曹侍郎守法敍
班在試尚書之下雜壓在左右常侍之下滿一年取旨
四年二月四日侍御史盛陶言近詔除六曹郎中並
于第二任知州以上資序入内選寔歷知州或曾任監
司六曹員外郎校理臺官開封府推官滿二年人充竊
詳監司係朝廷擢用復滿二年除六曹郎司不為過其
第二任歷知州人多是吏部嘗謫諸路監司被名入省
若稍資淺止為員外郎而轄下守倅及資格者乃直為
郎中理似未安望且除員外郎有勞乃遷郎中詔於元
降旨内删寔歷知州五字　四月十九日詔今後差
除及責降告令吏部並依見任官職差遣進入　十一
月四日三省言舊制京朝官已上各分進士及餘人自
改為寄禄官後並一等改轉别無分别除諫議大夫已
上置左右兩等改轉外承務郎已上至朝散朝請大夫
欲依朝議大夫已上分左右兩等進士出身人加左餘
人加右字遷轉磨勘自依見行條制其所加字仍自寄
禄官朝奉郎職事官監察御史已上並給黃牒餘職事

官尚書省給劄子，寄祿官吏部給牒。從之。五年三月二日，詔學士院文彥博麻制內特不用守字，以彥博嘗正任太師也。八月二日，詔權侍郎並日參。十月二十日，詔近除權侍郎並依諫議大夫及待制例。六年六月十七日，詔應侍從官待制已上、職事官監察御史已上、寄祿官中散大夫已上、武臣橫行諸司使遙郡已上，及宗室、侍講、侍讀、崇政殿說書、脩撰、直龍圖閣、都知、押班、開封府推判官、開封府界提點、發運轉運使副判官、提點鑄錢，並進敕。八年十二月二日，尚書左僕射呂大防言：乞倣唐六典委官置局脩成官制一書，以為國朝大典，仍乞令脩史院官兼領。從之。紹聖元年閏四月十六日，左司諫翟思言：先帝脩定官制，循名辨實，元祐以來寖以變亂，如六曹尚書與侍郎有去行守試而加權者，學士、待制、校理有兼尚書侍郎、郎中、員外郎者，請詔有司各與釐正。詔令編脩官制局考其元合改正事目，申中書省取旨改正，畢罷局，其元請集成六典更不脩纂。五月一日，詔罷編脩官制局。七日，監察御史劉拯言：請六曹侍郎復八員之額，除貼職外，擇可罷者罷之，餘立年限，如祖宗故事；寺監寺丞已下闕還吏部者還之，已有差遣不許自請在任待接人，以除冗濫。詔已授差遣人並罷權差遣。十五日，右正言張商英言：熙寧五年任監察御史裏行日，曾乞釐正本朝官制，臣

卷三千八百五

三十

輒稚原先帝之意，著之于篇。詔送給事中、中書舍人看詳。紹聖二年三月二十一日，監察御史常安民言：乞考祖宗用人之制，脩立權侍郎遷進法。詔三省擬法。三省奏：欲應權乞自起居郎、起居舍人、侍御史及帶脩撰除者，滿三年取旨除正，與外任者除待制；自侍御史不滿二年除者，滿三年取旨；自七寺卿、國子祭酒、太常少卿、祕書少監、直龍圖閣除者，滿二年取旨除脩撰，與外任；職事脩舉者，再留二年取旨除正，與外任者除待制。即材能為衆所推、嘗績効顯者、朝廷特援擢者，不在此限。從之。燕翼貽謀録云云：且天子侍從之臣，非有能績効而可冒居之乎？信如其言，如銓部注擬常調計資歷歲月者之為也。是時雖出此令，卒莫能行。章惇之意，蓋欲假此以拖異己之人，而不次超越者則曰人主特拔擢也，豈不愚哉！二十四日，三省言：編脩官制局王欽臣奏：近制有權尚書侍郎職事官帶職，皆元豐官制所無。緣尚書侍郎或有資淺者帶權字，欲且依舊；職事官不帶職，欲依元豐制。從之。罷帶館職人，如該今年大禮奏薦，特與一次。四月三日，詔職事官罷帶職，非職事官仍舊許帶。易集賢院學士為集賢殿脩撰，直集賢院為直祕閣，集賢校理為祕閣校理，見帶人並改正。寄祿官除正議大夫、光祿大夫、銀青光祿大夫分左右，朝議大夫、中散大夫亦仍舊存左右，作兩資遷轉，以分雜出身

卷三千八百五

三十一

無出身人餘並廢罷　同日詔許將仍舊守吏部尚書
令後前執政官除尚書準此　七月二十五日三省言
夔州路轉運判官黎珣言臣於先朝元豐七年中曾進
開封六曹官制格尋令知府蔡京等編脩成書令其具
草見在欲望紹承前志早遷天府以正官司之獎詔送
戶部尚書蔡京看詳以聞　三年九月十二日戶部侍
郎吳居厚言神宗議行官制使之各正其名凡臺省寺
監之官制祿有三等之別行守試是也元祐中裁減浮
費而職事官帶行者遂令存虛名而已且職事官帶行
守者凡今且亦無幾使如官職制賦祿其貴又有幾何
伏望朝廷以其事付之有司講求復行舊制從之　四

年八月三日翰林學士兼侍讀蔣之奇言伏以官制之
弊久矣名秩舛迭位序顛倒在漢何武嘗請建三公而
不能定在周盧辯嘗述著六官而不能久先帝元豐之
間慨然一變以階寓祿雖用舊文而傳以新意可謂盡
善矣然有所未安者試守之謂也蓋所謂試則非正官
也今為尚書侍郎者皆正官也而謂之試此失之矣本
其始所謂試者為其階之卑也如以其階卑則謂之守
可也臣按正觀令以職事高者為守職事卑者為行舊
制階尊職卑為行階卑職尊為守階與職等者不行不
守此三者足以該之矣其不必謂之試亦明矣何以知
階卑職尊可以謂之守也守者非真也臣按李固傳注

漢故事先守一歲其後為真又馬援傳注試守者一歲
乃為真食其全俸故薛宣入守左馮翊滿歲稱職為真
張敞守太原滿歲為真王尊守京兆尹後為真又茂陵
守令尹公注云守茂陵令未真為之以此考之則階卑
職尊者謂之守足矣不必試也且如正議大夫視六曹
侍郎光祿大夫視左右中丞通議大夫視給事中令六
曹侍郎自正議大夫除則官與階等不守不行可也自
光祿大夫以上除則階尊官卑謂之行可也自通議大
夫以下除則階卑官尊謂之守可也何必云試哉凡此
三等者皆古之制也令中大夫為尚書侍郎則稱試為
左右丞則稱守且新制左右丞為輔臣在尚書之上豈

有中大夫可以守左右丞而不可以守尚書侍郎乎此
可倒倒置也臣請參酌典故特為釐改凡為正官者皆
改試為守庶幾協於名義全一代之盛典議者謂以試
為守如制祿之差何以應之曰定制祿之差使守如試
無不可者臣聞明聖潤色祖業傳之無窮先帝考復官
名規摹宏遠則脩飾而潤色之正在陛下惟留神財韋
　元符元年二月十三日三省言裁定六曹寺監文字
所狀乞降旨翰林侍講侍讀學士向去置與不置詔元
祐復置翰林侍讀侍講學士指揮更不施行　九月二
十二日詔六曹權侍郎三年磨勘著為令　二年十一
月十三日詔集賢殿脩撰直龍圖閣直秘閣依舊外餘

依前詔　徽宗崇寧元年六月二十九日詔令國史院
以神宗所定官制依唐六典編脩成書　七月三日詔
曰內外官並以三年為任廼元豐舊制比歲以來官守
屢易至有歲內再三改移暫居官次突不及黔時序未
更已聞移去惟是覬望進擢日俟遷陞決詞訟則鮮肯
究心視公局則猶同傳舍簿書案牘首尾罕詳吏緣為
姦民受其弊蓋是除擬之際愛惡未同順親愛者務令
資任暗陞因憎惡者欲令遷徙不定遂令老幼懷道途
之艮吏卒疲將迎之勞送往迎來煩擾百出唐虞考績
幾成虛文自今後內自臺省寺監外及牧守監司宜一
切依元豐舊制並以三年為任如未及成資已上不得

卷三千八百五

二十四

得輒有替移其在祇率先猷無或違盭惟吏安厥職民
懷其惠乃稱朕紹休聖緒之志咨爾中外體予至意
八月二十九日臣僚上言陛下臨御以來求治深切脩
廢救弊常若不及臣愚區區備位言職每思自效仰禆
聖慮之萬一敢舉一端以陳之蓋官有濫員則吏有冗
額官濫吏冗而欲事簡而不留者不可得也竊觀今日
尚書六曹之司與寺監事皆重複至于有司所涖不一
往反稽滯徒費案牘而無益於治既設尚書六曹於上
百司皆有所統屬矣又置寺監而百司復分涖焉凡六
曹文符指揮直下諸司可也今乃止及於寺監寺監受
之謄報於諸司而已亦無可否於其間也舉寺監中號

為煩劇莫如太府一卿二少三丞一簿置吏六十餘人
其所治之事止於以受戶部符命內法式所載者錄而
告於諸司法式之不載者復上於戶部聽其裁決之命
受而行焉若移戶部之符以付太府者載其法式而與
裁減之命徑下于諸司豈不為簡且便乎此所謂重複
也事初至于戶部行遣已有日限符于本寺行遣又有
日限或上其事而聽命者往反亦如之此所謂稽滯也
其號為煩劇事止如是其他寺監率皆倣此其理甚明
豈宜因襲而不更張之也稍有改易則官可省吏可削
事自簡矣如太常秩礼大理決刑光祿奉祭祀衛尉充
仗衛鴻臚治喪塟司農按倉場太府主度量少府涖鑄

卷三千八百五

二十五

造將作領軍器都水董工役其所涖諸司大略悉歸於
曹則可使卿丞補吏三人數亦足辦也六曹文符直抵
于諸司則重複留滯之弊曉然可革其在廩祿亦無虛
授者矣詔令吏戶部同共相度聞奏　二年九月二十
五日刑部尚書鄧洵武言吏部選人自節察判官以至
簿尉凡七等有帶知安州雲夢縣事而為河東路轉運
司勾當公事者有河中府司錄參軍而監楚州塩場者
有瀛州防禦推官知太名府元城縣事為濮州學校授
者淆亂紛錯莫甚於此乞留守節察判官為承直郎掌
書記支使防團判官為儒林郎留守節察推官軍事判
官為文林郎防團軍事推官為從事郎錄事參軍縣令

為通仕郎，知録事參軍、知縣令為登仕郎，軍巡判官、司理、司法、司户、簿尉為將仕郎。詔付吏部。　三年三月二十四日，詔：「今後省臺寺監官并牧守監官，依崇寧元年七月三日手詔，並以三年為任，如未成資已上，非緣事故不得輒有移替。」　大觀二年三月十五日，吏部狀：「準尚書省劄子，奉御筆：寄禄官在神考時不分左右，曩雖釐正，猶有存者。若盡去之，則序爵制禄等級差少，人易以及。可令有司條畫以聞。付本部施行。謹具下項：一、元豐寄禄官格：開府儀同三司、特進、金紫光禄大夫、銀青光禄大夫、光禄大夫、正議大夫、通議大夫、太中大夫、中大夫、中散大夫、朝議大夫、朝請大夫、朝散大夫、朝奉大夫、朝請郎、朝散郎、朝奉郎、承議郎、奉議郎、通直郎、宣德郎、宣義郎、承事郎、承奉郎、承務郎。　一、紹聖二年給事中、書舍人看詳一項：寄禄官分左右，竊見先帝以文散官定為寄禄法，寔一代之新制，而議者淺陋，妄加穿鑿，遂請分為左右。元法本緣禄秩，不為流品，今合除法。若謂正議大夫、光禄大夫元是六曹及左右轄綱轉法有未盡，合行完補，即乞存此三等分左右外，餘並廢罷。仍朝議大夫、中散大夫亦依舊存左右字，以分雜出身及無出身人，依舊作兩資遷轉。　一、紹聖三年十一月十四日，中書省勘會：元豐四年正月九日中書省劄子，應大兩省待制已上，並轉朝議大夫、中散大夫、中大夫

三官。至元祐三年二月九日敕，寄禄官並置左右字，因此許帶職人待制已上、職事官諫議大夫以上，自朝議大夫便轉中大夫，比其他出身人超越一官遷轉。近降紹聖二年三月二十六日敕，正議大夫、光禄大夫、銀青光禄大夫分左右，餘並廢罷外，仍朝議大夫、中散大夫亦依舊作兩資遷轉，其朝議轉中大夫一節亦合廢罷。奉聖旨：依擬定，其已轉過之人更不追改。　一、崇寧四年三月十九日，朝奉大夫、試中書舍人兼直學士院林攄狀：承尚書省劄子，據吏部狀，勘會寄禄官分左右字係元祐年指揮，雖已焚毀不行，緣却有紹聖二年内正議大夫、光禄大夫、銀青光禄大夫并朝議大夫、中散大夫分左右指揮，及臣僚上言欲依官制不分左右字等。奉旨令審覆省寺監諸司元祐法官別立新法令，參酌脩立下條：諸朝議、中散、正議、光禄、銀青光禄大夫應轉官者，各以左右為兩資轉（先右而後左，有出身人應轉朝議、中散大夫者，更不轉右，止作一官）轉，即朝請大夫至中散大夫仍各理七年磨勘。右入吏部考巧令。奉聖旨依。　一、大觀二年二月二十一日敕：中書省吏部供到狀，檢會崇寧四年三月十九日敕條，即不該載帶職及兩制已上無出身人超轉之文。其元祐法帶職并任諫議已上職事官轉左字指揮已焚毀不行。事檢會熙寧中書條：應帶館職及侍講、天章閣侍講、崇政殿說書

並轉左曹其無出身人帶上件職者依進士帶職人例
轉令看詳修立下條諸朝議中散正議光祿銀青光祿
大夫應轉官者各以左右為兩資轉先右而後左有出
身及無出身而見帶直祕閣已上職或任諫議大夫已
上應轉朝議中散大夫者更不轉右止作一官轉即朝
請大夫至中散大夫仍各理七年磨勘右入中書省吏
部考功令衛改崇寧四年三月十九日敕金條不行從
之　五月十七日中書舍人兼直學士院葉夢得劄子
勘會編修神宗官制六典昨承朝旨再展一年至今
年五月限滿緣官制條總三省密院省臺寺監諸司庫
務不隸省曹寺監諸司庫務計三百餘處並逐一取索

卷三千八百五　二十八

本處條例所立事務齊足攢類成沓方可下筆編修無
朝廷日近補完官制事如殿中省六尚開封府牧尹諸
實及禮樂學校之類並合候法令完備日取索編載委
于限內難以了當今欲乞朝廷詳酌寬展限期詔再展
半年　六月二十七日中書省檢會大觀二年三月十
五日奉御筆寄祿官在神考時不分左右曩雖釐正猶
有存者若盡去之則序爵制祿等級差少人易以及可
令有司條畫以聞今擬下項金紫光祿大夫銀青光祿
大夫光祿大夫舊係右銀青光祿大夫宣奉大夫舊係
左光祿大夫正奉大夫舊係右光祿大夫正議大夫通
奉大夫舊係右正議大夫通議大夫太中大夫中大夫

中奉大夫舊係左中散大夫中散大夫朝議大夫奉直
大夫舊係右朝議大夫詔依擬定應見帶左右字人並
除去依逐等所定官換授別給黃牒仍免謝內有出身
及帶職人更不轉中散奉直大夫其品從雜壓請俸磨
勘等並依舊官條格施行　三年九月一日臣僚上言
伏覩神宗肇建文昌修明官制尊卑有等先後有倫尤
謹資格以正官常法比成周而萬世不可易者宜大小
之臣遵而勿失以稱陛下繼志述事之孝臣考元豐官
制六曹郎官以知州資序人除郎中通判已下人除員
外郎凡所除授不敢踰此如大觀元年府司錄何述乃
通判資序止除員外郎於官制為不越及大觀二年韓

卷三千八百五　二十九

璞陳師文止係通判知縣資序乃自序司錄而除郎中
重違官制至今士大夫以為非臣伏見朝奉大夫開封
府左司錄參軍樓异擢長府掾未及一月考之資格尚
係通判令據援例以除司封郎中臣竊惑之臣謂法者
所以盡天下之公而例乃一時之私今輒援例而廢法
則人得以私徇而法將無所用矣方陛下追復熙豐之
政百度具舉而官制尤在所先焉豈不遵官制而用違
官制之例越次除授以例承例既久則例為定法而官
制遂至於廢廢宜陛下之深察也臣愚伏望聖慈詳酌
特降睿旨一依元豐官制施行則官不紊常矣詔六曹
郎官在元豐官制通判已下資任人除員外郎大觀元

年韓瑗陳師文破例輒除郎中令樓异遂援引違戾官
制差注可並行改正今後並遵官制施行　四年四月
二十七日勅中書省內降劄子近來寺監六曹諸司等
多是直申朝廷陳請事件並不次第行遣顯見有違元
豐官制可檢具格法作申明遍令行下　八月十一日
中書檢會今年七月十四日奉聖旨自今並依熙寧元
豐除日資格差除其太學博士正錄諸州軍教授依元
豐格法選試今勘會除依元豐官制格差除施行外下
項窠闕係元豐官制格內所無并後來創置去處並係
見令堂除文臣鄭州知州洪州知州開封尹開封少尹
開封府左右司錄開封府六曹參軍符寶郎殿中丞殿

卷三千八百五　三十

中省主簿夔州知州諸路提舉學事提舉福建市舶諸
路提舉監香洛口提舉交裝汜水同提舉輦運淮南措
置糴事三京司業教令所删定官諸宅宗子博士下項
窠闕並送吏部依格差注內學官依近降指揮選試舊
係舉官去處依舊法諸路提舉學事司主管文字檢察
私錢南北平準務榷貨大觀庫封樁竹木務折鈔官物
香藥等法酒庫外香藥庫石炭場熟藥所太官令太醫
局令正丞國子博士正錄染院添差官車輅院中車院
添差文臣近已減罷國子監書庫登聞鼓檢院詔並依
舊堂除

以上為一卷

官制別錄

政和二年三月十七日奉議郎左司諫王甫奏臣仰惟
神考以堯舜之獨智拯文武之墜緒出道制法作新憲
裕皆有成憲而政事之原莫大于官制臣聞元豐中官制
既行乃取三省還寺監凡所上所行之事張官置吏講
明寵舉徼周天地四時之官辨其掌治與所統屬為官
制格目頒之有司其書起三省樞密院次以六部而九
寺五監隨所屬部附焉分列科指條析庶事以類相從
下至一時之務咸有秩敘大綱大紀無不備具元祐姦
臣欲肆紛更棄而勿用遵揚丕謨寔在今日臣比者欽
承聖訓委臣參照違格目事務條列元祐紊亂事迹年

卷三千八百六　一

月并釐正類成事件甚盛舉也臣愚謂當將應該官制
格目所載省曹寺監一切事務依今來聖旨悉行照格
及條列廢紊事迹年月取元豐以後繼述增立之事並
依例補完釐正成書奏御斷自淵衷然後頒之天下以
詔萬世伏望陛下留神如上當聖心即乞特降詔旨仍
乞更不置局止以參詳補完官制格目所為名以便文
移除臣合遵依聖訓參詳外乞差宰執一員總領選差
手分五人及乞三省密院各差供檢人吏一人以便報
應行遣除官給紙札之類并人吏添給外臣等乞並不
支破諸色請給應今來修書廢費事件如聚議之類亦
乞更不陳請仍限一季結絕伏望聖慈詳酌施行詔元

豐官制政事本源上下維持講究備具若非元祐姦臣啓例隳紊紛更至今則孰敢輒有擬議近嘗委官參照尚書省格目悉依官制甫復有請應干官制所載及後來增立事件委官修完仍乞差宰執總領可並依所奏委鄭居中總領蔡薿王甫參詳不許添官增吏只就議禮局人吏限一季書成不得展限依已降指揮疾速行下　四月十八日參詳補完官制格目所奏臣等恭惟官制格目是為元豐不刊之典蓋與周官並傳而無遺畏緣元祐隳紊循以積習寖以違戾特詔臣等參照釐正欲以先朝垂裕之成憲及陛下纘述先志而見於大政事俾得依倣格目附為全書甚盛舉也契勘見於參

卷三千八百六　二

詳補完官制格目所為名竊慮四方萬里妄議臆度謂于補完有所去取臣等再詳所名恐有未當欲乞改以參照官制格目所為名從之　五月十七日詔參照官制格目所參照省曹寺監見行事務有與元豐官制違戾不同者一切遵依格目　六月二十九日參照官制格目所奏本所取索參照據省曹寺監等處具到格目內有逐處合行點檢并合旬申月申季申及每年舉行事務例稱自來未經行遣即今並無文字顯是蹈襲隳廢欲望委長貳郎官錄屬檢照官制格目所載事務自來隳廢不曾施行者一切遵依官制格目舉行如事係諸處合行申請並隨事行下本處照會遵依格目施行

仍委左右司逐案檢察所降令來指揮以後依前隳廢即乞委御史臺舉劾具奏聽旨又奏尚書度支事目格有點檢驅磨官員請受券歷銷簿架閣等四項至元豐七年九月二十八日準勑將在京券歷倣限法本部磨訖送比部驅磨其在外券歷並歸轉運司施行紹聖二年六月已後戶部申請到朝旨徑申比部大觀二年四月二日修立成條在外券歷申轉運司覆磨架閣在京所給無請他路錢物者申尚書刑部雖與度支格目不同又緣比部官制格目亦掌追給欠負（縱劉）侵請及有驅磨文歷一項欲乞遵依比部格目并元豐大觀逐次已降勑條釐正施行又奏乞在京出給選人文歷令度支依

卷三千八百六　三

官制格置簿比部關報勾銷其官員事故住度支請受令度支關報比部追取驅磨如得允當乞依此釐正並從之　九月二十九日手詔所與共天下之政惟二三執政之臣而官稱位序未足以垂示萬世昔我神考訓迪厥官有司不能奉承仰惟前代而以僕臣充宰相之任六卿為三公之官有志改為或未遑暇朕適追來孝若昔大猷稽三代公孤之名考左輔右弼之號是正名寔惟古之師官不必備而惟其人祇于新書克謹厥服以成烈考之志宜以太師太傅太保為三公少師少傅少保為三孤以左輔右弼太宰少宰易侍中中書令左右僕射之名舊以太尉司徒司空為三公及尚書置令並

罷　又詔新官公相若除三公即為宰相合不帶太宰少宰左輔右弼之任三少特進以下即帶太宰等官稱治省事新官三公舊為三師新官太師舊亦為太師新官太傅舊亦為太傅新官太保舊亦為太保此古三公之官為宰相之任今為三師古無三師之稱合依三代為三公論道經邦燮理陰陽官不必備惟其人為真相之任新官三少舊為三公新官少師舊為太尉新官少傅舊為司徒新官少保舊為司空太尉以下舊為三公緣司徒司空周六卿之官非三公之任乃今之六曹尚書是也太尉秦官居主兵之任亦非三公太尉司徒司空合罷並依周制立三孤之官乃次輔之位三孤貳公

卷三千八百六　四

洪化寅亮天地或稱為三少為次相之任尚書省令太宗曾任令宰相之官已多不須置新官太宰舊為左僕射新官少宰舊為右僕射門下省新官左輔舊為侍中中書省新官右弼舊為令唐太宗曾任尚書令非本朝也今具載當時詔旨不敢改易九朝紀事本末實錄有此但畧加刪潤今以詔旨別修為尚書令者唐太宗也當時有失稽考今但存本文蔡絛亦同此誤蔡絛國史後補官制國朝沿唐故事太師太傅太保為三師太尉司徒司空為三公尚書令侍中中書令為三省長官同中書門下平章事為宰相元豐中官制行皆如故獨改平章事為尚書左右僕射至政和初倣周官之制遂以

太師太傅太保為三公易少師少傅少保為三少蓋古謂之三孤孤之為名不雅因以為三少焉尚書令則國初太宗皇帝嘗為之後不敢肆以為故事則如故若侍中中書令因易為左輔右弼雖易名焉亦未始有除授者至左右僕射則改為太宰少宰又復存太尉乃倣秦漢以為掌兵官異恩禮儀物咸視執政蓋特命武臣焉而三公者當時為官不必備惟其人非前日之制徒為官稱而已乃職任也故以三公兼領三省事三省事宰相未嘗不兼領但不若今制以三公別總三省事為官長矣時魯公既為太師乃稱公相蓋以三公而下兼相任者然魯公懼權重固辭此禮丐免書門下省所以丐

卷三千八百六　五

免書門下省者以樞密院事皆過門下省不欲任兵柄故也上始不聽魯公曰今獨臣免書而已其制固存乃從之行之久矣宣和七年李邦彥執政魯公既罷而致仕乃改太師直以尚書令代為三公蓋塞復相之畧路而使不敢拜焉

同日詔曰昔神考董政治官肇建文階以祿多士聯職合治各有等差名實既賓以克用乂而武選官稱循沿末世有志未就以迄于今述而後明靡敢息廢朕夙夜惟念易而新之訓廸厥官自我作古夫名不正則言不順言不順則事不成凡爾有官尚譏乃止欲我成憲其爾之休所有武階磨勘遷改請給奏蔭等凡厥恩數悉加舊章咨爾有衆其祗新書毋忽正任

節度使觀察留後觀察使防禦使團練使刺使右六階仍舊不帶持節等橫行新官通侍大夫舊官內客省使正侍大夫舊官延福宮使中侍大夫舊官景福殿使中亮大夫舊官容省使中衛大夫舊官引進使拱衛大夫舊官四方館使左武大夫舊官東上閤門使右武大夫舊官西上閤門使中亮郎舊官引進副使中衛郎舊官引進副使左武郎舊官東上閤門副使右武郎舊官西上閤門副使右一十二階大夫帶遙郡仍舊內通事舍人閤門祗候看班祗候仍舊皇城使已下新官武功大夫舊官皇城使武德大夫舊官宮苑使左右騏驥使內藏庫使武顯大夫舊官左藏庫使東作坊使西作坊使

武節大夫舊官宅莊使六宅使文思使武略大夫舊官內園使洛苑使如京使崇義使武經大夫舊官西京左藏庫使武義大夫舊官西京作坊使東西染院使礼賓使武翼大夫舊官供備庫使右八階帶遙郡仍舊皇城副使以下新官武功郎舊官皇城副使武德郎舊官宮苑副使左右騏驥副使內藏副使武顯郎舊官左藏庫副使東作坊副使西作坊副使武節郎舊官莊宅副使六宅副使文思副使武略郎舊官內園副使洛苑副使如京副使崇義副使武經郎舊官西京左藏庫副使武義郎舊官西京作坊副使東西染院副使礼賓副使武翼郎舊官供備庫副使右八階內殿承制以下小使

臣新官敦武郎舊官內殿承制修武郎舊官內殿崇班從義郎舊官東頭供奉官秉義郎舊官西頭供奉官忠訓郎舊官左侍禁忠翊郎舊官右侍禁成忠郎舊官左班殿直保義郎舊官右班殿直承節郎舊官三班奉職承信郎舊官三班借職進武校尉舊官三班差使進義校尉舊官三班借差右一十二階入內內侍兩省新官供奉官舊官東頭供奉官左侍禁舊官西頭供奉官右侍禁舊官殿頭左班殿直舊官高品右班殿直舊官高班黃門仍舊祗候侍禁舊官祗候殿頭祗候殿直舊官祗候高班祗候黃門內品舊官祗候高班內品祗候內品仍舊祗候內品貼祗候內品仍舊貼祗候內品右一

十二階八階改三階仍舊大將等新官進武副尉舊官大將進義副尉舊官正名軍將守闕進義副尉舊官守闕軍將右三階殿侍新官下班祗應舊在宗室及外州軍祗應稱殿侍非是除東班應奉人依舊外餘令改作下班祗應南班環衛官諸衛大將軍諸衛將軍率府率率府副率別無領職不礙官制合仍舊衛官各有三等上將軍大將軍將軍共四十二階左右金吾衛左右驍衛左右武衛左右屯衛左右領軍衛左右監門衛左右千牛衛左右衛合依舊率府率府副率五等十階左右衛司禦率府率左右衛青道監門內率府率左右衛司禦青道率府副率左右監門率府副率左右內率府副

率合仍舊醫職新官和安大夫成和大夫成安大夫成
全大夫舊官軍器庫使保和大夫舊官西綾錦使保安
大夫舊官権易使翰林良醫舊官翰林醫官使和安郎
成和郎成安郎成全郎舊官軍器副使保和郎舊官西
綾錦副使保安郎舊官権易副使翰林醫政舊官翰林
醫官副使詔令吏部依此頒行九朝紀事本末宋勝非
去元豐議官制殿師張誠一有奏皷言事內出識一劄
目送局請改內侍官名尚宮蘇頌蔡京王震陳穎司奏
事進呈神宗顧視左右曰此無內侍祖宗為此名蓋有
深意豈可輕議取劄子入御袖至崇寧初蔡京相徽宗
置殿中監近侍遂有分職鄭居中執政議武選其後命

下文武俱稱郎大夫內侍預焉自是押班都知殿頭內
養等各一切革去蓋京與居中皆結閹寺以進故與之
為地如此　又詔節度使以下更不帶節等只稱其軍
節度使之類其通侍正侍中侍大夫三階內外通轉所
理磨勘並依橫行舊例　又詔新定三公輔弼并武選
等官名自來年正月一日奉行　又中書省言擬官新
定副使為郎武功大夫有戰功三轉無戰功四轉武德
大夫無戰功三轉武顯大夫有戰功二轉武節大夫無
戰功二轉武略大夫有戰功二轉武經大夫無戰功一
轉武義大夫武翼大夫右八階舊官皇城使宮苑左騏
驥右騏驥內藏左藏庫使東作坊西作坊莊宅六宅文

思內園洛苑如京崇儀西京左藏庫使西京作坊東染
院西染院礼賓供備庫使欲磨勘超一資轉有戰功人
超二資至武略大夫以上並超一資非次轉官者並超
一資內武德郎即轉武功郎再該磨勘有戰功人轉武
略大夫無戰功人轉武經大夫從之　十月三日詔撿
校官除大尉依舊外司徒為少傅司空為少保左輔右
弼太宰為正一品少師少傅少保少宰為從一品　同
日中書省送到劄子契勘太尉在正一品開府儀同三
司在從一品執政在正二品節度使在從二品欲太尉
入正二品在執政官之下節度使之上執政官料錢二
百貫欲太尉減半只給一百貫詔並依執政官仍立西

班　十一月五日詔新官制內武階橫行四方館舊無
副使員額今既析司置屬理不可闕宜置拱衛郎在左
武郎之上可速添入格目　十二月十六日詔撿校太
尉改為撿校少師　三年正月十七日御史中丞王甫
奏臣頃奉詔參詳官制格目方事之初嘗乞差總領官
仍乞避宰執被旨安鄭居中居中方領祠宮居家不與
朝廷政事臣是時承乏諫路不以糾察百官為職與之
參詳于理無嫌臣今待罪憲臺居中知樞密院若與居
中共事寔忝分義有所未安伏望特降睿旨詳臣罷參
詳官職事從之　閏四月十一日尚書省言使臣差遣
內有緣邊州軍寨主之名慮合依京城例改作知某寨

詔並改作知寨　十七日，尚書省言：「令擬定諸州掾縣丞從事郎以上充者，非簿尉城寨軍監主簿及長史司馬別駕，見知州庭參不拜。右欲入儀制令，衙舊儀制令全條不行。」從之。　二十一日，中太一宮使兼侍讀鄭洵武奮（奏）：「伏見陛下若稽古初，繼述先志，出自睿斷，肇新官名，中外洪纖莫不完具。今則開封牧尹下逮六曹率屬，分職悉合古制，聲明文物，光彼方來。臣竊以河南、應天、大名府寔號陪京，故城則謂之皇城，庫則謂之左藏，有國子監以掌學校之政，有御史臺以典省官之儀，至於司局之稱，多類天府，而知通之號尚同列郡，非所以尊天子之別都也。伏望明詔有司，依開封新制，正三京尹少之名，以仰副陛下推廣先烈、董正治官之意。」從之。

卷三千八百六　十

二十五日，宣德郎呂頤浩奏：「契勘祖宗時內外差遣並付審官院、流內銓，堂除窠闕不多，士大夫自有調官之路，故請謁奔競之風息。近世以來，堂除闕多，侵占注擬，士人多（缺）職，廉恥道衰，若不更改，為患滋甚。欲望聖慈下吏部考祖宗朝故事，除監司、知州軍及堂（從）格堂除通判外，如監司屬官、鹽場、坑冶、錢監等窠闕，一切撥還吏部。自監察御史、省郎以上及秘書省官、書局討議編脩官堂除外，如寺監丞、法寺官、外路學官，亦依祖宗及熙豐閣故事，令吏部依格法注擬。如此則數十年以來奔競之風必衰，士人既有入仕之路，則自知廉恥矣。」詔內式

臣依樞密院條格并準備將領、正副將以上依舊樞密院差注外，餘弓手、部將、縣尉、州指使以下並撥歸吏部注擬。　八月三日，詔：「參照官制格目了畢，比舊增立及叔脩事件功力不少，三經進書凡九百餘冊，官吏應奉有勞。參詳官白時中、強淵明、王甫各特轉兩官，承受官賈詳回授與五服內白身親恩澤一名，參詳官張閣已身占轉一官，更減四年磨勘；書寫人有官人各轉一官，有資人轉一資；三省樞密院供檢文字張祈等八人各轉一官，礙止法人回授；有言有服親點對御筆並（進）冊文字有官人各轉一官，有資人轉一資，已上未有資人候出職或補副尉日收使；投送文字等大程官各轉補與先支正額請受；將虞候、親事官、裝界匠二人，省營等剩員五人，各支賜絹五疋。」　又臣僚上言：「伏覩紹述丕烈，稽古正名，自三公宰輔而下，文武官僚以至命婦士子、營向觀寺之稱，莫不有制，彌文盛典，煥然一新，寔萬世宏規也。臣竊謂府史胥徒，考之成周，各有深意，而名寔未始少紊，蓋使之循其名而恭乃事，不可不正也。今在官趨走之吏，名尚有舛訛，則如進奏官、親事官、大程之類，外則如句押官、孔目官、散從官之類，寔古之胥徒也，乃謂之官。至如省吏有主事之稱，則尤所當避也。臣愚欲乞明詔有司詳酌改定，庶幾名分悉正，而增太平至治之美。」詔：「進奏官以事進而奏於官者也，親事官以

卷三千八百六　十一

身親其事于官者也散從官以役而從其官者也皆從其舊不須改主事可改為典事大程官之名不正仰尚書省改正施行　九月二十二日保静軍節度觀察留後提舉龍德宫直睿思殿楊戩奏朝廷肇新直殿之職其繫銜等次序安敢有議若止以帶職非帶職正任轉官先後為次大恐未稱朝廷肇新直殿職任之意伏望詳酌立法施行詔帶直睿思殿人繫銜序位等在不帶職人之上　十二月十八日中書省言勘會直睿思殿既繫銜序位在不帶職人之上合為貼職立文其睿思殿供奉亦當一體立法文武官勅罷并參軍等文並合改修今參酌修立到集賢殿脩撰至直秘閣直睿思殿

并睿思殿供奉為貼職等條諸太師太傅太保為三公少師少傅少保為三少三公左輔右弼太宰少宰為宰相知樞密院事兩省侍郎尚書左右丞同知樞密院為執政官簽書樞密院同本條不同執政官者依本條開府儀同三司為使相特進至承務郎為寄禄官通直郎脩武郎以上為陞朝官有執掌者為職事官觀文殿大學士至徽猷閣待制為侍從官集賢殿脩撰至直秘閣直睿思殿并睿思殿供奉官為貼職王公侯伯子男為爵金吾衛上將軍至諸衛將軍為衛官太子太師至率府副率為東宫官節度觀察為兩使留後觀察防禦團練使刺史為正任領他官者為遥郡通侍大夫至右武

郎為横行知内内侍省事至内侍郎内品為内侍官武功大夫至脩武郎閤門祗候為大使臣從義郎至承信郎為小使臣京府至軍監六曹為曹官通仕郎已下為掾官及縣令丞簿尉城寨馬監主簿並為州縣官承直郎至將仕郎為階官節度副使行軍司馬防禦團練副使别駕長史司馬司士文學助教為散官和安大夫至醫學太史令至挈壺正書藝圖畫奉御至待詔為伎術官詔並依　四年八月三日改端明殿學士為延康殿學士樞密直學士為述古殿直學士恩數品秩並依舊　二十一日詔中亮中衛大夫共一十人左武右武大夫共一十人中亮中衛拱衛左武右武郎共三十人定

為額并遥郡令尚書省措置　九月一日詔宣德郎官稱與宣德門相犯改為宣教郎其係宣德郎人更不别給文字自合一面改正稱呼　十二月十二日詔朝議奉直大夫自今共以八十員為額　六年正月五日吏部侍郎韓粹彦奏契勘侍郎右選郎一員元豐官制初行小使臣止九千員今增至二萬三千餘人（員人）員吏自元豐後來亦四次增添令欲乞添置郎官一員分案管句從之　四月十日御筆集賢殿無此名秘書省殿以右文殿為名見任集賢殿脩撰並改作右文殿脩撰　六月四日太師魯國公蔡京等奏崇觀政和以來中書省除授内外省官制參照元豐舊格成書一百二十卷乞

以中書省官制事目格爲名詔頒行　九月十七日手
詔天下人材富盛趨事赴功者甚衆舊貼職惟直秘閣
直龍圖閣右文殿脩撰不足以待多士可增置直徽猷
閣直顯謨閣直寶文閣直天章閣秘閣脩撰集英殿脩
撰并舊爲九等　十一月二日詔太司樂馮貴秩視待
制班著依舊　十八日中書省言檢會十一月十六日
奉御筆假板官行于衰亂之世姑從權授蓋非眞官不
可循用可改依下項假將仕郎可去假字初與官人猶
未入仕可爲將仕郎假承務郎可爲登仕郎假承事郎
承奉郎可爲通仕郎舊將仕郎已入仕不可稱將仕可
爲廸功郎舊登仕郎可爲脩職郎舊通仕郎可爲從政郎

餘並依舊通爲十階詔應見仕合改正官名並帶假官
人並依今來官名稱呼更不給降誥敕令吏部出給公
據　二十三日吏部奏勘會假將仕郎係本部出給補
牒假承務郎承奉郎承事郎係朝廷出給黄牒其自來
將仕登仕通仕郎並係出給官誥令承御筆指揮假將
仕郎除去假字可爲將仕郎假承務郎可爲通仕郎致
本部未敢依舊出給付身黄牒補牒亦未敢並依階官
出給官誥所有今日已前見帶階官之人亦乞依崇寧
二年九月三十日指揮並隨本資帶階官更不出給告
身從本部行下本州本司本處一面改正施行勘會見
帶階官合改官名人已降指揮令吏部出給公據詔並

出黄牒　三十日詔官爵以待勞能令興事造功能者
輩出而官名不足何以寵貴多士可增下項仍通舊依
此即亦如之惟不置通侍　右武左武拱衛中衛中亮
中侍正侍通侍凡八階舊已有今又增親衛翊衛協忠
履正宣正凡五階　七年二月二十二日臣僚言名位
不同命數亦異此先王之法元豐之制也今乃有非待
制而視待制非卿而視卿者寄祿者止法而許司選
人有比類而許循資今乃礙止法者多特轉行合比類
者多特選改朝廷之上見闕而除官居官之吏俟期而
受代今乃有直替見任人令別與差遣者有衝改已差
下人令別與差遣者有新闕未到且在任待闕者本朝

監唐末五季藩鎮擅命之弊乃廷授通判外察守臣以
爲萬世法也今方面之臣有辟置通判者甚失監郡之意
乞正紀綱以革奔競三省樞密院遵守御史臺覺察彈
奏　三月臣僚上言伏仰神考肇建六聯董正治官元
豐訓敕有小大貴賤迭相維持之文陛下纘述大猷守
之彌確比年訓廸在位復以有彝有倫小大承式爲言
先聖後聖創立持循與天地同爲常久嗚呼休哉宸慮
焦勞猶恐百司不遵成憲紊亂體統大觀中嘗因六曹
寺監事不次第行遣或徑申朝廷有違元豐官制令有
司申明法禁臺憲舉劾具有明詔令行之初官司遵守
甚嚴近訪聞寺監將常事非緊急而徑取朝旨者稍復

有之若部省执送逐部勘當則又次第行遣迂緩是徒
犯法禁而紊體統爾窃謂成而不易者聖王之法憲而
不窮者天下之事因循怠廢者常人之情以法馭事事
無不理然事或侵紊而不理者亦人樂因循而慢法故
也昔堯舜極治之時庶事已康而益之所陳亦不忘於
警戒況百司庶府之臣情易怠於守常則董察振舉其
可略乎臣愚伏望聖慈詔寺監謹守彝憲毋或侵紊詔
依今後有違者以違御筆論令御史臺覺察彈奏仍具
元豐官制詔書牓于官府廳事令遵守四月八日臣僚
上言近論列劉昺董正封違法奏補親屬未聞施行窃
惟前之所是著為律後之所是疏為令律令一定有司

卷三千八百六　十六

所宜奉行臣民所宜承稟倘或不然是謂析律析律者
有誅是謂廢令廢令者有禁搢紳大夫析律廢令而獨
曰吾所伸者懇請吾所蒙者特旨謂人莫得擬議然則
公議不復有矣請摭一二陳之夫臣僚遇大礼蔭補本
宗有親服一人者此一定之制也今則不然蓋有奏異
姓無服親者矣三遇大礼聽以本宗恩澤蔭異姓緦麻
親者此一定之制也今則不然蓋有未六十有子而蔭
期親者矣蔭補親屬特推恩有官人轉承直郎以下循
資者此一定之制也今則不然蓋有以從政郎改承奉入官
官假承奉郎假洛假字而為承奉者矣遇大礼惟內命婦
得封贈其父母者此一定之制也今則不然蓋有外命

婦以子恩叙封而回授其父母者矣凡此數端蓋臣之
所知也窃惟祖宗設為等級推恩群臣幾二百年矣其
法大備而人心無厭乃至如是是將法外生法日慎一
日陛下之紀綱寖至於紊矣詔劉昺大晟府教樂韓官
特令回授弟光董正封回授女夫曹授指揮更不施行
重和元年十一月十六日吏部奏檢準政和官品令
節文諸中亮中衛大夫防禦團練使諸州刺史為從五
品諸知同知內侍省事拱衛左武右武大夫為正六品
今來本部未審將覲衛翊衛資格在中衛之下為從五
品惟復在拱衛之上作正六品稱呼有此疑惑詔翊衛
覲衛大夫並為從五品　宣和元年八月二十九日中

卷三千八百六　十七

書省檢會奉詔節之綱久任軍器監累乞宮祠可依馬
貢例視待制再任吏部供到檢承敕臣僚上言官有定
職職有定員名位不同命數亦異此先王之法元豐之
制也今乃有秩視之例非待制而視待制非卿而視卿
凡此之類寖紊紀綱奉御筆臣僚所言可採利害甚明
已行者與免改正今後仰三省樞密院遵守御史臺覺
察彈奏違者以違詔論詔節之綱特依已降指揮視待
制　二年八月十八日吏部狀元豐年選人曾任下項
案闕太學博士正錄律學博士正錄國子博士正錄武
學博士正錄大理寺司直評事秘書省正字敕令所刪
定官國子監書庫官一見今選人任在京案闕下項秘

書省正字辟廱博士正錄直學太學博士正錄國子博
士正錄武學博士正錄律學博士正錄大理寺司直評
事敕令所刪定官國子監書庫官六部架閣文字編估
局劉刷折鈔官打套新法香藥開封府學博士河南第
一至第十石炭場河北第一至第十石炭場京西軟炭
場抽買石炭場豐濟石炭場城東新置炭場醫藥中惠
民局管句禮部貢院平貨東場平貨東場交易官在京
都茶庫大觀東庫大觀東庫門大觀西庫大觀西庫門
封樁竹木務東場封樁竹木務東第二場封樁竹木務
西場皇后宅小學博士睦親宅宗子學正睦親宅宗子
學錄睦親北宅宗子學正睦親北宅宗子學錄睦親西

卷三千八百六　十六

宅宗子博士周王宮宗子學正廣親北宅學正尚書吏
部官誥院善利門管句專一入門門監事作坊料物庫門
作坊料物庫東作坊庫西作坊庫金耀門文字庫開封
府架閣文字西抵當所南抵當所北抵當所東退材場
管句監轄炒造丹粉所在京裁造所東永豐倉門在京
木炭場京東箔場京東抽稅竹木箔場皮角四物庫管
句外排岸司麥料下第八界軍器監準備差使糧米上
第八界糧米下第八界文繡局天駟監倉草場麥料上
第二界安肅門廣利門耤田令榷貨務軍器什物庫大
社令局城西炭場大理寺學習公事詔元豐選人稟祿
并學官並依元豐法差管句六曹架閣文字並罷令本

部末曹郎官兼領打套新法香藥併歸榷貨務官吏更
不差編估局劉刷折鈔官拘併為一局差文武陞朝官
各一員餘併鈔錄吏額令尚書省措置存廢內合存留
官止差京朝將官大小使臣　二十七日臣僚上言元
豐官制勅令格式字蠹滅滑秩序差紊條目無倫檢舉
遵奉殆不可考夫以內外官司昔嘗欲降元豐法令不
惟歲月之久寖以散失亦有如省部轄下元不曾被受
法廢令紹述政事成憲有司奉行大懼違戾然非朝夕
從事于其間豈得周知盡明以時而檢舉哉伏望朝廷
命有司契勘內外官司別行頒降從之　十一月十九
日臣僚上言臣恭聞神宗皇帝元豐中嘗詔天下以閑

卷三千八百六　十九

古弗還因時改造是正百辟復建六聯又有小大貴賤
送相維持之語當是時省曹寺監各循分守所掌職事
未嘗闕有僭紊也仰惟陛下紹述大猷訓廸在位宸心
所慮猶恐體統失序況後紊差大觀間以六曹寺監諸
司等直申朝廷並不次第行移有違元豐官制遂檢具
格法修立條禁有事非邊防及應緊急理不可緩不得
直申尚書省樞密院法陛下申敕告戒深切著明昨者
官司因循弛慢不守彝憲不由本部徑申朝廷是致臣
僚論列嘗降睿旨令與元豐官制詔于官府如違以違
御筆論庶幾奉以周旋不忌夙夜且王言惟作命命出
惟行弗惟反是豈徒為空文哉邇來寺監等處又復侵

奏徑申朝廷其事不一未可立詳談也況事非緊急若
先期檢舉次第行移豈不辦集安有申部不及之理寺
監諸司往往以一時措揮踏差差官之類許其徑申遂
執為專法仍舊引用豈不知陛下前後德音其在非不
諄復方當正大體統振肅紀綱遵守元豐憲度之制尚
或侵越如此非所謂迭相維持之意伏望聖慈詳酌特
降睿旨寺監庫務諸司等處前後應有專許直申朝廷
指揮並乞賜衝罷不行悉依元豐官制及遵守累降詔
旨如後有冒犯令本部覺察糾劾三省取旨必科以違
御筆之罪庶幾取信于人而法度紀綱持循無急以光
光烈以章天下吏刑部供到政和七年三月指揮元豐

卷三千八百六　二十

五年四月二十八日詔大觀四年四月二十七日內降
劄子檢會元豐七年十二月二十六日敕諸官司倉庫
事不可專行及無法式須申請者並所屬寺監寺不可
專行並隨事申尚書本部本部又不可專行即勘當上
省若直被朝旨應覆奏者依本條仍各申知上條合入
在京通用者詳不可專行若無法式事係干邊防及緊
急理不可緩者盡令申所屬待報竊恐遲誤害事令修
立下項諸事干邊防及應緊急理不可緩申所屬本部
不及聽直申尚書省樞密院右入寺監庫務通用令諸
事干邊防及應緊急理不可緩者申本部不及輒申尚
書省樞密者杖一百右入寺監庫務通用令三省樞密

院同奉聖旨依如違令御史臺覺察彈奏詔遵守元豐
詔書如違犯令尚書省糾劾依政和七年三月指揮如
違以違御筆論詔事干邊防及應緊急理不可緩申所
屬本部不及者依大觀四年四月申明指揮　十二月
三日手詔州縣之官最為近民一官闕則一事廢訟閙
諸路民事不理盜賊竊發場務虧額稅賦少欠多緣久
缺正官或差權攝僥倖糜祿不復顧省事職甚者貪贓
橫恣民被其害近陝西漕臣張汝霖奏陝西六路闕正
官一百八員天下之大所闕豈可勝計況邊遠僻左人
罕願就尤在所恤應闕官去處令吏部限三日差注如
無本等人即破格差注一次虧欠場務及邊遠闕官半

卷三千八百六　二十一

年已上除通判司錄都監監押外許帥臣漕司奏差
三年五月九日尚書省言勘會堂除館職書局及在京
差遣久例曾除授初出官人合依宣和二年八月十八
日指揮外緣見今除授不同今來合依舊例施行詔申
明行下　五年正月二十九日臣僚上言臣聞名不正
則言不順蓋名以出信初無內外大小之間臣竊見京
師官府長貳舊多謂之判如判國子監判太常寺之類
是也元豐中官制既修一切釐正惟太宗正司官尊有
稱判其次曰知曰同知而已今登聞鼓檢二院官且如
諸道進奏院官稱監可也而仍曰判此百執之間其名
不可以不正者也詔依六年二月二十八日詔事寔睽

立政造事以熙庶績董正治官惟前烈是承惟文考所以敷遺後人者莫重官制元豐肇分六曹寺監之任非頌德博望蓋弗以居選擢之間多所闕員不為人擇官也近歲爵祿之柄浸輕士無恒志雖褒命簡汰及號遠之人權貴卑進益衆貴淺望輕者遽擬要路其何以紹先猷勵寒爲自今不歷省臺寺監監司郡守開封府曹官雖當職吏而係監當次序若宰執有服親及戚里並不除郎官寺監長貳非歷監察御史以上及監司郡守仍不除卿少若諸監長官非歷寺監丞若校書郎以上及監司郡守仍不除郎官少監著為定令內宰執有服親及戚里歷仕進者遵熙豐故事與官祠當褒擢者除職三省常切遵守違者執奏取旨御史臺覺察隨除目彈奏咨爾在位其祇于意熙豐故事檢未獲七年六月二十三日講議司奏奉御筆下項紊亂官制數內視官奉旨送講議司看詳視官非元豐官制不惟紊亂名寔無亦蠹耗國用其視官人合取旨詔視官非元豐法並罷

卷三千八百六

三王

欽宗靖康元年十一月二十九日詔三省長官名可並依元豐官制改太宰少宰復為尚書左右僕射

以上為一卷

全唐文

宋會要　俸祿四

宋朝俸料宰相樞密使月三百千（樞密使帶使相者四百千）參知政
事樞密副使宣徽南北院使知樞密院事同知樞密三司使
各二百千簽書樞密院事鹽鐵度支户部使百五十千
（檢校太保簽書者同副使）三師三公百二十千東宮三師僕射九十
千三少御史大夫尚書六十千門下中書侍郎御史中
丞五十五千太子賓客四十五千太常宗正卿左右丞
侍郎五十五千左右散騎常侍六十千給事中中書舍
人大卿監國子祭酒太子詹事四十五千諫議四十千
鹽鐵度支户部副使五十千左右庶子三十千諭德少

卷一萬三千一百七十五　一

卿監司業郎中三十五千起居郎舍人侍御史司諫殿
中侍御史員外郎赤令三十千少詹事二十九千正言
監察御史太常博士通事舍人國子五經博士太常宗
正秘書殿中丞著作郎大理正二十千太子率更令中
允贊善中舍洗馬六局奉御十八千（太常博士舊十五千雍熙三千增二
千著作郎二十千減三千洗馬十七千減二十）司天五官正十三千秘書郎著
作佐郎十七千（秘書郎舊無俸兼二館職事者給八千至道二年令同著作佐郎給之）大
理寺丞十四千年諸寺監丞十三千大理評事十千（諸司監丞
舊十二千雍熙初二千八理評事舊六千增二千）太祝奉禮八千司天監丞五
千主簿五千靈臺郎三千保章正二千六軍統軍百千
諸衛上將軍六十千左右金吾衛大將軍三十五千諸

衛大將軍二十五千將軍二十千率府率副率中郎將
十三千内客省使延福宮使六十千景福殿使二十七
千（舊六十千）客省使三十七千宣慶引進四方館宣政昭宣
閤門使二十七千皇城以下諸司使二十五年客省及
皇城以下副使二十千内殿承制十七千崇班十四千
閤門通事舍人二十千供奉官十千兼閤門祗候者十
二千侍禁七千閤門祗候者十千殿直五千閤門祗候
者九千三班奉職借職四千皇親觀察使三百千諸衛
大將軍遥領刺史八十千（諸自觀使至遥郡並如臣僚舊式刺史大將軍領者如令）
（數將軍領者六十千）諸衛大將軍六十千諸位將軍三十千（舊式將軍
有五十千四十千三十千九三等）諸司使有四十千三十千二等副使

卷一萬三千一百七十五　二

以下與庶注同而並給實錢内臣都知押班諸司使二
十五千副使二十千（遥郡以上半給實錢半給他物諸司使以下全給實錢）入内
供奉官十二千殿頭七千高品高班五千黄門三千祗
候殿頭至散内品并雲韶内品並七百以内内品二千
一千五百一千九三等内常侍内供奉官十千殿頭五
千高品高班三千黄門二千北班内品七百殿頭内侍
入内高品二千高班内品一千五百黄門内品一千寄
品小底二千入内小黄門前殿祗候内品外處揀來至
西京北班内品並七百西京内品五百鄆唐復州内品
三百（舊式供奉官七千五百殿頭四千高品三千高班二千五百黄門一千五百西京内品三百寄班小
底二千）樞密都承旨四十千副都承旨副承旨諸房副承

旨逐房副承旨中書提點五房三十千中書堂後官二十五千中書樞密院主事二十千録事令史十千主書七千守當官書令史五千自副承旨並增七千（中書樞密宣徽院三司學士舍人待制御史臺開封府三館秘閣審刑院刑部大理寺諸王府翊善記室侍講教授侍教知審官院句當三班院糾察刑獄判吏部銓南曹登聞檢院司農寺三司判官主判及國子監直講河北河東陝西轉運使直舍人院及權領兩制景遣並給見錢餘官悉三分之二給以他物）節度使四百千（使相及親王爲節度使同）節度觀察留後三百千觀察使二百千（遙領同武三百）防禦使二百千遙領百五十千團練使百五十千遙領百千刺史百千遙領五十千（自防禦使已下諸衛將軍橫行諸司使遙領者領如百官之制三分之二給以他物）開封府判官三十千推官二十千皆給見錢西北南京留守判官河南應天大名判官節

卷一萬三千一百七十五

三

度副使三十千行軍司馬節度觀察判官二十五千防禦團練副使掌書記支使諸府少尹二十千（行軍司馬副使不釐務者悉以他物給）留守京府節察推官十五千防團軍事推官軍監判官七千新增至十二千防團判官（如本州錄事參軍及脩鄭令舊十五千）軍事判官（如本州錄事參軍）司錄參軍二十千諸曹參軍十千（以京官知者俸從之給景德三年詔司錄六曹官及畿縣官爲給春冬衣）五萬戶以上州錄事參軍二十千司理司法十二千司戶十千三萬戶以上州錄事十八千司法司理十二千司戶九千萬戶以上州錄事十五千司法司理十千司戶八千五千戶以上州錄事十二千司法司理十千司戶七千不滿五千戶錄事司法司理十千司戶七千新增錄事十

二千以下並增至十五千判司十千以下並增至十二千四京軍巡判官十五千東京畿縣七千戶以上朝官二十二千京官二十千五千戶以上朝官二十千京官十八千三千戶以上朝官十八千京官十五千三千戶以下止命京官十二千縣丞十五千河南洛陽縣令三十千萬戶以上縣令二十千簿尉十二千七千戶以上令十八千簿尉十千五千戶以上令十五千簿尉八千三千戶以上令十二千簿尉七千不滿三千戶令十千簿尉六千新增令錄十二千者並爲十五千判司簿尉十千以下並爲十二千（京官及三班知縣者給縣令本言俸多者從多給無監兵者止謂本俸給添）別駕長史司馬司士文學七千嶽瀆廟令十千廟

卷一萬三千一百七十五

四

丞主簿七千（別駕以下悉他物）凡春冬以衣賜宰相樞密使春冬各綾二十匹絹三十匹冬綿百兩參知政事樞密副使宣徽南北院使三司使知樞密同知樞密（俸給並同副使准知院簽錢同使）簽書樞密院事鹽鐵度支戶部使春冬各綾十匹春絹十匹冬二十匹檢校太保簽書者春冬各絹十匹三師三公春冬各綾十匹絹三十匹（舊同僕射）東宮三師僕射春冬各綾十匹絹二十五匹三少御史大夫尚書御史大夫尚書御史中丞太子賓客春冬各綾七匹絹二十匹門下中書侍郎太常宗正卿左右丞侍郎（舊式兩省侍郎同尚書）觀文殿大學士學士（依從本官凡不職者並準此）資政端明學士春冬各綾五匹絹十七匹翰林承旨學士春冬各綾三

匹絹十五匹（本官多者自從多給舊式他官若充翰林）翰林侍讀侍講閣學士樞密直學士春冬各綾五匹絹十七匹閣直學士春冬各綾三匹絹十五匹左右散騎常侍給事中諫議中書舍人知制誥待制大卿監國子祭酒太子詹事春冬各綾三匹絹十五匹（充職者自從多給若中書舍人充翰林學士本準此學士知制誥待制依同諫議）閣直鹽鐵度支戶部副使春冬各絹十五匹春綾三匹冬五匹自參知政事至此各冬綿五十兩左右庶子諭德少卿監司業起居郎舍人侍御史郎中司諫殿中侍御史員外郎亦令少詹事春冬各絹十三匹正言監察御史太常博士春冬各絹十匹國子五經博士太常宗正秘書殿中丞著作郎大理

卷一萬三千一百七十五

五

正太子率更令中允贊善中舍洗馬六局奉御春冬各絹七匹自左右庶子至此各冬綿三十兩司天五官正春冬各絹五匹冬綿十五兩秘書郎著作佐郎春冬各絹六匹冬綿二十兩自宰相至此各春加羅一匹大理寺丞諸寺監丞春冬各絹五匹大理評事春冬各絹三匹三司刑部檢法法直副法直官司天監丞春冬各絹五匹主簿春冬各絹三匹自大理寺丞至此冬各綿十五兩（舊太祝奉禮同司天監丞）靈臺郎保章正春冬各絹三匹冬錢三千六軍統軍諸衛上將軍春冬各綾五匹絹十匹冬綿五十兩左右金吾衛大將軍諸衛大將軍春冬各綾三匹絹七匹冬綿三十兩將軍春冬各綾二匹絹五

匹冬綿二十兩率府率副率中郎將春冬各絹五匹冬綿十五兩自統軍至此春各羅一匹內客省使延福宮使景福殿使客省使宣慶引進四方館宣政昭宣閤門使皇城已下諸司使春各絹七匹冬十匹綿三十兩閤門通事舍人春冬各絹七匹春羅一匹冬綿三十兩客省及皇城以下副使內殿承制崇班春各絹五匹冬七匹綿二十兩供奉官春絹四匹冬五匹綿二十兩侍禁殿直春冬各絹四匹冬綿十五兩三班奉職借職春冬各絹三匹錢二千皇親任諸位大將軍及領刺史春冬各綾十匹絹十五匹冬綿五十兩諸衛將軍有二等一等春冬各綾五匹絹十匹冬綿二十兩一等與廣姓將

卷一萬三千一百七十五

六

軍同諸司使至殿直春冬各綾二匹絹五匹冬綿四十兩自大將軍至此各春加羅一匹入內供奉官春絹五（匹）冬七匹綿三十兩殿頭高品高班春絹五匹冬六匹並綿二十兩黃門祇候殿頭至後苑散內品并入內內品春冬各絹五匹雲韶內品春冬各絹四匹並綿十五兩前省內常侍內供奉官北班內品外處揀來至西京北班內品內品春冬各絹五匹殿頭高品高班黃門入內小黃門前殿祇候內品春冬各絹四匹殿頭內侍入內高品春冬各絹三匹無綿加錢二千在京黃門內品春冬碧綾羅黃白絹共六匹寄班小底春冬各絹十匹鄆唐復州內品春冬各絹二匹布半匹無綿加錢一千

内班高品衣帶舊内侍春加羅一匹供奉官殿頭高品高班冬綿二十兩在京黄門内品八兩餘並十五兩舊武供奉官至高班並春冬各絹五匹供奉官並冬綿二十兩西京内品春冬各絹三匹冬綿十兩樞密都承旨春冬各絹十五匹春綾三匹冬綾五匹綿五十兩副都承旨副承旨諸房副承旨中書提點五房春冬各絹十五匹逐房副承旨春冬絹十三匹自副承旨以下冬綿各三十兩中書堂後官中書樞密院主事録事令史春冬各絹十匹主事以上冬綿五十兩録事令史三十兩堂後官加特支錢五千自都承旨至此春冬加羅一匹主事守當官書令史春冬絹各二匹主事書令史春錢二千冬綿十二兩錢一千守當官冬錢一千衛守判官府判官

卷一萬七千二百七十五

春冬各絹十二匹冬綿二十兩節察判官春冬各絹六匹冬綿十二兩羊書記支使春冬各絹五匹冬綿十兩留守推官府推官節察推官春冬各絹五匹綿各十兩節度使觀王爲節度使春冬各絹百匹大綾二十匹小綾三十匹春羅十匹各加綿五百兩節度觀察留後觀察使防禦使團練使刺史遥領掌兵者春冬各絹十匹冬綿五十兩凡祿粟宰相舊無自趙普加樞密使參知政事樞密副使宣徽使三司使月各一百石簽書樞密院事三部使權三司使七十石權發遣使公事三十五石内客省使景福殿使二十五石節度使二百石初除一百五十石皇親帶者一百石掌兵及遥領百五十石留後觀

十或是千字

察防禦使一百石掌兵遥領團練使七十石掌兵及遥領五十石正任亦有五十石者刺史五十石武三十石掌兵遥領二十五石十石有二等皇親遥領者無米赤縣令七石縣丞四石京府司録五石諸曹參軍三石東京畿縣六石至三石有四等諸州録事五石至三石有三等司理司法四石三石有二等司户三石二石有二等河陽洛陽縣令視赤縣户口差降諸縣令五石至三石有三等簿尉三石二石有二等新增令録三石者並爲四石防團軍事推官軍監判官判司簿尉二石者至三石四石軍巡判官司天監丞並四石自赤縣至此米麥各支半入内供奉官四石殿頭高品三石高品以上至散内品並入内内品並二石雲韶内品一石内供奉官三石殿頭高品高班二石北班内品前殿祗候外處揀來至郢唐復州内品並二石黄門殿頭内侍入内高品米麥各五㪷在京黄門内品二石五㪷入内小黄門一石寄班小底四石舊武添小底外供奉官殿頭並三石高品已下並二石仍米麥各半凡添支權三司使知開封府權三司使公事百十舊權公事七十千權發遣三司使公事五十千觀文殿大學士諸宫觀使三部副使三十千觀文殿資政大學士宫觀三司開封府判官刑部提舉帳司檢正檢詳官判子司提舉諸司主務營轄三司軍大將都提舉市易司提點倉場提點内弓箭庫府司録宗室大宗正二十千舊十五千刑判諸寺監二十千

卷一萬七千二百七十五

一等十五千舊司農寺七千宮觀都監勾當官十七千任都知押班二十千資政殿端明殿翰林侍讀侍講樞密直閣學士直學士理檢使知雜群牧使副使判兵部諫官閣封府推官宗正諸寺監丞十五千提舉宮觀曾任兩府三十千餘二十千提點十千群牧都監十三千御史十二千銀臺司審官三班院吏部銓登聞檢院鼓院太常寺太常禮院官告院禮部主判官糾察在京刑獄群牧判官監察使崇文院校書直講教授十千審官三班吏部司農軍器將作太常主簿十二千諸京勾當公事主簿法官至太學正錄以十五千十二千十千八千七千為差諸倉庫務院諸所管勾各以公事閑劇差定其數為

卷一萬三千一百七十五

九

凡外官知判州府三師三公錢六十千米十石麵十石羊十口傔三十人馬七疋前任兩府并東京三師僕射錢五十千米七石麵十石羊十口傔十人馬五疋舊式曾任兩府謂丞郎以上米五石羊七口餘同三少尚書并丞錢三十千餘同僕射侍郎至大卿監學士至知制誥待制知州府兼都總管安撫經畧錢三十千米七石麵十石羊十口傔十人馬三疋除桂州並時添二十千并州帶學士者自給五十千更無精添例又有一等錢二十千餘同上朝臣已上知荊南永興揚潭江寧並同待制知州府本例舊式河南大名杭并代州並同知廣州年給錢七百千分月分支米十石麵十石羊五口傔七人馬三疋舊月給錢百千大中祥符六年今歲取五百千為公用鳳翔洪錢二十千米五石麵十石羊七口傔十人馬五疋舊式應天真定保定秦延府並同桂除大卿已上外餘只錢二十千米三石麵五石羊五口傔七人馬三疋江淮發運使學士至大卿監充使知尚書知州府朝臣充使副并諸司使充使如朝臣知鳳翔副使充副傔減三人馬減二疋充都監錢二十千米三石麵

餘錢

千

七石羊五口傔七人馬三疋朝臣充判官錢十千麵五石餘同都監舊式朝臣充發運制置使麵五石餘同御監學士至大卿監充河北河東陝西都轉運使如大卿監充發運使例諸路都監運使并京畿轉運使同朝臣充諸路轉運使副如朝臣知桂州白波發運使同轉運判官錢十千米三石麵五石羊五口傔七人馬三疋福建廣南加錢五千提點刑獄如運使副同提點諸司使錢二十千米五石麵十石羊七口傔十人馬五疋橫行副使至帶職供奉錢一十千米二石麵七石羊五口傔七人馬三疋帶職侍禁錢十五千麵五石餘同上帶職殿直羊三口馬二疋餘同上開封府界提點諸縣鎮公事朝臣充者如提點諸路刑獄諸司使充同提點錢十五千餘如提點諸路刑獄橫行副使至崇班錢十五千餘並如橫行副使提刑府界提點錢帛公事朝臣充者錢二十千米三石麵五石羊五口傔七人馬三疋武臣同者錢十五千麵七石餘同提舉銅銅坑冶鑄錢提點銀銅鈆場坑冶鑄錢等公事如福建運判例提舉常平廣惠倉朝臣視大卿通判京官視兼兵知縣大卿監

卷一萬三千一百七十五

十

知州軍府錢十五千米五石麵十石羊七口傔十人馬五疋朝臣知河陽河中許襄潭相滄邢恩華潞晉壽廬宿楚越蘇潤泗常錢十五千米三石麵七石羊五口傔七人馬三疋舊式潁鄆鄧滄福建諸州軍廣南路州並同兗及福建諸州廣南諸州軍麵五石餘同上諸州錢十千餘同上其權知州府並用此例一等傔五人餘同上知軍監并使錢十千米二石麵五石羊三口傔五人馬二疋京官知州軍府錢七千米三石麵五石羊三口傔五人馬二疋知福建諸州廣南諸州軍錢十千米三石麵五石羊五口傔七人馬三疋知軍監并使錢七千米二石麵三石羊三口傔三人馬二疋邵武興化懷遠等軍錢十五千傔五人餘同上州縣官知舂州北京官知軍羊減一口差知州人通判諸州府朝臣視防團知州舊例大郡從多給京官視京官知州軍朝臣通判廣州河南應天大名永興江寧荊南揚杭潭并代福建廣南諸州錢十千米三石麵五石羊五口傔七人馬三疋內廣州二十千餘同京官通判廣州

峨十五千係五人判南米二石麵三石羊二口係三人馬二尺福建廣南州係五人馬二尺舊式潤廣只錢七朝
臣通判泉宜邑同並代諸州府錢十千米二石麵五石羊三口係五人馬二尺諸軍錢七千米
二石麵三石羊三口係三人馬二尺內邵武興化懷遠錢十千係五人餘同京官通判諸州軍羊二口餘比朝
臣通判諸軍邵武興化懷遠比朝臣錢減三千舊式京官通判諸州軍並如諸軍亦有馬三尺省通判
人簽判朝臣如通判諸州京官如通判諸州軍通判朝臣知開封府界陳
留雍邱咸平襄邑東明考城尉氏太康陽武九縣同簽
書兵馬司公事視朝臣通判諸州府諸知縣兼都監監押朝臣如九縣同
簽書京官如通判諸州軍舊式京朝官並錢十千餘如京官通判諸州軍京官廣南知縣兼監押錢十千米三
石麵五石羊五口係七人馬三尺管勾機宜文字親民朝任至京官各如本官通判諸州府
朝臣都大提舉河渠司勾當公事錢十五千餘比朝臣通判諸州府提
舉管勾三京留臺國子監諸州宮觀嶽廟大兩省卿監職司視本官

卷一萬二千一百七十五　十一

知小郎例知州人視本官通判小郎例武臣比類支給舊式朝臣盡比通判諸州府將軍至崇班比知州軍職
朝臣監當物務錢十五千米三石麵五石羊五口係七人馬三尺一等錢十千米二石
麵五石羊三口係五人馬二尺一等錢七千餘同上一等麵二石係三人餘同上一等羊二
口餘同上內三萬貫已上比通判鳳翔舊式並加最低等京官監當物務錢七千米三石麵五
石羊五口係五人馬二尺一等羊三口餘同上一等米二石麵三石係三人餘同上一等羊二
口餘同上一等錢五千麵四石係三人餘同上一等錢四十餘同上內三萬貫已上如通判諸州軍
舊式並錢五千餘如最低等橫行諸司使充諸路都總管權總管都
鈐轄錢十五千米五石麵十石羊七口係七人馬五尺舊式自遙領防禦至諸司使各視官及地望為差
美知州軍者上從本勾役又有一等錢三十千米七石麵十石羊十口係十人馬五尺一等羊七口一等如令
路分都監諸路鈐轄橫行諸司使充高陽關路知雄州如都總管例并代路知代州錢減二十千餘
同橫行使副諸司使充諸路鈐轄同并代路分廣西羊添三口橫行諸司副使權者同諸路都監舊式諸司使

副充並如今之路分都監諸路都監諸司使加同提點刑獄橫行諸司副使錢二十千餘如橫行副
使同提點府界諸縣鎮公事諸司副使通事舍人權者
十五千承制至帶職供奉官同上帶職侍禁錢十千帶
職殿直錢八千羊三口馬二匹餘同州鈐轄橫行諸司使大將軍及權轄郡鈐轄並同諸司使充路分
都監諸司副使權北路分都監舊式諸司使副並如副使充路分都監州都監諸司使大將軍錢十
五千餘同州鈐轄橫行副使至帶職供奉充州縣鎮寨
都監及充提舉捉賊巡檢都巡檢使錢十五千餘同權
州鈐轄內常侍錢十二千餘同上帶職侍禁錢十千麵
五石餘同上帶職殿直錢八千羊三口馬二尺餘同上
率副率錢十千羊五口馬三尺餘同上內供奉權者比走馬承受開封府諸縣都監并
巡檢諸司使比知州軍城橫行副使至帶職供奉並比諸司副使知州軍城內常侍錢十二千餘同上帶
職侍禁供奉官率府率同帶職侍禁知州軍城帶職殿
直比本官知州軍城殿直錢七千係五人餘同上奉職
供職錢五千米二石麵三石羊二口係二人馬一尺舊式府界諸州都監並同今知州軍城河北沿
邊安撫副使并都監橫行使充副使比諸路鈐轄諸司使充副使橫行副使充副使都監

卷一萬二千一百七十五　十二

比諸司使充路分都監諸司副使至崇班充都監比副
使路分都監帶職供奉比本官路分都監同管勾河東
沿邊安撫司公事橫行副使至崇班諸司副使充安撫
都監帶職供奉比本官安撫都監舊式帶職承制崇班
充兩路都監並如諸路鈐轄知諸路州軍城橫行副使比諸司使安撫都監有錢三十千者
諸司使錢十五千餘同上有錢三十千或二十千者副
使至帶職供奉並比帶職供奉充安撫都監帶職侍禁
殿直各比本官州都監知廣南州軍諸司副使至帶職殿直各比本官知諸路州軍城充路分
兼知者自依本給舊式將軍諸司使及遙領知諸州並如今之諸司使知州軍城勾當汴口都
大巡檢汴河堤岸諸司使及橫行副使至帶職供奉各比本官知諸路州軍城供奉官帶職
侍禁至內供奉官比帶職侍禁知諸路州軍城侍禁帶
職殿直至殿頭比帶職殿直知諸路州軍城殿直至高
班錢七千係五人餘同上都大提舉巡護管勾河堤至提點馬監等
副使至帶職供奉比知諸路州軍城帶職侍禁及供奉
官權者錢十千帶職殿直錢八千羊三口餘馬二尺並
同上走馬承受供奉官及內供奉官比帶職侍禁知州軍城侍禁至殿頭比帶職殿直知州軍城殿

直至高班錢七千，傔五人，餘同上。黃門錢五千，米二石，麵三石，羊二口，馬一疋，傔二人。御前忠佐提舉巡檢捉賊都提舉都巡檢馬步軍都軍頭比府縣都監，諸副使副都軍頭比橫行副使，馬軍步軍兩都軍頭比帶職侍禁，兩副都軍頭比侍禁。沿邊諸族蕃官巡檢諸司使至借職各比本官充府縣都監巡檢。殿侍錢四千，麵二石，餘同上。兩內侍省外任都大提舉管勾修護河隄至監捉賊，供奉官至黃門各比本官。走馬承受一等，供奉官錢七千，米二石，麵三石，羊二口，傔三人，馬二疋。高品錢五千，高班至內品錢四千，餘並同上。黃門並內品錢三千，馬一疋，餘同上。諸事副使都監除館券外，每月添支五千。諸司使副監當物務錢十千，米三石，麵五石，羊五口，傔七人，馬三疋。三班使臣一等監押、權都監、知軍監縣堡寨、駐泊等，供奉官至殿直各比本官。走馬承受殿直亦有羊五口者。奉職借職比當官巡檢舊武臣以官序自供奉至借職內品凡分五等為差。一等馬監、河隄埽岸，供奉官錢七千，米二石，麵三石，羊二口，傔三人，馬二疋。侍禁錢六千，麵二石，傔二人，餘同上。殿直錢五千，奉職錢四千，借職殿侍錢三千，馬一疋，餘各同上。一等監院務場監渡閘橋筏等芳職

卷一萬三千一百七十五

十三

供奉如同諸司使副監當。供奉官帶職侍禁錢七千，米二石，麵三石，羊二口，傔三人，馬一疋。侍禁帶職殿直錢六千，奉職錢四千，餘同上。借職殿侍錢三千，馬一疋，餘同上。諸州監當萬貫課利已上，諸司使至帶職供奉錢十千，米三石，麵三石，羊五口，傔七人，馬三疋。副率至帶職侍禁錢七千，米一石，麵三石，羊七口，傔三人，馬二疋。內常侍錢八千，餘同上。侍禁帶職殿直至殿頭錢六千，麵二石，傔二人，餘同上。殿高品錢五千，奉職高班內品錢四千，借職殿侍黃門內品錢三千，馬一疋，餘各同上。內收及三萬貫，諸司使率府率已下比都監，三班使臣比監押，內臣比走馬。舊式監當收務使臣分三等，錢自七千遞減，餘準此。凡它任使並臨時約官秩高下廩給，不為定制。凡川峽鐵錢界則別定差給之制。丞郎、給事、諫議以上朝臣帶樞密直學士知益州，鐵錢三百千，米二十石，麵三十石，羊二十口，傔十人，馬十疋。今不以官序並準此。給、待制以卿以上及朝臣知梓州鐵錢二百千，米十石，麵二十石，羊十口，傔五人，馬五疋。朝臣權知者加知諸州。丞郎至給諫、學士至待制知諸州府鐵錢二百千，餘同內

地。大卿監鐵錢五百十千，餘同內地。朝臣充益梓利夔路轉運使、提點刑獄鐵錢百五十千，米三石，麵五石，羊五口，傔七人，馬三疋。同提點帶職供奉已上鐵錢百五十千，帶職侍禁已下鐵錢百千，餘同內地。轉運判官鐵錢八十千，餘同內地。朝臣知川峽諸州府鐵錢八十千，米三石，麵五石，羊五口，傔七人，馬三疋。知軍監鐵錢六十千，餘同上。京官知諸州府同朝臣知軍監。知軍監鐵錢五十千，米三石，麵三石，羊三口，傔五人，馬三疋。朝臣通判益州鐵錢八十米三石，麵五石，羊五口，傔七人，馬三疋。通判諸州府及承康軍鐵錢五十千，餘同上。京官通判諸州府鐵錢五十千，米三石，麵五石，羊五口，傔五人，馬二疋。軍監米二石，麵三石，羊二口，餘同。差通判人僉判益梓州朝臣京官各視通判諸州府。朝臣知縣兼兵馬都監加差通判僉判益州人京官知縣兼兵馬監押同京官通判諸州府。四路鈐轄益利路橫行使副鐵錢二百千，米七石，麵十石，羊七口，傔十人，馬五疋。諸司使鐵錢百五十千，餘同。兼知利州者米十石，麵二十石，羊十口，傔五人，餘同梓夔路。諸司使同益利路副使鐵錢百千，米三碩，麵七石，羊五口，傔七人，馬三疋。舊式諸司使并遙郡刺史充益利路鈐轄，並如今之諸司副使。都監益利路兼知利州橫行副使至崇班同益利路鈐轄諸司使。兼知利州帶職供奉鐵錢一百五十千，米三石，麵七石，羊五口，傔七人，馬三疋。梓夔路橫行副使至帶職供奉官鐵錢百千，餘同上。諸州鈐轄益州比梓夔路兼知利州，比帶本路分兼知者。知夔州橫行副使至帶職供奉鐵錢百五十千，餘本路分都監同。職侍禁麵五石，餘同。舊式崇班已上至副使數同。知諸州軍并充都監諸司使鐵錢百千，米五石，麵十石，羊七口，傔十人，馬五疋。橫行副使至帶職供奉鐵錢八十千，米三石，麵七石，羊五口，傔七人，馬三疋。帶職侍禁鐵錢六十千，麵五石，餘同上。帶職殿直鐵錢五十千，羊三口，馬二疋，餘同上。舊式諸司使至閤門祗候以上知文州、永康軍及充兵馬都巡檢、寨主，並如今橫行副使例。州都監益州橫行副使至崇班比諸司副使充路分鈐轄。帶職供奉鐵錢八十千，餘同。帶職侍禁鐵錢六十千，麵五石，餘同。漢遂州劍門橫行副使至帶職供奉並比益州崇班，餘州府并興化軍使橫行副使至帶職供奉並比益州帶職供奉，帶職侍禁比益州帶職殿直。並勾門都監鐵錢五十千，羊三

卷一萬三千一百七十五

十四

口馬二足餘同上益彭威茂州永康軍都巡檢使橫行副使至帶職供奉直

知崇班充益州都監帶職侍禁鐵錢八十千帶職殿直鐵錢六十千餘同舊武消同使至閤門祗候以上知文

州永康軍及充兵馬都監都巡檢寨主並鐵錢八十千米三石麵七石羊五口傔七人馬三足

朝日北京官各視本官通判州府朝官有馬二足南京宮監益州軍資庫文務同諸知縣兼都

監押京朝官各視本官通判供奉官充監押巡檢寨主走馬承受

公事鐵錢六十千米三石麵五石羊五口傔七人馬三足侍禁鐵錢五十千米三石麵五石羊三口傔七

人馬二足殿直鐵錢四十千傔五人餘同上奉職鐵錢三十千米二石麵三石羊二口傔三人馬一足

監當差遣各比類定給朝臣及供奉官鐵錢五十千米三石麵五石羊五口傔五人馬

三足侍禁鐵錢四十千米三石麵五石羊三口傔七人馬二足殿直京官鐵錢三十千傔五人餘同上比折銀

錢三萬貫以上將作監主簿鐵錢三十千米二石麵二石羊二口傔二人馬一足奉職及萬貫以上監簿鐵錢二十五千米三石麵三石羊二口傔二人馬二匹借職

馬一足餘同上內供奉官三萬貫以上並北監押四等

卷一萬三千一百七十五

添支仍分觀民監當視課利兩項凡三等內供奉官比供奉官殿頭比侍禁高品比殿直高班比奉職黃門比帶職折銅錢三萬貫已上供奉官鐵錢六十千傔七人殿頭鐵錢五十千高品鐵錢四十千高班鐵錢三十千馬一足餘並依萬貫例

凡元隨傔人衣粮宰相樞密使給七十人宰相舊五十人衣粮二十人日食後加參知政事樞密副使宣徽院使三

司使五十八簽書樞密院事三部使權三司使三十人

檢校太保簽書樞密院事權發遣三司使公事十五人

副使判官判子司五人觀文殿大學士二十八觀文殿

學士資政殿大學士十人資政殿至樞密直學士各七

人玉清昭應宮景靈宮會靈觀三部副使判官五人舊二部副使十人節度使一百人掌兵遠領及初除五十人留後

觀察使五十人防禦團練使三十人團練或二十人防

禦使以上掌兵遙領十五人團練十八刺史二十人或

十人掌兵遙領十人或五人團練刺史遙領有不給者內客省使景

福殿使二十人樞密都承旨十人副都承旨諸房副承

旨中書提點五房七人逐房副承旨五人中書樞密五

事已上各二人錄事令史寄班小底各一人中書樞密宣徽三司使及正刺史以上各有元隨余止兼人其龍圖閣學士樞密直學士七人止給日食內景福使令不載凡

月給餐錢宰相樞密使宣徽使知樞密院五十千參知

政事三十五千樞密副使同知樞密簽書樞密二十五

千秘書監判三館及諫舍以上任三館職者五千天章

閣侍講十千崇政殿說書七千修撰直館閣校理直龍

圖閣檢討校勘官各三千國子監判監直講各五千自修撰以上又有職錢五千檢討以上三千知審刑院十五千如已有餐錢給即充添支五名

如兩有即罷審刑詳議官十千三司二百千學士院百千中

書堂後官共百二十千樞密院承旨以下二百七十千

宣徽院吏屬三十千京城諸司庫務倉場監官朝官自

二十千至五十千凡八等京官十五千至四千凡五等

諸司使副承制崇班二十千至四千凡七等閤門祇候

及三班十五千至二千凡九等內侍八千至二千凡七

等文學士權三司使以上兼秘書監及曾任二府從宮觀日給酒者法酒自五升至一升有四等法糯酒自升至二升有三等權發遣三司使公事法酒半升糯酒半升又宮觀副使觀文殿大學士至樞密直學士並月給茶又節度副使以下各給國料米六斗麪一石

二斗又薪蒿炭鹽之給宰相樞密使月給薪千二百束

樞密使有五百束者參知政事樞密副使宣徽使簽書

樞密院事三司使三部使權三司使四百束權發遣三

卷一萬三千一百七十六

百東三部副使樞密都承旨百三十束樞密副都承旨
諸房副承旨中書提舉五房百束開封府判官節度判
官薪二十束蒿四十束開封府推官掌書記支使留守
節度推官防團軍事判官薪五十束蒿三十束留守判
官薪二十束蒿三十束防團軍事推官薪十束蒿二十
束宰相樞密使歲給炭自十月至正月月二百秤余月
百秤樞密使有五十秤者參知政事樞密副使宣徽使
簽書樞密院事三司使三部使三十秤觀文殿大學士
至樞密直學士及提舉宮觀各十五秤都承旨二十秤
宰相樞密使給鹽七石樞密使有三五石者參知政事樞
密副使宣徽使簽書樞密院事三司使三部使權三司
使二石權發遣一石節度使七石掌兵遙領五石留後
觀察防禦團練使刺史五石掌兵遙領寄不給文給馬
芻粟者自二千尺至一尺已七壽其軍職內侍寄班伎
衛中書樞密直徽院侍衛殿前司皇城司內侍入內省
史儲備官馬替支其本廄馬芻粟隨給馬

以上為一卷

卷萬三千一百七十五

乞

宋會要

俸祿五　職官上

太祖乾德三年六月，制爲蜀主孟昶給見任上鎮節度使俸祿。四年五月，詔：「應西川諸府幕職、令錄、判司簿尉、馬步判官逐月所支俸祿等，自平僞蜀，每念生靈，無言不務於撫綏，靡事不思於優恤，削除蠹弊，禁止貪婪，頻降敕文，非不嚴切。如聞僞蜀之時，州府長吏某職令錄、判司簿尉諸色官吏等多是于民圖運，枉道誅求，頗致傷殘，須議懲革。起今後應西川管界幕職州縣官等所支月俸，並與見錢、來麥、衣資，仍給本色。如敢復有踰越，當行極斷。仍令所在榜壁曉告。」七月，詔曰：「州縣之職，民政是親，自來所請料錢多是折以他物，既將貨物，未免擾人，豈惟傷廉，抑亦犯禁。且民惟邦本，祿以代耕，俸給苟有不充，官吏何以知勸。應天下令錄、簿尉、判司等，宜準漢乾祐三年敕，復於中等無色役人戶內置俸戶，據本官所請料錢折支物色，每一千給與兩戶貨賣，逐戶每月輸錢五百文，除稅外與免徭役。其折支物色，每歲委官吏隨蠶鹽一併給付元數，等第定置迴易料錢人戶等。萬戶以上縣令料錢二十千，四十戶主簿縣尉料錢各十二千；每卅二十四戶七千戶以上縣令料錢十八千，三十六戶主簿縣尉料錢各十千，每人二十戶；五千戶已上縣令料錢十五千，三十戶主簿縣尉各八千

卷一萬三千一百七十六

每人十六戶三千戶以上縣令料錢十二千二十四戶主簿縣尉料錢各七千每人十四戶不滿三千戶縣令料錢十千二十戶主簿縣尉料錢元各六千今添及七千每人十四戶五萬戶以上州司錄錄事參軍及兩京司錄每人料錢二十千四十戶司戶司法每人料錢十千各二十戶三萬戶已上州司錄錄事參軍每人料錢十八千三十六戶司戶司法每人料錢九千各十八戶萬戶已上州司錄錄事參軍料錢十五千三十戶司戶司法每人料錢八千各十六戶五千戶已上州司錄錄事參軍每人料錢十二千二十四戶司戶司法每人料錢元是六千今增及七千各十四戶不滿五千戶州錄

卷一萬三千一百七十六

事參軍每人料錢十千二十戶司戶司法每人錢料元是六千今增及七千各十四戶軍巡馬步判官正攝者各與本州府判司料錢例支給州縣闕正員差人充攝者亦準此即不得增置及令當置手力別更納課其請物人戶不得假託州縣爲名更將出放違者許人告糾三千已下者決臂十七五千戶已下者決臂杖二十五千配已上者決脊杖十七仍以家產之半給告事人其州縣官不得更於所管鄉村人戶內出放及元數料錢外影占人戶納課所犯者以枉法贓論至死刑者並當極斷如不至死者不計多少並除名配流縱逢恩赦永不錄用仍令遂處降敕榜曉告五年六月荊湖南路轉運

二

使高雅言伏見荊湖諸州通判官朝廷已各給俸錢羊麵等復於本州受添給錢及米麵詔自令勿得復受開寶三年七月詔曰朕自削平巴蜀慨栝提封列州縣以彌多設職官而甚衆選擇除任務恤疲民庶於臨蒞之間各盡勤之効令於祿俸更與增添應西川縣官等料錢宜令一例於舊俸外每月加給五千並支見錢其米麥依舊　開寶四年五月詔恩赦侯劉鋹月俸外別給錢五萬米麥五十斛十月知邕州范旻上言當州縣官逐年減下料錢計千四百六十七貫八十文皆是廣南差人驅納郡屬覆勘司課程其錢元是人戶稅錢額內分出詔宜令本州於兩稅錢內收附　十一月詔

卷一萬三千一百七十六

曰諸道州府幕職及軍判官等朝廷擇才授任以祿待人苟俸給之稍虛在公清而何責向者州縣官已立定規而藩郡職資尚從折色宜頒條制用表優恩自今節度防禦團練副使節度觀察防團軍事判官推官節度掌書記判官等並據逐人所請料錢貫百依州縣官吏例差定迴易料錢俸戶副使不知州掌書記非朝廷除授及不判別廳公事者並依舊折給事類合璧開寶四年詔吏不廉則政治削祿不充則饑寒迫日令諸道州幕職官並依州縣官例置俸戶九年十一月詔曰西京及諸道州府俸戶宜停罷本官月俸並以官物給之太宗太平興國二年二月二十八日詔左監門衛上將

三

軍劉鋹右千牛衛上將軍李煜常俸外增以他給優之
也　三十日詔曰兩京江南荆湖諸道州幕府職縣官
月俸先已停罷自今以度支官錢給其三分之一其
二分以官物給之當以時價貴賤計其直無使官吏受
祿不充失其舊貫其等第添支米麦並仍舊支給　四
月詔曰敘南諸州幕職官違例本土從官本異鄉皆祇畏
於舊簡書宜稍增於廩祿其於常俸外月更給錢五千仍
許令依州縣官例分舊俸之半於鄉里給其父母　七
年二月以右衛大將軍王仁贍為唐州防禦使月給俸
錢三十萬　八月詔曰金科玉條所掌尤重非稍優其
常俸何以勸於盡心自今刑部大理寺官自少卿郎已
卷一萬三千一百七十六
四
上月俸支二分見錢員外郎已上並全支實俸　八年
十一月鹽鐵使王明言西川廣南兩浙漳泉等州幕職
州縣官朝廷以其遠地並許分割一半請俸與本家骨
肉切見兩京諸道州府應幕職州縣官有父母妻老岐
路稍遙多不遂於般迎乃有虧於侍奉自今有願分支
請俸者望許其請從之　雍熙二年正月詔賜定安侯
德恭長寧侯德隆常俸外年支錢各三百萬　三年正
月以給事中參知政事李至為禮部侍郎至素病目及
參國政復作遂連表乞罷職養病詔不許固請乃從之
特賜月俸錢十萬　四年二月詔增殿前司并侍衛司
諸軍兵士料錢有差　七月賜禮部侍郎李至月給本

官全俸先是至以目疾罷知政事特給俸錢十萬至以
端坐私室而享厚祿不自安遂置而不取太祖知之特
給全俸優之也事類合璧以實價給　雍熙四年詔王者
設班爵以敘貴差祿秩以養賢顯其稍食宜在均豐應
內外文武臣僚等折支俸錢舊以八分為十分支給自
今並以實價給之　又詔應除授廣南西川漳泉福建
州縣官訪聞久拘選調多士留虛涉此長途將何以濟
自今並令給券宿於郵置　十一月詔內外郡臣并諸道本
城軍校兵士所請折色料錢先因朝臣所請以八分作
十分支給者自今並依實估錢數支給更不加擡二分
十二月詔曰訪聞諸道州府軍監知州通判監當朝
卷一萬三千一百七十六
五
臣京官使臣并幕職州縣官等所請俸錢內折支雜物
多是遠處闕絕動經年月積滯諸人宜令三司今後常
切預先計度支撥應副無令闕絕不如詔旨並科違勑
之罪　端拱元年六月詔曰王者設官分職求材任能
俾庶績以允釐即黎元之受賜然責其廉則豐其祿資
其理則足其家朕自臨御已來十有四載或親民之吏
或佐幕之僚覩其考課之間悉乃廉平之績苟不均其
資奉何以絕其覬覦令除西川廣南外其餘諸道州府
幕職州縣官俸錢自來皆一分見錢二分折支自今令
半給他物　十一月七日以鎮州馬步軍副總管同知
州事光州刺史王明為禮部侍郎仍同知州給刺史月

俸　淳化元年九月八日鎮國軍節度使錢惟治病滿
百日詔有司仍給俸料惟治上表辭免優詔不許以錢
㪚之予示褒寵之也　三年二月戶部言桂州給真珠
十七兩四錢充折轉運使時載月俸五十一貫八百文
有踰常例望今按劾詔以殊賜載仍別給俸錢　四年
十一月十一日詔曰朝廷務清廉品慎擇官材適當求
理之時尤重親民之任特加真俸用示優恩體予憫恤
之仁勵乃廉勤之節京東西河北河東陝府西幕職州
縣官所受俸合支一半折支者自今每貫給見錢七百
五年五月帝自書一幅曰公務刑政惠愛臨民奉法
除姦方可書為勞績本官月俸並給緡錢事具戒戢官

卷一萬三千一百七十六

吏門　九月以右神武大將軍贊從誨守本官充安遠軍
行軍司馬月給俸錢三十千　從誨故吳王煜之弟偽
封吉王歸朝為大將軍聚族五十口寓京師幾二十年
貧不能自給因上表求外任而有是命　至道二年正
月詔曰先是秘書郎不給月俸自今宜與著作佐郎同
京官先以三十月為滿即罷給俸料自今宜續給之並
著于甲令三月詔曰自今侍御史春冬衣及殿中侍御
史左右司諫俸錢春冬衣並如員外郎例給之　三年
八月令有司重定百官俸給折支物先是三司估其物
率增市直數倍真宗聞之詢於度支使王延德延德言
往例行之已久帝遽令改估十月知益州張詠言屯駐

兵士所請錢乞依元降宣旨銅錢一文與折支鐵錢伍
文是時峽路轉運使韓國到聞言川峽州縣幕職官等
所請月俸銅錢一文止折鐵錢二文望增加鐵錢分數
帝令支銅錢一文易給鐵錢五文　真宗咸平元年六
月詔文武群臣有分俸他所而身沒遠任未聞訃前已
給者有司例行追索深可嗟憫自今比類係川陝廣南
福建路者與免一季餘處與免兩月　九月十九日左
衛上將軍張永德病假滿百日詔特賜告續其俸廩優
耆舊也　二年四月三日定百官添鏡折支則例在京
每貫上茶添二百文若雜物添三百文外道州府每貫
上添百文從之仍令所有諸道折支物色令三司常切

卷一萬三千一百七十六

計度不得闕失　六月詔漳泉福建等州幕職州縣官
並依西川例預借俸錢　三年五月應川峽州軍已泊
巡檢諸兵及校師凡請受當請銅錢一文折支鐵錢五
留文並與支鐵錢十文及川峽州軍諸色職官使臣料
錢并驛料內錢等亦如之　五年七月詔增川峽路京
朝官使臣等月給添支　六年五月宰相呂蒙正再表
求罷詔不允命李沆傳旨敦諭令三司仍舊給俸至八
月又以辭疾詔亦固勉之仍令續其月給　六月詔河
北河東陝西轉運使副按行邊陲經度軍費比之他路
為勞其月俸可全給實錢　景德元年五月有司言尚
書左丞集賢院學士陳恕在假百日合停月俸詔特給

之　十月二十八日起居舍人直昭文館种放言先得
假歸止計其月不敢受俸詔特給之　十一月十五日
詔留守判官推官月俸添給廚料依開封府判官推官
例頒諸路　二年正月令廣南諸州應試銜知州通判
除給祿事俸外更准試例給添支錢物　十二月九日
詔左武衛大將軍富州刺史李琪特與假養疾仍舊給
月俸琪年八十餘去歲以老疾不任朝謁表乞五日一
赴內殿起居詔可之俄為御史所舉令奉常參至是再
表請如前詔　帝憫其昔事宣祖最為勤舊因特許之
十一日詔三司衡州衡山縣奉職徐鑒可接支與本縣
令請受前已請者勿復收償自今應三班使臣差知縣
卷一萬三千一百十六　八
不兼兵馬監押者支與縣令許俸鑒監修嶽廟功畢降
敕就差知縣事本州依縣令例給俸為三司糾剌轉運
使滕元晏奏理之故有是詔　三年五月十二日詔國
子監學官月俸自今並給見錢　十五日詔曰東京赤
畿知縣已令擇人務在精審其於俸給宜示優豐自今
兩赤縣月支見錢二十五千米麥共七斛畿縣戶及七
千已上朝官錢二十六千米麥六斛京官錢二十千米
麥五斛戶五千已上朝官錢二十千米麥五斛京官錢
十八千米麥四斛戶三千已上朝官錢十八千米麥四
斛京官錢十五千米麥四斛戶三千已下止命京官錢
十二千米麥三斛春冬並給本官衣　六月詔京朝官

知開封府司錄參軍月給錢二十千米麥五斛其六曹
官月給錢十千米麥三斛以京官知者如本官俸多即
從多給米麥及衣初京朝官知府錄掾曹者請本官俸
則不給衣糧請本任俸則不給衣至是與知赤畿縣京
朝官悉優給之　九月刑部員外郎鄭文寶以久病表求
藩郡散秩詔許不落班籍給俸養療仍以其子鄆州官
參推官於陵為大理寺丞　四年四月七日給前大理
評事田慶遠月俸終喪以其諫議大夫田錫之子慶之
也錫之卒也二子悉改官給俸至是母亡復有是命
四年七月有司言翰林侍讀學士呂文仲疾告滿百日
當停俸料詔續給之　八月以右監門衛上將軍錢惟
卷一萬三千一百十六　九
治為右武衛上將軍月給俸錢百千仍舊在家養病
時為治第大僕少卿直秘閣惟演上聖德論帝覽之謂
宰臣曰惟演文學可稱且公王貴族而能留心翰墨有
足嘉者可記其名仍以論付史館因曰錢氏繼世忠順
子孫可念如聞惟治頗貧匱遂詢其官俸而有是命
九月九日詔曰並建庶官以釐衆務宜稍豐於廪給使
各勵於廉隅自今掌事文武官使臣月請折支並給見
錢六分外任給四分其外但願請折支物者亦聽　十
五日詔自今外任文武百官使臣所請料錢須於逐處
接續逐月勘請不得積留月分帶來京中一併請領　十
月十八日以左龍武軍大將軍平州防禦使司分西京

上官正守本官致仕給奉全俸　十一月詔大理評事邵煥衆綫本官俸並特給見錢煥綫皆以幼而能文置在書府至是帝知其貧故特加優給　大中祥符元年正月詔定入內內侍省內侍省官俸料供奉官俸錢七千五百殿頭四千高品三千高班二千五百黄門千五百供奉官殿頭來三石高品高小黄門二石五斗供奉官至高班春冬各絹五疋黄門四疋供奉官冬加綿二十兩自餘十五兩九月閤門言齊州防禦使韓崇訓假滿百日例當落藉帝以樞要舊臣令續給俸　二年正月詔左降官遇恩不還者節度行軍副使月增錢三千防團副使至參軍二千　十八日詔豐州防禦使王承美月給錢五萬自承美奉土內屬以蕃官例賜祿至是特增焉　二月五日以許州參軍王中正為左武衛將軍致仕仍給全俸　是月賜衡州刺史陳文顥內地刺史俸料文顥知濮州有置頓之勞自康州遷衡州又增俸奨之是月詔諸軍增俸有元給不及千洎二千者例加至三千頗為不等乃令樞密院取有勞者為班別爲　四月詔兗州官吏月請折支並以官物充其嶽廟令別定俸給元是泰山廟每歲四方之人所獻物色常令存留以供修廟之費其後本處官吏取為月俸故有是詔　三年四月詔幕職州縣官除川峽廣南福建路已令預借俸錢外江浙荊湖邊地麟府等州河北河東緣

卷一萬三千一百十六　十七

邊州軍自今並預借兩月俸餘近地一月　七月詔以左龍武軍大將軍韶州防禦使分使西京韓崇訓近免樞職臥疾已久眾重家貧雖係分司其請俸並令同見任例支給八月樞密院言新除尚書工部侍郎充龍圖閣學士杜鎬俸來有詔制令依樞密直學士例支給　五年十一月詔曰上真降格景貺來同仰膺顯設之祥誕布庥鴻之澤眷惟多士共贊昌期念盡瘁以在公宜推恩於職祿令定加文武職官月俸　俸祿之制具見前文自唐正元四年定百官月俸至僖昭亂離國用窘闕天祐中止給其半梁開平三年始令全給後唐同光初租庸使孔謙以軍儲不充百官俸錢雖多而所支非實請減半數而支實錢是後所支半實俸復從虛折周顯德三年復給實錢本朝之制皆約後唐所定數其非重職者皆一分實錢二分折支由景德罷兵始詔實經掌事其俸當給他物者京師每一千給實錢六百在外四百帝承二聖恭儉之餘富有多積以廉官食賞勸事非厚其廩則無以奇廉隅故因有慶特議增給　六年詔　正月詔文武百官已增給俸錢其入內內侍省亦等第加　二月二十二日以深州團練使天雄軍副都總管楊嗣為左龍武軍大將軍致仕給全俸　四月十一日詔文武百官諸司使副已下并三班使臣及諸色人請受自來合係正身各別出給請受支歷如經改轉職名

卷一萬三千一百十六　十八

給出官合出新歷并爲事停落及逃亡人等仰粮料院起置文歷纔候承准諸處申報及省司開落文字其合追舊請文歷便仰畫時抄上職位姓名轉補及停落逃亡因依限五日差人於本家追索元請受文歷候到委本院分明批鑿毀抹訖即勾銷元上文歷具追到文歷紙數繳納三司其三司亦置簿候有申報便抄上拘管朱鑿行下日月仍不住刻刷頭行催索候見逐處連到文歷三司再行毀抹訖逐施繳連於宣教庫送納架閣收管仍勾鑿元上簿經本押判官點檢呈押所有剗移請受在外請領者即行下本處開落仍一面行遣追取元請文歷令本處毀抹訖繳連申省十三日令粮料院置諸道幕職州縣官借支料錢文簿請訖勾鑿初度支判官祖士衡上言銓注官訖吏部格式司移牒三司借俸錢三司下粮料院行至有候請不及而赴官者未嘗申舉致有欺倖因請置簿以繞之經百日而不請者就新任給之　七年七月詔吏部尚書王欽若戶部尚書陳堯叟月俸支實錢仍添給三十千以欽若編修冊府元龜及校道經堯叟充群牧制置使故有是命　又詔外任官不得挈家屬赴任者許分添支錢贍本家　十二月二十三日樞密院言諸州本城馬步軍都指揮使已下給俸等差不一請自來年已後令三司以京爲一等節鎮爲一等防團刺史州爲一等從之　八年五月

卷一萬三千一百六

十一

四日中書門下表以燔邸燔燒帑藏延及方興力役且務繕完乃惟中外之官宜徹優豐之祿望詔閤府罷給縑錢庶助縣官稍均歲計所有宰臣樞密使等月俸欲乞自六月以後並且住支詔答不允　五日臣僚言切見內藏左藏庫有燒損物乞權將內外文武百官使臣等料錢見請分數實錢內支與二分見錢一分折支送三司定奪以聞十一日中書門下上表伏見庫藏內有燼損疋帛諸雜物色欲乞於臣等所請月俸及衣賜內充一半折支詔答不允既而文武百官御史中丞馮拯等翰林學士晁迥等相繼拜章陳乞帝勉而從之　十二月詔近臣在位封奏至於再三願以給府之幣餘盡充官吏之月入勉從輿論深軫朕懷特示推恩並仍舊貫宜令三司自來年正月一日料錢並仰住折支依舊特支與見錢　九年五月詔流內銓選人引見與知縣者與十貫以上至十五貫料錢縣分仍依資次注擬不得隔越　八月以右僕射陳堯叟判河陽月給實俸歲賜公用錢百萬其河陽事令通判專領事類合璧真宗祥符九年守職田奧制品秩定規蓋有優待于庶官且寄益于稍食州縣之職慈愛靡閒耕布之始奪農力以多求歛穀之時峻公方而吞取無水旱蠲除之患無卿廩賑濟之恩自今天下職官職田並須遵守元制無優客戶逃災珍即蠲省之　天禧元年二月八日流內銓

卷一萬三千一百七十六

十三之二

言合外令録選人願折資入司理參軍者自今望與録
事俸料止于五十千從之　七月詔玉清昭應宮使守
大尉王旦月給俸錢百二十千其他俸料及衣悉依丞
相之半八月吏部流内銓言西川河北在任官及三
年已上闕人塡替者欲依先例於河東京東陝西州軍
在任人内就移塡替其移官人仍依銓司注官例令逐
州軍預借料錢從之十二月知州團練使陳文顥久疾
在告詔仍舊俸　二年正月詔諫官月俸自今並給實
錢　二月二十七日左領軍衛大將軍連州刺史張正
言足疾賜告滿百日願給俸治療從之是月虞部員外
郎畢世長丁母憂給俸終喪仍賜繒帛緡錢世長故相
卷一萬三千一百七十六
十四
士安之子以藩府之舊故優䘏焉　四年二月以侍衛
馬軍都虞候并代副都總管楊崇勳為客省使依前英
州防禦使同勾當三班院皇城其月俸如管軍防禦使
例　八月樞密院言新除直學士右諫議大夫太子賓
客張士遜請俸詔料錢衣如賓客餘容學士之例　九
月詔左屯衛上將軍致仕王嗣宗月給食俸五十千從
其請也　五年五月詔流内銓應入令録人等自今如
是令任内犯贓罪及因公事非次衝替注替勒停未得
與官并犯私罪徒以上合該參選以例注官者仰據逐
人前任所請料錢自二十貫已下遞降一等與注官三
十貫文止如是歷任内有所說料錢多處即說多者降

等候此任迴若別無上件罪名依並却知支與前任料
錢或再有前項罪犯者即更與遞降支給十月給左領
軍衛大將軍石普月俸食錢仍與添支時普妻表求援
普小郡帝不許而有是命　仁宗天聖元年三月三司
言未歷任勾當京朝官只因暫差祠祭行事使將料錢
二分本色折支比在京勾當曾經歷任京朝官例請六
分見錢以此甚有枉費乞行釐革從之　五月二十二
日樞密院言降欽詔命下三司自今後應有在任就轉
京朝使臣如有合改定添支者仰即聞奏乞行定支仍
且准援續支給候降到詔命則例剩即依新例貼支從
之二十四日詔流内銓令録引見與職事官如先請料
卷一萬三千一百七十六
十五
錢十五千以上新注軍事判官雖料錢小處亦依舊數
支給以為著例　十二月詔陝西諸州軍蕃落諸指揮
十將已下至長行給春冬衣絹今後並特支與本色
三年三月右諫議大夫充集賢院學士薛奎言蒙差知
秦州乞許賜支與館職請受見錢從之　宋續通鑑長編
天聖三年涇原路總管司言宋哥立遵乞給俸錢詔渭
州月給衣着五十足茶五十斤　四年七月詔幕職州
縣官在京預借過料錢或除遠未足聞身亡特與免放
十二月流内銓言詳定開封府兩縣丞料錢請受聞奏
准詔開封府開封祥符兩縣特置縣丞在簿尉之上今
本縣簿尉各請料錢十二千令縣丞並於幕職令録内

揀選注擬欲定料錢十五千米麥四詔三司依府界
簿尉例並支見錢六年四月詔節察推官與軍事判官
資敘近有合入支掌防團判官情願析資乞注節察推
官並與支掌請受流內銓言今後職事官權超折注擬
者並支與本資請受如資考合入令錄並依本處錄事
參軍例支給如無錄事參軍處即依倚郭縣令例支給各
不得過十五千內有前任請受多者聽依前任所請有不
願權超折者聽候本資有闕　六月蘄州防禦判官軒
轅攢校磨到本州蘄水廣濟等縣升降戶口將分煙析
生戶口充數大支過縣令簿尉料錢千五百三十八貫
五百文米麥共三百九十八石詔諸路及開封府今後
卷一萬三千一百七十六
供申升降須依元降詔命有新收戶口須依元降租賦
委是合該升降即令本屬州府當職官吏勘會給罪
保明施行如更以分煙折生客戶虛作主戶即令吏部
格式具事聞奏　七年三月詔諸州軍文學司馬別駕
司士行軍副使不勾當事京官使臣文武分司致仕官
及恩澤除授上件官等人執文歷稱有未請身分積併
料錢乞在京支請者更不行下逐處會問有無見在折
支據未請月並依無降詔內定下累月折支料錢支給
如有已曾在京支給後來更有未請月分即據續支與
六月權判度三司度支勾院張應物言請今後左右
金吾千牛衛長史中書省主事太常寺太樂鼓吹局令

丞禮院禮直副禮直官等所支料錢今來兩處係京朝
官例逐月俱合請人數姓名牒三司勘會支給從之先
是左千牛衛長史王惟則坐事停職本衛不以聞闕三
司吏因以惟職舊請受歷不經沒抹故盜請官錢事覺
應物乃有是請　是月三司言准淳化五年至大中祥
符七年條貫不般家地分官員添支米麥並許分劇於
在京或別州請領又准　天禧三年八月敕廣南兩
路州軍守任官自今並許取便般家赴任今詳廣南路
去京地遠亦有不曾般家赴任者許召命官使臣同罪
保委許分割添支米麥在任家處請領如還家赴任者
不得一例分割從之　七月八日流內銓言選人將歷
卷一萬三千一百七十六
歷仕三任五考資考比類附簿尉合入令錄准詔就差
監壽州霍山茶鹽監酒稅在任止給前任海州團練推
官俸料乞勘會前任比支合入令錄俸銓司據群初任
勘停合推近勅且入司理參軍萬戶簿尉淅誉考滿却
依令錄資敘今欲將監自海州推官差往壽州霍山監
當一任所支與萬戶簿尉俸料他後有似此比者率以
為例從之　二十二日臣僚言應係奏廕子孫未經勾
當者乞更不支賜請受候差使勾當即依例支給詔應
今後奏乞別房及異姓骨肉年未及格未得支給請受
或本家委是孤幼別無人食祿即奏取朝旨　十一月
流內銓言請今後選人應係兩任令錄並請料錢十八

千至得替引見奉旨與大縣令無闕遷注授小縣者依例支給十八千若不與大縣令者即支十五千如內有六千已下無縣令闕情願乞小處錄事參軍者亦依小縣令例支與前任大料錢永為定式自今前任帶職官知大縣者今乘權超折注職官欲只依本職官資敘支與請受其〔衍〕任知縣料錢米麥乞更不行支給從之　八月十二日詔自今御史臺官并三司判官開封府推判官差出勘鞫公事或已請驛料外並依舊支與本職添支事類合璧仁宗天聖七年詔曰洪惟先聖勤邮庶工謂給稟之稍豊則潔廉之易守爰稽故實並賜公田歲月浸深侵牟滋長苟削傍于租入將易勤于官勤歛而

卷一萬三千四百七十六

十八

約之孰田不足具罷天下職田悉以歲入租課送官具數上三司以所直估定價例而均給之　九年詔吏職田所以恩養廉節也比詔有司皆從定停罷如聞諸事之吏祿薄不足自養朕甚愍焉其議復職田即無多占佃戶及無田而配出租違者以枉法論　景祐五年六月十一日兩方館使連州刺史勾當皇城司王克明言叙年勞援例進職詔特賜遠郡大分俸料　玉海寶元二年命近臣去浮費六月壬戌一云丙戌詔百官俸毋得裁減事類合璧仁宗寶元二年詔惟其廩給之稍具識等差之常其文武百官及班行等俸賜宜令詳定所不得輒行裁減其數慶歷二年四月詔近令三司減省諸費其

文武官及諸班諸軍料錢月糧衣賜賞給特支並聽如故　六月三司減省所言比來醫官多僥求責俸至有尚藥奉御而其入多於醫官副使者請自今並依例折支從之　十月詔戰沒臣僚子孫若親屬補班行而年幼者特給俸　三年五月司徒呂夷簡請罷所給俸祿詔給宰臣俸料之半　五月詔曰國家設巡檢縣尉所以佐郡邑制姦盜也朕每念其勤勞而俸入未優何以責其盡力乎自今巡檢縣尉月俸並特給見錢更不折支事類合璧慶歷三年詔昔者先帝詔復公田令王制班祿之差得聖人養賢之義比者搢紳為郡縣受地無有不齊銓審補闕權吏為幸辦競以之偽俗因沿至

卷一萬三千四百七十六

十九

于害人所宜給其所未給均其所未均約為等差縣令簿尉及應天下職田大藩府長吏二十頃通判八頃判官五頃餘並四頃節鎮十五頃通判七頃判官四頃餘並三頃五十畝防團使以下州軍十頃通判六頃小軍監七頃判官三頃五十畝餘並三頃縣令萬戶以上六頃五千戶以上五頃不滿五千戶並四頃簿尉萬戶以上各三頃五千戶各二頃五十畝不滿五千戶並三頃發運轉運文武總管比節鎮長吏鈐轄比防團州長吏路分都監比節鎮通判都監比藩府判官監押比節鎮判官監當不得過本處職官之數在縣鎮監當不得過簿尉之數錄事參軍比本處判官判司比倚郭簿尉宜令

二司具所定職田並於慶歷四年為始內無職田處及有職田而頃畝少處并元標得山石積潦之地不可耕種者限三年內檢括官荒地并絕戶田及五年以上逃田添換其數　五年七月二十一日詔新除彰信軍節度使同中書門下平章事充景靈宮使李用和依見任兩府臣僚例請受從所乞也　九月詔河北河東陝西路鈐轄自今初除遙郡者其俸廪並依緣邊帶遙郡例給之　十月十九日判并州夏竦言臣前充宣徽南院使進奉請受賞賜皆準兩府詔依前例　十二月十五日殿前副都指揮使寧武軍節度使李昭亮言乞比類特給大例請俸詔昭亮昨任觀察留後料錢已給四百貫特依大例定支餘人不許為例　六年二月賜太傅致仕張士遜月俸百千　八年五月詔司空致仕章得象月給見錢俸春冬衣比太子太師　皇祐元年五月詔建寧軍節度觀察留後楊景宗特給節度使俸毋得為例景宗初為徐州觀察使即給留後俸至是又增皆以太后族優恩也　五年八月詔知州理轉運使資序者自今止給知州添支初支諫院李兊言轉運使主一路兵食戶稅經費財用故優以俸廪令或因彈劾罷免或以年高自求便郡者多得理轉運使資序而叨厚祿甚非朝廷勸沮之意故裁約之　九月二十一日殿前都虞候隴州防禦使權管勾步軍司公事王覲乞大例請俸

卷一萬三千二百十六　二十

給詔以覲權步帥特從之　至和二年七月十九日賜邢州團練使李珣大例俸給仍毋得為例以珣章懿皇太后之姪也　嘉祐二年九月詔真定府高陽關路安撫都總管添支如陝西四路例並支五十千　五年三月詔廣南東西路攝官皆處荒遠炎瘴之地而月俸不足以自給其月增錢一千五百　六月內三司減省冗費所言比歲內人請俸倍多乞約天聖初宮禁嬪御以下人數著為定額從之　六年閏八月詔給前宰臣富弼月俸之半固辭免之後給文彥博准此亦固辭也

七年三月三司言乞今後如有官員使臣得假出看親之類並令請受文歷赴閤門依撥差遣體條批鑿辭見月日令糧料院照會分數見錢如有不將文歷赴閤門批鑿人數並料違制之罪從之　九月詔橫行使及內臣昭宣使以上持服者並全給料錢節度使給其半正任刺史以上給三分之一　英宗治平元年六月以皇子耀州觀察使顥為左衛上將軍命給前官祿十一月翰林侍讀學士劉敞以疾滿百日再給病告三司言例不當給俸詔特給之　二年六月詔前樞密副使吳奎月給俸錢之半固辭之以丁憂去位也　三年五月詔司天臺官自今不差監諸倉門監丞以下月俸皆給見見錢　四年神宗即位未改元十月十一日太子少保致仕李東之刑部侍郎致仕李受並支半俸見錢並以

卷一萬三千二百十六　二一

先朝隨龍也　十一月二十三日管勾客省閤門公事張希言（一）文武臣僚每月料錢在京支六分外任支四分見錢並以朝見辭日增减分數兼先降條貫臣僚授差遣後五日朝辭既有上項指揮以分內外職任緣閤門無由見得所授宣敕日月切慮遂請官錢及時服欲乞自今後文武臣僚及大使臣三班使臣降宣敕授差遣者乞中書樞密院畫時各以姓名及所授日月降付閤門逐人投下朝辭牓子亦令供授宣敕日月從之

神宗熙寧元年三月二日詔節度使李端愿已除太子少保致仕可特給節度使月俸之半　五月九日以龍圖閣直學士工部郎中知滑州王獵守工部侍郎致仕

卷一萬三千二百十六　主

從其請也詔以王獵係先朝從龍仍特支半俸見錢不得為例　二年七月六日陳州通判虞部郎中趙至忠守本官致仕詔至忠自契丹歸明人特與支見錢俸　八月詔淮南等路發運使司動郎中薛向見理三司副使資序宜令支與副使請受　十一月二十三日詔自今當任職司及大卿監到闕差權判寺監者並與添支俸錢十千　十二月二十二日詔自今權發遣三司副使據見任官資給見錢料錢外其諸添支衣賜等並依正權副使例施行　二十五日詔今後文武升朝官乞致仕歷任有功績治狀顯著者與支在外見任官料錢衣賜京官班行准此其雖無功績治狀顯著但歷任中

忠部

無公私罪事理重及無贓罪者減半歷任中有公私罪重事理重及有贓罪并因過犯及老疾體量與致仕歷任中無顯績著功績治狀者即以依舊法　三年正月二十七日詔三京留臺國子監諸州宮觀嶽廟提舉主管官等大兩省卿監及職司資序人添支視小郡知州資序人視小郡通判武臣做此遥郡以上罷正任及遥郡改授南班官元自文資換者却換文資功績殊異者別取旨　八月二十六日詔司農寺丞月添支錢十五千主簿京朝十二千選人十千　八月詔令三司今後應不帶職官僚直舍人院及權領兩制差遣者並支與見錢請受　是月知大宗正丞張稚圭言今相度到宗室

卷一萬三千一百七十六　二十三

諸般請受券歷分擘合為四百一十九道乞付三司勾磨逐月支止隨料錢請勘委實簡徑從之　十二月二日詔三司令在藏庫每年特支錢五千貫充濮王宮公用支使本位皇親俸錢更不尅除　先是大宗正司奏宗樸言先奉內批指揮令弟兄量尅料錢入濮王庫為四時祭饗支用而近降指揮不許尅皇親俸錢故有是命　四年九月二十二日中書門下言天下選人俸既薄而又多少不一恐不足以勸廉吏今欲月增米麥料錢縣令錄事參軍五百七十六員舊請十貫十二貫米麥三石並增至十五貫米麥四石司理司法司戶參軍注主簿縣尉二千五百一十三員舊請七貫八貫十貫

米麥兩石者並增至十二貫、米麥三石。防團軍事推官、軍監判官一百七十二員，舊請七貫、米麥二表千八十餘石，並從之。　六年十二月十二日，以勾當御藥院李憲為遙郡團練使，寄資給全俸。　八年二月二十九日，詔：「籍熙寧元年至七年終增減武臣、內臣并增減數目以聞。」　七月六日，左侍禁、閤門祗候周宥喪母去職，特給俸祿，以舊事東宮，家貧故也。　九年四月十二日，詔：「丁憂人樞密直學士孫永，朕藩邸舊臣，其家素貧，可特依見任支給添支俸料。」　八月五日，上批：贈太尉劉從廣妻晉寧郡主，太宗皇帝之孫、吳王元儼之女，於皇家為尊屬，可增給俸錢二十千，餘人不得為例。

以上《永樂大典》卷一萬三千一百七十六

二十四

元豐元年五月二日，詔廣西轉運司官員使臣諸蠻料錢等物，願以其半折銀者聽。　七日，起復樞密直學士、起居舍人、簽書樞密院事曾孝寬乞終喪，許之，給半俸，又辭，從之。　十三日，詔觀文殿大學士、尚書左僕射、集禧觀使王安石依知大藩府例給添支。　十四日，詔權及權發遣府推判官及職司等職任，除依本資序奏薦外，請給賜並依正入資序例。　二十一日，中書言：「奉詔選人祿以戶口定數，令吏房立法。雖約戶數以為增損，恐未盡天下繁簡之實，欲令逐路轉運、提點刑獄、提舉司同約州縣繁簡，分三等至五等以聞，乃隨等定俸。」從之，後不果行。　二十四日，詔差待闕得替官權住程負闕

者支任俸給。若朝廷泛以遣等第給添支食錢，餘官司依條牒差者，准給食糧。以上選人止給前任請俸，即未經任依資序。　十一月二日，詔：「諸路都總管司所在州官及過往止令本州供給。兵官、使臣、軍員令總管司供給，仍令都總管司同主管。如副總管司錢少，即於本州公使錢內添。」從之。　十六日，三司言：「寶文閣學士陳薦請給未有例，寶文閣學士在天章閣學士之下、樞密直學士之上，令欲就天章閣學士例裁之，祿令其直學士、待制亦增入。」從之。　十二月十九日，詔：「自今司農寺除本寺官請受及吏人衣糧、食鹽依舊三司支給，餘支本寺所管常平、免役、頭子、盛零等錢。」從判寺蔡確請也。　二年五月十三日，詔右贊善大夫、同舉成都府等路茶場范純粹廩給人從視提舉常平司。　八月九日，詔無料錢京官差知縣、縣丞者，給令丞俸，罷添支驛料。　二十六日，詔：「判太宗正司宗旦舊例添廚食料，雖有後條衝革，可以見領宗特給，他官雖等非職事同者，無得援為例。」

以上《永樂大典》卷一萬三千一百十六

二十五

二年十一月二十七日，詔太子少師致仕李端愿，故献穆大長公主之子，自致仕後特給節度俸見錢之半，餘人不得援例。初，端愿以太子少保致仕，詔給節度使俸錢之半；至是，驅磨請受官以謂非前任兩府，不當得見錢，增請錢萬餘緡，端愿自陳，故有是詔。　三年正月二十九日，詔給歸明人宮苑副使儂智會全俸，以智會年老

有功也　二月十二日三司言駙馬都尉李瑋昨責授
郴州團練使陳州安置誤給見任團練使俸緡〔禄〕當追納
詔蠲之　四月二十七日上批新授供備庫使曹諭舊
有廢疾未嘗出官故未得俸既以恩遷可給還〔俸〕　三年
五月一日詔月增中丞添支錢二十千察案御史十千
二十二日詔籍田令隸太常寺月給添支錢七千
六月一日上批彰信軍節度觀察留後駙馬都尉李瑋
丁所生母憂可依宗室給全俸　七日詔宗室教授並
兼大小兩學廣親睦親北宅二員餘各一員月增〔添〕支記
室講書十五千教授十二千即受宗室月給賂遺者坐
贓論　三年六月七日初以宗室學官員多俸薄頗納

紀　卷一萬三千一百六　矣

諸宮贈遺寖蠹職守遂詔中書議減員增俸中書裁定
留十三員省十員　七月四日詔資正殿學士呂惠卿
丁母憂俸外月特給錢五十緡　八月五日詔宗室袒
免以下親其俸錢支見緡　閏九月十一日景福殿使
入內都知張茂則言臣以衰晚累奏乞歸田里聖恩不
許尚令赴職臣靡祿多年甚愧尸素有未請米麥俸錢
已書面陳天意不違乞下三司拘歷毀抹麥請至治平
二年九月米請至熙寧三年二月錢請至熙寧六年十
二月上批方今燕陽之風頹靡不振士大夫之於朝廷
解知欽其事而後其食者宜因茂則之請卿愧勉之可
依取乞降詔獎諭　十月八日御史臺言資政殿學士呂

惠卿丁憂奉旨本俸外月特給錢五十千惠卿月又請
添支錢十五千即非本俸諸司糧料院使〔吏〕舉首而三司
不行乞究治詔付大理寺後大理寺言已下楊州取惠
卿奏歷詣惠卿前執政治之傷體誤請俸錢除之所官
司依已得指揮既而惠卿奏稱添支係俸奉旨舉發不
當令御史臺劾官吏御史滿中行言祿令所載〔本辭〕添支立
文各異若以添支為俸恐自今引用不行乞改正上曰
惠卿乃朝旨給俸誠優于見任者惠卿受而不辭固為
貪冒以義責之可也於法無可改正玉海元豐三年十月丙午頒嘉祐祿令四年正月壬寅頒嘉祐驛令　四年
三月六日中書戶房言諸因戰陣及捕盜陷沒其親屬
錄用充承奉郎以上及使臣三班差使借差殿侍雖年
小未該出官其俸錢衣糧乞並與支給仍著為令從之

二十七

五年三月二十三日樞密都承旨張誠一言今後諸
軍因功或捕賊換大小使臣者許帶舊請受從之　四
月七日上批范仲淹新婦文安郡夫人曹氏昨以太皇
太后遺恩進封增給俸錢等有司自陳以為誤支可以
舊支破仍免追理　四月十七日大名府安撫司言宣
德郎致仕常昇母李年百有十歲昇累歷資任以母老
不能之官遂求致仕家素貧遇歲饑無以為養乞令昇
依京官致仕例給以半俸從之　二十二日詔鄜陝西
都〔轉〕運司涇原路逐司條去年六月以舊有窠闕文武官

料錢米麦添支諸般請受依舊勘請外後来因軍興創
添負闕并諸般差使除身分料錢米麦外餘添支諸般
請受並權於京東州軍或在京支給　五月一日詔大
理寺國子監官差承務郎以如無即差選人充正官立
行守試請受法唯外任用前資四日詔引戰環州弓箭
手都指揮使王隱舊病右目因奪隘力戰箭中左目與
三班借職終俸禄終其身並與引戰支賜仍許子孫承
襲　八月二十三日罷詔增減着職州縣官俸先是有
旨令吏部以繁簡增減天下選人俸錢而吏部以事簡
則僻遠而員少事繁則當要而員多遠則人不願行要
則趨之者衆俸不可簡遂寢　六年四月十八日詔前

卷一萬三千一百七十六

二五

宰臣執政官宮觀差遣添支依知大藩府禄令給之
五月十七日詔熙河路蕃官等願以請受易茶綵者聽
七年正月十一日東上閤門副使景思誼母德安縣
太君董氏月特支錢二十千候思誼子有俸日住支蓋
思誼以隨軍没于永樂故也　十三日詔戶部侍郎蹇
周輔罰銅六斤員外陳向八斤坐違法劄門下侍郎章
惇俸錢於相州也　四月三日詔濮安懿王女吳承溼
妻長樂郡主曹誦妻延安郡主劉承緒妻建安郡主梁
鑄妻同安郡主夏大醇妻永嘉郡主可並增俸錢三十
千　十一月五日詔承郎及使臣以上致仕嘗以戰功
遷官者俸錢衣並全給餘歷任無公私罪事理重及贓

罪給半因過犯若老疾體羸致仕者不給非戰功而功
狀顯著者奏裁　十二月二十八日詔請給毋得於三
路勘請　八年四月二十七日尚書省奏刑部言令年
正月九日赦書應復舊官者支所叙官俸從之詳見叙
用門　六月三日詔內臣梁從政改遥郡防禦使吳靖方
改遥郡團練使並特與見寄官請給仍自寄官日為始
　十月十八日資政殿學士正議大夫兼侍讀提舉中太
一宮兼集禧觀公事韓維為資政殿大學士仍依守尚
書例給俸廪以維先帝宮臣也　十二月二十二日詔
增講讀官職錢為三萬　哲宗元祐元年三月二十八
日詔職事許帶職其班序雜壓衣職事如職高於寄禄

卷一萬三千一百七十六

二九

官並以職為行守試應緣職添支除酒外不給集賢殿
修撰直龍圖閣直集賢院直秘閣集賢校理秘閣校理
已上職令後內外官並許帶除職食錢并理任外其餘
恩數並依官制已前條貫　四月二十一日新除尚書
左僕射司馬光言臣以假滿百日自四月以後不敢勘
請俸給竊聞近有指揮特再給臣寬假得治其俸給等
接續支給伏望許臣依條百日外住支候參假日依舊
詔不允　二十三日給事中胡宗愈言河北轉運使范
子奇奏乞三路轉運判官依轉運使支見錢准朝旨依
臣愿遠近相照貪冒成俗破法中請禄廪增加何有藝
極其范子奇所乞伏乞只依舊法折支從之　二十四

日戶部言講筵所奏本所請給令侍讀侍講說書職食錢十貫文近准朝旨侍讀侍講職錢特添作三十貫按舊例侍讀侍講說書請給一同其說書程頤未敢依例支破詔程頤職錢特添作二十貫　八月十八日詔不帶職官充侍讀侍講崇政殿說書其請俸依職事官例支見錢　十月四日詔應試中館職者內選人除試正字改官請俸等並依太學博士法　二年七月二十四日詔免死事之孤納不應給俸錢　三年四月二十四日詔司空同平章軍國事呂公著俸賜依宰相例　十月二十八日詔橫行使副無兼領者許兼宮觀一處月給食直錢使十五千副使十千其宮觀合破添給勿支

卷一萬三千二百十六　三十

閏十二月廿六日詔大中大夫以上知判州府添賜公使錢正任團練使遙郡防禦使以上至觀察使並分大郡次郡初除次郡俸錢各減四分之一移大郡全給後留節度使分大鎮次鎮小鎮遞減五萬刺史以下使相以上不減其刺史至節度使公使錢依俸錢分數裁減　十八日置六曹尚書權官俸賜依六曹侍郎守法

四年二月二日戶部言得旨取索裁減在京職事官俸被官制職事寄職錢以寄祿官高下分行守試三等看詳寄祿官既高則本俸自多不須更支上等職錢欲乞去行守一等行者止依守法及不帶行者守亦如之舊無行守兩等職錢者依元定數從之　五年二月六日

詔諸王府翊善侍講記室參軍請前任俸者聽　三月二日詔起支官員俸及添給不以則例限內申戶部者杖一百擅給歷及不候分移歷到而收併者各徒二年戶部言起支請給舊無法禁多重疊偽冒有已分移而他處全請已身亡而分移處猶請者故立是法　五月十一日戶部言應殿侍差出幹當事畢并替罷已承發遣而有違程不赴本班公參者其所破請受勿給從之　六年十二月十四日戶部言乞令後應致仕有戰功曾經轉兩官已上者並許支給全俸從之　八年正月二十八日戶部言官員料錢應折支者到闕自朝見日支見在京分數朝辭日支在外分數今欲除見任人

卷一萬三千二百十六　三十一

依本任請受外係請新任及前任料錢者在京及外處各依本處支給分數從之　紹聖元年八月二十六日詔筵筵官非侍從官諸王府翊善侍講記室參軍諸郡王位說書願請前任請給者聽從多給指揮更不施行用御史郭知章言也　二年六月二十一日詔元祐裁定除授正任已下俸祿減損不多有虧朝廷優異之禮其見行條令勿用並依元豐舊制　三年七月二十二日戶部言衛尉寺丞張保微伏見元豐中官制初行職事官以行守試三等定祿秩至元祐間遂罷止從一等給祿復增聚議錢欲乞申明元豐之制罷聚議錢從之

九月十二日戶部侍郎吳居厚言神宗皇帝議行官

制使之各正其名凡臺省寺監之官制禄有三等之别
行守試是也　元祐中裁減浮費而職事官帶行者遂
令存虛名而已且職事官帶行字者凡今亦且無幾使
如官制賦禄其費又有幾何望付有司講求復行舊制
從之　徽宗建中靖國元年三月二十五日詔自今除
遥郡正任並依元祐三年閏十二月敕分大郡次郡大
鎮次鎮小鎮所有今日已前誤除大郡次鎮人並支次
郡小鎮俸已請者勿追仍免改正候再該除授即依今
詔　初元祐中嘗會内外正任之數皇祐八十五員治
平二百六員元祐三百五十二員遂有旨令後除管軍
及初落權軍班外自正任團練使遥郡防禦使以上至

卷一萬三千一百十六　三十三

觀察使並遞減詳見元祐三年閏十二月六日詔　五
月十七日詔近降減省損宗室及遥郡以上月奉指揮
更不施行　六月二十四日户部狀准都省批送下鄜
延路經畧安撫使司奏檢準嘉祐禄令諸帶遥郡若係
沿邊任使就轉及在京除授差充河北河東陝西路
沿邊路分鈐轄者依全分例定支餘依減定例支今来
沿邊溪官蕃官凡帶遥郡不以資任高下一例却出公
邊就轉之文却將下文路分鈐轄别為一事遂致見今
本路城寨都監准備差使及蕃官帶遥郡之人乃與路
分鈐轄一等請受必非立教之意本司已指揮延安府
綏德保安軍將不係鈐轄漢官蕃官帶遥郡之人請

受且依減定例支給别聽朝廷指揮去訖其以前大夫
請過請受之人欲乞除漢官並令於請受内限三年剋
納外有蕃官乞朝廷詳酌指揮詔漢官依鄜延路安撫
司所奏蕃官特免追納　十月四日都省批送下權知
開封府司録參軍公事王務狀切見天下勘給官吏軍
兵請受及勘支官物並須先由糧料院批勘封送勾院
點檢勾勘訖倉庫方得依數照支令天下州府糧料院
批勘而判勾即皆專委通判蓋通判是本州按察官使
之判勾則其勢可以點檢糧料院違條妄支官物及諸
般差錯作弊等事唯縣則皆倒置不同令府界等縣勘
給務反令知縣領之簽勾反令監當官領之夫監當官

卷一萬三千一百十六　三十三

視本縣長吏其勢與按察官無以異雖坐視勘給務違
法等事在於人情豈敢追呼點檢欲乞將降指揮應縣
有勘給務處俾監當官兼之而簽勾即專委本縣長吏
如此則簽勾之勢可以點檢勘給務而關防之法不為
虛設矣從之　十月二十二日户部狀據内殿崇班趙
令篟等狀係袒免親昔依紹聖元年九月内聖旨袒免
親授班行者出官未出官請料錢並依元豐三年指揮
支給見錢本部看詳元豐三年朝旨係因世括等奏男
補右班殿直係小使臣降到上件指揮即不包載轉至
大使臣許與不許亦支見錢明文今取會到宗室袒免
親莊宅副使趙令珹等換授外官在外並請六分料錢

奬勸大使臣以上本身俸莅事添支供給已是優厚兼
既服紀一般即換授與補授無異本部今相度欲據宗
室袒免補授外官轉至大使臣以下者料錢並依宗室
袒免换授外官分數支給從之　崇寧元年七月十一
日中書省勘會熙寧三年五月詔以諸臣歷監司知州
有衰老不任職者使食其俸給令處閑局故令諸州增
置宮觀員數使人各得便鄉里且以優老示恩自後添
支屢經裁減而諸州供給亦無明文是致往往失所恐
非先帝創立宮官觀優老示恩之意今以熙寧元豐以
來條制參詳修立下條諸三京留司御史臺國子監諸
州宮觀嶽廟提舉管勾等官添支前宰相執政官依知
卷一萬三千一百七十六
三十四
判諸路州府例待制已上依見任官知郡例中散大夫
以上并職司資序人依知諸路州府大郷監例知州資
序人依見任官充小郡通判例通判資序人依見任官
充軍通判例武臣正任橫行已上依諸司副使知州例
路分鈐轄已上依侍禁閤門祗候知州例路分都監已
上依殿直充諸路走馬承受例上條合入祿令衛改元
豐三年十一月十八日并元豐六年四月十八日紹聖
元年五月十六日指揮不行諸宮觀嶽廟提舉管勾等
文官因陳乞及責降充者並月破供給於所居處依
資序降二等支職司以上資序人依通判例知州資序
人依簽判處及通判資序人並依職官例前宰相執政

官及見帶學士已上職者不降從之　元豐三年十一月
十八日紹聖元年五月十六日指揮檢未獲　八月六
日皇后祖母慶國太夫人慎氏皇后母衛國太夫人呂
氏等授國太夫人乞比劉宅魏國太夫人王氏例請諸
般請給從之　十一月十一日尚書右僕射兼中書侍
郎蔡京等劄子伏考宗室在祖宗朝制祿蓋寡至仁宗
時始除南班官自率府副率凡五六遷遂至正任承平
日久皇支寖繁月給俸料錢幾十數萬欲乞今後應宗
室非袒免已下親試出外官者並各於員闕外添差每
大郡通屬縣不得過十人中郡不得過七人小郡不得
過四人候到任不得簽書本職公事如有本路長貳或
卷一萬三千七百七十六
三十五
監司二人保奏堪任釐務方得供職未釐務者添支驛
券供給人從並減半支破從之詳見宗室雜錄十七日
詔六曹尚書以下尉錢其錢並於榷貨務朝廷所收頭
子市例錢內支給如逐月支使有剩聽候後月併數支用
仍選差人吏主管置歷支破即不得笑請見錢六曹尚
書御史中丞各十貫六曹侍郎給事中中書舍人侍御
史各柒貫諸寺監長貳秘書監少監門下中書後省餘
官左右司郎官殿中侍御史監察御史六曹郎官中秘
書省餘官各五貫　四年三月二十九日吏部員外郎
卓學等狀諸司糧料院申元豐四年十一月初二日指
揮定職事官職錢數內六曹員外郎行三十五貫守三

十二貫試三十貫列曹員外郎知縣資序人二十貫監
當資序十五貫本院自來止依條以行守試三等支破
職錢令來六曹員外郎内有承務郎宣義郎宣德郎切
慮有知縣以下資序人却合復依元豐四年十一月二
十日以資序支破指揮厚等自崇寧元年九月已後並
係朝廷不以資序特有除授所降告内並依寄禄官品
帶行守試守當時糧料院已依條用行守試法支給職
錢令來経隔年歲又却稱慮合用元豐四年知縣已下
兩等支給職錢攺正施行切慮所請未得均一詔依行
守試法支給八月二十七日詔上作人補授別立職名比
附使臣支請給令尚書省議禮武選房立法　五年八

卷一萬二千三百六

月七日戶部請減百官俸廩上曰所減不多況美事悉
仍舊　大觀元年八月十四日詔親親睦族義所當先
異時裁削過薄為之惻然可依熙寧元豐法應袒免非
袒免親常許指射差遣差注並替成資俸給支見錢任
外官依在京　二年三月九日戶部侍郎兼提舉茶事
洪中孚奏伏覩致仕官朝廷憫其嘗服勞王家尚錫之
禄可謂厚矣但所給往往折支欲乞應致仕官朝士以
下年八十已上者特免折支合得俸料並支一色見錢
從之　五年三月二十三日詳定一司敕令所狀総會
嘉祐禄令節度使同中書門下平章事已上前兩府除
節度使及節度使移鎮料錢四百貫文禄粟二百石食

塩七石驂馬二十匹元隨二百人　大觀元豐三年九月八
日中書劄子詳定官制所擬定開府儀同三司料錢一
百貫新春服小綾一十匹絹三十匹羅一匹冬服小綾
一十匹綿五十兩絹三十匹勘會開封儀同三司除授
並帶節度使所有請俸係依嘉祐禄令内節度使同中
書門下平章事則例支緣節度使同中書門下平章事
官制改為開府儀同三司合行修正其則例依舊外官
制創立開府儀同三司請受自來別無獨除充者令合
删去從之　九月十八日戶部尚書詳定一司敕令左
膚等劄子勘會特進至承務郎令為寄禄官惟承務郎
未有立定料錢釐務正破驛料元豐官制立定承事郎

卷一萬二千三百六

料錢十貫文承奉郎料錢八貫文令承務郎名寄禄官
實無禄賜恐非元豐寄禄之意詔承務郎每月支破料
錢七貫文　十一日又奏伏覩崇寧詔旨開封府置牧
皇子領之而尹以文臣充令府尹分行守試三等其職
錢自一百貫至八十貫修立有差惟府牧未嘗制禄詔
開封牧典治京師以皇子領之任責亦重其禄如執政
官立為定制又奏臣等見編修禄格伏覩學士添支比
正任料錢相遼邈且如觀文殿大學士節度使從二品
大學士添支錢三十貫而已節度使料錢乃四百千濮
從衆帋等稱是或謂大學士自有寄禄官料錢故添支
數少臣等以銀青光禄大夫任觀文殿大學士較之則

通料錢添支不及節度使之半其厚薄之不均明矣切
謂觀文殿大學士近制非曾任宰相者不除而節度或使
由行伍或立戰功皆得除授曾無流品之別則朝廷顧
遇大學士豈輕於節度使哉而祿秩甚微殊未相稱自
餘學士視諸正任率皆如此其所給添支非前任兩府
在外則勿給比正任且無正賜公使自待制至直閣皆
朝廷遴選亦有添支又學士或守大藩或領郎權自有
添支而職錢亦謂之添支其名重複令欲將職錢改作
貼職錢以別之謹以正任料錢公使為率參酌立定自
學士至直閣以上貼職錢不以內外並給觀文殿大學
士一百貫觀文殿學士資政殿大學士八十貫資政殿
卷一萬三千一百六 三八
學士端明殿學士五十貫內前執政加二十貫龍圖天
章寶文顯謨徽猷閣學士樞密直學士四十貫龍圖天
章寶文顯謨徽猷閣直學士三十貫龍圖天章寶文顯
謨徽猷閣待制二十貫事類合璧外任納內曾任執政
官以上不限內外並給公使錢大觀文曾任宰相一千
五百貫觀文大資政端明曾任宰相執政官一千貫餘
七百貫龍圖至徽猷學士直學士侍制樞密直學士又太中大夫五百貫
已上並按撫經略或馬步都總管兵馬都鈐轄各加一
百貫集賢殿修撰一十五貫真龍圖閣秘閣十貫詔依
所奏又奏伏見元豐官制以太師太傅太保為三師太
尉司徒司空為三公侍中中書令尚書令為三省長官

除正一品職任既重當稱是以制祿元豐中止除左右
僕射及執政官獨公師三省長官虛位未除是以未曾
修立俸祿令自聖裁詔公使三省長官其俸可增僕射
一百貫為四百貫其餘雜給可準此量增詳定聞奏又
奏伏見親王俸祿久來係用嘉祐祿令內皇族所請隨
官序支給見令親王俸給係循嘉王岐王舊例與嘉祿
令多寡不同此蓋元豐特恩令甲之所不載本所累行
取索不到今參酌除親王公使錢係朝旨逐次特恩添
賜自隨所得指揮外其俸給欲並依見請修立詔以見
今請給之數立為定制天倫之愛理宜加厚令親王居
三公之位而未給三公之祿可自今帶司空以上官者
卷一萬三千一百六 三九
給其俸 大觀三年七月二十四日應詔內外官司近
來有免供職等人依見任人例支破添給茶湯錢之類
可令住罷 政和二年六月七日詔昔我神考董正治
官省臺寺監增賜祿廪銓選下吏加給餎錢又祿庶人
之在官者費踰百萬恩至厚矣而迺者有司持鄙陋吝
狹之見不知生財之道理材之義交結近習託節儉之
名行刻削之令廢宗室陞等以薄骨肉之恩弛重祿以
開乞取之路下至食直俸料厨錢之類悉從裁省歲減
無幾國用靡豐而官吏遂有貧乏不足之憂其可予應
減廢併罷指揮更不施行九日尚書省言勘會官員料
錢衣賜立法許分割本以便祿養給孤遺昨戶部陳請

不究本源止以逐路撥還未足分割數多一切住罷全
失立法之意況分割料錢衣賜自是久來條制亦有立
定分數兼逐路自有撥還之法即非侵損省計詔令後
官員分割料錢衣賜並依大觀三年四月以前指揮施
行指揮檢未獲　二十日安德軍節度使醴泉觀使曹誘
等奏乞依開府儀同三司任宮觀使給添支詔使相位
居前兩府之上禮宜優異誘等以節鉞領宮祠坐享厚
俸不能安分守職乃攀援使相添給有紊祖宗彝憲特
示函容置而不問所請勿行　九月十三日詔橫行史
額外人不支真俸只支舊官請給　十二月十一日尚
書省勘會諸路近各添置六曹建椽及宮廟并不釐務

卷一萬三千一百十六　四十

宗室巡尉指使等官所支添給切慮轉運司財用不足
艱於支給詔令諸路運司各具逐路添給每月破數闕
奏別行應副支給五年八月二十三日中書省尚書省
言檢會政和祿令諸學士至直秘閣貼職錢內外並給
致仕者減半因事責降不支待制已上米麥在京任職
即支　取到度支狀契勘命官致仕內曾任侍從官者
依條合支見任官支破請受其帶職人致仕者依條合
減半支給貼職錢其帶侍從官致仕者係在直秘閣之
上合行比附申請支破所帶侍從官職錢看詳帶侍從
官已上職事官致仕之人係在直秘閣之上其所支職
錢未有明文并侍制以上職錢亦當一體修立今擬修

下條諸致仕帶諫議大夫以上職事官者其職錢並全
給因事責降不支諸學士至直秘閣貼職錢內外並給
致仕者待制以上全給餘減半因事責降不支待制以
上米麥在京供職即支從之　七年正月一日戶部尚
書孟昌齡等奏奉御筆差張汝霖點檢措置糧勾院長
貳看詳可否開析申奏取旨令據員外郎張汝霖申措
置今後應官員分割請受與在京親屬者並依式具家
狀一本同保官狀連粘在前申戶部從本部實封關吏
部並將狀子細勘對次第用印封四方得為憑行下分
割將見今分割請受內已勘支及三年者並行住支令
度支取索照檢根究有無事故偽冒盜請錢物依法施
行應有身故之人令所屬廂界限當日關申糧料院於
監官廳置都簿一面將關報到身故之人即時抄上先
次申比部注籍仍追歷限三日批抹送比部驅磨從之

卷一萬三千一百十六　四十一

政和七年十二月十三日臣僚言切見崇寧以來興
事造功不吝爵賞用以為勸雜流入仕之人往往至橫
行遥郡不知止足貪求轉甚自政和四年立法轉至武
功大夫止官不得遷轉乃立增俸之格一十二等以待
之法行以來自武功大夫轉入遥郡橫行者不可計數
本等之人既不能遏而又冒濫之弊生且如三省人吏
每以轉一官資換增俸一等雖末等一月所之數已過
政和令換支賜之數上自中奉大夫下至白身未有官

入有一名而陞數等者終身請領並無限隔其他得增俸請給之人不少難以遍舉契勘雜流入仕之人止官自有舊制其增俸之議在於熙豐並無此法乞將增俸格令更不施行見請之人截日住給已請之數與免追納從之　政和八年三月三日臣僚言州軍唯知州通判所得供給往往優厚其次兵職監當官及倚郭知佐等謂之州官亦預給散其外縣鎮官等所得甚微至有全不霑及者欲望特詔有司並須據等內外均給從之　四月二十二日詔皇后親姑宜春郡夫人鄭氏等三人並特依鄭直之妻永嘉郡夫人朱氏例支破請受

宣和元年五月二十四日河北路都轉運司奏據懷州

卷一萬三千一百十六

申朝請大夫致仕蘇湜所請料錢各依祿令減半勘請一分見錢二分折支準大觀二年三月十日敕戶部侍郎洪中孚奏乞應致仕官年八十以上者特免折支合得俸料並支一色見錢詔依切詳洪中孚申請到朝旨恐止為選人因致仕授官合全給本色折支之人乞明賜指揮施行詔洪中孚奏請支見錢指揮更不施行

宣和元年九月十六日詔鄭居中已除少傅威武軍節度使佑神觀使充神霄玉清萬壽宮使進封崇國公所有應干恩數請給並依宰臣例施行　二年六月五日中書省檢會臣僚上言神考添支吏祿以廉養士惟在百司遵守臣聞在京官吏有一職兼數局而添給從而

隨之或元無添給則例創行增立或不由有司勘給直行判支兒費邦財為害最大伏望睿斷並依元豐舊法官吏除本職請給外兼局雖多止許從一多給其不理為一處指揮更不施行凡在添給若不經有司勘給亦不許直行判支詔並依元豐舊法如違並以違御筆論御史臺劾奏尚書省五案　十四日詔應因本職如三省禮房緣學制工房緣坑冶六曹吏部緣名籍禮部緣祥瑞應州縣官緣管勾學事敦宗田產之類支破請給食錢等並罷　二十日詔奉使新格支賜齋宿給錢支前任新任請給並依元豐法　七月十四日中書省言勘會應專承指揮接續支破添支依舊帶行見請給并

卷一萬三千一百十六

帶前任或新任諸般添給及依某處支給添給之類自合遵依今年六月五日指揮添給不得過一處并六月二十日支前任新任請給並依元豐法詔申明行下如敢夾帶請降指揮並送御史臺以違御筆論入吏配千里　八月一日太宰余深少宰王黼門下侍郎白時中中書侍郎馮熙載左丞張邦昌右丞王安中奏臣等契勘崇寧四年聖旨自今宰執除依條格支破請給外更許支破寄祿官及本官身分請給及應請給並支本色臣等俸給過厚實有叨踰欲乞請罷見今所給俸祿並依舊法祿格行下詔不允再陳乞從之　九月十三日詔已降處分應緣本增職添請給者皆合住罷所有外

路官司因本職增添請給如轉運司緣買木及修造常平司緣水利若興修隄埽諸州緣修城壁之類官吏所添請給並合依緣本職增添請給指揮住罷　三年五月六日戶部尚書沈積中等奏契勘官員副尉等授在外差遣分割下料錢衣賜在京請領每歲支過壽萬數不少雖年終會數行下所屬轉運司允撥起發多是遷延歲月不見撥還了足緣上件錢物本係外路合支之數似此拖欠顯見暗侵在京經費兼政和元年曾降朝旨緣諸路拖欠數多令權住分割令欲乞應分割錢物依政和元年指揮權行住罷止令本處請領後諸路錢物撥還數足即却依舊從之　六十十一（疑有脫字）日戶部尚書

〔卷一萬三千一百十六〕　四三

沈積中侍郎王蕃奏契勘元豐法帶職人係依嘉祐祿令該載觀文殿大學士以下至天章閣直學士除料錢隨本官外等第支破添支內錢三等自三十貫至十十五貫米麵兩等自八石至五石昨於大觀年後來因敕令所節次起請將添支錢改作貼職錢觀文殿大學士至直秘閣自一百至一十貫九等支破兼增添在京供職米麥觀文殿大學士至待制自五十石至二十五石四等支破比之舊法增多數倍切詳帶職官授內外差遣自有寄祿官請受并本任添給又依此則例支破貼職錢米麥係是兩重顯屬太優欲望應帶職人請給並依元豐法行施又奏稱學士提舉在京宮觀除本身請

受外更請貼職并差遣添支等錢物有比六曹尚書翰林學士承旨錢米麥增多幾及一倍上者例皆如此輕重不倫恐非稱事制祿之意詔並依元豐法　五年十一月十三日詔戶部違定限不支俸錢特於推賞務支見錢一十萬貫專充應副結絕戶部選委度支郎官一員以遠及近支監給散左藏西庫監官特降兩官銜替戶部長貳罰銅二十斤度支郎中降一官戶部及庫吏各決杖有官者降一官今後仰依定限按日支給戶部逐旬點檢按治　六年四月二十三日詔應隨龍官請給并米麥草料等自今後可按月支給並支本色免折價錢在外者依此　七年五月七日河北河東陝西路宣

〔卷一萬三千一百十六〕　四五

撫使童貫奏伏見諸路州軍在任官月請供給熙豐時有及百千者號為至厚所闕不過數次處近年一例增添知通所得數倍或至千貫考之歲賜及酷昔之屬各有限定若非違法經營無由取足欲乞應郡守監司每月所受公使庫應干供給紐計錢數不得過二百貫總管鈐轄通判不得過一百五十貫其餘等級依做裁定若舊例數少者依舊不得增添如違計所剩以盜論委監司據歲分州郡季一取索檢察若有違法按劾以聞或敢隱蔽即監司互察仍令廉訪所彈劾奏如此不惟多寡得中少抑擾民之弊從之　六月二十五日講議司奏看詳臣僚恩數請給人從等皆有著令欲應臣僚

以上為一卷
條錄下 另行低二格

恩數請給人從等各依本法其依某人等例指揮並更不施行從之　七月二十五日講議司奏奉御筆送講議司內侍官請給武功大夫以上可支一分見錢二分折支武功大夫以下並依嘉祐祿令祗候內品以下並依見請隨龍戰功見行條令施行看詳節度使并正任團練使至刺史亦合依此外再詳內侍官即令已不寄資各繫直官祗候侍禁祗候殿直祗候黃門內品資序係在祗候內品之上其見今所請比祗候內品以下數多令來若將祗候侍禁祗候殿直祗候黃門內品作武功大夫以下依所降御筆指揮依嘉祐祿令支破即比次等祗候內品數少欲自祗候侍禁以下並依見請施

卷一萬三千一百十六　四十六

行詔並依看詳其正任呈知省事並依嘉祐祿令內武功大夫以下至修武郎並依合嘉祐祿令內供奉官則例支破申明行下餘已依降御筆指揮施行　欽宗靖康元年五月一日詔資政殿太學士中大夫提舉龍德宮王易簡爲像東宮講讀官其請給人從恩數並依簽書樞密院例　高宗建炎元年六月十四日詔宰執俸錢支賜見任宮觀及有差遣待闕並未有差遣京朝官以上俸並權減三分之一軍興之際財用闕之故也　十月二十八日詔應見闕未赴官人可罷請受將合請錢物於新任勘請　十二月三日詔留守司違法差權在京百司窠闕并妄作名目差出浙江等處幹事每月除

本身合請分數料錢外所請過錢米並行追納　二年三月七日詔諸路帥臣供給每月不得過二百五十貫諸路提舉茶鹽公事陝西福建路提舉茶事廣南路提舉市舶江淮等路提點坑冶鑄錢都大提舉成都府等路榷茶司蔡河撥發催趂綱運廣濟河都大主管催遣輦運公事提舉三門白波輦運公事同提舉三司輦運汜水同提舉催促輦運公事并知縣資序知州軍人並興通判供給每月不得過一百五十貫舊例數少者並依舊其節序并非泛供給紐計統本月供給數　七月十九日詔應命官無職事請俸者專委逐州通判檢察其違法請過錢物並行追納　九月二十五日詔除責降人

卷一萬三千一百十六　四十七

外見任宮觀及未有差遣待闕京朝官以上俸錢依舊全支　三年正月四日詔歸朝官如見係軍前使喚及曾隨軍立功人舊曾全支後來減半支給者並全給其不係隨軍及不曾立功人止支俸給之半　三月二十一日詔行在官如願將料錢米麥於所寄住州軍請領者聽不以路分錢數為限以臣僚言車駕駐蹕杭州一州所積不足以供用故有是詔　十一月七日詔昨降指揮流寓文武官許破格差嶽廟宮觀一次其請受與支破本身料錢衣賜外選人自承直郎至迪功郎給錢五貫文仍於付身內該說係破格差注令所屬批上文歷於所居州軍按月批勘堂除並依格除授人自依常

法文臣朝奉郎以上武臣武翼大夫以上十貫文臣宣
教郎以上武臣修武郎以上七貫文臣承務郎以上五
貫武臣承信郎以上三貫四年二月十八日詔應監司
并屬官赴行在合破供給並於元置司州軍請須三月
二十五日廣南東路轉運司趙億等言大宗正司近移
廣州廣東地瘠民貧倉庫空竭無以支遣欲自巡郡刺
史以上每月請俸權支一半俟財用豐足日給還其使
臣人從乞各限人數自外更不勘給詔依其使臣人從
減半八月十五日詔兩浙西路安撫大使司官屬請給
參謀參議官依本路提舉茶鹽官例主管及書寫機宜
文字幹辦公事以上京朝官依通判例選人依僉判例

卷一萬三千一百六十六　四八

准備將領准備差遣差使使臣並依本軍逐等官
見今所請則例支給內已請供給人更不支破驛券二
十八日詔諸處不得援例將積下未請錢物陳乞勘請
九月二十日詔支韓世忠和國夫人梁氏自去年九月
積下請給三省檢會近有旨特支隆祐皇太后殿積下
供奉物已估價支給餘人不得援例繼有賢妃位亦乞
勘請已降旨不給上曰朕妃嬪所請可以不給如將帥
朕所委用富厚恤其家可特支與餘人不得援例十月
十九日詔宗室已出官有差遣人許支破所差去處立
定請給未出官宗室依見令官序支破請給　紹興元
年正月一日德音陣亡之家錄用子孫親屬雖未出官

依條合先次起支請受蓋朝廷優恤其家為死事者之
勸尚慮州縣官司非理阻節不即支給却致失所自令
須管多方那融按月批勘如敢違戾許本家越訴十六
日詔應行在供職官吏除本身合得請受外其添給等
不得過三色內有兼職人更許支破兼職一色通本職
添給等不得過四色若已過令來立定之數即將數少
名色減罷如違計贓科罪批勘官司不覺察與同罪二
十六日詔命官因犯公私罪衝替勒停與改正理元斷
月日者其衝替勒停年月日內請受並不支破以廣南
西路轉運司中明糧料院以為非法故也　六月二十
六日臣僚言契勘請給各有定格令局所官吏每月除

卷一萬三千一百六十六　四九

請添給數項外吏請御廚折食錢昨以東京物價低賤
逐時減落每月旋估支折令來時物踊貴尚循舊例其
所折錢往往增過數倍暗侵財計詔裁定則例永為定
法第一等折錢八十四貫六百二十文減作四十貫文
第二等折錢七十四貫文減作三十七貫五百文第三
等折錢六十八貫三百八十三文減作三十五貫文第
四等折錢五十一貫八百文減作三十二貫五百文第
五等折錢四十七貫四百六十文減作三十貫文第六
等折錢四十二貫八百三十二文減作二十七貫五百
文第七等折錢四十一貫八百文減作二十五貫文第
八等折錢三十八貫二百二十六文減作二十二貫五

百文第九等折錢三十三貫文減作二十貫文第十等折錢四十一貫三百九十五文減作一十七貫五百文第十一等折錢三十貫九百文減作一十五貫文十月八日戶部言昨緣行在班直軍兵請受不一遂降指揮隨本資給月糧與口食米料錢並從一多給訪聞外路諸州誤將見屯駐軍兵例從一多批勘契勘自來軍兵料錢上軍至優者每月不過一貫今日支食錢一百即是每月三貫已為過優若更依行在軍兵則例從多支破切慮財賦有限難以供億欲除行在班直五軍等從一多支破外其外路屯駐軍兵止依舊例支破食錢口食從之九日詔諸路州軍見屯駐官兵其所支錢

卷一萬三千二百十六

五十

米內有官員仰帥司照帳內姓名徑下本軍取索付身照驗如係正授朝廷付身充本軍差遣及專降指揮許差之人即行下本州隨見今職名依舊放行若係官司一面補授或本處自行差委即是不得批勘　十二月十五日詔行在職事官每月添支職錢十貫文　二年三月九日知英州王縉言近降指揮官員宮觀依元豐法三等添支其下者知州資序人依軍通判更不給驛料而通判以下資序人未有明文若依軍通判則是陞等若給驛料則有多於軍通判者乞權令通判以下資序人攙合得驛料遞降一等從之二十二日詔州縣過往官初到申乞請給並依宗室孤遺檢察法委職官一

員先行檢察訖然後過糧料院放行請受六月二十二日詔州縣官雇人錢及般家人依舊支差以臣僚言贓吏之罪已重而官吏俸給不足以供橫費難以責其廉隅故有是詔　七月二十六日詔訪聞江北諸路士人流寓廣東西路州縣或不支請給致令失所仰逐路經畧安撫轉運等司存恤其合得宮觀監廟人聽申所居州軍日下申尚書省仍並支與俸給不得積壓　八月十七日詔比降指揮措置武臣横行正任遙郡請俸各依出身權行減借錢內管軍（謂殿前馬步軍司）并宗室月廩合依宣和七年十二月二十五日指揮節度使權依六曹尚書承宣使權依侍郎觀察使權依給舍防團

至一

依郎官例支破其統兵戰守之官（謂中在軍中充都統制統制統領將副之類）更不權減其諸路總管鈐轄都監巡檢及州鈐轄都監巡檢係是職任差遣不合作統兵戰守之官除係宗室更不減借其餘轉至遙郡以上俸錢衣賜傔人俸馬依靖康元年二月二十七日指揮權支三分之二并當年七月九日指揮於見請二分則例上以四分為率權借一分支給月廩依宣和七年十二月二十五日指揮傔糧等錢依靖康元年閏十一月二十一日指揮權行住支外路依此施行自今降指揮日為始十一月二十五日詔諸學士待制合請職錢米麥等依嘉祐祿令支破中散大夫以上提舉在外宮觀

依嘉祐祿令隨資序立等支破添支如州郡官失覺察
從杖一百科罪十二月二十九日詔士衘除本身合得
請給令温州勘給外應緣五亭獻官所得添給並行住
罷其手分人從並減罷遇五亭令本州量差撥手分人
從事罪句回以温州奏士衘添給已繳學而又有五亭
獻官添給使臣人從等夫請數多本州難以應副故有
是詔　三年正月二十四日詔百官諸司諸軍本色麥並依
見支折分數支給外其合支本色米內見用麥支折者
令後依舊支米更不支折以尚書省言諸倉麥數爾不
多故也　四月二十六日詔諸路提刑司近令兼幹辦
常平官每月添支食錢五貫文以本司常平等頭子錢
支給從江南西路提點刑獄丁彬請也　六月十八日
詔令時安時士褐士鵠月廩特允一半折錢依尚書侍
郎等則例並支本色九月十七日廣州言近降指揮宮
觀庶官除中散大夫以上依小郡知州例職司資序依
小郡通判例餘依軍通判例分三等支給添支驛料外
有曾任宰相兩府及見任待制以上官任宮觀未審支
是何則例户部契勘前宰相執政官充宮觀差遣元豐
法合依知判諸路州軍府例支破添支待制以上依紹
興三年六月二十五日揮指從官不帶職任宮觀差遣
通議大夫以上依知諸路州軍府例太中大夫以下並
依元豐三年十一月十八日指揮中散大夫以上提舉

卷一萬三千一百十六

宮觀例緣太中大夫元豐未改官制以前其諫議大夫
係在待制上欲乞應太中大夫任宮觀差遣依待制以
上例支破添支中大夫以下依中散大夫例從之十八
日詔仲湜士從士衘士籛月廩特免一半折錢依郎官
例支破本色十九日詔武功大夫忠州團練使兼閤門
宣贊舍人神武軍左部統領官范温係歸附忠義人可
特令户部給料歷餘人不得援例初温止日請衘官券
錢一貫六百文至是自陳贍養不足故有是詔十二月
二十五詔三衘軍營官月廩並依統兵戰守官批勘如
見依侍從官則例所請數多即依舊支給　四年九月
六日詔新差詳定一司敕令所删定官充史館校勘鄧
名世先次供史館校勘職事許支破新任删定官請給
御廚食錢依檢討官則例支破從史館修撰常同請也
五年二月十五日神武中軍統制兼舉宿衛親兵楊
沂中言沿江諸帥并神武中軍捍禦金人立功統制統
領將佐使臣等有未給到料錢文歷人已令降指揮户
部免取會不以拘礙特行出給契勘本軍所管統領將
佐並係久從車駕非承朝廷差撥無緣立功緣本軍見
統領立副將目到營幹軍馬協濟事務各有勞效兼各
家貧及養戰馬其所請除本身驛券外別無請受養贍
不足乞下所屬先次將本軍見統兵統領正副將官並
免取會不以拘礙特行出給身分料錢文歷如後別差

卷一萬三千一百十六

到統領正副將官無歷頭人候到軍營幹職事及一年別無遺闕亦與特給本身請受歷頭及乞將本軍准備將以下至使臣於每年春秋按閱武藝精熟最高強人至日取旨放行料錢歷以示激勸詔依每春秋按閱令本司先具入數人數射斗力申樞密院閏二月二十二日詔應臣僚乞宮觀人在內曾任左右司郎以上在外曾任帥臣轉運司副使提點刑獄以上依第二等知州例支破添支在內曾任監察御史以上在外曾任節鎮知州轉運判官提舉茶監以上依第三等知州例支破添支二十七日詔中散大夫以上宮觀人依曾任監察御史例支破添支　七月一日詔任在京宮觀請給人從從前宰執依見任減十分之二閣學士以上依六曹侍郎直學士以上依中書舍人太中大夫以上依左右司郎中任樞密都承旨閣學士以上依六曹尚書直學士以上依六曹侍郎太中大夫以上依中書舍人十二日詔選人嶽廟應格之人與支本身請受外支食錢五貫破格之人止與支破本身料錢更不支破食錢十月十日詔於紹興令刪去臣僚宮觀嶽廟差遣月破供給之文詳見外任宮觀門十一月十五日中書門下言宰執見請職米麥已減三分之一令於內權減二分從之

卷一萬三千一百六

六年四月二十九日詔昨降指揮權減行在官吏俸祿所減不多無補國用其紹興五年十一月十五日以後

減俸指揮可罷　八月二十五日詔寺監丞太常博士館職御史臺主簿檢法大理寺直評事每月特支米三石計議編修官二石自今年九月為始以職事官除本身料錢外止有添給職錢別無米麥贍給不足故有是詔玉海紹興六年九月二十一日丁亥右相張浚上重修祿秩新書敕二卷令三卷格二十五卷申明十五卷目錄十三卷修書指揮一卷共五十八卷看詳百四十七卷吏部侍郎晏端復戶部侍郎王俁等上乞鏤板施行八年十月三日丙辰右相檜等續上重修祿秩一卷祿令二卷祿格十五卷在京祿秩一卷祿令一卷祿格十二卷詔自九年正月朔行之以紹興重修祿秩勑令格為名又申明看詳八百十卷先有詔將嘉祐熙寧大觀祿令并政和祿令格及續降指揮編修至是續修上之

卷一萬三千一百六

七年二月十一日淮南西路兼太平州宣撫使劉光世言近得旨劉光世妻漢國夫人向氏張浚妻華原郡夫人魏氏可並依韓世忠妻越國夫人梁氏例支破請給令朝廷方務恢復軍旅之計費用不貲乞賜寢罷妻向氏支破請給恩命不從八年十月五日三省言劉大中已罷政初除支賜尚未過勘詔令支給十二月十三日同判大宗正事士㒟言南班宗室團練使以上每月合支俸米遥刺以下則不合支此成法也然在承平時如生日郊天支賜既厚每月又有生料米麥令一切住罷而

俸錢又不足於糴乞將南班宗室遥刺以下權依寺監
丞近例每月特給米三石俟將來敵行其他支賜日罷
勘會紹興府不帶遥郡宗室十十八員詔紹興府每歲
於合發上供苗米內支撥五百石付士㒓均俵十二年
五月二十七日詔拱衛大夫秦鳳路兵馬都監張保係
樞臣親弟特令戶部出給料錢支歷保隨軍在法不合
參部未曾出給料錢支歷其兄後以為請故有是詔
二十九日武當軍節度使充侍衛親軍步軍都虞候利
州路經畧安撫使兼知興元軍府事兼川陝宣撫使司
都統制楊政言臣元係涇原路漢弓箭手累立戰功緣
出身以來並係在外就除不曾到部未有太府寺出給
卷一萬三千一百十六
請受支歷詔特令戶部出給十三年六月四日詔殿前
司等處統制統領將官除本身請受外別無供給職田
特送之類其間累重贍養不足者輙差官兵營運寖壞
軍政可特與逐月支破供給錢隨券歷按月勘給其隨
帶外任差遣人令駐劄州軍將合破供給係殿前司步
軍司者起發赴戶部係外路者起發赴總領司後有陛
帶差遣人依此若諸軍更敢擅差軍兵回易行在委殿
前司馬步軍司在外委諸路都統制嚴行覺察并與敗
去處委所在州縣收捉押赴朝廷其擅差官兵依私役
禁軍法其所販物貨計贓坐罪若諸州縣知而不舉與
同罪其逐月支供破給統制副統制一百五十貫統領

一百貫正將同正將五十貫副將四十貫準備將三十
貫七月四日詔諸軍揀放添差不釐務官如請給比軍
中元請數多即與半支如所請數少並依在軍日數目支
破九日尚書省勘會諸軍悉罷回易內都統制欲每月
支供給錢二百貫從之十月十二日詔諸軍揀罷使臣
等昨歲添差諸州軍差遣其所支請給已立定則例及
約束州軍按月勘支所有供給令逐路轉運司別作一
項措置依時給散如米麵數少即許於係省錢物內支
破具數申尚書省　十五年九月十六日詔諸路監司
郡守若所部官有過自從按治不得闇其月俸從荊湖
北路提點刑獄路彬請也　十七年九月八日詔已降
卷一萬三千一百十六
指揮所在州軍各委宗室見任官一員充尊長檢察宗
室請受又委職官一員檢察宗室過往批請被委之官
增其添給凡及若干人無詐及冒濫各減磨勘二年訪
聞被委官多貪賞典不以實聞令後可止支添給食錢
五貫文若能獲詐僞及冒濫即依條推賞　二十三年
三月八日詔太尉奉國軍節度使御前諸軍都統制充
利州西路安撫使知興州吳璘特與依楊政田師中例
支真俸　二十八年五月十一日詔內外臣僚請給令
後不得陳乞免行借減雖已得指揮許戶部執奏　二
十九年三月十一日詔神龍衛四廂都指揮使榮州團
練使樞密副都承旨吳拱與轉行兩官依統兵官例給

俸　十二月二十二日中書舍人洪遵侍御史朱倬言
昨臣僚等言乞裁損兼職請俸及人吏犒設等錢并諸
路圭租事詔令臺諫給舍一一取索同議裁減條具聞
奏令取索到應干兼局添破請給折食等錢及人吏諸
般犒設錢物數目并諸路圭租物斛逐一參照有合減
損處一左藏庫具到二十年請過錢物數目三省樞密
院激賞庫除紬外計錢二十八萬五千貫今具下項料
次錢一十九萬貫欲令本庫將應干合支錢通減一半
令後不得增添名件過數支撥大禮折酒錢四萬貫造
酒庫柴米一萬八千貫欲每歲止支一萬貫大禮合用
酒并折酒錢候至大禮年分前期申取指揮堂〔廚〕除每月

卷一萬三千一百十六

一千三百貫一年計一萬五千六百貫東廚每月一千
貫計萬萬二千貫逐廚月錢已經節次裁減欲依舊料
次銀三千兩計一萬二百貫料次紬六百疋欲令本庫
預具實用數目申乞支降玉牒所修書犒設錢每月三
百貫一年計三千六百貫料次錢五千貫諸司料次錢
四千貫泛支錢一萬二千貫進書人吏犒設并雜支錢
三千三百貫計錢二萬九千七百貫國史日歷所修書
犒設錢每月三百貫一年計三千六百貫料次錢五千
貫諸司料次錢四千貫諸司進書料次錢六千貫犒設
錢二千貫計錢二萬六百貫國史院料次錢旁支四千
貫歷支四千貫諸司料次錢五千貫諸司進書料次錢

四千貫泛支錢三千貫酒菓泛供生料二千貫計錢二
萬二千貫敕令所料次錢每月一千五百貫一年計一
萬八千貫諸司料次錢四千貫計錢二萬二千貫契勘
諸司局已降指揮減併及裁減官吏料次錢更不入歷
批勘於激賞庫每月各支錢一百貫文充公用尚書省
犒設錢一萬七百三十五貫一百四十一文上半年犒
設銀四百二十二兩五錢下半年犒設銀四百二十六
兩三錢計錢一萬三千六百二十一貫六十一文中書
省犒設錢四千三百四十四貫七百七十九文上半年
犒設銀四百五十九兩五錢下半年犒設銀四百六十
九兩工〔九〕錢計錢七千四〔五〕百四貫七百三十九文樞密院

卷一萬三千一百十六

犒設錢五千三百二十五貫上半年犒設銀五百九十
〔二〕八兩六〔四〕錢九分計錢九千三百七十四貫一百六十二（下半年犒設銀五百九十八兩二錢九分）
文契〔勘〕契上下半年犒設係承指揮支破欲依舊其餘名
色犒設錢依激賞庫例與減一半令後不得創添色色
支破一諸司糧審院具到行在百官人吏每月所請兼
職添破折食等錢每月計錢三千六百七十六貫四百
五十文每年計錢四萬四千一百一十七貫四百文每
月已住支錢一千五百九十餘貫外其餘實係兼職人
欲依舊一軍器所具到三省樞密院支過犒設錢共計
錢四千貫欲住罷令看詳欲將逐項錢物並依左僕射
湯思退奏請又得指揮施行又左藏庫并雜賣場具到

戶部人吏支過犒設錢共計一萬五千三百四十二貫五百文令看詳此項錢數戶部並無請到聖旨與朝旨指揮許行支給皆係本部一面符下逐處支取顯屬違法乞下戶部並行住罷令後如有違戾重寘典憲一工部具到諸路見任每歲合支職田總數租米大小麥雜豆共二十二萬九百二石六斗九升四合六勺六抄三撮四圭三粟租錢并花利柴葉等錢共一萬三千八百二十四貫一百二十文絹一百一疋一丈一尺絲一萬一千五百八十五兩五錢三分布三疋油麻一百七十石七斗一升八合八勺麻皮四百一十六秤四斤半租稻二千四十四鈞七斤楮皮一十秤九斤八兩白皮一

卷一萬三千一百六

十二斤半茶一十七團二百三十九斤八兩桑葉三百四十九秤一斤八兩柴四十七束二十擔并半隔禾草六百六十七斤一十四兩半麥稈豆雜色草三千三百五十五束一斤七兩八分九厘茅二十斤漆六百七十三斤十十二兩青麻一百九斤二兩苧一斗苧麻皮三百四十四斤一十一兩半枝子十一五斤油條五兩令看詳見任官每月已有諸般請給外有漆破供給酒錢其前項圭租每年支用物斛委是浩瀚并有不因田園所出諸般地利錢物在外令將諸州數目比較得多寡大段不均亦慮未致盡實乞下逐路提刑司子細取見詣實分明條具申尚書省取旨施行　紹興三十年二

月十八日吏部尚書張燾乞致仕詔除資政殿學士致仕未幾復命轉一官與支真俸　二十四日詔知金州王彥見節制御前軍馬可特與出給料錢文歷仍免借減　九月四日詔每歲差賀金國正旦生辰使副及節屬官屬並以朝廷指揮下日為始支破請給　三十一年四月十一日詔楊存中已除太傅和義郡王充醴泉觀使其應干請給特與依舊支破　五月十六日戶部侍郎端禮為妻高氏辭免請俸詔與改正先是戶部大府寺勘當高氏合作戚里之家依條給俸上曰朝廷初無此例若創許一名則攀援者眾朕方崇儉率下一錢以上未嘗妄用豈可卻放行如此濫賞故有是命二十日

卷一萬三千一百六

詔太尉劉錡依吳璘等例與支真俸二十五日保寧軍承宣使王彥特旨真俸三十一年正月十九日嚴州幇源洞義兵效士方文郁言召募到敢勇義兵一百一十人在忠銳將使喚支破錢米詔犒送忠銳將寄收方文郁權支進義副尉請給除並依武勇效用例支破錢米二十七日詔諸軍陣亡軍兵及見請衙官五人三人例券錢人并敢勇效用民兵義兵弓箭手依舊放行全分諸般請給一年付其家令所在按月幇勘以示存恤十月二十日詔令後武臣不得陳請真俸以臣僚言武臣真俸甚厚中興以來立減借之法而陳請不絕乞行禁止故有是詔　孝宗紹興三十二年（已即位未改元）七月

二十三日戶部奏承六月初九日指揮趙密請給依田
師中例與免借減本部檢準紹興二十八年五月十一
日指揮内外臣僚請給令後不得陳乞借減雖已得指
揮許戶部執奏契勘趙密已除萬壽觀使即非統兵官
未敢施行詔依六月九日指揮施行八月十三日少傅
保康軍節度使大寧郡王吳益言除少保日已降指揮
請給依韋淵恩數依楊存中體例施行向來楊存中妻
趙氏已支破請給益妻王氏亦乞依趙氏例從之 九
月十七日戶部奏准八月二十七日敕殿前指揮使榮
州刺史張宏與依楊真佚例特與支破帶遥郡刺史全
識般請給檢准紹興二十八年五月十一日指揮内外
卷一萬三千五百六
臣僚請給令後不得乞免借減雖得指揮許吏部執奏
令來張宏即非統兵戰守之官請給未敢施行從之二
十日試給事中金安節言殿前司護聖步軍統領于守
道放行諸般請給仍免借減檢准紹興十年六月指揮
應諸軍將領使副有能減立奇功者下次推賞令吏部
別造一等空名官告臨軍給授旌別立式書於告前候
到部出給料錢文歷今于守道殊常之效未聞於人而
遽有此授非唯不應條法亦恐無以厭服衆論乞候立
到奇功不次推賞從之十月八日戶部狀明州申添差
通判趙伯圭母張氏特與依祿式支破諸般請給乞從
太府寺給歷關坐合得諸般請給則例行下本州契勘

本部下諸司糧料院照得即無似此合破請給條格外
其内東門司條格有國夫人請給則例欲依上件條格
則例給歷支破從之二十日戶部侍郎向伯奮言契勘
武臣正任以上真俸學甚所立借減之法謂如節度使
真俸四百貫米麥通二百五十石至借減只支錢二百
貫米麥二十石又元隨米支錢三十貫其相去遼絶如
此惟統兵節度使則例支錢四百貫米麥四十五石元
隨米錢三十貫要之統兵官亦不得全真俸也今總管
之類部乞借減欲望令戶部申嚴前法自今不得陳請
真俸從之十一月二十四日試給事中金安節言契勘
傳選李師民等添支係額外之數并吳益妻趙氏支破
請給戶部合行執奏奉旨依已揮降指揮安節等又言
傳選等添給及吳益妻援例請受雖出聖恩臣等謂皆
可以義已之蓋重陛下之命令而欲有司得其職也得
旨特依已降指揮令後不得援例安節等又奏竊惟命
令所以取信於天下者必行而已今執奏之命既類虚
設而復降不得援例指揮則後日又安能使人必信而
不違乎伏望特回睿鑒俯從戶部所奏庶幾命令無反
汗之機詔傳選李師民依奏内吳蓋妻係太上皇后親
弟婦合與吳蓋妻一體放行

接上寫不空行

宋會要

俸祿

隆興元年正月十九日户部言趙逑已除在京宫觀係
給依舊支破本部於紹興三十二年嘗得旨內外臣僚
數外陳乞請給許本部執奏趙逑昨任知閤門事日承
指揮許依格批放請給令止合依在京宫觀則例支破
從之　二月十一日尚書左僕射陳康伯尚書右僕射
史浩同知樞密院事黄祖舜張燾奏今日之務節省為
先臣等備位近臣所有逐月請給乞下有司裁損得旨
令户部條具聞奏令擬定下項一左右僕射每月見幫
支請給（依建炎元年八月二十八指揮請受權支三分之二）日料錢三百貫內三
分已減一分見請二百貫令欲更減五十貫粳米小麥
各一百二十二石五斗內三分各已減一分見各請八
十一石六斗六升令欲更各減二十石四斗一升同知
樞密院事每月見幫支請給（依建炎元年八月二十八日指揮請受權支三分之）
一料錢二百貫內三分已減一分見請一百三十三貫
三百三十三文令欲更減三十三貫三百三十三文粳
米小麥各一百石內三分各已減一分見請六十六石
六斗六升令欲更各減一十六石六斗六升並比元請
係減半之數候事定日依舊照依　三月七日陳康伯
等又言蒙宸翰太上皇帝宣問卿等請減俸給事太上
聖意以謂國家待大臣自有典禮已經裁減不必再有
謙遜卿等可仰承太上聖訓已降指揮更不施行伏見

卷一萬三千一百七十七

一

近日宗室臧里等方陳乞裁減若行蠲免於理未安欲望
聖慈許依已得聖旨詔依所請　八日太傅寧遠軍節度
使和義郡王楊存中崇信軍節度使趙密定江軍節度
使田師中太尉保信軍（定）節度使鄭藻言伏見宰執申請以
國用寖廣將請給通行減半乞依例裁減從之　六月
二十三日詔蒲察徒穆大周仁令户部出給料文歷七
月八日昌州防禦使提舉佑神觀趙不徽奏近降指揮
諸州官員職田權借一年添助用度乞將臣所得支賜
郊賞折洗盡行住支逐月料錢米麥春冬衣絹乞隨官
品減半詔除月俸春冬衣勿減餘依所乞仍降詔獎諭
十月二十一日詔見今軍人出戍其效用軍兵食料
錢及五人衛官以上並與支給見錢免致變轉減折
二年五月一日權直學士院洪适等討論列環衛官故
事詔依舊制應堪任將帥及久勤軍事暫歸休佚之人
並為環衛官更不換授止令兼領（知節度使則領左右金吾衛上將軍承宣）
（使即領左右衛上將軍之類並依舊令）其朝參職事俸給人從並令有司
條具户部言下糧料院契勘節度使至正任刺使兼領
環衛官除各隨本身官序依格祿支破請受外其環衛
官月給令欲乞依紹興祿格將兼領左右金吾衛上將
軍支職錢六十貫文左右金吾衛大將軍支職錢二十
五貫文諸衛大將軍支職錢二十五貫文諸衛將軍支
職錢三十貫文從之　六月五日户部狀批下權知復

卷一萬三千一百七十七

二

州張沂奏宗室添差嶽廟並依見任支破請給所以憂皇族也今軍中揀汰使臣注宗室嶽廟差遣人合依外官嶽廟支破請俸本部照得宗室任嶽廟除身分請受外自有立定添支并每月合破供給錢其揀汰使臣任嶽廟差遣即無合破供給錢外其身分請受若有省寺給到文歷方合批勘欲下諸路轉運使行下州軍遵依施行從之　九月二十二日詔諸軍自效人竊慮無俸闕食令所屬權與放行見存官員請給無官人權支五人衙官例元不及五人權依舊給候立到新功日敘復元官仍加優賞十二月二十八日戶部狀准批下知鬱林州王過奏乞將州軍減罷官逐路總領其員數計其

供給別行樁管年終發赴戶部交納戶部契勘在法公使庫給供給帥臣不得過二百貫監司知州軍不得過一百五十貫通判不得過八十貫兵職官監司屬官不得過三十貫外縣知縣縣丞不得過一十五貫簿尉監當官不得過一十貫本部今看詳欲乞下諸路提刑司依本官所乞事理取見州縣所減錢數自隆興二年為始隨總制錢起赴行在送納從之清德志舊志隆興元年以後州見任官并監嶽廟添差監押及揀汰離軍指使約支二萬五千八百八十一貫七百一十文米二千六百三十四石

乾道元年正月一日大禮赦勘會諸軍揀罷使臣并歸正官各已添差州軍差遣并宮廟之人仰據合得請給按月批放毋令阻節致有失所及鑾儀人依此施行三十

十二月二日六年十一月六日九年十一月九日九禮赦並同　八月二十三日執政進呈臨安府具添差官趙不阿等四人因兼職支全俸事上曰初以其有材處之兼職只是依不釐務人減半請給若兼職自有添給即不妨若自來無不可創增九月二十日詔故太尉蕭琦妻榮國夫人耶律氏恤其遠來孀孤俸薄特與支破國夫人合得諸般請給令建康府按月支破　二年九月十七日臣僚言張師顏離軍日久見任帶御器械可比附離軍參部人與出給料錢文歷令檢准紹興重修祿令諸使臣校副尉未經參部已有住程或時暫差遣者並候參部了日方許給歷起支即未曾到部止與支破本處添給今來張師顏雖是離

軍日久未曾參部即不該給歷若以見充帶御器械欲比附離軍參部之人則帶御器械乃是差遣在祿令所謂已有差遣須候參部了日許給歷其法甚明切恐難以不用正條而委曲比附所有錄黃未敢書行詔前降指揮更不施行　十月二十二日臣僚言已降指揮華容軍承宣使提舉隆興府玉隆觀士洪將應干舊請支賜等照應不徼士衎等則例支破令任便居住於所在州軍照應施行令契勘陳乞在外宮觀任便居住之人本身俸廩已自不少又於所在州軍有宮觀添給亦為優厚不應更援在內奉朝請之人諸般請給支賜士衎不徼放行日久恐難改正今士洪又輒援例若遂放行

則本身俸廩與夫宮觀添給之外又須支破厨食料俸馬
草料春冬折洗歲賜公使錢生日大禮支賜比在内南
班既免朝謁之勞又享祠祿之厚切恐自此人人援例
詔已降指揮更不施行　三年二月十一日樞密院水
軍統制馮湛言元係殿前司統領陞差本院統制所有
供給錢伏望行下所屬支給詔令自供職日支給臣僚
上言諸軍統制統領官供給本非祿令合得只緣任罷
諸軍回易特支以示恩恤馮湛之請尤為非理若謂前
任供給錢令任合有則文臣為監司郡守各請職田供
給一旦入朝為職事官復引用外任增給予欲望將馮
湛支破供給錢指揮特賜寢罷從之閏七月十七日三
省樞密院勘會已降指揮復置在外諸軍副都統制裨
贊主帥令措置每月支供給錢一百八十貫文從之
十月十二日戶部狀准批下添差兩浙西路兵馬都監
臨安府駐劄趙開狀為前任殿前司右軍統領准宣添
差前件差遣所有料錢衣賜自有太府寺歷帮勘令來
粮料院稱係外任依指揮並借減一半乞下所屬免借
減契勘本官係職任差遣其身分請受自合借減支破
從之　四年四月十三日故贈寧國軍節度使魏勝妻
齊安郡夫人妻子氏進狀乞依歸明人蕭琦妻耶律夫
人例放行請受蔣芾奏曰前此無例然魏勝事非他人
比上曰以其死節可佳特與支給九月十一日詔權主

管殿前司公事王逵權主管侍衛步軍司公事王宏並
特與依例支破供給券錢二十三日戶部狀准批下提
領會子庫申契勘近承指揮差右迪功郎方伯達監會
子庫填創置闕所有請給等本部看詳欲乞依見任打
套局監官則例支破會子庫添給食錢一十五貫文從
之　二十九日詔御前忠鋭軍統制張師顔正將王倫
副將齊琮請給並依三衙統制副將例支破　十一月
八日詔新差權發遣無為軍徐子寅已降指揮令往楚
州界相視措置官田除粮料院供到合請料錢職錢貼
職錢厨食錢特支米外每月添支特給錢七十貫於所
在州軍按月批支　五年四月十八日詔將帯見任宰
相丁憂與依典故給月俸之半令所在州軍按月支給
　六年正月十三日戶部言據行在諸司粮料院狀切
見奉使大金及接送館伴所差官屬往往互相攀援帯
行新舊任諸般請給不理名色次數仍理為資任如後
來再差充接送館伴或奉使大金之類入行陳乞帯行
前次奉使經請諸般請給委是重疊令相度除新任請
給若授行在差遣見得合請則例許令帯行或係外任
任差遣無經請歷帳並不許帯行或不顧帯行見請及
無舊請者各許支贍家別給錢後來再充前件差遣如
無新舊任止合將別給贍家錢依舊請如日後再行申
請並不許衝改令降指揮從之　十七日詔李顯忠請

給與依營軍則例支破。閏五月六日，御前忠毅軍統制張師顏特與出給料錢文歷。臣寮言：檢准紹興重修祿令，諸未經參部時暫差遣者，候參部了日方許給歷。即未曾到部，止與支破本處添給。張師顏既未經參部，即是未應給歷之人，嘗有陳乞，臣僚繳奏，蒙睿斷即日寢罷。今來又重疊僥求，再降恩命，若從其請，他日板援將例，以杜之。欲望聖慈特賜寢罷。詔張師顏係管兵官，累立戰功，非常選之比，可依已降指揮。十二日，詔侍衛親軍都指揮使、淮南西路安撫使郭振諸般請給可特支全俸。 六年正月二十二日，詔還衛官儲育將帥之地，可與增俸。左右金吾衛上將軍每月添支供給錢一百貫文，諸衛上將軍并左右金吾衛大將軍每月八十貫

卷一萬三千一百七十七 七

文，諸衛大將軍每月六十五貫，諸衛將軍中郎將每月五十貫文。內統兵官兼者，已支供給錢更不添破。 二十六日，詔已降旨入內內侍省寄資中侍大夫、遙郡承宣使楊興祖轉歸吏部，特差永祐陵攢宮都監，填見闕，先次出給料錢文歷，仍免參部指揮更不施行。從臣僚之請也。 臣僚言：竊謂以內侍勞績遷轉而寄資橫行遙郡者，則自國朝以來蓋有之，以內侍而為在外差遣，如攢宮都監之類，則所不當得。今楊興祖者既便轉歸吏部，乃免參部，料錢文歷所不當出，乃與先給。臣謂若內省一時除授外廷有不得而預者，若歸吏部則有法

存焉。按在京祿令，使臣堂除未經參部人不在給歷之限。又紹興重修令，諸未經參部或時暫差遣者，候參部了日方許給歷。起支國家之法明白如是，而乃以一時之恩而隳之，可乎？欲望聖慈將楊興祖免參部先給料歷指揮特賜寢罷。詔依楊興祖特受中侍大夫、保寧軍承宣使。十月十七日，詔池州駐劄御前諸軍副都統制李琪特與出給料錢文歷。八月二日，戶部狀：准批下總領兩淮浙西江東財賦軍馬錢糧所申，得首郭振諸般請給可特支全俸，本部勘當統兵戰守之官合支諸般全分請給，下項料錢四百貫文，祿粟一百五十石，准細色九十石，內米四十五石，二十二石五斗，住支二十二石五斗。本色小麥四十五石，內二十二石五斗，住支二

卷一萬三千一百七十七 八

十二石五斗，折錢每石折錢二貫文。元隨五十人，各每月糧二石，計一百石，每石折錢三百文。詔依已降指揮支全俸。 二十日，戶部狀：據太府寺申，奉旨安穆皇后母福國夫人趙氏特與依祿式則例支破諸般請給。據糧料院申，祿格內無立定外命婦國夫人祿式請給則例。詔依秦國夫人王氏見請則例支破。 七年四月六日，戶部狀：准批下寧國府奏，王子大王出判寧國府，已擇三月二十七日開府視事，每月俸料錢外，欲每月支供給錢五百貫文，所有一行官屬每月供給錢，今參酌立定則例下項：一長使、司馬依監司例，各支給一百五十

貫文一叅議一員如已關陞知州資序與支一百五十貫文若通判資序與支八十貫文一路鈐一員支一百五十貫文一記室叅軍事兩員各支六十貫文一幹辦府三員各支五十貫文一隨行醫官三員并使臣一十八員各支錢一十貫文乞於經總制錢内支給本部勘當欲乞依立定則例支給將長史司馬路鈐記室叅軍事依知州通判職官路鈐例於公使庫支給外所有皇子大王并叅議幹辦府隨行醫官使臣供給緣叛置之初恐難應副許於經總制錢内支給從之六月一日臣僚言沿邊諸州訪聞除守倅外郡縣官請俸至累月不支何以養廉欲望睿旨令淮南安撫司於激賞庫借支

錢一二萬緡差官將沿邊請州官吏請俸盡數支給却令諸州刷合用錢還安撫司日後尚有違戾委監司覺察按劾詔依七月三日左右司劄子勘會臨安府申請少尹等請給欲乞令本府照應自來知臨安府帶安撫使請給格法除本身料錢外支破特給添支供給其判官雖比通判緣昨除指揮係依兩省奉使具供給錢合與破一百貫文如係行在職事官兼領判官其職錢等自於行在粮審院幇支止於本府支供給錢如係正差本府判官其驛料添支等合依本府通判則例支破仍支上項供給錢數其本府推官舊注選人合今來既在知州軍之上除本身驛料料錢内支破供給錢八十貫

文從之十月十八日詔曹勛除太尉日應請給並全支今來已落致仕可與依除太尉日體例支破十一月三日皇弟少保靜江軍節度使充醴泉觀使恩平郡王璩奏准敕除醴泉觀使任便居住欲乞依舊於紹興府居止所有見今差破官屬諸色人從請給恩數并生日取賜等並乞依恩平郡王前後已降指揮兼妻澤國夫人王氏見差破官屬人從諸般請給歲賜錢米衣賜時服等乞依舊於紹興府上供經總制錢帛湖田米内支給從之　八年四月一日詔殿前司額外統制任壽吉特與依正官例每月批勘供給二十一日提領戶部犒賞酒庫沈夏奏契勘犒賞庫監官降到指揮隨官序破券

食錢如妝息增剩以額錢高下立定每月添支食錢外所有本身料錢并春冬衣賜指揮内不曾該載今乞將兩浙犒賞酒庫監官料錢衣賜令所在州軍依條幇勘内衣賜依行在激賞酒庫官體例取會市價折錢批放並於本所五釐錢内支給從之　九年六月五日臣僚言伏覩指揮李顯忠請給特免借減在法非管軍統兵官及在外宮觀之人法當借減無可疑者顯忠貲裝至厚初不假此臣區區論列恐倖門一開不可復塞所有前項指揮欲望聖慈寢罷從之　十二日樞密院奏勘會諸軍申官兵詭名承代人乞歎減作白身止收使親身立功官資朝廷參照得若使減定官員支破請給却

恐失所詔使臣元請七人例以上并將校都虞候請給之人各減四分之一謂如元 十二人例券錢合就減請七人例止支八百文合與增作十人例支一貫二百之類使臣五人例以下并其餘將校節級以下請給及春冬衣賜特與免減外令戶部總領所並作添支名色支給候將來立功轉至元承代官資日止行幫勘從之

十六日詔皇弟保康軍節度使權主奉益王祭祀居中可特與依士錸體例依祿格全支本色 九月十四日詔故忠州防禦使趙良輔妻王氏陳乞孤遺累重並無俸給每月特支料錢二百貫文米二十石春冬衣絹各二十匹冬綿一百兩 十一月四日戶部狀據行在諸

卷一萬三千一百七十七 十一

司粮料院申契勘內外諸軍代名官兵昨承指揮可將使臣元請七人例以上并將校都虞候請給之人各減四分之一使臣五人例以上并其餘將校節級以上除數官資合得請給內春冬衣賜仍與免減外續承指揮元請七人例券錢見援到五人例付身之人與支破本等五人例券錢逐院見行遵守外所有今年十一月九日郊祀大禮賞給支賜若不申明恐臨期無以遵執本部除已下粮料院并淮東西湖廣總領所各遵依指揮將使臣七人例以上并將校都虞候合得賞給支賜各減四分之一其餘依元承代官資支給從之 十二月二十四日詔秘書省正字崔敦詩兼翰林權直所有請

給除身分料錢隨階官時服照秘書省正字格法并本省會要茶湯錢依舊支破其職錢并米麥衣賜依翰林學士則例三分減一

宋續會要

熙寧三年八月癸未上批聞在京諸班直并諸軍所請月粮例皆斗數不足內出軍家口虧減尤多請領之際倉界斗級守門人等邀有乞取侵剋甚非朕所以愛養將士之意宜自今每石實支十斗其倉界破耗及支散日限斗級人等祿賜告捕闕防乞取條令三司速詳定以聞先是諸倉吏卒給軍食欺盜劫取十常三四上知其然故下是詔且命三司條具於是三司言主典役人

卷一萬三千一百七十七 十二

歲增祿為錢一萬四千餘緡丙取一錢以上以違制論仍以錢五十千賞告者會赦不原中書謂乞取有少多致罪當有輕重令一錢以上論以一法恐未當又增祿不厚不可責其廉謹宜歲增至一萬八千九百緡在京應于倉界人如因倉事取受糧綱及請人錢物并諸司公人取受應于倉界并粮綱錢物並計贓錢凡滿一百徒一年每一百錢加一等二千流二千里每一千加一等罪止流三千里其過致并與者減首罪二等徒罪皆配五百里外牢城流罪皆配十里外滿十千節受贓為首者配沙門島若許贓未受其取與過致人各減本罪一等為首者依上條內合配沙門島者配廣南牢城仍

許陳告犯人該徒給賞錢百千流二百千配沙門島三百千若係公人給賞外更轉一資以上人仍亦許陳首免罪給賞從之其從內則政府百司外則監司諸州胥吏率多增祿而行此法謂之倉法京師歲增吏祿四十一萬三千四百餘緡監司諸州六十八萬九千八百餘緡

九月一日中書言初上詔中書議裁省中書吏員存者增其俸於是中書復請減不習事守當官五人主事二人錄事三人與出職吏不補額見留錄事以下等增祿廩重其乞取之法又置簿書其功過而比之以為陞降遇堂後官闕如本院有廉謹曉吏事者更不簡試選人從之九朝長編紀事本末四年正月辛亥詔三司應賣撲酒麴諸坊場錢每千納稅錢五十仍

卷一萬三千一百七十七

十三

別封樁以祿吏　五年五月癸未詔增中書審官東西三班院吏部流內銓南曹開封府吏祿其受財者以倉法論　六年四月戊戌詔裁定在京諸司吏請給先是吏祿各有定式後以兼局增茶湯紙筆等錢僥倖相因累無限制而樞密院有言故降是詔已而王安石白上曰如吏人馬驍差往西川陝西又往湖南北兩路溪洞又知中書檢正吏皆一人兼兩人文字若不許兼請即誰肯任勞責者即是官有兩局若不許兼止是占吏人愈多而妨其本勾當處且令日食不足耳上曰一人兼五人處如何安石曰凡兼局吏非在一員官之下即亦不可兼既無一員官兼五六處差遣者即當有兼五七局之吏上乃追前詔寢之七月丙寅詔樞密院減書令史五人增令史俸月錢二千書令史五千春冬各絹五匹以汰冗養廉也十二月壬申三司言新法所增吏祿除舊請外歲支錢三十七萬一千五百五十三緡有奇詔以熙寧四年役錢坊場稅錢撥還不足則以市易司市例等錢補之仍令提舉帳司歲考支收數上中書時內自政府百司外及監司諸州胥吏皆賦以祿謂之倉法京師歲增吏祿四十一萬三千四百餘緡監司諸州六十八萬九千八百餘緡然皆取足於坊場河渡市例免行役剩息錢等而於縣官歲十財用初無少損且民不加賦而吏祿以給焉乙丙中書言增開封府等處吏祿

以行重法上曰異時吏不賦祿而受賕重刺今朝廷賦祿而責人可謂忠恕矣撤被　五年五月四日詔增中書審官東西三班院吏部流內銓南曹開封府吏祿其受賕者以倉法論　十二月三日三司言新法所增吏祿除舊請外歲支緡錢三十萬　七年七月二十四日江寧府言乞以衙前寬剩錢增給法司吏如因職事取受依轉運司吏法從之九朝長編紀事本末八年閏四月癸巳權三司使章惇言昨增吏祿行河倉法蓋欲革絕私弊令關卻有以假借與饋之類為名經隔月日方受財物者宜為防禁詔行倉法人因職事以借使質當為名受財者告賞刑名論如倉法十二月自熙寧三年始制天下吏祿而行重法以絕請託之弊其京師諸司支吏祿錢凡三十八百三十四貫有奇及沈括為三司使當熙寧八年其年支吏祿凡三十七萬一千五百三十三貫有奇京師舊有吏祿者及天下吏祿皆不預此數云元豐六年正月詔戶部尚書安燾同本部郎官立省曹寺監新吏祿法　十一月二十四日詔

卷一萬三千一百七十七

十四

自今臣僚不得奏乞諸司吏充指使出外以樞密院言諸司吏或有行倉法處請給甚厚而反規避本役千求臣僚奏帶出外仍請舊祿防廢諸司事務宜禁止之故也

元豐五年十一月十七日尚書戶部言自行官制以來惟是吏祿條目最多一等吏人職次既同責任又均而獨於祿廩頓有厚薄誠若未安乞三省六曹諸司省臺等監見充正額人數不問舊請多寡並依新格支給其僚撥到遂等守闕或帶權字人並給正額請受十分之七應前後許帶舊請指揮更不施行詔除三省外依奏　六年正月二十九日詔戶部尚書安燾同本部郎官立省曹寺監新舊吏祿法　八年六月十四日戶

部言自奉行新制後省曹寺監吏祿通爲一色不分舊不能無加以會見新法增添合還之數兼吏員並次第權入即比舊不能無加詔以元豐三年錢數爲額仍自六年爲始依元條撥還。

八月二十四日門下中書後省言詔詳定三省吏祿并增給請釐爲一法除今來所定并舊勞績已得添料錢自隨身分并時服官馬合依舊外其應外取撥到并額內人並從今來新定則例其兼領因事別給并舊來請受並罷即應權若領兩房職名同唯許從一多給從之。

哲宗元祐元年閏二月十八日侍御史劉摯言吏祿之法除熙寧以前舊法有祿公人並依舊外應新法所創及增給吏祿並行減罷詔令辯維等相度以聞

卷一萬三千一百七十七

十五

四月二十二日三省言三省錄事以下以勞應添料錢者累至十貫止從之。

五月一日尚書省言舊制以贓抵罪重輕有等今又立重法則是罪均刑異未稱朝廷矜恤之意請罷諸路重祿法及復熙寧已前吏祿從之。

二年正月八日戶部言中都吏祿歲計緡錢三十二萬法當以坊場稅錢及免行市易司市利僧道度牒等錢充會元豐七年所入纔二十三萬兼以像省錢給今議罷市易則市利錢隨廢將見闕乏因究諸司有以應給吏祿錢別貯者適與所闕數相當度支以聞詔以坊場稅錢盡充吏祿毋得他用。

三年閏十二月八日御史中丞李常言先帝以人吏無祿

爲不足以責廉遂重其罰而祿之今省臺寺監人吏無慮二千四百餘人百司庫務又二千三四百人歲費錢斛舉數十萬當時利源皆以充吏祿者十無一在至使縣官常費以足之向以命官覈實而汰冗遲久未上請督責成書詔門下中書後省疾速立法。

四年六月十七日戶部言光祿衛尉寺少府軍器監并太常寺人吏不以新舊請給內將見錢依太常寺分數支折仍依舊行倉法從之。

五年十二月二十七日戶部言司封禮祠主膳兵職駕庫司門屯田虞部吏祿錢依在京文武官料錢分數其職級互相兼領者從一多給從之。

徽宗大觀四年五月十六日臣僚言乞詔有司將崇寧以來應內外所增吏祿窠名逐一相度可裁省即乞特降睿旨施行令具崇寧以後內外所增重祿官司更望特立睿斷付有司施行詔依奏並罷令戶部條具申尚書省。

卷一萬三千一百七十七

十六

政和二年七月二十二日臣僚言乞應監司人吏請給顧直並依官兵法專責本司管勾文字官依州通判句覆法逐月句覆勘支其隨逐出巡食錢則專委出巡監司每日押歷行下所至勘給候歸司日依前責管勾官逐一點勘其管勾官如點檢敗獲特與依獲彊盜法計數酬賞其或鹵莽漏落循情畏避致冒請官錢者亦乞依盜法坐之從之其妄請依自盜法仍入元符給賜令。

宣和二年六月五日臣僚言在京官吏有一職

兼數局而添給從而隨之或元無添給則例創行增立或不由有司勘給直行判支不惟廩祿未均其於貪饕之人冗費邦財為害最大此弊不革日甚一日蠹耗國用無有窮已伏望睿斷並依元豐舊法官吏除本職請給外兼局雖多止許從一多給其不理為一處指揮更不施行凡在添給若不經由有司勘給亦不許直行判支庶幾宿弊頓革詔自今應官吏差遣兩處以上合支添給等止行一多給並依元豐舊法施行如違並以違御筆論罪從之　三年七月六日戶部言諸官司陳請諸司庫務官吏專典等各立定請給比年攀援殊非稱事制祿之意乞各依本處元立則例及在京官司人吏理年出職近多循情額外存留其名闕又補以次人至支破請給重復乞依元豐舊制並從之　六年閏三月二十二日尚書省言榷貨務狀兩浙路提舉鹽香茶礬事司申勘會本路管下諸縣鹽香茶礬案人吏見依指揮月給重祿錢五貫委是盤纏不就及典史兼押不支破請給顯見難以責其廉隅本司今相度諸縣鹽香茶礬事欲乞並依先降朝旨撥入戶案選差書佐二名專一掌行仍差次名典史一名點檢書和祗管典史一名縣分即選差上名書佐管內所有月給重祿食錢仍乞依舊以事務繁簡分立三等支破榷貨務勘會除人吏合依見行朝旨差破係依宣和元年十一月五日朝

卷一萬三千一百七十七

十七

旨於戶案內選差二人專一掌行新法事務即不撥入戶案外所乞差次名典史欲依所乞仍依人吏每月添給食錢五貫文若緣鹽香茶礬事乞取錢物並依重祿法從之　七年七月四日講議司言奉御筆吏職出身不以是何官資只支武功大夫俸及恩例奏薦令講議司條畫以聞看詳吏職出身之人依法轉至武功大夫止除轉遙郡人合依下項御筆止支武功大夫俸及恩例奏薦依武功大夫格法外所有轉至正任人理須分別詔吏職出身轉正任人請俸依遙郡格遞降一等支破內正任刺史依遙郡本等其合得請添支依條施行恩例奏薦依此　十一月講議司言檢會吏職出身降正任官已降一等支遣遙郡俸外見在遙郡官未曾比擬立定詔元係吏職已改換出身見請全俸人並依逐等減半支破內刺史料錢祿粟減三分之一不曾改換出身人依見減半則例更遞降一等支給內觀察使降防禦使仍減祿粟十石團練使不降減料錢祿粟三分支一刺史依已降指揮抵支武功大夫俸技術作匠入流人依此所有不以官資並支武功大夫俸係為今後創付戶部疾速施行　高宗建炎四年五月十六日詔行宮禁衛所使臣吏人等可住支贍家錢特與依舊破每日券錢其餘官司不得援例　二十三日戶部言從衛府藏空乏除節度使司揚惟忠一行統領將官五軍

卷一萬三千一百七十七

十八

使臣見請驛券等及効用軍兵親從親事䓁官海巡廟巡神主所𨘧兵三省樞密院親兵等見破米一切依舊外其三省樞密院及臺寺監局所庫務三衙有官公吏等已請本身請受又破贍家券食錢及帶行前任新任請給者並權閣俟有財賦日申乞依舊從之 紹興元年六月二十八日詔州縣常平免役案吏人合支重祿錢依逐州役法元載立額食錢數支給初罷常平司有旨諸州常平官吏月食錢並罷續建康府申明州縣免役案吏人食錢合與不合支給故有是命 七月五日詔諸州軍每季取索本州并屬邑一季內應支借過發運監司并屬官下公吏請給錢物數目如逐縣有坑冶

卷一萬三千一百七十七 九九

鹽場鑄錢監院之類亦從本州取索限次季孟月終申戶部若有漏落州縣官吏並依借請借兌違法當職官故縱條科罪以臣僚言諸路監司若屬官縱容人吏不幫勘券歷借支食錢乞行禁止故有是命 二年閏四月六日江西轉運副使韓球提點刑獄蘇恪言本路筠袁州興國南安軍獄訟至繁舊為役錢不足推法當司吏人不行重祿有犯止依常法斷罪無以懲戒貪墨乞依崇寧四年二月二十日指揮推行重祿從之 六月二十四日詔應有官充吏職之人止與支破吏職請給其本身請給並行住罷外路依此 十三年六月二十二日御史中丞羅汝檝言人吏受賕法所不容顧其罪

有等差著於三尺詳矣近世增立重祿之令給重祿者為重祿公人夫既享其俸入之饒不能自愛則雖處以峻法彼亦何辭而彼年中外有司每因一事欲嚴其禁即申乞依重祿法初未始給其祿也不給其祿而用其法無乃太不恕乎按重祿贓自一錢以上皆杖脊刺配雖飲食亦計之刑名如是之嚴詎可輕以加之乞委刑部長貳檢會不給重祿法者其數有幾悉從鐫削庶示矜恕詔令刑部取索重祿并非重祿條法及有司因事申請指揮逐一開具申尚書省取旨

以上為一卷

卷一萬三千一百七十七 二十

全唐文

宋真宗

宋會要　職田

咸平元年十二月詔賜靈州知州已下官至五十頃令樞密院等第分給二年七月真宗欲興復職田三司請令依例輸税詔三館祕閣檢討故事沿革以聞檢討杜鎬等言按王制古者公田藉而不税藉之言借也借民力治公田美惡取於此不税民之所自治也又曰夫圭田無征夫猶治也征税也孟子曰卿以下必有圭田治圭田者不税所以厚賢也周禮載師之職有土田有官田有賞田又以家邑之田任稍地以小都之田任縣地以大都之田任畺地家邑大夫之采地小都卿之采地

卷四千五百十一

漢制列侯食租税而不得臣其吏民晉制有芻藁之田大國十五頃次國十頃小國七頃又占田之限官第一品五十頃二品已下每品減五頃以為差第九品十頃又得蔭人為衣食客及佃客後魏宰人之官各給公田刺史十五頃太守十頃治中別駕各八頃縣令郡丞六頃更代相付賣者坐如律職分田起於此矣北齊京城四面諸坊之外三十里內為公田一品以下逮于羽林虎賁各有差多者至百頃少者三十頃唐制永業田各有等差武德元年十二月制內外官各給職分田自一品至九品以十二頃至五十畝為差京司及外縣

又各給公廨田以供公私之費又准令諸外司公廨田大都督府四十頃中都督府三十五頃下都督上州各三十頃中州二十頃下州十五頃又田令諸職分陸田限三月三十日稻田限四月三十日以前上者並入後人以後上者入前人麥田以九月三十日為限若前人自耕未種後人酬其功直已前種者准分租法此皆歷代故事令文舊制也今三司建議但條官水陸莊田據州縣近遠並充職田召人佃蒔所得課利隨二税輸送置倉収貯依公使錢例上曆公用具帳申省又令悉輸二税臣等按隋唐給田之制有三一曰永業田依品而給聽其子孫相承二曰職分田隨官而給更代相付三

卷四千五百十一

曰公廨田據省寺州縣地望而給永業田雖不許私賣職分公廨田雖課營種以給公私之費別無禁止之制且百官廩賜莫盛於唐月俸之餘既有食料雜給祿粟之外又有息利本錢加以白直執力防閤掌固之類悉許私用役使潛有所輸五代所支裁得其半太祖始定添支太宗增給實俸職田之制廢於五代興於本朝而討臣以出納之吝遂有茲議且歷尋故事並無輸税之文臣等參詳請不計條官　土及遠年逃田充州縣官吏職田者悉免二税及緣納物色許長吏已下募人牛墾闢所得租課均分如鄉之例不須置倉上曆造籍申省唯準令式三年一造簿替日遞相交付不得私以貽

賣給受之制一如田令其桑果菜茹薪芻及陂池所產悉以均分仍俟今秋委轉運使就近差官盡括係官水陸莊田頃畝據逐州官員分定頃畝州縣長吏給什之伍自餘均其沃瘠與通判幕職簿尉差降給之其兩京大名京兆真定江陵河中鳳翔及大藩鎮各四十頃次等藩鎮三十五頃防禦團練使州三十頃中上刺史州二十頃下州及軍監十五頃邊遠小州戶口少處比上縣給十頃上中下縣以十頃至七頃為三等轉運使副許於管內給十頃其諸州給外剩者許均給兵馬都監押寨主監臨文武職官錄事參軍判司等其頃畝多少類通判幕職之數其州縣闕官即以一分職田給權發判官所召佃戶止得以浮客充仍免鄉縣差徭不得占庇稅戶如此則中才之類可革於貪心上智之人益興於廉節與夫周之采地魏之公田其揆一也經久之利無出於茲從之八月詔諸州新給職田其知州通判自令須及三周年方替遠地自依元敕不得輒差景德二年七月詔諸州職田止得召客戶佃蒔如有災傷並準例蠲租大中祥符六年五月令三司撿會幕職州縣官元定職田頃畝數付流內銓仍別且轉運使副知州通判及京朝官使臣幕職州縣官等應見請職田頃畝數目編錄以聞七月樞密副使王嗣宗言請後天下幕職州縣官俸戶帝曰頃年楊礪夏侯嶠言若立俸戶使於

官員於國亦無所妨俸戶亦欲為之但慮人或踰制科率則俸戶不任有受弊者卻成擾人此為不便中書更檢討典故從長而行宰臣王旦奏曰此事恐未可遽行俟檢詳聞奏　九年七月詔曰職田彝制品秩定規蓋優待於庶官且傍垂於稍食夫厚祿食者蓋欲聳其廉節務稼穡者亦在利於貧民佇介潔之洽聞必甄揚而明陟而州縣之職慈愛靡聞罔恤人勞且違田制闕汙之始奪農力以貪求歛熟之時峻公方而奄取無水旱蠲除之患無鄉原賑濟之恩有一于茲動與訟訴沮傷和氣深敗素風各宜革心用叶求治自今天下羣官職田並須遵守元制無得侵擾客戶遇災沴即蠲省之先是殿中侍御史王奇請籍納職田以助賑貸帝曰奇未曉給田之理然朕每覽法寺奏鞫官屬所占職田多踰往制不能自備牛種或水旱之際又不蠲省致民無告遂罷奇奏而申戒之　天禧二年十一月詔諸路職田自今三月四月九月或值閏月內官員使臣赴任者並依條月分已後上官例給與前人不得更理閏月　三年六月河北緣邊安撫司言定奪到雄州李允則買到近城民田八頃望令見佃客人佃蒔歲納課子充通判都監幕職官職田從之

仁宗

宋會要

天聖元年七月詔諸處職田多不依條召浮居客户却令公人及税户租佃所納斛㪷又更加量以至水旱災傷不許申訴宜令今後不得更然所收課子亦須平量災傷依税放免日前有違條者並改正令後有違當重寘於法又詔訪聞兩浙轉運使副職田元在蘇州昨緣水災輙於杭州换易令本路勸農司給還蘇州元標職田其杭州田土依例召人承佃二年六月河南府言三陵副使都監先有職田因置永昌院撥充當任每月逐官各給錢五千檢會永安縣界甚有荒田欲依舊標發其食直錢却任給從之仍各給五頃八月祕書郎韓琚言今後闕官職田如正官到任該得敕限即給或不該

卷四千五百八十一

五

盡收入官更不給權管勾者從之七年七年上封者言乞停廢天下職田詔資政殿學士晏殊與審官三班院流内銓三司使副詳定以聞殊等上議伏以朝廷所置職田盡欲稍資俸給其如官吏不務至公或差遣之間徇於僥競或横歛之際害及人民屢致訟言上煩聰覽既有虧於廉節復多犯於憲章所宜寢停用絶姦弊所有職田並乞納官依省莊例入帳拘管詔曰洪惟先聖勤恤庶官謂廩給之稍豐則潔廉之易守是稽政實並錫公田歲月寖深姦蠹滋長或作威以害單弱或横歛以急羨贏屢瀆公朝甚喧清議已從廢罷式警貪殘重念藿革之臣固多稟節之士例停租入曷勸勤勞斷自

朕懷矯慈永制俾均歲取溥被官聯式推優渥之科用振夙宵之效布告中外咸使聞知應天下職田宜依奏停罷其見佃人户逐年分收課利並納入官諸州府軍監每年各具夏秋納到石㪷時估價例申三司令三司類聚天下都收數目紐定價錢均給與諸道州府軍監見任官員其均給等第合行條約令三司以聞三司奏應諸道州府軍監職田今年秋已種未收刈者據合收分數目並納入官紐計價錢給與本官尋施行訖其未年夏色子㪷課利等并向去數目悉令納官附帳各具價例申省施行應職田課利内有細粹非理收充者及有人户不曾佃地虚納課利要免州縣差役者并自來

卷四千五百八十一

六

曲循官員妄作名目抱虚認定額數目乞下逐路轉運司委使副判官體量具所收物色數目乞行除放應承佃人户所納夏秋斛㪷物色並令送納本色不得支移折變仍許就便近州府縣鎮倉驛收受不得别有加量妄收出剩應見佃人户並令依舊如無力佃事者許召第四第五等主户或客户承替仰州縣常切存恤應諸雜差徭科配並與免放或少粮種官爲支借如遇災傷即依例檢放應轉運使副判官諸州縣官各須常切管勾勿令荒廢仍俟逐官得替各具一州一縣交管頃畝子利一任内比附增虧分明批上曆子令審官院流内銓候參選磨勘日依税數户口增虧例施行應每年夏

秋納到石斗乞下諸州以逐色見糶價申省類聚天下都數定價錢限至四月終已前須管均給與官員諸州官員有替移及新到任者各依料錢例據在任月數分給其替移已離任者自本處行移文字所住處支給如諸般事故除犯贓私罪至去官者不在此限其餘去官依例支給應諸州軍候供到職田價錢自三司分定等第均給如遇以到數多即添起支給數少量減支給自來不該支撥職田官員不在此限應諸道轉運司令將自來合得職田官員人數供報三司置簿抄上專差節級前後行主掌行遣應天下職田並令人戶依舊住佃更不依省莊送納稅租應天下職田自來逐官分收別無案帳勘會詣實令乞令逐處長吏掛心檢括每年舊例出納課利不得漏落應納官職田地內桑棗竹木園林之屬並令逐州點檢拘管上簿不得散失並從之

寶元二年二月四日流內銓言銓司注擬幕職州縣官先准敕並須將有無職田州縣相度均平定差而累有稱訴頃畝不實及所收至薄銓司相度欲以幕職令錄與判司簿尉各作一等大約隨路分斛斗貴賤分定石數如京東京西河北淮南兩浙江南皆物價中平其幕職令錄以歲收一百五十石已上判司簿尉一百石已上者為有職田陝西河東荊湖福建廣南土薄物賤即幕職令錄以二百石判司簿尉以一百五十石為限

唯川峽穀貴與路不同其幕職令錄斷自百石已上判司簿尉五十石已上並為有職田處且舉此為例共得天下幕職州縣官係職田者裁六百八十餘員其一州幕職一縣令佐內一員已及所限石數餘員雖石數差少者亦須至收在有職田項內除上件六百八十餘處員額置簿并出榜曉諭選人不得連任注擬外自餘並不問職田頃畝一依甲次名字先後注官則公租稍得均齊其合入近地情願乞入遠者自依舊條頃畝施行又勘會諸處過滿見闕不少雖有選人情願陳乞或礙職田條貫是致注擬不行銓司相度應係省罷員闕及季闕經三季已上并非次闕經三月已上未注使者更不勘會職田並與注擬並從之　康定元年十月十一日權三司使葉清臣言勘會通判知縣甚有僻遠及無職田之處過滿無人承替欲乞令後遠惡無職田州縣通判知縣在任過滿四年已上者候得替到與理為兩任或與勘會合入遠近就移通判知縣差遣詔審官院令後無職田處滿五年得替與理為兩任仍令轉運司具遠惡去處聞奏　慶曆元年十二月十三日知許州李淑言伏見官員職田雖有條約或聞所收亦有欺成之際預差公人詣地制撲合收子斗公人畏懼威勢遂於所佃內揀地土肥沃苗稼最盛之處每畝制定分收一石至八九斗者切緣地土肥瘠不同設使全然肥沃

仍值大段豐稔每畝亦不過分収一石以來以此佃戶供納不易多是陪備或吏催督緊急便致逃竄不能安居欲乞今後應職田地土如瘠薄處即據畝壠分収如肥沃處每畝不得過五斗如於數外大収及值災傷不隨稅減放者並依元條施行仍許佃客自經官訴依奏頒行 三年十一月詔曰昔者先帝詔復公田合王制班祿之差得聖人養賢之義載原深旨本自愛民比者縉紳之間屢陳利害之意以謂郡縣受地有無不齊銓審補員權利為倖辨競以之傷俗因緣至于害人故命有司斷以定數誠足殫于浮弊然未安於余懷禮不云乎厚祿以勸羣臣則下之報禮重允厥文武仕於朝廷雖廉素者惟士之常而富貴者是人所欲其全寬大之體自有公平之制所宜給其所未給均其所未均約為等差槩令賙足使事父母者得以致其養畜妻子者得以致其樂冠婚喪祭有所奉慶恤饋問有所交不牽私室之憂必專公家之慮則六計可以弊羣吏之治四方可以期衆職之脩儻自犯於有司亦何逭於彝憲上廣先朝之惠示不敢渝下俾諸臣之言審茲自定惟示中外体予所存應天下職田大藩府長吏二十頃通判八頃判官五頃餘並四頃節鎮十五頃通判七頃判官四頃餘並三頃五十畝防團以下州軍十頃通判六頃小軍監七頃判官三頃五十畝餘並三頃縣令萬戶以上

六頃五千戶以上五頃不滿五千戶並四頃簿尉萬戶以上各三頃五千戶以上各二頃五十畝不滿五千戶並二頃發運轉運使及武臣總管比節鎮長吏鈐轄比防團州長吏路分都監比節鎮通判州都監比大藩府判官監押比節鎮判官監當不得過本處職官之數在縣鎮監當不得過簿尉之數錄事參軍判司比倚郭簿尉所定職田並以四年為始內無職田處及有職田而頃畝少處并元標得山石積潦之地不可耕種者限三年內檢括官荒田并絕戶田及五年以上逃田添換其數若係官莊田見有人戶出租者不得一例支撥如逐處職田比今來所定頃畝不足即據見在頃畝或子利重與上件衆官等第均分如地內有桑棗果蔬之利者即以所收利約度折充職田許自差公人勾當并招置客戶每頃不得過三戶即不得令州縣差人及招客或遇災傷並依例檢覆減放以上違者官員以違制論如恐減下職田子利不肯接災傷詞狀者同其所收子利並納官如將職田影庇合入差徭及抑配虛作佃戶令出課者並以所受監臨財物論仍專令逐路提點刑獄司覺察若犯者情重有失於覺察亦當以罪坐之七年四月詔定諸職田若後官不該合得月分如前官有不種地土許後官耕種收取地利

英宗

至和元年十一月三班院請下諸路轉運司具在內使臣歲所收職田之數第為上中下三等凡差遣不許運入上等從之

神宗

宋會要

治平四年十一月二十八日神宗已即位未改元詔自今諸官廨及職田內無得種植鬻賣其官廨內蔬圃止得給食用陂塘蒲魚之利不許占充職田及於職田內修建邸舍收賦課利如有犯者情重即取旨重行黜降經赦未得叙用　十二月四日侍御史張紀言應天下州軍差衙前收種職田幹勾私事請並不理重難如違所差授之人並科違制從之　熙寧二年三月五日詔成都府路提點刑獄司以本路職田自熙寧三年為始候收到子利稻麥等仰本州軍拿管出賣收錢從本司將一路所收錢數紐為斛㪷價直依所定均給成都府知府一千石轉運使六百石鈐轄二員各五百石轉運判官五百石通判二員各四百五十石簽判節推察推知錄勾當糧料院監軍資軍都監都巡檢巡檢係大使臣走馬承受京朝官知縣等各二百石內職官係兩使文掌以上資序者二百石如係初等及權入者各一百五十石監商稅市買院監交子務京朝官或大使臣各二百石內有三班使臣并城外巡檢監排岸十縣巡檢係三班使臣各一百五十石司理戶曹府學教授係敕劄正授者監甲仗庫各一百石彭雅邛嘉綿漢眉蜀簡陵州永康軍知州軍各四百五十石通判各三百石威黎茂三州知州各三百石都監監押駐泊都巡檢以上係大使臣簽判推官判官係兩使職官并文掌以上資序知錄京朝官并職官知縣監棚口鎮京朝官各二百石監押巡檢同巡檢駐泊以上係三班使臣初等職官或權入職官錄事參軍縣令試銜知縣各一百五十石司理司戶司法諸縣主簿縣尉應係監當場務選人監稅監鹽巡轄馬遞鋪係三班使臣各一百石應諸縣令佐係職員權攝者更不支給均分後如臨時有剩即以剩數依等第紐計分數自上及下再行均給取令淨盡均分臨時有少即以少數依等第紐計均減　先是權御史中丞呂誨御史知雜劉述奏請同均定成都府梓利夔四路職田誨等取索成都府路逐年所收子利稻麥粟絲麻竹等物逐處不同遂計實直都紐作稻穀一色每斗中價一百二十文省知成都府以下官員等第均定訖詔再令詳定成都府梓利夔四路職田臣等看詳別無未均只以梓利夔三路數少均分不足今乞將成都府路定到分數目以聞中書再行詳定而有是詔　六年三月二十八日詔詳定知州藩府三京京兆成都太原荊南江寧府延秦揚杭潭廣州二十頃節鎮十五頃餘州及淮陽無

為臨江廣德興國南康南安建昌邵武興化軍並十頃
餘軍監七頃通判藩府八頃節鎮七頃餘州六頃留守
節度觀察判官藩府五頃節鎮四頃掌書記已下幕職
官三頃五十畝防禦團練軍事推官軍監判官三頃令
丞簿尉萬戶已下縣令六頃丞四頃不滿萬戶令五頃
丞三頃不滿五千戶令四頃丞二頃五十畝簿尉各減
令一半藩府節鎮錄參比本州判官餘比幕職官藩府
節鎮曹官比萬戶縣簿尉餘比不滿萬戶縣簿尉發運
轉運使副比節鎮知州開封府界提點比餘州知州發
運轉運判官常平倉司提舉官比藩府通判同提舉官
比萬戶縣令發運司勾當公事轉運司管勾文字提刑
司檢法官比節鎮通判蔡河許汝石塘河都大催綱管
勾機宜文字開封府界提點司勾當公事比節鎮判官
總管比節鎮知州路分鈐轄比餘州知州安撫路分都
監州鈐轄比節鎮通判藩府都監比本州判官走馬承
受諸州都監都同巡檢都大巡河並比節鎮判官巡檢
堡寨都監寨主在州監當及捕綱撥發巡提私茶鹽賊
盜駐泊捉賊並比幕職官巡轄馬遞鋪監堰并縣鎮寨
監當並比本縣簿尉諸路州學教授京朝官比本州判
官選人比本州曹官　八年五月二十一日詔發運司
勾當公事比節鎮通判府界提點司轉運司管勾文字
提刑司檢法官提舉常平倉司勾當公事比不滿萬戶

縣令　元豐元年十二月八日詔諸路將副所比類熙寧
附田令勑給職田正將視路分都監副將視藩府都監
其青鄆州雖已撥黃河淤地及廢罷都監職田與將副
而多寡未均並依令改正　二年二月二十九日經制
熙河路邊防財用司言乞以熙河岷州通遠軍官員職
田以募弓箭手視逐官元給頃畝每畝歲給本司錢十
千從之　五年六月四日熙河經略安撫司奏蘭州內
外官屬法當撥地為主田今新造之區居民未集耕墾
人牛之具皆彊役之乞計數給以錢鈔而留其地以為
營田或募弓箭手從之　六年四月十八日尚書工部
狀陝西路轉運司言舊管使副判官四廳職田昨因軍
興遂路增員至十二職事一等勞苦雖今八員並無職
田乞均給從之　七年正月二十三日尚書左右司言
給陝西河東官俸餘職田支鹽鈔二十五萬八千五百
二十六緡無拘收法詔已支錢令戶部限五年還

哲宗

宋會要

紹聖三年十二月五日荊湖北路轉運司言將川峽官
員校入便職田錢並依熙寧舊法從之　元符三年九
月二十六日工部言朝散郎杜子民奏職田之法每患
不均神宗朝首變兩川之法均給上下一路便之元祐
中推廣此意以限月之法變而均給元符新勑又復限

月士大夫貧闕者或窮一日之力以赴期會或交書請囑以幸權攡奔競之風長廉恥之喪喪欲乞復元祐均給之法以養士廉節從之（元祐均給及元符限月指揮後未復）

徽宗

宋會要

建中靖國元年二月五日工部狀據隨州申擾添差兵馬監押傅千狀乞行支撥合得職田令勘會得信陽軍監押侯青已準勅支給得職田當部今看詳傅千與所攀侯青事體相類詔歸明人如係納土即依例支破職田所有已前不係納土歸明之人已支職田並特免改正今後更不支破　十七日知延安府范純粹奏近充河東路經略安撫使訪聞得晉州知州所得職田因李君卿充守臣日諭意管下縣官違法增額內襄陵一縣有縣令劉可諛悅君卿抑勒百姓知州職田所得比舊增五七倍後守臣張公庠知民間冤抑累曾裁損一二今有縣令周汲不肯循舊乞行改正有昨得替知州時彥即依所申只襄陵一縣歲減所入約八百貫周汲者奉公守法力正姦弊而時彥不少吝惜伏望畧賜獎擢以勸天下守令之官除李君卿聞已身亡外其劉可亦望特賜懲艾以戒害民之吏貼黃稱欲乞朝廷下有司立法凡職田土地只許依遠年夏秋所種名色租額令佃戶承認送納不得半種分收及差人監視收穫工部

卷四千七百八十二　十五

勘當欲依范純粹所奏從之　政和元年三月二十八日左右司奏準尚書省批送下工部三狀湖北路提刑陳仲宜奏欲望選委逐路監司一員差令官逐一按視職田頃畝佃戶租課數內有抑勒差佃斛決虛納厚斂過數應干違法請更不根究止令著實改正保明申所委監司審度保奏隱蔽鹵莽必罰無赦內降黃貼子稱昨已罷提刑職田令點檢可下諸路提刑司逐一檢察如有違犯抑勒厚斂掊民虛增頃畝者並限半年改正訖保明申尚書省如輒敢隱蔽鹵莽許人越訴其檢察不當官當重行黜責又京東路轉運副使韓瀏奏欲乞專責提刑司逐州委常平管勾官先將逐縣見管職田頃畝分數合具元佃戶人鄉村等第姓名每戶所佃頃畝著望四至遍詣逐縣同令或佐躬親下鄉逐一根究打量又京東西路提刑孫漸奏伏望將一路職田盡輸於官經委所屬監司類聚都大收數紐定價錢各計見任官到任月日依條合得頃畝攤數均給本部看詳諸路官員所破職田已有等第及吏部差注隨其厚薄自有定格左右司看詳韓瀏陳仲宜孫漸上件所言並係職田事欲並依陳仲宜所言依內降黃貼子指揮施行詔依左右司所申　四年十一月十一日中書省言臣寮上言近見朝廷行遣河北官員辭受園利事懲勸明白足以風示四方然切謂外官職田本以養廉而自求

卷四千七百八十一　十六

非理取租課害有甚於賣菜者近潁川百姓孫真訴本縣勒充司録廳職田戶云初來嘗撥田給種但令承受散到憑由認納斛斗如臣所聞潁州知州歲入千餘斛餘官亦皆厚於他州不問豐凶歲必取羸馬乞下逐路提刑司選差無妨礙官詣所部知縣考覈其實檢會政和令諸職田縣召客戶或第四等以下人戶租佃已租佃而陞及第三等以上願依舊租佃者聽或分收每頃至十戶止租課須稅入中限乃得催納遇災傷檢覆減放準民田法分收者依鄉例不得以肥地製撲收課遇收種許差本廳公人管勾止有兵級及地在別縣者本州於外縣同本屬量差公人管勾詔於令內除去遇收種許差本廳公人管勾止有兵級及字計一十六字餘申明行下。五年十一月十一日京西北路提刑司狀本司契勘闕官等職田租課未準今年六月初二日都省指揮作朝廷封樁以前係歸常平屬提舉司致令職田租課提舉常平司至今承行管勾今來提刑司主行況官租課又作朝廷封樁提刑司具帳供申即提舉司似於職田租課事則無干涉慮不合更行管勾緣未有鑿革明文工部看詳職田準大觀四年十月二十二日勑節文專委提點刑獄官令勘當欲乞依本司所乞並隸提刑司其交納等約束並依前後已得指揮施行諸路亦乞依此從之。六年十二月三十日權發遣舒州

周壽狀伏見諸州教授合給職田多是無田可給所在州軍縣各將闕官職田租稅課給見任教授契勘本州添差教授一員所管職事等與見任正官一同其合得職田未有許給明文欲乞將添差教授依見任正官教授給職田法施行從之。八年九月十九日臣寮言伏覩尚書省近因臣僚上言士大夫皆輕縣令之選特行措置自不滿五千戶已上至滿萬戶縣遞增給職田一頃然臣切見國家太平日久生齒至衆邑無曠土而比年以來官吏增圭租往往虛立歲課勒令村保召佃地既無所出則一鄉之民衆而償之部使者上下交私恬不為恠伏望申詔三省將天下縣令已有圭租斷自若干斛已上更不增給又臣僚言臣切惟天下圭租多寡不均久矣縣令所得亦合隨諸路參差不齊今且以臣所聞言之其多有至九百斛者如緇州之高苑是也有至八百斛者如常州之江陰是也有至六百斛者如常州宜興是也自是而降或四五百或三二百凡在河北京東京西京湖之間其少則有至二三十斛者二廣福建則多有自來無圭租處川峽四路自守倅而下至於簿尉又以一路歲入均給令固不得而獨有也天下縣令圭田所賦不同如此今朝廷乃欲一槩增給一頃豈可得哉詔應縣令職田頃畝未及條格去處催促標撥其措置遞增一頃指揮更不施行。宣和元年六月五

日詔諸路當職官各賜職田朝廷所以養廉也縣召客戶或等四等以下稅戶租佃分收災傷檢覆減放所以防貪也訪聞諸縣例多違法勒見役保正長及中上等人戶分佃認納租課不問所收厚薄必輸所認之數設有水旱不問有無苗稼勒令撮收其甚有全不知田畝下落虛認送納習以成例農桑之家受弊無告聞之惻然可嚴行禁止諸縣官吏違法以職田令第三等以上人戶及見充役人或用詭名或令委保租佃許人戶越訴以違詔論災傷減放不盡者計贓以枉法論已入己者以自盜論提刑廉訪常切覺察

○十四日中書省尚書省言檢會臣寮上言諸路監司職田數內有所納租課並納上色斛斗又有無田可撥去處州縣觀望臨時旋行抑配有力人戶致有破蕩產業又河北監司運使運副措置糴便提舉東路常平廨宇並在大名府東路提刑提舉廨宇在恩州標撥職田多有於濱州顯見意在厚利欲乞諸路並依成都府均給職田法式詔令措置立法將上取旨令參酌修立下條諸發運監司（屬官同）職田廨宇所在有田而於別州標撥及租課不以地土所出抑令輸納上色物者徒一年無田或頃畝不足而抑配虛納租課者徒二年本官知情與同罪不知情減三等

○三年五月三日知嘉州呂由成稱本路官員職田自熙寧朝旨均定紐計斛斗出賣收錢從提刑司均

給令契勘逐年有不均盡錢約一百貫文於法合行再均其錢見任並可取撥以充學費欲望許令本司劃刷本路諸州自熙寧三年後來至今逐年所管均給不盡續收職田錢數撥充給學應副接續封樁所有自宣和三年已後收到職田錢數仍乞下本路提刑司照會遵奉熙寧敕條施行尚書屯田供到狀契勘諸官員職田熙豐年除四可并三路沿邊州軍係支錢外其餘路分係支本色其政和條令亦似此支給勘會學事司已罷詔依令本路提舉常平司劃刷候見數仰本司拘收封樁訖具數申尚書省諸路支錢斛去處依此

○閏五月十日海州申忠翊郎添差充本州兵馬監押不釐務張黟狀元係北界燕京人事所有職田自有政和令該說今來本州稱不合支破申乞施行工部看詳歸明人添差不釐務政和令即無許與不許支破明文合取自朝廷指揮檢會政和令諸添差官係納土歸明（西北歸明人雖非納土同）職田依正官給詔歸明不釐務人依條支給

○七月二十四日京西北路提點刑獄司奏切詳職田租課給受封樁俱有成憲邇來州縣玩習為常遇在任官有員廢併或闕正官其職租錢物應入封樁者多不申報提點刑獄司撿察拘收或以見任官應得職田偶闕地田未標撥到便行將前件應封樁之物支充在法雖有擅支借科徒二年之罪緣上件錢物未拘收作朝廷封樁

聞若有侵支，切慮難以便行。引用伏望立法禁止。尚書
省檢會令據修下條：諸職田收到租課，應充朝廷封樁
錢物者，州限十日具數申提點刑獄司，提點刑獄司檢察拘收入政
和田令：諸職田收到租課應充朝廷封樁錢物，不依限
申提點刑獄司檢察拘收者，杖八十；未拘收封樁而輒
支借，加二等。入政和户婚勅。從之。○四年十二月二十
五日，詔應職田並所屬州縣以官員職任，見破的實頃
畝、鄉村、阜望、佃户姓名、耕佃年月、租課色數置籍拘管。
遇有改更，即時揭貼。如不盡或不以地土所產，抑令輸
納上色物者，各徒二年；已上本官知情與同罪，不知情
減三等。委提點刑獄常切檢察，因巡歷所至取籍點檢。

卷四千五百二十一

○六年閏三月二十八日，京東路提刑司申：據登州申，
歸朝官釐務乞標撥職田。詔燕雲路歸朝官係正任窠
闕，有職田外，應添差釐務不釐務差遣，並不合給職田。
○四月二十三日，兩浙轉運司奏：昨來制置所奏請，為新
復被賊縣分所任之官有無職田供給者，降聖旨：曾經
燒劫縣分每月縣分別給驛券一道，餘官如丞、簿、尉、監
當、巡檢之類，各別給食錢七貫文，並候三年住罷。緣本
路昨被劫發處等州放税三年，限滿自今年起理税賦，
職田如舊合發上件物帛，依元額起發。其上項别給驛
券、食錢，本司即未審合自甚年月日罷支。詔自起税日
罷支。○七年四月二十六日，京東路轉運副使黄潛厚

言：在任官職租方起納之時，督責甚於税賦，逮其既足，
不時變糶，坐邀善價，貪鄙之風不可不革。乞應職租候
税入中限，令人户依實直中價赴常平庫納見錢。從之。
○十一月十九日，南郊制：比緣臣僚陳請，職田租課並
折納見錢，以利佃户。訪聞諸路舊來有坐倉收糴及合
納綵帛雜物，或民間有易得物斛去處，仰提刑司勘會
詣實，許令依舊送納本色。○十二月十九日，詔職田本
以養廉，訪聞諸路租存田亡者甚多，督民代納。仰提刑
司根括，如無實因，與蠲租額，仍將一州職田重均為額。
所委官根括不實，如係知通、監司，職田者坐贓論，餘官
減一等。

卷四千五百二十一

欽宗

宋會要

靖康元年五月十二日，詔諸路職田租存田亡者並與
落租額。十四日，詔外任官職田權借一年，自今年夏料
為始，令逐路提刑司變轉貨計綱送納内藏庫。内河北、
河東毋起發，令逐路轉運司樁管應副軍期。七月十五
日，詔近降指揮外任官職田權借一年，頗聞三路物重
錢輕，妻孥不得温飽，難以養廉。河北、河東、陝西路可並
免借。

高宗

宋會要

建炎元年六月十三日赦應州縣官職田訪聞多係實
無田土抑令人戶輸租仰提刑司勘驗詣實常切覺察
○二十七日詔應監司州縣職田並罷令提刑司拘收
椿管具數申尚書省　○二年五月三十日詔圭田士大
夫資以養廉國用雖乏其可取此自今更不拘借　○三
年十一月三日詔諸州職田可自來年依元祐法計月
均給　○紹興元年十月十日新知西外宗正事士撙言
乞將西南兩司官屬所請職田錢并日批驛券並行寢
罷以省國用從之　○三年四月二十三日工部侍郎李
擢言圭田之法皆以逃亡五年以上及絕戶荒田為之
故其膏沃者少歲收無幾而有司拘以籍已定之數
責以當官必行之威民已告病吏莫之恤願詔有司將
見今職田數委通判同縣令覈實除其不可力耕之田
揭其已定過多之額使之適平而後已或以蠲除之後
非所以養廉則乞將空閑之田及往為大安撫司及他
司增置官屬所占者撥以足數仍先自簿尉始從之
七月十七日詔諸路提刑司將見任官至選人小使臣
應合得職田依格法摽撥如本州見任官數多所管田
不足令提刑司於一路鄰近州縣通融摽撥須管數足
即不得挑取膏腴田土及過數摽撥并摽撥未歸業人
田土又選人小使臣任外路州縣差遣內有無職田及
雖有職田不曾依格撥足每月止請錢三五貫難以養

廉仍令諸路提刑司依格法摽撥窠處行法之初或摽
撥未足夏秋未有所得仰轉運司權將無職田選人并
親民小使臣每員每月支茶湯錢一十貫文內雖有職
田每月不及一十貫處補足一十貫如每月細計支得職田計三貫添支七貫之類
候依格撥到職田其所收租課細計一十貫文以
上即罷　○二十日詔職田雖堪耕種而彊抑人戶租佃
及佃戶無力耕種不令退免各徒二年遇災傷已經檢
放或不堪耕種無人租佃而抑勒鄉保鄰人陪納租課
並計所納數坐贓論罪輕者徒二年非縣令而他官輒
干預催佃自己職田者杖一百並許人越訴仍令提刑
司覺察按劾　○五年十月三十日詔兩浙轉運司據本
路州縣官一歲應合給職田租會定實數儘宜並行收
糴一次價直每斗五百文省其本錢許令本司通融拘
截本路諸州應干合赴行在上供等錢內取撥其價錢
以官職高低從下支給以兩浙職田最多且連歲豐稔
而軍興之際方患無糴因臣僚請故有是命　○七年四
月十二日詔今後州縣官職田不得輒令保正權納如
違仰提刑司按劾以侍御史周秘言州縣官職田自來
多令保正催納兵火之後佃戶逃亡而官猶以其常數
責令陪納故有是命　○十一年十二月十一日詔諸州
縣職田令提點刑獄司覈實使佃民按實輸租毋得代
納并抑配如監司知通失於檢察與犯人減二等斷罪

〇二十五年十一月十九日南郊赦官員職田在法以
官荒及五年以上逃田撥充訪聞州縣多不問年限拘
占人戶既無業可歸多致流徙或間有災傷須令依舊
數輸納甚者抑令過數折納見錢民甚苦之仰諸路提
刑司体訪如有似此依條改正除放施行仍不許收加
耗〇二十九年十二月二十二日戶部言官員職田依
紹興條格各有定數其間有路遂係官田產并因省員
廢併及添差官罷任後來職租等擅行均撥並係格外
之數有礙成法並合改正欲令諸路提刑照應條格施
行如有格外標撥去處拘收入官具數申尚書省從之
〇三十年十一月六日詔應諸路有職田米麥麻豆處
只令納本色隨月支給依市價出糶如敢抑勒人戶科
敷人戶許越訴以所剩利依法計贓

孝宗

宋會要

〇紹興三十二年七月二十一日（已即位未改元）詔諸路州縣官
應請職租可權借撥專令常平司樁管贍軍候邊事寧
息日取旨仍仰諸縣各具所收實數類申尚書省〇二
十五日中書門下省奏白劄子諸路州縣有職田去處
監司知通屬官職官曹官縣官皆違法將合得職田立
定等第於受納官處令人戶高價折納見錢公然取受
遞相容庇詔職田米自今輒敢折納見錢並計贓坐罪

〇八月二十四日右正言袁孚言奏臣聞圭田所以養
官吏之廉在法以官荒及五年以上逃田充召客戶或
第四等以下戶租佃或分收遇災傷檢覆減放准民田
法分收者依鄉例不得以肥地制額收課載諸令甲非
不詳備而比年以來所在職田姦弊不一欲望下諸路
委提刑取見所部官吏職田詣實將無田而有租去處
改正除落若有田而無租戶即召人情愿租佃分收不
得輒勒令鄰保承佃及重立租額專委提刑覺察違者
劾奏計贓科罪仍許人越訴如提刑隱弊即重寘典憲
從之〇隆興元年六月十二日工部尚書張闡等言欲
權借諸州官員職田一年添助用度從之〇八月十一
日詔昨因措置財賦議臣乞權借職田添助國用深慮
吏無圭租何以養廉前降指揮更不施行〇九月二十七
日戶部言勘會明堂赦內逃田嚴五年之限州縣不問
年數拘占撥充職田無業可歸者多致流亡有似此去
處日下依條改正違戾者按劾本部切詳逃田官為拘
收許人請射如業主於限內歸業自合給還所有拖欠
租賦已有放免指揮若州縣將所拘逃田撥充職田亦
合遵守明堂赦文五年之限如是州縣違戾其所屬監
司合行按劾奏聞今看詳欲下諸路提刑轉運提舉常
平司行下所部州縣遵依施行從之〇乾道元年正月
一日改元赦內勘會官員職田不問年限拘占人戶無

業可歸多致流徙甚者將祖課本色抑令折變及過數折納見錢增收加耗民甚苦之仰諸路提刑司体訪日下改正除放如尚違戾按劾聞奏計贓斷罪許被科抑人越訴。三年十一月二日大禮赦六年十一月六日大禮赦九年十一月九日大禮赦並同此制。七月七日詔職田雖有前降指揮近王扶寶所陳可採可權拘三年以裨經費。十二月二十九日上宣諭宰執曰職田未借三年選人養廉錢自合支與洪适等奏元無職田處養廉錢亦皆住支上曰可降指揮並依例。同日中書門下省奏勘會諸路無職田選人每月例支茶湯錢一十貫緣近降指揮權借職田致令諸處一例不支詔將新借職田選人仍支茶湯錢。二年五月八日中書門下省勘會今來已住罷權拘職田指揮詔令逐路州軍將新借職田選人月支茶湯錢却行住支其無職田選人茶湯錢自合依舊。三年六月三日中書門下省奏知太平州王秬為蕪湖縣令張文昌以所得職田不除放災傷分數盡行支請除將文昌計贓追毀出身以來文字除名勒停外慮其佗州縣亦有違戾去處理宜措置詔令諸路州縣將歲認見任官職田虛數仰提刑司盡數蠲除止據實有數目支給如遇災傷不除放分數或高價折錢許諸色人越訴計贓斷罪。四年三月六日宰執進呈四川宣撫使虞允文言欲將見任官職田租

斛自乾道三年為頭權借十年委提刑司拘收具數報轉運司將離軍官兵并歸正人酌量分撥專用贍養非惟官兵便得請受又州縣省計不致闕乏上曰不知見得職田錢果可以周許多人請給否蔣芾奏曰允文以為可周上曰宜從其請陳俊卿奏曰便當必行如頃年臣僚請收諸路職田以濟國用得旨借三年已而論者以為不可隨即改之上曰卿言極是往時此間亦無用許錢遂已之。六年六月十八日江浙荆湖淮廣福建路都大發運使史正志言契勘諸路監司州縣職田各有元撥頃畝額數比年以來多是將續置耕并逃絕等田撥充額外職租如隆興府兩通判廳每廳元管職田一百餘石今增作八九百石曹職官亦倍數增添它郡似此不少今乞將續標撥并省罷員闕數目從本司拘收添充糴本從之。八月四日戶部狀臣僚言權借職田三年令折納馬料其不通水路及僻遠去處計價折錢發赴淮南運司收糴令戶部條具令具下項一浙東福建州軍多無水路乞令轉運司將職田米或司者折納錢盡行拘收發赴行在省倉委官收糴馬料一浙西江東淮東西州軍乞令逐路運司將每年職田米數依數納馬料內有折錢去處依自來例據每石錢數拘收糴馬料起赴兩淮總領所令項樁管一江西土地闊遠州縣往往將別色田畝占充職田欲乞令漕司將本路

歲得職田米盡行折錢收糴馬料起赴湖南總領所令項樁管。一湖南北京西路乞令轉運司將應管職田盡行折納馬料內有從來折錢即依体例折納收糴馬料起赴湖廣總領所令項樁管一二廣地里遥遠及不通水路乞令轉運司拘收折錢變輕貴赴湖廣總領所收糴。從之。○八年十月二十一日詔權借職田可自今年十月一日為始與免拘借。○十二月十四日詔諸路職田已降指揮與免拘借尚慮循襲舊例額外收斂自今止理正色仍不得過數多取如有違戾令提刑司按劾以聞。臣僚上言職田所以養廉也而士大夫取之適以啓其不廉。國朝自咸平以來始議復興而杜鎬討論之有曰中才之類可革於貪心上智之人益興於廉節此言為養廉而興也。至天聖中獻言者乃乞停廢而晏殊詳定之有曰差遣之間徇於僥競收斂之際害及人民此言適以啓其不廉也。頃者權借三年以助經費今已與免拘至借德渥也尚聞循襲舊例額外征求或高為價直以折錢每斗有至於五百者或倍取本色以為數每石有收二石者水旱所當減也而不減逃亡所當除也而不除田户困於輸納縣道窘於捉辦欲望睿慈嚴為之禁應天下職田止得收取本色庶使小民不至重困縣道亦以少寬貪心可息而廉節可興矣。故有是命。○淳熙元年六月二十五日臣僚言諸州職田有額存實亡者乞委逐路漕司覈實將有額田虛認之數盡與除放外將實有田數依各州逐官元舊所得分數重行撥給。從之。○二年十二月十七日慶壽赦官員職田遇有水旱合行減放令兩淮江東浙西州軍間有旱歉可並民田分數減放民户拖欠催理失時勒令保正副陪納者並與除放。○七年十二月二十一日詔諸添差不釐務官依條不許支破職田雖有指揮許依正官例支破請給之人只為請給供給自不合給職田（從知歸州王游請也）。○十六年五月二十四日户部言湖南提刑姚恪奏本路職田輸納支請甚失其平欲使本路職租舊納本色不得折支元係折支並從民願如納本色不許廣收斛面糜費如折價錢每石不得過一貫六百文足支米折錢悉歛于本州倉庫司法收支通判主管仍監司州縣官券旁帮書然後支行不得科抑吏民糶糴亦不得過數折支一錢違者並以贓坐。户部看詳欲下本司參酌令來奏陳事理照應時直遵守見行條法施行毋令稍有仍前違戾。從之。

光宗

宋會要

紹熙二年九月十六日新知贛州黃揆言臣前任新州竊見舊例職租皆是輸納本色米淳熙初間始有令佃户折納價錢其數至三四倍於本色佃户因是逃竄逶

至均之鄉保凡有職田之鄉無有幸免之家乞行下新州不得仍前折變其他州郡應有職田折變去處各仰監司守臣嚴行約束從之 ○十一月二十七日南郊赦勘會官員折田在法以官荒及五年以上逃田撥充訪聞州縣不問年限輒行拘占致人戶無業可歸聞有災傷卻令依舊數揄納租課並仰日下依條改正除放仍令提刑司常切覺察尚敢違戾許人戶越訴

寧宗

宋會要

○嘉泰三年十一月十一日南郊赦文官員職田在法以官荒及五年以上逃田撥充訪聞州縣不問年限輒行拘占致人戶無業可歸聞有災傷卻令依舊數收納租課並仰日下依條改正除放仍令提刑司常覺察尚敢違戾許人戶越訴 開禧二年以後明堂赦並同此

卷四千五百二十一

○嘉定二年十二月十五日臣僚言自開禧三年主租權令拘樁起發按時給付價錢州郡起發既不如數價錢多還而不還嘉定元年各州擅自拘糴抑以低價復不盡給竊聞今歲欲拘以至於俸給有積下數月者復抑酒折閣小官下吏何以養其廉乎宣帝欲增俸以祿吏而今州郡乃朘剋其俸以自豐乞嚴飭州郡主租則無復拘糴盡數給還俸料則按月幫支不致積欠有法以治贓吏之罪有祿以養官吏之廉從之

太祖建隆三年令右監門衛將軍魏仁滌等以監酒麴市征額外有羨利並令遷秩改事文武常參官各以曹司事繁省著爲月限考則遷轉太祖循名責實非有勞者未嘗進秩自是歲滿序遷之典頓不復舉行 添在首行上

宋史志令尉與賊鬪而能盡獲者賜緋陞擢

宋會要 考課

太祖建隆三年十二月十日有司上言准考課令諸州縣官撫育有方戶口增益者各準見戶爲十分論每加一分刺史縣令進考一等其州戶不滿五千縣戶不滿五百各準五千五百戶法爲分若撫養乖方戶口減損者各準增戶法亦減一等降考一等者當司近年例不進考唯是點檢考帳闕失不問重輕便書下考今請應州縣官撫養乖方減損戶口一分以上者並降考一等州比州縣比縣如有公事踈遺曾經勅命殿罰者降考一等所有增添戶口租稅課績幷兵戈災沴並準長定格處分又諸道州府送年考帳多不坐戶口數目只見催科刑獄公事有無遺闕比較升降考第申奏今請令逐州府考帳須以逐人到任至成考日月具係稅戶口租賦開坐比額多少及有無功過如違並準考帳違限例殿罰又州縣官每考滿罷任本州批給解由曆子若不是校考之時即不與批書末考直候合書校日方先批罷任日月然後始書末考況銓曹檢勘只憑有校令後欲請罷任如月數合書末考者使令批書方批離任月日免使吏勞往復其考課候至書校時依舊附帳申省不得漏落又應京官月限多少不等有以三十六月三十月爲滿者有以二十月任支料錢者當司逐年書校考

卷一萬七千四百八十四

第並無準繩今後欲請應無曹局錢京官並以三十月爲滿內有合校考第者以此爲限其料錢一依舊例月數支給從之二十二日詔令尉在任如能肅靜鄉州一任內並無賊寇仰本州聞奏別行旌賞仍書上考應縣尉較考並依判司主簿月限應有劫賊殺人賊並給三限捕捉每限二十日第一限內獲不計人數令尉各減一選半已上減兩選第二限獲不計人數令尉超一資半已上超兩資第三限獲不計人數令尉加一階半已上加兩階出三限不獲尉罰一月俸令罰半月三度罰俸尉殿一選令四度罰俸亦殿一選經三度殿選者勒停應有劫賊殺人賊限內已獲限外不獲並仰本州批書曆子於逐年考帳內分明開坐罰殿較定功過考第申省 乾德二年二月二十日詔曰周廣順三年五月詔書應兩後出選門州縣官內有歷六考敍朝散大夫階次赤令並歷任中曾陞朝及兩使判官諸府少尹罷任後一周年與除官曾任兩蕃營田判官書記支使防禦團練判官罷任後二周年與除官並許經中書陳狀點檢不欠年限當與施行選限既近不得依常選人例吏理減仍須批書曆子請給解由如是逃走戶口降書考第及顯有過犯必行殿降應諸色選人過三選以上及赦成資考丁憂課績官無選可減者各令自於吏部南曹投狀准格

勑磨勘無遺礙中選中書門下並與除官其州縣官自恐虧損年限資序願歸選門者亦聽自便如或曾任推巡軍事判官并諸色出選門官並擬見任官選數敘理取解赴集依格勑磨勘送名申中書門下於銓司注擬前先次除官者並自前應於中書陳狀乞官及過三選未成資考丁憂及諸色出選門官送名入等宜令今後一准元勑年限選入例並須取解赴集選銓先次注擬其課績宜仍令吏部南曹準格勑移牒三司會問戶口税錢數同准例合該減選者令所司給付公憑如無選可減者亦送銓司注擬所有雪活官依例刑部磨勘使令送銓準元敕資敘注擬其課績及雪活官候銓司注官異日內有合該改服色時檢校兼試銜者仍令銓司具名申奏餘依格式處分　四年八月十日詔曰憲府總為天官選吏秋曹讞獄俱謂難材循名既責其勤勞滿歲宜行於旌賞應御史臺吏部流內銓南曹刑部大理寺見任及今後自少卿郎中員外郎知雜侍御史已下及丞簿司直評事等並以三周年為滿閏月不理須常在本司莅事者至月限滿日便與轉官其尚書侍郎御史中丞大理卿別議加恩如在者不恪事有廢闕即不得例遷仍量罪責罰　開寶九年十一月八日詔諸道州府知州通判及監臨事務官吏宜令諸路轉運司廉訪其能否第為

卷一萬七千四百八十四

三等歲終以聞以臨事簡慢所莅無狀者為下恪居官次職務粗治者為中治狀尤異大有殊績者為上當行賞罰

大宗太平興國二年正月十一日詔曰虞書考績爰自三年漢官奏課事定九等應諸道州府曹掾官及縣令簿尉先是吏部南曹給印紙曆子俾州縣長吏書其績用愆過秩滿有司詳視而差其殿最斯舊章也執事者其中明之無或蔽欺以紊經制諸州先於曆子外給公憑者罷之敢有妄書功勞輒隱違犯致磨勘彰露或為人陳告本判官錄事參軍悉除名長吏重罰曹司決配仍令揭榜于錄事參軍聽事　三年二月二日判吏部南曹董淳言諸州錄事掾縣令簿尉先給南曹曆子州吏批書多所漏略令於令式收其合書者如館驛義倉官市牛皮觔角前代帝王陵寢嶽瀆河海祠廟及監給麴商稅麯麩等並書殿罰一事者殿一選三事者降一資初入令錄者只於本資降州縣吏加笞責馬令式所合書者雖所部無有亦著其無以相參驗望頒行諸州從之　六年二月一日詔曰朝廷伸懲勸之道立經久之規應群臣掌事于外州悉給以御前印紙所貴善惡無隱殿最必書俾因滿秩之時用伸考績之典如聞官吏頗紊綱條朋黨比周迭相容蔽米鹽細碎悉有指言竊有巨而不彰勞雖微而必錄有司

披文而校件析以聞志既切於澄清恩或由於僥倖成命不反益示信以當然出令惟行於垂勸而安在宜行誡諭用懲因循自今應出使臣僚在任日勞績非尤異者不得批書曾有殿犯不得隱匿其餘經常事務不在批書之限　九月十二日詔應京朝官將命出入及秩滿受代歸闕者宜令中書舍人郭贄膳部郎中知雜事滕中正戶部郎中雷德驤同考校勞績及銓量材器候外任有闕中書下其名類能以授之　先是常參官自一品以下皆謂之京官其未常參者謂之未常參官近代以常參官為朝官未常參官為京官故有京朝官之目焉　七年五月十七日詔曰朝廷重賞罰之柄為懲勸之興蓋生民之利病由官吏之能否也所以旌別善惡黜陟幽明每思精當以立制條州縣官所考殿最素繫南曹而知州通判別給御前印紙以書功過洎歲時斯久因循失職遂成私徇寖以混淆特舉舊章以明申警自今外任京朝官凡從政之迹並委本部州縣以實狀書於所給印紙不得增減功過阿私罔上其關津書考之官悉書其名違者寘其罪　二十九日詔應知州通判知軍監知縣京官及進士及第幕職州縣官曾給御前印紙者宜令齎往任所批書事迹納差遣司磨勘功過定升降等第及堪何任使京官以下送閤門引見朝官件析以聞　十

卷一萬七千四百八十四

月詔應監臨物務京朝官及知州軍監通判兼監物務者替日令御史臺曉諭先齎御前印紙於三司仍件析以聞任內所收課利委三司磨勘增虧條報差遣院一依五月詔旨詳定升降堪何任使以聞　十二月五日詔應文武京朝官委御史臺取鄉貫年甲出身歷任文狀如赴銓時先於他州寄應者亦明陳本貫不得妄繆是日以大策錄進令後除授者亦續供奏其西川廣南荊湖江南兩浙人勿充本道知州通判轉運使并臨莅公事已差任者具名以聞　八年四月一日詔曰國家並建庶官分掌眾務各司攸局咸盡其材不明殿最之文曷伸懲勸之道應州縣幕職官等吏部盖有舊規自今京朝官釐事於外者秩滿歸闕曾經責罰及臨事簡慢者並與遠遠州郡課績高等治行尤異者優以近地式示勸能著為定制　六月三日刑部郎中楊徽之庫部郎中孔承恭同考校京朝官殿最

八月十日詔曰朕選用群材令司家職九品之賤一命之微未嘗專委於有司必須召對於便殿親與之語以觀其能儀敕納而可觀必越次而命賞靡容僥倖庶叶澄清自今應親臨選擢官吏並送中書吏當勘履歷別德進止　雍熙二年十月十七日右諫議大夫雷德驤同知京朝官考課初帝謂宰臣曰朕前日閱班籍欲擇一人為河北轉運使而臣僚既

雍熙條卷首補在四年上

衆不能盡識亦不知其履行自令令德縣具臣僚歷任功過之跡引對取
旨既以漸識群臣可以擇才委任且使有官政者樂於召對負瑕累者恥
於傾聞懲惡勸善於是在焉　四年三月十二日詔曰國家分職建官蓋
期於共理信賞必罰以示於無私用敦激勸之風冀盡忠勤之節應天下
知州通判等共分憂責各效官成政理之臧否攸歸黎庶之慘舒是繫所
宜明爲賞罰以示勸懲先給御前印紙令書課績而功過未盡具黜陟
未得其宜自令並條其事迹凡決大獄幾何凡政有不便於時政而更張
人獲其利者幾何及公事不治曾經殿罰並具書其狀令同僚共書不得
隱漏罷官日上中書考校以定殿最　淳化三年正月十日左諫議大夫
魏庠知制誥柴成務同知京朝官考課　十九日詔曰國家擇幹蠱之才
領轉漕之任生民繫乎舒慘國用倚之盈虛百吏承風在舉措而宜慎三
年會計因黜陟以是行苟無課最之文曷伸懲勸之道應諸道轉運使自
令釐革庶務平反獄訟及貨財盈羨飛輓辦集有利於民等事並令所在
州府軍監每歲終件析以聞非尤異之績者不得申舉　十月十六日詔
曰三考黜陟有虞之茂典八使按行東漢之舊章苟課最之不明於賞勸
而何在應諸道知州通判及釐務京朝官錄事判官縣令簿尉等內有治

卷一萬七千四百八十

行尤異吏民畏服居官廉恪莅事明敏獄訟無滯倉庫盈羨寇盜剪滅部
內清肅者本道轉運使各以名聞當召赴闕親臨問狀增秩懋賞以旌其
能其有貪猥自私臨莅無取稽畱刑獄叛離言次盜賊群起賄賂公行者
並須條狀來上當行貶斥　二十日戶部侍郎王沔度支使副謝泌秘書
丞王仲華同知京朝官考課吏部侍郎張宏戶部副使高象先膳部員外
郎范正辭同知幕職州縣官考課左贊善大夫魏廷式與樞密都承旨趙
鎔李著同校三班殿最　時帝慮內外官吏清濁混淆莫能甄別故分命
沔等考校其課績以狀聞因行黜陟之典　十一月七日沔等言應京朝
官殿犯望令刑部件析供報以贓私公罪分三等以聞取候進止其京朝
官投牒所陳歷任殿最有故隱漏者並除籍爲民判問有司而受請託隱
蔽殿罰不以實報者同罪胥吏杖脊配隸遠惡處從之　十一日御史中
丞王化基同知京朝官考課以王沔卒故也　四年二月十八日以考校
京朝官院爲審官院幕職州縣官院爲考課院　二十一日審官院言水
部員外郎知鄆州張正倫殿中丞監香藥榷易院李建中所供歷任漏落
過犯當除名詔各奪一官依舊在任　五月二十日詔以京朝官考課院
翰林學士錢若水樞密直學士劉昌言同知審官院又以幕職州縣官考

帝面諭杞等爾爲而衣存壓挾時見一朝官還是否今來未滿歲而幸擇選宜自厲力以答殊恩

課院歸流內銓命翰林學士承旨蘇易簡知制誥王旦同領其事　先是
置京朝官考課院又別令校其殿最至是併而爲一命若水等主之　五
年五月十九日臨軒親選郭玘等四人爲升朝官仍給御前印紙令書令
任課績滿日自齎赴御前較其課績　二十七日審官院上新選京朝官
充知州二十餘人御前印紙曆子帝視書紙前曰公務刑政惠愛臨民奉
法除姦方可書爲勞績本官月俸並給實錢令知審官院錢若水分賜之
因謂若水曰所賜誡諭有奉法除姦之語恐不曉者別思生事以求功
勞可語之曰除姦之要在乎奉法故有是言也　七月三十日詔三司總
計使及十道判官等自令年七月以前奉行公事及課最殿罰並令條奏
自令月八日以後各給御前印紙使判官吏書其績滿歲考校以黜陟之
八月二十九日詔給諸道轉運使御前印紙令部內知州通判批書殿
最每歲滿上審官院考校黜陟之　至道元年正月審官院考課引對水
部員外郎毋克讓以足疾國子博士車成務以從政無聞並出爲諸州團
練副使克讓許簽書公事　二年十二月二十三日詔令後州縣官部內
流民及亡失祖調什之一者並書下考
真宗咸平元年六月十四日詔自令知州通判以不治代還者並授閑冗

卷一萬七千五百八十

釐務　八月二十七日詔自令後監倉京朝官無得以羨餘斛斗爲課績
十二月二十一日三司言監官釐務者一務歲課或虧而兼掌處有羸
羨者請許補其數從之　二年二月詔知州軍通判本判官錄事參軍諸
縣令佐到任日交管戶籍新舊逃戶數目書於印紙曆子如在任日招到
逃戶即書其年月日招到元是何年月逃移夏秋稅計若干合至何年收
理若任內却有人戶逃移亦書因以戶數并逃帶稅物事件成具奏聞不
得妄有增減候代訖令新任官責應干繫主者批書委是確的結罪狀繳
連印書付本官自齎赴闕於審官院或銓曹通下逐司點勘及會問三司
具以實聞如顯然招到人戶增添稅數及不因災傷致逃移人戶並取勑
裁　三年七月帝諭宰臣令錄內外庶官歷任功過編案進內其該恩復
用者別編以備親覽　景德元年五月詔諸州通判幕職州縣官監物務
京朝官使臣等任居民政職臨物局儻能招輯流民增集官利耗登可較
黜陟必行近據勘得替人在任事件未叶公平自令宜令轉運司遍諭所
部批書曆子明具州縣元管主客戶口在任至替逐年流移歸業件析口
數招添賦稅明言實納色額不得衮同增加并以在任走失戶稅次年歸
業者忘爲勞績應監塲務須具祖額及前界逐年實收錢數增虧比類批

四年上脱景德二字儀分卷云宜補之

八年二

書敢有庇覆隱漏干繫官吏悉論以違制或官吏為形勢所抑徇情批書
不實亦許經新到任官陳首令具奏聞當行指揮應會問之司宜專行照
檢依理闗報不得輙有增減仍委三班院流內銓審官院精加詳審方得
引見儻涉審勘所經歷官局並嚴朝典　時帝以考課京朝官使臣或招
輯戶口及監臨餘羨多或不實特約束之　九月五日詔諸路轉運使副
察所部官吏能否辨為三等公勤廉幹文武可取利益於國惠及於民者
為上幹事而無廉譽清白而無治聲者為次畏懦而貪慢公不治贓狀未
露濫聲頗彰者為下並列狀以聞從右司諫高伸之請也　四年七月詔
樞密院今後諸司使副使至閤門祗候外任代還或召赴闕者先具履歷
以聞　時帝以引見或不能盡記其人履歷或有勤勞及歲久當遷者故
下是詔　大中祥符元年三月二十三日詔曰國家並建庶官分治百職
每循名而責實蓋獎善以勸能屢降詔條俾言課最委攸司之參校稽善
狀以甄升亦有竊覬朝恩忘增功績靡懲醜行深致與章思革弊風用頒
嚴戒自今文武官書曆子解由不得虛錄勞課及隱漏過犯違者重真其
罪　二年六月二日頒幕職州縣官招攜戶口旌賞條制　三年九月十
五日詔自京至雄州諸縣鎮令佐使臣供契丹國信驛置無闕者許書為

卷一萬七千四百八十四

勞課替還日與優使官　五年六月知龍州吳濟言准勅請州省錢修葺
聖文宣王廟及禮器及天慶節醮器將畢自今乞當職官史書上到任曆
子遂相交割從之　七年十月詔奏舉選人引對與京官者例入川峽官
或未有闕權令近地釐務而雖踰年不理課績自今理為考任　八年八
月詔應選人已得替帶本任官別奏宣勅差親民任使得替離任出給到
合成考第課績罪狀並與依例較成考第如得替後只係本州轉運司差
諸處勾當不在此限　天禧三年四月十四日詔轉運使副提點刑獄館
閣臺省官外任歲滿代還並依京朝官例於審官院投狀考課　五年十
月六日審刑院詳議官尚霖言奉詔往陝西規畫入中芻粮其入中比遞
年一倍已上者請許監官書曆為課從之
仁宗嘉祐元年正月二十五日中書門下言諸路提點刑獄朝臣使臣舊
例給御前印紙批書在任事件候得替磨勘從之　三年十月一日置磨
勘諸路提點刑獄司以翰林學士承旨曾得象學士丁度權御史中丞張
觀領其事　慶曆二年正月十八日御史中丞賈昌朝言近歲擧諸路提
刑多非其人請廢考課黜陟之法詔自今提刑到闕令磨勘院具在任功
過分三等聞奏上等除省府判官或轉運使副中等與大藩知州後方升

陟差任下等止知州郡如未替聞別有差委不拘此限　五年二月三日
詔京朝官考課之法並如舊制　先是監察御史劉元瑜上言近年吏張
條制求士之道盡由保舉方得進用習長奔競無甚於此自朝官轉員外
郎員外郎轉郎中郎中轉少卿監各須清望官五人同罪保任方許磨勘此詔
一降浮薄之人日趍權門求為擧主不復更有廉恥清介自守則終
老無所進身望指揮中書別立黜陟之制故有是詔　皇祐元年二月五
日權三司使葉清臣言三司總天下錢穀贍軍國大計所切一十七路轉
運司公共應副仍須有材幹臣僚方能集事伏以朝廷責辦財賦出於三
司近年荊湖等路年額上供斛斗虧欠萬數不少皆是轉運司無所稟畏
致此弛慢苟不振擧久遠上下失職號令不行虧損財用有誤支計臣伏
見提點刑獄朝廷以庶獄之慎特置考課一司專考提刑朝臣進退差遣
欲乞今後轉運使副得替亦差兩制臣僚考較分上中下上下五等若考
入上上與轉官陞陟差遣上下者或改章服或升差遣及中上者依舊與
合入差遣中下者差知州下上者與遠小處知州下下者與展磨勘及降
差遣仍每到任成考並先供考帳中尚闕選考課院令具考課事目如除
一戶口之登耗二田土之荒闢三茶酒鹽稅統比不虧遞年租額四上供

卷一萬七千四百八十四

和糴和買物不虧年額拋數五報應朝臣文字及帳案齊足戶口增四土
闢茶鹽等不虧又案無違慢為上上考戶口等五條及三以上為中上考
若雖及三以上者為應報文字帳案違慢者為中下考五條中虧四者下
上考全虧及文帳報應不時者為下下考詔從之仍令磨勘提點刑獄一
處施行　嘉祐二年七月二十一日命翰林學士承旨孫抃權御史中丞
張昪磨勘轉運使及提點刑獄課績仍詔今後常以御史中丞學士典領
初知諫院陳昇之言生民休戚繫郡縣政之得失今天下州三百縣千
二百其治否朝廷固不得周知必付之十八路轉運使而領選者自三司
副使省府判官提點刑獄或以資序或以薦引才不才固以混清一旦付
以一道按察之寄雖知其不勝任必重退之是重抑一人希進之心而輕
一道生民之命今選用不精又責任無法考課不立其間非闒茸罷懦則
凌肆刻薄十嘗八九所以下之疾苦不得上聞而重其愁歎傾頹也朝廷
有意天下之治宜自轉運使始今上選用責任考課三法其選用法曰以
公正明斷惠愛為本公正可使糾肅為吏明斷可使決治煩劇惠愛可使
卹民之隱苛無此數者之長即以補他職其祿賜恩與視轉運使可也其
責任法曰唐虞四岳十二牧三代方伯連帥漢部刺史皆今轉運使之任

令居職者非其人專以辦財賦為職業故郡縣之政不修獨掊斂刻暴之令行而民受其弊蓋典政不立所致也今舉其功務有五一稱薦賢才各堪其任二業劾貪謬修舉政事三實户口增墾田四財用充足民不煩擾五興利除害仍令歲終具條所施行以聞其考課法曰故事轉運使給御前印紙歲滿上審官院考校之三司亦嘗立考課陞黜條其後卒不行蓋委計司則先財利而忽民事在審官又因循常務而無課第之實惟漢世御史中丞外督部刺史今宜付御史臺考校為三等仍委中書門下參覆其實其上等量所部事之劇易而褒進之中等仍舊秩下等退補以郡若風績尤異即擢以不次其職事弛廢不俟歲滿明行黜削乃命昇等同領之

六年八月詔曰先王考績之次序雖見於經而其詳不傳於後世朕若稽古以修衆功而諸路刺舉之官未有以考其賢否比令有司詳議厥制條奏來上詢謀悉同其使布宣以勵能者而擇左右可信之良使與治之古人有言曰徒善不足以為政徒法不能以自行令朕有念功樂善之志而又繼之以黜陟幽明之法以待天下之大吏矣然非夫任事之臣躬率以正而考慎其實與士大夫之宣力于外者皆安於禮義而不以使文徼倖為姦則朕之志豈能獨信於天下而法亦何恃以行哉咨爾在位其

卷一萬七千四百八十四

各悉力一心務祇新書以稱朕至誠惻怛之意其令考校轉運使副提點刑獄課績院以所定條目施行　先是帝欲責諸路監司舉職事遂下有司別議考校之法而頒之其法以歲滿所上功狀定其殿最為上中下三等用唐考功四善之法以稽其行實其等亦如之　英宗治平三年六月駕部郎中知磁州李田監淄州鹽酒稅　初嘉祐六年始置考課法至是本院言田再考在劣等故有是命坐考劣降自田始　以上國朝會要

英宗治平四年神宗已即位未改元閏三月二十四日考課院言左藏庫副使李從實前知階州政迹第一年中等次年劣等詔展一年磨勘與州都監差遣仍令後知州准此如兩考俱在劣等即展二年與監當差遣　八月十四日考課院言知潭州司農卿王罕課績連上優等詔降勅書獎諭賜絹三百匹　十一月十三日手詔曰考課之法所以練群臣而覈名實也今逐路監司與夫郡守之政既已科別其條具為令矣至於縣令之職與民尤近而未嘗立法恐非所以愛養元元之道宜令天下州軍各具所轄縣令治狀優劣以副吾陟罰之意其條約令考課院詳定奏聞　十二月十八日考課院言新知廣濟軍秘書監祝正辭前知衛州課績連上優等詔勅書獎諭仍差知襄州

神宗熙寧二年五月考課院言準詔定到考校知縣縣令課法下項在任斷獄平允民無冤濫賦稅及時了辦不煩追擾及差役均平並無論訴之人及雖有論訴而人無不當之理在任能屏除盜賊里民安居勸課力田使野無曠土及能振卹困窮不致流移雖有流移之人而多方招誘却令復業一任之中主客户比舊籍稍有增衍在任架閣簿書務令整齊經提刑轉運點檢別無散失及興修水利疏導積水以利民田能勸誘人户種植桑棗天下州軍委知州通判每歲終取索轄下得替知縣縣令前項三條課績兼依唐四善德義清謹公平恪勤採訪逐人有上項事實即參詳分為上中下三等申本路轉運提刑司逐司類聚齊足同共將一路所供三條課績四善事實再行審定上中下三等內有績狀尤異出於上等之外則更定為優等如政事昏繆出於下等之下者即定為劣等即不得將合在三等政事定優或劣其奏狀並限次年春季申奏到送考課院看詳如所奏委得允當即從本院保明申奏其知縣縣令依下項賞罰若所奏徇情功過不實及虛獎權要困抑孤寒其轉運使副提點刑獄及知州通判並科違制之罪京朝官係優等人到院日與升在院人名次之上仍令指射家便近地差遣及令中書記録姓名其劣等人並降入監當選人係

卷一萬七千四百八十四

優等人如到銓合該磨勘判成過銓日令銓司與不依名次先入申引見改轉合入京朝官近地差遣其未該磨勘者如已係職官並與循資若係令録即與兩使職官如係試銜知縣即充遠小判司簿尉定到武臣知縣為上下等之人即乞比類上項賞罰施行詔並從之　九月二十九日考課院言前知溫州職方郎中周廷僑前知渝州太常少卿江中行課績連上優等詔廷僑以見知處州賜絹二百匹中行堂除差遣並降勅書獎諭　十一月二十一日詔諸路轉運及提點刑獄司如一路長吏別無能否尤著可入優劣之人且作上中下三等區別以聞　三年七月十八日詔中書門下考察內外官司置簿記功過候年終及非次除權檢録比較進擢擇其尤甚者進絀之　十二月十三日工部郎中兼侍御史知雜謝景溫兼考校諸路轉運使副提點刑獄課績　五年六月一日中書門下言檢會外官發運轉運使提點刑獄提舉司經略安撫總管鈐轄監牧司府界提點司知大州府並已申中書置簿記録合要考察逐司功過事外其常調知州又各有逐路職司考定優劣內來考課院只是據逐路區別到等第聞奏其考校職司課績殿最即只開坐逐人區別到部下官吏等第具採訪行實即但稱採訪到逐官行實合為中等全無實狀無補於事其考

課院顯見虛設欲乞廢罷從之　九年四月十三日右諫議大夫程師孟
以廣州再任課最爲給事中集賢殿修撰　元豐六年正月二十四日尚
書省乞郎司置御史房主行彈糾御史察案失職并六察殿最簿從之
二月十八日三省言御史臺六察按官以二年爲一任欲置簿各書其數
之多寡當否爲殿最歲終條具取旨隱黜事重者隨事取旨從之　六月
一日詔京東路轉運副使吳居厚具所知通判以上及別路監司提舉官
可充本路轉運使官協力推行鹽法者及本路行鹽法當選委知州通判
處以聞戶部言元豐三年諸路主管官無優等止有劣等三人萊州通判
郭并權濮州團練判官王舜臣鎮戎軍判官趙至詔並降一官　八月九
日詔自今戶部考校提舉官功過條上下等送中書省取旨　九月二十
一日詔降授朝散郎守大理少卿呂孝廉昨任京東路轉運判官與本司
官長協心修辦職事致課入登羨可復所降官爲京東路轉運副使　七
年正月十一日詔提舉京西南路常平等事承議郎葉康弼衝替以尚書
戶部言六年終提舉官歲考功過簿康弼比諸路上簿獨多故也　二十
二日尚書左右司狀御史糾刻六曹官之多寡當否殿最每歲終比較取
旨從之詳見御史臺　九月十二日詔都大提舉茶場陸師閔近以論奏

卷一萬七千四百八十四

登羨尚書戶部只下本路驅磨保明可令元部取師閔隨行帳案驅磨限
半月保明取旨具錄事有勞官吏宜令師閔第上司勳擬賞
哲宗元祐元年五月二十八日御史上官均言守令考課入優等者取旨
特與推恩從之　二年二月十四日樞密院言內外坊監使臣任滿當被
賞無責罰有舉主二員皆令再任次任如之第三任滿取勞最者與補騏
驥院闕任內職事修舉亦與再任次任如之第三任與理路分都監資序
任滿取勞最者與補提點左右廂諸監闕仍陞一等資序並大僕寺考察
以聞從之　十六日三省言知州考課請令吏部上其事于尚書省關中
書省取旨賞罰其劣等應罰而已衝降者仍從衝降法縣令已下即本部
賞罰從之　五月十八日三省言吏部狀文彥博奏請委本部尚書侍郎
依三類之法將本選守令通判考其才德功效爲上中下三品送中書門
下覆驗可否委本選長官引對聞有人才高下絕異者特以名聞而進退
之詔送給事中中書舍人左右司郎官吏部禮部參詳應守令通判請依
元豐考課令通取善最分爲三等候罷任委監司當職具事狀保明以聞
付吏部定本選合入差遣內知州通判申尚書省覆驗可否定訖付本部
官候注擬日引對郎守令通判內有才德功效過惡顯著令尚書侍郎銓

量高下特以名聞乞行陞黜並得過五人從之　八月六日詔吏戶部
郎官任滿治狀顯著者長貳保奏與陞任訖令再任仍陞一任資序通及
五年理爲兩任吏戶部諸司郎官亦如之從文彥博請也　四年八月五
日吏部言縣令罷任委知州通判考察課績以德義有聞清謹明著公平
可稱恪勤匪懈爲四善以獄訟無冤催科不擾稅賦無陷失宣敕條貫案
帳簿書齊整差役均平爲治事之最農桑墾植野無曠土水利興修民賴
其用爲勸課之最屏除姦盜人獲安處賑恤貧困不致流移雖有流移而
能招誘復業爲撫養之最仍通取善最分爲三等及七事爲上二事爲中
餘爲下次月申監司類聚每半年一次同行審覆若有能否尤著者別爲
優劣等上半年限八月下半年限次二年月保明以聞知州除本中大夫
觀察使以上及三京留守安撫使鈐轄不考察外其餘並委監司依此考
察吏部開析等第申尚書省從之　八日詔郡縣考課優等人令三省考
察任使從左諫議大夫梁燾請也　五年二月八日太師文彥博言前通
判同州知趙亢所管沙苑監馬數蕃息乞賞除有鹽處知州軍通判詔亢權
知隴州　二十三日詔府界諸路三萬貫已上課利場務二年併虧及監
官不職許令轉運司提舉司別舉官　紹聖元年八月十九日詔大名府

卷一萬七千四百八十四

等處通判周誼韓跂唐弼與依元祐編敕內第五等酬獎以御史郭知章
言其賑濟有勞也　九月十五日殿中侍御史郭知章言元祐著令知州
考課委監司考察吏部開析等第入優等者申中書省取旨其法雖具然自
知州考課而蒙超擢者幾何人蓋法有未盡則不能無弊願詳議考課之
令每路考察知州優課一人以升吏部吏部更加銓量人材與治效參相
得然後條析上聞或省部監司藩郡有缺則隨其資序之高下以次用之
詔令諸路監司考察知州每歲具課績優等者一名保明聞奏如無即闕
若不實即依貢舉非其人法　二年四月八日詔內外官批書印紙並依
元豐式　七月八日尚書省言令增損諸轉運提刑提舉官合上簿七事
一舉官二勸農桑三招流亡四興利除害五按察部吏贓罪六部內置獄
及平反獄訟七獲竊盜賊並開具去申都司都司限兩月開具申尚書省
諸考課事該賞罰而隱漏不申者徒二年違制失報者責其吏從之　四
年十二月二十二日詔戶部每歲春季具諸路轉運等司起發上供錢物
多寡職事修廢最甚者申尚書省　元符元年四月二十六日戶部比校
到紹聖三年上供金帛錢物數京東路最轉運使黃寔判官趙竦各減磨
勘二年兩浙路殿轉運副使張綬判官陳安民各展磨勘一年　十二月

十八日宣德郎陳亨伯言乞守令考課優等召對權用詔守令課績優異者令吏部每歲具姓名取旨　二年二月二十二日詔吏部守令課績在優上等即關御史臺嚴加考察如有不實重行黜責從吏部請也

徽宗崇寧元年十一月二十八日臣僚言吏習因循不能樂事赴功人狥苟簡不能安職宿業以因循苟簡之積弊而無以繩之則官雖備亦徒充位而已臣願陛下攬責成之柄以馭群吏限之以歲月責之以績効勤者置怠者廢然後可使百工允釐庶績咸熙也乞嚴立條式每歲終委省寺監之長攷其屬官之成六曹尚書攷其郎官之成尚書御省視六尚書之成成者陟之如周官大計群吏之治而誅賞之法庶幾官師相規盡豐風夜率職趨事以上副陛下董正治官之意詔令吏部修立每三歲郎官黜陟之法聞奏　二年九月二十四日講議司白劄子詔令修立諸路知州通判令佐任內如能盡心經盡財用應副上供及本處支使各得足備或不能悉心營辦卻致闕乏殿最賞罰聞奏令參酌應知州通判縣令佐歲內能盡心經畫計置財用應副上供錢物封樁起發無欠不違限及本處支用備一税無拖欠外仍以場務虧國等課利通比租額數增一倍轉一官從之　三年十月二十二日提舉措置兩浙茶事司奏睦州

卷一萬七千四百八十四

在城茶場自今正月止六月終買到茶八十七萬六千餘斤比去年增四十二萬三千餘斤實及九分以上一路州縣各不及睦州增數為最本州知州朝請郎方通通判朝散郎江懋迪監場文林郎王公壽通仕郎范景武乞特賜推賞詔方通江懋迪各轉一官王公壽范景武各與循兩資占射差遣一次　十一月三日詔奉議郎新差權發遣廣南東路轉運判官公事王覺特授承議郎差遣如故以墾闢農田幾及萬頃故也　十二月四日中書省尚書省送到左右司狀比較到崇寧二年分六曹諸部所收生事並行遣迂枉不當違滯等件數兼事多全無迂滯失當去處并郎官在任日月下項度支生事五萬一千一十五件郎中石諤在任六箇月零一十六日金部生事四萬四千一百三十五件員外郎莊徽在任八箇月零二十一日行遣迂枉不當違滯等最多禮部生事一萬四千四百二十八件員外郎何昌言簽書迂枉不當違限一十一件事少部分水部生事九千六百八件員外郎韓輯簽書違限三件虞部郎中梁子野兼權簽書違限三件中間筆語莊微特轉一官石諤減三年磨勘何昌言降一官韓輯梁子野各展三年磨勘　四年閏二月六日新差權提舉廣南東路常平等事陳祀劄子伏覩陛下立守令課最之賞在優等者轉官仍與堂

除差遣一次誠獎勸能吏之良法也欲乞吏中命有司如遇諸路奏到守令優課人於格推賞外令請三省審察果可錄用賜之召對以觀其能誠有可取特加獎擢庶使郡縣之吏益知觀勉從之　七日提舉措置兩浙路鹽香等司二狀近承金部符宣德郎姚祐狀前任知杭州臨安縣循行茶鹽法竊恐合該賞典本司今會到姚祐任內推行鈔法趁到課利計增一萬五千餘貫產茶增倍顯是本官奉行新法比類推恩詔特與轉一官　九月一日戶部奏檢會元符考課令監司功過及措置利害本曹上簿歲終考校外分為三等本部看詳崇寧二年分考課京西運司具到南路提舉王璘合為上等北路提舉王孝偁合為中等府界提點司具到提舉宋喬年合為優等江西運司具到提舉錢宗直合為中等廣西運司具到提舉何康直合為上等廣東運司具到提舉王覺合為上等成都運司具到提舉向宗哲合為上等京東運司具到東西路提舉唐適鄭長卿王公彥合為中等湖北運司具到提舉林虞合為中等河東運司具到提舉洪中孚合為上等梓州路具到提刑權提舉工峴合為上等夔州路運司具到提舉俞次夔提舉謝皓合為中等江東運司具到提刑權提舉王甹提舉孫虞丁合為中等崇寧三年分考課江西運司具到提舉何

卷一萬七千四百八十四

宗範喬方合為中等崇寧三年分河北運司具到提舉鄭寧呂沆合為上等梓州運司具到提舉陸知岡合為中等廣西運司具到提舉何康直劉川合為中等奏聞事詔優等與轉一官減一年磨勘上等減三年磨勘仍令吏部立法　五年五月十八日臣僚言伏以考課之法所以甄別淑慝責成吏治竊見近日諸路監司不能據法守正上体陛下顧治之意觀望附會習以成風交結請託無所忌憚如黃輔國之知高郵姚祐之知臨安初無異績著於士論及為從官而淮南兩浙保明考課並在優等今則非特觀望從官而已臣僚有自外召入為寺監屬官者監司循以逢迎處之上等如江東保明衛尉寺丞胡擇中是也崇飾虛辭並無實狀其言徒以擇中有執政葉從交章稱薦召登省寺因此考為上等訪聞擇中知江寧府上元縣比之諸邑最為冀懦非有能名擇中嘗請假往江寧府搬家臣或慮其因此請託監司為之保奏詔自今仰三省御史臺覺察彈劾以聞當重行黜責　大觀元年八月二十八日朝散郎新差權京西路轉運判官葉大方奏伏聞張官置吏莫非為民而職任與民最親者莫如守令其任豈不重哉陛下臨御以來為官擇人以民為本循名責實而不容私焉故謹擇守令以成郡縣之治立四善四最以為考課之法每守令替移令

諸監司參考其任内課績以定優上中下之等優上者有賞其下者有罰然爲監司者或昵於親故或狃於貴勢而甚者至於以貪爲廉以暴爲良既上下之等不實則賞罰遂至於失當其爲爾陛下耳目之寄孰甚焉欲乞每歲將諸路監司所定守令考課等第令御史臺重行審覈如有不當重加黜責不以赦原庶幾考課得實人有勸懲上以稱陛下勵精求治之意詔寄耳目之任於諸路監司以察吏之能否而行賞罰或背公合私不以實奏害黜陟幽明之政豈可無罪可依所奏　十一月九日吏部奏准敕畿縣知縣令後並堂除考課賞罰令吏部立法聞奏今立下條一課績入上等知州減二年磨勘占射差遣一次知縣縣令承務郎以上減二年磨勘畿縣知縣加半年承直郎以下循一資乞候將來堂除人罷任定到等第日即依令法施行從之　二年十一月八日尚書省劄子中大夫新差權提點荆湖南路刑獄公事謝𤧬劄子奏臣伏覩陛下親灑宸翰發爲明詔無非新美教化寬恤民力德至渥也四方之遠尤在監司守令終始悉心奉行欲乞監司守令考課並以奉行手詔無違戾爲考課之首歲擇其最優者一二而陞擢之使知奬勸終始盡心奉行四方萬里無不蒙被德澤從之　三年三月五日刑部奏檢承與提舉司保明到崇寧三年分

卷一萬七千四百八十

提刑官考課一員承議郎錢蓋任内勸誘人户栽種桑柘棗等吏部狀稱見任朝散郎權知興仁府今考爲上等又奏擁京西北路提舉司保明到崇寧三年提刑官考課一員王夬任内勸誘人户栽種桑柘棗等令考爲上等詔王夬與轉一官錢蓋依王夬例轉一官　四年四月五日考功員外郎吳時奏守令考課諸路雖具實跡保奏亦有不切指定去處欲乞今後保明考課如有開耕荒田須具所屬鄉分人户姓名元初荒廢因依其招集到民户並指定實户數目不得泛言若干餘户仍具何年月因水或旱流移若内有開墾到荒田數目亦須聲説是與不是拋棄元業合行給付即有栽植過桑等並須開具於是何去處栽植有無妨礙橾標見今有無青活吏部勘會守令考課開具實跡保奏雖有指揮緣自來諸路監司並不開具以是何事爲實跡考校未得遂行取會往往晉滯詔令吏部依此行下諸路　二十七日臣僚言竊覩陛下激勵教官尤以課最爲首務古之道也故考課以四事第之分爲三等以一路總之别爲優劣而學事司於歲終類聚審覆具事狀聞奏其不實之尤者科以違制次則遞減關防之意可謂周密而曲盡矣而臣區區之愚猶慮曠日持久不容無覬望阿私之弊今欲乞將提舉學事司所定教官考課等第委御史臺常切覺

察有未允當彈劾以聞庶有以副陛下留神學校之意詔依　五月十一日吏部奏勘會諸路州學教授考課格内第一項教養有方注謂貢士至辟廱升補推恩者多又第四項生徒率教注謂士庶爭訟戾規者少即未該載以多少分數定格今欲乞將前項考課格内兩項比類貢士條分數應升補推恩者如及六分以上即爲多戾規者即以四分以下爲少行下諸路州軍照會考校施行辟廱大學勘當推恩如及六分以上爲多即是貢十人有六人以上該升補方及今來所立分數深恐諸州難以應格若減作五分以上應貢二人得一人升補亦便爲多卻成僥倖其戾規者若以四分爲少尋常學校犯罰不曾有及四分者今同共相度欲委逐州保明申學事司將本路州軍參定取得士最多去處依條施行其戾規一節亦乞依得士最多處委逐州保明申學事司將本路州軍參定戾規學士最少去處爲少依條施行從之　政和元年三月二十四日吏部狀準都省批送下户部劄子乞將監司考課依户部所乞下等與上等對修賞罰事從之勘會監司考課除預優劣取旨及上等減三年磨勘外其下等即自來未有責罰條制今勘當如户部所請以考課該入下等者與上等減年磨勘對展年施行詔監司考課入下等取旨責罰　四月二十四日

卷一萬七千四百八十

臣僚言乞詔有司申明常平賑給借貸之法專責守令以勸農之政監司所至察其勤惰歲取三數人最優劣者以聞重行黜陟詔立法以責實効　同日又言乞縣令課績載於批書曆歲薦舉詞不得溢美並書實狀從之　十二月二十二日臣僚言縣令考法入優等者即命堂除而有部監司獨未有獎勸之道詔郎官考課治最上等優者取旨陞擢　三年五月十六日臣僚上言伏覩崇寧中命御史臺修立守令考課上等之法至爲詳盡轉官減年視其功之輕重故當時在職者莫不恩勉向公後來異意之臣遂抗議罷之欲望詔有司復行崇寧二年指揮庶使守令益勸詔吏部守令考課法依大觀元年十一月指揮　六月二十三日朝散郎試中書舍人陸蘊奏諸路提舉學事司管勾文字官於所部學事悉皆干預臣竊惟中人之資無勸沮鮮有不自營而幸免者乞下有司參酌提舉學事官考課之法别爲格目應管勾文字官任滿以其課最委他司考其優劣等而上之以加賞罰庶幾小大交修無所茍且仰稱陛下興崇學校之意從之　七月十四日吏部奏户部三曹開濟源縣申奏議郎薛倉部池州申前權貴陽縣主簿王伯能京畿轉運司申前雍丘縣尉程若異任内栽種到桑柘各乞推賞送詳定三司敕令所疾速立法今參酌修立下條諭血

司保明到令佐使臣充知縣縣尉同任滿添植到桑柘等為最多之人並
驗實依格推賞等條從之　政和四年十二月十五日戶部侍郎賈偉節
奏竊以監司守令攷課賞罰之法駕馭群吏纖悉備具德至渥也然徇私
忘公曠職失守者尚或有之欲乞立法應諸監司守令課績優異者依條
推賞外歲令三省具姓名數奏三數人有望實者揀拔而試任之進賢者
有賞不才者有罰詔每路歲具三員申中書省取旨考課法令尚書省改
修　六年八月二十四日通直郎新權發遣成都府路轉運副使公事呂
潛夫奏居養安濟漏澤州縣官任滿無違戾方田限滿無詞訴勸誘折納
及錢數合依條推賞多是人吏蔽於私意每遇官員替罷經五年不為保
明如奉行違戾或人戶詞訴或折納不及合該責罰亦不舉行甚非朝廷
勸沮之意欲望指揮應州縣官替罷及方田限滿折納了畢並限五日內
具奉行次第合該是何賞罰申提舉司縣申本州者通限十日本司限五
日依條申奏若有未完再限五日疏問依限別申如出限不申或再申依
前不完州縣人吏並乞重立刑名施罷從之　十一月一日奉議郎新差
權發遣梓州路轉運副使盧知原奏伏見自來監司考任當滿或改除差
遣之類並只於置司所在州批書印紙令欲監司考課至中立法庶幾仰
卷一萬七千四百八十四
副陛下循名責實之意從之　七年正月十八日提舉東南路坑冶徐禋
奏乞每歲許本司會九路應坑冶課入之數比較增虧具監司州縣監官
并本司所遣句當等優劣申奏取旨陞黜以示勸沮從之　八年四月五
日臣僚上言臣聞元豐稽唐外銓之制以吏部注擬之法行於八路令四
選待次之人在近路者各就本路運司射闕以資格之人定差申部請命
于朝廷蓋省士大夫調官往來之費憫吏卒遠道將送之勞其法至詳其
意甚美然行之歲久弊偉日滋臣考究其源今選官之在吏部者以尚書
侍郎典之別無他職而八路則委運司所謂使副判官者以單繇吏祿供
饋支移為己責而以差除為末務乃付僉廳所謂主管文字者又以句稽
簿書點檢行移之冗為先而不暇究於差注乃付士案之胥吏比年以來
賄賂公行以選為貨視闕之得否惟賕之多少欲乞特降睿旨嚴加督責
檢察令典領之官務在究心每歲終吏部以差注當否為考課而賞罰謂
如一歲定差若干到部退難不及若干分者有賞退及若干者有罰較其
優劣而廢置之庶注擬公當而絕吏之受財選用清平以副朝廷銓選人
材之意詔令尚書省立法　重和元年十二月五日奉議郎新差權發遣
提舉成都府路學事黃璆奏伏見近降御筆指揮於知通任滿考課添入

誘進道學四字聖心豈豈至教是崇臣竊以請道徒既資教養則諸路提
舉學事官與州學教授逐縣令佐當月任其責欲望申詔三省應干學事
官並依令來知通任滿指揮以教導外貢道徒等事立考課殿最之法詔
依於考課項內添入誘進道學四字　宣和元年七月十八日都省言知
平江府應安道等奏昨辟差從政郎台州司儀曹事就充崑山縣令張承
自到任以來推行賑濟如法別無違戾及本縣自令春興修水利開治浦
港協力應辦並無擾擾乞許令本官終滿令任如舉官考第合格即乞令
就任改官所貴不致妨闕從之　二年十一月八日尚書省言奉詔國家
富有四海取於民者不過二稅訪聞近來州縣受納情偉百端當職官恬
不留意坐視違欠卻只臨時倚靠漕司那移稍不如數便行案牘朝廷應
副卻漕司差委隣州不干礙官前去屬縣取索干照點對拘納足與未足
數目保明申漕司覆實取最勤惰去處具知通令丞名聞奏當議特行黜
陟令契勘納足最多處係大名府管下十三縣未足最多處博州博平縣係當
任令丞知縣張樞丞陳敦詩保明是實詔大名尹梁子美令學士院降詔
獎諭賜茶藥銀合各一具少尹韓思儼宗綱各特轉一官令再任張
樞陳敦詩各特降一官仍差替　三年四月十日中書省尚書省言吏部
卷一萬七千四百八十四
狀本部勘會掌行諸路至申到轉運提刑提舉學事管句文字官考課綠
近降指揮諸路提舉學事管句文字官並減罷所有今後諸路提點刑獄
司官考課文字却令是何監司至申緣條內即未有明文合取自朝廷指
揮勘會提舉學事并管句文字官雖已省罷其已歷歲月未經考校賞罰者
自合考校施行所有提刑司考課合依未置提舉學事官日前委提舉
常平司至申詔令吏部申明行下　四年五月八日詔朝奉郎侍御史閣
武仲可朝散郎以任右司員外郎日權貨務收趁鹽錢通及一億三千萬
貫也　十月十二日吏部奏諸監司考課入下等者展磨勘二年令河東
運判郭琰湖北提刑李東表京兆府等路提刑王師古郭允迪河東提刑
張宗武並下等合展磨勘三年從之　五年九月十三日詔淮南合發宣
和四年解鬬內宿州額解最多椿辦數足知通各轉一官高郵軍楚州出
限拖欠錢數最多知通各降一官令後限滿從轉運司依此比較賞罰
六年正月十三日尚書省言送到朝請大夫李端弼奏比蒙朝廷付以使
事竊按今之縣邑令非其人者十常五六欲望申飭銓曹選本見條格外
益嚴縣令之選凡老疾昏昧勿復注擬仍乞詔諸路監司自今邑令老疾
雖未有顯過並具奏免監司考課式中乞增入按察贓吏及善最之首及

令諸司歲終具部內有無贓私之人連銜結罪以聞若因人陳論及爲臺
諫廉訪使者彈劾事發所部監司與同罪尚書省勘會注擬縣令除老疾
降黜罷堪釐務者吏部逐選已有長官審量條法并在任官老疾不職並
許監司具奏其失按職吏監司考課格式內亦已有該載及宣和五年八
月二十日政和元年九月八日十二月二十二日朝旨州縣官犯贓若係
繆癈職老疾不任事者歲中部內有似此違犯之人監司申吏刑部申三
省具名取旨黜罰指揮自合遵守外所有按察過贓吏比較酬賞一節未
有明文詔於監司考課格式內失按察所部官項內失字上各添入按察
并字仍於式內失按察開項前添入一按察某處某職位姓名官某事犯
贓流以上罪字令左右司歲終考較賞罰　二月三十日中書省言新除
權發遣提舉廣南西路常平等事齊公炎奏欲將諸路帥臣屬官立法考
課而賞罰之詔令尚書省立法　四月十四日尚書省言兩浙路提舉鹽
香司申契勘本路管趁新額任責鹽課萬數浩瀚從來唯藉本鎮監官同
共協力檢察禁止私鹽招誘客人般販趁辦令來除在外城稅務監官許
令別作一項比較外所有當下鎮稅場監官未有許立項比較明文令相
度除諸縣令丞仍舊合以所管鎮通計比較外所有本鎮鹽官欲乞依在

卷一萬七千四百八十

城稅務監官已得指揮別作一項比較施行權貨務勘當欲依本司所乞
申明行下諸路亦合依此施行從之　二十四日尚書省言提舉江南東
路鹽香茶礬事諸宗諤劄子契勘州縣鹽課管勾全季以上當職官並合
比較賞罰其時暫在假月日若許除豁竊慮有妄託假故僥免比較之人
欲乞應時暫在假月日更不除豁權貨務勘當欲依本官所乞事理施行
諸路亦乞依此從之　十一月二十一日詔京東等路官措置濼池租課
事務究心職事奉行不擾課利增羨起復朝散大夫濟州通判毛孝立武
經郎廣濟河都大江悖奉議郎知東平府中都縣呂民中通直郎中都縣
丞王隨朝請大夫開封府兵曹鄧交起復朝奉郎京西北路常平李與權各
特一官　七年八月十七日吏部奏勘會左右司近因權貨務椿收鹽
錢通計一億九千五百餘萬貫推敘郎官各轉一官願換章服者聽數內
朝散郎左司員外郎李晧申不願換章服合該轉一官已除起居郎詔李
晧可朝請郎　九月六日兩浙路轉運副使程昌㝢奏欲乞將本路諸縣
本年夏秋稅租限滿比較催理拖欠分數及州縣酒稅務截日增虧取虧
欠數多去處官吏放罷本司官公共選官具名申尚書省填闕詔令具本
路稅租拖欠最多處知令課利虧欠最多處監官各一兩處及可選填闕

人職位姓名申尚書省取旨　以上續國朝會要
高宗紹興二年八月十五日臣僚言守令有四善四最考課之法雖具載
條格欲望明詔監司守臣遵行考課良法責以誠實治狀上聞如得優異
之人乞加獎擢以爲循吏之勸詔令吏部申明行下　三年二月一日權
吏部尚書席益言太祖乾德四年詔曰自今常調赴集注選人吏部備書
取歷任中多課績而無闕失者觀其人才詢以吏術可副陞擢者具名送
中書門下省引驗以聞當與量加甄獎欲望稽用乾德詔書凡常調中有
行可取或課績優著者長二具名以聞從之　十月六日禮部員外郎舒
清國言諸路殘破州縣乞以戶口增否別立守令考課之法分爲上中下三
等每等又分爲三置籍比較縣令課績知通考之知州課績監司考之
考功會其籍而較其優劣凡賞給用見行條法賞格之最優者其再考在
上等之上者除依格推賞外任滿日知州優加擢用詔令與陞擢差遣下
等取旨責罰從之　十二月十五日詔令佐若稽科催夏秋二稅不經批
書及當行人吏所批不實並杖一百內人吏勒停永不收叙令佐到部日
依衝替人例　五年七月二十三日權通判岳州王嵩言湖北殘之後
全籍官吏招集流移乞將州縣最親民官初到任日據見存戶口二稅批

卷一萬七千四百八十

上印紙候任滿日再據戶口二稅增加者書爲課最別有遷擢若任內不
能招誘戶口二稅或僅有減少者書爲課殿亦寘典憲詔依諸路殘破去
處準此　八月十六日都督行府言湖北淮南自兵火之後百姓流亡四
多曠土令佐招誘增虧已有立定殿最賞罰欲令後守令到任一年雖該
到任酬賞若不曾招誘人民歸業雖有而不及分數並不在保明推恩之
限仰監司常切遵守從之　六年四月三日殿中侍御史周秘言國家以
十五事考校監司以四善四最法校守令保奏有遷限來實者有罷而並
六年間惟成都潼川路一嘗奏到其餘諸路課績並不曾奏法令廢弛能
否無辨欲望特命有司檢其考課條令申嚴行下責諸路監司州縣自令
爲條限保明其累年亦不申奏者亦乞取問因依仍乞自令從朝廷審度
歲取殿最各一二人重行賞罰詔令吏部申嚴行下諸路常切遵守如違
仰御史臺糾劾以聞餘依奏　五月十七日權戶部侍郎王俁言酒稅務
監官任滿比租額增剩有定賞格并支給賞錢所以示激勸異大以來有
案牘赤曆不存只憑省記爲額理賞往往不實故有租額絕少而所增數
多坐受厚賞者却成僥濫欲乞今後諸路酒稅務監官雖滿未立到新額
去處並且以紹興三年所收數爲則比較推賞如常行數少於舊租額即

以舊租額比較從之　十三年九月十六日詔令淮東京西路監司歲終取州縣所增户口以聞　太府寺丞張子儀乞三歲考察守令以户口復業登耗重爲陞黜之典故有是詔　十四年五月二十八日吏部言臣僚奏乞將守令逐考批書立項開說增添户口之數勸課農桑之實及興修水利事件每歲終專委監司覆實比較殿最申奏朝廷乞行賞罰欲乞照應已定見行監司互申考課式樣實批書從之　十五年十二月三日右司郎中李僎言官員批書人吏乞覔無厭稍不滿意必生姦弊或不依次序或漏落事件或闕少字數及到部點檢稍不依式部吏因以爲弊苟不厭所求則必復下所屬會問路遠者動經年歲致有在部日久狼狽失所者欲乞申嚴條式行下戒敕官吏責以依式批書發書之際精加檢察如到部點檢有不依式去處即符下所屬將當行人吏重斷其印紙若止是小節不完乞先次放行詔令吏部檢坐見行條法措置行下　十六年十一月十日南郊赦官員批書印紙具有體式近來胥吏舞文邀索賄賂或緣以細故不肯批書或雖批書漏落不完仰吏部檢坐應官員依條并續降指揮合批書事件逐一立式行下州軍等處照會遵守今後須管依式批書勿令漏落其別無官物絆繫亦不得阻節留滯如依前違戾當職官吏

卷一萬七千四百八十四

並重作行遣　十八年九月四日宰執進呈新知湖州趙叔潾言守令銜內帶勸農二字而州縣之吏漫不加省望詔有司令後守令任滿考其增户口勸農桑條水利之殿最以陞黜之上宣諭曰勸課農桑守令之職也能使其境內無曠土無游民斯爲稱職矣淮南仟佰相望素號沃壤自休兵以來不耕之田尚多有之良由州縣曠弛不能招徠安集致流移之民未盡復業建隆初以户口增耗爲守令歲課之法所以明示勸戒宜令吏部申嚴行下　十九年十一月十四日南郊赦官員任滿得替批書印紙多是胥吏舞文批書不完有礙注授陞改許召陞朝官二員結罪委保先次放行續行取會批書施行　二十二年二十三年二十八年南郊赦三十一年明堂赦並同此制　二十一年十月四日吏部郎中沈虛中言批書條式最爲備具守臣批書有九通判批書十有四令佐而下各各不同緣條式頒重有前後官司檢照有差殊到選之日間有不完之患今欲委有司將吏部前後批書條式指揮稍加參訂聚類頒降俾之遵守從之　二十三年八月一日侍御史魏師遜言郡縣之官滿罷批書監司郡守多以私意過爲阻抑望申敕監司州守待官吏及時舉職既罷舊任即爲批書如仍前挾私阻節乞令御史臺按劾以聞從之　二十六年二月四

日吏部言應官員批書考任事件已有立定成法合行遵依批書外如考任內若曾經取勘或追攝及任公事并責罰案後被坐及去官自首釋放之類其應官員在任如有不了罪犯自合遵依上條批書後來節次一時所降增添批書事件續降指揮自不合遵用詔令吏部並遵依舊制施行　十二月九日右正言凌哲言祖宗時監司考課之法尤所注意至給御前印紙批書事件候其滿歲用以旌勸至於保奏互舉各有期限違者論罪如律比年以來文存實廢漫不加省善否混淆莫之旌別欲望申命有司檢坐見行考課條法嚴飭諸路監司悉意遵守以時互舉聞于朝廷且使稍久其任以究行殿最從之　以上中興會要

紹興三十二年孝宗已即位未改元九月二十四日權吏部侍郎兼權尚書凌景夏言右承直郎前監雅州名山縣茶稅場王韓任內買起綱茶合得第一等酬賞依格陞一官元豐格第一等承務郎以上轉一官蔡州縣官改合入官紹興十八年監雅州名山縣茶稅場家保買發陝西綱茶合得第一等緣係右迪功郎歷任止四季依條比類循兩資王韓係右承直郎歷任滿六考與家保事體不同今欲乞除資考不及之人自不合改官外其資考已及之人欲依舊法改官施行詔依紹興十八年十一月十

卷一萬七千四百八十五

一日降旨比類　孝宗隆興元年四月七日吏部言左迪功郎臨安府富陽縣主簿韋汝揖乞關陞職官知縣欲將無出身歷過月日作有出身人用三考關陞目今以爲永例從之　二十七日吏部侍郎兼權尚書凌景夏吏部侍郎徐林言看詳百官應詔言事考課所以辨別能否祖宗舊月限叙遷之弊非有勞者未嘗進秩比年仕於朝者或歲一遷或月一改居官而書考者鮮矣況三考乎外之監司郡守小州換大州西路易東路送迎往來祇益擾擾考課之弊如此臣願用祖宗久任之法則能否可以悉得矣詔三省樞密院檢坐紹興二十八年久任詔書指揮行下　二十九日吏部侍郎兼權尚書凌景夏等看詳百官應詔言事祖宗守令之法尤重其選今則不然輕外而重內欲望委監司郡守歲考縣令之課以上之考不以實者令御史臺糾劾其縣令之有治績者寵之以賞不特賞其人也并與其所舉者而賞之有不任職者加之以罰不特罰其人也并與其所舉者罰之如是則舉者不敢徇私而被舉者無不竭力則州縣之民可得被其實惠矣從之　八月二十九日知明州沿海制置使趙子潚言奏辟左儒林郎林公望充幹辦公事公望歷任六考因改官舉主二員已循資依條次任知前任磨勘緣本司幹官今任與前任不同欲望將今任理作今

承一等資任從之　九月八日左文林郎監太平惠民和劑局昌永言
前任鄂州教授過滿六箇月未曾收使欲許通理今任從之　十月四日
左修職郎主管刑工部架閣文字劉文辯言先任武臣歷過權浙東安撫
司準備使喚八箇月有奇皆折合得四箇月乞賜通理詔許減半收使
二年二月二十一日吏部言承節郎耿輔乞磨勘轄係吏部奏辟國學公廚
使臣帖內無理任之文會國子監稱與指揮使理任一同詔放行磨勘理
任　二十二日吏部侍郎錢端禮言右從政郎神卲乞改官緣初任歷過
二考係定差替闕郎非見闕但在任已及成資兼本部先有一員與那事
理一同會許理任詔與理任　三月二日吏部侍郎梁顗條奏革弊便宜
四川選人依條以二年為任其間合用考第陞改依條有出身許展三考無
出身許展四考或漕司已作成資闕差人在任者展考往往在後額多屬
託本司或齎定差文書人遷延沉溺務令已請先謁而獲致後官闕次改
替暗增年考措置四路轉運司如見任人委合用考第陞改未有代人即
依條限陳乞展考若已使闕差人不許更令展考從之　又勘會小使臣到
部繳印紙陳乞覆較前任六項闕選照會任數作功分注授及前任巡檢
縣尉繳印紙比較任內有無未獲強盜賞罰闕選并前任巡轄馬遞鋪乞

卷一萬七千四百八十四

比較遞馬緣無該載比較遞馬條法措置自今除比較遞馬賞更不許
乞其前任巡檢縣尉止於覆較狀內作一狀聲說次日闕選有合豈會破
考任及比較降罰等事關具條法分明指定不合成任因依限二日闕選
從之　十一月六日潼川府路轉運判官李燾乞以今任兩月二十五日
補滿前任知榮州一年九月五日通成兩考資任外仍別理為任吏部言
據法有礙詔許通理仍別理為任　十二月十日德音楚滁濠廬光州盱
眙光化軍管內并揚成西和州襄陽德安府信陽高郵軍守令能措置安
輯流亡勸課農桑有就緒者令本路監司保明事實以聞當議優異推恩
仍加擢用內選人減舉主二員　乾道元年正月一日南郊赦書應文武
官所任差遣依條合行批書到罷有無不了事許放行陞改注授恐其間
有所任差遣因事廢罷元置司去處無處批書之人許於所在州軍召本
色保官二員結罪委保批書候到部令吏部照應出身以來文字委無詐
冒放行其州軍批書不完有礙注授陞改亦許召陞朝官二員先次放行
續行取會批書　同日南郊赦書勘會四川二廣官員陞改考第舉主定
差使闕恩例名次應得格法緣本路運司行遣或州軍批書小節不完致
取會留滯許令就行在召本色保官二員委保先次放行集後取會如有違

礙依條施行　二十一日中書門下省勘會兩淮民戶並已復業宜并
勸課農桑若不精優其賞委監司帥守督責竊慮以為虛文無緣就緒今
擬定縣令丞於本縣界內種桑栽及三萬株承務郎以上減三年磨勘承
直郎以下循一資占射差遣六萬株承務郎以上減磨勘四年承直郎以
下循兩資占射差遣守倅勸課部內栽植二十萬株以上轉一官應守倅
令丞賞格任滿本路轉運司覆實保明以聞仍統具一路已未栽種數州縣
別若干申尚書省監司守令恪意奉行　二年四月二十六日臣僚言
考課之法自古有天下者未嘗不盡心焉祖宗之時尤所留意熙寧中王
安石用事始奏罷之自此州縣之吏茍簡自恣雖有所謂批書大抵弃於
常程徒為文具欲望遵用太宗皇帝故事應監司郡守朝辭日別給御前
印紙曆子至與某利除某害各為條目每考令當職官吏從實批書任滿
精覈自然風俗丕變何事不治何功不成詔經筵官參照祖宗考課之法
與見今所行條制務要適中可以久行取旨　十一月十一日殿中侍御
史單時言伏覩制旨監司於所部郡守於所屬保明知縣令治狀顯著
令中書門下省籍記取旨甄擢又有以臧否守令之說獻于朝朝廷行之
雖然人之才術各有分量吏之治迹未易稽考臣願詔敕監司郡守列其

卷一萬七千四百八十四

所舉之人治狀之目詳著于篇書或有片善寸長亦令世隱然後大明賞
罰舉得其實則受上賞舉失其實則寘重憲庶幾選舉之法得實從之
三年十一月二日南郊赦書任滿批書印紙多是胥吏舞文批書不完有
礙注授陞改并四川二廣陞改考第舉主定差使闕恩例名次應得格法
緣本路轉運司行遣或州軍批書小節不完致取會留滯並許令就行在
召本色官二員委保先次放行集後取會如有違礙依條改正施行　六
年十一月六日九年十一月九日南郊赦書並同此制　四年五月二十
九日淮東總領所言欲將逐路州軍凡錢穀隸總所者量立殿最之法下
大理寺參議欲令諸路總領所歲終將所轄州軍當發錢物之數十分率
之欠及二分知通各展磨勘二年欠數即多取旨重罰辦集無闕減磨勘
二年從之　其後七年正月中書門下省復言近立殿最之法諸路仍前
久負蓋以監司恬視略不程督州郡循習無以勸懲欲自今諸路監司一
例賞罰如有違戾從總領所以名聞庶幾信賞必罰知所沮畏從之　七
月十二日四川宣撫使虞允文乞定西和階州知通買馬賞罰從之　詳見馬政門凡後凡買馬發馬養馬等賞罰條約悉歸本門　九月二十四日
吏部言右朝奉大夫蘇楷乞闕陞勘會乾道二年六月條議獲旨知縣闕

陞勘會通判兩任内須實歷知縣一任其宫觀嶽廟不理爲任緣關陞通判人即無不許用宫觀任數明文揩已關陞通判即與知縣關陞通判不同伏乞詳酌指揮詔令吏部放行關陞　五年七月十九日司農少卿李洪等言乾道二年至四年綱運欠米約八萬餘石州郡視爲常文漫不追理今次將見監欠人押發往元裝州軍專委通判限兩季附綱補發借如合催三千石以十分爲率能於限内盡數追理減半年磨勘及八分減一季五分免罰不及五分展磨勘半年如能加倍追理紐計推賞或不及賞罰即候任滿湊理仍令本州勘會諸實申運司陳乞推賞從之　十一月二十一日吏部言淮南京西利州路極及邊州軍推賞後乃與次邊州軍一例減半事体輕重無以分别理合斟酌裁定淮南路廬楚光濠州盱眙安豐軍京西路襄陽府均隨州棗陽信陽光化軍利州路興元府洋階成鳳金西和州詔將似前極邊州縣官到任任滿賞通與轉一官内不終任人非因罪犯止推到任賞與减二年磨勘見任人依今旨施行　其後七年三月四川宣撫使司言興元府依紹興十七年四月朝旨權作沿邊緣在金洋州近裏與關外州軍事體有别依沿邊州軍一等推賞偏屬太優欲依次邊例於元立全賞格上三分之一推行到任任滿共减磨勘二年不

卷一萬七千四百八十四

終任人非因犯止推到任賞減磨勘一年從之　十二月十日吏部言請邕宜欽廉州知州文武臣到任並各減三年磨勘奏補子孫或期親係旨更不施行緣融州承前依宜州例令旨有礙該載合依宜州止減三年磨勘從之　六年二月十二日主管侍衛步軍司公事王友直言乾道三年四年御前軍器所製造御前降樣宣賜諸軍并泛拋諸色軍器並各精緻委有績效已及二年合依已得旨推賞欲望特降睿旨施行從之既而臣僚駮奏推賞展作三年礙止法人依條回授不得轉行　五月十二日詔點檢贍軍激賞酒庫所屬官依已降旨任滿轉一官提領官賞及三年與轉一官　閏五月九日户部侍郎江浙京湖淮廣福建等路都大發運使史正志言巡尉職捕私茶賞罰備具緣所屬吏史舞文凡合推賞輒非理阻難合責罰則隱庇不察致皆苟且無盡力意令被旨推兩淮京西茶事乞自今應巡尉捕捉并透漏私茶並從本司保明朝省賞罰施行庶有以激勵從之　六月十三日詔左朝散郎李發特降兩官勒令致仕以發年七十不該磨勘於家狀内擅減十歲僥冒關陞知州資序故有是命　七月十六日樞密院言平江府許浦鎮駐劄御前水軍諸軍統制馮堪乞批書切詳本軍統制官印紙係申樞密院批書外統領將佐大小使臣等印

紙批書緣本軍他無所隷合自本軍施行從之　八月二十八日詔淮南監司屬官酬賞各隨置司所在州縣官格法依乾道五年十一月後旨推賞餘路監司屬官置司之所即在元旨該載州軍之内亦依此施行　九月十九日重修敕令所言看詳獲盜條格凡州縣巡尉闕官之處如係州府監司差權於任内獲强盜即依正官法推賞即有正官偶病故在假權攝已及半年以上獲盜亦以正官法不及半年并督捕官非捕盜官獲强盜者自依隆興元年九月之制兩名比當一名理賞如權巡尉有不獲火數遞所得賞典輕重比附正官責罰條法施行如獲强盜案證已完本州長貳聚録或已審録無鱗異偶瘦死者正官一名與當半名權官兩名與當半名即未當結録而瘦死更不計數從之　先是隆興元年九月二十五日臣僚言祖宗成憲盜賊許諸色人告捕比妄有關陳謂非捕盜官則減半推賞不許以兩名比一名賞格愈薄人何知勸以其言下吏部勘當乞將諸路權巡尉及督捕并非捕盜官捕獲滿罪至死强盜并凶惡强盜依臣僚所陳以兩名比當一名理賞餘依見法從之　同日臣僚言乞將巡尉收捕逃卒立定斷罪賞罰責在巡尉每年具已捕逃亡名數批書印印紙任滿到部稽考巡尉任内捕及十人陞半年名次二十人陞一年三

卷一萬七千四百八十五

十人減一年磨勘五十人減二年磨勘知通在任督責巡尉收捕逃卒若及三十人減半年磨勘五十人減一年七十人減二年從之　十一月六日南郊赦書應命官酬賞因犯公罪須候一任回方合推賞者若經今赦合依無過人例便許收使　十二月十七日詔州縣到任賞並候任回陳乞依條推賞施行　七年正月二十二日詔新州簽判任滿依梅州簽判賞格以新州援梅州奏請也　三月十九日明州海内巡檢洪偉特轉一官以捕獲私鹽賞也　宰執進呈上曰得非明州保明虞允文等奏曰明州不曾與此人乞賞臣等看奏案見洪偉親率官兵鬪敵被傷從來巡尉罕有躬親者故欲少加旌勸上曰當推賞在法如何允文等曰在法命官親獲私鹽一火五千斤減三年磨勘計偉所獲亦五千斤上令依格允文復奏偉親被傷乞特與轉一官從之　五月四日臣僚言自今諸州軍知通及諸路安撫轉運提刑提舉并市舶官任内各司能拘發無額錢物及一萬貫減磨勘一年半一萬五千貫減磨勘二年三萬貫以上轉一官郎更遞數比類推賞從之　既而臣僚言太爲僥濫諸路知通急於受賞人人競利欲令每歲起發無額錢及三萬貫以上減三年磨勘雖云過厚庶幾適中從之　十四日詳定一司敕令所言監司知通非降旨不許申陳

通理其前任不因罪犯罷任人許通計前任考任其見任官自合依通已
傾之旨從之　二十八日權尚書吏部侍郎張津言使臣止用六考或五
考關陞親民至出官後連任嶽廟或不釐務未嘗經歷州縣即得關陞注
親民職任平居情然不知民事一旦遽使決擇可否是猶未能操刀而使
割其傷固已多矣欲望審旨除見從軍人及宗室且依自來關陞資格外
其餘奏補及諸色出身人並於所歷考任內須曾實歷州縣職事或諸司
官屬一任二考方許通理前後任關陞注親民窠闕從之　其後吏部侍
郎兼權尚書王之奇言自承敕旨亦有元任軍中考任已及今任添差未
歷州縣職事許乞關陞之人即與其他從軍考任未應關陞乃用今任添
差差遣湊成考任事体不同今相度欲將使臣曾任軍中差遣在軍批書
已及十二考以上比折有兩任六年偶因離軍已授添差差遣與依條放
行關陞即與元旨別無妨礙從之　六月十二日大府寺主簿趙思蒙實
淮東二麥上問輔臣比前揚州帥臣晁公武數增虧如何虞允文等奏其
數同上曰守令當定殿最以行賞罰允文等曰趙思正論此謂兩淮多已
耕未籍之田州縣取其已耕者號為增種其實未嘗勸課不如先括見今
荒田頃畝然後責令勸耕他日用此以詔賞罰庶得其實上曰善　公武

卷一萬七千四百八十四

實所部六年栽麥二萬六千二百二十四頃有奇故命思授覆焉　七月
二十日吏部言欲乞應選人循資酬賞除依法文學注權入官并前任停
替及降資之人依條合候一任回推恩外其餘循資之人如未曾推賞偶
已注授及待闕未上及雖已赴上而未及二考并已及二考丁憂尋醫侍
養非因体量過犯離任不係超循之人止據得賞時考第推恩皆不作隔
任推賞循資或已循至此官并本任內已該關陞之人將已得循資酬賞
許換次等占射及改官後收使施行從之　八月八日詔知平江府常熟
縣趙善括特轉左宣教郎知平江府崑山縣聞人大雅特降授左宣教郎
以本路漕司言昨朝廷委勸諭賑糶許令以殿最為懲勸擇其尤者以聞
故有是命　二十五日詔四川總領所主管文字依金州州縣官到任任
滿已獲旨推賞施行。先是隆興二年四月詔金州昨隸京西依光州推
賞今撥隸利州路依光州已獲旨施行至是四川總領錢粮鞏曉言金州
係極邊本司簽廳官一員專任本州主管職事若不推賞無以激勸故有
是命　九月十二日江西帥臣龔茂良言近責守令賑濟恐有徒為文具
之人欲先差官覈實戶口將來比較以定殿最上曰善恐猶有未盡者虞
允文奏臣等商量旱傷州縣已有流移人戶若以今覈實為定來歲間有

職官五九之二六

復業之人必難稽考欲令併籍已逃見在之數上令諸路旱傷之所並依
此施行　十三日江西帥臣龔茂良言比緣江西諸郡荒旱已降旨令本
路帥臣監司將旱傷州縣守令精加審量稱謂朝廷既下審量之令以謹
其始宜有殿最之法以察其終契勘諸縣戶口各有版籍今欲併老細丁
壯無問男女根括而籍之帥臣監司總其實數明諭州縣自今以始至于
來歲賑濟畢事之日按籍比較稽其戶口之登耗以議舉劾而廣之通一
郡之數稽其登耗以議守臣之賞罰如此則殿最分明官吏聳動非小補
也詔從之仍將以流移人與見戶通籍務令得實以俟比較餘旱傷之數
所依此　十八日兩浙路計度轉運副使沈度轉運判官胡堅常言被旨
糴米一百萬石檢照前旨所委官糴米及五萬石減磨勘二年候足郡守
比附糴官從本司保明取旨緣今所糴比常平浩瀚欲候糴足守令同監
糴官等第推賞庶有以激勸亟獲辦集從之　十月七日詔淮東路帥漕
臣將諸州軍係官荒田官為借種責委守臣招召人戶及時廣種二麥人
戶請佃未耕亦仰勸諭盡行布種及招誘大姓假貸農民候歲終差官覈
實取旨賞罰淮西路依此施行　八日吏部言提轄行在左藏東西庫係創
闕承前未有立定賞典欲乞依東西庫監官格法推賞從之　十一月三

卷一萬七千四百八十四

日司農少卿提領戶部犒賞酒庫姚憲言元諸庫監官許辟踏逐見任得
替待闕已未到部大小使臣校副尉內選差權官候及一季見有成効方
許中辟緣去就稍易皆以暫近為辭不復悉力欲乞今後遇差權官未辟
正員並一体批書到罷以歲額分計所權月分合辦息錢誠無虧闕方許
批書離任候界終照指揮比較當罰吏刑部減磨勘施行庶有以責辦從
之　二十九日詔臨安府推官馬希言依六曹郎官例關陞以吏部言臨安
府推官係創闕即未有該載關陞格法故有是命　八年正月十四日
詔滁州州縣到任任滿依次邊舒州州縣官推賞施行　六月十日權尚
書禮部侍郎兼權中書舍人李彥穎言竊見天下文武官員數至多其出
身履歷改官功過等事吏部合有名籍具載今惟尚左一選有籍書侍左
固已不備如尚右侍右兩選承前不曾置籍因循苟簡欲乞降旨本部長
貳將各選文武官盡數括責如法置籍遇有遷轉差除責罰黜降等事專
委逐曹郎官即時添注入籍仍於月終檢察遺漏庶幾若文若武入仕本
末有所稽考從之　八月四日度支郎中朱倬言經總制錢昨專任諸州
通判其後臣僚建請於是有知通共催分賞之制夫經總制分隸之數常
患為守者侵取以供妄費此專任通判之意也今諸路上供錢解等或者

職官五九之二七

廷議違久，而限如寧執侍從所領州郡先申奏通判以下且財賦守貲專
之降官放罷之罰乃先及通判以下事涉例置理近姑息欲望明詔執事
之臣於經總制貴仍舊委通判而守臣不預於拖欠上供之罰則先守臣
而及以次官庶幾事實稍稱勸沮必行從之　其後權戶部尚書楊倓等
復言專任通判恐守臣妄生異同欲乞知通依舊協力催轄分受賞罰仍
委自提點刑獄官督責州縣若歲終比較虧額遞限知通悉劾從之　五
日試尚書吏部侍郎兼權吏部尚書張津言州縣之吏合該賞典司勲格
目不一凡年勞緣法制僥冒生姦臣先以五事言之州縣場務課息增羨
內合發上供並無行在交納米鈔而推增剩賞州軍禁卒兵官同當而乃
巧作名目分管人數稱無逃亡而推全賞巡轄遞鋪使臣任內催發常遞
不件具名數經過日而推無稽違賞縣邑興修水利並無功料實迹而推
水利賞近裏州軍非沿邊而推控扼賞是數者積習既久前後相因臣切
惜之欲望特降處分自後州軍監司更有保明泛濫經由所屬已行許可
數開具取旨庶幾弊源可塞實非小補從之　十月九日戶部言欲下諸
路轉運司下所部州軍自今起納場務課息米鈔內須開具若干係其場
務某監官在任所收發納何所候推行監官增剩酬賞從本部參照庶幾

卷一萬七千四百八十四

泛濫從之　十二月十九日樞密院奏兩淮荊襄沿邊州郡畫一約束詔
帥漕臣并諸郡參對遵守月日施行聞奏上半年委監司因行郡照畫一
分臧否三等各以名聞候替當議黜陟仍令三省樞密院隨事目置籍銷
注　畫一凡六條恤民謂邊州之民皆宜撫之以恩結之以信不可貪縱
妄有横斂害官謂部內常須体量老懦癈職及貪污非才者廉於可任之
人舉按以聞毋得徇私致誤賞罰勸課謂山林藪澤原隰之地無問肥瘠
勸誘人戶墾闢種植要害邊關之地廣植雜木榆柳之數以捍衛豐儲
謂一郡一邑必積畜以備凶荒并凡雜賦入務不滲漏以備緩急贍邊之
用興利除害謂上究凡利於民者悉舉行之下究凡害於民者悉除去之
戶口謂招徠人民凡勞來安集之理隨力措置　九年正月十一日臣僚
言伏見省倉豐儲倉等處坐倉和糴係正收糴軍人食不盡米斛元不出
倉而乃依收糴客米之例至一任之內減磨勘一二年者誠為僥濫欲乞
更不推賞從之　閏正月二十七日吏部言四川茶馬主管茶司簽廳在
興元府置司係極邊去處昨許推到任任滿賞止載轉運安撫等置司所
在賞並依州縣官即無載茶馬司明文今欲依興元府府縣官已承乾道
七年三月之制推賞施行從之　三月十五日新差知處州趙善仁言處

領

州轄下坑冶乞令通判令丞秩滿無虧欠并巡尉任內無私鉢透漏依條
推賞詔從之通判令丞任內無虧欠各減磨勘二年巡尉官任內無私鉢
透漏任滿令本州批書巡檢減磨勘半年尉陞名次六箇月仍令敕令所
立法　六月二十七日詔諭守令監司勸課農桑視親書以從事仍申諭
賞罰詔書見農田門　九月四日吏部言凡選人任京官京官任選人文
臣任武臣差遣前後吏互或該賞典未有比類明文措置凡酬賞處但所
任差遣同文武臣京官選人並比類推賞其有比類不等輕重不一即聞
朝廷取旨庶絕沮格之弊從之　同日吏部言選人通理或有前任未滿
非以罪罷陳乞先以今任月日補滿前任然後別再起理緣其間或前任
未滿所欠月日尚多一縣僥求到妨後官之任措置欲除諸緣故尋醫侍
養罷任人外前任丁憂者併朝廷改除誤注改正別調差遣不以罪去替
止少半年者第以下之人許令通理成任外別起理令任月日即前任少
半年以上考第之人不許陳乞從之　其後吏部復言京朝官承務郎以
上除知縣外並二年為任選人並三年為任即各歷任不同若依選人去
替半年通理前任別理今任即暗展半年妨後官之任欲將京朝官承務
郎以上有前任非以罪罷之人去替止少一季方許通理補滿前任別理

卷一萬七千四百八十四

為任若少一季以上之人不許陳乞從之　十月一日戶部言淮東提舉
茶鹽司數實本路州縣乾道七年全年任責鹽增虧比較楚州係增三分
以上知通依格各減磨勘一年淮陰縣增八分以上知縣依格合減磨勘
二年選人比類施行從之　二十九日吏部言京西南路安撫司乞將郢
州依襄陽府等州軍推任滿賞郢州雖稍近裏亦與極邊襄陽軍等處道
路通徹欲比附作極邊到任減磨勘一年任滿減磨勘二年從之　十一
月二日吏部言樞密院遣滁州卒奔赴乞將滁州依舊作極邊推賞參照滁
州北至淮百六十里舒州至淮六百里蘄州至淮九百十五里若以滁州
止依蘄州舒州推賞地理既殊輕重不倫今相度欲將滁州州縣官比附
極邊推賞到任減磨勘一年任滿減磨勘二年從之　二十五日詔諸路
以所隸公私陂塘川澤之數專督縣丞有田民戶分布工力務廣水利如
無縣丞以次官歲終以工力最多處言當平司覈實申朝廷推賞怠慢
不職之人取旨責罰　十二月七日皇城司言提點本司官右武大夫福
州觀察使入內內侍省押班提點皇城司王槩今已任滿合依元旨初任
滿人依樞密院舊法推賞詔轉行安慶軍承宣使　三十七日京西南路
安撫司言本司正任指使三員與襄陽府正任指使一同乞比類襄陽府

指使推賞從之　以上乾道會要

卷一萬七千四百八十

宋會要 轉對

太祖建隆三年二月二十二日內出御禮曰朕膺運開
基推誠待物顧干戈之漸偃欲華夏之永安渴聽讜言
庶臻治道令後每遇內殿起居應在朝文班朝臣及翰
林學士等以次轉對即須指陳時政闕失明舉朝廷急
務或有刑獄冤濫百姓疾苦並聽採訪以聞凡關利病
得以極言朕當擇善而行無以逆鱗為懼如有事干要
切即許非時上章不必須候輪次亦不得將閑慢事應
副詔旨仍許直書其事不在廣有援引卿等或累朝舊
德或閒代英才當思陳力事君豈得緘言食祿竚裨闕
政用副旁求　太宗淳化二年十一月一日詔復百官
卷一萬五千一百四十五　一
次對　唐制百官入閣有待制次對官各舉論本司公
事德宗興元中詔延英座日常令朝官三兩人面奏時
政得失至後唐天成中詔百官每五日內殿起居拜舞
訖便退因此遂廢侍制次對之官每遇起居日令百官
轉對言事至長興初詔令後五日內殿起居宜停轉對
百官如有輪奏許非時上言晉天福中詔依舊五日內
殿起居以兩人轉對各具實封以聞漢乾祐初陶穀奏
停諸閣門拜章至是始復舊制每起居日常參官兩人
次對閣門受其章焉　真宗咸平三年十一月二十一
日詔曰朕詳延俊髦勤納規諫膺頒詔旨誕告周行而
鉗口居多沃心彌寡豈朕之誠信未孚于下歟將庶官

因循竊祿于時歟是用順考前規舉行轉對自今後朕
躬之過失時政之否臧教令之闕遺人情之壅關並依
宜條奏勿或緘藏涉詆訐者固可優容乏詞藻者許其
直致朕當親覽擇善而行其未預次對羣官各許上章
奏事國庇時病吏蠹民艱悉與數陳以助宵旰十二月
九日詔有司轉對章疏別錄一本留中　仁宗天聖七
年二月二十四日詔曰國家深惟關職渴佇正人設制
策之科將博詢于鯁議復登聞之匭期盡達於芻言載
念朝闈固多邦彥慮素懷於直道恥自列于公車特舉
彝章俾輸忠款其或規朕躬之過失陳宰政之闕遺紀
中外之姦回斥左右之朋比述未萌之機事責無隱之
卷一萬五千一百四十五　二
忠謀以至省臺衆官阿私而罔上郡國庶吏橫恣以濫
刑或納受貨財潛行請託或恃憑權勢敢肆貪殘並許
極言朕當親覽儻備觀於指切必特議於褒陞況在公
朝勿虞後害宜令御史臺告示百官遇起居日依舊儀
轉對其餘內外文武臣僚未預轉對者亦許具章疏實
封聞奏　二十五日帝謂輔臣曰所下轉對詔宜更增
朋黨之戒　六月四日命資政殿學士兼翰林侍讀學
士晏殊龍圖閣侍制孔道輔馬季良看詳轉對章疏及
登聞檢院所上封事可施行者以聞七月二日復詔罷
看詳　八年九月六日御史臺言先准勅百官起居日
令轉對奏事今已周遍詔權罷　皇祐三年六月十一

日天章閣侍制梅摯請復百官轉對帝曰令朝廷得失
軍民利害自公卿至於士庶皆許指事而陳之縱涉繆
妄亦未嘗加罪何用此紛紛也　五年五月二十六日
詔兩制兩省臺諫官三館帶職省府推判官等次對言
事凡朝廷得失生民利病災異時事直言無隱不得朋
私挾情決摘陰細無益治道務在公實觀大殿學士至
待制合係直牒閤門上殿者許請對餘官具奏章實封
以聞　治平四年十一月四日（神宗即位未改元）詔曰朕惟眇
德初踐夷圖欲躋方夏於已安浩若巨川之未濟聰明
所及固不能燭萬事之幾夙夜雖（遑）勞將何以救羣元之
失煢然在疚殆此淹年顧善化以精徽懼皇猷之弗嗣

卷一萬五千一百四十五　三

遂繆象類之發欽承譴告之仁氣鬱感通陰陽愆繆星
文屢變地震不寧竊服成王畏天之明深嘉大禹拜言
之美　咨於羣辟夙奉公朝特舉舊章俾從轉對尚慮
盈庭之士未知側席之懷宜立明科庶來讜議其或補
朕躬之遺闕箴時政之靡臧斥有位之阿私紀在朝之
朋比述為邦之急務責禦敵之寡謀通人情壅塞之端
救民力困窮之弊以至臺省之職崇虛譽而養私郡縣
之官諫空文而尸素廉察日嚴而吏道日濫賊入日增
而國用日虧或變風俗之澆訛或駁刑名之得失或議
當今之所尚或陳往事之可懲號令之所未孚恩澤有
所未究並宜極論或副明揚多文者無鬬於事情寡詞

者直述於己身播告中外咸體至誠宜令御史臺每起
居日令百僚轉對　十二月一日御史臺言准詔令百
官每起居轉對臺司檢會儀制於兩省及文武內官高
者從上輪二員其兩省官有充學士待制者本臺為學
士待制綴絕密班起居未敢移牒逐官檢會閤門儀制
只是百官起居日轉對不載內朝臣僚轉對詔依閤門
儀制　十八日詔御史臺遇起居日轉對官增二員
神宗熙寧元年三月二十三日詔令後臣僚授外任差
遣者如轉對資次未到許令先引對對訖朝辭　五月
十九日侍御史張紀言轉對臣僚隨班起居於殿庭留
身行繳不至齋殿乞候起居罷隨大班齋退至殿門板

卷一萬五千一百四十五　四

壁外令閤門知班揖住候兩首官才退再引檢會儀制
轉對官隨班退轉對官二員出班引班舍人近前接引
詔依儀制　八月三日侍御史劉琦等言臣僚受差遣
後每遇起居日令四人轉對員數既多遂至淹延月日
有妨赴任詔應臣僚已授差遣並令依例朝辭許於當
日實封轉對文字於閤門投進　十一月四日以翰林
學士司馬光知制誥吳充同詳定轉對封章　三年五
月九日以集賢校理孫洙館閣校勘蒲宗孟同看詳轉
對封章以轉對封章條事甚多欲有採用故也　十三
日詔百戶轉對封章分委三館分委應係帶職臣僚看
詳具所陳當否送司馬光詳定令中書取旨上頗欲採

用轉對之言初命集賢校理孫洙館閣校勘蒲宗孟看
詳至是又付三館令已有法者即明其條貫欲以見館
職才能因以考知轉對官法理與否也　四年八月十
九日御史臺言檢會儀制兩省及文班官候轉對將遍
先申中書門下令來員數不多乞預賜指揮詔候未經
轉對人周遍即罷　哲宗元祐七年五月十八日吏部
尚書王存言自今文德殿視朝特免侍從官轉對專責
以朝夕論思之效於體爲得從之　八年正月二十一
日詔職事官權侍郎以上並免轉對　紹聖四年四月
二十六日臣僚言文德殿視朝輪官轉對蓋以襲唐制
其來舊矣建隆御　曰令後內殿起居應文班朝臣及

卷一萬二千一百四十五　五

翰林學士等並依舊例轉對故祖宗以來每遇轉對侍
從之臣亦皆與焉元祐間因臣僚建言乞免侍從官轉
對續有旨職事官權侍郎以上並免自此轉對止差卿
監郎官而已臣以謂侍從之臣皆文學極選以備顧問
公卿之才繇此塗出乞自今視朝轉對依元豐以前條
制從之　徽宗宣和四年六月八日臣僚言唐太宗詔
五品已上更宿內省以次輪轉對博詢外事以初觀之
若未有補及觀李進吉蘇過輩結爲朋黨勢傾內外無
復忌憚獨以延英次對爲深可防然後知次對有補也
祖宗鑒唐之制詔旨諄諄神考尤注意焉嘗因陳昂轉
對文字可取令三省察問又常欲汰館職乃以轉對文

字委之詳定豈特納其言而施於政又以考人材之賢
否可謂一舉兼得矣昔有五日一轉對者令准月朔行
之有許朝官轉對者今唯侍制以上預焉比年以來緣
明堂行視朔之禮歲不過一再而已則是畢歲而論思
之無幾矣乞如遇不視朔即令具章投進以備乙夜之
覽因以助詢訪而考人材從之以上續國朝會要　高宗紹興二
年五月二十九日詔朕承中否之運不啻創業之難宵
衣旰食猶恐不逮尚敢暇逸昔我太祖皇帝嘗令百官
輪之轉對日並須指陳時政得失舉朝廷急務凡關利
害得以極言可自今後行在百官日轉輪一人面對宜
各盡底蘊以捄其時弊朕當虛佇以聽其言且觀其行

卷一萬五千一百四十五　六

將有非次之選用凱多士之寧既而御史臺言奉詔自
今行在百官輪一員面對又詔省臺等官限半月各述
利害條具以聞切緣臺諫係言事官遇有職事即非時
上殿數奏若依自來輪對條例恐不合與條具及輪對
之數又閤門言在部釐務官未委合與不合輪對亦未
有指定某官以上輪對并自某日爲始明文遂詔釐務
通直郎以上自六月二日爲始仍令所屬每十日具職
位姓名前期排定報閤門審察餘從御史臺所請　六
月十二日詔今後面對臣僚遇隔次日便引餘面對官
追趲一日　八月九日詔釐務官並免轉對候來年三
月別聽指揮　二十七年六月十一日宰執進呈若作

佐郎黄中言百僚轉對令行之二十年而大臣專恣好佞惡直一時習尚往往以言爲諱凡所建明不過務爲塞責而已望申飭在位自今已往應轉對之官有所關陳要在竭誠盡忠切於治道毋得蹈常習舊摘摭細微以應故事然後陛下觀其人擇其言而爲之虚心訪問俾得以盡其情實積日累月庶幾有補於萬一則舊章不爲虚設矣上曰所論極是朕方欲與卿等相度指揮大抵轉對之法恐朝政有闕失民間利病有不得上聞者皆當論奏自秦檜當國轉對之名雖不廢而所論者但應故事初無鯁切有及於時事者如此則謬悠之談何補於國今黄中所言頗合朕意詔可　二十九年三月十七日守侍御史朱倬言凡侍從常參下逮百執事每五日一次奏對而獻言之臣視爲具儀多取無益之空言或建難行之高論以應故事間有言之而不可行行之而不可久甚失陛下所以求言問納之意望戒飭有司今後臣僚面對劄子若委於舊法有弊合改即乞下所屬討論參計然後頒行庶幾獻言者不爲虚文而奉行者可爲永式從之以上中興會要

卷萬二千四百五　七

宋會要　宣對

紹熙二年五月二十五日宰執進呈侍從宣對事上曰今後權官亦令不時宣對指揮内可添入於是有旨論思獻納侍從之職令經筵翰苑官時得宣詔其餘從臣率數月一對甚非建官之意自今侍從與經筵翰苑官並不時宣對廣可以廣詢訪求有補於治道權官准此

卷萬二千四百五

高宗紹興二年八月二十六日閤門言近詔蘆務官通
直郎以上輪對令吏部關宣教郎秘書省正字徐林面
對係職事官在通直郎之下即無許面對之文詔徐林
係館職難以不輪面對令後准此　三年三月二十七
日詔令後輪當面對官如有為患請假上殿未得並不
許趁赴朝參依在將理假條法痊安日待制已上依議
制入見餘官門見訖次日撿補上殿　五年五月十日
尚書吏部員外郎周秘輪對二日自令臣僚輪對甚有
所補緣此擢用者亦甚多其閒縱有不當亦不欲責罰
恐人不敢論事　十二月十一日給事中呂祉言近詔

卷一萬五千一百四十六　一

行在職事官並輪日面對切詳侍從官以論思獻納為
職豈可令與庶官輪對願詔侍從官免輪對如有己見
即許請對不拘時限之數從之　二十三日殿中侍御
史周葵言輪對之法肇自祖宗陛下首復此制然尚有
可言者今監尚書六部門非若監登聞檢鼓院之隸諫
省也而輪對之際檢鼓院弗與烏樞密院編修官與勅
令所刪定官均為書局也而輪對之際刪定官弗與烏
望詔有司俾監登聞檢鼓院官依監六部門刪定官依
編修官同預面對之列從之　六年三月六日太常丞
華權言乞詔有司凡行在輪對官未經上殿者並以次
輪其已經名對及既嘗輪者每吏部會問訖然後關報

閤門願對者俾以次進或當再輪而獨無己見願輪以
次官者聽每輪閤不必強為從之　九月十三日吏部
言勘會昨在臨安府依已降指揮每日輪職事官一員
面對奏事令已到平江府未審合與不合輪官面對詔
輪對時以巡幸故也　十月十九日左司諫陳公輔言
仰惟陛下求言之切令行在職事官輪對所以廣覽兼
聽日聞天下之事非小補也比緣巡幸駐蹕平江而隨
駕臣僚不多已降指揮面對一次今聞所輪之人相次
已周目今臺諫官止有三員逐日上殿班次亦少欲令
見在行在審計官告粮料権貨塩倉及茶場等元不係
面對緣係文臣皆朝廷選差之人令若有已見願面對

卷一萬五千一百四十六　二

者許輪對一次庶使臣下得盡其所言而艱難之際亦
可少裨聖政從之　十一月四日詔應輪對官如有疾
病事故許實封投進文字更不引對　七年十月二十
八日右正言李誼言昨緣車駕巡幸朝廷機務少暇扈
從臣僚不多准三月二十二日詔行在職事官止許輪
對一次今已輪徧累月未見再有指揮令百司官吏半
在行宮若只將見今臣僚輪對委是次數頻繁望准建
隆天聖故事每遇內殿起居日輪一員或兩員面對奏
事候百官俱集自依近制庶幾嘉言罔攸伏以稱陛下
明目達聰之美詔遇六參日輪一員　十四年四月十
八日詔皇太后宅教授依諸王公教授次序輪對　十

七年八月二十五日詔輪對官稱病在假多是繳進文
字合行約束今後遇輪對官請假並令按日奏對令吏
部申嚴約束　二十四年八月十一日上謂輔臣曰近
來輪對官多請假避免百官輪對正欲日聞所未聞可
令檢舉已降指揮約束施行　乾道二年十一月二十
日有旨今後遇閤門入進班次訖臺諫官有本職公事
許次日具奏引對七年十二月六日詔臨安府推官四
參輪對依六曹郎中例時太子為臨安府尹　二十日詔閤門舍
人自今後依文臣館閣以次輪對　八年六月八日成
忠郎閤門祇候武學博士孫顯祖劄子伏覩指揮百官
輪對奏事顯祖雖武弁小官而所任差遣忝在職事官
之列合行輪對欲望指揮有旨依以上乾道會要　淳熙四年
二月二十四日詔官告進奏糧審院官不須輪對如有
已見利害許令通進司投進　十四年五月二十五日
詔自今監六部門官更不輪對　十五年三月二十六
日著作郎兼權禮部郎官倪思等言乞比附典故自聖
神武文憲孝皇帝虞主回日至於祔廟更不輪對引見
百官班次從之先是思等嘗奏乞於未掩欑前暫停百
官輪對引見班次已得指揮施行今復有是請詳見視
朝　十一月十四日詔自今上殿輪對官對劄不得過
三詳見章奏條貫以上孝宗會要　淳熙十七年二月二十七日詔臨
御之初日令職事官一員輪對俟周遍日復用五日之

卷一萬五千一百四十六　三

制仍自四月為始　紹熙二年五月四日臣僚言檢會
淳熙三年故事六院特許編入雜壓照得檢鼓兩院從
舊至今輪對其餘糧審郎告四院亦望出自聖裁並特
許輪對上殿或有可採不次選用庶幾慰作邑之辛勤
復熙朝之盛美開英儁之壅塞廣民俗之詢訪一舉而
四美具從之　十二月十六日詔應合上殿文武官並
權令赴都堂審察其輪對官權免候二月一日別行取
旨

卷一萬五千一百四十六　四

紹興三十二年六月十五日（孝宗即位未改元）詔面對班改用三八日。先是面對班用一五日，以其日分車駕詣德壽宮，故有是命。　二十七日，詔百官日輪面對，候既周復舊。　殿中侍御史張震奏：伏見紹興二年五月三十日詔書，其畧曰：昔我太祖皇帝常令百官輪次對，日並須指陳時政得失，舉朝廷急務，凡關利害，得以極言。可自今後行在百官日輪一員面對，朕當虛佇以聽其言，且觀其行，將有非次之選用。凱多士之寧，蓋方是時太上皇帝躬履艱難，思欲明目達聰，以防壅蔽，考察能否，以知下情，故於聽納不倦如此。恭惟陛下初承聖緒，即詔中外士庶咸貢直言，廣覽兼聽，不遺疏遠，甚盛德也。今侍從言事官非時得以己見奏聞，惟是卿監郎官以次暨百執事皆願亟望清光，披露心腹，而既限以五日，又間以休假，非閒再歲莫能周徧，未稱陛下急欲求古之意，且無以輸在朝惓惓之忠。欲望舉行舊典，許令百官以序進，陛下反復咨詢，使竭盡陳時政之得失，條邊防之利害，凡係於國體、關於民事，皆得盡言。如其所論或干機密，則乞留中省覽，餘皆付外類聚，詳閱擇其可采者而施行之，則數日之間議論畢陳，而賢愚可以概見。俟其既周，即復依舊五日輪對，亦不為煩，此於初政誠非小補。故詔從之。　同日，閤門狀：昨降指揮，車駕詣德

卷一萬五千一百四十四　一

壽宮起居用一五日，其面對班改用三八日。今續准指揮，車駕詣德壽宮起居用初八日、二十二日，所有日後面對官未審合與不合於三八日引對。詔初八日改用初七日，二十二日改用二十四日。　同日，吏部狀：昨降指揮，每於六三日輪面對官一員，合自卿監以下至律學正依雜壓轉輪當對。本部已輪秘書丞鄭聞至監登聞鼓院沈載二十員回報了當。緣目今卿監郎官有自除授之後未經面對之人，今欲乞將卿監以下不以曾未輪對，依雜壓從上創行輪對，其已關二十員仍候將來輪到日依次輪對施行。有旨依。孝宗隆興元年六月二十四日，有旨：昨已降指揮，六三日引面對官，遇上殿班數足，臺諫官下到文字，隔面對官於六三日引。令令後遇引面對官日，如臺諫侍從以上乞上殿班次數足，令面對官次日及以後班空日引。淳熙四年四月二十四日，詔自今面對官依舊六三日引。淳熙十六年二月十二日，禮部、太常寺言：討輪到面對官，昨紹興三十二年六月十五日改作三八日引對，今來乞依前項體例施行。從之。

卷一萬五千一百四十四　二

以上為一卷

宋會要

休沐

國初休假之制皆按令式歲節寒食冬至各假七日休務五日聖節上元中元各假三日休務一日春秋二社上巳重午重陽立春人日中和節春分立夏三伏立秋七夕秋分授衣立冬各假一日不休務夏至臘日各假三日不休務諸大祀假一日不休務其後或因舊制或增建慶節旬日賜沐皆令休務者並著于令其慶節但錄休假而事詳見本篇其親行大禮及車駕巡幸賜羣臣休假皆無定制今並載于後　太祖開寶九年四月二十三日詔自今遇旬假不御殿百官賜休沐一日大中祥符七年二月五日車駕至自亳州賜隨駕臣僚休沐假三日慶歷六年四月二日詔駕幸金明池并擬麥刈數諸處遊宴後一日並放歇泊沐務假前後殿不坐永為定式紹興元年正月十八日詔今後朝廷百司依條月中每旬仍舊作休務假先是建炎初巡幸未寧凡旬休及遇假日百司皆入局治事其後每旬惟以晦日休務至是宰執擬進旬休假范宗尹奏曰官吏旬日之勞一日洗沐亦不為過其它假日悉未可行上曰然一日休務亦不致廢事使一月之間措置得十事則雖二十日休務亦復何害若無所施設雖窮朝夕何補事功故降詔旬休仍舊乾道九年二月二十一日詔吏部具目今行在百司見行立定假式頒下諸州縣令遵守以臣寮言伏覩太祖皇帝開寶元年四月二十三日詔自今遇旬假不御殿百官賜休沐一日國朝旬休賜假始見于此仰見藝祖創業之初勤勞萬機雖休日亦御殿也

（卷一萬九千六百三十六）

全唐文

宋會要

自代

真宗咸平四年二月祕書丞陳彭年言請依唐朝故事新授常參官朝謝日並進狀舉官自代各隨所長具言其狀儻所諳知無避親黨事下樞密直學士馮拯陳堯叟詳議拯等上言乞應係兩省臺官尚書省六品以上授訖具表舉一人自代從之

真宗咸平四年二月祕書丞陳彭年言為邦之道莫切於求賢求賢之方莫先於公舉然隄防不峻則濫進之路興憲綱稍嚴則明揚之典廢期臻多士在振宏綱臣請依唐朝故事新授常參官朝謝日並進狀舉官自代

（卷一萬五千八）

各隨所長具言其狀或以文學或以吏能或以強明或以清白務在擴實不許飾詞儻所諳知無避親黨既經御覽即付宰司待至年終具名條奏在外者委諸道轉運使在京者委本司長官更審其能以驗所舉薦揚既數採聽非虛即與量材各加進用其後或不修操行故黷彝章即舉主依法科刑以懲謬舉或政績殊異課最有加則舉主隨事旌酬以褒進善賞罰既信清濁自明蓋聽群議則人無以私有常規則衆皆知勸然思皇之詠必見於方今空谷之詩徒聞於往昔事下樞密直學士馮拯陳堯叟詳議拯等上言切詳往制常參官及郎度觀察防禦刺史少尹畿赤令并七品以上清望官授

訖三月內於四方館上表舉一人以自代其表付中書門下每官闕即以見舉多者量而以之即緣後來官品制度沿革不同欲乞應係兩省臺官尚書省六品以上諸司四品以上授訖具表舉一人自代於閤門通下方得入謝在外者授訖三日內具表附驛以聞仍報御史臺其表並付中書門下籍名每闕官即取舉多者以名進擬所舉之人若任用後顯有器能明著績用其舉主特與旌酬不如舉狀者即依法科罪如其表不到委閤門御史臺糾督以聞從之 景德元年二月二十五日以國子博士薛顏為虞部員外郎夔州路轉運使代丁謂從其所請自代也謂在本路招撫溪洞蠻人頗著威

卷一萬五千八

惠部民借留累年不得代至是詔謂薦可以代己者以顏為請乃從之三年九月二十七日以雄州團練使何承矩為齊州團練使便道之任以西上閤門使河北安撫副使李允則知雄州兼河北安撫使承矩以老疾求解邊任真宗令自擇其代故表薦允則而命之 神宗熙寧三年十一月八日詔省副知雜已上官依舊舉官自代外其餘常參官不用此令 徽宗崇寧二年三月二日臣僚上言爵位相先儒生之常也從官初除三日內舉自代者恐英俊沉於下僚耳若名已聞於朝廷位將通於侍從何以薦為乞詔薦自代者勿以左右史國子祭酒大卿監已上人從之五年九月四日工部尚書

錢遹罷工部尚書除顯謨閣待制知秀州尋又落職以言者論馮澥乃元祐學術遹不當薦澥自代故有是命 政和元年三月十九日臣僚言臣伏覩朝廷慮有英俊之士沉於下僚詔禁近之臣可以取信故於除授之初俾舉官一員自代著於甲令行之久矣曾未聞錄一人而用之臣欲乞今後應舉自代者令三省類聚將上取旨出自睿斷稍加甄别取其尤者特賜進擢從之八年八月七日詔舉官法責其謹舉非其人則坐之以罪理所當然若舉者有罪而坐被舉之人審而思之事屬倒置非法之意前降舉自代責降指揮可更不施行已離任者别與一般差遣 先因劉昺任戶部尚書及翰

卷一萬五千八

林學士日數舉自代之人其後昺坐罪惡逆而所舉官盡皆反責至是乃降此詔 高宗紹興四年二月十九日吏部侍郎鄭滋言著令諸侍從官授訖三日內舉官一員自代既舉然後入謝自來循守此制惟臣僚既因推擇而許薦士往往護惜不肯妄舉然亦罕聞有因舉代而獲除用者苟以為所舉多非其人則此令固可廢矣切詳舉官自代本還唐制官品制度沿革不同祖宗故事其表並付中書門下省籍名每闕官即以舉多者姓名進擬所奉舉之人若任用後顯有器能明著績用其舉官特與旌酬不如舉狀即依法科罪謂宜參酌舊制示以必行每於歲終類聚將上以所舉多者量能

任使儻非其人即以繆舉坐之庶幾法不徒設縱使人材難知拔十尚可得五也兼契勘武臣中豈無忠勇智畧可用而未顯者歟之往制亦許節度觀察防禦使諸州刺史舉官自代欲乞倣文臣之制令三衙及見帶軍職與見任將副正任觀察使以上因除授日亦許舉代以備選任詔令吏部勘當申尚書省五年六月十五日徽猷閣待制提舉建隆觀兼史館修撰兼侍講資善堂翊善范沖言準令諸侍從官授訖三日內舉官一員自代伏覩和靖處士尹焞誠明之學實有淵源直方之行動應規矩内外淳備毫髮無玷實為鄉閭之所尊禮士夫之所矜式臣無能髣髴舉以代臣尤愜公議詔尹焞召赴行在仍令川陝宣撫司以禮津遣前來

卷一萬五千八

宋會要

久任官

仁宗慶曆七年八月十二日詔淮南發運副使許元令久任　至和二年二月十七日河北都轉運使周沆言知雄州西上閤門使馬懷德註當用心乞令終任詔雄州知州近年頻有替移懷德宜令久任　二十七日同知諫院范鎮内殿承制閤門祗候句當京東排岸司王光祖等言體問得恩州自皇祐五年秋至去年冬已換知州七人河北諸州大率如此而欲望訓練兵馬固不可得伏見雄州馬懷德恩州劉渙冀州王德恭皆武臣有材勇智慮可以辦治州事乞令久任並從之　嘉祐三年十月二十七日詔淮南等路都大發運使孫長卿

卷二千四百六十六

令久任將來如還改並依三司副使例　六年八月二十九日詔曰朕覩古者欲治之世牧民之吏多稱其官百姓得安其業今求才之路非不廣責善之法非不詳而吏多失職不治不稱所以為民之意豈今人材獨少而世變之殊哉殆以不得久其官故也蓋智能才力之士雖有興利除害禁姦勸善之意非積假以歲月則其吏民亦且媮而不為之用欲終厥功其路無由令大州縣付以為命者守令也察其能者使得久于其官而褒厚以勸之豈非所謂先務者哉今後諸路知州軍監知縣令内有清白不擾而政迹尤異實惠及民者如係三周年替到任已及成資係三十箇月替到任已及一年

半以上係二周年替到任已及一年以上其知州軍監
令本路安撫轉運使副判官提點刑獄所是知縣縣令
即吏與本處知州軍監通判並連書同罪保舉再任仍
須于奏狀内將本官到任以來政迹可紀實狀件析以
聞委中書門下便加察訪得實當議推恩許令再任噫
先王置君域民之大法朕未能逮也漢宣所以致平之
要其又可以不勉哉咨爾庶工當知朕旨　英宗治平
元年六月十九日資政殿學士知太原府陳升之言毋
老請楊湖越一州以便奉養上以邊臣當久任難于屢
易不許　神宗治平四年（未改元）十月一日淮南等路發
運副使張芻與落副字仍令久任　熙寧元年五月三
卷三千八百七十六
日樞密院言管勾麟府路軍馬公事皇城使果州團練
使王慶民自換右職在麟府路十年諳邊遠領防禦使
仍令久任　二年二月十四日太原府代州管内都鈐
轄四方館使隴州防禦使李定入覲奏事上念久任邊
要頗著勞効特團練使　十一月十六日詔鎮戎軍西
路都巡檢何澤擢閤門祇候令久任澤因奉使夏國回
赴闕得對故有是命　四年正月二十五日以内殿承
制閤門祇候向句當汴口李宗善為禮賓副使宗善明
曉水事在汴口十二年都水監請增秩再任故也　十
一月二十一日上謂文彥博曰馬政未盡善郡牧使判
官非其人且不久任無以責成効令中書擇人充使彥

博舉判官俾之久任冀國馬蕃息以給騎兵　五年十
月二十三日詔知德順軍景思立令久任朝廷方倚以
捍邊也　元豐元年正月十八日詔權發遣慶州路轉
運使副判官提點刑獄如今再任者並聽裁與升任或
減磨勘　二年四月十二日詔環慶路都鈐轄皇城使
帶御器械梁從吉領昌州刺史從吉在環慶歷四任故
也　六年十月三日詔以西頭供奉官知歸信容城縣
宋彥閻為閤門祇候再任以韓忠彥劉舜卿薦彥閻材
武曉邊事故也　七年十二月八日詔中散大夫前成
都府路轉運使李之純為尚書右司郎中之純在蜀三
任至是代還上勞之曰遠方不欲數易大吏今邊寔安
卷三千八百七十六
静年穀屢豐實分朝廷之憂從之　哲宗元祐八年二
月十四日御史中丞李之純言西戎未附邊鄙用兵守
土之臣不宜屢易蓋欲責其實効必須假以歲月況帥
臣總握中權指受規畫日久而後士心信服料敵折衝
立威制勝日久而後虜心知畏未有歲月淺近施設尚
踈而可立事也近者慶渭二帥召還移替皆未成資若
以護邊有功猶宜增秩以久任若以備敵亡狀豈當免
過而優遷欲望精選材臣付以閫外應機制變得以專
行明示三載考績之限非以功進非以罪黜更不先期
除代庶幾邊事整備而戎人歎服實錄不載處分　紹
聖元年十月十九日詔宣慶使階州防禦使熙河蘭岷

路鈐轄總領岷州蕃兵將李祥五任十一年累有功
與除內侍省押班仍令久任　徽宗崇寧元年七月三
日詔曰內外官並以三年爲任迺元豐舊制比歲以來
官守屢易至有歲內再三改移時序未更已聞移去覬
望進擢日俟遷陞決詞訟則鮮肯究心視公局則猶同
傳舍蓋是除擬之際愛惡未同順親愛者務令資任暗
陞因憎惡者欲令遷徙不定自今後內自省臺寺監外
及牧守監司宜一切依元豐舊詔並以三年爲任如未
及成資以上不得輒有替移　五年四月二十一日吏
部狀昨準崇寧元年七月內手詔牧守並以三年爲任
內川廣路牧守準當年十月敕依元豐四年三月指揮
並三十箇月爲任今來即未審川廣路牧守理年限合
依元豐四月三日敕三十箇月爲任或未審並合依今
來正月二十五日敕三考任滿伏乞明降指揮詔依元
豐法三十箇月爲任　大觀三年七月二十三日詔昨
降手詔內自省臺寺監外及牧守監司並以三年爲任
比來內外之官吏易頻數政不修舉以至送往迎來吏
卒疲困州郡備請廩費帑庫實長奔競全滌靖共可申
明前詔施行　八月九日臣僚言漕計之官不可輕授
數易伏望擇通曉之人久其任而責之理財之實檢會
今年七月二十三日手詔並遵元豐舊法以三年爲任
欲乞申嚴前詔施行從之　二十七日提點陝西等路

解鹽王仲千劄子奏臣昨自崇寧四年奉詔相視解州
鹽池利害續奉詔專切主管措置臣上遵睿訓盡瘁興
復今來竊慮久玷使令必招人言伏望許臣罷提點解
鹽詔鹽池大工未畢王仲千更候一年取旨官吏並依
舊存留　四年七月二十七日臣僚上言臣竊謂外官
委寄之重莫如郡守當久其任不可以數易也數易則
吏緣爲姦下不安業久任則人心信服風化遂行誠爲
治之本不可不謹也日者陛下深察其如此數下明詔
屢加戒飭而近歲以來吏易益頻豈終不可以使之久
耶三年之限可行于列郡而不可行于大藩如青鄆揚
杭潭洪明潤永興江寧等處皆目前易見可數其他
未可以遍舉也臣願陛下講明祖宗彝訓申飭前後詔
旨名藩大郡量其先後每加謹選不輕畀人俾得以盡
心民政毋令輒易詔牧守監司三載考績之法蓋循典
豐舊制自崇寧以後屢降詔旨申飭戒諭丁寧備至各
謹遵防使終其任務在紹休先烈祗率貽訓三省遵奉
違戾不切檢會自今有差除未及三年者並檢舉將上
取旨仍契勘前後所降指揮立法三省常切遵依施行
政和二年八月二十九日刑部侍郎馬防等奏大理
評事主斷天下疑獄熙寧有法官再任酬獎乞候法官
任滿擇其職事修舉人材可錄者奏舉再任增其酬獎
理爲堂除大約留一半舊人使後來者有詔承從之仍

就任闕陞理本資序　八年正月三日詔自今監司郡守可三載成任不許替成資闕三省遵守御史臺覺察彈奏　二十一日詔監司郡守並須實滿三歲不得陳通理違者以違御筆論　宣和二年八月二十六日詔知明州樓异職事修舉治狀著聞可特除待制再任不令辭避　十月三日詔中大夫右文殿脩撰知河陽王序職事修舉治郡有方除徽猷閣待制令再任　三年六月十四日詔降授中衛大夫茂州防禦使劉延壽久任極邊累經戰陣所立奇功理宜旌擢可特落中衛大夫除解州防禦使　七月十九日詔朝奉大夫直龍圖閣權知湖州王倚令再任朝請大夫直祕閣新知湖州

卷三千八百七十六

韓思誠改替王倚再任　四年正月四日詔應隨龍見任宮觀人並依舊久任　二月二十四日詔監司知州通判自熙寧至元豐奉行官制以後例替成資可並遵依熙豐舊制其治績顯著及專委主管合滿三年或令再任者自依專降指揮　五年二月十九日詔知衛州劉豫恪勤職事特令再任一次　二十六日詔成都路提舉常平王琮自到任首治贓吏陳令胙范霈王恪贓狀敗露本路諸司多所干涉琮獨能自潔俟今任滿日特令再任　六年二月十七日臣僚言近歲官于外服者經營再任郡守貳幾至數十百人而司錄曹掾令佐其數尤多守臣至有連併三任者是特出于諸司保明

奏取一時指揮而已伏望申明有司遵守舊制施行詔令後實有治狀許令再任令中書省遵守　十月三十日詔累降詔書內外官並三年爲任後復衝改可依元降處分立爲永式內有治政修舉者仍令再任　七年三月十一日詔朝請大夫知遂寧府士陴武德大夫知永康軍俞煥職事修舉可候今任滿日特令再任一次以勸循吏　五月二日詔今後內外官如治狀顯著仍許再任輒敢陳乞替成資以違御筆論　十五日詔燕山府路新邊文武官已有經第一任合推恩之人如不願罷任自合別理第二任酬賞可令安撫轉運司遍行取問如不願再任仰逐司申尚書省樞密院差注替官

卷三千八百廿六

若願再任即合別理酬賞仍令三省樞密院立定第二任賞格施行　七月五日詔權發遣唐州韓宗胄職事修舉可特與轉一官令再任　二十三日詔知容州莫知微職事修舉候今任滿日令再任一次　八月七日利州路轉運判官張上行奏知閬州梁激自到任以來夙夜在公持身廉潔乞令再任從之　十月九日臣僚言竊覩近降睿旨今後守臣並三年爲任竊考近日有未閱歲而易七人者相州是也有未閱歲而易五人者拱州慶源府是也其他或中道而改命或始至而輒遷或不因親嫌亦許對移或已到官或尚待次實緣干請亦得兩易闕次欲望其表厲官屬修理衆職豈不難哉

伏望明詔重郡守之選罷去無故兩易之命詔令後非
實有親嫌並不得兩易其任雖奉詔亦許執奏不行餘
依奏令中書省遵守　十一月二十二日詔奉直大夫
權發遣福建路轉運副使趙峅朝請大夫福建路轉運
判官唐績措置造茶有方並特令再任　二十四日詔
朝散大夫京東路都大提舉汴河堤岸捕御賊盜皇甫
彦令任滿日特令再任　欽宗靖康元年四月十七日
監察御史胡㳆言軍馬創置將分整治器械應辦軍須
倫見宣勞無所侵擾將欲任滿衆惜其去故有是命
九月十八日詔知泰州張榮令再任以榮自陳任內安
集之功乞許再任故從其請　十月十三日詔今後除
監司沿邊守臣外餘不許再任仍令御史臺覺察彈奏
卷三千八百二十六
臣僚言國家之制文臣京朝官武臣堂除官皆二年而
代謂之成資文臣選人武臣吏部差者皆三年而代謂
之年滿近士大夫貪冒苟得巧圖再任帥臣監司率徇
私意以應請求訟訴交興風俗敗壞乞行禁止故有是
詔　高宗建炎三年五月八日詔知太宗正丞謝伋許通理前任
成資月日別令理任謝伋與權行在宗正司令時同措
置移司事務令時言伋將通理罷官故有是命　十九
日中侍大夫忠州防禦使荊南府歸峽州荊門公安軍
鎮撫解潛言昨臣乞依諸路帥臣例以二年成任罷得
指揮候及三年取旨今已及三年乞行解罷詔令再任

二十三日權吏部尚書洪擬言監司知通見在任官昨
降指揮不得申陳通理止是欲革數易之弊今卻有丁
憂及朝廷改差已罷任人若不與通理歷過月日遂與
罪犯之人一等欲將前任不因罪犯罷任人許通計前
任考任從之　四年四月十八日詔昨降指揮除監司
緣邊守臣政和以來吏員繁冗闕次難得有援助者既
得住闕到任未幾必求再任其甚有至三任四任而不
更者孤寒抱流滯之憂州縣蒙積久之弊此不可不革
也如懷州霍安國知洺知洺州郭奉世並再任安國去
秋方到任治効未聞奉世雖到任朞月亦無政績使之
再任不應條法適啓僥求之路頗痛削此弊以振淹滯
卷三千八百二十六
實寒畯之幸從之　高宗建炎四年九月二十一日詔
監御廚潘縝令再任三省檢會縝元係添差法不當再
任須降特旨吏添差一次上曰既不合再任則不須與
若吏添差則人得以援例而法廢矣　十一月四日詔
知潼川府宇文粹中候任滿日令再任以本路轉運提
點刑獄司言粹中務行寬大憂國恤民士民願留故也
紹興元年九月二十三日詔知太平州郭偉除職名
令再任以部民舉留故也　二年閏四月十三日樞密
院計議官魏矼言場務監官課利增倍于法係明再任
而吏部以已差下替人例不施行乞依法令再任庶幾
有以激勸詔依條令轉運司保奏如已差下替人許轉

運司保明申尚書省先次除授差遣　六月九日詔知
成都府王似除顯謨閣直學士令再任以知樞密院事
宣撫處置使張浚言似選練外餘不許再任其一司一
路一州一縣有專法許令再任者更不衝改　五年五
月十八日詔嚴州壽昌縣令臧梓特與改合入官候任
滿日令再任以治績顯著民惜其去故有是命　六月
二十三日詔知舒州武赳知復州韓適各特與轉一官
候任滿日再任以都督行府陳其善最乞加旌賞故有
是命　六年六月二十二日王弗乞令江淮守令久任
上謂輔臣曰朕昔為元帥時嘗見州縣官說及在官者
以三年為任猶且一年立威信二年守規矩三年則務
卷三千八百二十六
收人情以為去計況今止以二年為任雖有緝治之心
蓋亦無暇王弗所論甚當宜如此施行　七月九日權
發遣金州柴斌言金州係緊要邊面軍民事務全藉通
判協力管幹今通判向渕持已端廉為政練達到任以
來措置營田贍養軍兵刑獄無冤錢糧不闕見委本官
專一措置營田實倚倚仗乞令再任從之　十月十二
日諸路軍事都督行府言鄂州蒲圻縣累經盜賊人戶
逃移本路安撫使司先辟差右從事郎劉旁充縣令招
集流亡存撫疲瘵獄訟無冤催科不擾戶口歲增田野
日闢乞令再任詔特授右文林郎令再任　七年十一
月二十四日侍御史石公揆言臣竊以官冗之弊久矣

士大夫守一闕有至七八年者今朝廷急于用材或令
再任夫以見食祿之人而得再任可謂優矣其如待闕
者何況除授之際皆所選用無故使之久于其職安知
來者之不如今也乞自今後除守令有政績百姓愛之
者方許再任其餘在任之人如有職事修舉但加甄擢
而已庶使寒俊均一無有淹滯之歎從之　九年五月
二十三日殿中侍御史周葵言自頃大臣市恩而不任
怨爵賞輕而人有奔競之心刑罰弛而下無畏服之意
請略言其端侍從官號為論思獻納之臣異時宰輔從
此其選除授既輕人皆可以指日而得至有結果之論
自餘官非其才嘗選其實例斷僥倖之門故士大夫無
卷三千八百二十六
安分效職之心奔走權勢惟恐不及職事官半年不遷
往往有滯淹之歎外官則求京局選人則求上殿貴降
人則求除落士人則求免省解吏人軍人則求轉資上
書投牒屢卻復來至于十數不得不已略無誰何馴致
其弊可勝言哉今朝廷使人經強應辦劇務必先驟進
官職或遠起于罪籍之中或亟擢于冗散之列猶且百
計圖免在外則求入對在內則須力辭威令至不行于
士大夫甚者布衣獻書敢薦宰執州縣官有請誅大臣
者此風豈可長哉願詔大臣悉心奉法苟無愧于中則
爵賞必當刑罰必行無為怨謗之恤庶幾漸矯前日之
弊詔令後百官並久任如有僥昌陳乞之人取旨黜責

十一年三月三日樞密院言江南西路安撫司統制官程師回招捕賊徒民獲安業令將任滿竊恐管下土賊出沒闕人彈壓乞任滿日令再任從之　十四年十月十四日詔知洪州李迨與復龍圖閣直學士令再任　十五年八月十三日詔知宣州龍圖閣學士秦梓除端明殿學士令再任以部民舉留故有是命　十六年五月十六日饒州進士傅取新等舉留德興知縣陳鵬再任上謂輔臣曰若德政果及于民士庶舉留不可不從然其間不能無計屬須加覈實可也　十七年正月十三日詔右宣教郎大理寺丞孫敏修令再任斷刑官願再任者聽　十九年七月二十五日知建康軍府事俞俟言江東路屯駐大軍轉運判官鄭僑年才術精敏究心宣力一路屯戍實賴以濟乞令再任從之　二十六年六月三日沈該等言欲令諸路監司帥臣同共考察郡守課績列銜保舉再任仍令尚書省置籍從之　二十七年七月十日上謂輔臣曰近者監司郡守席未及暖輒已更易不惟州縣迎送勞費而官吏軍民職事獄訟亦莫之適從今後悉令久任　十二月十二日上謂輔臣曰監司郡守固當久任然其間有癃老疾病之人使之在職實有利害蓋移易差遣慮有煩費及迎送之擾與其職事廢弛貽患一州一路利害孰輕孰重令後如有此等可與宮觀仍理作自陳　二十八年正月二

卷三千八百七十六

十四日給事中賀允中言武功大夫國信所掌儀特添差秀州兵馬鈐轄令復再任則是連差四任居官八年不待一日闕殊拂公議詔罷收候令任滿日令指謝應入闕其已降再任指揮更不施行　二十九年十一月二十八日詔知宣州南陵縣葛俁特與轉一官令再任仍令中書門下省籍記姓名以本路監司列薦及縣民舉留故有是命　三十年二月十五日詔敦武郎閤門祗候特添差秀州兵馬鈐轄劉祖智候令任滿日令再任仍釐務　七月六日詔左武大夫福建路安撫司水軍統領兼福州興化軍都巡檢張佐特差充東南第十將餘並依舊佐領水軍十五年安撫司言其宣力可倚辦乞陞擢久任故有是命　紹興三十二年孝宗已即位未改元十二月十七日詔添差充東南第五副將信州駐劄不釐務馬章特令再任以信州中管下時有刦盜措置彈壓一方人惜其去也　隆興元年四月二十七日吏部侍郎凌景夏等言看詳到百官應詔可行事件數內一考課所以別能否也祖宗鑒月限叙遷之弊非有勞者未嘗進秩乾德四年又詔自侍御史郎中少卿以下莅事滿三年遷秩御史中丞尚書侍郎別議優寵故當時任作坊副使有十餘年者任補闕有十六年者任御史中丞有十二年者比年以來仕于朝者或季一遷或月一改居官而書考者鮮矣況三考乎外之監

卷三千八百十六

司郡守小州換大州西路易東路送迎往來祗益擾擾
考課之弊如此臣願用祖宗久任之法削能否可以悉
得失令檢會紹興二十八年三月十八日手詔令後侍
從有闕通選帥臣監司第二任提刑資序者曾任郎官
以上者以名聞候朕親擢卿監郎官闕亦通選監司郡
守之有政績者並須治狀昭著及有譽望之人卿監郎
官未歷監司郡守者更送補外在内官除兩省臺諫以
上親擢外餘並須久任方許遷除詔令三省樞密院檢
坐行下　隆興二年三月十五日詔權發遣高郵軍宋
肇候今任滿日特令再任以都督江淮軍馬張浚言肇
到任以來修治城壁催運錢粮安輯流移究心民事乞
令再任故有是命卷三千八百七十六　八月十五日詔横州通判賈成之
令任滿日特令再任從廣西轉運提刑司言成之佐郡
有方為政不擾故也　十一月十五日詔知敘州高輝
令再任以瀘南沿邊安撫司奏輝過滿職事修整故也
　閏十一月十二日詔知台州天台縣事王玹與轉一
官特令再任候任滿與陞擢差遣從守臣趙伯圭奏舉
玹宰邑有方故也　乾道元年四月十八日詔廬州兵
馬都監郭璘特令再任以全人渡淮保焦湖舟舡無虞
從本州請也　十二月二十九日宰執進呈廣西諸司
保奏權發遣雷州蕭鞏再任上曰可依仍與轉一官為
遠方激勸　二年十一月二十八日詔直徽猷閣知鎮

江府呂擢除直龍圖閣候今任滿日令再任以郡人舉
留從本路帥漕保奏也　十二月十六日詔提舉福建
路市舶程祐之職事修舉可轉一官再任　三年二月
六日主管尚書禮兵部架閣文字衛博奏事論用人宜
録所長棄所短上曰御言極是用人不當求備知禮者
必不知樂知樂者必不知刑若得其人不當數易宜久
任以責成功　五月二十八日詔揚州兵馬鈐轄魏全
特令再任一次以全在任彈壓盜賊教閱軍兵有勞從
本州守臣請也　五年正月二十六日詔添差權發遣
淮南東路兵馬副都監兼知招信縣令劉偁特轉一官
再任以偁乾二年權知招信縣得旨職事修舉轉一官
再任繼被旨久任邊邑彈壓有勞故有是命卷三千八百七十六　四月二
十四日詔京西路轉運判官姚時行職事修舉特轉一資
特令再任　六月十二日詔舒州懷寧知縣韓映桐城
知縣王子發各特轉一官候任滿日令再任以四川宣
撫使王炎言各以淮南近邊兵火之餘招徠安集乞賜
旌賞故有是命　七月四日詔祕閣修撰知臨安府周
淙職事修舉除右文殿修撰令再任　五日詔知揚州
莫濛職事修舉特令再任　同日詔權發遣隨州胡明
令任滿日再任以本州士庶保奏明持身廉潔涖職精
强馭吏甚嚴敎條寬簡故有是命　九月三日除添差
東南第四將明州駐劄不釐務賀允特令再任一次仍

令吏部取索本人增收課利公據批鑿以允自陳前任成都酒官措置增收課利二百餘萬貫從所乞也　七年五月一日詔成都府路兵馬鈐轄吴勝特令再任以勝通練軍政從四川宣撫使請也　八月詔夔州路兵馬鈐轄陳彦傑任滿日特令再任以彦紀律嚴明從四川宣撫使請也　十二月三日詔知安豐軍張士元職事修舉與轉一官令再任　八年二月五日詔知明州兼沿海制置使趙伯圭除顯謨學士再任以本州士庶葉武言伯圭在任承流宣化惠洪于民今來累表丐祠一方失望乞賜再任故有是命　七日四川宣撫使王炎劄子據都大提舉茶馬司申黎州知州宇文紹直到

卷五千八百七十六

任以来民安其政尤能撫存遠人所買到馬多是良細妥是協濟馬政已具奏令再任一次詔特轉一官令再任　三月二十三日詔直顯謨閣權發遣隆興府龔茂良除右文殿修撰仍再任以茂良捄荒有勞故有是命　四月二十七日寧國府奏江南東路兵馬鈐轄劉易自乾道五年十二月再任至七年十二月任滿今契勘劉易累立戰功精力未衰及任内訓練兵卒委無弛慢乞許令再任一次專管轄訓練本府禁軍從之　七月十二日詔權發遣舒州兼措置淮西鐵錢許子中除直祕閣令再任以子中創行措置鼓鑄鐵錢三十萬為額故有是命　二十七日詔直祕閣都大主管成都府利

州等路茶事趙彦博除直顯謨閣再任以職事修舉故有是命　十二月十一日廣南西路經畧安撫提刑轉運司奏契勘海南瓊管一州三軍隔越大海最處極邊正與生熟黎人錯居全藉守臣彈壓撫綏窃見知瓊州魏彦林到任以来撫綏有方黎人尚慕願還着地興復舊縣乞候今任滿日特令再任一次從之　九年九月二十三日詔顯謨閣學士知明州兼沿海制置使趙伯圭除龍圖學士令再任以士庶陳惟一等言伯圭到任以来聽訟詳明持心忠厚乞賜再任故有是命　十二月三日詔右通直郎直祕閣權知安豐軍張士元職事修舉與轉右奉議郎特令再任

卷五千八百七十六

續會要

久任官

淳熙元年五月十四日僉書樞密院事葉衡言兵權弊于將帥民命寄于牧守二者之患每在數易乞自今精加選擇使材稱其職然後力守久任之説以破數易之害從之　二年六月二十六日臣僚言論用人之道未有不以久任為説諸路則監司帥守諸軍則都統制此尤不可不久乞詔大臣求材預備待其或闕則取而用之如此則官得其人可久于其任從之　八年二月二十七日詔久任四川監司郡守之人令吏進為東南差遣其在任未久者既有任滿前来奏事指揮候到闕始得別與除授從臣僚請也詳見監司雜録　淳熙十六年六月

九年詔顯謨閣直學士知鎮江府張子顔除龍閣直學士令再任　八月十一日詔知平江府趙彦操令再任　二十四日臣僚言今日監司郡守患在于職任之不久欲乞職事修舉者加之寵錫使之久任廣繆而為民害者即行罷黜知過之小者姑且鐫秩存留使之自新庶報罷之命不至煩數從之　九月十七日淮南東路安撫使鄭興裔言本路副総管揚州駐劄宋亮久從軍旅諳練事情向来郭棣任内修築城壘陂塘熟知首尾地利欲令再任從之　紹熙元年正月九日右諫議大夫何澹言今日吏治之害在于更易之太頻乞詔三省自非甚不得已勿輒更易正使欲加擢用俟其任滿國

卷三千八百七十六

亦未晩至若知縣則須滿三考乃聽審察及行名除庶幾官宿其業民安其政其人得以究其功能所至亦可少寛事力從之　八月八日詔權發遣和州劉煒轉一官令再任　九日詔知建康府章森除顯謨閣待制令再任　十月二十五日詔顯謨閣待制知襄陽府吳琚特轉一官令再任以本府士民丐留京西運判萬鍾状其治績于朝故也　十一月四日臣僚言近者一二大郡未一歳間至三數易迎新送故財計為之不支乞自今朝廷除授監司郡守必審之又審其有不協公論臺諫早與論列仍檢坐揆送人數條法森嚴約束供帳之類令痛加裁損庶幾少減横費從之　二十五日詔直

顯謨閣權發遣瀘州王卿月除直龍圖閣令再任　十二月八日詔知鳳州郭諮令再任興元府駐劄御前諸軍都統制彭杲奏本司所管大散關一帶係衝要来路全藉鳳州知州協力弹壓戍兵措置邊面照得郭諮自到任以来邊界寧静人民安堵可以倚仗乞令再任故有是命　二年正月一日宰執進呈四川制置使京鏜因任上曰且與加寶文閣待制令再任特賜帯（鏜元帯敷文閣待制）　八月二日詔龍圖閣直學士知泉州顔師魯除煥章閣學士令再任　三年閏二月二十一日詔成都運判王溉特轉一官候今滿日令再任溉奏蜀中税租所科潑買絹布估錢最為重困民力本司節約妄費出錢

卷三千八百七十六

引三十三萬五千七百二十道已代為本路人户輸納一年故有是命　三月十七日詔徽猷閣學士知興元府宇文价特除寶文閣學士令再任　十月二日詔直顯謨閣權兩浙運副沈詵除直龍圖閣令再任　二十五日詔直寶文閣權發遣揚州錢之望除直龍圖閣令再任　五年五月二十六日樞密院言鄂州駐劄御前遊奕軍統制兼權發遣光化軍傅汝梅乞差官承替復還舊職詔特轉一官令再任　慶元六年二月十一日臣僚言臣以為欲令日百官之任事莫如久其任而後行賞罰如在朝者自職事官以上並令由本曹次第而遷俾之歳月稍深得以習知其事之本末而吏不能欺

在外監司郡守俾之並循資考若有治理效者不必遷
遷以他官但璽書增秩以勵之或因而再任庶幾不撓
其成而亦足以勸夫然後稽其勤惰明其黜陟任事者
計功而受賞不任事者亦無辭以逃責如此則賞罰有
所施而事亦無有不立者矣詔所陳切中時病三省宜
常切遵守　二十九日臣僚言竊謂吏强官弱最今日
之大患外而州縣固已不勝其弊矣内而百司抑又甚
焉請尋其源夫豈無自蓋居官者遷徙不拘歲月而為
吏者傳襲及于子孫以數易不常之官御生長子孫之
吏坐曹而闘莫究源流涉筆以書唯牽例比頤雖弊蠹
百出何暇爬梳緻有精彊之官少行檢柅之令警戢之
效未著而遷徙之命已頒吏彊之患實基于此竊謂量
能而授則官可久于其任而無數易之患官宿其業則
吏知所畏憚而無姦欺之虞此理灼然所宜加意乞明
詔大臣除授之際因所長以畀其職而後可以言久任
久其任以責其成而後可以戢吏姦從之　嘉泰二年
閏十二月十四日監察御史朱欽則言總戎之官掌計
之臣任之尤不可以不久將帥之于士卒訓治欲其有
常術循欲其有素亟用而亟易之豈惟上下之情有不
相諳凡號令紀律亦將先後異施而士卒莫知所守矣
掌計之司尤號叢委本末源流未易稽考弊端利孔非
精講而熟究之往往得其一而遺其一彼前者未究其

源而來者又沿其流簿書相仍徒容吏姦姦弊不除適
滋民病今日總戎之官有如諸軍都統制之屬掌計之
臣有如總領諸路財賦之司當選擇人材于其始擇之
既得其人姑遲之已久而使得效其所長毋為亟易而
重貽兵財之弊或者謂人情樂于數遷而厭于久滯以
樂遷之情而處久厭之職則曠弛之患將若之何臣竊
以為不然彼誰知其弗久也則或苟媮而幸免夫既責
任之專矣一若曠弛咎將誰歸大抵任用之道當為官
而擇人不當以官而徇人徒人情之是徇則一歲九遷
未必能塞其欲誠考課之有法雖三考九年而後為之
陟明不闇其有淹滯之歎況加爵秩以寵褒之如高宗
之聖訓亦足以勵其怠而勸其功或者之疑殆非所慮
也乞令二三大臣恪守祖宗久任之成憲毋事數易從
之　三年七月十九日右正言楊炳言内而戶部長貳
太府農寺卿少外而四總領不久任則雖有奇才無以
自效其所長孝宗皇帝淳熙間蕭燧之在戶部為貳為
長凡八年蘇峴在太府韋璞在農寺由少而卿皆涉四
年趙汝誼為淮西總領亦八年今居是數職者未滿歲
則望遷豈復以職守為意乞自聖斷為戶部長貳為太
府農寺卿少為四總領擇人而久其任寬假委用而勿
奪其權遷之一二年之後考其去弊若何成效若何果
有可觀則增秩亦勸而勿易其所居之官又一二年之

後其績用顯著有大過人者則雖不次進用何所不可其或始則奮勵若有志于事功終則廢弛實無勞效則亦不當以常典議罰從之　嘉定六年九月十七日秘書省校書郎姚師虎言仰惟熙朝世嚴載筆貽謀垂範將億萬年令職任不專無以究其技選掄或泛之無以見其功館閣著庭聞今共二史院列職未免兼官而況遷易不時任責無所文書填委胥史假司累簡編歷吉將上則官吏皇皇夜以繼日雖勤刪潤寧暇精研殆以積年之書定于時月之頃豈無脫畧有愧纂修非所以尊鉅典詔來世也乞增重茲選使久其任其或更遷他職仍兼史局庶幾人盡其才官任其責研精覃思作宗一經臣不勝大願從之

卷三千八百七十六

十一年十月十四日臣僚言竊惟于蕃于宣皆牧守責也而今日之事尤急于邊郡仰惟陛下比年以來經理邊事細大畢舉而又明詔侍從臺諫監司各舉所知以備乘障之寄聖圖淵慮不爲不切近者廷臣抗論帥閫建明選拜欲精銓量欲審陛下又未嘗不俞其情而施行之然猶未免以嘗試之人處以不免勝之任迨其曠敗從而更易亦已晚矣欲乞明詔大臣採之人望精求而遴選之然後參稽藝祖委任邊臣之方責以見錯守邊備塞之實久其職任假以事權其有治行表表者寧增秩賜金以示其寵異之恩毋驟使改易以從其苟且之意他時邊事向寧升

擢未晚次而倅貳所以贊藩條下而幕屬令佐又皆所以共王事協心同力而無苟焉朝夕之意庶克有濟令任于邊者率無固心或妄轉求擬或改圖辟置或徑欲求它舉員補滿考第往往突不待黔而歸裝已束矣其何以責其勞效哉并乞申嚴行下應邊郡倅貳及幕職令佐等官其有考第雖及舉員已足之人並須成資方容受代庶幾人有定志職業交修不爲小補臣竊惟爵祿所以厲世中興之初邊費爲重元立定格例得六年中間寖定復從減損已非人情之所樂況兩淮鐵錢日賤銅錢日窘所得俸給常若不贍毋怪其無固志也今邊事未寧馳驅在列勞瘁甚矣正當有以激昂而興起之乞明詔有司邊費之行削悉遂舊格俸給之薄則量與增益庶幾人有覬心樂于趨事亦厲世之一端也從之

卷三千八百七十六

續宋會要

孝宗善明曉承事句當行口十二年增秩再任　熙寧
有法官再任酬獎　政和二年刑部侍郎馬防等奏大理
評事主斷天下疑獄　熙寧有法再任酬獎　乞依法官
任滿擇其職事修舉人材可録者奏舉再任增其酬獎
理為堂除　樓异治狀著聞除待制再任　异知明州　王序
治郡有方除待制再任　序知河陽府並宣和二年　王琮
首治贓吏特令再任　琮為成都漕宣和五年詔　趙哳唐
續造茶有方特令再任　州福建運副　續福建運判　胡舜
陟論知懷州霍安国知密州郭奉世不當再任　安国去
秋方到任治效未聞奉世到任暮日亦無政績使之再
任不應條法已罷從之　卷一萬九千二百八十七　范純粹知慶州拜寶文閣待制
再任　四朝国史傳哲宗初年　嘉祐守令再任　詔　嘉祐元
年詔曰朕觀古者致治之世牧民之吏多称其官百姓
得安其業今求才之路非不廣責善之法非不詳而吏
多失職不治不称所以為民之意豈今人材獨少而世
變之殊哉殆以不得久於其官故也蓋智能才力之士
雖有興利除害滅姦勸善之意非稍假以歲月則其吏
民亦且偷而不為之用欲終厥功其路無由今夫州縣
特以為命者守令也察其能者使得久於其官而褒厚
以勸之豈非所謂先務者哉令知州軍監令轉運提刑
知縣令知州通判逮書保舉許令再任

以上為一卷

全唐文

宋會要

省官

太祖開寶三年七月壬子裁減西川州縣官以戶口為
率差減其員舊俸外月增給五千　詔曰與其冗員而重費不若省官而益俸
丙辰詔天下州縣官依西川例減省員數　一云八月戊辰　四年
正月丙午詔停攝官　五年正月壬寅減省州縣吏　咸平
四年二月陳彭年上五事四曰省官　六月癸卯直集賢
院梅詢言三司總括諸路減省冗吏十九萬五千八百
二人請付史館

宋會要 改官

哲宗元祐二年詔吏部選人改官每歲以人七百爲額從孫覺之請也詔聖元年詔見磨勘官人權依元豐令五日引一甲每甲引三人每年不得過一百四十人候後次不及百人取旨

卷三千八百七十二

宋會要 換官

太宗太平興國三年十一月以殿直王操爲太子中允操江表人獻南郊頌稱旨太宗召問操曰汝在江南與誰等操對曰與張洎同帝問洎今任何官左右對曰太子中允即以是官命之 雍熙四年五月以侍御史鄭宣司封員外郎劉璠戶部員外郎趙載並爲如京使殿中侍御史柳開爲崇儀使左拾遺劉慶爲西京作坊使宣等儒業登科咸負勇敢之氣累當邊任能幹戎事故以命之 淳化二年七月以三班奉職和岬爲大理評事岬即五代宰相凝之子少勵志修學帝登極之初補內職至是進所業文因而改授 三年三月以供奉官

萬三千八百七十四

張晟爲左贊善大夫晟舉三傳及第任大理評事上書願從軍故授以內職至是求換秩而有是命 十月以供奉官張敏中爲大理寺丞敏中宣徽北院使遜之子嘗進所業文願改秩從其請也 五年三月以大理評事陳舜封爲殿直舜封父善奏聲隸教坊爲伶官坐事黥面流海島舜封舉進士及第任舒州望江簿轉運使言其通法律宰相以補廷尉屬因奏事頗口諧捷給舉止類倡優帝問曰誰之子舜封自言其父帝曰此真雜類豈得任清望官亟令改秩而有是命 至道元年三月流內銓引見選人內秦可觀者常自織譴占對之際詞氣慷慨帝日之數四又陳嶽者自陳前任輿州屬邑

簿防捍城壘有勞詔並補右班內〔殿〕直授監押差遣各賜紫袍靴笏銀百兩帝謂之曰汝等苟能副吾任使朕固不惜恩澤他年勤幹有勞願復文資者亦聽　二年二月以工部侍郎錢昱為鄆州團練使昱秦國王俶兄之子歸朝領白州刺史上表自陳嘗習文藝求改職除祕書監遷工部侍郎連知宋宿泗等州無善政至是郊祀中外官進秩帝謂宰相曰昱貴家子無檢操不宜任丞郎故有是命　三年七月以給事中喬維嶽為海州刺史　真宗咸平三年二月以國子博士鮮于黨為如京副使黨本燕人挺身歸國真宗以其習武藝練邊事故換秩焉　三月以太常寺奉禮郎雷孝若為西頭供奉

〔卷三千八百七十四〕

官孝若即廬州觀察使有終之子有終時知益州奉命討王均遣孝若以捷書入奏帝名孝若賜對久之孝若自陳願改職以自効故有是命　四月以殿中丞姚齊為崇儀副使賜袍笏銀帶先是詔朝臣舉文班有武勇者齊被薦故有是命　五月八日以國子博士劉固為如京副使太子右贊善大夫石熙政為西京左藏庫副使賜袍帶如例從武勇之舉也　九日以鄆州觀察推官王瞻為西頭供奉官瞻前任集州有禦賊之勞至是自陳故獎之　二十日以右神武軍將軍錢惟演為太僕少卿惟演吳越王俶之子幼好學至是獻所著文召試學士院而有是命　六月以殿中侍御史張利涉為

崇儀使祕書丞邢文紀為崇儀副使從武勇之舉也　四年九月以虞部員外郎張志言為西京使志言習武藝朝臣屢稱其才幹至是自陳願換秩故也　五年六月以工部侍郎集賢院學士錢若水為鄧州觀察使　景德元年二月五日尚書左丞集賢院學士陳恕言其子太常寺太祝淳不率教道喜習武藝願補外州軍校詔授滁州司馬　大中祥符二年三月二十五日以東上閤門使王承衍為左武衛大將軍仍領永州刺史知壽州承衍以足疾求換秩居外故也　三年正月詔京朝官欲換武職諸司使副三班使臣欲換文資者並試時務策三道不習文辭者許直述其事其換武職

〔卷三千八百七十四〕

者問以邊事　八月以御史中丞兼工部侍郎王嗣宗為耀州觀察使知永興軍府兼總管　五年五月詔自今文臣求換武職者並詢其武藝　八年十一月二日以虞部員外郎王序為如京使　十八日以國子博士通判邢州郭懷玉為供備庫使　九年三月以四方館使獎州刺史李允則為引進使領緒州團練使尋改高州避契丹國諱緒字也允則知雄州赴闕帝以久在邊任稱職增秩遣之允則以境上書牒往來宜避緒字故命之後沿邊安撫副使賈宗領平州刺史以北界平州常移文往來使名稱非便亦改領高州　九月以太子右贊善大夫高志寧為供備庫副使知祁州賜紫袍銀

帶時志寧獻封事帝曰朕聞其知兵而未常言故命換秩任以邊郡　天禧二年十二月以殿中丞史瑩為崇儀副使　四年三月以都官員外郎雷孝先為内園使　八月以屯田員外郎駱與京為如京使　十月以虞部員外郎田定機為西京左藏庫使太子左贊善大夫宋平為供備庫副使　是月以太常寺丞祝丁翊為内殿崇班從其父宰相丁謂所乞也　十一月以右贊善大夫宋世基為供備庫副使　五年二月以虞部員外郎王準為西京左藏庫副使　五月以大理寺丞通判澧州劉象中為内殿承制知辰州象中父仁霸知澧州溪蠻畏服之象中亦累任是境故換秩焉　七月以殿中丞知洺州魏昭文為崇儀副使　十一月以秘書丞知常州竇錫為洛苑副使　乾興元年（仁宗已即位未改元）三月六宅副使知安肅軍高刃言臣男廷光授試將作監主簿欲乞對換一班行隨行指使從之　五月右班殿直王寶臣言臣應進士四舉三經御試乞換文資詔授試銜知縣　十一月荆湖北路轉運使金部員外郎劉承顏言欲乞依屯田員外郎駱與京等例對換一諸司使名額從之　十二月御史中丞知審官院劉筠言近歲以來京朝幕職州縣官頗援條例乞換武班臣體量得多以父母之年逼于喜懼苟希改轉幸免持服欲望今後乞換武班者令所司勘會委是永感即許依條例施

行從之　仁宗天聖元年二月步軍副都指揮使威塞軍節度使夏守恩言女夫試將作監主簿趙宗興昨隨真宗上下宮隨行指使句當乞依妹女夫王仁禎例對換侍禁詔授右班殿直　六月翰林待詔王明言臣本祕閣楷書係資善堂祗應天禧五年充翰林書藝昨遇登極恩授待詔切緣臣元不敢習諸家書體欲乞比換班行詔授左班殿直　八月以三司鹽鐵判官侍御史劉平為衣庫使　閏九月故職方員外郎張懌妻李氏言有男習進士旦昨蒙恩敕下班殿侍念妾家傳儒素年登八十別無依倚其男旦乞改授一齋郎侍養從之　十一月内殿承制閤門祗候鄧雅言奉勅知宜州有男試校書郎齊參乞對換班行于岳州側近監當照管家屬仁宗以鄧雅曾在溪洞差使令徼遠任特從其請不得為例　二年六月故右諫議大夫劉綜妻長樂縣君司空氏言有男東頭供奉官允中乞換一文資詔授光祿寺丞　四年二月十二日保大軍節度使錢惟演言次男大理評事晦乞換内殿承制詔授内殿崇班晦娶駙馬都尉李遵女即冀國大長公主所生也故特從其請　十三日以權三司度支判官屯田員外郎劉牧為如京使　三月以翰林學士承旨刑部尚書知制誥李維為相州觀察使從其所請也　十一月詔三班使臣内有元是舉人入班行者如樂換文資者左班殿直

與試銜近地知縣候得替無贓罪與節察推官右班殿
直與家便大縣簿尉候得替無贓罪與初等職事官諸
科與令錄三班奉職與除簿尉進士與家便諸科與近
地三班借職與小處判官簿尉殿侍補郊社齋郎　五
年八月以翰林學士兼龍圖閣學士工部侍郎知制誥
權知開封府陳堯咨為宿州觀察使知天雄軍　十月
翰林侍讀學士刑部侍郎孫奭言孫男四人雍維雄雅
並右班殿直切聞近敕今後文官只許奏廕文資四孫
雖在條約以前奏廕其餘尚皆幼稚虛請俸錢欲望並
與改授無料錢京官從之　六年十一月以故太尉王
旦孫三班奉職恪為無料錢京官從旦子雍之所陳也

卷三千八百七十四

七年五月二十二日詔應殿侍乞換文資人等今後
如委是自來文資之家子孫即表狀內開說所習文業
或經書名目元授殿侍因依所司方得收進當議差官
考試　七月詔今後殿直已上乞換文資者並不行
八年二月三班院言奉職陳象自陳元是進士乞對換
文資從之　四月五日三班奉職宋回言先因妻叔樞
密直學士知潁州劉筠奏官念臣早親學問嘗稟義方
乞換文資從之　三十日鳳翔府言三班借職監司竹
監侯訢乞換簿尉從之　五月三班院言奉職林太冢
乞換文資從之(仍)今詔今後班行委是文資之家骨肉年
二十五以上特許改授文資仍令逐處量試讀律及親

寫家狀繳奏以聞　六月四日龍圖閣直學士左諫議
大夫陳從易言奉敕知杭州有男三班奉職紹孫欲望
改授無料錢京官于杭州側近監當從之　二十七日
三班院言借職王衮乞換文資令試驗本人讀律稍熟
及親寫家狀繳連以聞從之　七月三班院言左班殿
直郭遺暉乞換文資試讀律稍熟詔與換簿尉　八月
太子少保致仕馬亮言次子仲甫先遇承天節奏授右
侍禁後轉左侍禁今則頗習儒業乞改授文資詔授大
理評事仍與家便差遣　十一月三班院言借職史世
隆自陳是文資之家乞換文資令試讀律稍精熟及親
寫家狀從之　康定元年七月二十二日太常博士陝

卷三千八百七十四

西河東制置白鹽使薛宥為監察御史所領如故以陝
西都轉運使龐籍奇言朝廷命宥幹鹽事若今官名清
峻則事權益重望換臺憲之官也仍諭諸路自今不得
奏舉對換臺官　慶曆元年七月詔言邊事補班行者
自今不許換文資　二年四月以樞密直學士禮部郎
中知秦州韓琦為秦州管內觀察使樞密直學士右司
郎中知渭州王沿為涇州管內觀察使龍圖閣直學士
左司郎中知慶州范仲淹為邠州管內觀察使龍圖閣
直學士吏部郎中知延州龐籍為鄜州管內觀察使尋
從仲淹籍請復舊官職　三年五月詔內殿崇班以上
非有邊功及捕劇賊而嘗歷知州軍同提點刑獄者不

許換諸衛將軍蓋將軍品第三每郊祀得任子孫而願換秩者皆老疾無狀之人故塞革之　七月詔三班奉職以下换文資者歷官無贓罪雖三代非文資而有親叔伯兄弟見任者亦聽　四年三月十八日以翰林醫學劉涉補三班殿侍涉家于邊陲熟知山川道路累與戎人戰鬬實有膽勇用大臣所薦乞換班行因有是命

二十三日内藏庫副使知丹州張龜年授太常博士龜年在朝行知己薦其材武因換右職令引疾復舊官

五年六月十七日李昭述言吏乞換文資惟試讀律寫家狀使與換官其年及格五班使臣却試書算武弓弩條制輕重不等詔依文資例與試　七年正月七日

卷三千八百廿四

以太常博士楊畋為東染院使荆湖南路駐泊兵馬鈐轄用名將之後也　十月詔賈昌朝程琳楊適葉清臣田況舉京官各一人換右職　八年正月詔舉官陞陟及換右職者非依編敕及御劄毋得施行時言者以為近歲薦舉多濫亦有負罪不可洗滌之人得更右職率為朋黨以市公恩不可不革也　皇祐元年三月以東染院使荆湖南路兵馬鈐轄楊畋為屯田員外郎直史館從所請也畋先自太常博士換右秩至是自陳在嶺外捉殺蠻賊因得瘴霧之疾願還文資從知近北一小郡故有是命　六月以光禄卿分司南京余靖為左神武軍大將軍雅州刺史壽州兵馬鈐轄尋請以舊官侍

養從之　四年八月以知英州祕書丞蘇緘為供備庫使方城圍廣州緘率丁壯修完州城設守拒又領兵屯廣州北邊村以控賊路故特賞之　十二月十一日詔今後殿侍乞換文資者習文業則試詩賦各一首依禮部條例施行習經業則須精一經以關十得六為通貼以念律仍差判禮部貢院官與判國子監官同加考試

至和元年十二月内園使昭州刺史譚嘉震為司門郎中嘉震自換右職累更邊任晚以目疾願得復還文資也　嘉祐二年五月名樞密院近臣寄舉文臣換右職者自今遇邊要闕人即差擇以聞　三年四月以御前忠佐馬步軍副都軍頭向寶為禮賓使并州兵馬都監

卷三千八百七十四

寶素有武藝屢吏戰鬬用邊臣薦而特擢之　四年十月以内殿崇班柴詠為殿中丞封崇義公兼書秦寧軍節度判官廳事錄世宗之後也　五年正月以客省使眉州防禦使張亢為祕書監中丞韓絳言其貪橫不法而亢因自請復為文資而許之　六年六月十五日權秦鳳路總管西上閤門使循州刺史劉几乞復換文資詔除兵部郎中差提舉西京嵩山崇福宮仍令中書勘會如舊條着緋即賜金紫　英宗治平二年六月詔在京知雜御史以上殿前馬步軍副都指揮使及三路都總管副都總管舉文吏可換右職者各一人　十二月十八日陝西安撫使馮京言殿中丞种診國子博士种

諤並是世衡親子侗儻有材知慮深遠乞與遷換右職
于環州保安軍任使詔种諤除左藏庫副使權鄜延路
都監种診除洛苑副使充環慶路都監候逐路有先年
滿者更不差人　三年四月九日樞密副使呂公弼言
大理評事种古世衡之後習知疆事勇於有爲伏望優
與一右職沿邊任使詔种古特授殿內崇班差充陜西
沿邊駐泊都監　神宗熙寧元年五月七日以駕部郎
中陳求古換宮苑使遥領團練使不得爲例求古累歷
知州有治聲翰林學士鄭獬應詔舉官力薦之故有是
命　九月十八日詔醫助教今後不許奏換三班差使
二年七月十九日詔今後奏舉文臣換右職並須實

卷三千八百七十

有武略曾著績効即許以聞　八月十八日宰臣曾公
亮言親姪右班殿直孝廣頗習文業乞依例換一官
詔與堂除初等職官　三年八月二十四日以皇姪右
羽林軍大將軍邵州團練使令晏爲左騏驥使仍領邵
州團練使外任都監令晏以首應熙寧二年敕乞換外
官至是宗正司同學官保明堪充任使故也　十月十
二日以提舉陜西常平廣惠倉太子中舍劉瑄爲西京
左藏庫副使環慶路兵馬都監用宣撫使韓絳薦其才
也　十九日以太常博士陳蔵爲西上閤門副使知欽
州續詔蔵權廣南西路鈐轄邕州駐劄　四年正月十
八日以虞部員外郎向績爲西京作坊使績用其母萬

年郡主遺表求換右職故也　五年二月十二日以知
冀州皇城使王亞換虞部郎中堂除知州亞前爲員外
郎以近臣薦右職至是自陳願還文吏故有是命　三
月十九日中書言禮房修換官法自今祕書監換防禦
使大卿監換團練使祕書少監太常光祿少卿換刺史
衛尉以下少卿監換皇城使遥郡刺史前行郎中換宮
苑使中行郎中換內藏庫使後行郎中換莊宅使並帶
遥郡刺史前行員外郎換洛苑使中行員外郎換西作
坊使後行員外郎換供備庫使以上如正郎帶職即換
閤門使仍帶遥郡刺史員外郎帶職郎換遥郡刺史太
常博士換內藏庫副使國子博士換左藏庫副使以上

卷三千八百七十

如帶職換閤門副使太常丞換莊宅副使祕書丞換六
宅副使殿中丞著作郎換文思副使太子中允換禮賓
副使贊善大夫太子中舍換供備庫副使祕書郎著作
佐郎換內殿承制大理寺丞換內殿崇班諸寺監丞節
察判官並換東頭供奉官大理評事支使掌書記並換
西頭供奉官太祝奉禮並換左侍禁正字祕校監簿兩
使職官防團判官令錄並換右侍禁初等職官知令錄
並換左班殿直初等職官知令錄未及三考換右班殿
直判司主簿尉成三考以上換三班奉職未及三考并
試銜齋郎各換三班借職內如帶職各陞一資起居郎
起居舍人左右司諫正言侍御史殿中侍御史監察御

史已上各比類官序依帶職人例如籍人材武曾有過
犯並臨時取旨持與陞降官資其右職換文資並依此
內奉職以下並換堂除主簿尉三班差使殿侍換郊社
齋郎從之　五月九日檢詳兵房文字米明之言乞今
後自承制以下如願換文資者不須三代曾任文資之
家子孫及親伯叔兄弟子孫見任文官並許依得替守
選幕職州縣官乞試斷案或律義并奏補京朝官及選
人乞依進士試經義或依試法官條例施行如試中合
格可與比類文資安排所貴各盡其材以就職業少副
朝廷因能任官之意從之　七年五月八日樞密院上
言權通判辰州著作佐郎謝麟累經差使乞與酬獎換

卷三千八百二十四

諸司使或橫行副使知沅州詔遷麟兩資至太常博士
特換西上閤門副使就差知沅州兼沿邊溪洞都巡檢
使　八年四月二十五日以皇城使忠州刺史新差廣
西鈐轄石鑑特換衛尉少卿直昭文館鑑累有邊功至
是乞復文資上以鑑本儒者特命直昭文館以榮之
閏四月十七日詔武臣已有試換文資法今後更不許
臣寮舉換　十年六月十八日詔使臣換文資者並試
律令大義十道第一等八通第二等六通第三等四通
為合格　元豐元年二月二十四日詔外任文武官乞
試換者並候已替就試　九月二十八日詔京朝官選
人并使臣換文資所試上等第一宜賜進士出身中等

捐優與堂除差遣中等與不依名次注官下等與注官
內未出官與出官已出官與免短使無短使者升半年
名次　五年十月十八日詔自今義勇保甲及呈試武
藝得班行者不許試換文資　七年三月十六日東頭
供奉官劉儆乞換太史丞從之　八月五日右監門率
府率子猗換通直郎以祕書省試應格也　八年四月
二十七日詔供備庫副使兼閤門通事舍人文貽慶為
奉議郎都官員外郎　哲宗元祐元年二月十二日詔
通直郎李琥特換授供備庫副使從判大明府韓絳請
也　五月十八日殿中侍御史言呂陶言皇城使蘇緘忠
義死節其子子元近注朝奉郎乞換武官舊制換過武

卷三千八百二十四

臣多自樞密院便除知州軍差遣乞下樞密院除荊湖
廣南極邊差遣從之　○二年十月六日詔朝奉大夫米
衍特換莊宅使文州刺史以苗授薦其沉勇有謀也
九月三日詔莊宅使文州刺史米衍復為朝奉大夫先
是有司言衍宜任武吏至是上書乞復故官也　○二十
日詔太子右監門率府率令罨授通直郎　○以十月八日
詔奉議郎通判宜州黄袦換授莊宅副使充廣南西路
都監兼知宥州　十一月二十七日詔罷內殿承制至
差使試換文資法　三年二月十四日詔今後文臣換
大使臣並三省樞密同取旨從樞密院請也　四年四
月十二日詔右監門衛大將軍士香特授朝請郎轉主

左朝議大夫止。先是，士省進所業議論，詔令秘書省試換，故有是命。紹聖二年四月十八日，三省請同知樞密院以上門客、醫人恩澤乞改換者，擬假承務郎，不理選限。從之。三年七月二十九日，詔宣德郎押師中換內殿承制，充環慶路經畧司準備將領，候將來磨勘轉通直郎日，與轉禮賓副使。四年正月十七日，詔熙河路經畧司幹當公事、宣德郎种師中罷換授內殿承制，充熙河路第一副將，從經畧孫路請也。十月二十一日，詔以通直郎陳安上換禮賓副使兼閤門通事舍人，從知樞密院曾布薦也。元符元年十月二十一日，詔武官試換文資，吏部依元豐試法重修以聞，從吏部侍郎黃裳請也。二年二月四日，朝奉郎、廣南西路察訪董必言：「通直郎、新知柳州陶逵素窮武畧，深曉蠻情，望考察換右職。」詔陶逵特與換禮賓副使。三年三月五日，徽宗已即位未改元。詔左中散大夫、新知壽州趙令繹換金吾衛大將軍、均州防禦使。徽宗崇寧二年二月八日，使臣王審言乞檢舉元豐法使臣試換文資，敕令所看詳王審言等所乞，吏部元勘會未曾指定令來試格。若依元豐法制，隨銓選歲以兩試，止試律義。至元符中，因臣僚奏請，令吏部重修試法，其所修到法，比之元豐舊法太嚴，今合以前後試法比倣熙寧、元豐酌中重別擬修下項：詔諸內殿承制至差使，不曾犯贓私罪及笞刑經決而

卷三千八百七十四

願換文資者，聽召保官二員，具家狀二本，詣登聞鼓院投進。外任人候替罷就試，文資換武職者准此。即授小使臣後未及三年，差使後未及五年，三省、樞密院書令史以下授使臣差使，若義勇、保甲及試武藝并進納、流外出身人，不用此令。諸武臣試換文資者，於易、詩、書、周禮、禮記各專一經，第一場試本經義三道，論語、孟子義一道，第二場試論一首，限五百字以上成。願依法官條試斷案、刑統大義者聽。上條入選試令。元符重修法檢未獲。大觀二年十月二十二日，寺衛親軍步軍都指揮使高俅奏：「伏見通直郎張撝潛心武畧，久習兵書，叢在有司已嘗試藝，昨緣其父恩例奏名文資，比又獲賊，蒙恩改官。臣究其才力，于武尤長，伏望特依王厚例換一右職，付以邊任。」詔張撝特與換禮賓副使，令樞密院與差遣。政和元年三月十一日，詔章縱于舊官承奉郎上特與換內殿崇班，仍令軍頭司取旨。縱初雖以盜鑄錢坐罪，而鼓鑄之具無一可證，鍛練成獄，至是還官，以縱嘗繫，故特易以武弁。三年八月四日，詔宗子秉義郎令遙經術該明，行誼修飭，與換承奉郎。四年九月十四日，詔武臣橫行自今通侍大夫實及四年方許換正任，雖奉特旨，亦令中書省執奏，御史臺覺察。七年三月四日，太尉高俅奏：「伏覩朝散郎錢懌才力勁強，知識明敏，留心武略，深曉兵機。頃緣親祇景臻授以文資，凡歷數任，屢獲強盜。臣究其才能，尤

卷三千八百七十四

長武備伏望特許換一右列必能立功詔依格與換武義大夫　二十二日右武大夫成州防禦使提舉玉清儲祥宮鄭子奇奏頃以庸凡獲預隨龍不幸疾患未盡勤節切見同時官石端禮成等男例蒙擢任閤門祗候臣有二男中行中復已係保義郎年將及格素習經術拙于武事伏望比換文資詔特令國子監召試仍依武臣試換法施行　四月二十五日廣南西路經畧司奏承議郎權發遣藤州藤州郭暉親領兵捕獲海賊陳持等六十七人詔與轉兩官如願換右職與換橫行緣暉自之官廣西盡蒙差辟極邊任使累立戰功粗知邊計今情願恭依詔命改換右職詔特與換右武郎　六月

卷三千八百七十四

二十一日詔忠訓郎姚汝賢赴中書省試換文資續承中書省奏試策已引試訖考校合入第五等上詔姚汝賢換承奉郎　重和元年十二月二十八日臣寮言契勘開封府刑曹椽趙士䟽係仲輗之子不曉義理獄事曠弛每批判訊囚訊字作詢欲望令依舊充武臣以清左選詔依見任官換武節郎　宣和三年正月二十九日詔保義郎苗楩為進頌文理可採及係武舉上舍出身特與換文資　四月四日貢士舉院別試所奏奉敕考試侍從官奏舉使臣試換文資人上等成忠郎王以寧中等保義郎路允修詔王以寧與換從事郎路允修與換迪功郎　二十九日詔梁師　下使臣忠訓郎儲

宏承信郎曹組特令就殿試考中第五甲賜同進士出身仍轉一官　六月四日江浙淮南宣撫使司奏勘會近據浙西鈐轄曹孝蘊申具到杭州臨安縣尉施提與公人戴禹節殺退賊保護邑民功狀數內中等保戶駱閔獲十一級係登（進）納登仕郎詔駱閔與換承信郎　四年六月十一日刑部奏大名府朝城縣迪功郎王康穫五級合該減三年磨勘因捕盜改次等合入官本部勘會本官係流外出身未及三考依條合換降等班行詔換成忠郎　七月一日中書省言檢會奉御華醫官曹孝忠子二人見任文臣伎術廢俗玷辱士類可令對換醫官名目自今後令尚書省遵守不得換從文臣吏部

卷三千八百七十四

供到曹濟見係朝奉大夫曹澄見係奉議郎詔曹濟特授成安大夫曹澄特授成安郎　五年四月十八日詔宋晚名臣之裔曾預選尚特與換文資仍差近見闕監司屬官　五月八日詔宗室換官人並依元換舊官支破請給今後依此　六年四月四日詔侍從官依元豐法不許薦舉武臣試換文資　欽宗靖康元年五月五日詔少傅安武軍節度使錢景臻鎮安軍節度使開府儀同三司劉宗元為左金吾衛上將軍檢校太保保信軍節度使劉敷檢校少師武成軍節度使劉敏灊德軍節度使張樧岳陽軍節度使王舜臣檢校少傅應道軍節度使朱孝孫檢校少保瀘川軍節度使錢忱並為右

金吾衛上將軍先是衛史中丞陳過庭言竊惟祖宗創
業艱難愛惜名器當時將帥建節不輕授人自崇觀以
來權臣專政啓僥倖之路高爵厚祿視如土芥雖胥史
厮役閹亦濫除功臣貴戚羞與為伍況廩給之厚傔從
之衆坐糜國用百倍他官今陛下循名責實恭儉節用
以身率四海凡任節度使者人人願自貶損以從德化
特重于自陳爾近因范訥有請願歸環衛授以上將軍
制命一頒衆皆歡抃臣恐自此相繼有請多矣與其有
請而後從不若先為之所嘗聞藝祖削平禍亂一日罷
諸節度悉歸環衛而人無異議者分當然也欲望指揮
所屬詳加裁度除宗室及實有軍功人別作措置外其

卷三千八百七十四

其餘並依范訥例換授施行以協天下公議詔令吏部
除宗室外開具內外節度使姓名允除授因依聞奏故
有是命　二十四日檢校少保陸海軍節度使鄭翼之
安德軍節度使鄭成之乞換授環衛官不允　高宗建
炎元年十二月九日詔歷考祖宗朝后父無為文臣侍
從官者朕欲遵依舊制以復祖宗平治之時豈可以近
親違戾典憲邢煥可特換光州觀察使依舊提舉亳州
明道宮初煥除徽猷閣待制以右諫議大夫衛膚敏言
祖宗之法后族戚里不得除文資恐撓法而干政故有
是命　二年正月十八日詔后族自今不許任侍從官
著為令甲顯謨閣直學士孟忠厚特與換授常德軍承

宣使從臣僚之請也　二月二十四日詔劉正彥與換
武德大夫威州刺史先是朝請大夫新差通判虔州劉
正彥言建炎元年十一月四日手詔求可使絕域能將
萬衆者不以有無官資許詣登聞檢院自陳臣元係修
武郎閤門祗候熙河蘭湟路經畧使司書寫機宜文字
以先臣法任帥熙河陷沒戎虜蒙朝廷優卹許換文資
方今國步多艱世讐未復如臣父子蒙恩至厚感激所
至亦能忘身願復武階以應明詔吏部言正彥合授武
德大夫遙郡刺史故有是命　四年九月五日詔以成
忠郎閤門祗候建昌軍兵馬監押蔡延世為承事郎通
判建昌軍延世本太學諸生後以本軍兵馬監押特差

卷三千八百七十四

權主管軍事募兵守城江西及福建諸司上其功狀乞
依格換文資通判建昌軍特有是命　紹興元年九月
十日朝請郎楊特乞將換授宣教郎後所得把隘賞合
轉武翼郎于見今朝請郎上轉行一官從之　二年五
月二十四日詔韓文胄元係進士以叔祖駙馬都尉嘉
彥致仕恩澤補承信郎令同兄肖胄奉使可特與換迪
功郎　二十五日詔忠訓郎閤門祗候劉軫特換左奉
議郎軫初以上舍及第政和二年任穎昌府郾城縣尉
以獲盜功授保義郎閤門祗候至是吏部以無條例特
與改正　六年五月十七日詔秉義郎權淮南西路宣
撫使司主管機宜文字張勳久在學校文行俱優令中

書後省量試與換文資從都督諸路軍馬張浚之請也
六月十五日詔右修職郎何焯特授忠翊郎初焯以
獲彊盜合改官自陳元係獻納出身不願用賊賞循資
乞換使臣故有是命　七月二十七日詔吳玠男忠翊
郎閤門祗候扶忠訓郎攜並特與換文資　七年二月
十三日詔武節郎閤門宣贊舍人髙公繪換授右朝請
郎以朝廷差公繪奉使公繪自陳元係進士後改入武
學賜承節郎出身續又曾請文解到省且嘗兩差奉使
無曠職乞換文資故有是命　九月二十六日詔武節
郎張子儀可召試令吏部依格與文資　吏部言無武
翼郎以上立定換官條格詔特換右通直郎　八年二

卷三千八百七十四

月二十四日詔權發遣鄧州充湖北京西路宣撫司幹
辦公事于鵬令中書後省召試時務策一道如文理可
採特與降等換文資　九年二月十三日詔郭仲荀男
武翼郎閤門宣贊舍人及之令吏部與依格換文資添
差僉書昭慶軍節度判官廳公事　十年八月一日詔
從義郎楊師中令中書後省召試時務策一道與換授
右承事郎　十三年十二月二十二日詔楊政男武德
郎庭令川陝宣撫司試策一道與換右通直郎　十四
年五月二十四日趙子攸進所業乞換文資上謂輔臣
曰要換文資須令後省試策乃可朕固喜宗子向學然
文資豈可令僥倖得之　二十二年六月五日詔閤門

宣贊舍人劉伉與換右武郎幹辦皇城司右通直郎劉
炎與換閤門宣贊舍人　二十八年二月十四日詔吳
國長公主孫從義郎潘昌衡昌甫昌嗣昌朝可並換授
右宣義郎　三十年四月二十一日詔修武郎趙不㬥
係濮安懿王近屬可特依不悅等例與換文資　三十
一年八月十二日詔右通直郎直敷文閣劉堯勳與換
授武畧郎閤門宣贊舍人從其請也　孝宗隆興元年
六月二十六日臣僚伏覩祖宗朝文武兩途視為一體
未嘗偏輕偏重故有自武臣而以文學換授文資或有
自文臣而以材武智謀換右職當邊寄者多矣錢若水
以工部侍郎為鄧州觀察使李惟以翰林學士承旨為

卷三千八百七十四

相州觀察使王嗣宗以御史中丞為耀州觀察使知永
興軍陳堯咨以翰林學士為宿州觀察使知天雄軍至
如韓琦王沿范仲淹龐籍四人皆以一時搢紳冠冕改
授觀察使充四路經畧又有從朝臣所薦如呂公弼之
薦种吉自大理評事授内殿崇班充陝西駐泊都監韓
琦之薦李丕諒自館閣乞換右職以備西邊任使是也
方今胡塵未息干戈未靖陛下智勇天錫慮恢復之圖
欲望稽考典故傳採中外之臣儻有材智權畧可以臨
邊制閫如侍從大臣則出自聖斷依陳堯咨王嗣宗韓
范徑行改授仍許自郎官以上依呂公弼韓琦例薦舉
京朝官選人可備邊任者加陞擢而改授之從之

宋會要　以官回授

高宗紹興元年九月三日知樞密院事宣撫處置使張浚言昨任殿中侍御史自應天府扈從車駕至揚州合轉一官乞迴授兄迪功郎滉改初等合入官從之　四年六月二十八日左儒林郎前建州觀察判官黃彧乞將致仕合改通直郎回贈父意一官從之　五年正月七日中書門下省檢正諸房公事晏敦復言曾祖母張氏已封孺人今乞將妻該遇明堂大禮合得宜人封號回授加封宜人從之　三月十日敦武郎朱仲祖乞以封妻恩例回授祖母馮氏詔封太孺人　六年十一月二十日尚書右僕射提舉詳定一司敕令張浚言乞以祿令成書特授左光祿大夫恩例回授兄滉從之　十二月十一日資政殿學士左太中大夫提舉臨安府洞霄宮沈與求言乞以磨勘合轉一官回授兄右迪功郎夢求循轉從之　八年六月二十一日尚書左僕射同中書門下平章事趙鼎以累辭免特進恩命不允乞回授從之仍賜一子六品服　九年六月十一日新除江南西路轉運判官宋棐乞以合轉朝散大夫恩例回授父右朝奉郎峴改賜緋章服從之　十年十一月十三日詔太師尚書左僕射秦檜辭免轉官特賜一子六品服　十二年十一月六日詔太師尚書左僕射秦檜母秦國夫人王氏追封秦魏國夫人檜乞以進封秦魏公

卷三千八百七十五

職官六一之二四

恩回授故有是命仍不許回授　十五年四月二十四日胡振言蒙恩授河南府助教竊念父能耄年欲以上項官資回授願官秩卑微無可回授者乞特加存恤詔胡能特與補諸州助教　十六年三月十三日忠翊郎新差監潭州南嶽廟趙詠之言母李氏年七十未蒙恩封乞將合轉忠訓郎一官回授詔特封太孺人　二十一日吳國長公主言昨該郊祀太禮合得奏補親屬恩澤二人內一人欲乞回授與男潘端卿子遊郡上轉行一官從之　十七年十二月十二日太師尚書左僕射秦檜乞以進書合轉一官回授賜親屬一名六品服從之　二十八年九月九日詔右正議大夫權尚書戶部侍郎宋貺特轉一官許回授以驗獲趙青等僞造殿前司券牒推恩故也　二十四年十一月八日太師尚書左僕射秦檜乞免加食邑實封恩命詔許將依授官例所得親屬六品服與孫女夫吳益賜紫章服孫堪之妻趙氏與封令人　二十六年正月二十六日昭化軍承宣使知閤門事兼客省四方館事錢愷乞以四遇大禮合奏異姓恩澤回授所生母田　加封詔封兩等　三月三十日詔成彥忠可與落閤門宣贊舍人將父閔護衛皇太后轉一官濠州立功轉一官並回授特除右武郎　四月十三日詔王繼先合轉一官乞回授可與男悅道特除直祕閣　二十七年三月二十九日詔趙祐

卷三千八百七十五

職官六一之二五

之母程氏特封太孺人，祐之以宗子賜進士出身乞用唱名合得循資恩例回授，故有是命。　八月二十五日，詔武功大夫、貴州團練使、兼閤門宣贊舍人李邦傑可轉遂郡防禦使，以父合轉一官回授故也。　三十年七月二十六日，故慶遠軍節度使張澄孫煥言：祖澄以措置捕捉虔州軍兵齊述等功轉一官，乞回授與本家，左選官吏部言依條合回授右選。詔依所乞。　十一月十日，吏部言：故右承　郎趙洙妻孺人陸氏言，先舅昂昨于紹興八年因修祿秩成書，蒙恩特轉一官，依條回授，今乞與長男右承務郎趙孟照。會依條，因戰功許回授者被賞人身亡，許行收使；其本官係因修書特轉一官，身亡，難以回授。然昂在罷政一向遷謫，以致身亡，郎與其他人回授事體不同。今欲將上件賞比附戰功被賞條，與孫孟照見今官上轉行。從之。　紹興三十二年孝宗已即位未改元六月二十四日，中書門下省檢會覃恩赦書：文武官並與轉官，有該載未盡事理，合措置。詔文臣中大夫、武臣承宣使以上并其餘礙止法人，並與回授。　孝宗乾道四年六月十五日，吏部狀：故履正大夫、安德軍承宣使傅忠信妻郭氏狀，乞將故夫德順軍與金人見陣立功轉一官指揮，回授與男鈞收使。本部照得昨降立定戰功格目內即無德順軍功指揮，乞將傅忠信前項已得旨轉一官依條回授與男收使，後有似此生前

卷三千八百七十五

見陣立功已得旨轉官，許回授之人，亦乞依此。從之。　五年九月十八日，詔榮州刺史士恭特授楚州團練使，以兄武當軍承宣使士程該覃恩礙止法回授，從其請也。　六年閏五月六日，臣僚劄子：近來南班官往往將所得轉官礙止法恩賞乞回授與一般南班收使，作一官轉行，顯是太優。欲望朝廷指揮，將南班宗室所得轉官恩賞礙止法之人，如回授與一般南班收使，即乞特與收給減十年磨勘。其承受減年人若該磨勘，即照應陞興二年三月二十三日指揮對用實歷，改轉。詔依。　二十三日，故鼎州觀察使、隴右郡王趙懷恩男從義郎寧國狀：故父蒙恩特陞正任觀察使，昨于紹興三十二年該遇皇帝登寶位覃恩，合得轉官，經成都府保明，蒙截府稱礙止法，而父懷恩身故，未曾收使。緣父止有寧國一名，乞將上件致父合覃恩依條回授于臣見授官上轉行。准吏部告示稱，依近降指揮，四川陳乞覃恩申截自今年正月一日以後申發到部，更不受理。詔特與放行。　七年十二月十日，詔安德軍承宣使張去為該覃恩合轉一官，可依王謙等近例回授與男安中，特轉和州防禦使。　淳熙元年四月二十八日，詔被沒王事恩澤人非本宗親，不許回授占射。詳定一司敕令所言：紹興舊法，諸殁于王事被錄用之親，聽十年內陳乞占射，應入差遣一次，或子授承信郎、或將仕郎以上者，兩

卷三千八百七十五

次即顧回授身亡人緦麻以上親者聽昨緣有異姓承
受殁于王事恩澤之人一槩陳乞占射故給與二年十
月九日指揮本宗被錄用親許依條乞占射外餘不許
陳乞即非本宗親皆不許陳乞占射其指揮內雖無回
授之人既非本宗親尚不許陳乞其回授自合亦與本
宗既依乾道法從之　六月二十七日迪功郎孫逢辰
乞將賑濟循資賞回授封母羅氏詔封太孺人　八月
六日皇子魏王府記室參軍耿秉言自襁褓中出繼伯
父之後當出繼之初所後父母即世已久仍鞠養于本
生父母今本生父見年七十有八欲將今赦合該封妻
恩回授本生父從之　二年十月二十七日慶壽赦應
卷二千八百七十五
事太上皇帝轉官資礙止法許依條回授曾任執政侍
從官並轉一官年七十以上轉兩官龍飛榜登第人各
轉一官資隨龍人並轉五官資德壽宮官吏諸色人在
宮祇應脩見勤勞今該遇慶典並與轉兩官資及十年
以上與轉三官資（十三年慶壽赦全此）○同日赦應轉太中大夫觀
察使以上特許回授宗室文武官及宗婦宗女年七十
號年七十以上之人特與轉官加封礙止法人依條回
授　三年九月二十三日監尚書六部門錢璹忠言亡
母王氏生前恭魯國賢務明懿大長公主遺表特封感
義郡夫人及臣陞朝每欲加贈以臣父愷見任承宣使
司封格法只得碩人緣此拘礙無因控陳將來郊祀大

禮合該奏子若未及親情所難安欲將合奏子恩澤回
授先妣王氏于郡夫人上追封國號從之　十一月十
二日南郊赦應見任及致仕文武陞朝官禁軍都虞候
以上并藩方馬步軍都指揮使父母妻並與封敘已封
敘者更與封敘亡殁者與封贈已封贈者更與封贈如
祖父母在願合授者聽（自後逐郊同此）　六年十二月十八日
詔知巴州楊虞仲乞將本身該服色回授與父特依所
乞是日宰執進呈虞仲所乞上曰其父見存以服色回
授非若吝更輩以減年乞封贈故特從之　九年十二
月五日江西運判兼提刑帥當言當母臧氏先緣淳熙
二年十二月十七日慶壽赦恩封至太宜人及該今年
卷三千八百十五
明堂大禮赦恩以當官品未合封敘而妻安人吴氏却
合封敘宜人乞將妻所封回授其母從之　十年五月
七日詔鄂州駐劄中軍統制閻世雄母太碩人王氏特
封太淑人世雄言先父皋在中興初效身橫列今贈宜
州觀察使老母王氏累封太碩人今年八十三歲衰耄
多病非經遇郊祀無從叨霑異恩乞將世雄蒙恩所轉
一官回封故有是命　十一年正月十六日戶部負外
郎總領浙西江東財賦淮東軍馬錢粮吴琚言被旨太
上皇后慶壽七十推恩親屬數內吴琚與轉一官資乞
回授乳母范氏特與初封從之　十三年正月一日慶
壽赦文武官校副尉下班祇應該遇今赦各與理當三

年磨勘選人比類施行礙止法人特許依條回授。　四月八日中書門下省檢正諸房公事孫楙言乞將該遇慶典所得理當三年磨勘回授父逵改轉章服從之。

十二月二十一日思州言楊氏乞故夫田祖行在任酬賞回授與孫男田慶裕等補官上曰夷人補官止是羈縻之術可與放行乃詔田慶裕田慶琪各特與補進義校尉。

淳熙十六年二月四日登極赦應文臣承務郎武臣承信郎以上并內臣及致仕官依紹興三十二年赦文並與轉官不隅磨勘仍依當月二十四日續降指揮文臣中大夫武臣承宣使以上并其餘礙止法人並依條回授。

同日赦應重華宮見今侍衛親從官條等于今赦合轉官外特與各轉兩官資礙止法者許回授。

卷三千八百十五

同日赦應文武陞朝官并禁軍都虞候以上父母妻未有官封者並與封敍已封敍者更與封敍祖父母在者聽回授。

三月二十一日敷文閣待制提舉佑神觀吳琚言臣乳母范氏見年七十有九昨因該遇壽聖皇太后慶七十恩典陳乞回授已特封孺人今乞將所該覃恩一官更與回授於孺人上加封從之。

二十九日祕書省正字李寅仲言父曦實年七十已敍封宗秩今乞將寅仲該遇覃恩合轉奉議郎一官回授換緋章服從之。

四月十三日通判永州程行敏乞將磨勘合轉朝散大夫一官回授與本父偉贈初品官詔特贈承事

郎。　六月二十三日樞密院言殿前司選鋒軍統制張國珍供職滿十年乞依張彥達等轉官體例推恩施行得旨與帶遙郡刺史吏部勘會係礙止法詔令回授。

七月三日利州觀察使耶律適嘿言該遇登極轉一官緣礙止法乞回授與長男妻蕭氏詔特封咸安郡夫人。

十月十九日詔閤門宣贊舍人左武衛將軍黃裳行為係前春坊該遇登極轉兩官一官特與帶行遙制一官回授。

十一月十四日吏部申明賞惟聽用酬賞轉遙郡團練使留正等奏前後轉行體例雖多然揆之于法則不可上曰且當守法止令回授。

二十六日知黎州李嘉謀通直郎馮適之乞將赦恩改授服色回授與父從之。

卷三千八百十五

十二月八日永慶軍承宣使趙師夔言該遇登極赦轉官依條合行回授緣師夔元係朝散郎充敷文閣待制于淳熙十五年十月四日換授永慶軍承宣使師夔四男並見係文臣若將上件恩賞回授與武臣則師夔所得恩澤無所收使乞回授與長男希適于修職郎上循轉吏部照得諸臣僚轉官礙止法應回授者止許回授本宗本色有官有服親師夔所乞即不是本色官有礙條法詔特令回授。

紹興元年八月二十三日左丞相留正辭免進書轉官詔留正兩局提舉並充玉牒禮儀使可特轉兩官與轉特進內一官許回授。

二十六日參知政事葛邲辭免進書轉官詔不允可特轉

一官內一官許回授　三年九月二十五日岳陽軍節
度使龍神衛四廂都指揮使提舉佑神觀蕭鷓巴言臣
自遠歸朝兒婦淑人耶律氏有子存德自襁褓間携之
來歸今來存德乞將本身秉義郎合該磨勘轉官與母
回授加封從之　四年七月二十五日吏部言太常丞
李謙乞將磨勘轉朝奉郎回授贈本生父母本部照得
李謙本翊之子翊死其母陳氏繼亡伯母蕭氏遂立謙
為伯父養素處士珙之後昨因郊恩謙既乞贈其父珙
及二母矣而又欲以磨勘朝奉郎一官回授與本生父
翊及本生母陳氏前母王氏雖在法不許而事關風教
理則可行詔特依所乞　八月十六日池州駐劄御前
卷二千四百七十五
諸軍副都統制李逢原言昨往巢縣起蓋樓櫓等了畢
特減二年磨勘緣逢原見任武功大夫係礙止法乞回
授與男承信郎勛吏部勘會照得元降指揮即無許依
條回授之文詔特與回授　九月七日新成都府司戶
參軍李僑奏本貫邛州前來祗赴御試注授上件差遣
重念先父澄苦學不售先母廖氏劬勞異常今來祿不
及親不忍出仕欲將本身所得官資回授二親即日休
致歸奉林壑奉旨李僑其志可嘉特依所乞吏部照得
初官未曾經任從條止合守本官致仕陞朝官遇赦封
贈父合初贈承事郎母初贈孺人又有京官承直郎以
下父年九十以上遇赦初封合擬承務郎致仕所有加

官致仕回授二親即無上項條令乞將李僑守本官致
仕贈父迪功郎母孺人從之　光宗紹熙五年閏十月七日
都省言承信郎新差監潭州南嶽廟趙汝常奏元係無
官宗子曾請到取應解該遇淳熙十六年龍飛赦恩特
補承信郎今來已歷一任合該磨勘乞將轉行一官回
封所生母鍾氏吏部乃以條法有礙難以施行竊緣先
臣善學于紹興二十六年曾以磨勘轉官陳乞回封祖
母李氏高宗皇帝嘉之特旨命詞有曰朕以天下為慈
寧養猶為未足凡子之孝于親者每樂聞之況近在吾
宗乎至今綸言于孫傳誦又觀紹興二十七年宗室不
息及淳熙八年彥邈淳熙十三年汝悉等皆有陳請丞
卷三千四百七十五
將合轉官資回封母及所生母得旨並依奏茲者恭遇
陛下嗣登大寶祗奉三宮方將以孝治風化天下而臣
所請情實懇切母子至親綱常所繫律□大法禮順人
情為人子而忘其母雖授爵食祿有所不安今吏部稱
諸臣僚不許以加恩轉官服色之類回授封贈緣臣係
本身磨勘有用官資即非恩轉減年服色之比又遇覃
恩該轉一官亦不願祗受乞依先臣善學及宗室不息
等已行體例將臣合轉兩官回封母鍾氏詔將磨勘一
官特與回封　慶元元年四月十七日吏部言權吏部
侍郎孫逢吉乞將轉一官回授贈祖父叔遇祖母李氏
本部勘當在法諸臣僚不許以轉官之類回授封贈注

云太中大夫以上不拘此令照得本官見任權吏部侍
郎雖歷在太中大夫之上于法有不拘此令之文乞指
揮施行詔從之　二年十月十四　你寧軍節度使開
府儀同三司充萬壽觀使韓侂胄言壽聖隆慈備福光
佑太皇太后上尊號皇后以正位中宮並加册寶臣猥
饕肺腑槃堉儁比當各進一官念臣先曾大父司徒贈
尚書令魏郡王謚忠獻配享英宗廟庭琦先臣誠寔唐
國賢穆太長公主之子早嘗滲會高宗孝宗屢加識擢
迨末一施齎志莫償迺俾臣濫竊官榮此臣日夜慚懼
食不充甘寢不克寐竊惟國朝近世王安石秦檜俱以
真封王爵王申而臣曾大父琦昔在三朝累承顧命臣
卷三千一百七十五
為之曾孫雖不敢輙妄評議然天下萬世之公論於如
日星誰能揜之昔所追封且以郡言今恭覩中宮加封
三代臣曾大父琦復弗能及此有識之士未忘慨歎而
惕惕焉不容自默先臣誠今雖追贈公師謚且闕如欲
望聖慈念臣曾大父琦寔相三聖功在皇家而祖妣唐
國賢穆太長公主身歿之後其有恩數不敢悉行陳乞
欲以今茲恩命一官許曾大父琦照王安石秦檜例加
以真封以一官賜謚先臣誠豈獨增賁九原抑以見聖
朝之孝治從之　六年五月四日正奉大夫同知樞密
院事許及之言臣近兩具辭免敕令所修進慶元編類
寬恤詔令并役法撮要了畢經修不經進官特與轉行

一官依例加恩恩命蒙賜不允批答伏念臣出于白屋
致身两地曾祖以下皆霑官少卿典緣先臣樞乃先叔
祖懿文先叔祖妣王氏所出叔祖以力學授徒為業臣
童蒙遠事實被義方之訓先臣抱罔極之痛欲報無所
竊見在法諸臣僚不許以轉官之類回授封贈注云太
中大夫以上不拘此令從官則得封贈父母而紹興淳
熙及慶元初從臣相繼有請皆得回授以贈其祖間有
併贈所生父母者望許臣以今來合轉一官回授與先
臣所生父母量贈秩號以見微臣不忘自出之意從之
及之父所生父懿文贈朝奉郎所生母王氏贈安人　十月五日吏部言朝奉郎
祕書郎楊濟乞將明堂大禮赦恩合該封敘妻張氏安
卷三千一百八十五
人所封回授母太安人年氏照得淳熙元年江西運判
邱宦母臧氏已封太宜人因該明堂大禮緣官品未合
封敘將妻吳氏合封敘宜人回授其母今來楊濟引例
係是特降指揮詔特依所乞　嘉泰二年十月七日華
文閣待制提舉江州太平興國宮俞豐奏乞將磨勘合
得一官回授贈祖母藍氏詔特依所乞　三年六月五
日朝奉郎將作監陳景思言乞將進呈玉牒了畢合得
修書一官回贈先兄景参直徽猷閣職名上轉行詔特
贈直顯謨閣　十一日中書舍人兼實錄院同修撰王
容言該遇修進實錄得減三年磨勘乞回授父朝散郎
致仕林宗政轉服色特依所乞　同日王容又言準告

轉中奉大夫，合該封贈一次。父已封朝散郎，繼母安人鍾氏未該加封，妻周氏卻合加封令人。乞將妻所該恩例回授與繼母加封。詔特依所乞。開禧元年十一月一日，禮部侍郎李壁言：「恭被詔書，為臣辭免奉使回程特轉一官不允。重念先臣燾贈官已至少師，職名見係敷文閣學士。今來乞將臣合轉一官于先臣職名上特賜加贈。」詔依所乞，李燾特贈端明殿學士。三年二月十九日，中書門下省言：「下班祗應、鎮江府駐劄御前後軍統制許浚乞將合得官資回授贈父許超及封母王氏。照得近揔畢再遇申請，許浚因淮陰縣刦寨立功，已降轉六官指揮。」詔令吏部特與封贈一次，已降轉官指揮更不施行。

卷三千八百五

嘉定元年閏四月二十四日，四川總領陳咸奏：「蒙恩以粗知守節，特轉兩官。咸既叨寵數之非常，適有私恩之未報。重念先伯父升卿知池州青陽縣，有政及民，受知孝宗。咸以治命出繼叔父巨卿，今巨卿以咸陞朝，已累贈至朝散大夫，妣亦至宜人。而伯父官止朝散郎，伯母喻氏、史氏止封安人。乞將今轉兩官回授本生父母轉行。」詔許令將一官加贈本生父母，餘一官依已降指揮。四年九月九日，迪功郎、新成都府司户參軍史公亮，迪功郎、新綿州司户參軍史天錫並乞以其官封贈父母。詔史公亮、史天錫各特循從事郎致仕，仍特依所乞。公亮、天錫皆蜀進士，出赴廷試，授闕後，公亮以先父嘗充省貢，北遺編以終身；天錫以先父若學不售，並陳乞援李僑房聯例，以其官資回封贈父母，故有是命。至見致仕門。

十五年十二月十九日，樞密院言：「今年正月十日寶赦內應文武官僚特與轉一官，礙止法人許依條回授。照得京東忠義諸軍都統李全昨任承宣使日，該遇上件寶赦轉官，未曾陳乞回授。」詔特令回授與男李順卿，于見今官上轉行。

卷三千八百七十五

對換官

太宗至道三年九月宋州言知寧陵縣張克勤父淵授
壁州符陽令年老地遠克勤願代父之官詔許與父換
任　真宗景德二年十一月詔大名府元城縣主簿鄭
暕解州安邑縣尉李獻可令吏部銓對易其任暕以母
老家貧寓居關右難以迎侍表乞移官就養詞甚懇切
真宗憫之特有是命　大中祥符五年十月二十三日
以樞密直學士右諫議大夫任中正知并州從樞密直
學士右諫議大夫任中正知并州從樞密直學士禮部
侍郎張秉知相州秉多與同僚博戲又與轉運使陳若
拙飲席詬爭軍務不輯故也　六年十月以知洪州馬
卷三千八百七十五
亮與知荊南府朱巽對換其任　以巽撫遏部內溪洞失
措也　八年二月二十八日詔河東轉運使段惟幾京
西轉運使陳堯佐交換其任以弟堯咨親嫌故也先是
堯咨知永興軍與轉運使樂黃目不協乃徙知河南府
因有是命　天禧二年二月二十四日命益州路轉運
使韓庶京西路轉運副使趙賀兩換其任以庶上言母
年八十無兄弟供侍故也　仁宗康定元年六月二十
八日樞密直學士韓琦言知陝府楊偕與夏竦累次謀
議不協竦令節制陝西偕之所任恐有妨礙詔河東都
轉運使高觀與偕換任觀仍加集賢院學士　二年四
月二十一日詔泰州管界諸縣令佐并鎮寨主都監監

押巡檢等委陝西都轉運司體量年老昏昧懦弱不得
力者于轄下選公幹得力使臣對換訖奏如別無可差
即具以聞當議遣人對替　慶曆六年九月一日詔新
差知邢州郭承祐與相州對移從諫官錢明逸之奏也
承祐舊知邢州為部民訴納朝廷別與差遣明逸以為
言故有是命　皇祐四年十一月八日詔以知慶州天
章閣待制張昇進龍圖閣學士知秦州龍圖閣直學士
何中立復知慶州先是何中立已差知秦州而諫官御
史指言中立既乏時材不諳邊事交章不已故兩易之
嘉祐三年十二月三日以右諫議大夫新知鄧州周
湛改知襄州少府監新知襄州馬尋改知鄧州湛鄧人
奏乞對換其任也
卷三千八百七十五
英宗治平元年閏五月十二日河
北都轉運司言睦州刺史恩州鈐轄張蘷本出恩州員
僚直在城多有親戚深為不便伏望對移一兵官詔差
滄州總管泰州團練使郭緒對易其任　治平四年三
月二十五日神宗即位未改元以太常少卿楊士彥知
登州先是差光祿卿陳鑄上以鑄才職不稱令別與知
州差遣故命士彥代之　七月十四日差莊宅使竇師
熙知恩州替劉章以章北人不安水土從其請也　神
宗熙寧元年七月二十四日以都官員外郎馬淵權知
棣州虞部員外郎侯若濟權知德州並從上言以河北
地震水災易庸暗年老之人可選精吏處置故有是命

三年十月六日以御史知雜知審官西院謝景溫同
修起居注知審官東院蔡延慶兩換其職以景溫言同
知西院李壽朋迺知慶州復圭之兄臣屢言復圭邀功
生事壽朋懷此怨嫌數蒙侵怒乞易地故也　四年三
月十六日以河北轉運使楚建中權發遣三司鹽鐵副
使傅堯俞兩易其任以堯俞言為御史日嘗彈劾薛向
怨難共事故也　元豐元年閏正月二十三日知慶州
高遵裕乞避轉運判官孫迥詔迥與權發遣河北路轉
運判官黄華對移遵裕與迥嘗互訟市易及以結糴起
詔獄故也　十一月十八日詔提舉永興軍等路常平
等事右贊善大夫李孝博新提舉秦鳳軍路常平等事

卷三千八百七十五

右贊善大夫范純粹兩易其任　十二月二日詔開封
判官蘇涓先次與判登聞檢院杜訴權對易仍令開封
府訴將根究以御史黄廉言開百姓傅澤妻經開封府
判狀以夫出外不知消息乞改嫁後判官蘇涓雇以為
婢近澤還家訴理有司欲坐其妻之父罪而同列疑焉
按涓開封官屬必知澤妻妾乞改嫁而令人宛轉顧買
乞盡理推治故也　二年五月四日詔權發遣三司户
部副使韓忠彦權發遣鹽鐵副使王居卿兩易其任以
上批鹽鐵事頗居卿兼職别司恐難剸辦又事與市易
相干妨礙故也　十月十四日詔利州路轉運判官程
之才夔州路轉運判官徐師旦兩易其任以利州轉運

使劉忱與之才有嫌當避也　五年二月九日上批新
判尚書刑部何正臣自擢置朝廷以來未嘗踐履刑獄
職任可改差判尚書兵部兼知審官東院　五月九日
詔知青州龍圖閣直學士劉庠與知永興軍鄧綰對易
以御史中丞徐禧言永興浩穰其民鬬暴綰闒茸偷惰
乞移綰内郡别選才望之臣故有是命　九月八日詔
句永興軍等路常平等事張太寧從秦鳳路提舉秦鳳
路常平等事陳康民從永興軍路以提舉弓箭手營田
蕃部事康民置局在渭州太寧兼提舉故移就本路
六年正月二十九日宣德郎守大理正賈種民為尚書
吏部員外郎給事中陸佃繳奏吏部郎官冣與選事非

卷三千八百七十五

種民刑法之吏所宜冒處詔改駕部　七年七月四日
詔新河東轉運副使范純粹為尚書右司郎中右司貟
外郎承議郎孫覽為河東轉運副使以上批開純粹與
知太原府呂惠卿素有私嫌恐難協濟邊事故也　八
月二十四日詔通直郎提點河北西路刑獄呂溫卿與
東路承議郎呂仲甫兩易其任以知定州蔡延慶言先
任福建路嘗舉溫卿縣令歸秀州置獄臣嘗陳首今合
迴避故也　十一月二十六日詔新除吏部侍郎領左
選熊本與吏部侍郎領右選陳安石兩易其任以本目
疾引見選人不能讀奏也　哲宗元祐二年七月二十
三日右司員外郎王覿為侍御史杜純為右司郎中以

御史中丞胡宗愈言純無學術科第用法徇私故與觀
更任　十二月十四日龍圖閣直學士知瀛州滕元發
與龍圖閣待制知成德軍蔡京對易以元發父名與府
同自陳故也　三年十一月八日新任工部員外郎高
士英改提點開封府界諸縣鎮事承議郎張元方為工
部員外郎因言者論士英資淺太皇太后慮違新格未
協人望詔易之　四年七月二十四日新除國子監丞
王讜改為少府監丞讜宰臣呂大防子壻諫官言其不
協公論而大防亦自請改除故也　五年五月二十三
日殿中侍御史賈易言臣昨在諫省嘗論呂陶因因
及蘇轍朋邪害正之迹今轍除御史中丞臣為屬官理

卷三千八百七十五

合避嫌詔易與度支員外郎田子諒兩易其任　紹聖
四年十月四日詔新江淮等路提點坑冶鑄錢事呂公
雅與知齊州王夆對易其任公雅以母老有請也　元
符二年八月十六日以寶文閣待制知熙州孫路措置
邈川事乖錯移知河南府以寶文閣待制知慶州胡宗
回知熙州　徽宗崇寧二年九月十一日吏部尚書何
執中劄子伏見官員授差遣兩係應入而各願對換者
不以路分依條限許對換若其闕係承務郎以上依法
合借侍郎左選員闕却願與已授差遣選人對換及選
人合借尚書左選闕願與承務郎以上對換者雖各係
應入闕次自來未有許對換之人今欲將承務郎以上

及選人所授員闕如願對換各係應入差遣亦許依條
對換從之　政和三年三月十八日湖北轉運副使孫
漸奏先任京西轉運判官巡歷汝州魯山縣點檢得官
庫金銀鹽鈔歷各有少數牒唐州根究後因犯人妄經
朝省陳訴蒙下陝西路再差官根究遇恩原免更不結
案即是已經按發其時本縣令係范之才今之才按察
點檢荊湖南北路州縣監司職事緣臣本職正係統轄
相干有此妨嫌欲望對移別路一合入差遣詔孫漸與
江東運副姚孳對移通理前任月日　四年三月二十
二日提點荊湖南路學事林儔奏准敕節文令轉運提
舉司契勘諸縣官對移上內合登科人隨資序到任二

卷三千八百七十五

年以下充令佐如不足申吏部注人契勘本路所管縣
分內有令佐皆無出身去處除盡數對移上內合人見
令闕有出身官已具狀申尚書吏部注人窃慮未即到
任檢承政和二年十月二十三日敕節文審察如令佐
雖無出身却通經術可以委責之人兼或對移令欲且
一面依上條審察通經術人兼管或對移候差注到依
稟施行詔政和二年十月二十三日指揮更不施行
八年九月十一日工部侍郎蔡安時奏先于政和四年
任河南尹月與京西轉運使王璹議論不合臣尋蒙誤
恩除迹古殿直學士王璹落職放罷去年臣任刑部侍
郎其父詔除刑部尚書曾乞迴避蒙對移工部今來詔

除工部尚書已交割職事與之同部顯有妨嫌詔與刑部侍郎王孝迪兩易　宣和二年九月十八日詔武節大夫提舉秦鳳路弓箭手吳子厚降授武德大夫與京兆秦鳳等路保甲兼提舉王師古兩易其任　三年四月二日詔權知南雄州楊積與知康州胡愈對移仍各通理前任月日先以通判師楊臣論不協時和故有是命　五月一日武節郎瀘南潼川府路廉訪使者郭衡奏臣伏覩元豐敕應知州通判無通判只有僉判或職官獨員處同川峽路不得並差川峽人臣訪見本路合州知州朝奉郎史堪眉州眉山縣人司錄承議郎馬祖武潼川府郪縣人緣合州係無通判州軍司錄係以次官屬史堪史堪于今年二月一日到任馬祖武于今年三月十四日到任詔馬祖武可對移川路州軍不係川人知通一般差遣　閏五月五日詔知昌州范世雄與本路鈐轄薛蒼舒有嫌可令范世雄與江南路虔州守臣兩易其任　四年十月九日臣僚言昨有旨守臣三年為任然猶有對移兩易之弊乞重郡守之選去對移兩易之命必使三年為任然猶有對移兩易之弊乞重郡守之選去對移兩易之命必使三年為任毋輒更易從之　十一月十一日兩浙轉運副使奏本路財計係逐州戶曹專任其責自來吏部注擬之際別無銓擇之法故任此職者其間多有全然不曉財利之人褫廢職

卷三千八百七十五

事容縱姦弊隱匿侵欺為害不細今來本路如有似此之人不敢陳乞辟官只乞于本路見任官內許臣移易一次被移官不理遺闕庶各當其任可責勞効從之　七年十一月二十四日臣僚上言竊見州縣命官因事對移邇來徇私之臣專以喜怒為用無問事之巨細罪之有無一不如意則必移之僻遠處其怨釋乃使還任欲望嚴立法禁應命官寔有罪犯不可存留其任已行奏劾聽旨之人許移條對移外其罪無實狀者不得對移從之　欽宗靖康元年三月十九日詔諸路將副押隊并統領訓練部押官已詔安撫司不依常制移易選差如輒有錯避致誤軍期師臣具奏當議軍法從事

四月十七日監察御史胡舜臣言孫䫉知利州劉寧止端夫者以張炳為太學博士則奪湯衍者端夫與衍皆待次久矣雖非觀炳以討擬之然朝廷奪彼與此一何偏也願痛削此弊以振淹滯寶寒畯之幸從之　十月十九日臣僚言近制守臣以三年為任毋輒更易竊考近日郡守有未閱歲而易七人者相州是也有易五人者洪州慶源府是也或中道而改命或始至而輒還本易偏舉此除授不審之過或因避親嫌許其對移者法也今不因親嫌亦許對移矣窮邊絕塞緩急之際師守非人俾之兩易尚為有名今均任內地或已到官或尚待次寅緣干請亦得兩易未至官者有為人侍闕之譏

卷三千八百七十五

已至官者有道路流離之苦願碓守三年為任之文罷
去無故兩易之弊詔今後非實有親嫌並不得兩易雖
奉御筆亦許執奏不行餘從之近制謂宣和七年十月
九日指揮見久在門　高宗建炎元年六月五日詔以
新除江東運判李彌遜為直祕閣淮南轉運副使彌遜
言弟彌正係江南東西路經制使翁彥國壻乞迴避故
也　紹興元年三月十一日詔福建路提點刑獄廖剛
與王圭兩易其任初制置使辛企宗措置福建盜賊討
郤武賊余汝霖未獲剛糾合鄉社欲撫諭歸業符企宗
緩師企宗嘗奏劾之至是剛有新命以為嫌云　二年
閏四月十日提舉兩浙東路茶鹽朱絳以本貫台州屬

卷三千八百七十五

本路乞迴避詔與韓協兩易其任　十月十六日詔通
判常州鄭釋之與通判池州萬立隆兩易其任以兩浙
轉運副使徐康國等奏知常州俞俟治郡有績近釋之
到任頗以職事不協乞對移釋之故有是命　十一月
二十四日江南東西路宣諭薛徽言比來小官下吏一
被對移終為罪累故為之長者常難之今臣宣諭所到
州縣乞許視吏之能否兩易其任通計月日不理遺闕
路如有合對移官具事因申尚書省取旨施行餘路依
此　十二月二十五日臨江軍新喻縣丞李維蕃吉州
安福縣丞鄧涇州言近承江南西路安撫大使司奏辟
兩縣差遣緣各是本貫乞兩易從之　三年三月二十

二日詔福建路安撫司幹辦公事任良臣與主管機宜
文字王傳兩易其任詳見避親門　五月六日詔李㢸
孺與江西轉運判官姚宗文兩易其任初荊湖南路安
撫使席益知潭州折彥質任河北河東路宣撫副使寄按
知深州李元孺棄城逃遁捕繫孟州獄至是彥質以本
路轉運副使李㢸孺乃元孺之弟乞迴避故也　六月
十一日尚書吏部員外郎徐林言淮南收復之初士大
夫零落略盡諸州窠闕一時從權或自借補入官或自
舉辟正任其間多鄉曲輕猾之徒叱隸之人半時暴傑
無賴一旦任職凡可以營私盜貨之事無不爲也乞應
係淮南州軍士人所任差遣并委轉運司限一月對換

卷三千八百七十五

鄂州一般差遣其不願對換者即罷從之　七月十日
權發遣鼎州程昌禹言昨權荊湖北路安撫使曾按發
漢陽知軍范寅亮違法事今寅亮除湖北路轉運判官
乞迴避詔不許　十月十一日詔四川元係轉運司擬
注窠闕仰依舊法施行如遇軍興緩急之際州縣官有
不堪倚仗之人仍許宣撫處置使司差官對移各不理
遺闕詳見奉辟門　四年四月十三日權發遣建康府
呂祉言本府都監所管在城巡檢烟火公事實為繁劇
本府駐泊職事稀簡見任都監喬昌祖才力綿弱臨事
怯懦添差都監趙子浹輕率恣縱不循分守各難倚仗
其正任駐泊監押李翼添差駐泊都監王潤各係材武

十年七月十七日及九月廿三日兩行移至八年十月落後提行接寫

出身賦性忠樸乞以趙子渼與王淛兩易其任喬昌祖
與李翼兩易其任各不理遺闕從之 二十七日詔知
建州江少虞與知饒州魏矼兩易其任以矼言本路提
點刑獄虞澐初除起居舍人矼任侍御史嘗論奏澐報
政親戚不當任兩省官依條合迴避故也 五月五日
詔工部員外郎章傑倉部員外郎江公亮兩易其任詳
見避親門 六月十日江南西路諸司言洪州南昌縣
事務繁重見任知縣晁頌之以疾作力衰乞于外縣選
官兩易其任今欲將靖安知縣王愷與晁頌之兩易其
任不理遺闕從之 九月二日知溫州章誼言近有司
申請部內知縣有不可倚仗之人乞與縣丞監當幕職
卷三千八百七十五
官內諸司共選有風力之人兩易其任契勘溫州負海
窮僻加以歲事不稔正賴邑長撫字乞許臣用前指揮
於所部官內量度才能兩易其位不理遺闕從之 六
年六月二十二日判湖南路提點刑獄趙子岊言兄子
崧先奏衡獄乞對易別路合入差遣詔子岊與廣西轉
運副使曾幾兩易十四日中書門下省勘會權發遣桂
陽監趙公燁與本路轉運判官王震等互陳職事不同
難以依舊在任詔公燁與知峽州劉盡兩易其位 ○十
年七月十七日權發遣吉州王洋言與知處州梁楊祖
因公事所見不同遇有監司行下兩州互勘公事必相
迴避令楊祖充本路安撫使乞迴避詔王祥與知郎武

職官六一之四八

軍許知徽兩易其任 ○九月二十三日知臨安府俞俟
言臨安府應辦事務甚多全藉官吏協力其職事繁冗
才力不易其任 七年四月十九日故特進觀文殿大
學士李邦彥母尚氏言邦彥以責官身歿瘴鄉有長孫
衡老令差象州簽判深恐終致流落乞對移湖北一等
差遣詔李衡老特令吏部改差武昌軍簽判 九月十
七日徽猷閣直學士新知袁州李擢言往任左司諫曾
論列今江西安撫制置大使李綱而袁州正係統屬乞
追寢新命詔李擢別與郡 八年十月十四日詔新通
判秀州莫庭詢新通判建康府蔡棟兩易其任庭詢以
私計不便有請故也 ·二十七日臣僚言江西轉運副
卷三千八百七十五
使歐陽與世出官未久若使遽當漕計竊恐未易責辦
況江西民吏頑悍殘寇猶存使者按臨任兼彈壓乞別
選練疏通可委漕輓者填闕與世別與差遣從之
十一年六月二十九日詔通判湖州楊可久與通判處
州郭亢兩易其任以可久縱吏為姦故也 七月八日
詔知太平州王褆與知處州朱亮功兩易其任詳見避
親門 八月五日詔提舉江南東路茶塩公事鄭喬年
與兩浙市舶王傳兩易其任詳見避親門 九月六日
新差主管官告院詹猷言高祖名吉難于官稱乞特兩
易行在一般差遣詔與提轄雜買務雜買場顏嶲兩易
其任臣僚言提轄雜買務係見闕新差監官告院詹猷

職官六一之四九

係替見任人徐清來年六月成資闕兼兩處局務清冗
雖差異而提轄雜買物賞格倖皆優于官告院令許令
兩易窃恐漸起攘奪之風詔詹猷與新監進奏院胡涓
兩易其任 十二年四月二十一日詔平山府崑山縣
丞吳詢仁與正差知金壇縣事詢仁對移知金壇縣治
縣有功從沿江安副使劉子羽之請也 九月十三日
詔知南安軍大庾縣徐彭年令本路提刑司依條對易
彭年以論知軍范振不法事引嫌本路提刑司為之請
故有是命 十四年五月二十一日詔權發遣仙井監
何伯熊與知懷安軍羅萬兩易其任詳見避親門 十
八年十一月九日權兩浙路轉運判官曹泳言通判常
卷三千八百七十五
州張瑜沈長卿與知州莊必彊互論欲將張瑜與通判
湖州趙善良對移沈長卿與通判嚴州汪佇對移從之
二十四年十二月十七日尚書司封員外郎王葆言
近者監司郡守多緣好惡之私更易縣令且在法命官
犯罪雖有實狀亦須具奏方許對移令或謂贓污不法
而對移者初未究見罪迹亦有不俟奏稟而行者在法
縣有繁簡難易監司察令之能否隨宜對換亦必具奏
聽旨令或謂疲懦不材而兩易者所易之官未必循良
亦有反為民蠧者乞賜禁約詔應對移具實申尚書省
二十七年十月八日詔應命官於陀州縣寄居已及
七年雖未及七年而有田產物力及三等戶以上並不

許注授本處差遣訪聞近者注授多有違戾可並兩易
從左司諫凌哲之請也 三十年八月二十八日詔沿
江一帶巡檢職事稽察姦盜利害甚重其間有年高力
衰之人令諸州守臣各于本處使臣或閑慢差遣官內
選擇有材武人對易先具職位姓名申樞密院取旨
孝宗紹興三十二年未改元十二月二十四日詔新知
池州呂廣問與知徽州薛良朋兩易其任以廣問言管
下石埭縣界委有田產欲望換易它郡故有是命 隆
興元年正月二十一日右諫議大夫劉度言浙西安撫
司參議官何大圭以私計不便乞易差遣得旨與福建
路安撫司參議官鄭績兩易臣竊見紹興二十七年十
卷三千八百七十五
月八日指揮西北流寓及東南人雖無產業見寄居處
不許注授差遣契勘大圭久居福州平日因以請求撓
政凌物得官不赴浙西必欲易任以就所居之地無乃
與紹興法禁大相戾乎乞賜罷黜詔差主管台州崇道
觀理作自陳 四月三十日詔通判濠州鮮于廣與通
判楊州蔣該兩易其任其已差下居企中改替鮮于廣
通理成資闕從江淮都督府請也 七月五日知靜江
府方滋劄子竊惟祖宗以來武人在邊郡必差文臣通
判專任民事其于親民之官如此留意神部內有貪殘
為人害者自當按劾以聞其閒有選懦不任民事者欲
令郡守具名申朝廷乞與宮祠差遣通判縣令許令闕

曹臣憲臣量其輕重劇易對換差遣訖申朝廷給降敕
劄從之　八月四日殿中侍御史周操言臣伏聞近日
改差張祁知太平州林珣知江州方今防秋在近諸處
守臣不是紛然移易之時太平州所差林安宅聞已辭
免朝廷遂致別選守臣今來林珣見在荊襄經使知太
平州誠為合宜其張祁在江州已久方且諳知人情邊
與珣更易必有迎送往來之擾乞追寢前命令林珣經
知太平州張祁依舊知江州實為兩便從之　十月四
日詔通判揚州鮮于廣差通判利州以廣言伏覩主之
望除戶部侍郎叅贊軍事緣廣先知潭州醴陵縣日之
望任湖南提舉曾因職事干涉將廣放罷乞行迴避故
卷三千八百七十五
有是命　二年八月二十一日詔江南東路轉運判官
史正志江南西路轉運判官葉仁兩易其任以知饒州
王十朋言昨任侍御史日曾論列史正志令饒州實錄
江東理合迴避乞除宮祠故有是命　乾道元年二月
二十日詔今後應堂除在外差遣人非選材能特旨陞
擢者並不許干求更換差遣三省樞密院可常行遵守
仍著為令　三月八日詔權通判鎮江府陸游與通判
隆興府毛欽望兩易其任仍各通理前任月日已差下
杜易改替毛欽望還維改替陸游並通理成資闕中書
門下省奏陸游以兄沇提舉本路市舶欽望與安撫陳
之茂職事不協並乞迴避故有是命　十四日詔知蜀

州吳援與知利州王瑞兩易其任從四川宣撫使吳璘
奏以入覲乞男援照管家屬故也　七月四日詔通判
溫州方翱與新監行在都進奏院汪悟兩易其任以翱
悟各為私計不便乞兩易故也　十八日詔新知饒州
徐蔵與新知江陰軍蔣天祐兩易已差下王直中改替
徐蔵英沖改替蔣天祐並成資闕以蔵言父老抱疾義
難遠去故有是命　八月二十八日向汸吳交如令兩
易各通理前任月日以尚書刑部侍郎方滋劉子昊勘
大理寺正斷刑寺正自來差試中刑法人其右治獄係
差有出身武廕補及試中刑法人竊見見今左斷刑大
理正向汸不曾試中刑法人欲乞令逐官兩易其任故
卷三千八百七十五
有是命　二年十一月十五日詔權發遣池州戴達先
與知江陰軍趙彥倬兩易其任以達先言母久抱疾難
以迎侍欲乞近處軍壘與見待次人兩易故有是命
三年五月十九日詔新差權通判臨安軍府姜詔與新
隆興府通判富杞兩易其任以詔兄任兩浙漕使乞避
親故也　四年六月十一日詔新知建寧軍府韓元吉
改知江州與王淮兩易其任以元吉言福建路安撫使
王之望係有嫌隙元吉任度支郎官嘗其論罷建寧正
在統部法當迴避乞改別路差遣故有是命　十月二
十七日詔新大理寺丞胡仰與太府寺丞梁李珩兩易
其任內梁李珩通理前任月日以胡仰言竊見左斷刑

詳事燕世良係故大理寺丞燕仰之子，昨先又辨陟知靜江府日無辜遣謗其燕仰之被差鞫獄，令乞迴避，故有是命。　十一月千十五日，詔尚書右司員外郎林栗與樞密院檢詳諸房文字黃石兩易其任。以栗言昨嘗集議疑貸强盜刑名，今來伏覩頒降刑部修立强盜斷例與栗所見不同，緣栗見係右司郎官，所管刑房職事難以書擬，故有是命。　五年九月七日，詔新權發遣江南東路計度轉運副使程大昌與兩浙東路提點刑獄公事陳漢兩易其任，以大昌本貫徽州乞迴避故也。　六年六月二十六日，殿中侍御史徐良能劄子奏：伏覩閤報曾逢差知衢州，胡堅常差知秀州，二人治郡固優為之。然以逢守衢，第恐諸兄弟多居衢城，出入往來難以止絶，邦人觀之，豈免瓜李之嫌。堅常毗陵人，親故經從往來甚邇。欲乞正素定，莫若使逢與堅常兩易，庶幾杜絶猜嫌，盡公涖職。從之。　十月九日，四川宣撫使司申：契勘關外階、成、西和、鳳州知州，從來宣撫使司于統兵官内踏逐奏差。契勘武德郎、閤門祇候、知成州梁柄于本州見有田產，乞改差知階州，却將右武大夫、知階州王中正差知成州，所貴兩便。從之。　七年五月六日，殿中侍御史李處全言：伏見新知吉州曾協，故文貽公犀之孫，博極羣書，温文而懿，但吉州繁夥，其民嚚訟，小有不至，為協之累，則是朝廷用其長。新知撫州周樞撥

卷三千八百十五

煩治劇，素稱敏健，若使二人兩易，則才適于用，事無廢矣。臣又聞知信州林機明常守信，今習其寬厚；知嚴州王師愈為政强敏，姦猾斂畏，然師愈娶女人也，嚴與婺實為鄰郡，親舊請託，不無瓜李之嫌。若使二人兩易，則寬猛相濟，政必和矣。並從之。　八月二十四日，詔新知撫州曾協與新知永州賈邀兩易其任，以協于撫州有田產乞迴避故也。　八年二月十六日，新知廣德軍丁仲京與新權發遣建昌軍富杞兩易其任，各以私計不便有請故也。　十二月六日，詔新知鄂州王習與新權發遣房州張椿兩易其任。　九年四月二十二日，詔權發遣高郵軍王定國與安豐軍高夔兩易其任，各通理前任月日。以定國言比覩閤報，改除知揚州兼淮東安撫，緣有私嫌，恐不安迹，乞迴避故也。　六月二十一日，詔權發遣均州尹機與辰州高泗兩易其任。　七月二十二日，詔淮東總領沈祖德與知饒州曹總兩易其任，以御史中丞姚憲論祖德知常州專以聚斂為事，故有是命。　淳熙二年閏九月十三日，浙西提刑徐本中言：近者州郡之間率用私意更易官吏，不申省部，不報監司，移郡之邑，邑移之郡，或以他官而兼攝，或以卑官而任重，往往辭煩就簡，捨薄從厚，請求僥覬，惟利是趨，易置紛然，浸亂舊制。乞戒飭州郡長吏毋得私自更易。從之。　五年七月二十二日，詔兼權右侍郎官木待問與

卷三千八百七十五

兼權司封郎官黃洽兩易。待問自言係著作郎，見立限修纂日曆，又兼太子侍講，凡遇上堂至午方退；其權郎官逐日所受詞訟及銓量審保辦驗告身，必須親臨，于修書講經實有相妨，乞免兼侍右職事，故有是命。　淳熙十六年六月二十四日，詔太府寺丞張同之與司農寺丞鄒德麟兩易。同之以堂叔張孝伯見任幹辦諸軍審計司，乞迴避故也。　十二月二十八日，詔通判臨安府趙師復與添差通判嚴州不釐務趙師應兩易。以守臣張杓言師復素有耳聵之疾，難以貳政天府；師應兩宰劇邑，精力方強，故有是命。　紹熙元年八月十一日，詔新除國子正李大異與太學正田澹兩易。大異以官稱上一字與父名下一字同，乞迴避故也。　二十五日，新權發遣秀州兵馬鈐轄劉端仁狀：宣現任揚州兵馬鈐轄，去年十二月蒙辟差再任，緣已差下劉端仁，遂差宣充秀州兵馬鈐轄，今來端仁以老母臥疾，情愿兩易，庶使宣就任，得稱端仁得侍次，以便侍養。從之。　二年正月十一日，詔知寧國府沈揆與知婺州蔣繼周兩易。以俞端禮新除知建康，係本路安撫使，沈揆舊同職事有嫌，乞宮祠，故有是命。　十五日，詔知秀州章沖與知信州張栻兩易。以兩浙運判沈詵係沖外甥之夫，職事相干，乞迴避故也。　三年二月五日，詔新權知茂州喻文然與新權發遣西和州洪槻兩易。緣利路運判楊王休係槻婦父，乞行迴避故也。　三月十八日，詔知宜州徐桶與本路副總管、新兼知欝林州沙世堅兩易。詳見溪洞諸蠻門。

八月十四日，詔重慶府通判朱煥與施州通判曹熙兩易。煥與知重慶府劉德秀職事不協故也。　四年十一月二十六日，詔新知泉州何澹與知明州朱佺兩易其任。澹命下，請祠，欲以奉親養疾，故有是命。　嘉定二年十一月二十六日，詔侍衛步軍司統領姚琚與換在外軍中一等差遣，以臣僚言琚乃附和羅日愿圖謀不軌徐濟之妹婿，統領在軍，其任已重，徐濟姦謀彼固不預，但其與之有連，豈能無疑？若久留步旅，序進高益，恐亦未便，故有是命。　十三年三月十五日，詔命吏部自今後應命官司計不便或避親之人，除期親並合解罷外，餘並要闕期在一年限內方許對換。以吏部申請，故有是命。　十六年正月十八日，都省言：朝散郎新通判寧國府史安之狀，昨蒙陶注前件差遣，劉璃闕，緣安之與親兄見任江東提舉定之係是本路監司，妨嫌，合行迴避，乞于一等州郡內改差。詔與通判紹興府丘壽倩兩易其任。

全唐文

宋會要　借補官

高宗建炎元年十月二十四日詔今年五月一日以後諸路帥臣監司等應借補官資之人令所在官司拘收元借補付身公據並行毀抹具姓名申三省樞密院其今年五月一日以前借補官資非專承聖旨及朝廷借補者令帥守監司並拘収毀抹其擅行借補官司特與免罪令後不得更輒借補內有係盜賊招安借補者具元承指揮及所借補官司令所在帥臣勘驗開具申尚書省。　十二月二十一日京畿留守宗澤言昨充兵馬副元帥見當職官措置應副人馬口食錢粮委有勞效

卷三十八百七十七

已各與借轉一官詔特於元官上轉一官　二年二月二十一日臣僚言兵興以來例用便宜指揮借補擬轉官資如高公純齊詔謝䚇革所與借官人皆是客司虞候下至屠沽不逞之徒雖累降約束猶未知禁乞應諸路借官人委提刑安撫司依弓馬所格法比試將合格人兩司擬定合得名目逕申尚部給進義進武校尉兩等文帖拘收借補文字毀抹繳申尚部對名仍令安撫司先次別項籍定充準備軍前使喚不得充州縣監當等差使仍不限員數每月依格法支破食錢候將來立功或因捕盜得賞者即與保奏依法比附轉行試不中者特許再試一次或又不中即追取原借補文字毀抹

入官放令逐便若試中人內有日前委曾立功或捕盜功賞照據可以憑用者令係籍處安撫司取索勘驗具詣實保明朝廷依法推恩如隨身別無照據或雖有而不可憑用者如元立功處相去不遠雖非本路亦許移文勘驗仍令轉運提刑司覺察符同并詐偽不實等弊庶使不致阻遏功賞有以激發忠義之士應因功遷轉入品者逐旋申解樞密院以備銓擇其餘在司人候將來士馬寧息日具姓名人數取旨發遣赴沿邊帥司聽候使喚不願前去者即申解都官別聽差使令具弓馬所試驗格法下項步射兩石硬弓馬射一石一斗走馬射各隨身弓并走馬使鎗以上合格人補承節郎步射

卷三十八百七十七

一石八斗馬射一石一斗走馬射各隨身弓并走馬使鎗以上合格人補承信郎步射一石五斗馬射一石一斗走馬各隨身弓并走馬使鎗以上合格人補進武校尉日支破食錢一百文省步射一石三斗馬射一石走馬射各隨身弓走馬使鎗以上合格人補進義校尉日支食錢七十文省詔令諸路安撫提刑司驗實有功已補借官人依格比試訖具功狀及別應格法解發赴御營使司審試餘依所請。二十八日臣僚言張守論借補狀云臣聞傳曰善為國者賞不僭而刑不濫賞僭則懼及淫人刑濫則懼及善人若不幸而過寧僭無濫與其失善寧其利淫是則聖人立國之意每過於厚不使過

於薄也故傳又曰賞疑從予所以廣恩勸功也司馬軍法曰賞不踰日欲民速得為善之利也其意皆本於此伏覩靖康元年十一月詔書有能應率衆勤王立功人聽便宜權行補授文武官資候到闕正授於是四方之士各効所長官司依詔借補以官止之朝廷酬其功之大小而正授之信賞示勸中外具乎而二月二十一日指揮乃有應借官人内有委實胄習弓馬或武勇之人委諸路提刑安撫司依弓馬所格法比試兩司將合格人擬定合得名目徑申省部給進武進義校尉兩等文帖將元借補文字毁抹繳申之文蓋朝廷愛惜名器杜絶冒濫之意然猶有所未盡請試言之一則難槩試

卷三千八百七十七

以弓馬二則推恩太薄三則試格大峻四則得賞大緩何謂難槩試以弓馬立功之人色目不一或輸家財以助國費或齎蠟書而冒險阻或有進士借補文臣皆未必有過人之武勇也試之弓馬必無倖中今乞借補文臣則試兵書戰策以為殿最若輸私財數多齎蠟書已達自無僥倖之理便可驗實免試授官何謂推恩太薄艱危之際有累立功節次借補至陞朝官大使臣者設即試中乃與借補初官者同得校尉未為允愜今乞凡試中人於所借官上降三資以次補授無資可降人聽補守闕副尉何謂試格大峻弓馬格法乃白身人州縣解發中即補官今借補之人各已立功若試不中則前

功俱廢似於常情有所未安今乞更於弓馬所試格法小加裁降使可通行何謂得賞太緩借補之人類在一二年前及得所屬保明聞闕以至行在更經有司問難如達朝廷已是艱滯今又令歸諸路安撫提刑司同共比試擬定解赴御營使司審試而後授官須更經涉朞月今乞且據逐處保明功狀就御營使司類聚差官比試便與補授（張守狀云：凡此數條實有利害，又四方得賞歸鄉者亦已甚多，一旦驟革之，則有功同而賞異，不能無幸不幸也。）今方救寧四方正須激賞以勸後來（張守狀云：又孔子以兵食可去而必欲存信，而成湯之誓亦曰朕不食言。）若謂諸處保明不實則在審擇將帥而已行賞之際恐非所當致疑也（張守狀云：所謂不幸而過，寧僭無濫，庶幾合於古之賞疑從予及賞不踰月之義。謹錄奏聞，伏候敕旨。）詔將

卷三千八百七十七

今年二月二十一日已降指揮内試格步射馬射各遞減二斗餘並依奏四月八日詔應借官及加借官資人果有顯効今所屬保明取旨推恩如係一時官司迭急借補加借資之人别無功績並與改正從官條請也

三年五月二十一日詔軍興以來諸處多將使臣將校等名目借補令專差官將今日以前應借補人參酌正補合得名目外如日後有賞立功之人止令所轄官司出給所立勞績公據即不得依前借補其借補官司被受借補名目之人並依軍法施行　二十八日知單州高德仁言比國家多事急於用人許從便宜借補官資以激勸有功之士而諸處知州有非帶職而借人以閤

職妄之權將領者有自白身補名目而令權處尉者乞
行下諸路監司郡守今後應緣軍事止許借補保義郎
至副尉充捉殺使臣使喚不許差權兵官及巡尉候立
功日具立功等第第保奏依格補授如違並科以違制
罪從之　紹興元年八月二十五日大理寺丞劉藻言
諸鎮帥臣以便宜借補官資間有借補人以文資者乞
令赴行在量試程文以觀所蘊等第推賞從之　十月
二十六日江淮路招討使張浚言李允文專擅捌置司
屬妄作便宜指揮補轉官資陳乞恩賞及民占差遣支
破請受乞行下諸軍及掌兵官并諸州軍縣鎮檢察如
有似此借補官資之人並不得收使從之　二年三月
卷三千八百七十七
二十一日詔知東海軍使葛翊所帶一行官兵內有舊
借補官資人請給依正補支破候到任及二年內有立
功人即具名取旨補正　三年二月十九日三省樞密
院賞功房奏襄陽府幹辦使臣守闕進義副尉加借進
武副尉丘昇佚通借忠翊郎商玘借承信郎艾璋借守
闕進義副尉裴進言近蒙本鎮差委管押蓄賊首領鄭
務兒并齎號牌軍期捷報文字赴行在經涉水陸往復
萬里乞依例推恩詔丘昇佚通各轉兩資於正名目上
收使商玘正補下班祗應艾璋正補進義副尉裴進正
補効用甲頭借補付身令尚書省毀抹　三月十五日
詔應便宜借補官資人有犯許依攝諸州助教法犯贓

私罪杖公罪徒以下並贖從大理寺正劉藻請也　十
二月十三日川陝等路宣撫處置使司言給換借補付
身合將每員應便宜補轉過官資聚起改換止給付身
一道將所功立因依於付身內分明開說今措置立式
下項某官某人本貫三代年甲一某年月日緣某事補
授某名目一某年月日緣某事轉授某官一次立功作
一項開呈以上某名目官資已授到朝廷付身某名目
官資今乞換給付身詔令宣撫處置使司今後依此式
每三十員類聚作一狀開具申三省樞密院　十八日
加借右宣教郎孫悅言元係國學免解進士建炎二年
從南輔都總管司立借補功迪功郎次用便宜加轉至
卷三千八百七十七
宣教郎乞補正官資詔孫悅許用前後勞効特與補上
州文學四年二月一日神武右軍都統制司言借補忠
訓郎韋進等八人元係馬進下借補人先隨馬友掩殺
孔彥舟吏部接到一資公據後與賊劉忠戰有功又據
到兩資公據今乞將帶進等借補官資補正及收使轉
三資公據詔帶進等許將吏部已給轉三資公據依陝
西効用法各與補守闕進義副尉　五月十六日詔借
補右儒林郎充襄鄧郢州鎮撫使司幹辦公事謝製特
與正補右廸功郎製係襄陽府進士襄陽乃淵聖皇帝
舊鎮以登極恩免解後鎮撫使李橫借補鄧州文學差
充幹辦公事累以功借轉儒林郎至是乞補正故有是

命　五年閏二月十日詔今後借補官資公據已經朝廷看詳不合收使者並當毀抹不得仍舊給還　六年十二月二日荆南路安撫制置大使司言安撫制置大使司後軍正將裴鐸屢因戰功借轉至敦武郎閤門祇候緣借官擬轉不行乞賜換補詔裴鐸與正補成忠郎閤門祇候　九年八月三日詔應便宜借補官資人自今降指揮日限一年陳乞換給付身出限更不施行　十二年五月二十六日虔州管内安撫司言招到信豐龍南等縣克賊首領陳積彭富依指揮斟量各擬補守闕進勇副尉妝充聽候使喚詔乞給付身從之　二十六年七月三日三省樞密院言勘會前四川安撫制置使司鄭剛中李璆書押過便宜付身其見從軍官兵雖累行展限緣路遠趂赴不及至今換給未絶詔自今降指揮特與除程展限一年換給令四川安撫制置司依限保明申三省樞密院若違令限更不施行　三十二年正月九日詔契丹奉國上將軍武勝軍節度使兼鄧州管内觀察使威略軍都總管蕭中一棄虜歸正守城有功過盜被害實可憐憫男借補武翼大夫頴可與補正從鄂州駐劄御前諸軍都統制吴拱請也　二十九日京東西路河北東路淮北泗宿州招討使成閔言已收復泗州有土豪借補修武郎兼閤門祇候劉繹團集人民於清平嘉山殺退賊兵保守州境無虞已權差繹

卷三千八百七十七

知泗州軍州事乞行補正從之　孝宗乾道八年七月二十五日樞密院勘會昨自紹興三十一年以後軍興一時許諸軍主帥并逐路帥臣監司郡守等出給借補付身已行换給真命補正了當所有未换給付身已是出違日限依指揮更不行使外今來有不應借補官資去處擅行出給付身理宜約束詔今後輒敢擅行借補以違制論如有人材可委使合行借補之人先次具姓名申取朝廷指揮許出給文帖候勞績顯著與行補正　九月十三日詔近降借補官資更不行使指揮緣有司勘會未當可更不施行

宋會要　特恩補官

卷三千八百七十七

高宗建炎二年二月二十三日詔王既已遣奉使特與補朝奉郎初既以進頌特授從事郎累遷奉直大夫靖康元年以言者指陳名器之濫例行追奪至是差奉使故特與補官　紹興二年正月六日詔宣撫處置使張浚書寫奏報文字進士張樺特與補承務郎樺浚之姪也　四月十八日詔樞密院所差探事謝興等四人與補承節郎郎付身令樞密院繳賞庫寄收候回日給付初樞密院止欲借補詔特令補正候得北界機密事宜乃付之　十九日詔太學生許壽燾奏對可嘉特與補迪功郎　三年九月二十一日詔祝世榮特與補下州文學（七月五日詔）先是唐州以世榮獻策保全州境有功借補迪功郎續

差賫蠟彈赴行在，朝廷補世業登仕郎，不理選限，世榮乞换文學，故有是命。　二十三日，諸路軍事都督行府言：免解進士閻人晉招到水寨張百通、楊奴、楊壽，兼本貫係今上皇帝封收舊鎮，拜表稱賀，合該免省恩例，今乞將招安功賞、拜表恩例一併推恩。詔特與補下州文學。　八月五日，吏部言：右廸功郎郭湜政和間兄弟五人並入小學聽讀，其後召試都堂，並賜童子出身，係不經科舉補官，依指揮合審量。詔郭湜特與補下州文學，仍注權入官兩任訖注正官。　六年二月十一日，詔借補廸功郎李寯與補下州文學，候兩任權官回日與補正。寯先以從軍借補，至是自陳係元符末上書邪上入

卷三千八百七十七

于係，乞依赦補文學，故有是命。　十三日，右修職郎呂潮言：父諒卿係元符末上書邪上尤甚，特勒停，永不收叙，送亳州羈管，在范宗中等二十七人數內，依近降指揮，合得下州文學一名，緣潮別無兄弟，及潮之子尚幼，未堪仕宦，乞奏補異姓有服親。從之。　三十一年六月九日，詔布衣陳光國、大同王德並與補右廸功郎，薛志中、朱興、鞠炳並補承信郎。制曰：布衣陳光等忠義自奮，議論可采，各命一官，以示為爾榮。紹興三十二年八十八日，孝宗已即位未改元。詔進士李珂上書有補治道，特補右廸功郎。　孝宗隆興元年正月一日，詔進士李申甫陳獻封事，議論可采，特補右廸功郎。　乾道五年三月一

日，密州歸正過省進士徐濟川進狀：係京東密州人，陷於偽境，因魏勝先復海州，臣同父好古糾集密州鄉人數戶，赤心歸朝。臣陷虜日應進士科，取到文解三次，後來過省殿試下。伏見青州鄭謨係三舉到省，一般過省殿試下歸正人，已補惠州文學。臣累狀陳乞，蒙批下禮部，本部吏不照臣先狀，便作一舉到省，至今不蒙改正。詔特補下州文學。　十二月二十七日，詔賜對布衣林其可特補右廸功郎。　六年閏五月二十四日，詔布衣楊綽上書可嘉，特補廣州文學。七年八月七日，詔王寬陳獻利害可採，特補忠州文學，添差兩淮州軍司戶差遣，仍撥務。　九月二十一日，國史院狀：准批下故少宰觀文

卷三千八百七十七

殿學士吳敏孫楠投獻欽宗皇帝御書一百軸。契勘乾道五年內資州助教楊志發投獻熙寧以來御劄，本人元係特奏名第五等補授不合出官之人，已得補榮州文學，今乞照楊志發體例推恩。詔吳楠特補將仕郎。　九年閏正月十日，知明州軍州事趙伯圭奏：臣先人有館客周士荃，隸籍上庠幾三十年，臣欲以合得恩澤回授與之，緣礙格法，不敢陳乞，欲望特補一文資恩澤。詔恭奉太上皇帝聖旨，特補右廸功郎。　二月二日，故尚書刑部侍郎程振孫曉、州鄉貢進士邵進，其祖存日抄寫崇寧以來詔旨等文字二十冊，并御製御書通一百一十三冊。詔補下州文學。

全唐文　續會要　借補官

淳熙元年正月十四日，臣僚言：白身人借補官資，本以為內地從邊及良家從軍者之勸。近年兩淮帥司給授太濫，或以親故干請，或以勢位囑託，又黃緣請謁權攝税場酒務學職公帑，皆收用借補人。乞下兩淮帥臣，不許濫補官資，自指揮到日，應有權攝日下住罷，儻有違戾，所請俸給並依法施行。因而有罪犯者，元差官與被差人均罪。從之。　八月二十八日，江西路安撫使龔茂良言：已降指揮，應歸正忠義人當時供補官資，令逐路帥司取索見在人付身審驗，元借補因依申樞密院，先令逐路帥司換給文帖，候將來立到新功，與補正。恐自今無以示信於人，不若且令各據元得付身依舊收執，候將來別立功日併與酌度換給。從之。

卷三千八百七十七

六年六月八日，右諫議大夫謝廓然言：兩淮之間，無非軍興白帖借補官資之人，憑籍名目，冒受權攝，如光州最為窮陋，而借補名目及一百五十餘人，則他郡可知。乞下兩淮帥臣監司，應以借補名目權攝之人，並日下住罷，除都督府因軍功出給文帖，且免繳納外，其他帥守監司一時給帖借補之人，並立限責令齎出毀抹。上因諭宰執曰：既非軍功，如何輒敢借補名目？違法輒差權攝，可依奏。

七月七日，詔令除于寅、韓侯、將曾與金人接戰宣力，并差幹事實有勞効之人，先次依舊例保明申尚書省，下

得泛濫，其餘借補人並依已降指揮。　十年二月十三日，詔二廣帥臣覈實二廣州郡白帖借補校副尉助教等權攝人數，將因捕賊立功出給文帖與免繳納外，其餘並追索毀抹，仍仰具析不照應節次指揮拘收因依聞奏。　淳熙十六年七月二日，興州駐劄御前諸軍都統制充利州西路安撫使吳挺言：熟戶蕃龍家族都管借補承信郎包千因蕃賊首領厖摻忽令聚衆入界作過，包千能設謀捉獲。緣上件蕃賊係屬北界洮州鐵城地分極邊蕃部，今來包千若以捉獲厖摻忽令等，祇受朝廷推賞官資，真命其包千見今亦在極邊居住，切恐事體稍重。乞下四川制置司將包千於宣撫司借補名目上量賜加借。出給制置司劄子給付。詔包千特加借一官，令制置司出給付身。

卷三千八百七十七

紹熙元年十一月八日，軍器少監兼權吏部郎官趙[illegible]之言：往年用兵之初，諸軍主帥并逐路監司帥守並許將忠義立功人借補付身，其間多有實未嘗立功，但以貲得之者，真偽混為一區，散在緣邊州縣，輒假虛名扇惑上下，甚者請求職任。乞行下緣邊州縣，應借補人未經朝廷補正者，不得仍前安居職任，若倉庫局務闕官，只許就見任州縣官內差人措置。從之。

續宋會要

淳熙二年三月三日，詔承節郎向定特轉忠翊郎，令吏部更與添差差遣一次；白身人王伸特與補承信郎，仍

支賞錢五百貫以樞密院奏定伸告首姦細張衡故有
是命　十二年八月五日詔歸州助教張蒙正補進武
校尉蒙正先詔特補興州文學與軍中屬官差遣臣僚
言蒙正初係白身以趙樽之薦得補助教至今二十年
梁師雄舉前事以薦之遂與補正官資法不當予人以
為異乞止處以武階庶幾不紊成法　十五年四月二
十五日詔憲節皇后親姪兕解進士邢鐏邢鏞白身邢
鍰並特補初品官以憲節祔高宗室故也　淳熙十六年二月二十
七日汀州寧化縣首領楊兕祖特補進義副尉以本州
申擒獲兇賊官黄三等故有是命　紹熙四年三月二
十八日詔白身張祐在潜邸歲久係是隨龍人數見今

卷三千八百七十七

應奉勤勞特補承信郎應有違礙依令降指揮可與放
行餘人不許援例　慶元元年七月二十六日吏部言
故朝散郎虞似昌男安民狀稱故父係因祖澐生前任
祠部員外郎右司檢正起居舍人雖係承議郎直龍圖
閣致仕所得恩澤即非一時特旨及非泛等補援乞照
先祖曾經除擢因依施行本部勘會虞澐生前歷任館
職郎官都官起居舍人正為避執政親嫌除職補外任
提刑差遣即非因言章及過犯降黜兼從來未曾經奏
補恩澤其子蓋係白身有旨特依常明等例與一子初
品官恩澤今照得虞澐元係承議郎直龍圖閣致仕所
與恩澤不係依格蔭補卻緣虞澐昨任館職郎官都官

起居舍人係是朝廷擢用之人因避執政親嫌補外即
非降黜後任承議郎直龍圖閣致仕承指揮特與一子
初品官恩澤即與尋常非泛一時特旨補官之人事體
不同取自朝廷指揮施行詔令吏部特與放行其餘非
特補授人不許援例　開禧三年正月七日詔知楚州
李鄀堅壁禦虜先已推恩今又還男慶臣親來禀議李
慶臣特與補承信郎　三月十三日詔張自明特補廸
郎以湖廣總領兼知鄂州項安世奏國家方有事於中
原若專尚科舉未免有遺才之嘆伏見國子進士張自
明本以文字中選其實非科舉之士生長建昌素有膽
略又遊邊徼喜交豪傑覩逆胡之猖獗搤腕抵掌嘗有

卷三千八百七十七

奮身報國之志若假以尺寸之權必能出其才智以濟
事功雖當無事之時使之效官州縣必有可觀决下諭
安自同時革有士如此沉伏草野實為可惜乞特加官
使以助科舉之所未及故有是命　二十日詔張思晦
特與補廸功郎以湖北京西安撫司奏據金州副都統
彭輅申進士張思晦係彭州崇寧縣人曾於慶元元年
間詣闕進書言北虜事勢已蒙朝廷付外看詳緣本人
疾病西歸未準朝廷推恩於去年五月內聞朝廷調撥
指揮復有恢復十議因此具禮羅致之令參論機密文
字多有所補乞保奏得於文資優與推恩本司已借補
廸功郎欲望朝廷給降張思晦廸功郎真命於是從之

五月二十四日，詔侯正國特補迪功郎。以四川宣撫副使安丙奏：「據西和州申進士董昱等：去冬以來，醜虜猖獗，侵犯本州，州城陷没。進士侯正國全家被執。至十二月五日，金人劫侯正國，欲以充隨軍參謀，稱吳曦遣使授拜，已授嘗封爲蜀王，有詔書并書劄，欲令侯正國驅引虜酋同去投下。侯正國不屈，虜帥誘以高爵厚禄，必欲脅從。正國厲聲曰：『只知有趙官家，不知有吳蜀王。』虜欲殺之，正國引頸就刃，神色不變。後得生還鄉閭，老幼聞之，不覺擊節。昱等見得侯正國委抱忠誠，刀鋸在前，終不肯究頂在社。以事夷狀若不申陳，不唯侯正國忠節朝廷無由得知，亦無以示天下忠臣義士之勸。乞

卷三千八百七十七

保明推恩。丙已將侯正國先次從權借補將仕郎。」故有是命。　嘉定元年正月二十九日，詔張謂特補上州文學。以四川宣撫副使安丙奏：「昨奉詔誅逆，即分遣兵將收復關表陷没州郡，正以得人爲難。適有西和州進士張謂，是時流徙沔州，詣臣面陳利害，憤虜蹂踐四州，民陷塗炭，銳然請行，願效尺寸之功。臣嘉其志，即遣隨李好義參佐軍事。收復西和，好義得之，亦愛其才，凡所籌畫，悉合事機，竟助好義遂至成功。收復西和之後，邊遠創殘，人心驚擾未定，賊盜蝟起，州縣闕官，遂差張謂攝西和長道縣主簿，專一以團結民兵、措置備禦。謂能恪意遵承，安集流亡，歸者如市，措置團結，寬猛適中，人皆

樂然從事。賴此盜賊屏息，境内晏安。今來上件民兵創爲忠勝軍，其數五千餘人，率皆彊壯可用，並已結爲隊伍，各遵紀律，衣甲軍器，色色俱辦，即自各逐鄉社同與正軍分布守把關隘，西和兵勢由是增壯，其於邊防，誠非小補。謂一儒生，學業通贍，智略優長，奉公集事，不以寒素自棄，使其得一命，必能展布效職。昨已從權借補將仕郎，左隨見知西和州劉昌國參佐經畫邊事。今謂收復西和功賞已係該轉十官資，乞將張謂逐項功賞勞效先次比换一文資，可以爲邊遠小官趨事赴功者之勸矣。」故有是命。　七月四日，詔呂祖泰改正過名，特補上州文學。祖泰慶元六年以上書送連州拘管，復從真決，免刺面，配欽州，嘉泰三年放令逐便，

卷三千八百七十七

至是改正補官。　九月七日，詔吳鉅特補迪功郎，仍許還赴省試一次；羅蓋特補進義副尉；陳協、吳顯並特補守闕進義副尉；王汶、莫布亮、輔叔章並特補勇勇副尉；蔣祁特械擧主二員。以鉅先從王柟持書金國議和說事推恩也。　二年五月十三日，詔景德常特補轉武郎，郎賜錢三千貫、銀五百兩；賈昂特補轉武翼郎，賜錢二千貫、銀三百兩，仍與州路分差遣。以告首羅日願等欲狂妄作過推賞也。　十一月一日，詔盧興祖特補進勇副尉。以湖北京西宣撫司申，爲借補進義副尉鄂州崇陽縣保伍團長盧興祖捕獲姦細，乞推賞，故有是命。　十一年三月四日，詔武節郎、主管侍衛步軍司公事王斌特轉武翼大夫，帶行遥郡刺史，與在京宮觀，長子

庭芝特與補承節郎次子庭蘭特借補官承信郎　十
三年三月十一日詔利州副都統司帳前統領馬中和
可特補承信郎以四川宣撫使安丙奏虜賊寇邊中和
奮不顧身自辦己財軍器招集忠義同與官兵於灘哥
堡馬頭山鏖戰勦殺虜人焚燒糧道又緣虜兵侵入宕
昌於附近山林保護蹂殘之餘糧運不繼艱於糴買中和
能助納軍糧千石應副官軍支遣又招集忠義保守邊
界不失疆土委有前項功績保明來上故有是命　九
月十五日詔忠義軍統制單平孟春可並特補承信郎
充忠義軍統制兼淮東制置京東河北節制使帳前統
制以淮東制置副使京東河北路節制使賈涉奏單平

卷三千八百七十七

孟春日備糗糧保守山崗戰禦克捷忠不可奪忠節可
嘉故有是命　十四年六月二十二日詔燕王宮翼王
府故修職郎福州永嘉縣尉希瓘長男與宮特補秉義
郎　十五年二月五日樞密院言京東河北節制司申
據忠義都院兼路鈐張惠申有白洋河歸正頭目李元
殺死河北守把畜官并殺死偽提控溫罕偽都統石抹
王奴偽萬户獨吉木胡速奪到偽銀牌印等將帶部下
人兵前來歸正本司已遵照便宜指揮李元係捨逆從
順將帶人兵歸正本朝可見忠赤已特補從義郎充淮
東制置司制勝軍鈐轄所有將帶部下人兵狀判克制
勝軍發往盱眙軍屯駐捍禦詔從之　三月二十四日

樞密院言京東河北節制司申照應忠義汲君立本司
先借補承信郎充忠義軍鈐轄自從歸順未曾補官除
已遵照便宜措揮於朝廷發下空名告內將承節郎告
一道書填詔從之　二十七日都省言昭信軍承宣使
左衛大將軍京東忠義諸軍都統制楚州駐劄李全上
表言恭覩詔書元日受玉寶遣男順鄉進貢捧表稱賀
合補承信郎緣係京東忠義統軍之子兼見習進士特
與優異推恩詔李順鄉特與補承務郎　九月二十九
日樞密院言勘會京東河北節制司昨遣呂柄自軍前
捧護皇帝恭膺天命玉寶一座前來投進委有勞績合
議推賞詔呂柄特與補轉從義郎仍特與添差將副差

卷三千八百七十七

遣一次　同日樞密院又言鎮江副都統制程朝宗昨
遣守闕進勇副尉余應揚自軍前捧護皇帝恭膺天下
之寶玉檢一座前來投進委有勞績詔余應揚特與承
承信郎仍特與添差堂除差遣一次　十六年正月七
日樞密院言京東河北節制使司據忠義都統李全申
近於去年九月六日青崖寨屯守總管彭義斌備滕州
知府陳存差委通判夏斌金等齎到偽金銀牌一十三
面內虎頭金牌一面素金牌一面銀牌一十一面偽劄
付二十道及前去赴復勝兗二州招獲到偽金銀牌九
面內素金牌二面銀牌七面全令管押文偽人兵交子
嶧山縣主簿張宇齋管申解見到本司欲將滕州知府

陳存補成忠郎承節郎權通判滕州兼管忠義軍夏斌金仍舊管幹職事秉義郎忠義軍鈐轄文義補轉修武郎詔並從之　三月二十六日詔陸九淵之子持之沈焕之子肖曾各特補迪功郎並令赴秘書省讀書丨持恩除職　淳熙元年五月十八日詔直徽猷閣權知湖州趙師夔除直龍圖閣以師夔首能體國應濟雖軍北軍官衆請給措置有方故特除此職　六月二十六日詔龍圖閣待制知建康府兼行宮留守胡元質除敷文閣直學士元質修築圩岸累歲有勞故有是命　七月二十二日詔提舉江南東路常平茶鹽潘甸除直秘閣提舉兩浙東路常平茶鹽劉孝韙除直徽猷閣以職事修舉故有是命　二年正月十九日詔浙西常平茶鹽陳峴除直秘閣以峴職事修舉故有是命　二月二十二日詔直秘閣明州長史俞召虎除直徽猷閣以召虎職事修舉故有是命　二十七日詔直寶文閣江西運副李燾除秘閣修撰以燾進續資治通鑑長編故有是命　六月五日詔起復秘閣修撰知平江府韓彥古除敷文閣待制以彥古自言平江替年財賦豐盈乞解郡事上以爲勞効顯著故有是命　七日詔直顯謨閣知臨安府胡與可除右文殿修撰以與可職事修舉故有是命　八月四日詔直秘閣知平江府陳峴除直敷文閣以峴任浙西提舉日措置支還亭戶本錢及增賣發鹽修水利有勞故有是命　閏九月二十八日詔江西提刑辛棄疾江西運副錢佃並

除秘閣修撰廣東提刑林光朝進職一等以棄疾節制軍馬捕茶寇有功佃軍前提督運錢糧辦集光朝督捕有勞賊不入境故有是命　十二月三日詔知吉州王濆除直秘閣以江西茶寇之擾濆宣力甚多令執政條具功狀故有是命　三年正月六日詔知西外宗正事不敵除直秘閣以不敵操守廉正料率有方故有是命　三月二十七日詔直秘閣淮南運判兼淮西提舉張士元除直敷文閣以士元救集淮西民兵整肅故也　四月七日詔知黎州祿東之除秘閣以知成都府范成大及潼川府帥司言東之於淳熙元年知叙州日蠻寇橫江邊寨危急東之以郡事委佐官因沿邊都巡檢使職事提兵出討焚蕩聚落五處蠻酋納其銅鼓重器西縛出降東之以軍法誅召寇之人群蠻讋服故有是命　七月一日詔直敷文閣知平江府陳峴進直徽猷閣以峴治郡無廢事財賦豐饒故有是命　九月二日詔知嘉州楊起除直秘閣以起獻言忠憤深切當於是理故有是命　十月十二日詔知寧國府曾逮除集英殿修撰以中書門下省言劉靖與茶寇聚誑誘五千餘人往來四路經涉四十三處至寧國府方始敗獲其守臣理宜推賞故有是命　四年三月二十二日詔資政殿大學士知建康府劉珙除觀文殿學士以珙守建康績効顯著故有是命　四月六日詔太常少卿顏度除直寶文閣江東轉運副使以度昨提領犒賞酒庫措置

有方草去宿奘至是請外故有是命　五月十六日詔
殿中侍御史柴瑾除直數文閣福建路轉運副使以瑾
乂處憲臺謹身率職至是欲奉親補外故有是命　同
日詔直徽猷閣知臨安府趙磻老除祕閣修撰以磻老
彈壓有方職事修舉故有是命　六月三日詔直龍圖
閣知隆興府呂企中除祕閣修撰以企中職事修舉故有是命　九
月二十四日詔浙西提舉芮煇除直祕閣以煇職事修舉故有是命
十二月三日詔都大四川茶馬朱佺直祕閣以職事修舉故
有是命　五年二月二十四日詔直數文閣權發遣兩浙
轉運副使吳淵除祕閣修撰以淵職事修舉故有是命　五月四日
詔直祕閣明州司馬陳延年除直徽猷閣以延年貲治有勞故有是

卷三千八百七十七

命　二十五日詔權戶部侍郎劉邦翰除集英殿修撰
知襄陽府以邦翰昨總軍漕屢上最課故有是命　六月十二日詔明州
長史鞏湘除直數文閣總王愷言湘改事詳明貲在有補故有是命　二十
二日詔集英殿修撰知廣州周自然除數文閣待制以自
強職事修舉故有是命　閏六月十九日詔直寶文閣知秀州韓
彥質除直龍圖閣以彥質職事修舉故有是命　二十二日詔兩浙
運副祕閣修撰吳淵除右文殿修撰以淵職事修舉故有是命　二
十八日詔知靜江府劉焞除直文閣以焞奏陳措仕利當皆當事宜
故有是命　七月二十四日詔祕閣修撰知遂寧府馬琪除
右文殿修撰以琪治郡所至有績故有是命　三十日詔戶部侍郎兼
詳定一司敕令單夔除數文閣待制知平江府以夔昨總軍賦

有勞屢加擢用故有是命　八月八日詔福建提刑謝師稷除直祕
閣以師稷能覺察科盜之捉故有是命　九月十九日詔權知道州趙汝
誼除直祕閣以汝誼能恤民隱故有是命　十月六日詔四川制置
使知成都府胡元質除龍圖閣直學士以元質政事修舉夷人畏服故
有是命　十一月十五日詔權知夔州李景學除祕閣以本
路提刑陳升卿運判韓唊保奏故也　十二月十二日詔知溫州韓彥直
除數文閣學士樞密院言溫州海寇作本州差委準備
將領陳廣土豪陳丕顯親獲賊徒四十九人守臣韓彥
直遣發官兵授以方略捕獲有勞故有是命　十五日
詔祕閣修撰知澤州王佐除集英殿修撰以佐久任帥閫績效著聞
故有是命　六年正月十九日詔夔州路運判韓唊除直祕

卷三千八百七十七

閣以四川制置使胡元質等言蠲免夔州路科買民間
金銀等民受實惠唊措置為多故有是命　二十三日
詔淮南轉運判官薛居實除直祕閣以居實在任節省浮費職事修舉故
有是命　二月三日詔添差浙東路安撫司參議官呂祖
謙除直祕閣先任館職日編次文海成書故有是命　三月十二日詔知
鎮江府司馬伋除寶文閣待制以本府濬河修閘惠利甚廣故有是命
五月七日詔左司郎中趙公碩除直徽猷閣福建運副
公碩言一去墳墓十有三歲未曾拜掃人子之心不遑寧處因而申請故有是命　七月二十
三日詔集英殿修撰湖南帥臣王佐除顯謨閣待制湖
南運判陳孺除直祕閣樞密院言收捕郴寇日佐節制
軍馬平蕩賊巢忠勞備著孺應副捕賊官兵錢糧辦集

故有是命　十一月十一日詔提舉浙西常平茶鹽顏師魯除直祕閣以師魯職事修舉故有是命　十四日詔右文殿修撰權知州胡與可除集英殿修撰以與可造海船精緻故有是命　七年正月十六日詔直敷文閣知靜江府劉焞除集英殿修撰以焞節制軍馬捕蕆妖賊功効顯著故有是命　二月二十五日詔龍圖閣待制知隆興府張子顏除敷文閣直學士以子顏職事修舉故有是命　三月六日詔司農卿葉模除祕閣修撰與監司差遣以模久任司農至是乞補外上以知模在位增建修西倉故有是命　五月七日詔敷文閣待制知廣州周自強除龍圖閣待制以自強久任閫寄滿宣忠力故有是命　十月二十四日詔右司郎中鄭良嗣除直徽猷閣知揚州以良嗣措置酒事有勞故有是命　十一月十二日詔

卷三千八百七十七

知嚴州蕭燧除敷文閣待制知婺州以燧治郡有勞故有是命　十四日詔興元府韓炳除直祕閣以炳久鎮邊關兵民便安故有是命　十二月四日詔知鄂州丘崈除直祕閣以崈職事修舉故有是命　八年二月二十三日詔知明州范成大除端明殿大學士以成大治郡有勞故有是命　七月四日詔兩浙運判燕世良除直敷文閣以世良職事修舉故有是命　十七日詔江西運判尤袤淮南運判兼提舉常平茶鹽趙彥逾知廣德軍耿秉江西提舉常平茶鹽宋熹並除直祕閣直徽猷閣知寧國府丁時發除直寶文閣以諸路州軍去歲旱傷其監司守臣修舉荒政民無流殍故有是命　同日詔淮南運判兼淮東提刑王溉除直祕閣四川茶馬以溉守邊有勞故有是命　二十二日詔敷文閣直學士張子

顏除顯謨閣直學士以子顏前知隆興府賑濟有勞績故有是命　十月四日詔判湖北路提刑江溥除祕閣修撰以溥蒐實邊防職事修舉故有是命　九年正月十九日詔直祕閣知明州謝師稷除祕閣修撰以師稷公勤清約政績著聞故有是命　五月二日詔權吏部侍郎兼太子右庶子趙汝愚除集英殿修撰知福州以汝愚屢請論思宜分委寄故有是命　七月十一日詔直祕閣福州運副陳孺除直顯謨閣廣東提刑楊萬里除直祕閣以孺萬里節制軍馬督捕有勞故有是命　八月十九日詔知紹興府王希呂除敷文閣直學士江東提刑梁總除直敷文閣直祕閣江西提刑朱熹進直徽猷閣浙西提舉張杓除直祕閣以去歲旱傷監司守臣賑濟有勞故有是命　十月三日詔司

卷三千八百七十七

農少卿楊檝除直顯謨閣知明州以檝屢更繁劇備見宣勞故有是命　十四日詔直徽猷閣兩浙運判吳琚除直寶文閣除副使以大禮應辦有勞故有是命　十年二月二十三日詔吏部尚書兼侍讀兼修國史鄭丙除龍圖閣學士知紹興府以丙論思之久遠請退閑故有是命　三月十三日詔知鎮江府錢良臣除端明殿學士以良臣治郡有年職事修舉故有是命　四月十五日詔權吏部侍郎兼太子左庶子詹儀之除集英殿修撰知靜江府儀之條奏二廣利害深知民瘼故有是命　五月九日詔權福建路計度運副蘇峴除祕閣修撰江西運副以峴康介律身職事修舉故有是命　七月十九日詔國子司業黃定除直顯謨閣知溫州以定治郡有聲居官不苟故有是命　十一年正月二十七日詔直龍圖閣

權知揚州鄭良嗣除祕閣修撰都大提點江淮等路坑
治鑄錢耿延年除直敷文閣（以良嗣守追累年安靜不擾延年鼓鑄有勞故也）
二月四日詔直徽猷閣福建轉運副使趙公碩荐更
麾節備著賢勞除直龍圖閣 七日詔集英殿修撰知
婺州洪邁除敷文閣待制進呈邁奏竄卒自莞劉子上
曰邁有知慮令賞邁諸郡自知勉厲故有是命 五月
八日詔浙西提刑傅洪職事修舉除直龍圖閣 九月
四日詔知建康府趙彥操職事修舉除直龍圖閣福建
轉運副使 十月十七日詔利州路提刑句曜宣勞所
部荒政具修除直祕閣知夔州 十二月十九日詔禮
部尚書兼侍讀張大經久持從橐屢請退閑除徽猷閣
學士與郡 二十六日詔知太平州陳驥躬行阡陌備
著勤勞除集英殿修撰知池州陳良祐早歷從班宣勞
民事除敷文閣待制 同日詔新知楚州錢之望除直
祕閣（以之望前知和州措置屯田有勞故有是命） 十二年二月四日詔淮
南轉運判官趙不流職事修舉除直祕閣 七日詔端
明殿學士知建康府錢良臣除資政殿學士良臣言修
築圩田了畢上謂良臣職事不苟於軍務尤留意故有
是命 十七日詔龍圖閣直學士四川安撫制置使兼
知成都府留正職事修舉除敷文閣學士 同日詔直
顯謨閣都大主管四川茶馬王渥職事修舉除直龍圖
閣 二十二日詔恭奉太上皇帝聖旨祕閣修撰知明

卷三千八百七十七

趙師夔先秀王長孫除敷文閣待制四月二日詔新差知揚州
州趙子濛除直龍圖閣子濛自司農少卿出知揚州上
曰子濛亦是肯做事人前係郎官除直徽猷閣今已在
卿列可與進職故有是命 四日詔新知閬州曹訓屢
分郡寄勞効着聞除直祕閣 六月二十四日詔湖南
提刑潘畤屢更事任備著賢勞除直祕閣知廣州 七
月二十四日詔禮部侍郎史彌大舊學之子自舊儒科
除敷文閣待制提舉隆興府玉隆萬壽宮（彌大之祠而有是命）
二十八日詔直徽猷閣知臨安府張杓職事修舉除直
龍圖閣 三年六月十二日詔知平江府何萬除直龍
圖閣（以萬到任未半年積錢增羨故也） 十五日詔興元府閻蒼舒職
事修舉除敷文閣待制 十六日詔知遂寧府徐詡宣
勞日久除直徽猷閣 七月七日詔大理少卿王尚之
屢更事任彌著勤勞除直寶文閣浙西提刑左司郎中
周顗宣勞滋久有志事功除直顯謨閣湖北路轉運判
官 十四年五月九日詔江東轉運判官朱安國職事
修舉除直祕閣知廣州 二十四日詔新江東轉運副
使沈揆久侍東宮講讀有勞除祕閣修撰 六月八日
詔朝奉大夫林枅屢更事任具著勤勞除直祕閣福建
轉運判官 九月七日詔淮南轉運判官王正己職事
修舉除直寶文閣 二十三日詔太常少卿宋時敏久
踐周行備更事任除直龍圖閣知潼川府 十一月二
十四日詔前吏部侍郎王蘭（藺）累經親擢除敷文閣待制

卷三千八百七十七

知隆興府（蘭丁母憂服除）　十五年正月十五日詔兩浙轉運
判官鄭汝諧差知紹興府為修選用除直祕閣　三月
五日詔利州路提刑張稹賑濟有勞職事修舉除直祕
閣知遂寧府　二十三日詔敷文閣待制知靜江府詹
儀之宣勞累載除敷文閣直學士依舊知靜江府　五
月十七日詔兵部尚書宇文价久司武部職事究心除
徽猷閣學士知紹興府　二十八日詔知瀘州張忞屢
更麾節知止可嘉除直顯謨閣主管華州雲臺觀　六
月四日詔浙東提舉田渭除直祕閣（以永思陵訖事故也）　九月
二日詔浙西提舉史彌正舊學之子職事修舉特除直
祕閣　十六年正月二十五日詔刑部侍郎劉谷瑞嘗

卷三千八百七十七

居風憲久罄論思除煥章閣待制提舉亳州太清宮

續宋會要

淳熙二年十一月二十六日吏部言合州民袁驥入貲
書填承信郎錢未足身亡乞改補孫允中緣無許改補
孫條法合行刊正從之以兼詳定一司敕令蔡洸等言
所修改補新法比舊法稍涉寬縱因條具事下部看詳
故有是命　三年十月十九日御筆鬻爵非古制也夫
理財有道均節出入足矣安用輕官爵以益貨財朕甚
不取自今除歉歲民願入粟賑饑有裕於衆聽取旨補
官其餘一切住罷已給降付州縣勸誘書填見在綾紙
告身並繳赴尚書省毀抹（寧宗紀開禧二年夏四月甲子以薛叔似為兵部尚書湖

北京西宣撫使鄧友龍為御史中丞兩淮宣撫使下納粟補官之令）　開禧二年四月十
三日都省言諸路州軍近來糴賤傷農從長措置取到
戶部供具乾道七年紹熙五年嘉泰二年指揮曉諭諸
路州軍如願納粟人戶隨時直紐計與補官資開具賞
格廸功郎承節郎各一萬貫承信郎上州文學各八千
貫進武校尉四千貫進義校尉三千貫進武副尉二千
貫不理選限將仕郎一千貫諸州助教五百貫詔令吏
刑部照應前項賞格先給降空名告敕綾紙付身等付
淮東西湖廣四川總領所官庫收管如諸州軍有納粟
之人願以米赴四總領所入納即經本州給公據照應
與免沿路征稅仍先申尚書省各照總領置司去處市

卷三千八百七十八

價紐計錢數徑從本所保奏行下總領所依前賞格書
填給告其所補官資並照乾道七年指揮不作進納名
色內文臣許依舊法關陞改官永不衝改令吏部出給
公據隨付身永遠收使如有願就本州軍納米之人即
照本州軍市價紐錢與補官資　五月九日詔應進納及
吏職補授礙止法人令赴封樁庫納錢一萬貫申三省
出給照劄許於吏部收使特與轉行以後起理磨勘所
有日前歷過月日並已得酬賞公據並不在收使之限
十月二十六日詔承直郎前建康府江寧縣丞章飛
英父子悉力助邊忠誠可尚飛英特與改合入官章懋
龍與補修職郎仍依蔭補法知池州韓茂卿言飛英以

王師征行出家貲四萬貫少裨財用其子慈龍以聖上軫意恢復欲效卜式輸財助邊出家貲四萬少助軍需飛英係壽聖皇后宅門客出身銓試上等關陞及格更歷三任九考有舉主四員乞與免舉主一員改官慈龍係應進士舉所輸合迪功郎四員之直乞特補一官不以進納為名若不優異推恩無以風示天下樂輸之意故有是命　十二月二十四日詔從事郎新差監行在太平惠民和劑局徐普特與改次等合入官以獻穀二萬石并備錢九千九百貫招募忠勇效用三百四十七名特有是命　嘉定二年正月十五日詔將見責官告綾紙敕帖照立定價貫以十分為率各權減一分並限兩月如在限外更不裁減以臣僚言救濟兩淮饑民乞將立定文武官品價錢量減令以時價折納米斛故有是命　三年三月二十八日詔靖州文學易蒙正與補迪功郎蒙正元係建昌軍南城縣待補太學生先於嘉定二年正月十七日以獻米五千石賑濟補下州文學續又陳乞曾獻軍儲戶部指定進納軍儲米一千五百石以助軍糧乞稍加旌別繼有是命　十二月十五日詔朝議大夫直徽猷閣張宗愈承事郎張鉅承奉郎張鎔各特轉一官以宗愈等共獻米二萬石故有是命

寧宗紀十年冬十二月戊申以軍興募民納粟補官

十二年正月二十九日臣僚言國家自殘虜渝盟之後調度寖廣遂下鬻爵之臣

卷三千八百七十八

以佐軍興監司帥守非不欲悉意奉承期於趣辦然州縣之間罕有應令者官司無以為策未免抑配或令富室鳩金共買或將稅戶計產數錢物價既足往往決得失於呼盧一擲之間氣象萎薾非所以令衆庶見也臣嘗反復思之止緣前來鬻爵之賞既優復吝人懷二三如出官一節近限以兩試終場令其破格注授恩似優矣然多貲之人文學法理未必素習彼捐萬緡與官為市正利便得虛名二年兩試患得患失悠悠歲月恐誤指準乞下曉諭如人戶願買武資即與就部量試墨義使令出官如買文資者除曾請文解人外委自吏部長貳徽仕子年及法躬親簾引小經義一道或省題詩一首若文理稍通即與免銓出官更不衡改庶幾百姓見之不復疑惑樂於應命從之　十五年十月二十六日臣僚言頃歲在蜀恭聞朝廷給降將仕郎綾紙而宣司數下鹽井等戶以為鹽本每道之直以千緡計所以權一時之利也補授之人許令鎖試所以示其薦進之便也近歲以來數責既多並緣致害井戶等家既迫官司之命入納其直矣停滯既久轉變不行急於求售損其價貫每道減至百五十千川楮遂使蜀民利其易售輕出川楮圖為補授之計使其初止為鎖試之階猶未為甚害也而姦駔之徒左右罔利夤緣宣司差補攝職憑藉聲勢擅作威福此豈不為四蜀之大害乎且此徒入

卷三千八百七十八

楮規圖補授既不問其來歷則未必皆公卿大夫之子
孫未必皆知禮義廉恥之善類僥出微直遂衣品服使
知兵食何有顧藉臣近聞蜀守憤其妄作書形奏疏俾
罷差攝陛下俯俞其請已行禁戢未能盡去乞行下四
蜀諸郡凡有承買綾紙之人止許其隨路鎖試脫或軍
興亦不許暫差權攝關涉州縣職事庶幾蜀士安分不
至思出其位肆為民害矣從之

續宋會要

淳熙元年三月二十四日詔浙東路賑濟賑糶依湖南
江東西米數減半紐計推賞（謂如四千石合補承信郎今減作二千石之類已而淮南一路亦許依此）
四月五日江西安撫使龔茂良言吉州廬
陵縣鄉貢進士易嘉謨安福縣梲戶朱大臨各出米四

卷三千八百七十八

千石廬陵縣將仕郎王邦乂承節郎王爭各出米一千
石賑濟乞推恩詔易嘉謨補上州文學朱大臨合補承
節郎以曾抵流刑許與子孫正名承受王邦乂補一資
仍與占射差遣一次王爭減二年磨勘陞一年名次（尋詔嘉謨仍補一資以復納米一千石故也）
七年十月十九日詔已降指揮
江西湖南旱傷立定賞格委州縣守令勸誘有米富室
賑糶賑濟補官資等今歲江浙湖北間有旱傷處令戶
部檢坐已定賞格行下逐路監司帥臣於旱傷州軍依
此施行　八年三月二十八日詔吉州進士譚煥常州
進士施浦徐溥並特補迪功郎宰執進呈浙西帥漕憑

司保明煥等各出米五千石賑濟欲遵格補官上曰朕
不惜爵以清入仕之源今以賑濟補官卻是為百姓
九月二日南康軍建昌縣進士張世亨補承節郎劉師
輿補承信郎張邦獻黃澄並迪功郎　十一月二十六
日詔兩淮州軍并紹興府嚴州各將今來願出米賑
濟賑糶之人與依淳熙元年減半推賞先是權刑部侍
郎賈選言昨以江浙湖北旱傷檢坐乾道七年賞格勸
誘富室賑濟緣今歲江浙兩淮連年旱傷米價寖貴與
去歲不同今賞典既輕積粟之家尚多靳閉乞引用乾
道七年賞格減半推賞事下戶部本部言淳熙元年耿
延年申請浙東路賑濟已依湖南江西米數減半紐計

卷三千八百七十八

推賞故有是命　十二月十二日浙東提舉朱熹言本
路州縣災傷唯紹興府最甚今臣條奏請依淳熙元年
指揮減半推賞本府田土磽薄連年災傷及格者必少
乞令諸路州縣人戶願自般運米穀前來紹興府賑糶
賑濟亦乞依指揮減半推賞從之同日兵部員外郎黃
定言閩廣州郡連歲豐稔粒米狼戾皆係瀕海去處便
於般運乞令戶部紐給憑由以米一十萬石為約均下
廣東福建路曉諭願為僧道之人每名備米三百石請
換度牒一道限來年五月以前津運赴紹興府倉或行
在豐儲倉送納候數足赴禮部給降度牒書填如出限
即不許請換從之既而九年二月八日中書門下省言

恐米數稍多，詔每道特與減五十石。黄定又言恐所減
太少，蓋度牒本價只四百貫，更合小損，不當反高其直。
詔浙東米價稍高，每道更減五十石。　十五日，臣僚言：
出粟推賞自有乾道指揮，近獻議者欲減半推賞，朝廷
委曲從之。使其所賑之數民間實得之，官爵何足靳也。
今賑濟米數先納於官，人戶不得干預者，猶有説也。至
於賑糶，難於稽考數目虛實及的確價例，不知富室大
家計會吏胥以相影蔽，縣官全佐但憑糶曆便與保明，
仍與賑濟者分數受賞。乞行下戒敕。從之。因臣僚奏賑
濟被賞太濫，乞别立銓選之法。執政奏：出米賑濟，經官
交量，賞之以官，其幹猶以粜減價賑糶之賞，初無監臨

卷三千八百七十八

特因其自陳，官司保明，無非冒濫。上曰：自今或有災傷
地分欲勸民戶出粟，此項賞格除去。　二十五日，詔禮
部給降空名度牒一百道付紹興府，每道許諸處人戶
以粟三百石請換，依條書填。其米委守臣認數樁管，仍
旬具已給度牒并交收米斛數目申尚書省。　九年二
月十四日，詔廸功郎、新贛州龍南縣尉胡昌朝特循一
資。（以賑糶過米數折賑濟米一千石推賞）　六月二十二日，詔明州奉化
縣進士汪伋特補廸功郎。（以獻助賑濟米六千石推恩）　十年正月
二十八日，湖北安撫轉運常平司言：鄉貢進士吕遵運
米五千石獻助鄂州賑濟，遵居隣路潭州，冒涉重湖，載
米相賑，乞從立定賞格補以文資。上曰：賑濟補官與理

選限，自令非旱傷州不許獻米補官。於是依格補廸功
郎。　六月二十一日，上謂輔臣曰：賑濟補官得理選限，
豈可輕以授人。自今州縣或遇災傷，須有指揮許行勸
諭賑濟，諸司方得保明推賞。　九月十一日，詔傳杰、吳
葵補上州文學，嚴廸補進義校尉，以賑濟推賞也。　十
月十一日，詔江元英、桂晞龍、董時聘、鄭守、胡文龍、胡如
璋各於賑糶賞格遞降一等推恩。　十一年十一月六
日，詔台州進士沈汝奎補進武校尉。汝奎獻穀五千石、
米二千五百石，浙東諸司保奏免文解一次。汝奎進狀
稱推賞不當，戶部乞從賑濟米二千石格推賞，故有是
命。　十四年六月十一日，詔常州進士嚴龜年補進武

卷三千八百七十八

校尉，候到部免短使一次，更減二年磨勘。戶部言：龜年
獻米三千五百石賑濟，緣無三千五百石賞格，欲將二
千石與本人補進武校尉，一千五百石合補進義校尉，
比擬作減二年磨勘，於進武校尉上收使。故有是命。
十二月十四日，詔臨安府府學生任定與補上州文學，
吳壯、獻諸葛永年並補進武校尉。（定以出米四十石卅，獻永年並以出米二千石賑濟推恩）　十五年二月二十日，詔吉州進士袁楠之補
進義校尉。（以出米一千五百石賑濟推恩）　三月十五日，詔秀州周世
蔡補承節郎。（以出米五千石賑濟推恩）　四月十五日，詔南康軍民
牛汝霖補承信郎，池州進士姜庭資補不理選限將仕
郎。（汝霖以出米四十石，庭資以出米一千五百石賑濟推恩）　五月十一日，詔江陰

軍進士徐昌宋與補廸功郎（以糶米五千石賑濟推恩）淳熙十六年十一月二十六日，詔進武校尉張巍從特與轉一官（以淮北安撫司申勸諭出米三千石賑濟，故有是命）紹熙二年十二月二十五日，淮南東路安撫司申管下州縣多有旱傷去處，米價頓長，撿照淳熙八年朝廷劄下兩淮州軍應出米賑濟賑糶「之人，特依淳熙元年三月二十四日減半指揮推賞官，令乞依前項減半推賞。詔依，仍照應節次已降指揮。四年八月十二日，詔逐路諸司如實有旱傷州縣，許勸諭官民戶有米之家赴官輸米，以備賑濟，委知通支量認數樁管，相度荒歉輕重，申取朝廷指揮，方許支撥。其出米及格人，仰逐司連銜保奏，依立定格目推賞施行。

卷三千八百七十八

不得科抑（以中書門下省言今歲浙東、江東、淮南等路州縣間有旱傷去處，故有是詔）紹熙五年九月二十七日，檢正都司言：照得元立納米補官賞格，係以豐年米價為準，每石只計錢兩貫，委為太輕；耽延年所請，却係大荒米價甚貴之年，每石計錢四貫，委是太重。況所在米價高下不同，難以一槩。令參照前後條格指揮，將官資計錢立價：廸功郎、承節郎一萬貫，承信郎、上州文學八千貫，進武校尉四千貫，進義校尉三千貫，進武副尉二千貫，不理選限將仕郎一千貫，諸州助教五百貫。却令入納人以見在市米價計米入中，須管於州縣倉送納，據數樁管，具申朝廷，聽候指揮分撥糶濟。其米價令知通、令佐同市令官重結罪賞保明

詣實，淳熙十四年七月內指揮，從本州徑行保奏，免經由其他官司。其所補官資，照乾道七年八月一日指揮，不作進納名色。令災傷州縣鏤膀曉示。從之。閏十月二十一日，詔宣義郎張宗兄宗愈特轉一官，與屬官差遣。以兩浙州縣米價騰貴，小民艱糴，詔許帥守監司勸諭豪右出米賑糶，保奏推賞，出米最多利濟及民者，優加旌擢。至是，臨安府言在城張楊劉府歲入甚豐，以理勸諭，宗兄宗愈首出米一十萬石，乞先次推賞，敦勸餘人，故有是命。十一月二日，詔臨安府等處見行濟糶用米數多，令戶部檢坐已降賞格行下，令吏部每郡各給空名付身三十道，內廸功郎告二道，承節郎、承信郎告

卷三千八百七十八

各三道，上州文學、教進武、進義校尉綾紙、進武副尉帖各二道，不理選限將仕郎綾紙四道，諸州助教綾紙十道，降付臨安、平江、建康、鎮江府，委守臣措置勸諭富室上戶及四方客旅，照立定錢數估直時價米入官，候納足日申取朝廷差官覆量見數保奏。填不得容令吏人乞覓阻節。每有入到米數，另項寄收樁管，聽候朝廷指揮，不得擅行支用。慶元二年六月七日，詔修職郎汪伋循一資，汪份特補廸功郎。以同知樞密院事河灊言：頃歲假守慶元，適當大歉，有奉化縣寄居修職郎、新漢陽縣尉汪伋不待勸諭，捐穀四萬，減價賑糶，以救災傷，又為本縣代納稅錢五個月，以使細民從便興販，一

時人户賴以存活淳熙年間亢旱亦當令其弟份納粟輸官本府以應格保明推賞朝廷竟未給告伋好施不倦繼又為奉化小民代納一年丁錢以此知其前後務在濟人誠可嘉尚乞還注份之賞以示大信量與伋循轉風示中外為歡歲富人之勸故有是命　嘉定九年六月二十九日淮南運判喬行簡言光州光山縣寄居承信郎新黄州黄岡黄陂麻城三縣巡檢方暉當本縣勸分之初白於其母以稍一千五百石應副光山以二千石應副固始仍於沙窩市置場賑濟每斗市價二貫四百文省暉減作一貫一百五十省每斗計減錢一貫二百五十省通減四千餘緡又自出力以主其事兩縣

卷三千八百七十八

飢民多得其力訪聞方暉之母年八十輕財樂施每遇歉歲即發所藏粟價出糶又將所得之資隨力濟人如是者已二十年乞將暉少加旌賞或以初封加恵其母詔方暉母王氏特與初封孺人　十一年五月六日詔登仕郎蔡允成特補進武校尉允成先以賑濟推賞補授文資嘉定八年復能自備米穀濟糶勸誘六鄉飢民江東提刑司保明來上故有是命

以上為一卷

全唐文

宋會要　假試官

元豐四年十月庚辰詔自今除授職事官並依寄祿官高下為法凡高一品者為行下一品者為守二品以下者為試品同者不用此宋制所謂試也

宋會要　攝官

太祖開寶四年正月詔令後諸道州縣不得更差攝官凡有闕負畫時以聞當旋與注官若正官未到各以見任他官權管如有日前已差攝者限以勅到日停罷十一月詔諸處攝官近皆停罷或有累親公事稍負器能慮成棄捐所宜搜訪其令吏部流內銓南曹編下諸道有曾經三度攝官無遺闕者仰點檢解由具名以聞當

卷三千八百七十八

與考試量材錄用其偽命差攝者不在此例　六年五月十五日詔令後應虛稱鄉銜攝官不曾到任勾當并取解赴舉人並不得與州縣官容禮相見其假偽攝牒文書便委逐處追取焚毀所有曾親公事攝領分明及嘗就試舉舉人不在此限　太宗太平興國六年十月詔應諸道州軍不得占前州縣官假攝他職先是京西轉運上言管內諸州闕負多以前資官充攝不給俸祿恐乖廉恥之道願一切罷之故有是詔　九年五月詔廣南攝官並給印紙令本州依正官例批書在任功過　雍熙四年六月詔向者嶺南闕官處權以攝官處之而多非

其人自今並令試問吏理及察驗人材行止稍可取即選用之三年無遺闕送赴京當與出身敘錄仍不得於外增添差攝每攝須及一周年已上理為一任如經三攝有勞績無殿犯方得奏解赴闕候到試問所業淺深引見量材錄用如嶺北人到彼見差攝勾當者委本州長吏常須察訪在任有踰違者差人押過嶺北歸本屬州縣今後北人過嶺南者不得更有差攝先是上封者言北人不調者拋離父母往嶺南求充攝官所為率多踰越故條約之淳化二年閏二月詔嶺南管内州縣先闕官處未有正官即於本管差攝宜令西路各於攝官内選留二十五人以備承乏餘悉放歸田里内有嶺北

人並發遣歸本道四年七月詔廣南諸州攝官如逐任有勞績無殿犯仰轉運司發解赴闕真宗咸平三年四月詔自來所差攝官勾當及三十六個月内有犯公罪至徒及私罪至杖以下無贓汚者依法當贖累攝考限滿日依例解送赴闕景德三年四月瓊州左都押衙權知崖州韋懷逐言海南儋崖萬安三州並以瓊州職員勾當乞依攝官例公罪聽贖從之大中祥符九年六月廣南西路轉運使余獻可請以西南蕃歸明人陸光映充小郡攝職事官詔以光映攝昭州軍事推官天禧五年正月廣南西路轉運司言今後瓊管轉運司闕攝官望委當司於諸州試到明法攝官内覆試刑名合格者

差攝瓊儋崖萬安四州判司簿尉其攝官歲滿者並令磨勘試問才業深淺無贓私徒罪即發解赴闕從之五月廣南西路轉運司言元准詔存留攝官二十五人差遣尋以諸州正官事故及過滿准銓牒放罷任却令差官權勾當勘會諸州例皆獨員無官可差須至於前攝官内權差勾當上件攝官勾當錢穀刑獄公事逐月請受並有過犯依例停削並與正攝事同内有年滿乞解人已磨勘出給文解發遣赴銓去訖欲望特下銓曹依例施行從之十二月權三司戶部判官黃宗旦言前在廣南西路提點刑獄見轄下攝官頗多不法況遠方之民冤枉難訴所置攝官殊無所益乞除見任及自來不

合差使去處為闕官權差勾當者候三十六箇月滿別無遺曠令轉運司依舊制解來赴銓外其餘已受世補及隨軍充使文牒未經差使者並放逐便仍乞不抽已受文牒許令鄉曲稱呼其逐州府自今更不得解送入轉運司乞行試補所有闕官處下銓司差廣南本土人見在諸處守官及鄉土相迎者充填從之乾興元年四月詔儋崖萬安三州知州並於廣南見任解官内選差權知其瓊儋崖萬安四州判司簿尉銓除天禧五年十二月二十日勅前已經試補中祗候差遣并見勾當者並仰存留依舊候年滿日依前後條貫差攝今後不得解送赴轉運司試補添置十一月詔廣南東西路依舊

差補攝官以曾攝人充每司各留二十五人如少人取進士曾應兩舉諸科三舉者充如犯杖罪已下及徒以上公罪依法收贖徒以上私罪真決并家屬押過嶺北曾有過者須通攝滿五年方許解送其解官自來兩佐五考便入令錄自令並以三任七考為限先是黃宗旦言廣南諸州請不許試補攝官所闕官處並令吏部銓注至是銓司言少人注擬故復有是命仁宗天聖七年七月詔廣南東西路轉運司自今發解攝官內有諸般事故不管公事不得理為日月外及得年限即依條解發赴闕嘉祐五年三月詔廣南東西路攝官皆處荒遠炎瘴之地而月（俸）不足以自給其月增錢一千五百治平

二年九月詔廣南路攝官犯贓罪杖以下雖會赦追所授牒後不得復攝神宗熙寧三年十一月十九日編修中書條例所詳定應廣南東西路轉運司每二年一次以本路兩舉進士合差攝者先定月日差官三兩員考試公案五道談涉刑名五七件分作五場齋所習文字就試以通數多少挨排仍契勘二年合用攝官人數為額以通數多者為合格其餘駮放不限試數並許再試詔廣南攝官見請料錢三千更特添支二千仍支見錢餘並從之九年七月十七日中書門下言廣南東路轉運司言本路正額攝官今來事宜之際各差押運糧斛闕少攝官差那替起正額攝官赴本司差官分試公案

今來廣西事宜未定上下官司所差分頭幹事官員人數不少不唯正額攝官見在任者無人權替至額外官亦恐遂急差使外見在人數不多所有廣東西兩路試公案欲令候事宜寧息日施行從之元豐元年十月十四日司農寺言進士李復王諶踏逐府界官荒地募誘閩蜀民種稻有勞乞推恩詔李復王諶並與廣南路攝官先是熙寧六年十月八日詔布衣李復王諶聽往川峽募人分耕畿縣荒地以為稻田哲宗元祐元年閏二月二十八日詔八路知州通判僉判監司屬官承務郎以上知縣大小使臣負闕並歸吏部差注內接送人合支顧錢者並官差兵士內有專條并奏差及一時指揮

及其餘闕并水土惡弱及自來差攝官處並依舊四月十八日詔八路選人負闕除有專條并奏差及一時指揮并水土惡弱及自來差攝官處並依舊外餘歸吏部徽宗崇寧元年正月十五日廣南東路提舉司言準元祐二年詔攝官本路轉運副使每年同罪奏舉四人先次入額提刑運判二人知州一人西路轉運使副五人提刑三人知州一人無可舉者聽從便今來即未該載提舉官之文乞於運判字下添入提舉常平官五字從之大觀三年五月十八日吏部言除見將願就二廣黔南差攝官符遂路轉運司及曉示一面前去就攝外其梓夔路新邊州軍並二廣黔南路判司簿尉命官員缺

有出榜無人願就去處詔令吏部審驗堪任釐務人依
敕闕資次文學注權官次参軍注攝官內文學願往逐
路轉運司射闕本部出給公據發遣前去其在外願赴
逐路射闕人所在轉運司依此審驗發遣其文學經恩
日係年六十已外以未到任聽依條保舉如舉主員足
候一任回日方許依本法注正官其舉主並聽依元奏
舉日收使以上如有合支遠接顧錢候到任日依條支
給政和二年六月六日吏部言陳州文學徐猷等狀伏
覩禮部曉示諸州文學遇赦保注權入官猷等蒙恩釋
褐若待赦恩注官日月尚遠竊聞黔南二廣等路見多
闕官伏望免經恩保奏注官檢準令諸恩應舉授散官

如遇赦與注權官又元豐三年六月大赦節文應進士
明經諸科恩澤授諸州参軍年六十以下並許召保注
權官乞依元豐赦施行詔應奏名授諸州参軍係三舉
年未六十人並許權注廣南東西路并梓夔路新邊州
軍攝官其曾充上舍及貢士太學辟廱在學職事人差
權注僻遠及遠惡州教授諸州文學人願就前項路分
差遣者聽仍免經恩保奏許注權官餘並依本法三年
二月六日尚書省言勅賜榮州参軍武航狀元應新科
明法兩舉到省昨緣廢罷本科授前件官見年三十九
歲即非老榜奏名乞依三舉人例送吏部注授廣南東
西梓夔路攝官吏部檢到政和二年六月七日敕應特

奏名授諸州参軍係三舉年未及六十並許權注廣南
東西路並梓夔路新邊州軍攝官其曾充上舍及貢士太
學辟廱在學職事人差權諸僻遠及遠惡州教授諸州
文學人願就前項路分差遣者聽仍免經恩保奏許注
權官餘並依本法詔應特奏名参軍人二舉以上年六
十五已下許依政和二年六月七日指揮施行二十五
日吏部言據敕授榮州文學李林等狀昨因應進士舉
蒙恩授前件出身竊詳政和二年六月七日指揮其文
學参軍並許注授近承朝旨参軍二舉以上年六十五
以下依政和二年六月七日指揮許注廣南及梓夔新
邊攝官文學係在参軍之上年六十五以下之人即未

審許與不許依参軍已得指揮又送到敕賜石州文學
張璉狀竊念璉係應進士舉蒙恩授文學見年六十三
歲欲乞依上件参軍例注授二廣等路攝官照依今年
二月七日已降特奏名参軍指揮施行七年十一月十
五日知潭州陸藻言二廣攝官其法至弊以場屋蹉跎
之餘苟賤不廉與吏民素昵一命承乏為良民害詔應
文學助教不許差攝縣令高宗建炎二年十一月二十
二日赦應進士貢士補授文學並許奏注權入官二十
五日吏部言二廣承直郎以下窠闕自熙豐以來本路
召人指射多是白衣舉人權攝近勅歸吏部非惟攝官
差注不行兼本處地遠烟瘴願就者少本部又無合行

差攝之人欲將二廣窠闕依舊令本路差法從之。三年九月二十五日詔令後諸路時暫差官權攝職任若犯入己贓其元差官司並與同罪。四年五月六日詔廣東路見闕巡尉去處令本路轉運司限一月差注如限滿無人願就令本司具闕關提刑司許行奏差一次。七月十二日詔應監司郡守違法差權官並罷。紹興元年九月五日詔諸州縣闕官除係繁難知縣及係獨員無官可兼去處並許選官權攝幹當其餘正止令以次官兼權其未降指揮以前已差權官並罷。十八日赦令後遇正官有闕其所差權官應差出者將職事令本處見任官兼領不得更差人權攝其朝省差去正官並令放上

卷一萬八千八百三十八　八

毋。輒阻節敢有違犯並科違制之罪仰監司帥臣互察御史臺彈奏。二年五月二十五日詔應行在權官並罷戶部刑寺許長貳指差見任人兼權。十月十五日詔諸州縣闕官而依法合差罷任待闕官權攝者並令本州取印紙批書到任月日替罷亦批有無不了事件訖方得離任（如無印紙即取誥勑宣劄於背後具謹批書當職官具銜書押用印）候參選日吏部取索點檢如曾權攝職任而不批罷事因者依非任滿擅去官守法施行。三年正月十九日吏部言廣南上等攝官窠闕共八十二處欲乞權行撥歸本部差注從之。五年五月四日前充瓊州州學教授[illegible]大昕言二廣地理遼邈利入不足以資正官故有攝職祖宗朝一路

以二十五人為額號曰正攝由二年而陞以真命後又增二十五人號曰待次崇觀以來又增五十人號曰額外注授並由轉運司他司無預而總焉近年總司不一交爭貿易攝官窠闕遂注武夫事下吏部本部奏訖令後攝官窠闕如遇闕官去處所係之司差官攝權不得互差候正官到日罷若權官作緣故執占及監司非所統窠闕而輒差權官者各徒二年從之。二十一年閏四月二十二日詔諸州軍見任官闕如監司郡守應差官權攝仰於本月內具權官職位姓名申吏部稽考如有違法重寘典憲。二十五年十月五日詔川廣遠地守令有闕或以見任官時暫兼權仰即申吏部選差正官不

卷一萬八千八百三十八　九

得隱藏闕次違法差權。二十六年八月三日吏部言八路官定差權注見闕而勘會應差者所權月日聽理為任舉主仍許收使紹興十五年續降指揮遂路以前定差見闕見闕雖及成資如未經考功陞改及今後定差之人在任雖及二年不該差注不曾承受省符者不許理為資任與前法抵牾合依舊制從之。二十八年三月四日詔州縣闕官法應差攝者不得差本處寄居言其被差官到罷月日必書于歷無得漏落如有違冒重寘典憲從右正言何溥請也。三十年四月二十三日臣寮言二廣去京極遠祖宗時置攝官以曾請兩舉省試下人就轉運司試刑法取合格者始則以待次補之又陞

而至於正額正額須歷任四周年無過犯方從轉運司解發赴部改授為真茲祖宗優恤嶺表士人之良法也昨見廣西轉運司申乞將攝官四十一處窠闕差小使臣選人且攝官之俸月不過錢十貫米二石而小使臣選人請給比攝官數倍州郡豈能枝梧兼失攝官禁進之望乞依舊法從之。三十一年二月十五日御史臺言乞專委諸路轉司每月取索所部州縣有無違法差過權官申本司訂正每季開具保明申臺以憑點檢若轉運司失於取索及供申不實亦乞一例彈劾從之。六月九日詔廣南路攝官待次正額各以五十人為額遇闕轉運司將本路實請兩舉人差官鏁試注授其請一舉或免解或未請舉人因捕獲賊賞陳乞補充攝官並不得補攝從本路轉運司請。三十二年五月十三日詔廣南西路幹官有闕可令幹官兼權或無他幹官可權以本府屬職官時暫權攝不得以外州判司簿尉離任就權以本路邊郡判司簿尉間有酬賞差處入仕者憚遠不肯就惟不能銓試者以殘零授之及至任又巧圖幹官權攝坐享優逸任滿不失酬賞僥倖為甚故有是命（以上中興會要）孝宗隆興元年三月十四日樞密院言殿前馬步三司所入有限而廩費甚廣所請權攝幹官與提點醫藥飲食及准備遣差遣差使喚之類率以權攝為名吏無限員欲望劄下逐司日下住罷庶得用度稍充詔

今後除合差員數外不許非泛差權如違當寘典憲。二年三月二十七日德普勘會廣南缺官去處於法許差攝官近來往往徇情違戾致所差人廢弛職事貪暴苛刻仰本路監司體訪日下並罷。四月十五日詔權攝人並罷以臣寮言權局之弊也。九月十九日權發遣昌化軍李康臣奏皇祐廣南東西路通行敕節文應闕官處許轉運司差攝官臣契勘二廣舉人兩舉到省試下家貧親老無以贍給即就本路轉運司試刑法敕令格式斷案五場考中者補為南選攝官迺祖宗優異遠方永為不刊之典其權攝監稅簿尉月俸不過十餘貫非惟攝官者得以供贍亦所以省小郡財賦也且以昌化一軍言之本軍稅務日收止一貫或二貫稅官皆承信郎月入不償其俸又感恩縣一季稅錢及經總制錢共不過百十貫其縣多是秉義保義郎又延德知寨及主簿亦差命官月俸無以支給前權軍鄧璵曾申三司乞奏朝廷將感恩縣并隸昌化縣庶省請給蒙委瓊管司見行勘會乞行下二廣如此遠小縣寨去處其監稅縣令簿尉及寨官止差攝官戶部看詳欲行下本州照會施行從之。十月一日廣南西路轉運司申隆興二年四月十五日敕節文應權攝人並罷契勘本路係僻遠去處諸縣寨等多闕正官兼諸務止有令一員簿尉一員若省部俱未差到無官可兼竊恐職事廢弛欲依八路專

法令逐司差官暫權吏部勘當欲依專法令權官暫權
從之。乾道元年正月一日大禮赦文勘會近降指揮諸
路員缺不許差官權攝其二廣州軍有依條令差攝官
去處可依舊制三年十一月二日大禮赦同此制。六月
十五日中書門下省奏勘會諸路差試官不足去處許
於縣令丞內差撥其被差官闕多差寄居待闕官權攝
理宜約束詔應差知縣令丞充考試官其職事令以次
官兼權不得別差官權攝。十二月二十五日臣僚言淮
甸近年以來監司守帥私差權攝刻剝斯民以給其俸
以廬州一郡觀之其他可知酒稅自有正員令也增檢
察監轄二員又增都檢轄一員舒城梁邑酒稅本令知

縣兼領而檢察監轄專任為俸何以給欲望指揮並罷
權攝庶幾少寬民力從之。二年三月十三日詔令後二
廣縣令闕正官一年去處許本路諸司奏辟不得差官
權攝。十二月二十五日中書門下省奏訪聞廣南州郡
守臣改移事故多是寄居待闕官以勢力圖權郡事公
庫郡帑私費妄用深屬未便乞自後以廣闕守臣差通
判或僉判兼權如並闕令帥憲轉運司同共於隣州選
差正官通判或簽判暫攝其通判簽判曹職官丞簿止
許以次官兼所有知縣縣令無承簿處并場務及巡尉
闕官在法應差權者方許差權如違請給計贓元差官
具姓名申尚書省取旨許監司互行覺察有違戾按劾

以聞從之。六年三月二十三日臣僚言近時監司郡守
多將不理選限納粟借補之人互以諸司幹官州郡幕
職監當簿尉名目出給虛文致使富民輒作官戶避免
稅役欲乞行下監司帥守互行覺察。五月二十五日臣
僚言廣中進士兩舉於禮部者舊法許從轉運司試補
攝官蓋緣祖宗朝仕官者憚於入廣所在闕官因而廢
事兼廣中士人艱於仕進故優為此法以激
子激昂不乏人與鄉時異今甘為攝官者其人可知也
欲乞盡以其闕歸轉運司差注為便詔令吏部勘會申
尚書省本部照會二廣水土惡弱自來有攝官專司令
據廣東轉司申見管攝官以二十五人為額內窠闕元

係上中下三等內上中等已准朝廷取撥歸部差注外
有下等一十九處內五處荒廢外有一十四處命官未
必願就乞依舊存留攝官廣西轉運司申見管四十五
處內乞撥象藤貴鬱林州在城稅務及靜江府永寧場
梧州蒼梧縣尉兼主簿潯州桂平縣尉兼主簿鬱林州
南流縣尉兼主簿潯州馬平岡鉛場共廿十處乞從本
司依現行條法差注所有正額待次攝官各五十員令
欲各留三十員為額其逐司議論互有不同若依臣僚
陳請盡罷攝官即恐惡弱等處無人願就今指定欲依
廣東轉運司所申撥一十處窠闕歸本司定擬選人小
使臣依條使闕外如將來出榜召官指射限滿無願就

人依條再榜一季又無官願就却令本司注攝官從之
。八年二月一日詔應諸軍揀汰大小使臣不得攝行差
充權攝并押綱諸般差使如違重寘典憲。十一月六日
郊祀大禮赦勘會廣州軍依條合差攝官去處可依舊
制若初補京官選人如兩經銓試不中願就二廣州縣
合入差遣者許赴吏部投狀權行注授一次任滿依條
施行（九年十一月九日大禮赦同此制）。九年九月二十六日吏部狀准
都省批下廣南東路轉運司奏並據廣南東路轉運司
提刑司并提舉常平司申保明到正額攝官前監南恩
州陽春縣稅陳勛任滿減三年解發通共四年改授正
官本貫封州封川縣於紹興二十年八月紹興二十九
年九月內兩請到封州文解并於隆興二年三月內試
補充額外攝官又於乾道二年四月內試補充待次攝
官已於乾道四年四月內補正額攝官初任監韶州洲
頭津鹽稅成一考替無不了事件任滿依崇寧五年十
月指揮減三年解發通共及四年已行引試陳勛所業
律義三道見得法律精通別無違礙保明是實尋檢到
伍時繹元補官奏鈔檢目并經本部陳乞出給印紙訖
照得所坐條法指揮與陳勛事體一同令指定依條闕
司勲審覆從之。淳熙三年四月八日新知秀州陳騤言
今州郡下至倉場庫務之屬既有正官別無差權局有
一至三四人者或居家而還請俸給如冒措置曰提點曰

卷三千八百三十八　十四

管掌之類名目競生多是處已有差遣待闕之人願嚴
戒監司郡守應權攝去處並行住罷上曰州郡多言匱
乏往往耗於此類須嚴於禁戢將諸請過供給計贓自
然不敢冒犯可依所奏應見違法差權去處日下並罷
如尚敢違戾州郡從監司按劾諸司許互察其請過錢
物計贓將所差官司及被差人一等科罪仍委御史臺
覺察以聞。四年五月十五日廣南諸州言乞正額待次
攝官各以三十員為額其試補攝官一節具與權行住
罷候將來撥盡見管額外人數遇額方行類試仍乞依
祖宗試攝舊法做銓試初出官人體例通試律義時義
各一場斷案三場取合格人依名次補攝外有見管三
十五處寨闕依舊令轉運司遵依本路大觀專法差注
攝官管幹其正額攝官理考解發去處自依舊法施行
從之。五年二月六日權禮部尚書范成大言深廣州郡
多以進士攝官權錄參司理者攝官月俸微既無以養
廉恥以賄成乞下二廣轉運司除依法不許權攝外不
得徇私逐急以進士攝官兼權獄官或遇闕員只以本
州縣見任官兼攝從之。六年十二月十六日宰執進呈
刑部尚書謝廓然言二廣有攝官定差之文縣或有闕
監司守臣並緣越法輒差校副尉攝參軍助教權攝乞
下二廣諸司守臣應以校尉攝參軍助教見令權縣並
令日下解罷自今常切遵守再有違戾與差受者並以

卷三千八百三十八　十五

違制論上曰遠方用此曹橫縣細民何賴可令二廣帥
漕憲司將似此名色見權縣人並日下解罷自今州郡
違戾仰按劾施行如諸司違戾許互察。八年六月十四
日詔吏部權將四川諸司屬官窠闕發下制置司照應
資格銓量人材具名奏差如係見闕依條先次就權仍
許用三年以下闕即不得將不應資格人以奏差為名
一面權攝如或違戾依淳熙三年權攝指揮將請過計
贓其所差不當官司及被差人並一等科罪。十二年七
月二十一日吏部言二廣考試補攝官人乞依本部銓
試出官指揮將考校到合格人以十分為率取五分從
之廣東提舉韓璧言二廣兩薦之士許試攝官謂之試

卷三千八百三十八　十六

額二年再試謂之待次累至三試謂之正額然後得以
就祿或處以鹽稅之任或授以簿尉之職至有闕官甚
處雖待次亦得以濫授其試攝之程度大略加銓試之
五場自非雜犯雖文辭鄙俚亦在所錄僥倖大甚乞令
自今一如銓試法下吏部勘當而有是請。紹熙元年正
月二十九日前權知英州葉鎬言嶺南州縣闕官許監
司帥臣得以差官權攝止於巡尉縣令場務三者今則
不然求之者或以身坐罪累不可到部或以銓選不中
未曾出官皆為是請託之計予之者徒以周旋親故始
則姑以巡尉邑宰監當檄之其後或就差丞簿或就差
曹職官甚至有以武弁而權簽幕者彼皆貪冒無恥之

士及其狼籍則飄然而去州郡未嘗敢索印紙以批到
罷紀功過去就得以自陳乞詔二廣監司根刷州久無
正員去處申吏部作破格差遣許人注授或行下本路
監司定差一次如有不得已差官權攝必令州郡於到
任之日收索出身文字點檢批鑿方許赴上將來罷權
亦令稽考有無綰繫始得離任從之。三月一日將作監
蘇山言竊見州郡往往於正官之外巧立名號在權稅
則曰機察在酒醝則曰措置在劇局則曰提點似此之
類食錢窠闕或一官而數人共之怙勢陵轢雖正官反
出其下臣乞除二廣外欲申敕諸路州郡嚴守累降指
揮不得仍前差待闕等官權攝如機察之類日下盡行

卷三千八百三十八　十七

住罷若正官暫闕只委在任人兼領從之。紹熙五年九
月十四日明堂赦文二廣州軍合差攝官去處可依條
施行精加選擇（以後南郊明堂赦並同）。嘉泰元年十二月十三日
吏部言前權知惠州梁京奏竊見贛客為廣東擾固非
一日最可慮者莫如管下數鐵場耳何者惠州鐵場有
四曰新興曰帽峯曰鐵冶曰三峯皆係贛客前來烹燒
凡無行止之徒皆歸焉作過非一為守者雖屢行約束
而聽之藐然鄉來帽峯一場居人不堪其擾當土百姓
遂就官撲斷自招爐丁烹燒情願輸賣官司緣此一場
稍獲安靖且本州四場監官請給每歲虛費千緡較其
所費比之私下價直不啻多增一倍而百姓復遭其擾

乞行下本路轉運司詳酌罷去四鐵場攝官只令本縣縣尉兼管仍許當地百姓經官抱認自招當土爐丁烹燒從私下價直供賣而官司以其本錢及監官請給之費從私下價直就百姓和買居民既免其擾而又獲鐵貨羸餘之利百姓豈不樂從本部照得惠州四處鐵場監官既非堂除又非本部合使窠闕所奏委得允當欲下本路轉運司罷去四場攝官只令本縣縣尉兼管施行從之。三年十一月十一日南郊赦文廣南州郡擅差權攝借補或白牒或冒名或使臣之不識字者皆得以規圖差權專為民害前後指揮禁戢甚嚴其監司郡守奉行不虔未嘗杜絕間有正官赴任俾入瘴鄉于懋帥守監司截留本司積資考廉辣稍或至侵漁百姓可令刑部申嚴前後條法指揮行下監司郡守重行禁止毋得違戾（以後南郊明堂赦並同）。四年三月九日臣僚言伏覩淳熙十三年臣僚論春州郡權攝之弊於是降旨應見違法差權去處日下並罷如尚有違戾請遏錢物計贓科罪法非不嚴久而玩習復不知畏今者歲當大比至期見任有差充考試者闕員尤多乞申嚴前後權攝指揮重行禁戢外所有將來被差考試者止令見任人時暫兼權不許差待闕閑居之人其如教官職事雖不係有出身人亦許兼權止令暫展月試仍乞令諸州諸司將來所差見任人時暫兼權考試官職事者並即時具職位

姓名申御史臺照應從之。開禧元年二月二十七日臣僚言二廣烟瘴之地吏部牓闕無人願就故諸司有辟差之法漕司有定差之法然皆已受命或尚闕人則又有攝官之法亦取兩舉貢士名保就試選曉法之人問以吏道刑名考校應格次第差攝今定差辟差之外攝官一塗姦弊唯甚多是白身之人營求干請徑圖權攝恣為非法漁獵自豐乞行下二廣州縣職事簡省如闕官處止令見任人通攝或必不可免則求待闕官及正額攝官內選差不許出帖輒補白身之人自今諸司尚或不悛因事發覺坐以違制之罪從之。二年正月二十三日臣僚言二廣白身之人妄求名目或借補校尉或攝助教纔得補帖遇闕營求無所不至乞明詔二廣監司帥守應州縣場務闕官許以見任官兼領如或盡闕方許以州縣通那暫攝令諸司互相覺察每季具有無權攝違戾保明申尚書省如或不悛委臺諫論奏差攝者有罰受攝者計贓坐罪從之。三年八月十日臣僚言沿邊州軍守倅方闕為監司者或應親故之求或為幕屬之地隨即差權蠹耗帑藏實為害政乞申嚴舊法今後守倅有闕止許以次官兼權仍乞戒飭監司毋復徇從之。嘉定五年二月五日臣僚言兩淮自兵興以來借補名目實繁有徒乞行下兩淮應干借補名目悉收元帖毀抹凡權攝一切住罷今後監司帥守並不許以白

牒補官違者坐罪從之。十一年七月二十九日臣僚言
設官分職以為民極尊卑職守截然一定縣有佐官郡
有職曹所以上下相維而聯事合治者也而今之仕于
縣者則以貳令簿尉為卑賤而必欲入郡之簽廳仕于
州者則以職曹監當為塵冗而必欲攝諸之幕屬經營
結託無所不至乞下臣此章戒飭監司帥守凡日前差
入簽廳之人並仰日下發回本任今後敢有違戾委自
御史臺覺察受差之人並行罷黜所差之官一例責罰
如見得受差者委係權貴子弟親戚輒為囑託者即與
併行按治重錫鐫斥或與在外差遣仍乞備榜臺諫侍
從客次各令遵奉斷在必行從之。九月二十七日臣僚

卷三千八百三十八

言嶺右素稱炎地獨桂林近似中土宦進來者名為職
隸諸州率願身留八桂貪緣囑託驅去復來正官多是
虛身止將從權差攝州縣不治職此之由乞下臣此章
令東西二廣帥臣監司恪意遵守如有右列求辟守令
與夫改辟選人苟圖為削不安本任輒留桂林仰帥臣
監司按奏之重錫鐫斥或帥臣監司不守來約束許御
史臺覺察以聞近者臺臣有請乞戒飭諸路監司帥守
凡日前差入簽廳之人並仰日下發回本任深中時病
令又別立色目曰措置曰機察曰提督離局侵官紊亂
常法併乞申飭諸路監司帥守繼今更或別立名色差
辟權攝必罰無貸從之。十二年正月七日臣僚言伏覩

在法諸縣尉闕許從提刑司差官權攝今乃不然一尉
有闕百計營求若權要之書一馳則監司郡守奉承尤
謹每遇縣之丞簿或有事故即以簿攝丞尉攝簿卻以
尉職待求攝之人謂之騰倒應副間有即所居之邑就
求權攝者不特漁取於一時抑以成異日武斷之計其
為害益又甚焉欲乞申飭攸司刪改提刑差官權攝之
法自今以往止許就本縣見任官內時暫兼權催促下
次人赴上又照得有膏粱之子作中銓闒茸之士作
脫場屋便就都下營求書劄規圖權攝監司帥守但知
觀望奉承殊不知後生晚進不能奉法守職但聞蠹政
害民欲望聖慈下三省檢照嘉定十一年七月二十九

卷三千八百三十八

日已降指揮申嚴行下諸路監司帥守務要遵守將已
前差入僉廳權攝之人並日下發還本任如更違戾許
諸至察及御史臺按劾以聞將被差及所差之人并為
囑託者並照已降指揮施行從之。十五年八月四日朝
請郎新除刑部郎官沈寶言臣嘗人材不擇地而出在
於教育之而已且廣右為郡者二十有六地非不廣矣
學非不建矣三歲大比獲試於禮部而登名者獨少何
邪豈人材不產於遐方僻壤者乎臣嘗思其故長育人
材之道當堅其進學之念不當開其為利之心癢爛之
區監當簿尉縣令之職無人權注故立攝官之科俾得
注選固良法也然科舉取士有定額雋異既少稍能綴

辟者咸得厠名於其間僥倖而舉即得試攝官僅能免過即許解發俾授正官人情趨利如水就下往往當進學之年即萌料祿之謀人材不淑其或由是古人四十曰彊而仕漢　孝廉亦限以四十充選今欲士子涵養器識勉彊學業莫若限四十方許攝官誠使之從政庶免墻面吏部看詳照得廣郡水土惡弱去處監當簿尉或許令攝官有正額有待次其待次無過犯人與陞正額額外人與入額可謂優異儻不限以四十彊仕之年方許攝官竊恐向後僥倖冗濫者多易沙汰從之十月二十六日臣僚言朝廷給降將仕郎綾紙而宣司數下鹽井等户以為鹽本每道直以千緡所以權時之利也

卷三千八百三十八

近歲以來數費既多轉變不行每道減至百五十千川楮蜀民利其易售輕出川楮圖為補授之計夤緣宣司差補攝職憑藉聲勢陵轢州縣裒刻民户欲望聖慈行下四蜀諸郡凡有承買綾紙之人止許其隨路鎖試脫或軍興亦不許暫差權攝關涉州縣職事庶幾蜀士安分不為民害從之十六年正月十一日臣僚言比年以來不許辟差攝職之禁申嚴不一而士大夫問津仕版席寵世賢多有不安義命之戒寒士叨一第任子得一官本及赴上即為營圖身在家廷而名掛幕府職居征権而權預僉廳又有需次家居求入鄉校以謀月俸必欲操正錄之權司出納之吝假服色以就列與教官而爭衡剝床及膚分喋士友凡此者皆不正其趨嚮養其器質之故也願陛下察臣所陳行下諸路監司守臣應初入仕人並不許撤入僉廳辟充幕府若權攝之類以啓僥倖之心庶幾砥礪廉隅涵養器質俾筮仕者皆平心定氣以功名自見從之

以上為一卷

卷三千八百三十八

職官　避親嫌

宋會要

太宗淳化四年十月二十九日以虞部員外郎知制誥王旦為禮部郎中集賢殿脩撰仍同知吏選事旦以妻父趙昌言參政非便求觧職而有是命　眞宗天禧二年五月二日以刑部員外郎兼侍御史知雜事呂夷簡守本官同勾當通進銀臺司兼門下封駮事度支郎中杜夢證兼侍御史知雜事夷簡與中丞趙安仁近親避嫌也　仁宗明道二年十一月二十八日詔判審官院三班院官員親戚京朝官使臣差遣磨勘更不逐旋申奏便仰牒同判官員一面依例施行訖以聞　景祐二年八月二十八日知制誥李淑言奉宣差同勾當三班院伏緣廷臣選授事本樞司繫之官聯是為統屬外舅韓億見領樞密副使詢于前例合避親嫌欲望比類別換一處詔不須避　五年三月六日翰林學士李淑言伏見恩制臣父若谷蒙授參知政事臣忝服近列理合

卷二萬四百八十

十五

避嫌蓋以局禁之嚴號令所出本於訪聞時政不止典作詔辭唐朝獨孤郁為妻父任宰相亦罷學士之職況今父子顯妨公議臣遭逢先聖擢在文館纔踐兩制垂二十年雖無補於論思敢自廢於典故欲望許解職內廷別授以一次無職局學士名目兼臣見領三班禮院皆是總屬亦乞別換一次差遣自餘書筵史局不敢辭避如此則當陛下任人之際免速譏嫌在私門驚寵之辰不憂泰盛臣之懇請非涉僥覦必冀允從之恩曲全退損之節詔換翰林侍讀學士　康定二年正月二十八日翰林學士丁度等言詳定服紀親疎在官迴避條制請本族緦麻以上親及有服外親無服外親並令迴避其餘勿拘從之　慶曆五年二月十一日以翰林學士吏部郎中知制誥宋祁兼龍圖閣學士依前翰林侍讀學士以兄庠參預朝政求解禁林之職也　四月二十四日河北安撫都監文思副使桑宗望言女壻供奉官劉淵是知保州劉渙親弟及緣界河同巡檢王令問是親家詔與河東安撫都監禮賓副使靳宗說對易其任　八月二十三日梓夔路駐泊兵馬鈐轄馬端言知施州陳曉是親家係轄下慮有妨礙詔以荊湖南路駐泊兵馬都監禮賓副使武永符對易其任　十一月十五日徙河東路轉運使柳灝與新除陝西路轉運使李昭遘易其任避親嫌也　至和二年七月二十五日同

卷二萬四百八十

十六

判吏部流内銓劉敞言：伏見審官三班院流内銓注擬外官，其間或兄弟伯叔子姪自相為代，所注擬外官其五服之内於法許相容隱者，皆不得相為代，有敢妄冒居之者，以私罪論。於理為便。從之。　嘉祐元年三月，樞密副使給事中王堯臣為戶部侍郎參知政事，給事中程戡為戶部侍郎樞密副使，以戡與宰臣文彥博為姻家故易之。　三年三月，以起居舍人同修起居注范鎮知制誥，太常丞直集賢院同修起居注馮京為右正言、龍圖閣待制。鎮與京同試中書，而京宰相富弼婿，故以待制命之。　七月，權御史中丞包拯言：右正言吳及立身有守，遇事敢言，緣與樞密副使張昪妻是親，奏乞外郡。緣昪妻亡已久，理不當避，乞令依舊供職。許之。

卷二萬四百八十

十七

八年十二月十四日，詔審官院：應京朝官有親戚妨礙合迴避者，如到任未及一年，即與對移本縣官相妨礙於本州別縣，對移本州官相礙於隣州，對移本路職司相妨礙於隣路，對移及一年已上者，除祖孫及期已上親依此對移外，其他親戚即候成資放罷。令樞密院三班院並准此施行。　治平元年正月九日，南作坊使閤門通事舍人勾當左騏驥院李珹與左藏庫副使勾當翰林司郭宗古對易其局，以珹與郡牧都監張宗道親嫌故也。以上國朝會要　治平四年正月二十九日，神宗已即位，未改元，樞密副使陳升之言：權步軍司公事竇舜卿是臣妻弟，乞別差人。詔不許迴避，候宋守約回日取旨。　三月九日，權提點京西路刑獄公事祠部郎中陳安石與權提點河東路刑獄公事太常少卿毋沆對易，差遣以安石避親故也。神宗熙寧元年正月二十一日，翰林學士知通進銀臺司兼門下封駁事呂公著兼判尚書兵部，以龍圖閣直學士判尚書兵部張掞知通進銀臺司兼門下封駁事。公著自陳兄公弼任樞密使，領封駁非便也。　二十三日，以糾察在京刑獄郭申錫同判太常寺，知制誥吳充同糾察在京刑獄，以申錫與龍圖閣直學士給事中權知開封府呂溱親嫌故也。

二年二月十一日，刑部郎中知制誥同知諫院吳充罷知諫院，充言與新除參知政事王安石是親，例合迴避言職故也。

卷二萬四百八十

十八

十月八日，樞密院言：就差憲曹(州)偃知石州，其石州自來帶嵐石隰州同都巡檢使勾會內藏庫副使曹偓見知隰州，當避弟偓。詔偓與知忻州陳永圖對移。　三年十一月二十六日，詔：應内外官事局相干或係統攝，若本族同居無服以上親，異居袒免以上親，親姑姊妹姪女孫女之夫，凡言親者堂從亦避，其子婿子婦之父及其親兄弟，母妻親姊妹之夫，親姨之子，親外孫外生女之夫，母本服大功親若嫡繼慈母亡即不避，皆令奏請迴避。若審官三班院流内銓主判官差注官員及其餘司局事有干礙者，許一面牒同職官

管勾當並免簽書吏不逐旋申奏若無官可牒依公施
行　四年二月十三日新差權同提點夔州路刑獄公
事王居卿權發
遣京東路提點刑
獄公事段繹兩易以居卿避親故也　五年八月四日
樞密院言權同檢詳兵房文字蘓液言自來諸路都總
管司走馬承受使臣與本路官避親者不以有無統攝
一體妨礙理未允當乞自今　受與本路轉運使副判
官提點刑獄通判幕職令錄判司簿尉及監當官吏不
廻避其路分都副總管并路分鈐轄都監以下應帶兵
職及知州軍城寨管勾機宜文字臣僚等並廻避從之

卷二萬四百八十　十七

七年十月二十一日詔今後應管軍臣僚如未管軍
已前係親屬即須自陳如管軍已後並不得共為婚姻
九年正月二十五日判將作監謝景温言蒙改差同
提舉在京諸司庫與張罥對換況張罥為避沈括親嫌
緣括亦是臣父之表弟乞各依舊局從之　元豐元年
十月十九日詔定州路副都總管兼河北第一將殿前
都虞候深州防禦使劉永年太原府路副都總管兼河
東第一將馬軍副都指揮使黔州觀察使盧政對易其
任永年以知州韓絳親故也　二年六月二十七日詔
改權發遣淮南東路提點刑獄尚書金部員外郎范百
禄權知唐州以百禄與知楊州鮮于侁避親故也　四

年七月二十四日同知諫院蔡卞言武學教授蔡碩近
留修葺軍器監勑於樞密院置局碩執政之弟與承旨
張山甫聯親慮交相黨援得復備負襲勢營私漸不可
長乞罷免以協公議詔樞密院别差官　六年七月九
日詔朝請大夫試太常少卿孫覺秘書少監朝散大夫
葉均兩易其任以覺與禮部侍郎李常親嫌也　哲宗
元祐元年七月二十五日詔堂除官應避親者到官後
限一月自陳　八月六日吏部侍郎兼侍講傅堯俞以
職煩日病乞罷侍講宰臣司馬光請改堯俞為侍讀而
用范祖禹為侍講祖禹呂公著之壻也請避嫌光奏宰
相不當以私嫌廢公議門下侍郎韓維奏朝廷遴選執

卷二萬四百八十　十八

政本以從違賢能為職今乃以執政妨用人不可方今
人材難得幸而可用之人又以執政故退罷若七八執
政各避私嫌甚妨賢路且多存形迹非大公之道遂以
祖禹兼侍講　二年四月十四日同知樞密院事范純
仁以戶部侍郎韓宗道門下侍郎孫固以太師文彥博
親嫌為言劉摯言故事執政於同列少有避親者太皇
太后曰執政於親戚無廻避之理如用人合公議雖親
何害若或徇私雖非親戚必致人言惟盡公滅私則善
矣　五年十月五日吏部請避親法注文添入或妻之
大功以上姊妹之夫及其子一十四字從之　八年四
月二十三日臣僚上言伏見自祖宗以來條制凡官員

親戚於職事有統攝或相干者並迴避近時朝廷侍從近臣親職事或有親戚相妨多用特旨更不迴避令乃類使叔姪兄弟更相臨統則是按察之法名存而實廢矣望應令後內外官職事有親戚相妨並令依法迴避更不降特不迴避指揮詔依奏內有服紀遠職事疎臨時取旨　紹聖四年十二月二十三日詔責授涪州別駕黔州安置黃庭堅移戎州安置以避部使者親嫌也徽宗建中靖國六年九月九日鄜延路經略安撫使司屬官與本路經略安撫監司係親嫌者並迴避經略安撫司管幹機宜文字官非令來本司契勘一路監司於所部官並係統屬雖於別司屬官在法亦合互察除帥

卷二萬四百十　十八

臣子弟充書寫機宜文字自有別條外其餘辟置機宜官依條並在敕舉之例今若不避親嫌則恐於薦辟敕舉皆有妨礙令條內並不該載慮有未盡欲乞依上條內除去注文經略安撫司管幹機宜文字官非一十三字外即別無銜改前後條貫從之　十二月二十七日吏部侍郎黃裳奏臣之女與右僕射曾布之子為親法當迴避詔黃裳除龍圖閣待制知潁昌府　崇寧元年六月八日吏部狀準批下簽書保信軍節度判官廳公事蘇象先狀與本路運判韓宗武運—　運仲游礙親兩浙淮南轉運司已勘會到簽書杭州觀察判官葛平怨申部對移本部將葛平怨作係用家便恩例注授依

本部令不許對移又緣平怨與象先係兩情願欲望依運司所定本部勘會有礙條貫詔依逐人所乞令後吏有似此之人準此　大觀三年十月十九日臣僚言應避親者當移一等職任不則辭尊居卑比來省寺監避親例獲遷擢如余清向久中自員外郎除諸寺少卿閭丘籲自太僕少卿除宗正少卿單暐自禮部員外郎除衛尉少卿尤為僥冒詔令後六　郎官與丞　親吏不迴避　政和元年三月十二日樞　院奏如京使新差權發遣河北沿邊安撫副使王拱　親足揆見任權發遣安肅軍事正係轄下職事相干合該迴避詔王拱特不迴避便令赴任　八月十三日臣僚言在京內外

卷二萬四百十　十九

局所應親戚職事相干或相統攝法所當避者欲乞並令逐處檢舉依法如敢隱蔽尚容在任委御史臺覺察詔立法聞奏令看詳修立下條諸在京內外官司職相干或統攝係親法應避而隱蔽容留在京者委御史臺覺察聞奏　六年十一月七日熙河蘭湟路經略司書武翼大夫同總領洮州蕃兵將竇調有女近與本路廉訪使者劉彥遵男為親竊慮依條合行迴避詔劉彥遵罷廉訪使者今後廉訪使者不得與本路在任官為婚姻違者依統屬為婚姻法　十二月三日臣僚言近年見任官以親戚應迴避者往往得旨特不迴避伏望申明條令改正施行詔除御筆令不許迴避外依奏

十六日臣僚言近嘗論列見任官以親戚廻避者比多
得旨特不廻避竊惟嫌疑之際古人、動加分別神考熙
豐致治之際持之尤嚴臣前所奏陳偉及外路按察之
官至於京師曾未暇也法令之行理宜自近詔令省臺
寺監其合避之親申尚書省進入　宣和二年九月十
八日起復朝議大夫試吏部侍郎權開封尹王鼎奏契
勘近除刑部尚書何志同係鼎妻之父職事相干依條
合該廻避又緣鼎見任右選劇曹復兼尹事深恐力所
不及欲望許引親嫌罷攝府政詔依罷權開封尹　十
二月二日給事中葛次仲奏太宰王黼實臣親妹之夫
而臣男娶黼女已言定其於門下省係統屬在法應避
卷二萬四百八十　二十一
伏望除臣在外一郡詔葛次仲除大司成　三年四月
十六日以朝奉大夫知舒州徐克温奏議郎知高郵軍
曾纁兩易其任以避親嫌故也　二十五日臣僚言東
平府通判係朝散郎梁嚴祖提舉京東西路常平係中
散大夫梁楊祖提舉京東西路香鹽係朝請郎直秘閣
梁端其常平并香鹽司廨舍并在東平府其梁楊祖係
嚴祖之兄梁端係嚴祖之子世為東平府巨族以本貫
之法言之則端為監司而嚴祖不當在其部下以互察
之法言之則兩司不無按舉之嫌是三人者於法無一
為可今守臣並在一州所按察總當一路訪聞日逐判
引公事並在本家且涖官之所宛轉賓緣干求請託尚

或不免別於鄉曲親戚相知常居其衙若引公事而歸
私室則一州之事從可知矣又況兩司不無人吏違法
不公事件其於互相覺察之法又如何哉如陛下以梁
楊祖嘗任執政官特為優假不欲使子弟遠去侍下
則可與一子近便任使其餘若人才可用即乞別與一
路差遣無使父子叔姪併聚一州詔梁端移河北東路
提舉香鹽梁嚴祖與青州通判李謨對移仍各通理前
任月日　命下未幾而嚴祖更不對移特與宮觀端依
舊京東西路鹽香對移指揮更不施行臣僚復
梁端與河北東路鹽香李謨對移　四年二月四日起
復光禄大夫行開封尹王革奏今臣南鼎蒙恩除刑部
卷二萬四百八十　二十二
尚書臣見任開封尹自來在京刑獄並係刑部統攝伏
望許依著令以嫌引避詔蔡懋除刑部尚書王鼎移工
部尚書　六年八月十九日中書省言新差夔州路計
度轉運副使郭倫狀為本路轉運判官張深係倫同堂
妹夫申乞廻避政和敕稱親戚係母妻大功以上親字
下專說姊妹之夫同於同堂姊妹之夫不合廻避詔令
吏部申明遍牒行下　十一月二十七日尚書右丞宇
文粹中奏臣弟時中以親嫌乞罷虞部員外郎職任已
許廻避今衆議尚以職事進擬臣竊惟天府廼刑獄官
司典治輦轂之下自來未嘗以執政子弟參佐府事而
寺監長貳皆統屬於六聯今歲所降詔旨丁寧所當遵

守乞罷守宫祠詔宇文特中特除直秘閣管勾萬壽觀
七年五月四日臣僚言都水監隸工部孟令上御名
爲都水使者其兄揆爲工部侍郎法酒庫隸光禄寺許
湊爲本庫監官其叔仔爲光禄寺丞州郡隸監司趙適
知潁昌府其壻程芾爲本路提舉常平皆以親嫌乞令
廻避以絶黨附之私從之　欽宗靖康元年四月二十
七日中書侍郎唐恪言本宗兄怒除監察御史男瓌除
大理丞臣備數執政實有嫌疑乞改除在外閑慢差遣
不允　五月六日御史中丞陳過庭言新右正言許景
衡乃臣同堂妹夫臺諫官事相関連同在言路有嫌乞
罷免中丞職事詔從景衡太常少卿以上續國朝會要

卷二萬四百　二十三

高宗建炎元年五月十五日京兆府路安撫使張深言
男安老見任本司幹辦公事乞對移鄰路合入差遣從
之　九月二十日詔黃潛厚除延康殿學士提舉醴泉
觀同張慤專一措置財用依舊提舉一行事務初上擢
潛厚爲户部尚書中書舍人劉珏奏潛厚乃尚書右僕
射潛善之親兄未有弟爲宰輔兄爲八座而同居一省
者兼潛善潛厚皆乞廻避故有是命　四年五月十三
日同簽書樞密院事張守言兩浙制置使韓世忠奏差
臣族叔鋭知常州乃臣鄉里乞改差鋭别州軍差從之
七月二日詔吏部員外郎鄭士彦改祠部員外郎以
士彦與吏部侍郎綦崈禮爲姻家乞避親故也　紹興

元年十二月二日都轉運使張公濟言舊發運司盡降
降指揮諸路州縣官除真揚楚泗州監轉般倉排岸船
場堰閘官係職局相干合避親嫌外餘應知通幕職州
縣官等雖係部下並不廻避今欲比附施行從之　二年
九月二日新除右司諫劉棐言監察御史李藹係姑舊
之子同處言地豈無黨與之嫌乞罷新命詔職事不相
干礙依條不合廻避　十一月二十三日中書舍人胡
松年與新除左司諫唐煇爲女壻松年以嫌乞外任煇
亦辭免新除詔不從　三年三月二十三日福建路安
撫司言右承奉郎本司幹辦公事任良臣與本路轉運
副使劉寀係姊之夫詔與主管機宜文字王儔兩易其
任仍各通理前任月日　在法機宜文字官與諸監司
雖親不避　九月十六日簽書樞密院事徐俯言洪枅
臣之甥今召赴都堂審察實有妨嫌詔洪枅更不審察
令閤門引見上殿　四年四月十四日新起居舍人陳
桷言妻鄧氏與右僕射朱勝非之妻同曾祖小功親若
在後省實有妨嫌詔改除太常少卿　五月五日工部
員外郎章傑言從兄僅任軍器監丞又工部侍郎　避
爲傑之從母夫詔與倉部員外郎江公亮兩易其任
八月二十四日知樞密院事趙鼎言宗正少卿范冲除
起居郎臣與冲姻家雖法不當避而搢紳不知出自聖
意必謂臣援引親黨乞罷冲新除依舊任從之　九月

卷二萬四百　二十四

七日，新除起居舍人虞澐除直龍圖閣、江南東路提點
刑獄。以澐乃僉書樞密院事胡松年妻之兄，松年自
言：「臣叨聯政府，雖於二省進擬人材，初不干預，在人情
則委有妨嫌。」澐亦自列請外，故有是命。五年閏二月十
九日，權主管殿前司公事劉錡言：「王璞除主管侍衛馬
軍司公事，係妻妹之夫，竊慮於軍政有妨嫌。」詔不許廻
避。　六年九月十五日，詔四川都轉運使可依江淮六
路發運使副例，見任官內有合廻避親，並免廻避。　七
年八月二十六日，秦彬言：「先蒙江東路安撫司辟差充
營繕幹辦官，今弟檜見任樞密使，而臣於行在供職，實
有妨嫌。」詔特差充兩浙東路安撫制置大使司幹辦公
事。是時車駕駐蹕建康，而江東安撫司亦在建康，故
也。　八年十一月五日，參知政事同提舉詳定一司敕
令孫近言：「乞罷男大雅見任詳定一司敕令所刪定官。」
詔與外任。十年十月六日，太常寺主簿蘇籍言：「禮部侍
郎蘇符係臣堂兄，乞廻避。」禮部契勘主簿職事止是主
管簿書，詔免廻避。十一年四月四日，將作監丞李若言
昨除司農寺丞，以本寺卿李若虛係臣親弟，合廻避，詔
與將作監丞王言恭兩易。契勘將作監統轄文思院上
下界，而幹辦文思院上界李若川亦係臣親弟，又有妨
嫌，未敢供職，詔特免廻避。　七月八日，知太平州王提
言：「江東轉運副使王瞬係從兄弟。」詔與知處州朱亮功

卷二萬四百八十

二十五

兩易其任。　八月五日，提舉江南東路茶鹽公事鄭僑
年言：「江東轉副使王瞬係親姊之夫，有諸司互察之嫌。」
詔與提舉兩浙市舶王傳兩易其任。　九月二十六日，
大理卿周三畏言：「左斷刑寺正許絳與左斷刑少卿薛
仁輔係婚姻之家，合廻避。」詔許絳與大理寺丞李景山
兩易其任。　十三年九月二十四日，軍器監主簿王曮
言：「工部侍郎王瞬係臣本宗有服兄，乞廻避。」詔王曮與
太府寺主簿詹棫兩易其任。　十四年五月四日，知宣
州秦梓言：「新除本路安撫大使張守係臣前妻之親叔，
乞廻避。」不從。　二十一日，權發遣仙井監何伯熊乞避
本路提刑何掄親嫌，詔與知懷安軍羅萬兩易其任。
二十五年十月三十日，秦熺言：「舅王會見知平江府，乞
與知建康府宋貺兩易其任，庶得相聚照顧家屬。」從之。
二十八年六月二十七日，詔福建帥沈調、廣東帥蘇
簡措置海寇有功，各進職推賞。宰臣沈該以親嫌乞行
寢罷，上曰：「慶賞刑威之設，所以待功罪，有功而不賞，何
以示勸？卿兄自以措置海寇被賞，非恩例所得，何辭免
之有？」三十年三月十五日，中書舍人沈介言：「準中書門
下省送到詞頭貳道，為莫伯甄除潼川府路轉運判官、
莫伯虛降一官。竊緣伯甄係介母之兄，伯虛係介母之
堂兄，服紀相妨。」詔時暫差楊邦弼撰述。以上《中興會要》。
孝宗隆興二年十月十七日，給事中吳芾奏：參知政

卷二萬四百八十

二十六

事王之望係臣姻家，臣備員後省，理合避嫌。詔改除吏部侍郎。　十八日，總領淮西江東軍馬錢糧、專一報發御前軍馬文字楊倓劄子：伏爲父存中除同都督江淮軍馬，見在建康府置司，委有妨嫌，乞廻避。詔特免。　十一月二十五日，起居郎、權中書舍人何俌劄子奏：伏覩今月十七日麻制，陳康伯拜左僕射。康伯係臣再從姊之夫，自合廻避。詔特免。　乾道三年正月十三日，臣僚言：伏見近日臣僚因避親而求換易，或丐罷而別乞差遣者。如臨安府通判沈雲卿廻避本路提刑姚憲，陳乞兩易，據其所申蹈逐到明州通判錢璘，不曾會問。璘既不樂換易，而雲卿徑行之任。秀州通判周極廻避本路

卷二萬四百八十　二十七

漕使周淙，陳乞解罷，以知縣資序遠授盱眙軍而去。公論不平，咸謂雲卿以力取，極以巧得，紊亂格法，起軼資序。若使後人倣此，是因避親而得美官，豈不長奔競之俗而成攘奪之風哉！欲望聖慈並賜罷黜，以爲貪得躁進者之戒。詔沈雲卿依奏與宮觀，理作自陳；周極與見闕通判差遣。　六年二月十五日，福建路提點刑獄公事吳龜年言：伏覩新除本路帥臣薛良朋係龜年妻之叔父，雖於服屬稍踈，緣職事相關，切慮合該廻避。詔吳龜年除江南西路計度轉運副使。　七年六月三十日，詔左翼軍統制趙渥特免廻避王友直指揮更不施行，以臣僚論列故也。　臣僚上言：近覩錄黃，殿帥王友直奏男娶左翼軍統制趙渥之女，即目渥雖駐劄泉州，緣是部曲，拘礙親嫌，已降指揮特免廻避。竊恐自後諸軍見有免避之例，漸開不避之端，不可以不論。臣嘗見主帥與將佐姻連者多矣，當其無釁也，上則曲意容庇，下則恃勢妄作，積弊日深，軍政遂壞；及其交惡也，小則紊煩朝廷，大則誤敗國事。如近年劉錡之於劉汜，不避子姪之嫌；吳璘之於姚仲，不避姻家之嫌，敗事失職，天下迄今恨之。欲乞下臣此章，令諸軍不得輙容合避之親充填本軍將佐，有未經改正者，並仰日下自陳，庶幾申嚴國法，振起軍政，非細務也。故有是命。　九年九月二十九日，臣僚言：臣竊見監文思院上界門傳伯高係中

卷二萬四百八十　二十八

書門下省檢正諸房公事傳自修親姪。近緣自修時暫兼權工部侍郎，其文思院正係工部所轄，合行廻避。伯高遂自蹈逐省倉上界監門董陝對換，更不取本人願狀。董陝不甘陳訴，再降劄子，候伯高任滿日却還舊任。臣契勘伯高既係自修碁親，在法即合解罷，初無許行對換明文；兼伯高亦合取對易人願狀同共陳乞，乃倚力營求，堅乞四降朝旨，抑勒孤寒，幾於攘奪。欲望睿斷令伯高日下解罷，庶幾不壞成法。從之。

全唐文

宋會要

黜降官一

太祖建隆四年十月一日德州刺史何隱責亳州別駕
先是隱擅出軍食為判官郭象所發按之得實故黜隱
而升象為祠部員外郎權知州事　六月亳州蒙城令
朱英奪兩任官先是英自通事舍人出為縣令上言願
與同列王信等校其能既而宣贊不及信等故黜之
十九日翰林學士中書舍人扈蒙責左贊善大夫先是
左補闕仇華奉命監市征於迎鑾鎮蒙嘗薦僕夫扈繼
遠于華至是繼遠盜官鹽泊獄具來上太祖怒之故有
是命　乾德二年正月十日祠部郎中知制誥充史館
卷三十八八十三
修撰張澹責左司員外郎先是秘書郎直史館張去華
上章訴居官久次且言澹及知制誥盧多遜殿中侍御
史師頏等文學膚淺願與較其優劣太祖臨軒策試仍
命翰林學士承旨陶穀學士竇儀吏部尚書張昭知制
誥趙逢高錫考其程式乃以去華為右補闕以澹所對
不應策問故有是命　五月四日屯田員外郎知制誥
高錫責萊州司馬以錫發書薦僧妄求恩澤將命出使
道途非理責人蕃鎮無名受賂故及於責仍令御史臺
差人監送貶所　九月一日周易博士奚嶼責乾州司
戶參軍庫部員外郎王貽孫責左贊善大夫翰林學士
承旨禮部尚書陶穀奪兩月俸先是國家遵舊制臺省

六品諸司五品已上官皆得薦補歲令兵部禮部試念
書精通者中選至是穀請補其子邴為殿中省進馬太
祖遣嶼等試之邴所業未精穀私請於嶼嶼即以邴合
格聞為人所發下御史府按之以嶼受穀請求而貽孫
不之覺故有是命　三年正月十六日吏部郎中鄭守
中責本曹員外郎先是守中試諸司吏書判考覆不當
太祖命覆試黜退數人故有是命　太宗太平興國六
年十一月三日膳部郎中侍御史知雜事滕中正責本
曹員外郎依舊知雜事先是監察御史張白坐知蔡州
日假貸官錢三百貫糴粟麥居以射利棄市中正坐薦
白故也　七年四月二十一日中書舍人史館修撰判
卷三千八百八十一
館事李穆責司封員外郎坐與盧多遜同門生頗與多
遜厚善為言事者所發故也　八年四月十一日威塞
軍節度使判潁州事曹翰削奪在身官爵御史臺遣吏
護送登州禁錮先是翰知潁州部內不治汝陰縣令孫
崇望詣闕擊登聞鼓送翰盜用官錢擅葉烽臺私蓄兵
器擅補牙官取官租麥利錢五百萬絹百疋諸不法事
帝怒命膳部郎中知雜滕中正就鞫之翰具伏獄成來
上法當死命百官集議工部尚書李昉等奏議曰曹翰
身備將壇職當郡寄不守法度黷亂紀綱請如有司所
定寘于極典帝以其勞舊未忍寘于法詔止行黜削焉
十二月二十六日右補闕直史館胡旦責殿中丞克

商州團練副使依分司官吏支給半俸仍不得簽書州事先是旦獻河平頌帝覽之震怒名宰相謂曰胡旦所獻頌詞意悖戾朕自擢于甲科歷試外任所至無善狀知海州日爲部下所訟獄已具適會大赦朕錄其才而舍其過尚令在近列又領史職乃敢自恣胷臆狂躁如此今朝多君子如此人豈宜尚列於侍從耶亟逐去之且以其頌下史館中書舍人史館修撰王祐等奏議曰胡旦幸以常材謬登上第職在史氏身備諫垣而乃獻頌明廷發泄私憤謗讟聖代指斥大臣躁人詞多前代尤戒下流訕上先儒所惡宜加竄逐以肅縉紳故及於責　雍熙二年三月二十二日祠部員外郎知制誥蘇

卷三千八百八十三

易簡罷知制誥初命易簡與賈黃中等同知貢舉各以子弟甥姪籍名求別試易簡妻兄進士崔範故職方員外郎憲之子也憲死易簡以外服請告範服未闋易簡隱而不奏薦名在高等又有王千里者故水部員外郎孚之子也孚在蜀爲翰林學士易簡父協即孚之門生易簡以故薦千里帝聞之甚怒範及千里並加罪仍令御史劾易簡于私第罷職　四月十六日判四方館使田仁朗責商州團練使令御史臺遣吏監送赴任初李繼遷率蕃部屢爲邊患是歲二月攻麟州汝州團練使曹光實領兵徼巡爲其所誘而沒又圍三族寨麟州馳驛以聞遣仁朗與閤門使王侁宮苑使李繼隆閤門副

使董愿馳發邊兵數千擊之仁朗至綏州駐月餘奏請益兵於是三族寨蕃將折御乜殺監軍使者與繼遷合帝聞之大怒亟遣軍器庫使劉文裕自三交疾馳代仁朗赴闕下御史按問仁朗陷三族狀對云所徵兵在銀綏夏等州本州以城守爲備不遣有兵千餘乃曹光實舊卒器甲不完故請益兵轉運芻粟復未備三族寨與綏州道遠非元詔所救也昨臣已定擒繼遷策會詔至其謀不果因言繼遷得蕃情願且降優詔懷來之或懸厚賞以誘部落酋長令斬其首不爾恐佗日漸難爲制雖大益兵深入其地無益也臺司以聞帝大怒切責憲府官吏御史遂重劾之法司以乏軍興者斬征人違期

卷三千八百八十三

二十日者絞帝止令降黜焉是行也仁朗誠爲稽緩然許已決而爲王侁等媒蘗搆成其罪故及於貶　三年七月三日天平軍節度使兼侍中曹彬責右驍衛上將軍河陽節度使崔彥進責右武衛上將軍内客省使郭守文責右屯衛大將軍天武四廂都指揮使傅潛責右領軍衛大將軍沙州觀察使杜彥圭責均州團練副使光州刺史陳廷山責復州團練副使仍不得簽書州事亳州刺史蔡玉除名配商州文薛繼昭降供奉官彬守文潛坐違詔逗遛退軍失律士多亡死彥進坐違節制彥圭坐不容軍士晡食玉坐畏懦伏匿廷山坐汾州會戰失期繼昭坐先謀退陣刑部請據律皆處斬以三品

議責翰林學士賈黃中等上議請議如律詔從寬宥而
夏是責　八月十五日忠武軍節度使檢校太師潘美
削三任為檢校太尉西上閤門使蔚州刺史王侁除名
金州軍器庫使順州團練使劉文裕除名配登州先是
王師北征以美為雲應路行營都總管命雲州觀察使
楊業副之及侁以文裕護其軍連援雲應寰朔四州次
桑乾河會曹彬之師不利諸路班師美等復歸代州未
幾詔盡遷四州民於內地令美等復歸所部兵護之時
契丹傾衆十餘萬復陷寰州業謂美等曰今賊勢甚盛
不可與戰朝廷祇令取數州之民但領兵出大石路先
遣人密告雲朔州守將俟大軍離代州日令雲州之

卷三千八百八十三

衆先出我師次應州契丹必悉衆來拒即令朔州吏民
出城直入石碣谷遣強弩千人列於谷口以騎士援於
中路則三州之衆萬全可保矣侁沮其議曰領數萬精
兵豈必始是之畏懦耶文裕亦贊成之業曰不可此必
敗之勢也侁曰君侯素號無敵見敵逗撓不戰豈有它
志乎業曰業非畏死蓋時有未利徒殺傷士大功不立
今君責業不以死當為諸公先死爾即率帳下騎馬自
石硤路趨朔州將行泣謂美曰此行必不利業太原降
將當死帝不殺我寵我以連帥授我以兵柄非縱虜不
擊蓋將立尺寸功報陛下耳今諸軍責業以避敵當先
死於虜因指陳家谷曰君侯於此張步兵強弩為左右

翼以援業俟業轉戰至此以步兵擊之不然者無遺類
矣美即與先領麾下兵陣於谷口自寅至巳侁使人登
托邏臺望以為虜冠敗走侁欲爭其功即領兵離谷口
美不得制乃沿灰河西南行二十餘里俄聞業敗即麾
兵却走業力戰自日中至暮果至谷口望見無人即拊
膺太慟再率上下士戰身被數十創其子延昭死焉帳
下士殆盡業猶手刃數十百人馬重傷不能進遂為虜
所擒因太息曰帝遇我厚為姦臣所逼使王師敗衄何
面目於虜中求活哉因不食三日死天下冤之聞者皆
為流涕　四年十月十七日右驍衛上將軍劉廷讓除
削在身官爵送商州安置先是廷讓為雄州兵馬總管

卷三千八百八十三

以疾上聞不待報擅離治所故及於責　端拱元年三
月十五日鐵鹽副使戶部郎中陳象輿責復州團練副
使度支副使刑部郎中董儼責海州團練副使司封員
外郎知制誥胡旦責坊州團練副使右正言直史館梁
顥責虢州司戶參軍坐柜密副使趙昌言之黨也象輿
素與昌言善儼且皆昌言同年生顥又嘗在昌言幕下
四人皆厚善日夕多會於昌言之弟故京師有陳三更
董半夜之言先是有備書人翟穎者姦險誕妄素與胡
旦親狎且知可使乃作大言怪誕之辭使穎改名馬周
以為唐馬周復出也其言多排毀時政自薦可為天子
大臣及力舉十數人皆公輔之器令昌言內為之助人

多識其辭氣知旦之爲也會京尹陳王使親吏儀贊廉知其事捕馬周繫獄時張去華爲府判官親窮治之以其狀聞帝怒杖馬周脊黥而流海島恭錮終身昌言等並加貶黜　十九日鄭州團練使侯莫陳利用除名配商州禁錮利用西蜀人始賣藥於都市多變幻之術眩惑閭里時樞密承旨陳從信得之以爲方士遂聞於帝即日召見驟加恩遇遂歷職内外累至單州刺史鄭州團練使前後賜與寵澤莫二時以左道得幸無復畏憚所爲不法至於居處服玩皆僭乘輿宮殿之名佗亦稱是依附者頗獲薦舉士君子畏其黨而不敢言會趙普再入中書廉得其狀乃力言於帝前盡發其事而遣近

卷三千八百六十三

臣就按成得姦狀故貶竄馬普復言以爲利用罪重責輕未塞天下之望存之何益帝不獲已尋賜死於商州既而悔之遽遣使馳傳以免其死使者至新安廐置馬踣墜傷其趾追不能及利用以已磔於市聞者快之
淳化元年二月十八日崇儀副使王惟德責殿前承旨殿中丞王淮責濠州定遠縣主簿官俸懷忠杖脊配隸忠靖坐監香藥榷易院姦贓爲部下所告鞫得錢二百七十六萬故也淮參知政事沔之同母弟事發自度當死遂從闕下亡命有司名捕踰月不獲沔方得幸頗慚憤因上表待罪獄已具惟德等皆坐棄市帝方寵待沔故盡貸其死但責降馬淮數月自歸沔以聞詔令沔

就私第杖一百遣之任　二年二月二十二日降杖州防禦判官史堯爲滄州司馬封川縣令李爭爲襄州司馬徐州彭城縣令傅昭遜爲曹州司馬先是帝勵精爲治分命使者按行郡國州縣吏有貪汙不親事者以名聞常參官即授以諸司副使京官及幕職州縣官並以上佐文學參軍處之至是首黜堯等以懲簡慢　九月二日左司諫知制誥判大理寺王禹偁庫部員外郎知制誥判刑部宋湜祕書丞權大理正李壽左贊善大夫刑部詳覆趙曦左散騎常侍徐鉉開封府判官左諫議大夫張去華皆免所居官仍削一任續責禹偁商州團練副使湜均州團練副使鉉靜難軍節度行軍司馬去

卷三千八百六十三

華安遠軍節度行軍司馬坐廬州尼道安嘗請開封府訟兄蕭獻臣嫂姜氏不養母姑府不爲理械繫道安送本郡至是道安復擊登聞鼓自言嘗訴兄嫂不孝嫂姜氏徐鉉妻之兄女鉉以尺牘請託張去華故不爲治且誣鉉與姜姦帝頗駭其事以道安獻臣姜氏及鉉去華屬吏獄具大理寺以鉉之姦罪無實刑部詳覆議與大理寺同尼道安當反坐帝疑其未實盡捕三司官吏繫獄而有是命　九月以左正言尹黃裳知邕州馮拯知端州右正言王世責知蒙州洪湛知容州先是黃裳等五人伏閤上疏請建立許王元僖爲儲貳詞章狂率帝怒不加罪但宥之以黃裳世則湛先直史館盡解其職

右正言宋沆坐呂蒙正親嘗先斥至是始黜黄裳等
十一月十一日工部侍郎雷德驤責威德軍節度行軍
司馬其子少府少監有終責衡州團練副使孫祕書省
校書郎孝先除籍配隸均州禁錮坐帷薄不治爲其壻
如京副使衛濯所訟帝以德驤大臣不欲暴揚其事特
免鞫劾而有是命　三年五月十四日戶部郎中知陳
州田錫責海州團練副使通判殿中丞郭渭責鄂州團
練副使並不簽書州事著作佐郎東野日宣免所居官
仍削三任大理評事張熙績出爲鳳州河池縣令先是
部民王裕被酒與里中民張矩相詬是夕爲矩所殺方
輿尸棄野次裕壻孫忠適見矩問矩妻父何在矩詭以

卷三千八百八十三

對因又殺忠家人訴於州凡禁繫七十日長吏不慮問
家人不勝其冤詣闕擊登聞鼓名遣熙績馳傳就鞫之
具得其狀獄已具大理疑其詞未盡遣日宣再劾之日
宣平反張矩云王裕孫忠非其所殺裕家甚冤其子福
詣闕應募爲軍因引對自言曰臣非願隸軍籍蓋家冤
求見縣官自訴耳備陳本末帝怒命御史府鞫之張矩
果殺人寘于法而錫等皆抵于責　十一月九日給事
中李惟清責衛尉少卿鹽鐵判官倉部郎中李瑄降本
曹員外郎坐任鹽鐵使日淮南榷貨務賣岳州茶斤爲
錢百五十主吏言二十六萬六千餘斤陳恕惟清擅減
斤五十錢不以聞虧損官錢萬四千餘貫爲句院吏盧

守仁所告詔罷惟清使劾之而有是命　三十日開封
府判官右諫議大夫呂端降衛尉少卿推官職方員外
郎陳載降殿中侍御史坐禪贊許王無狀也　四年閏
十月十三日翰林侍讀左司諫呂文仲直祕閣免侍讀
之職文仲先受詔與祕書丞直史館陳堯叟同巡撫關右
關右民訟官方保言聚斂掊克凡獻狀者百餘人文
仲等以其事聞帝怒急召保言至反爲保言所訟因下
御史府驗問文仲等所坐皆細事而保言增酒榷及他
事以困民受弊文仲文吏巽懦恥與保言對但俯伏請
罪因解職堯叟亦罰銅免罪既而帝知其故復有此命
五年正月十五日侍衛馬軍都虞候峰州觀察使王

卷三千八百八十三

榮責右驍衛大將軍榮少有膂力能引強弓給事故瀛
州防禦使馬仁瑀充廝役帝在晉邸日得隸左右既而
擢領禁兵與故涪王廷美帳下親吏相厚因狂言曰我
不久當得節鎮爲仁瑀之所告帝怒削籍流海島雍熙
中名還復總兵柄率兵屯定州所爲多不法侵取官草
場地爲蔬圃恡惜官錢不以犒士卒毋年老不迎養但
置于村舍中供給甚薄首飾止銀釵而已帝聞而怒曰
忠臣出孝子之門榮事親如此又嘗經竄逐性兇率不
改豈可復在左右當寘于法第以其舊人爲忍耳趣令
貶降故有是命　三月三日前西川轉運使給事中樊
知古降知均州先是青城縣民王小波李順繼聚徒爲

亂隔郡縣殺官吏知古在任轉運使脫身乘善馬離所
部詣闕自歸求見帝謝罪不得對令中使問狀知古具
伏擅離所部撫御無狀特宥之而有是命　二十一日
三司河東路判官左司諫張觀黜知道州先是三司官
吏多上書言事無益于理命總計使陳恕諭令各司其
局無或出位觀因上疏陳述拾遺補闕之任自唐則天
始建此官迄今數百年居侍從之列當言責之任不可
失職帝覽奏謂宰相曰近以三司官吏多不率職故申
警勵且令非兩省諫官不言時務況諫諍之任自古有
之仲尼所謂天子有爭臣七人是也今觀乃引武后妖
亂之世以諷朕躬援引如此殆無人臣之禮俾守遠郡
尚爲輕典

卷三千八百八十三

十月九日右諫議大夫知秦州溫仲舒降
知鳳翔府先是仲舒在秦州日內附蕃部有居於渭河
之南者多占山林每官伐木入其境必厚賂遺之仲舒
欲得其地因驅之於渭北乃立堡寨以限之已便宜行
而上聞帝覽之大駭曰仲舒頃在朕左右亦合少知道
理何得不俟朝旨邉境之上輙敢生事古之伊洛之間
尚羌戎雜居彼蕃戎之性易動難安仲舒無故驅逐之
蔦一有徼發又重煩關右之民也乃命使往安撫其帳
族而有是命　至道元年正月二十日西京作坊副使
度支都監趙贊削奪在身官爵配隸房州禁錮所在馳
驛發遣西上閤門副使鹽鐵都監鄭昌嗣責唐州團練
副使不簽書州事既行盡於所在賜死　贊故太原卒
小卒誣告軍中謀叛劉繼元盡屠之以贊爲內職歸朝
隸三司爲走吏因告訐本司事復爲殿直特險詖捷給
好言利害帝頗任使之會改創三司官屬以贊爲度支
都監益恣横所爲皆不法昌嗣金陵人亦自三司走吏
稍遷爲侍禁因言事得與贊親比厚善亦横恣不法帝
頗知之會上元張燈上清宮成帝駕初臨幸都人尚未
得游觀宮中三清閣從人不得至贊與昌嗣率其黨數
輩犯關而入攜妓樂登閣飲宴通夕掌舍宦官不能禁
止因以其事聞帝怒已先知其恣横猶疑之至是以前
事並實因下詔斥逐既而盡縊殺之中外莫不稱快

卷三千八百八十三

十月四日前陝西路轉運副使工部員外郎鄭文寶責
郴州藍山縣令所在馳驛發遣轉運使吏部員外郎盧
之翰責國子博士轉運如故先是文寶建策築清遠軍
及禁戎人賣鹽致關中繹騷之翰心知非便以文寶方
言事得幸雷同其議至是帝怒并責之　二年七月十
日陝西都轉運使刑部郎中宋太初責懷州團練副使
轉運使吏部員外郎盧之翰副使秘書丞竇玭並除籍
以之翰爲許州司馬玭爲商州司戶並員外置供奉官
閤門祗候李守仁決杖配隸汝州禁錮坐違制發軍糧
詣靈州爲李繼遷所剽劫故也　九月八日靈州環慶
清遠軍路馬步軍都總管會州觀察使田紹斌責率府

副率虢州安置先是詔紹斌領兵於普樂河應接裹送糧草入靈州尋遇番賊刼虜拋失官糧準律守備不設為賊所掩覆者斬準令五品已上犯非惡逆以上聽自盡特從寬宥　三年四月二十七日兵部郎中知制誥史館修撰胡旦責安遠軍節度行軍司馬旦草行慶制詞頗恣胷臆多所溢美語復訕上故也　真宗咸平元年三月十五日大理寺丞知開封府功曹參軍陳賀責道州寧遠縣令賀獻宮詞言多鄙豔故也　二年六月十一日大理評事葉齊責鄧州別駕齊先直史館上疏率易免職至是拜章益狂妄故有此責　三年正月一日前光祿寺丞李永錫責康州龍水縣主簿權戶部判官殿中丞皇甫選責南劍州團練副使時永錫居父喪大言歷詆近臣自謂有致太平滅虜之術選因表獻且稱薦之及追赴行在試策問與所言異故並黜之

卷三千八百八十三

七日鎮定高陽關三路行營都總管侍衛馬步軍都虞侯忠武軍節度使傅潛都鈐轄西上閤門使富州刺史張昭允並　奪在身官爵潛長流房州昭允長流通州初潛與昭允及內侍都知秦翰領兵屯定州以備戎而潛畏懦無方畧始戎入攻狼山寨圍威虜軍沿邊城堡悉飛書告急潛麾下步騎凡八萬餘咸自置鐵檛鐵捶人蓄銳氣爭欲擊賊而潛閉門自守將校請戰者輒醜言罵之無何虜破狼山諸寨悉銳以攻威虜兩夜不勝

遂引兵畧寧遠軍入祁趙大縱鈔刼鎮定路不通者踰月朝廷屢間道遣使督其出師而范廷召桑贊秦翰等屢從之潛不聽不得已乃分騎八千步二千付廷召等於高陽關逆擊之仍許出兵為援洎廷召等與虜血戰而潛不至康保裔遂臨于賊及帝將親征又命石保吉上官正自大名領前軍赴鎮定與潛會而擊虜潛卒逗遛不發以至虜騎渡河淩淄齊皆潛翫兵養寇之所致也帝駐大名而邊捷未至且聞驍將楊延朗楊嗣石普輩屢請益兵潛不之與有戰勝者潛又抑而不聞繇是大怒命樞密都承旨王繼英召潛與石保吉等各以所部兵赴貝冀路行營潛至貝州乃遣高瓊即軍中代之令潛等詣行在至則下獄命工部侍郎錢若水御史中丞魏庠知雜御史馮拯按劾之一夕而獄具罪當斬百官議請如律上封者皆請正刑典詔特貸其死中外公議無不憤惋

卷三千八百八十三

二月十八日鎮定高陽關路先鋒使刑州觀察使田紹斌責率府副率先是紹斌為先鋒使定州蕃賊圍威虜軍紹斌等發書與傅潛只令於唐河南岸排陣被城相殺故潛等只在定州不出城救應致蕃賊燒刼城寨殺虜萬民勞煩聖駕巡幸河北準律主將守城若不覺賊來為賊掩襲至城外人兵有覆敗者斬傅潛前案已於死刑上奏斷訖紹斌合於傅潛死罪下為從流三千里私罪故及是責　四月二十五日丞

諫議大夫知益州牛冕削籍流儋州西川轉運使祠部郎中直集賢院張適削籍為連州參軍初成都既陷冕適失守奔漢州詔令赴闕行至永興軍就命制勘法官議冕當死詔特貸焉其通判已下並第加貶黜　七月二十九日知鄆州職方員外郎馬襄通判秘書丞孔勗巡護河隄左藏庫副使李繼源並削兩任繼源配隸許州餘官降責有差以河決故也　十月十五日前知磁州如京使劉蒙正責亳州團練副使坐擅乘驛馬也　十六日濱州防禦使王榮削籍流均州榮帥兵援糧於靈武素無術畧又不嚴斥候至積石夜為蕃賊所鈔營部大亂死者甚衆以其嘗有戰功特恕其死　十一月

卷三千八百八十二

一日環慶副總管博州防禦使徐興鈐轄六宅使李重誨並削籍興流郢州重誨流光州副總管慶州團練使孫進責復州團練副使都監內殿崇班張璨責舒州教練使興重誨坐與王榮表師於積石進礙以擅離所任赴闕故也　四年閏十二月十日邠寧涇原環慶州副都統管楊瓊流崖州副總管海州團練使潘璘流康州鈐轄尚食使李讓內園使馮守規流瓊州都監崇儀使張繼能流儋州西京左藏庫副使劉文質流雷州如京使順州刺史知環州王懷普流賀州初還賊攻清遠軍瓊等不時赴援以至陷沒賊退不追捕復棄青崗寨禁其軍儲詔御史臺按劾之獄具罪當斬首百官議請論

職官六四之一五

如律帝念其舊勞故宥其死　五年四月十四日比部員外郎直史館洪湛削籍流儋州工部尚書兼御史中丞趙昌言膳部郎中兼侍御史知雜事范正辭並削一任昌言責安遠軍節度副使行軍司馬正辭滁州團練副使推直官殿中丞高鼎主簿王化並削兩任鼎責蘄州別駕化黃州參軍先是益州民常德方訟劍州臨津縣尉任懿咸平三年應學究舉用賄登第詔御史臺鞫之昌言因逼其友黨令引參知政事王欽若帝察其不實令翰林侍讀學士邢昺內侍部知閣承翰工部郎中知曹州邊肅虞部員外郎知許州毋賓古覆按之懿具言納賂於湛得奏名故竄出參而昌言等以故入欽若

卷三千八百八十三

罪并有是言　六月三日以工部郎中陳若拙為刑部郎中知潭州翌日追還制書仍舊知處州若拙任京東轉運使被名自以為將膺顯用洎受命頗不自得請對固辭且言嘗任三司判官轉運使令知潭州乃類責降復以親老為辭帝曰潭州大藩朕以方面擇人所委不在轉運使下況輔相舊人亦出典藩郡若拙懇訴不已故有是責　咸平五年七月六日殿前副都指揮使保靜軍節度使王漢忠降左屯衛上將軍坐率兵護邊違詔無功也　十月十三日司封員外郎高如晦削兩任為沂州別駕先是參知政事王欽若言如晦向分符竹出蒞蔡州逃主戶三千五百九家失國賦五萬三千餘

職官六四之一六

貫薦士有十否之謬在官無三異之稱引對素有職同
理考自經服制誠非天吏失於與進軒檻不能燭幽而
靡知省循冒進詞狀且曰陛下止見臣面不臣心不能
恤臣故令擯守終身抱恨非外損傷以此而言無罪可
坐任躁之甚乃敢若茲如晦自陛下登極以來兩經任
使計度鐵冶差知蔡州奏云場務皆有羨溢而虧失稅
錢甚多人戶亦不凋殘而逃散主戶頗衆無功罔上恣
天尤人且竊議朕非尚歸司敗況妄形奏疏仰瀆聖聰
臣謬玷台司莫敦薄俗安敢僶俛顧位腊韋惜言塞路
馬者必誅指乘輿者有法請以審官院考課文籍并如
晦所進狀付有司施行詔以如晦付御史臺劾罪而有
是命　二十五日右僕射判永興軍府事張齊賢降太
常卿分司西京先是故相薛居正子惟吉妻柴氏無子
惟吉有子安上安民家甚富柴素與二子不叶既寡盡
蓄其祖父金帛計值三萬緡并其書籍綸告以謀改適
齊賢安上詣京府訴其事柴復訟宰相向敏中錢質居
正故第又嘗求妻已不許以是教安上誣告母且陰庇
之柴又伐鼓訟益急遂并其狀下憲司鞫之而敏中實
質安上居第於是罷敏中相并黜齊賢削宗晦一任貶
海州別駕柴用蔭罰銅百觔以所得廩藏財貨贖還其
第　六年五月二十四日霸州防禦使鎮州副總管李
福削籍流封州拱聖軍都指揮使王昇決杖配隸瓊州

初望都之敗中使入奏且言當戰有引師而旋者乃命
宮苑使劉承桂供備庫副使李允則馳驛按問獄具流
竄福等餘皆決杖配隸　二十五日度支使陝西制置
使右諫議大夫梁鼎罷使守本官先是鼎議鹽法公私
大擾儲峙益空詔張詠等與鼎會轉運使參訂鼎前議
公私非便鼎又請復舊商販遂及於責　七月二十四
日沿邊都巡檢使西上閤門使康州刺史李繼宣責如
京副使先是藩賊至保州寧邊軍界虜劫人口資蓄繼
宣領師觀望寇戎遷延不救援故及於責　景德元年
九月二十日陝西轉運使屯田郎中楊覃降知隨州工部
員外郎直史館朱台符降知郢州取便路赴任先是台
符多謀改革覃止務因循殊乖輯睦日有異同遣使按
問事理違戾故及於責仍令御史臺傳告諸路轉運使
副各令儆勵　二年正月十九日侍衛馬步軍都虞候天
平軍節度使王超降崇信軍節度使便道之任坐北戎
犯塞留屯外屏當督護之權乏驅攘之効稽違詔旨緩
失師期故出　四月二十日樞密直學士工部郎中權
三司使劉師道責忠武軍節度行軍司馬仍不得簽書
本州事右正言知制誥陳堯咨責單州團練使先是師
道弟幾道進士禮部奏名將預殿試近例糊名考較堯
咨嘗為卷使判針眼為識驗既擢第事泄詔落幾道名
籍永不得預舉帝含容不復窮理師道故求辯對乃命

東上閤門使曹利用内侍省副都知閻承翰兵部郎中
邊肅就御史臺雜治之師道坐誣罔論奏堯咨引次前
事故有是責　八月十一日翰林學士右諫議大夫知
制誥晁迥責左司郎中充職給事中知澶州馮起責左諫
議大夫淮南轉運使侍御史鞠衣謀責殿中侍御史並
依前在任先是幸澶州歲迥等爲守留雍王元份府僚
有刼盗繫右軍巡獄款狀未具而繼獲餘黨既至見徒
謀奔竄獄吏不能制遽遣巡邏擒捕主吏恐復亡亟折
其足元份始聞獄亂怖甚又不忍其酷法以至疾作帝
以元份疾未痊釋而不問元份薨乃有是責　三年五
月六日萊蕪監判官歐陽冕責連州司户冕求應賢良

卷三千八百八十三

方正而大言自薦以姬旦臯夔爲比且云使臣日試萬
言一字不改日覽千字一句不遺由是促召赴闕中書
試五論三頌詩四十首共限萬言題既出冕惶駭自陳
止應賢良不應萬言舉無假貸乃以所上表示之冕不
復言至晡但成五論一頌共三千字既奏御帝令問表
中所陳條目冕伏躁妄之罪故責之　八月十日工部
侍郎董儼責山南東道節度行軍司馬不簽書州事儼
性貪躁急於進用前是工部員外郎黄觀罷益州路轉
運使歸闕儼嘗在計司郎告知雜御史王濟言於觀求
薦已知益州俄而觀復領陝西轉運得對便殿儼謂必
薦已一日上殿遽言黄觀智識膚淺素無特操恐爲執

政者所使妄相論薦俾臣遠適辭甚懇激殊不知觀未
嘗敢言也帝不之詰數日濟對言有息女歸儼之猶子
慮令差使願不與儼同事又言儼嘗託告黄觀求薦知
益州臣尋語觀儼性猜詐不可爲言帝不欲暴揚其事
乃出儼知青州儼既辭復久對自陳忽授外任慮爲權
臣所擯帝慰遣之而不去帝不得已乃謂之曰爾自告
黄觀求知益州復有何人排爾儼瞿然自失涕泗交下
乃曰觀曾言益州須是臣往彈壓濟亦嘗言及帝以其
辭不類因令具狀件數當爲對辯儼不得已而獻狀於
是名濟質同仍遣使詰陝西令觀具本末以聞觀奏云
非自川西歸闕儼問益州張詠疾狀何如自到以稍痊

卷三千八百八十三

又問臣詠求替否臣因言益州人傳云董侍郎丁諫議
來此餘無他語翌日王濟語臣云董儼昨日三遣其姪
來託告舉知益州言豈敢及此濟云慎勿舉之異時必
爲所累觀又奏先朝淳化中儼爲度支使臣爲判官儼
知臣不飲酒因重陽聚會觀酌一巵勸臣飲盡臣强飲
五分有頃趙贊遣人名臣議事臣即往贊視曰飲酒耶
臣且以實對登曰儼即與贊密奏臣多酒廢職儼素待
臣如此又臣素知其事猥濫安肯許其彈壓藩鎮此足
明儼欺罔遂命樞密直學士劉綜與御史雜治之儼引
伏乃有是責　十月十三日兩浙轉運使起居舍人直
史館姚鉉除名爲連州文學鉉在任鬻銀多取直託湖

婺睦三州長吏市縑帛不輸征算占留州胥左司又擅增修廨宇貿部内子女為知杭州薛映所發法寺議罪當奪一官特詔削籍而映言亦有不實者當罰金命釋之因下詔以戒諸路轉運使焉　四年六月三十日祠部員外郎知滑洲朱博責潭州湘陰令博性狂率前歲上章言五緯當合于星辰張周分野請以令夏幸洛陽封中岳至秋乃還泊朝陵詔下又言朝拜諸陵當用寒食且謁拜丘蓋不足以動星辰其術大抵多厭勝事至是復言昨車駕駐洛止二十餘日還京踰月乃有中宮之喪則臣之愚言多所預中又妄自誇誕以求信用帝盡出以諭輔臣方有是責　大中祥符元年八月八日

卷三千八百八十三

降三司戸部判官殿中侍御史王好古監閬州商税工部員外郎直集賢院劉隲監漣水軍商税太常丞判三司催欠憑由司王曉監盧州塩務國子監秋試舉人有初場十不者准法當停官會赦故薄責之自是諸州率以為例　二年十月二日度支員外郎直史館通判濠州趙況除名為民先是濠州民齊睿坐惡逆逃亡會東封首露本州用赦原之知定遠縣王仲微言況受睿錢三千不以上聞請重寘其罪詔特斬睿論況枉法　三年四月七日太常博士石待問責滁州團練副使不簽書州事初待問上時務十餘條大率言邊兵而詞斥先朝帝曰人臣言時政所闕及朕躬過失雖不近理亦當

優容之若矯誣祖宗不可恕也乃命翰林學士李宗諤詰之待問辭窮故及於責　九日權左巡使殿中侍御史龔識責平江節度副使不簽書州事識以眼疾假告百日符簿復請賧告故及於責　四年四月八日左龍武軍將軍澄州刺史駙馬都尉李遵（下字音同勗之）責均州團練副使坐私主之乳母尋以疾求住蔡州從之　五年四月十八日樞密院學士給事中邊肅追奪三任為岳州團練副使不簽書州事肅前知鎮州以公貲錢貿易規利又遣吏部强市民羊及買女口通判東方慶等列狀于州知州王嗣宗以聞帝以肅居近職不欲屬吏命樞密直學士劉綜任中正以嗣宗奏示之肅沮引伏初

卷三千八百八十三

景德中肅守邢州契丹南牧其地屢震密詔令棄城入保近地會虜騎來逼肅能固守遍聞部兵列郊外戎人不測遂引師而退帝錄其勞故薄責焉　六年三月十七日主客員外郎直史館判三司都磨勘司楊嵎監汝州稻田務嵎以重法按本司吏吏訟嵎嘗私役使公人法當奪官帝特寛宥訟者決杖停職　七年八月五日刑部郎中直史館張復降工部郎中左司諫直史館崔遵度降左正言職如故並罷修起居注坐記注以恭謝天地擅增昊天上帝為天皇大帝及增聖祖配位故也
　八年四月二十九日比部員外郎判三司都磨勘司王曆通判道州時詔文武官直言闕政曆疏中辭理荒

謬有乖詔意故出之　六月五日比部員外郎知齊州
范航免死杖脊黥面配沙門島航為吏所在貪狠持人
短長衆多憚之帝之尹京也航宰東明民有訟其黨虛
抄納物者事狀明白按鞫已就府佐皆曰此凶人慮有
反復須結正堅固乃可上聞洎付臺覆按事果中變航
止罰金而已後任河東提點刑獄表求知博州聊城縣
雖云使於舉葬實以是邑富饒利於掊取在齊州尤狡
蠹不法笞箠無度强取財貨其子昭為太常博士直集
賢院聞其醜聲走僕齎書諫勉航怒重抶其僕至是提
點刑獄滕涉希古發其奸贓又揭榜令吏民首露得
罪狀數十條遣御史李餗就鞫得實而竄之　九年九
月四日前江南東路提點刑獄太常博士直集賢院范
昭降知小郡先是昭言父航坐法流海島臣今受代行
至南京願身為邊卒贖父移善地牢臣言父子罪雖不
相及亦當降其任使故也　十一月八日河西軍節度
知許州石普除名為民配賀州遣内侍縶送流所先是
普上言九月下旬日食三帝以普奏虚妄召還命知雜
御史呂夷簡置院推劾令入内押班周懷政監之獄成
集司天官驗定九月下旬日不蝕又普言二十七戊辰
蝕其日皇帝本命普又引私藏天文乙巳占太陰太陽
日月占又意圖名遷得逢郊禮恩賞大理言私習天文
罪當死合從議責文武百官尚書左丞趙安仁等獻議

請依斷處死詔除名為民流配子弟皆羈務外州自餘
一切不問　天禧元年十二月二十六日玉清昭應宮
判官禮部郎中知制誥夏竦降職方員外郎知黄州竦
與妻楊不睦楊與弟倡疏竦過竊出訟之竦母與楊母
相詬交競於開封府以聞並下御史獄故有是責仍令
與楊離異　二年閏四月十六日宮苑使冀州團練使
李溥責忠正軍節度使不簽書州事溥為江淅發運使
私役兵健為姻家吏部侍郎林特起宅又附官船販鬻
材木規取息利為黄震所舉鞫之得實未論決會赦故
薄責焉　三年三月二十二日工部郎中陳堯佐責起
居郎依前直史館監郢州茶場右正言陳執中責衛尉
寺丞監岳州酒務先是定考試條制舉人納試卷即先
付編排官去其卷首鄉貫狀以字號第之付封彌官謄
寫校勘始付考官定等訖復封彌送覆考官再定等乃
送詳定官啟封閲其同異参驗著定始付編排官取鄉
貫狀字號合之則第其姓名差次并試卷以聞遂臨軒
放榜焉而堯佐執中不詳此制復改易其等級翌日内
庭覆驗多所同異遂卷付中書命魯宗道馮方閲視之
具言其差互詔宗道名堯佐執中洎考校詳官對辨之
之堯佐等具伏命御史劾問法官定罪宰臣等言堯佐
等所犯誠合嚴譴然屬吏議其責尤重請止據罪降黜
故有是命　二十六日降翰林學士工部侍郎知制誥

錢惟演為給事中樞密直學士給事中王曉為右諫議大夫工部侍郎楊億為秘書監戶部員外郎知制誥李諮為禮部員外郎刑部員外郎直史館陳從易為工部員外郎並五職如故進士陳損黃異等五人並決杖配隸諸州其連狀人並殿兩舉初損異等既率衆與訟命陳堯諮等詳閱試卷具言惟演等所送進士內五人文理稍次從易所送進士內三人文理荒謬自餘合格而損異等所訟亦有虛妄故并責焉　五月九日龍圖閣直學士工部郎中陳堯咨降兵部員外郎充職坐舉曹仁用犯贓故也　十一日左諫議大夫知鄆州戚綸　岳州團練副使坐言涉訕上為提點刑獄李仲容等所發也

卷三千八百八十三

四年七月二十六日翰林學士兵部郎中知制誥盛度樞密直學士給事中兼太子賓客王曉並落職守本官知光汝州坐交結周懷政故也　八月二十三日太常卿知安州萊國公寇準貶道州司馬坐交通周懷政制書以準不務敦修密朋凶慝辱于輔弼玷及搢紳特屈憲章免其流竄黜居典午允謂寬恩仍以其事傳告諸州御史臺揭榜朝堂以示百辟　九月一日右諫議大夫兼太子右庶子權知開封府王隨為給事中知杭州隨嘗假周懷政白金五十兩至是具狀首露故黜之

二十五日入內押班鄭志誠削兩任配隸房州坐納朱能音問及搜獲表章有諸儲闈親政之辭故也　十

四日知永興軍府給事中集賢院學士朱巽陝西轉運使工部郎中直集賢院梅詢並削一任巽為護國軍節度副使詢為懷州團練副使並不簽書州事轉運使度支員外郎劉楚降祠部員外郎監汝州葉縣鹽稅勸農使職方員外郎皇甫載時丁憂候服闋與通判副使閤門祗候程紹忠為陽武縣都監本軍通判幕職官並罰銅釋之侍御史知鳳翔府臧奎換都官員外郎通判寧州巽等嘗薦舉朱能及不察奸妄致害制使奎坐與能交結故並責之　五年十一月十七日山南東道節度使同中書門下平章事王欽若降司農卿分司南京欽若知西京疾甚累表求歸養療不待報至京師故及於責

卷三千八百八十三

乾興元年六月二十七日（仁宗即位未改元）太常丞直集賢院丁珙落職監郢州酒稅內殿承制丁珝光祿寺丞玘珷並勒隨父謂在西京以父謂貶故也　七月十一日殿中丞集賢校理知開封府開封縣錢致堯落職監池州順安鎮茶鹽酒稅先是丁謂知江陵府致堯為本府賓佐及謂入相致堯驟升館職仍知赤縣而恃謂勢援深相朋附賂遺請託喧于羣聽故有是命　二十四日太子少保分司西京丁謂貶崖州司戶參軍員外置同正員制書以謂早踐台司備承朝眷曾靡徒於為報乃公肆於非心昵彼妖巫館于私舍潛通詭計假託靈神與尊官以連謀牽先皇之違豫將逞姦回之志恣談禍

福之端既蒐慝之旋聞且閲實而具在背恩棄德一至
於斯竄處遐方尚寬嚴憲仍遣吏監送　仁宗天聖元
年三月二十二日禮部郎中知吉州祖士衡監江州商
税時内出上封者言士衡朋附丁謂居官治民殊不修
謹前自綸閣出領郡寄其責尚輕望重行黜降故有是
命　十月二十八日右巡使監察御史鞠詠降太常博
士同判信州詠自授一官巡使兩經罰俸皆為臣僚失
儀不彈奏時率府率安崇勳失儀又不舉察方當劾問
復上言武班臣僚今後小可失儀乞免彈奏帝以其失
職文過故有是命　三年六月八日直昭文館陳從易
降職史館集賢校理聶冠卿李昭遘並落職坐校太清

卷三千八百八十三

樓書十代興亡論多差互故也　七月二十日知郎武
軍職方員外郎吳植特除名與上佐官安置前殿中丞
余詡特追一任官勒停右侍禁鄭斌配衙前編管詡等
為吳植托付金與宰相王欽若斌取受贓銀不即催遣
吳植前來植為附金與欽若乞就移差遣欽若以重傷
大臣矜而不問　八月二十六日入内副都知涇原路
都鈐轄周文質降率府率荆湖南路安置續除名白州
編管先是文質與總管王謙吏崇信議斷斬作過投首
蕃部首領厮鐸論又與知渭州馬洵美同放質子有違
宣命修治兵器驚動諸蕃首領致有疑慮結構鬪敵死
傷軍馬故及於責仍差使臣伴送往彼謙崇信並免勘

職官六四之二七

差替洵美特罰銅三十斤移別處差遣　四年三月二
十七日同詳定計置司樞密副使張士遜參知政事呂
夷簡魯宗道各罰一月俸樞密直學士劉筠已下各罰
銅三十斤前三司使右諫議大夫李諮落樞密直學士
依舊知洪州侍讀學士孫奭已下及干係官吏等並特
放三司勾覆官勾獻配沙門島坐改更茶法計置粮草
前後異同故也　六年十月二十二日知郢州考功郎
中杜堯臣責濟州團練副使坐部内買物虧價等罪合
流二千五百里贓罪追見任官故也帝曰此人素聞贓
濫否宰臣王曾言堯臣所至酷於刑法吏民苦之近亦
降指揮一轉運司體量據此事狀發露仍以賄間難逃

卷三千八百八十三

嚴憲矣　七年二月十四日左千牛衛上將軍知隨州
曹利用責崇信軍節度副使房州安置先是利用姪汭
以蔭為左侍禁領趙州兵馬司州民趙德崇者詣登聞
院告汭密事即詔龍圖閣待制王博文監察御史崔暨
與内侍羅崇勳馳往逮繫真定獄鞫治之獄具汭坐被
酒衣黄衣詞斥乘輿尤切害又軍民王旻王昱李惟慶
蔡釗康證宋達孫政王元亨八輩於汭前呼萬歲法寺
議汭當斬毋鄭妻鄭悉徒三年二女未十歲請以贖論
王旻輩為王元亨有當上請餘悉抵死詔汭特重杖處
死毋年五十九聽以杖七十論妻女論如法王旻等並
貸命杖脊黥面配隸王旻沙門島遇赦不還王元亨本

職官六四之二八

州編管餘悉配廣南荊湖牢城趙州知州通判並紲令
羞務職官及本路前後轉運提點刑獄官特釋其罰又
利用弟利涉任左侍禁閤門祗候前為趙州都監在官
強市脚店虧估役軍工治第利涉時在京師亦詔開封
府劾問法當流三千里蔭減外奪三官勒停詔特除名
編管續詔開封府決杖一百依舊編管又有殿直曰務
成在利用門下掌家事崇儀副使曰承詵嘗詒書務成
妄言錢惟演有章薦利用及以金遺務成詔并劾之務
成坐贓應徒二年追二官勒停承詵杖八十官減外贖
銅七斤詔可務成仍羈管之承詵亦徙監當又四門助
教鄒利見本以占命稱嘗為利用治莊因受試秩議法

卷三千八百八十三

當贖銅七斤詔削試銜決杖八十 初利用領景靈宮使
令樞密主事蘇藏用令史趙兼素中書堂門官宋昱主
宮中公使嘗遣教練使杜昇就貸官錢藏用輩不敢拒
返詐為見數法寺斷利用為首藏用輩為從應徒二年
半昱追別駕罰銅二十斤藏用亦追一任罰銅十斤兼
素追兩任勒停杜昇當杖八十詔昱等三輩免追官止
勒停杜昇仍羈管之利用坐數獄法官以借用公錢為
重當除名詔免除名而有房陵之徙四子崇議副使淵
而下左降二官除許隨行外並差荊湖江南僻遠監當
家族隨任所外官給脚乘津遣使臣防護悉赴房州令
隨州給汭田五頃錢二百千賞德崇。 十五日三司戶

部副使度支員外郎王駿降司封員外郎知湖州羣牧
判官太常丞韓琚通判濠州太子中允集賢校理李丕
諒落職通判和州駿居嘗為曹利用知獎薦舉丕諒即
其妻兄故出之 閏二月九日太子中舍致仕韓君素
除名配隸沂州衙前君素曹利用之舅居秋州頗恃勢
舉債造麴故責焉又有范仁遇利用家僕也亦坐舉債
計贓杖脊十五黥面配柳州牢城 五月十七日知制
誥史館修撰充景靈宮判官同糾察在京刑獄李仲容
知制誥史館修撰同知審官院石中立屯田郎中丁慎
修並罰銅十斤仲容中立落修撰糾察審官之職慎修
紲小處羞務差遣坐薦舉尹尚不當尚坐贓法當絞減

卷三千八百八十三

一等初仲容等知尚欲敗亟自首露法寺引知人欲告
而首減外當坐徒二年罰銅四十斤又引勅舉官犯贓
舉主雖不至追官具情取旨故有是命 七月二日左
領軍衛大將軍知光州石普責左監門衛率府副率滁
州安置祕書丞通判光州王植責彬州長史永不錄用
普受所部贓估絹四百八十疋法應加役流除名植受
所監臨贓估絹百二十七疋法應流二千五百里免三
官初植發普罪有司并得植贓詔並安置植亦除名轉
運使坐不覺察治其罪 八日玉清昭應宮判官翰林
學士兼侍讀學士中書舍人史館修撰判館事同修國
史宋綬落學士職都監李賓副使任文慶除內殿崇班

承受上御藥藍元用入內供奉官楊懷志江德用諸處
勾當悉衝替勾當法從備物庫高班石惟岳高品何繼
恩各追一任勒停高品溫惟緒梁守元林志兼殿直韓
興尹宗諤各降一官差替詩昭應宮火御史府鞫延燒
之狀因言道士輩茹暈聚飲法官議罪悉當徒坐特命
未減判官而下法止杖一百帝以不戒備特重其罰
十二日知杖州比部員外郎楊籌追三任特除名責澧
州團練使不簽書州事通判贊善大夫宿靖言除名責潭
州別駕永不錄用天雄軍判官知陽信縣郭研幾追一
官勒停宿州編管判官杜從一推官李務德德清軍判
官監酒稅張玘並特勒停獻次令魏諫特衝替籌靖言

並坐以土戶為職田佃客虛出租課買賣虧價計倍贓
籌絹百三十匹靖言三百四十匹研幾而下皆坐多取
田課詔御史鞫詠馳往案鞫法寺案靖言當加役流除
名籌流二千五百里追三官勒停研幾流二千五百里
追官勒停務德從一各徒一年半玘杖一百諫準赦原
罪特重其罰故有是命　九月十三日知澶州禮賓使
張綽降崇儀副使通判祕書丞柳灝降著作佐郎太子
中舍辛有孚降大理寺丞都大修護堤埽禮賓副使戴
潛降內殿承制閤門祗候鎮寧軍節度推官陳湜降沂
州防禦推官權知慶寧軍節度推官事泉州觀察知使
知觀城縣劉旦降泉州節度推官職任如故坐河決也

八年六月四日度支員外郎祕閣校理韓義為司封
員外郎落職通判冀州先是春名執政及文館之臣賞
花于後苑因入清輝殿觀唐明皇所畫山水石既而咸
命賦歌以美其事即席奏御後因差次羣篇優劣義辭
尤劣乃還秩外補焉　九年七月二十二日詔前河北
轉運使王沿候服闋以僻小知州授之先是命河北李
識覆驗沿治狀識按沿嘗假官舟販鹽以男為名令其
幹釀故免鞫問而有是責　八月二十七日殿中丞審
刑院詳議官王度監蔡州商稅著作郎直集賢院王堯
臣知澤州瀆即祕書丞冲之兄堯臣瀆子也冲坐事貶
竄故特降授焉　閏十月二日樞密直學士給事中知

京兆府李諮降右諫議大夫度支郎中知泰州朱昞降
祠部郎中左侍禁閤門祗候王溫追一官勒停坐奏舉
王沖責之　十一月二十四日刑部員外郎燕侍御史
知雜事曹修古降工部員外郎通判杭州殿中侍御史
郭勸楊偕降太常博士勸濰州偕舒州監商稅太常博
士權御史臺推直段少連降祕書丞監漣水軍商稅坐
抗言劉從德卹後之恩過為僭濫故也　十年正月二
十日前益州路轉運使兵部員外郎高覿降通判杭州
坐不覺察嘉州張約受賕故也　明道二年正月二十
八日國子博士張正中降知太平州正中前為夔州路
轉運使政苛察不稱職蕭律既代正中乃劾奏故降之

四月二十五日，殿中丞知吉州方仲弓降太子中舍
監建州𨐌豐國監。仲弓性詭僻險佞，在皇太后時陰揣時
事，乃上言立劉氏七廟，如唐武后故事，太后不聽，而章
留禁中，以左右之援得知吉州。帝惡其姦險，又事經累
赦，故貸而不誅，止于貶焉。　七月二十日，戶部侍郎、知
永興軍陳堯佐降知盧州，爲狂人王文吉所誣也。　九
月四日，泰寧軍節度使、同中書門下平章事、判河南府
錢惟演落同平章事，從崇信軍節度使赴本任。先是，權
御史中丞范諷言：「惟演與李遵爲婚家，及共劉美結托
先太后，時最爲權倖。相次與后族郭家連姻，今聞又與
莊懿太后弟論親。」及上章，妄陳章獻明肅、莊懿太后祔

廟事，朝野聞者無不咍笑。伏乞時議黜降，明警羣邪。帝
諭以山陵在近，俟禮畢日降黜。諷復云：「臣將來差往山
園勾當，恐被惟演令人刺殺，已將到權中丞誥敕，如不
行，乞進納。」帝敦諭不退，直候有旨許降責惟演方出。
景祐元年三月十七日，右正言劉渙降殿中丞、通判磁
州。渙初爲奉禮部，表莊獻還政，詞甚峭訐，擢授諫列。未
幾，并州走馬承受張承震言渙前監并州諸倉多作違
非，頗爲踰濫，故被絀。　八月四日，河陽三城節度使、同
中書門下平章事、判陳州楊崇勳落平章事，知壽州。先
是，周懷信言兄懷政先在東宮最處親信，爲見姦臣結
黨謀危皇嗣，心懷忠孝，欲除姦險，被楊崇勳、楊懷吉妄

有告首，枉遭殺戮。懷吉雖亡，崇勳尚在，乞賜行遣，稍雪
幽冤。詔崇勳累經赦宥，仍處近密，特示寬恩云。　二十
五日，皇城使、英州刺史王懷節降左驍衛將軍，依前英
州刺史，坐不合令弟離婦持表入內告尚美人乞管軍
故也。　二十八日，開封府判官、殿中侍御史龐籍爲祠
部員外郎、廣南東路轉運使，左司諫滕宗諒爲祠部員
外郎、知信州，坐言宮禁事失實，出之。　二年正月五日，
秘書丞、監察御史裏行孫沔守本官，落御史裏行，知潭
州衡山縣，坐李安世誣妄言事，乞矜免故也。　二月十
二日，龍圖閣直學士范諷責授鄂州節度行軍司馬，不
簽書州事；祠部員外郎龐籍降太常博士、知臨江軍，坐

奏論事不實。籍合追見任，更罰銅十斤，勒停；諷合罰銅
三十斤。諷又以不候旨擅歸兗州，合罰銅九斤，特有是
命。吳守則不候省司磨勘進狀乞酬奬，轉官，合罰銅九
斤，該赦原，追納東頭供奉官，前知齊州。李遜移小處知
州。知宿州董儲移通判，差遣知信州。滕宗諒移監當，差
遣知湖州安吉縣。范拯降上佐官，監都進奏院。石延年
落校勘，同判，差遣仍降勑榜曰：「懷護罔上，羿憲之深懲；
挾黨背公，前訓之攸疾。矧賤揚於近列，宜表式於羣倫。
苟致人言，實干邦治。范諷早繇官牒，擢處諍臣，當銘澤
以誓忠，庶敦風而報國。而乃性資僞辯，志騁比周，嗔主
計文冒奸賞，與吳守則常司國帑，未結歲勞，輒廢格於

舊條妄保任於空簿加以内營産利外託廉貧假什物
於禁司形妄言於奏牘仍於列郡輒示公田因夙昔之
薦論致州縣之阿狥洎從訊逮咸露欺誣伊具獄之上
聞合免冠而俟報擅還治所尤駭輿情特申降黜之科
用判忠邪之類罷籍比叅臺選亟貢囊封事雖失于審
詳理特從於矜貸噫事君盡節乃克荷於寵榮行已弗
臧蓋自取於尤悔凡百多士宜悉朕懷令進奏院遍行
告諭諷令殿直胡仲宣疾速判送赴鄂州乘驛發遣候
到只得在本州居住勿令他往　二十五日資政殿大
學士兼翰林侍讀學士刑部尚書李迪降太常卿知密
州初迪以善范諷罷宰相顧留京師既又疾吕夷簡在

卷三千八百八十三

中書事多獨行因奏夷簡嘗為荆王元儼除僧官及撓
其事而夷簡在齋祠中乃迪奉行之帝遣知制誥胥偃
三司副使張傳就第鞠其狀迪辭窮待罪故復降黜之
　十月一日太子中允陸東停見任處州安置先是東
為太子中舍獻文名試換中允東性狷躁冀於帖職但
聞換官恚而陳狀不就恩詔曰陸東近造公庫自陳儒
藝特試言於禁省俾寘迹於詞科仍換美資因為優澤
而輒賜輕率列露干求刻素定於等彛敢妄希於超越
逮兹信宿不領命書告諭莫從拒違斯甚有瀆朝聽難
寘刑章用警澆浮聊申譴黜御史臺差人監押出門轉
送往彼　三年五月九日吏部員外郎天章閣待制權

知開封府范仲淹落職知饒州坐言事惑衆離間君臣
自結朋黨妄有薦引知府區斷任情故也　十五日秘
書丞集賢校理余華落職監筠州酒税坐與范仲淹互
相朋黨妄有奏陳故也　十七日太子中允館閣校勘
尹洙責崇信軍掌書記監郢州酒税以洙言伏覩朝堂
榜示范仲淹落職内有自結朋黨妄有薦引之言臣識
慮闇短常以其人直諒有素義兼師友自其被罪朝中
口語籍籍多言臣亦被論薦未知虚實仲淹若以它事
獲譴臣固無預今以朋比得罪臣與仲淹義分既厚縱
不被薦猶當從坐况如衆語則臣負罪實深雖就國恩
寛貸無所指名臣内省於心有靦面目况余靖自來與

卷三千八百八十三

范仲淹蹤跡比臣絶踈今止因上言猶以朋黨坐罪臣
不可幸於苟免乞從降黜以明憲法故也　二十一日
鎮南軍節度掌書記館閣校勘歐陽修責峽州夷陵縣
令先是右司諫高若訥言勅榜范仲淹免勘落職知饒
州及戒諭臣僚事臣以備位諫列自仲淹貶謫之後諸
處察訪端由參驗所聞畧與勅榜事意符同臣固不可
妄有救解歐陽修持書抵臣言仲淹平生剛正好學通
古今班行中無比者責臣不能辨仲淹非辜猶能以面
目見士大夫出入朝中稱諫官及謂臣不復知人間有
羞恥事臣與修交往絶踈未嘗失色本人謂仲淹班行
無比稱其非辜仍言今日天子與宰相以迕意逐賢人

責臣不得不言臣謂賢人者國家以為治也若陛下以迂意逐之臣合諫諍宰臣以迂意逐之臣合論列臣愚謂范仲淹頃以論事切直比來亟加進用知人之失堯舜病之忽茲狂言自取譴斥寬大之典固亦有常今修謂之非辜稱其無比仍謂天子以迂意逐賢人中外聞之所損不細望令有司名修戒諭免惑衆聽而書謹具繳進故及於貶仍令御史臺催發之任　四年三月十一日前知鄧州翰林侍讀學士給事中柳植降右諫議大夫知黄州坐賊人張海入境不時掩殺故也　寶元二年正月十九日知延州工部郎中天章閣待制郭勸落職知齊州鄜延路鈐轄兼知鄜州四方館使惠州刺

卷三千八百八十三

史李渭降尚食使依前惠州刺史知汝州責其戎務不治邊情失於調候故也侍御史李制言伏見知延州郭勸落職知齊州蓋以失於事機有悞邊寄竊知前龍圖閣直學士范諷昨負罪黜官見在齊州居州本人任知雜日舉勸充御史今同一處深為未便乞徙勸側近一郡詔勸對移淄州　二月二十八日保武軍節度使知延州范雍降吏部侍郎知安州坐邊事不備也　八月十一日武寧軍節度使王德用降右千牛衛上將軍知隨州先是德用言臣僚上言知府州折繼宣賣馬與臣前後於販馬百姓陳貴處當面商量元不曾於繼宣處買馬特有是命令審官院隨州特置通判一員　十四日

祠部郎中判大理寺杜曾降知密州先是曾言法寺久例將行劫賊人本因吞并財物或嫌懦弱傷殘恐有累敗遂自相屠害又併不依應宣教告官輩前因怯賊物竄伏草野不改前非别謀行劫捕獲之後只作杖六十定罪深恐今後賊人得便恣行强盜僥得財自滿即於徒伴中間屠一名相次又更行劫亦僥得財至多依前潛損一命如此重複為之乃至終身行劫不來經官首告於後事敗惟獲杖六十罪有此惠姦不便至如今年五月九日新勅許賊徒自相殺併勅内亦不言殺併後經官告首然其理必須首告不言可知若不歸首使官司可以施行賞典恰與編勅内言放罪支賞不殊及今

卷三千八百八十三

來廬州將似此不歸首劫賊已行處死寺司已依舊斷體例疏駁乞行推勘去訖蓋緣未有明文致中外用刑死生異制乞送有司詳定明立罪名詔以廬州見勘官吏曾未合起請故出之　九月六日殿中丞集賢校理張宗古除外任通判差遣先是有詔以御史中丞孔道輔居太廟出入導從喧瀆俾從它處而宗古言西漢及國朝舊制廟垣側近皆有官私府第乞不令道輔遷移詔以尊奉宏廟宗古不合妄有上言免勘出之　十一月九日御史中丞孔道輔降給事中知鄆州刑部員外郎天章閣待制龎籍知汝州開封府判官金部郎中李宗簡追一任官勒停司封員外郎集賢院判三司開折

司同修起居注麻溫其落職監當司門員外郎張純堂後官國子博士李備遠處監當光祿寺丞程瑛荊湖北路監當太常博士直集賢院呂公綽太常博士呂公弼王疇各贖銅十觔奉禮部郎中諷贖銅四觔初權知開封府鄭戩發使院行百博士元姦贓及私藏禁書事連樞密使盛度參知政事程琳籍與公綽公弼皆令士元雇女口溫其坐託士元賒買鹽虛作還錢月日而純與備亦坐託引致親戚為軍巡推司及府貼司疇諷並嘗以簡囑士元求理逋負士元既杖脊配沙門島而府判官李宗簡輒私發公案欲營救之府推官王逵即白於戩遂奏移鞠御史臺獄既具詔翰林學士柳植錄問是

卷三千八百八十三

日旬休帝特御延和殿召宰相等議決之帝以道輔嘗預奏獄事頗涉阿徇又以事初下臺止隔鄭戩屬籍入朝而不隔盛度程琳故特貶之　十二月十三日侍御史王素降都官員外郎知鄂州素先為御史中丞孔道輔所舉素兄嘗娶孔氏之族及薦為臺官不以親聞俄而道輔以鞠獄依違出鄆州帝怒其隱故復出素焉

康定元年三月六日工部郎中郭勸降兵部員外郎候服闋與小處知州尚食使知磁州李謂降右監門衛將軍依舊惠州刺史白波都監勸前知延州謂為鈐轄會西賊腹心山遇叛而來投勸等不敢納送還本界卒是之責焉　四月二十七日吏部侍郎知延州范雍降戶部

侍郎延州通判秘書丞計用章特除名不刺面配廣南遠處本城左麒驥使榮州防禦使鄜延路鈐轄盧守懃追一官荊湖北路都監守懃坐私役兵士換胡延諤馬入己及蕃賊圍城時推冒下淚合流三千里私罪減外徙三年追一官更罰銅二十斤勒停用章誣告守懃詐病端坐及不合告知延州范雍欲棄延州城移保鄜州合徒二年私罪官減外追兩任官罰銅一十斤勒停詔用章特除名配隸　九月八日知杭州天章閣待制司馬池降知虢州先是兩浙提刑司言池政術非長吏才無狀恣意行刑每日令兵士獄子執挺立廳前不分曲直詔池免勘徙小郡　十一日龍圖閣直學士張存降

卷三千八百八十三

天章閣待制知澤州右正言梁適言存昨以延安邊塞重地故進其職名以命之今既不能効用換易小郡則學士職亦當削去故也　十二日鄜延副都總管捧日天武四廂都指揮使蒙州防禦趙振降左清道率府率澤州安置振昨在延州西賊來圍塞門屢遣人間道告急振擁兵不即救援致寨為賊所破寨主高延德監押王繼元及軍民皆陷賊准律乏軍興者斬振官因上請詔特貸極刑　二年二月二十二日前判鄭州武成軍節度使同中書門下平章事駙馬都尉柴宗慶降判齊州坐買物虧價徒三年官減罰銅五十斤該去官勿論詔特有是命仍放謝辭每官㦸公用錢四千貫令御史

臺催督赴任轉運司選公正朝官一員通判　四月五日陝西經畧安撫使樞密直學士起居舍人韓琦降右司諫依舊職知秦州知延州龍圖閣直學士戶部郎中范仲淹降戶部員外郎依舊職知耀州先是元昊遣前寨門寨主高延德來詣仲淹云欲與中國和親仲淹因為書答之喻以逆順之意至是仲淹坐擅移書琦坐任福失利也　五月二十二日龍圖閣直學士權三司使葉清臣罷知江寧府天章閣待制權知開封府吳遵路罷知宣州時宰相以參知政事宋庠樞密副使鄭戩與清臣皆同時及第又與遵路素相善並權要地以為朋黨故出之　八月十五日荆湖南路轉運使王逵降知

卷三千八百八十三

池州坐處職乖方故也　十月二十六日樞密直學士知并州楊偕降知邢州先是偕上言請便宜行事總管楊瓊不堪使移麟州州在嵐州合河津不便如不許便宜反須差瓊即乞移江浙福建一小郡詔以河東方當用兵之際慮本司難為商量公事故有是命　慶歷元年十二月二十五日知府州宮苑使晉州刺史折繼閔降如京使仍舊刺史坐防護宮物往麟州被西賊奪刼合決重杖一頓處死該赦原特有是命　二年二月十三日內園使昌州刺史郝緒降內園使坐與西賊鬬敵退走輸折軍馬合流三千里官減外追刺史勒停該赦原特有是命　十四日太常博士天章閣侍講林瑀落

職通判歙州時中丞賈昌朝上言瑀所進會元紀全涉圖緯瑀為儒官專以陰陽之說上惑君聽不宜在勸講之地故落職外任　六月十八日三司鹽鐵判官太常博士集賢校理李昭遘罷三司判官昭遘上言近言朝廷減省事叢中書戒勵緣臣只要慎惜國體帝以其飾過不謝故有是命　七月四日利州路轉運使祠部員外郎張宗彝降太常博士監河中府鹽務坐買賣不公故也　十月十九日涇州觀察使知渭州王沿降天章閣待制刑部郎中知虢州坐節制之失也　十一月二十九日永興軍鈐轄東上閤門使恩州刺史馬崇正責行州司馬坐前知邠州日准擬討司牒探西賊面申本

卷三千八百八十三

司稱差甚人探候兼累據臣條上言乞行重斷故有是命　三年正月七日大理寺丞集賢校理同知太常禮院路經落職監汝州酒稅先是以鄂王成服五日宴契丹使詔太常禮院參詳儀制有司以隣好為重鄂王下殤於禮宜作樂既宴罷經復論奏以為非是帝以經前後議論自相反覆故貶焉　四月二十二日三司副使兵部郎中李宗詠降知徐州坐三司後行崔珏等僞學權使姚仲孫等押字脫賺錢物仲孫等不盡理根勘珏乃簽書過僞濫文字仲孫已知蔡州宗詠以當案驗俱失覺察過聽商量助成私曲特有是命　五月三日河陽三城節度使同中書門下平章事楊崇勳責左衛上

將軍致仕崇勳領成德軍爲指使借職任昭敏直省官
李咸新取受本軍十老人楊寄等銀禱崇勳男内殿承
制宗誨求免決杖故有是責宗誨追兩任官更罰銅一
十斤汝州編管中書直省官李咸新罰銅四十斤潭州
編管指使殿侍楊顯脊杖十三放　七月三日翰林學
士禮部郎中知制誥史館修撰蘇神爲龍圖閣學士知
楊州諫官以神舉馬端臺官非其才故也　四年正月
九日刑部員外郎天章閣待制權知鳳翔府滕宗諒降
祠部員外郎知虢州職如故引進使果州團練使并代
州馬步軍副總管張亢降四方館使本路兵馬鈐轄並
以鄭戩發其前在陝西過使公用錢而御史亦奏劾之

卷三千八百八十三

初命太常博士燕度鞫于邠州參知政事范仲淹謂邊
城過費公錢宜闊畧其罪朝廷復以繫逮者久不俟獄
上而降黜之　十一日楊州駐泊都監供奉官閤門祗
候王乙追閤門祗候常州編管都巡檢内殿崇班韓象
中追見任官和州編管同巡檢左班殿直史燁特追兩
任官勒停監押左班殿直李奉先特追兩任官海州編
管知天長縣大理寺丞邵先時追兩任官道州編管天
長縣尉舒安易追見任官泰州編管天長縣巡檢奉職
張永追見任官通州編管江都縣尉劉亮追見任官通
州編管高郵軍知軍太常丞晁仲約追三任官勒停外
吏特追兩任官韶州編管監押供奉官李文炳特追兩

任官配岳州編管判官閻邱孝直錄事參軍鄭昭慶並
特勒停高郵縣尉陳用和追兩任官潤州編管三墊鎮
巡檢特禁辛堯追兩任官勒停楚州高郵軍巡私茶鹽
左班殿直李士安追見任官勒停監新河堰奉職傳達
追兩任官特勒停坐率斂金銀與軍賊王倫及怯懦避
賊故也　十三日滁州通判屯田員外郎吳幾復追兩
任官衡州編管滁和州同巡檢侍禁劉宣追兩任官常
州編管監押供奉官趙宗望追一任官通州編管清流
縣尉符衡追見任官通州編管全椒縣尉吳元卿追見
任官海州編管來安縣尉羅茂孫追見任官光州編管
來安縣令李陽全椒縣令安節各追見任官勒停坐軍

卷三千八百八十三

賊王倫入境怯懦故也　三月七日開封府推官殿中
丞張庚降知虢州以庚受命荆湖南路體亮安撫捉殺
賊盜而求爲御史免使以侍御史王絲代之未幾出爲
十四日知潁州翰林侍讀學士給事中柳植降右諫
議大夫知黃州坐不能察軍賊張海發所部也　四月
十日兩浙路轉運使金部員外郎邵飾降知洪州坐錢
仙芝知秀州違越枉法贓滿失覺察故也　十九日監
察御史王礪降太常博士通判鄧州礪既奏論陳留移
橋事而諫官歐陽修言其陰徇朋黨挾私彈事故黜之
四月二十一日權三司使王堯臣罰銅七斤權三司
戶部副使郭勸知陳留縣贊善大夫杜衎開封縣主簿

楊文仲陳留等縣催綱右侍禁李舜舉並罰銅六斤皆以公罪坐之三司戶部判官國子博士慎鉞罰銅七斤提點在京倉草場殿中丞陳榮古罰銅十斤都官員外郎王溟追一官衛尉寺丞盧士倫追一官仍罰銅十斤並以私罪坐之先是舜舉建言請移陳留南鎮土橋於近西舊施橋處以免傾覆舟船之患開封府差文仲與衙相度而衙等請如舜舉之奏士倫縣之大姓有邸舍在橋下橋徙則邸舍盡廢溟前監縣稅嘗減直僦士倫舍居之溟與三司使王堯臣為同年因白堯臣且謂徙橋於官無利害又橋舊未嘗壞舟船安用徙為翌日堯臣謂本判官慎鉞曰自移陳留橋僅三十年今忽議徙

卷三千八百八十三

故處動廢官錢不貲時開封府已毀橋而三司帖下縣止不得毀因奏遣陳榮古往相度而請於舊橋西展木岸五十步擗水入大洪而罷移橋權知開封府吳育固爭之又命監察御史王礪再定奪礪言徙橋故處便且言三司稱橋下有官私屋今按其處惟有士倫邸舍而無官屋竊恐擬有請求於是內降下開封司錄司命尚書工部郎中呂覺就鞫之鉞坐嘗遣人詰礪刺其事為礪所得榮古不言慶歷二年有船觸橋柱破故以私罪論及獄成特詔免溟追官罰銅二十斤榮古暨鉞仍改從公坐　五月九日內殿崇班渭州西路巡檢劉滬降一官著作郎董士廉移別路差遣初鄭戩為陝西四路

招討經畧都總管滬獻策以秦渭二州發卒相援由隴山之內道甚回遠若自山外築水洛結公二城以屯戍兵緩急通援兵之路戩以狀聞遂差滬及士廉督其役樞密副使韓琦陝西宣撫回請罷四路招討以戩知永興軍又言山外多生戶恐工未就而寇至請罷修築朝旨從之戩雖罷職極言水洛通秦渭之路築之甚便詔遣三司副使魚周詢計度可否未到涇原總管司以朝旨召滬滬以戎人既聚而官物無所付請札其役總管司以滬不受節制枷送德順軍周詢回言水洛之利與戩議同故有是命　十四日衛尉寺丞邱濬降饒州軍事推官監邵武軍酒稅上封者言濬先作詩一百首訕

卷三千八百八十三

謗朝政言詞鄙惡兼以陰陽災變皆非人臣所可言者傳布外夷非便在杭州特服每年赴闕逐處稍不延接便咸嘲咏州縣畏懼又印書令州縣強責以圖厚利去年朝廷以無名詩嚴勑禁捕近又有賦詠傳寫如濬使在京師必須復妄謗好人國家多事之時亦宜使邪正區別風俗淳厚無容小輩敢恃輕易故有是命仍令福建路轉運提刑司常切覺察如有違越並具以聞　六月三日前京東路轉運使工部郎中魏兼特勒停坐詐作女夫名目買庄田及乘數職田故也　七月五日洛苑使知府州王舜臣降禮賓副使舜臣自盜公酒入已贓至死帝以邉任過貴公務特免深責止降官　八月

三日前淮南路轉運使司勳郎中張可久責信軍節度副使坐販私鹽部中也　二十日蔡州都監供備庫副使閤士良降内殿崇班知蔡州司勳員外郎陳述古罰銅七斤衝替初述古奏士良所為不公而士良反訟述古事既劾置許州而士良辭不伏乃命監察御史劉湜再鞫而士良坐受所監臨贓追二官述古亦以所言不實故也　九月四日河北路都轉運使工部郎中充天章閣待制張昷之落職知虢州刑部郎中直史館張沔落職知汝州河北提刑司勳員外郎王儀降一官知澤州同提舉供奉閤門祗候王秉降一官河陽都監知雄州兼河北沿邊安撫四方館使榮州刺史王德基降西上閤門使衝替河北沿邊安撫都監供奉官閤門祗候趙牧降一官都監差遣知定州皇城使賀州刺史王果降一官知滄州知大名府兼北京留守司資政殿學士工部尚書程琳罰銅二十斤保州路走馬承受公事入内供奉官宋有言降一官監當差遣真定副都總管李昭亮沿邊都巡檢入内押班楊懷敏並特免責罰初保州巡檢兵伍怒本路轉運減罷口粮遂殺知州通判都監據城作亂昷之等坐是責罰昭亮懷敏奉敕書招叛卒開城來降誅首惡數百以勞免罪果始將兵保城不能撫馭士卒叛故及之　五日權保州兵馬都監西頭供奉官韋貴降右侍禁監岳州茶鹽酒稅監保州倉草

卷三千八百八十三

場權保州兵馬監押左班殿直侍其臻降右班監曹州倉從監保州屯田務右侍禁賈世永監鄆州倉保州廣信軍管界巡檢右侍禁史克順為澤州管界巡檢保州指使三班奏職張濆決脊杖二十刺配沙門島貴本劉從德家奴也從德卒而恩補班行累為西頭供奉官權保州廣信安肅軍沿邊巡檢至是權保州兵馬都監會兵叛貴雖不能死節然屢發奏城中又日趣亂軍降及城門開居民賴貴不甚被殺害臻父濬知安肅軍領兵會城下城中疑為内應屢欲斬之求哀得免世永廨舍在南關城裏偶入城遇亂遂被留及田況以敕榜招諭世永為亂卒遣出城見況欲得走馬宋有言入城乃聞門有言既不去嘗令世永復入諭亂軍克順廨舍在東關城是日領兵與亂軍格鬬矢中其目潰府州谷人應進士舉因府州防城免解授長史試方畧得三班奏裁未仕時嘗犯徒刑韋貴既勸諭亂軍潰乃言我嘗讀法書此非可赦之罪也　二十八日同提點兩浙路刑獄公事崇議副使柴貽憲降宣州兵馬都監以知秀州錢仙芝贓敗不即按舉也　十一月七日監進奏院右班殿直劉巽大理評事集賢校理蘇舜欽並除名勒停工部員外郎直肆監察御史劉元瑜挾私忌劾奏之請不以赦原乃遣太常博士王翼就按其罪并以前預進奏院祈神之會坐之　二十七日太常博士茹孝標降光

卷三千八百八十三

州監酒稅臣僚上言去歲諫官言孝標不發父喪推勘蹤跡不甚明白遂降指揮候服闋日未得與差遣臣以為凡人被不孝之名而出入朝序未得差遣豈能默默以受愧恥必有詞謀上煩朝聽孝標乞早與一外任差遣故有是命　五年四月三日知渭州刑部郎中天章閣待制王素降知華州坐託劉京市木虧價也五月八日前殿前都虞候邕州管内觀察使石元孫削除官爵全州編管寶元中元孫為鄜延路副總管戰陷賊中而不能死節賊既納款乃送至境上臺諫官請加誅而帝特貸之　十五日以右正言知制誥史館修撰余靖知吉州初靖奉使契丹采蕃語為詩失使者體帝以靖累出使不欲加責而侍御史王平等彈奏不已故出之

閏五月十三日刑部郎中天章閣待制王素降知江州前河東轉運使司員外郎劉京降知淮陽軍初范仲淹宣撫河東言京在所部市私物擾民既降為知州又下并州明鎬體量及素為龍圖閣兼天章閣侍讀史館檢討王洙落侍講檢討知濠州太常博士集賢校理刁約通判海州殿中丞集賢校理江沐復監蔡州稅殿中丞集賢校理王益柔監復州稅並落校理太常博士周延雋降秘書丞太常丞集賢校理章岷通判江州著作郎直集賢院同修起居注呂溱落修起居注知楚州殿中丞周延讓監宿州稅秘書郎館閣校勘宋敏求簽書集

慶軍節度判官事將作監丞徐綬監汝州葉縣稅初舜與舜欽本院賽神輒用官故紙錢召妓樂與洙等間久為會而舜欽宰臣杜衍之婿御史以故極論之事下御史臺劾得洙等與伎女雜坐而洙復約延雋延讓入預條未除益柔并以謗訕之語坐之　八日點檢廣南東路刑獄公事都官員外郎徐仲謀降知邵武軍坐部使取軍債事發而詐為月日發體量狀也　十二月十八日知楚州職方員外郎胡偕通判秦州提點淮南刑獄秘書丞祖無擇知黃州初淮南都轉運使王素徙渭州乃移文知楚州胡偕權領本司事無擇既不平因與偕互有論事雖會赦猶降之　十九日大理寺丞集賢校

理陸經責袁州別駕經為汝州監酒轉運司差官勘四京官物而當貸西京民錢又數與僚友燕聚語言多輕諫官時嘗託京市材木而京委并州文水令董望市之虧所償車直及瞞稅錢總四十千下御史臺按其事而皆在赦前并素降之　十四日福建路轉運使金部員外郎高易簡降知衢州坐不合擅行鼓鑄鐵錢故也六月四日刑部郎中天章閣待制知江州王素落職司勳員外郎劉京監徐州利國監秘書丞監察御史裏行閻詢落裏行監河陽酒御史臺主簿楚泰送流内銓注外任官素既責知江州而言者謂當落職制云素嚮自外朝郎位擢爾諫曹言聽計從已任大事忠義之語曰

款朕固信之謂其可任而乃權脅外使巧為私書貨悖藏家全不償券制下即問簿對靡誠人之匪彝乃至於是朕特從輕典遷服遠藩而羣言憤興公論弗允載惟家世之舊亦有夙夜之勞止解近班尚仍舊治夫懷諼不可備顧問坐墨不可侍禁嚴皆汝前言無曰文害又言御史臺鞠素事而詢泰與素連姻而初不以聞故并責之　七月六日前知溫州都官員外郎左瑾追一任官特勒停坐違朝旨不赴陜西提舉銅坑冶鑄錢事却奏舉知溫州孫渠充代故也　二十一日知路州起居舍人直龍圖閣尹洙責隨州節度副使坐前任渭州侵使公用錢也　八月二十二日河北路轉運按察使龍

卷三千八百八十三

圖閣直學士右正言歐陽修降知制誥知滁州太常博士權發三司戶部判官公事蘇安世降殿中丞監泰州茶鹽税入內侍省內東頭供奉官王昭明監壽州壽春縣酒税初修有甥張氏鞠于家因嫁其姪處州司戶參軍歐陽晟後張與僕陳諫姦通事發始鞠于開封府語有連及修者及命安世等再劾修乃只坐用張氏資買田立已名安世等以直牒三司取録問吏人而不先以聞故皆責焉修甥張及諫杖脊晟勒停知開封府楊日嚴以下罰銅　九月二十二日江南東路轉運使兵部員外郎楊紘降知衡州坐按部苛察也　十一月二十一日荆湖南路提點刑獄太常博士楊畋知太平州坐

本路駐泊都監胡元討猺賊唐和所敗措置乖方故也　十二月十一日知潭州龍圖閣直學士右諫議大夫劉沆降知鄂州以胡元等軍敗也　六年三月二十六日荆湖南路轉運判官太常博士李上交降知筠州以在部苛察也　四月十一日刑部員外郎集賢校理李昭遘落職知澤州坐入國不覺察人從盜北界金酒器故也　七月十八日太常少卿判三司開拆司錢暖追三任官勒停坐妄奏班行受賦故也

卷三千八百八十三

全唐文

宋會要

黜降二

仁宗慶歷七年正月八日降三司鹽鐵副使禮部員外郎劉湜知沂州度支副使吏部員外郎陳洎知豪州戶部副使戶部員外郎梅贄知海州舊制紫宸殿燕契丹使三司副使當座朶殿閤門吏以告而湜等以為當座殿上即趨出不就席為閤門所彈帝怒而責出之　十一日西上閤門副使荊湖南路兵馬都監劉貽孫責安遠軍節度行軍司馬岳州安置　本路安撫使崔嶧言孫賦未平而貽孫輒托疾求尋醫也　二月二日前知宣州太常丞集賢校理趙宗道追一任官落職勒停坐

卷三千八百八十四

立鹽鈔上客人王安姓名將賣抄錢買絹并充借職田米錢及奏雪時隱避詐妄上書不實故也　三日刑部員外郎知制誥王琪責信州團練副使不僉書州事初琪奉使契丹既入境屬疾有輿以行及還副使錢晦言琪至鞾淀虜使醫候之無疾又在告多失言蓋晦希執政意以傾之　四月五日新陝西路轉運使薛紳降知陝州新兩浙路提點刑獄王鼎降知深州前江南西路轉運判官王綽候服除日取旨并知衡州楊紘自今毋得除監司內降劄子紳前使京東路常委部吏孔宗旦尚同徐程李思道据撫郡縣細過搆起刑獄陷害人命又紘鼎綽前在江東為監司謂之三虎紘已降知衡州

而紳鼎猶領使他道豈稱宣布德澤之任其各降知州宗旦等並與遠小處差遣　九月四日引進使眉州防禦使知渭州張亢降領果州團練使知磁州時三司給軍士郊賞濠州庫舊估物輕重不侔亢輒平其直而給之故及於責先是詔亢不俟代乘驛赴闕續以告敕付陝西轉運司俾俟亢至永興軍給付使道赴任　十一日新提點利州路刑獄公事太常博士張肅降知岳州坐前為廣南東路轉運判官於所部過市物也　十月十六日引進使果州團練使張亢降右領軍衛大將軍知壽州亢嘗假官銀遣人鬻于蜀又奏令軍民以物質公使庫取息錢以佐公用故特降之　十一月二十三

卷三千八百八十四

日前京東路轉運使兵部員外郎張鑄降通判太平州先是李孝仙嘗告孔直溫變事鑄疑其妄置而不問及直溫被誅故降之　八年閏正月七日降河北路轉運使兵部郎中皇甫泌監青州商稅提點刑獄祠部員外郎田京監鄆州商稅前知恩州四方館使昭州刺史裴德輿追三官為池州團練副使前恩州鈐轄皇城使李昭度追三官為濠州團練副使恩州駐泊兵馬都監內殿承制滿文吉除名長流梅州兵馬監押右侍禁趙惟一杖脊黥配沙門島泌京坐變發所部德輿昭度並以妖黨結搆久而不之察也文吉惟一皆懦怯棄城而文吉後頗宣力故得以減等論　二十五日新知江寧府

司農卿林灉降知袁州先是江寧府火而灉辭不行故降之　二十六日降勾當皇城司建寧軍節度觀察留後楊景宗爲徐州觀察使知濟州皇城使康州刺史入内内侍省副都知鄧保吉落副都知爲潁州兵馬鈐轄左藏庫使通州團練使入内内侍省副都知楊懷敏爲文思使賀州刺史北作房使廉州團練使劉永年爲洛苑使英州刺史蔡州兵馬都監洛苑使眉州防禦使趙從約領陵州團練使爲濮州兵馬都監供備庫使榮州刺史帶御器械王從善落職爲曹州兵馬都監時崇政殿親從官顔秀郭逵王勝孫利等夜殺軍校刼器械登延和殿屋入至禁中禁宮簾所内人傷臂其三人爲宿衛兵所殺王勝者走匿宮城北樓經日方得而捕者即支分之卒不知其始所以謀景宗等皆領皇城司故坐貶之　二月六日文思使賀州刺史入内内侍省副都知楊懷敏爲左藏庫使通州團練使滑州兵馬鈐轄落入内副都知初懷敏以所部新從官謀爲亂奪二官而職知故諫官御史皆言今懷敏獨留不遣所坐與衆人同而罰異故還所奪官而黜之　十六日降龍圖閣直學士給事中張存爲左諫議大夫知池州工部郎中直史館張沔爲都官員外郎監宣州税並落職工部郎中張昷之爲祠部員外郎監鄂州税濟州防禦使李端意爲單州團練使鄭州鈐轄殿中侍御史韓贄爲太常博

卷三千八百八十四

士監江州税監察御史梁蒨爲秘書丞監衡州税習妖術人李教父屯田郎中曇爲昭州别駕兄周卿韶州衙前編管母曹州編管趙仲父母妻並鄆州編管初曇居冀州武邑有告其子教嘗在真定府師趙仲傳妖術者轉運司檄惠州通判梁蒨鞫之而曇匿教不出及移文追逮甚急教遂自縊趙仲旣論死而轉運司奏教暨仲父母妻子收放王則叛恩州武邑停吏魏化詣北京賈昌朝言教尚在恩州與賊同爲亂比下御史臺治其事教實縊死存坐前知真定府又與曇爲姻家昷之前爲轉運使端意前知冀州贄爲通判皆失覺察蒨爲勘官而獄狀失詳故並責及之　十九日祠部員外郎集賢校理判三司度支勾院韓綜落修起居注知滑州綜奉使契丹問其家世綜言父億亦嘗持禮來契丹喜令酌酒旣而復水大觴勸綜國信司言其生事故責及之繼以滑當虜使所由道徙許州　三月十五日知江寧府右諫議大夫集賢院學士李宥降秘書監致仕通判水部員外郎高中立鈐轄供備使張昭懿兵馬都監内殿崇班侍其渙兵馬監押供奉官朱爲政並罰銅衡替坐延火燒官舍不救護故也　四月四日翰林侍講學士給事中羣收使柳植落職知蔡州知益州樞密直學士刑部郎中程戡落職知鳳翔府知澶州翰林侍讀學士兼龍圖閣直學士禮部侍郎王拱辰落職依舊知澶

卷三千八百八十四

州右諫議大夫權御史中丞魚周詢落職知永興軍並坐舉張得一不當故也　五月二日降知池州左諫議大夫張存知郴州衛州團練使知澧州王德基為四方館使榮州刺史西上閤門使知保州王中庸為引進副使殿中侍御史劉元瑜罰銅二十斤並坐舉張得一也　八月十一日翰林學士兼端明殿學士右諫議大夫知制誥史館修撰張方平右諫議大夫權御史中丞楊察兵部員外郎兼侍御史知雜事張昇祠部員外郎集賢校理知許州韓綜並落職方平滁州察信州昇濠州綜袁州開封府官判官司勳員外郎种世材奪兩官勒停三司戶部判官祠部員外郎集賢校理楊儀奪三官責郢州別駕楊儀之妻富民程文昌妻之從姊也以故儀與文昌交私文昌叔守顗為人訟冒名買中牟死馬務文昌為請于儀而持簡者誤達開封縣楊日就日就告發之命翰林學士錢明逸知制誥呂公綽鞫其事而懷德故從妹有別產在許州陽翟縣以無子籍入官懷德因文昌從儀乞書禱綜欲妄認同姓產書至而其獄已移他州綜坐不時以聞守顗嘗詈人而世材聽儀之請輒貸之又昇為判官日文昌毋誣家婢置藥羹中而昇未嘗追辨其事方平坐嘗託儀市女口察以知開封府失察舉然昇嘗去官而方平法不應得罪特皆貶之　十六日三司鹽鐵副使兵部員外郎仲簡為工部郎中河東轉

卷三千六百八十四

運使簡奉使過陝州謁知州吳育御馬者不由戟門而入簡怒舉馬箠擊之流血為育所奏而出之　十月二十六日翰林學士兼侍讀學士右諫議大夫知制誥史館修撰宋祁落職知許州國朝以來命妃未嘗行冊禮然故事須侯旨方以告敕授之又凡降制皆從學士院待詔書告辭送中書結三省銜官告院用印然後進書入時宣制畢禮止就院寫告直取官告院印用之遽封以進方妃寵盛欲行冊命之禮得告怒擲地不肯授故貶及之而祁上言昨牽臣名赴中書詰問學士院誤進入貴妃官告事伏緣冊禮久不曾行臣實不知典故次第將謂先合進納制書一面自行冊禮所以修寫不先報中書誤便投進並是臣不詳典禮成此過誤不敢逃罪切以朝廷方舉盛禮中外欣聞臣當鑠宿降麻乃是榮幸今來過誤進入恩告非緣人吏之罪罪盡在臣乞從貶黜以正公議伏望哀憫臣性識疏暗不諳朝廷制度只是一時誤謬即別無他情理乞除臣合得罪外其干繫人吏特行寬貸　二十七日三司鹽鐵判官金部郎中金良孺降知利州坐不覺察吏受財也　二十九日虞部郎中知漣水軍逢沖責安化軍節度副使不簽書州事沖母老不肯去鄉里而沖輒迎妻母之官為御史臺所彈責及之　皇祐元年三月七日邢州管內觀察史李端愿特奪一官勒停以內殿崇班曹諷訟端愿納

卷三千六百八十四

父婢又嘗殺驢以饗賓客故責及之　四月十三日降
翰林院學士知蔡州開封判官祠部郎中張式知岳州
推官屯田員外郎李舜元通判壽州先是妖人冷青妄言
母王本宮人因禁中火出之以嘗得幸有娠嫁冷緒而
生青明逸以爲狂人置不問止送汝州羈管開封府推
官韓絳上言青留外非便宜按正其罪以絕群疑既按
得其姦狀青與其黨高繼安皆處死又府有婦人鄭以
罪繫獄而爲獄吏榜之墮足死故皆及於責　八月二十
四日建寧軍節度觀察留後楊景宗責左監門衛大將
軍均州安置坐不覺察從人王安兵及入皇城諍告同
列不執故貶之尋徙鄧州　二年六月十五日判亳州

卷三千八百八十四

宣徽南院使建武軍節度使郭承祐落宣徽南院使知
亳州以諫官御史言其在南京日輒批宣頭擅留上供
糧船又出入擁衛槍旗以禁兵作園狂僭無人臣禮詔
本路提刑楊孜體量得實乃有是命　八月三日再降
知亳州建武軍節度使郭承祐爲許州兵馬總管先是
臺諫論列承祐以降黜後言乞不與知州差遣故有是
命　三年正月二十三日降大理寺丞譚異王鑑爲幕
職官遠小處監當初異與鑑自言在銓磨勘當在祀明
臺前與閤仰孝修等一甲引見而爲有司離爲二甲致
改官不得預覃恩請如孝修例更遷一官帝疾其僥求
而降之　二月二十八日翰林侍讀學士兼龍圖閣學

職官六五之七

士給事中史館修撰宋祁知亳州坐張貴妃母家門客
張彥蕃僞爲敕而祁子嘗與之遊也　七月二十五日
職方員外郎知萊州聶世卿降知信陽軍殿中侍御史
張擇行言近爲京東賊盜虜劫通判虞部員外郎井淵
斬亦州郡不得其人也而井淵身爲通判不能爲國除
盜而復爲賊所縛甚辱君命也降充監當雅協公議其
知州聶世卿爲郡長吏不能覺察盜賊令閭止移知州
差遣乞亦降充監當故有是命　二十六日降提點河
北路刑獄公事度支郎中席平知　州以職事不修也
八月二十三日提點河北刑獄公事祠部郎中孫預
降知小郡供奉官閤門祇候張易降小郡都監令後更

卷三千八百八十四

不差充按察官先是內侍李希晟迎候虜使在雄州與
判官左振筵會踰例有言其事者下提刑司體量既而
畏避但言歲遠無以辨明特免振希晟官故及於責
十月十九日殿中侍御史裏行唐介責授春州別駕初
介上疏言宰臣文彥博陰結禁中且薦富弼爲相帝怒
名兩府以疏示而介面諭不已樞密副使梁適叱曰唐
介下殿介辭益堅帝令送御史劾介既下彥博獨留再
拜言臺官言事職也願不加罪帝不許乃令告制舍人
就殿廬草制而貶之翌日改英州　二十三日起居舍
人知諫院吳奎知密州時言者以奎素結文彥博也
四年二月三日降利州路轉運使度支郎中李熙輔知

職官六五之八

商州提點利州路刑獄公事度支員外郎張經知欽州
並坐按部無狀也六日降提點江南東路刑獄公事都
官員外郎張肅知睦州同提點內殿承制閤門祗候趙
收小處都監先是朝廷以京東淮浙江湖路災傷令轉
運使提點刑獄分部處寄而肅等稽違不行乃奏準編
敕每遇出巡仍須同行又請挈家於分定州軍帝曰始
令分路巡按蓋急於撫卹疲羸督視盜賊而肅等乃欲
挈家以自便故降之　八月一日廣南西路轉運使主
客郎中劉文炳削五任官責筠州團練副使不簽書州
事前本路轉運使司封員外郎蕭固降知吉州坐儂智
高反失備禦也　十六日廣南東路轉運使金部員外

卷三千八百八十四

郎王罕降主客員外郎監信州酒罕初往潮州議捡事
聞智高圍廣州即領兵還入城為守禦備其城所以得
不陷者皆罕之力然朝廷以章奏不時達故降之　二
十五日提點廣南西路刑獄公事職方員外郎李上交
降太常博士監安州酒稅坐失禦賊也　九月十五日
降廣南西路同體量安撫經制賊盜起居舍人直史館
知諫院楊畋知鄂州仍落知諫院同體量安撫西上閤
副使曹修為荊南駐泊兵馬都監東路兵馬鈐轄兼捉
賊盜宮苑使韶州團練使蔣偕為潭州駐泊兵馬都監
　十六日再降畋為屯田員外郎直史館修撰為洛苑
副使兼閤門通事舍人偕為北作坊使忠州刺史初畋

與修閤智高徙軍沙頭將濟因命棄英州且令偕焚糧
儲及名內殿承制并贊本宗閤西頭供奉官閤門祗候
王從政退保韶州仍以公文申御史臺及諫院故并責
之　十月十五日兵部郎中天章閣待制仲簡落職知
筠州以簡在廣州雖不能禦智高而完城自守故薄責
之　五年正月七日兵部郎中知筠州仲簡降刑部郎
中簡既落職知筠州而言者以智高方至廣州老幼皆
奔走入城簡拒而不內以故多被害而廣人怨簡故再
責之　二十三日屯田員外郎直史館知鄂州楊畋降
太常博士知光化軍畋先降官而言者尚以處事乖方
後師逗遛再有是命　二十七日降廣南東路兵馬鈐

卷三千八百八十四

轄文思使王鍇為文思副使建州兵馬都監初智高自
邕州順流而下仲簡令鍇領兵扼端州乃留市船亭不
行欲還守城簡不許遂自領兵入城翌日海上巡檢右
侍禁王世寧請分兵以柱鍇懼不從及賊至城下促世
寧既至南門引大義責鍇稽留不進鍇怒以世寧違軍
令而斬之朝廷下廣州體量而魏瓘言世寧為海上巡
檢若令勒兵入城則舟船為賊所有自當獲罪況其人
驍果敢戰且能守職其死甚冤既降鍇而令訪世寧子
以聞　二月二日降西京左藏庫使康州刺史沈維恭
為庸備庫使監蔡州商稅西染院副使兼閤門通事舍
人張承衍為供備庫副使監汝州商稅並坐向當會靈

觀遣火也惟恭德妃之弟承衍樂安郡主壻也既以謫降而妃為之上章乞留京師帝曰已行之命焉爾戚所回則法徒設矣乃名開封府促行　二十一日貸知邕州禮賓使宋克隆死除名杖脊刺配沙門島溪洞都巡檢東頭供奉官同修城劉莊除名杖刺福建牢城賓州推官權通判王方欽州靈山縣主簿權推官楊德言並除名免杖刺配湖南本城永不錄用並坐儂賊至棄城也克隆自智高陷邕州殺陳拱被選知州事而經賊戕蹂之後未能葺城壁頗縱士卒下諸山寨殺逃民詐為獲賊一級賞錢十千又為偽帖與親兵以為嘗有功及賊再據州而城中無兵備遂遁去斷敕下是日大雨雹

卷三千八百八十四

帝急遣中使追敕已不及人頗憫之　三月九日廣南東路兵馬都監供備庫使蘇緘責房州司馬廣南西路兵馬都監内殿崇班趙懷恩追三任為太子右内率府副率全州安置右侍禁尹修已左班殿直蔡鼎臣各追三任官配京東本城並坐邕州全城驛軍敗也　四月八日陝西路轉運副使度支員外郎范祥降屯田員外郎知唐州祥初議解鹽通商驟加擢用狃於激切故擅起古謂之役雖行降黜議者猶以為輕　五月四日審刑院詳議官周識監無為軍茶鹽酒稅務詳斷官陳宗道監池州清酒務坐斷奏永興軍江阜案内有況詛厭魅誤進入故也　閏七月二十三日降翰林院侍讀學

士刑部郎中呂公綽為龍圖閣學士知徐州侍御史吳秘知濠州提點淮南路刑獄公事度支員外郎集賢校理孫錫知太平州度支員外郎王礪知信州初道士趙清貺配嶺外行至許州死諫官御史皆言龐籍陰諷公綽面令決杖近脊下故清貺不至配所而死公綽遂得罪出外而錫坐前為推官礪為判官秘亦以獨不彈奏故皆責及之既而公綽上章自辨乃詔知開封府楊察按其事且言斷清貺時在判官聽非公綽面決然命已行止令劄示公綽而已　八月二十九日前知常州祠部員外郎集賢校理邵必落職監邵武軍稅坐在任日誤斷犯鹽人高慶徒刑江陰軍江陰知縣殿中丞陳合重勘候斷公事復收慶供析不實再決杖刑合特勒停前提刑度支員外郎蘇舜元同提刑内殿崇班閤門祗候常鼎提刑屯田員外郎苗振免勘各罰銅一十斤高慶常州特支錢一十千　十月十六日滁州錄事參軍

卷三千八百八十四

路威追官勒停威馬驚怒廄人芻秣不時杖之令抱巨石立五晝夜又杖之大理寺杖斷八十私罪帝以威所為苛暴責蓄而賤人特貶之也　六年二月二十四日同知太常禮院祠部員外郎史館檢討張芻落職監潭州稅坐乞罷温成皇后忌辰復為父太祝收已授資州僉判不合乞落職代父入川故也　至和元年七月二十二日殿中侍御史馬遵知宣州殿中侍御史李景

初通判江寧府主客員外郎殿中侍御史裏行吳中復通判虔州初遵等既彈宰相梁適多私又言三司判官李虞卿根究出客人李士宗所臨茶錢數萬緡士宗與司門員外郎劉宗孟同販茶而宗孟與適連親乃出虞卿為陝西提點刑獄及事下開封府而宗孟未嘗與士宗販茶又與適非親帝以遵等言不實故并出之　十一月三日降同知太常禮院太常博士集賢校理吳充知高郵軍太常寺太祝集賢校理鞠真卿知淮陽軍初中書下禮直議温成元廟事判寺王洙令禮直官填印紙申中書充等乃移文送開封府而知府蔡襄釋不問及諫官論其事不已朝廷以為充等風使言之故有是命

卷三千八百八十四

五日太常丞直集賢院判三司都磨勘司馮京落同修起居注坐上言吾充鞠真卿不當出外　二年四月十五日兵部員外郎知制誥吳奎知壽州初奎為契丹國生辰使既至會丹契主加號欲奎入稱賀而固執不從因別設次令就觀禮既而涿州移文以謂契丹使至南朝遇盛禮皆入預慶賀故出之　六月三日群牧判官祠部員外郎李壽朋降知汝州坐皇城卒報游從不檢也　七月六日龍圖閣直學士刑部員外郎任顓降天章閣待制仍舊知渭州先是顓知潭州會廣州大商道死且籍其財得真珠半斛以無引漏稅沒於官顓與本路轉運判官李章及其僚佐賤市之其後死商之子

訟於三司遂置獄湖南案未上三司使王拱辰悉以珠進內御史趙抃彈奏拱辰以宰相陳執中之婚陰有附結請并劾拱辰以戒中外至是奪顓職徙章監當餘悉追停之　十一日宣徽院使判并州王拱辰復為尚書左丞端明殿學士兼翰林侍讀學士知永興軍初御史趙抃等累言拱辰前知并州與僚官頻從燕遊為三司使令內臣廖浩然進未斷商人真珠入內又奉使契丹與宋選飲至醉座問賦詩不謹語言遂罷之　十二月一日知廬州龍圖閣直學士刑部郎中包拯追一官降小郡坐任陝西轉運使日舉鳳翔監稅柳州軍事判官盧士安不當故也　嘉祐元年六月十一日降知

卷三千八百八十四

澶州修河都總管天章軍節度觀察留後李章知曹州河北轉運副使同管勾修河司封員外郎燕度知蔡州提點開封府界縣鎮公事同管勾修河度支員外郎蔡挺知滁州修河都鈐轄北作坊使果州團練使內侍省內侍押班王從善為濮州兵馬監押修河都監供備庫副使張懷恩為內殿承制提舉黃河埽岸殿中丞李仲昌為大理寺丞初黃河自商湖決北流經大名恩冀歲暴溢為民患而挺與仲昌等建議塞北流以入于六塔河然六塔河隘而不能容一夕河復決漂溺兵夫與揵塞之費不可勝計　七月一日同提點廣南東路刑獄公事左藏庫副使馮文俊降廣南西路鈐監初審刑院斷

文後前知鎮戎軍失入死罪二人引去官勿論常以人命之重特降之故有是命　八月十二日降荆湖南路轉運使李肅之知齊州知荆南府王逵知兗州知辰州宋守信為鄧州駐泊兵馬都監通判辰州賈師熊通判邵州以肅之守信師熊等入同討彭仕義而軍士被殺傷者二百四十餘人及王逵給軍士裝錢不均也　十一月二十六日降知澶州樞密直學士給事中施昌言為左諫議大夫知滑州天平軍節度觀察留後李璋為邢州觀察使司封員外郎燕度為都官員外郎北作坊使果州團練使內侍省押班王從善為文思使度支員外郎蔡挺追一官勒停內殿承制張懷恩潭州編管大

理寺丞李仲昌英州衙前編管初仲昌等修六塔河既不就而言者以謂濟博濱　之民重罹水患乃遣殿中侍御史吳中復文思副使帶御器械鄧守恭置獄于澶州昌言等並坐奏詔候秋冬塞北流而懷恩仲昌擅進約既塞而復決枉費工料懷恩與仲昌仍坐於河上盜所監臨物故重貶之　十二月二十七日皇親克敦罰銅十斤屯田員外郎阮逸追三任官湖北編管進士曹觀劉規各殿一舉罰銅六斤主簿辛有儀衙替坐唱和詩語涉不遜故也　二年七月二十八日知麟州六宅使帶御器械武戡除名江州編管坐與西人戰斷道堨而棄軍先入城　八月一日知襄州兵部員外郎知制

誥賈黯降知鄧州初黯以父疾輒委郡印歸鄧州御史吳中復等言黯父年高不能解官就養鄉廬乃擅去官守撓朝廷法又通判襄州胡揆不待命而承權州事請劾罪以聞既降黯而揆特釋之　九月十六日知鄧州吏部郎中天章閣待制劉元瑜降知隨州坐前知潭州私補畫工易元吉為助教　十月十四日降內侍省內侍副都知昭宣使果州防禦使武繼隆為海州兵馬都監翰林侍讀學士新知鄆州趙槩罰銅三十斤坐私役兵葺園亭當追一官勒停免之槩嘗與繼隆同提舉諸司庫務繼隆既被劾上言嘗救為御史所彈　十一月九日太常博士祕閣校理知濱州王起著作佐郎簽書

判官公事宋定國各追一官勒停初本州衙前劉玉經轉運使李參訟私船侵奪官渡課利而起等嘗以私船日易官鹽以益公用故主私船户而不直玉及轉運司劾其事起輒上奏論辯至是遣職方員外郎李真卿就州置獄皆以上書詐不實罪坐之　二十六日昭德軍節度使知并州龐籍降觀文殿大學士户部侍郎知青州初司馬光以築堡事曰籍籍因檄麟州築之及郭恩等敗沒遣御史張伯玉按鞫而籍匿光初所陳事故光得以去官原罪而籍為諫官御史所言故有是命
三年正月二十九日提點利州路刑獄公事都官郎中馮諧降知商州坐前知華州失入劫因吳義等十六人

死刑
二月十日太常博士言程初青郃州團練副使
監衡州鹽稅皇祐中初嘗翊叛因失實貶官至是上章
自訴其辭語皆屬以聲韻頗為慢侮復貶之 三月三日
勾當御廚駕部員外郎李象中供備庫副使張茂之内
殿承制韓從並貸命配江南京西等處衙前編管 入内
西頭供奉官盧待問追兩任官勒停坐自此廚膳 十五日
新提點江南東路公事沈康降知常州以知諫院陳升
之言康才品下人而素無廉白之譽故也 二十一日
刑部郎中直龍圖閣知兗州王逵追一任官勒停都官
員外郎通判馬預贖銅徙小處通判初逵以公用蠟燭
及墨遺京師要官又課人輸枯骨而葬之以故冢墓多

卷三千一百八十四

被發者及離細民夫婦而自主其嫁婚馬預訟其事而
預亦以鬻所得酒於部中故皆坐之 五月九日降知
汝州祠部員外郎李壽朋知荊門軍同提點京西路刑
獄公事西京左藏庫副使石用休知威勝軍時御史來
處約奉使過汝州言京西歲饑壽朋令郡人獻林木修
官廨宇亭榭以勞民下提刑司體量而不以實數并責
之 十三日三司鹽鐵副使右司員外郎郭申錫降知
滁州敕榜朝堂曰申錫官職事守不為輕矣所宜慎其
所舉以道吾民者屬與李參相視決河論議之異遂成
私忿章奏屢上辨訴紛然敢為誣欺處之自若以至興
起大獄置對逾旬參驗所陳無一實者士人之行乃至

是乎使吾細民何所視效先是申錫至澶州與本路都
轉運李參議河事既而不協申錫訟參還諫議大夫孫
呂公弼私相薦引為僥倖又言參密遣指使高守忠齎
黃河畫圖入中書私干宰相文彥博為御史張伯玉彈
奏參等姦邪結托遂詔天章閣待制盧士宗右司諫吳
中復制勘而申錫所訟及彈文皆不實伯玉以風聞免
劾故止坐申錫而貶之 七月二十一日降前知雄州
舒州團練使馬懷德為四方館使英州刺史前高陽關
路兵馬鈐轄北作坊使廉州團練使閻士良為崇儀使
以御史呂景初言懷德在雄州因士良入奏事而嘗以
牛黃齎賂之 十月三日新除齊州防禦使高陽關路

卷三千一百八十四

馬步軍總管劉鼎年為單州團練使知涇州以臺諫官
言鼎年進緣戚里且未嘗有邊功 四年二月七日提
點河東路刑獄公事祠部郎中龐汝弼降知華州坐嘗
知遂州補畫工陳義為傅神學究 二十七日吏部員
外郎天章閣待制知隨州劉元瑜降禮部員外郎知信
州坐失舉 五月八日屯田員外郎通判定州安保衡責
左化軍節度副使監高郵軍酒稅以御史知雜事其中
復言保衡訴其父取雜戶任民奏授邑號且其父死時
保衡尚幼及今三十年豈無保養之恩此人情之所不
忍請行廢黜之 七月十二日觀文殿學士禮部侍郎
知壽州孫沔責寧國軍節度副使知忻州四方館使李

中吉降東上閤門使汝州兵馬鈐轄初臺諫言沔前在杭州貪猥不法又在并州多暴虐及令李中吉自忻州載家妓縱飲下逆路按得其實而貶責之 八月二十八日降知河陽龍圖閣直學士工部侍郎李柬之爲給事中知虢州工部郎中知制誥王琪爲度支員外郎知饒州並坐失保任也 九月二日權發遣三司度支判官事太常博士張田知蘄州初田請减宰臣至百官祫饗恩賜而宗室內臣軍班並如故諫官唐介言其志在沽激故出之 二十一日翰林院侍讀學士尚書禮部郎中知和州呂溱落職分司南京溱初坐枉真定私使官來㱐等事已奪官而權御史中丞韓絳知諫院唐介等言不

卷三千八百十四

遂還官置而再降之 二十一日鄜延路馬步軍總管光州刺史王德恭降西上閤門使榮州刺史權永興軍路總管坐前在真定假寺僧車牛赴鄜延路也 二十四日降禮部郎中分司南京呂溱爲兵部員外郎以言者言前責尚輕也 十月一日虔州巡檢左侍禁王咸孚除名廣南編管以江南盜賊戴小八殺虔化令不即擒捕也 五年正月七日新知信州屯田員外郎蔡挺降知南康軍初挺與李仲昌開六塔河坐罪勒停以祫饗赦起知信州而監察御史裏行王陶言挺前罔朝廷以希功賞使濱 以來民被其害至今未已故復降之 九日度支員外郎集賢校理胡俛特勒停兵部郎中秘

閣校理解賓王落職知建昌軍始賓王因營葬求知登州及俛代賓王乃上言營葬者不得請鄉郡又因事杖其妻黨賓王深銜之遂訟俛嘗擅役軍匠代州廨中桐木作私器俛既坐自盜而知諫院范師道言賓王與俛並在館閣事緣鄉里囂然作訟頗虧士風故并黜之 四月二十九日降右司監秘閣校理吳及爲工部員外郎知廬州太常博士監察御史裏行沈起落裏行通判越州初諫官陳升之建議裁節班行補授之法下兩制臺諫官集議已定及與起擅改議草令買撲興國軍磁湖鐵冶仍舊與班行翰林學士胡宿等奏劾及等職在臺課官而爲磁湖大姓程叔良家營致恩澤乞名問其

卷三千八百十四

狀既而及等引罪無以對故並黜之 五月八日戶部郎中知制誥張瓌降知黃州秘書省秘書郎館閣校勘劉瑾落職初瓌當草故宰相劉沆贈官告辭而其言多鄙易瑾懇訴於朝且詆瓌出外而瑾亦落職仍命舍人別撰告以賜之 二十二日右諫議大夫權御史中丞韓絳罷職知蔡州初絳彈奏宰臣富弼且言張茂實人以爲先帝子而引用管軍事密難測既而居家待罪言自不敢復稱御史中丞帝遣中使召不出翊日臺屬官往勸之乃出入不東旁穿朝堂知諫院唐介右正言王陶侍御史知雜事范師道御史陳經呂誨裏行陳洙等皆言絳論事不當又失於舉錯故黜之 七月十一日知

晉州都官員外郎吳京追三官壽州編管前提點河東路刑獄公事祠部郎中龐汝弼特勒停同提點刑獄西京左藏庫副使寇利一前同提點刑獄禮賓副使段隐各衝替先是京犯自盜贓而汝弼嘗多取寄州廚生餼又利一數與京聚會隐亦嘗受公用銅洗羅故并坐之　九月二十四日降駙馬都尉安州管内觀察使李瑋為和州防禦使仍與外任差遣瑋所生母惜公主公主夜開皇城門入禁中瑋上表自劾故責及之俄免降官止罰銅三十斤　十月十四日祠部員外郎知建昌軍楊義免追官與監當差遣先是建昌富民曾均毆殺人獄未具轉運使馮浩移所部官石麟之推劾連逮而死獄者十有餘人儀論其事坐不實法當追一官特寬之

卷三千八百八十四

十一月一日知桂州刑部郎中集賢殿修撰蕭固落職知江州降知邕州西上閤門使蕭注為引進副使荆南兵馬鈐轄初臺諫官等並言固等在廣西所為不公至是又不察管下西平州溪洞使臣甚外界人口致領衆殺害兵官故責及之　六年四月二十七日禮部郎中天章閣待制知諫院唐介知洪州右司監趙抃知虔州兵部員外郎兼侍御史知雜事范師道以本官出知福州侍御史呂誨知江州初陳升之除樞密副史介等交上章彈奏升之素與勾當御藥院王世寧連姻因而圖柄臣又知開封府嘗於豪民家市馬而賤償其價帝

出奏示升之升之請下有司辨虛實遂家居不出自求罷去帝遣中使以手詔名出之介等復居家待罪頃復出如是者數四帝顧謂輔臣曰凡除拜二府朕豈容内臣預議耶而介等言不已故兩罷之　七月一日光祿寺丞知蘇州長洲縣夏噩特勒停坐私貸民錢噩中制科以本路提點刑獄陳道古惡其輕傲据其事而按發之　十七日知江州刑部郎中蕭固追三官責蔡州團練副使廣南西路轉運使度支郎中宋咸追一官勒停固坐知桂州日令部吏市女口及差指使入兩浙商販私物咸在邕州射銀楪子凡九百六十九斤及事覺察詐收入本司公使簿　七年二月三日環州都巡檢内

卷三千八百八十四

殿崇班柴元甫平遠寨監押右侍禁安鎮並勒停寨主陳玉淮南編管坐擅用蕃法和斷也舊族蕃官咩迷埋及擅放質子還也　十月十九日翰林學士左司郎中知制誥權知開封府賈黯同提舉在京諸司務務先是權御史中丞王疇諫官司馬光龔鼎臣王陶御史陳經呂誨傅堯俞等皆言黯剛愎自任故書下府而罪當原者返重行之又嘗因忿怒以矢塞人口都人莫不憤怨故罷之　八年六月二十一日司封郎中知桂州潘夙降比部郎中監隨州酒稅初夙轉運胡北與判官韓繹不協而繹又與知鄂州王正民有隙夙乃以匿名書構繹於正民以聞具服故坐貶之　英宗治平元年正月

二十三日荆湖北路轉運使劉述降睦州坐擅支茶本租錢及令商人貼盐抄錢以亂盐法而奏報不實故也　四月十九日左騏驥使廉州團練使真定府路鈐轄閤士良降北作坊使滁州兵馬都監坐數侵詆安撫使張掞詐疾在假不赴行香巡教帝即位遣使賜詔書衣帶而不肯出迎拜受也　五月九日太子右贊善大夫致仕劉注追三官潭州編管注故宰相沆弟坐盜里人斗殺食之及刺僕人面為逃走字故也　閏五月八日陝西路轉運使主客郎中薛向降知汝州初向撥部夜至陝州靈寶縣驛有前榮州應靈縣令崔令孫已舍堂上向令舍行李於廳事而從卒南密等五人突入趣令

移徙孫因驚遂仆死其家訟冤成獄法寺比附恐迫人致死論密斬詔貸密死杖脊刺配而向坐失約束也

二十二日翰林學士范鎮罷為翰林侍讀學士　初還宰相各一官而鎮草制已還曾公亮一官誤以兼門下侍郎後帝覺其誤而公亮亦辭遂帖制而絀鎮焉　七月六日侍禁監成都府稅趙昌緒特勒停昌緒參知政事趙槩兄子坐母自殺而妄稱風疾當罰金槩言昌緒不孝乞法外重斷詔論罰如法而特勒停　八月十一日提點在京倉草場比部郎中薛仲孺通判汝州同提點西京左藏庫副使帶御器械衛克懃郢州注泊都監坐擅越界支軍粮故也　十七日荆湖南路轉運使光

禄少卿杜植知安州轉運判官職方員外郎宋迪知萊州初永州零陵縣令徐復誤斷縣人失牛提點刑獄方劾而植等誤引大理失入杖罪不劾例牒提點刑獄令勿劾及奏上復坐衝替而植等亦坐罰及更訟復以為不足罪若朝廷謂臣等挾情營救乞責降故有是命十月二十八日江東路轉運判官屯田員外郎謝景溫降通州通判坐修萬春圩不當也　十二月一日右贊善大夫程嗣直除名荆門軍編管坐謀殺其兄子詵孫也初嗣直虐其兄諸子閉之一室薄其衣食課書不中程輒笞榜又縱婢子詈辱之至是詵孫竊出盜家財傷嗣直因詵孫絕其食與毒藥令自殺事發詵孫貸死配沙門島而嗣直有是命　十六日知制

誥錢公輔責滁州團練副使不簽書州事祖無擇罰銅三十斤初王疇守本官充樞密直副使公輔嘗言疇未有功効可稱進擢太速故責之無擇坐營救公輔并及罰　二年正月二十四日翰林侍讀學士左諫議大夫張瓌降左司郎中知濠州翰林侍讀學士范鎮罰銅三十斤初銓法選人當補考須州申考功得報乃聽補既補而州以帳上考功乃得書為考然例或帳未至而以隨身歷較考者皆審取選人狀以證瓌子庖民主郢城縣簿鏁廳舉進士未嘗申考功補考而又帳未至同判銓范鎮令用例以隨身歷為證而不取審狀書考移縣令當是時瓌亦判銓雖不豫此事而罪問考功吏可否

御史林大年以此彈壞而開封治考功吏對如此府奏
上乃不復劾問奪壞一官而貶之鎮止贖金而已　二
月十六日陜西路都轉運使光禄卿陳述古降少府監
知忻州初述古權渭州夏人圍同家堡副總管劉凡請
出兩將援之述古不肯凡與諸將連狀請又不肯凡以
手詔趣述古怒移凡權知鳳翔而奏凡生事稍為軍人所
怨怒又嘗無名出兵致寇朝廷以總管非轉運司所得
擅移方劾而劉凡又自言為述古所誣於是遣御史林
大年劾述古所言皆無實狀故貶之　三月十七日祠
部員外郎秘閣校理同知太常禮院晏成裕追兩官勒
停坐監禮太廟瓚祭酒不以實尊及闌入真宗廟室為
卷三千八百八十四
宮闈令所發會降當從御史杖趙鼎請重寘責以懲貪
惡故有是命　八月二十五日前提點福建路刑獄公
事度支郎中王陶責建寧軍節度副使不簽書州事復
州安置坐妄奏知南劍州吳天常徇私不公挾情紀捦
構事不覺察男履潔興販私茶盐收買銅器受客人銀
錢夾帶私盐故也　十二月十九日太子中允集賢校
理新知曹州翔真卿落職知南安軍真卿當仁宗時每
遷除輙引儕輩有先已進用者怨望不遜至是曹州多
盗遣真卿以往而真卿又不肯往中書具真卿治平元
年從後七奏遷而有是命　五年正月三日降知温州
張僴知小州兵馬監押張宗古監當坐温州火燒屋萬

四千間死者五十人　八月兵部員外郎侍御史知雜
呂誨降知蘄州侍御史范純仁通判安州太常博士監
察御史裏行呂大防知歙州休寧縣先是誨等言追尊
濮安懿王典禮以參知政事歐陽修首倡邪議宰相韓
琦等附會不正皆當譴絀以解天下疑謗於是各納臺
官告牒家居待罪帝命閤門以告牒還之及令中書降
劄子趣使赴臺供職而誨等繳還劄子并前後所奏九
狀申中書堅辟臺職是日帝閱誨等奏問執政當如何
韓琦對曰臣等忠邪惟陛下所知歐陽修曰御史以為
理難並立臣等有罪即留御史若以臣等無罪則取聖
旨帝猶豫久之乃令出御史而曰不宜責之太重也故
卷三千八百八十四
有是命　二月七日起居舍人同知諫院傅堯俞降知
和州侍御史趙瞻通判汾州趙鼎通判淄州瞻鼎自契
丹使歸以嘗與呂誨言濮王等事家居待罪而堯俞新
除御史知雜事告牒不受帝數喻留堯俞等終求去故
也　六月二十一日前知泉州秘書監闕詠責保靜軍
節度副使不僉州事坐買部内蕃客禁物虧價九十八
匹及於仁宗喪中用妓謳歌飲酒不察子逸受賕故也
七月十四日太子中舍通判祁州孫祺監袁州盐酒
税坐越職言事又布露所奏故也　八月五日右司郎中
天章閣待制新差知廣州閻詢落職知商州詢三月告
歸鳳翔焚黄五月發在道而監察御史裏行劉庠言詢

偃蹇自便近歲人臣以不虔君命爲高積習驕慢寖以成俗請黜一人以勵其餘故有是命　十三日監富國倉屯田員外郎萬及降一官内殿崇班王從謹西頭供奉官戴宏皆勒停坐受米濕惡懷十八萬石法官以過疎決請裁特有是命　九月十六日太常博士監察御史裏行馬默落臺職通判懷州坐供職已來言事無狀故也　十月七日前知房州職方員外郎董經臣勒停坐用南郊赦擅放叛人景珣妻子祖珣亡入夏國涇原路送珣妻子房州編管後環慶路取珣妻子欲撫養以間珣則經臣於慶州法司比附應奏不奏杖八十公罪去官勿論時鎰有母服經臣特有是命鎰服除與監當

卷三千八百八十四

治平四年二月二十五日神宗即位未改元　權提點廣南東路刑獄公事司勲郎中呂元規降知欽州知英州職方員外郎黄師旦追一任官監洪州酒稅元規坐鹵莽舉駁移譚餘等公事赴韶州取勘師旦因縣尉王履亨捉到譚餘作殺人賊後勘得餘無罪爲元規移送韶州取勘疑履亨教唆便枷禁履亨及放免百姓黄真徒役并借教閲兵級等罪故也　三月四日御史中丞工部侍郎彭思永降給事中知黄州主客員外郎殿中侍御史裏行蔣之奇降太常博士監道州酒稅務坐言參知政事歐陽修閨門事故也　四月二十四日右諫議大夫權御史中丞王陶罷中丞充樞密直學士知陳州侍御

史吴申吕景罰銅二十斤坐不合過毁叅知政事吴奎也　六月五日鄆州居住兵部郎中致仕王逵宿州編管先是京東轉運司奏逵凶險貪婪于撓州縣本路之人比之盜賊但干有利無不爲者望送僻州軍安置永不量移至是侍御史張紀繼言乞送廣南遠惡州軍編管故有是命　七日龍圖閣學士工部侍郎權知開封府傅求知兖州先是言事者累言求之不職求亦自請補外有是命　二十二日開封府推官祠部員外郎集賢校理竇卞知耀州言事者以傅求不職因連及之亦自請補郡故也　八月二十二日權發遣三司度支判官公事屯田郎中庞公弼降知袁州坐於推貨務買女樂

卷三千八百八十四

喧競故也　二十四日都官郎中知邵武軍吴師服監南康軍鹽稅務以考課院言師服連三考俱在下考等故有是命　二十五日太常博士監真州糧料院孫郃武候令任滿更與監當一任以臺官張唐英言郃武妻余使過千錢因而打詈其妻與從身衣物填還後懷憤自割身死案到稱余患心神不寧恐非本情乞酌情重行貶降庶使余寃伸于泉下故有是命　十月三日兵部員外郎寶文閣待制傅卞知懷州以侍御史張紀裹行張唐英言卞素稟姦邪陰相附會處在禁筵不厭朝議故有是命　十一月十六日右諫議大夫天章閣待制陸詵知晉州生延州不舉職也　十二月四日陜西路轉運

使司勳郎中權發遣延州薛向知絳州坐處置邊事失宜也　神宗熙寧元年二月十三日京東路提點刑獄光祿卿葉申知蔡州以侍御史張紀言申材識庸下賦性情疑濫處監司肴宜澄汰故有是命　三月十八日兵部郎中知制誥宋敏求降刑部郎中依舊職知絳州祠部員外郎秘閣校理鄭雍太常博士集賢校理劉瑾各降一官與通判差遣雍峽州瑾睦州右司郎中天章閣待制郭申錫戶部郎中集賢殿修撰龔鼎臣工部郎中秘閣校理同修起居注蘇頌員外郎集賢殿修撰兼侍讀周孟易屯田員外郎集賢校理王汾秘書丞秘閣校理韓忠彥各罰銅二十斤　坐在禮院定議皇親婚嫁異同不當也

卷三千八百八十四

六月十六日淮南轉運使光祿卿史炤降太常少卿知單州坐體量知泰州曹元舉疾愈不實故也　二十三日太常少卿張頌分司南京以前任知劒州日考課累在劣等故也　七月十二日右正言直集賢院同知諫院孫覺降太子中允依前供職坐上言指名詆黜兩府大臣故也　八月三日太子中允直集賢院同知諫院孫覺通判越州以言事失實故也　十月二十八日屯田郎中陳習監齊州新條鎮酒稅坐於轉對狀內將不干己事夾帶論述指人過惡以逞私憾故也　二年三月十七日前兩浙路提點刑獄司封郎中直昭文館知桂州元積中同提舉兩浙路開修河渠虞部郎中

胡淮各降一官積中仍落職皆監當差遣知常州王說前常州武進縣尉凌民瞻皆衝替積中淮坐浚常潤州運河不如法而勞擾百姓及復望亭堰不利民瞻坐首議復望亭堰及分料不均說坐初與積中等連狀奏浚河之利朝廷遣使按視乃更極論其害及被劾乃曰忘前嘗連狀也事下輔臣議以為民瞻當勒停上曰朝廷以一路事付積中等自不當聽用民瞻民瞻不足深罪令衝替而已　二十四日都水監丞宋昌言降一官通判冀州王庠等令衝替同判都水監張鞏等罰銅各二十斤坐去年河決冀州棗彊故也時方委昌言治二股河故特令奪官領職如故　四月十八日前知信州都官郎中朱師道降監當差遣坐在任日以二卒犯徒杖罪決刺差

卷三千八百八十四

互故也　二十二日龍圖閣直學士工部郎中知泰州孫永降天章閣待制知和州坐師鎮亡狀奏報失實故也　六月二十二日右諫議大夫權御史中丞呂誨罷中丞知鄧州以誨論參知政事王安石見利忘義朋姦害政商權財利動搖天下等十事安石求去位上命出誨故也　七月二十七日著作佐郎新知衡州衡陽縣章辟光降湖南路監當初御史中丞呂公著言辟光不當干議岐王建外邸事及素行貪猥所至狼籍上諭以言事不可加罪然以辟光誠貪猥乃止其素行繩之　閏十一月二十八日知華州都官員外郎郭源明監淮

陽軍鹽酒稅坐理斷白鹻偷稅公事不當及申奏不實通判以下皆會降而源明又坐嘗提點刑獄雷同輔故特有是命　三年正月九日彰信軍節度觀察留後駙馬都尉李瑋責郴州團練使駙馬都尉陳州安置楚國大長公主薨奉其第名中書入慟哭諭以瑋奉養公主無狀故有是命　十七日前知莫州莊宅使柴貽範特追兩官壽州編管順安軍簽判屯田員外郎王槩移遠小處差遣貽範坐知莫州日任內貸富人錢及市賣物有剩利槩坐鞫貽範事不盡故也　十九日知潍州孔部郎中步翔特勒停青州簽判庫部員外郎薛維與監當差遣翔坐知潍州日剩差人員兵級送家眷潍坐失點檢會降特有是命

卷三千八百八十四

三月一日皇城使忠州團練使馬偁降郢州鈐轄坐前知涇州不覺察孔目官周寶受賕故也　七日翰林學士范鎮罷知通進銀臺司兼門下封駁事先是諫官李常言州郡官吏有時不依常平錢斛與民而使民虛出息二分入官者上令常具州縣所在官吏姓名聞奏欲劾治之而鎮封還中書劄子以為常但風聞言事不當使之具析中書以聖旨諭之使下至數四終不肯會司馬光乞罷樞密副使許之而鎮又封還誥書言光不可罷且自請解封駁事故有是命

二十五日右正言直集賢院同修起居注孫覺落職知廣德軍始上欲使覺體量開封府界散常平有無抑

配覺奏敢不處奉聖旨即日治行既而張戩等言不當遣覺因固辭弗肯往上以為反覆故絀　四月八日戶部侍郎守御史中丞呂公著為翰林侍讀學士知潁州坐數言事失實也　二十二日右正言秘閣校理李常除太常博士監察御史裏行張戩太子中允權監御史裏行王子韶並落臺職與知縣差遣常坐言散常平錢州縣有不散而徒使民出息今具州縣官吏姓名至五六終不肯具戩坐侵侮柄臣誣罔事實子韶坐所入章疏與面奏事反覆不一故也　二十四日右諫議大夫知制誥宋敏求罷知制誥坐不草李定除御史制詞及自以疾乞罷職故也　五月十四日工部郎中知制誥李大臨

卷三千八百八十四

蘇頌落職歸班坐除李定御史累格詔命不下妄引詔中丞薦舉條貫故也　二十一日皇城使開州團練使沈惟恭除名瓊州安置進士孫棐處死棐為惟恭門下客惟恭以干求恩澤不如所欲怨朝廷假他人指斥乘輿之言以語棐因偽撰近臣章疏巧為謗讟詞極切害故也　六月二十七日秘書省集賢校理同知諫院胡宗愈落職通判商州手詔宗愈自領言職未嘗存心裨補朝廷治道凡進對論事必潛伏姦意含其事情旁為邪說以私託公專在破壞正理中傷善良所為如此而置之左右前後豈非所以自蔽聰明氣燄姦慝可落職與外處差遣　七月二十五日前知杭州龍圖閣學士

右諫議大夫祖無擇忠正軍節度副使不僉書州事，丁憂屯田郎中任浩追一官勒停，經恩未得叙用；國子博士致仕錢羔羊追一任官，衢州編管；殿中丞致仕王景追一任官勒停；泗州叅軍張應岩追叅軍敕，明州編管；監杭州軍資庫司法叅軍孫輔特衝替。無擇坐知杭州日借貸官錢，受浩等告囑。法寺言已會德音，無擇、羔羊、應岩皆特斷，而餘如有司所奏。　二十六日，龍圖閣直學士、刑部郎中、判太常寺兼禮儀事陳薦降工部郎中；祕書監、權同判太常寺兼禮儀事李及之降光禄卿；起居舍人、直集賢院、同判太常寺兼禮儀事章衡降右司諫；工部郎中、充集賢殿修撰、同判太常寺兼禮儀事周孟

卷三千八百八十四

陽降兵部員外郎；祠部員外郎、充秘閣校理、同知太常禮院文同降太常博士；太常丞、充秘閣校理張公裕降太子中允，並仍舊職。並坐議宗室襲封不當，而薦已差知蔡州未行，審刑院言去官，御札批云：「雖去官，薦實議首，可更不原。」故也。　八月四日，光禄卿苗振責復州團練副使，前明州司理叅軍韋肅特勒停。坐前知明州不法，及故人渠士堯罪，肅以阿隨振故也。　九日，侍御史史劉琦為都官員外郎、監處州鹽酒税，金部員外郎、御史裏行錢顗守本官、監衢州鹽税務。坐言事失實也。　十一日，殿中侍御史孫昌齡為屯田員外郎、通判蘄州。坐論辨謀殺法不當也。　十四日，兩浙轉運使、太常少卿賈昌朝，提刑、光

禄卿俟瑾，同提刑、南作坊李惟寶並追一官，仍降等差。坐不能舉劾祖無擇、苗振故也。　十五日，兵部員外郎、兼起居舍人、直集賢院、同修起居注、同知諫院范純仁罷起居舍人、同修起居注，知河中府。坐嘗歷詆大臣，及與御史擅去官曹也。　二十八日，工部郎中、侍御史知雜、判刑部劉述知江州；金部郎中、集賢校理、權判刑部丁諷通判復州；審刑院詳議官、都官員外郎王師元監安州税。述、諷坐不依程限錄降謀殺刑名敕，及誤引編敕奏聽朝旨；師元以論列謀殺刑名事不聽，繳納差敕，擅不赴職故也。　十月十九日，工部郎中、直龍圖閣、知慶州李復圭責保静軍節度副使，不僉書州事。坐擅易

卷三千八百八十四

詔命出師，侵敵騷動邊境，敗衂喪師故也。　二十二日，前知秦州、右司郎中、充天章閣待制李師中落職，降度支郎中、知舒州；秦鳳路鈐轄、皇城使、帶御器械向寶落帶御器械，充本路鈐轄；著作佐郎王韶降授保平軍節度推官，依舊提舉秦州西路蕃部及市易司公事。師中、寶坐前在秦州日稽留朝旨，奏報反覆；韶妄指閑田，故有是命。　同日，集賢校理王介、館閣校勘劉攽罷判鼓院、同知太常禮院，並令歸館供職。先是，介、攽充進士考試官，議事不和，御史張戩言介、攽天資薄惡，汚辱書館，肆為喧鬥，慢侮多士，命監試御史知雜陳襄具析因依。襄具相詬詈之語以聞，詔各特罰銅八斤。既而御史中

丞吳公著言敍素行猥薄言多褻慢一時流輩比之俳優介稟性躁妄喜於爭鬭所至州軍目爲狂疾昨試院中放恣益甚語言傳播中外鄙笑乞削職與外處差遣故有是命　四年正月二十二日太子中允權監察御史裹行薛昌朝林旦并除舊官合入差遣坐言事失實也　三月十日工部郎中寶文閣待制王廣淵降度支員外郎依舊知慶州初慶州兵亂從廣淵知永興軍及叛兵隨定廣淵止以賊發所部奪兩官故令復領慶州　十二日殿前都虞候邕州觀察使邠寧環慶副都總管竇舜降康州防禦使坐叛兵故也　十六日都官員外郎施邈特勒停坐與故左藏庫副使高允元妻林氏爲婚夫服未滿

卷三千八百八十四

爲夫弟高允懷告論御史林旦言其素行不修會降法不當停特行　二十一日度支員外郎知制誥呂大防落職仍奪兩官知臨江軍禮部郎中集賢殿修撰張問落職知光化軍刑部郎中直史館陳汝義落職知南康軍皇城副使种諤責汝州團練副使潭州安置大防以預辟宣撫司浟事問汝義以調發勞民諤以寧堡失守也諤未幾再貶賀州別駕　四月二十六日皇城副使兼閤門通事舍人知環州种診降西作坊副使依前閤門通事舍人坐擅回牒夏國韋州許其通和故也　二十七日河東轉運副使韓鐸降一官徙江東路初河外修建堡寨以撫寧不守羅兀城無援有詔止河外剏修

堡寨軍馬歸本路鐸所奏前後反覆與同故有是責也

五月二十五日龍神衛四廂都指揮使昭州防禦使涇原路副都總管張玉降一官落軍職充本路總管玉以遣兵討慶州叛軍韋達等務窮降邠寧部將任懷政送玉玉盡受達等降又殺之於邠州朝天故有是命

六月二十一日武寧軍節度使左僕射同中書門下平章事鄭國公富弼落節度同中書門下平章事知汝州先是提舉淮南常平倉趙濟言亳州界災傷縣分不曾放稅及逐縣官吏不行詔令沮遏願請青苗錢之人置獄劾治其事皆出弼意故有是責而通判職方郎中唐諲僉判都官員外郎蕭傅屯田員外郎徐公衮支使石

卷三千八百八十四

夷庚永城鹿邑衛真蒙城城父譙酇七縣令佐等十八人並衝替　七月三日兵部郎中天章閣待制知秦州朝縝落職分司西京坐指使傅勍夜被酒誤隨入州宅縝令員僚以鐵裹頭藤棒杖脊百餘致死大理寺約法合加役流除名勒停該德音降徙一年公罪追一官勒停故有是命仍賜勍家絹百匹恤非辜　四月降環慶路兵馬鈐轄文思副使忠嗣降一官徙永興軍兵馬都監坐慶州軍叛忠嗣遣曰直軍人送家屬往彭原縣虛散首功貼子以忠嗣討賊有勞又會經德音故止降徙而已　十四日翰林學士度支員外郎權御史中丞楊繪落翰林學士充翰林侍讀學士知鄭州太子中允館

閤校勘兼觀察御史裏行劉摯落職監衡州鹽倉生論役法不當也　八月二十六日司封員外郎晏成裕特勒停經恩未得敘用坐行檢不飾嘗褻服押游里巷爲御史言而黜之　五年五月十八日左藏庫副使知保德軍高渙責授太子左清道率湖南監當河東經東經略使劉庠言先是呂公弼於新地建生寨俾渙提舉累牒催促不來渙申自來不習武藝匹夫驍捷之能切慮差充褊裨之任爲人驅策有誤國家大計兼連到奏檢稱萬一或有差使不爲在上者節制驅策俾專統三五萬衆蕩平羌寇初囉兀之役心憚其行而外爲大言及具元狀進呈上謂撫臣曰渙違帥臣節制當時呂公弼不能行

卷三千六百八十四

法曲有假貸朕方責邊臣以事効如渙之選愞詐誕不黜無以勵衆故有是命仍令進奏院遍牒諸路曉示　閏七月三日職方郎中李瑜周約供備庫使羅居中各降一官坐爲利州路監司日稱薦知利州左藏庫使周永意不以實永意後以贓抵罪故也　八月二十五日知偕州內藏庫副使劉舜臣特追一官勒停舜臣在階州掠上蕃義勇僦錢及橋梁過者人率錢謂之打撲皆以供公庖臺官彈奏下本路體量有實故有是責　二十七日太子中允同知諫院唐坰降大理評事監廣州軍資庫生言事詆忤大臣也　十一月二十五日太子中允監察御史裏行張商英降光祿寺丞監荊南府商稅務生言事失

實也　十二月二十六日權河東轉運使工部郎中充祕閣校理孫坦降兵部員外郎屯田郎中通判河陽李師錫降職方員外郎江南東路轉運副使屯田郎中韓鐸降職方員外郎差遣並如故坐前任陝西轉運日慶州兵叛不能招安也　七年五月一日右司郎中充天章閣待制知瀛州李師中責和州團練副使淮南安置坐應詔書事誕謾輒求大用故也　八月十七日三司使翰林學士起居舍人知制誥曾布落職知饒州生言財用數不以實故也　九月十九日權三司使翰林學士兼侍讀學士元絳落侍讀學士罷鹽鐵副使戶部郎中張問降禮部郎中知虢州判官金部郎中李端卿降虞部郎中通判

卷三千六百八十四

淮陽軍太常博士集賢校理韓忠彥降祕書丞依舊職通判永寧軍權度支副使太常少卿賈昌衡降兵部郎中以制置永興秦鳳路交子公事宋迪來稟事三司人從遺燼於鹽鐵之廢廳三司遂燔而莫能救故迪坐免官而降等及責有職于三司者皆贖金　十月二十九日樞密直學士兵部郎中權知開封府孫永落樞密直學士罷權知開封府充龍圖閣直學士永被詔定免行錢前後上儀異同上以永所守不一責之　十一月二日岢嵐軍使左藏庫副使劉琯降一官通判大理寺丞蔣深之展二年磨勘坐州准朝旨根括曠土有民訟冒佃事琯等注滯及所考不實并不覺察孔目官受賕黨

獄故也　六日端明殿學士翰林侍讀學士龍圖閣學
士吏部郎中知河陽府韓維落端明殿學士以嘗在京
廉問輸充行錢不詳究利害也　八日侍衛親軍馬軍
副都指揮使昭信軍節度觀察留後賈逵降利州觀察
使，俸日左廂都指揮使彭州團練使孫吉降潮州刺史
右廂都指揮使戎州團練使張忠降蓬州刺史，以三司
燔不能救止也　八年正月十三日金部郎中集賢校
理判檢院丁諷落職監無為軍酒，大理寺丞集賢校理
王安國放歸田里，度支郎中王克臣追一任官，河南軍
巡判官鄭俠英州編管。初，俠進流民圖，又擅發遞馬奏
事上，憐之，放罪。會呂惠卿參政，俠復詆其姦，惠卿怒，請

誅俠，諷、安國連累故也　二月七日龍圖閣直學士給
事中知永興軍吳中復降左諫議大夫職差遣如故。中
復以歲歉上聞，所奏流亡多過事實，至欲括責民粮，強
質畜產，諷發義勇戍守縣城，因下本路使者參驗，報多
非實，以經大宥，止降秩云　閏四月二十一日丁憂人
前翰林侍讀學士禮部侍郎滕甫落職候服闋差知州，
祠部員外郎天章閣待制知瀛州劉瑾落職知明州，坐
與宗室世居饋問關通，而甫知青州，李逢於所部姦發
不以親引避故也　七月二日皇伯昭信軍節度使知
太宗正事宗旦降彰化軍節度觀察留後忻州防禦使
同知大宗正事，宗惠降霸州團練使知大宗正丞，太常

少卿趙丙屯田員外郎張欽國子博士宋靖國諸王宮
記室參軍屯田郎中王慥各降一官，皇伯連州防禦使
從賁降左武衛大將軍洺州防禦使，皆坐不幾察世居
陰謀而從賁以世居之尊長也　六日同知諫院金部
員外〔郎〕直集賢院范百祿降一官落職監宿州酒稅，坐劾
世居事議論不同故也　八月九日庫部郎中知丹州
宋昌言通判涇州左藏庫副使郭若虛降一官，坐奉使
從人夫金酒器故也　九月八日前京東西路提舉倉
司大理寺丞吳環特勒停，每該敘理只與除散官，坐不
還質庫戶典物本利并盜僉判廳官賣錢故也　九年
二月四日刑部郎〔中〕天章閣待制沈起責郢州團練副使

本州安置，祠部郎中直史館劉彝責均州團練副使，隨
州安置，御史蔡承禧言起、彝任桂林，違詔生事，臨撫無
謀，至交賊背叛，欽、廉已破，邕管既危，數郡橫蒙屠害，乞
特申國典，以誡幸進之臣，故有是命　三月二十七日均
州團練副使趙州安置劉彝追毀出身以來告敕，送涪
州編管，以權御史中丞鄧綰言昨以交賊作過，沈起、劉
彝並行降責，外議以為施行有所未盡，及沈起分析根
究到劉彝張皇之罪，乞重行誅戮故也　四月七日刑
部員外郎向宗儒追一官，免勒停，罷中書檢正官，權同
判將作監，依舊修內諸司式，坐私役將作監人吏管勾
錢物，致吏人因而賒放減剋在監公人請受及人僕姦

私故也　五月十九日秘書監王端特免除名勒停降太常少卿致仕坐知鄭州日盜倒死柳木入己年七十歲故有是命　二十一日提點京西南路刑獄公事國子博士張復禮降殿中丞前通判沂州司門員外郎周禹錫特勒停沂州判官楊維推官王中正司理參軍鄭延各特追一官勒停坐前任不覺察李逢結連及勘劾鹵莽故也　二十三日龍圖閣直學士前知成都府蔡延慶降天章閣待制以西南夷冦茂州撫御不至乃有是命　八月十一日職方員外郎權發遣秦鳳路轉運副使張頡降湖南北小處知州事坐不依朝旨開淘運河及不施行放陳公塘水入河同牒發運司并不計置

卷三千八百八十四

運鹽故也　九月七日殿中丞提舉河北東西路糴便粮草王子淵降一官坐前任京東轉運判官日不覺察李逢結連故也　十月五日翰林學士兵部郎中權御史中丞鄧綰落職知虢州手詔中書門下以綰操心頗僻賦性姦回論事薦人不循分守故也　九日橫海中節度推官崇文院校書兼中書戶房習學公事練亨甫降漳州軍事判官先是九月中宰臣王安石上言臣久以疾病憂傷不接人事以故衆人所傳論議多所不知昨日方聞御史中丞鄧綰嘗為臣子弟營官及薦臣子壻可用又為臣求賜第宅綰為國司直職當糾察姦邪使知分守不相干越乃與宰臣乞恩極為傷辱國體兼

綰近舉御史二人尋却乞不施行必須别有緣故臣但聞一人彭汝礪者嘗與練亨甫相失綰聽亨甫游說故乞别舉官亨甫身在中書學習公事無臣屢嘗說與須避歉疑勿與言事子弟交通今審如所聞即綰豈可令執法在論思之地亨甫亦不當留備宰屬乞以臣所奏付外處以典刑故綰先行貶責至是乃亨甫焉　二十六日試秘書省校書郎馮正符追奪出身已來文字遞歸本貫先是御史中丞鄧潤甫言伏見陛下近日用大臣所言罷出御史中丞鄧綰既又斥逐中書習學公事練亨甫以身備宰屬而與綰交通然臣聞二人所以能闗通者有蜀人馮正符為之往來傳道語言綰信其說

卷三千八百八十四

而幸其利故正符以布衣直入臺謁綰之所以懷挾固邪傷辱國體者正符者有力焉此姦人之尤不可不治故有是命　十二月九日太子中允集賢校理許安世僉書濠州判官廳公事先是李逢等獄事連安世曾有鍛龍刀遺術士李士寧而士寧轉以遺世居法當追兩官勒停會赦案奏安世方居喪今服闋有是責　二十二日翰林學士兵部員外郎兼侍讀陳繹落翰林學士兼侍讀充集賢院學士知滁州太子中允直集賢院兼直舍人院張諤落直集賢院罷直舍人院勒停先是繹知開封府諤判司農寺有寺吏劉道盜用官錢事發府司勘劾諤以簡抵繹催促繹呼勘司人吏喻意仍遣見

誘具道獄事不候會問便行區斷出卻逐人重罪提舉司推考獄具誘復避罪譏異乃詔先罷所領差遣命三司度支副使王克臣再劾獄成繹落翰林學士以知制誥知滁州而知制誥熊本上言繹典治都府不務共請雖奪一官未離侍從故再有是命　十年五月十五日翰林學士禮部郎中知制誥楊繪責荊南節度副使不僉書本府公事刑部員外郎充天章閣待制竇卞落職提舉舒州靈仙觀生與王永年交通受賂道故也　七月九日翰林學士起居舍人權三司使沈括落翰林學士充集賢院學士知宣州坐上言財用數不同也　八月一日宣徽南院使雄武軍節度觀察留後郭逵責左衞將軍西京安置吏部員外郎天章閣待制知桂州趙卨降右正言直龍圖閣依舊知桂州司封郎中李平一降屯田郎中監廬州鹽麴務丁憂人太常丞直集賢院蔡燁落職降太子中允依舊持服太子中允周沃降光祿寺丞坐安南出師逗遛反饋運不集也　九月二十五日祠部員外郎胡援降太常博士太常丞王子韶降太子中允坐定鄭俠罪不當也　十月五日觀文殿學士戶部侍郎知洪州王韶落觀文殿學士知鄂州坐洪州謝上表語不當也

卷三千八百八十四

全唐文

宋會要

黜降官 三

神宗元豐元年正月九日知虢州鄧綰罷龍圖閣待制為集賢學士知河陽時權御史中丞鄧潤甫言綰在言路肆為邪慝陰連公府掾屬數為大臣祈恩傳笑四方傷辱國體故斥逐之今綰去位未幾亟復待制莫知所謂乞追寢成命　十七日前知真定府龍圖閣直學士吏部侍郎致仕韓贄降一官追其孫思純將作監主簿造通判鄭淵僉判王欽若各降一官判官許章推官劉處厚衝替司錄參軍劉舜理以下三人勒停北寨主楊允德等以下三人除名編管並不用赦降去官坐易州捕盜誤以解子平為北界地啟虜人爭疆之隙也　二十二日秘書省著作佐郎張琬衝替坐越職言知荊南張頡不當也　二十三日尚書刑部員外郎知制誥熊本落知制誥為屯田員外郎分司西京饒州居住大理寺丞權知都水監丞陳祐甫為潁州團練推官權知都水監主簿司農寺主簿史邈追兩官與遠小處合入差遣權知都水監丞范子淵追一官差遣依舊並免勒停權河北東路轉運副使陳知儉追一官衝替文彥博特放罪大名府冠氏臨清清平縣干繫官吏并東流南岸都大司並令提點刑獄司劾之初都水監程昉請開運河范子淵言遣官併用濬川杷疏濬奪水勢悉歸二股故

道退出民田數萬頃詔大名府保明既而文彥博奏止因霜降水落今年未嘗用把而退地更多上命熊本按視以彥博所陳有害無利為是乞廢漕河司於是子淵言本等所陳事理未盡至公乃詔置獄至是獄具漕川把僅同兒戲子淵所陳固多妄然史邈初勸本光河行決利害乃見彥博而未修私禮於彥博非公事赴彥博飲故上不直本也　閏正月八日陳繹落知制誥為祕書少監集賢院學士知諫院蔡確言繹陰與中書屬官張諤練亨甫等交相朋附因公事受張諤私簡蹤跡已露（長編勘四年前）不可更污侍從故有是命　十八日詔大理寺王欽臣降一官指揮更不施行其轉太常丞及降授太子中允敕並追毀坐定奪解子平地界不實案未上年例當還已改太常丞及案奏奪一官法當自未還官責降故也　二月二十四日知廉州供備庫副使李時亮降一官監押右侍禁衛立之降兩官司戶參軍孔元孫衝替坐不救火焚器甲二十四萬會赦特責也　四月十二日右諫議大夫兼侍讀權御史中丞鄧潤甫落職知撫州太子中允權監察御史裏行上官均責受光祿寺丞知邵武軍光澤縣以右正言知諫院蔡確被命同鞫相州獄潤甫與均容自奏事不令臣僉書必以臣見其朋姦之迹臣論列故造非語中傷及欲動搖獄情陰結執政乞早賜罷斥上初以潤甫均言故疑獄詞非實及

遣使審詳罪人卒無異辭上以潤甫均誕妄故貶之　五月二十五日知慶州直龍圖閣范純仁奪職知信陽軍永興軍路鈐轄种古追一官知寧州史籍追兩官並勒停知環州种診免追官勒停罰銅二十斤環州簽判党師經以下三人衝替純仁坐不追捕作過熟戶蕃部古虛訟純仁不公謬為其兄發奏狀入馬遞籍申制院不實師經等推勘僉書劫盜公事失入故也　六月十九日殿中丞陳安民追一官勒停展三朞敘太常博士吳安特追一官免勒停衝替前檢正中書刑房公事劉奉世落直史館免勒停監陳州糧料院詳斷官竇莘追一官勒停詳議官周孝恭大理評事文及甫並衝替安民嘗官相州坐與失入馮言死罪竄及甫言於宰相吳元安特坐受及甫竄諭奉世坐論法官指定不作失入莘孝恭坐定為非失入其牽連得罪者又數十人充釋罪初制勘相州獄蔡確鍛鍊欲以傾充至是獄成人以為冤　二十七日尚書主客郎中張充宗供備庫副使高遵制並追一官勒停先是充宗遵制接伴遼使以違禁物償所亡器皿於驛舍姦雜戶詔開封府劾先衝替聽追攝至是得實故坐責也　七月二十五日京西將官李延遹衝替上批延遹捕盜募兵自隨初無明條乃是憚賊怯懦滋大事勢不惟不足彈治士卒傳聞四方亦足啟侮宜衝替　八月六日瀘州巡河樂文德淮南

編管都大提舉茁師中衝替免勒停並追兩官都水監丞王慎微衝替權外監丞陳佑甫降一官知澶州韓璹以應副修閉決口聽以功贖過坐澶州河水抹岸不預請修貼隄岸各該赦恩故特責之　十月十四日散員都虞候萬州刺史全信追刺史罰銅六十斤降充湖南本城都頭先是上批全信乞取本班長行錢物已奏案可速進呈裁斷廣軍中有以警勵至是樞密院奏斷也　二十八日開封府判官徐大方推官許彥先衝替坐以同文館制獄連涉也　十一月十七日詔汲逢先勒停送泰州制院委李孝博選差獄官與莊黄裳同鞫時孝博新權發遣永興軍等路常平等事言泰熙州自置市易乃提舉官汲逢專領令本務欠錢十二餘萬緡聞逢母族亦嘗貸借并驅磨官稱逢有虛增錢數七萬餘緡故有是命　十二月一日詔京東西路第七副將供備庫副使張永昌降一官與淮南遠處當差遣以本路提點刑獄司言與將官楊桂不務協和常凌忽之故有是命　二日右諫議大夫呂公孺罰銅十斤坐御史何正臣言檢正中書刑房文字杜紘見公孺理雪失入死罪事而陰與苞苴往來究實故也　二十四日詔京東第八將張建中先衝替今轉運司體量罪狀以聞坐所教兵衆應格人數全少故也　二年二月七日河東火山軍巡檢韓渭衝替詔轉運司劾罪坐經略司言謂擅

兵士入壯界與虜人相射及誘致蕃部待以客禮故也　八日知劍州萬公儀追一官免勒停通判黄子春知邵武軍周約簽判李上儐各罰銅二十斤差替權發遣江南西路提點刑獄尚書都官員外郎李革衝替展磨勘二年知建昌軍蔡若水等罰銅差替有差坐不覺察廖恩為盜及討捕無功雖會赦去官特責也恩所經地巡檢巡茶縣令尉追官勒停罰銅衝替凡二十九人　十二日知越州給事中集賢殿修撰程師孟降右諫議大夫坐前知廣州失入市易牙人尚杖罪及斷割牙錢不當　十七日降右諫議大夫蘇頌為秘書監集賢院學士知濠州尚書司門員外郎徐大方奪兩官虞部員外郎孫純奪一官國子博士許彥先監吉州酒稅大理少卿韓晉卿呂孝廉各罰銅二十斤初頌知開封府大方為判官彥先為推官純知祥符縣相國寺僧蕃為純主治田産而自貸常住錢給純事覺頌及大方彥先容諭純償之不正其罪為人所告下有司劾治理斷不當故有是命　三月八日河北東路轉運副使陳知儉判官汪輔之各特罰銅二十斤坐三司言會計河北東路熙寧十年收支實闕錢帛等比知儉輔之元奏之數少七十三萬餘緡乞降黜以誡諸路故也　二十八日降東上閤門使果州刺史泰鳳路副總管夏元幾為鈐轄坐前知鎮戎軍失入死罪也　五月二日前權發遣環

慶路經略使高遵裕追兩官知淮陽軍慶州通判吳仲
舉衝替柔遠寨主孫貴兵馬監押王顗並追一官免勒
停都巡檢輔佐罰銅二十斤差替柔遠寨巡檢胡永德
追兩官免勒停環慶路走馬承受入内東頭供奉官王
懷正罰銅七斤降京西監當前知大順城康大同等四
人差替蕃官軍使羅遇杖脊刺配廣南東路牢城先是
遵裕數使蕃部乙訛及顗入西界見蕃族渠訛移探事
且誘訛哆來降後乙訛為西人所執永德等擅發兵出
塞追取遇縱火焚新和市遵裕隱庇不治西人以為言
詔選官根治為首者痛繩以法遵裕亦不奉行上遣樞
密院檢詳官范育就按還具奏其狀因命育推鞫獄成
永德遇抵罪遵裕坐不奉詔及所奏漏略懷正亦以體
量不實餘皆從坐也　同日秦鳳路副總管夏元幾罷
任坐前知鎮戎軍買水銀令指使販易及毀公使文記
也　六日知潤州呂嘉問落直昭文館衝替免勒停監
市易務門河南府左軍巡判官華申甫降名兩浙路提
點刑獄王陟臣落集賢校理衝替供備庫副使張濟追
一官遠小處監當知慶州俞充罰銅三十斤檢正中書
孔目房曾伉二十斤三司度支副使張璪十斤初江東
轉運判官何琬劾奏嘉問不法詔御史臺推治申甫得
之於濟及陟臣充自京師以私書報之陟臣檢正中書
吏房充都提舉市易司濟故三司吏伉嘗為璪道嘉問

事而璪漏其語於所親上命取進奏院發書歷得嘗與
嘉問通書主名乃下開封府令人自陳不盡當除名而
申甫不以實聞故降名嘉問坐報上尚不以實雖會恩
不貸也　十七日國子監直講河南府密縣令孫諤集
慶軍節度判官葉唐懿各追兩官免勒停特衝替參知
政事元絳知亳州子耆寧罰銅十斤先是太學生虞蕃
訟絳使耆寧私禱族孫伯虎於諤唐懿升補太學内舍
生及屬諤於判國子監官處永為小學教諭下御史臺
推治絳復坐辯訴不實諤唐懿坐聽請絳子耆寧亦坐
傳道絳語於諤等御史推問不以實對故有是命　十
八日京西第五將陳宗等並勒停坐按試馬弓箭手馬
步射不應格故也　二十八日永興軍等路提點刑獄
王孝先熙河路副都總管王君萬並降一官君萬改鳳
翔府鈐轄西上閤門使榮州刺史知淮陽軍高遵裕展
三朞叙遵裕先知熙州與君萬嘗借請結糴邊儲錢違
法回易轉運判官孫迥按治之君萬乃教蕃官木冊訟
迥嘗加箠掠遵裕以聞欲以中迴命孝先推劾而孝先
觀望不盡力再遣提舉茶場李稷鞫得實故皆抵罪
六月二十八日大理評事元大成追兩官除名荆湖北
路提點刑獄蘇涓轉運判官馬城各奪一官大成坐前
知江陵府長林縣受賕涓城嘗薦大成故及　七月十
三日前知青州陳薦滕甫李肅之權知青州王居卿通

判張永等十一人各罰銅三十斤恩州青陽縣尉成象罰銅二十斤坐失覺察青州民楊和真自熙寧六年傳習妖教薦等迭為州守若通判都監　二十六日詔殿中丞國子監直講龔原追一官勒停展三朞叙前國子監直講和州防禦推官沈銖國子監直講潤州金壇縣令葉洵各罰銅十斤銖勒停洵衝替原坐受生員張育銀綾及直講王沇之請求升不合格卷子為上舍銖坐受育甆器竹筆壽坐受育茶紙并非假日受生員謁

八月六日西京左藏庫副使楊進等二十三人各展磨勘二年坐試諸軍武藝誤給銀萬兩為殿前司劾奏詔免備償籌懲之　七日詔知開封府蔡延慶落翰林學士知滁州先是李憲妻王氏之母詣府訟憲婢謀害王氏延慶初欲避免僉書又謂王氏欵辭有狀外事不當治推官蔡承禧爭之與延慶更論奏乃下審刑院刑部定以應為受理於是御史舒亶言乞重繩責故有是命

十三日右諫議大夫直學士院安燾入内都知張茂則各罰銅二十斤以御史何正臣彈奏燾茂則驗覆導洛通汴利害不當故也　十五日知虔州劉瑾落史館修撰三班奉職楊懋贖金免勒停初懋因募兵至虔矯稱聖旨為瑾所奏懋因奏瑾嘗對懋言往時有聖旨瑾尚不應副下江東鞫治皆引伏大理當瑾杖一百懋坐徒一年當追一官詔贖金免勒停　十八日知虢州龍

圖閣直學士劉庠罰銅二十斤西上閤門使狄詠十斤坐前為成都府利州路鈐轄越職受訴故也　二十一日權知開封府許將落翰林學士知蘄州前司戶參軍李君卿降一官前士曹參軍蔡洵並衝替國子監丞王愈追一官勒停直講周常差替開封府判官許懋李寧熊皐罰銅有差初進士虞蕃訟太學不公事付府推治辭連上舍生將奏以為無罪出之君卿洵懋寧皆坐阿隨將愈坐為進士陳雄請屬陞上舍皐常皆轉相牽連特有是責　二十二日權發遣京西南路提舉常平等事張商英罰銅十斤免衝替坐越職治提點刑獄司事

九月十二日詔大理寺卿少各罰銅十斤丞二十斤以勘前國子博士陳世儒并妻李等獄不當故也　十月七日權荊湖北路轉運判官降授太常寺丞奉禮郎馬珹勒停江陵府通判王伾周之純各追一官勒停僉書判官周常衝替先是有詔珹違法擅貸預借江陵府公使錢先衝令京西轉運判官胡宗回劾治至是按責抵罪伾之純亦坐公使庫違法也　十三日太常丞集賢校理蕭天章閣侍講同修起居注直舍人院主管國子監沈季長落職勒停右正言知制誥兼侍講知諫院同修國史詳定郊廟奉祀禮文宗正等玉牒官提舉官告院判國子監黄履免追官勒停聽贖銅除侍講外差遣並罷樞密院直學士陳襄罰銅十斤國子監直講顓

州團練推官王沆之除名永不收叙太常丞余中追一
官勒停監東作坊門河南府右軍巡判官王沔之秘書
丞范峒衝替李長沆之坐受太學生賂升補不公履坐
不察屬官取不合格卷子襄坐請求中坐受太學生陳
度賂峒坐為封彌官漏字號沔之坐納賂屬請皆因虞
蕃上書御史臺鞫以為罪沆之中峒沔之雖會赦降猶
特責焉　十一月二十七日明州象山縣尉張中衝替
坐嘗以詩遺高麗貢使故也　十二月二十六日尚書
祠部員外郎直史館蘇軾責受檢校水部員外郎黄州
團練副使本州安置不得簽書公事令御史臺差人轉
押前去駙馬都尉王詵追兩官勒停秘書省著作佐郎
簽書應天府判官蘇轍監筠州鹽酒稅務秘書省正字
王鞏監賓州鹽酒務令開封府差人押門趣赴任太
子少保致仕張方平知制誥李清臣罰銅三十斤端明
殿學士司馬光等二十人各罰銅二十斤初御史臺既
以軾具獄上法寺當徒二年會赦當原於是中丞李定
言軾譏諷時政訕上惑衆今已具服特行廢絶御史舒
亶又言駙馬都尉王詵收受軾譏朝廷文字與王鞏往
還漏泄禁中語陰通貨賂密與宴游按詵列在近戚而
朋比匪人原情議罪不以赦論疏奏軾等皆特責焉
三年正月十七日前虔州瑞金縣尉張格放歸田里令
開封府押歸本貫坐妄訟三司吏部及遮執政馬喧悖

也　十八日太常博士范峒太常丞彭汝礪各奪一官
坐鞫前知江寧府呂嘉問獄不盡雖會恩特奪之　十
九日大理寺丞王觀除名永州編管提點淮南東路刑
獄范百禄罰銅二十斤觀坐知揚州江都縣枉法受財
百禄坐轉運司遣官鞫觀而擅止之　二十六日都官
員外郎大理寺丞葉武送審官東院以御史中丞李定
劾奏武同賈種民劾蘇頌種民增移事節而武不能察
故罷之　二月二十五日大理寺丞賈種民衝替大理
卿崔台符少卿楊汲權監察御史裏行何正臣各罰銅
十斤大理初鞫陳世儒獄并治世儒妻李氏母呂氏嘗
干其叔父公著請求於知開封府蘇頌公著未嘗以語
頌而種民挾情傳致其罪公著自辨秋御史臺推治得
實種民坐罪而正臣坐嘗監勘與台符汲各不舉察故
也　二十八日知濠州秘書監集賢院學士蘇頌歸班
群牧判官尚書都官郎中龐元英送審官東院大理評
事呂希亞贊善大夫晏靖並衝替頌坐前知開封府鞫
陳世儒事而元英詰頌探問頌嘗酬對但言情狀極醜
惡刑名未可知法寺當元英以不應為從事希亞靖亦
嘗探問後坐報上不實也　三月二十五日西上閤門
使狄詠展磨勘一年詠知廣信軍契丹嘗入新河鋪縱
火坐斥堠不嚴贖金至是當改官故也　二十七日判
太常寺李靖臣陳薦知禮院葉均崔公度曾肇王子韶

〔太禮直官數主等各罰銅〕各贖銅有差以御史何正臣言近被差監太廟祔饗祭而神主幄殿無侍衛之儀乞治其主者以懲不恪詔御史臺取勘以聞故有是命　同日環慶路走馬承受胡育副總管兼第一將林廣並罰銅十斤育移別路育坐例外取索廣坐引莊賈故事非是故也　四月十二日詔虞部員外郎陳（子）〔昇〕放歸田里永不收叙昇陳世儒之從兄[illegible]世儒殺母事覺昇論諭世儒自盡而心利其財故也　十三日詔監文思院王史許選並衝替坐造山陵皇堂鐵葉不中度也　五月十三日詔前衛州曾有開罰銅二十斤通幕職官汲縣主簿尉並衝替巡河部役官追官勒停差替並坐河溢失救護也二十七日前冀州司理參軍孔端彥編管袁州端彥先坐歐婢死免勒停替至是又坐歐婢死及誣告妻與奴姦也　六月九日權提點河北東路刑獄汪輔之陳知儉各罰銅二十斤並坐前在河北轉運司奏錢帛數不實也　八月二十五日光祿寺丞周沃追（二）〔兩〕官勒停初沃言師臣以宰相書意彈壓衆人使不敢輙議邊事御史臺彈治沃坐所言不實獲罪　九月七日江東路轉運使孫珪提刑王安上各追兩官勒停安上珪交訟不實故也　八日權三司使李承之前副使韓忠彥判官黄好謙各展磨勘二年先是百姓閻慶詐為中使程昭吉狀稱內中降錢買三司銅鑄鐘三司不詳真偽聽買一

及覆奏慶既決配廣南故承之等有是責　十一日中書檢正官張商英落館閣校勘監江陵府江陵酒稅坐知諫院舒亶言商英與臣手簡并以其婿王溈之所業示臣事涉干請故也　閏九月二十七日詔翰林學士權御史中丞李定落翰林學士以知制誥知河陽上以定言開封府界養馬事失實故也　十一月六日知隴州左藏庫使薛繗衝替坐陝西轉運司言繗閤繆不覺察吏受贓乞放罷上批繗嘗以賣酒過度得罪今又不能率履勵行整飭職事乃因循縱弛有甚前日不可不痛懲治其隴州干繫官令轉運司劾之繗元衝替今任內舉繗官亦案後收坐　八日前權知熙州趙濟落直龍圖閣追三官勒停前主管機宜文字許醇經制熙河路邊防財用司幹辦公事趙輝各追一官並勒停涇原都監第六將張恩熙河都監第二將許見見各追一官指使張祚呂忱各贖銅十斤並衝替濟坐遣祚忱以禁軍至京買婢醇輝各以般家人假濟踰數並特責之而濟又坐奏熙河錢數為料不實復詔俟合叙官更展兩朞　十三日主管國子監舒亶罰銅十斤亶言太學官不詳考校巡鋪官不指約補試生員臣以督官屬為職實無幸免初詔中書上簿亶以責輕為請故罰之　十二月八日前權發遣瀘州喬叙前梓州路轉運使高秉並除名前梓州路轉運判官許安世降一官與本等小

處差遣。知遂州、尚書比部員外郎范純禮，前淯井監判
官王參各衝替，瀘州指使楊可久勒停叙等，坐奏蠻乞
弟打誓不實，致乞弟殺都監王宣等七百餘人，又虛奏
鬪處非省地也。　十三日，河北第十二將段懷德、副將
王用各特追兩官勒停，押隊供奉官苗遇、楊立，殿直石
舜封特勒停，坐不曉軍中教閱，軍馬多不應格故也。
二十二日，驅磨市易錢物范百嘉追一官勒停，權發遣
三司户部副使、提舉市易司王居卿免追官勒停，聽以
贖論。百嘉坐前任監鹽違法冒賞，而居卿失保明被劾
也。　四年正月二十六日，許將追龍圖閣待制、知秦州
敕告，依舊蘄州。時知諫院舒亶言，將職在論思，而潛行
請寄，爲亂法首，聖恩寬大，止從薄責，未幾有此除授，伏
望追寢，故有是命。　五月八日，淮東團結訓練官丁誨，淮
西趙永寧衝替，餘押隊使臣侯殿最畢取旨，坐不依元
法結隊，武藝生踈故也。　十七日，判軍器監、龍圖閣直
學士、太中大夫安燾降授中大夫，坐與曾孝廣議事不
協，互論奏，大理推治燾所奏不實也。　六月一日，梓夔
路轉運司劾知遂州李曼，仍發遣出川界，永不得與川
峽差遣，坐決配犯階級卒郭立不當，及昨知瀘州引惹
邊事，故有是命。　九日，朝散大夫、判登聞檢院王琉衝
替，以御史朱服言琉父子惡行如禽獸，雖會赦降，而朝
廷原情擯法，固將投棄荒裔，終身不齒，今有司雖令釐

務，而琉冒無愧恥，遽請朝見故也。　十八日，淮南轉運
副使薛正彦，知蔡州、提點開封府界諸縣鎮公事葉溫
叟，及祥符、長垣、韋城知縣、丞、主簿、尉、監驛使臣十四人
罰銅有差，入内殿頭吳從禮、張積、史華各展磨勘三年，
祥符縣主簿王容、韋城縣主簿姜子年各差替，並坐失
計置遞使路驛亭也。　八月十七日，樞密直學士、朝奉
郎、權三司使李承之落樞密直學士，爲寶文閣待制、知
汝州。承之先奏請濮州遺直院墳寺與陳留縣開福寺
對易，既得旨，其姪孝倘詐增制書立榜，欲取開福常住
入墳寺，爲僧所訟，送御史臺根治，坐報上不實，故有是
命。　九月十七日，朝奉大夫、寶文閣待制、知成德軍章
衡落職，守本官、提舉杭州洞霄宮，坐縱指使回易公使，
下本路體量得實也。　十九日，奉議郎、充館閣校勘、同
知太常禮院王仲修罰銅十斤衝替。仲修，宰相珪之子，
先謁告往淮南，諫官蔡卞言其在揚州燕飲所爲不檢，
體量得實故也。　二十一日，前江淮等路發運使、朝散
大夫沈希顔追三官勒停，坐被詔不即赴闕，先以衝替
下御史臺鞫之，又供報不實也。　二十六日，都大提舉
修護澶濮州隄岸、東頭供奉官張從惠追毀出身以來
文字，除名勒停，編管黄州；前知南外都水丞蘇液、前權
發遣北外都水丞陳祐甫皆追兩官，前通判澶州威守
道追一官，河北路轉運判官呂太中罰銅三十斤，坐小

吳

吳埽河決也　十月五日知越州剡縣蘇駉衝替同修國史兼起居注陸佃罰銅八斤佃嘗與駉書託庇鄉親黃庸與人訟田駉爸坐至追捕及奏佃書故罰及之　七日承事郎大理寺丞王援朝奉郎集賢校理大理少卿朱明之承務郎王昉各追一官勒停明之落職前權漳州軍事判官練亨甫除名勒停編管均州知諫院舒亶大理卿崔台符少卿楊汲各罰銅二十斤通直郎集賢校理蔡京落職先是大理寺鞫王珫與石士端妻王氏姦罪稱及王珪之子仲端亶上言珫父子事連仲端甚明有司以珪故觀望不敢盡理根治仲端亦自訴上命內侍監勘而仲端事果不實明之乃王安禮之姪婿知安禮等與珪有隙諭旨於援令劾仲端及以兩詞聞上退又偽為上語以語其妻於是安禮子防以語亨甫亨甫以語亶亶信之以聞京嘗在朝堂與明之語仲端事台符汲坐知援事為姦俱不按發故也　十一月二十五日鄜延路轉運使李稷降兩官為判轉運判官坐應副軍粮闕乏乖方及累奏誕妄致令行營士卒乏食逃潰故有是命　十二月十五日岷州團練使高遵裕降為西上閤門使就差知防州西上閤門使果州團練使劉昌祚東上閤門使英州刺史姚麟各降三官並就差為永興軍路鈐轄內藏庫使忠州刺史彭孫貸死為東頭供奉官添差金州監當令涇原路差人監伴前去

職官六六之一六

諸

遵裕坐帥涇原環慶攻取靈州無功昌祚麟坐戰兵逃潰數多孫坐粮草為賊抄刼不能禦敵故也　五年正月十七日降授西上閤門使知坊州高遵裕責授郢州團練副使員外郎本州安置坐用軍失律多戮無辜故也　二月二日知潤州鞫真卿衝替以兩浙轉運司言真卿侮法專威贓污不法故也　七日承議郎天章閣待制河東都轉運使趙卨落天章閣待制追兩官免勒停知淮陽軍坐應副餽輓不知法稽違朝旨也　二十七日河東路提點刑獄承議郎集賢校理黃廉降一官坐不案省本路諸司及數言坐界所亡財用軍器兵夫奏乞降進納宣敕及令民納粟釋罪也　三月一日提點江南西路常平等事劉誼特勒停坐論新法不便　十八日涇原路諸將趙定等八人各追一官徐鎮等四人各追兩官俱千劉珣各追四官張逸成恭各追五官以涇原路經略都總管司上將將出界所部正兵漢蕃弓箭手亡失分數除劉祚姚麟已降官外餘官有是責　四月六日侍御史知雜事滿中行罷臺職為直集賢院知無為軍坐因取開封簿書奏王安禮不當故黜之　十二日權主管涇原路轉運判官兼同主管經制熙河路邊防財用承議郎胡宗哲降授承事郎權發遣同經制熙河路邊防財用通直郎馬申降授承務郎展磨勘八年坐闕軍前粮餉也　二十二日河東提點刑獄

職官六六之一七

黃康知汾州周覺晉州王說平定軍康昺各展磨勘三年先是追官勒停人余行之以謀逆伏誅康等嘗遣酒及差人護送原赦特責也　二十三日降天章閣待制王克臣知軍州克臣前知大原措置乖方奏方誕妄體量得實雖會赦免劾特責之　二十六日新知徐州趙禼依舊知淮陽軍以改差徐州偃蹇不赴故也　六月四日主管鱗府路軍馬張世矩降一官移熙河路將以河東不能出力展拓境土主帥將佐惟欲廣占兵馬不卹耗蠹國財便以自營不可倚伏故有是命既而又坐應接鱗延奏請遲慢差充涇原路都監　二十七日通直郎監察御史豐稷為秘書省著作佐郎先是稷言吳安特以宰相子請屬公事坐追官令祥禫未除即除太府少卿恐執政家勒停衝替子弟用為例又言方官制施行章惇以閤上為門下侍郎王安禮以穢德守尚書右丞以至尚書侍郎至侍監丞簿不應輕法守畧清議致謫籍之徒首與衆選欲望令中書省條具職事官所犯罪事理稍重者先放罷稷坐此故左遷　八月二日判司農寺曾孝寬贖銅八斤丞王端臣主簿莫士先各十斤以申明條制不當故也　八日中書舍人曾鞏罰銅十斤坐草知隸昌韓維再任制辭不當故也　二十二日龍神衛四廂都指揮使鳳州團練使种諤降授文州刺史金州觀察使提舉西太一宮王中正降授嘉

州團練使並不用敘復法以上批昨大兵出界諤迂路捨取直之利中正不審議道路迂直利害及不討蕩左廂地分賊黨故也　九月二十三日河東路提舉常平等事趙咸權轉運判官莊公岳各降一官坐大軍出塞粮饋不繼人夫士者過半而報上不實故也　十月七日龍圖閣直學士朝散郎知延州沈括責授均州團練副使員外郎置隨州安置坐始議城永樂既又措置應敵乖方故也　同日龍神衛四廂都指揮使懷州防禦使鱗延路副都總管曲珍降授皇城使鄜延路鈐轄兼第一將坐永樂城陷不審量事勢以致敗事故也　二十一日三川寨都監如京使張進等各降一官以輕敵出戰士多失故也　二十六日新知太原府資政殿大學士通議大夫呂惠卿落職守本官知單州初惠卿除母喪入見上將改授以鄜延且諭令四路守備惠卿手疏言陝西之師不可攻守上謂輔臣曰如惠卿之言陝西一路無可守之理豈宜委以邊事王安禮奏曰宜落大學士與一閑郡如單州之類告命中明言惠卿之罪上曰甚善故有是命　同日環慶路副總管秋詠鈐轄梁從古張守約各奪一官以出塞亡失三分三釐也　十一月二日梓州路轉運判官承議郎程之才知徐州朝散大夫趙鼎並衝替之才坐與前知瀘州任伋交訟報上不實鼎坐乘官舟附私物也　三日梓夔路鈐轄

供備庫使高遵迨、戎瀘等州都巡檢西京左藏庫副使
張壽各降一官，坐瀘州蠻已降，惟未肯解弓刀，而輒殺
之，自上獲偷水夷人，冒賞，雖會恩，特責之。　四日，皇城
使張兗等三人各追五官，文思使高致等二人各追四
官，供備庫副使潘定、劉青各追三官，皇城使柔湜等三
人各追兩官，皇城使沂州團練使李祥等四人各追一
官，東上閤門使狄詠等三人各降一官，並坐出界將領
討亡失所部兵，用十分法追奪也。　十六日，汪輔之罷
知虔州，依舊例分司，以監察御史王桓言輔之謝表詞
意狂誖故也。　二十八日，提點開封府界諸縣鎮、承議
郎楊景略降一官，幹當官歐陽棐、任元遲各罰銅二十
斤，坐並違本司僻舍違滯及景略不親督趣捕蝗，雖會
恩令，特責也。　十二月十一日，知延州种諤罰銅三十
斤，以諤預議進城山界，又永樂失守時領一路經略安
撫副使，朝廷寬恩，方責後效，乃敢妄為子弟乞恩，故有
是命。　十七日，陝西轉運司幹當官呂宗岳衝替，以陝
西轉運判官范純粹言宗岳管認計備延州懷寧、浮圖
寨守禦，已被受，託故不肯就事也。　二十四日，判刑部
大理卿以下二十人、御史中丞以下十人罰金展磨勘
年有差，以戎州奏造妖人趙福繫八十餘人，察上歲餘
累經巡白，並不與奪故也。　六年正月一日，太僕寺丞
安宗、龔王得君各罰銅三十斤，衝替，入內西頭供奉官

王建殿頭李永言各追一官，罰銅三十斤，勒停；高品陳
惟和追兩官，勒停。先是，朝會儀物陳列於殿，既而儀鸞
司撤覆輅幕，屋壞毀輅，詔大理寺問罪，并案太僕寺殿
宿官以聞，故有是命。　十四日，鄜延路經略副使种諤
罰銅四十斤，主管機宜文字汲洸罰銅三十斤，仍衝替，
蕃官劉永隆降一官，朱昇等以赦原。初，諤及經略使沈
括輕信汲光奏發將官劉紹能遇敵不力戰，與西人交
通，皆不實。汲妄信蕃官屈埋教令蕃部誣紹能事，以狀
告經略司，御史宇文昌齡言案發紹能自汲光始，故探
不根之言而為實，潤色張皇。沈括輕聽易搖，遽以其狀
劾奏，去是存非，蓋欲置之無疑，以邀朝廷必信，朱昇偷
安曲從，乞先重行譴黜。括以坐別罪安置，遂責諤、光，罰
銅也。　十八日，朝奉大夫、直龍圖閣、前知桂州張頡落
職知均州，坐不能察蠻夷為寇，會赦也。　二十三日，隆
德寨主賈宗諤衝替，巡檢張志等勒停，餘監押以次各
贖銅降官有差。先是，詔經略司追西賊入隆德寨老幼
牛羊橫見剽略，乃是寨官不稟戒敕預為清野之計，故
有是命。　二十五日，權京西路轉運使向宗旦、權判官
唐義問各特衝替。上以吳居厚使京東財利豐羨，宗旦、
義問不能經營，每有費用，悉干朝廷，故有是責。　二月
四日，尚書吏部員外郎劉奉世、文及甫各罰銅八斤，左
司郎中吳雍六斤，御史臺失察官吏上簿，坐住滯差周

宥等幹當軍頭司文字會降特責之　十日熙河蘭會
路經畧安撫制置使景福殿使武信軍節度觀察留後
入內副都知李憲降受宣慶使經畧安撫都總管殿前
都虞候沂州防禦使苗授罰銅三十斤經略安撫副使
知蘭州引進使隴州團練使李浩降授四方館使階州
刺史坐西賊犯蘭州幾奪西城門乃覺賊乘虛破西關
也　十三日吏部員外郎唐淑問可差監撫州鹽礬酒
稅務淑問以疾屢請補外上以為不肯任職故也　十
四日詔瀘州文思副使秦世章追一官勒停展一朞叙
押出川界內殿承制焦勝侍禁孟文宥各追一官免勒
停以大理寺言世章勝文宥各坐買乞弟首級與予冒
賞檢會別案奏世章為乞弟打誓章也　十五日崔台
符罰銅十斤韓晉卿莫君陳各八斤以御史楊畏言大
理寺近斷邵武軍婦人阿陳等案上刑部郎中杜紘駮
讞議而侍郎崔台符等無所可否循默苟簡無任責之
心故有是命　二十八日詔蘭州主管官李浩劉振孫
王安民留不堪披帶病卒於極邊難得糧草處李浩坐
斥堠不明已降監當可從一重振孫安民各罰銅三十
斤　同日宜州溪洞都巡檢薛應之除名勒停坐與蕃
賊鬪敗走藏也　四月二十三日熙河蘭會路制置司
言准詔就李浩罷蘭州猶帶本路鈐轄擅奏赴闕罪狀
浩自言雖嘗奏赴闕未離任詔浩於法當以擅去官守論以未離本路及近出塞有功罰銅二十斤

五月六日前兩
補入當以下

蘇澥胡宗師朱明之各罰銅二十斤坐不舉發知秀州
吳世安贓罪也　十九日大理正杜純特追一官勒停
將來叙復永不令典刑獄先是商稅院送客人尹奇於
隰州博硃礬引外有剩數杜純乞以所剩礬六斤没官
而釋尹奇詔大理寺勘結施行大理寺上純妄議客礬
案當公罪笞該疎決故特有是責　二十日涇原路京
東第八將梁用副將趙潛各罰銅二十斤坐步卒常贇
指斥乘輿語切害不可録奏經畧司以聞　六月一日
萊州通判郭升權濠州團練判官王舜臣鎮戎軍判官
趙至並降一官坐戶部言元豐三年諸路鹽法管官無
優等止有劣等三人故有是命　三日絳縣尉王君陳
等八人各罰銅三十斤殿直張整等十人各二十斤供
奉官焦清等十三人各十斤借職胡奭八斤坐部夫逃
死三分五分以上合該德音原免故持與責之　四日
戶部尚書安燾罰銅十斤侍郎陳安石八斤郎官金部
晁端彥倉部韓正彥度支陳向各六斤坐妄作見闕差
本部主事又以未該出職人欲授以班行皆為失當故
也　五日通直郎試御史中丞權直學士院舒亶免除
名追兩官勒停坐直學士院勘請公使受供給妄言尚
書省不置録目詐以他　書為臺中録目亶身為中丞
而詐妄不可恕　九日王柏論舒亶事不當罷右正言
送尚書吏部既黜亶柏待罪故有是命　十三日知渭

州瀘東落寶文閣待制直龍圖閣差遣依舊坐稽違詔旨不能保護邊防自言父老免從吏議重行黜責故有是命　二十八日詔尚書刑部郎中杜純罰銅八斤展磨勘二年以議獄不當故也詳見議讞門　閏六月五日入內省東頭供奉官甘師顏徐名坐私使鈞容直兵皇城司親事卒也　十二日知宜州錢孟追一官通判曹覿追兩官並勒停推官崔堯章司理鄒長卿各罰銅二十斤衛替推官謝康司戶盧叔度張翼並衛替坐裁減蠻人管設生事雖去官會赦皆特責也　七月六日詔將作少監鍾浚衛替坐西府蒲宗孟位修屋多役兵匠初無朝旨詔以浚邪佞不法故有是責　十七日詔太常大理衛尉司農寺將作都水少府軍器監長貳主簿並降一官正丞並展磨勘二年各以去官原先是寺監主簿止是專掌簿書寺監事自當丞以上通議施行今取問逐處不應僉書官並僉書公事故也　同日知瓊州劉威勒停坐擅遣瓊山縣令李好龍往來朱崖軍火黎人居會赦特責之　十九日前提點廣南東路刑獄林積降一官以在任點檢軍器不精也　八月十八日中大夫尚書右丞蒲宗孟守本官知鄆州尚書工部侍郎王克臣罰銅二十斤工部郎中范子奇員外郎高遵惠將作監丞韓玠各罰銅十斤少監鍾浚罰銅八斤宰臣王珪蔡確各罰銅八斤右丞王安禮罰銅十斤以

御史楊畏言樞密院吏周克誠申乞修葺左右丞兩位廳堂止是蒲宗孟王安禮僉書用尚書省印既不赴王珪蔡確書押又不經開拆房行下工部工部案檢批稱不候押先印發是夜四鼓巡兵下符將作監詔中丞黃履與楊畏等推究故有是命　同日朝散大夫前知徐州趙鼎勒停坐以買箔為名差人船載家屬應徙二年私罪會赦特旨也　二十一日宣德郎前鄜延路經略安撫司機宜文字徐勳除名文思副使前鄜延路走馬承受公事楊元孫右侍禁安撫司主管文字劉航各追一官左班殿直閤門祗候种朴追閤門祗候並勒停文思使李珪內殿崇班李彥申東頭供奉官安合右侍禁楊達右班殿直劉伯初宣義郎監延州鹽稅鍾正範罰銅有差以大理寺上勳盜用印印奏狀元孫私役人航朴各奏事不實珪等各告囑差遣并報上不實也　二十二日都水使者范子淵追一官知河陽張問罰銅二十斤子淵坐開河奏死士夫不實問坐上書誤也　同日國子司業朱服丞葉祖洽主簿王元各降一官祖洽仍罰銅二十斤服坐擅令主簿主管錢庫收支祖洽坐不監視開閉再令主簿主管故也　九月二十六日前京東路轉運使朝散大夫集賢校理知亳州劉攽落集賢校理降朝請郎增差監衡州鹽倉坐任內不能修舉職事經用闕乏也　十月八日東上閤門使李綖閤門

看班祗候主管簿書宋璟各罰銅十斤客省使曹評東
上閤門使曹偓客省副使曹誘客罰銅六斤坐失點檢
江東轉運判官郟擅見有罪被劾乞上殿故也　十六
日廣南西路轉運判官馬彥先衡替坐與副使馬默不
協所奏歲計異同故有是命　十九日宜州監押陸原
貸命免決刺除名配沙門島普儀寨監押何希古權駐
州都巡檢李貫除名千里外編管通判曹覲前坐他罪
候當叙日展三朞推官孫立節司户張峒各衝替土丁
指揮使莫令𩔗石聘指揮使陸計宜州澄海十將謝進
並特放罪初安化州蠻賊千餘人致劫原等坐與蠻賊
鬬先退覲征討稽期立節等失出令𩔗流罪而令𩔗等
以嘗累白陸原欲出救應之故也　二十一日朝奉大
夫試尚書户部侍郎蹇周輔降一官江陵府長林縣主
簿蹇序辰除名市易務下界監官宋喬年梁鑄内殿崇
班符守規借職史安世各衝替宋仲約刺面配車營務
少府監修製官宋世隆刺面配沙門島周輔坐不覺子
貸官錢以措置江西福建鹽事有勞免廢黜序辰貸度
僧牒錢喬年鑄不覺吏乞取安世降錢餘並以貸官錢
連坐會赦時斷也　同日祁州官吏資政殿學士光禄
大夫吕公著以下八人各降一官坐違法差禁軍防送
罪人　同日皇城使惠州團練使李舜聰免勒停降兩
官展三朞叙坐提舉開封府界賊盜巡檢私使兵級及

事發自訟不實會恩也　十一月二十四日户部尚書
李承之侍郎蹇周輔各罰銅十六斤金部郎中晁端彥員
外郎井亮采各罰銅八斤户部及都省吏以差罰金以
議茶法不當也　十二月二日監察御史陳師錫送尚
書吏部坐乞罷諸生習律唱為詖說惑亂士聽故也
七年正月十一日提舉京西南路常平等事承議郎葉
康弼衝替以尚書户部言六年終提舉官歲考功過簿
康弼比諸路上簿獨多故也　十三日户部侍郎蹇周
輔罰銅六斤員外郎陳向八斤坐違法劄門下侍郎章
惇俸錢於相州也　十八日廣南西路轉運使張頡陳
倩副使苗時中馬默朱初平吳潛判官朱彥博謝仲規
各罰銅二十斤坐本路提舉常平等事劉誼於桂州治
廨舍費官錢萬緡不切覺察故也　二十四日知渭州
盧秉知延州劉昌祚各罰銅三十斤坐得蘭州被圍聞
報不即出兵牽制也　二十八日降右諫議大夫趙彥
若一官試祕書監坐輒侵越御史論事故也　二月十
二日降引進使高州防禦使李浩為四方館使皇城副
使吉州防禦使苗履為左藏庫使以奏賊犯蘭州事
與同也　十三日前汀州通判奉議郎郭祥正勒停坐
權漳州補僧道爭住持不當受金悔過還主及違法差
送還人經赦也　三月九日知洺州朝請大夫王荀龍
通判奉議郎孟蘊各降一官坐差禁軍防送也　十

日監察御史朱京降監興國軍塩酒務坐言董楊休宋
彥磨勘不當故也　十六日詔浮圖寨監押殿直晁立
貸死免除名勒停追兩官衝替坐令十將續璉殺投降
都頭寨主王僎　二十五日鄜延路第二將西頭供奉
官張禧追一官勒停初經畧司劾禧罪法當罰銅既而
劉昌祚言禧故不禀本司處分至殺無罪十四人有司
議法不當情恐將佐觀望以誤邊計故有是命　二十
七日宣德郎權檢詳樞密院兵房文字黃寔衝替坐御
史朱服言寔以舅陳朴之喪率歛士大夫以為賻內有
武臣隸樞密院尤於事體有嫌望付有司推治詔送大
理鞫實故有是命　三十日廣南西路轉運判官許彥
先已差替改為衝替坐輙以本職事妄移他司肆為張
皇諠言闕之內搖士卒之心外亦示弱蠻夷有虧邊備
故有是命　四月二日秀州軍事推官桑景龔左侍李
倅並除名宣德郎裴陟追三官勒停景龔仍送唐州編
管景龔倅皆博徒以巧勝陟錢□坐污濫也　十七日
廣南東路轉運副使孫迥提舉常平等事朱伯虎各降
一官知廣州朝請大夫寶文閣待制王臨落職知濠州
通判畢居卿司理滕伯雄陳諤番禺縣尉石大受轉運
司主管文字連希元並衝替臨坐鞫孫迥求謁居卿隨
從臨迥不檢舉轄下兵替換優重差遣及失出入鄧滿
等罪伯虎奏事不實伯雄何卿私塩事不盡諤鞫石大

受事不盡大受以官板造匣栲平人希元隨順迥不檢
舉轄下兵雖會赦特降是命　五月九日供備庫副使
知火山軍康咼衝替以在任籍行人粮斛故也　二十
二日通直郎寶文閣待制知潭州何正臣奉議郎提點
湖南路刑獄劉載各降一官通判潭州李綱罰銅十斤
正臣知廬州載綱並衝替綱坐私忿提點刑獄司吏教
人舉首而案其罪正臣再坐互論奏故不以實也　六
月一日太中大夫龍圖閣待制知江寧府陳繹免除名
勒停追太中大夫落龍圖閣待制知建昌軍子承務郎彥
輔衝替繹坐前知廣州作木觀音像易公使庫檀像私
用市舶乳香買羊虧價為絹二十八匹彥輔坐役禁軍
木棉非例受公庫饋送而報上不實　七月十一日侍
御史張汝賢落侍御史知信陽軍坐論王珪王安禮陳
乞子姪差遣不實也　同日入內內侍省東頭供奉官
麥文昞衝替以管押回鶻韃靼蕃到熙河令人於蕃界
內市快行馬等故責之　十八日判大名府王拱辰罰
銅十斤館陶尉姜子厚冠氏尉桑嘉之知縣鄭僅各罰
銅八斤坐擅投保甲會赦特責之　八月五日吏部郎
官罰銅十斤都省郎官六斤給事中韓忠彥言吏部奏
鈔擬注江寧府司録參軍前刑部法直官郝京試大理
寺直廢條用例故也　九日監察御史來之邵為將作
監丞先是御史中丞黃履言之邵顧雜戶女為婢乞付

有司根治故有是命。　二十六日，六宅使、涇原路都監
知鎮戎軍張世矩追兩官，免勒停，罷都監，領榮刺史，知
鎮戎軍。坐先為河東軍馬上出界功狀効用賈仲寶重
傷不實，盧秉等言乞少寬假，詔候案上取旨故也。　九
月二十五日，河東都轉運使、朝請大夫、天章閣待制陳
安石，權判官、奉議郎莊公岳各罰銅二十斤；主管文字、
奉議郎晏明、宣德郎王惟正各十斤。坐不應副麟府州
賞功絹也。　十月二十四日，泰寧軍節度推官、知大名
府莘縣晁禮追三官，贖銅二十斤，勒停，千里外編管。坐
以官錢貸進士閻師道及師道請求欲預借保甲錢買
弓箭，為提舉保甲司所劾。　二十九日，詔河北路轉運
使蹇周輔罰銅十斤。坐奏供備庫副使翟儀避責罰乞
致仕，朝旨依衝替人例，儀子元建言乞定奪，刑部考實
如元建所言，乞衝替故也。　十一月五日，大理寺斷官
罰銅十斤，餘千繫官各八斤，刑部千繫官吏各六斤。以
尚書省言大理寺斷潞州民王德與弟亮婦程姦，造意
與程謀殺亮，死；程案問從故殺處死，德減死流二千里
刺配；案王德不應程為首藏等故也。　八年三月一日，
詔熙河蘭會路經畧安撫制置使李憲追入內內副都
知、武信軍節度觀察留後，應熙河蘭會路差遣並依舊；
以遣將討賊有功，特免勒停，安州觀察支使、主管機宜
文字鍾傳除名勒停，郴州編管；東頭供奉官、閤門祗候、

書寫機宜文字李宇、閤門祗候、右侍禁、點檢文字蔣用
左班殿直、熙河北關守把兼制置司譯語米安並追一
官，罰銅十斤，免勒停；右班殿直皇甫旦除名勒停，南安
軍編管；左侍禁、通遠軍榆木岔巡檢何貴、西頭供奉官
熙河路監牧捺使張守榮並降一官，免勒停。坐奏邊功
不實也。　五月八日，太原府路兵馬鈐轄、專管勾鄜延
路軍馬公事張之諫降充鄜延路兵馬都監。以本路經
畧司言之諫措置乖方，與諸將不叶故也。　二十四日，
戶部侍郎李定、給事中兼侍講蔡卞、起居舍人朱服各
降一官，權知開封府蔡京、判官胡及、推官李士良各罰
銅八斤。卞、服坐知貢舉日貢院遺火，京及士良坐救火
延燒，雖會赦，特責故也。　十月二十五日，朝散郎、直龍
圖閣、權提點開封府界諸縣鎮公事范峋落職，知臨江
軍。以應奉山陵與戶部吏相論奏不直也。　十一月十
六日，王子京罷知泰軍。以前任福建路轉運副使日買
茶抑配故也。　哲宗元祐元年正月十二日，朝散大夫、
光祿卿嘉問知淮陽軍。以監察御史孫升言市易之法
初行，嘉問實領其事，罔上壞法，失陷甚多，故有是命。
二月十四日，福建路轉運副使賈清、添差衡州在城鹽
酒稅、轉運副使王子京、添差監永州在城鹽倉兼管酒
稅務、轉運副使陳紘坐罰金。先是，福建路按察張汝賢
言青提舉鹽事，嚴督州縣廣認數目，令鋪戶均買，子京

相承違法過為督迫紘明知新增鹽額高大曾無辭故有是命　二十二日刑部侍郎蹇周輔落職知和州權江南西路轉運判官朱彦博知興國軍承議郎司封員外郎蹇序辰簽判廬州奉議郎程之邵罷提舉梓州路常平等事以右正言王覿奏竊見江西福建鹽法皆蹇周輔等相度增添課額害民罔上故有是命　二十八日成都府提點刑獄郭槩特差替以右司諫蘇轍言近以蜀中賣鹽榷茶及市易比較為人疾苦槩體量事實畏憚茶官陸師閔提舉韓玠權勢不依限體量乞罷出故有是命　閏二月四日知邵武軍張德源特衝替以右司郎中張汝賢言德源增鹽額抑配故也　同日提舉荆湖南路常平等事張士澄特衝替郟亶送吏部與合入差遣以江南西路按察司言蹇周輔請運廣鹽代淮鹽例涉擾攘陳偲士澄附會增數肆行抑配而亶亦與焉偲已死士澄亶故有是責　二月十八日劉淑罷祠部郎中差知宿州江西湖南路發運使蔣之奇特展二年磨勘仍罰銅十斤以監察御史孫升言江西湖南鹽法之害知吉州魏綸虛增鹽數民最苦之綸既以丁憂去官而發運使蔣之奇乃薦綸悉心職事乞候服闋再令知吉州江南西路轉運使劉淑再任本路首尾五年坐視毒虐其民曾無一言令乃除祠部郎中望特正蔣之奇劉淑之罪故有是命　四月十八日李憲降節

職官六六之三二

度觀察留後一官提舉亳州明道宮王中正降遥郡團練使刺史提舉兖州太極觀並本處居住石得一降為左藏庫使管勾西京崇福宮宋用臣降為皇城使添差監太平州茶鹽酒稅以御史中丞劉摯殿中侍御史林旦言中正元豐四年將王師二十萬由河東入界徘徊境上逗遛不進公違詔書坐失興靈會師之約天寒大雪士卒饑凍物故者十七八李憲之於熙河貪功生事一出欺罔興靈之役憲首違戒約避會師之期乃頓兵以城蘭州遺患今日及永樂之圍憲又逗遛不急赴援使數十萬衆肝腦塗地罪盈惡貫宋用臣奮其私智以事誅求推奪小民衣食之路瑣細毫末無所不為使盛朝之政幾甚於弊唐除陌間架榻地之事傷汚國體石得一領皇城司夫皇城司之有探邏也本欲知軍事之機密與夫大姦惡之隱匿者而得一恣殘刻之資為羅織之事以無為有以虛為實上之朝士大夫下之富家小人飛語朝上而暮入於狴犴矣是四人權勢烽焰震灼中外先帝未及肆其誅於市朝而以遺陛下伏乞聖慈以臣章付外議正四罪暴之天下而竄殛之故有是責　五月六日梓州路轉運副使李琮知吉州先是臣寮言琮在江南兩浙淮南路以根究逃移為名增常賦取民令監司考實至是諸路言琮以遠年開閣稅賦令人戶均納故有是命　十八日相州觀察使知潞州張

職官六六之三三

誠一特追觀察使遥郡防禦團練使刺史依舊客省使提舉江州太平觀以左司諫王巖叟言誠一盜取父墓中犀帶故有是命　二十七日吏部員外郎呂升卿通判海州以右正言王覿言其有狀引用朝旨及先帝德音乞理知州資序貪競反覆故有是命　六月十二日金部員外郎呂和卿權知台州以右司諫蘇轍言其愚騃貪殘不宜寘在省闥故黜之　同日知濟州朝請郎段繼隆特勒停權知開封府蔡京特罰銅二十斤繼隆坐妄冒奏薦恩澤而京失根治也　二十五日中散大夫光祿卿分司南京蘇州居住呂惠卿〔前責覗 分司門〕責授建武軍節度副使本州安置不得簽書公事以司諫王巖叟言前責未厭衆議故有是命　二十七日寶文閣待制知廬州楊汲落待制刑部侍郎崔台符知相州大理少卿王孝先知濮州以監察御史孫升等言孝先等乘先帝不豫之時斷王仲京徇情曲法之罪故也　同日承議郎都大提舉成都府永興軍等路推茶事陸師閔降授奉議郎主管兗州東嶽廟以御史中丞劉贄言師閔領數路與為姦者衆也　十月十八日章惇依舊知汝州罷揚州新除以左司諫朱光庭言其在樞府悖慢失大臣體謫官未踰年遽移大藩還陛無名　二十六日江西路提舉常平等事曾孝廉特不以赦原追兩官勒停送房州安置以撫州制勘到孝廉驅迫知州石禹

勒獄死及奏事不實故也　二年二月十六日觀文殿大學士正議大夫知陳州蔡確落職守本官知亳州以御史中丞傅堯俞等劾奏確居相日竊弄威福故縱其弟養成姦贓故也　二十八日新除知亳州蔡確知安州以給事中顧臨右諫議大夫梁燾右司諫王覿共言其姦惡乞重行屏斥故有是命　五月四日西京左藏庫副使邕州左右江都巡檢使成卓責授内殿承制添差監均州酒稅以樞密院言其任任交人不當及擅將黎文盛所上書狀録與安南等罪故也　同日前廣南東路經畧安撫張頡提點刑獄林顏各展二年磨勘轉運副使高鑄轉運判官張升卿各降一官升卿仍與小郡通判坐言者論頡等不戢將佐因捕峑探殺及平人故也　二十三日朝請大夫充龍圖閣待制知熊〔洪〕州洪〔熊〕本降朝散大夫以先知桂州分畫地界失當故也　六月八日朝散大夫新除吏部侍郎兼侍讀傅堯俞為龍圖閣知陳州先是監察御史張舜民以論夏人邊事失旨詔罷舜民御史以祕閣校理判鼓院時堯俞為御史中丞言比聞監察御史張舜民因論邊事文彥博照管劉奉世失實罷言職竊以朝廷置御史蓋慮下情壅塞以開廣聰明故得風聞言事今舜民一言不當便奪官改差遣於舜民何損而無益陛下亦非彥博所敢安者監察御史上官均言舜民所論文彥博事得於傳聞不

敢隱默以負朝廷使其言為是陛下所宜虚心而行之其言為非苟無邪枉附會之意陛下亦當察其跡直無他以開諫諍之路今以一言之失遽行罷黜臣竊恐自是言者以舜民為戒望還舜民職任以安士論右司諫朱光庭言舜民有正直之節司馬光賢之薦充館職陛下擢至御史士論皆以為得人今視職纔兩月正直之節未獲少伸一言不合大臣已聞罷職自陛下臨御以來天下之人唯知從諫如不及聖德冠古今若遽使舜民罷職使陛下今有逐言事官之名臣為陛下惜之望還舜民舊職以盡其効右司諫王覿右諫議大夫梁燾侍御史王巖叟監察御史韓川等相繼論列章數十上詔令三省樞密院召堯俞等赴都堂出舜民章示之仍諭以舜民不獨妄論大臣且今日朝廷務以安邊息民為心而舜民謀動師旅非體國也然知其無他故止去言路徙他職恐外庭不知故茲宣諭堯俞等退終守前論已而堯俞巖叟因言殿中侍御史呂陶監察御史上官均皆為臣等言亦嘗論留舜民各於衆坐誦其疏中語今都堂之論召二人不預疑二人有欺有旨陶均分析陶狀云欲論之其後意寢均狀云實有疏不妄而燾一日過給事中張問於禁中面詰問以不能駮還舜民制命為失職老而不任職貪祿不去是不知世所謂廉恥監察御史孫升因劾奏問不職而疏引燾語既而批旨付三

省曰巖叟光庭覿川等久在言路多所補益宜稍遷擢燾於禁省詬同列升朋附黨宜罷於是巖叟等第遷皆避新命巖叟改直集賢院知齊州堯俞改吏部侍郎侍講讀如故堯俞乃言與巖叟事始末同願并罷補郡故有是命　七月四日知絳州李元輔轉官減年磨勘各追奪一半元輔初以轉易川陝錢物有勞遷官至是御史呂陶言其侵漁冒賞故有是命　八日新少府少監沈季長罷少監知秀州以左諫議大夫孔文仲言季長本無學問技能徒緣宰相王安石族婿鼓唱王氏經義聾昏衆學一旦召從外路副貳寺監季長之黨布散如蟻一季長進則百季長相繼而來不可拒矣故有是命

八月二日朝奉郎右司諫賈易知德州以言事失當故黜之　十二日司農少卿宋彭年權知邢州以御史趙屼言其險刻也　十月二十八日資政殿學士王安禮提舉西京嵩山崇福宮初安禮除知成都府辭不行言者論其託疾辭遠故有是命　十一月八日肅遠寨巡防右侍禁戴榮追兩官蕃官東頭供奉巡檢慕化追一官罷任以擅入西夏界侵畧也　三年二月八日司勳員外郎何洵直特展二年磨勘以亡失司勳印及告身故也　二十四日蔡確章惇罷所復職確知鄧州惇知越州以給事中趙君錫論駮也　四月二十五日詔龍圖閣直學士提舉南京鴻慶宮盧秉降為寶文閣待制展

二年磨勘秉熙寧間推行二浙塩法犯禁抵罪者多論者及之故有是命　五月二十五日承議郎右諫議大夫王覿直龍圖閣直學士知潤州覿彈奏尚書右丞胡宗愈故有是命　七月十二日皇城使漢州刺史廣南西路兵馬鈐轄張整内殿承制閤門祗候知融州温嵩各降三官整就添差監江州税務嵩就差監歙州茶塩酒税右侍禁權邵州臨口寨主鍾仲仁左侍禁管勾融州臨溪堡事兼地分同巡檢杜震各降兩官衝替仍令後各不得差充廣南荊湖路差遣整嵩坐擅斬蠻人楊進新等十有九人仲仁震坐誘致進新等以邊事未寧特免究治故有黜責　九月七日龍圖閣待制權知開封府錢勰知越州朝散大夫倉部郎中范子諒知蘄州朝奉大夫新差提點江北西路刑獄林邵知光州仍各罰銅二十斤内勰展三年磨勘邵展二年磨勘以坐奏獄空不實也　十二月二十二日詔江寧府司理參軍鄆州州學教授周穜罷歸吏部以劉安世蘇軾言穜欲以王安石配享神宗也

全唐文
宋會要
黜降官四

元祐四年正月十二日詔正議大夫寶文閣直學士權刑部尚書謝景温別與差遣以右正言劉安世言尚書位執政建官已來吏戶之外它曹多不立置今創為新意特設權官必將援引資賤望輕之人景温昨治開封無狀崇信妖人目為聖母以婢妾子為左右吏至負勢醉歐人景温釋而不問今不因省部闕官忽有不次之舉公議不允故有是命　五月□八日新除都官員外郎李德芻依舊校書郎以右司諫吳安詩言在宗正司憑藉王安石氣燄後為王珪耳目故有是命　十二日侍御史新除太常少卿盛陶知汝州殿中侍御史翟思通判宣州監察御史趙挺之通判徐州王彭年通判廬州先是吳處厚繳進蔡確車蓋亭詩而右司諫吳安詩右正言劉安世左諫議大夫梁燾復指摘思郝甑山及滄海揚塵語劇論確怨悖既詔確具析燾等攻之如初時陶因言確自引而去豈不知幸後以弟碩犯法降知安州是朝廷常典確不應有恨使確無心於言偶涉疑似人雖注釋近於据摭使言而有意終不能強自為辭事關君親臣子難於輕議欲乞因其詩之言以觀其心據所引之事以考其迹苟涉譏刺何憚不誅其告言之人亦願詳酌處分安世又論陶居風憲之地曾不糾劾

雖備禮一言又是非紛錯皆無定論翟思以下仍無章疏於是陶等被黜　十八日蔡確責授英州別駕新州安置仍詔給遞馬發遣丁憂人前朝奉郎直龍圖閣邢恕候服闋日落直龍圖閣降授承議郎添差監永州在城監倉兼管酒稅務以正言劉安世言蔡確張惇黃履邢恕四人者在元豐之末相與交結號為死黨惇確執政倡之於內履為中丞與其僚屬和之於外恕立其間往往傳送天下之事在其掌握公然朋比旁若無人以至先帝厭代聖上嗣統四人者以謂有定策之功眩惑中外無敢與辨及司馬光被用姦人懼為已害乃使惇於上前極口抵毀陛下以惇無人臣之禮逐之於外確又以弟碩贓汚事發亦罷宰相履恕坐事相繼外補臣雖疏遠不知先帝傳位之詳然搢紳士大夫之間亦嘗講聞其畧今試條析為陛下言之臣聞元豐七年秋宴之辰今上皇帝出見群臣都下喧傳以謂盛事明年三月神考晏駕衆謂前日之出已示與子之意其事一也自先帝違豫岐嘉二王日詣寢殿候問起居及疾勢稍增太皇太后即時面諭並令還宮非有宣召不得輒入有以見聖心無私保佑慎重其事二也建儲之際大臣未嘗啟沃太皇太后內出皇帝為神考祈福手書佛經宣示執政稱美仁考總發於天性遂令草詔誕告外廷蓋事已先定不假外助其事三也陛下聽政之初首建

親賢之宅纔告畢功二王即日遷就外第天下之人莫不服陛下之聖明深得遠嫌之理其事四也臣之所聞大畧如此實太皇太后聖慮深遠為宗廟社稷無窮之計彼四人者乃敢貪天之功以為己力臣雖愚陋心常疾之近司馬康赴闕邢恕邀至河陽燕語之次稱贊確等不已賾其微意類皆抑闔蓋欲康來京師傳送在位陰與確等謀為復用之計臣恐歲月浸久邪說得行離間兩宮有傷慈孝則確輩萬死何補於事伏望陛下起福於無形防患於未兆明詔執政及當時受遺之臣同以親見策立今上事迹作為金縢之書藏之禁中又以其事之本末著之實録然後明言正四凶之罪布告天下除蔡確近已貶竄外所有章惇黄履邢恕欲乞並行廢斥併之遠方終身不齒所貴姦謀弭息他日無患時御史中丞傅堯俞左諫議大夫梁燾右司諫吴安詩侍御史朱光庭右諫議大夫范祖禹亦相繼論故有是命數日後太皇太后御延和殿宣諭三省曰確罪前後不一以先朝舊相因其自請備朝廷禮數令其外任輒懷怨望自謂有定策大功意欲他日復來妄說事端眩惑皇帝以為身謀皇帝是神宗長子繼父業其分當然昨神宗服藥既久曾因宰執等對時吾嘗以皇帝寫佛經宣示其時衆中止是首相王珪因奏延安郡王當為皇太子餘人無語安燾其時悉見確有何策立功勞若是確他日復來欺罔上下豈不為朝廷之害恐皇帝制御此人不得所以不避姦邪之怨因其自敗如此行遣為社稷也大防等奏曰昨者建儲一事當時衆臣寮僉書所批聖旨月日次序事理甚備文字盡在中書兼已關實録院編記分明小人乃欲變亂事實輒生姦謀以圖異日徼倖之利今來又非朝廷尋事行遣自是確怨憤不遜譏訕君親公議所不容臺諫二十餘章陛下方行之命下之日咸知朝廷有典刑也

十九日中書舍人彭汝礪可依前朝奉郎知徐州先是蔡確被黜盛陶等議不同亦黜之汝礪封還詞頭故有是命

二十四日知虢州蒲宗孟特落資政殿學士宗孟守鄆失職冤獄有聞也

二十六日龍圖閣待制知瀛州蔡京為江淮荊浙等路發運使罷寶文閣直學士知成都府指揮以諫官梁燾范祖禹吴安詩御史朱光庭等言京黨附蔡確故也

八月十四日劉淑特罷祠部郎中莫君陳罷兩浙提刑與知州差遣以言者論淑先知蘇州日與君陳不受理章惇彊買崑山民田事也

十二月二日正議大夫章惇降授通議大夫提舉杭州洞霄宮先是以左諫議大夫梁燾左司諫劉安世右司諫吴安詩言章惇違法買田罰銅十斤所責大輕未厭公議況惇與蔡確黄履邢恕素相交結自謂社稷之臣天下之人指為四凶陛下無恤反汗之嫌自貽遺虎之患宜候惇服闋

特行廢置八月十九日詔章惇職閣與宮觀差遣故有是命　元祐五年正月二十四日河東路經畧使龍圖閣學士左朝散大夫曾布特降一官改知河陽以本路將官宋整賓病而攝入禁致觸階而死故有是命　四月一日龍圖閣直學士鄧溫伯兼侍讀提舉醴泉觀其新除翰林學士承旨告上之以言者論其資質柔佞隨事術御冒恥苟進為公議所薄也　五月二十六日新除大學博士秦觀罷新命別與差遣以右諫議大夫朱光庭言觀素號薄徒不可以為人師故有是命　八月二十四日客省使嘉州刺史王光祖為太原府路副總管特光祖除知邢州御史中丞蘇轍言其知瀘州用刑慘酷買金虧價不可以長民故有是命　九月十八日新除集賢修撰樞密都承旨黃廉依前職為陝西都轉運使以殿中侍御史上官均言廉在元豐初嘗為御史與蔡確鞫相州獄廉曲意附確鍛鍊士人悉皆無辜被罪故有是命　十月十八日左侍禁閤門祗候東南第九將雷瑜特追閤門祗候勒停坐託疾不赴邵州策應故也　十二月十四日殿中侍御史上官均知廣德軍以均言尚書右丞許將不當罷執政中丞蘇轍侍御史孫升等論均附會大臣意姦邪不忠故有是命　六年正月十九日資政殿學士知蔡州王安禮知舒州二十六日又落資政殿學士以右正言劉唐老等言頃在青

州貪穢不法故也　八月十二日新除成都府路轉運使劉理政差知卯州以給事中范祖禹言理與蔡確交結醜迹士大夫所共知故也　二十八日涇原路第十將西染院使李浦副將如京副使張蘊各特降兩官衝替權同副將供備庫副使王秘特展磨勘三年差替以懷遠寨監押供奉官李遜與西賊鬬敵被圍而浦等觀望不救且供報誕妄也　九月二十二日河北都轉運使蔣之奇罷新除刑部侍郎以中書舍人孫升言之奇昔為御史以陰私事中傷所舉之人歐陽修故有是命　十一月八日皇城使嘉州防禦使管勾鄜延路軍馬公事張若訥降一官皇城使太原路都監知麟州孫咸寧降兩官衝替皇城使象州防禦使知府州折克行降一官以斥堠不明及不預為清野之備致西賊侵犯恣行劫掠故也　十二月十八日觀文殿大學士太中大夫知河南府范純仁降中大夫以自陳昨樂戎失策累章待罪蒙恩罷帥移知河南府竊恐未厭公論望再行黜責故有是降　七年二月六日禮部侍郎葉祖洽知海州以御史言其貪鄙凡下廉節不立故也　三月四日左朝奉大夫前知和州孫賁特差替以殿中侍御史楊畏言聞弟喪式假內用女優飲會論刑雖輕犯義實重宜特懲黜以警在位故有是責　四月二十一日寶文閣直學士中大夫兵部侍郎李之純降授左中散大

夫以知開封府日解宇遺火故也　七月二十四日孫
咸寧罷涇原路准備使換添差監邵州酒稅御史吳立
禮黄慶基再論咸寧知鄜州守邊斥堠不明不際清野
致西賊恣行劫掠乞削奪遠竄以警邊吏　同日鄜延
第四將宮苑副使向懷德追一官充鄜延路准備差使
以經畧司言其私役禁軍擅用公庫錢及西賊侵犯綏
德城不即時策應　十月十六日左奉議郎太常博士
朱彦權通判博州以彦自陳昨與侍從官集議南郊合
祭祀令曾肇既罷禮部臣僚與肇同論之人備員禮官
俱爲失職乞賜罷黜故有是也　八年正月十二日右
朝奉大夫温俊乂罷知同州令吏部與合入差遣先是
御史來之邵言俊乂知耀州遣子弟載陶器入京貿易
令戶部體量是實故有是命　二月二日張利一罷知
渭州以監察御史黄慶基言涇原一路內總師律外控
羌戎邊面曠遠最爲重地自非深謀遠畧智勇過人者
不可輕以畀付如利一者不特人材凡下不足以當其
任又其弟兄嘗以從叛而蒙顯戮惡逆之家安可委以
强兵付以重任及侍御史楊畏監察御史來之邵權給
事中虞策俱上言故也　五月三日通議大夫新除吏
部尚書李清臣爲資政殿學士知真定府以權給事中
姚勔論清臣不當召用故也　紹聖元年四月十一日
蘇軾落端明殿學士翰林侍讀學士降充左承議郎知

英州以御史虞策來之邵言軾元祐擢掌外內制譏斥
故也已而再有論疏於是責授寧遠軍節度副使惠州
安置　閏四月十八日詔蘇軾合叙復日未與叙復秦
觀落館閣校勘添差監處州茶鹽以監察御史劉拯上
言軾怨懟形於詔告王得君憤其誣詆上書言之被斥
以死觀浮薄影附於軾故進策謂秦二世不變始皇之
法而至於亡漢昭帝變孝武之法而存軾遂考爲第一
故也　同日工部尚書李之純落寶文閣直學士降授
寶文閣待制知單州以劉拯言其前任御史中丞阿附
蘇軾蘇轍反爲其用故有是責　六月五日太中大夫
知汝州蘇轍可降授左朝議大夫知袁州（初責見罷免門）　同
日前勾當御藥院陳衍落遥郡刺史降充左藏庫副使
添差監郴州酒稅以言者論衍元祐中自王府官驟蒙
擢用方陛下未親萬機衍怙寵驕肆交通權要竊弄威
福望重行降黜故也　八日梁惟簡罷入內押班差提
舉亳州明道宮以侍御史來之邵言前勾當御藥院陳
衍依附惟簡以進不一二年驟躋要近故也　十三日
內侍皇城使張士良添差監潁州鹽酒稅皇城副使梁
知新添知監亳州鹽酒稅務坐黨附陳衍故也　十六
日資政殿學士中大夫知鄆州梁燾落資政殿學士降
授左中散大夫知鄂州以右正言張商英言當呂大防
擅權時相爲表裏中傷無罪故也　同日左承議郎充

寶文閣待制知盛德軍劉安世落寶文閣待制降一官
知懷安軍左朝奉大夫直集賢院管勾西京嵩山崇福
宮吳安詩落直集賢院降一官監光州鹽酒稅以言者
論其皆由權貴親黨躐取要官圖復怨仇也　七月十
七日詔奪呂希純寶文閣待制司農卿以張商英論於
元祐中繳駁詞頭不當及附會呂大防蘇軾也　十八
日詔司馬光呂公著各追所贈官并謚告及追所賜神
道碑額王巖叟所贈官亦行追奪　同日通奉大夫范
純仁特降一官以三省言純仁朋附司馬光變亂法度
首建棄地之議滋養邊患故也　同日左宣德郎差監
處州茶鹽酒稅務秦觀降一官以監察御史周秩言其
罪重責輕再有是命　同日詔陳衍傲狠不恭威行宮
省遇事專肆多不奏聞同類畏之莫敢指目據其罪惡
當伏重誅姑示寬仁未欲置之極典可追毀出身已來
文字除名勒停送白州編管以右正言張商英言衍
與宰臣呂大防交通干預大政劉摯未除相前十日人
已知之蘇頌未罷相前十日人已知之其姦狀明白中
外共知欲乞削奪衍官配流海島故有是詔　二十七
日唐義問罷知廣州以御史來京邵言其在元祐中棄
渠陽寨也　八月二日丁憂人前左朝請郎寶文閣待
制范純粹降一官為直龍圖閣知延安府以御史郭知
章論其在元祐間嘗獻議棄安疆葭蘆吳堡米脂等寨

故也　九月十六日唐義問責授舒州團練副使胡田
李備並降授供備庫副使胡田充廣南西路經畧司李
備充熙河蘭岷路經畧司並准備差使余卞追因棄渠
陽授賞所轉兩官并所循一資特勒停歐陽中立追所
循一資依衝替人例所追官資仍並不用叙法以樞密
院言按義問累奏乞廢渠陽等寨後因蠻人作過統兵
萬餘措置乖方奏報欺罔而李備胡田遺棄官物擅行斬
戮勾當公事官余卞兩上書乞棄渠陽及差領中軍至
洪江若水應接官軍身不親到勾當官歐陽中立撰征
蠻記謬妄失實義問先知廣州田先知鼎州卞知沅州
中立知黔陽縣並已先次放罷再有是責　二十六日
涇原路副總管苗履責授太子左清道率府副率房州
安置以經畧使孫覽言差履統制軍馬策應西賊拒抗
不行故〔特責局〕有是責　十一月一日河北西路提舉官孫載
送吏部坐不奏陳流民故也　十二月十一日知深州
吳安行特衝替坐不受民訴災傷故也　二十七日龍
圖閣直學士提舉亳州明道宮范祖禹責授武安軍節
度副使永州安置翰林侍讀學士提舉兗州仙原縣景
靈宮太極觀趙彥若責授安遠軍節度副使澧州安置
集賢校理管勾亳州明道宮黃庭堅責授涪州別駕黔
州安置以臺諫章疏言所修實録多詆斥故也　二年
正月九日呂大防特追奪兩官趙彥若范祖禹陸田曾

肇林希黃庭堅各追奪一官以御史中丞黃履言其修纂先帝實録厚加誣毁也詳見修書門 二月五日呂大防降一官以權中書舍人劉定及右正言劉拯言衆論奏大防提舉編修實録挾怨誣詆故也詳見修書門 三月二十八日供備庫副使李惟永降充供備庫副使仍添監汀州商税塩務以詔書言其前後陳述矯直似忠不循分守故也 六月七日皇城使李元輔降為皇城副使准備將韓廉降監當差遣部將雷周勒停以鄜延路經畧使范純粹言元輔廉與西賊戰退走周不救援故也 八月十六日張商英罷左司郎中添差監商州酒税務先是潁昌府民盖漸訟侍御史來之邵令子娶盖氏規奪祖業誣漸非盖氏子下有司根治商英時為右司諫數論其事其後坐令僧奉召及開封府皂侯琸與漸計會情弊故有是命 九月三日前齊州司理參軍王世存推官張崇並特勒停通判滕希靖特衝替知州朝請郎杜紘審問官京東路轉運副使朝散大夫范諤各降一官以刑部言齊州官吏失入張宣死罪皆係去官雖會赦原特責之 二十日監察御史常安民可罷監察御史送吏部與監當差遣先是安民數論事無所阿比論章惇以大臣為紹述之說實假此名以報復私怨一時朋附之流從而和之遂至已甚故凡勸陛下紹述者皆欲託先帝以行姦謀謂它事難感聖慮若聞先帝

則易為感動故欲快恩讎惱良善者須假此以移陛下心意至引王鳳亂漢林甫亂唐以比惇擅作威福論蔡京巧足以移奪人主之視聽力足以顛倒天下之是非朝廷之臣大半為京死黨它日援引群姦布滿中外雖欲去之無及論張商英在元祐之時上呂公著詩求進其言諛佞無耻士夫傳笑近為諫官則上疏乞毁司馬光呂公著神道碑周秩在元祐間為太常博士親定司馬光謚曰文正近為言官則上疏論光公著乞劉棺鞭尸陛下察此輩之言果出於公論乎又論林希李琮不當違新制權尚書侍郎吳居厚宣仁所斥不宜乞待制惇等積怒合史排陷譖毁日聞它日上問曰聞卿嘗上呂公著書比朕為漢哀帝安民對曰臣在元祐初獻書公著勸其博求賢才嘗引陳蕃竇武李膺事不謂惡臣深者指摘臣言推其世以文致臣雖辨之何益於是監察御史董敦逸奏論安民前嘗稱二蘇文章士負天下重望不當彈擊乃軾轍之黨平居論議主元祐者詔罷安民御史與知軍而惇批詔語乃擬送吏部與監當 十月七日錢勰落翰林學士制誥兼侍讀知池州以臺諫黃履翟思劉拯言勰嘗批答不允雍所請詔草有群邪共攻之語代言不實章在朋比故特黜之 二十五日知開封府王震落龍圖閣直學士降授朝散郎知岳州司録參軍陳厚降為通直郎監浙州茶塩酒税時大

理卿路昌衡左正言孫諤言震為知章惇主張蓋漸家財震與惇不相得令厚節外勘出許與良借等錢數事進呈欲證惇庇蓋漸事皆挾情上批王震等陰謀附會賊害忠良欺罔朝廷侮玩獄事宜加深責以誡中外故也　十一月六日太府少卿范諤知壽州諤自轉運使入對言有捕盜功乞賜章服上謂輔臣曰捕盜常職也何足以言功故黜之　十三日太中大夫充寶文閣待制知開封府蔣之奇降授左朝議大夫皇城使嘉州刺史權發遣本路兵馬鈐轄高永亨朝奉郎通判熙州王本並衝替內永亨仍特降遠郡一官以樞密院言按熙河蘭岷路經略司分畫地界遷延并西人掠取軍司並不申奏永亨申狀虛誕故有是命而之奇先任經略使亦預責焉　十四日入內東頭供奉官康德輔降一官坐施帳幄車以觀車駕法當罰銅特有是責　二十二日提舉亳州明道宮梁惟簡除名送全州安置其後永不收叙以三省言惟簡負罪當誅先帝曲加容貸不能感悔復引陳衍濟其餘惡惟簡仍居要職今衍已竄嶺表而惟簡猶以使職領宮觀刑不稱罪故也　三年正月二十日西上閤門副使苗履特責授太子右清道率添差監峽州酒稅以進狀稱孫覽挾情劾已絕無慚懼之意故也　二十一日楊畏落寶文閣待制依舊知河中府中書舍人盛陶繳還詞頭遂移知虢州以右正言

孫諤言畏在元豐間為御史其論議皆與朝廷合及元祐末呂大防蘇轍等用事則盡變而從之紹聖之初陛下親政獨斷則又偷合詭隨締交執政傾亂朝廷天下之人謂之三變今畏罷帥真定仍以寶文閣待制知河中府非所慰公議故有是命　五月七日孫諤罷右正言差知廣德軍以詳定重修敕令蔡京言諤所言役法詆誣先朝故有是命詳見役法門　二十五日知睦州呂希純知歸州以隱匿不回避張次元親故也　七月二十八日集賢殿修撰知潞州呂陶落職差監潭州南嶽廟通判范鉞特追一官令吏部與監當以糶常平斛㪷納下私小錢三萬餘貫容縱私鑄患姦民故也　八月二十三日責授武安軍節度副使永州安置范祖禹責授昭州別駕賀州安置責授奉議郎試少府少監分司南京南安軍居住劉安世分司南京見分司門已特責授新州別駕英州安置以元祐中造誣謗故也　九月十三日前福建路轉運判官文勛前兩浙路轉運判官陳安民並吏部與合入差遣以奉使無善狀故也　十月十二日姚勔落寶文閣待制管勾杭州洞霄宮以寶文閣待制知瀛州路昌衡言勔無行尚玷從班令止罷磨勘罪大罰輕故有是命　十二月三日知同州寶文閣直學士呂大中降授寶文閣待制差遣如故以陳奏邊事與元祐所言反覆故也　四年二月四日故司空同平章

軍國重事呂公著可追貶建武軍節度副使故正議大夫守尚書左僕射兼中書門下侍郎司馬光可追貶清海軍節度副使故端明殿學士左朝請郎王巖叟可追貶雷州別駕奪趙瞻傅堯俞贈謚追韓維致仕及孫固范百禄胡宗愈遺表恩例以三省言司馬光呂公著唱為姦謀誣毀先帝變更法度及當時同惡之人偶緣已死不及明正典刑尚且優以恩數及其子孫親屬使後世亂臣賊子何以創艾至於告老之人雖已謝事亦宜少示懲沮故也　五日詔文常昨緣文彥博致仕所授五臺主簿特追奪　七日承議郎張競辰罷提舉夔州路常平等事以御史蔡蹈言其嘗諂事呂大防蘇轍故也　二十三日內殿承制提點都亭驛班荊館兼提點修營所黃卿從添差監南安軍鹽稅係陳衍黨人故也　二十八日詔降授中大夫守光祿卿分司南京安州居住呂大防責授舒州團練副使循州安置降授左朝議大夫試光祿卿分司南京蘄州居住劉摯責授鼎州團練副使新州安置降授左朝議大夫試少府監分司南京筠州居住蘇轍責授化州別駕雷州安置降授左中散大夫守少府監分司南京鄂州居住梁燾責授雷州別駕化州安置（大防等分司東京並見分司四）降授通議大夫知隨州范純仁責授武安軍節度副使永州安置資政殿大學士太子少傅致仕韓維落資政殿大學士特降授左

朝議大夫致仕左朝議大夫充天章閣待制提舉亳州明道宮范純禮落天章閣待制依前官管勾亳州明道宮蔡州居住朝請大夫充天章閣待制提舉亳州明道宮趙君錫落天章閣待制依前管勾亳州明道宮本處居住朝請大夫充寶文閣待制提舉南京鴻慶宮馬默特落寶文閣待制依前管勾南京鴻慶宮單州居住朝散大夫天章閣待制知歙州顧臨落天章閣待制依前管勾洪州玉隆觀饒州居住降授朝散郎充寶文閣待制知滑州范純粹落寶文閣待制依前管勾江州太平觀均州居住朝散郎充寶文閣待制知宣州孔武仲特落寶文閣待制依前官管勾洪州玉隆觀池州居住中散大夫充寶文閣待制致仕王汾落寶文閣待制依前官致仕朝請郎充集賢殿修撰知饒州王欽臣落集賢殿修撰依前官管勾江州太平觀信州居住承議郎直龍圖閣管勾亳州明道宮張耒落直龍閣依前官添差監黃州酒稅朝請大夫管勾亳州明道宮呂希績降授朝請郎差遣依舊光州居住降授朝請郎監均州酒稅務吳安詩責授濮州團練副使連州安置承議郎充秘閣校理通判亳州晁補之落秘閣校理依前官添差監處州鹽酒稅務知齊州賈易添差監海州酒稅務通直郎程頤追毀出身文字放歸田里并錢勰楊畏並依紹聖二年八月二十一日指揮永不叙復郴州編管秦觀移

送横州編管吴安詩秦觀令所在州差職員押伴仍謹護視之朱光庭追貶柳州別駕孫覺趙卨並追職并兩官及遺表恩例李之純追職及遺表恩例杜純追職李周追貶唐州團練副使以三省言近降朝旨以司馬光等為姦謀詆毀先帝變更法度各加追貶其首尾附會之人亦稍奪其所得恩數其餘同惡相濟幸免失刑者尚多亦當量罪示其懲艾故有是命　閏二月一日太師致仕文彦博諸子並令解官侍養司馬康追奪贈官

二日朝請郎尚書屯田員外郎分司南京隨州居住韓川特責授岷川團練副使道州安置朝請郎尚書水部員外郎分司南京峽州居住孫升降責授果州團練副使汀州安置以附姦凶讒訕故也　五日觀文殿學士太中大夫知定州韓忠彦可依前官降充資政殿學士七日鄭雍落資政殿學士依前太中大夫知大名府安燾落觀文殿學士依前左正議大夫知鄭州並以中書舍人蹇序辰言其附會姦惡同為毀詆也　同日故朝奉郎試中書舍人孔文仲追貶梅州別駕及追遺表恩例鮮于侁追左諫議大夫集賢殿修撰故朝請郎吳處厚追貶歙州別駕　十七日葉濤可罷中書舍人依前官知光州以不草安燾降授資政殿學士誥詞也

十九日寧遠軍節度副使惠州安置蘇軾責授瓊州別駕移送昌化軍安置韶州別駕賀州安置范祖禹移送

賓州安置新州別駕英州安置劉安世移送高州安置

四月十八日故追貶建武軍節度副使呂公著特追貶昌化軍司戶參軍故追貶清海軍節度副使司馬光特追貶朱崖軍司戶參軍公著制詞畧曰廢體國之大義忌事君之小心陰結姦臣私懷異意謗訕先烈變亂舊章積惡終身久益暴露光制詞畧曰嘗與凶黨實藏禍心至引宣訓衰亂不道之謀借諭寶慈聖烈非意之事興言及此積慮謂何雖免嚴誅載加貶秩蓋用邢恕之譖也　十九日詔范純仁元祐四年罷相恩例不追奪其已追奪並給還王巖叟依呂大防等例追奪司馬光呂公著遺表恩例並依例追奪又詔趙卨追元任太中大夫中大夫兩官并歷任職名所有贈官亦行隨奪更有似此者依此施行因吏部刑部有請也　二十四日故金紫光祿大夫守尚書左僕射兼門下侍郎贈太師王珪追貶萬安軍司戶參軍從給事中葉祖洽請也

五月二十四日降授左朝議郎大夫致仕韓維責降崇信軍節度副使致仕均州居住以三省言其乃先帝東宮舊臣在元豐末朋附司馬光最為盡力故也　八月二十二日西上閤門使端州刺史權環慶路兵馬都鈐轄張存落遙郡刺史降本路兵馬鈐轄以統制將兵韋制涇原進築逐西賊鬬敵失亡數多故有是命　九月二十七日折可適辛叔獻特追諸司副使文思副使曲

充特降兩官原州通判李之儀特差替經畧使章楶特罰銅二十斤以涇原路進築日同統制檀遣充作先鋒繼領人馬追賊亡一百三十三人叔獻總領蕃兵輕易出塞亡失士馬付原州根治雖會兩赦特罪之李之儀以鞫勘鹵莽經畧使章楶以失案舉故併坐　十一月二十三日中大夫郴州安置劉奉世責授隰州團練使郴州安置知常州劉當時差監潭州衡山南嶽廟以御史中丞邢恕言奉世兄弟元祐間附呂大防等也　十二月十七日秘閣校理劉唐老落職添差監桂陽監茶塩酒稅責營務以唐老元祐黨人故有是命　元符元年三月九日詔徙內侍張士良羈管于白州先是章惇蔡卞痛詆垂簾結宦官郝隨為助於上欲追廢宣仁聖烈皇后自皇太后皇太妃皆力爭之上感悟焚惇卞所上章隨覘知之不悅密語惇卞明日再上奏堅乞施行上怒曰卿等不欲朕入英皇宗廟乎以其奏詆地惇卞不得已請於雷州取宣仁殿御藥宦張士良付詔獄士良至即以舊御藥院告并列鼎鑊刀鋸置前謂之曰言有即還舊官言無即就刑士良仰天大哭曰太皇太后不可誣天地何可欺也乞就戮奏至上不以惇卞為直遂徙士良白州押赴貶所　四月十四日御史中丞兼侍讀邢恕知汝州以私懷怨憎楊言排擊妄意進用不計後先故有是命　五月三日詔劉摯梁燾諸子並特

勒停永不收叙先是少府監主簿蔡碏奏叔父碩曩於邢恕處見文及甫元祐中所寄恕書且述姦臣大逆不道之謀及甫乃彥博愛子必知當時姦狀詔翰林學士承旨蔡京同權吏部侍郎安惇即同文館究問初及甫與恕書謂司馬昭之心路人所知又濟之以粉昆眇類錯立欲以眇躬為甘心快意之地及甫嘗語蔡碩謂司馬　指劉摯粉昆指韓忠彥眇躬及甫自謂後蔡確冊又言梁燾嘗與懷州致仕官李洵言朝廷若存確則當除邢恕以告邢恕詔令恕詳具以聞其後三省及又言李洵元祐中嘗對尚洙說梁燾語言詔李洵限指揮到日晝時供具從初語言詣實仍結罪委無漏落實封以聞既令恕詳具以聞而又以詰洵至是洙等所言無實乃詔逐人偶皆亡不及考驗故特有是命　六月一日徙方澤知萬州以權吏部尚書葉祖洽言近照驗在部官名籍伏見方澤熙寧十年為提舉官奏請乞放罷見顧役人將三等人戶仍舊差役坐不知職守詔送審官東院與合入差遣而澤於元祐二年訴理遂得除落元豊指揮繼除知州差遣外議未安故也　十四日知霸州李昭玘降一官通判侍其琮追一官勒停權通判滄殺並依衝替人例推官郎渙差替界河同巡檢王濟勾當推場徐昌明各追一官劉家渦莫金口巡檢賈嵒刀魚巡檢楊拯各追一官勒停河北路沿邊安撫使東上

閤門使資州刺史李諒落遥郡別與差遣副使劉方降一官機宜張崇差替昭珙等坐昨為北人盜拆霸州橋入摧場殺傷人兵並無措畫亦不豫為隄防雖該赦特責之　九月二日詔王珪諸子並特勒停永不收叙以權吏部尚書葉祖洽言近劉摯梁燾諸子並勒停永不收叙王珪罪惡比摯等最為暴著今罪罰輕重不相准何以慰天下故有是命　十六日詔大防諸子並勒停永不收叙以權殿中侍御史鄧棐言大防子景山見仕宣義郎乞依范祖禹等諸子例　二十一日詔罷江淮荊州等路制置發運使呂温卿仍就近供答文字有罪不以前來赦原以察訪孫諤言其不法故也　十月十四日奉議郎權知陝州馬城降為通直郎以元祐間嘗言元豐傳致鍛鍊却就深刑故有是責同日王覿特責授鼎州團練副使澧州安置以看詳訴理所言元祐臣僚上言乞展訴理日限所貴銜冤之人皆得洗雪擬所言於先朝不順故有是責　二十三日朝奉大夫前夔州路提舉閻令降為朝請郎先是令因推勘王光祖事特追兩官勒停元祐除落顯屬不當其元祐指揮勿行　同日新除京東路轉運判官秦定知濠州以權殿中侍御史鄧棐言定項緣姪觀與蘇軾蘇轍厚善遂擢監司乞罷新命　二十五日朝散郎汪衍瀛州防禦推官余爽並除名勒停永不收叙衍送昭州爽送封州編管

仍備坐本人所上書行出先是三省言衍爽元豐末各上書詆訕先朝爽又元豐祐中曾上書乞宣仁歸政險詐反覆故有是命　二十六日邢恕特降授承議郎知南安軍以中書省言元祐間恕為起居舍人上書言王安石之短呂惠卿之姦及言韓維端諒名德乃與司馬光呂公著一等故有是詔　二十九日朝請郎秘閣校理權知潞州歐陽棐落職送吏部與合入差遣坐朋附元祐大臣故也　同日王愍特落軍權依舊吉州刺史充熙河蘭會路副總管以經畧司言愍北討賊不能深入破蕩巢穴故有是命　十一月三日詔孫杞緣右司郎中身亡合得恩例勿行以殿中侍御史鄧棐言其察訪河北日曾薦執政大臣親黨門人也　四月故通直郎宋保國追毀出身已來文字除名以三省檢會元祐七年保國曾奏請太后太后行躬謁太廟之禮也　九日朝散郎王翠特追毀出身已來告勅文字除名勒停送全州編管通直郎張保源特勒停仍展三期叙峽州居住坐元豐元祐累上書議論朝政故也　二十一日朝散大夫謝景初男謝愔特勒停韓忠彥王存各贖銅三十斤以看詳訴理文字所言朝散大夫謝景初昨任成都府路提刑有踰違特追兩官勒停元祐初孫永李常韓忠彥王存乃奏景初事出曖昧顯涉冤抑特與奏雪而愔亦坐與其父訴理言涉不順故也　二十三日

陳禹功特送隣州編管以看詳訴理所言元祐訴理除雪故屯田員外郎陳舜俞不奏行常平法降監當等不當及其子陳禹功妄有言故也　二年正月十七日資政殿學士太中大夫知大名府韓忠彥資政殿學士右正議大夫致仕王存各降一官先是中丞安惇言存忠彥奏雪謝景初語言不順各罰銅三十斤議罪未愜故有是命　二十四日詔奪趙景先元授恩澤以看詳訴理文字所言元祐訴理所公案前知徐州趙鼎在任於官船附帶私物及以買絹爲名差破人船附載骨肉各坐私罪元祐二年特與除落本所看詳顯屬觀望及吏部供元祐四年呂大防等劄子陛下臨御之初察鼎非辜身亡其家無人食祿殊可矜憫乞景先推恩補郊社齋郎詔元祐指揮更不施行　同日朝散郎差知吉州周邠送吏部與合入差遣以訴理不當故也　二十四日奉議郎充高密廣平郡王院大小學教授陳并送吏部與遠小監當差遣以嘗上書毀佛道不當也　三月十一日吏部員外郎孫諤送吏部與合入差遣以監察御史兼權殿中侍御史左膚言諤在元豐中以監制勅庫漏落條貫罷去而元祐中三省有訴陳且言幸遇朝廷欽恤使銜寃飲恨者皆得以上聞諤獨指元祐爲欽恤則是先帝未嘗欽恤故有是命　十六日朝奉大夫致仕葉伸特降三官陳郛吳儔蘇嘉朱光裔並特勒停

以御史中丞安惇言元祐初姦臣置訴理所將熙寧元豐以來斷過刑名輒行奏雪陛下委官考閱案牘凡千餘人其元斷重輕一一當罪已具聞奏政正元看詳官劉摯孫覺胡宗愈傅堯俞管勾文字葉伸蘇嘉朱光裔吳儔陳郛等罪跡顯著義不可容故有是命　二十二日熙河蘭會路經畧判官授宣德郎鍾傳責授連州別駕韶州安置試戶部侍郎陸師閔落職知蘄州前權知熙州直龍圖閣張珣特責授歙州別駕池州安置前秦鳳路提點刑獄故陳敦夫追元與一子官及所賜錢熙河蘭會路經畧司勾當公事宣德郎陳中夫特除名勒停歙州編管司戶參軍錢升特除名勒停秦鳳路經畧司管勾機宜承議郎任鯢特勒停熙河蘭會路經畧司勾當公事宣議郎董采承議郎李夷行熙河路經畧司管勾機宜文字承務郎李穀通遠軍通判奉議郎[illegible]僉判承事郎胡泳各特降一官內李穀無官可降[illegible]年磨勘董采仍衝替陝西轉運司勾當公事[illegible]愿熙河路經畧司勾當公事禮賓副使王愿各特降[illegible]官通判熙州奉議郎孫适特降兩官侍禁王[illegible]司理參軍章縱特勒停侍禁康厚降一官[illegible]內供奉官周珪特追一官勒停前東頭供奉官[illegible]特除名勒停岳州編管熙河蘭會路鈐轄[illegible]刺史王舜臣追十官除名勒停留充涇原路[illegible]

使與熙河蘭會路都監知河州皇城使榮州防禦使王贍追十一官免勒停權管勾河州及安撫司公事熙河第五將知通遠軍降授莊宅副使康謂追七官免勒停權管勾通遠軍權岷州皇城使昌州刺史李澄追十四官免勒停權管勾岷州熙河路都監右騏驥副使李澤追十八官特除名勒停送均州編管熙河第二副將文思副使秦世章追十八官特除名勒停送江州編管熙河第一將左騏驥使姚師閔追十二官勒停河州都總管領蕃兵將皇城使劉戒追十七官勒停熙河第三副將莊宅副使張論追十五官勒停熙河第五將前崇儀使辛叔獻追三官勒停副將西作坊使董隱追四官蘭州都總領蕃官將禮賓使李忠追一官餘部隊將使臣人吏敢勇効用等各等第追降勒停編管決配有差內曾有戰功並聽陝西河東路經畧司留充効用準備隨軍使喚傳等皆以白草原討蕩妄增首級冒受功賞虛上首級與使臣覩戚付秦州制勘得實故有是命　四月六日看詳訴理所言元祐訴理不當宋喬年梁鑄衝替元祐改作差替符守規衝替事理重改作事理輕王安上追兩官勒停改作追一官王棫張舜民曹輔劉符元追兩官改作追一官李夷行陳述之元追三官衝替張宗諤張升卿元追兩官勒停並與除落王覺職罪改作私罪王防私罪徒改作私罪杖周常差替與除落乞重行改正

詔元祐指揮更不施行　十七日董必罷新除工部員外郎以左司諫權給事中陳次升言必刻衛州羅常未置獄潭州瘐死者三人故也　二十二日朝奉郎水部員外郎分司南京睦州居住黃隱特責授平江軍司馬南安軍安置以與元祐黨偷合取容也　二十六日陳次升罷職添差監全州鹽酒稅以在元祐間任御史所上章疏率附會權臣詆毀先政故也　五月二十四日如京副使韓資罷涇原西路同總管令吏部與閑慢差遣以元祐中訴父存寶事語涉不順也　六月二十三日監內香藥庫李之儀放罷以權殿中侍御史石豫言之儀因蘇軾知定州日薦辟勾當機宜文字豈可更居此職故有是命　八月五日龍圖閣待制盛陶知和州以言者論陶昨在元祐中緣詆毀先烈協比權臣排毀舊弼故也　九月十一日觀文殿大學士降授通議大夫知陳州范純仁可落觀文殿大學士知隨州以純仁言呂大防等竄謫江湖已更年紀未蒙恩旨久困拘囚伏願宸衷獨斷因大禮赦文放令逐便使得自新改過詔以純仁立異邀名故有是責　閏九月一日朝請郎賈易特責授保靜軍司馬邵州安置以言者論易在元祐中任臺諫詆毀先烈也　二日奉議郎知昌州文勳奉議郎通判泗州沈銜宣德郎持服人王高淮南節度推官知達州新寧縣張湜各特衝替奉議郎楊阜依衝

替人例以詐理所言輅等進狀語涉譏訕故也　三日
知解州劉斐通判劉公明同監解池郭群鄭道安張侁
監安邑池蘇之純解敞劉世隆各特除名勒停送逐處
編管判官崔貫之推官劉公謹監門李景張琪安邑主
簿劉忞虞鄉縣尉陳希高各特勒停仍展五朞叙録事
參軍權推官徐琮特衝替權判官高興禮特依衝替人
例施行安邑縣尉畢大純特差替以解鹽池決溢斐等
坐不謹護視故也　八日李公弼陸彦回李復杜譚王
箴李惇李禮謝瑾鄧球方希哲董夔方次夔袁符劉唐
肱各特衝替馮豫崔振王申周惟和張松年郭復張寶
臣王常張茂先各特差替並坐詐理言涉詆訕故也
同日王吉甫知磁州以安惇言吉甫授蔡河撥發臣昨
被旨看詳詐理文字辟吉甫充管勾官覬望畏避不肯
就職故也　九日奉議郎前知揚州江都縣呂振追出
身已來文字除名勒停撫州編管坐自盜贓故也　十四日涇
原路第三將副皇城使孫文皇城副使許元凱降一官
並降充准備將領西京左藏庫副使翟士彦降一官充
準備差遣以不體探西賊動息致八巡檢入界為西人
掩殺也　十八日涇原路經畧使端明殿學士太中大
夫章楶降授中大夫以稽留朝命不即修置烽臺故也
二十六日宣義郎試起居舍人充崇政殿說書周常
特降兩官添差郴州茶鹽酒稅先是常以狀申臺出送

黄履又鄧洵武等分析周常言黄右丞之出為救鄒浩
志在廢法取名故也　十月十九日朝請郎權刑部侍
郎周之道降授朝散郎差遣如故降朝奉大夫許介卿
罷刑部侍郎降授宣義郎錢蓋罷刑部員外郎皆坐出
送右丞黄履知亳州也　二十六日郭知章罷中書舍
人以前言充集賢殿修撰知和州魯君貺罷司農少卿
以前官知均州王森罷倉部郎中梁轉罷工部員外郎
鄭佐追所授恩賞責授鼎州團練副使筠州安置李仲
李偉追所授恩賞仲添差監永州在城酒稅務偉添差
監全州鹽酒稅並候任滿日更不差人俞瑾罷都水監
丞文及甫差知漢陽軍呂希純責授舒州團練副使道
州安置王令圖王宗望追所授恩賞其應緣恩賞轉官
所得恩例令所屬追奪黄恩等十六員並追所授恩賞
内實訥仍令吏部與監當差遣以元祐間主導河東流
之議無功也　十一月七日翰林學士知制誥兼侍講
蔣之奇落職知汝州寶文閣待制權知開封府呂嘉問
落職知懷州權吏部尚書葉祖洽罷知濟州奉議郎王
回除名勒停奉議郎勾當雜買務田衍奉議郎監元豐
庫王琳奉議郎岑棫承議郎秘書省正字吳師禮宣德
郎李友諒承議郎兼權貨務陳舉朝請郎都官員外郎
朱紱承議郎諸王府翊善傅楫通直郎監在京麴院胡
安修越州山陰縣主簿范致君各特追一官勒停宣德

令權秘書省校書郎白時中樞密院編修文字張庭監元豐庫韓球吏部員外郎畢漸考功員外郎蔡嶷承議郎張琳太學博士范致虛各衝替宣德郎秘書省正字葉承差替王溥落閤門祗候勒停坐與諫官鄒浩語言交通及以錢銀遺浩且致簡叙別也　十五日詔尹材追毀出身已來文字仍令河南府體訪有無子孫仕宦具名以聞以給事中劉拯言尹材係知河南府孫固以遺逸薦於朝特授虢州司戶參軍上太皇太后書語言狂妄故也　十一月二日知祁州馬仲良追兩官免勒停仍不用叙法以不詳悉根磨進築平夏靈平役兵死亡人數故也　三年正月十五日責詔視大行皇帝醫官秦玠孔元耿愚等並除名勒停編管除奪官罰金有差　二月四日寶文閣直學士左朝議大夫新知成都府孫路落職知興國軍坐前帥熙河日王贍乘虛擣青唐而路輒追回援兵致失機會故也　三月十七日朝奉郎直龍圖閣權發遣陝府文及甫落職初及甫除都司為劉摯論列又摯常論彥博不可除三省長官故止為平章事又彥博致仕及甫自權侍郎以修撰守郡母喪除與愬書論請補外因為躁忿詆毀之辭蔡渭奏其言詔即同文館根問及摯對以昭比摯以彤射指上而粉昆謂指王巖叟梁燾巖叟面如傅粉故曰粉燾字況之以況為兄也所言皆亡狀至是中書舍人張商英上

言欲正其罪上以及甫數更赦宥止行鐫職　十九日詔太常少卿曾旼孫傑丞吳絪博士王允中鄭居中各降一官旼仍與小郡以太常寺昨議三年服制稱易月公除可以聽樂非是故也　五月二日貶前知涇州王贍為諸衛將軍房州安置隴右同都巡檢使王厚為太子右率府率添差監隨州酒稅贍厚盜青唐庫物及妄誅首領九人因隱其物產上以事連將士不欲窮治姑從薄責仍諭將士知之　十六日王祖道罷左司諫知海州坐阿諛苟容略無獻替也　十八日入內內侍省西京左藏庫使武球送吏部以播人苛虐且嘗與瑤華詔獄故也　二十二日內侍高品白諤編管唐州坐奏疏乞皇太后不候陛祔還政仍以副本納樞密院上諭輔臣以故事內侍不許言事故有是責　二十七日知河南府孫覽降二官以京西北路提舉常平方宙體量到河南府諸處解發到盜賊計一百三十餘名覽悉親加評治致斃於捶楚者十人故有是命　七月二十一日安惇落職寶文閣待制依舊知潭州前廣東轉運判官鍾正甫前監察御史左膚石豫並送吏部以言者劾正甫頃在廣東受臺牒往新州追攝鄒浩詔獄欲置浩於必死造意為虐實自惇等而正甫觀望風旨奉行過當故皆貶之　九月十六日詔蹇序辰安惇並特除名追毀出身以來文字放歸田里文及甫蔡渭送吏部與小

監當紹聖中安惇奏乞委官取元祐理訴所公案看詳
改正申明從初加罪之意復依元斷施行詔委蹇序辰
徐鐸而序辰輒將臣僚章疏傳致語言指為謗訕凡因
看詳施行者千餘人又乞以其事付史館修入實録并
編類貶責臣僚所言所行事狀内有文及甫與邢恕書
蔡渭援以為證進狀追訟司馬光呂公著劉摯呂大防
梁燾王巖叟劉安世吳安詩傅堯俞朱光庭范祖禹蘇
軾蘇轍等害其父確謀危宗社乞奪逐人所得子孫恩
澤其間存者乞正反坐之法投之嶺外以為姦臣賊子
之戒至是中書省檢會故有是責　十七日詔右司諫
陳瓘上疏言皇太后尚預政事其言失實可添監揚州
粮料院後詔瓘知無為軍　二十一日資政殿學士知
江寧府蔡卞落職提舉杭州洞霄宫太平州居住　同
日龍圖閣待制河北都轉運使張商英龍圖閣待制知
瀛州范鏜並落職商英知隨州鏜知滁州二人亦坐惇
卞黨故也　二十六日詔特進新知越州章惇特責授
武昌軍節度副使潭州安置以中書省檢會左司諫陳
瓘前後章疏論惇罪惡故也　二十九日詔龔原議論
不當罷給事中降兩官知南康軍　同日知隨州張商
英降一官以臣僚上言紹聖初備位諫官與宰相章惇
結為死黨又與百姓蓋漸增改詞狀要用中傷大臣到
任謝表又肆詆誣故有是命　十月二日吳居厚特落

職知和州宋喬年李公年王穀盧槩各特降一官内盧
槩仍衝替居厚嘗充哲宗皇帝靈駕橋道頓遞使喬年
槩公年穀提舉修治橋道為道路泥水致靈駕陷泥露
宿并鄭州迴鑾門道内地勢鐵背致力士難以着力留
滯靈駕詔御史臺制勘得實故有是命　十六日内侍
裴彦臣追五官勒停送峽州羈管令開封府差人押送
其前降依隨龍人例指揮勿行坐句當御藥院閻守懃
在御前進呈文字而彦臣輒扣守懃之冠高聲與語勒
侮不恭侍御史陳次升彈奏乞正典刑故有是責　十
七日降寶文閣待制知延安府陸師閔為集賢殿修撰
以右正言陳祐言其頃帥永興輕變鈔法輒減物價令
下之始錢至生事故也　二十二日資政殿學士知大
名府林希降端明殿學士知揚州龍圖閣待制知洪州
葉祖洽落職知青州徐鐸龍圖閣待制知湖州以中書
省檢會御史中丞豐稷言希助惇為惡布在王言掩宣
仁聽政之明蔽永泰知人之鑒鐸編類章疏隨惇好惡
為之輕重肆毁名臣横遭殿黨祖洽觀望惇意欲擅元
豐末命之功誣奏王珪圖危正統皆未見施行故有是
責其後言者不已希又自通議大夫降太中大夫　二
十六日殿中侍御史錢遹提舉京湖北路常平以遹論
侍御史陳次升元祐初出使詆毁鹽法附會姦臣不當
在言路非是故黜之　十一月八日端明殿學士知江

寧府蔡京落職提舉杭州洞霄宮，以侍御史陳次升殿
中侍御史龔夬累章論其交結近習，蹤跡詭秘，自除邊
帥，即懷怨望，少丐宮祠偃蹇不行，願正典刑，以警在位，
故有是命。　十二月五日，陝西路都轉運使直龍圖閣
賈種民特落職，以臣僚論其諂事章惇，陰謟良善，創洛
口之堤，昔嘗敗功，狹汴渠之隄，今亦為病故也。　建中
靖國元年正月十七日，朝請郎尚書度支員外郎王詔、
朝散郎光禄少卿王愭、開承議郎京西路轉運判官鄧
棐各降一官，棐仍知興化軍，並以任京西漕臣治道不
謹，致哲宗靈駕稽留故也。　二月二十二日，通議大夫
知揚州林希降知舒州，以右司諫陳祐言希謝表不自
引咎故也。　二十六日，武昌軍節度副使潭州安置章
惇責授雷州司戶參軍，員外安置，以左正言任伯雨累
章數其罪乞行誅戮故也。　三月十七日，詔龍圖閣直
學士新差知成都府孫覧降充寶文閣待制知永興軍，
以辭成都府不行故也。　十九日，福州觀察使入內內
侍省都知梁從政降授榮州防禦使，提舉亳州明道宮，
本處居住，以宰臣韓忠彥等奏：昨聞大行皇太后宣諭
云：當點從政詢及定策之事，從政意在黨附章惇，今乃
在君側，理所未安，望屏黜。上本無罪從政意，故薄其責。
　二十一日，詔降充千牛衛將軍房州安置王贍除名
勒停，免決刺，特配昌化軍，永不放還，降充率府率，添監

隨州酒稅王原責授賀州別駕郴州安置。初，贍等領兵
入青唐邈川，酋長封帑藏，齎簿書筦鑰請以獻。諸朝
而贍等即開封府庫以給散將士，為名盡取其金珠。原
王妄殺無辜，贍又掠蕃婦六人為婢。朝廷初恐連逮者
衆，不欲窮治，始從薄責。至是熙河帥司奏青唐諸族怨
入骨髓，相與結集，作過日圖報復，至今未息，樞密請斬
贍等以謝一方，而言者亦有彈奏，故有是責。　三月二
十五日，寶文閣直學士知徐州胡宗回落職知蘄州。坐
王贍在熙河貪功生事，欲收西蕃，而宗回乃趣其入據
青唐，甫踰月，蕃部背叛，殺戮兵民甚衆，累詔令贍歸湟
州，宗回意尚依違，逮以捕獲避役軍人不稟統制折可
適擅決配故也。　五月四日，端明殿學士知鄆州劉奉
世落職知徐州，以言者論其在元祐間先助劉摯，後附
呂大防、蘇轍，內交陳衍，相為表裏故也。　十一日，故資
政殿大學士贈金紫光禄大夫李清臣奪職，追所贈官。
　十六日，故太子太保司馬光降授右正議大夫，太子
太保呂公著降授左光禄大夫，太師河東節度使開
府儀同三司太原尹潞國公文彥博降授太子太保，光
禄大夫呂大防降授太中大夫，中大夫劉摯降授右朝
議大夫，左中散大夫梁燾降授朝請大夫，朝奉郎王巖
叟降授定遠軍節度行軍司馬，朝奉郎蘇軾降授崇信
軍節度行軍司馬，其元追復官告並繳納。贈左銀青光

祿大夫王存追所贈官資政殿學士太中大夫鄭雍追所復職贈右銀青光祿大夫謚獻簡傅堯俞贈銀青光祿大夫謚懿簡趙瞻並追所贈官及謚告贈太中大夫趙禼追所贈官已上告身並追毀朝散郎充集賢院學士孫升追所復職朝奉郎孔文仲朝散郎朱光庭宣德郎秦觀延福宮使入内内侍省都知定國軍節度觀察留後贈安化軍節度使謚僖獻張茂則並追所復贈官贈開府儀同三司范純仁追例外所推恩數中大夫劉摯奚事依前宰臣例指揮勿行　七月一日吏部尚書陸佃贖銅十斤起居舍人李昭玘放罷朝請郎少府少監韓粹彥降一官坐欽聖憲肅皇太后山陵奉虞主不恭佃嘗自言故薄其罪　二十一日朱紱罷給事中知壽州以右司諫陳祐論事不實紱為之救解故黜之　二十七日詔降寶文閣直學士知永興軍范純粹為寶文閣待制坐帥鄜延日論奏邊事不當故也　八月二十九日觀文殿學士提舉杭州洞霄宮呂惠卿落職以前帥鄜延日上功冒賞言者以為附下罔上又鄜延路經畧司奏本路自紹聖年以來前後所奏功賞例多冒妄其間有冒二十資至一十資已上至有小使臣轉皇城使効用轉諸司使副者不少及環慶路勘會到自効用之例推恩最高者止於右班殿直有上件詐冒功賞並係帥臣保奏不實故有是責　十月四日寶文閣待制

知永興軍范純粹落職知金州以言者論其不能飭兵謹備乃於奏章數有沮壞之議故也　崇寧元年四月十七日引進使威州刺史涇原路都鈐轄知鎮戎軍涇原路同統制官姚古追引進使落涇原路都鈐轄朝廷命姚雄節制瞻方還歸其後溪巴溫每送到蕃奏宗回匿不以聞自去年九月以來湟州蕃部多羅巴等屢擁衆出没為患而宗回不即上聞至是樞密院條數其罪故有是責　二十七日詔降寶文閣待制知杭州龔原為集賢殿修撰知揚州以諫議大夫陳次升論其降授不厭人望故也　四月二十九日詔史院官供職及二年已上者各特罰銅二十斤以臣僚上言史院官僅十年方修帝紀五册兼用王安石日録美安石而掩蔽神考盛德故罰之　五月十三日聖旨朝請大夫秘閣校理李德芻特落職差監華州西嶽廟以治亳州酷虐故也　十八日左中奉大夫知蘄州胡宗回特降一官授左朝議大夫依前知蘄州以邊事奏報不實故也　六月四日戶部尚書王古為寶文閣待制知成都府以御史中丞趙挺之論古裁減浮費欺罔不實又嘗與古同領放欠事知古與吏為姦意欲盡傾天下之財而無孑遺不可任計省之長故有是命資政殿大學士太子少傅贈開府儀同三司孫固為係神考潛邸人已復職名及贈官免追奪太中大夫蘇轍朝奉大夫范純粹朝請

依舊致仕西上閤門使張異追所復兩官依舊差遣應曾經貶責人添復官下

大夫寶文閣待制吳安詩更不叙復職名端明殿學士
太中大夫范純禮落端明殿學士提舉西京嵩山崇福
宮朝請郎充集賢殿修撰韓川落集賢殿修撰管勾西
京嵩山崇福宮朝奉郎直龍圖閣知汝州張來落直龍
圖閣管勾亳州明道宮直秘閣朝請大夫知曹州呂希
哲朝請郎知相州劉唐老朝奉大夫知蔡州歐陽棐並
落職差遣依舊朝奉大夫提舉永興軍路刑獄孔平仲
朝奉大夫淮南路轉運副使畢仲游朝奉大夫提舉河
東路常平徐常朝奉郎知太平州黄廷堅朝散郎知睿
州晁補之朝散郎軍器少監韓跋朝散郎王鞏劉當時
常安民承議郎黄隱通直郎張保源並送吏部與合入
差遣朝散郎汪衍瀛州防禦判官余爽陳州別駕湯馘
更不收叙泉州教授鄭放罷通直郎常平立追所得一
子官奉議郎程頤追所復官除遺表及罷政恩例已給
還外其亡殁後所復官職已得指揮依遺表與推恩之
人並減半其三人以上餘數聽從多仍並與假承務郎
用上件恩例轉官陞資者依此比折磨勘資考年月應
送吏部人並令在外指射差遣令吏部依條差注承議
郎任伯雨准此以臣僚上言伏見先朝貶斥司馬光等
陛下即位之初當國之臣不能檢會事狀進呈以此牵
復臣愚伏願明論執政大臣使公共參議詳酌輕重行
遣又奏曾經責降人見今任監司藩部者必不肯公心

奉行法度亦乞朝廷契勘民授附慢差遣又言切見元
符之末簾帷同聽政事之日元祐大臣乘間用事盡復
紹聖間負罪責降之人或叨還舊官或超授職任其復
在朝廷者或見於論議獻上封章或在言路與大臣為
表裏者皆有可考之實伏望聖慈令所屬取上件合該
行遣之人或削奪官職或庭行懲戒各以類舉必當其
罪天下幸甚故有此詔　閏六月十五日詔龍圖閣直
學士知定州曾肇落職知和州肇嘗以史事與陸佃同
謫至是佃罷右丞訓詞及之肇不自安上章待罪故有
是命　十八日詔寶文閣待制新差知越州鄒浩可特
責授衡州別駕永州安置以臣僚言詆毀椒房重泰陵
之非特有是責　二十九日故資政殿大學士右光祿
大夫李清臣特追貶安武軍節度副使新知常州豐稷
責授海州團練副使睦州安置新知諤州張舜民責授
楚州團練副使商州安置皆坐言章論其嘗於奏議及
謝表中譏訕先朝故也　七月二日降寶文閣待制新
知河中府葉祖洽為集賢殿修撰提舉建州武夷山冲
佑觀祖洽既補外官言被遇兩朝及安陳功効規欲復
留故有是責　三日觀文殿大學士知潤州曾布落職
提舉亳州明道宮太平州居住以言者交章論其援引
朋黨交結近習縱子與壻通賄賂等罪故有是責　八
日樞密直學士朝奉大夫新差知鄧州郭知章降充龍

圖閣直學士知章劉子奏：臣伏見臣僚上言，謂臣以臺
官往相度河事，實定東流之議，本以從官降修撰小郡。
令乃翰林學士臣昨奉勑體量賑濟，即不曾差相度河
事。王宗望議閉北流，吳安時等保明，即臣非定議之人。
又臣以修撰知和州，未已間，已聞哲宗有旨令上殿。方
陛下登極，首蒙聖恩拔擢，兩除侍郎，又除寶文閣直學
士、知永興軍，又權尚書，又除知開封府，方除翰林學士。
今來即不敢言官辨罪。先是閏六月十四日，言者論及
詔知章降為樞密直學士、知鄆州。都水使者黄思放罷，
知章輒具本末進呈，故有是命。　二十二日，直龍圖閣
權發遣陝西府路都轉運使孫傑落職，令吏部先次與
小州。傑嘗建言，沿邊見任官月俸米麥並移於近裏州
軍勘請，鄜延路安撫使王博體量非便，而言者論傑聰
見生事，故有是命。　二十七日，詔朝散郎、管勾亳州明
道宮張耒特責授房州別駕，黄州安置，坐以蘇軾卒縞
素而哭，因言者彈論，故有是責。　八月八日，寶文閣待
制、知舒州王涣之落職，以言者論其朋附臺諫也。　十
三日，直龍圖閣、知齊州周鼎特落職，知郢州；戶部侍郎
徐彥孚降授奉議郎；秦鳳等路提點刑獄許端卿降授
承議郎、知常州；朱彥朝奉大夫、淮南東路提點刑獄鍾
正甫降授朝奉郎；李昭玘左朝議大夫向綡、朝請郎劉
唐老承議郎陳瓘朝奉大夫歐陽棐朝請郎直秘閣權

發遣襄州陳察等並降一官，以謟附柄臣，傾搖先烈，倡
從寬之邪說，誣至正之典常也。　二十五日，寶文閣待
制周常落職，管勾江寧府崇禧觀，婺州居住；知廬州龔
原管勾成都府玉局觀，和州居住；端明殿學士、知徐州
劉奉世落職，提舉西京嵩山崇福宮，沂州居住；朝奉大
夫呂希純管勾南京鴻慶宮，汝州居住；降授承議郎王
覿管勾江州太平觀；朝散大夫王古管勾台州崇道觀；
謝文瓘罷給事管勾洪州玉隆觀，並本處居住；朝請郎
陳師錫管勾舒州靈仙觀；知蔡州歐陽棐管勾台州崇
道觀；朝請大夫呂希哲管勾建州武夷山沖佑觀；朝散
郎晁補管勾江州太平觀；朝奉郎黄庭堅管勾洪州玉
隆觀；承議郎黄隱管勾舒州靈仙觀；朝奉大夫畢仲游
管勾江寧府崇禧觀；朝散郎常安民管勾成都府玉局
觀；朝奉大夫孔平仲管勾兗州太極觀；王鞏管勾江州
太平觀；張保源監華州西嶽廟；朝奉大夫陳郛管勾杭
州洞霄宮；朝散郎朱光裔管勾建昌軍仙都觀；蘇嘉管
勾華州靈臺觀；余卞監西京中嶽廟；鄭俠監潭州衡山
南嶽廟；胡田管勾建昌軍仙都觀；遂州觀察使孟存提
（舉）西京嵩山崇福宮；承議郎、知沂州劉安世依前承議郎
提舉西京嵩山崇福宮；知金州范純粹管勾南京鴻慶
宮，鄂州居住；集賢殿修撰、知應天府呂仲甫落職，追復
寶文閣待制吳安時落職。（事因闕）　二十八日，鹿敏求追

所授承事郎降充簿尉呂彦祖追所授官永不得應舉
高士育追所授官依舊左班殿直何大正追所賜出身
及所授官永不得應舉以言者論其獻書得官所言無
補志在僥倖故也　九月九日前知荆南府馬城追三
官勒停海州安置以孫賊入寇不即聞御史臺具獄上
故責之

全唐文　宋會要

黜降官五

崇寧元年九月十四日詔開具元符三年臣僚章疏姓
名邪上尤甚范柔中鄧考甫封覺民李新吳朋衡鈞胡
端修趙令時周誼安信之孫琮高公應郭執中王察趙
峋李傑李賁石芳吳安遜朱竑周永徽楊琳金極張集
呂諒卿蘇昞鮮于綽黄策高漸王右張夙王胄葛茂宗
曹益趙天佐衮公適洪羽柴衮劉謂邪上梁寬曹興宗
謝潛許安修羅鼎臣于肇黄遷劉吉甫王公彦萬俟正
楊朏許堯輔胡良李修黄安期梅君俞沈千張居黄才
寇宗顔曹譽林膚葛輝逢純熙王交張溥胡潛劉勃陳
唐董祥陳師錫王守蔣津高遵恪王陽張裕王拯侯顯
道周遵道宋壽岳扈充邪中趙越朱光裔王忠恕劉賀
夫鄧允中王岐謝悰蘇處厚高公湜吳偉江洵劉沖蕭
刑劉戣宋舫年吳文規張悰狄瑾郭時楊令劉愿張案
任寶賢任伯雨蘇大本沈銜王箴陳師錫王發呂陶李
浩王履陳師道上官公裕劉天啟張來史彭年梁俊民
黄紘李膺李昇楊垣薛邉梁景初李霽張諟耿毅劉渙
李平劉廓李孝迪陳中夫張永鄒張戩李良輔竇誦黄
安期孫大臨張恕宋許李案馬東高定唐秬畐開鮮于
綽韓瓌范鍔陳象古王天常甯祖武李幹翁升邵伯温
張上行韓安岳商師申宇文諶李知遠吳瓌潘見素蘇

之悌張蘇李閎衡石祁彭年陳詰葉世英孫琮毛隨楊
敦仁檀固許廣淵李雲從夏侯景仁唐廣仁許邵高徽
楊明郭簡修黎延孫秉義陳昇朱曾陳琰段察武仲荀
姚諷王望之李由頤蘇迥段鬻馮伯藥陳良能王迥趙
孝立宋之珍楚與宗陳鄴李晉裕馮千里高士部韓晞
王彥昇張確劉奕王由師范植賀昌辰張及張鐸鞠士
復曹公裕裴迪祖王祐梁安國晁說之王輿劉經國倪
直孺王夷約楊天惠劉覺陳策李處仁朱恪路昌衡周
鼎李圭陳縝邢下王莘朱肱錢昇楊忠信王收李庚劉
端彥梁光張歐傳耆王偉趙茂曾楊致祥董丕竹璟鄭
綱党鈞任日新趙齊賢蘇堯臣高復任仲奇閭卸陛陳
琰阜成彭作梁蘶陳琳王腴喬天錫丁執善何宗翰卞
衷李知章范子修李援徐瑛王覬毛叔度吳倚方适林
定譚極黃同傅希龍王彥若王師正劉知至劉寀李程
馬收任騅賓護黃汝方宋適張謍杜之邵王時馬恕孫
發李彥弼倪直侯王箴楊韶鄧安正黃正一呂公美徐
公亶李公寅楊伯聶敏修吳昞崔陟徐說謝諸周邠高
臨李士忞蕭景修徐俯李孝常范百億何權宇文輝俞
次契甯宗傑魏鏜李義叟蘇之悌時君陳張熙李茂安
譚章諷魏价江粢陳雖林宗直陳京陸渙張保淳程之
才余卞呂蕡魏當陸彥述支詠劉勃陳京費勉中馬永
逸董乂辛春卿毛捣黃叔靖陳竑楊恂鄭子淵傅列盖

士宏耿居正毛完師薛耆黃諷聶思孝楊明甯鳳舒升
中洪芻武仲洵向湜徐愈王驥陳力闊建孟道張友劉
跂汪忱李燾邵樞胡盤熊浚明崔鶠向詢黃應求劉仲
昕司馬宏孟宗直張元矩黃熙唐嘉問曾嶧范子舟江
汝言馮正卿王濤劉思徐大經呂元中吳文規杜穎柴
羲卞義歐陽昊尹翊胡沔孫大臨葛敏修葉擬錢大中
燕景賢任唐毅張碩陳誨李庭堅史君陳楊居陳并黃
子騫趙晞張沆王彥冨純江洵劉溥吳瓌史保躬趙丕
遂王璉姜蹈中朱繪西門聿趙襄馬洙張濟朱恪李黯
文嘉謀上官彝孫曾潘瑤黃瓘胡庥程俱馬待問李翦
國希尹燕默傅甯鄭少微王知常赦宗臣林駢鄭語劉
寬施邁楊容之高公湜何景甫范埴張廷玉唐靖趙衡
王適曾驛劉蒙先才盖薦李敦常張直楊懷寶李處晦
晁詠之宋由正陳中張珙史彭年李機楊禾梁鼎吉高
公傑趙子渙家願陸表民楊傑白鎮袁公適蘇象先高
漸趙伾郭永年楊傳朱行中王注滕友侯晉升周諤毛
友直范世文苗蓁王景下王景行謝舉廉李世基陳穀
實卞趙渥孟長民周矜闞崇郭奉世薛及任有功徐商
美宇文湛劉之美上官均張沔王公彥賈休復宋直方
喬甫高士丕江煒劉鼎臣常徽猷何爽韓升卿何大受
陳修巳賀霖張彥逸俞唐馬希道蒲俊劉爽秦憲蔣琳
方鼎胡謹修馮正雅張宇張材勾居體　二十一日韓

忠彦降三官提舉西京嵩山崇福宫外州軍任便居住
曾布降授中大夫司農少卿分司南京依舊太平州居
住李清臣追貶雷州司户參軍黄履追貶雅州團練副
使朝請大夫提舉舒州靈仙觀曾肇降兩官依舊提舉
舒州靈仙觀岳州居住責授海州團練副使商州安置
豐稷責授道州别駕台州安置陳瓘龔夬除名勒停並
編管閬守懃責授鼎州團練副使依舊舒州安置宣政
使嘉州刺史提舉亳州太清宫張琳除名勒停依舊安
州覊管馮説特勒停西京居住曹益葛茂宗楊琳蘇昞
劉謂袁公適柴衮趙天祐馮百藥洪羽除名勒停並編
管以元符末大臣及臣僚累有奏陳乞復后並乞廢后
事故有是命　十月三日詔右正議大夫提舉西京嵩
山崇福宫韓彦忠可特授太中大夫懷州居住差遣如
故以臣僚上言忠彦前宰相詆毁先烈不遵父訓權鉞
赫然實專廢置故也　二十七日詔應責降充宫觀人
不得同在一州軍居住　十一月二十一日降授中大
夫守司農少卿分司南京太平州居住曾布可特授武
泰軍節度副使衡州安置制謂頃被國恩嘗居相位專
權自恣黷貨無厭交通近習之私顯有朋邪之迹公行
問遺密達話言捨他人之田以矯報親恩請有識之地
以自圖己福啟後世難防之弊隳本朝有定之規罪不
勝誅刑其可緩　二十三日詔元符下詔求直言蓋欲

廣朕聞見裨益政治比以所上章疏付之有司考其所
言内有附會姦慝詆毁先帝政事者總五百四十一人
然悪有淺深罪有輕重取其詆譏謗斥言之尤甚者三
十八人覽之流涕弗忍再觀得罪宗廟朕不敢貸可責
逐遠方次等者四十一人其言亦多詆譏各與等第降
官責遠小處監當以戒為臣之不忠者勘會邪上尤甚
係范柔中等三十八人内鄧執中已除名勒停朱紱老
疾邪上次等係寬等四十一人内陳唐庖充許安修已
身亡劉吉甫係承務郎致仕奉聖旨范柔中等並勒停
永不收叙朱紱免覊管外餘分送逐處覊管于肇至王
公彦二十九名並衝替係私罪事理重仍不得改官
十二月二日詔責授太中大夫提舉西京嵩山崇福宫
懷州居住韓忠彦為崇信軍節度副使濟州安置武泰
軍節度副使衡州安置曾布為賀州别駕降授端明殿
學士右光禄大夫提舉西京嵩山崇福宫安燾為寧國
軍節度副使漢陽軍安置觀文殿學士右正議大夫知
杭州蔣之奇落職以御史中丞錢遹言忠彦等輔政日
棄湟州之地故也同日詔降朝奉大夫管勾舒州靈仙
觀濠州居住陳次升為奉議郎監西京中嶽廟臨江軍
居住朝散郎尚書左司員外郎都貺為奉議郎以尚書
省檢會皆嘗乞地故有是命　二十七日辰州通判朱
宗禮追兩官勒停其高士俊追官勒停指揮勿行陳舉

贖銅十斤舉任湖北轉運判官常劾知辰州任琮與通判高士俊當徭人入寇縱酒不卹邊事琮除名勒停編管士俊追兩官勒停已而舉自言通判乃宗禮非士俊也故正其罪　二年正月二十六日降朝散郎直龍圖閣鄜延路經畧安撫使王博聞落職知懷州以姑息將兵閲於訓練故也　二十九日朝散大夫管勾南京鴻慶宮鄂州居住范純粹責授常州別駕鄂州安置臣僚上言紹聖中先帝興師討伐西夏進城築舉盡得横山之地訪聞建中靖國之初前安撫使范純粹本有棄地之謀而陰輔權臣上掩先皇帝用人討蕩進築之功以快私憤故有是責　三月六日臣僚上言應元祐及元符之末黨人子弟並令在外居住不得擅到闕下令開封府覺察從之　十二日朝奉郎管勾洪州玉隆觀黄庭堅特除名勒停送宜州羈管坐陳舉奏撰荆南府承天寺碑言涉謗訕故也　十六日宣德郎守尚書禮部員外郎陳暘降授承事郎奉議郎守尚書禮部員外郎何昌言降授宣德郎朝散大夫試禮部尚書徐鐸罰銅二十斤以試有官宗子差誤故也　四月二十一日左朝議大夫寶文閣待制充高陽關路經畧安撫使兼知瀛州胡宗師落職提舉杭州洞霄宫以臣僚論其薦楚州進士樂韶不當韶鄒浩之友故也　三十日詔故宰相王珪追贈官并謚王仲端王仲嶷並放罷遣表恩例

減半以臣僚言其欲成姦謀故也　五月七日任伯雨除名勒停編管昌化軍陳瓘勒停編管廉州龔夬除名勒停編管象州責授衡州司馬永州居住鄒浩除名勒停編管昭州馬涓除名勒停編管澧州陳祐除名勒停編管歸州李深除名勒停編管復州張庭堅除名勒停編管鼎州江公望除名勒停編南安軍已上並永不得收叙王覿除名勒停臨江軍居住責授道州別駕台州安置豐稷除名勒停建州居住降授承議郎管勾洪州玉隆觀謝文瓘除名勒停邵武軍居住責授楚州團練副使張舜民除名勒停房州居住　八日前承奉郎曾紆特送永州編管承奉郎曾繰特除名勒停曾布特責授廉州司户參軍依舊衡州安置時連坐編管勒停降官贖銅者一百五十餘人以開封府奏勘到紆繰為父任宰相日受人賂遺錢銀犀玉等為人請求差遣故也　十五日朝奉郎中書舍人兼直學士院同修國史鄭居中知和州東上閤門使鄭紳罷職停朝參初紳客祝安患上書狂妄言涉謗譏言者論紳暱近兇邪居中不能規正季父之失故皆責之　十六日寶文閣直學士知應天府路昌衡落職與宮觀梁安國何大受蘇迥擅回王箴並特勒停永不收叙分送逐州羈管陳并楊瓌寶周鍔蕭刓趙越倪直孺滕友洪芻並降兩官與外任監當鄧允中梁俊民葉世英江洵陸表民方适並衝替張恕落職降兩官以誑訕元豐

紹聖之政故也　七月七日降授皇城使秦州居住李彀責授單州團練副使秦州安置以議棄河湟地故也　十三日降授朝奉大夫提舉舒州靈仙觀岳州居住曾肇責授濮州團練副使汀州安置以元祐黨籍故也　十九日詔李湜追貶五官磨義李備已死並追奏補恩澤胡田已致仕追任子恩余卞追一官並依舊致仕樞密院奏乞第罪元祐中與棄湖南地者湜先為湖南帥義問備措置邊事田知鼎州卞知沅州故皆坐之　二十六日手詔朕恭惟欽慈皇太后生育朕躬孝養弗及即政之初即詔有司議尊崇之典祖宗以來具存舊章有司觀望務從降禮使朕不得伸罔極之報興言及玆慨然嗟悼今雖悉從改正而議禮之官未正其罪如劉拯等抗論不從亦未褒賞其速定賞罰以聞於是朝請郎曾旼屯田員外郎吳絪知耀州王允中知和州鄭居中各降一官　八月一日龍圖閣直學士提舉西京嵩山崇福宮李南公落職致仕內侍闕守懃責賀州長史金州安置以言者論其元符置使修奉哲宗廟室南公守懃領其事而陞祔之日乃置于東隅夾室中藏之祝板之室處以祧主之地神帳鼎俎皆裁損以就狹小故有是責　同日除名勒停八龔史張庭堅移化州象州編管責崇信軍節度副使韓忠彥為磁州團練副使安燾為祁州團練副使依舊安置降右正議大夫知杭州蔣之奇為中大夫除名勒停人陳次升移循州居住降授承議郎知坊州都睨降宣義郎添差監撫州鹽礬酒稅務並以嘗議棄湟州地今湟州已復故責之　九月二十五日臣僚上言乞具列姦黨姓名下外路州軍監司廳立石刊記以示萬世從之御史臺錄到下項元祐姦黨曾任宰臣文彥博呂公著司馬光呂大防劉摯范純仁韓忠彥王珪曾任執政官梁燾王巖叟王存鄭雍傅堯俞趙瞻韓維孫固范百祿胡宗愈李清臣蘇轍劉奉世范純禮陸佃安燾曾任待制已上官蘇軾范祖禹王欽臣姚勔顧臨趙君錫馬默孔武仲王汾孔文仲朱光庭吳安持錢勰李之純孫覺鮮于侁趙彥若趙卨孫升李周劉安世韓川賈易呂希純曾肇王覿范純粹楊畏呂陶王古陳次升豐稷謝文瓘鄒浩張舜民余卞秦觀湯馘杜純司馬康宋保國吳安詩張耒歐陽棐呂希哲劉唐老晁補之黃庭堅黃隱畢仲游常安民孔平仲王鞏張保源汪衍余爽鄭俠常立程頤唐義問余卞李格非商倚張庭堅李祉陳祐任伯雨陳郛朱光裔蘇嘉陳瓘呂希績歐陽中立吳儔　二十九日集賢殿修撰知潁昌府文及甫集賢殿修撰楊康國集賢殿修撰致仕呂陶並罷職與宮觀差遣內係宮觀即依舊以言者論及甫方元祐分更彥博為首而及甫往來群邪之間協濟姦謀康國元祐中劉摯引為死黨編歷臺諫排擊所

增傾詐險邪陶元祐中嘗自諫垣而歷中書舍人給事中，終始附會詭計實多，先帝皆以黜責，然尚聯職書殿。陛已入籍外所有職名乞行褫奪，如及甫、康國者更乞顯黜，置之籍中，以為臣子無窮之戒，故有是責。　三年正月六日，吏部尚書何執中奏：應上書邪等人自不合擅到闕下及在京居住。詔從之，仍見任在京差遣人並放罷。　二月六日，章惇、王珪為臣不忠，可別為一籍，仍依元祐姦黨指揮施行。以臣僚論其姦惡，乞編入元符姦籍故也。　十二日，詔故給事中張問入籍，仍為下等。以臣僚上言問為彥博之黨也。　十三日，詔提舉南京鴻慶宮李茂直入籍，仍為下等。以臣僚上言元祐初茂直充湖北運副，預棄渠陽，乞寘之黨籍故也。　五月二十五日，知鄂州滿迶特衝替。以進銀五百兩助修宮庭，特有是責，其銀仍退回。　十月，龍圖閣學士知成德軍呂嘉問落職。以臣僚言其壻曾誠納賂曾布子紆求館閣差遣故也。曾誠特亦勒停。　七月二十九日，詔王防令吏部與添差遠小處監當。以臣僚上言防自館職帶史院官以罪送吏部，授德州德平鎮監税，乃違年不赴，巧為避免故也。　同日，詔馮璧罷司門員外郎。以言者論其才品猥下，驟遷冒擄。　十月二十一日，河東路經略安撫使兼馬步軍都總管兼知太原軍府邢恕特降兩官。以涇原賊深入有失措置故也。　二十六日，降武勝

軍節度觀察留後熙河蘭會路經略安撫使王厚為泰州觀察使。以夏人寇涇原，不即應援及失措置軍儲，故有是命。　二十七日，再降厚為郢州刺史。　十一月十一日，直龍圖閣知潁昌府司宗炎提舉南京鴻慶宮。以言者論其庸懦不足當藩翰之任故也。　四年閏二月二十一日，詔范坦罷殿中監，特責授舒州團練副使，房州安置。以辭免使事徇私辭難故也。　三月七日，朝奉大夫集賢殿修撰知慶州曾孝序除名勒停，編管封州。以違戾詔旨不與諸路約日出兵，故有是命。　十三日，右銀青光祿大夫提舉西京嵩山崇福宮呂惠卿特令致仕。以言者論其驕蹇恣横等七罪，故有是命。　二十一日，户部侍郎兼侍讀吳栻知單州。以知開封府日宗姻訴家事究治不實故也。　五月十四日，鍾傳落龍圖閣直學士，知汝州。侍衛親軍步軍都虞候武安軍節度觀察留後涇原路經略安撫使折可適落職，降刺史。以料敵不審也。　八月一日，京東路轉運副使王㚶降兩官，奉議郎李景夏、朝奉郎李升各降三官，升仍送吏部。以提點刑獄李公彥奏淮陽軍獄歲死七十二人，㚶為為本路憲，景夏、升為守倅故也。十一月十二日，天章閣待制曾孝廣降一官，落職，與小郡知州。以充泛使北朝國信使申奏語録隱漏，及與三節人從衩衣相見接坐等罪故也。　五年正月二十六日，詔龍圖閣直學士知

鄆州黃裳落職提舉杭州洞霄宫以言者論其目昏不事事營飾臺榭不卹軍民故有是命 四月二十一日詔訪聞徐確知杭州日公然寬縱販私鑄錢緣此盜鑄之弊繁熾不可禁止可令吏部與遠小處監當差遣 五月二十四日通議大夫知鄆州張商英差提舉西京嵩山崇福宫 六月六日中書舍人許光疑罷知蘄州以奏陳不實也 八月二十四日新除太常少卿馮澥放罷送吏部添差郴州監茶塩酒稅以澥劄子論闕陝勞弊湟廓西寧三州乞采前世羈縻之義招其酋豪授以旄鉞其餘首領等級命官詔澥遽有羈縻之請實為捐棄之謀故有是責詳見青唐門 同日兩浙路轉運副使劉何轉運判官胡奕修提點刑獄公事祖理各降兩官仍令兩浙路監司開具所辟勾當官職位姓名申尚書省以兩浙水災委官調夫開導吳松青龍江計用過錢米一十六萬九千三百四十一貫碩役夫死亡總計一千一百六十二人而積水依舊為害故有是命 二十八日直秘閣曾孝序落職差管勾西京嵩山崇福宫以言者論其帥環慶日誤國無謀也 九月四日錢遹罷工部尚書除顯謨閣待制知秀州以言者論其舉馮澥自代也 七日降龍圖閣學士朝散郎知河南府范致虛降兩官致虛與兄致君坐與陳寧之訟田積二十餘年不決至是大理讞罪曲在致虛故也 十一月二十七

日權將作監蔡蔻送吏部與合入差遣以言者論其係執政親黨而所為輕儇敗壞禮法故也 十二月五日中大夫龍圖閣待制知蘇州蹇序辰落職提舉杭州洞霄宫坐縱盜鑄錢本州市肆所用皆非官鑄故也 同日詔顯謨閣待制新知青州王端慢命不恭輒自請留稽違君命可落職知黃州 八日朝奉大夫司勳郎中周彥質罷送吏部王雲追奪逐次所推恩例毛滂翟汝文元時敏並送吏部與監當皆以章繳盜鑄連坐也 十四日兩浙路轉運使孫虞丁判官胡璞提點刑獄馬玿黃克俊並放罷令蘇州制勘皆坐言者論其縱盜鑄者人有告言亦置不問故也 十五日金部員外郎范域秘書省著作左郎王寀並與在外合入差遣以言者論域寀出入劉逵之門内為腹心外作羽翼故黜之 大觀元年二月十八日吏部侍郎白時中降一官以言者論其申請廢内外辟舉之法薰陽借元豐之名陰排紹聖之政故也 二十二日詔謝中美罷秘書省正字言者論中美捨所學而習天文占驗之術巧為傅會之說以干執政乃得入館名實不正故有是命 二十六日朝奉郎充顯謨閣待制江淮荊浙等路制置發運使曾孝蘊降授承議郎胡師文各降一官以言者論其泗州直河之役績用弗成故也 三月八日前知蘇州蹇序辰勒停以縱部民盜鑄為監察御史張茂直所劾故再責之

四月三日承議郎顯謨閣待制知洪州李景直放罷
落職差提舉舒州靈仙觀令四輔外任便居住坐言者
論其闒茸不可以當數路之對也　五月二日提舉京
畿常平王仲原奏增修壯輔推恩官計八十二員二十
四員受賞僥倖一十八員受賞太優所有臣轉一官實
無勞効委是僥倖伏望追還詔王仲原依所乞餘僥倖
并太優人並追奪　四日樞密直學士朝散大夫提舉
西京嵩山崇福宮王能甫落職朝議大夫呂淵降承事
郎王潙之並特追毀出身以來文字除名勒停免真決
不刺面淵配沙門島潙之配朱崖軍承議郎顯謨閣待
制知密州王資深特責授衡州司馬新州安置延福宮
使唐州團練使提舉西京嵩山崇福宮閻守懃責授團
練副使永州安置觀文殿學士右銀青光祿大夫知杭
州呂惠卿責授祁州團練副使宣州安置資政殿大學
士金紫光祿大夫充醴泉觀使兼侍讀蔡卞降充資政
殿學士提舉亳州太清宮並坐妖賊張懷素謀反事
九日責中大夫知亳州劉逵為鎮江軍節度副使安州
居住丁憂人降充顯謨閣待制胡師文落職提舉亳州
明道宮朝請大夫直龍圖閣知應天府張詢落職添差
監高郵軍鹽稅顯謨閣直學士知楊州劉拯落職提舉
南京鴻慶宮逵以奉使高麗過諸郡汙濫師文以議香
鹽法不當詢拯不覺察章綖載盜鑄錢入境故也　六

月二十六日詔責龍圖閣學士中大夫呂嘉問為安化
軍節度副使郢州安置坐知成都府不能律身奉法故
也　七月十一日知興仁府周秩與小郡以言者論其
貪墨故也　七月二十二日塞序辰責授單州團練副
使江州安置以言者論其知蘇州民盜鑄致錢法大壞
故也　八月十九日宣德郎衛尉少卿王孝迪送吏部
與合入差遣以言者論其為奉常建議有違典禮故也
二十九日兵部尚書石豫刑部郎中朱確員外郎游
百揆各更降一官以言者論行李無咎事乖謬又以納
樣小黃錢指揮行下他路惑亂衆聽雖已降官未厭衆
論故也　十月十三日詔責通議大夫提舉西京嵩山
崇福宮張商英為安化軍節度副使歸州安置以言者
論其險愎姦慝中懷舊憾輒肆詆斥形於表奏故也
閏十月七日御史中丞盧航知海州左正言陳禾送吏
部添差監信州鹽酒務開封尹李孝壽知虢州航以無
所建明禾以論事誕謾孝壽朋邪縱姦故責之也　十
三日龍圖閣直學士知永興軍王寀知汝州以言者論
其守華州治告訐之獄侵寃無辜故也　十二月二日
龍圖閣學士朝散郎范致虛落職提舉南京鴻慶宮致
虛以酒遺中書門下後省吏王孝恭等刺探差除等事
御史臺具獄故有是命　二年二月二十七日中書省勘
會河北河東路賊未見捉殺盡靜全無措置詔胡宗回

徐彦孚各先降三官，許良肱、王况各降兩官，仍限十日措置捉殺，如限滿不獲，别行黜責。三月三十日，宣德郎、知同州韓城縣張剛中降一官，以妄告許同僚郭子旂題詩有誹訕故也。五月十一日，知亳州鄧洵武提舉亳州明道宫，知壽州蔡卞提舉亳州大清宫，知徐州吴居厚提舉南京鴻慶宫，知河中府鄧洵仁提舉杭州洞霄宫，知陳州王能甫提舉亳州明道宫，以臣僚上言係緣吴儲、吴侔等連坐稍重之故也。十七日，單州團練副使蹇序辰移永州安置。序辰守蘇州日，開啟天寧節貺聖公筵係十月十日，序辰以父私諱移於九日，為言者所論，再有是責。二十四日，知開封縣丞奉議郎胡綸、前知開封縣朝奉郎賈公望各降一官，以有蔭人黄澤等將小平錢出京失覺察故也。六月二十八日，工部尚書劉炳為顯謨閣直學士、知陳州，以言者論炳昨在翰苑制詞荒繆，以不稱職罷為工部尚書，其實遷也，今又以私意妄議新歷，故有是命。七月二十九日，密州觀察使李許可降授濮州團練使，以上殿乞一知通州了婚葬故也。八月三日，詔蔡嶷罷給事中，落集賢殿修撰，依舊知和州，以言論其審量元祐得罪入籍之人，取情理輕者與落罪籍，既已議定具狀申尚書省，嶷獨不肯簽故也。十五日，詔梁子挺、子直、子恕、子恃並罷見任，以臣僚言其兄弟資序未及，皆除監司守倅，

未聞績效而驟進故也。二十六日，開封府工曹參軍宋彧復换西京作坊使，大理寺主簿程貽孫送吏部與監當差遣，以言者論彧為梁子美鷹犬，陵轢不遜；彧，子美妻之兄弟之子，初不親文墨，自小使臣换文資，二年之間官至朝散郎；孫以父事子美，母事子美之妻，自稱曰末男，子美妻死，為制服行喪，違犯律條，事在不齒，故皆黜之。十月二十四日，中大夫、御史中丞吴執中罷知處州，以無所建明，奏陳狂妄也。十一月二十日，徽猷閣待制、知陳州劉炳及其弟煥並落職，候葬事了畢與小郡，以不葬祖母及父母二十餘年，為臣僚論列故也。同日，將仕郎孫㬚、宣德郎賈黜並特令吏部與遠小處差遣，為考試卷收取犯不考者為合格也。二十八日，開封府參軍高日華、李昇弼並降一官放罷，以推勘李中孚獄不務檢實故也。三年正月五日，吏部員外郎張閎送吏部與監當，以接伴遼國人使失職也。七日，權司門員外郎劉琯送吏部與監當，以言者論其素行貪濁也。十日，翟汝文落直龍圖閣，以臣僚言附會劉逵，迹狀顯著，衆所憤疾也。二月二日，國信使、承議郎、尚書吏部侍郎劉煥落集賢殿修撰，還所降官，知蔡州，以不葬其親故也。十一日，詔中散大夫、京西北路提點刑獄梁子雅降授朝議大夫，降授承議郎、京西南路提點刑獄王旂降授奉議郎，並差遣如故，以

一路多强盜也　四月二十八日，祠部員外郎、前京西南路提舉學士路瑗罰銅八斤，以臣僚言近試貢士京西南路上中下等並無中選者，若槩罰一路太守、教官，不勝其衆，提舉官不得其人，則人才等進濫中者多，故有是罰。　五月六日，尚書庫部員外郎胡直孺送吏部，以言者論其趣操回邪，交關權要故也。　十四日，詔葉夢得罷翰林學士，為龍圖閣直學士、知汝州，以言者論其內行不修故也。—同日，詔從事郎石恐罷刪定官，以既罷詳定一司敕令所刪定官，不當復降也。　二十一日，提舉利州路學士祝廷送吏部與合入差遣，以姦臣章複之親故也。　二十二日，詔李仔既已改正，則高述豈得無罪，可罷開封府刑曹參軍，送吏部與合入差遣，以李仔因姊喪在假七日，被述捃摭放罷也。　六月二十二日，太僕少卿趙霆、奉議郎、知襄州王傑並送吏部，言者論霆以知茶自名，取媚權要，傑嘗迎餞北使，以濫縱獲罪，故皆黜之。　七月三日，膳部員外郎張宏、駕部員外郎徐宅並放罷，宏，宋喬年所薦，宅論事喬年故也。　八日，太常少卿陸蘊、蔣猷並送吏部，直注合入差遣。蘊知虔州瑞金縣，猷通判南安軍。先是，臣僚言景靈宮不建僖祖殿，有旨禮部、太常寺同討論，具議狀以聞。禮部兩集太常官，及屢移文督促，而遷延不決。至是，言者謂蘊、猷皆前執政親戚所援，覷望附離，故有是命。　九日

權太常寺丞李孝昌、太常寺丞姚易、太常博士張山、李勉各降一官，以議禮多曲說故也。　二十三日，尚書禮部員外郎葛勝仲送吏部，以言論其議僖祖殿室唱為異端故也。　二十五日，客省使、榮州刺史、知滄州辛叔獻放罷，以久在邊郡，豪横不循法守故也。　同日，蔡居厚罷戶部侍郎、知泰州，以言者論居厚昨為諫官，容受權臣風旨，為之鷹犬，而群邪亂政，無所排擊故也。　八月二日，劉法罷熙河蘭湟路經畧安撫使，轉運使許天啓降兩官，差遣依舊，通判劉師民降兩官衝替，以須大樂至熙州，法不出迎，繼而安頓州學，法、天啓、師民始同來州學看，故併坐之。　二十三日，新除戶部員外郎李友聞、內殿崇班裴珪各降一官，並坐前任信安軍定羅價太高故也。　二十四日，知虢州何康直放罷，送吏部永不得與知州軍差遣，以酷虐故也。　同日，通判秀州林言放罷，送吏部與合入差遣，以林攄之姪也。　二十九日，符寶郎鄭南送吏部，以言者論南父母之年俱及七十，歷仕以來未嘗迎侍故也。　十月二十二日，提舉兩浙學事李敦義放罷，送吏部與合入差遣，以倚勢作威，造言惑衆也。　二十六日，責侍衛親軍馬軍都虞候、彰化軍節度觀察留後劉法為武康軍節度副使、亳州安置。法前知熙州，不虔君命，放罷，令京畿聽候指揮，行至鄭州，故有是命。　十一月四日，詔顯謨閣直學士、新

知鄭州席旦上殿進對遲留意在邀請可降顯謨閣待制知滁州　十二月九日刑部郎官大理寺合干官各降一官内選人比類施行以獄成案具而稽留不斷也
四年正月十七日前知成都府路轉運判官張持送吏部與遠小監當以臣僚論持欺誕擅以私意變更錢引故也　十九日刑部侍郎馬防降一官知蘄州以使遼失措故也　同日直秘閣湖南轉運使李偃落職送吏部以言論偃累任監司所至無善狀父年八十餘不復省侍故也　二月二日提舉亳州明道宮呂惠卿降一官以言者論其謝復官表尚懷怨望故也　三月二十五日集賢殿修撰唐恪降直龍圖閣知蔡州張為落職知廣德軍以言者論恪無他才能職任過優為請託姻家徼冒恩賞故也　四月十日知延安府錢昂及當職僉書官各特降一官以文移内犯真宗廟諱故也
五月一日司農卿吳亮送吏部以言者論亮昨為都司貪功冒賞超躐崇資不顧廉恥故也　二十二日工部郎官李稅罷職送吏部以不當獨銜具劄不與長貳通知輕忽長吏越職犯分故也　二十四日追贈宣奉大夫王祖道為昭信軍節度副使責知桂州張莊為舒州團練副使永州安置皆以開拓新邊誕妄故也　二十九日詔河北河東群賊經歷縣分及十次以上知縣特降一官衝替縣尉一官勒停内一次兩次知縣各降一

不及十次知縣衝替縣尉勒停

官縣尉衝替内降官人選人比類施行　六月二十二日降授朝奉大夫提舉杭州洞霄宮劉炳勒停以言者謂褫官輕典未厭士論故也　七月一日詔馮大臨罷虞部郎中送吏部與合入差遣又詔特追兩官免勒停餘依已得指揮以大臨附下罔上也　十四日新除淮南發運使周穜放罷以言者論其害政虐民故也　八月二十九日知應天府何昌言特落徽猷閣待制改差知大平州以言者論其唱為異説動摇國是也　九月十五日新除京畿路提舉常平唐庚送吏部與廣南遠小處監當以給事中蔡嶷論其出入權門輕儇憸薄故也
十一月二十一日河北糴便司勾當公事官蘇之孟放罷以言者論之孟新差知明州奉化縣冒法求辟避事免縣故也　十二月二十九日溫堯文罷衛尉少卿管勾亳州明道宮以言者論其携家游青城張盖入泰壇故也　政和元年正月七日新差提舉京西塩香茶事魏伯芻放罷送吏部以言者論伯芻乃堂吏之子不可以玷清選故也　十九日朝請大夫周秩添差監歙州塩酒税務以言者論其汚濫貪贓前後屢有言章罪大謫輕故也　二月七日水部員外郎前提點荆湖南路刑獄公事吳孝能荆湖南路轉運副使廖彦正並放罷送吏部與合入差遣内廖彦正仍降兩官以言論在任各不依法用刑及有詔士大夫更相訟訴有害風化體

量得實故有是黜　二十五日降朝請大夫提點京西南路刑獄陳華降兩官以盜發匿不以聞及不督捕故也　三月六日中書省言訪聞廣西運判周師中名將前任副使張莊所舉官吏官擲不已人不安職詔周師中放罷　十五日權發遣廬州周燾通判蔣偕僉判陳簡夫各降一官行舒城縣主簿權縣事劉嘉止特降一官衝替坐舒城縣私走歸明人也　二十四日李傳正罷開封府左司録參軍送吏部言者論傳正之弟成允没於王事朝廷恤孤官其三子傳正殊無義養至與寡婦分爭恩澤故黜之　同日罷戶部尚書許幾為天章閣待制知婺州以言者論其檢察染院不實故也　四月十二日直龍圖閣夔州路轉運判官崔子堅降兩官落職提舉夔州路學事陳攜放罷先是詔諸路有弗便於民者監司各得具狀實封以聞子堅攜諂諛偷安皆以為無可條具故有是責也　五月十三日詔范柔中叙轉奉議郎指揮更不放行以給事中蔡嶷論駁柔中嘗詆毀先烈上書邪等數百人柔中為之冠今春有係籍人復官指揮士論駭愕至有疑於紹述者故有是命　二十日禮部侍郎潘允知光州以言者論其朝堂班退以笏擊小吏暴忿輕肆故也　二十二日詔貴朝請大夫馮大臨為濠州團練副使滁州安置以言者論其為廣西機宜與帥王祖道同惡相濟累轉十一官相道已

追貶昭信軍節度副使而大臨止罷虞部郎中監黃州久長鎮尚為輕典故有是命　二十三日朝奉大夫荊湖南路轉運判官徐輔送吏部與監當以言者論其非才多病而乃騰奏自言無病故也　二十五日詔司勳郎中鍾正甫司勳員外郎鮑慎田各降一官以任淮南漕臣日違例受所部饋遺為言者所論故也　六月一日端明殿學士知河陽府徐處仁落職知蘄州以前知永興軍日與漕臣論職事語言凌毀意在沮格近日改革陝右錢法故有是責也　六日集賢殿修撰知河陽胡師文落職提舉亳州明道宮前提舉河東鑄錢許天啟降兩官與監當以言論鑄當十錢天啟唱之胡師文和之故有是命　二十三日提點京畿路刑獄張堂放罷西京左藏庫副使提舉京畿保甲兼提刑賈君文降兩官以言者論其不戢盜賊無辜被害汴河流屍故也

八月十一日中書舍人陳璽知和州以言者論其命詞失體故也　十九日顯謨閣待制知秦州穆京落職提舉華州雲臺觀以言者論其任工部侍郎日於所轄增價貨焉　九月一日觀文殿大學士新知河南府張商英落職知鄧州以言者嘗論其十罪秘殿名邦皆非所當得故也　四日大理卿王穀放罷少監任良弼等各特降兩官以違法勘劾開封府官吏故也　十二日知鄧州張商英降兩官秘書省秘書郎李士覵辟廱博士

尹天民並送吏部以商英在政府時擅出敕差士觀天民為政典局編類御前文字官故也　十三日詔殿中侍御史韓筠交結大臣蹤跡顯著送吏部與遠小處監當　二十一日責武安軍節度使郭天信為昭化軍節度副使單州安置以言者論其嘗薦張商英故也　十月四日庫部員外郎趙暘言邢倚已送吏部臣與倚一體乞賜黜責詔暘小臣不循分守愚弄朝廷追兩官勒停送道州編管二人皆商英所薦倚出而暘不自安故也　二十二日責太中大夫知鄧州張商英為崇信軍節度副使衡州安置責昭化軍節度副使單州安置郭天信為昭化軍行軍節度司馬新州安置以開封府獄成嘗令餘員彭九僧德洪往來交結臣僚再論列故有是責　十一月十日范致明送蘄州編管范致君放逐便指揮更不施行皆以言者論其阿附張商英故也　二十一日衛尉少卿李詩降兩官以任光祿少卿日不檢察祫饗牛數故也　十二月十八日顯謨閣待制知明州蔡肇落職提舉杭州洞霄宮以言者論其非毀建立辟廱故也　二十五日詔淮西提點刑獄霍漢英河北東路提舉常平向宗哲並放罷以言者論其疲差廢職故也　二年三月八日知定州王漢之落職提舉杭州洞霄宮以筠雜違詔旨故也　五月九日利州路漕臣張臣放罷以陝晉軍餉蜀漢是資兩路告闕方行按

治遼進羨餘剝下罔上所進羨餘令本路提刑司擒管　十一日責提舉西京嵩山崇福宮范坦為黃州團練副使黃州安置以言者論其首建鬻田之議變亂舊章故也　同日知溫州虞防除名勒停送循州編管坐妄建言講復當三錢為當十錢故也　二十六日責內客省使建雄軍節度觀察留後知入內內侍省事直睿思殿黃經臣為右衛將軍致仕任便居住以言者論其力排紹述傾搖國是欲復元祐之舊故也又二十七日詔黃經臣單州居住　六月十八日內侍李石王棠並罷職石提舉亳州明道宮棠提舉西京崇福宮曹曚罷樞密都承旨提舉西京崇福宮以言者論其與黃經臣表裏倡為紛更之議故也　二十二日朝奉大夫國子司業胡伸放罷送吏部與監當差遣坐言者論李譓以姦慝助亞黃經臣嘗以書薦伸譓伸之壻也　九月五日兵部員外郎王華降一官送吏部與監當差遣言者論其前任江州日任情不法江西提刑體量到有實故有是命　十月二十八日知滁州蔡嶷提舉杭州洞霄宮以言者論其懷姦立異故也　十一月五日左司郎中李文仲降一官以撿察翰林醫官滅裂故也　十三日承奉郎王彥憕宣德郎高積中承議郎趙公揆各降兩官勒停以被差太廟行事各語笑高聲故也　同日轉運副使王勤送吏部與遠小處監當以臣僚上言近隆德

府黎城等縣抑配等第戶喬智等津般夾錫錢赴晉寧
軍等處交納不及時支與腳錢致津般到遼州在政和
元年九月頒降不行使夾錫錢指揮之後本府勾追喬
智等禁勘監勒出賣家產陪納詔並放仍免納當職官
人吏並特衝替臣有以見陛下愛民之心至深切也然
臣體訪得河東路政和元年九月內承受朝旨不行使
夾錫錢委官措置實勤專領其事勤措置乖方一路受
弊應本路州軍勾追津般夾錫錢人戶追納見行使錢
善人監勒出賣產業並係受勤節次公牒令隆德府官
吏並已衝替獨勤偃然尚竊漕寄中外尤以籍籍臣訪
聞勤性質貪污善於營巳襄齊二州有產業一路官吏
目之為襄齊轉運副使蓋譏其背公營私也伏望罷黜
使外臺苛刻乖謬背公營私之吏知所懲戒故有是命
十九日承議郎謝孚送吏部與合入差遣言者論昨
來臣僚論列戶部尚書劉炳元符梓宮在殯日延娼女
等事非炳乃孚也久未辯實望加竄斥從之　二十八
日梁子野罷知太原府鄰近州軍取勘先是十月十九
日詔子野偽為嘉禾以進官吏送提刑司取勘至是臣
僚言近來風俗之弊誕謾相尚特出於濫進無恥侍從
守臣䔍吏相送知妄為祥瑞之獻李譓昨以蟾芝敗而
梁子野今嘉禾事發將粟三科謂相隔五隴生為一穗
膠粘紙纏正類兒戲情涉愚弄其罪誠重於譓譓帥永

興先經放罷勒停勘訖散官安置矣而子野泰然尚領
帥權伏望聖慈詳酌將子野先次勒罷依李譓例勘到
故有是命也　十二月二日降宣德郎大理評事李彥卿
降一官以議刑輕重失當故也　二十四日周師中魯
百能各罰銅二十斤並放罷送吏部與合入差遣趙先
之關璘並取勘提舉河北東路常平周師中奏恩州武
城縣賣保鎮酒稅左侍禁趙先之收支官物不明及少
欠米麴數目不少已牒恩州根勘又提舉秦鳳路常平
魯百能奏皇城使涇原第八副將關璘任內提到打開
永洛城門鏁弓箭手徐榮不申解所屬却用石於本人
腿上致打致限內身死已下順德軍根勘刑部檢會元
符敕諸路違監司事非職而輒管勾者徒一年故兩行
之　三年正月二十一日王寀先次勒停昨政和二年
十二月九日陝西轉運副使侯臨奏臣僚言夾銀錢並
當二文銅錢行用閿鄉知縣論九齡却將夾錫錢估價
七八文當一文申轉運副使張深乞依此價其張深並
不撿會前後夾銀錢敕條便依所申行下以及牒知陝
州王寀依閿鄉縣所估貫伯施行其王寀並不撿會申
明便依深牒內事理行下六縣將夾錫錢七八文當一
文收買輕賫至是臣僚言朝廷比復行夾錫錢於諸路
用之既已通流無遏陝西張深王寀論九齡迺敢恣壞
成法擅增物價深暨九齡已除名勒停寀獨依衝替人

例而已況深暨九齡擅增物價饒閿鄉一縣耳衆害錢法實行下平陸湖城靈寶芮城夏陝六邑伏望重行貶責故有是命　同日王仲嶷可罷大僕少卿提舉杭州洞霄宮李侁可落康州刺監西嶽廟坐奉使失職也　二十三日戶部侍郎張杲降授朝議大夫依前試戶部侍郎以言者論其違令與宗室戚里之家往還故也　二月十四日前象州判官王佺勒停送道州編管以誣告不實故也　二十五日駙馬都尉潘正大罰銅二十斤以不合妄陳乞太后陵園一行都總管差遣故也　三月一日詔承議郎賀端前除提舉利州路常平指揮更不施行令吏部與合入差遣為母老難以遠適赴省省陳狀乞河東路提舉常平見闕尚書省言其全無廉恥不可使一路故黜之也　十一日宣義郎趙士瑗特降一官坐不早赴太廟致齋黜饌畢纔到故也　五月二十二日中奉大夫行大理少卿任良弼放罷送吏部與合入差遣以言者論其治獄縱弛囚禁淹留乞賜罷黜故有是命也　同日司農少卿盧法原放罷以大盈倉遺火故也　同日宗正少卿吳幵戶部員外郎李東表開封府司戶曹事馮詢並放罷依昨澄汰人例以言者論幵治家不能肅清東表居職不知靖共為范坦腹心衆所指目詢涖官不知裁處付之胥吏類多違慢故也　六月十一日通議大夫徽猷閣待制河東路經畧

安撫使錢昌特罰銅十斤以妄奏女夫常州內舍生胡朝書寫機宜文字故也　二十二日責崇信軍節度副使張商英為汝州團練副使以言者論鞠李彪指斥公事商英以事在赦前令開封府一面斷放故有是責　二十七日罷太常少卿劉安節與知州差遣以臣僚言其趣操不純議論邪僻親老居鄉侍養有闕故也　七月三日河東河提舉常平崔鈞降一官以隆德府監寶寧李拱收支不明體訪聞奏尚書勘會鑄錢司係坑冶司統轄本官妄行按發既是隆德府申到却作體訪顯屬誕謾故有是命　十四日提舉成都府路學士王贍放罷以臣僚論其學術頗僻素號邪人蔡肇嘗持異論公肆詆欺贍又從而和之蓋贍乃肇之婿也自到任以來一向姑息以賈士譽故有是命　十九日知溫州郭敦實通判韓緒權都監丁約各降一官以遺火燒公私舍屋故也　九月二十六日管勾成都府玉局觀李之儀除名勒停知太平州當塗縣權通判孫鄭太平州司法尚子熹司戶程適各衝替其之儀于令隨母已補假將仕郎補牒追奪毀抹淮東提刑司勘到之儀與楊姝踰濫及信憑楊姝所生男為己子增歲乞補孫鄭向子熹程適失覺察故皆坐之　十月十七日前太府寺丞周池降一官戶部員外郎李稅戶部侍郎胡師文各展二年磨勘以刑寺勘到池承戶部牒定奪行人染錢鹵

弃師文稅只憑所申並不取會故有是責　十一月十
四日顯謨閣待制提舉成都府玉局觀王覺落職以嘗
為廣東漕臣納賂故也　十二月十七日責梁美子為
安化軍節度副使單州安置以言者論其怙姦挾詐等
罪故也　四年正月一日端明殿學士知潁昌府徐處
仁落職提舉南京鴻慶宮以言者論其縱釋有罪故也
八日四廂都指揮使薛安責授保康軍節度行軍司
馬衡州安置以自為管軍私喜怒擅決御前宣喚人違
慢不恭故也繼而臣僚上言復移永州安置　十三日
承議郎河北東路提舉常平郭久中降一官劉恭革趙
希孟並衝替以開德府稅戶樂珍等陳訴元豐年黃河
口決涉於城外地土高新城內𡨴下漸成積水當時並
據槩慢裁稅委是平允尋差再再方量所定輕重不當
乞將元豐年均稅則例等第比類均裁新稅本路提刑
司體量得本府南北二城屋稅曾經元豐年方量裁定
十等稅錢後來別無人戶論訴不均今來方田官劉恭
革趙希孟依政和二年十月朝旨立定正次二十等遞
減五釐均定稅錢委元豐年所定則例上輕下重不均
故有是責　二月十一日襄州通判王渝鄧州通判蕭
從並放罷取勘以京西轉運司奏唐鄧襄汝四州稅奉
詔元豐已立五等之稅令日自當遵守令轉運常平措
置聞奏而鄧襄二州通判弛慢並無報應故有是責

十三日顯謨閣直學士提舉西京嵩山崇福宮張近落
職以嘗為河東帥買馬科擾故也　十四日顯謨閣待
制知鄆州孫鼛落職提舉南京鴻慶宮以言者論其在
大觀間觀望取容詆毀時政故也　五月十九日顯謨
閣待制知滁州郭敦實落職提舉亳州太清宮以知溫
州日定僧道序位非是故也　六月八日罷給事中洪
彥為集賢殿修撰知滁州先是有旨張商英復官命下
之日彥昇詐稱疾在告為言者論列故黜之　二十二
日詔京西路轉運使王疇河南少尹范鐐修西內科擾
並放罷　同日直秘閣曹坦落職以言論其為河北漕
日暴虐縱屬官張懿華傷害善良目為五虎故責之故
也　同日朝議大夫集賢殿修撰王璹落職以言者論
其責輕故也　七月六日朝散大夫直秘閣淮南江湖
荊湖等路發運副使趙霆特降兩官以言者論任京畿
漕日按舉不公故也　八月七日朝散大夫提點兩浙
路刑獄李公年降官以列奏罔功以害黜陟故也　十
五日知湖州章援除名勒停時父惇追贈觀文殿大學
士援表謝乃曰先臣輔政於元豐之間前後六年當軸
於紹聖之初始終七載神宗皇帝立子以長故守死以
奉憑几之言哲宗皇帝愛弟惟均故條陳以聽東朝之
命其言多文飾故有是命　九月八日述古殿直學士
知襄州石公弼責授秀州團練副使台州安置以誣訕

先烈故也　二十三日承議郎珍州司録叅軍湯嵩降一官衝替以忠翊郎管界廵檢綦仲琪買賣乞覔所到夷人頭級冒求功賞嵩失覺察故也　二十六日夔州路轉運司管勾帳司李公奕知大寧監王藻各降一官藻坐前知忠州公奕任忠州墊江縣令各失詳前後朝旨借當二錢支俵預買紬絹錢故也　二十八日前相州通判晁將之前河北第十二將晏遇並勒停各特展兩期叙將之坐禁軍當直及將長行作廵防占留遇坐多差禁軍在將之下不勾抽歸營各該恩特有是責　二十九日知永州唐懋提點南京鴻慶宮俞瑾提舉福建常平黄静各降一官以懋瑾静前任監司專勾司各各不點檢放過吏宗臣詐請不該請受歷故也　十月二日前通判隴州李僅降一官仍依衝替入例坐託隴安知縣買鷹鷂香鹿茸該恩特責　同日新知澤州康承衍降一官坐知磁州日乞廻避運使曹坦不當該赦特責　八日荆湖南路提刑苗仲淵降一官知鄂州蘇敏中通判董勵李丹各降一官衝替以容縱人吏乞覔不支將帶塩鈔入塩致有詞訴仲淵受狀亦不按治故也　同日顯謨閣待制知黄州吳執中落職以言者論其朋姦罔上故也　二十六日京東西路提舉常平吳仲賢特降一官以按發濮州雷澤知縣胡鑑不支捕犯香人賞錢取到刑部狀香塩事係屬提舉塩香茶事司、

即非提舉常平司職事當牒所屬監司不合直行按發故也　二十九日述古殿直學士知開德府俞㮚責授常州團練副使太平州安置臣僚言謹按襄州衙規每年差衙前管押荆南布至陳蔡等一十三州軍此紹聖所定窠名具在永為不刋之典而前知襄州俞㮚在任輙累申朝廷以自襄州般布至佗州致使本州衙前多有逃避且謂諸州衙前重難色役併在一州為不均欲乞令陳蔡等州軍各自遣人備脚乘前來襄州般取合起布數如此則紹聖所定一路衙規皆非而當改矣又㮚奏内狀指言衙前差出家人代管勾侵欺態多不可勝禁竊以為未便係毀元豐法度并列陳五未便係毀紹聖法度故有是責　十一月十二日淮南運副石㰒令吏部與遠小處監當以㰒申乞立監法司分巡州縣許省察諸司倉庫點檢諸司簿書侵官越職有違元豐成憲故也　二十八日提舉河北東路常平郭久中提舉江南西路學事郭倫並放罷送吏部提點兗州東嶽觀唐最朝奉大夫張暈監楚州糧料院周彦質提點西京嵩山崇福宮都貺各降一官武功大夫錢景允降一官勒停以御史臺看詳久中最皆論支移僨郡財用非是暈言近詔陝西罷用大鐵錢收鑄夾錫錢其實鐵錫三積久生繡錫錢無辯廢壞錢法彦質貺妄議州縣學生身丁有害學法景允坐論改官錢作當四當五非官

錢作當二有害錢法故有是命　五年正月八日顯謨
閣待制知揚州呂益柔宣議郎曹公年勒停人朝散大
夫衛孚各降一官一以益柔昨知鄭州與通判衛孚户
曹曹公年因百姓扇摇妄稱不使錢鐵並不措置以致
市井閧閙故皆責之　二月一日監察御史虞奕罷送
吏部與合入差遣以與歐陽奉世論及俞㮚事故也
八日知蘭州張必特降兩官勒停以大理寺奏眉州勘
到必令人户入錢助邉以徼爵禄故也　四月十五日
知咸平縣向子諲降一官衝替以咸平縣勘到劉青偷
盗公事不依條結解赴府徑申朝廷乞不原赦為開封
府所奏故有是責　二十四日詔秘書監林震知蘄州
太常少卿曾開與遠小監當以言者論震漏榻前語開
權詞掖妄有沮格及從駕不恭故也　五月二十六日
徽猷閣直學士提舉西京嵩山崇福宮龎恭孫落職坐
前知成都府貪墨營私故也　七月十二日醫學博士
朱肱送吏部與遠小處監當差遣以言者論其黨元祐
姦臣及為元祐學術故也　二十五日兩浙路轉運副
使徐鑄降一官以前任兩浙常平日考課前知温州呂
由誠引奏不當故也　八月十一日應天尹汪澥與宫
祠坐言者論其年老多病事皆委積故也　十三日中
書舍人陳邦光罷差提舉杭州洞霄宫池州居住坐桂
林易帥邦光預選而乃安寵辭難抗避已行之命為言

者所論　十六日顯謨閣待制知秦州穆京落職提舉
華州雲臺觀以言者論其貪求苟得故也　十八日王
寀除名勒停免編管勒令侍養初寀除知襄州奉御筆
王寀張懷素案内有此姓名與都下宫觀繼而寀奏以
自辯云張懷素等所犯宄逆罪至誅夷臣與張懷素並
不識面亦不係親戚婚姻不曾保任薦舉逐人亦不曾
與書簡往還故特有是責　九月十三日顯謨閣待制
知河陽任熙明落職提舉華州雲臺觀以言者論其不
㪘護河陽浮橋故也　二十二日秘書省校書郎王時
雍送吏部以言者論其貪墨頗僻寅緣冒進故也　十
一月六日司封郎官陳之邵吴幵考功員外郎鮑慎由
吏部員外郎萧唐稽各降兩官吏部侍郎姚祐降一官
以不覺察黠撿人吏韓仲孫洗改官告也　六年正月
二日詔顯謨閣待制秦鳳路經略安撫使何常責授昭
化軍節度副使房州安置以壬戌日擅决罰大不恭故
也　九日提舉荆湖南北路監茶礬事陳彦武勒停以
言者論其酷虐故也　二十七日少府少監文維中送吏
部與監當以言者論維中擅其父彦博所得恩澤不及
狐遺而孀婦寡婦交訟故也　三月十五日朝請大夫
前知信州虞譽追毁出身以來文字特除名勒停永不
得收叙送朱崖軍編管以私忿違法擅行追攝本州通
判郭沔送右獄留禁且奏聞因依不實故也四月三日

湖南轉運副使程元佐、轉運判官喬方、運勾蘇公才各
降一官，以朝旨取會湖南北路土軍弓弩手人數及廢
置，下逐路轉運司勘會，經六催不報故也。　二十八日，
荆湖北路提刑毛衍、提刑司檢法官溫琦各降一官，坐
不催鄂州差撥邵州屯駐人兵也。　五月七日，直龍圖
閣、知兖州方邵落職，提點建州武夷山冲佑觀，以臣僚
言其蹤跡汚穢也。　十八日，直秘閣劉宗韓落職，依前
提點西京嵩山崇福宮，以言者論其兄弟爭訟，無雍睦
之義也。　二十一日，前知常州晁端誠、通判朱輮各降
一官，以均羅違法故也。又有旨：監官衝替。　九月十七
日，顯謨閣直學士、提舉南京鴻慶宮洪中孚降授顯謨
閣待詔，以言者論其帥真定緣昏耄，與宮祠乃請入對
故也。　二十九日，徽猷閣待制、知洪州張滐落職，提點
江州太平觀，以言者論其朋附阿私故也。　十二月八
日，南劍州司兵曹事、將仕郎章撥可勒停，以昨權劍浦
縣事，將曾貢士陳汝賢斷决，仍更剃除頭髮，為和州黄
檗所奏故也。　十一日，詔任宗易、張調檢踏建延寧軍
城地基，前後興同比委師司體究，雖是湯延俊、董承有
所獻地土，緣從初不竊子細，幾誤興築，可並追奪昨因
檢踏轉官恩命，仍衝替，以戒誕謾。　二十二日，京畿轉
運徐閎中、運判陳迪各降一官，以潁昌府奏勘會每年
合起發上供木炭合用本錢，轉運司不肯依限支撥，並

無回報故也。　政和七年正月十四日，李孝彦罷尚書
部員外郎，以言者論其妄奏請併左右騏驥院為一院，
紊亂官制故也。　十八日，提點淮南西路刑獄黄敦信、
光州定城縣令王紳、巡檢忠訓郎張修各降一官，以開
封府斷遣陳崇等夜聚曉散，傳習妖教，有旨事發日本
處官坐之，故有是責。　二月十八日，淮南轉運副使李
祉、轉運使張根各降一官，以妄舉發揚州户曹胡纁擅
載蘄州綱米一千二十餘石應副兩淛直達綱不當故
也。　三月二十三日，知茂州劉唐詢特降一官，以茂州
猺人作過故也。　四月十七日，尚書户部侍郎韓梠落
職，與外任宮祠，日下令開封府押出門，以言者論傾邪
忿爭故也。　二十一日，湖北提舉香藥盧宗原、湖北常
平趙霖放罷，送吏部與令入差遣，以言者論其欺妄誕
謾、專恣狂妄故也。　五月十五日，大理寺權評事李龜
長、評事薛仁輔各降一官，丞胡正修、劉元長、權正李彦
卿各展一年磨勘，少卿周宗師罰銅十斤，以法寺斷毛
旺係鬬殺該赦，刺配千里牢城，後來因朝廷問難，改斷
鬬殺絞罪，故元斷官坐之。　二十二日，知處州晏曇降
兩官勒停，以言者論其荒淫不法故也。同日，徽猷閣直
學士、知中山府張杲落職，與宮觀；武翼郎孫用誠降三
官勒停，循州編管。以杲積慮乖違，臨機輕易；用誠職在
巡防，弗究事情，敢爾輕易故也。　六月一日，天章閣待

待制提舉洪州玉隆萬壽宮曾孝藴責授安遠軍節度副使筠州安置以言者論其居池州干擾州縣侵奪民田體究有實故也　四日河北西路常平賀希仲送吏部與合入差遣以言者論其猥惡不廉故也　六日知成都府周燾利州路廉訪使者丁弼各降兩官統制茂州軍馬張永鐸特降三官以永鐸進兵出討靜州蕃賊失利燾弼措置乖方故皆責之也　十二日勾當街道司魯絢都大總領梁平並降兩官勒停仍展三期敘以私置枷棒栲縛人兵故也　十八日詔饒州德興縣以前當職官降一官見任降兩官衝替以本縣稅戶董鴻進狀自大觀元年後官中取索過金銀以和買為名不支價錢得旨令本路提刑司體量據體量到已後節次支還訖猶有此責　二十五日朝請郎劉繹降一官以御史言其著紗分服朝見大理寺定到蔭減外合罰銅四斤特有是命　二十七日知積石軍辛興宗勒停取勘以不法亂常引惹邊事故也　七月一日勅令所刪定官黄薦可衝替係私罪重永不得與教官差遣以言者論其任學官日衩祖步出毆人抵罪故也　十七日權發遣鼎州張察可降兩官御筆以察差官齎御筆手詔撫納胡耳西道輒遣男晙姪照前去説諭身為帥臣不能一意公家選用材武協濟邊事而私其子姪意在徼賞可降兩官以為開疆拓邊挾私害公之戒也　同日

步軍副都指揮使麟州觀察使杜大忠特降授濮州團練副使徐州總管以傲狠怨望故也　八月十日廣東運判黄叔敖降一官以差人管押物赴京元給到黑漆木牌上有金填一十二字寫黄運判銜位及用黄帕裹為江寧府奏到故有是責也　二十九日前知虔州虔興縣歐陽知晦更降一官勒停知晦昨在任被罪追三官除名人已經一年以上又理訴元勘故復坐之　九月二日監察御史蔡純臣放罷純臣奏臣竊惟今明當之建其制度已純於古兹者天休昭格太史奏言火星行度遠避心星而心為明堂之次越既望二日甲寅夜流星出柳星異光照地而示宗廟有喜建造宮殿之象有旨純臣越職奏論意在迎合送吏部與監當差遣　十七日戶部員外郎陳公彥送吏部以宗祀明堂省饌日後至故責之　二十二日顯謨閣直學士提舉亳州明道宮胡師文落職以書神宗誕日雜於臣庶之間言者論其不恭故也　二十八日徽猷閣待制知洪州張漴落職提點江州太平觀以言者論其明附阿私也　十一月二日詔淮西提刑黄敦信縱盜匿不即聞可勒停取勘　八年正月二十七日葛勝中罷大司成提舉江州太平觀以言者論其邪僻不足當師儒之選也　四月三日詔監察御史黄嗣向因臣僚上言有謟穽之名豈可更為臺屬可送吏部與合入差遣　四日承

議郎知南康軍奚獻之勒停以江南東路提舉常平司奏其不法故也　十四日詔淮南運使張根輕躁妄言不循分義親書奏牘注改草畧傲慢不恭可落責監信州酒稅繼而臣僚又論其輒肆姦言欲害先烈以歛散為病民以市易為競利有旨責授濠州團練副使郴州安置　五月三日提點淮南西路刑獄李傳正勒停以盜發大安寢不關報稽緩失機故責之　十三日詔倉部郎官徐檉追毀出身以來文字除名勒停送廬州編管以檉被命措置東南九路銅錫及坑冶寶貨專事欺罔邀功倖賞所至逼脅州縣俾丞虛數致言者論列故有是命也　六月九日給事中吳敏提舉南京鴻慶宮先是盜發淮西朝廷遣兵討平始以首惡三人置之極典餘皆遞降有傳旺等初被驅脅後為賊用其丐法當論死而敏疏駁以為脅從罔治為言者所彈故有是命也　二十一日詔荆湖北路廉訪使者李滋奉詔遷延妄受供饋虧價買物除名配衡州　七月九日詔知温州徐韶美闒冗非才與嶽廟　十一日徽猷閣待制前知鎮江府蔡居厚落職依舊宮觀坐言者論其在任日迎接御書神霄宮牌不肅故也　十八日詔武功大夫康州刺史權發遣保州王拱降兩官落遥刺與宮觀不得至京以為貪吏之戒　時令漕臣措買名房廊收諸州公庫醋務息錢以佐邦用而拱輒奏委是供給不行故有

知字下有避諱字

是責也　八月六日詔禮部尚書蔡疑明附要權黨蔽其私阿尊事貴嘗命大臣往諭斯意俾對便殿面詰其由而毅然弗從殆今踰月為臣若此於義安乎責授團練副使房州安置　七日資政殿學士提舉杭州洞霄宮林攄落職以幹人置田脅民抑令倍賞制獄成故也　十三日吏部侍郎李杭提舉亳州太清宮中書舍人賈安宅提舉杭州洞霄宮中書舍人宇文黃中提舉鳳翔府上清太平宮起居郎李彌遜明堂頒事鄭昂並送吏部以言者論其植黨分明胥肥廉恥為朝廷患故也　十五日尚書户部侍郎任熙明知同州以奏請不當故也　二十六日詔罷鴻臚卿王俁太常少卿莫儔左司郎中姚宗彦張大亨右司員外郎王禮符寶郎黄穎錢蘊之並與宮觀以言者論其超權貴之門為偷合之計朋比徇私蔑棄公法故也　九月十六日詔徽猷閣待制知　州王靚自備從官一無報効造言附會可落職知商州　二十四日鼎澧路都鈐轄張察放罷差提點西京嵩山崇福宮　初臣僚嘗論列察不法事有旨命本路漕刑體究湖北路轉運提刑司體究各無事實以言者曾論遂有是命　二十九日詔知襄州趙峴飲燕無度搔擾百姓可放罷　閏九月二日右文殿修撰文維申罷知亳州提舉南京鴻慶宮　以陳乞回授恩澤繆誤故也　八日太學博士錢拆辟雍直學古錢堪

並送吏部以言者論圻諂佞權貴故兄弟併黜　十七日詔頃發運使在任諒奏泗州大水躬親救護得以無虞致行賞典尋知漂溺人口千數學舍倉庾悉已衝圮浮橋斷壞諒匿而不言公肆虛誕可勒停

全唐文

宋會要

黜降官六

重和元年十一月十四日淮南路轉運使李祉降兩官
以臣僚言近旨非戰陣開邊及朝廷灼見勞効而有司
擅為奏者嚴為之禁近者李祉以壽春府官有勞乞降
旨付已保明推賞未聞詔許而遽列姓名來上玩法慢
命何以加此故有是責　十二月九日臣僚言六曹郎
官五十五員謹按不容於公議者十有六人汪師心黃
願汪希旦李莊李楊成提張鎬常懷梁子海葉椿唐作
求吳直夫章圻李與權王良欽强休甫乞賜罷斥從之
　二十二日江西運判劉蒙放罷以臣僚論其不奉詔

卷三千八百八十八　一

令亮暴恣横擅作威福官吏上下恐懼咨怨故也　二
十七日軍器監鄧之綱特降一官以臣僚言之綱以昏
杖之罪臧輙指定刑名止請入于流配故有是責　二
年正月六日詔淮南被水令數下訪聞楚州山陽鹽城
二縣餓殍萬計扶老携幼號訴鹽司而常平官告諭以
乞米未下令各歸業轉于溝壑者不少可支已截斛斗
日下賑濟不足於隣州義倉兑換其守令提舉常平先
次勒停受訴官及監司降兩官宣和元年正月二十三
日詔龍圖閣學士知成都府孫羲叟遠守西蜀明見用
紅纖迎神不行焚毀落職降五官與宮觀　三月四日
詔顯謨閣待制知中山府沈純措置乖方落職提舉江

州太平觀　二十三日提舉兩浙路常平趙霖降一官
以增修水利不當故也　二十六日朝請大夫知房州
李悝水次除名勒停僉書官並勒停以權京西路轉運
判官李祐奏房州去年七月八日聞有百姓陳訴災傷
者數百人悝將狀首劉均等各斷杖六十遍城市號令
兼劉均年七十三歲因斷得病身死緣此阻遏放税不
及一釐又賑救失時致民户流移飢殍者不少故有是
責　二十七日直徽猷閣提點永興軍路刑獄郭允迪
落職降兩官勒停為根究許信等公事不當故也　四
月二日京西常平官孫延壽先次勒停均房州知通遂
縣知縣並衝替汝州止係一邑知通各降一官以京西

卷三千八百八十八　二

路轉運判官李祐奏漢江水漲損害民田州縣不依災
傷檢放及餓殍者衆不行賑濟故也　六日提點京畿
刑獄朱維差提舉西京崇福宮以言者論其以病廢職
陳留雍邱界内盗賊不戢之故也　五月四日刑部尚
書薛嗣昌提舉西京嵩山崇福宮以奏請吏部掌格誕
謾故也　五日禮部尚書王孝廸工部尚書王詔兵部
侍郎蔡安持前兵部侍郎李撰新差知密州軍州事李
繹刑部郎中陳彦恭刑部員外郎聶宇知饒州朱李端
吏部員外郎郭三益丁憂人朝奉大夫張彝開封府工
曹何安中降官有差坐前此不覺察胥吏偽押字小書
偽造省符偽奉聖旨等事　十一日吏部侍郎孟揆與

小郡以言者論其常諷臺臣令有所論奏故也　十五
日太府少卿盧法原前太府寺丞張錫工部侍郎前任
戶部左曹侍郎郗庭俊度支員外郎趙鼎臣前監糧料
院賈公立陸欽彥見任監官陳居之戶部尚書王革專
計司監官闕孝忠各降兩官以各不覺察人吏盜印僞
造省符及妄僉押過盜請官錢及妄出給歷頭等事欺
弊故也　十九日新知蘄州孟揆提舉亳州明道宮又
責爲海州團練副使郴州安置以言者論列不已故也
二十二日秘書省著作佐郎王時雍與宮祠以言者
論其貪汚邪慝故也　六月七日孟昌齡罷兵部尚書
依舊延康殿學士提舉上清寶籙宮提舉三山河橋坐

卷二千八百八十八　三

其子揆兼臣僚上言故也　十四日起居郎李綱送吏
部與差遣以上言京師水災援周官國危則有大詢之
禮所論不當故也　同日徽猷閣待制提舉醴泉觀葉
著落職提舉西京嵩山崇福宮以携家登城觀水故也
七月十三日京畿提舉常平吉觀國送吏部以水暴
漲端坐恬不介意並無措置爲臣僚所論故有是命
十八日責武成軍節度使提舉亳州明道宮何訢爲昭
化軍節度副使鼎州安置宣奉大夫提舉南京鴻慶宮
盛章爲單州團練副使筠州安置以訢交私庭臣姦狀
暴列章泄漏省語慢上殘下背公立私故黜之　八月
八日光祿寺丞鄧之光送吏部與遠小處監當時攝光

祿卿八月一日朔祭別廟之光爲聞親堂弟身亡大功
卽不礙致齋行事而之光不赴省饌爲御史臺彈奏故
坐之　十一日威勝軍綿上縣令丁祖仁勒停以貪汚
不法知軍劉民瞻放罷以不按察祖仁也　十八日田
爲罷典樂爲大晟府樂令以臣僚言典樂在太常少卿
之上燕樂所製撰乃釐務官耳太相遼絶不冒躐如此
故有是命也　二十八日提舉一清寶籙宮李倬落職
提點南京鴻慶宮以言者論其附麗盛章故也　九月
二十七日詔延安府令年三月內給香鈔與見錢鈔不
合作兩等行使奉行不當官並降兩官　十月三日詔
河東路提刑張宗武高公純不按銅鞮縣令孫詵非理

卷二千八百八十八　四

用刑江南西路提刑莫砥不按虔州獄官濫刑京西路
提舉常平時道陳不按葉縣官吏不賑濟永興軍路轉
運判官張孝純鄭集提刑郭允迪不按慶陽府戶曹葉
裕妄支官錢潼川府路轉運判官湯東野不按盧州監
押李持詐請鹽鈔提舉常平王晟不按鹽亭縣方田官
陳端卿貪冒不法淮南東路提刑劉壽張勤提舉常平
顧彥成不按提刑司檢法官周元益私酤並降兩官以
臣僚上言也　十九日詔陳克昌元補授名目可改正
追奪臣僚言克昌家貲鉅萬交結盛章遂以轉一官恩
例妄作外甥名目回授一官仍理選限伏望改正追奪
從之　十一月八日詔司農寺丞張暨輕傈妄作不務

協和職事可送吏部與監當差遣　十七日詔潼川府
士曹景錫可先次衝替根勘以用小杖子訊打離職鄧
宗過數目至死故也　十二月十二日秘書少監劉壽
提舉西京嵩山崇福宮以臣僚論其昨任淮東提刑輕
肆妄作蔑視詔條任情廢法輒入人罪故也　二年正
月二日致仕馮浩追毀出身以來文字除名勒停枷項
送永州編管以臣僚論其兇暴姦惡死有餘責故也
二月二十七日詔户部尚書唐恪姦回失職奏報虛誕
可與小郡　四月十一日權發遣鳳翔府孫漸降一官
衝替以秦鳳提舉常平湯東野申有旨將舊鐵錢與夾
錫依舊銅錢二文一等行使孫漸奉行不虔故也　五

卷三千八百八十八　五

月六日高得仁李麟並特勒停大理寺卿少刑部長貳
郎官並各降兩官得仁麟並坐前任寺官以失斷婦人
流配卿少有失點檢致誤省部依斷因言者論列以示
懲戒故有是命　七月二十八日徽猷閣待制知潭州
趙嶸落職提舉江州太平觀以不奉詔使道之任輒至
京畿故也　八月十八日新授徽猷閣待制鄧之綱責
授英州別駕韶州安置以開封府勘到之綱任軍器監
日衩衣乘轎出入往宗子家及臣僚論其修軍器名色
多有欺弊故也　十九日知南康軍王寓提舉台州崇
道觀以賓前為御史勘鄧之綱獄觀望故也　二十日
吏部尚書蔣猷除徽猷閣待制與郡給事中傅墨卿除

右文殿修撰與宮祠以言者論其朋附也　二十三日
知饒州蘇嶧差提舉建州武夷山沖祐觀言者論其性
質姦狠加以衰耄故也　二十四日户部郎中陳彥恭
送吏部與監當以其朋邪懷異也　二十六日慶遠軍
節度使知東平府林攄罷節度使授正奉大夫提舉亳
州明道宮臣僚論其往守東平今移大名陵轢官吏恣
行吞噬故也　二十九日御筆新知鄂州陳彥和上殿
奏陳乖謬可送吏部與監當差遣以誡妄作　九月五
日詔楊通除淮西提舉學事指揮更不施行以臣僚論
通學術膚淺平易之字尚或不識昨者陛辭劄目所論
柱斧乞行禁約乃以柱為主且曰主為君道斧象君德

卷三千八百八十八　六

竊聞祖宗以來京朝官以上許用柱斧執綏各有儀禮
蓋民社之寄既重非此則無以示等威況柱斧之制率
以水晶銀銅為飾即未嘗有以斧形者儒師領袖不可
冒居故罷之　十四日詔淮南運河淺澁漕臣陳仲宜
坐視送吏部與監當　十二月十一日詔秘書省正字
潘宗四送吏部以言者論其自陳請乞還除故也　三
年正月四日知滋州仁懷縣令蔡母蕃放罷以耳疾重
聽職事不修新民熟夷無所赴訴故也　二月四日徽
猷閣待制新知青州趙霆責授雷州別駕吉陽軍安置
以前任杭州方臘犯城失守故也　五日潼川府路計
度轉運副使盧知原放罷以言者論知原於本路私置

還壘厚增賦税故也　同日　華宅諸王府贊讀黄冠送吏部以言者論其講議不職故也　十八日詔司農寺稽滯諸軍馬料支帖少卿李文仲羅選特降兩官　二十四日詔俞瞷身爲監司首先挈家避賊動搖人心特追毀出身以來文字除名勒停送永州編管　二十九日朝奉大夫方邵除名勒停筠州編管以言者論邵强奪同郡王之才舍屋怒其不從又彎弓射其門之才訴于憲臺具陳邵居鄉不法凡六十餘事故有是責也

三月二日詔知貢舉趙野黄齊郭三益分散試卷差互並無措置各特贖銅十斤　二十七日直徽猷閣京西路轉運副使時道陳落職送吏部以言者論其酷虐

卷三千八百八十八　七

害民故也　四月七日知東平府壽張縣孔端節德州司録梁敦禮朝請大夫祖翺范滋新提舉京兆府路常平吕希華新通判永寧軍蘇庠致仕王梓承議郎彭師心通判邵州祖德恭通判階州鄭祖吉開封府工曹王陟承議郎孫擴朝散郎吕直夫監事材場安愚之忠翊郎梁師德各降一官大理寺勘到黄中正等冒請左藏庫官錢端節等嘗任京東排岸監官八作司監官糧料院監官專句司監官西八作司監官並不點檢覺察致有冒請故皆坐之　十八日御筆虞防所上書皆耳剽已行之事亂有稱述希合納諂不類士人可罷管句南京留守司御史臺送吏部與小處監當　十九日吏部

員外郎鄭滋司封員外郎張忞各降一官臣僚上言省曹寺監官吏怠墮職業一付胥吏之手動涉歲月如許岐任亳州永城縣尉日合得減年磨勘經隔十五年不爲出給公據有如吏部右選者趙士侗乞封母經隔七年不爲施行有如司封者欲望特賜黜責故有是責

二十五日知鄧州崔彪勒停以月支軍糧稽違故也

二十八日岳州當職官特降一官以湖北路提點刑獄司奏岳州虚申起發宣和元年分上供紬絹拖滯故也

五月四日徽猷閣待制提舉南京鴻慶宫徐鑄落職以先知杭州修蓋蔡京私第出納違法故也　十三日大理卿宋伯友少卿聶宇各降一官丞元襃評事蘇恪

卷三千八百八十八　八

各特降兩官以斷役兵梁俊作賊不當故也（見大理門）　閏五月二日右文殿修撰淮南發運副使趙億可落職管句江州太平觀以職事不脩開河催促綱運疎謬故也

五日承信郎馬獻追見任一官勒停以耀州奏獻前任迪功郎邠州儀曹準告换授承信郎爲不意换授武官罷見任職事並不即時謝恩捋告擲于地并于謝恩持依舊只着綠公服故有是責　同日朝奉大夫管句江州太平觀趙億勒停以前爲發運副使奉職不虔黜責尚輕故也　十八日徽猷閣直學士太中大夫張莊降兩官以前知東平府城壁摧圮修治滅裂故也　六月十五日江淮荆湖等路發運副使林虎降一官以前爲

江淮漕臣賑濟失職故也　七月八日廣東運判鄭良
降一官知連州馮齊荀特勒停坐党職陳十二燒刼民
居作過齊荀在任並無措置及州指使李昌甫捕斫陳
十二齊荀乃妄奏爲己功鄭良保奏不實故併坐之
同日詔直祕閣河北路轉運副使李昌孺落職送吏部
以言者論其攝帥中山廉聲不聞故也　十一日詔祕
書省正字秦埛開封府刑曹劉溭送吏部與遠小監當
以兩人公然對衆妄詆國政怨謗故也　同日朝奉郎
盛升追毀出身以采文字除名勒停先是臣僚論升爲
止寧淩縣假民產以居不償債直又挾恨箠打陳興死
而復蘇以斂傷其腿股終致身死令提刑司取勘得實

故也　八月八日詔趙霖興修水利多是誕謾其州縣
補官冒賞人並追奪　同日內侍省祗候內品楊州建
隆寺章武殿香火使臣趙舜輔勒停以言者論其彊買
民田干預郡事故也　九月三日前知建陽縣鄧時特
貸命免眞決除名勒停送蘄州編管以建州推勘到侵
贓等事　十月二日顯謨閣待制新知德安府王仲嶷
落職提舉亳州明道宮發運使奏仲嶷昨任越州日拋
羅錢物等不明白故也　八日知嚴州李愘除名勒停
送潭州編管餘責降有差以方臘寇城愘棄職逃避也
十九日新除徽猷閣待制知慶源府董耘除集英殿
修撰知深州以言者論其猥濘躁競節行不修故也

二十二日大理寺正尉遲紹先降一官臣僚上言梁俊
公事大理寺引用條法不當承評各降兩官長貳及連
簽丞評各降一官而正獨不降罰之坐弟恐前日敕文
偶失該載紹先當時實與簽書伏望一例降官施行從
之　二十七日太僕卿王寔提舉江州太平觀以言者
論其挾相術奔競交結故也　十一月二十六日北承
司官張光懋并恩州知通州清河縣令佐各降一官以
河決恩州清河第二埽故也　四年二月二日兵部侍
郎黃齊新知蘄州梅執禮各降一官以朝獻景靈宮次
詣熙文殿班列已定而二人獨後爲臣僚所論故也黃
齊續奏乞黜差知通州　三月二十一日詔提舉南京

鴻慶宮賈種提舉河北糴使張琰朝請郎陳靖直奉議
郎江衮平江府戶曹劉茂年密州司錄朱璘新陝西路
轉運司準備差使趙子崧各降一官長州縣尉章昭亮
勒停並坐前任平江府官獄吏出入死罪失覺察故也
四月五日直祕閣前知宣州俞㮚可落職送吏部與
監當差遣以㮚所奏妄論九疇之序學術迂僻又犯廟
諱二字不空闕點畫亦不用貼黃顯屬昏謬故也　六
月九日新知宣州應安道提舉江州太平觀以言者論
其誕謾欺罔贓貨營私故也　二十一日新知河中府
田登提舉西京嵩山崇福宮以言者論其守郡輕脫人
所嗤鄙故也　二十四日知宿州林虎降一官以前爲

發運副使不申羅本數目侮慢失職故也　七月十二
日吏部員外郎楊信功送吏部與遠小監當坐前治郾
乖謬故也　二十八日通侍大夫相州觀察使和詵責
授濠州團練使蘄州安置以童貫奏詵玩寇誤國故也
八月二十三日詔新同州司户曹事范燾上書狂妄
送吏部與廣南遠小監當　九月五日前提舉亳州明
道宫宋昭除名勒停送廣南編管以上書狂妄前後反
覆故也　十二月三日徽猷閣待制知襲慶府錢伯言
落職提舉南京鴻慶宫以託疾避事故也　八日龍圖
閣直學士知杭州蔡薿提舉南京鴻慶宫以言者論其
任意用刑判詞鄙陋因事中人取其財以修城故有是
卷三千八百八十八
十一
命　十一日直徽猷閣提點京東西路刑獄梁楊祖落
職提舉亳州明道宫以言者論其建議修東平府城壕
欲浚及泉又乞用明年及次年春夫輕作寡謀故有是
命　二十四日金部郎中林沖之謝彦中並送吏部以
言者論其同僚交訟有害士風故也　五年正月二十
七日直龍圖閣薛尚志落職送吏部以言者論其輕傑
無士行故也　二十八日知滁州唐恪提舉南京鴻慶
宫以言者論其于隣郡營私第擾動一方故也　二月
二十五日知汝州李敦義管勾南京鴻慶宫以漕司劾
其昏耄廢職故也　三月十七日殿中少監李俶降兩
官管勾亳州明道宫以言者論其任將作監日盜用修

宜春苑錢故也　二十一日江南東西路提舉鹽香官
胡詵可先次降三官以私煎盗販公行妨阻客旅及推
行新鈔以來並無申陳措置故也　同日兩浙鹽香官
詔降兩官　六月十五日中書舍人王綯降一官以言
者論其夏祭大禮行事奔趨後時故也　二十一日權
知巴州熊倩降一官以前任提點坑冶鑄錢有連州銜
皂黄璦妄將同官銅場地段改名妄作新地告發尋委
官體究不實黄璦特追毁元補授官倩時僉書保明故
有是命　七月五日大理卿宋伯友降兩官以刑部劾
其上編斷例不經刑部違條官制是也　九日知瀘州
劉亞夫放罷以接納溪州田才順擾擾冒賞坐事故也
卷三千八百八十八
十二
十一月兵部尚書陸德光提舉江州太平觀以其交
通近習嘗觀望言事故也　二十四日詔胡師文復顯
謨閣待制蔣彝贈徽猷閣待制指揮勿行以言者論二
人憸佞師文不宜居法從彝不當被卹典也　八月一
日詔延康殿學士知福州劉韐落職提舉南京鴻慶宫
先是御史中丞陸德光被旨根治劉延慶公事而韐私
謁德光爲言者所論故也　四日提舉江州太平觀薛
山責授崇信軍節度副使衡州安置臣僚上言山自罷
開封退處臨川干撓州縣營第城中皆丁夫供役有隣
田其人孤幼給其立券之後一文不與故有是責　十
三日檢校少保安德軍節度使醴泉觀使李毅責授岳

陽軍節度副使致仕以言者論其子雍奏乞析居而毀遂逐之不以為子慈孝兩失故也雍亦追毀出身以來文字放歸田里　十五日主客郎中賈鎮送吏部以言者論其嘗為都水監胥吏故也　二十五日管勾步軍司公事王元提舉西京嵩山崇福宮以言者論其朋附權貴沽譽希進又招刺老弱充軍故也　二十九日大名尹王革為延康殿學士提舉西京嵩山崇福宮以治郡慘酷無狀捕盜措置乖方故也　九月十三日徽猷閣待制提舉萬壽觀蔡絛勒停以言者論其撰西清詩話學術邪僻多用蘇軾黄庭堅之說故也　十月八日詔諸路漕臣呂淙徐閎中陳汝錫李侗並落職俞賙向

巻三千八百八十八　十三

子諲各降兩官范仲柴夢李孝昌各降一官蔡傑蔡蒙休胡端平鄭待問各降一官衝替以上供未到額斛數多有誤中都歲計發運司官坐視並不措置故也　十一月十一日惠渠民可罷殿中侍御史鄭約罷著作佐郎以差充府監發解別試所試官具武士合格字號奏聞數內係內舍試上舍試巻其當行人部誤用外舍試內舍印子致有差錯故也　十三日知撫州留怙令致仕以鼎山撓州政每事曲從故也　十五日度支員外郎表炳監左藏西庫賈公彥各降一官以戶部違定限不支係錢時於榷貨務撥見錢應副故也　二十一日太府少卿李著太府寺丞胡欽之各降一官以洮州守

禦人兵唐突車駕言得功支賜太府寺未與支給故也　二十九日詔右文殿修撰河北燕山府路轉運副使王子獻刻剝廂軍等輒經兩月略不措置可落職　十二月十七日詔勘會官員緣罪衝替放罷後來結斷元犯罷前任即不合更罷後任若前任已滿或因事故未差衝替放罷者合罷任後令吏部申命行下同日靜江軍承宣使致仕李宗振降三官給全俸指揮更不施行以言者論其本胥史奴才比使宣撫東南恢復燕薊而宗振居幕府招權怨橫旁若無人故也　二十一日太常博士汪叔詹送吏部以言者論其哀疚中訟于徽州乞治言新城之不便者惟以便己故也　宣和六年二

巻三千八百八十八　十四

月六日寶文閣學士知河中府程唐落職提舉南京鴻慶宮以言者論其交結貴臣營私射利故也　二十八日太常少卿蘇元老秘書少監洪炎並罷與外任宮祠以言者論元老乃軾之從孫炎乃黄庭堅之甥也　閏三月二十二日榷貨務官弁大觀元豐左藏東庫官常撫洪羨桂袁州遂寧府買納官並各降一官知通令辰及當職官各罰銅二十斤以納到春衣細絹布紕薄陳爛故也　二十五日應天尹葉著提舉西京嵩山崇福宮以治郡無狀故也　四月二十四日詔龔況上殿奏對疎謬人材闒冗送吏部　九月十三日直龍圖閣鄧紹密落職送吏部以言者論其貪汚又為譚稹所薦故

也　十月二十七日吏部侍郎王時雍御史中丞何㮚並爲徽猷閣待制提舉西京嵩山崇福宫中書舍人韓駒爲集英殿修撰提舉江州太平觀以三人俱元祐曲學故也　十一月三日吏部尚書盧法原延康殿學士提舉上清寶籙宫何志同並爲顯謨閣待制提舉西京嵩山崇福宫工部侍郎賈安宅提舉亳州明道宫中書舍人張志提舉杭州洞霄宫馬伯辰提舉南京鴻慶宫給事中檀倬中書舍人胡松年並提舉江州太平觀起居郎周高亨送吏部皆以言者論其朋附王黼規摇時政故黜之　同日徽猷閣待制提舉西京嵩山崇福宫王時雍集英殿修撰提舉江州太平觀韓駒並落職以

卷三千八百八十八　十五

言者論其責輕故也　十九日尚書右司員外郎宋孝先送吏部以言者論其人才凡庸故也　二十一日河東路轉運副使韓揔陝西路轉運副使王澤淮南東路轉運判官向子諲淮南西路轉運判官俞睎成都府路轉運判官蘇覺童川府路轉運判官梁子京夔州轉運判官李定並放罷内帶職人落職皆以前用事者選任非人臣僚論列故也　二十三日詔知東平府李延熈差管勾南京鴻慶宫知深州向子伋知磁州賀希仲並送吏部以言者論延熈嘗知冀州掊克諸色錢以入公使庫子伋嘗爲京畿常平提舉方田不均虚增賦税希仲曾任河北監司凡所薦舉使其私僕干求百出故皆

罷之　十二月四日直秘閣兩浙路轉運副使曾讜落職送吏部大晟府典樂劉谷瑞送吏部國子祭酒蔣存誠放罷以言者論讜職事弛廢谷瑞僉鄙冒進存誠狠愎自大故也　八日直秘閣新知鼎州宋晦提舉江淮荆湖等路坑冶鑄錢沈公彦並送吏部晦仍落職以言者論其貪鄙無行故也　十一日龍圖閣直學士知成都府王復提舉西京嵩山崇福宫顯謨閣待制知鄧州葛勝仲提舉江州太平觀並落職秘閣修撰提點河北東路刑獄李孝揚直秘閣提點河北西路刑獄陳隆壽直秘閣提點淮南東路刑獄徐閎中直龍圖閣提點淮南西路刑獄雷壽松提點福建路刑獄俞尚並落職送

卷三千八百八十八　十六

吏部知懷州李罕知相州何漸知慶源府趙令應直秘閣蘇之悌並送吏部皆王黼黨也　十六日尚書都官郎中尚瑜送吏部以言者論其病不勝任素無廉稱故也同日顯謨閣待制提舉西京嵩山崇福宫何志同落職以言者論其被責怏怏遲留近邑意欲營求復居賜第故有是命　十八日詔國子祭酒蔣存誠放罷以言者論其主張僻學故也　七年正月五日詔太常少卿高景雲别與差遣以臣僚論列也　十八日徽猷閣待制提舉榷貨市易務魏伯芻落職以動摇鹽法故也　二十二日徽猷閣直學士陝西路都轉運使趙子澮落職提舉亳州明道宫以朋附權勢將漕失職故也　二

月七日京西轉運副使直祕閣朱彥美放罷取勘臣僚論彥美以州縣漕司錢物徙置僻左小邑貯之別庫悉皆移牒徑取謂之筆帖前後非一莫可考驗所起官錢則縱吏為虛作券鈔折會盜請既為告者暴其罪彥美不即案治故有是詔　四月六日提舉上清寶籙宮兼侍讀蔡絛罷侍讀提舉亳州明道宮以其僻學邪見除通英非所宜也繼又詔絛出身敕可拘收毀抹　同日詔罷開封尹燕瑛落龍圖閣直學士與在外宮觀以不戢盜賊輦轂之下白晝殺人故也　十八日提點江南東路鑄錢王闡除名勒停以其貪墨因巡歷買販盜取官錢提刑廉訪驗治有迹故也　十九日京正少卿李

卷三千八百八十八　十七

積中送吏部以元符末上書詆誣先朝故也　二十一日吏部尚書葉夢得提舉南京鴻慶宮試給事中翟汝文提舉江州太平觀中書舍人李瓘提舉亳州明道宮中書舍人曾開提舉杭州洞霄宮吏部侍郎葉偲提舉江州太平觀徽猷閣待制知海州錢伯言落職提舉亳州明道宮御筆夢得害風教汝文狂率瓘小人開傲忽弗恭偲無狀錢伯言誕謾故有是命亦以蔡絛之黨也

同日龍圖閣學士蔡絛落職奉御筆絛妄意建議請創置式貢司于宣和庫張官置吏又分六庫以括四方之幣萬民之貢凡金玉文織與良貨賄下至衽席床笫皆隸其中又欲空府庫之所有以實之違典式興聚斂

屆國用啟私藏陰懷姦訑公肆狂率故有是命尋又詔絛罪大責輕特勒停　二十六日中書舍人張瀕提舉亳州明道宮提舉亳州明道宮韓拓責授海州團練副使黃州安置以言者論瀕致身掖垣尚領宣和庫式貢司陰助絛姦謀招懸藉絛勢肆為姦慝祠官自便猶為輕典故有是命也　同日詔姜剛之郭孝友張嚳並送吏部李彌儒與外任差遣並以附麗蔡絛故也　二十七日宗正少卿董濬放罷徽猷閣待制新知濟南府陳彥文提舉江州太平觀以言者論濬附會蔡絛進用超躐彥文天資兇悍治郡無狀故也　五月二日詔孫默除陝西轉運副使石㦸知鮮州指揮並勿行以言者論

卷三千八百八十八　十八

默殘忍不法㦸駔儈小人故也　六月十三日詔兵部員外郎李悚送吏部以言者論其傾邪反覆也　同日開封府右司錄呂瓘士曹李敏能並放罷以言者論瓘敏能為燕瑛薦引專權不法故也　二十一日權知邠州不諒放罷差管勾亳州明道宮近緣張確依舊知邠州不諒別與差遣奏乞終滿今任已而張確除知鮮州臣僚論不諒輒作急速文字徑赴入內內侍省投進緣近歲邊防機密或寇盜竊發急於奏取聖裁始有徑赴入內內侍省文字號為直達未聞以私事直達奪人差遣者也故有是命　七月十二日延康殿學士提舉西京嵩山崇福宮薛嗣昌降充徽猷閣待制臣僚言奉御

筆嗣昌有轉一官回授恩例未經行使可依陳彥修男
陳革例特許回授與男昶改合入官檢會陳章改官元
降御筆未嘗有用父回授之語况吏部又有回授不許
改官之法嗣昌自知回授恩例與選人改官輕重不倫
故敢擬之間妄稱有例以罔聰聽伏望追奪薛昶已改
之官正嗣昌罔上之罪故有是命也　八月三日提舉
潼川府路常平汪叔詹放罷以言者論其操行狂率罷
歸銓部擬官未赴遽升使指故有是命也　十月十七
日詔高揆依舊通判衛州前降知秀州指揮更不施行
以言者論其趣操卑猥治行無聞累任憲司屢以失職
降秩故也　二十三日詔江淮荆浙等路提點坑冶鑄
卷三千八百八十八　九
錢湯夢觀林拯並送吏部以言者夢觀貪虐拯汚謬故
也　十一月十八日詔權發遣興元府李士式差管勾
江州太平觀永不得與知州軍差遣以臣僚論其視事
之初惟供給是務配斂民戶勒賣醋錢以入公使庫致
人戶遠詣臺省論訴薰入仕以來獲罪非一也　二十
二日知濠州連南夫降一官以言者論其與凡爭論訟
十七年不葬其親及知濠州乃因謝表文過飾非無所
忌憚故也　二十三日詔汪希旦前降復職指揮更不
施行送吏部以臣僚論希旦貪汚不法狼藉有聲項知
泗州無罪死於獄者三十餘人張汝舟蓋常發其貪汚
錢景述向子諲俞賙常同奏其不法故有是責　欽宗

靖康元年正月三日寧遠軍節度使朱勔放歸田里續
詔安置廣南籍沒財產以言者交章論其罪惡荼毒天
下猶未正典刑故特有是命　同日太傅楚國公致仕
王黼責授崇信軍節度副使永州安置仍籍沒資產先
是臣僚言姦臣賊子如四凶者蔡京王黼童貫梁師成
李彥朱勔黼欺君罔上蠹國害民朔方之釁黼實啟之
故有是責　二月十八日太保領樞密院事蔡攸可特
授太中大夫提舉亳州明道宮以幽薊之役攸為宣撫
使邀功誤國造怨結禍致言者論罪故有是命　二月
十九日保和殿大學士孟昌齡延康殿學士孟揚龍圖
閣直學士孟揆並落職昌齡與在外宮觀揚依舊權領
卷三千八百八十八　廿
都水監職事揆供措置橋船了日取旨以言者論昌齡
父子相繼領水衡職過惡山積結內侍為之與主起取
名位不知紀極及首建回大河之勢漂沒生靈身不在
公遙分爵賞每興一役乾沒無數莫能鉤考故有是責
二十七日又降昌齡為中大夫揚揆為中奉大夫六月
二十七日又責授昭信軍節度副使袁州其子揚海州
團練副使金州揆黃州團練副使永州安置知磁州孟
持落直徽猷閣放罷復有論列也　二十一日詔朱勔
令衡州居住其子慶陽軍承宣使汝賢靜江軍承宣使
汝功妹華州觀察使汝楫明州觀察使汝舟並與武功
大夫朝奉大夫直龍圖閣汝翼落職並致仕弟閤門宣

贊舍人勛子汝文汝明孫綈縡約絢緯綬閤門祇候綽
紳並罷閤職　四月十七日勛移韶州羈管子汝賢合
州汝功復州汝文峽州汝明建昌軍姪汝楫　州汝舟
臨江軍汝翼歸州弟勣撫州並居住逐人子並令隨父
前去追奪朱沖朱勔官爵以臣僚言人臣之罪莫大於
僭逆挾勔於私家建神霄殿凡節朔郡吏與監司經由
皆朝拜于其家大逆不道迹狀明甚今父子皆衡州一
處與刑未正望肆諸市朝與衆棄之散遣其子孫投之
四裔故有是責　二十七日户部侍郎鄭望之提舉亳
州明道宮以言者論其和議為非又除授不當故也
三月一日兩浙提刑王仲閎淮南轉運使俞瞯知秀州

卷三千八百八十八

周審言落職前發運判官陸寘兩浙提刑胡邃平江府
通判許操司録周杞知常熟縣宋晦並送吏部以言者
論朱勔父子肆行姦惡仲閎等刻剝民力助其凶焰乞
行竄治重賜黜責故有是命　十六日詔元主和議李
邦彥奉使許棄河北地李棁李鄴鄭望之並罷黜　十
七日詔兩浙州縣應交通朱勔害民官吏並令本路漕
臣體究放罷　二十三日詔江南轉運使曾紆福建轉運
使趙岍唐績提舉市舶張佑提舉廣東鹽香黄昌衡提
舉京畿常平陸棠並罷送吏部内有職者奪之以言者
論皆緣交結權倖賸取名位邪佞凶狡素無廉聲皆不
足以當一道之寄故也　二十四日監察御史胡舜陟

言西清次對之官天子侍從也非文學足以備顧問德
望足以儀朝廷者豈容冒居自崇寧以來宰相之子例
為此官既除修撰即遷待制有如階官指日轉行名器
之輕如此祖宗時宰相子官至正郎者猶少趙普王旦
為相十二年子猶白身此蓋不欲使貴胄與寒畯爭進
至蔡攸始為待制士論該之其後乳臭童稚日未知書
綺襦竹馬方務嬉戲而官已列禁從矣蔡京王黼之子
今已落職而鄭居中之子修年億年劉正夫之子阜民
阜民余深之子日章白時之子彥輝或為待制或為直
學士望悉褫其職以協餘論從之　同日延康殿學士
知廬州王孝迪落職提舉南京鴻慶宮以言者論其初

卷三千八百八十八

無他長徒以李邦彥姻家驟至執政故有是命　二十
八日朱勔安置廣南籍没財産以言者交章論其罪惡
荼毒天下放歸田里未正典刑故有是命　三十日蔡
京責授崇信軍節度副使德安府安置以言者論其懷
姦誤國之罪願亟行竄逐以慰天下公議故有是責
同日江淮荆浙制置發運使宋晦落徽猷閣待制與在
外宮觀以言者論其懷姦為惡反覆離間黨庇姻家蔡
攸故黜之　四月二日王子獻送吏部韓宗冑劉愿王
澥並放罷時子獻任監司宗冑任郡守愿澥任縣令以
言者論嘗助李彥廷由京東西大害于民殘孽未殄宜
正典刑故有是命　八日直祕閣京西路轉運副使陸

竄落職送吏部知陜州王復放罷以臣僚言河陽鄭州當兵馬之衝竄為漕臣未嘗過而問復臨民無狀蓋王黼童貫之僕隸不宜典司方面故也　同日通議大夫提舉杭州洞霄宮蔡行責授昭化軍節度副使襄陽府安置以御史臺根究到行擅去朝廷逃歸東南故也

十五日工部侍郎馮溫舒提舉南京鴻慶宮顯謨閣直學士知平江府李倫落職提舉華州雲臺觀坐附會朱勔故也　十七日蔡京移衡州安置童貫責授昭化軍節度副使郴州安置御史中丞陳過庭言蔡京王黼童貫造為亂階均犯大惡然竄殛之刑獨加於黼而京貫止于善地安置罪同罰異故也　同日知青州宇文虛

卷三千八百八十八　二三

中罷赴闕以言者論童貫始開燕薊虛中嘗為參謀盡國長師招納叛亡結成邊患皆虛中主其謀後詭說求使虜帳懷姦誤國大逆不道望賜流竄時召赴闕故罷之　十八日詔知鄢陵縣張膺可除名勒停以虜入寇乃稱母長輒去官守虜退復就職故也　二十二日顯謨閣直學士葉著降待制徽猷閣待制馮躬厚劉倜降秘閣修撰直龍圖閣王辟疆辟光葛立經直秘閣提舉河北東路茶鹽霍知白並落職提舉三門白波輦運趙奇開封府儀曹孟鉞將作少監宋彥放罷郭南仲徐時彥依放罷人例皆以蔡京攸王黼王安中孟昌齡之子弟親戚言者論其傾附為之心腹未蒙斥免故皆責之

二十九日詔蔡京童貫朱勔久積典憲衆議不容京可移韶州貫移英州勔移循州攸責授節度副使永州安置以御史中丞陳過庭論列不已也　同日詔承議郎直龍圖閣高堯明追五官勒停提舉南京鴻慶宮馮溫舒勒停以閤門言其不曾辭朝故有是命　五月一日詔蔡京朱勔子孫已分送湖南如本路州軍數少分送江西遠地於是蔡行移洪州翛潭州脩衡州絛邵州並安置縡沆袁州徽道州朱汝功移桂陽監汝文郴州並居住其子各令隨侍唯蔡倖以駙馬都尉免竄　十一日徽猷閣待制蔡佃落職提舉江州太平觀筠州居住以臣僚論其為京攸近屬而贓汚姦佞賊害無辜故

卷三千八百八十八　二四

也　同日知汝州謝兢知蘄州楊晪工部郎中滕茂實明堂令宋恩直並送吏部與監當差遣坐前為明堂令收楷書俸入己故也　六月四日詔顯謨閣待制葉著秘閣修撰馮躬厚劉倜並落職以言者論其前雖降職未厭士論故也　同日詔种師中下統制將佐各降五官以河北東路宣撫使劉韐言師中擒次不利兵馬潰散統制將佐逃遁不應援致主師死事乞重立賞捕雖遇恩數必行軍法故薄責之　十四日金部員外郎陶恂送吏部以往淮南催綱不反命故也　十五日廣東西路提點刑獄劉仿廣西運判方略並放罷以言者論蔡京父子毀韶潯二州方略皆親黨一旦持節似欲與

蔡氏為地故黜之　十八日資政殿學士蔡懋落職以言者論其以父確事誣妄加增飾誣詆宣仁聖烈皇后及論附蔡攸以得執政故也　十九日詔追故徽猷閣直學士通議大夫應安道職仍奪兩官以言者論其生前過惡故也　二十七日詔河東制置使姚古責授節度副使廣州安置以御史中丞陳過庭論古自太原被圍古擁重兵于威勝隆德逗遛弗進致神師中之失利屬方圍太原未有一騎一卒敢窺南北關古輒退師威勝士庶叩馬懇訴願共守禦古乃夜半遁去故有是責　七月四日知威勝軍詹丕遠勒停仍取勘坐冦至逃遁故也　九日宋暎責授單州團練副使永州安置以

卷三千八百八十八

二五

言者論其暎親奸邪冒居華近妄造語言以肆欺罔故有是責　十一日詔移蔡京于儋州攸于雷州令開封府差人管押前去以臣僚累章論其陰賊姦惡罪釁彰著天地所不容載乞投畀海外故也　十二日詔童貫罪大責輕可移吉陽軍安置　十九日追貶故觀文殿學士林攄為節度副使以臣僚論其為蔡京死黨罪不在京下故有是命也　二十一日詔蔡脩責授昭信軍節度副使脩絛徽徫㣘衛嶒嶼嶧嶙並勒停并京已下子孫等二十三人遇有大赦不許量移可布告中外　二十六日徽猷閣待制知越州李邴落職以言者論其朋附王黼中傷善類故也　同日前京東轉運副使王

子獻前知淄州毛孝立前東平通判呂岯前京西轉運使任彥輝前提舉常平李端願劉寄並令吏部直注遠小監當以言者論其奴事李彥姦寵害民雖已落職送部止退居鄉里不肯赴調故也　同日詔移蔡脩白州蔡行柳州　二十八日詔自即位之初未有論列蔡氏者李擢首言之令李光謂呂擢不當職顯與蔡氏為地可送吏部與小郡移蔡佃梅州居住葉著勒停既而亦令洪州居住　二十九日詔特進觀文殿大學士致仕余深落職先是深以少傅鎮西軍節度使乞納節致仕有旨許守元官職於是臣僚言昔張懷素以邪道蠱惑妄言禍福蔡京呂惠卿師事尤謹其後懷素謀不軌事

卷三千八百八十八

二六

覺時深為御史中丞力為掩覆之京之姦謀詭計無不與始終朋附無如深比今雖已納節鉞而學士之優職特進之崇階皆非其所當得故有是命　同日詔沁源縣令曹統銅鞮縣孟雍並先次勒停令所在州軍收捉枷項送本州使喚以河東句當公事折彥質言虜犯威軍界統雍並皆逃遁不還乞嚴行誡勵故也　八月二日通判南劍州蔡倬特勒停仍令諸路監司凡州縣吏有係蔡京族屬奏官而不通世務與為姦者並放罷具名以聞以臣僚論也　六日屯田員外郎程瑀前侍御史李光並送吏部與遠小監當以言者論其朋附蔡攸黨敝蔡京故也　八日知葉城縣王溎勒停魯山縣李

士渙中都縣丞王隨廣濟河都大輦運江惇濟州通判
錢棫汝周通判宋憲並送吏部與遠小監當以臣僚論
其謟附朱勔李彥供其役使故也　十一日劉寄任彥
輝呂峄毛孝立李士渙王隨江惇錢棫宋憲王子獻各
「吏追兩官曾訴許珪劉顧吳子奇送吏部與遠小監當
「以臣僚論其皆朱勔黨與前責尚輕故也　十四日中
散大夫徐充溫降兩官以言者論其奴事朱勔昨知黃
州贓汚刻剝故也　十七日知荊南李偃落職提舉亳
州明道宮以言者論蔡京與予攸得罪至州以公庫供
饋阿附故也　十九日該都統制折可求降兩官張思
正等令李綱體度輕重降奪官資依舊軍前使喚責以

卷三千八百八十八　二七

後効以河東察訪使張灝言可求等與金人合戰潰退
保汾州故也　二十一日詔提舉蔡河撥發官白醇中
韓璪並罷以言者論醇中老不任事璪多病衰憊故也
二十八日提舉江州太平觀盛章責單州團練副使
萬州安置坐昨知京兆府於盛暑中大興夫役日有死
損人數修繕城壁圈築為提刑司所劾故也　九月五
日詔朕即位以來振淹起廢庶銷朋黨以厚風俗中書
舍人晁說之許景衡擢為侍從兼職東宮數嘗面諭皆
出親選今乃視大臣陞黜以為去就懷奸徇私殊失事
君之義可並落職說之提舉西京嵩山崇福宮景衡提
舉杭州洞霄宮　同日直徽猷閣兩浙路轉運副使程

昌㝢落職送吏部以言者論其謟事魏伯芻薦於王黼
遂擢監司復媚蔡京以取貼職不依赦與民間蠲除稅
租部內騷然大為民害故也　二十日龍圖閣直學士
知應天府葉夢得落職宮祠起居舍人許亢宗與郡以
言者論夢得為吳敏之黨而亢宗又因夢得以進故黜
之　二十一日徽猷閣待制葛勝仲落職提點京西路
刑獄李申提點京畿京西路茶鹽王珍並罷以言者論
勝仲汚穢無行不可玷侍從之選中年貌衰殘不任煩
劇珍以戚里女夫得官人才凡謬皆不足以充廉按之
任故也　二十四日觀文殿學士李綱落職提舉杭州
洞霄宮以臣僚論綱輕脫寡謀強執自任專主用兵之

卷三千八百八十八　二八

議前後敗軍覆將非一　二十七日又言綱身為大臣
專制閫外略無成算誤國損威灝賜黜奪若鄜柄張牧
贊佐誤事亦當追奪前命故有是詔柄牧並罷見任
同日特進資政殿大學士薛昂落職致仕以言者論附
會蔡京與余深林攄無異未正典刑故有是命　同日
知鳳州趙令應知寧州向子伋知海州吳直夫並罷新
任以言者論三人皆曾以有贓罪或劾鞫或停廢徒緣
霈澤復冒郡寄故也　十月二日李綱責授保靜軍節
度副使建昌軍安置以臣僚言綱妄言與吳敏力建大
策贊成內禪及使應援姚平仲卒無尺寸之功自宣撫
河東略無經畫肆意妄作督諸將決戰致數路敗衄故

有是責　十八日直秘閣徐惕落職追兩官勒停以言
者論其為廣西漕臣日掊斂珍貨献于蔡京故有是命
　十九日詔前提舉京西北路常平劉寄京西南路廉
訪使者賈諶並除名勒停編管寄商州諶徐州以京兆
府路經畧安撫使范致虛言其子寅風於宣和中曾上
書論寄附李彥之罪時相不直之命諶體究諶觀望誣
奏意以冤死故有是命　二十七日翰林學士承旨吳
幵降三官以被命出使託疾不行故也　二十八日詔
李綱罪惡深重不自省循輒有放言鼓惑衆聽可移夔
州安置候到令本路監司常切覺察仍仰經過州軍具
到發月日聞奏　同日知潁昌府京西北路安撫使曾

卷三千八百八十八　二九

開落職與宮祠以引嫌乞改移別郡意在避事故也
十一月十日知安州邢倞除名勒停以為館伴日聽燕
人趙倫之詐欲結余覩以圖虜酋故也　十五日龍圖
閣直學士河北河東路宣撫副使折彥質責授海州團
練副使永州安置京西提刑許高河北提刑許亢知絳
州李元孺並除名勒停送瓊州吉陽軍華州編管時金
人入冦彥質高亢各統兵防洛口望風而潰元孺不守
禦故有是命　閏十一月一日詔都大提舉京城四壁
守禦使劉韐棄軍長冠沮國撓民可落資政殿學士降
五官與宮祠初粘罕陷太原幹离不圍真定韐至井陘
虜兩路併集韐移保信德及真定陷上以韐為宣撫使

命移軍洛州總召至闕虜已渡河薄城韐言宜有以紓
目前之急為後圖者乃除京城守禦使已而論者謂韐
嘗極言不可輕戰故有是命　二日中書舍人孫覿降
三官罷宋伯友落職降三官提舉江州太平觀本州居
住覿以支軍糧賞賜不平伯友以棄鄭州歸京師故皆
責之　六日詔右諫議大夫范宗尹首議割地令戎馬
再至使朕失天下心可先次落職既而以為集英殿脩
撰提舉西京嵩山崇福宮駙馬都尉向子扆坐擅登城
各降一官　十四日中書舍人李擢降兩官罷守禦提
舉初護龍河自賊迫近即決汴河以增其深其後雪寒
冰合賊於冰上布板置草覆之以土將以攻城而擢不

卷三千八百八十八　三十

介意是日稍晴上登城賞勞見城壕填壘殆盡乃有是
命　二年正月一日延康殿大學士高伸落職金吾大
將軍高傑降為左衛率府率　以開封尹徐秉哲言奉
詔根括犒軍物而伸寄藏金銀於兄傑家為僕所告方
追逮幹人而皆覩壘府庭下伸傑受國厚恩自恃官高
庇其家奴難以集事故有是命

全唐文

黜降七

宋會要

高宗建炎元年五月六日工部尚書王時雍落職提舉
成都府玉局觀八日責授安化軍節度副使黄州安置
十一日責授李邦彥建寧軍節度副使尋州安置吳
敏依前崇信軍節度副使移郴州安置中大夫祕書少
監分司南京亳州居住蔡懋寧國軍節度副使英州安
置李棁平海軍節度副使惠州安置守文虛中安化軍
節度副使韶州安置鄭望之海州團練副使連州安置
李鄴果州團練副使賀州安置先是有詔靖康之初邦
彥等主議誤國召致兵革令三省取旨竄責故有是命

卷三千八百八十九 一

十六日京東轉運判官閻邸陞責授濮州團練副使
封州安置制書以其不與師赴援故也 同日顯謨閣
直學士知東平府盧益落職宮觀制書以其不勤王故
也 十七日蔡確追所贈太師汝南郡王責授武泰軍
節度副使蔡卞追所贈太師衛國公責授寧國軍節度
副使邢恕追所贈少師責授常德軍節度副使蔡懋責
授單州團練副使依前英州安置先是詔曰朕惟宣仁
聖烈皇后當元豐末立哲宗皇帝為皇太子遂嗣大統
垂簾聽政有安社稷大功二王出居私第以別嫌明微
德意深遠比者姦臣鈎黨以空造之言仰誣盛德著於
史牒以欺後世其蔡確等令三省取旨行遣仍不得引

用建炎元年五月一日赦文至是三省來上故有是命
二十一日新除給事中沈晦為集英殿修撰知舒州
晦自著作佐郎遷給事中言者以為超躐雖嘗使虜逾
年而給事中以封駁為職政事得失之所繫不可以賞
功故有是命 二十五日戶部侍郎邵溥落職與京東
小郡制書以溥規免奉使故也 二十九日資政殿大
學士西道總管王襄責授中大夫祕書少監分司北京
襄陽府居住資政殿學士北道總管趙野責授中大夫
祕書監分司南京青州居住六月一日襄永州安置野
邵州安置制書以其不勤王故也 同日前戶部侍郎
邵溥降一官制書以治財折閱故也 六月一日太府

卷三千八百八十九 二

少卿徐公裕等降兩官以臣僚言其市監臨物也 三
日資政殿學士知江寧府宇文粹中落職提舉亳州明
道觀以本府軍卒周德叛故也 同日資政殿學士領
開封尹充大金通問使徐秉哲責授昭信軍節度副使
梅州安置靖康之禍秉哲為開封尹不忠之罪台郎誅
亮上杖拭用之使之使虜猶辭避有言故從貶黜也
五日耿南仲落觀文殿學士依前提舉杭州洞霄宮以
南仲顓與政機適當邊警專主盟好致誤國家故也
同日責授王時雍昭化軍節度副使高州安置王紹除
名勒停容州編管吳幵昭化軍節度副使永州安置莫
儔寧江軍節度副使全州安置李擢成州團練副使鄜

州安置顔博文果州別駕澧州安置孫覿散官安置並
令所在州軍差官管押前去馮澥落資政殿學士依前
中大夫知潼州府知洪州李回落延康殿學士依前朝
議大夫與宮祠既又回責授朝奉大夫祕書少監分司
南京袁州居住以時雍等為臣不忠靖康之變奉賊稱
臣至或因之肆為姦利言者列其罪惡來上故皆黜之
八日述古殿直學士提舉杭州洞霄宮謝克家降充
龍圖閣待制制以其受託淵聖護持東宮乃以多事之
時遽上乞身之請故也　十二日龍圖閣待制謝克家
徽猷閣待制知舒州范宗尹落職宮祠制以當國家遺
變之時昧賢者潔身之道雖楊雄之投天祿自謂無他

然鄭虔之貶台州豈宜倖免故也　二十一日檢校少
傅寧武軍節度使東京留守范訥罷留守司降授承宣
使淄州居住以言者論其專懷顧望無意勤王公縱剽
攘不能戢士故也　同日龍圖閣待制錢蓋落職提舉
亳州明道宮以蓋昨任陝西制置使望風先潰擁衆自
營仍從敗亡肆為攘刼故也　同日知淮寧府李彌大
降兩官以盜發所臨城守幾亡而彌大蒞事之初姑從
末減故也　二十五日惠柔民費若谷押赴河北京東
陝西路監當差遣制以柔民等被選為郎而逆料時艱
公然去國故特皆責之處邊地云　二十七日折彥質
責授散官昌化軍安置錢蓋落職降官分司許高許亢

編管海外州軍以臣僚言靖康末彥質任陝西宣撫副
使乃入川蜀益任制置使逃湖北高亢統兵防河逃於
江南故有是責　七月十一日朝議大夫徽猷閣待制
知平陽府高衛落職降兩官宮祠制以衛蒙國選掄分
時憂顧虜兵一入狼狽出奔故也　同日顯謨閣學士
朝議大夫知越州翟汝文特降兩官以本路運判劾汝
文擅減放和買税紬綿四十餘萬故有是命　十三日
金部員外郎丁深特勒停令發運司根究所在申尚書
省以臣僚言深自靖康元年十月被命東南催促綱運
至是一無奏報莫知存亡故也　同日詔吳幵移韶州
安置莫儔移潮州安置顔博文移賀州安置李回責授

安遠軍節度副使忠州安置朝奉郎朱宗責授郴州團
練副使岳州安置通直郎提舉杭州洞霄宮范宗尹責
授祈州團練副使鄂州安置太中大夫權開封尹盧襄
責授成州團練副使衡州安置故尚書工部侍郎何昌
言追授隰州團練副使及追致仕恩澤通直郎何昌辰
除名勒停送永州編管中大夫提舉成都府玉局觀馮
澥責授朝議大夫祕書少監分司南京成州居住朝請
郎中書舍人李會責授承議郎祕書少監分司南京筠
州居住朝請大夫黎確朝散郎李健朝請郎陳戩並與
遠小處監當承議郎侍御史胡舜陟朝散郎殿中侍御
史胡唐老奉議郎監察御史馬伸朝散郎監察御史齊

之禮朝請大夫監察御史姚舜明宣教郎監察御史王俣並降兩官觀文殿學士提舉杭州洞霄宮耿南仲落職龍圖閣直學士耿延禧落職與宮祠餘撰勸進文字及事務官令留守司開具姓名申尚書省　八月一日余大均陳沖前諫議大夫洪芻各特貸命除名勒停長流沙門島永不放還刑部郎中張卿材責授文州別駕雷州安置李彝責授茂州別駕新州安置王及之責授隨州別駕南恩州安置前大理卿周懿文責授隴州別駕英州安置胡思責授沂州別駕連州安置　十六日通議大夫提舉杭州洞霄宮耿南仲特責授單州團練副使雄州安置南仲堅主議和致敗國事言者論其罪

卷三千八百八十九　五

大責輕復有是命也　九月五日江南東路轉運副使劉蒙提舉常平陸友諒各降五官先是翁彥國死蒙友諒奏乞優加贈卹上以彥國騷擾東南詔降兩官後省謂彥國者李綱姻黨也蒙友諒實悅綱意故再降云　同日知襄陽府黃叔敖落職降兩官監當制以遇盜委棄城守既會赦降猶從薄責故也　同日龍神衛四廂都指揮使河北經制使馬忠降兩官　十一月十八日落龍神衛四廂都指揮使降為經制副使　二十二日又降兩官初以忠行師無律逗撓不前其後又謂擢領中權偏師致敗全軍退舍坐失事機故連有責降　七日徽猷閣待制知河中府席益落職制以益出專方面走避

疆胡故也　二十一日刑部郎中呂勤監察御史齊之禮並罷令所在提刑司差人催督赴行在大理寺取勘聞奏是歲五月勤之禮受命江淮催促綱運至是未還亦無措置故有是命　二十二日知泰州趙點特落職勒停先是有旨點落職與宮祠中書後省言點為泰州為有司所劾至三十四事乃獨落職是謂失刑故有是責　十一月十四日翁彥國追奪寶文閣學士制以彥國頃治別都阻威害物諸路騷然故也　二年正月十四日朝散大夫龍圖閣待制落職提舉江州太平觀坐守杭州軍變故也　二十一日中大夫直龍圖閣知建州張勳降為朝請大夫制以不能馭軍撫民故也　二月

卷三千八百八十九　六

七日龍圖閣學士鄭脩年顯謨閣直學士劉阜民徽猷閣待制余日章白彥暉並落職先是元年六月十四日詔前宰執子弟恩澤帶貼職及待制以上者並罷其四人以父任宰執實緣僥倖言者論之故有是命　十八日中書舍人汪藻滕康衛膚敏並罷以中書後省試四方薦士策第二名何烈乃用廷試體稱臣藻康膚敏坐考試鹵莽故有是命　二十三日龍圖閣直學士太中大夫知鎮江府錢伯言降兩官　時張遇為寇伯言棄官保于丹陽寇退自劾量行是罰　二十四日朝議大夫趙子崧責授單州團練副使南雄州安置子崧前守鎮江寇至棄城故也　二十五日祕書省正字胡珵特

追所有官梧州編管以臣僚言理阿附李綱故也　四月六日承事郎新宗正寺主簿胡愉先次勒停立賞告捉仍拘籍產業以荊湖南路轉運司奏愉押載內庫錢綱莫知所在故也　五月二十三日承議郎徽猷閤待制劉阜民落職言者以其父任宰相因緣得職與其凡阜民一同合行追奪云　七月四日福建路提點刑獄李芘特追三官勒停時建州卒叛芘擁兵三萬餘人不即掩捕致寇盜猖獗故也　十七日荊南安撫使唐慤降充直秘閣以臣僚言公安知縣程千秋破賊遷官改倅荊南慤乃逮繫郡獄欲誣以罪故也　二十日兵部員外郎兩浙福建路撫諭江端友放罷其一行官屬並

衝替以臣僚言端友多任官屬所至苛擾故也　九月二日新除衛尉少卿馬伸送吏部與京東監當初伸任殿中侍御史論列謝克家孫覿不可再用乞罷黃潛善汪伯彥政柄遂改衛尉伸猶論不已卒為所陷未幾二相罷免　上即以衛尉少卿召之　十二月七日前江淮荊浙大路發運使翁彥國追貶華州別駕太常少卿翁彥深故罷徐謹言翁挺勒停除名鄆州編管臣僚言彥國擁衆十萬當虜騎渡河逗遛淮泗不赴難挺其姪預謀謹言幹辦軍中財用公肆欺隱無復稽考彥深彥國之弟故併罷之　三年正月二十七日保義郎監法酒庫門田宗義追官以吏部言宗義元係後苑作藝學

於宣和間應奉有勞昨授承信郎出身合行追奪上曰宗義善造頭巾朕當用錢役使之豈可與官　五月七日中書舍人張慤與外任宮觀是日宰執進對上曰昨日張慤奏劄謂朕即位以來無纖毫之失自古人君不患無過患不能改過耳諂諛如此豈可寘之從班耶

六月二十日朝奉郎左司諫袁植罷知池州初植上疏乞再貶汪伯彥於嶺表誅黃潛善及失守者李延熙權邦彥朱琳等九人以振國威上諭宰臣曰植雖敢言殊不識大體如潛善悮國其誰不知蓋渡江之役朕方念咎責己思為後圖豈可盡歸咎宰執又尊人主以殺人此非美事故黜之改用趙鼎云　七月二十四日知撫

林積仁通判楊稷言並衝替以江西路提點刑獄司奏苗傅餘黨未至州城守倅先棄城去故也　九月十六日徽猷閣直學士前知江州陳彥文先次落職先是宣撫處置使奏彥文不法命監察御史沈與求鞫之內命官不俟三問追攝言者以為彥文帶職侍從難于不俟三問而追攝故有是命　同日朝議大夫知岳州邢倞責授汝州團練副使英州安置詔以倞請康中謀結金堵無成故也　四年正月二日兩浙宣撫副使郭仲荀責授散官廣州安置時金人犯明州張俊率兵大破之賊既却俊引兵赴行在荀乃乘海舟潛遁自越州徑趨溫州朝廷追之續令御史府大理雜治既初本司差以

寧充京西制置招撫群盜而以寧乃擅自節制湖南軍
馬對移邵全二州守臣故黜爲監當其後以母陳氏乞
別授差遣或放歸田里乃再責之　二月九日臨安府
觀察推官沈長卿監都税院沈震陳祖安司理參軍葉
義問可並勒停詔仄席求賢虛襟圖治言有犯顏忤意
者未始加黜至於中傷大臣力肆詆毀露章臺省鼓動
衆情比干于政體不得不懲故也　五月四日朝請大
夫直徽猷閣主管江州太平觀李弼孺可特勒停弼孺
言臣僚所論誣誕實負屈抑詔弼孺輒敢論説言官肆
行詆毀有傷國體故有是責　六月二十八日祕書丞
李元瑜可與外任通判以元瑜上殿奏事妄議典禮故

卷三千八百八十九　九

也　七月三日徽猷閣直學士銀青光禄大夫王序落
職又詔降兩官十二日有旨特降授宣奉大夫提舉西
京嵩山崇福宮　以序乞再任提舉崇福宮給舍奏序
事宦官梁師成法當討論故也　九月二十三日太常
卿謝亮特勒停送雲安軍編管以知樞密院宣撫處置
使奏亮緣童貫爲郎故有是命　十月二十一日知徽
州郭東特追一官勒停提刑王圭追一官衝替以臣僚
言東等在任聞張琪賊馬侵犯望風奔潰故也　二年
五月二十四日前知明州吳懋特降兩官詔以懋因軍
期科率將五萬貫作羡餘貢獻故也　九月十三日朝
奉大夫知建州韓琡特降兩官以范汝爲作過之初琡

爲郡守不能措置故也　二十九日端明殿學士左朝
奉郎知建康軍府兼壽春濠廬和州無爲軍宣撫使李
光可落職提舉台州崇道觀以臣僚論列故也　十月
十五日左朝散郎直龍圖閣主管亳州明道宮潘良貴
特降一官以臣僚論列故也　十九日傅崧卿落徽猷
閣待制降兩官授左奉議郎提舉洪州玉隆觀施坰降
兩官吏部與遠小監當御筆以近方選任直臣應接諸
路冀有埋輪攬轡之士以副朕意而崧卿初將詔命公
肆誕謾施坰保明觀望不實朝廷何所賴故有是命
同日責授中大夫祕書少監分司南京黄潛厚落分司
提舉江州太平觀指揮更不施行以諫官論其嗜貨利

卷三千八百八十九　十

亂名器輕朝廷不當以常格檢舉故也　二十七日吏
部郎官晏敦復送吏部與合入差遣以敦復不關白長
貳違法決打吏人及不信朝廷批狀詣都堂要見判筆
故有是命續詔決責人吏一節應官司不知本意或至
縱吏特令吏部與通判差遣　二十九日降授中散大
夫王衣罷權刑部侍郎除集英殿修撰在外宮觀以言
者論其黨庇吏人凌忽刪定官於刑名屢有出入故也
十一月二日奉御筆王禹得可罷知台州以右諫議
大夫徐俯奏稱知台州錢總既罷王禹得者士論亦言
其不稱乞別换能吏故也　十四日新除給事中江常
放罷以臣僚言常歷州郡貪墨之状故有是命　同日

直祕閣知台州蔣璨落職以臣僚言璨進不以正故也
十二月二十四日樞密院計議官李誼送吏部與遠
小監當以誼漏泄朝廷機事故也　二十七日知太平
州張鐔降兩官勒停通判蔡績衝替以鐔績不合在圍
內覓食用妓弟祗應致軍民不服因而作過故也　三
年正月二十三日左朝奉大夫尚書工部侍郎賈安宅
降充集英殿修撰依舊提舉臨安府洞霄宮外州軍宮
觀居住以臣僚言安宅因姻家王瀟躐進從班故也
二十九日詔端明殿學士左朝奉郎前江南東路安撫
大使兼知建康府李光特降兩官以在任截使過內藏
庫錢物故也　二月一日新通判無為軍顏經特降兩

卷三千八百八十九　十一

官以進狀論知湖州汪藻抑配軍糧為跋扈不臣下宣
諭司體究不實故也　三月九日資政殿學士左中大
夫江南西路安撫大使馬步軍都總管兼知洪州李回
落資政殿學士依前左中大夫提舉江州太平觀以臣
僚言回在任奉行詔令不虔故也　六月一日集英殿
修撰知池州葉煥落職與宮祠前降赴行在指揮更不
施行以臣僚言煥擅招巡軍不能彈壓致在城作過遁
走又姑息餘黨故有是責　十日宣義郎馮脩已與追
一官放行參選以脩已元因敍熙載為中書侍郎日脩
書轉官回授白身補承務郎準近降指揮不由科舉之
人合行審量故有是命　九月一日江南東路安撫使

兼知建康府沈晦罷知建康府差提舉台州崇道觀任
便居住以臣僚言江南師府其任不輕晦知婺州日事
多輕率故有是命　四日左朝請大夫試給事中黃唐
傳除徽猷閣待制提舉江州太平觀以臣僚言近者臣
僚章疏乞罷都轉運司惟唐傳獨力營救故有是命既
而再章論列其附會大臣遂落職云　二十一日黃龜
年罷給事中提舉臨安府洞霄宮李與權罷刑部侍郎
提舉江州太平觀先是與權以大理卿為權刑部侍郎
黃龜年以中書舍人除給事中言者論與權決獄議刑
一用私意龜年文學淺陋素無直聲故併罷之　二十
二日知明州李承造刑部郎官蘇恪監都茶場程庠大

卷三千八百八十九　十二

理直曹匯都督府幹官韓隆胄姚耆宗並放罷今後不
得與堂除差遣以臣僚言此六人治家不謹故也　二
十五日胡蒙罷右司員外郎以臣僚言蒙為都司恃勢
凌轢用事故也　十月三日御史臺主簿陳祖禮祕書
省正字陳祖言並放罷以臣僚言日登大臣之門覘伺
臺評動息必告故也　十一日宗正少卿王珩吏部員
外蘇良治並與外任宮祠臣僚言珩自左司郎遷宗正
少卿而屢出怨言良治李丞造親戚緣丁憂自二浙挈
家依承造兄廣東提舉李承邁假之聲勢取窩故也
四年正月七日新知漳州陳谷瑞放罷以臣僚言谷瑞
嘗代官木營造興化私第故有是責　二月八日荊湖

北路轉運判官劉庭佐特降一官衝替先是紹興三年
八月一日詔荆湖北路運判范寅亮與湖南運判劉庭
佐兩易其任庭佐自降旨半年尚未赴任至是都省言
其避事故有是責　十一日駕部員外郎洪興祖比部
員外郎范振樞密院編修官許世厚並放罷以臣僚言
皆席益所私厚故也　十五日新廣東運判潘闢浙東
提舉茶鹽陳鼎廣東提舉茶鹽張世才湖北提舉茶鹽
徐嘉問福建提舉茶事趙公達湖南提舉茶鹽胡緯並
放罷以臣僚言闢因緣黃唐傅呂頤浩以進鼎事蔡攸
世才俗吏之才嘉問王黼之客緯出入蔡京之門公達
初為淮寧府儀曹不法並罷黜之　三月十七日資政

卷三千八百八十九　十三

殿大學士張浚落職特授依前左通奉大夫提舉臨安
府洞霄宮任便居住以臣僚論其輕失五路罷職言者
不已詔令福州居住仍令本州借撥官田一十頃於是
言者復論其罰未當仍之以賞故撥田指揮亦遂不行
　四月四日寶文閣直學士劉子羽責授單州團練副
使白州安置寶文閣學士知瀘州程唐落職提舉江州
太平觀臣僚言子羽唐為張浚軍事參贊謀議之人無
功故也　十三日右朝奉郎鄭待問特追三官待問衢
州人因太學內舍生移歸本貫政和間獻書補官不繇
科舉吏部以聞乞審量故奪之　十六日右中奉大夫
直顯謨閣江南西路轉運副使曾紆降一官以江南西

路荆南等州制置使岳飛言其漕運不繼故也　二十
九日左朝奉大夫主管建州武夷山沖佑觀馮堯已特
追兩官堯已元係太學生主管書寫御前文字應奉有
勞補假將仕郎仍理選限即不由科舉補官至是討論
故也　六月十一日荆湖北路轉運判官常僅降一官
別與差遣以僅將運司錢物與朝廷所降師司錢衮同
友遣故也　十四日入內內侍省東頭供奉官鄭弼入
內內侍省西頭供奉官盧祖道各追兩官武翼郎寄資
入內內侍省東頭供奉官徐奐并男入內內侍高班徐
佃各追一官以內侍省言弼等私赴韓世忠飲燕故也
內徐奐妻係世忠外表二子佃隨父而往故皆降等罰

卷三千八百八十九　十四

焉　二十八日戶部尚書黃叔敖除徽猷閣學士提舉
臨安府洞霄宮降充徽猷閣待制宮觀依舊以言者論
其職事不脩故也　八月十九日劉無極罷祠部郎官
與外任差遣以臣僚論其昨為提舶宰臣問以錢本幾
何汗下不能對故也　二十五日司農少卿曾紆宗正
少卿劉棐右司郎官孔端朝並別與差遣以臣僚言紆
在崇寧為政府子弟招權棐為補闕陰附時宰端朝以
幸學得官日袖啓以求見梁師成也　九月二日左朝
請郎致仕徐時彥追四官仍追奪賜進士及第出身并
賜緋章服以吏部言時彥係蔡京門客徑赴廷試之人
兼致仕已久陳乞再任故有是命　同日張綱罷給事

中差提舉江州太平觀以臣僚言姚舜明以待制為言
者論改除集英殿修撰故事改除則屬吏房行詞綱獨
不受乃申省送刑房欲令作責降之人於是黜之　十
二月十三日端明殿學士左太中大夫知潭州席益落
職罷安撫制置大使依舊湖南安撫使以樞密院已降
指揮令席益發遣吴錫一軍前往武昌縣聽候馬擴節
制前後計三十一次催劄未肯發遣故有是命　十七
日鎮江府通判王晃曾是丹徒縣丞黄仲適丹徒縣尉
張良臣各先降一官内選人令吏部依條施行鎮江府
平江府常秀州巡轄馬遞鋪楊紹先次除名勒停並令
提刑司取勘聞奏以晃等發御前金字牌遞角遲滯故

卷三千八百八十九　十五

也　五年正月八日集英殿修撰知太平州劉岑改除
右文殿修撰差遣依舊岑以權戶部侍郎除職與郡臺
臣再論故有是命　十日又承議郎李邦献特追直祕
閣職名以臣僚言宣政間父兄任宰執子弟因回授陳
乞得貼職人並罷邦献兄邦彦嘗任宰執故也　二十
一日太府少卿馬承家吏部員外郎魏良臣並罷以臣
僚言承家因警報請外良臣奉使亡狀故皆黜之　二
月二十二日提點坑冶鑄錢韓寅胄放罷以臣僚言寅
胄初聞邊報即治装以出巡為名留建州崇安故也
閏二月二十六日降授龍神衛四廂都指揮使建武軍
承宣使新差提舉江州太平觀王瓔罷軍職三月一日

降三官授濠州團練使言者交章論瓔經制河東則望
風先遁屯守建康則直趨閩中泊出師討楊么遷有下
山之敗又甫鼎江之亟驅廹崔增吴全皆致戕殁故有
是責既而上謂宰臣曰瓔提大兵往上江所用錢糧不
可勝紀而敗軍覆將經年不能了楊么豈可不行遣今
降落軍職不特少慰公議又瓔平日專事交結亦使知
交結不足恃也　三月一日王羲叔黄碩李膺復職指
揮更不施行更俟一赦取旨以臣僚言羲叔嘗附黄潛
善碩附黄潛厚膺守虔州陰與賊魁交結故也　十四
日右宣義郎大宗正丞胡如爋放罷以臣僚言其詞釆
粗長操行不謹故也　十七日張厚復右奉直大夫指

卷三千八百八十九　十六

揮更不施行以臣僚言其諂奉辛永宗冒籍軍賞遂至
正郎故也　八月十八日故任特進觀文殿大學士申
國公贈太師章惇追貶昭化軍節度副使追貶寧國軍
節度副使蔡卞追貶單州團練副使遂人子孫不得除
在内任職並與在外合入差遣是日詔比覽元符諫臣
任伯雨章既論列章惇蔡卞誣謗宣仁聖烈皇后欲追
廢為庶人誰無母慈何忍至此賴哲宗皇帝聖明灼見
不從所請向使其言施用豈不蔑大母九年保佑之功
累泰陵終身仁孝之德自朕纂服是用疚心昭雪黨人
刋正國史雖崇寧而後迷國猥衆推原本始實自紹聖
惇卞竊位之時而譏愚未彰將何以仰慰在天稱朕尊

嚴宗廟之意可令三省取索議罪來上當正典刑布告
天下於是中書門下省檢會任伯雨彈章惇等狀進呈
故有是命　六年三月九日拱衛大夫同州觀察使致
仕胡械於橫行上追兩官遥郡上追一官勒停送廣德
軍編管以械為犯私酒故也　十二日前金部員外郎
陶愷送吏部與監當差遣臣僚言愷論事不當故也
六月二十三日武功大夫果州團練使李鑄特除名勒
停永不收敘送邵武軍居住以宣撫使劉光世言鑄恃
頑歲久窃弄事權潛傷將佐蠹害軍務故有是責　七
月五日左朝請郎知臨江軍趙充之右奉議郎通判張
昌並降一官以江西運司言充之等不裝發岳飛大軍
歲計米綱故也　卷三千八百八十九　十七　八月二十八日知郴州許和卿特降
兩官放罷以湖南帥臣呂頤浩奏桂陽監申宜章縣尉
彭大年下効用許太虛生擒到賊魁黃旺偽將官黃滿
等三人訪聞得許太虛係是知郴州許和卿之子祖宗
以來監司知通親戚不許于所部從軍以革冒濫欲望
將許太虛所立功賞更不推恩將太虛已降指揮免文
解一次其指揮更不施行和卿坐縱容男于所部從軍
故有是責　十一月十二日左朝請大夫直祕閣新知
宣州李健右中大夫直徽猷閣新知袁州汪召嗣可並
降一官放罷既而又各再降一官詔李健為淮西安撫
司參謀汪召嗣為參議不務協心捍國緩急之際其贊

畫無非退避之說故有是責從宣撫使張浚之請也既
而中書舍人再論乃再黜之　七年正月十日龍圖閣
直學士知處州劉大中降充龍圖閣待制依舊知處州
以臣僚言大中以疾請去命以峻職便郡猶懷怨望故
有是命　二月二十四日左朝請大夫知果州宇文彬
通判龐信孺各特降一官放罷吏部侍郎兼權禮部侍
郎晏敦復等言紹興六年四川飢饉米斗價錢至二千
或三千細民流殍十室而五前知果州王騭等勸誘富
民糶米賑濟令知通與王騭相繼到官目擊其事乃畫
禾登九穗圖號為瑞應萬里遣人投進嘗試朝廷好惡
故特責之　卷三千八百八十九　十八　七月三日右朝奉大夫直徽猷閣權發遣
處州孫佑落職降兩官　以佑討捕無術措置乖方賊
徒復行猖獗故也　八月十日中衛大夫秀州刺史宣
撫司前軍第三將官魯彥特降橫行遙郡七官勒停以
彥將將司韓全監縶縛封閉於空屋內致使餓死反受
常州富人朱綿令其弟妹冒濫恩賞故有是責　九月
二日知陝州楊發放罷仍取勘以荊南帥司言發在任
不法故也　二十八日都官員外郎趙令衿放罷以臣
僚言好事虛名故也　十月八日直祕閣新知溫州王
縉可落職主管台州崇道觀以臣僚言縉昔任諫官在
職無少補故有是命　閏十月十二日中軍統制王存
降兩官充本軍將官以存上書乞故令張浚逐便上曰

朕非不能容一王存但進退輔弼豈小臣所當議此風
寖長則他日將帥或干預其間豈國之福也防微杜漸
不可不懲先是又有進武校尉賀允升者上百篇詩並
無利害可取而專毀訕其間醜詆張浚者數篇於是詔
王存賀允升以不循分守各降兩官王存仍降充本軍
將官 十六日左朝議大夫周審言再降五官不得與
親民差遣先是審言狀以係朱勔女夫乞依蔡棫等例
參部詔追五官左正言辛次膺論審言嘗登科第而甘
心婚朱勔之息自平江府教授以進須改官寅緣遷轉
至朝議大夫其間僥冒可鐫者止五官乞除審言出身
一資合收使外其他冒濫悉行追正故再黜之 十八

日左朝奉大夫徽猷閣待制前知靜江府李彌大特降
兩官左奉議郎前廣西提刑韓璜特降一官以彌大為
檢斷屬吏弟等誤引敕條從紋入斬罪璜以引問情節
異同不移司別推故有是責 十二月十八日廣東運
副趙子巖放罷以臣僚言子巖任監司不法故有是命
二十四日戶部侍郎王俁放罷除徽猷閣待制提舉
江州太平觀任便居住繼而解免職名改除集英殿修
撰其後言者不已再落職臣僚言俁力言回易之利破
費官錢數百萬緡乞行貶斥故有是命 八年二月二
十七日工部侍郎趙霈除徽猷閣直學士知州軍差遣
臣僚又言霈坐言罷不應除美職降顯謨閣待制依舊

宮觀以言者論霈頃在諫垣汲引群邪故有是命 三
月五日中書檢正諸房公事林季仲太常少卿鄭作肅
左司員外郎王廸除季仲已降指揮宮觀餘並與在外
差遣既而季仲落直龍圖閣臣僚言季仲貪惏多置田
產作肅諂事孫覿共排前政廸自為檢詳張浚惡之乃
百計求合乞罷黜故有是責 十四日左司郎中范直
方除直祕閣與在外差遣以臣僚言其輕儇巧險玷辱
家聲其叔父正國嘗除廣西提刑直方擠之卒坐論罷
敗壞風教乞黜罷之云 四月二日鄭襄追奪職名以
臣僚言近降指揮直龍圖閣鄭齊直徽猷閣鄭高並追
職名襄亦洵仁之子齊高之兄弟承父秉政遂叨禁從

昨來蔡卞鄭居中餘深劉正夫白時中等之子皆已追
奪職名獨襄尚帶決對乞依例追奪初落職再論遂追
奪云 五月十三日徽猷閣待制劉子羽落職既而責
授單州團練副使漳州安置臣僚累章論列遂有是命
十一月二十九日樞密院編修官胡銓追毀出身以
來文字除名勒停送昭州編管永不收敘既而詔送吏
部與廣南監當三省樞密院奏胡銓身為樞屬既有
所見自合就使長建白乃狂妄上書故有是命 十二
月十一日資政殿學士提舉臨安府洞霄宮劉大中落
職依舊宮祠以臣僚言大中之罪言官累章論之悉矣
僅以宮祠奪其郡紱而猶處之資政殿故有是命 十

四日資政殿學士知潭州王庶落職與宮觀臣僚言庶倡言和議不合責直而去故有是命　九年二月十三日監進奏院羅萬楊適各降一官以三省言進奏院遞發正月五日赦書內河南新復去處並合交付王倫賚行不合一面便行入遞故也　四月四日奉國軍節度使檢校少傅趙鼎落節度使檢校少傅依舊特進知泉州以臣僚言鼎自知紹興府乞閑既遂其請乃安於近輔故有是命　十三日廣西提刑王珏降一官衝替以珏昨於去年八月九日已降指揮放罷今年正月內進奏院內引尚繫階銜故有是命　十七日端明殿學士提舉臨安府洞霄宮折彥質落職依前官差遣如故以

臣僚言彥質擢自戎幕付以兵柄禦寇河上潰散而歸及淮西之警遽欽兵自罷政得祠即帥閩粵今雖已去郡無所貶損故也　五月十七日降授左朝奉大夫直祕閣前知果州宇文彬送吏部與合入差遣彬於七年二月二十四日以獻嘉禾圖降官放罷今來輙復上書論訴鄉官十數員不遵士檢復責之　六月二十五日左朝請大夫新除陝西都運仇悆可責授左朝奉郎少府少監分司西京全州居住悆辭新除陝西都運上曰悆為侍從不能體選任之意避事辭難拒違朝命故有是命　同日廣東運判周利見放罷以臣僚言利見私增嶺外賣鹽錢故也　七月二十八日徽猷閣待制知

嚴州董弅與宮觀差遣以臣僚言禱雨不虔故也　十月二十六日徽猷閣直學士提舉亳州明道宮劉岑可特降充徽猷閣待制依前宮觀以進士吳仲私印吐金集前有岑簡帖既令具析以聞故降職云　十一月八日戶部郎官湖北總領卻相罷總領職事未幾落職令吏部與遠小處監當先是臣僚論相到官已來追催積欠侵尊權酤至是三省又言相職在總領應副大軍錢糧坐視違戾並不按劾故再責之　九日龍圖閣直學士京畿都轉運使李迨落職提舉江州太平觀詔以迨被命偃蹇稽留道路到任即與孟庾不和規求罷免故黜之　十年五月二十四日新利州路轉運副使夏珙

放罷以臣僚言珙先任湖北運副日科買竹木役使軍兵修蓋第宅故黜之　閏六月二日觀文殿學士左正議大夫東京留守孟庾資政殿學士左大中大夫南京留守路允迪並追見任官職路允修等並放罷內孟庾家屬送漳州路允迪家屬送全州仍令所在州軍差官兵津遣逐州交替以庾等留守二京虜人入寇不能守節故也　二十八日趙鼎責授清遠軍節度副使潮州安置鼎初知泉州論罷以特進領祠還至紹興言者論列遂責授太中大夫祕書少監分司南京興化軍居住既而再責左朝奉大夫餘依舊漳州居住論者未已卒有是命　七月十八日直祕閣湖北提刑向子忞特落

職依已降指揮放罷都省言子忞係緣總領司以職事
按發放罷今來子忞妄有奏陳特有是命　十月二十
八日太中大夫龍圖閣直學提舉江州太平觀范沖左
朝散大夫徽猷閣待制提舉江州太平觀王居正並落
職以臣僚言沖居正皆緣趙鼎進用鼎既得罪二人難
處次對之職乞賜鐫斥云　十二月九日廣東提刑陳
正由特降一官放罷以臣僚言正由奏發提點刑獄尤
深子押市舶司乳香綱沉溺等事正由之與深實交承
也深有不法正由當具事由申朝廷施行今乃曰謹按
又曰姑摘其大者劾之又曰以為天下臣子貪墨不體
國之戒茲事前此所未聞也朝廷既將深付帥司取勘
卷三千八百八十九　三三
所有正由犯分妄作之罪亦望施行故有是責也　十
一年二月二十五日右宣教郎池州通判馮壽康左儒
林郎推官楊巖並特勒停以樞密都承旨周聿被旨點
檢沿江防守言壽康等聞江北有警輒將骨肉往外縣
安泊本州所委職事並不肯躬親前去故有是命　六
月十四日知南雄州趙侊沅州通判李尚義主管台州
崇道觀趙慶孫李處度衢州判官龔鑒蕭山縣丞陳宗
盤並勒停永不得與堂除差遣以臣僚言趙侊等子道
有虧故也　七月五日福建路運判董將江西運判孫
邦並放罷以臣僚言將昨為崑山知縣賄賂公行邦昨
為考功郎官强買田產豈可使之將漕故有是命　同

日司農少卿高頴放罷以臣僚言高頴初由偽境還薦
者以不受偽命超進京秩馴至亞卿實無他能故有是
命　九日前知信州劉岑責授單州團練使全州安置
以臣僚言岑前後在任妄用官錢故也　九月十四日
著作佐郎鄧名世放罷以臣僚言名世入館以來專務
誇誕捷給蔑視同列故也　十五日潼川府路轉運副
使俞汝礪運判胡考寧並放罷以臣僚言汝礪出漕鄉
國為門僧報怨興獄連逮無辜考寧畜娼出妻故有是
命　十月七日知萬州馮時行先放罷仍取勘其後二
年六月十八日特勒停夔路轉運司劾奏時行擅置軍
額招置刺虎一軍以為自衛之計使民不得安業故有
卷三千八百八十九　三四
命　十一月二日中書舍人朱翌放罷十三日責授左
承事郎將作少監分司南京韶州居住以臣僚言翌初
由呂大中薦之趙鼎遂躋清貫故有是命未幾又論翌
附會范同遂再有責云　同日宗正寺丞鄧大受放罷
十三日除名勒停化州編管以臣僚言大受每聞朝廷
一有除擢則浮言無稽毀短百出言者論列范同大受
更相附會遂再責之　五日資政殿學士提舉臨安府
洞霄宮李光責授建寧軍節度副使藤州安置以臣僚
言光罷政事而去怏然不滿故有是命　十三日范同
責授左朝奉郎秘書少監分司南京筠州居住以臣僚
言同當執政之初首為遷塗之謀騷動州縣今尚領真

祠竊優奉乞重賜施行故有是責　十二月三日左通
奉大夫充徽猷閣待制提舉江州太平觀劉洪道可責
授濠州團練副使郴州安置以臣僚言洪道與岳飛交
結故有是責　七日左通直郎淮西轉運判官劉景真
特降三官依衝替人例以刑部言景真不合信憑故朝
奉郎敗寅婭長卿偽說當初敗官係用舉主與之作保
故也　十二年正月十日知嚴州朱芾前知宣州李若
虛並落職內芾放罷後—五月十三日芾責授左朝奉
郎軍器少監分司西京邵武軍居住若虛勒停送徽州
羈管以臣僚言芾等頃為岳飛謀議不能贊其主帥故
故有命其後臣僚又論芾等不自循省唱為浮言乃再

卷三千八百八十九　圭

責之　十四日大理寺丞李若樸何彥猷並罷岳飛之
獄既具寺官聚斷若樸等喧然力爭以衆議為非務於
從輕以臣僚上言故有是命　二十四日屯田員外郎
劉無極秘書丞孫汝翼並罷以臣僚言無極孫近之黨
汝翼范同之黨故有是命　二月四日右司郎中莊必
疆左司員外郎錢葉並罷以臣僚言附會范同故也
三月十七日兵部員外郎朱輅放罷以臣僚言其緣句
龍如淵之薦躐致清華故有是責　同日江東提刑陳
碓特追兩官勒停以臣僚言碓被旨體究前知定城縣
費介自去年十月至今年三月方申不法等並不曾一
件着實已降兩官外再乞黜責故有是命　四月二十

五日考功員外郎陳時舉放罷以臣僚其時舉附李光
初被謫乃陰有異議以朝廷罪光為非故有是命　五
月六日刑部員外郎周林放罷以臣僚言林與市井小
人校計錙銖之末士夫笑之故有是命　六月十一日
左通議大夫提舉臨安府洞霄宮王庶責授嚮德軍節
度副使道州安置以臣僚言庶傲而寡恩故也　十三
日左朝奉郎工部尚書莫將右通直郎刑部侍郎周聿
並各降兩官以將等分畫唐鄧地界並不親至界首故
有是命　十八日馮時行特勒停以臣僚言夔路漕臣
李炯按發時行教習鄉丁以為跋扈勘鞫久不伏緣時
行既非主兵之官恐無跋扈之狀所念千繫二百人其

卷三千八百八十九　丟

傷寔多乞將時行免勘特降施行故有是責　餘見十一年十月十一
日
　七月二日福州簽判胡銓除名勒停送新州編管
以臣僚言銓昨任樞屬狂妄上言姑從薄責而銓益唱
前說故也　八月十一日太常丞吳棫秘書省校書郎
陳之淵王壁並罷職與外任差使以臣僚言棫之淵壁
朋附故也　十月十八日道州通判孫行儉送吏部與
廣南監當以臣僚言行儉擅將行衙鼎新蓋造為前樞
密副使貶道州王庶安泊之所故有是命　二十一日
左朝奉大夫提舉江州太平觀何鑄責授左朝奉郎秘
書少監分司南京徽州羈管先是以臣僚六章論列鑄
有是命　十一月九日直秘閣知盱眙軍沈該特降一

官以該將對境閑報文字並不即禀朝廷故也　十二月一日司農卿總領淮東軍馬錢粮胡紡放罷以臣僚言其將漕淮壖迄無善狀故也　二日直祕閣前知秀州方滋落職以臣僚言滋為江東茶鹽提舉所部縣宰臧梓姦贓為監司所發滋獨蔽之嘉興知縣不法有越訴於臺者滋不容不知知而縱之實又蔽之故有是命　二十日左朝請大夫知通州馮晉放罷以臣僚言晉緣王黼親黨冐進故也　十三年四月二十三日左朝議大夫提舉洪州玉隆觀胡思左朝散郎直顯謨閣徐林並勒停思劔州林興化軍居住以兩浙運副李椿年劾奏二人沮經界之政故也　五月八日張九成與作

卷三千八百八十九　三七

宮觀人令南安軍居住初臣僚言九成與徑山主僧宗杲議論時政故也　六月一日起居舍人兼侍講程敦厚令吏部與合入差遣以臣僚言敦厚鼓唱是非故也　十九日中書舍人張擴罷以臣僚言擴阿附程克俊動搖國是故也　二十日都官員外郎陳朴與外任以臣僚言朴為孫近之客寅緣進身自近竄逐私書往來不絕故也　二十一日司農寺丞臧保衡放罷以臣僚言保衡頃自編修改職近復獻頌進官故黜之　八月十八日秘書少監姜師仲放罷以臣僚言初為浙漕因席益之薦遂得察官自玆冐忝適分故也　九月二日顯謨閣直學士左太中大夫知鎮江府汪藻提舉江州

太平觀以臣僚言藻坐昨知湖州縱嬖妾之父出入公門故也　十一日吏部侍郎魏良臣戶部侍郎沈昭遠並罷與外任以臣僚言良臣卑凡之趣昭遠朋比之狀故也　同日徽猷閣直學士提舉萬壽觀兼權知學士院洪晧依舊職知饒州　十七年五月七日徽猷閣直學士左朝散郎提舉江州太平觀責授濠州團練副使英州安置以臣僚論列得郡既而奉祠言者復以其里居與郡守王詳通判陳之淵以言語動搖國是仍再責之　十月二十一日顯謨閣學士左太中大夫提舉江州太平觀汪藻落職依舊宮祠永州居住以臣僚言凡前日在朝為興議者皆藻之為乞令居遠方故責之　十

卷三千八百八十九　三八

二月五日禮部侍郎王賞知和州以臣僚言賞所興私昵及往來之人皆不由正故有是命　十四年正月十五日集英殿修撰提舉江州太平觀黃龜年落職令本貫福州居住以臣僚言龜年居明州昌國縣交結郡邑奪綺霞寺山以為葬地故有是命　二月二十八日中書舍人劉才邵祠部員外郎王觀國並與外任以臣僚言二人皆附萬俟卨今卨既出宜遂罷故也　三月二十一日建寧軍承宣使提舉江州太平觀解潛責濠州團練使南安軍安置以臣僚言潛趙鼎之客不從和議故也　四月二十四日右朝奉大夫前主管台州崇道觀陳鑄送吏部與監當差遣以臣僚言鑄奔走權貴之

門故也　五月十九日左朝散郎新知遂寧府蘇符降
兩官令所在州軍催發之任以臣僚言符頃緣罪罷僑
寓平江朝廷畀之遂寧以便其私受命踰年畧不為赴
郡之計故有是命　六月十三日龍神衛四廂都指揮
使興寧軍承宣使兩浙西路馬步軍副總管張子蓋特
降一官以前任江東副總管日私販物貨為總領司所
發故也　二十日提舉江州太平觀萬俟卨降三官歸
州居住右朝散大夫主管台州崇道觀萬俟止特除名
勒停永不收敘林讜罰銅六十斤特送二千里外編管
初止以孽妾作兄女嫁讜奏讜將仕郎故有是命後言
者復列止之罪再送桂陽監編管　九月二十八日左

卷三千八百八十九　三九

奉議郎祕書省校書郎張闡放罷以臣僚言闡每有用
之不盡之嘆故也　十月十五日直敷文閣知廬州龔
琚落職放罷以臣僚言其知鎮江多以官錢送親戚及
在廬州結納妖僧故於治所以符水惑人得錢入公庫
故也　十二月一日禮部員外郎兼崇政殿說書賛善
堂賛讀陳鵬飛放罷以臣僚言鵬飛妄自標置故也
十五年正月二十九日右朝奉大夫向子忞修武郎向
子率各特降三官以知潭州劉昉言子率强買民田本
州方行勾追其兄子忞輙經提刑司越訴故黜之　六
月二十三日降授武顯大夫改差福建路兵馬副都監
充殿前司選鋒軍統制李耕特降一官以冒請事發付

在有司輙行財計嬀故也　八月十九日龍神衛四廂
都指揮使沂州防禦使殿前司左軍統制李捧降授舒
州團練使以輙違朝旨擅差官兵回易故也　十月十
九日吏部郎中王言恭國子監丞文浩並放罷以言恭
等趍附執政故也　十一月七日左奉議郎祕書省正
字黄公度放罷以臣僚言公度為趙鼎遊說故也　閏
十一月十七日左朝奉郎充祕閣修撰提舉江州太平
觀劉一止落職依舊宮祠以臣僚言一止由阿附李光
落職宮祠既而畀以次對之職乃不體認寬恩方且躁
忿故有是命　十六年二月二日保康軍承宣使提舉
佑神觀韓公裔與外任以臣僚言公裔與楊愿交通故

卷三千八百八十九　三十

也　三月二十六日新添差荆湖南路馬步軍副都總
管辛永宗降兩官授鳳州團練使以臣僚言乞將永宗
移之遠地特授前件差遣經今兩年留建康徘徊不去
故有是命　九月十三日辛道宗特更追三官以宰執
進呈刑寺擬斷辛道宗係勒停未叙人寄居饒州强占
民田詐取財物事發輙避罪逃竄令追見存換衛大夫
一官罰銅二十斤仍同免官例依舊勒停上因宣諭曰
向者范宗尹與諸宰往來甚多為宰相不與朕情適乃
附下如此豈不負朕委任之意於是道宗再是責
十月二十二日吉州刺史兼閤門宣賛舍人韓興右武
大夫喬與各降一官定江軍節度使鄂州駐劄御前諸

軍都統制田師中寧國軍承宣使鄂州駐劄左軍統制
官牛皐各罰銅十斤並坐委保馬驥陳乞陣亡恩澤不
實會赦故有是責　十一月二十四日權禮部侍郎游
操與外任以臣僚言操嘗附趙鼎既敗遂操猶書問不
絶故也　十二月十一日金部郎官李若川與外任以
昨降指揮有差遣人限五日出門而若川輒庇其妻兄
茹揚庭經營差遣故也　十七年二月二十四日權吏
部侍郎王循友差提舉成都府玉局觀以臣僚言屢將
使指勞客境上所過州郡輒受賄賂每赴宴集褻狎倡
妓有玷國體故也　四月二十三日敎武郎製造御前
軍器所監造官馬元益特勒停送桂陽監編管以元益
卷三千八百八十九　三十一
上書妄議出兵故也　二十七日少師昭慶軍節度使
充萬壽觀使平樂郡王韋淵特責降寧遠軍節度副使
袁州安置初以徽宗皇帝忌皇太后親謁景靈宮淵
因赴起居妄出辭語故也　五月十日吏部郎中李㵎
放罷以臣僚言㵎耽南仲門壻故也　六月十三日權
工部侍郎嚴抑秘書省正字張本並放罷以臣僚言抑
務為私交本學術空疎故有是命　九月十五日資政
殿學士左朝奉大夫四川宣撫副使鄭剛中放罷令鄂
州聽候指揮既而落職依前官提舉江州太平興國宮
桂陽監居住以臣僚言章論剛中奢僭妄作故有放罷
聽指揮之命　十月二十四日尚書省檢會敕旨再有

是責　十月二十七日知福州左朝議大夫充集英殿
修撰薛弼通判左朝奉郎衛蒙亨右朝奉郎林充各降
一官先是進士鍾鼎上書狂妄押赴福州聽讀而本州
不切拘管致令擅離本處輒詣朝省再有陳獻故也
十一月三十日左朝散大夫直龍圖閣權知潭州陶愷
特降一官以前任成都府路轉運副使承總領所取會
儲蓄錢物而愷輒令諸州隱蔽不實供報會赦乃有是
命　紹興十八年四月二十六日敷文閣直學士知建
康軍晁謙之放罷以臣僚言謙之輒與趙鼎交通書問
又嘗為王庶辟客故有是命　五月八日權吏部侍郎
邊知白差提舉江州太平興國宮以臣僚言知白中懷
卷三千八百八十九　三十二
躁進其知貢舉嘗於稠人廣衆中曰秀才得我輩落意
謂落權也於是黜之　六月七日新除軍器監丞康與
之與外任宮觀初與之妄稱朝旨往鎮江府收買玉帶
因見都統王勝欲借金五十兩賂還價值至是朝廷訪
聞下勝具析乃有是命　同日權戶部侍郎李朝正放
罷以臣僚言朝正版曹貳卿令小吏私買左藏庫絹故
也　八月四日龍神衛四廂都指揮使邕州觀察使江
南東路馬步軍副總管董先右武大夫文州刺史侍衛
步軍司第一將馮昱武功大夫閤門宣贊舍人侍衛步
軍司前部統領傅旺各降一官右武大夫忠州刺史洪
州兵馬鈐轄李璋特展三年磨勘董先李璋以前任統

兵官與馮昱傳旺各失覺察所部軍兵冒請及依隨合
干人改填効用爲部下所告法寺鞫實會赦仍有是命
五日右中大夫直祕閣馬純特降一官以前任福建
轉運副使違法差官權攝職事及不覺察屬官占破兵
士冒請衣糧爲臣僚所劾故有是命　十一月十五日
新州編管人胡銓移送吉陽軍編管以知新州張棣言
銓不自省循日夕與州縣見任寄居往來唱和莚宴無
時故也　十八日鄭剛中責授濠州團練副使復州安
置以臣僚言剛中昨充四川宣撫副使日有盜賊過界
偷馬承受朝廷指揮並不着緊收捉故責之　十九年
三月二十二日責授濠州團練副使復州安置鄭剛中

卷三千八百八十九　三三

許用議減特免禁錮移封州安置右朝請郎前四川宣
撫司主管機宜文字兼權叅議張漢之右承務郎前四
川宣撫司書寫機宜文字鄭良嗣各特貸命追毀出身
以來告敕文字除名勒停永不收敍漢之賔州良嗣郴
州並編管右奉議郎前通判荆南府趙士禍追一官勒
停除名右承議郎新知忠州林琪特降一官依已降指
揮放罷右武大夫閤州刺史利州路兵馬都監充御前
中部統領官張仲追右武大夫一官勒停送本軍自効
仍展三期敍先是剛中被旨收捉過界偷馬賊盜全不
遵奉又擅自出賣度牒起置錢監鑄錢所收到錢直便
支使乃冒請過供給廚食等錢并要併都轉運入宣司

不喜朝廷置四川總領錢粮官等事自漢之以下皆因
剛中連逮各坐冒請錢物及授寄之類皆因臣僚上言
置司根勘獄成來上乃有是命　同日起居舍人王墨
卿放罷以臣僚言墨卿在鄉里干撓州郡動以千緡計
在外邑受令長關節致請託公行故有是命　五月十
七日右朝請大夫充敷文閣待制陳桷特降兩官以前
知池州安用係省錢會赦乃有是命　十八日左武大
夫果州團練使常吉特追左武大夫一官勒停送步軍
司自効以前任馬軍司將官違法顧覓軍兵陳千王青
女充女使及私役所部販賣收息爲田晟按發乃有是
命　十月十一日前任湖南總管邵州駐劄辛永宗特

卷三千八百八十九　三四

勒停送肇慶府編管以知邵州呂稽中言永宗自到任
至任滿尚在本州居住擾奪官員居止罷任占留將兵
違法差破使臣兵稍宣借兵級等其本身違法請過添
支等計一萬二千五百餘貫欲望徙之他處故有是命
　十一月二十三日權戶部侍郎李椿年與外任臣僚
論春人品凡下躐等待從當時經界一事誤蒙委使今
經界已定若不別委他官嚴實則春年私結將帥曲庇
家鄉之罪無以厭塞公議故有是命　二十年三月十
九日責授建寧軍節度副使昌化軍安置李光特永不
檢舉男右承務郎孟堅特除名勒停送陝州編管徽猷
閣直學士左承議郎致仕胡寅特落職左朝散郎充徽

猷閣待制提舉江州太平興國宮潘良貴龍圖閣學士左太中大夫提舉江州太平興國宮程瑀右朝奉大夫直祕閣宗穎各特降三官寶文閣學士左朝請大夫提舉江州太平興國宮張燾左承議郎新差知邵州許忻左朝奉大夫新添差福建路安撫司參議官賀允中左奉議郎充福建路安撫司主管機宜文字吳元美各特降兩官臣僚言光主和議反覆孟堅光之子寅等皆與光交相朋附故也　二十三日右朝請大夫充敷文閣待制知平江府周三畏落職與宮觀差遣通判蘇師德勒停送汀州編管臣僚言三畏頃在大理卿鞫勘岳飛公事猶豫半年不決比因罷黜特加拔擢終不懷安蘇

卷三千八百八十九　三五

師德乃常同之友壻方同任御史中丞曰師德乃招權金二人同為守倅比同之死三畏遣師德齎錢二千緡越境至海鹽縣為同致祭文云無人在路公棄而死故有是命其撰常同祭文官亦委憲司具姓名申省取旨　二十五日左承議郎致仕胡寅責授果州團練副使新州安置臣僚論寅初傅會李綱其後又從趙鼎建明不通鄰國之問故有是命也　九月二十三日詔曹筠附上閤下可罷侍御史日下出門　二十一年閏四月十二日戶部侍郎宋貺放罷既而嚴州居住臣僚言貺身為版曹支遣不行乃以臨安府公使庫等錢那兌又勘虛旁令軍人自往漕司支散故有是命　二十二年

三月一日右承務郎王之奇特除名勒停送梅州編管右承務郎王之荀追所有官勒停特除名送容州編管之奇之荀皆前樞密副使庶之子以其父責降身死撰造語言謗毀朝廷故有是命　七日左中奉大夫直龍圖閣提舉台州崇道觀葉三省落職令筠州居住承節郎監臨安府都作院王遠除名勒停送高州編管並坐謗訕朝廷故有是命　十四日左中奉大夫徽猷閣待制提舉台州崇道觀董弅落徽猷閣待制以臣僚言弅干撓州縣故也　二十一日知紹興府湯鵬舉放罷臣僚言鵬舉以宅庫子欠賣酒錢輒歸罪將官申於朝廷遂致副將劉之儀非理致死故有是命　四月四日信

卷三千八百八十九　三六

州上饒知縣吳芑放罷先是臣僚論芑不法阿徇余堯弼強買人田事上曰聞其人見訴之臺部可先次放罷令本路監勘根勘具實聞奏所在縣令有不法者無由盡知昨日亦諭言官如有所聞可上章彈劾　二十一日武功大夫張并特降一官依差替人例以委經御史臺陳訴銓曹人吏行遣不當故也　二十七日武翼大夫權發遣兩浙西路兵馬都監常州駐劄張鐸特降兩官銜以先從軍日冒受恩賞故有是命　六月五日左司郎中宋仲堪放罷以臣僚言仲堪鞫鄭剛中獄於江州淹延日月故也　七月四日知漳州葉庭珪放罷臣僚言庭珪前知泉州出室名帖子私賣僧寺故也　十

八日左朝散大夫知眉州邵博先次放罷令成都府疾
速取勘具案聞奏以本路運司劾其不法故也　二十
四日右朝請大夫詹廣特降一官勒停以前知黃州日
妄支官錢故也　二十三年四月二日吏部員外郎李
琳放罷以臣僚言琳銜命出疆多市北物故也　五月
十六日向子固罷知揚州以大金人使至本州子固人
從呵引不即迴避北使以為言故有是命　九月六日
祕書省正字兼權中書舍人周麟之放罷以臣僚言麟
之以正字權中書舍人志在即真常懷不滿故有是命
十月五日太常寺丞兼權刑部員外郎史祺孫令吏
部與監當差遣臣僚言祺孫傳學妖術上曰士大夫學
卷三千八百八十九
三七
先王之道却從妄人孫士道習妖怪術以欺愚惑衆若
只放罷無以戒後人祺孫可令吏部與監當差遣　二
十二日大理寺正謝邦彥石邦哲並放罷以臣僚言邦
彥等皆嘗從孫士道習妖怪之術故有是命　二十七
日右朝散郎直祕閣添差通判平江府邢孝寬先次放
罷令本路提刑司取勘具案聞奏以親決禁軍丁宥致
死為轉運司所劾也　十一月四日拱衛大夫忠州刺
史鎮江府駐劄御前中軍統制王剛特降三官罷統制
官送殿前司自劾以不撫軍務兼將官兵請到馬料錢
市用侵欺入己為都統制劉寶所劾也　二十四年二
月六日翊衛大夫貴州防禦使江南西路兵馬鈐轄殿

前司神勇馬軍統制劉銳特於階官上降兩官以銳嘗
差使臣張定於秀州開置酒坊失拘收定隨行軍器定
因傷平民致死案後收坐也　三月二日右中奉大夫
梁富禮特降一官以赴景靈宮行香輒縈鞋入殿為攝
殿中侍御史施鉅所案劾刑　四日司勳員外郎孫仲
鼇放罷以臣僚言仲鼇攝職成均力主專門以私黨與
故有是命　六月三日尚書左司郎中吳梟放罷以臣
僚言銜命出疆一時隨行可占恩例者率以富人之子
充之其間有冒賞者至為人所訟故有是命　十八日
右朝散郎前知建康府王循友特貸死免籍沒家財送
藤州安置男右承奉郎前主管書寫機宜文字淙追兩
卷三千八百八十九
三八
官勒停特除名弟右文林郎新奉國軍節度推官循訓
追四官勒停特除名送雷州編管右朝散郎新添差通
判饒州韓參追兩官勒停特除名送德安府編管武經
大夫劉葵武節大夫新差充廬州駐泊兵馬都監杜浚
各特降一官初循友在任常斷配軍臣秦檜族人檜銜
之遂興此獄既而棘寺言循友盜取官錢受所部乞取
金銀冒請宣借口劵入己減價詭名收買沒官產業違
淙差韓參主管機宜文字因與參謗訕朝廷循訓與淙
偷盜官錢而循友不覺察劉葵杜浚受循友差權抽解
場回易庫各依隨循友擅取沙板竹木及虧價收買絹
帛入己故有是命　二十二日知衢州王曮放罷以曮

在任盜發所部措置乖方至是宰執進呈故有是命
七月十一日右奉議郎王義甯特降一官以前任衢州
通判失覺察獄司不以時申報病囚至死損故也　十
一日左朝奉郎直徽猷閣程敦厚落職依舊宮觀令靖
州居住臣僚論敦厚昨以起居舍人兼權中書舍人行
詞多爲溢美以取媚權貴故也　十三日左承議郎充
敷文閣待制知成都府蕭振落職放罷依舊宮觀池州
居住以臣僚論振曩緣趙鼎用事倡爲專門之説振阿
附之自謂其曲學出於程頤藉爲仕進之梯故有是命
振知台州日當落職放罷池州居住令復責於此云
八月二十三日左朝請郎朱輅特降一官以前權發遣

卷三千八百八十九　三九

綿州將請到酒差兵級越界貨賣會斂乃有是命　二
十八日右朝散大夫陳朴特降兩官仍衝替以前知衡
州失覺察推司不將病囚申提刑司遂致死損故也
九月十七日京西路轉運判官魏安行放罷以刑部劾
前知滁州安奏開耕荒田二千二百餘頃今本州具到
實開耕數止及四百餘頃既不應賞格其已轉官合行
改正上諭宰執曰如此誕妄不可不懲乃有是命　十
一月二十三日知平江府李朝正放罷以臣僚言朝正
身以侍從置散投拭與郡與土豪往來故也　二十六
日右奉直大夫直祕閣兩浙路轉運判官韓璡放罷以
臣僚言璡堂吏之子其弟瓛見爲堂吏窺伺朝政曹泳

除貳版曹臨安府闕官璡謂泳曰某旦夕當爲之且以
朝廷機政豈容小人探伺漏泄深爲不便故有是命
十二月二十一日度支郎官曾怡放罷以怡轄下倉庫
無不擾擾嘗換散盜支上色俸米至百數石爲戶部侍
郎曹泳所劾故也　二十五年七月六日知婺州李琛
大理司直李璟並放罷臣僚論琛到官之後減尅軍兵
請給幾至生變其弟璟見任大理司直專伺朝廷事机
密報乃兄故有是命　十三日知平江府湯鵬舉放罷
臣僚言鵬舉治郡無狀故有是命　十六日前知靜江
府廣西經略安撫呂愿忠與宮觀漳州居住以臣僚言
於額外買馬增千餘匹不知初欲何爲及有召命方以

卷三千八百八十九　卌

進獻爲名故有是命　八月三日左朝散大夫汀州居
住趙令衿追一官勒停令南外宗正司差官專一拘管
初令衿正月十五日夜召衢州教授莫汲觀月因汲陳
告謗訕法寺鞫實故有是命　七日朝散大夫直祕閣
揚揆特降一官落職以寄居台州黃巖縣有產業在縣
不依上戶輸納科數會斂乃有是命　十月二十三日
權戶部侍郎兼知臨安府曹泳可特勒停新州安置二
十六年正月二十四日移吉陽軍編管臣僚言泳以秦
檜親黨進由武弁致身從班招權怙勢故有是命　二
十九日右通直郎顯謨閣韓彥朴特降一官以毆擊故
父府存留將校因病致死故也　十一月四日右承事

郎趙汾特降一官臣僚言汾故宰相趙鼎之子窺伺朝
事故有是命　十五日宗正寺丞鄭柟太常博士曹冠
並放罷臣僚言柟因父典藩專事請託冠憑恃權勢傲
忽淩人今冠為檢正柟為奉使乞行罷黜故有是命
二十七日敷文閣學士王會與宮觀以臣僚言秦檜薨
子熺陳乞王會知建康共辦父之葬事。乃云庶得相聚
照顧家屬建康守臣一路軍民所寄事體非輕若止為
私家相聚朝廷何賴乞差會自陳宮觀與熺共集檜之
塋事故有是命　同日知太平州王珣知宣州王鑄知
廬州鄭僑年權知嚴州鄭震知明州方滋並放罷以臣
僚言珣為郡守受人生日餽獻鑄為浙西監司畧不中
卷三千八百八十九　四十一
明迴避僑年專奉權勢震為福私買市舶物貨滋自福
移廣厚遺權貴之家故也　二十八日國子祭酒張扶
放罷以臣僚言扶附曹泳改官及位正言專為泳報私
怨故有是命　同日知邵州林機放罷以臣僚言緣宰
相姻婭進躐清要自信移邵憒形于色故有是命　十
二月一日資政殿大學士鄭億年端明殿學士鄭仲熊
依舊宮觀臣僚言億年父為宰相身為近臣不能捐軀
圖報乃甘事逆臣劉豫既還朝大臣力與為地髙爵重
祿坐享累年仲熊緣大臣為姻婭致身右府故有是命
　二日敷文閣直學士右太中大夫提舉江州太平興
國宮徐宗説落職罷祠以臣僚言宗説身位版曹為時

相營田產故有是命　同日左通直郎敷文閣待制提
舉江州太平興國宮曹筠落職罷祠以臣僚言筠黨附
秦檜薦為臺臣凡有奏陳盡出於檜故有是命　同日
敷文閣直學士徐琛落職罷見任宮觀以臣僚言琛縱
子請託干預郡政緣大臣私於親黨猶得以峻職奉祠
而去故有是命　四日敷文閣直學士宋貺落職二十
六年十月二十七日責授果州團練副使梅州安置臣
僚言貺恃大臣之知已逞其姦兇雖加譴逐復起廢知
建康專事掊克奉祠而罷猶玷高華之選故有是命未
幾言者再疏其罪遂遠竄云　六日知紹興府趙士彰
知温州高百之並放罷以臣僚上言士彰旦能為時相
卷三千八百八十九　四十二
家作媒畢婚嫁故連作帥臣進陞祕職百之初無履歷
與秦塤為姻家附麗權勢驟為提學總守鄉郡故有是
命　二十二日敷文閣學士提舉江州太平興國宮王
會落職罷宮觀特勒停送循州編管　二十六年十月二
十七日移送瓊州編管臣僚論會恃檜與熺之親黨致
身禁從出守便郡廣置田宅貪求錢物籍人家財盡取
其書畫古器怪石入己又强取寄居待婢及令進納人
造舟用錢五千餘緡不支價直却令請囑不法公事得
錢萬緡以償之等事乞重賜竄逐宰執進呈上曰會所
至狼藉止緣恃秦檜之勢乃敢如此可與廣南編置故
有是命既而移送海外編管云　二十三日直祕閣淮

東提舉常平茶塩齊旦直秘閣添差平江府通判王伯庠並落職放罷以臣僚言旦附權臣芭苴無虛日倍收頭子錢減剋塩本錢以資妄用伯庠恃王會之親故有是命　二十四日詔知荆南孫汝翼病廢日久全不視事唯是專恣妄作為一方害四川提舉茶馬鄭靄不修職事唯務掊克可並罷　同日直秘閣新知無為軍張永年放罷以臣僚言永年夤縁權貴姻婭僥倖職名其父名闇吏不廻避冒榮居官故有是命　二十六年正月九日禮部侍郎王珉吏部侍郎徐嚞並放罷以臣僚言珉等皆以附會秦檜故也　十一日前大理少卿張嶬左宣教郎鮑安世與遠小監當以臣僚言嶬附會曹泳極力取媚安世權攝餘杭縣令不恤民事專為曹泳

卷三千八百八十九

四三

理債故有是命　二十一日權工部侍郎丁婁明放罷以臣僚言婁明以秦檜之親黨躐登清要頃為接伴經過鄉里椒獨由私路以往焚黃故也　二十三日知婺州李椿年放罷臣僚言椿年頃議經界政欲均天下之税而乃私結權貴曲庇家鄉嘗為論罷矣近起廢得宣州繼移婺州所至益肆刻剥如結甲以納苗米一有惡米則同甲之米悉行没納如置團以市豬羊一或不好則彊散官屬尅其請俸於是黜之　二十四日知楊州樓璹放罷以臣僚言璹不遵稟指揮擅將北使食頓令泰州管認故也　二十八日度支員外郎孫祖壽幹辦

諸司糧料院蘇鑒幹辦諸司審計司王燁並放罷以臣僚言祖壽等皆以交結王會故也　二月二日權兵部侍郎沈虛中放罷以臣僚言虛中為省試參詳官令人吏私越團墻容報秦熺已取塡為省元故也　二十八日前知衢州王曮令建昌軍居住前知靜江府呂愿忠責授果州團練副使封州安置以臣僚言曮守三衢下行買物不支價錢蓋恃親黨之援愿忠召還席卷公庫嘗為臣僚論列乃以貨納于大臣求免故有是命　三月一日司農寺丞王爰放罷以臣僚言爰往浙東發泄塩事以奉使為名致諸塩客遂有改塩法之言中外疑惑故有是命　十八日權禮部侍郎周葵差知信州禮

卷三千八百八十九

四四

部郎官呂廣問放罷皆以臣僚論其懷私故也　二十二日右司郎中鍾世明祠部郎官陳岩肖並放罷以臣僚言世明見李椿年為經界遂求為幹官岩肖為秀州教授為秦檜父立祠堂故也　四月八日浙西提刑謝邦彥浙西提舉司馬倬大理寺丞石邦哲並放罷石朝散郎曹雲令郴州居住以臣僚言雲等習傳妖幻之術故有是命　四月十三日直秘閣前知太平州王晌直秘閣前知廬州鄭僑年直秘閣前知嚴州鄭震直敷文閣前知明州方滋直龍圖閣前知紹興府趙士彰直秘閣前知溫州高百之直徽猷閣前湖南運判龔鑒直秘閣前知荆南孫汝翼直秘閣前四川提舉茶馬鄭靄直

祕閣前差權發遣無為軍張永年並落職以刑部開具
自去年郊祀後臣僚論列放罷監司郡守等人再有是
命　二十七日敷文閣待制陳桷落職臣僚言桷頃緣
大臣之妻及子好方士之說桷因奉道求合故也　五
月十三日宗正少卿張修放罷臣僚言修頃寓衢州日
曹泳嘗攝酒官贓汚不法監司郡守欲按其罪修曲為
營救遂得幸免逮泳進用因緣以進故也　六月十一
日敷文閣待制錢周材落罷以臣僚言周材自為中書
舍人充修嚴宗實錄修撰迺對同管詆毀故也　十二
日添差浙東參議官方雲翼放罷閏十月四日特追三
官勒停送袁州編管臣僚言其寄居秀州脅持守臣奪
卷三千八百八十九　四五
取他人膏腴之產及任通州倅置買田畝至於三十餘
頃故有是命　十八日敷文閣待制提舉江州太太興
國宮符行中落職罷宮觀臣僚言行中緣通判溫州交
結故相累冒監司之選遂帥成都五年僭欠既有指揮
放免行中輒廢格詔令督責急如星火蜀人怨之故有
是命　二十六日右朝散大夫葉邁特追兩官勒停送
郴州編管邁昔倅均州將遽接兵級支散不盡錢米入
已為守臣所劾故有是命　七月二十九日知衢州錢
端禮放罷以本路漕臣言端禮在任違法故也　八月
一日右朝奉郎前提舉淮東常平茶鹽齊旦特追兩官
勒停以提舉常平來冠卿言旦在官不法凡一十五事

體究得實故也　八日右朝散大夫主管台州崇道觀
傅寧罷宮祠以提舉茶鹽朱冠卿言其前任真州科率
人戶竹木起造倉屋不即支還價錢故也　九月二十
二日大理少卿張壽放罷以臣僚言近者臨安府豬羊
牙人徐友仁等二十餘人率斂錢物結託公吏降旨送
寺根治壽信憑人吏出入故也　閏十月四日左朝請
郎王彥傅右朝散郎鄭柟特勒停彥傅送靖州柟送辰
州編管臣僚言彥傅權臨安府通判往衢州體究趙令
衿公事招人告訐以興大獄柟父滋數典大郡而年老
柟皆干預郡事故也　同日右奉直大夫晏孝本罷知
永州仍令全州根究依法施行以本路運司覈其在任
卷三千八百八十九　四六
不戢子弟干預郡政故也　七日知饒州董弅真州吳
樂並放罷臣僚言弅比到饒州溺于倡樂不以民事為
意樂近到真州親隨數輩冒名權攝故有是命　十一
日右承議郎劉伯英勒停送連州編管以臣僚言伯英
昔任湖南提舉常平日有衙前兩名以盜官錢繫獄未
決伯英釋放免追其錢各取其女而歸故有是命　十
一月五日右通直郎司馬倬令吏部與遠小監當以臣
僚言魏良臣知紹興府倬往依之干撓郡政曰與其子
弟飲宴非所故有是命　二十七年四月二日司封郎
中吳武陵放罷以臣僚言武陵為太學博士日塗改長
貳判狀故也　五月六日權工部尚書王俁為敷文閣

待制提舉江州太平興國宮臣僚言侯爲版曹差妻黨宋敷監酒庫不避嫌故也　十二日前浙西提刑杜師旦特勒停送道州編管臣僚言師旦聽事則令胥吏長跪以呈文書出謁則令鄉兵前列鼓吹後隨詣學則席地行觴令倡優雙引入寺則危擾講座令僧徒羅拜儹侈狂恠故有是命。　七月三日新潼州府路轉運判官李宏興宮觀臣僚言宏興故相雅故使知合州子弟干預政事故也　八月十一日從義郎閤門祗候王彥昇特降兩官以彥昇不毀銷金服飾爲女使所告也　九月十四日右通議大夫敷文閣待制致仕林乂落職依舊致仕以臣僚言乂昔以附會故相而進今既告老干求州縣故也　二十一日起居郎唐文若除外任臣僚言文若倨傲故也　十月三日左朝散大夫提舉台州崇道觀劉岑左朝請大夫直祕閣主管台州崇道觀林大聲並罷宮觀內大聲落職皆以臣僚言其囑託州縣故也　二十七日權吏部侍郎葛立方放罷臣僚言立方身爲長貳輒爲其子弟鄂越新制用舉狀故有是命　十一月十六日湖南提刑趙士鵬夔路轉運判官王珏並放罷皆以臣僚言其附會故相父子多致餽遺故也　十二月二日禮部侍郎周方崇兵部郎官李庚工部郎官褚藉並放罷劉天民范成象留觀德永不得與堂除差遣臣僚言其因中丞湯鵬舉而進相爲表裏故

卷三千八百八十九

四七

也　二十三日太府少卿燕權檢正陳㧞放罷以臣僚言㧞昏老故也　二十八年正月二十四日淮東提舉茶鹽朱冠卿放罷今後不得與監司差遣以臣僚言冠卿由泰州通判就還本路提舉以私意恬沒人家積下鹽本錢八千萬不散還亭戶致訴之於朝故也　二十九日右朝請大夫龔鑒特勒停令桂陽軍居住以臣僚言鑒交結王會遂得美除昔守盱眙專求珍貨取媚權要故也　七月十二日權戶部侍郎徐林放罷以臣僚言林所管戶部酒庫虧損年課故也　二十九年正月十一日右武大夫容州觀察使荆南路副總管傅選責授靖州團練副使惠州安置以選自到任以來買銀帛什物不還價錢專恃兇威恣爲貪暴以知雷州魏良臣撩發也　三月十八日權吏部侍郎劉章與宮觀以臣僚言章令部胥市絹故也　二十一日右中大夫直顯謨閣向子固降兩官以違法占買湖州慧覺寺墓田寺僧訴之憲臺具獄來上故也　二十二日欽州編管人康與之移送雷州繼又移送新州牢城收管先是與之居貶所與土人交爭移雷州因頑冗負擔夫毆打致死故特有是責　同日知廉州何弃降一官放罷以弃容留編管人康與之在州託疾拖延兩月不交付雷州故也　五月九日昭化軍承宣使錢愷降一官與在外宮觀以愷以私錢轉託軍中營運故也　六月十二日知

卷三千八百八十九

四八

洪州施鉅與宮觀以臣僚言鉅所部洪之水軍賴之步兵皆不以為意遂成虛設故也　二十三日直祕閣知明州趙善繼放罷臣僚言善繼違制擅差使臣措置酒務及犯私酒之家毀拆屋宇納錢至千緡故也　閏六月六日左中大夫充敷文閣待制知福州沈調落職降一官知袁州葛立方並放罷臣僚言調因弟該執政竊帥七閩張大海冦以為己功責安撫司監督責嚴酷立方因緣沈該旋至侍從故也　七日戶部郎中莫濛送吏部與監當差遣以江浙淮南富民冒占沙田蘆場遣官打量濛被差奉行失實故也　同日左朝奉郎知和州俞畢放罷以淮南運判張祁劾奏畢違戾寬恤指揮

卷三千八百八十九　四九

故也　八月一日中書舍人張孝祥與外任以臣僚言孝祥輕率故也　二十一日直龍圖閣新知洪州蘇簡直祕閣知廣州向子忞並落職放罷以臣僚言簡前帥廣東抱疾未嘗出廳子忞知道州衡州皆為監司按劾而罷為湖北憲又為總領司奏劾落職而罷故也　三十年二月二十九日江東提舉常平王義朝放罷臣僚言義朝承朝廷指揮出賣沒官田產措置乖謬故也

十三日知常州莫伯虛通判梁興祖各降一官放罷判官蘇延壽推官趙伯說各降一資戶部言二十九年分合起上供諸色窠名內常州拖欠三十七萬八千九百八十餘貫米四千餘石料七萬四千八百餘口絹四百

六十一疋故並及責　同日右宣教郎施興祖特降一官仍依餘替人例施行　三月九日出火祀大辰興祖以攝太官令不虔攝監察御史彈奏故也　十四日戶部侍郎邵大受與外任以臣僚言其須諸酒庫妄行措置故也　四月八日廣西提刑王孝先降一官放罷臣僚言其取悅權貴故也　七月三日知池州趙不如知撫州周積並放罷永不得與堂除差遣皆以臣僚言其治郡無狀故也　十一日給事中王晞亮與外任以臣僚言其每事自負桀傲故也　十六日左司郎中方師與放罷以臣僚言其為宰士熏領贍軍酒庫辟差官屬多出權門故也　八月十二日吏部員外郎祝公達刑

卷三千八百八十九　五〇

部郎中黃子淳並放罷以臣僚言公達曾任建州教官宴飲無度子淳頃為大理寺丞以漏泄斷刑故遂黜之

十四日知婺州韋燾除在外宮觀以臣僚言燾專與大臣為交黨到任以來多廢弛故也　十月三日新知和州施堪新知河州周奕新知全州宋晟新知潮州蘇文璀並放罷皆以臣僚言其治郡亡狀故也　十七日劉寶罷都統制添差福建路副都總管福州駐劄以臣僚累言寶多差軍士往湖廣販賣回易去年鎮江火寶乃閉壁下令輒出救者死城中為之煨燼故責之　二十七日太府寺丞陸秬放罷以臣僚言其以醫術治宰臣湯思退母疾有瘳而擢寘丞列故也　三十一年正

月二十四日直祕閣淮南西路轉運判官張祁落職依前官以臣僚言祁在官無稱故也　二十七日知建康府韓仲通放罷以臣僚言仲通家法文深頃在棘寺專阿附故相故也　二月二十五日敷文閣知平江府朱翌放罷臣僚言翌在宣城委政官屬緣支軍人衣糧幾至生變故有是命　三月十四日忠州刺史兼閤門宣贊舍人知郢州馬羽放罷羽到任纔半年輙令巡尉部領軍兵下鄉縣所伐官私竹木又令巡尉司借人夫耕牛拖運下河違法騷擾至是本路轉運司提刑司劾奏故罷之　二十一日新知興國軍鍾鍠新知鄧州向激並放罷以臣僚言鍠年過七十激頃嘗倅臨汀與鍠同

卷三千八百八十九

時相先後其在任諸邑蓋相若也故並罷之　四月八日廣南東路轉運判官鄭安泰放罷安泰嘗知肇慶府師州不恤郡政故也　五月十二日太府寺丞趙復放罷臣僚言其不事事故也　七月四日大理少卿孫敏都修官郎中周楙並放罷以言者論敏修冒進鄉列楙爲郎曹徇私故也　十日帶御器械劉炅送吏部與在外合入差遣坐言語狂怪而辭避職事遂因臣僚論列故有是命　十八日知濠州劉光時階官追郡上各降一官特降授武顯大夫吉州刺史差遣如故臣僚言光時將平人入吾界者皆謂之盜而殺之反奏功希賞故有是命　八月四日淮南轉運副使王秬與宮觀臣僚

言相自言諳練戎事願得步騎五千求試方畧輕肆大言故也　十一日昭慶軍承宣使致仕王繼先依舊致仕福建居住子孫並勒停臨安府內外第宅田園房廊有司令行拘籍強買奴婢悉放逐便諸寺院所立生祠亭臺一切毀拆以臣僚論繼先有十不容誅之罪大畧謂廣造成都內第宅房廊侵奪公私田宅屋舍擅毀敕額寺院占稼官司運河彊買良民婦女陰養無賴惡少與子弟富人冒求官爵與寺院刑獄通行財賂各有實狀於是斥逐之　九月八日大理寺丞程邈提轄雜買務雜賣場求多見並放罷臣僚言邈縱人請記多見私市物貨故也　二十七日知榮州司馬備知長寧軍劉

卷三千八百八十九

悅新知果州杜長慶新知榮州李進並放罷以臣僚言備等不法故也　十月十一日新淮南轉運判官莫濛降一官放罷尋詔特勒停先降旨令隨王權軍應辦錢糧而經兩月尚未起發故也降一官放罷既而臣僚言其罰太輕再有是責　二十四日直敷文閣湖北路轉運副使李植落職放罷以臣僚言近降指揮令隨田師中應副軍糧師中罷吳拱代之到即調發植自合隨軍乃謂無明文致拱師行糧運有闕故有是命　二十九日戶部侍郎劉岑除徽猷閣直學士提舉江州太平興國宮未幾落職依舊宮觀臣僚言岑在版曹事多徇私放罷宮觀再論落職云　三十二年二月二十三日中

侍大夫榮州刺史劉光輔令樞密院別與差遣以臣僚言其寄居平江侵奪民產干擾州縣故也　閏二月八日知太平州湯鵬舉令致仕朱翌除太平州新命更不施行臣僚論鵬舉在任作威福以恐官吏於是朝廷以翌代之翌亦坐論列故有是命　十七日司農寺丞趙伯魚監登聞檢院林仰並放罷以臣僚言伯魚監簽判婺州無所忌憚仰知海鹽縣附勢虐民故皆黜之

卷三千八百八十九

五十三

宋會要

黜降八

紹興三十二年六月二十三日孝宗已即位未改元詔左奉議郎
通判通州趙不晦降兩官放罷坐虜騎渡淮首先逃遁
為本路提舉王珏所劾故有是命　二十六日詔福建
路轉運判官黄韜湖北路轉運判官韓之純並放罷皆
以臣僚論列故也　七月二十九日詔忠翊郎閤門祗
候權發遣濠州郡遇降一官與宫祠以江淮宣撫使張
浚奏其性不疏通凡本司行事不即禀承致歸正人各
生怨望故有是命　同日詔左武大夫御前右軍第十
將正將吳宏降一官令本軍自効坐擅尅軍粮不恤戰
士為都統制吳拱所劾故有是命　八月十六日詔浙
西提點刑獄王趯放罷以言者論其頃官嶺外恣意誅
求今在浙西恣行慘酷故有是命　十七日詔權發遣
全州王蓋臣可放罷坐行賞稽緩致兵士聚衆作亂故
也　二十三日詔起居舍人兼國史院編修官洪邁均
州防禦使知閤門事兼客省四方館事幹辦皇城司張
掄並放罷以殿中侍御史張震論其奉使失指故也
十月二十八日詔知池州范濚知黎州李時雨並放罷
新知興國軍汪汝嘉新知吉州王曷並罷新任皆以殿
中侍御史張震論列故也孝宗隆興元年正月七日詔
知鎮江府方滋可放罷以言者論其附附權臣納賄求

卷三千八百八十

一

進贓貨無厭故有是命　二月四日詔知仙井監趙不
弱放罷以本路憲臣馮時行劾其在任不法故也　十
三日詔太尉慶遠軍節度使主管殿前司公事成閔可
罷軍職除提舉萬壽觀尋有旨落太尉依前慶遠軍節
度使提舉台州崇道觀婺州居住先是御史中丞辛次
膺論閔統戍京西沿路所得鎬設錢皆以歸己其在鄂
州減尅請給重困軍士暨為殿帥改易簿籍侵盜金銀
不可勝計惟務交通近習乞行竄責右諫議大夫劉度
又言方逆亮誅斃虜衆遁逃閔提重兵至楚泗間名為
追襲其實護送怯懦縱敵使兩淮赤子係累失所方且
攘取釆石俘執之虜冒為己功欺罔朝廷乞褫奪官爵
投之四裔迺罷軍職提舉萬壽觀已而殿中侍御史胡
沂上章數閔二十罪乞明正典刑於是落太尉仍舊節
鉞除在外宫觀婺州居住　三月二十六日詔左朝請
大夫主管台州崇道觀張紘特降一官罷宫祠今後不
得與堂除親民差遣以殿中侍御史胡沂論其在家常
藏匿盜賊而分其財屢經敗獲難以復齒縉紳故有是
命　四月五日詔中亮大夫忠州團練使王剛特降兩
官坐治軍不職散失軍器故也　十二日詔知郴州王
時卲武軍通判王着潭州通判王曉並放罷以殿中侍
御史胡沂論其皆故相秦檜親黨故也　五月十六日
詔新知潭州劉章新知南雄州廖遲並放罷皆以右諫

卷三千八百九十

二

議大夫王大寶論列故也　二十七日詔新江西轉運判官史正臣罷新任以侍御史王十朋論其操心傾險賦性姦邪善觀時變以求進用故有是命　六月二日詔廣西提點刑獄方師尹放罷新福建轉運副使龔光遠罷新任皆以右諫議大夫王大寶論列故也　八日詔特進觀文殿學士致仕沈該降授觀文殿學士依舊致仕觀文殿學士提舉江州太平興國宮朱倬除授資政殿大學士依舊宮觀皆以右諫議大夫王大寶論其貪汚狼藉姦惡稔著故也　十四日詔少傅樞密使都督江淮東西路建康鎮江府江陰軍江池州屯駐軍馬兼都督荆襄軍馬張浚特降授特進依前樞密使江淮

卷三千八百九十　三

東西路宣撫節制建康鎮江府江陰軍江池州屯駐軍馬左朝散大夫試尚書禮部侍郎充江淮都督府參贊軍事陳俊卿左朝議大夫充敷文閣待制都督府參贊軍事唐文若各特降兩官放差充江淮宣撫使司參贊軍事左朝散郎尚書户部員外郎充江淮都督府參議官馮方左參議郎直秘閣充江淮都督府參議官查籥各特降兩官放差充江淮宣撫使司參議官招撫司機宜尹機特勒停武安軍承宣使主管建康府駐劄御前諸軍都統制職事淮南京畿京東河北路招討副使邵宏淵特降授武功大夫依舊職任皆以符離用師失律故也　二十日詔太尉寧國軍節度使李顯忠可責授

清遠軍節度副使筠州安置尋責授果州團練副使潭州安置以符離用師首先奔潰故也　二十六日詔尹機送郴州編管以宣撫使張浚奏其用意懷私措置乖謬大失士心以致離散故有是命　七月六日詔建康府統制官忠翊郎周宏特追五官除名勒停送瓊州編管殿前司統制官武德大夫左士淵降五官正侍大夫和州防禦使張訓通武德大夫韋寶馬軍司統制官起復武功大夫張師顏左武大夫果州團練使秦祐武功大夫劉正寶池州統制官拱衛大夫果州團練使荔澤建康府統制官武義大夫張淵各降四官殿前司統領官武德郎李彦孚武功大夫王倫武德郎董安馬軍司

卷三千八百九十　四

統制官起復武功大夫惠州刺史范旺池州統領官起復武節郎趙思忠武德郎樊琪武經郎馮晟建康府統領官武功大夫楊宣武功大夫王節武經大夫范卞武功大夫和州防禦使孫善武功大夫李賽武功大夫貴州刺史李平各特降三官並罷見任本軍自効其范卞韶州王節静江府並除名勒停編管敦武郎充都統節制軍馬司點檢文字王進追五官勒停進義校尉隊將俞超追三官勒停敦武郎親隨馬軍將言甄宏追三官勒停王進道州俞超邵州甄宏郴州並編管皆以符離用師首先奔潰從宣撫使張浚所奏也　十九日詔直徽猷閣新除江東運判鍾世明落職放罷以言者論其

懷姦徇私臨事求免故也。　八月三日詔新除樞密院編修官李珂放罷以臣僚論其本無學術專務奔走權門故也。　十一日詔左朝請大夫直顯謨閣林安宅右朝請郎新除直祕閣仕盡言並罷宮祠內盡言除職指揮更不施行以殿中侍御史周操論安宅被旨差知太平州盡言知鎮江府二人以防秋在近詭避不行各求宮觀遂其所欲致煩朝廷旋擇守臣故有是命。　十二日詔司農少卿楊倓依舊直顯謨閣主管洪州玉隆觀任便居住以右正言陳良翰論其負頗邪之資恣貪冒之欲平時過惡不可縷數故有是命。　二十五日詔新知宣州葛立方新知婺州丁婁明新知興國軍向澂並

卷三千八百九十　五

罷新任依舊宮觀皆以臣僚論列故也。　二十七日詔左朝請郎前知藤州廖顒降兩官放罷坐免賊王宣嘯聚不能扞禦預先乘舟逃遁致賊衆入城焚燒公私舍宇故有是命。　九月二十五日詔工部侍郎權給事中陳之淵與外任以臣僚論其過事不明故也。　十月六日詔知靜江府余良弼放罷以右正言陳良翰論其庸懦不職坐視免賊王宣等嘯聚不能措置招捕故有是命。　十一月五日詔慶遠軍節度使戚閔可降授安德軍承宣使依前提舉台州崇道觀婺州居住坐前在鎮江盜用官錢贓污狼籍法寺鞫勘得實故有是命。　九日詔右宣教郎盧仲賢可特降授右承奉郎除名勒停

枷項送郴州編管坐將命失指故也。　十二日詔敷文閣待制知廣州李如岡放罷以言者論列故也。　二年正月十一日詔大理卿李洪知常州郭契敷並放罷皆以言者論列故也。　二十一日詔修武郎閤門祇候權東南第十一副將李宏特追三官勒停坐統押推鋒軍討捕免賊王宣輕敵寡謀反為賊執僅能脫身而歸為廣西帥憲所劾故有是命。　二月六日詔江西轉運副使魏安行放罷今後不得與監司差遣以臣僚言其誕謾有素貪欲無恥故也。　三月六日詔右朝請郎致仕張祁復直祕閣指揮更不施行以臣僚論其兄邵久留虜庭遠歸而妻已物故邵每對賓客備言不弟之狀究

卷三千八百九十　六

憤刻骨故有是命。　十三日詔新知資州王葆新知荊門軍馮榮叔新知蘄州傅寧並罷新任皆以臣僚論列故也。　十四日詔新知建寧府劉度放罷以臣僚論列故也。　二十八日詔太府少卿充都督府參議官馮方可放罷以言者論其輕率招權故也。　四月六日詔提舉兩浙市舶王端朝放罷坐申朝廷乞依監司事体言者論其輕侮朝廷不安分守故也。　十二日權禮部侍郎黃中放罷以右正言尹穡論列故也。　五月三日詔武功大夫忠州團練使新權發遣濠州劉光時勒停徽州居住尋有旨送都督府自劾坐託病不即之任為淮西宣諭使王之望所劾故有是命。　十七日詔成州團

練使添差江南西路馬步軍副都總管隆興府駐防邵宏淵責授靖州團練副使南安軍安置以浙西宣諭使王之望劾其向在建康侵盜官錢贓賄狼藉妄以私意陞補軍職自統制以下至押隊官計三百六十餘員舉措任情畧無忌憚故有是命　同日詔建武軍承宣使新福建路都總管韋訊降一官放罷潭州居住坐被受差遣違限不朝辭朝辭既畢復入國門臨安府覺察以聞故有是命　六月八日詔知梁山軍龐信孺令衡州居住日下出門以言者論其前倅施州侵盜官物不知紀極嘗追三官勒停永不收敘今輒赴省部陳乞改正儻再綴仕版何以示懲故有是命　二十三日詔尚書

卷三千八百九十

七

度支員外郎韓元吉放罷以淮西宣諭使王之望劾其向為宣諭司參議官招權妄作故也　七月二日詔廣東提刑周綝放罷令後不得與監司差遣以殿中侍御史尹穡論其憑恃使權肆為汙墨嘗欺羨餘十五萬貫指揮既下全未及數旋行刻剝諸州贓罰錢荷項因禁者填滿于獄故有是命　十四日詔新淮東提舉塩事俞召虎與宮觀自今後不得與監司郡守差遣尋有旨特勒停送袁州羈管先是淮東宣諭使錢端禮劾其頃知秀州妄支官錢侵盜入己于是罷新任與宮觀已而召虎進狀自辯復為言者論列遂特勒停送袁州羈管　十九日詔左中奉大夫直敷文閣陳漢落職罷宮觀

令後永不得與監司郡守差遣以左諫議大夫王之望論列故也　二十七日詔端明殿學士左中大夫提舉江州太平興國宮洪遵可落端明殿學士手詔朕將用遵先以五事為戒遵既覩書應詔故擢樞庭歷年以來未嘗以公任責徒為患失且遂身謀故有是命　八月七日詔知興化軍劉韞放罷以言者論列故也　十三日詔提舉淮南東路常平茶塩公事陳高放罷以右正言晁公武論其項知信州為政酷虐故也　十五日詔淮西運判劉敏士放罷以右諫議大夫王之望論其昏謬故也　二十三日詔新知泉州徐度罷新任以臣僚論列故也　九月七日詔改添差通判隆興府韓玉特

卷三千八百九十

八

勒停送郴州羈管以言者論其公肆慢言無所忌憚被命之後不肯之任徘徊江上意若不滿故有是命　十月三日詔右朝請大夫馮榮叔罷主管台州崇道觀以侍御史尹穡論其頃嘗典郡贓汙不法擴奪民田故也　四日左朝奉郎敷文閣待制知建康府張孝祥落職放罷以侍御史尹穡論其出入張浚湯思退之門反覆不靖故也　七日詔武德郎左軍統領權知秦州統制沿邊忠義軍馬張舜忠追十五官籍沒家產勒令前去軍前自効坐與北方偽官姜捷范彥通等通書從經略使吳拱所劾故也　十一月十三日詔知盱眙軍郭淑可特勒停送靜江府編管知濠州孔福可削奪官職白

身自効，皆坐虜騎渡淮，望風逃遁故也。二十六日，詔大理評事張鎡放罷，少卿謝如圭展二年磨勘，坐定斷唐三四案前後異同故也。　同日，詔知臨安府黄仁榮放罷，坐盗賊累限不獲故也。　二十八日，詔安慶軍節度使、捧日天武四廂都指揮使、鎮江府駐劄御前諸軍都統制兼淮南東路招撫使節制本路軍馬劉寶可落節鉞，特授武泰軍承宣使，依前職；保平軍節度使、龍神衛四廂都指揮使、建康府駐劄御前諸軍統制兼淮南西路招撫使節制本路軍馬王彦可落龍神衛四廂都指揮使。三省、樞密院言兩淮守備專任劉寶、王彦，累降御筆，非不丁寧，乃以會兵為名，輒棄楚州；彦以保守江而為辭，擅離昭關，為退避之計，故有是命。　閏十一月五日，詔知湖州鄭作肅與宫觀。已差下陳輝別與閑慢州郡。以右正言王逨論作肅治郡無狀，輝近日尹京多行怪政，傳笑四方，故有是命。　二十八日，詔右朝請大夫、直秘閣、提舉淮東路常平茶鹽公事向洵可特降兩官。以洵乘軍事之際，託出巡為名，擅離置司所月餘故也。　十二月二日，詔安遠軍承宣使、兼捧日天武四廂都指揮使、階文龍州經畧使、兼知階州軍州事吴拱可降授郢州防禦使，坐虜騎侵犯，怯懦不前，從招討使吴璘所劾也。　十二日，詔大理正巽行新授諸王宫大小學教授、鮑同並放罷，以殿中侍御史唐堯封論列故也。

卷三千八百九十

九

乾道元年正月七日，詔知廬州韓璡勒停，送賀州編管，以虜兵未至，璡先遁逃故也。　二十二日，詔知紹興府徐嘉、知會稽縣錢宥、知山陰縣時康祖並放罷，皆以坐視飢民死亡，全無措置故也。　二十三日，詔主管成都府利州等路茶事兼權提舉泰司茶事買馬監牧公事續觱可放罷，坐馬政不修故也。　二十四日，詔降授武泰軍承宣使、捧日天武四廂都指揮使劉寶可責授果州團練副使，瓊州安置，坐虜騎渡淮，望風逃遁故也。　三月四日，詔權户部侍郎朱夏卿放罷，以殿中侍御史章服論其交結貴近，蹤跡詭秘故也。　二十日，詔右中大夫、右文殿修撰、前知揚州向子固特降三官，落職，罷宫祠，坐侵盗官錢贓累鉅萬。法寺鞫勘得實，故有是命。　二十四日，詔廣德軍朱友聞、新知徽州俞畢並放罷，皆以殿中侍御史章服論列故也。　四月八日，詔右奉直大夫、利州路轉運判官張澤特降兩官放罷，坐奏事失實故也。　十八日，詔新江東路轉運副使趙渙放罷，以殿中侍御史章服論其貪婪無厭，凡三任監司，三遭論列故也。　五月一日，詔修武郎、知萬安軍陳珍放罷，今後勿與堂除差遣。以言者論其本泉南舟師，應募防拓，補下班祗應，既而以貨賂干託，累官至大使臣。今遍除軍壘中外，駭笑謂自來無以梢工守土者，乞亟賜寢罷，故有是命。　八日，詔武經大夫、東南第十一副將宋

卷三千八百九十

十

迪特勅停送摧鋒軍自効以廣東經畧安撫司言遣迪捕賊遷延不行故也　十二日詔大理寺丞江璆放罷以右正言程叔達論列故也　同日詔太常丞李處全放罷宗正寺主簿荆尹與宮祠以右正言程叔達論處全醜穢之跡為搢紳士夫之所恥笑尹赤歷考任偶因召對改秩遷除宗簿太為超躐故有是命　十八日詔新浙東提舉劉祖禮新知贛州周石新知南劍州潘革並放罷以殿中侍御史章服論祖禮革皆貪鄙石媚事秦檜叨居郎省故有是命　六月一日詔左承議郎太府寺丞萬權兵部郎官鄒櫄降兩官放罷筠州居住以言者論櫄令人買物多不償直有親事官因貼陪太多

卷三千八百九十　十一

遂竊櫄倖求逃去櫄追捕其妻黨勒令代償其人貧不能償畏櫄兇暴與其母對泣相恃赴河而死故有是命　十四日左朝請大夫淮南路轉運判官姚岳特降官放罷以右正言程叔達論其妄申淮西蝗虫抱草木而死欲以妄誕悅上意故有是命　十五日詔知撫州陳森放罷坐用刑慘酷為言者論列故也　十六日詔給事中王時外放罷　以殿中侍御史章服論列故也　二十四日詔右朝散大夫通判婺州曾迪追一官勒停以言者論其暫倅郡事重疊冒請及多差禁卒營葺私第故有是命　七月三日詔知池州魯詧放罷以言者論其妄言本州管下竹生穗實如米以妖為瑞故有是

命　五日詔左朝請大夫知郴州虞翔右承議郎權發遣桂陽軍萊東美各特降三官放罷今後不得與堂除差遣以本路提舉鄭丙劾翔身為守臣不能撫靖一方致使李金賊徒竊發東美張皇賊勢棄城逃遁故有是命　十二日詔右朝奉大夫荆湖南路提點刑獄公事周自強特降三官前降召赴行在指揮更不施行坐申湖南盜賊不實故也　十六日詔禮部尚書王大寶放罷依舊敷文閣直學士提舉江州太平興國宮以右正言程叔達論列故也　二十七日詔捧日天武四廂都指揮使寧武軍承宣使主管步軍司公事戚方可落軍職以殿中侍御史章服論其發遣忠勇軍人措置乖方

卷三千八百九十　十二

致有寃逸故也　八月三日詔中書舍人閻安中可罷見任汀州居住以右正言程叔達論其議論反覆故也　八日詔浙東提舉茶鹽高敏言放罷坐鹽課虧陷故也　十月十五日詔大理評事畢晨特展二年磨勘坐駁勘龔嶠刑名具奏稽滯故也　十一月一日詔武顯郎侍衛馬軍司遊奕軍權統制權知盧州張師顏特降一官坐身任邊寄不務撫綏惟務苞苴結託貴近故有是命　十六日詔左朝請大夫知蘄州史祺孫放罷坐先申黃梅知縣向濂百事廢弛乞與嶽廟已如其請繼而乞與終任前後異同故有是命　二十三日詔大理寺丞楊允明放罷以言者論列故也　十二月二十一

日詔右中奉大夫權刑部侍郎王弗可放罷右朝請大夫守大理少卿陳良翰可降一官放罷右朝散郎尚書刑部員外郎劉敏求左朝奉郎大理正晏交如右通直郎大理寺丞元徽之右承議郎大理評事潘景珪各特降一官皆以定斷陸知徽等三人罪不當故也　二年正月十一日詔權兵部侍郎劉儀鳳放罷以殿中侍御史張之綱論其不恤事故也　二十三日詔前提舉廣南市舶劉景罷差知南雄州坐未離市舶結託蕃商使之進狀攀留故有是命　二月三日詔監察御史劉貢放罷日下出門坐縱容術人干求差遣故也　三月四日詔新除吏部郎中范成大放罷以言者論其巧官幸

卷三千八百九十　十三

進物論不平故也　同日詔左朝請大夫秘閣修撰提舉台州崇道觀丁婁明罷召赴行在朝散大夫主管台州崇道觀林衡罷除直敷文閣以言者論婁明以秦檜之黨叨居侍從衡媚事曹泳靡所不至故有是命　二十八日詔分差糧料院洪述秘書省正字施元之知直州余執度荆湖北路參議官張樞並放罷以言者論其皆宰臣洪适親黨故也　四月十三日詔敷文閣待制孫覿落職以殿中侍御史王伯庠論覿在宣和間被遇徽宗皇帝浸階通顯欽宗皇帝擢授中書舍人蒙恩最厚及京城失守車駕出城覿于是時不能盡主辱臣死之節乃背恩賣國取媚虜酋撫其事實臣子所不忍言

太上皇帝擴天地覆載之恩扶拭收用位至尚書授以方面而覿天資小人不能自改又以贓罪除名勒停竄斥嶺外遇赦放還累經敘復不帶左字為覿者自當屏跡人間豈敢復施顏面見士大夫而蠅營狗媚攀援進取既復修撰又復待制如覿之背君賣國不忠不義而處以侍從可乎乞降睿旨將覿落職遠貶以為人臣不忠不義之戒故有是命　十八日詔靜江府張孝祥知饒州蔣天祐並放罷新知嚴州韓彥古特與宮觀差遣令日下出門不得于臨安府居住以殿中侍御史王伯庠論孝祥專事遊宴天祐在任貪污彥古兇悍險詐逞恃唇吻妄議人物居家不檢恣橫悖理故有是命　三

卷三千八百九十　十四

十日詔新除太府寺丞潘景珪放罷以言者論其未嘗更歷外任遽丞泉府太為超躐故有是命　五月一日詔右迪功郎新差充江南東路提舉常平司幹辦公事程湜特降一資罷新任以湜身為命官積年不納官賦從知饒州俞翊之劾也　八日詔左中大夫資政殿學士提舉臨安府洞霄宮葉顒落職以右諫議大夫林安宅論列故也　十六日詔武翼大夫建康府兵馬都監兼在城巡檢巡捉私茶鹽礬祁師閔可特降兩官勒停坐身為兵官不遵帥臣約束為知建康府王佐所劾故有是命　十八日詔知嘉州呂遊問新知歙州何耕新知眉州康倅明並放罷永不得知州軍差遣以侍御史

王伯庠論游問貪殘不法千里被害渠何桌之弟素無行檢知渠州盜官錢以數萬緡俊明昨知渠州荒放燕飲百事弛廢故有是命　同日詔右奉議郎知太平州繁昌縣魏堯臣特降一官罷新任坐居鄉里不納官賦從戶部所劾也　二十五日詔閤門祗候陳龜年罷閤職仍永不得充閤門職事以言者論其母死不即解官乃具公狀申閤門稱母兩經改嫁已為義絶不當持服悖害名教故有是命　二十八日詔右朝請郎權知台州黃然降兩官左承直郎處州推官權州事高志特降一資放罷各以編管人擅離本州故也　六月五日詔右朝議大夫直敷文閣知廣州陳輝落職放罷以言者

卷三千八百九十　十五

論其侵盜官錢不知紀極奢侈不法罪惡貫盈故有是命　八日詔右中奉大夫戶部侍郎李若川降兩官放罷坐職事不舉故也　同日詔新知廣州向伯奮放罷以言者論其累任監司皆無廉聲故也　二十五日詔翊衛大夫和州防禦使湖州兵馬鈐轄殿前司左翼軍統制泉州等處屯駐專一措置盜賊高溫特降授親衛大夫果州團練使以三省樞密院言其坐視海賊入湖州界虜掠逗遛不前妄稱本軍戰船損壞故有是命　二十六日詔武功大夫忠州刺史兼閤門宣贊舍人淮東總管宋肇階官上降兩官坐透漏私擅渡淮人妄有申述故也　七月四日詔右朝請大夫直徽猷閣知鎮

江府呂擢降一官坐承勘朝廷降下公事遲慢故也　十一日詔新授國子正王質放罷永不得行在差遣以言者論其為張浚幕屬密疏浚之過以媚湯思退思退喜其附己又畏其傾險以學官處之言論反覆行若駔儈故有是命　十八日詔知峽州呂令問降兩官鄂州居住坐夷陵知縣韓贄冒贓汚不法令問不能舉劾縱其尋醫而去故有是命　二十五日詔戶部侍郎方滋放罷以言者論其專權佞傲徇私害公諸處起發和糴米例不支水脚錢滋寄居秀州獨欲支秀州者故有是命　八月二十三日詔新知嘉州何慤放罷以四川安撫制置使汪應辰劾其先知果州嘗以贓敗故也　九

卷三千八百九十　十六

月五日詔左武大夫前荊南左軍統制周贇特降一官坐不開落逃亡歿故軍額為都統制王宣所劾故有是命　六日詔左朝奉大夫知建康軍府王佐特追兩官勒停建昌軍居住坐上元知縣李允升犯贓不能舉劾縱其尋醫而去故有是命　同日詔觀文殿學士左通議大夫知鄂州汪澈特降兩官坐嘗應詔薦舉李允升坐縣不當故也　七日詔敘武經郎御前中軍統領權主管本軍統制韓霖特降兩官坐制造器械十無一二欺罔主帥有誤軍事為都統劉源所劾故有是命　十四日詔祕書丞鄭升之放罷以殿中侍御史單時論列故也　十月十四日詔大理寺丞沈正度太學博士劉

溽並放罷皆以殿中侍御史單時論列故也　十一月十一日詔右朝散大夫提舉兩浙西路常平茶鹽公事劉敏求降兩官顯謨閣直學士左朝請大夫知平江軍府事沈介降一官坐敏求前知鄂州勘將官王益事不當介以本路制置使連坐故有是命　十三日詔右司貟外郎苗昌言放罷以言者論列故也　十七日詔僉部員外郎呂擢放罷以言者論列故也　十二月十三日詔夔州提點刑獄李邦獻知恭州孫顗並放罷以殿中侍御史單時論顗貪利無恥邦獻邦彥之弟習尚浮靡屢作監司皆無廉聲故有是命　三年正月五日詔右朝奉郎主管台州崇道觀韓元龍降一官停見任宮

卷三千八百九十　十七

觀坐前任淮東總領失拘催錢粮故也　十一日詔新除權刑部侍郎劉敏求放罷以言者論列故也　十四日詔武德大夫侍衛步軍司武鋒軍統制官錢卓特降三官坐真州六合遺火不措置救撲故也　二十一日詔樞密院編修官鄭昺放罷以林安宅論列萊驕不實皆昺唱導之故有是命　二月十三日詔知婺州趙不猷特降兩官放罷汀州居住坐城中遺火兵士乘間剽刼民財不猷專務姑息不能彈壓為言者論列故有是命　同日詔戶部郎官姚岳兵部郎官孫大雅並放罷皆以言者論列故也　三月十九日詔知溫州劉孝韙放罷以浙東提舉宋藻劾其不能收葬被水死之人使

遺骸暴路故也　五月十三日詔顯謨閣直學士降授左朝散大夫沈介降一官放罷坐先知平江虧欠總司日椿錢為總領韓彥直所劾故有是命　十五日詔京西轉運判官韓曉放罷以言者論列故也　二十六日詔新知黎州馮渥新知筠州李恭新知無為軍王時並放罷皆以言者論列故也　六月三日詔右朝散大夫直祕閣前知太平州王秬降兩官坐蕪湖縣令張文昌以所得職租不除路災傷分數盡行支請有失覺察故有是命　十九日詔右武大夫殿前司右軍統制路海武功大夫惠州刺史統領宋畀武略大夫英州刺史趙開武功大夫步軍司右軍統制崔憲政武功大夫步軍

卷三千八百九十　十八

司中軍統制鄭彥各特降一官坐不覺察本司軍人解沂張享作過故也　七月十一日詔成全郎入內看醫杜楫除名勒停送瓊州編管翰林醫診御脉郭良降兩官送興國軍編管翰林醫診入內宿泰鑄降兩官送處州編管皆以供應莊文太子湯藥無効故也　閏七月二十二日詔武當軍節度使捧日天武四廂都指揮使鎮江府駐劄御前諸軍都統制戚方落職節鉞信州居住尋責授果州團練使潭州安置以右諫議大夫陳良祐論其刻剝士卒黷貨無厭軍人日納大槩百金正得六十衆口嗷嗷公肆謗罵兼其恣性兇暴濟以殘虐肆為盜賊之行怙不悛改乞流放竄殛以慰將士之心

故有是命　二十五日詔浙東提點刑獄公事鄧大節
放罷以言者論其士行不檢故也　二十八日詔武大
夫利州駐劄御前中軍統制郭訢降一官還任坐奏劄
所具軍馬數目失實故也　八月三日詔内侍寄資武
功郎陳瑶特免追毁出身以來文字除名勒停脊杖二
十不刺面配循州收管内侍寄資武功郎李宗回特追
出身以來文字除名勒停送均州編管武節郎馬軍司
統領官權御前馬院王德政特追兩官勒停忠翊郎閤
門祗候監右騏驥院馮震之特降兩官落閤職放罷並
展三期敘降授承節郎編管台州未該放還陳允特勒
停移送撫州編管仍展三期敘以瑶宗回廣受管庫賄

賂德政等行用苞苴結託事發送法寺鞫實特有是命
八日詔鎮江府駐劄御前右軍統制李真放罷坐隱
落本軍官錢主帥体究得實特有此命　十日詔左朝
請郎直秘閣知徽州李南壽降一官放罷以言者論列
故也　十五日詔知潼州府張行成放罷以本路憲臣
劾其殘酷任情肆為不法故也　同日詔廣西運判朱
玘放罷以言者論列故也　九月十七日詔差知泰州
韓彦古罷新任以言者論其不曉民事使之為郡必致
害民故也　同日詔都官王覆放罷以言者論其嘗為
秦檜引用故也　十九日詔新除秘書丞程宏遠太常
丞昌永孟放罷皆以言者論列故也　二十四日詔夔

路漕臣周允升放罷以右諫議大夫陳良祐論其誅求
横歛以獻羨餘故也　二十八日詔宗正寺丞劉大辯
放罷以言者論列故也　十月六日詔前大理少卿左
朝奉郎充集英殿修撰知邵州吴交如前大理丞右朝
散郎知梧州江璆各特降一官皆坐斷陸璉事不當故
也於是承信郎都轄使臣胥介承信郎職級沈舜臣進
武副尉推司魏守忠各降兩官資　十五日詔右宣義
郎王槐孫特追三官勒停送常德府編管令所在州軍
差人管押前去坐前任總司屬官將親戚附諸軍狀冒
濫補官為四川宣撫使虞允文所劾故有此命　十二
月十五日詔武節大夫東南第五將侍衛步軍司前軍

統領常進特降兩官放罷坐將逃亡事故軍額不即申
明擅自招填故也　四年正月九日詔湖南轉運判官
祝閱放罷以言者論列故也　十五日詔武經大夫鎮
江府駐劄御前左軍統制張宣特追五官勒停坐違法
役使入隊甲士將舊管軍器妄言收買物料製造虛破
官錢為主帥所劾故有是命　二十九日詔新除大理
正李端反放罷以言者論列故也　四月一日詔主管
侍衛馬軍司李舜舉降一官坐不支馬料錢故也　同
日詔新除大學正錢著放罷以言者論列故也　十三
日詔新知袁州陳楠放罷新任與宮祠以右諫議大夫
陳良祐言其頃知池陽嘗以貪墨敗官故也　十五日

詔左通直郎直敷文閣權發遣和州胡昉右承事郎權發遣無為軍孫叔豹各降一官坐陳請淮西利害所申多有異同故也　二十三日詔武翼大夫興元府駐劄御前中軍第一將副將任効南思特追三官勒停依舊自効坐行賂請囑冒充金州都統司提舉官職事隱匿過犯有害軍政為四川宣撫使虞允文所劾故有是命　五月四日詔右承議郎懷安軍簽判權知邛州馮覺降三官放罷坐本州飢民嘯聚不能賑濟故也　十一日詔攝光祿卿左朝奉大夫太常少卿王瀹攝太官令右承議郎太常寺主簿汪作礪各特降一官坐朔祭太廟別廟室內闕少祭器有失點閱為監察御史李甯能所劾故也　二十四日詔湖北轉運判官王次張放罷以言者論其積貨營私故也　七月十四日詔馬軍司統制官武功大夫閤青張俊正將武功大夫王成孫萬敦武郎甯世方武翼郎王汝弼各特降一官部將武畧大夫孫明武經郎梅青武翼郎吴宣從義郎吴興忠翊郎薛進成忠郎許德隊將武義大夫毛貴武經郎王立秉義郎常達孫進敦武郎王規弋順從義郎李德忠訓郎李受保義郎張義承信郎王吉進武校尉胡吉進義校尉周俊各特降兩官資坐不覺察本軍効用楊皐特互相結合持杖強盜法事鞫實來上故有是命　十九日詔國子監主簿沈文放罷以侍御史單時論其寄居

宜興干與縣政故也　八月八日詔武畧大夫充荆湖南路安撫司副都總管王恭降一官放罷以帥臣沈介劾其醉酒無禮故也　十四日詔右武大夫榮州刺史帶御器械殿前司護理步軍統制左祐降一官坐昨陳獻石梁河利便不實故也　十六日詔左承議郎提舉江東常平李庚特降兩官放罷右朝散郎知信州趙師嚴右朝奉郎通判信州李桐各特降兩官今後不得與堂除差遣以庚等所申常平米數隱庇虛妄故也　十八日詔武康軍承宣使主管殿前司公事王琪特降授果州團練使放罷坐傳旨不實擅工役故也　十月三日詔右宣教郎知綿州巴西縣丞程敦本特降一官坐陳乞磨勘隱匿丁憂月日故也　十一月十七日詔秉義郎閤門祗候兩浙東路兵馬鈐轄張德明特追毀出身以來文字除名勒停送隆興府編管坐因差充賀金國正旦副使授馮嗣宗等賄賂請囑差撥入國事發法寺鞫勘得實故有是命　二十二日詔龍神衛四廂都指揮使寧國軍承宣使池州駐劄御前諸軍統制時俊特落軍職坐收刺守闕効用不俟總司差官審驗擅自刺塡為總領葉衡所劾故也　二十三日詔國子錄鄭汝諧大學士沈清臣並放罷以言者論其更相詆訾口語籍籍不可以模範多士故也　十二月九日詔武翼大夫改差東南第五副將建康府駐劄李澤放罷坐

縱容白直兵士與軍中市巡人元相毆打爲師臣史正志所劾故有是命　十二日鄂州駐劄御前左軍統制武功大夫兼閤門宣贊舍人游阜特降兩官放罷坐侵盜本軍錢糧爲主帥趙樽所劾故有是命　五年正月二十七日詔知復州馮至游知永州劉長福並放罷皆以殿中侍御史徐良能論其貪污無恥郡事不理故也　二十八日詔武節郎閤門祇候藍企追兩官勒停仍特落閤職坐酒醉刃傷開河人夫故也　二十九日詔提舉福建常平茶事李元老放罷以侍御史單時論其貪污不法故也　二月二十七日詔利州防禦使興州駐劄御前諸軍都統制任天錫責授忠州團練副使坐

在軍侵用官錢數萬爲四川宣撫使虞允文所劾故也　五月五日詔右通直郎大理寺丞梁珩降一官放罷以臣僚論其挾邪不正故也　八月十八日詔淮東提舉李孟堅放罷坐知秀州日妄費官錢爲臣僚論列故也　九月四日詔新差充江南西路參議官林一鳴放罷以臣僚論其係故相秦檜私黨與其弟一飛皆憑恃權勢凌轢善良故有是命　十一日詔新知峽州郭大任江東提刑藍師稷都大四川茶馬趙不拙並放罷以殿中侍御史徐良能論大任知袁州日事飲宴殊不事事師稷昔守撫州侵漁公帑措斂民財不拙素無行檢以娼爲妻故有是命　十四日詔知錢塘縣孫聰特放

罷坐追擾人户預借二稅從守臣所劾故也　十一月七日詔資政殿大學士左中大夫知溫州王之望特降一官左朝請大夫充集英殿修撰知台州陳巖肖落職放罷各坐本州水災不即聞奏故也　八日詔右朝散大夫直祕閣權發遣兩浙路計度轉運副使劉敏求右朝奉大夫直祕閣權兩浙路轉運判官姚憲各特降兩官依前直祕閣並差遣如故坐溫台水災守臣不以時奏而二人身爲監司不能按舉故有是命　十五日詔新除江南東路提舉常平茶鹽公事宋藻新差充福建路參議官陳知柔並放罷以臣僚論藻貪饕亡恥知柔賦性乖僻故也　同日詔資政殿大學士左中大夫知

溫州王之望放罷以言者論其專爲身謀不恤百姓坐視火災如越人視秦人之肥瘠治第台城舍屋間架之類一切取辦于溫臣艦相屬浮海而歸私心一縱其欲無厭甚至縱捕酒以殘善良之家嚴緝稅以奪商旅之貨剝膚椎體酷虐日甚永嘉之民無所措其手足疾視之望有如寇讐故有是命　十二月十一日詔宗正寺主簿林同司農寺主簿曾覺樞密院檢詳諸房文字張敦實並放罷皆以臣僚論列故也　十四日詔武經大夫邛蜀雅黎州都巡檢湯消降一官放罷坐在任將捕獲賊人擅自誅殺爲本路憲臣奏劾故有是命　二十九日詔左宣教郎守左司諫施元之朝請郎守起居郎

林機並放罷以二人身居出納言責之地朋比相通故
有是命　真宗咸平三年四月十日詔諸州行軍司馬
節度防禦團練副使别駕長史司馬司士文學參軍除
特許簽書州事外不得掌事　六年七月十五日詔臣
僚坐事配流廣南亡歿者並許歸葬仍給緡錢如同行
親族年小可選牙校部送歸本家訖奏時化州奏前比
部員外郎直史館洪湛除名流儋州遇赦量移至祥州
調馬嶺卒一子年幼特許歸塟官給防援因有是詔
九月九日詔自今追官人勿兼降階勳大中祥符二年
正月二十四日詔左降官遇恩不該還轉者增俸給節
度行軍副使月三千防團副使至參軍月二千是歲封

卷三千八百九十　二五

禪帝語宰臣曰廣南福建荆湖兩浙配流安置人曾任
職官者昨經大恩當各甄録或還善地勿令不霑慶澤
自以為無用永棄之人也王旦曰此等人無贓罪者皆
已叙用有贓及元犯重者亦令還狹及量移不爾則增
俸無不霑恩者　天禧二年六月八日詔曰諸州文學
參軍司馬别駕等向斷廉慎自冒典彝黜隷方州屢遷
散地别邱園而斯久更歲月以滋多渫幹于衷俾推恩
制自今貶降經十年以上者許所在出給公驗放令歸
鄉願仍舊者亦聽如放歸後不慎行藏干擾州縣並奏
裁　三年五月二日詔應見任文學參軍上佐等官有
犯合追官並追歷任中高官如歷任官卑及無正官即

追見任責降官如合安置即奏取進止先是有文學參
軍上佐犯罪追奪者止追見任官歷任雖有高官不復
追取法寺以為未允故條約之　四年十月十三日殿
中侍御史王耿言諸州軍負罪安置人雖遇量移亦不
離本處蓋緣失官之後恣營生計不革貪心侵擾貧民
規求貨利或恃州縣公事長吏稍懦則不能制深為民
患請自今委本處常切覺察如侵擾官事欺抑民庶即
奏移他所長吏非時不得接見從之　仁宗天聖八年
二月八日詔今後外任官僚因公事銜替者仰疾速差
人交替離任　慶歷五年十一月十一日詔尚書刑部
應貶官人經恩敘授諸處行軍司馬上佐官司士文學

卷三千八百九十　二六

參軍願不之任者聽之　皇祐三年七月十七日帝謂
輔臣曰天下長吏之不職者監司未嘗按察以聞且長
吏生民之性命所繫豈可容眊昏罷庸之人以汨吾治
哉宜擇甚者罷之其餘易以散地自是罷去及他徙者
凡十六人也　五年八月十八日天章閣待制知諫院
李兊言自來在京臣僚因事責授外任亦依例朝辭往
彼遷延輦轂之下或進封章妄論他事或求上殿巧飾
已非上瀆聖聰頗虧臣節若不禁止漸恐成風欲乞今
後責授外任差遣者並放辭謝量給日限須得起發如
違令御史臺彈奏詔今後被責出外臣僚辭謝臨時取
旨至和二年六月十九日詔今後曾經省府推判官及

轉運提刑差遣因犯罪降黜所有後來合入差遣並與
堂除　七月二十一日知制誥劉敞言伏見故事遷官
降官皆特有誥命前年因言事黜御史吴中復其時蔡
襄當草制封還詞頭執政駈為所沮遂單用勑牒降官
甚非故事然有司不能發明近日龍圖閣直學士任顓
落職復旦降勑牒劄子因循習熟遂成近例事出一時
非政体也欲乞今後除改命令並須遵用故事故事合
用誥詞者不宜更降勑劄務存舊法有所沮勸詔今後
責降官並依故事降誥勑　神宗元豐三年四月二十
八日御史何正臣言諸監司郡守体量官吏不待考實
多先乞替罷刺舉之際豈能無失其間好惡不公喜怒

卷三千八百九十　二七

以意者往往而有乞自今体量官吏有贓狀已明不可
留本任者取旨先替罷餘委别司考察或俟結正施行
詔送詳定重修編勑所　六年十月十一日詔宰臣執
政官因罪降黜守本官以下應緣爾兩府恩例止依本
官俟有還除職名即依舊例　哲宗紹聖元年七月十
九日詔曰送往事居是必責全於臣子藏怨宿怨豈宜
上及于君覩朕繼体之初宣仁聖烈皇后以太母之尊
權同聽覽仁心誠意專在保佑朕躬自以簾帷之間聞
見不能周及故不次以用大臣推心以委政事非獨倚
任耆艾所與恢昭聖功司馬光吕公著忘累朝之大恩
懷平時之觖望幸國家之變故逞朋黨之姦謀引吕大

防劉摯等或自要塗繼司宰事迭居言路代掌訓詞或
封駮東臺或勸講經帷願于左右前後皆爾所覩於時
賞罰恩威惟其所出周旋欺蔽表裏符同宗廟神靈恣
行訕讟朝廷號令輒肆紛更首信偏辭輕改役法間訴
理之局使有罪者僥倖下疾苦之詔誘群小人謗言誣
衊欽則濫竊苟免之道誣厚蔵則妄耗常平之積崇降
律而薄經術任穿鑿以紊官儀棄境土則謬謂和戎弛
兵備則歸過黷武城隍保民而罷增濬器械資用而輟
繕修凡厥經綸一皆廢紬人材清混莫辨于品流黨與
縱横迭分于勝負務決朱時之憤都忘託國之謀方利
亮陰之不言殊匪慈闈之本意十年同惡四海吞聲虜

卷三千八百九十　二八

討得行遺民受害昔周王受命召公惟辟國之闢江左
雖微興宗有易代之難天下後世其謂朕何臨朝弗怡
視古有愧況復疎遠賤士昧死而獻言忠義舊臣交章
而抗論迹著明甚法安可私司馬光吕公著吕大防摯
等各已等第行遣責降訖憶優禮近司朕欲曲全於體
貌自好明憲爾今復逭於誅夷豈於射利之徒脅肩成
市盡從申徹俾草回邪推予不忍之仁開爾自新之路
除已行遣責降人外其餘一切不問議者亦勿復言所
有見行取會實錄修撰官已下及廢棄落陽寨人自依
別勑處分咨爾群工明聽朕命宜令御史臺出榜朝堂
進奏院遍牒時司馬光等既貶上謂刑惟厥中故降是

詔 四年三月二十八日中書舍人同修國史蹇序辰
言朝廷前日追正司馬光等姦惡明其罪罰以告中外
惟變亂典刑改廢法度訕讟宗廟睥睨兩宮交通近習
分布死黨考言觀事實狀具明而包藏邪心蹤跡詭秘
相去八年之間已有不可備究者至其章疏文字行遣
案牘又散在有司莫能會見若不乘時取索編類必恐
歲久淪失邪黨交結有藏毀棄之弊欲望選官將貶責
姦臣所言所行事狀並取會編類人為一本分置三省
樞密院以示天下後世之大戒從之仍差徐鐸蹇序辰
徽宗政和六年五月四日詔今後承務郎若降一官
並展二年磨勘不降充選人 欽宗靖康元年九月二
十三日臣僚言改官之法舉主有定員考第有常數吏
部稽驗不容毫髮之私孤寒士人有老于選調不得應
格磨勘者比比皆是童貫昨奉使陝西兩浙每一狀所
薦不下數十人既無考第又無舉主端坐州縣且未嘗
親戰陣之事不因苞苴餽送必其僕隸與之為地遂例
得改合入官蔡攸以宣撫司結局及進書轉官恩回授
二子其子衎自待制還雜學士旹恩例所得一官可比
哉如張彬資序止監當交結權貴遂為河南府司錄不
半年陞少尹望悉與追奪其他回授及資任有似此者
盡乞根究改正見係責降落職之人並乞依此施行從
之 高宗建炎元年七月十三日臣僚言叛臣爭事僞

楚大小輕重亦自不等欲立定罪從格斷之凡叛臣之
大者其惡有五其一曰諸侍從而執政者其二曰諸庶
官及宮觀而起為侍從者其三曰撰進文字其四曰事
務官其五曰為邦昌改名者乞置之嶺表叛臣之次者
其惡有三其一曰諸執政侍從臺諫稱臣拜舞者其二
曰以庶官陞擢差遣者其三曰願為奉使者乞於遠小
處編管于是詔王時雍徐秉哲吳幵莫儔華次第貶竄
云 二年二月十六日臣僚言臣嘗切論今日之患在
中國而不在夷狄在朝廷而不在邊鄙在士大夫而不
在盜賊日者一縣一郡之間有愚不肖之人乘時射利
進其身於朝廷人皆知其污佞為害民蠹國為天下蠹
蠹久矣而朝廷曾不加罪往往百姓盜賊共起而攻之
致虜其家奪其財執而戮諸市曰此宣和誤國之人也
夫朝廷不加戮而使百姓盜賊誅之國命倒置主柄下
移如此而欲夷狄治邊鄙治盜賊治豈不難哉臣願降
詔委諫官御史自崇寧以來饕餮貴富最無狀之人編
為一籍已死者著其惡未死者明其罪且曰此以開賞
用兵進者也此以花石應奉者也此以三山河賞進者
也此以刻剝聚斂進者也此以交結官寺賄賂權倖進
者也如此之類列為數十科槩其罪惡疏其名氏有司
鏤板播告天下則遠近內外曉然皆知好惡之所在君
子日以長而小人日以消矣詔依候具到令三省樞密

院叅酌施行　紹興元年七月十八日同知樞密院李
回言宣和間曾任中書舍人以校正御前文籍轉官恐
是濫賞乞削秩罷政上曰宣和政事恐不必一一皆非
人君肯留意文籍命臣下校正因有勞與之轉官自是
美事豈可與其他濫賞同科顧謂范宗尹曰且如卿等
以功轉官若與小人同一劄目亦自難處況如回等使
在討論之列何以存濟宗尹力奏此事如回者無幾其
他亦不足惜遂降指揮侍從及館職兼領校正者非又
二日御筆批出文臣討論日下寢罷大意以為不欲歸
過君父歛怨士大夫宗尹堅謂可行即日求出詔應武
臣濫賞並免討論追奪令尚書省日下施行　同日中
書省言紹興元年七月八日已降指揮追奪文臣濫賞
內一項應追官等並特與不礙注授舉辟磨勘奏薦不
理遺闕詔應緣臣僚論列因父兄秉政無出身得職名
並依今來措置濫賞等名色追降人如已追降並作不
係責降人　三年三月二十五日殿中侍御史曾統言
近日臣僚因事罷斥初無特放謝辭指揮乃輒露章稱
疾託故亟去中懷怏怏違慢彝章風俗寢壞甚可怪也
國朝故事侍從近列間以罪斥放免謝辭者亦或出於
體貌之恩非人臣所敢希冀犬馬去主猶知戀軒可以
人而不如望嚴加訓飭今後臣僚應被降黜不許託故
自陳規免辭謝如敢循習近例即乞重賜黜責從之

二十六年六月四日御史臺言勘會刑部供到紹興二
十五年十月以後因言章及刑部檢舉告訐編管安置
居住人曹泳移吉陽軍編管丁仲成南雄州編管王曮
建昌軍曹雲郴州並居住呂愿忠封州安置莫汲化州
王宥南恩州王肇高州汪召錫容州陸升之雷州張常
先循州康與之欽州徐樗高州王會循州雍端行賓州
林東英州鄭煒雷州並編管至今經涉年月未見逐處
申到收管文狀望降指揮下刑部幷所屬監司嚴緊催
督如所在州軍故作緣故寄留人不即押發其當職官
吏並乞令監司按劾重作施行從之　九月二十五日
詔御史中丞兼侍讀湯鵬舉所論秦塤秦堪吳益甚協
公議然朕秦檜輔佐之久又臨奠之日面諭檜妻許以
保全其家今若遽奪諸孫與壻職名不惟使朕食言而
於功臣傷恩甚矣可令中外知朕此意今後不得更有
論列　十月二十六日臣僚言勘會已降指揮曹冠等
八人有官人赴試者令帶右字無官人並行駁放數內
秦塤見係敷文閣直學士左朝大夫提舉江州太平興
國宮除本官出身勑禮部已一面追毀外尋照得秦塤
昨因御殿唱名進士第一甲第三名承指揮依第一人
恩例特轉三官遂於承議郎上轉授朝請郎今來既帶
右字其過省所得官即合追毀改正作右承議郎緣本
官先于朝請郎上磨勘轉朝奉大夫修書賞轉朝散大

夫今衆若依資次重別擬轉竊慮紊煩欲將本官從見
今官上追取朝散朝奉大夫朝請郎三官附身毀抹鄱
陽塋三項固依止給右朝散郎告一道從之 李宗說
道六年十一月六日赦勘會親民之官無如縣令儻非
其人為害不細今貪贓之令監司守倅公然蓋庇致民
無所赴訴在法所部違犯監司知通失覺察者各罪而
近年以來因朝廷訪聞及臣僚論列者甚衆如今後更
失按擧當議重行停降

卷三千八百九十

全唐文

黜降官九

續會要

淳熙元年正月六日新除太常寺主簿曹冠罷新任以
言者論冠自太學生附麗權臣不以公道濫占巍科躐
取美任太上皇帝更化之初奪其出身放斥不用陛下
聖度包荒許之自新令再赴廷試復得差遣乃必欲僥
冒超躐向來通判臨安之命為臣僚繳駁未幾有除冠
寺簿猜擇物論益喧故寢新命 三月十八日吏部郎
中宇文紹奕放罷以言者論紹奕知資州刻隸書數十
本及蜀牋數萬幅以為苞苴日趨權門適行請託故黜
之 四月七日知臨安府沈度寢罷職名指揮以北使
之來度奉命館客託疾規避既聞虜使恭順又稱疾已
瘥愈故有是命 二十六日司農寺主簿丁允文太學
錄徐存並放罷以允文嘗受部綱人賄賂容其作弊兼
自取米糶與糴場存傾邪嶮巇初赴禮闈借勢權要寅
緣過省今乃為錄其心怏怏日圖超躐故黜之 六月
十三日大理司直柳大雅放罷求媚大官寅緣干進故
黜之 十四日新差幹辦行在諸軍審計司林祖洽放
罷以祖洽專事交結身至國門更不朝見唯奔走權貴
之門故有是命 七月四日右司諫詹亢宗追三官勒
停永州居住殿中侍御史季棠追三官罷新任先是右
丞相曾懷言近有以私意謗臣事跡六項理合辨明令

卷三千八百九十二

吏部侍郎趙粹中同大理寺官根究粹中等言根究並無交涉事跡於是諂臺諫意在朋附論事不實有司以聞灼見欺罔故有是責　十二月十八日祕書省祕書郎賈偉太府寺丞元伯源並放罷以言者論二人貪進不靖故黜之　二年五月八日新除工部郎官高禹罷新命依舊湖北提舉坐為淮東漕獻羨餘錢四十萬緡名至闕下使之供具名色數目其實無有故也　二十四日戶部侍郎李安國放罷坐知常州日婢妾用事減剋軍糧為湖廣總領縱親戚子弟於諸庫買酒託兵將官大價出賣多占破諸州有手作兵士令納免直錢故也　九月十八日給事中胡元質放罷以言者論元質學術浮淺家素饒貲賂遺權貴使之游揚語言造作聲譽久居瑣闥旦暮鑽刺周視同列官在己上則巧為讒言日夜騰播故也　同日太子詹事兼權吏部侍郎沈樞分析欺隱可降三官放罷送筠州居住侍御史范仲芑論右丞相葉衡因言及樞故有是命　閏九月四日前大理正林仁厚前樞密院編修官樓鍔外任指揮更不施行以言者論二人巧於進取朋附宰臣葉衡故有是命　十九日右司員外郎王正己放罷以言者論其所居之職廢法徇情為害滋甚故有是命　同日太常丞嚴煥放罷以言者論煥知江陰軍違法科數巧於結托繆居禮官祠祭行禮不虔故黜之　二十八日大理

卷三千八百九十二

卿朱儋正李端友燕世良評事劉敏文並降一官權刑部侍郎兼詳定一司敕令周自強員外郎吳淵各展二年磨勘以儋輒於狀外推究吳氏與孫嬉私通事跡擅行追喚推鞠別令供通情節端友等並干與書斷故皆及之　三年二月二十三日金部郎官趙子蒙放罷以言者論其知舒州日急征暴取貪墨之聲溢於羣聽已而入朝遂居郎選自知素多罪咎齷齪自守職業廢廣故有是命　四月十五日通奉大夫葉衡責授安德軍節度副使郴州居住以衡昨任宰輔不能正身竭誠日唯沉湎于酒輕聽易發徇私背心妄引舊章擅作三省同進呈批降指揮故有是責　六月二十一日大理少卿徐子寅放罷以子寅昨往淮東招撫歸正人乃招集東南游手廣張其數欺罔朝廷及教閱民兵乃妄坐驛合付之路分梁佐有同兒戲臣僚論列故黜之　七月二十一日監登聞鼓院王宗已幹辦諸軍審計司林祖洽並放罷以言論宗已為常熟縣括責沿河新田租賦奄為已有祖洽昨知鹽官縣適與故相曾懷之子同官専務謟媚侵盜官錢費用不貲故並黜之　九月十四日前太府寺丞孫愬特免真決追毀出身以來文字除名勒停以臣僚言愬匿哀不舉大理寺推勘得實故有是命　四年二月二十三日工部員外郎呂翼之放罷以言者論翼之昨任知汀州縱意妄作謔浪笑傲殊失

卷三千八百九十二

郡守之體專事交詰以備進用故有是命　四月二日
删定官陸杞放罷言者論杞素昧義方全無家法去歲
長子恕揮斵擊死六歲之弟名少祖者杞乃縱歸明州
漫不加省故黜之　五月二十六日大理卿葉模放罷
以大理寺勘湯湛不法事推司公行賄賂事連本廳書
吏模曲意迴護為臣僚論列黜之　六月二十六日著
作郎兼權考功郎官何萬著作郎兼權司封郎官傅伯
壽樞密院編修官葉世美並放罷臣僚言萬沉默寡言
實為陰險使淮東總所須索不已沈复不復其擾至中
尚書省令歲春銓龔茂良幼子實未能文萬自度必為
考官密獻賦題又搜尋卷子收寘行間其挾私媚上任

卷三千八百九十一

情蓋法如此伯壽輕儇浮薄以茂良舊諸父之館客奔
走其門曾無虛日平時善起風波中傷善類率意妄作
不安義分世美狡獪柔媚陽為厚德窺伺朝士語言密
結茂良凡所除授皆世美謀之蹤此其門如市賄賂公
行故並黜之　七月十七日大理正柴衛放罷以殿中
侍御史謝廓然言衛身為寺官為前執政龔茂良鷹犬
取媚求進故黜之　二十一日新除太學博士譚惟寅
罷新任以言者論惟良趨走龔茂良之門訣聞寡見不
足為士子矜式故也　八月三日宣義郎黃瓚宣教郎
盧璐令吏部注授知縣宣教郎丁允元注授通判差遣
並理作堂除瓚璐初除將作監簿允元除太府寺丞言

者論其各係奏補京官合授監當差遣若朝廷欲陞擢
其人任使特免限其考任舉主各令赴部注知縣差遣
故有是命　九月二十日著作郎李垕降一官放罷以
言者論垕為其弟應制科黜落撰上舍試策題忿怒肆
言其父燾自知朝論籍籍旋騰自劾之章乞將垕罷黜
燾與外補差遣故有是命　五年三月二日新敕令所
删定官李友直放罷以友直方待次慈溪簿未經任之
故也　四月十八日起居舍人趙思降兩官放罷以思
奉使應答依違故也　十月二十五日奉國軍節度使
殿前〔都〕指揮〔使〕王友直降授寧武軍承宣使坐病勢增重致
之夫紀律故也　二十七日大理寺〔司〕直王夢若放罷先

卷三千八百九十一

是大理少卿賈選言夢若妄作不靖傲慢凌轢姦污疆
暴乞奉祠迴避詔夢若與外任後引援恩例添差浙西
提舉司幹辦公事既而臣僚論列故黜之　二十八日
大理寺丞陳資深司農寺丞徐存並放罷以臣僚言資
深與湯邦彥姻家媒孽〔蘖〕善類今丞棘寺每事自專以修
造為名支用贓罰錢千緡存頃冒揚時高第徐存之名
於秦檜當軸時乞送入試院試官覬望遂竊一第平居
里閭士檢不飾鄉人畏之目為四凶故黜之　十二月
十二日戶部尚書韓彥古送臨江軍居住以閤門寄班
董珏道遇彥古不避擒至其家裸縛於庭肆其凌辱臣
僚論列故貶之　六年八月十九日提轄行在榷貨務

都茶場梁季珩放罷以臣僚言季珩近差充明堂西廊從祀神位分獻官季珩惡其星名有哭泣星以為不祥託疾辭免故也　十一月二十三日國子監丞范蓉故罷以右正言黄洽言蓉狂率齷齪一歲之間四有遷除故黜之　七年正月二十七日將作監丞胡長卿新除國子錄周承勛並罷新命以臣僚論列長卿多貲結託承勛寅緣詭遇故也　四月二十二日禮部侍郎齊慶胄放罷侍御史黄洽論其附麗苟得志趣卑下故黜之　二十六日韓彦古與在外宫觀先是有詔與在京宫觀仍奉朝請以言者論其不忠不孝罪惡暴白前後數遭論列不當使在京奉朝請故也　九月二日大理寺

卷三千八百九十一

丞楊允功評事滕安並放罷以右正言葛邲言允功與安性質凡庸又多急忽所定獄案用法不當為省部疏駁故黜之　八年閏三月二十八日太學錄洸換與在外差遣以侍御史黄洽言換變亂差職事格法欲檀長貳所為且不自靜重故黜之　六月十八日知臨安府王佐特降一官坐所臨安府居民屋宇過數故也　九月四日司農寺主簿蔡寀監進奏院黄直中范華並主管台州崇道觀以監察御史王藺言寀直中闒茸食鄙宰邑無狀華愚暗全不曉事故也　十六日大理評事劉述與合入差遣以言者論其天資凡庸不曉訟律故黜之　九年正月十八日太常博士吳天驥放罷以言

者論其居鄉干撓孫道洎來行都唯事請託故有是命　三月二十八日敕令所刪定官汪大辯放罷李友直與在外合入差遣以殿中侍御史張大經言大辯輕儇不靖除刪定官已為臣僚論其無履歷而寢今復奔競躁進卒得舊物友直入仕以來無一日實歷僥倖太甚故有是命　六月一日太府少卿兼權戶部侍郎燕世良放罷以言者論其素虧孝行冒法嗜利屢試無狀故也　同日新除刑部郎官趙醞與改添差參議官差遣言者論其性資懦弱非撥煩之才故有是命　七月九日太府少卿淮西總領葉宏放罷以言者論其征歛峻急刑獄枉濫律己不廉又多為苞苴徧遺權要故有是命

卷三千八百九十一

二十二日新除軍器監主簿謝倜放罷以監察御史顏師魯言倜昨知邵武孫專事苛刻故也　八月十三日太府少卿王曉放罷以言者論其庸繆老騃輕儇諂諛昨任州郡褻押營妓靡耗公帑凡所決事是非倒置故有是命　十一月一日新除金部郎官章冲與外任差遣坐前守吡陵略無善狀當旱傷之際措置乖繆縱吏為姦民被其擾為臣僚論列　十年二月二十六日新除起居舍人熊克與在外差遣以言者論克貪緣請託忽叨召試令兹峻除士論尤駭故寢新命　四月十五日大理寺丞朱端厚放罷以臣僚言其平時倚勢擅權脩載章疏昨為太府丞所轄庫務不堪其擾故罷黜

六月三日右司郎官陳蒼舒放罷以言者論其歷吏中外初無可紀聲跡其平昔所為有越於繩檢之外者故也　二十五日大宗正丞兼權倉部郎官柳大雅太府寺丞兼權刑部郎官吳昭夫並與在外合入差遣以言者論大雅闒茸貪鄙因緣干進昭夫傾回僄薄結納權貴故有是命　閏十一月九日新除司農卿錢佃差主管建寧府武夷山沖佑觀以臣僚駁奏故也　十一年三月十一日國子監丞彭仲剛放罷言者論仲剛心術回邪學識乖謬故也　十月二日司農寺丞方有開大宗正丞任洙太府寺丞朱端學並補外言者三人職業無聞不宜久玷班行乞檢照吏迭捐擇各與補外試以

卷三千八百九十一

民事從之　十一月四日吏部侍郎賈選放罷臣僚論選性資弗高行能無取乞賜罷黜以清朝著從之　五日校書郎吳商衡放罷言者論商衡身居清選行若市人出妻賣友士論嗤鄙故有是命　十二月八日秘書郎兼皇太子宮小學教授鄭鍔放罷言者論鍔恢諧無威儀不足以當師儒之選汙儲才之地故罷之　十二年七月二十三日大理卿吳宗旦特降兩官放罷言者論宗旦淹延留獄阿附失刑因及曾榮犯入已贓宗旦極力調截（徇）從末減乞賜罷黜詔從其請仍以鞫勘贓吏庇覆狥私特降兩官　八月四日籍田令王自中放罷以言者論自中素無行檢專事口吻故也　十三年

正月二十八日接送伴副使鄭師聰放罷以師聰沿路收買物色騷擾州郡故也　三月二日宗正丞兼權吏（部）郎官李嘉言放罷言者論嘉言柔佞無恥矯為不情久汙清貫允謂非宜故黜之　十一月十六日新除刪定官史洧與近闕幹官差遣臣僚繳奏洧以特奏名補文學齷齪無聞令處之以教局儲才之地人言藉藉乞別與諸司屬官差遣從其奏　二十九日敕令所刪定官陸九淵差主管台州崇道觀九淵除將作監丞臣僚論駁謂其躁進彊聒乞賜寢罷故有是命　十二月二十二日右司郎官呂大麟放罷言者論大麟謬當劇曹吏牘紛然漫不加省乞罷斥遴選通才俾居其位從之　十

卷三千八百九十一

四年八月十二日敷文閣學士提舉佑神觀韓彥直降充敷文閣直學士提舉隆興府玉隆萬壽宮先是彥直任戶部尚書臺臣論其行比較之令州縣催科逼嚴督吏絡繹怨言滿路洎罷任投之內祠踰月諫官復論彥直督迫征催流毒天下乖氣致盭遂成旱災乞屏之遠外故有是命　十五年正月二十二日著作佐郎兼兵部郎官孫汝永放罷以言者論其容止鄙俗趨向猥下故罷之　五月二十四日司農卿萬鍾放罷言者論其巧於交結寅緣附麗廁跡九卿實汙朝列故罷之　七月二十五日太府少卿趙善悉放罷言者論其天資回邪素行貪狡專務奔競交結權勢近者卿寺之遷人言

禹沸謂其寅緣至此，乞賜罷黜，故有是命。　同日，兵部侍郎林栗與郡，言者論栗狠愎自用，黨同伐異，無事而指學者為黨，乞黜之，以為生事者之戒，故有是命。　八月二日，安遠軍承宣使張子仁降一官，以子仁自陳失覺察外妾韓楚婢妲致死，故有是命。　二十四日，國子博士戴履太學博士施邁司農寺主簿盧瑢大理司直毛寔並與外任幹辦諸軍糧料院，俞拒與祠祿，以言者論履學問荒唐，識見暗陋，邁謬為誠敬，好事唇吻，瑢天資佞柔，不安義分，寔闒茸不材，濟以譎詐，拒謬懦無聞，昏衰多病，並乞處分，故有是命。　十一月十六日，司農寺丞林祖洽放罷，言者論其前任常州為政無狀，內而

卷三千八百九十一

西妻挐與聞政事，外而僚屬交通關節，乞行罷黜，故有是命。　十二月六日，考功郎官丙〔丙〕肯罷新命，言者論其操術回邪，臨事專愎，持節浙東，救荒無策，乞賜罷斥，故有是命。　十六年正月十二日，權工部侍郎袁樞以論事扶忿，特降兩官放罷。　淳熙元年正月二十二日，知襄陽府陳從古、知楚州周極並放罷，以言者論二人庸猥不才，貪墨無恥，難任寄邊，故有是命。　同日，知濠州向澮放罷，以本路運判吳淵言其治郡不職故也。　二月十四日，新提點湖北刑獄朱玘罷新任，以言者論玘賦性貪饕，不顧廉恥，曾任知州，軍差違於法，不應抑綱而乃規圖酬賞，又臨失官錢不納，為廣西運判日獻寬

剩錢二十萬緡，及朝廷令撥赴湖廣總司，計贓露假貸括刷，無所不至，故有是命。　三月十九日，右文殿修撰新知靜江府史正落職，提舉隆興府玉隆觀，以言者論其巧求進用，聚斂殘酷故也。　四月二十七日，新知歸州李窠、新知興國軍王定國並罷新任，以言者論窠居鄉請託，干撓知宜州日不法，知瓊州日以家質庫故衣折支軍人衣錢，至生變；定國本福唐人，浪游淮楚，習成華音，因授張浚歸正旋知高郵軍，移易官錢，轉販鄰境，以資饋遺故也。　五月二十五日，新知徽州程宏遠罷新任，以言者論其輕狠凶險，居鄉恣橫，脅持縣道故有是命。　二十九日，前湖廣總領呂游問特降兩官

卷三千八百九十一

權京西提刑陳從古特降一官。先是游問在任，將官屋虧價賣與族姪昭中，又令兄換會子，取受錢物，已落職放罷，委官體究，至是刑部言游問判狀見錢事理明白，而京西提刑司體究違慢，故併罷之。　六月十四日，新知衢州李杓放罷，以杓黃緣得郡，不即陛辭，乃託疾乞且歸鄉，故有是命。　九月六日，知臨江軍趙不黯特降一官，以江西帥臣稱積軍兵請給，及低價減折冬衣，致軍兵喧譟故也。　十月十六日，知全州趙邦榮放罷，邦榮本歸正人，未諳州軍事故，有是命。　十一月二十五日，成都府路運判趙不息放罷，坐賑濟無策故也。　十二月十八日，新淮南運判趙善儀罷新任，以言者論善

俊天姿刻薄昨守襄陽政事乖謬惟務凶殘有繫獄者或至斷其手足一方之民莫不震駭故有是命　二年二月二十二日兩浙轉運副使呂搢呂正己並放罷以言者論二人僥求進用勢既相軋互相攻擊故也　同日新知彭州杜黄孫前知龍州符愿並放罷以言者論黄孫苟賤無恥愿刻薄貪鄙故也　三月五日知施州胡明放罷以夔路運副謝師稷言其暴横不法故也　二十二日新知鄂州曾略放罷永不得與知州軍差遣坐知濠州日任買馬事虚破馬價盗爲已有已追三官放罷今復以巧求進故有是命　二十四日浙東提刑胡仰落職放罷以言者論仰昨任湖南提舉贓汚狼籍故也　二十九日知贛州陳天麟除敷文閣待制知平江府韓彦古除敷文閣待制並寢罷成命以天麟贛州之政未有過人彦古奪服爲郡亦難冒處故寢是命

卷三千八百九十二

四月十一日新除閤門祗候知光州孔異罷新命以資歷尚淺故也　二十二日成都府路轉運判官李石放罷坐知眉州日子弟與政請託公行故也　同日觀文殿學士錢端禮降授資政殿學士罷奉祠以言者論其頃邪貪暴居台州挾持威勢騷擾一郡營治私第凡竹木皆白取于民其守會稽以他處一猾吏自隨使預郡事暴征苛取事至官者曲法鍛鍊沒入家貲所積至六七十萬緡故有是命　五月二十三日知隨州湯鶚降

修武郎放罷坐縱親弟帶領兇惡人私販香貨入権場故也　六月十一日新江西路提刑方師尹别與差遣坐老耄畏怯聞江西茶賊竊發畏避遷延不敢之官故也　十二日知紹興府留正除顯謨閣待制放罷坐辨錢端禮籍沒入户科罰錢物數誤故也　十四日新夔路轉運葉行已特降授朝請郎放罷永不得與監司差遣以言者論行已任江西提刑當盗賊縱横略無措置但有畏怯故也　七月二十三日知郴州何滂明放罷坐不留意職事多造什物專委門客姚宗佐交通關節賄賂公行故有是命　二十八日知隆興府汪大猷降充集英殿修撰以選委賈和仲捕賊不當已降龍圖閣待制和仲輒行招安致賊走竄故復有是命

卷三千九百八十二

八月四日敷文閣待制知平江府韓彦古落職放罷以言者論其綃折麥每疋輸麥四石五斗以錢計之五倍其數以家力科糴米多者至一二千石又以家力數上户酒至一二千瓶吏民小件其意亟置之獄籍沒家業殘刻險詐無所不至自述理財之效言所借南庫錢物皆已而提領所具平江府所借南庫錢物尚有七萬貫未到以無爲有故有是命　八日明州觀察使江南西路兵馬總管賈和仲除名勒停送賀州編管以和仲收捕茶賊失利上謂輔臣曰和仲當小寇乃失律如此設有大敵當如何不誅無以警諸將既而復諭曰和仲本欲行軍法

其罪在輕舉進兵朕觀漢唐以來將師被誅皆以逗留不進或不肯用命如和仲正緣輕敵冒進誅之却恐諸將臨陣退縮故有是責　九月九日前知光州滕瑞送靜江府羈管坐淮西帥司按其在任不法故也　二十日知江陰軍藍師稷與宮觀差遣以臣僚言其貪冒貨賂干犯法禁故有是命　二十二日知臨安府胡與可與外任宮觀以言者論與可趨操柔邪性姿詭譎平生仕官了無可稱但以善於結託脂韋苟且累經除用遂為臨安守臣厚斂重征以資妄費凡有爭訟非賄不行與可身雖卑汚無以戢吏獨於士夫之間乃敢肆其淩藉倨氣傲色專為凶德既而復言與可罰未當懲遂寢

卷三千八百九十一

宮祠之命　二十九日前知邵武軍趙伯濠特降一官坐以苗米折錢及擅支常平米故也　閏九月四日知吉陽軍林寶慈特除名勒停以廣西經畧司言其違法生事擅興蕃國交易故特重其罪　十月十四日福建路轉運判官劉祖禮新知處州錢象祖並放罷祖禮坐申江西盜賊不審象祖以憑藉世資未諳吏事故也　十八日知衢州曹總放罷坐耽飲嗜閑不修郡政故也　同日新知富順監井秉罷新命以秉資序太卑凶險貪墨故有是命　十一月十九日新知綿州胡佑江東提舉潘甸並放罷以言者論佑齷齪罷懦難任劇郡甸嗜酒頹放貪財黷貨故也　二十二日江東提舉潘甸

特降一官落職淮東提舉葉翥特降兩官知平江府陳峴降一官坐修築陂塘滅裂今歲災傷不見灌溉之利故有是命　十二月十三日湖南運判吳搜新知袁州李處全知楚州辛堅之並放罷搜以盜賊竊發之際乃集工匠多置器用以資戲玩致工匠失業多全家逃去處全經由蕪湖縣受富民賂遺堅之項迎合權臣殺害無辜起廢為郡違法虐民淩忽都統制張宣動輙紛爭故有是命　三年正月六日直秘閣知吉州王濆降一官以茶賊入境濆首唱招安之說公為逃遁之計未幾賊平錄功有罪漕臣錢佃亟以勞績來上朝廷即加職名既而李壽錢佃復按其弛慢之罪故有是命　九月

卷三千八百九十二

新知楚州胡與可新知嘉州陸游並罷新命以臣僚言與可罷黜累月舊愆未贖游攝嘉州燕飲頹放故也　二月八日新知封州張孝覽罷新任言者論其資禀凡下舉措輕儇且資序甚淺故也　二十三日新知袁州胡安老降兩官罷新任以言者論其姦貪狼藉故也　三月二十三日知閬州紀臣放罷以言者論其既老且病內懷自棄賕餉狼藉靡所不有故也　同日廣東提舉李綸放罷以言者論綸不諳吏事肆為苛擾徇縱巡尉印紙責以捉獲私鹽緣此巡尉急於捕捉百姓驚擾鹽倉屋漏虧損官鹽抑令納鹽入及附近居民陪納並怨之聲溢於羣聽故有是命　六月四日浙西提刑趙

師夔放罷以師夔守吳興日縱任猾吏交通關節縱容私僕，驗擾一郡規圖富人田產前後不一為臣僚所論故有是命　二十一日新知衢州陳從古放罷以臣僚言從古所至贓汚故也　二十七日新知衢州陳良祐罷新任先是乾道六年良祐為吏部侍郎時朝廷遣使求祖宗陵寢良祐自疑當行上書阻止其事為臣僚論罷送筠州居住至是除知衢州言者復論前罪故罷　七月四日新廣南西路轉運判官衆森放罷以臣僚言森自為醴泉縣令至守永州凡歷四任皆號貪虐故也　二十一日新知興化軍劉大辯放罷坐居父喪八年不葬擅折居民屋宇為一方之害故也　八月二十六

卷三千八百九十二

日武功大夫前知吉陽軍姚元追一官勒停坐在任不法故也　九月六日知隆州朱紱新知永康軍劉庭詔並放罷以臣僚言紱燕飲沈湎職業頹廢庭詔浮薄嗜利巧於結托故也　二十一日知蘄州李楠放罷以臣僚言楠贓汚不法故也　同日江東提刑司馬倬放罷以倬受賂鬻獄為臣僚所論故也　十月八日前知饒州陳天麟罷宮觀以臣僚言天麟政以賄成罪以貨免寄居宣州交通關節靡所不有故有是命　十三日新知江州徐行簡放罷以臣僚言其姦贓狼籍故也　十月二十九日都大提點王楫追五官勒停送台州編管先是臣僚論其廣數諸州木炭錢不以皷鑄盡獻於朝

却以舊錢入換新錢解納又進買官田姦汚狼籍詔江西運判趙汝愚體究得實故重其責　四年正月二十日新淮東運判胡與可罷新任以臣僚言與可天資邪佞誕妄有餘向為臨安守臣專為身謀日夕奔競府事未嘗留意一委之胥吏弭盜無策聽訟不公故也　二十五日新知梁山軍趙善言罷新任以臣僚言善言稟資苛酷賦性貪婪初不曾任知縣又不曾歷通判驟付以郡其虐必甚贓汚凶暴愈見狼籍故有是命　二月十七日濠州團練使新知真州元居實放罷以言者論居實生平躁進事誕謾肆為空言以取官爵故有是命　二十三日江西提舉趙綱立放罷綱立感於內寵擅

卷三千八百九十二

取本司公帑之物故有是命　三月二十三日新知梧州沈瀛罷新任以臣僚言瀛昨為樞密院編修朋附于進故也　二十四日知彭州王序辰放罷序辰天資險詖贓貨無厭為臣僚所論故也　同日新淮東運判胡儔放罷言者論儔誕謾有素貪饕不廉為福建提舉日令本路幹官買妾歸其家乃酬以舉狀故也　二十五日知閬州李迴罷新任以言者論迴贓汚欺罔故也　四月二十二日知江陰軍錢仰之放罷臣僚言仰之賦性殭暴用心私邪以喜怒為刑獄以術數為蹊徑故罷　二十四日知南恩州李績放罷以臣僚言績稱躁苛酷任意多私故也　同日新知鄂州胡倚罷新任以臣

言倚閑居鄉里脅持短長昨知靖州不能綏懷夷落科數苛暴村疃騷然不可付以上流重鎮故有是命　五月十六日知房州李杓罷新任別與閑慢差遣以臣僚言杓昨通判台州交通閽節士論鄙之今年七十有三昏繆滋甚決不能當邊寄故也　七月十六日廣東提舉葛世顯放罷以言者論世顯因緣妻官三任廣南專務黷貨旋得廣東提舉官到任未幾乃以本司舊積鹽本錢指為寬剩取以獻納故有是命　二十日新知潮州潘淵明改差主管建寧府武夷山冲佑觀以未歷親民差遣除授不當為臣僚所論故令奉祠　同日新知新州鄭守浩罷任新知台州林仲夷改差主管成都府

卷三千八百九十一

玉局觀以言者論守浩為前執政親舊超躐除授仲夷合赴新任預索遞吏取公使錢隨行用度又偏於權要經營內除故有是命　二十一日新京西運判鄭昺罷任以言者論昺喋喋利口初無他才與前執政龔茂良雅故遽有將漕之除故有是命　九月二十日淮南運判向適放罷以臣僚言適平虧素行專任很愎觸事懵然無所通曉儀真係置司之所妄申疾疫大作又稱楚州米價踴貴欲以職事脩舉希望旌賞為是欺罔故有是命　十五日新知賓州石良弼新知雷州黃萬頃各別與差遣以知靜江府張栻言良弼頃知邕州昏謬闒茸溪峒僚數不敢禁戢一州財賦謾不知省萬頃昨為邕州

通判溪洞多產生金萬頃託官典賤價以買將往右江販賣又將平人為叛賊故有是命　十月十六日知鎮江府呂正己特降一官以府獄賊囚曹仲等皷率別火罪人解脫杻索奔逸臣僚論其失職故有是命　十七日知隆興府呂企中放罷以臣僚言企中在任一意掊剋侵奪民利以歸私帑故也　十二月八日江東運副徐本中降一官以鋪兵汪青盜拆遞角文字不能覺察而飾詞妄申覬以免罪故有是命　九日知漢州孟頭罷新任以臣僚言頭自承詔旨差知漢州令赴行在奏事已經年餘尚未到闕卻引用川廣免奏事指揮覬覦幸免故有是命　同日新浙東提點刑獄公事鍾離松

卷三千八百九十一

改添差淮南東路安撫司參議官不釐務以臣僚言松年踰八十精幹弗逮識慮已昏故也　同日知洋州傅鈞放罷以中書省言大理寺勘陳公正案內受傅鈞黃角弓翎等故也　二十六日淮西提刑張士元落直敷文閣以士元申奏知廬州王希呂獲劫盜許德等五器繆為不實故也　五年正月十一日新廣東提舉常平茶鹽方師尹新知臨江軍徐五老並放罷以言者論師尹為淮西總領與監官作弊為江西憲文以茶寇畏避不之官皆遭彈劾五老貪惏無厭故也　十七日知梁山軍趙彥逸與宮觀以知成都府胡元質言彥逸以末疾在告軍事付之監酒呂允修故令奉祠　二十三日

江南西路轉運副使權提刑王次張知興國軍黃茂材
江南西路轉運司幹辦官湯沉各特降一官放罷先是
興國軍勘武世榮胡蓊停藏刼盜次張不合用私劄催
督公事迹涉疑似茂材輙奏次張求賕為盜脫罪考究
無實故有是命　二月六日新知寧國府史正志放罷
依舊宮祠以正志昨為發運使日大張聲勢增置官吏
擅行諸路掊尅州縣故也　八日知文州塗尚友先次
放罷令四川制置司差官取勘具案聞奏以知成都府
胡元質按尚友擅鑿開管下青唐嶺路有害邊防故也
　二十五日知興國軍黃茂材特降兩官以江西安撫
辛弃疾言茂材過數収納苗米致人户陳訴故也　三

卷三千八百九十一

月二日新知寧國府趙彦博放罷以彦博嗜利好進獄
事鹵莽牽於請託及得宣城怏怏不滿故有是命　七
日新知高郵軍王定國特降兩官罷新任以臣僚言定
國貫福州妄稱河南府人冒名歸正借補文學昨在高
郵軍姦贓狼籍言者用是論罷今乃復得高郵未協公
論故有是命　十八日知溫州韓彦直前知台州尤袤
提舉兩浙東路常平茶鹽公事姚宗之並各特降一官以
溫台州自乾道六年以後累年拖欠内藏庫坊場錢數
多並不發納故也　四月八日知連州費鍇放罷以言
者論鍇因公事科罰又五十里内創置稅場重征雜稅
故也　二十二日知江陰軍蔣雖放罷以言者論雖擅

興部民陳廣壽結親又任意徇私致狴犴重囚走逸故
也　二十六日知泰州魏欽緒先次放罷令葉翥體究
詣實聞奏以本路提舉鄭嗣宗言本司支錢五百千令
本州脩造常平倉屋欽緒輙資別用又祠祭為初獻官
吏不致齋用妓樂筵宴故有是命　五月十日兩浙西
路提舉常平茶鹽公事滿時降一官以本路提刑韓俁
按時占役禁軍荷轎故也　十八日淮西轉運副使張
士元知安豐軍丁逵並放罷以言者論士元冒佃官地
强買民田乾沒賑濟糶閔錢米鬻賣總首主簿白帖逵
始揚言欲捃摭士元既為所陷反相表裏差補總首借
補官資慫効士元及其交相疑忌逵即持士元遣人過

卷三千八百九十一

淮作過士元即持逵遣人過淮鬻酒二人罪惡不可縷
數故俱罷　六月二日新除江東提舉丁常任改差知
真州以給事中錢良臣言常任資淺望輕未諳民事持
節察州授之太遽故改命　十八日知夔州李景孚放
罷以言者論景孚天資殘酷加以沉湎民事弗恤貪而
多私故也　閏六月七日知懷安軍宇文紹寅放罷以
本路帥臣王允按其性資險巧不謹廉隅婁逐所部見
任官而以親舊充填窠闕用為腹心以侵漁百姓故有
是命　十八日廣東提刑黃濟特降兩官已降宮觀指
揮更不施行以臣僚言濟初乞修韶州城壁急于希賞
方窮冬凝寒千里騷動致民夫死于凍餒者不可勝數

後自知其城辛未就緒所以託疾丐祠故有是命　七月五日知英州葛霖放罷以霖苛刻科擾違法害民故也　七日知信陽軍余童特降一官以北界蔡州新息縣居民被賊劫盜財物移文本軍不即繳申朝廷徑自回報致對境關報不依元式故也　九日知真州解元振放罷以本路提刑徐子寅言元振久病在假郡事盡付胥吏百姓受弊故有是命　十三日新知永康軍張炤與幹官差遣坐昏眊不能任事也　八月二十六日浙東提刑傅自得浙西提刑呂正己並放罷自得昨以故相秦檜當國撰造趙令衿不法事致之死地遂得美官正己閨門之内醜聲著聞每所居官政由内出昨守

卷三千八百九十一

鎮江致禁囚越獄竄逸乃歸過於司理以自免故有是命　十月一日浙東提刑周權依舊淮東提舉知興國軍張祖順差通判筠州以臣僚言權麤暴妄誕不可持平近句祖順庸謬闒茸難堪郡寄故也　十一月二十三日昭慶軍節度使知隆興府楊倓與外祠以言者論倓初無他長徒以勳閥之後叨授節鉞嘗貳樞筦不能以功業報國比因移帥豫章循之舊例大臣非得旨無自言乞過闕奏事而倓乃有此請意其假守當塗必有邊防機密不可附奏及其報行劄子乃是乞與弟姪分財析户遂為此來後致其弟婦諸姪都省御史臺陳訴故令奉祠　十二月十一日知台州李宗質特降一官

以本州拖欠内藏庫坊場錢數多故也　六年四月五日江東提舉潘畤知池州趙粹中並放罷以二人交章相攻故也　二十七日廣西提刑廖邀特降一官放罷先以擅增瓊州鹽額降一官次因臣僚言邀奏劾昌化軍判官蔣穆水軍統領張麟補執客人楊朝章等誣以劫盜而容庇守臣李邦光不能刺舉故有罷黜之命　六月八日直秘閣判湖北路安撫司幹辦公事田公輔放罷坐將私馬高價市與神勁軍而以本軍揀退馬賤價收買故也　二十四日知鬱林州李端卿特除名勒停送梅州編管以經略使劉焞按其當李接嘯聚之際望風棄城故也　七月一日知光州王德政放罷以本路

卷三千八百九十一

漕臣薛居實言德政與通判李時習不相和協以致獄事不務平允各以喜怒出入情罪詔並放罷令居實究理曲直既而居實言時習先嘗兩次權州專事既久及德政到任尚行專恣以致德政憤不能堪又聞時習折換赤歷移易官錢故併罷　七日江西運副楊由義特降一官放罷先是前臨江軍清江縣丞汪作乂嘗權縣事由義欲應副親戚押綱未起發間作乂離任知新淦縣林梓妄申漕司云作乂將歲計合發官錢那允用過是致綱運無可起發暨作乂以任滿赴闕由義輒令臨江軍差人追捕作乂至信州塗中死於非命故有是命　十一日知漢州宇文紹奕特降兩官放罷永不得與

監司知州軍差遣以言者論紹奕在任舉措僭侈一意妄作醜聲播聞故有是命　二十五日知藤州鄭垌特降兩官以本路帥臣劾垌為政弛繆略無廉聲及得替歸違制多差送還兵級故也　八月八日知潮州朱江放罷以臣僚論其縱跡醜穢納賂鬻獄故也　十四日湖南提刑葉程知郴州雷滌各降兩官放罷以言者論滌始宰宜章姑息賊徒以得虛譽既就使為州乃矯前政折之以威其徒忿然遂決意為盜程昏耄貪墨宜章盜賊諸司皆申而憲司獨無條具故有是命　十七日知楚州翟畋特追五官勒停送筠州居住以收捕楚州淮陰縣劫盜通判葉挺鈴轄賈懷恩妄申於淮河內與

卷三千八百九十一

賊迎敵殺死賊人及將拘到北界官船作獲到賊船贓物解發畋憑妄狀行捕獲聞奏故有是命　十八日前知吉州藍師稷特降一官放罷坐上供米愆期不發故也　二十日直祕閣前知安豐軍丁逢特降一官以任內差朱直卿權攝從運判張士元覺察也　二十五日知衡州李楷放罷以提舉李端友按楷酷虐不法故也　同日知金州王彤特追三官勒停以四川總領李昌圖言彤知金州日將趲剩錢造金器入己有司鞫得其實故有追毀之命　九月二日廣南西路提刑徐翊轉運判官梁安世各降一官以翊等同銜奏經略司保明功賞不實頗涉張皇再令指定却乃異同故有是命

二十一日知安豐軍劉大辯放罷坐縱容客人透漏禁物過界及科斂不法故也　二十四日新知郴州黃義實與閑慢差遣以臣僚言郴州今當蹂踐之餘人情反側政賴守臣撫摩安集而義實闒茸無能不足當是職故有是命　二十七日廣南東路運判趙公瀚特降一官放罷以言者論公瀚尅剝州郡以私一己昨收捕陳峒首尾月餘自支撥提舉司封椿錢之外又科撥諸州錢五萬緡及有解萬者罷守宜州道由所治公瀚知其家有雷琴可直千金乃館萬于本司未幾萬病死遂取其琴及名畫數十軸併酬以百千其家怨泣不敢言至今狼狽不能出領故有是命　同日知鄂州趙善括放

卷三千八百九十一

罷以總領周嗣武漕臣陳延年言趙善括增起稅務課額至十倍多添民間賃地錢僵令拘戶沽買私酒白納利錢侵都統司課額故也　同日知閬州宋少虛放罷令潼川府路提刑司根勘以聞從利路諸司按其贓污不法故也　十月八日知德慶府陳燾放罷以燾庸繆老而益貪職事弛慢故也　十六日新知鄂州周極放罷先是極知秀州日自帶私家坐船於本州點責私酒為酒務轄下人所捕極忿怒其人誣以行劫綳拷有至死者大理寺鞫得其實先詔追三官勒停至是起廢中書舍人鄭丙言其為惡不悛愈益恣橫故有是命　二十六日浙東提舉李宗質湖北運判張珖並放罷以右

正言宗質趨附巧進營私背公殊素浮躁專事唇吻故有是命　十一月二日荊湖北路轉運副使戴幾先放罷以言者論其為國子司業時攀附權貴為太常少卿時祀事不共故有是命　三日知化州何偉除名勒停以偉在任擅鹽害民横斂致寇又嘗誅戮平人及男公鼎彊取部曲女為家妓故也　八日新知蘄州沈公孫與閑慢差遣言者論其黄緣假托驕騃鄙俗故也　十七日知峽州唐孝穎放罷以本路漕臣言其衰耄綱紀不立故也　同日知復州潘才卿放罷以本路漕臣劾其狃於熏貴鮮克由禮身為庶官通謁用朱衣吏革前建十二辰旗且恣其暴虐不能撫摩故有是命　二十

卷三千八百九十三

一日新差提舉廣東市舶蘇總龜改差主管台州崇道觀臣僚言其素苦昏眊瞻視不明故也　十二月二日新除利州路轉運判官王瓚放罷似侍御史黄洽言其苛贓慘酷累遭論劾故也　同日知興國軍徐行簡放罷坐與國歲旱行簡自言因人匠餘工打造刀斧弓弩欲行投進為臣僚論列　同日知金州王彤放罷以四川總領李昌圖按其不法故也　十三日知吉州藍師稷放罷以侍御史江溥言其昏繆不職民訟不理財賦失陷故也　十四日知黎州李福謙降一官放罷四川制置使胡元質降兩官先是黎州蠻作過福謙失職詔令制置胡元質具福謙不職始末於是宰執進呈福謙

於五部落未作過之時屢申事宜而制置使胡元質畧不為備致覆軍殺將故有是命　十六日知婺州韓元吉放罷以言者論其佷僻貪婪故有是命　二十二日新知永州胡倚知滁州胡儔並放罷以言者論倚等生平所主皆無善狀荐汙白簡歷歷可按故有是命　二十四日知泰州吴儆主管台州崇道觀理作自陳以臺臣言其貪暴自恣故也　七年正月二日新除提舉兩浙東路常平茶鹽公事李端友罷新任以右正言黄洽論其闒茸不飾復事干謁故也　二十三日知歸州錢似之特降一官以成都府路轉運司奏留滯綱運抑取税錢故也　三月十一日淮東提舉周權放罷以言者

卷三千八百九十三

論權好誕謾妄作初除江東鹽司未久即改淮東又改憲浙東既招入言復得舊物闕未到年餘先批帖問都吏以俸給闕未到半年先遣人為索接計車未入境即肆妄用故也　同日淮東運副徐子寅放罷以言者論揚州刼盜事連漕司部轄使臣子寅庇之故也　十八日敷文閣待制單夔罷宮觀差遣以言者論夔善於結托奔祠而歸必欲臨安府居止故罷之　四月九日朝散郎王正已特降兩官坐知湖州日拖欠窠名錢二十七萬餘貫故也　二十二日知秀州陳從古罷新任以侍御史言從古九年之間五招物議贓汙狼藉一歲之間兩次規模差遣故也　二十三日知温州胡與可罷

新任先是温州打造海船一百隻支降官會一十萬貫付與可措置與可懷姦挾私專事擾民故也　同日詔慶軍節度使新知荆南府楊倓罷新任依舊宫觀右正言蔣邺論其驕蹇貪婪盜賊公行獄訟不決專信任隨行使臣吴孝恭交通關節故有是命　五月二十一日知建寧府洪邁放罷以求環花事故也　二十六日知常州李結放罷以結去歲納苗加數折糯折麥無非厲民合斛用斗尤為非理故也　二十九日新兩浙西路提點刑獄公事胡堅常荆湖北路提舉常平茶鹽公事曾種並放罷以堅常昨為浙漕歲饑賑濟無策科擾紛然常州乃其鄉里士大夫皆出米賑糶堅常富甲一郡而

卷三千八百九十一

不肯數出米種項寓鄱陽貨賂公行嘗為監司所按今任湖北掊克狼籍故有是命　六月十三日知桂陽軍趙善珏特降一官放罷以帥臣辛棄疾按其昏濁庸鄙窠占軍伍散失軍器百姓租賦科折銀兩贏餘入己故也　二十七日知漳州林偆知崇慶府錢徽之放罷以侍御史黄洽言偆郡事廢弛多容親故擾政徽之暴忍聚斂汲汲求進故也　八月三日成都府路運判韓映放罷以臣僚言論其沉酣于酒政以賂成民無所訴故有是命　八年正月九日知成都府折知常特追五官勒停送汀州安置以黎雅鑾部作過知常棄城逃遁故有是責　二月二十七日潼川府路運判王敦詩放罷

以敦詩專事苛刻任私喜怒昨將漕成都縱子弟親戚交通關節故有是命　二十八日詔新福建運判趙師秉主管台州崇道觀理作自陳以中書舍人施師點言其倚勢作威頤指州縣恐嚇細民彊占其田又彊付錢本以責利息故令奉祠　三月二十七日提舉淮南東路常平茶鹽公事陸游罷新任以臣僚論游不自檢飭所為多越於規矩屢遭物議故也　閏三月六日知宜州趙伯光永不得與親民差遣先是伯光與通判黄依互論不法為漕臣梁安世所劾並放罷既而帥臣王卿月劾伯光決遣非法任醉之後執獄囚以弩射之故有是命　二十四日知郴州趙介特降兩官放罷坐以人

卷三千八百九十一

户契書驅磨妄加羅織科罰錢一萬五百餘貫故也　二十六日提舉江州太平興國宫吴淵特降一官以棘寺逮淵子渠證對蔡良弼公事故有是命　同日知黄州錢衛之特降兩官放罷坐違法收税為淮西總領葉宏所劾　五月六日新知郎州徐植與宫觀差遣坐嬰疾之久也　二十九日知永州史俾特降一官以永州違法收鹽袋錢俾任内因循不革故有是命　六月九日提舉四川茶馬司吴總追一官放罷降充集英殿修撰以臣僚言黎州兆豐實由買馬凡蕃部驚馬總所喜者則不拘格尺而售之所不喜者則以格尺而沮之至於良馬一疋取絹一匹次等取錢引二道誅求刻剥所

以激其不肖之心及官兵失利總急於成功乃以十兵易十首邀功辱國罪莫大焉所爲總屬官買馬之際誅求多爲欲成邊釁故有是命　七月三日前淮西安撫趙善俊候服闋日特降直徽猷閣轉運副使張士元特降兩官初淮西帥臣王希呂嘗借補張應侯文學令權安撫司準備差遣欲作稱呼不曾奏聞後善俊等與應侯虛作希呂曾委於沿邊撫存歸正流移勸諭邊民墾闢田畝勞效連銜奏聞乞與補正文學隸寺鞫應侯冒官得實故有是命　十二日夔州路兵馬鈐轄向琪罷新任帥臣李景學放罷坐夔州置造軍器稽慢　十七日新知處州錢仰之與閑慢差遣坐知江陰軍政以賄

卷三千八百九十

成縱容子姪恣遊倡館親舊交通關節　八月十五日知德安府張煇放罷以知江陵府高夔按煇年老衰憊事無巨細聽決於通判秦仲泰仲天姿貪婪加以彊橫通並罷之　十六日前知建昌軍孔揩降兩官知建昌軍王師中與閑慢差遣以臣僚言揩恣欲妄費師中不能經理財賦故也　同日知吉州朱儋放罷以臣僚言儋聚歛苛刻故也　十七日知濠州王同特降一官坐濠州總首司宥同忠義人竄往外界故也　二十三日知衡州趙彥恂知歸州林次融並放罷以彥恂苛取於民及拘榷魚利次融很愎自恣不遵三尺故有是命　九月四日淮東總領兼權知鎮江府宇文子震特降一

官以丹陽縣饑民擾奪不即以聞故也　十一日宣教郎王定國特降一官以定國冒改鄉貫陳請差遣大理寺鞫得其實故也　十四日知洋州傅晞儉放罷以本路漕臣按其稟資庸繆賦性貪汙羅織良民欲以其女爲妾開園榷酒規圖儌錢故也　十五日新湖北提舉徐文紀罷新任坐未赴審察間輒以劄子陳乞在内差遣故也　十六日知靖州廖遂放罷坐走失重囚故也　二十一日廣西轉運判官梁安世放罷以臣僚言知廉州林自論廣西鹽弊詔安世禁止乃文過飾非輒肆欺罔故有是命　二十四日新知台州任詔罷新命以言者論詔趨炎附勢貪汙刻剝故也　同日新知筠州應

卷三千八百九十

汝勵與添差參議官差遣以其迫於年老精力弗逮也　二十六日知紹興府張子顏提舉江州太平興國宮坐紹興水災不即差官檢放致饑民搶奪行旅故也　同日江西提舉趙靡放罷坐所部旱傷不恤多出官錢修蓋廨宇故也　二十八日知信州劉甄夫知南康軍吳諒夫並放罷以提刑趙煒劾甄夫年齡衰暮郡政無綱紀諒夫天資狡狠交通貨賄且違法收税故也　十月四日武功大夫謝孝純降授武義大夫放罷坐典治軍器無廉聲　十一月十四日知漢州雍有容放罷令潼川府路提刑司根勘具案以聞以四川制置使陳峴按其貪黷姦穢不知廉恥故也　十七日湖南轉運副

使張棣新廣西運判韓磊知江州趙善惿並放罷侍御
史蔔(郢)論棣屢叨使節全無善政磊素無廉聲貪鄙尤
甚善惿累資貪婪專事掊克故有是命　同日前廣西
提刑廖邈特降一官以刑寺言蔣穆張騏頃年捕賊楊
朝章邈誣以誤執平人後朝章作過分明穆等乞改正
故有是命　十九日承議郎充龍圖閣待制提舉江州
太平興國宮趙粹中特落職坐知池州日失入鋪兵汪
青死罪　十二月一日知饒州趙公廣知徽州曹紹並
追兩官勒停以監察御史王蘭劾其不恤荒政催科苛
急故也　二日右文殿修撰新兩浙西路提點刑獄公
事辛弃疾落職罷新任以弃疾姦貪凶暴帥湖南日虐

卷三千八百九十

害田里至是言者論列故有是命　十一日知德慶府
何浚明放罷坐知郴州日專委館客交通關節虐用工
匠製造什物故也　十四日新知房州黄茂材罷新任
坐昨知興國軍專事苛刻故也　二十三日前知潭州
劉焞落職前知夔州李景學追兩官勒停言者論焞驕
蹇凶暴昨帥廣西盜發所部自以為功常有矜色何偉
有守城之功而誣奏以罪廻檢黄懷德捕賊不職法寺
當以降兩官而焞擅行處斬景學資稟殘酷凡遇民間
公事吹毛求疵稍有不承抵以重律間有論訴即置之
死地故有是命　九年正月十七日朝請郎宇文子震
特追兩官勒停坐任淮東總領兼權知鎮江府日妄用

錢物數多過例饋送故也　十八日知台州江見禮罷
新任以言者論其茍賤寡(七)恥妄誕自肆昨知簡州殊無
廉聲故也　二十五日朝奉郎知昌州黄圖南朝請郎
知合州何正仲並放罷坐不恤旱傷為漕臣按劾　二
月十三日知衢(信)州李嶧罷新任以監察御史王蘭言其
昨知衢州浙東提舉宋燾按其檢放不實嶧訖言與燾
有隙陳乞回避故有是命　十八日知潼川府陳升卿
放罷以言者論其昨在遂寧慘酷煩擾軍民交怨故有
是命　二十八日湖南運副陳延年湖北運判崔渊並
放罷以言者論延年為明州司馬日廣求材木擅役水
軍載歸其鄉渊昨任職事官趨附時相陵忽朝士凡虞

卷三千八百九十

允文所為不合公議者皆渊贊之及除漕湖北挾帶商
人舟船隨行營私廢法故有是命　三月十七日知黎
州龔總放罷先是有張百祥者為大安寨將父子豪横
故犯法總奪寨將與其族弟百逢因創造家計寨委漢
源縣令馮師心措置師心縱吏輩非理役使土丁又令
百逢將鹽科買煩擾百祥父子乘此鼓衆作過故有是
命　二十三日前知施州張過特追五官勒停以其開
通邊隘假借豪民譚汝翼兩縣勇敢八寨義軍令與夷
人仇敵故也　二十五日前知潭州劉焞特追兩官勒
停先是臣僚論焞在任過例饋送妄有支費至是知潭
州李椿條具來上故有是命　四月一日朝散郎丁時

發特降一官罷宮觀依前直寶文閣坐不能存恤饑民以致流徙衰斂積聚數千萬緡為提舉何侑所按　二日知建寧府趙善俊罷新任以言者論其所歷州郡專尚殘暴耗費錢物故也　十五日新差知寧國府傅自得差主管建寧府武陵〔夷〕山冲佑觀以監察御史王藺言其屢汙白簡見居泉南恃其唇吻却持州郡故有是命　十八日朝奉大夫知澧州張會特降兩官放罷以湖北提刑江溥言天資很愎縱欲肆情故也　二十四日知和州王德政知信陽軍汪德輸並放罷以臣僚言德政奉行荒政滅裂縱容吏輩為姦德輸貪鄙繆懦容庇過淮盜馬人用賤價買所盜馬又以內地耕牛貨于境

卷三千八百九十

外故有是命　五月十五日朝奉大夫知岳州趙善特降一官放罷以漕臣劾其天資險狠黷貨無厭當旱歉之際營造不急科擾屬縣復收買客鹽倍增市價均配屬縣故有是命　二十九日知和州焦顒祖罷新任言者論其苟媚不足以臨民故也　六月二日知信陽軍汪德輸降兩官坐擅自雕板印造零會子行用故也　十二日知文州楊鎮差主管成都府玉局觀坐昏耄不任事不能安輯蠻部故也　七月三日新差湖南提刑高柞放罷以言者論柞寅緣拔擢心術詭祕不安義分所殘安費殊無廉聲故有是命　六日江西提刑沈作礪與閑慢差遣言者論其性資懦弱略無舉刺故也

九日朝奉大夫知雷州黃克仁放罷特展三年磨勘永不得與親民差遣先是克仁與通判吳竝各於供給錢外請過油燭月會錢且預借支數月竝憤其不均先是〔自〕首納已而克仁亦自首納為帥臣劉焞所按本路鞫得其實臣僚繼論故有是命　十三日朝奉大夫知衡州沈寔一降一官坐擅借乞常平義倉米給官兵傔料　十六日知汀州呂大猷差主管建寧府武夷山冲佑觀理作自陳以漕臣按其昏耄權歸掾吏獄訟淹延故也　淳熙九年七月十七日四川制置使兼知成都府陳峴放罷以侍御史張大經論其結納趨附貪墨無厭使二子為遂寧潼川酒官初未嘗往涖職虛破請給及以

卷三千八百九十一

宗人作諸郡說書名目安支月廩壻趙汝應見為茶馬幕屬憑恃橫恣所辟幹官吳禮乃嘗以贓敗峴倚為腹心表裏交通為蠹滋劇故有是命　二十三日新差知秀州李結依舊宮觀以言者論結奉祠近及一年未應有此除授故也　八月五日知夔州林栗落職放罷先是夔路豪民承信郎譚汝翼與恩州人田祖周各相挾怨遂致讎聚帥司各捕作過人而汝翼聚兵謀攻奪一城已而當陣躍馬潛走只捕獲家屬徒伴送夔州獄根勘處斷汝翼詣行在進狀訴栗曾受祖周金省劄倫坐其事下夔州索案看定栗恐兇徒得計親書奏狀繳回省劄仍辯析其事詔以栗擅格上命故是責之　八日

新淮東運判趙思放罷以言者論其奉使辱命已遭鐫
黜今復處之要衝之地重為國辱故也　十四日知施
州吳拯放罷知封州李琮罷新任以臣僚言拯凶暴貪
殘琮驅馭庸猥故也　十七日知台州唐仲友放罷以
浙東提舉朱熹按其催科刻急户口流移故也　十九
日新差知隆興府韓彥古再任宮觀一次以言者論其
凶暴無常穢行昭著屢遭白簡愈不悛改故有是命
十月五日新知漳州張淵放罷以侍御史張大經論其
傾邪險薄昨知隨州安作殘暴故有是命　六日廣東
運副王賅差主管建寧府武夷山冲佑觀以侍御史張
大經論其累歷憲漕繆懦失職殊無廉稱故也　十日

卷三千八百九十一

知興元府王敦詩罷新任依舊宮觀以言者論其待祠
未幾遽有此除違已降詔旨故也令奉祠　二十七日
知廉州蔡憲與宮觀差遣新知欝（鬱）林州趙絳別與差遣
以本路帥漕按憲天資苛刻違法擾民絳貪鄙無厭故
有是命　十一月三日知鄂州姚述堯罷新任以臣僚
言其天資很暴喜怒忘發濟以姦貪專事欺誕故也
十二月九日知劍州張瑱放罷以瑱與通判呂符互（元）論
在職侵欺官兵錢物入己廼並黜之　十八日知房州
陸同差主管建寧府武夷山冲佑觀以言者論其年老
昏耄故也　同日知南劍州沈維放罷言者論其貪冒
營私政以賄成故有是命　十年正月十九日福建運

判趙師垂罷新任以御史中丞黃洽言師垂鄉者曾有
此除已為言者駁奏乞止與郡故有是命　三月一日
夔州路轉運判官張縯放罷以言者論其傾邪躁進始
至夔州見帥臣李景學暴刻有意治之景學啗以厚賂
吏不復言及罷去縯攝帥事縱豪民譚汝翼與田祖周
連年相攻擅生邊釁又受囑託牒汝翼為施州監當致
汝翼擅自點集官軍民兵互相讎殺邊民不勝其苦故
有是命　八日成都府路轉運判官虞似良放罷以言
者論其志趣卑劣所歷之官並無善譽其在成都遣人
遍求古石刻職事不修故有是命　同日前四川制置
使陳峴特降一官坐為四川制置日監作院任埍駐泊

卷三千八百九十七

兵馬監押高進不曾到官勘支請給埍進已各鐫官罷
黜峴已放罷故亦鐫一秩　三月十七日知黃州商份
放罷以漕臣趙師揆言份虛張和糴米價故也　二十
三日知吉州詹元宗別與差遣以諫臣言其彊敏不足
勤於撫字而短於剸裁故有是命　二十七日知南劍
州沈維降一官坐比較淳熙九年拖欠未發上供錢最
多故也　二十八日新知無為軍黃倬罷新任臣僚言
倬偶緣招降茶寇例受醲賞復有高郵之命居鄉驕肆
憑恃資力與民爭利不顧孝養專意自縈故有是命
同日知連州劉焞放罷以臣僚論其專務掊克略無善
狀受納苗米多取斛面將出剩撥入常平倉支破價錢

以充妄費交通關節變亂黑白故也　四月十八日差
知連州趙善括罷新任言者論其輕浮不靖忌刻而暴
不宜復畀以郡故也　二十二日新知南劒州丁逢新
知辰州胡介並宮觀以言者論逢儇薄浮躁妄豈之政
圖嘗見於白簡矣介驕騃輕脫頃守光州惟務酣燕聲
望不足以鎮撫軍民致生事端故俱奉祠　五月八日
新知峽州鄭人傑放罷以侍御史劉谷瑞言駔儈下材
本由給使補官徒以利口高貲諂事權勢寖齒仕版所
歷州郡專為身謀不恤民事故有是命　二十五日承
議郎知南劒州林元喬罷新任監察御史陳賈言其知
江陰日專事殘刻流毒一方及其母亡出廳治事如故

卷三千八百九十一

將倉庫出剩及應干贓罰錢席卷無餘及歸福州首建
大第凡買竹木瓴瓦之屬多不償直故也　六月二十
三日朝奉郎知郴州趙汝亦降兩官放罷以本路帥漕
按其非法科歛故也　七月十二日新除江西提舉余
童福建提刑王德顯並與州郡差遣以言者論童居鄉
干擾待次蘄州輕出文引致其部封之內有所規圖德
顯結托之外未見其長平日所為多是牽制不能自立
故有是命　八月二日知邵陽軍潘才卿放罷以右諫
議大夫張大經言其先守澧陽奢僭自肆日事燕飲妄
作尤甚故也　同日知渠州史似放罷以帥臣劾其賦
性狡險為政酷虐故也　二十七日敷文閣直學士中

奉大夫知紹興府王希呂差提舉隆興府玉隆萬壽宮
以言者論其剝下干譽故也　九月十一日新知鎮江
府張子顏與在京宮觀言者論其闒茸乖繆已試無狀
夤緣結納妄希寵任故有是命　十三日中奉大夫充
祕閣修撰知婺州錢佃特降一官坐軍兵喧閧佃既獲
為首人不能盡法行遣故也　閏十一月九日提舉江
東常平袁樞與州郡差遣以臣僚言樞傾邪很愎初仕
中都諂事宇文子震薦之時宰遍歷清華平時造請無
非權勢故有是命　十二日朝散大夫知南雄州吳煇
降一官以其背公營私專意聚歛為提刑但中廣所劾
十二月九日知潼〔川〕州府王敦詩與宮觀差遣以右正

卷三千八百九十一

言蔣繼周言敦詩從事醫術諂媚上官私任喜怒叱咄
僚屬交通關節貨賣舉狀饕汙白簡故有是命　十一
年正月二十八日新知肇慶府李光邦罷新任以臣僚
言光邦昨知岳州酣飲暴虐數月之間狼籍萬狀乞寢
新命故從之　四月二十四日新湖南提舉楊興宗別
與差遣以言者論興宗知處〔台〕州日政無可紀唯事貪
饕濟以暴虐故也　五月七日知汀州趙不戒放罷以
言者論不戒居家不肅居官不治故也　二十九日詔
中大夫右文殿修撰吳撥特降充直寶文閣罷宮觀以
金州去歲旱傷細民闕食守臣既不能存恤又不即具
奏遂致流徙頗多顯屬失職故有是命　七月十五日

知常州張孝貴放罷新知常州陳文中別與郡言者論孝貴掊克侵漁營辦緇彙後政文中年踰七十精力不逮故有是命　二十四日知容州華啟心特追兩官勒停先是啟心輒差都吏置場減尅糴米多量斗面其民不堪幾欲生事致帥臣詹儀之劾之故有是命　二十六日知濠州吳褒放罷以褒在任不法故也　同日前知澧州趙彪特降兩官以湖北提舉潘畤言彪臨行數月之間輒將常平錢金銀盡行移易互用故有是命　九月六日新除知建寧府曾逮差提舉隆興府玉隆萬壽宮逮爲刑部侍郎以子葵作縣爲人所訟事下大理引嫌請祠除待制知建寧府言者因論其無義方之訓

卷三千八百九十二

諸子所至挾勢敗法乞罷新除職寢知建寧指揮改畀外祠從之　十六日新除知常德府王濆差主管建寧府武夷山沖佑觀臣僚繳奏濆貪詐不法兩爲監司所劾三爲臺臣所彈乞賜寢罷故從之　同日知吉州張允成放罷以州兵作鬧不能彈壓本路安撫按奏故皆罷之　十三日知廣安軍尹商參知昌州楊巳千並放罷皆以根究公事不當爲本路漕臣按奏故也　十月十日知信陽軍忠訓郎閤門祗候孔興降兩官放罷本路帥臣言興違法科擾累不服鄉致令邊民走過北界故有是命　十一月一日知全州趙商特降一官本路帥臣林粟言全州有配隸人潘興盜甲仗庫兵器逃走

已獲而守臣不從軍法施行乃縱放之故有是命　五日知衢州趙師垂放罷言者論師垂逞才恃氣倚勢作威專尚掊斂乞罷黜與閑慢差遣從之　二十四日知富順監黃裳新知龍州王居中並放罷制置司按裳闒茸老悖居中所至專以販鬻爲事故有是責　十二月十四日知襄陽府王卿月放罷以言者論卿月自膺委寄初無經畫惟以燕飲朝夕自娛迨遴擇有威望善經理之臣往代之故有是命　十五日新知饒州廖遷罷新任言者論遷頃任廣西提刑不能制禦盜賊肅清所部縱釋海寇揚朝章等致令在海爲害不已乞寢罷新命詔從之　二十五日宇文子震罷祠祿令遂寧府居

卷三千八百九十二

住以四川制置使留正劾其縱令二子騷擾細民故也　十二年正月五日降授成忠郎閤門祗候孔興特降降兩官以知信陽軍日透漏過淮人故再降兩官　七日段(岳)霖特降一官時霖任潼川漕以體究漢州雍有容在任不法事稽緩而有是命　三月二十六日知施州姚槃特降一官坐奏報違慢也　同日知太平州陳騤放罷以言者論騤曠弛不職飾詐近名故也　五月一日知郴州趙不伐放罷以本路監司奏劾本州遺大不行賑救刻剝百姓故有是命　七日新除江東轉運使(副)丁時發罷新任先是時發除江東憲未上改除湖北運判爲言者所論奉祠至是言者復論其狠愎殘刻乞賜

官字下脫
仍展一期敍名
以措置乞四減
黎責之　八月
四日知南平軍
蔡與仁特降
兩官

罷黜又從之　十四日知潮州張季樗放罷以本路漕
臣奏劾故也　二十七日胡與可罷知鄂州臣僚繳奏
與可謾慢結托徇已要功乞别選忠實廉正之士以慰
公論故寢新命　六月十六日知復州朱思與宮觀差
遣初本路按思不職乞罷黜　上曰朱思只是心疾别
無他過可與宮觀仍理作自陳　二十四日知黎州田
世雄放罷先是制路轉運判官范仲圭按世雄乞罷黜
上曰世雄所為却如此今既差知黎州可但降一官諭
以今方委任未欲重作施行之意既而臣僚繳奏上曰
繳章不須行出只坐仲圭所奏放罷仍别擇一人往黎
州　同日知廣州鞏湘差主管建寧府武夷山冲佑觀

卷三千八百九十二

言者論湘凡所居官畧無可紀憑信推鋒軍準備將莊
質交通關節擾邊生事故授祠命　七月八日主管成
都府玉局觀王質特降一官質寄居興國軍永興縣知
縣（趙）伯彬訴質陵轢辱罵乞尋醫回避至是帥臣備奏上
之故有是命　二十三日新差湖南提舉李棫罷新任
言者論棫貪汙故罷之　同日太府少卿總領淮西江
東軍馬錢糧趙汝誼武功大夫建康府駐劄御前諸軍
都統制郭鈞各特降一官仍展一期敍朝請大夫淮南
路運判兼淮西提刑黃永存朝請郎知和州張士僖各
特降兩官以鞫獄稽緩故有是責　九月八日趙善悉
展三年磨勘葉子䢾降一官展二年磨勘知秀州王訽

奏本州有拖欠上供錢係前政積壓乞許每月量行帶
納宰執（具）獄善悉欠二十八萬緡子強欠四十萬緡故責
之　二十五日前知縣（綿）州史祁特降一官祁得替之日
以本州現在歷尾錢指為羨餘獻總領所希求薦舉故
責之　同日知紹興府鄭丙提舉江州太平興國宮言
者論丙優於在朝而劣於治郡乞與宮祠理作自陳故
有是命　十月五日兩浙轉運判官錢冲之浙西提刑
劉穎並放罷言者論冲之穎為監司無狀不可以付之
畿內將漕按刑之節乞並賜罷黜故有是命　同日知
潮（湖）州劉藻降兩官放罷言者論其在任專事筵宴庫帑
告竭身為郡守不禁宰牛故有是命　十一月六日知

卷三千八百九十一

常州豐誼放罷以兩浙運判趙不流提舉常平石起宗
奏誼治郡無狀刑獄淹延故也　十四日知台州熊克
放罷以浙東提刑趙公碩提舉常平岳甫奏克在任縱
容軍人盜販私鹽凡改刺軍人私取緡錢不遵法令故
有是命　十三年正月二十二日知秀州王訽放罷初
訽以部民周舜卿等結集徒黨傳習妖教追勘籍其家
財既而舜卿同黨周世恭等詣臺聲冤監察御史陳賈
為言於是移獄秣寺具案來上謂舜卿等止係喫菜念
佛即非傳妖事魔賈因按訽不能辨集財賦而奪平民
之貲加之以罪乞賜黜責故有是命　二月六日知隨
州林自特降一官京西漕臣按自不循法令禁繫無辜

至死於獄故有是命　三月二日新知均州丁常任新知江陰軍胡介並罷新任言者論奏常任與介居鄉無善狀涖官無能稱乞罷黜以示戒懲從之　二十二日詔前知漢州賈偉黜貸欺罔可追三官勒停先是偉對言判鄂統制掊尅勞役官兵得旨令湖南運判張枊體究至是體究來上軍中無減尅勞役之弊而鄂統郭杲遡言偉嘗賣川布三千匹與軍中以價高不為收買事故有是命　二十四日知洋州李師夔差主管成都府玉局觀以利路提刑李大正言師夔刑獄淹延乞與祠祿故有是命　二十八日新知欽州王宗仁罷新任以廣東師臣潘時奏宗仁任本路水軍統領縱容所部訓

卷三千八百九十一

練官張演等在海作過脫放賊人乘取贓貨故也　同日新知台州王曉罷新任言者論曉年已七十昏繆尤甚不量衰憊冒紆郡紱故罷之　五月十六日知吉州木待問罷新任以言者按奏待問天資澆薄前為當塗不務節省故也　同日夔州路分趙滋罷知茂州言者謂滋稟賦姦偽邪穢無行乞賜罷斥改畀守臣之賢者以恩遠民從之　同日知瀘州史皐放罷言者論皐年踰七十筋力弗任苛刻害民昏繆害事乞並賜罷黜故有是命　六月七日直龍圖閣主管建寧府武夷山沖佑觀鞏湘降充直顯謨閣以廣東提刑司奏劾莊賀等將已受招諭賊人擅行殺戮湘所申失實故有是命

七月六日浙西提刑句昌泰放罷先是平江府守臣何萬按司理曾煇鞫憲司送下公事稟承昌泰私意觀望失實昌泰上章奏辯言者謂其巧詆彊辯論罷之　閏七月二十二日知衢州沈祖德罷知平江府新命言者論祖德天資小人挾以浮躁傾險三衢未終遽畀以吳門之寄衆論沸騰乞寢新命從之尋復奏既罷新任不當尚冒延閣之職落直敷文閣　八月三日胡仰罷知岳州差主管建寧府武夷山沖佑觀言者論仰傾任湖南提舉贓汙狠籍為漕臣黃洧按發獄未竟而洧適死二年不決後以章疏落職罷任今既復其職又與之郡則人將何所懲故授祠命　七日朝奉大夫提舉福建

卷三千八百九十一

市舶潘冠英降一官以發納犀角象牙多短小不堪用故有是命　十七日知臨安府張杓特降兩官以府治遺火杓上章自劾故也　九月十五日知達州馮倫放罷本路按倫庸懦匪材政事廢弛縱容吏僕交通關節等事上因馮倫先次放罷若勘到有入己又當別有行遣　十一月十三日新除湖北提舉王鎮放罷仍與祠先是知衡州劉清之引詔書薦鎮安恬自好知之者少遂有湖北之除既而言者論其昏繆故寢之　十六日知江州趙師垂罷新任言者謂九江卑陋師垂多索逞兵儀物人情囂囂故罷之　二十三日知均州張昌詩特降一官言者論均州歲進貢銀七百兩緣極邊本非

產地往往運米麥於金州回易起發每米一斛得銀一兩歲以千斛為一綱足充進貢昌詩兩年之間起四綱而米麥至五千斛皆由官吏乘此附帶回易科差人船民被其擾至是昌詩坐守臣不職之責　二十六日知台州朱儋知鎮江府蓋經並宮觀言者論儋項知吉州兇聲虐焰肆毒一郡今在天台慘酷之狀不減於前經貪汙狼籍衆所共傳頃者總領淮西酣飲無度今任京口凡前守撫恤之政一切更張乞並罷見任與祠從之

十四年正月十一日提舉福建市舶潘冠英放罷言者按其苛斂誅求誘致無術蕃商海舶畏避不來故有是命　十九日新知隨州林穎秀放罷臣僚繳奏穎秀

卷三千八百九十一

天資狠愎頃宰永康政以賄成乞寢隨州指揮別與合入差遣從之　四月三日知潮州黃杞放罷言者奏杞將鹽折與軍人拘其請俸人戶舊欠雖經赦放亦皆不免是以兵民不遑寧居故有是命　三日知太平州王希呂放罷言者按希呂將累政所積恣用無度公帑一空乞賜罷黜免為州郡侈汰之唱故有是命　十一日前知澧州石如櫄特降一官以如櫄拖欠淳熙十一年分上供錢故有是命　二十六日知廣德軍陳文璉放罷言者論文璉天資庸鄙謬政流聞橫肆科斂使民怨嗟故有是命　五月十二日知普州王蒙降一官放罷以本路按蒙殘酷故責之　七月十四日知建寧府程

大昌放罷以言者論其天資狠執且乏廉聲軍人衣賜支散不時致令陳狀諸邑輸苗過期不受抑令納錢專為貪暴物論殊駭行乞鐫罷故有是命　二十七日主管佑神觀李椷罷祠祿以言者論其寄居烏青武斷豪橫有鎮戶訟椷家索錢鬬毆鎮官盧洵方行體問椷則遣僕捉承行人暨臨安府南廂牒鎮追人椷與男叫集僕幹行打承行胥吏閙嚷幾死乞賜鐫罷故有是命　同日利路運判范仲圭放罷言者論其昏眊貪鄙專事掊克一路騷然人不聊生乞賜黜責故有是命　九月十二日知饒州趙伯溥降一官以本路漕臣言其拖欠上供錢物萬數浩瀚有誤經費故也　二十七日權發遣

卷三千八百九十二

永州朱自求降一官以湖南提舉趙像之奏自求在任不恤饑歲違法將人戶合納絁綃三倍折錢及科催積年苗米故有是命　十月七日知處州彭椿年降一官以兩浙運副鄭汝諧言本州荒歉財計闕乏拖不官負軍兵請給三箇月無以支散椿年有失措置故有是命　十一月四日前知廣州鞏湘差主管亳州明道宮言者論湘前知廣州差王彥邦等權攝職事容縱違法折換簿書收匿文歷賒買度牒侵盜銀兩事既敗露藏匿不出及置勘官司悉皆改除而湘遂以獲免乃敢敘述在廣四年指為勞效干求差遣其為欺罔無所忌憚乞賜黜責故有是命　十二月四日知漢陽軍孫儋放罷

以荆湖北路提舉薛伯宣奏儇裒懦不立偏信黠胥等
事故也　二十一日知長寧軍郭公純放罷以四川制
置使趙汝愚按其不支戍兵食錢致摩辛公然上廳毆
擊人吏公純略無彈壓故有是命　二十五日新知邕
州王侃放罷以臣僚言其所至酷虐累典郡邑居官無
狀故也　二十七日江西提刑馬大同放罷言者論其
天資殘刻濟以私意凡受民詐不問輕重不究虛實徑
送鄰州屬郡奉承株連經年率多瘐死令江西十一郡
處處興獄狴犴充斥積成怨盤上干陰陽乞賜黜責從
之　同日知衢州劉清之主管華州雲臺觀言者論其
以道學自負於吏事非所長財賦不理倉庫匱乏又與

卷三千八百九十一

監司不和乞與宮祠從之　十五年三月八日新知峽
州程渭老罷新任言者論其天資忌刻蹤跡詭祕徙以
利口濟其私欲乞將新任亟賜罷斥故有是命　四月
二十一日兩浙運副趙不流降一官言者論不流應辦
高宗皇帝梓宮開閒遲緩幾致悞事故有是命　二十
四日新知筠州韓元老罷新任以言者論其無修潔之
行有貪汙之跡乞賜罷斥　二十五日新知鄂州吳總
差提舉隆興府玉隆萬壽觀言者論其已試亡狀必不
能撫綏斯民仰副委寄之重乞亟賜寢罷故有是命
六月十三日權知江陰軍侯彥準展二年磨勘以開濬
橫河具析遲慢故有是命　十八日江東運副沈揆知

太平州余端禮並與宮祠以因事不協互有論奏故也
其後詔揆端禮酒後忿爭有失事體並罷宮祠　十九
日新知德慶府留洪罷新任以言者論其昏繆庸鄙贓
汙狼籍頃嘗通判福州侵盜官錢故也　十月十日知
嘉州張伯垓降一官罷本路運判新任提刑吳宗旦放
罷四川制置趙汝愚言伯垓為政苛急子弟親隨干預
政事交通貨賂暨陞本路運判遣兵方到親隨數人遽
執牙兵司係縛箠打一路聞其先聲無不驚恐乞賜罷
黜從之宗旦置司所在與之連姻全不按劾故並責
十五日權知漢陽軍趙汝明差主管台州崇道觀以湖
廣總領王尚之等奏汝明年老昏懦財賦之權委於公

卷三千八百九十一

吏以致官員請給及諸軍月糧並皆拖欠乞改差宮觀
故有是命　十七日知資州李知晦知隆州宋邁並放
罷知西河州張亨與閑慢差遣以言者論知晦所至任
官鮮有廉聲邁性資闒茸背公營私亨智識暗昧觸事
面牆故也　二十六日新知信州姚述堯主管臺州明
道宮以言者謂其貪有實跡乞行寢罷故也　十一月
十六日澤州刺史知襄陽府熊飛放罷言者論其輕儇
浮躁貪黷苟且不恤邊備偷盜官錢恣意妄用臨事踈
率乞行鐫黜故有是命　十六年正月十一日潼川提
刑劉伯虎浙東提刑趙不違並放罷言者論伯虎貪汙
殘忍累典州郡居官無狀不違向知江陰背公營私絕

無政事並乞罷黜故有是命　二十四日朝散郎權發
遣大寧監趙公熏放罷言者論其贓性庸凡擇術卑下
專造工巧之器以為結託之資財賦滲漏民訟淹延乞
行罷黜故有是命　淳熙十六年二月十三日詔新知
榮州蒲果改差充夔州路安撫司參議官以四川制置
使趙汝愚言果昨守忠州全不事事一郡之權盡歸於
僚屬令若使之冒昧必致曠闕故有是命　同日詔知
金州秦嵩落遥郡令解官持服以四川制置使趙汝愚
言嵩昨在黎州日常遣土丁入蕃界採縢脂木以為什
器遂為青羌所執者五人致死者二人令任金州遣人
於黎州販賣金珠未嘗以邊事為意貪汙狼籍故有是
卷三千八百九十一
命　十四日詔承議郎直祕閣田謂落職以本路提刑
司究實謂縱容子姪挾販私塩故也　十六日詔前知
揚州熊飛特除名勒停送撫州編管先是知揚州鄭興
裔言飛妄用官錢以空函饋送入私家以數萬計隸寺
鞫寔引赦原減故有是命　二十四日詔淮南運判燕
提舉常平措置屯田方有開逖非犯分降三官放罷先
是有開創興屯田議者言其擾有旨別與差遣復入奏
自辨語侵執政故也　三月六日詔知盱眙軍葛拨降
兩官及漕臣朱佺並放罷以淮東安撫司究寔挟買低
茶轉賣公庫錢入已及透漏銀兩過河佺失于覺察故
有是命　十五日詔知台州沈作賓放罷以言者論作

賓輕儇狡獪嗜利躁進故也　二十六日詔趙不流罷
宮祠以臣僚言不流昨尹京日陰賊險狠附麗交結撓
政害民既遭論列於章疏未付出以前徑入劄子自請
奉祠忝冒天聽故有是命　四月十日詔知宜州黃民
瞻放罷以廣南運判朱晞顔言民瞻稟性貪惏賦資苛
酷故有是命　十二日詔知袁州黃瓌放罷以江西運
判劉頴言瓌以進貢為名科擾屬縣故有是命　二十
一日詔新知漢州胡瓌放罷以本路提刑楊安誠言瓌
前知恭州性資貪鄙巧於彌縫為政煩擾故有是命
五月七日詔知光州王德顯放罷以處事乖疎故也
十三日詔文思院提轄官程鉉監官常良孫趙誼監門
卷三千八百九十一
官郭圭張謂各展二年磨勘以文思院上下界專庫作
頭許守中等造作偷盜金銀作弊臨安府根究聞奏來
上故有是命　十八日詔訓武郎魏庭琦特降一官坐
不合進狀狂妄故有是命　二十三日詔特添差舒州
通判權州事趙不迥通判舒州軍州事邊維入並放羅
以淮西運判王厚之論二人盜過同安監鐵錢以數萬
計故也　閏五月四日詔監登聞檢院詹承宗降一官
放罷以臣僚言每過朝參國忌託故請假事屬不恭故
也　六日詔新添差臨安府通判柴國器罷新任以臣
僚論國器素無行檢貪惏苟賤故有是命　十二日詔
朝奉大夫韓枅奉直大夫江瑞並差主管建寧府武夷

山沖佑觀以言者論祈兩爲郡倅贓汙狼籍瑞守汀州貪墨尤甚不可典州故有是命　十九日詔權吏部侍郎趙思著作佐郎劉崇之並放罷前祕書丞沈清臣降兩官直寶文閣知襄府錢之望降充徽猷閣以言者論思貪鄙無狀常奉使辱國崇之清臣皆無行檢之望已試無效故有是命　二十七日詔知施州趙定放罷永不得與知州軍差遣以四川制置使京鏜言定守郡不法罪惡貫盈故有是命　六月十二日詔新除大理寺丞沈維與宮觀添差衢州通判龔準放罷以言者論維貪冒營私不顧廉恥昨守南劍日縱容子弟交通關節般販私鹽屠牛開酤醜穢狼籍準頃爲大理評事狠愎自

卷三千八百九十一

肆多行無禮同輩受其凌侮刑獄文書率意予決乃求添差以避譴逐今得倅三衢故態復肆故有是命　十六日詔揚州通判元伯涇追毀出身以來文字除名勒衡永不收斂以守臣鄭興裔言伯涇到任起發綱界同衙繫書外收支不令臣同共判押輒置私歷侵欺盜用入己隸寺鞠實故有是責　二十二日詔權禮部侍郎尤袤與郡以言者論袤兼翰苑詞掖史館經筵疎謬曠失士論不服乞賜罷黜故有是命　二十四日詔提轄文思院程鉎放罷以臣僚論鉎前任饒州樂平縣日率意妄作百里被害今乃處京局自兹以往便可爲郡守監司必逞谿壑之欲肆虎狼之行爲民巨蠹故有是命

同日詔知嚴州錢聞詩放罷以言者論其癃老疾病郡事廢弛故也　二十七日詔王謙罷名命依舊知吉州木待闕與祠以臣僚論謙不可入處朝列待闕不足任牧守之寄故有是命　二十九日詔趙汝應追兩資勒停送南康軍居住改送饒州居住坐上書狂妄挾私逞忿攻詆大臣故責之　七月十三日詔步軍副都指揮使梁師雄放罷以臣僚言師雄管軍殊無紀律營運錢物多行入己故有是命　二十七日詔新知南康軍鄭熊黄倬放罷以臣僚論熊當官權出吏胥倬憒不知書故有是命　二十九日詔新知階州李師夔放罷以臣僚言師夔朝辭經月方出國門違戾典憲故也　八

卷三千八百九十一

月六日詔知建寧府高州刺史韓侯放罷以福建路安撫司言侯不顧法令用刑慘酷訊決過多殺死無罪者二人故有是命　十四日詔知潭州沈樞放罷以言者論其平日貪鄙老而益甚今在潭州嗜飲喜奕日以爲常民訟吏牘漫不加省故有是命　十七日詔新知潭州應葳容新知興化軍常祩並放罷以言者論葳容性質庸俗濟以貪饕前倅臨安公受關節祩曾爲寧國丞及湖倅並無廉聲士夫所鄙故有是命　二十四日詔福建路轉運判官沈作礪與閑慢差遣湖北提舉常平林岊罷新任以臣僚言作礪岊風采無聞是非莫辨年又已老不可復乘軺傳故有是命　九月八日詔知南

𨥒州王楫特降一官宮觀坐本州居民遺火延燒官舍，楫自劾治郡無狀招此天譴故有是命　十九日詔知信陽軍梁揚名降兩官放罷以湖北安撫司言揚名還政無術專事酷虐故有是命　二十七日詔新知南𨥒州張季樗罷新任以臣僚言季樗嘗為潮州政以賄成好行掊克也　二十八日詔新知秀州趙善義放罷以臣僚言昨獻言欲移許浦屯兵於姚劉沙衆皆指為妄作既兩朝廷就委自行相度乃倉忙失措經營脫免故有是命　十一月十一日詔知彭州趙善𢬵降兩官放罷以四川安撫制置使京鏜言善𢬵嗜利無恥為政皆謬縱容諸子干預郡事又令私僕冒請禁軍衣糧凡遇支遣減尅軍糧錢致生變故有是命　二十一日詔知信州莫濛知均州黄牧之放罷以言者論濛闕報失實動於浮言牧之失於安集人心已擕先是各鐫一秩既而復有此命　二十八日詔禮部郎中陸游大理寺丞李端友祕書省正字吳鎰並放罷以諫議大夫何澹論游前後屢遭白簡所至有汙穢之迹端友凡所歷任略無善狀鎰輕薄浮躁專以口吻劫持為事故有是命　十二月八日詔知成州天水縣張孝友特降兩資放罷知州崔士威特降一官以本路帥臣吳挺言孝友非時催科退擾不能撫存致人戶逃竄北界士威有失覺察故有是命　十日詔閤門看班祗候張準放罷坐匿服

卷三千百九十

觀字下脫以言者論善括先暴佐交結故有是命十七日詔主管建寧府武夷山冲佑觀

供職故也　十三日詔新知常州趙善括時佐並差主管建寧府武夷山冲佑觀湯思謙特降一官放罷先是思謙昨任湖北提刑信陽軍勘販銅錢公事已得情寔不合輒行移獄故有是命　二十六日詔知衡州鄭如崈放罷以本路漕臣奏如崈於總領所合解大軍糧米輒憑奏檢固拒不解於法合行給還民間之錢輒貪剥不顧橫欲拘沒故有是命　三十日詔知廣州黄萬頃知昭州孫質並放罷內黄萬頃特降兩官以臣僚論萬頃天資貪鄙專事苛刻違法賣鹽採珠二事尤為民害質素無廉恥所至贓汙故有是命　紹熙元年正月二十日詔常州通判汪擇善放罷以本路提刑袁說友言其昏眊貪謬觸事無能壞郡政故有是命　二十二日詔觀察使浙西總管耶律适哩子浙西總管忠顏外統制官愿各與遠外一等差遣以言者論其父子天資殘忍禍及同氣且復貪求無厭使之並在輦轂之下誠非所宜故有是命　同日詔通判常州汪擇善特降一官鎮江府節度推官趙伯方並放罷以言者論擇善為本州監試略無關防縱容吏姦毀匿名譽舉人卷子伯方為勘官縱容罪人謬言差誤乞並賜罷黜故有是命　二十六日詔嚴州通判沈戢常德府通判黄謙新廣德軍通判薛褒新潭州通判鄭顧孫並放罷皆以言者論其貪殘故也　二月七日詔知吉州王謙差主管建

卷三千合九十

寧府武夷山冲佑觀以本路提刑鄭汝諧言其天資狠傲動多貫怨無近中風眩難任郡寄故也　十一日詔知饒州樂平縣王裴放罷以都大提點坑冶鑄錢宋之瑞言其天資陰險專事脣吻侵移本炭錢違狠不解故也　二十三日詔知秀州華亭縣柳棣差監潭州南嶽廟以本路安撫張杓言其日赴所部燕飲恣為大言陵轢州郡故也　二十七日詔閤門宣贊舍人成彥昭降一官坐應奉垂拱殿贊禮有差故也　同日詔新浙東提點刑獄史彌正差主管建寧府武夷山冲佑觀以監察御史林大中言其天資貪婪怙勢驕横令為本路監司必致撓政擾民與祠祿故有是命　二十九日詔鎮

卷三千八百九十一

江府添差通判趙希會點檢所主管趙汝劼並差主管台州崇道觀理作自陳並以言者論其貪暴故也　三月二十一日詔吏部郎中陳揚善放罷以監察御史林湜言其任秀州日為别曆拘收倍稅牙契錢及本路憲司委官覈寔乃與州吏匿所置别曆却以他曆指改色目旋觀成抄轉減落緡錢凡十餘萬也　四月十五日詔吉州駐劄東南第六副將陳權放罷以本路帥臣黄洽言其決罰苛酷軍情不安遂至兵卒出城生事乞賜罷黜故有是命　五月二日詔知漢州什邡縣李謨放罷以守臣宇文㒒言其不法害民故也　同日詔寧武軍節度使開府儀同三司判潼川府衛國公食邑一萬一

百戶食實封肆阡壹百戶趙雄鎸食邑二千戶降郡公新權發遣融州鄭易特降兩官新知建寧府范處義特降一官以劉堅貪敗並曾薦舉故也　四日詔衡州通判張祖順放罷以本路提刑范仲藝言其違法貪黷故也　六日詔無為軍無為縣務潭趣檢詹廷慶放罷以本路帥臣趙巽言其擅受人戶白狀差土軍越界追呼妄亂生事故也　七日詔殿前司選鋒軍統制張國珍降一官坐不給東本軍額外効用孫靖等以致攔丞相轎陳狀乞添請給故也　十六日詔知光州趙希侃展二年磨勘以本路帥臣趙巽言其擅行團結民兵略不申知本司也　二十二日詔大理評事胡僅史彭祖並與

卷三千八百九十一

在外合入差遣並臣僚言其雖試中法科實不曉大義故也　同日建康府駐劄御前水軍統領張平降充右軍不管事正將坐縱容白直人偷斫山柴及擅離本軍故也　二十四日詔新除都大提點坑冶鑄錢趙善悉罷新任以言者論其素無賢譽專事交結令為泉司必且妄用銅本妄行舉辟故也　二十八日詔太學博士林致放罷以言者論其廢公營私貪冒苟得故也